América del Sur

MAR CARIBE

Barranquilla
Cartagena
Maracaibo
Port of Spain
TRINIDAD Y TOBAGO
Caracas
R. Orinoco
Medellín
Manizales
Bogotá
Georgetown
Paramaribo
Cayenne
OCÉANO ATLÁNTICO
VENEZUELA
GUYANA
SURINAM
GUAYANA FRANCESA
Cali
COLOMBIA
ECUADOR
Quito
Guayaquil
ECUADOR
Iquitos
PERÚ
R. Amazonas
Manaus
Belem
Cajamarca
R. Madeirada
R. Modeirada
BRASIL
Machu Picchu
Lima
Cuzco
Ayacucho
Arequipa
L.Titicaca
BOLIVIA
Brasilia
La Paz
Sucre
Arica
Iquique
Potosí
Belo Horizonte
OCÉANO PACÍFICO
Antofagasta
PARAGUAY
São Paulo
Río de Janeiro
Salta
Asunción
Santos
CHILE
Tucumán
Valparaíso
Córdoba
R. Paraná
R.
Porto Alegre
Mendoza
Rosario
URUGUAY
Concepción
Santiago
Buenos Aires
Montevideo
La Plata
Río de la Plata
ARGENTINA
TRÓPICO DE CAPRICORNIO
Bahía Blanca
CORDILLERA DE LOS ANDES ES
Puerto Montt

0	200	400	600	800 millas
0	200	400	600	800 kilómetros

ISLAS MALVINAS
Punta Arenas
TIERRA DEL FUEGO
Cabo de Hornos
Estrecho de Magallanes

VOCES de
Hispanoamérica

VOCES de Hispanoamérica

Antología literaria

Raquel Chang-Rodríguez
The City College–Graduate Center
City University of New York

Malva E. Filer
Brooklyn College–Graduate Center
City University of New York

CUARTA EDICIÓN

HEINLE
CENGAGE Learning

Australia • Brazil • Japan • Korea • Mexico • Singapore • Spain • United Kingdom • United States

HEINLE
CENGAGE Learning™

Voces de Hispanoamérica: Antología literaria, Cuarta edición

Raquel Chang-Rodríguez and Malva E. Filer

Publisher: Beth Kramer

Acquisitions Editor: Judith Bach

Editorial Project Manager: Anita Raducanu

Development Editor: Andrés Pi Andreu

Assistant Editor: Sara Dyer

Editorial Assistant: Claire Kaplan

Senior Media Editor: Morgen Murphy

Program Manager: Caitlin Green

Marketing Coordinator: Claire Fleming

Content Project Manager: Anne Finley

Senior Art Director: Linda Jurras

Manufacturing Planner: Betsy Donaghey

Rights Acquisition Specialist: Timothy Sisler

Production Service: PreMediaGlobal

Cover Designer: Diane Levey

Cover Image: Gallo Images/ Danita Delimont/Getty Images

Compositor: PreMediaGlobal

For product information and technology assistance, contact us at **Cengage Learning Customer & Sales Support, 1-800-354-9706**

For permission to use material from this text or product, submit all requests online at **www.cengage.com/permissions**. Further permissions questions can be emailed to **permissionrequest@cengage.com.**

Library of Congress Control Number: 2011938351

ISBN-13: 978-1-111-83792-1

ISBN-10: 1-111-83792-9

Heinle
20 Channel Center Street
Boston, MA 02210
USA

Cengage Learning is a leading provider of customized learning solutions with office locations around the globe, including Singapore, the United Kingdom, Australia, Mexico, Brazil and Japan. Locate your local office at **international.cengage.com/region**

Cengage Learning products are represented in Canada by Nelson Education, Ltd.

For your course and learning solutions, visit **www.cengage.com.**

Purchase any of our products at your local college store or at our preferred online store **www.cengagebrain.com.**

Instructors: Please visit **login.cengage.com** and log in to access instructor-specific resources.

Printed in the United States of America
1 2 3 4 5 6 7 15 14 13 12 11

Índice de Materias

4. Continuidad y ruptura: hacia una nueva expresión (1910–1960)   **283**

PREFACE

The revised and expanded fourth edition of *Voces de Hispanoamérica: Antología literaria* incorporates suggestions from colleagues who have used the text since it first appeared in 1988 as well as recommendations from those who adopted *Voces'* 1996 Second Edition and 2004 Third Edition. We are grateful to all for sharing their many ideas which have helped to make *Voces* the literary anthology for the 21st century. It is our hope that the revisions included in the fourth edition will further enhance our presentation of the authors and their works to an increasingly sophisticated student population. We believe that this new edition will meet the challenges we continuously face when teaching literature to undergraduate and graduate students by underscoring the importance of reading and reflection, mastering a foreign language and its attending literature, and learning how to approach "difference" in an everchanging global world.

Voces de Hispanoamérica is intended primarily for students enrolled in a one- or two-semester introductory course of Spanish-American literature. It can also be used as a reader in advanced Spanish courses. The introductory essays and literary selections, combined with the many historical and literary references, make this text an invaluable resource for both students and instructors.

Features of the Fourth Edition

Voces de Hispanoamérica features the most distinguished authors of Spanish-American literature from the Pre-Colonial period to the present. Furthermore, through detailed essays that focus on each historical period, the book provides the necessary background information for students to effectively study, analyze, and evaluate the literary works. In a two-semester course, a complete novel or other un-excerpted literary works may be used in conjunction with the anthology to allow for a more specialized approach to the study of a literary genre or period.

The fourth edition of *Voces* offers the following features:

- Revised introductions to the different literary and historical periods;
- Revised and updated bibliographies and biographical essays;
- New selections for Julio Cortázar, Gabriel García Márquez, and Mario Vargas Llosa;
- New authors: Marcio Veloz Maggiolo, María Rosa Lojo, Carmen Boullosa, Antonio José Ponte, Edmundo Paz Soldán;
- An updated timeline to reflect recent trends and events;
- A revised guide to audiovisual materials;
- An updated glossary of literary terms;
- A **completely revised** interactive Web site at www.cengagebrain.com.
- In response to requests, the book will be available as a rental through <www.cengagebrain.com>, and in customizable form through <www.textchoice.com>.

Text Organization

The selections have been reorganized into six sections, which will facilitate use of the text across two semesters. The six sections correspond to different stages of historical and cultural development in Spanish America:

1. La configuración del mundo hispanoamericano: las raíces, la colonia, la independencia (¿?–1824);
2. Búsqueda de la emancipación cultural (1825–1882);
3. La realidad americana y la renovación literaria (1882–1910);
4. Continuidad y ruptura: hacia una nueva expresión (1910–1960);
5. Consolidación y expansión (1960–1975);
6. Asimilación y diferencia (1976–)

The section introductions explain how historical events and political situations, coupled with native influences as well as foreign literary movements, produce a body of literature that remains distinct from others. The discussions emphasize how writers, shaped in many instances by Native-American, European, African, and Asian traditions, speak with a universal, yet personal, voice that conveys the nuances of a unique cultural reality and probes the nature of the human condition.

Criteria for Selection of Literary Works

This book presents a selection of works that have received recognition from specialists and the general reading public for being the most outstanding in Spanish America. Additionally, *Voces* presents writers, particularly women, who have been omitted from general anthologies or have received a cursory presentation in similar texts. As in all endeavors of this type, one of the greatest challenges we faced, together with the editors, was limiting the number of writers represented so as to produce a pedagogically sound text that illustrates the richness and the diversity of Spanish-American literature. Guided by the readers' comments and our experience in teaching with *Voces*, in the fourth edition we have streamlined existing content to allow for the inclusion of new authors and works. We have been careful to fully annotate the new selections and to place them chronologically within the six sections. Furthermore, to facilitate students' use of *Voces*, textual omissions are indicated by an ellipsis within brackets […] and additions or clarifications are included within brackets. We have further modernized the spelling and the punctuation of texts dating from the 16th and 17th centuries to aid in reading and comprehension. We believe that these aspects will enhance the usability and flexibility of *Voces*.

Acknowledgments

We are grateful to our students who have frequently commented on ways to better introduce authors and clarify vocabulary. We thank friends and colleagues who, during the different stages of the preparation of this edition, patiently answered queries: Gabriella de Beer, Anke Birkenmeier, Jerry Carlson, Rocío Ferreira, Aníbal González, Isaías Lerner, Priscilla Meléndez, Ivan Schulman, and Daniel Shapiro.

We would also like to extend special thanks to Aleksín Ortega for his help in updating the bibliographies, to Daisy Domínguez, the Latin American librarian of the Morris Raphael Cohen Library of The City College of the City University of New York (CUNY), for her assistance in several searches, and to Mónica Agrest for her help in collecting information and correcting the proofs.

Our thanks to the following reviewers of the third edition of *Voces*, who offered many valuable suggestions for the fourth edition:

Carlos C. Amaya, *Eastern Illinois University*
Melvin Arrington, *University of Mississippi*
Steven Bell, *University of Arkansas-Fayetteville*
Ksenija Bilbija, *University of Wisconsin-Madison*
Pablo Brescia, *University of South Florida*
Robert Colvin, *Brigham Young University-Idaho*
J. David, *California State University-San Bernadino*
Dr. Oscar A. Díaz, *Middle Tennessee State University*
Earl E. Fitz, *Vanderbilt University*
María S. Forcadell, *De Pauw University*
John Eric Gant, *University of North Carolina-Asheville*
Timothy Gaster, *Knox College*
Benito Gómez, *California State University-Dominguez Hills*
James Gustafson, *Southern Utah University*
Jana Gutiérrez, *Auburn University*
Denise Hatcher, *Aurora University*
Spencer Herrera, *New Mexico State University*
Milena Hurtado, *Fayetteville State University*
Santiago Juan-Navarro, *Florida International University*
Sonia Labrador, *New College of Florida*
H. J. Manzari, *Washington & Jefferson College*
Lynne F. Margolies, *Manchester College*
Gianna Martella, *Western Oregon University*
Dr. Karen Martin, *Union University*
Frank R. Martínez, *Lipscomb University*
Dr. Leslie A. Merced, *Benedictine College*
Geoff Mitchell, *Maryville College*
Dr. Lon Pearson, Emeritus, *University of Nebraska at Kearney*
Susana Perea-Fox, *Oklahoma State University*
Anna Marie Pietrolonardo, *Illinois Valley Community College*
Rocío Quispe-Agnoli, *Michigan State University*
Daniel Rangel-Guerrero, *Western Washington University*
Duane Rhoades, *University of Wyoming*
Gabriel Rico, *Victor Valley College*
David A. Rock, *Brigham Young University-Idaho*
Juan Rojo, *Lafayette College*
Roman Santos, *Mohawk Valley Community College*
J. P. Spicer-Escalante, *Utah State University*
Leonor Vázquez-González, *University of Montevallo*
Eric W. Vogt, *Seattle Pacific University*

Wes Weaver, *SUNY Cortland*
Bruce Dean Willis, *University of Tulsa*

We are grateful to Judith Bach, Acquisition Editor at Heinle, for her interest in the book; to Heather Bradley Cole, Acquisition Editor at Heinle, for her support; to Andrés Pi Andreu, Development Editor, for his editorial assistance; to Anita Raducanu, Editorial Project Manager; to Anne Finley, Content Project Manager; to Sara Dyer, Assistant Editor, for her help in the various stages of production; and to Anne Cantú, copyeditor and proofreader.

ABOUT THE AUTHORS

RAQUEL CHANG-RODRÍGUEZ is Distinguished Professor of Spanish American literature and culture at the Graduate Center and the City College (CCNY) of the City University of New York (CUNY). She has authored, edited and co-edited books, chapters, and articles treating the chronicles of the early contact period and native historians, as well as colonial drama and poetry. Among her books are *La palabra y la pluma en "Primer nueva corónica y buen gobierno"* (2005), and *Hidden Messages. Representation and Resistance in Andean Colonial Drama* (1999). She is the editor of: *Entre la espada y la pluma. El Inca Garcilaso y sus "Comentarios reales"* (2010) , *"Aquí, ninfas del sur, venid ligeras". Voces poéticas virreinales* (2008) and *Beyond Books and Borders: Garcilaso de la Vega and "La Florida del Inca"* (2006). Professor Chang-Rodríguez is founding editor of *Colonial Latin American Review*, a journal devoted to studying the Colonial period from an interdisciplinary perspective, Honorary Associate of the Hispanic Society of America, Profesora Honoraria of the Universidad Nacional Mayor de San Marcos and Miembro Correspondiente of the Academia Peruana de la Lengua, affiliate of the Spanish Royal Academy of the Language.

MALVA E. FILER is Professor of Spanish-American literature at the Graduate Center and Brooklyn College of the City University of New York (CUNY), where she serves as Deputy Chair and Graduate Deputy. A specialist in contemporary narrative, she has written books on Julio Cortázar and Antonio Di Benedetto. Her publications include critical essays on the major authors of Spanish America, which have appeared in refereed journals and collections such as *The Final Island: The Fiction of Julio Cortázar* (1978); *Mario Vargas Llosa: A Collection of Critical Essays* (1978); *Carlos Fuentes: A Critical View* (1982); *Borges and his Successors* (1990); *La novela argentina de los años 80* (1991); *Culturas del Río de la Plata (1973–1995). Transgresión e intercambio* (1995); *Le fantastique argentin* (1997); *Between the Self and the Void: Essays in Honor of Severo Sarduy* (1998); *Borges en Jerusalén* (2003) and *Estrategias postmodernas y postcoloniales* (2007). She has published critical editions of *Maluco. La novela de los descubridores* by Napoleón Baccino Ponce de León (2006) and *Una mujer de fin de siglo* by María Rosa Lojo (2007).

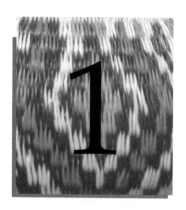

La configuración del mundo hispanoamericano: las raíces, la colonia, la independencia

---

(¿?–1824)

1.1 La tradición oral, los dibujos simbólicos y la escritura alfabética

1.1.1 Los sistemas amerindios de conservar el saber. Cuando los europeos llegaron a América, encontraron una gran diversidad de culturas indígenas. Algunas, como la incaica, la maya-quiché y la azteca o mexica, habían alcanzado un alto grado de civilización y habían conservado la memoria del pasado por varios métodos. Los maya-quiché, por ejemplo, sobresalieron por sus cerca de 800 signos jeroglíficos, los aztecas, por sus códices con dibujos y los incas, por sus quipus o nudos. En esas tres civilizaciones, la tradición oral tanto como los recursos indicados, sirvieron como vehículo para mantener vivos los mitos, las leyendas y los acontecimientos más sobresalientes, e igualmente como vía de comunicación con las divinidades. El empleo de diferentes métodos para conservar el saber dio lugar a modalidades expresivas que comparten ciertos rasgos con la poesía lírica, épica y dramática de Occidente.

***1.1.2 La recuperación de las raíces nativas*: el Popol Vuh, los Cantares mexicanos, Dioses y hombres de Huarochirí.** A pesar de la resistencia de la población autóctona, primero a la conquista y después a la colonización, sus tradiciones y normas fueron, si no destruidas totalmente, incorporadas y alteradas en un largo proceso de transculturación* por medio del cual España impuso sus leyes, su religión y su concepto de civilización. No sería exagerado decir que los antiguos americanos sintieron ambas etapas históricas, tanto la conquista como la colonización, como un terrible cataclismo. No obstante, los indígenas asimilaron y aprovecharon el saber europeo para su propio beneficio o para cuestionar las decisiones de los administradores coloniales. En particular, los miembros de la élite lograron escalar socialmente y consiguieron cierto poder dentro del régimen virreinal. Frecuentemente se aprovecharon del aparato legal español e iniciaron pleitos en defensa de los suyos.

Animados por el espíritu humanista y el celo religioso, hubo misioneros y colonizadores interesados en proteger a la población nativa y en conocer su lengua y cultura. Gracias a estos esfuerzos hoy día se conservan cantos y tradiciones de los antiguos pueblos amerindios. Entre los aztecas o nahuas, nombre preferido en la actualidad por los estudiosos para agrupar a los pueblos de la meseta central mexicana, es notable la labor de Bernardino de Sahagún (¿1500?–1590). Este misionero franciscano fue maestro en el Colegio de Santa Cruz de Tlatelolco, en México; allí les enseñó latín y castellano a sus discípulos indígenas, y él mismo se dedicó a estudiar varias lenguas y culturas de la zona mexicana. Sus alumnos recogieron cantares, mitos y costumbres en lengua náhuatl de sus informantes indígenas. Luego, por medio del alfabeto latino, los copiaron primero en esa lengua y después los tradujeron al español y al latín. Entre esos textos sobresale la *Colección de cantares mexicanos* difundida modernamente por "nahuatlatos" o estudiosos de la lengua y la cultura nahua. Si bien no hay certeza de ello, varias de las composiciones recopiladas han sido atribuidas a poetas específicos, entre los cuales el más renombrado fue Nezahualcóyotl, rey de la ciudad de Texcoco.

En la zona maya-quiché, los antiguos códices o libros con escritura jeroglífica fueron destruidos debido al celo catequizador de los misioneros. Pero allí también los indígenas se dieron cuenta de la importancia de conservar su pasado y pronto los nativos alfabetizados comenzaron a escribir. Gracias a esos esfuerzos han llegado hasta nosotros el *Popol Vuh o Libro del Consejo*, el *Memorial de Sololá* y los *Libros de Chilam Balam*. Del área andina se conserva *Dioses y hombres de Huarochirí* (1608), obra escrita en quechua, una de las lenguas de esa región. Esta obra presenta la cosmogonía de la zona, además de poemas y mitos incorporados después en historias y crónicas* de la conquista escritas por españoles. Más tarde, los indígenas y mestizos alfabetizados crearon sus propias obras siguiendo pautas nativas y occidentales; en ellas aprovecharon tanto el saber transmitido por la tradición oral y otros sistemas de comunicación (la música, el vestuario, los glifos, las imágenes en la cerámica), como lo aprendido de la cultura ibérica.

Sin duda, el aporte de las civilizaciones amerindias a la literatura y a la cultura hispanoamericanas no puede medirse únicamente en términos del testimonio recopilado por europeos curiosos o por nativos y mestizos alfabetizados. El legado indígena está presente en las diferentes etapas de desarrollo de las letras continentales. Su presencia se hace evidente en la obra de destacados escritores como Miguel Ángel Asturias, Pablo Neruda, José María Arguedas, Rosario Castellanos y Carlos Fuentes, para mencionar sólo nombres mayores. Este legado distingue y enriquece la cultura y las letras hispanoamericanas.

1.2 Tempranas influencias europeas

Marinos, capitanes y soldados que contaban sus hazañas y escribían a la metrópoli para recibir recompensas y privilegios, o para justificar sus acciones, fueron los primeros en describirles el mundo americano a los europeos. Sus escritos pueden verse como un puente entre las ideas medievales* y renacentistas,* o de la temprana época moderna. Eran medievales, entre otras cosas, porque en ellos se describía con admiración el papel catequizador de España: llevar el cristianismo a un territorio inédito. Esta labor era vista como otra tarea asignada a España, nación cuyo poder se había consolidado en la Península cuando los Reyes Católicos, Isabel I de Castilla y Fernando II de Aragón (1474–1504), reconquistaron Granada, el último baluarte árabe, en 1492. Dichos escritos eran renacentistas por manifestar el espíritu humanista de la época, caracterizado por el individualismo, el optimismo, el deseo de explorar nuevos territorios y tomar en cuenta la experiencia para cuestionar lo sabido.

1.2.1 El humanismo en España. El humanismo* renacentista divulgado por estudiosos italianos que llegaron a la Península durante el reinado de los Reyes Católicos, y cuyas ideas alcanzaron predominio en la época de Carlos I de

4 4 ■ LA CONFIGURACIÓN DEL MUNDO HISPANOAMERICANO

España (1516–1556), también conocido como Carlos V de Alemania, fue frenado por el Concilio de Trento (1545–1563). Esta asamblea contrarreformista creó el índice de libros prohibidos *(Index Librorum Prohibitorum)*, reactivó la Inquisición (1478) y exigió adhesión absoluta al dogma de la Iglesia. A pesar de esto, en España florecieron las ideas humanistas que marcaron la temprana época moderna y dieron lugar a diferentes tendencias filosóficas y literarias como el neoplatonismo* y el petrarquismo.*

1.2.2 *La transformación del modelo clásico.* Los escritores españoles siguieron los modelos clásicos, bien estudiando directamente las literaturas griega y latina, o acercándose a ellas indirectamente a través de los autores italianos, o por medio de traducciones. En contraste con la época medieval, donde había habido más énfasis en el contenido, prestaron mayor atención a la forma, a fin de lograr una obra artísticamente hermosa. La naturaleza fue una fuente de inspiración clave en esta búsqueda de la perfección. Para hacer comparaciones y descripciones los escritores también aprovecharon las narraciones mitológicas y las hazañas de héroes de la antigüedad. Los relatos de amores ficticios entre pastores y pastoras que vivían en bosques y valles idílicos habitados por ninfas y sátiros, con su exagerado bucolismo, dieron lugar a la llamada novela pastoril.* A estas tendencias, España añadió su interés por el individualismo, el realismo, lo popular y la matización religiosa del mundo grecolatino.

1.3 La representación de la nueva realidad

Con poca preparación formal y escasa cultura literaria, los marineros, soldados y capitanes que les describieron el Nuevo Mundo a los lectores europeos no concibieron sus cartas, historias, crónicas y relaciones como obras literarias; en su mayoría eran documentos donde relataban acciones y pedían recompensas. Sin embargo, estos escritos forman parte de las letras, tanto españolas como hispanoamericanas, por la magnitud de los acontecimientos contados, la singularidad del encuentro cultural y la novedad del material incluido.

1.3.1 *Los problemas formales.* Estos autores improvisados enfrentaron problemas formales no ajenos a las prácticas literarias establecidas. Los más notables podrían resumirse en las siguientes preguntas: ¿Cómo describir un mundo tan diferente y exótico? ¿Cómo darlo a entender a los curiosos europeos? ¿Cómo relatar la propia participación en la conquista y la colonización? En busca de respuestas y modelos, se aprovecharon de la tradición historiográfica medieval y de los preceptos literarios de la temprana edad moderna. La primera permitía la mezcla de realidad y fantasía, la inclusión de detalles raros y la divagación moralizante, pues los hechos contados debían servir de ejemplo a los lectores. Por eso, en los textos de esta época, no debe sorprendernos leer sobre la intervención divina en favor de los conquistadores, ni la descripción de hazañas inusitadas de parte de españoles e indígenas. Los segundos, o sea, los preceptos literarios del Renacimiento o de la temprana modernidad, propiciaron, entre otras cosas, la inclusión del paisaje embellecido, de la nota individualista y de la atención a la forma, especialmente en los poemas épicos.

En poesía, muchos preferían los metros italianos, centrados en el endecasílabo (verso de once sílabas) y castellanizados por los poetas Juan Boscán (1493–1542) y Garcilaso de la Vega (1501–1536), a los tradicionales metros españoles, como por ejemplo, el octosílabo (verso de ocho sílabas). En estos tempranos escritos ya encontramos algunas constantes de la literatura hispanoamericana: 1) la coexistencia de varios estilos cuya mezcla a veces produce textos muy diversos de los modelos originales; 2) el aprovechamiento de diferentes tradiciones literarias y culturales que chocan sin lograr acoplarse del todo.

1.3.2 La impronta americana. Estas nuevas obras, como es de esperarse, estaban marcadas por la experiencia americana de sus autores. Muchas veces el vocabulario castellano era inadecuado para describir el continente recién descubierto. Por eso, desde los primeros años de la época colonial, se comenzaron a emplear palabras de las lenguas amerindias —por ejemplo, de la lengua taína o arahuaca: **cacique, canoa, huracán**— que por el frecuente uso en el lenguaje oral y escrito de los conquistadores fueron enriqueciendo el español general. En otros casos, algunos animales y plantas americanos recibieron nombres europeos, como la llama, que en esa época se conocía como "carnero de la tierra", o el pavo, llamado entonces "gallo americano". Los marinos, conocedores de las antiguas leyendas clásicas, contribuyeron a crear una imagen fantástica de las nuevas tierras porque decían haber hallado en América desde las sirenas hasta los dragones descritos en antiguos textos de historia natural.

1.4 La visión europea de América (s. XVI)

1.4.1 Las cartas de Cristóbal Colón y de Hernán Cortés. Cristóbal Colón (1451–1506) fue el primer europeo en describir América. Sus cartas y su diario de navegación muestran influencias medievales y renacentistas. Ante todo, el Almirante se revela como un negociante interesado en que se reconozca la importancia de su hazaña y se le recompense debidamente. Por eso insiste en la belleza del paisaje, la docilidad de los indígenas, lo agradable del clima y las posibilidades económicas de las nuevas tierras. Tentados por estas descripciones de abundancia, llegaron a América hombres y mujeres ansiosos de enriquecerse rápida y fácilmente, muchas veces con el trabajo de otros.

Más tarde, Hernán Cortés (1485–1547) ofrece el punto de vista del conquistador y la primera descripción de una civilización americana avanzada, la nahua o azteca, en las cinco *Cartas de relación* (1519, 1520, 1522, 1524 y 1526) que envió a Carlos V para justificar su desobediencia y describir las riquezas de México. Son también notables las cartas de Pedro Menéndez de Avilés (1519–1574), nombrado adelantado, capitán general y gobernador de la Florida, un dilatado territorio que se extendía desde los cayos del sur hasta más allá del actual estado de Carolina del Norte. Menéndez de Avilés, el fundador de San Agustín (1565), dejó constancia del rigor y de los peligros de la vida en la frontera floridana en cartas dirigidas al rey y a otros funcionarios de la Corona española.

1.4.2 La protesta de Bartolomé de las Casas. Ante los abusos de conquistadores y colonos, alzaron la voz europeos interesados en defender a la población nativa. Sus escritos iniciaron una de las constantes de la literatura hispanoamericana: la protesta contra las injusticias. Entre los más sobresalientes defensores de los indígenas se cuenta Bartolomé de las Casas (1484–1566). Este fraile dominico, tanto en su obra titulada *Brevísima relación de la destrucción de las Indias* (1552), como en su *Historia de las Indias* (c. 1559), examinó el derecho de España a la conquista de América y defendió la causa de la población nativa en páginas tan pertinentes entonces como hoy.

1.4.3 La historia de Bernal Díaz del Castillo.

En su obra, *Historia verdadera de la conquista de la Nueva España*, terminada en 1568 y publicada en 1632, Bernal Díaz del Castillo (c. 1496–1584), dejó constancia de cómo pensaba y actuaba un simple soldado en una empresa tan riesgosa. Esta obra confirma la entrada a la literatura de la persona común, ahora autorizada para escribir por haber participado en una hazaña, por haber ganado privilegios y honores con el esfuerzo propio. Muchos escribieron sobre su actuación en exploraciones y conquistas, por ejemplo, Álvar Núñez Cabeza de Vaca (1490–1564), quien participó en la fallida expedición de Pánfilo de Narváez a la Florida (1527–1538). Con otros tres compañeros, entre ellos un esclavo del norte de África llamado Esteban o Estebanico, Cabeza de Vaca estuvo perdido durante varios años por el suroeste de Norteamérica. Dejó constancia de esta experiencia y de sus múltiples contactos con diversos grupos indígenas en una *Relación* (1542) dirigida a Carlos V; en 1555 volvió a publicarla con algunas variaciones y el añadido "comentario" de su secretario sobre la posterior actuación de Cabeza de Vaca en el Río de la Plata (1541–1545). En el siglo XVIII se publicó nuevamente la segunda versión de la obra con el título de *Naufragios*, denominación con la cual circula actualmente.

1.4.4 La épica y el poema de Alonso de Ercilla y Zúñiga.

La persistente lucha de los antiguos americanos por defender su territorio y su cultura impresionó a muchos europeos, como puede verse en *La Araucana* (1569, 1578, 1589), el primer poema épico* escrito sobre el Nuevo Mundo por el soldado Alonso de Ercilla y Zúñiga (1533–1594). Esta obra continúa y renueva el modelo épico fijado por la Italia renacentista. Allí encontramos héroes españoles e indígenas dignos de respeto y admiración. Inspirados por *La Araucana*, Juan de Castellanos (1522–1607) en la Nueva Granada (actual Colombia), Silvestre de Balboa Troya (¿1563–1647?) en Cuba y Pedro de Oña (1570–¿1643?) en Chile y Perú, también escribieron poemas épicos de desigual valor literario. Entre los poemas épicos escritos por criollos es notable *Historia de la Nueva México* (1610) de Gaspar Pérez de Villagrá (1555–1620), natural de Puebla de los Ángeles. El poema describe una expedición española a lo que hoy es el estado de Nuevo México, en los EE. UU., y entonces constituía el territorio norte del virreinato de la Nueva España. Su autor lo concibió con el propósito de justificar su propio comportamiento y el del capitán Juan de Oñate contra los indígenas de Ácoma. No obstante las justificaciones evidentes en la obra, la Corona castigó a Oñate, al autor y a otros expedicionarios por su deplorable conducta. La construcción literaria del poema, estudiado casi exclusivamente como documento histórico, evidencia tanto el conocimiento de las convenciones del género épico como la lectura de *La Araucana* por parte de Pérez de Villagrá. Así, poetas y prosistas, soldados y sacerdotes, conquistadores y colonizadores, fueron creando y fijando la imagen de América en la cultura y las letras occidentales.

1.5 La presencia africana y el proceso de deculturación

Muy pronto los europeos trajeron a América esclavos africanos que participaron en la empresa conquistadora. Muchas veces cumplían las más riesgosas tareas. Después, a medida que la población aborigen disminuyó debido a su poca resistencia a las nuevas enfermedades y al excesivo régimen de trabajo, los esclavos africanos reemplazaron a los indígenas en las tareas agrícolas y mineras. Ya se ha comprobado con suficiente documentación que entre 1518 y 1873 arribaron a América nueve millones y medio de africanos. La mayoría de ellos llegaron al Caribe, al sur de los actuales Estados Unidos y a Brasil. Para aprovechar al máximo esa mano de obra, los amos de los esclavos promovieron su deculturación en un proceso definido por el historiador cubano Manuel Moreno Fraginals como el desarraigo cultural de un grupo humano utilizado por otro como fuerza de trabajo barata.

Este desarraigo se acentuó cuando los amos, para romper la cohesión cultural, mezclaron a esclavos de diferentes zonas, etnias y lenguas. Si bien esta táctica se ideó para afirmar el aislamiento y la rivalidad, paradójicamente acercó a los esclavos africanos y contribuyó a establecer otros vínculos que aceleraron su proceso de adaptación al nuevo medio.

El saber, conservado tanto en las culturas africanas como en las amerindias a través de la tradición oral, en especial en materia religiosa, se mantuvo precariamente vivo. Gracias a varias estrategias de resistencia, entre ellas el proceso de sincretismo por el cual las deidades africanas se identificaron con los santos católicos, los esclavos lograron preservar aspectos de sus creencias y ritos. Así, en los días festivos del calendario católico, veneraban en una misma imagen figuras sagradas del panteón cristiano y de sus creencias religiosas ancestrales. Estas celebraciones les permitían reunirse y recordar antiguas tradiciones y cantos.

Los africanos y los afrohispanoamericanos aparecen en crónicas y relaciones, especialmente en el siglo XVII, cuando su presencia estaba ya afirmada dentro de la sociedad colonial. En este sentido, conviene recordar uno de los capítulos de *El carnero* (c. 1636) del cronista bogotano Juan Rodríguez Freile (c. 1566–1640), donde Juana García, una antigua esclava, tiene una actuación prominente dentro del mundo femenino de Santa Fe de Bogotá. En sus villancicos,* Sor Juana Inés de la Cruz (ver pp. 81–93) otorga personalidad literaria a los afromexicanos; estos personajes lamentan su suerte y critican sutilmente al régimen colonial y esclavista. Más tarde, ya en el siglo XIX, los afrohispanoamericanos tomarán la pluma para ofrecer su doloroso testimonio y así iniciar el proceso de rescate cultural.

1.6 Los primeros escritores indoamericanos

Autores indígenas y mestizos comenzaron a escribir sus propias obras, donde frecuentemente mezclaban el español y las lenguas amerindias, las concepciones culturales europeas y las americanas, la letra y la imagen. Ellos produjeron los primeros textos bilingües y pluriculturales. En esta generación de escritores indoamericanos sobresale el historiador andino Felipe Guaman Poma de Ayala, cuya obra, *El primer nueva corónica y buen gobierno* (c. 1615), reconstruye con palabras y dibujos el pasado indígena de la zona, a la vez que defiende con argumentos contundentes los derechos de los antiguos americanos y critica los abusos de los colonizadores. Entre los mexicanos, sobresalen Fernando de Alva Ixtlilxóchitl y Hernando Alvarado Tezozómoc, que escribieron respectivamente, *Historia de los señores chichimecas* e *Historia mexicana*. Sin embargo, fue un mestizo peruano, el Inca Garcilaso de la Vega (1539–1616), autor de *Comentarios reales* (1.ª parte, 1609; 2.ª parte, 1617), quien mejor integró concepciones americanas y europeas de la historia y la cultura en esa obra maestra. Por esta admirable labor de síntesis y por su interpretación de la conquista del imperio incaico y la colonización española, relatada en una prosa pulida y evocativa, la crítica justamente lo considera el primer gran escritor hispanoamericano.

Lamentablemente, los esfuerzos iniciales de estos escritores se vieron interrumpidos debido a las limitaciones impuestas por el régimen colonial y a las presiones de la cultura hegemónica sobre la población aborigen, mestiza y africana. En el Perú, dos años después de la rebelión indígena de Túpac Amaru (1780), la Corona consideró *Comentarios reales* como una obra peligrosa y prohibió su lectura; igualmente vetó el uso de vestimentas, el despliegue de imágenes y la representación de dramas que pudieran evocar las pasadas glorias de la época incaica.

1.7 El apogeo de la literatura colonial (s. XVII)

Para entender el auge de las letras coloniales en el siglo XVII, conviene recordar la importancia del barroco literario, movimiento de renovación donde los escritores lograron crear un lenguaje poético de gran riqueza metafórica.

1.7.1 La influencia del barroco: culteranismo y conceptismo.
Como se sabe, en España el período barroco (1580–1700) abarcó poco más de un siglo y coincidió históricamente con la época en que el país dejó de ser primera potencia. En esa etapa, la Armada Invencible fue derrotada (1588) por Inglaterra y por el mal tiempo. Predominó entonces un espíritu de desengaño y pesimismo alimentado por la ineficacia administrativa, los diversos conflictos bélicos y la grave situación económica. La literatura de este período se caracteriza por los contrastes violentos, una marcada preocupación por el idioma y una visión agónica de la vida, propiciada en parte por la Contrarreforma.

Dentro del barroco pueden distinguirse dos tendencias principales: la culterana* y la conceptista.* Como los culteranos sostenían que solamente un pequeño grupo de personas podía apreciar la literatura, se dirigían a los conocedores de las letras clásicas, a los estudiosos del griego y del latín, capaces de entender las oscuras alusiones mitológicas, las metáforas difíciles y las oraciones caracterizadas por alteraciones sintácticas. Estos escritores enriquecieron la lengua literaria al introducir cultismos* en el lenguaje poético.

Si los culteranos hacían hincapié en el léxico y la sintaxis, los conceptistas se concentraban en expresar ideas ingeniosas, "agudezas",* que muchas veces llegaban a desfigurar personajes, ideas y sucesos, como en los escritos de Francisco de Quevedo (1580–1645). En suma, en el barroco predominó el culto a la palabra, la nota exótica y el énfasis en la forma, todo ello con el propósito de renovar la tradición literaria y de recrear lo conocido de modo nuevo y sorprendente. Entre los más destacados cultivadores de esta tendencia en España se encuentran: en la poesía, Luis de Góngora y Argote (1561–1627); en el drama, Pedro Calderón de la Barca (1600–1681); en la prosa, Baltasar Gracián (1601–1658); y en varios géneros literarios, Francisco de Quevedo.

El barroco llegó a América a través de escritores peninsulares trasladados al Nuevo Mundo que expresaban sus ideas estéticas en tertulias y academias literarias palaciegas, o bien a través de libros enviados por comerciantes sevillanos. En América el barroco fue marcado por las culturas indígenas y africanas, la coexistencia de diversas tendencias literarias, el aislamiento de la metrópoli y el proceso general de transculturación. Tal mezcla dio por resultado un producto cultural diferente y difícil de caracterizar: el llamado "Barroco de Indias".

1.7.2 La presencia de la mujer: Sor Juana Inés de la Cruz. Por la excelencia y resonancia de su obra, la figura más importante del período colonial es la monja mexicana Sor Juana Inés de la Cruz (1651–1695), escritora barroca, defensora de la mujer y cultivadora de varios géneros literarios (poesía, ensayo, teatro). Sor Juana imitó y superó a sus maestros peninsulares para dejarnos uno de los poemas más brillantes escritos en lengua española, *El sueño* (1692), llamado también *Primero sueño*. En su *Respuesta a Sor Filotea de la Cruz* (1691), igualmente nos legó un ensayo donde defiende, con implacable lógica, el derecho de la mujer a educarse.

Entre otras autoras de esta época sobresalen dos voces anónimas del Perú, conocidas únicamente por sus seudónimos, Clarinda y Amarilis. La primera escribió en tercetos endecasílabos el *Discurso en loor de la poesía*, publicado en Sevilla (1608); la segunda le dedicó a Lope de Vega, el dramaturgo más importante de los siglos de oro, una larga epístola o carta versificada (c. 1619). En México se distingue María de Estrada Medinilla (¿–?), una coetánea de Sor Juana cuya obra lírica se ha comenzado a difundir y estudiar. Vale mencionar la autobiografía atribuida a Catalina de Erauso, conocida como la Monja Alférez. Según cuenta ella misma, abandonó el convento en España, pasó al virreinato del Perú y allí, con atuendo masculino, peleó en las guerras del Arauco y en otros conflictos hasta que se descubrió su identidad. Desde una perspectiva histórica, sabemos que en 1626 Felipe IV le concedió una audiencia y una pensión vitalicia a Catalina de Erauso; también se entrevistó poco después con el Papa, quien le permitió seguir usando vestimentas masculinas. Si bien no fueron las únicas mujeres escritoras de la época, las cuatro son dignas compañeras de Sor Juana Inés de la Cruz.

1.7.3 La sátira: Juan del Valle y Caviedes. Si Sor Juana representa la tendencia culta del barroco, el peruanizado Juan del Valle Caviedes (1645–1698) aprovecha su veta satírica y popular para criticar a médicos, mujeres, clérigos y funcionarios, en divertidos poemas y piezas dramáticas. Siguiendo a los conceptistas, Caviedes se vale de juegos lingüísticos y parodias literarias que nos recuerdan a Quevedo y su novela *El buscón* (1626). Otro temprano y notable poeta satírico del virreinato del Perú es el conquistador Mateo Rosas de Oquendo. Escribió un largo y burlón romance sobre la vida en Lima y el comportamiento de sus ciudadanos, *Sátira a las cosas que pasan en el Pirú, año de 1598,* que en su época gozó de cierta popularidad.

1.7.4 El teatro cortesano: Juan Ruiz de Alarcón y Juan de Espinosa Medrano. En cuanto al arte dramático, desde el inicio de la colonización, sacerdotes y misioneros aprovecharon el interés que las civilizaciones autóctonas tenían en la representación y el espectáculo y crearon un teatro de tipo misionero, empleado para la catequización. Más tarde, en el apogeo del Siglo de Oro,* llegaron a América las comedias y los dramas tan gustados en España. En México y Lima se representaban estas piezas y las compuestas por escritores locales en el palacio virreinal o en las mansiones de los nobles, en ocasión de bautizos y cumpleaños, al aire libre o en corrales* y ante el público general, para celebrar victorias, coronaciones o la llegada de autoridades. Entre los dramaturgos influidos por las tendencias del Siglo de Oro sobresale Juan Ruiz de Alarcón (1581–1639), quien nació en México, pero vivió mayormente en España. Su teatro se distingue por su intención crítica y moralizante. En *La verdad sospechosa*, por ejemplo, Ruiz de Alarcón censura el vicio de la mentira. En el virreinato del Perú vale recordar al ensayista y comediógrafo Juan de Espinosa Medrano (1628–1688); entre sus dramas se destaca *Amar su propia muerte*, por el tratamiento del tema del honor y el aprovechamiento de una historia del Antiguo Testamento: la derrota del general cananeo Sísara por el israelita Barac (Jueces 4:1–24). Si bien la obra se descubrió en el pasado siglo, se cree que fue escrita y representada cuando el autor era un joven seminarista en el Cuzco.

1.7.5 *El teatro de resistencia:* Tragedia del fin de Atahualpa *y* El Güegüense. Hubo también teatro escrito en lenguas nativas (quechua, aymara, náhuatl), casi siempre anónimo y dirigido a una población indígena, mestiza y criolla muy variada. Algunas de estas obras transmitían un mensaje de devoción ya visto en el "teatro de evangelización" inaugurado después de la conquista. Otras más tardías, como *Tragedia del fin de Atahualpa* en la zona andina, o *El Güegüense*, representada en lo que hoy es Nicaragua, recreaban hechos históricos o se burlaban de las autoridades por medio de chistes, juegos de palabras y comentarios irónicos. Algunas de estas obras siguen representándose actualmente en fiestas patrióticas y religiosas; de otras, lamentablemente, sólo queda una referencia pasajera en archivos y libros de la época.

1.7.6 *La prosa narrativa: Bernardo de Balbuena y Carlos de Sigüenza y Góngora.* Por mucho tiempo se afirmó que durante el período colonial no se escribieron ni cuentos ni novelas porque los habían reemplazado las crónicas, las historias, las cartas y las relaciones de la conquista y la colonización. También se explicó que, si bien existían algunos relatos, eran narraciones poco pulidas que aparecían esporádicamente y cuyo estudio no merecía mucha atención. Los investigadores han comprobado, sin embargo, que sí se escribieron cuentos y novelas en la época colonial. Como el grupo de lectores era pequeño, el papel costoso y los permisos para publicar difíciles de conseguir, muchas de estas narraciones circulaban en forma manuscrita; algunas de ellas han sido descubiertas recientemente en archivos y bibliotecas. Entre las que se publicaron en la época colonial conviene recordar *Siglo de oro en las selvas de Erífile* (Madrid, 1608), una novela pastoral de Bernardo de Balbuena (c. 1561–1627). Su autor mezcla prosa y poesía e incluye una escena donde describe México con gran admiración. *El desierto prodigioso y prodigio del desierto* (c. 1650) de Pedro de Solís y Valenzuela, un largo relato bogotano de carácter religioso, fue dado a conocer y publicado a fines del siglo XX.

Entre las obras de carácter narrativo impresas en la colonia se destaca *Infortunios de Alonso Ramírez* (1690) del sabio mexicano Carlos de Sigüenza y Góngora (1645–1700), amigo de Sor Juana Inés de la Cruz. En este relato, el protagonista puertorriqueño le cuenta al erudito científico sus aventuras en México y en las Filipinas, valiéndose del modelo picaresco* divulgado en España por el *Lazarillo de Tormes* (1554). El protagonista —recordemos a Bernal Díaz del Castillo— anticipa a la persona moderna que gana recompensas y mercedes por su propio esfuerzo. Sin duda, el patrón picaresco peninsular fue aprovechado y remozado en el Nuevo Mundo.

1.8 Encuentro y pugna de diversos estilos (s. XVIII)

Durante el siglo XVIII se distinguen en Hispanoamérica dos estilos principales, el barroco y el neoclásico, y otro menor, el rococó.* Como es frecuente en situaciones coloniales, estos estilos coexistieron y se influyeron mutuamente. El barroco tuvo importancia en la primera mitad del siglo pero se desgastó en manos de imitadores carentes del genio de Sor Juana. El rococó, un estilo ligero y frívolo cultivado por poetas menores, apenas tuvo impacto. El neoclasicismo* fue el estilo más influyente en las últimas décadas de la centuria.

En España y sus posesiones americanas la aceptación del neoclasicismo se aceleró con el reinado de los reyes Borbones, casa real francesa que reemplazó a los Austrias y comenzó a regir España y su imperio en 1700. Para mantener su hegemonía en América, los soberanos de esta dinastía trataron de reformar la administración virreinal valiéndose del "despotismo ilustrado"* —el sector gubernamental decidía "racionalmente" qué cambios eran necesarios y los imponía —.

En la literatura, el neoclasicismo se caracterizó por: 1) su deseo de imitar a los clásicos; 2) el predominio de la razón y el orden; y 3) el interés de enseñar y a la vez deleitar al lector. Se ha dicho que los neoclásicos veían el mundo como un gran reloj donde cada persona, usando la razón, podía "leer" las agujas, o sea, descifrar los diferentes fenómenos. Este conocimiento serviría para el progreso y beneficio universal. Tal fe en la razón se vio reforzada por las ideas que animaron las revoluciones americana (1776) y francesa (1789). Las reflexiones sobre los principios fundamentales de la Ilustración* le sirvieron de base al grupo privilegiado de criollos en su lucha por independizarse del poder español.

1.8.1 La literatura moralizante: José Joaquín Fernández de Lizardi. Bajo la influencia de estas corrientes de pensamiento se escribieron obras accesibles a los lectores y con un propósito didáctico. En este período se fortalece la sátira y, por el afán de enseñar, en poesía se cultiva la fábula.* Entre los neoclásicos españoles, Luzán (1702–1754) resume mejor que ningún otro el espíritu de la época. Su *Poética* recoge los principios animadores del neoclasicismo —decoro, verosimilitud e imitación de la naturaleza— a la vez que subraya su finalidad: la obra literaria debe ser entretenida y didáctica. Si bien *El Periquillo Sarniento* (1816) del mexicano José Joaquín Fernández de Lizardi (1776–1827) vuelve al siglo XVII español para adoptar el patrón picaresco, toma del período neoclásico las ideas de reforma social, el interés por enseñar deleitando y la capacidad de regeneración del protagonista.

1.8.2 La literatura satírica: Esteban de Terralla y Landa. Durante el siglo XVIII la vena satírica ya observada anteriormente en la poesía de Mateo Rosas de Oquendo y Caviedes, tiene importantes cultivadores. Entre ellos sobresale el español Esteban de Terralla y Landa (¿?–¿1798?), residente de México y Lima por mucho tiempo. Terralla escribió *Lima por dentro y fuera* (1797), un largo romance* epistolar muy influido por Quevedo, donde la voz poética, en respuesta a una solicitud de un amigo que desea abandonar México por Lima, se burla de esa capital sudamericana y de sus habitantes. Los enojados limeños confiscaron y quemaron varias copias de la obra. En la Hispanoamérica virreinal, en consonancia con el afán didáctico de la época, también se escribieron fábulas. Ejemplifica esta dirección la obra del guayaquileño Rafael García Goyena (1766–1823), cuyas composiciones publicadas póstumamente muestran la influencia de los grandes maestros del género, Iriarte y Samaniego.

1.8.3 La literatura de viajes: Alonso Carrió de la Vandera. Un curioso libro, *El lazarillo de ciegos caminantes* (1775), donde el inspector de correos Alonso Carrió de la Vandera (c. 1715–1783) describe su viaje a lomo de mula desde Buenos Aires hasta Lima, recoge las inquietudes reformistas de la época. La obra es también importante para el desarrollo de la narrativa, pues ofrece descripciones costumbristas* y se vale del modelo picaresco para incorporar materiales heterogéneos. Entre éstos se destaca un curioso personaje, Calixto Bustamante Carlos Inca, alias "Concolorcorvo" (con el color del cuervo o negro), quien se presenta como el "verdadero" autor.

1.8.4 La poesía descriptiva: Andrés Bello. Las expediciones científicas que llegaron a Hispanoamérica en el siglo XVIII con el propósito de estudiar la geografía, la flora y la fauna, estimularon el interés por el mejor conocimiento de la naturaleza y del continente. Entre ellas es notable la del científico alemán Alejandro de Humboldt (1769–1859) que, entre 1799 y 1804, visitó diversas partes de México, Sudamérica y la isla de Cuba. El poeta y ensayista Andrés Bello (1781–1865) era un joven de dieciocho años cuando Humboldt llegó a Caracas, en 1799, y acompañó al sabio alemán en varias excursiones por esa ciudad. Esta experiencia añadiría luego un matiz científico a sus descripciones de la naturaleza americana. El interés de Humboldt y de otros estudiosos sirvió para impulsar la poesía descriptiva —la tendencia más importante dentro del neoclasicismo— que expresa un sentimiento de apego a lo americano y anticipa la expresión nacionalista, típica del período romántico posterior.

El escritor más sobresaliente de esta época es el venezolano Andrés Bello, cuya obra sirve de puente entre el neoclasicismo y el romanticismo.* En el extenso poema "La alocución a la poesía", invita a las musas a trasladarse al Nuevo Mundo; y en la silva* "La agricultura de la zona tórrida", el gran humanista alaba la belleza y la utilidad de la naturaleza americana, censura la vida urbana y elogia las virtudes del campo. El cariño por su tierra y el respeto a la libertad, evidentes en este poema, anticipan un cambio de estilo —el romántico— y reafirman la independencia cultural y política de Hispanoamérica. Esta independencia se aseguró para el continente con los triunfos de Junín y Ayacucho (1824); sin embargo, en el Caribe la situación fue muy diferente. La actual República Dominicana consiguió su libertad en 1821, pero fue ocupada por Haití hasta 1844; se inició entonces un período de luchas entre los líderes y en un momento dado

(1861–1865) la colonia volvió a ser gobernada por España. A raíz de la guerra cubano-hispano-norteamericana (1898) y del Tratado de París, firmado por los representantes de las dos principales potencias (España y los EE. UU.), Cuba se independizó finalmente en 1902; sin embargo, a su constitución se le agregó la Enmienda Platt, vigente hasta 1934, dándole el derecho a los Estados Unidos de intervenir en los asuntos financieros y diplomáticos de la nueva república. Junto con las Filipinas y Guam, Puerto Rico pasó a manos norteamericanas y más tarde la isla se convirtió en Estado Libre Asociado.

1.9 Sumario

1.1. La tradición oral, los dibujos simbólicos y la escritura alfabética
    1.1.1. Los sistemas amerindios de conservar el saber
    1.1.2. La recuperación de las raíces nativas: el *Popol Vuh,* los *Cantares mexicanos, Dioses y hombres de Huarochirí*

1.2. Tempranas influencias europeas
    1.2.1. El humanismo en España
    1.2.2. La transformación del modelo clásico

1.3. La representación de la nueva realidad
    1.3.1. Los problemas formales
    1.3.2. La impronta americana

1.4. La visión europea de América (s. XVI)
    1.4.1. Las cartas de Cristóbal Colón y de Hernán Cortés
    1.4.2. La protesta de Bartolomé de las Casas
    1.4.3. La historia de Bernal Díaz del Castillo
    1.4.4. La épica y el poema de Alonso de Ercilla y Zúñiga

1.5. La presencia africana y el proceso de deculturación

1.6. Los primeros escritores indoamericanos: el Inca Garcilaso de la Vega

1.7. El apogeo de la literatura colonial (s. XVII)
    1.7.1. La influencia del barroco: culteranismo y conceptismo
    1.7.2. La presencia de la mujer: Sor Juana Inés de la Cruz
    1.7.3. La sátira: Juan del Valle y Caviedes
    1.7.4. El teatro cortesano: Juan Ruiz de Alarcón y Juan de Espinosa Medrano
    1.7.5. El teatro de resistencia: *Tragedia del fin de Atahualpa* y *El Güegüense*
    1.7.6. La prosa narrativa: Bernardo de Balbuena y Carlos de Sigüenza y Góngora

1.8. Encuentro y pugna de diversos estilos (s. XVIII)
    1.8.1. La literatura moralizante: José Joaquín Fernández de Lizardi
    1.8.2. La literatura satírica: Esteban de Terralla y Landa
    1.8.3. La literatura de viajes: Alonso Carrió de la Vandera
    1.8.4. La poesía descriptiva: Andrés Bello

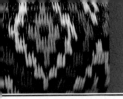

VOCES AMERINDIAS: LOS MAYAS, LOS NAHUAS Y LOS QUECHUAS

Cuando los europeos llegaron a América encontraron diversas maneras de conservar el saber entre los pueblos del continente. El conocimiento y los hechos del pasado se transmitían a través de la tradición oral, por medio de jeroglíficos, dibujos simbólicos y nudos de colores o quipus. Estas formas de transmisión del saber fueron desplazadas con la introducción del alfabeto latino y el prestigio que la escritura adquirió en la sociedad colonial. En las décadas posteriores a la conquista, sacerdotes y humanistas comenzaron a instruir sólo a grupos selectos de amerindios en la lengua castellana y la cultura occidental. Al mismo tiempo, frailes catequizadores se dedicaron a aprender los diversos idiomas nativos y publicaron los primeros diccionarios para facilitar la labor de evangelización y aculturación de esa población. Productos de estos esfuerzos son las versiones escritas mediante el uso del alfabeto latino de narraciones y poemas en lenguas maya-quiché, náhuatl y quechua. Este paso de lo oral a lo escrito, de la imagen a la letra, afirma el prestigio de la escritura en la nueva sociedad colonial. En la inscripción original y la traducción de estos textos participaron tanto indígenas como europeos; sin embargo, sólo un grupo muy reducido de estudiosos tuvo acceso a ellos. Su estudio comenzó en el siglo XIX, labor continuada más recientemente por lingüistas y antropólogos; los primeros han repasado y perfeccionado las traducciones; los segundos nos han ayudado a descifrar su mensaje. Gracias a estos esfuerzos hoy día tenemos acceso a estos textos y escuchamos las antiguas voces, cuya belleza y singularidad han enriquecido la literatura hispanoamericana. A continuación ofrecemos un breve resumen de las características de las modalidades más representativas: el relato mítico en la zona maya-quiché y la lírica en las áreas nahuas y quechuas.

La literatura y la cultura **maya** se han estudiado a través de los *Libros de Chilam Balam,* de diferentes poblados de la península de Yucatán y del *Popol Vuh* o *Libro del consejo,* escrito en lengua quiché. El *Popol Vuh,* llamado así en honor de un sacerdote que vivió poco antes de la conquista y predijo la llegada de los europeos, relata los mitos y la historia de los grupos quichés. Los varios *Libros de Chilam Balam* (Chumayel, Tizimín, Maní, etc.), recopilan conocimientos religiosos, históricos, literarios y astronómicos de diversas épocas. Ambas obras fueron escritas después de la conquista española, pero siguiendo la antigua tradición de los caracteres jeroglíficos en piedra, estuco, madera, cerámica, jade y de los códices hechos en tiras de papel de amate o piel de venado, a través de los cuales los mayas dejaron constancia de sus amplios conocimientos científicos y de su preocupación por el ser humano. Como poseían una concepción cíclica del universo en la cual los astros y el tiempo se consideraban divinidades, no sería desacertado suponer que su interés científico nació de la necesidad de conocer mejor a estas divinidades con el fin de facilitar la vida terrenal. De ahí el deseo de preservar este saber.

La poesía **náhuatl** tiene antiquísimas raíces, pero probablemente la mayor parte de las composiciones que se conocen se concibieron en el siglo anterior a la conquista española. Conviene recordar que en la cultura náhuatl los documentos pictográficos sólo servían para ayudar la memoria, pues tanto los acontecimientos del pasado como los conocimientos, se transmitían oralmente en forma poética y se cantaban acompañados de música. Los signos pictográficos de los códices o de "libros" pintados ayudaban a recordar el contenido de los cantos. Como para "leerlos" se marcaban con el dedo los signos mientras se entonaba el poema correspondiente, a este acto se le llamaba "cantar pinturas".

La voz del poeta recogía el sentimiento de la colectividad ante los acontecimientos y los poderes que los controlaban, por tanto, quien cantaba carecía de importancia como individuo. Esto ha hecho suponer a varios estudiosos que las personas a quienes se les han atribuido diversos poemas son la suma de varios individuos cuya obra se fue filtrando y consolidando hasta ser recopilada después de la conquista. Por otro lado, se ha sostenido que, debido a la importancia de la actividad poética en la sociedad nahua, los reyes y los nobles eran quienes se dedicaban a ella. Si esta hipótesis pudiera comprobarse, los nombres de los poetas corresponderían a figuras históricas conocidas. Entre más de los treinta y tres vates nahuas nombrados se destacan Nezahualcóyotl, rey de Texcoco, Motecuhzoma o Moctezuma, el soberano azteca que regía en el momento de la conquista, y Macuilxóchitl, una de las pocas mujeres de las que se tiene noticia.

La poesía náhuatl es casi inconfundible. En ella abundan las reiteraciones, los símbolos e imágenes particulares, la insistencia en ciertas palabras y frases cortas, así como el uso de metáforas y comparaciones fijas. Las reiteraciones son explicables por el carácter oral de la tradición y por la costumbre de cantar los poemas. Las imágenes poéticas más frecuentes se refieren a aves de rico plumaje y de diversos colores, a flores de colores y formas exóticas, a metales nobles y a piedras preciosas, como el oro, el jade y las esmeraldas. Valiéndose de partículas interjectivas, estribillos, paralelismos y expresiones redundantes ("la flor y el canto" = poesía; "el rostro y el corazón" = la personalidad; "la tinta negra y roja" = sabiduría; "la greda y las plumas" = sacrificio), los nahuas lograron un sofisticado grado de expresión. Su poesía se ocupa de temas tan variados como universales: la fugacidad del tiempo y de la vida, lo inevitable de la muerte, el enfrentamiento con lo divino, la posibilidad de trascender y perdurar a través de "la flor y el canto".

Los **incas,** así como los nahuas del valle central de México, le dieron gran importancia a la poesía: el canto estaba presente en las faenas agrícolas, en ceremonias fúnebres y en las celebraciones oficiales. Los **amautas** o sabios consejeros, tenían a su cargo las representaciones dramáticas. Puesto que formaban parte del séquito imperial, creaban composiciones para exaltar las victorias guerreras, la ascensión al trono del nuevo inca, los hechos más importantes de su reinado, así como himnos religiosos a través de los cuales los gobernantes y el pueblo invocaban a sus deidades. Junto a ellos estaban los **haravicus** o "inventores de poesía", quienes muchas veces declamaban sus versos acompañados por el público. De igual manera que en el México antiguo, estas composiciones incaicas se cantaban y representaban, pues la poesía servía para conservar la memoria de los acontecimientos y estaba ligada a la música y a la danza.

Sin embargo, en contraste con la producción del México antiguo, las escasas muestras de poesía incaica conservadas corresponden a la modalidad religiosa.

En *Primer nueva corónica y buen gobierno* (c. 1615), la historia ilustrada del cronista andino Felipe Guaman Poma de Ayala, se encuentran las composiciones más abundantes y variadas. El Inca Garcilaso de la Vega dedicó un capítulo de los *Comentarios reales* a describir la poesía incaica (1.ª parte, 1609, libro 11, cap. 27).

La expresión literaria en lenguas amerindias era muy viva y así lo testimonian antologías y recopilaciones, aunque lamentablemente de limitada circulación. Los poemas y las narraciones posteriores a este primer período de colonización recogen el dolorido sentir de los pueblos indígenas, el orgullo de sus tradiciones y expresan sus anhelos por un futuro mejor. En nuestros días la literatura escrita en lenguas nativas reafirma la capacidad de resistencia de los pueblos indígenas, el orgullo en las tradiciones autóctonas y la heterogeneidad cultural y lingüística de Hispanoamérica. Natalio Hernández Xocoyotzin, poeta bilingüe en náhuatl y español, ha expresado muy bien la actual dinámica entre los códigos nativos y la lengua importada. Compara el español con el árbol del ahuehuete, que cobija y da sombra. Este árbol, según nos explica, se nutre de las lenguas indígenas que le otorgan sus características al castellano de México. Si bien debemos alegrarnos de la difusión del español, igualmente, agrega Hernández Xocoyotzin, debemos empeñarnos en mantener vivas las lenguas nativas y continuar cultivando y esparciendo "la flor y el canto".

■ Bibliografía mínima

Arata, Luis. "Dream Textures of the *Popul Vuh*". *Journal of the Fantastic in the Arts* 7.4 (1996): 74–83. Impreso.

Bendezú Aybar, Edmundo, ed. *Literatura quechua*. Caracas: Biblioteca Ayacucho, 1980. Web. <http://www.bibliotecayacucho.gob.ve/fba/>.

De la Garza, Mercedes, ed. *Literatura maya*. Caracas: Biblioteca Ayacucho, 1980. Web. <http://www.bibliotecayacucho.gob.ve/fba/>.

Husson, Jean-Philippe, ed. *Entre tradición e innovación: cinco siglos de literatura amerindia*. Lima: Fondo Editorial, PUCP, 2005. Impreso.

Leander, Birgitta, ed. *In xochitl in cuicatl= Flor y canto. La poesía de los aztecas*. México, D. F.: Instituto Nacional Indigenista, 1972. Impreso.

Lee, Jongsoo. *The Allure of Nezahualcoyotl. Pre-Hispanic History, Religion and Nahua Poetics*. Albuquerque: U of New Mexico Press, 2008. Impreso.

León-Portilla, Miguel and Earl Shorris, ed. *In the Language of Kings. An Anthology of Mesoamerican Literature. Pre-Columbian to the Present*. New York: Norton, 2001. Impreso.

León-Portilla, Miguel, ed. *Literatura del México antiguo*. Caracas: Biblioteca Ayacucho, 1980. Web. <http://www.bibliotecayacucho.gob.ve/fba/>.

Noriega Bernuy, Julio and Maureen Ahern. *Pichka Harawikuna: Five Quechua Poets: An Anthology*. Pittsburgh: Latin American Literary Review, 1998. Impreso.

Noriega Bernuy, Julio, ed. *Poesía quechua escrita en el Perú*. Lima: CEP, 1993. Impreso.

Townsend, Camilla. "'What in the World have You Done to Me My Lover:' Sex, Servitude and Politics among the Pre-Conquest Nahuas as Seen in the *Cantares mexicanos*". *The Americas* 62 (2006): 349–89. Impreso.

Popol Vuh[1] (Las antiguas historias del Quiché)

[POR QUÉ LOS MONOS SE PARECEN A LOS HOMBRES]

[Este capítulo cuenta la creación de una segunda humanidad hecha de palo; como estos seres no tenían alma ni entendimiento, tampoco adoraban a sus dioses y fueron destruidos por ellos.]

En seguida fueron aniquilados, destruidos y deshechos los muñecos de palo, y recibieron la muerte.

Una inundación fue producida por el Corazón del Cielo;[2] un gran diluvio se formó, que cayó sobre las cabezas de los muñecos de palo.

5　De **tzité**[3] se hizo la carne del hombre, pero cuando la mujer fue labrada por el Creador y el Formador,[4] se hizo de espadaña[5] la carne de la mujer. Estos materiales quisieron el Creador y el Formador que entraran en su composición.

Pero no pensaban, no hablaban con su Creador y su Formador, que los habían hecho, que los habían creado. Y por esta razón fueron muertos, fueron ane-
10　gados.[6] Una resina abundante vino del cielo. El llamado **Xecotcovach** llegó y les vació los ojos; **Camalotz** vino a cortarles la cabeza; y vino **Cotzbalam**[7] y les devoró las carnes. El **Tucumbalam** llegó también y les quebró y magulló[8] los huesos y los nervios, les molió y desmoronó los huesos.

Y esto fue para castigarlos porque no habían pensado en su madre, ni en
15　su padre, el Corazón del Cielo, llamado Huracán. Y por este motivo se oscureció la faz de la tierra y comenzó una lluvia negra, una lluvia de día, una lluvia de noche.

Llegaron entonces los animales pequeños, los animales grandes, y los palos y las piedras les golpearon las caras. Y se pusieron todos a hablar; sus tinajas,[9] sus
20　comales,[10] sus platos, sus ollas, sus perros,[11] sus piedras de moler, todos se levantaron y les golpearon las caras.

—Mucho mal nos hacíais; nos comíais, y nosotros ahora os morderemos, les dijeron sus perros y sus aves de corral.[12]

Y las piedras de moler:

25　—Éramos atormentadas por vosotros; cada día, cada día, de noche, al amanecer, todo el tiempo hacían **holi, holi huqui, huqui**[13] nuestras caras, a causa

---

[1] Es, según la etimología maya, "libro de la comunidad". La mayoría de las notas para esta selección provienen de la edición de Adrián Recinos recogida en *Literatura maya*, citada en la bibliografía.
[2] Divinidad relacionada con el rayo y el trueno.
[3] Árbol cuya madera se usa para cercar; tiene por fruto una vaina que contiene granos rojos semejantes al frijol, los cuales se usan tradicionalmente en ceremonias adivinatorias junto con granos de maíz.
[4] Una de las parejas creadoras; sus nombres en maya son **Tzacol y Bitol**.
[5] Planta usada en la fabricación de esteras.
[6] Inundados.

[7] Los tres son demonios, mensajeros de Alom, una divinidad que intentó crear a los humanos.
[8] Golpear violentamente.
[9] Recipiente de barro más ancho en el medio que en el fondo o la boca, que sirve para guardar líquidos.
[10] Plato grande que se usa para cocer las tortillas de maíz.
[11] Variedad de perros que, como no ladraban, los cronistas llamaron "perros mudos"; no son los mismos que hoy existen en América.
[12] Se refiere a: el pavo, el faisán y la gallina del monte.
[13] Palabras onomatopéyicas que imitan el sonido de la piedra cuando se muele el maíz.

de vosotros. Este era el tributo que os pagábamos. Pero ahora que habéis dejado de ser hombres probaréis nuestras fuerzas. Moleremos y reduciremos a polvo vuestras carnes, les dijeron sus piedras de moler.

30   Y he aquí que sus perros hablaron y les dijeron:

—¿Por qué no nos dabais nuestra comida? Apenas estábamos mirando y ya nos arrojabais de vuestro lado y nos echabais fuera. Siempre teníais listo un palo para pegarnos mientras comíais.

      Así era como nos tratabais. Nosotros no podíamos hablar. Quizás no os
35 diéramos muerte ahora; pero ¿por qué no reflexionabais, por qué no pensabais en vosotros mismos? Ahora nosotros os destruiremos, ahora probaréis vosotros los dientes que hay en nuestra boca: os devoraremos, dijeron los perros, y luego les destrozaron las caras.

      Y a su vez sus comales, sus ollas les hablaron así:

40   —Dolor y sufrimiento nos causabais. Nuestra boca y nuestras caras estaban tiznadas, siempre estábamos puestos sobre el fuego y nos quemabais como si no sintiéramos dolor. Ahora probaréis vosotros, os quemaremos, dijeron sus ollas, y todos les destrozaron las caras. Las piedras del hogar, que estaban amontonadas, se arrojaron directamente desde el fuego contra sus cabezas causándoles dolor.

45   Desesperados corrían de un lado para otro; querían subirse sobre las casas y las casas se caían y los arrojaban al suelo; querían subirse sobre los árboles y los árboles los lanzaban a lo lejos; querían entrar en las cavernas y las cavernas se cerraban ante ellos.

      Así fue la ruina de los hombres que habían sido creados y formados, de los
50 hombres hechos para ser destruidos y aniquilados: a todos les fueron destroza-das las bocas y las caras.

      Y dicen que la descendencia de aquéllos son los monos que existen ahora en los bosques; éstos son la muestra de aquéllos, porque sólo de palo fue hecha su carne por el Creador y el Formador.[14]

55   Y por esta razón el mono se parece al hombre, es la muestra de una genera-ción de hombres creados, de hombres formados que eran solamente muñecos y hechos solamente de madera.

      Popul Vuh, ed. Adrián Recino, en Mercedes de la Garza, ed., *Literatura maya.*

Poesía náhuatl

No acabarán mis flores...

      No acabarán mis flores,
no cesarán mis cantos,
yo cantor los elevo,
se reparten, se esparcen.
5 Aun cuando las flores
se marchitan y amarillecen,

---

[14] Otros anales o historias de los mayas hablan de una edad de la tierra, la cuarta, cuando se ahogaron muchas personas y otras fueron echadas a los montes y se convirtieron en monos.

serán llevadas allá, al interior de la casa
del ave de plumas de oro.

> Atribuida a Nezahualcóyotl. Trad. Miguel León-Portilla, *Cantares mexicanos*, en Miguel León-Portilla, ed., *Literatura del México antiguo.*

YO LO PREGUNTO

Yo, Nezahualcóyotl lo pregunto:
¿Acaso de veras se vive con raíz en la tierra?
No para siempre en la tierra:
sólo un poco aquí.
5 Aunque sea de jade se quiebra,
aunque sea oro se rompe,
aunque sea plumaje de quetzal[15] se desgarra.
No para siempre en la tierra:
sólo un poco aquí.

> Atribuida a Nezahualcóyotl, Trad. Miguel León-Portilla, *Cantares mexicanos*, en Miguel León Portilla, ed., *Literatura del México antiguo.*

DESPUÉS DE LA DERROTA

Y todo esto pasó con nosotros.
Nosotros lo vimos,
nosotros lo admiramos.
Con esta lamentosa y triste suerte
5 nos vimos angustiados.

En los caminos yacen dardos rotos,
los cabellos están esparcidos.
Destechadas están las casas,
enrojecidos tienen sus muros.
10 Gusanos pululan[16] por calles y plazas,
y en las paredes están salpicados los sesos.
Rojas están las aguas, están como teñidas,
y cuando las bebemos,
es como si bebiéramos agua de salitre.

15 Golpeábamos, en tanto, los muros de adobe,
y era nuestra herencia una red de agujeros.
Con los escudos fue su resguardo,
pero ni con escudos puede ser sostenida su soledad.

Hemos comido palos de colorín,
20 hemos masticado grama salitrosa,
piedras de adobe, lagartijas,
ratones, tierra en polvo, gusanos[17] [...]

---

[15] Ave de bellas y multicolores plumas. La más hermosa es la *Pharomachrus mocinno* que figura en la bandera de Guatemala; la moneda de ese país recibe su nombre de este pájaro cuyas plumas han sido muy codiciadas en Mesoamérica.

[16] Muchos gusanos se mueven.

[17] Alimentos despreciables.

Comimos la carne apenas,
sobre el fuego estaba puesta.
25 Cuando estaba cocida la carne,
de allí la arrebataban,
en el fuego mismo, la comían.

Se nos puso precio.
Precio del joven, del sacerdote,
30 del niño y de la doncella.
Basta: de un pobre era el precio
sólo dos puñados de maíz,
sólo diez tortas de mosco;
sólo era nuestro precio
35 veinte tortas de grama salitrosa.

Oro, jade, mantas ricas,
plumajes de quetzal,
todo eso que es precioso,
en nada fue estimado […]

Trad. Ángel María Garibay, *Anónimo de Tlatelolco* (1528), en Birgitta Leander, ed., *In xóchitl in cuicatl= Flor y canto: la poesía de los aztecas*.

Poesía quechua

CON REGOCIJADA BOCA

Con regocijada boca,
con regocijada lengua,
de día
y esta noche llamarás.
5 Ayunando cantarás con voz de calandria,[18]
y quizá en nuestra alegría,
en nuestra dicha,
desde cualquier lugar del mundo,
el creador del hombre,
10 el Señor Todopoderoso,
te escuchará.
"¡Jay!", te dirá,
y tú
donde quiera que estés,
15 y así para la eternidad,
sin otro señor que él
vivirás, serás.

Trad. José María Arguedas, recogida en Juan de Santacruz Pachacuti, *Relación de las antigüedades deste reyno del Pirú* (c. 1613), en Edmundo Bendezú Aybar, ed., *Literatura quechua*.

---

[18] Ave de la familia de la alondra.

Arawi Morena mía

Morena mía,
Morena, tierno manjar,
sonrisa del agua,
tu corazón no sabe
5 de penas
y no saben de lágrimas
tus ojos.

Porque eres la mujer más bella,
porque eres reina mía,
10 porque eres mi princesa,
dejo que el agua del amor
me arrastre en su corriente,
dejo que la tormenta
de la pasión me empuje
15 allí donde he de ver la manta
que ciñe tus hombros
y la saya resuelta
que a tus muslos se abraza.

Cuando es de día,
20 ya no puede llegar la noche;
de noche, el sueño me abandona
y la aurora no llega.

Tú, reina mía,
señora mía,
25 ¿ya no querrás
pensar en mí
cuando el león y el zorro
vengan a devorarme
en esta cárcel,
30 ni cuando sepas
que condenado estoy
a no salir de aquí, señora mía?

Trad. Jesús Lara, recogida en Felipe Guaman Poma de Ayala, *Primer nueva corónica y buen gobierno* (c. 1615), en Edmundo Bendezú Aybar, ed., *Literatura quechua*.

Canción amorosa

Al cantico[19]
dormirás
media noche
yo vendré.

Trad. el Inca Garcilaso de la Vega en *Comentarios reales* (1.ª parte, 1609), en Edmundo Bendezú Aybar, ed., *Literatura quechua*.

---

[19] Cerquita, cerca, en la traducción del quechua.

Hermosa doncella

Hermosa doncella,
aquese tu hermano
el tu cantarillo
lo está quebrantando,
5 y de aquesta causa
truena y relampaguea,
también caen rayos.
Tú, real doncella,
tus muy lindas aguas
10 nos darás lloviendo;
también a las veces[20]
granizar nos has,
nevarás asimesmo[21]
el Hacedor del Mundo,
15 el Dios que le anima,
el gran **Viracocha,**[22]
para aqueste oficio
ya te colocaron
y te dieron alma.

Trad. el Inca Garcilaso de la Vega en *Comentarios reales* (1.ª parte, 1609), en Edmundo Bendezú Aybar, ed., *Literatura quechua.*

■ Preguntas generales

1. ¿Por qué los testimonios indígenas pueden considerarse documentos coloniales? ¿Quiénes intervinieron en su recopilación en las primeras décadas de la colonia y con qué propósito lo hicieron?
2. Mencione dos libros del área maya-quiché y explique su contenido.
3. ¿Qué funciones tenían los documentos pictográficos en la zona nahua? ¿Qué entendían los nahuas por "cantar pinturas"?
4. ¿Cuáles son las dos teorías que hay sobre la identidad de los poetas de la zona nahua?
5. ¿Quiénes eran los **amautas** y los **haravicus** y cómo relaciona Ud. su labor con el desarrollo de la poesía?
6. ¿Qué se entiende por "heterogeneidad cultural" y qué papel desempeñan actualmente las literaturas indígenas en la definición de este concepto?

■ Preguntas de análisis

1. ¿Qué entendemos por "tiempo cíclico" y cómo lo observamos en la selección del *Popol Vuh*?

---

[20] Algunas veces, ocasionalmente.
[21] Asimismo.

[22] Para los incas, es el Señor del universo.

2. ¿Qué otras historias de la creación de la humanidad recuerda y cómo se comparan con la de "los hombres de palo"?

3. ¿Cuáles son las características del lenguaje metafórico de los nahuas y cómo las relacionamos con los dos primeros poemas de la selección?

4. Explique detalladamente los sentimientos que se desprenden de "Después de la derrota".

5. ¿Qué relación entre la persona y la divinidad propone la voz poética de "Con regocijada boca"?

6. Cuente las sílabas de cada verso en "Canción amorosa". ¿Cómo explica el Inca Garcilaso esta brevedad en el libro 2, cap. 27 de sus *Comentarios reales*?

7. ¿Cómo describe a la amada la voz poética en "Morena mía"? ¿Qué imágenes sugieren la pasión amorosa y por qué cree Ud. que se utilizan? ¿Cuál es el temor que expresa la voz poética?

■ Temas para informes escritos

1. Modos de conservar el saber en las culturas indígenas.

2. El *Popol Vuh* y su importancia.

3. El Colegio de Tlatelolco, objetivos e historia.

4. Los **amautas** y **haravicus** y su función en el imperio incaico.

5. El Inca Garcilaso de la Vega y su apreciación de la poesía quechua.

■ Temas de reflexión y comentario

1. Los misioneros ante el antiguo saber americano: el caso de Bernardino de Sahagún.

2. Coexistencia de diferentes modos de conservar el saber en las primeras décadas del contacto hispano-indígena.

3. El *Popol Vuh* y otros mitos de origen.

4. El papel de los indios ladinos (capacitados en español y lenguas autóctonas): el caso de Felipe Guaman Poma de Ayala.

5. Escritores de hoy en lenguas nativas: temas, circulación, expectativas.

CRISTÓBAL COLÓN

1451, Génova, Italia–1506,
Valladolid, España

El 3 de agosto de 1492, con tres naves y un total de noventa tripulantes, Cristóbal Colón partió del puerto de Palos de la Frontera (Huelva) en busca de una nueva ruta marítima para llegar a Catay (China) y Cipango (Japón). No sospechaba el Almirante que al término de su viaje hallaría otro continente. Confundido, creyó que había llegado a la India y por eso llamó a los apacibles habitantes de las islas del Caribe, "indios". Más confundido todavía, creyó que Cuba era Catay y que Cibao (región de la isla que después llamó La Española y que hoy incluye los países de Haití y la República Dominicana) era Cipango.

Fue Colón el primer europeo en describir el Nuevo Mundo. Sus escritos se caracterizan por el empleo de un español vacilante, la abundancia de términos náuticos y una fuerte dosis de fantasía. De origen genovés y marino desde muy temprana edad, Colón hablaba varios idiomas, pero no llegó a expresarse con corrección en ninguno de ellos. Aprendió tardíamente el castellano cuando, después del fracaso de sus gestiones en Portugal, se acercó a la corte de los Reyes Católicos con el propósito de conseguir apoyo para su empresa ultramarina.

Como los escritos de Colón eran difíciles de entender, aun en su propia época, los copistas, en su afán de aclarar y castellanizar este lenguaje, contribuyeron a añadir errores e imprecisiones. Vale notar que muchos de los originales se han perdido y hoy día sólo quedan las copias. Por ejemplo, el famoso *Diario* del primer viaje se conserva gracias a que Fray Bartolomé de las Casas (ver pp. 30–38), amigo de la familia Colón, se ocupó de hacer un resumen del hoy desaparecido documento.

Una de las características más notables de los escritos colombinos es la abundancia de elementos imaginarios acompañados frecuentemente de detalles comerciales. Lector de Marco Polo, de las populares novelas de caballería, de la épica renacentista y de la *Historia natural* de Plinio el Viejo, Colón sitúa en América a las sirenas, a las amazonas y a los hombres con cola de estas lecturas, tan ligadas a leyendas clásicas. Interesado en que Fernando II de Aragón e Isabel I de Castilla, los Reyes Católicos, vean su hazaña como una buena inversión, no vacila en exagerar la riqueza y belleza de las tierras americanas, así como la bondad y el carácter pacífico de sus habitantes. Por eso, el Almirante y sus hombres buscan desesperadamente el oro que deben llevar a España para confirmar lo relatado en cartas y documentos. También por ello Colón describe a los indígenas del Caribe, desconocedores del hierro y de las armas de fuego, con una economía basada en el trueque y la agricultura de subsistencia, como a seres a los cuales se podría conquistar y cristianizar fácilmente, todo para la gloria de la Iglesia, de los Reyes Católicos y de Cristóbal Colón. El viaje del Almirante abrió el Nuevo Mundo a las potencias imperiales europeas; las consecuencias de esta iniciación, con su secuela de enfermedades y maltratos, sufrida en particular por la población nativa, son bien conocidas.

Entre los documentos colombinos, quizá el más famoso sea la carta con fecha probablemente falsa del 15 de febrero de 1493, que el Almirante dirigió a Luis de Santángel, escribano de los Reyes Católicos, para darle cuenta de su primer viaje. En ella, Colón establece las bases de la expansión española en el Nuevo Mundo: América es tierra de abundancia con pobladores a quienes se puede conquistar fácilmente. De la popularidad de esta carta publicada en Barcelona en abril de 1493, dan cuenta sus varias traducciones y ediciones del siglo XV: al latín (nueve ediciones entre 1493 y 1494), al italiano en forma versificada (tres ediciones en 1493) y al alemán (una edición en 1497). La mayoría de los críticos concuerda en que la arbitrariamente llamada "carta del descubrimiento" fija la imagen que los europeos van a tener de América: una tierra de riqueza sin límites con un clima de eterna primavera, un continente de maravilla y de promesas. Por eso no debe extrañarnos que un marinero de Américo Vespucio visite la isla donde el inglés Tomás Moro (1478–1535) ubicará a los habitantes de su *Utopía* (1516), o que, más tarde, el humanista italiano Tommaso Campanella (1568–1639), en su *Ciudad del sol* (1602), sitúe la metrópoli ideal en Sudamérica y que su gobierno tenga rasgos semejantes a los asociados entonces con los antiguos imperios inca y azteca; ni que después los habitantes de la *Nueva Atlántida* (1626) de Francis Bacon (1561–1626) hablen español. Gracias a las descripciones del Almirante, el hasta entonces inédito territorio entró en el imaginario occidental.

■ Bibliografía mínima

Bartosik-Vélez, Elise. "The Three Rhetorical Strategies of Christopher Columbus". *Colonial Latin American Review* 11.1 (2002): 33–46. Impreso.

Colón, Cristóbal. *Textos y documentos completos. Nuevas cartas.* Ed. Consuelo Valera y Juan Gil. Madrid: Alianza, 2003. Impreso.

Delaney, Carol. "Columbus's Ultimate Goal: Jerusalem". *Comparative Studies in Society and History* 48.2 (2006): 260–92. Impreso.

Hulme, Peter. "Columbus and the Cannibals". Ed. Bill Ashcroft et al. *The Post-Colonial Studies Reader.* London: Routledge, 1995: 365–69. Impreso.

Library of Congress exhibit, "1492: An Ongoing Discovery". Web. <http://www.loc.gov/exhibits/1492/>.

Manzi, Italo. "Cristóbal Colón visto por el cine". *Cuadernos Hispanoamericanos* 677 (2006): 113–21. Impreso.

McDonough, Kelly. "Estrategias discursivas de la Reconquista y la Conquista: La construcción del 'otro' en los romances y en las escrituras de Cristóbal Colón". *Confluencia* 23.1 (2007): 10–28. Impreso.

New York Public Library, Information on Columbus letters. Web. <http://www.nypl.org/research/chss/grd/resguides/ columbus.html#primary>.

Varela, Consuelo. *Cristóbal Colón. Retrato de un hombre.* Madrid: Alianza, 1992. Impreso.

Vilches, Elvira. "Columbus's Gift: Representations of Grace and Wealth and the Enterprise of the Indies". *MLN* 119.2 (2004): 201–25. Impreso.

Zamora, Margarita. " 'If Cahonaboa Learns to Speak …' Amerindian Voice in the Discourse of Discovery". *Colonial Latin American Review* 8.2 (1999): 191–206. Impreso.

Carta a Luis de Santángel

[…] Yo entendía harto de otros ind[i]os, que ya tenía tomados, cómo continuamente esta tierra [Cuba] era isla, y así seguí la costa de ella al Oriente ciento y siete leguas, hasta donde hacía fin; del cual cabo vi otra isla al Oriente, distinta[1] de ésta diez u ocho leguas, a la cual puse nombre la [E]spañola; y fui allí, y seguí
5 la parte del se[p]tentrión[2]… y todas las otras [islas] son fertilísimas en demasiado grado, y esta [Española] en extremo; en ella hay muchos puertos en la costa de la mar, sin comparación de otros que yo sepa en cristianos, y hartos ríos y buenos y grandes que es maravilla; las tierras de ella son altas, y en ella [hay] muy muchas sierras y montañas altísimas sin comparación de la isla de Tenerife,[3] todas her
10 mosísimas, de mil hechuras y todas andábiles[4] y llenas de árboles de mil maneras y altas, y parecen que llegan al cielo; y tengo por dicho que jamás pierden la hoja, según lo pude comprender, que los vi tan verdes y tan hermosos como son por mayo en [E]spaña; y de ellos estaban floridos, de ellos con fruto, y de ellos en otro término,[5] según es su calidad. Y cantaba el ruiseñor y otros pajaricos de mil ma
15 neras en el mes de noviembre por allí donde yo andaba. Hay palmas de seis o de ocho maneras,[6] que es admiración verlas por la diformidad hermosa de ellas… En ella [h]ay pinares a maravilla y [h]ay campiñas grandísimas, y [h]ay miel y de muchas maneras de aves y frutas muy diversas. En las tierras [h]ay muchas minas de metales y [h]ay gente *instimabile numero*.[7]
20 La [E]spañola es maravilla: las sierras y las montañas y las vegas y las campiñas y las tierras tan hermosas y gruesas para plantar y sembrar, para criar ganados de todas suertes, para edificios de villas y lugares. Los puertos de la mar, aquí no habría creencia sin vista, y de los ríos muchos y grandes y buenas aguas, los más de los cuales traen oro. En los árboles y frutos y yerbas [h]ay grandes
25 diferencias de aquellas de la Juana [Cuba: en ésta [h]ay muchas [e]specierías[8] y grandes minas de oro y de otros metales. La gente de esta isla y de todas las otras que he hallado y habido ni haya habido noticia, andan todos desnudos, hombres y mujeres, así como sus madres los paren, aunque algunas mujeres se cobijan[9] un solo lugar con una hoja de yerba o una cosa de algodón que para ello hacen. Ellos
30 no tienen hierro ni acero ni armas, ni son para ello; no porque no sea gente bien dispuesta y de hermosa estatura, salvo que son muy temerosos a maravilla. No tienen otras armas salvo las armas de las cañas cuando están con la simiente, a la cual ponen al cabo[10] un palillo agudo, y no osan usar[11] de aquellas que muchas veces me ha acaecido enviar a tierra dos o tres hombres a alguna villa para hacer
35 fabla,[12] y salir a ellos de ellos sin número y después que los veían llegar huían a no aguardar[13] padre a hijo. Y esto no porque a ninguno se [h]aya hecho mal, antes a todo cabo adonde yo [h]aya estado y podido haber fabla, les he dado de todo

---

[1] Distante.

[2] El norte.

[3] Tenerife es la mayor y más poblada de las Islas Canarias. Sus valles son muy fértiles.

[4] Fáciles de andar, de caminar.

[5] En otro estado.

[6] Variedades.

[7] Expresión latina que significa en gran número, en abundancia.

[8] Sustancias que servían para condimentar la comida (la pimienta, el clavo), especialmente las carnes.

[9] Se cubren.

[10] En el fin o en la punta.

[11] No se atreven a usar.

[12] Entablar conversación, conversar.

[13] Esperar.

lo que tenía, así paño como otras cosas muchas, sin recebir por ello cosa alguna, mas son así temerosos sin remedio. Verdad es que, después que aseguran y pier-
40 den este miedo, ellos son tanto sin engaño y tan liberales de lo que tienen, que no lo creería sino el que lo viese. Ellos de cosa que tengan, pidiéndosela, jamás dicen de no, antes convidan la persona con ello, y muestran tanto amor que darían los corazones, […] luego por cualquier cosica de cualquier manera que sea que se le dé por ello sean contentos. […] Hasta los pedazos de los arcos rotos de las pipas
45 tomaban y daban lo que tenían como bestias. Así que me pareció mal [y] yo lo de-fendí. Y daba yo graciosas mil cosas buenas que yo l[l]evaba porque tomen amor. Y allende de esto se harán cristianos, que se inclinan al amor y servicio de Sus Altezas y de toda la nación castellana, y procuran de ajuntar[14] de nos dar de las cosas que t[i]enen en abundancia que nos son necesarias. Y no conocían ninguna
50 se[c]ta ni idolatría, salvo que todos creen que las fuerzas y el bien es en el cielo,[15] y creían muy firme que yo con estos navíos y gente venía del cielo y en tal [a]catamiento[16] me recibían en todo cabo después de haber perdido el miedo. Y esto no procede porque sean ignorantes, salvo de muy sutil ingenio, y [h]ombres que navegan todas aquellas mares, que es maravilla la buena cuenta que ellos
55 dan de todo, salvo porque nunca vieron gente vestida ni semejantes navíos.
[…] Esta [La Española] es para desear, y vista, es para nunca dejar. En la cual, puesto que de todas tenga tomada posesión[17] por Sus Altezas y todas sean más abastadas[18] de lo que yo sé y puedo decir, y todas las tengo por de Sus Al-tezas[19], que de ellas pueden disponer como y tan cumplidamente como de los
60 reinos de Castilla, en esta Española, en el lugar más convenible y mejor comarca para las minas de oro y de todo trato así de la tierra firme de acá como de aquella de allá del Gran Can, adonde habrá grand[e] trato y ganancia. He tomado pose-sión de una villa grande a la cual puse nombre la Villa de Navidad,[20] y en ella he hecho fuerza y fortaleza, que ya a estas horas estará del todo acabada, y he
65 dejado en ella gente que abasta[21] para semejante hecho, con armas y artillerías y vituallas[22] por más de un año, y fusta[23] y maestro de la mar en todas artes para hacer otras, y grande amistad con el Rey de aquella tierra, en tanto grado que se preciaba de llamarme y tener[me] por hermano. Y aunque le mudase la voluntad a ofender esta gente, él ni los suyos no saben qué sean armas, y andan desnudos
70 como ya he dicho. Son los más temerosos que [h]ay en el mundo, así que sola-mente la gente que allá queda es para destruir toda aquella tierra, y es isla sin peligro de sus personas sabiéndose regir.
En todas estas islas me parece que todos los [h]ombres sean contentos con una mujer, y a su mayoral o Rey dan hasta veinte. Las mujeres me parece que
75 trabajan más que los [h]ombres. Ni he podido entender si t[i]enen bienes propios,

---

[14] Reunir.
[15] Vienen del cielo.
[16] Respeto.
[17] Apropiarse de la tierra y sus habitantes para la Corona.
[18] Con muchas provisiones.
[19] Pertenecen a los reyes.
[20] El fuerte Navidad fue construido con los restos de la Santa María, una de las naves de

Colón. Cuando el Almirante regresó en su segundo viaje (1493), el fuerte estaba destruido y sus defensores habían desaparecido.
[21] Suficiente gente.
[22] Comidas, víveres, provisiones.
[23] Embarcación pequeña de vela latina, con uno o dos palos.

que me pareció ver que aquello que uno tenía todos hacían parte, en especial de las cosas comederas.

[…] En conclusión, a hablar de esto solamente que se ha hecho este viaje, que fue así de corrida que pueden ver Sus Altezas que yo les daré oro cuanto
80 hubieran menester con muy poquita ayuda que Sus Altezas me darán ahora, [e]specería y algodón cuanto Sus Altezas mandaran cargar […] y esclavos cuantos mandaran cargar, y serán de los idólatras […].

[…] Así que, pues nuestro Redentor dio esta victoria a nuestros ilustrísimos Rey y Reina […] adonde toda la cristiandad debe tomar alegría y hacer grandes
85 fiestas y dar gracias solemnes a la Santa Trinidad con muchas oraciones solemnes, por el tanto ensalzamiento[24] que habrán en tornándose tantos pueblos a nuestra santa fe[25], y después por los bienes temporales que no solamente a la España, mas a todos los cristianos tendrán aquí refrigerio y ganancia.

■ Preguntas generales

1. ¿Cuál fue el objetivo inicial del viaje de Colón y cómo se evidencia en la carta?
2. ¿Por qué llama "indios" a los taínos que habitaban las islas del Caribe?
3. Comente sobre algunos de los problemas que presentan los escritos de Colón para el estudioso (historiador, antropólogo, filólogo).
4. ¿Qué recepción tuvo en Europa la carta de Colón a Santángel, y por qué?
5. ¿Por qué se estudia esta epístola dentro de la literatura hispanoamericana?

■ Preguntas de análisis

1. ¿Quién es Luis de Santángel y qué importancia tiene en el desarrollo de la empresa colombina?
2. ¿Cómo describe Colón la naturaleza americana? ¿Qué influencias del estilo usado para describir el paisaje en el Renacimiento encontramos aquí?
3. ¿Por qué exagera Colón las bondades de las tierras que ha encontrado?
4. Colón indica que ha "tomado posesión" de estas islas. ¿Hay justificación para esta acción de Colón dentro de las leyes de su época?
5. ¿Cómo se hace evidente el interés económico de Colón en su primera carta sobre el territorio que llamó Indias?
6. ¿Cómo, según Colón, los han percibido los taínos a él y a sus hombres, y qué importancia puede tener esa percepción en estos primeros contactos?

■ Temas para informes escritos

1. Colón y su relación con los Reyes Católicos.
2. La repartición del Nuevo Mundo según el Tratado de Tordesillas.
3. Imperios ibéricos en el Nuevo Mundo: la carta de Cristóbal Colón (1492) a Santángel y la carta de Pedro Vaz de Caminha (1550) al rey Manuel I de Portugal.

---

[24] Alabanzas.   [25] Se convertirán al cristianismo.

4. Cristóbal Colón, Bartolomé de las Casas y la reconstrucción del *Diario de navegación* del Almirante.
5. Las polémicas en torno al papel histórico de Colón.
6. El requerimiento: orígenes y uso.
7. Apreciación de Colón en el Quinto Centenario (1992) de su llegada a América.

■ Temas de reflexión y comentario

1. La importancia de los viajes en la temprana época moderna.
2. La visión utópica de América en las cartas de Colón.
3. Los animales míticos en los escritos de Colón.
4. Percepciones europeas del indígena americano.
5. Hechos históricos cercanos al primer viaje de Colón: la reconquista de Granada, la expulsión de la población judía y morisca de España.

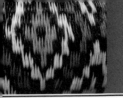

BARTOLOMÉ DE LAS CASAS

1484, Sevilla, España—1566,
Madrid, España

© Bettmann/CORBIS. Retrato de época.

La llegada de los europeos al Nuevo Mundo y la conquista de los territorios americanos plantearon graves cuestiones filosóficas y teológicas para la Iglesia católica y los soberanos españoles. Entre los aspectos más debatidos estuvieron la racionalidad de los indígenas, el derecho de España a conquistar las nuevas tierras, cómo debía realizarse la evangelización y cuál debía ser el tratamiento de la población nativa. En cuanto al último tema, el debate lo iniciaron los religiosos de la orden dominica a fines de 1511, en Santo Domingo, capital de La Española. Los dominicos protestaron contra los abusos del sistema de encomiendas* y las guerras de expansión que exterminaban a los indígenas. El paladín de esta causa, Fray Antonio de Montesinos, proclamó, ante la consternación de los colonizadores, que los nativos eran seres humanos y debían ser tratados como tales; quienes hicieran lo contrario, cometían un grave pecado. Las Leyes de Burgos (1512), cuyas cláusulas estipulaban el buen trato de los indígenas, fueron el resultado de estas protestas iniciales, pero como no se obedecieron, tuvieron poquísimo impacto. A esta lucha en favor de los derechos de los indígenas se unió después, en Cuba y en La Española, Fray Bartolomé de las Casas. Primero en América y después en España, exigió la abolición de las encomiendas y el cumplimiento de las leyes favorables a los nuevos súbditos de la Corona española.

En 1523 Fray Bartolomé de las Casas ingresó a la orden dominica en Santo Domingo de La Española. En sus claustros se dedicó a estudiar tratados jurídicos, teológicos y filosóficos que le proporcionarían el fundamento de su argumentación en favor de la población nativa. Allí inició la redacción de dos de sus obras más importantes escritas entre 1527 y 1561: *Historia de las Indias,* uno de los más fidedignos recuentos de las primeras tres décadas de la colonización; y *Apologética historia,* tratado donde prueba la plena capacidad racional de los indígenas. Ambas obras circularon en forma manuscrita entre los religiosos de la orden dominica y los estudiosos humanistas; sin embargo, ninguno de los dos tratados se imprimió sino hasta varios siglos después. En estas obras, Las Casas propuso el empleo de métodos pacíficos para cristianizar a los nativos. El dominico tuvo oportunidad de poner en práctica algunas de sus ideas en la conclusión pacífica de la rebelión de Enriquillo, cacique de La Española y en el poblado llamado Vera Paz, situado en la zona norte de la actual Guatemala. La *Historia de las Indias,* donde Las Casas cuenta la rebelión de Enrique, fue después una de las fuentes del escritor dominicano Manuel de Jesús Galván (1834–1910) en su conocida novela histórica *Enriquillo* (ed. completa en 1882).

En lucha constante con las autoridades, cuando Las Casas regresó a España en 1540, encontró un clima político más favorable, ya que en 1537 el papa Pablo III había reconocido en la bula *Sublimis Deus* la racionalidad de los indígenas y condenado su esclavitud; además, desde su cátedra en la Universidad de Salamanca, el teólogo y filósofo Fray Francisco de Vitoria había cuestionado la legitimidad de la conquista española de América. El continuo batallar de Fray Bartolomé de las Casas y otros partidarios de la causa indígena logró la proclamación de las Leyes Nuevas (1542) que suprimían las encomiendas y otras formas de trabajo forzado. El infatigable dominico regresó a América (1544) con el título de Obispo de Chiapas y un gran deseo de hacer cumplir los reglamentos favorables a los indígenas. Sin embargo, estas leyes, como otras muchas dadas por la Corona para proteger a la población nativa, fueron "letra muerta": los conquistadores y colonizadores protestaron contra ellas y no las cumplieron. En el caso particular de las Nuevas Leyes, la oposición de los colonizadores obligó a la Corona a suprimirlas. En 1547, Las Casas regresó a la metrópoli para continuar su lucha.

Fue durante este período de intensa actividad intelectual cuando el infatigable dominico polemizó en Valladolid (1550) con el humanista Juan Ginés de Sepúlveda (¿1490?–1573), apologista de la conquista cuya legitimidad fundamentaba en la supuesta inferioridad indígena. Armado de argumentos legales y filosóficos, pero más que nada con el pleno convencimiento de la justicia de su causa, el "Protector de los indios" debatió con Sepúlveda. Nuevamente sus esfuerzos se vieron recompensados con algunas leyes favorables para los indígenas, como por ejemplo, la prohibición de las conquistas armadas. Frustrado e insatisfecho con el resultado de sus empeños, por entonces publicó una de sus obras más polémicas, *Brevísima relación de la destrucción de las Indias* (1552). Su rápida traducción al latín, al francés, al inglés, al alemán, al italiano y al holandés divulgó los abusos de los conquistadores y contribuyó a crear la llamada "leyenda negra", alimentada por Francia e Inglaterra, potencias archienemigas de España. Al mismo tiempo, este libro, como observó André Saint-Lu, propagó una imagen diferente y contradictoria del amerindio: los antiguos americanos eran las mansas "ovejas" atacadas por los europeos, convertidos en los "lobos" feroces. A lo largo de su vida, Las Casas continuó la reflexión sobre la conquista y la lucha por los derechos de los indígenas. Su postura se radicalizó progresivamente y en sus años finales propuso la restitución de propiedades y tierra a los nativos. Como era de esperarse, todo ello acrecentó el odio hacia el dominico por parte de los colonizadores.

Sin duda la obra lascasiana conserva su vigencia por tratar problemas aún no resueltos en Hispanoamérica; en particular, la incorporación del indígena al proyecto nacional y la creación de una sociedad verdaderamente pluricultural. Los encendidos escritos del dominico en defensa de los indígenas abrieron un espacio de combate y compromiso en la literatura hispanoamericana, desde el cual el escritor critica y reclama. Vista de este modo, la obra de Bartolomé de las Casas es digna precursora de una tendencia importante en las letras continentales: la literatura indigenista,* cultivada después por escritores tan conocidos como el ecuatoriano Jorge Icaza (1906–1978), la mexicana Rosario Castellanos (1925–1974), y los peruanos Clorinda Matto de Turner (1854–1909), Ciro Alegría (1909–1967) y José María Arguedas (1911–1969).

■ Bibliografía mínima

Arias, Santa y Eyda M. Merediz. *Approaches to Teaching the Writings of Bartolomé de las Casas*. New York: MLA, 2008. Impreso.

"Bartolomé de las Casas". Portal preparado por José Miguel Martínez Torrejón. *Biblioteca Virtual Miguel de Cervantes. Obras y Autores Clásicos*. Web. <www.cervantesvirtual.com/bib_author/bartolomedelascasas>.

"Bartolomé de las Casas". Portal preparado por Lawrence A. Clayton. Web. <www.lascasas.org/>.

Hanke, Lewis. *The Spanish Struggle for Justice in the Conquest of America*. 1949. Dallas: Southern Methodist UP, 2002. Impreso.

Knight, Franklin W. Introduction. Bartolomé de las Casas. *An Account, Much Abbreviated, of the Destruction of the Indies, with Related Texts*. Ed. Franklin W. Knight, Trad. Andrew Hurley. Indianapolis: Hackett Publishing Company, 2003, i–lviii. Impreso.

Las Casas, Bartolomé de. *Brevísima relación de la destruición de las Indias*. Ed. José Miguel Martínez Torrejón. Barcelona: Galaxia Gutenberg/Círculo de Lectores, 2009. Impreso.

——. *Historia de las Indias*. Edición, prólogo, notas y cronología de André Saint-Lu. 3 Vols. Caracas: Biblioteca Ayacucho, 1986. Web. <http://www.bibliotecayacucho.gob.ve/fba/>.

Martínez-Torrejón, José Miguel. Prólogo. A su ed. de Bartolomé de las Casas. *Brevísima relación de la destruición de las Indias*. xxiii–cviii. Impreso.

Reding Blase, Sofía. "La propuesta política de Las Casas". *Cuadernos Americanos* 20.1 [115] (2006): 41–54. Impreso.

Urdapilleta Muñoz, Marco. "La vanagloria de los conquistadores en la *Historia de las Indias* de Fray Bartolomé de Las Casas". *Cuadernos Americanos* 21.2 [120] (2007): 11–33. Impreso.

Historia de las Indias

[LA REBELIÓN DE ENRIQUILLO]

Por este tiempo [fines de 1518] cosas acaecieron[1] notables en esta isla Española, y una fue que, como los indios de ella se iban acabando y no cesasen por eso de los trabajar y angustiar[2] los españoles que los tenían, uno de ellos llamado Valenzuela [...], mozo harto liviano que sucedió en la inicua[3] y tiránica
5 posesión de ellos a su padre, tenía un repartimiento[4] cuyo cacique y señor se llamaba Enriquillo.

[Enriquillo] había sido criado, siendo niño, en el monasterio de San Francisco, que hubo en una villa de españoles llamada la Vera Paz, y la provincia, según la lengua de los indios, Xaraguá [...], donde tuvo su reino el rey Behechio
10 [...] que fue uno de los cinco reyes de esta isla [La Española] y el principal, de que mucho en el primer libro y segundo hemos hablado.

[A Enriquillo] los frailes habían enseñado a leer y escribir y en costumbres [era] asaz[5] bien doctrinado, y él de su inclinación no perdía nada, y supo bien hablar nuestra lengua, por lo cual siempre mostró por sus obras haber con
15 los religiosos aprovechado[6] [...] Este cacique y señor de aquella provincia del Baoruco, salido de la doctrina de los religiosos y hecho hombre, casóse con una señora india, mujer de buen linaje y noble, llamada doña Lucía, como cristianos, en haz[7] de la Santa Madre Iglesia. Era Enrique alto y gentil hombre de cuerpo bien proporcionado y dispuesto; la cara no tenía ni hermosa ni fea, pero teníala
20 de hombre grave y severo. Servía con sus indios al dicho mancebo Valenzuela como si se lo debiera, como dicen, de fuero,[8] sufriendo su injusta servidumbre y agravios que cada día recibía con paciencia. Entre los pocos y pobres bienes que tenía poseía una yegua; ésta la tomó contra su voluntad el mozo tirano a quien servía; después de esto, no contento con aquél robo y fuerza, procuró de violar el
25 matrimonio del cacique y forzarle la mujer, y como el cacique lo sintiese, porque se quejó a él mismo diciéndole que por qué le hacía aquel agravio y afrenta, dicen que le dio de palos para que se cumpliese el proverbio: agraviado y aporreado.[9] Fuese a quejar de sus agravios al teniente de gobernador que en aquella villa residía, llamado Pedro de Vadillo; halló en él el abrigo que siempre hallaron en
30 las justicias de estas Indias y ministros del rey los indios; éste fue que lo amenazó que le haría y acontecería si más venía a él con quejas de Valenzuela, y aun dijeron que lo echó en la cárcel o en el cepo. El triste, no hallando remedio en aquel ministro de justicia, después que le soltaron, acordó de venir a esta ciudad de Santo Domingo a quejarse a la Audiencia de las injurias y denuestos[10] recibidos,
35 con harta pobreza, cansancio y hambre, por no tener dinero ni de qué haberlo.

---

[1] Ocurrieron, pasaron.
[2] Hacerlos trabajar y sufrir.
[3] Injusta.
[4] Repartimiento: Repartición entre los conquistadores de indígenas que realizaban trabajos gratuitamente, a cambio de alimentación e instrucción en el cristianismo.

[5] Bastante, muy.
[6] Haber sacado provecho de la enseñanza de los religiosos.
[7] A vista de.
[8] Por ley.
[9] Golpeado.
[10] Daño grave de palabra o por escrito.

El Audiencia le dio su carta de favor, pero remitiéndolo al dicho teniente Vadillo sin otro remedio; y éste fue también el consuelo que las Audiencias y aun también el Consejo del rey, que reside en Castilla, daban a los agraviados y míseros: remitirlos, conviene a saber, a los agraviantes y sus propios enemigos. Tornado a la vi-
40 lla, que estaba a 30 leguas, presentó sus papeles, y la justicia que halló en Vadillo fue, según se dijo, tratándolo de palabra y con amenazas, peor que de primero; pues sabido por su amo Valenzuela, no fueron menores los malos tratamientos […] Sufrió las nuevas injurias y baldones[11] el cacique Enriquillo (llamábanlo así los que lo conocieron niño, cuando estaba con los padres de San Francisco, y de
45 allí nació nombrarlo comúnmente por este nombre diminutivo), sufriólas, digo, y disimuló; y habida licencia[12] de su amo, que con más justa razón pudiera ser señor suyo el indio, porque acabado el tiempo que eran ciertos meses del año que se remudaban[13] las cuadrillas para venir a servir, y el cacique era el que iba y venía y los traía y el que si faltaba un indio que no viniese, lo había él de llorar y pa-
50 decer, con cárcel e injurias y aun palos y bofetadas y otras angustias y denuestos vuelto a su tiempo, confiado en su justicia y en su tierra, que era áspera, donde no podían subir caballos, y en sus fuerzas y de sus pocos indios que tenía, determinó de no ir a servir más a su enemigo, ni enviarle indio suyo, y por consiguiente, en su tierra se defender; y esto llamaron los españoles, y llaman hoy, "alzarse y ser
55 rebelde Enrique, y rebeldes y alzados los indios", que con verdad hablando, no es otra cosa que huir de sus crueles enemigos, que los matan y consumen, como huye la vaca o buey de la carnicería; el cual, como no fuese ni llevase indios para el servicio de Valenzuela en el tiempo establecido, estimando el Valenzuela que por los agravios recibidos estaría enojado y alborotado, y como ellos decían, al-
60 zado, fue con once hombres a traerlo por fuerza y sobre ello maltratarlo. Llegado allá, hallólo a él y a su gente no descuidado[s], sino con armas, que fueron lanzas, por hierros, clavos y huesos de pescados, y arcos y flechas y piedras y lo demás de que pudieron armarse; saliéronle al encuentro, y el cacique Enriquillo delante, y dijo a Valenzuela que se tornase, porque no había de ir con él, ni de sus indios
65 nadie, y como el mozo Valenzuela lo tuviese como esclavo y en mayor menosprecio que si fuera estiércol de la plaza, como todos los españoles han tenido siempre y tienen a estas gentes por más que menospreciadas, comenzó a decirle de perro y con todas las injuriosas palabras que se le ofrecieron denostarle,[14] y arremete a él y a los indios que estaban con él, los cuales dan en ellos y con tanta
70 prisa, que le mataron uno o dos de sus españoles y descalabraron[15] a todos los más y los otros volvieron las espaldas. No quiso Enrique que los siguiesen, sino que los dejasen ir, y dijo a Valenzuela:—Agradeced, Valenzuela, que no os mato; andad, id y no volváis más acá; guardáos.

Tornóse Valenzuela con los suyos a San Juan de la Maguana, más que de
75 paso,[16] y su soberbia lastimada, puesto que no curada. Suénase luego por toda la isla que Enriquillo es alzado; provéese por el Audiencia que vaya gente a subyugarlo; juntáronse 70 ó 80 españoles y vanlo a buscar, los cuales, después de muy cansados y hambrientos de muchos días, halláronlo en cierto monte; salió

---

[11] Afrentas.
[12] Con el permiso.
[13] Cambiaban.

[14] Insultarle.
[15] Hirieron.
[16] De prisa.

a ellos, mató ciertos e hirió a otros, y todos desbaratados y humillados acorda-
80 ron con harta tristeza y afrenta suya de tornarse. Cunde[17] toda la isla la fama
y victorias de Enriquillo; húyense muchos indios del servicio y opresión de los
españoles y vanse al refugio y bandera de Enriquillo, como a castillo roquero[18]
inexpugnable, a salvarse, de la manera que acudieron a David, que andaba huyendo de la tiranía de Saúl, todos los que estaban en angustias y los opresos de
85 deudas y en amargura de sus ánimos, como parece en el primer libro de los Reyes, cap. 22 […]; bien así, por esta semejanza se allegaron a Enriquillo de toda la
isla cerca de 300 hombres, sometiéndose a su capitanía, no teniendo él, a lo que
sentí yo, ni aun ciento. Enseñábalos él cómo habían de pelear contra los españoles, si ellos viniesen, para defenderse; nunca permitió que algunos de los que a él
90 se venían saliese[n] a hacer saltos[19] ni matar español alguno, sino solamente pre-
tendió defender a sí y a los suyos de los españoles, que muchas veces vinieron a
subyugarlo y ofenderlo. Cuán justa guerra contra los españoles él y ellos tuviesen
y se le sometiesen y lo eligiesen por señor y rey los indios que a él venían y los
demás de toda la isla lo pudieran justamente hacer, claro lo muestra la historia
95 de los Macabeos en la Escritura divina y las [historias] de España que narran los
hechos del infante D. Pelayo, que no sólo tuvieron justa guerra de natural defensión, pero pudieron proceder a hacer venganza y castigo de las injurias y daños y
muertes y disminución de sus gentes y usurpación de sus tierras recibidas, de la
misma manera y con el mismo derecho. Cuanto a lo que toca al derecho natural y
100 de las gentes (dejado aparte lo que concierne a nuestra santa fe, que es otro título
añadido a la defensión natural en los cristianos), tuvieron justo y justísimo título
Enrique y los indios pocos que en esta isla habían quedado de las crueles manos
y horribles tiranías de los españoles, para los perseguir, destruir y punir[20] y asolar como a capitales hostes[21] y enemigos, destruidores de todas sus tan grandes
105 repúblicas, como en esta isla había, lo cual hacían y podían hacer con autoridad
de derecho natural y de las gentes, y la guerra propiamente se suele decir no guerra, sino defensión natural. […]

[…] En muchas veces que se hicieron en la isla armadas para ir contra
él [Enrique], que por él fueron desbaratadas […] Acaeció una vez desbaratar
110 muchos de ellos y meterse 71 ó 72 [españoles] en unas cuevas de piedra o peñas,
escondiéndose de los indios que iban en el alcance,[22] y entendiendo que estaban allí, quieren los indios allegar leña para poner fuego y quemarlos. Mandó
Enrique: "No quiero que se quemen, sino tomadles las armas y dejadlos; váyanse", y así lo hicieron, donde se proveyó bien de espadas y lanzas y ballestas,
115 puesto que de éstas no sabían usar. De estos 70 españoles se metió fraile uno en
el monasterio de Santo Domingo, de la ciudad de Santo Domingo, por voto que
había hecho, viéndose en aquella angustia, no creyendo de se escapar, y de él
hube[23] lo que de este caso yo aquí escribo. […] Extendióse cada día más la fama
de las victorias y diligencia, esfuerzo y ardides de guerra de Enrique y de su
120 gente por toda esta isla, porque, como se dijo, vez ninguna vinieron contra él los
españoles que no volviesen descalabrados[24] por manera que toda la isla estaba

---

[17] Se extiende, se propaga.
[18] De rocas.
[19] Agredir, asaltar.
[20] Perseguirlos, destruirlos y punirlos (castigarlos).

[21] Contrarios en la guerra.
[22] Que iban persiguiéndolos.
[23] Tomé, supe.
[24] Perjudicados, dañados.

admirada y turbada, y cuando se hacía armada contra él no todos iban de buena gana, y no fueran, si por el Audiencia con penas no fueran forzados. En esto pasaron trece y catorce años, en lo cual se gastaron de la Caja del rey más de 80 ó
125 100.000 castellanos. […]

(Libro III, Capítulos CXXV–CXXVI)

[…] Casi cada año se hacía armada y junta de españoles para ir contra Enrique, donde se gastaron del rey y de los vecinos muchos millares de castellanos; entre otras se hizo una de 150 españoles, y quizá más, cuyo capitán fue un vecino de la villa que llamaban el Bonao, llamado Hernando de San Miguel, de
130 los muy antiguos de esta isla y del tiempo del primer Almirante [Colón]. Éste había venido a ésta muy muchacho, y como se había criado en grandes trabajos, en las crudas guerras e injustas que en ella contra estas gentes se hicieron así andaba por las sierras y sobre las peñas descalzo como calzado; fuera de esto, era hombre de bien e hidalgo, natural de Ledesma o Salamanca. Éste anduvo muchos días
135 tras Enrique, pero nunca lo pudo hallar descuidado, y según estimo, si no me he olvidado, tampoco se allegaron a reñir en batalla. Un día halláronse los unos de los otros tan cercanos que, ninguno pudiendo dañar al otro, se hablaron y oyeron las palabras los unos de los otros; esto se pudo así hacer porque los unos estaban en un pico de una sierra y los otros en el pico de otra, muy altas y muy juntas,
140 salvo que las dividía una quebrada o arroyo muy profundo que parecía tener de hondo sobre 500 estados.[25] Sintiéndose tan cercanos los unos de los otros, pidiéronse treguas y seguro para hablarse. Concedidas de ambas partes, para que ninguno tirase al otro con que le dañase, dijo el capitán de los españoles que pareciese allí Enrique para le hablar. Pareció Enrique, y díjole el capitán que la vida
145 que tenía y la que hacía tener a los españoles de la isla era trabajosa y no buena; que sería mejor estar y vivir en paz y sosiego. Respondió Enrique que así le parecía a él y que era cosa que él mucho deseaba muchos días había y que no quedaba por él, sino por ellos. Replicó el capitán que él traía mandamiento y poder de la Real Audiencia, que mandaba en la ciudad de Santo Domingo por el rey, para
150 tratar y asentar las paces con él y con su gente, que los dejaría vivir en su libertad en una parte de la isla, donde quisiese y escogiese, sin tener los españoles que hacer con ellos, con tanto que ni él ni ellos dañasen a ninguno ni hiciesen cosas que no debiesen y que les diese el oro todo que habían tomado a los españoles que viniendo de tierra firme mataron. Mostróle, aunque así apartado, la provisión
155 que de la Audiencia llevaba. Dijo Enrique que le placía hacer las paces y tener amistad con todos los españoles y de no hacer mal a nadie y de darles todo el oro que tenía, con que lo que se le promete se le guarde. Tratando del cómo y cuándo se verían, concertaron allí que tal día el capitán fuese con sólo ocho hombres y Enrique con otros ocho, no más, a la costa de la mar, señalando cierta parte; y así,
160 con este concierto, se apartaron. Enrique provee luego de cumplir su palabra y envía gente que haga en el dicho lugar una gran ramada de árboles y ramas y en ella un aparador,[26] donde pusieron todas las piezas de oro, que parecía casa real.

---

[25] Medida basada en la estatura regular del hombre. Equivalía a siete pies y era utilizada para calcular profundidad y alturas.

[26] Un tipo de estante para colocar diversos artefactos.

El capitán dispone también de hacer lo mismo, y para celebrar las paces con mayor alegría y regocijo, aunque indiscretamente, mandó al navío que por allí cerca
165 andaba, viniese a ponerse frontero y junto a tierra del dicho lugar concertado y él viniese por la costa de la mar con un tamborino[27] y gente con él, muy alegres y regocijados. Enrique, que ya estaba con sus ocho hombres y mucha comida en la ramada esperando, viendo que el navío se acercaba y que venía el capitán con más gente, y que con tamborino, tañendo y haciendo estruendo venían los espa-
170 ñoles, pareciéndole que había excedido de lo asentado y temiendo no le hubiesen urdido[28] alguna celada, acordó de negarse, y así escondióse en el monte con su gente, que debía tener para su guarda, y mandó a los ocho indios que, cuando llegasen los españoles, les dijesen que no pudo venir a verse con ellos porque se había sentido un poco malo y que les diesen la comida que les tenía aparejada[29] y
175 todo el oro y les sirviesen muy bien y en todo los agradasen. Llegados el capitán y los suyos, preguntó por Enrique. Respondiéronle los ocho lo que Enrique les había mandado. Quedó harto pesante[30] de su indiscreción el capitán. . . por no haber hallado a Enrique, porque tenía por cierto, y no se engañaba, que allí la pendencia[31] y escándalo, y miedo de la isla se acababa, puesto que, aunque no
180 se acabó del todo, al menos suspendióse hasta que después, como placiendo a Dios en el libro siguiente se dirá, por cierta ocasión del todo fue acabada. Así que los ocho les dieron de comer y les sirvieron con mucha solicitud, como los indios suelen,[32] y entregándoles todo el oro sin faltar un cornado.[33] El capitán les dio las gracias y díjoles que dijesen a Enrique cómo le había pesado de no haberle visto
185 y abrazado, y que le pesaba de su mal puesto que bien conoció que de industria se había quedado, y que fuesen amigos y que no hiciese daño y que tampoco lo recibiría desde adelante. Los españoles se embarcaron y se vinieron a la ciudad, y los indios se fueron donde estaba su amo. Desde aquel día no hubo más cuidado en la isla de seguir a Enrique, ni de ninguna de las partes se recreció algún
190 daño hasta que del todo se asentaron las paces, que duró este intervalo cuatro o cinco años.

Historia de las Indias. Ed. de Agustín Millares Carlo y estudio preliminar de Lewis Hanke. 3 Vols. 1951. México: FCE. LCCN 52019920; 1995. ISBN: 9681609948 (v. 1) Selección: Libro 3, caps. cxxv–cxxvi, y cxxvii.

(Libro III, Capítulo CXXVII)

■ Preguntas generales

1. ¿Qué propuso la bula *Sublimis Deus* y cuál fue el impacto de su promulgación?
2. ¿Qué se entendía por "bárbaro" en la época de Las Casas y de dónde venían esas ideas?
3. ¿Qué entendemos por "polémica" o "debate" respecto a la población nativa? ¿Dónde se inició y cuáles fueron sus consecuencias?

---

[27] Tambor pequeño.
[28] Preparado.
[29] Preparada, dispuesta.
[30] Triste.

[31] Riña o pelea de palabra o de obra.
[32] Acostumbran.
[33] Moneda antigua de cobre con una cuarta parte de plata y una corona grabada.

4. ¿Qué es la "leyenda negra" y cómo se relaciona con la publicación y traducción de la *Brevísima relación de la destrucción de las Indias*?
5. ¿Cuáles eran las ideas de Fray Bartolomé de las Casas sobre cómo se debía llevar a cabo la catequización de los indígenas y por qué disgustaron a los colonizadores?
6. ¿Qué se entiende por una ley que es "letra muerta" y cómo podemos relacionarlo con los escritos y luchas de Fray Bartolomé de las Casas?
7. ¿Cuál es la vigencia de la obra lascasiana y cómo se vincula con tendencias posteriores de la literatura hispanoamericana?

■ Preguntas de análisis

1. ¿Quién es Enriquillo, qué educación recibió y cómo lo caracteriza Fray Bartolomé de las Casas?
2. ¿Qué episodios de la Biblia y de la historia de España se incluyen y cómo se relacionan con la rebelión de Enrique en La Española y la historia de América?
3. ¿Cómo describe el autor la justicia administrada a la población nativa y por qué esta caracterización es importante en su argumentación?
4. ¿Qué hecho empuja a Enriquillo a la rebelión? ¿Cómo justifica el narrador esas acciones?
5. ¿Qué impacto tiene el levantamiento de Enriquillo en La Española y cuáles son sus consecuencias para la Corona? ¿Por qué Las Casas realza este aspecto de la rebelión?
6. Establezca un contraste entre Valenzuela y Hernando de San Miguel. ¿Qué propone el autor al comparar a estos conquistadores?
7. ¿Qué opinión tiene de Enrique? ¿Héroe, traidor, negociador?

■ Temas para informes escritos

1. Los primeros años de Fray Bartolomé de las Casas en el Caribe.
2. El debate entre Sepúlveda y Fray Bartolomé de las Casas en Valladolid.
3. Enrique, el héroe histórico y Enriquillo, el protagonista romántico de Galván.
4. Proyección de las ideas de Bartolomé de las Casas.
5. Las imágenes de Theodore de Bry y la recepción de la *Brevísima relación de la destrucción de las Indias* en su época.

■ Temas de reflexión y comentario

1. Las Casas ante la esclavitud africana en América.
2. Las guerras justas e injustas en la legislación de la época.
3. La expansión imperial de España y la "leyenda negra".
4. Las luchas religiosas y la percepción de España y los conquistadores españoles en la época.
5. Las ideas utópicas del padre Las Casas puestas en práctica.

BERNAL DÍAZ DEL CASTILLO

c. 1496, Medina del Campo, España–1584,
Santiago de los Caballeros, Guatemala

Bernal Díaz del Castillo le debe su fama a la única obra que escribió, *Historia verdadera de la conquista de la Nueva España,* terminada en 1568 y publicada en Madrid en 1632. Establecido como encomendero en lo que hoy es Guatemala, el viejo soldado se sentó a escribir sus recuerdos de la conquista de los nahuas o aztecas, en la cual participó bajo el mando de Hernán Cortés. Él mismo confiesa que, contrariado por la versión de estos acontecimientos ofrecida por otros cronistas y especialmente por Francisco López de Gómara (¿1512–1572?) en *La historia de las Indias y conquista de México* (1552), quien le dio crédito casi exclusivo a Cortés por esta empresa, decidió hacer una narración "verdadera". Efectivamente, su *Historia* ha sido juzgada como una fuente fidedigna para estudiar la conquista de México. Al mismo tiempo, su capacidad para narrar lo ocurrido en un estilo conversacional, recordar mínimos detalles y caracterizar a unos y otros, le otorgan al relato un atractivo muy singular, acercándolo tanto a la memoria como a la historia.

Hombre de armas y no de letras, Bernal Díaz cuenta de modo sencillo y directo. Al hacerlo, deja un vívido retrato suyo, de sus compañeros de armas, de Cortés y de los enemigos indígenas, cuya valentía alaba. En el afán de ser veraz, narra sólo las cosas que él mismo u otros soldados vieron. Fuera de su *Historia verdadera* quedan así acontecimientos que hubieran contribuido a ofrecer una visión más completa de lo ocurrido. Bernal Díaz se exalta —"y digo otra vez que yo, yo y yo, dígolo tres veces, que soy el más antiguo [conquistador], y lo he servido como muy buen soldado a su Majestad"— y elogia principalmente a los anónimos combatientes que han quedado fuera de los relatos de otros cronistas. De este modo el autor hace notar que la conquista del rico imperio azteca fue una empresa colectiva, lograda gracias al sacrificio de muchos españoles anónimos y a la ayuda de los tlaxcaltecas, acérrimos enemigos de los aztecas. Contradiciendo otra vez a Gómara, observa que el triunfo se logró a costa de la pérdida de muchas vidas y de arduas batallas con guerreros astutos. En todo momento reconoce el valor y la tenacidad de los enemigos indígenas, quienes se enfrentaban a las armas de fuego de los europeos y a sus extraños caballos, con arrojo y desprecio de la vida. Igualmente, reconoce la valiosa ayuda de los intérpretes Jerónimo de Aguilar y, en particular, de doña Marina o Malintzin, cuya conducta elogia.

Refutando preceptos establecidos sobre quiénes estaban capacitados para contar los grandes hechos, la *Historia verdadera* está narrada por un hombre común, quien la escribe en la vejez, recordando con nostalgia los hechos heroicos de su juventud. En efecto, como en España ya lo habían comenzado a hacer los pícaros y otros sin historia, Bernal Díaz toma la pluma para contar sus hazañas y las de sus compañeros de armas. Sus esfuerzos anticipan los de la persona moderna que busca un puesto en la sociedad, no por su encumbrada genealogía, sino por lo logrado a través del esfuerzo individual.

La *Historia verdadera* de Bernal Díaz es muy distinta a las *Cartas de relación* de Hernán Cortés. Recordemos que Cortés le escribió esas cartas a Carlos V por dos razones principales: 1) justificar su acto de desobediencia a Diego Velázquez, autorizado por el rey a emprender la conquista de México; y 2) convencer al soberano de la grandeza de las tierras conquistadas para la gloria y el enriquecimiento de España. El autor de la *Historia verdadera* escribe para un grupo más amplio: 1) los lejanos lectores europeos deseosos de tener noticias sobre el Nuevo Mundo; y 2) para quienes han tomado parte activa en los sucesos americanos. Para dar cuenta de esa compleja realidad, no vacila en utilizar vocablos del náhuatl, una de las lenguas amerindias del valle de México. Muchos de estos términos indígenas ingresaron entonces al castellano general y actualmente se usan tal y como los consignó el autor. Por su valor de testimonio, así como por reflejar un aspecto de la cultura literaria de la época, vale recordar aquí el asombrado comentario de Bernal Díaz y sus compañeros ante la belleza de México-Tenochtitlán: "Y desde que vimos tantas ciudades y villas pobladas en el agua, y en tierra firme otras grandes poblazones, y aquella calzada tan derecha y por nivel como iba México, nos quedamos admirados, y decíamos que parecía a las cosas de encantamiento que cuentan en el libro de Amadís [*Amadís de Gaula*, 1506]".

Los escritos y la actitud de Bernal Díaz del Castillo también revelan el proceso de transculturación que se opera en el europeo. El viejo soldado se ha distanciado geográfica y culturalmente de España: ahora pertenece a ese Nuevo Mundo que ayudó a conquistar para el Viejo. Sabe que en América el futuro y el esfuerzo cuentan tanto como en Europa el pasado y la prosapia. Para dejar constancia de las hazañas de soldados anónimos como él, asegurar el paso de todos ellos a la posteridad y expresar su verdad como testigo de los hechos, este conquistador que se llama a sí mismo "idiota sin letras", toma la pluma y nos deja uno de los recuentos más fascinantes de la época de la conquista.

■ Bibliografía mínima

Arocena, Luis A. "Bernal Díaz del Castillo". *Latin American Writers*. Ed. Carlos A. Solé y Maria Isabel Abreu. Vol. 1. New York: Scribner's, 1989. 17–21. Impreso.

Cortínez, Verónica. *Memoria original de Bernal Díaz del Castillo*. Huixquilucan, México, D. F.: Oak Ed., 2000. Impreso.

Delgado Gómez, Ángel. "Escritura y oralidad en Bernal Díaz". *Lecturas y ediciones de crónicas de Indias: Una propuesta interdisciplinaria*. Ed. Ignacio Arellano y Fermín del Pino. Madrid: U de Navarra, 2004. 137–56. Impreso.

Díaz del Castillo, Bernal. *Historia verdadera de la conquista de la Nueva España*. Ed. Miguel León Portilla. 2 Vols. Madrid: Dastin, 2000. Impreso.

——. *Historia verdadera de la conquista de la Nueva España*. Prólogo de Joaquín Ramírez Cabañas. 24 ed. México, D. F.: Porrúa, 2009. Impreso.

Estrada, Oswaldo. *La imaginación novelesca: Bernal Díaz entre géneros y épocas*. Madrid/Fráncfort: Iberoamericana/Vervuert, 2009. Impreso.

Restall, Mathew. *Seven Myths of the Spanish Conquest*. New York: Oxford UP, 2003. Impreso.

Roa-de-la-Carrera, Cristian A. *Histories of Infamy: Francisco López de Gómara and the Ethics of Spanish Imperialism*. Boulder: UP of Colorado, 2005. Impreso.

Romero Galván, José Rubén. "Los cronistas indígenas". En *La cultura letrada en la Nueva España del siglo XVII*. Ed. Raquel Chang-Rodríguez. *Historia de la literatura mexicana*. Vol. 2. México, D. F.: Siglo XXI, 2002. 270–87. Impreso.

Townsend, Camilla. *Malintzin's Choices. An Indian Woman in the Conquest of Mexico*. Albuquerque: U of New Mexico P, 2006. Impreso.

Historia verdadera de la conquista de la Nueva España

Cómo Cortés supo de dos españoles que estaban en poder de indios en la punta de Cotoche,[1] y de lo que sobre ello se hizo

Como Cortés en todo ponía gran diligencia, me mandó llamar a mí [Bernal Díaz] y a un vizcaíno que se decía Martín Ramos, y nos preguntó qué sentíamos de aquellas palabras que nos hubieron dicho los indios de Campeche cuando vinimos con Francisco Hernández de Córdoba, que decían: *Castilan, castilan*, según
5 lo he dicho en el capítulo [III] que de ello trata; y nosotros se lo tornamos a contar según y de la manera que lo habímos visto y oído. Y dijo que ha pensado muchas veces en ello, y que por ventura estarían algunos españoles en aquella tierra, y dijo: "Paréceme que será bien preguntar a estos caciques de Cozumel si saben alguna nueva de ello". Con Melchorejo, [...] que entendía ya poca cosa de la lengua
10 de Castilla y sabía muy bien la de Cozumel, se lo preguntó a todos los principales. Todos a una dijeron que habían conocido ciertos españoles, y daban señas de ellos; que en la tierra adentro, andadura de dos soles,[2] estaban y los tenían por esclavos unos caciques, y que allí en Cozumel había indios mercaderes que les hablaron pocos días había. De lo cual todos nos alegramos con aquellas nuevas.
15 Díjoles Cortés que luego los fuesen a llamar con cartas, que en su lengua llaman **amales**;[3] y dio a los caciques y a los indios que fueron con las cartas, camisas, y los halagó y les dijo que cuando volviesen les daría más cuentas. El cacique dijo a Cortés que enviase rescate para los amos con quien[es] estaban, que los tenían por esclavos, por que los dejasen venir. Así se hizo, que se les dio a los mensajeros
20 de todo género de cuentas [...]. Escrita la carta, decía en ella: "Señores y hermanos: Aquí, en Cozumel, he sabido que estáis en poder de un cacique detenidos, y os pido por merced que luego os vengáis aquí, a Cozumel, que para ello envío un navío con soldados, si los hubiéseis menester, y rescate para dar a esos indios con quienes estáis; y lleva el navío de plazo ocho días para os aguardar; veníos con
25 toda brevedad; de mí seréis bien mirados y aprovechados. Yo quedo en esta isla con quinientos soldados y once navíos; en ellos voy, mediante Dios, la vía de un pueblo que se dice Tabasco o Potonchan".

Luego, se embarcaron en los navíos con las cartas y los dos indios mercaderes de Cozumel que las llevaban, y en tres horas atravesaron el golfete y

---

[1] Cabo en la parte noreste de la península de Yucatán.

[2] Dos días.

[3] Del náhuatl **amatl**, nombre que se daba tanto al árbol como al papel que se hacía de su madera.

30 echaron en tierra los mensajeros con las cartas y rescates; y en dos días las dieron
a un español que se decía Jerónimo de Aguilar,[4] que entonces supimos que así
se llamaba, y de aquí en adelante así le nombraré. Después que las hubo leído, y
recibido el rescate de las cuentas que le envíamos, él se holgó[5] con ello y lo llevó
a su amo el cacique para que le diese licencia, la cual luego se la dio [para] que
35 se fuese a donde quisiese. Caminó Aguilar adonde estaba su compañero, que se
decía Gonzalo Guerrero, en otro pueblo, cinco leguas de allí, y como le leyó las
cartas, Gonzalo Guerrero le respondió: "Hermano Aguilar: Yo soy casado y tengo
tres hijos, y tiénenme por cacique y capitán cuando hay guerras; idos con Dios,
que yo tengo labrada la cara y horadadas[6] las orejas. ¡Qué dirán de mí desde que
40 me vean esos españoles ir de esta manera! Y ya veis estos mis hijitos cuán bonicos
son. Por vida vuestra que me deis de esas cuentas verdes que traéis para ellos, y
diré que mis hermanos me las envían de mi tierra".
Y asimismo la india mujer del Gonzalo habló a Aguilar en su lengua, muy
enojada, y le dijo: "Mira con qué viene este esclavo a llamar a mi marido; idos vos
45 y no curéis[7] de más pláticas".
Aguilar tornó a hablar a Gonzalo que mirase que era cristiano, que por una
india no se perdiese el ánima, y si por mujer e hijos lo hacía, que la llevase consigo si no los quería dejar. Por más que le dijo y amonestó,[8] no quiso venir. Parece
ser [que] aquel Gonzalo Guerrero era hombre de mar, natural de Palos. Desde
50 que Jerónimo de Aguilar vio que no quería venir, se vino luego con los dos indios mensajeros adonde había estado el navío aguardándole. [Cuando] llegó no
le halló, que ya era ido, porque ya se habían pasado los ocho días y aun uno
más, que llevó de plazo el Ordaz para que aguardase; porque desde que Aguilar
no venía, se volvió a Cozumel sin llevar recado a lo que había venido. Y [como]
55 Aguilar vio que no estaba allí el navío, quedó muy triste y se volvió a su amo, al
pueblo donde antes solía vivir. Y dejaré esto y diré que cuando Cortés vio volver
a Ordaz sin recado ni nueva de los españoles ni de los indios mensajeros, estaba
tan enojado y dijo con palabras soberbias a Ordaz que había creído que otro mejor recado trajera que no venirse así, sin los españoles ni nuevas de ellos, porque
60 ciertamente estaban en aquella tierra. [...]

(*Capítulo XXVII*)

*Cómo el español que estaba en poder de indios [que] se llamaba Jerónimo de Agui-
lar, supo cómo habíamos arribado a Cozumel, y se vino a nosotros, y lo que más pasó*

Cuando tuvo noticia cierta el español que estaba en poder de indios, que
habíamos vuelto a Cozumel con los navíos, se alegró en gran manera y dio gracias a Dios, y mucha prisa en venirse él y los dos indios que le llevaron las cartas
y rescate, a embarcarse en una canoa. Como la pagó bien, en cuentas verdes del
5 rescate que le enviamos, luego la halló alquilada con seis indios remeros con ella;
y dan tal prisa en remar, que en espacio de poco tiempo pasaron el golfete que
hay de una tierra a la otra, que serían cuatro leguas, sin tener contraste de la mar.
Llegados a la costa de Cozumel, ya que estaban desembarcando, dijeron a Cortés

---

[4] Uno de dos cautivos españoles que Cortés intenta rescatar. Aguilar se convertirá, como Malintzin o doña Marina, en un valioso intérprete.

[5] Se complació.
[6] Agujereadas, atravesadas de parte a parte.
[7] Poner cuidado o atención.
[8] Reprendió, advirtió que hacía mal.

unos soldados que iban a cazar, porque había en aquella isla puercos de la tie-
10 rra, que había venido una canoa grande, allí, junto del pueblo, y que venía de la
punta de Cotoche. Mandó Cortés a Andrés de Tapia y a otros dos soldados que
fuesen a ver qué cosa nueva era venir allí junto a nosotros indios sin temor ninguno con canoas grandes. Y luego fueron. Desde que los indios que venían en la
canoa que traían a Aguilar vieron los españoles, tuvieron temor y queríanse tor-
15 nar a embarcar y hacer a lo largo con la canoa. Aguilar les dijo en su lengua que
no tuviesen miedo, que eran sus hermanos. Andrés de Tapia, como los vio que
eran indios (porque Aguilar ni más ni menos era que indio), luego mandó a decir
a Cortés con un español que siete indios de Cozumel son los que allí llegaron
en la canoa. Después que hubieron saltado en tierra, en español, mal mascado y
20 peor pronunciado, dijo: "Dios y Santa María y Sevilla". Y luego le fue a abrazar
a Tapia; y otro soldado, de los que habían ido con Tapia a ver qué cosa era, fue a
mucha prisa a demandar albricias a Cortés, cómo era español el que venía en la
canoa, de que todos nos alegramos. Luego se vino Tapia con el español adonde
estaba Cortés. Antes que llegasen ciertos soldados preguntaban a Tapia: "¿Qué es
25 del español?", aunque iba junto con él, porque le tenían por indio propio, porque
de suyo era moreno y tresquilado[9] a manera de indio esclavo, y traía un remo al
hombro, una cotara[10] vieja calzada y la otra atada en la cintura, y una manta vieja
muy ruin, y un braguero[11] peor, con que cubría sus vergüenzas, y traía atada en
la manta un bulto que eran Horas[12] muy viejas. Pues desde que Cortés los vio
30 de aquella manera también picó, como los demás soldados, que preguntó a Tapia que qué era del español. Él español, como le entendió, se puso en cuclillas,
como hacen los indios, y dijo: "Yo soy". Luego le mandó dar de vestir, camisa y
jubón[13] y zaragüelles,[14] y caperuza[15] y alpargatas,[16] que otros vestidos no había,
y le preguntó de su vida, y cómo se llamaba, y cuándo vino [a] aquella tierra. Él
35 dijo, aunque no bien pronunciado, que se decía Jerónimo de Aguilar, y que era
natural de Ecija, y que tenía órdenes de Evangelio,[17] que hacía ocho años que se
había perdido él y otros quince hombres y dos mujeres que iban desde el Darién
a la isla de Santo Domingo, cuando hubo unas diferencias y pleitos de un Enciso
y Valdivia. Dijo que llevaban diez mil pesos de oro y los procesos de los unos
40 contra los otros, y que el navío en que iban dio en los Alacranes,[18] que no pudo
navegar; y que en el batel[19] del mismo navío se metieron él y sus compañeros y
dos mujeres, creyendo tomar la isla de Cuba o Jamaica, y que las corrientes eran
muy grandes, que les echaron en aquella tierra; y que los calachiones[20] de aquella
comarca los repartieron entre sí, y que habían sacrificado a los ídolos muchos de
45 sus compañeros, y de ellos se habían muerto de dolencia, y las mujeres, que poco

---

[9] O trasquilar. Con el cabello cortado sin arte.
[10] O cutara. Según Pichardo en su *Diccionario provincial casi razonado de vozes y frases cubanas*, un tipo de chancleta en la parte oriental de Cuba.
[11] Tipo de calzón para cubrir la parte inferior del cuerpo.
[12] Libro devocional.
[13] Vestimenta ajustada que cubre la parte superior del cuerpo, desde los hombros hasta la cintura.

[14] Calzones largos, anchos y de mala hechura.
[15] Bonete terminado en punta.
[16] Calzado muy sencillo, hecho de lona y ajustado con cintas.
[17] La segunda de las cuatro órdenes menores (portero, lector, exorcista y acólito).
[18] Islotes cercanos a la costa de Yucatán.
[19] Barco pequeño.
[20] Grupo indígena de la región yucateca.

tiempo pasado había que de trabajo también se murieron, porque las hacían moler. Y que a él tenían para sacrificar, y una noche se huyó y se fue a aquel cacique
con quien estaba. Ya no se me acuerda el nombre, que allí le nombró. Y que no habían quedado de todos sino él y un Gonzalo Guerrero. Y dijo que le fue a llamar y
50 no quiso venir, y dio muchas gracias a Dios por todo.

Le dijo Cortés que de él sería bien mirado y gratificado, y le preguntó por la
tierra y pueblos. Aguilar dijo que, como lo tenían por esclavo, no sabía sino servir
de traer leña y agua y en cavar los maizales, que no había salido sino hasta cuatro
leguas, que le llevaron con una carga, y que no la pudo llevar y cayó malo de ello;
55 y que ha entendido que hay muchos pueblos. Luego le preguntó por Gonzalo
Guerrero, y dijo que estaba casado y tenía tres hijos, y que tenía labrada la cara y
horadadas las orejas y el bezo[21] de abajo, y que era hombre de la mar, de Palos,
y que los indios le tienen por esforzado; y que hacía poco más de un año cuando
vinieron a la punta de Cotoche un capitán con tres navíos (parece ser que fueron
60 cuando vinimos los de Francisco Hernández de Córdoba), que él fue inventor
que nos diesen la guerra que nos dieron, y que vino él allí juntamente con un
cacique de un gran pueblo. […] Después que Cortés lo oyó, dijo: "En verdad que
le querría haber a las manos, porque jamás será bueno". Y dejarlo he. Diré cómo
los caciques de Cozumel, desde que vieron a Aguilar que hablaba su lengua, le
65 daban muy bien de comer, y Aguilar les aconsejaba que siempre tuviesen acato y
reverencia a la santa imagen de Nuestra Señora y a la cruz, y que conocerían que
por ello les venía mucho bien. Los caciques, por consejo de Aguilar, demandaron
una carta de favor a Cortés para que si viniesen a aquel puerto otros españoles,
que fuesen bien tratados y no les hiciesen agravios;[22] la cual carta luego se la dio.
70 Y después de despedidos, con muchos halagos y ofrecimientos, nos hicimos a la
vela para el río de Grijalva. De esta manera que he dicho se hubo Aguilar, y no de
otra, como lo escribe el cronista Gómara; y no me maravillo, pues lo que dice es
por nuevas. Y volvamos a nuestra relación.

(Capítulo XXIX)

*Cómo doña Marina era cacica, e hija de grandes señores, y señora de pueblos y va-
sallos, y de la manera que fue traída a Tabasco*

Antes que más meta la mano en lo del gran Moctezuma y su gran México y
mexicanos, quiero decir lo de doña Marina, cómo desde su niñez fue gran señora
y cacica de pueblos y vasallos; y es de esta manera: que su padre y su madre eran
señores y caciques de un pueblo que se dice Painala,[23] y tenía otros pueblos su-
5 jetos a él, obra de ocho leguas de la villa de Guazacualco.[24] Murió el padre, quedando muy niña, y la madre se casó con otro cacique mancebo,[25] y hubieron un
hijo, y, según pareció, queríanlo bien al hijo que habían habido. Acordaron entre
el padre y la madre de darle el cacicazgo después de sus días. Porque en ello no
hubiese estorbo, dieron de noche a la niña Marina a unos indios de Xicalango,
10 porque no fuese vista, y echaron fama de que había muerto. En aquella sazón[26]

---

[21] Labio grueso.
[22] Daños.
[23] Pueblo hoy desaparecido.
[24] Coatzacoalcos, cercana a Veracruz, a la orilla
del río del mismo nombre.

[25] Joven.
[26] Por aquella época.

murió una hija de una india esclava suya y publicaron que era la heredera; por manera que los de Xicalango la dieron a los de Tabasco[27] y los de Tabasco a Cortés. Conocí a su madre y a su hermano de madre, hijo de la vieja, que era ya hombre y mandaba juntamente con la madre a su pueblo, porque el marido postrero de la vieja ya era fallecido. Después de vueltos cristianos se llamó la vieja Marta y el hijo Lázaro. Esto lo sé muy bien, porque en el año de mil quinientos veinte y tres, después de conquistado México y otras provincias, y de que se había alzado Cristóbal de Olid en la Hibueras,[28] fue Cortés allí y pasó por Guazacualco. Fuimos con él aquel viaje toda la mayor parte de los vecinos de aquella villa, como diré en su tiempo y lugar; y como doña Marina, en todas las guerras de la Nueva España y Tlaxcala y México, fue tan excelente mujer y buena lengua,[29] como adelante diré, a esta causa la traía siempre Cortés consigo. En aquella sazón y viaje se casó con ella un hidalgo que se decía Juan Jaramillo, en un pueblo que se decía Orizaba, delante de ciertos testigos, que uno de ellos se decía Aranda, vecino que fue de Tabasco; y aquél contaba el casamiento y no como lo dice el cronista Gómara. Y la doña Marina tenía mucho ser[30] y mandaba absolutamente entre los indios en toda la Nueva España.

Estando Cortés en la villa de Guazacualco, envió a llamar a todos los caciques de aquella provincia para hacerles un parlamento acerca de la santa doctrina, y sobre su buen tratamiento. Entonces vino la madre de doña Marina y su hermano de madre, Lázaro[,] con otros caciques. Días había que me había dicho la doña Marina que era de aquella provincia y señora de vasallos, y bien lo sabía el capitán Cortés y Aguilar, la lengua. Por manera que vino la madre y su hijo, el hermano, y se conocieron, que claramente era su hija, porque se le parecía mucho. Tuvieron miedo de ella, que creyeron que los enviaba [a] hallar para matarlos, y lloraban. Como así los vio llorar, la doña Marina les consoló y dijo que no hubiesen miedo, que cuando la traspusieron con los de Xicalango que no supieron lo que hacían, y se los perdonaba, y les dio muchas joyas de oro y ropa; y que se volviesen a su pueblo; y que Dios la había hecho mucha merced en quitarla de adorar ídolos ahora y ser cristiana, y tener un hijo de su amo y señor Cortés, y ser casada con un caballero como era su marido Juan Jaramillo; que aunque la hicieran cacica de todas cuantas provincias había en la Nueva España, no lo sería; que en más tenía servir a su marido y a Cortés que cuanto en el mundo hay. Y todo esto que digo lo sé yo muy certificadamente [...] Volviendo a nuestra materia, doña Marina sabía la lengua de Guazacualco, que es la propia de México,[31] y sabía la de Tabasco, como Jerónimo Aguilar sabía la de Yucatán y Tabasco que es toda una. Entendíanse bien, y Aguilar lo declaraba en castellano a Cortés. Fue gran principio para nuestra conquista, y así se nos hacían todas las cosas, loado sea Dios, muy prósperamente. He querido declarar esto porque sin ir doña Marina no podíamos entender la lengua de la Nueva España y México [...].

(Capítulo XXXVII)

---

[27] Actual estado de la República Mexicana, cercano a Chiapas y al istmo de Tehuantepec.
[28] Zona de México cercana a Guatemala, donde se sublevó Cristóbal de Olid (¿1488?–1524) contra Cortés.

[29] Intérprete.
[30] Influencia.
[31] El náhuatl.

Del grande y solemne recibimiento que nos hizo el gran Moctezuma a Cortés y a todos nosotros en la entrada de la gran ciudad de México.

[...] Ya que llegábamos cerca de México, adonde estaban otras torrecillas, se apeó el gran Moctezuma de las andas y traíanle del brazo aquellos grandes caciques, debajo de un palio[32] muy riquísimo a maravilla, y el color de plumas verdes con grandes labores de oro, con mucha argentería y piedras y *chalchiuis*,[33]
5 que colgaban de unas como bordaduras, que hubo mucho que mirar en ello. Y el gran Moctezuma venía muy ricamente ataviado, según su usanza, y traía calzados unos como *cotaras*,[34] que así se dice lo que se calzan; las suelas de oro y muy preciada pedrería por encima de ellas; y los cuatro señores que le traían de brazo venían con rica manera de vestidos a su usanza, que parece ser se los tenían apa-
10 rejados en el camino para entrar con su señor [...] y otros muchos señores venían delante del gran Moctezuma, barriendo el suelo por donde había de pisar, y le ponían mantas porque no pisase la tierra. Todos estos señores ni por pensamiento le miraban en la cara, sino los ojos bajos y con mucho acato, excepto aquellos cuatro deudos y sobrinos suyos que lo llevaban del brazo. Y como Cortés vio y en-
15 tendió y le dijeron que venía el gran Moctezuma, se apeó del caballo, y desde que llegó cerca de Moctezuma, a una se hicieron grandes acatos[35] [...] Y entonces sacó Cortés un collar que traía muy a mano de unas piedras de vidrio, que ya he dicho que se dicen margaritas, que tienen dentro de sí muchas labores y diversidad de colores y venía ensartado en unos cordones de oro con almizque[36] porque diesen
20 buen olor, y se le echó al cuello el gran Moctezuma y cuando se lo puso le iba [a] abrazar y aquellos grandes señores que iban con Moctezuma le tuvieron el brazo a Cortés que no le abrazase, porque lo tenían por menosprecio.

Y luego Cortés con la lengua doña Marina le dijo que holgaba ahora a su corazón en haber visto un tan gran príncipe, y que le tenía en gran merced la ve-
25 nida de su persona a recibirle y las mercedes que le hace a la contina[37]. Entonces Moctezuma le dijo otras palabras de buen comedimiento, y mandó a dos de sus sobrinos [...] que se fueran con nosotros hasta aposentarnos, y Moctezuma con los otros dos sus parientes [...] se volvió a la ciudad y también se volvieron con él todas aquellas grandes compañías de caciques y principales [...] y cuando se
30 volvían con su señor, estábamoslo mirando como iban todos los ojos puestos en tierra, sin mirarle, y muy arrimados a la pared, y con gran acato le acompañaban; y así tuvimos lugar nosotros de entrar por las calles de México sin tener tanto embarazo.

Quiero ahora decir la multitud de hombres y mujeres y muchachos que
35 estaban en las calles y azoteas y en canoas en aquellas acequias que nos salían a mirar. Era cosa de notar, que ahora que lo estoy escribiendo se me representa todo delante de mis ojos como si ayer fuera cuando esto pasó, y considerada la cosa, es gran merced que Nuestro Señor Jesucristo fue servido darnos gracia y esfuerzo

---

[32] Dosel que se usa en las procesiones bajo el cual desfilan las figuras principales o las imágenes religiosas.
[33] Vocablo náhuatl: piedras preciosas semejantes a las esmeraldas.
[34] Cutara, según Pichardo en su *Diccionario provincial casi razonado de vozes y frases cubanas,*

un tipo de chancleta en la parte oriental de Cuba.
[35] Homenajes de respeto.
[36] Almizcle, grasa segregada por ciertos mamíferos y aves; por su aroma se usa en perfumería.
[37] Continuamente.

para osar entrar en tal ciudad y me haber guardado de muchos peligros de
40 muerte, como adelante verán. Doyle muchas gracias por ello, que a tal tiempo me
ha traído para poderlo escribir, y aunque no tan cumplidamente como convenía y
se requiere. Y dejemos palabras, pues las obras son buen testigo de lo que digo en
alguna de estas partes, y volvamos a nuestra entrada en México, que nos llevaron
[a] aposentar a unas grandes casas donde había aposentos para todos nosotros,
45 que habían sido de su padre del gran Moctezuma, que se decía Axayaca, adonde,
en aquella sazón, tenía Moctezuma sus grandes adoratorios de ídolos y tenía una
recámara muy secreta de piezas y joyas de oro, que era como tesoro de lo que había heredado de su padre Axayaca, que no tocaba en ello. Y asimismo nos llevaron
[a] aposentar [a] aquella casa por causa que, como nos llamaban *teules*[38] y por tales
50 nos tenían, que estuviésemos entre sus ídolos como *teules* que allí tenían [...]

Y como llegamos y entramos en un gran patio, luego tomó por la mano el
gran Moctezuma a nuestro capitán, que allí le estuvo esperando, y le metió en el
aposento y sala adonde había de posar, que le tenía muy ricamente aderezada
para según su usanza, y tenía aparejado un muy rico collar de oro de hechura de
55 camarones, obra muy maravillosa, y el mismo Moctezuma se le echó al cuello a
nuestro capitán Cortés, que tuvieron bien que mirar sus capitanes del gran favor
que le dio. Y después que se lo hubo puesto, Cortés le dio las gracias con nuestras
lenguas[39] y dijo Moctezuma: "Malinche[40]: en vuestra casa estáis vos y vuestros
hermanos; descansa". Y luego se fue a sus palacios, que no estaban lejos, y noso-
60 tros repartimos nuestros aposentos por capitanías, y nuestra artillería asestada en
parte conveniente, y muy bien platicado el orden que en todo habíamos de tener
y estar muy apercibidos, así los de a caballo como todos nuestros soldados. Y nos
tenían aparejada una comida muy suntuosa, a su uso y costumbre, que luego
comimos. Y fue esta nuestra venturosa y atrevida entrada en la gran ciudad de
65 Tenustitlán México, a ocho días del mes de noviembre, año de Nuestro Salvador
Jesucristo de mil quinientos diecinueve años. Gracias a Nuestro Señor Jesucristo
por todo, y puesto que no vaya expresado otras cosas que había que decir, perdó-
nenme sus mercedes que no lo sé mejor decir por ahora hasta su tiempo. Y dejemos de más pláticas, y volvamos a nuestra relación de lo que más nos avino[41], lo
70 cual diré adelante.

(Capítulo LXXXVIII)

Cómo nos dieron guerra en México, y los combates que nos daban, y otras cosas que
pasamos.

[....] Duraron estos combates todo el día; y aun la noche estaban sobre
nosotros tantos escuadrones de ellos, y tiraban varas y piedras y flechas a bulto y
piedra perdida, que de lo del día y lo de entonces estaban todos aquellos patios y
suelos hechos parvas[42] de ellos. Pues nosotros aquella noche en curar heridos,
5 y en poner remedio en los portillos[43] que habían hecho, y en apercibirnos para

---

[38] Vocablo náhuatl: dioses.

[39] Intérpretes, en este caso caso Aguilar y
Malintzin, doña Marina o Malinche.

[40] Como la intérprete siempre está cerca de
Cortés, el emperador Moctezuma le da ese
nombre al capitán español.

[41] Del verbo avenir: nos sucedió, nos ocurrió
más adelante.

[42] Llenos, con gran cantidad.

[43] Aberturas que hay en las murallas o paredes.

otro día, en esto pasó. Pues desde que amaneció acordó nuestro capitán que con todos los nuestros y los de Narváez saliésemos a pelear con ellos, y que llevásemos tiros y escopetas y ballestas, y procurásemos de vencerlos; al menos que sintiesen más nuestras fuerzas y esfuerzo mejor que el del día pasado. Y digo
10 que si nosotros teníamos hecho aquel concierto, que los mexicanos tenían concertado lo mismo. Peleábamos muy bien; mas ellos estaban tan fuertes y tenían tantos escuadrones, que se remudaban[44] de rato en rato, que aunque estuvieran allí diez mil.

Héctores troyanos[45] y tantos Roldanes,[46] no les pudieran entrar; porque sa-
15 berlo ahora yo aquí decir cómo pasó y vimos el tesón[47] en el pelear, digo que no lo sé escribir; porque ni aprovechaban tiros, ni escopetas, ni ballestas, ni apechugar con ellos, ni matarles treinta ni cuarenta de cada vez que arremetíamos, que tan enteros y con más vigor peleaban que al principio. Si algunas veces les íbamos ganando alguna poca de tierra, o parte de calle, hacían que se retraían: [mas]
20 era para que les siguiésemos por apartarnos de nuestra fuerza y aposento, para dar más a su salvo en nosotros, creyendo que no volveríamos con las vidas a los aposentos, porque al retraer[48] nos hacían mucho mal. [...]

No sé yo para qué lo escribo así tan tibiamente, porque unos tres o cuatro soldados que se habían hallado en Italia, que allí estaban con nosotros, juraron
25 muchas veces a Dios que guerras tan bravosas jamás habían visto en algunas que se habían hallado entre cristianos y contra la artillería del rey de Francia, ni del gran turco; ni gente como aquellos indios, con tanto ánimo cerrar los escuadrones vieron. [...] Diré cómo con harto trabajo nos retrajimos[49] a nuestros aposentos, y todavía muchos escuadrones de guerreros sobre nosotros, con grandes gritos y
30 silbos y trompetillas y atambores, llamándonos de bellacos[50] y para poco, que no osábamos[51] atenderles todo el día en batalla, sino volvernos retrayendo. [...]

Volvamos a los grandes combates que nos daban. Que Moctezuma se puso a[l] pretil[52] de una azotea con muchos de nuestros soldados que le guardaban, y les comenzó a hablar con palabras muy amorosas que dejasen la guerra y que
35 nos iríamos de México. Muchos principales y capitanes mexicanos bien le conocieron, y luego mandaron que callasen sus gentes y no tirasen varas ni piedras ni flechas. Cuatro de ellos se llegaron en parte que Moctezuma les podía hablar, y ellos a él, y llorando le dijeron: "¡Oh señor y nuestro gran señor, y cómo nos pesa de todo vuestro mal y daño y de vuestros hijos y parientes! Os hacemos saber
40 que ya hemos levantado a un vuestro pariente por señor". Y allí le nombró cómo se llamaba, que se decía Coadlavaca, señor de Iztapalapa, que no fue Guatemuz[53] el que luego fue señor. Y más dijeron que la guerra la habían de acabar, y que tenían prometido a sus ídolos de no dejarla hasta que todos nosotros muriésemos, y que rogaban cada día a su Uichilobos y a Tezcatepuca que le guardase libre

---

[44] Cambiaban.
[45] Príncipe troyano famoso por su valentía. Se le encargó, en la Guerra de Troya, la defensa de la ciudad hasta su muerte a manos de Aquiles.
[46] Héroe del cantar de gesta francés, *Chanson de Roland* o *Cantar de Roldán* quien murió en Roncesvalles combatiendo a Marsilio, el rey árabe de Zaragoza.
[47] Firmeza, constancia.

[48] Retirarnos.
[49] Volvimos.
[50] Pícaro, ruin, malo.
[51] Atrevíamos.
[52] Muro pequeño que se pone en lugares peligrosos para evitar caídas.
[53] Se refiere a Cuauhtémoc o Guatimozín (¿1495?–1525), escrito Guatemuz o Guatimuz por el autor.

⁴⁵ y sano de nuestro poder; y como saliese como deseaban, que no le dejarían de tener muy mejor que de antes por señor, y que les perdonase. No hubieron bien acabado el razonamiento, cuando en aquella sazón tiran tanta piedra y vara, que los nuestros que le arrodeaban,⁵⁴ desde que vieron que entre tanto que hablaba con ellos no daban guerra, se descuidaron un momento de rodelarle⁵⁵ de presto;
⁵⁰ y le dieron tres pedradas, una en la cabeza, otra en un brazo y otra en una pierna; y puesto que le rogaban se curase y comiese y le decían sobre ello buenas palabras, no quiso, antes cuando no nos catamos⁵⁶ vinieron a decir que era muerto. Cortés lloró por él, y todos nuestros capitanes y soldados, y hombres hubo entre nosotros, de los que le conocíamos y tratábamos, de que fue tan llorado como si
⁵⁵ fuera nuestro padre, y no nos hemos de maravillar de ello viendo que tan bueno era. Decían que había diez y siete años que reinaba, y que fue el mejor rey que en México había habido, y que por su persona había vencido tres desafíos que tuvo sobre las tierras que sojuzgó.

(Capítulo CXXVI)

■ Preguntas generales

1. ¿Por qué Bernal Díaz del Castillo emplea el adjetivo "verdadera" en el título de su obra? ¿Es "verdadera" su historia? Explique su respuesta.
2. ¿Quién es Gómara? ¿Por qué escribió y qué influencia tuvo su obra en Bernal Díaz del Castillo? ¿Qué circunstancias afectan su visión de la conquista?
3. ¿Qué se entiende por "testigo presencial" y cómo se relaciona con el punto de vista?
4. ¿En qué etapa de su vida escribió Bernal Díaz esta obra? ¿Cuál era su posición social? ¿Cómo afectó todo esto su visión de los hechos?
5. ¿Cómo y por qué rompen con la tradición los esfuerzos historiográficos de Bernal Díaz?

■ Preguntas de análisis

1. ¿Quién es Jerónimo de Aguilar? ¿Qué reacción tiene ante la llegada de Cortés y por qué es importante?
2. ¿Qué se entiende por transculturación y cómo observamos este fenómeno en Gonzalo Guerrero? ¿Usted rechaza o aprueba la decisión de Guerrero? Explique su respuesta.
3. ¿Quién es doña Marina y qué papel desempeñó en la conquista de México? ¿Qué debates actuales hay en torno a su conducta y personalidad?
4. ¿Por qué se les llama *teules* a los españoles? ¿Qué implicación tiene el nombre para el contacto europeo-indígena?
5. ¿Quién es Moctezuma? ¿Cuándo y en qué circunstancias aparece? ¿Qué relación hay entre los conquistadores y Moctezuma, y qué indica?
6. Estudie los párrafos donde se describe el encuentro de Cortés y Moctezuma. ¿Qué predomina en esta reunión?

---

⁵⁴ Lo rodeaban.
⁵⁵ Cubrirlo con la rodela.

⁵⁶ Dimos cuenta.

■ Temas para informes escritos

1. Gómara, Bernal Díaz y la historiografía de la conquista de México.
2. Doña Marina: su papel en la conquista de México.
3. La cultura literaria de Bernal Díaz del Castillo.
4. Historia y memoria como géneros literarios.
5. Los aliados tlaxcaltecas de los españoles y su papel en la conquista de México.

■ Temas de reflexión y comentario

1. Otra versión de la conquista de México, D. F.: los cronistas indígenas.
2. Dos conquistas y dos intérpretes: doña Marina (en Nueva España) y Felipillo (en el Perú).
3. Los mitos aztecas y su relación con la llegada de los españoles.
4. Rivalidades entre conquistadores: Diego Velázquez, Hernán Cortés y Pánfilo de Narváez.
5. Versiones de la muerte de Moctezuma.

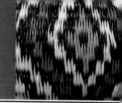

ALONSO DE ERCILLA Y ZÚÑIGA

1533–1594, Madrid, España

D.ALONSO DE ERCILLA

Como Bernal Díaz del Castillo, Ercilla le debe su fama a la única obra que escribió, *La Araucana*, poema épico cuyas tres partes se publicaron respectivamente en 1569, 1578 y 1589. Paje del príncipe Felipe, quien después sería el rey Felipe II, Ercilla estaba en Londres como parte de su comitiva cuando éste contrajo matrimonio (1554) con María Tudor, la reina de Inglaterra. A Londres llegaron noticias sobre la marcha de la guerra de Chile y la muerte del conquistador Pedro de Valdivia a manos de indígenas de la etnia mapuche, conocidos como araucanos por el nombre del territorio que habitaban, Arauco. A Ercilla, de apenas 21 años, le fue concedido el permiso para unirse a una expedición contra ellos.

Ya en Chile para 1557, don Alonso pronto entró en combate con los araucanos y comenzó a escribir su obra; se convierte entonces en personaje y autor del primer poema épico sobre el continente americano. Él mismo nos dice en el "Prólogo" de *La Araucana*: "[el poema] se hizo en la misma guerra y en los mismos pasos y sitios, escribiendo muchas veces en cuero por falta de papel, y en pedazos de cartas, algunos tan pequeños que apenas cabían seis versos, que no me costó después poco trabajo juntarlos; […]". En efecto, la realidad histórica y la biografía del autor se entrelazan y proveen uno de los niveles más sostenidos en *La Araucana*. Este enlace da por resultado la presentación de batallas, emboscadas y encuentros personales, desde la primera rebelión de los araucanos contra Valdivia, el conquistador de Chile, hasta la muerte de Caupolicán, el cacique y guerrero indígena.

Siguiendo las novedades de la épica italiana del Renacimiento que había remozado los modelos grecolatinos (la *Ilíada*, la *Eneida*, la *Farsalia*), el poeta recurre a lo romántico y a lo fantástico para romper la monotonía de la narración de temas puramente bélicos. Introduce, por ejemplo, los idilios de Tegualda y Crepino, y de Glaura y Cariolano, y referencias a la mítica reina Dido. Como su propósito es alabar la grandeza de la España imperial y de su rey, Felipe II, incluye tanto descripciones del triunfo español sobre los franceses en la batalla de San Quintín (1557), como de la batalla naval de Lepanto (1571), donde las fuerzas aliadas de España, Venecia y Malta vencieron a la armada turca, y un alegato sobre los derechos de Felipe II al trono de Portugal. De carácter autobiográfico son los cantos en que describe la visión en sueños de su esposa.

En líneas generales el poema sigue el modelo de la épica renacentista fijado en Italia por *Orlando furioso* (1516, ed. def., 1532) de Ariosto y la *Jerusalén libertada* (1580, ed. def., 1581) de Tasso. La épica española añade otras características a este modelo, entre las cuales sobresalen el realismo y la simpatía por los adversarios. La octava real (ABABABCC) de versos endecasílabos (11 sílabas) y la división en cantos —*La Araucana* está dividida en tres partes y tiene 37 cantos— integran la fórmula épica aprovechada y renovada por Ercilla. Cada canto va precedido por un *exordium*, o sea, una estrofa de carácter moralizador que presenta la materia a tratarse y que la coloca en un contexto ético universal. Por las primeras octavas del Canto I, sabemos que Ercilla describirá tanto las proezas españolas en las guerras chilenas como el arrojo de los araucanos. Esto ha hecho comentar a algunos críticos que el poema es un canto al pueblo araucano escrito bajo la influencia de las ideas de Fray Bartolomé de las Casas. También por esto se ha dicho que *La Araucana* es una obra acéfala, o una épica con un protagonista múltiple donde los caciques araucanos opacan a los capitanes españoles. ¿Parecería más justo hablar de un protagonista doble, de españoles y araucanos?

Al contrario de otros poemas épicos destinados a dioses y a musas, Ercilla le dedica la obra a Felipe II, rey de España. En cuanto a la presentación del paisaje, se le ha reprochado al autor la exclusión de la flora y la fauna americanas. En este sentido es importante recordar que don Alonso siguió la retórica paisajista tan en boga durante el Renacimiento. Recreó la naturaleza siguiendo la fórmula del *locus amoenus* o lugar ideal donde nunca faltan el árbol frondoso, el prado florido y el arroyo cristalino. Como escritor de su tiempo, ni intentó ni quiso presentar la naturaleza tal y como era. Ercilla también se valió de fórmulas tradicionales para describir el comportamiento de enamorados, tales como Caupolicán y Fresia, y Tegualda y Crepino. Las acciones de estos personajes corresponden al código del "amor cortés", donde los sentimientos, en especial los del pretendiente, se ponen a prueba con el cumplimiento de hazañas y el servicio noble a la dama.

En *La Araucana*, Ercilla da dimensión literaria a hechos verídicos ocurridos en la época de la conquista. No obstante este nivel histórico ya señalado, no se debe olvidar que el autor ve su obra como una creación artística, y de ahí los episodios aparentemente alejados del tema central. Don Alonso los incluye como contrapunto para los pasajes bélicos, como adornos retóricos —pensemos en las heroínas indígenas, figuras idealizadas que se expresan y actúan de acuerdo con modelos literarios renacentistas— siguiendo nuevamente lo propuesto por la épica italiana. Por eso, al valorar el primer poema épico sobre América, sería más exacto hablar de verosimilitud que de veracidad histórica. Reconociendo la elaborada representación artística llevada a cabo por el autor, Pablo Neruda (ver pp. 396–405) justamente llamó a Ercilla el "inventor de Chile".

■ Bibliografía mínima

"Alonso de Ercilla y la épica virreinal". *Biblioteca Virtual Miguel de Cervantes. Obras y Autores Clásicos.* Web. <http://www.cervantesvirtual.com/portal/ercilla/>.

Cevallos, Francisco Javier. "Don Alonso de Ercilla and the American Indian: History and Myth". *Revista de Estudios Hispánicos* 23.3 (1989): 1–20. Impreso.

Davis, Elizabeth B. *Myth and Identity in the Epic of Imperial Spain.* Columbia: U of Missouri Press, 2000. Impreso.

Ercilla y Zúñiga, Alonso de. *La Araucana.* Ed. Isaías Lerner. 5.ª ed. corregida y rev. Madrid: Cátedra, 2009. Impreso.

Galperin, Karina. "The Dido Episode in Ercilla's *La Araucana* and the Critique of Empire". *Hispanic Review* 77.1 (2009): 31–67. Impreso.

Lerner, Isaías. "Don Alonso de Ercilla y Zúñiga". *Latin American Writers.* Eds. Carlos A. Solé y Maria Isabel Abreu. Vol. 1. New York: Scribner's, 1989. 23–31. Impreso.

——. "Felipe II y Alonso de Ercilla". *Edad de Oro* 18 (1999): 87–101. Impreso.

Marrero-Fente, Raúl. "Épica, fantasma y lamento: La retórica del duelo en *La Araucana*". *Revista Iberoamericana* 73.218–19 (2007): 15–30. Impreso.

Nicolopulos, James. *The Poetics of Empire in the Indies: Prophecy and Imitation in "La Araucana" and "Os Lusiadas".* University Park: Penn State UP, 2000. Impreso.

Perelmuter, Rosa. "El paisaje idealizado en *La Araucana*". *Hispanic Review* 54.2 (1986): 129–46. Impreso.

La Araucana[1]

PARTE I

CANTO I

El cual declara el asiento y descripción de la provincia de Chile y estado de Arauco, con las costumbres y modos de guerra que los naturales tienen; y asimismo trata en suma la entrada y conquista que los españoles hicieron hasta que Arauco se comenzó a rebelar.

No las damas, amor, no gentilezas
de caballeros canto enamorados,
ni las muestras, regalos y ternezas
de amorosos afectos y cuidados;
5 mas el valor, los hechos, las proezas
de aquellos españoles esforzados,
que a la cerviz[2] de Arauco no domada
pusieron duro yugo por la espada.

---

[1] Escrita en octavas reales; ocho versos endecasílabos de rima consonante (ABABABCC). Muchas de las notas de esta selección se han tomado de la edición de Isaías Lerner citada en la bibliografía.

[2] Parte dorsal del cuello.

Cosas diré también harto notables
10 de gente que a ningún rey obedecen,
temerarias empresas memorables
que celebrarse con razón merecen,
raras industrias[3], términos loables
que más los españoles engrandecen
15 pues no es el vencedor más estimado
de aquello en que el vencido es reputado.

Suplícoos, gran Felipe[4] que mirada
esta labor, de vos sea recebida,
que, de todo favor necesitada,
20 queda con darse a vos favorecida.
Es relación sin corromper sacada
de la verdad, cortada a su medida;
no despreciéis el don, aunque tan pobre,
para que autoridad mi verso cobre. […]

25 Chile, fértil provincia y señalada[5]
en la región antártica famosa,
de remotas naciones respetada
por fuerte, principal y poderosa;
la gente que produce es tan granada,
30 tan soberbia, gallarda y belicosa,
que no ha sido por rey jamás regida
ni a estranjero dominio sometida. […]

Es Arauco, que basta, el cual sujeto
lo más deste gran término tenía
35 con tanta fama, crédito y conceto,[6]
que del un polo al otro se estendía,
y puso al español en tal aprieto
cual presto se verá en la carta[7] mía;
veinte leguas contienen sus mojones,[8]
40 poséenla diez y seis fuertes varones. […]

Son de gestos[9] robustos, desbarbados,
bien formados los cuerpos y crecidos,
espaldas grandes, pechos levantados,
recios miembros, de niervos[10] bien fornidos;
45 ágiles, desenvueltos, alentados,
animosos, valientes, atrevidos,
duros en el trabajo y sufridores
de fríos mortales, hambres y calores.

---

[3] Diligencias, comportamientos.
[4] Felipe II (1527–1598): rey de España desde 1556 hasta su muerte.
[5] Grande.
[6] Concepto; opinión.
[7] La obra, el texto de Ercilla.
[8] Límites.
[9] Caras.
[10] Nervios.

No ha habido rey jamás que sujetase
50 esta soberbia gente libertada[11],
ni estranjera nación que se jatase[12]
de haber dado en sus términos pisada,
ni comarcana tierra que se osase
mover en contra y levantar espada.
55 Siempre fue esenta[13], indómita, temida,
de leyes libre y de cerviz erguida.

CANTO II

Pónese la discordia que entre los caciques de Arauco hubo sobre la elección del capitán general, y el medio que se tomó por el consejo del cacique Colocolo [...]

[...] Ufano andaba el bárbaro y contento
de haberse más que todos señalado
cuando Caupolicán aquel asiento
sin gente, a la ligera, había llegado;
5 tenía un ojo sin luz de nacimiento
como un fino granate colorado
pero lo que en la vista le faltaba
en la fuerza y esfuerzo le sobraba.

Era este noble mozo de alto hecho[14]
10 varón de autoridad, grave y severo,
amigo de guardar todo derecho,
áspero y riguroso, justiciero;
de cuerpo grande y relevado pecho,
hábil, diestro, fortísimo y ligero,
15 sabio, astuto, sagaz, determinado,
y en casos de repente[15] reportado.

Fue con alegre muestra recebido
—aunque no sé si todos se alegraron—;
el caso en esta suma[16] referido
20 por su término y puntos le contaron.
Viendo que Apolo[17] ya se había escondido
en el profundo mar, determinaron
que la prueba de aquél se dilatase
hasta que la esperada luz llegase. [...]

25 Con un desdén y muestra[18] confiada
asiendo del troncón duro y ñudoso[19]

---

[11] Atrevida.
[12] Se jactase, se vanagloriase.
[13] Libre.
[14] De valor y esforzado.
[15] Casos imprevistos o inesperados.

[16] Resumen.
[17] El sol.
[18] Actitud.
[19] Nudoso.

como si fuera vara delicada
se le pone en el hombro poderoso.
La gente enmudeció maravillada
30 de ver el fuerte cuerpo tan nervoso;[20]
la color a Lincoya se le muda,
poniendo en su vitoria mucha duda.

El bárbaro sagaz de espacio[21] andaba,
y a todo priesa entraba el claro día;
35 el sol las largas sombras acortaba
mas él nunca descrece[22] en su porfía.
Al ocaso la luz se retiraba
ni por esto flaqueza en él había;
las estrellas se muestran claramente,
40 y no muestra cansancio aquel valiente.

Salió la clara luna a ver la fiesta
del tenebroso albergue húmido y frío,[23]
desocupando el campo y la floresta
de un negro velo lóbrego[24] y sombrío,
45 Caupolicán no afloja de su apuesta,
antes con mayor fuerza y mayor brío
se mueve y representa de manera
como si peso alguno no trujera.[25]

Por entre dos altísimos ejidos[26]
50 la esposa de Titón[27] ya parecía,
los dorados cabellos esparcidos
que de la fresca helada sacudía,
con que a los mustios prados florecidos
con el húmido humor reverdecía,
55 y quedaba engastado así en las flores
cual perlas entre piedras de colores.

El carro de Faetón[28] sale corriendo
del mar por el camino acostumbrado;
sus sombras van los montes recogiendo
60 de la vista del sol, y el esforzado
varón, el grave peso sosteniendo,
acá y allá se mueve no cansado,
aunque otra vez la negra sombra espesa
tornaba a parecer corriendo a priesa.

[20] Nervioso: fuerte.
[21] Despacio.
[22] Disminuye.
[23] Húmedo; se refiere al fondo del mar.
[24] Oscuro.
[25] Trajera.

[26] Campos.
[27] La Aurora.
[28] Hijo de Helios (el Sol) y de la Aurora. Se le permitió guiar el carro del Sol y, por su inexperiencia, estuvo a punto de abrasar el universo.

65   La luna su salida provechosa
por un espacio largo dilataba;
al fin, turbia, encendida y perezosa,
de rostro y luz escasa se mostraba.
Paróse al medio curso[29] más Hermosa
70 a ver la estraña prueba en qué paraba,
y viéndola en el punto y ser primero,
se derribó en el ártico hemisfero[30]

   y el bárbaro, en el hombro la gran viga,
sin muestra de mudanza y pesadumbre,
75 venciendo con esfuerzo la fatiga
y creciendo la fuerza por costumbre.
Apolo[31] en seguimiento de su amiga
tendido había los rayos de su lumbre
y el hijo de Leocán,[32] en el semblante
80 más firme que al principio y más constante.

   Era salido el sol cuando el inorme[33]
peso de las espaldas despedía,
y un salto dio en lanzándole disforme,
mostrando que aún más ánimo tenía;
85 el circunstante pueblo en voz conforme
pronunció la sentencia y le decía:
"Sobre tan firmes hombros descargamos
el peso y grave carga que tomamos".

   El nuevo juego y pleito difinido[34],
90 con las más cerimonias[35] que supieron
por sumo capitán fue recibido
y a su gobernación se sometieron.
Creció en reputación, fue tan temido
y en opinión tan grande le tuvieron,
95 que ausentes muchas leguas dél temblaban
y casi como a rey le respetaban.

   Es cosa en que mil gentes han parado[36]
y están en duda muchos hoy en día,
pareciéndoles que esto que he contado
100 es alguna fición y poesía;
pues en razón no cabe que un senado
de tan gran diciplina y pulicía[37]
pusiese una elección de tanto peso
en la robusta fuerza y no en el seso.

---

[29] Carrera.
[30] Hemisferio.
[31] Identificado con Helios, sigue a la Aurora.
[32] Es Caupolicán.
[33] Enorme.

[34] Definido.
[35] Ceremonias.
[36] Advertido.
[37] Orden.

105 Sabed que fue artificio, fue prudencia
 del sabio Colocolo que miraba
 la dañosa discordia y diferencia
 y el gran peligro en que su patria andaba,
 conociendo el valor y suficiencia
110 deste Caupolicán que ausente estaba,
 varón en cuerpo y fuerzas estremado,
 de rara industria y ánimo dotado.

  Así propuso astuta y sabiamente
 (para que la elección se dilatase[38])
115 la prueba al parecer impertinente
 en que Caupolicán se señalase,
 y en esta dilación tan conveniente
 dándole aviso, a la elección llegase,
 trayendo así el negocio por rodeo
120 a conseguir su fin y buen deseo. […]

PARTE II

CANTO XX

Retíranse los araucanos con pérdida de mucha gente; escápase Tucapel muy herido, rompiendo por los enemigos; cuenta Tegualda a don Alonso de Ercilla el estraño y lastimoso proceso de su historia. [Tegualda busca en el campo de batalla el cadáver de su esposo Crepino. Le explica al poeta cómo lo conoció y se enamoró de él.]

  "Ruégote pues, señor, si por ventura
 o desventura, como fue la mía,
 con amor verdadero y fe pura
 amaste tiernamente en algún día,
5 me dejes dar a un cuerpo sepultura,
 que yace entre esta muerta compañía.
 Mira que aquel que niega lo que es justo
 lo malo aprueba ya y se hace injusto. […]

  "Yo soy Tegualda, hija desdichada
10 del cacique Brancol desventurado,
 de muchos por hermosa en vano amada,
 libre un tiempo de amor y de cuidado;
 pero muy presto la fortuna, airada
 de ver mi libertad y alegre estado,
15 turbó de tal manera mi alegría
 que al fin muero del mal que no temía.

  "De muchos fui pedida en casamiento,
 y a todos igualmente despreciaba,

---

[38] Retardase.

de lo cual mi buen padre descontento,
20 que yo acetase[39] alguno me rogaba;
pero con franco y libre pensamiento
de su importuno[40] ruego me escusaba,
que era pensar mudarme desvarío
y martillar sin fruto en hierro frío.

25   "No por mis libres y ásperas respuestas
los firmes pretensores[41] aflojaron,
antes con nuevas pruebas y requestas[42]
en su vana demanda más instaron,
y con danzas, con juegos y otras fiestas
30 mudar mi firme intento procuraron,
no les bastando maña ni artificio[43]
a sacar mi propósito de quicio. […]

     "Luego de mucha gente acompañado
a mi asiento los jueces le trujeron [a Crepino],[44]
35 el cual ante mis pies arrodillado,
que yo le diese el precio[45] me dijeron.
No sé si fue su estrella o fue mi hado
ni las causas que en esto concurrieron,
que comencé a temblar y un fuego ardiendo
40 fue por todos mis huesos discurriendo.

     "Halléme tan confusa y alterada
de aquella nueva causa y acidente,[46]
que estuve un rato atónita y turbada
en medio del peligro y tanta gente;
45 pero volviendo en mí más reportada,
al vencedor en todo dignamente,
que estaba allí inclinado ya en mi falda,
le puse en la cabeza la guirnalda.

     "Pero bajé los ojos al momento
50 de la honesta vergüenza reprimidos,
y el mozo con un largo ofrecimiento
inclinó a sus razones mis oídos.
Al fin se fue, llevándome el contento
y dejando turbados mis sentidos
55 pues que llegué de amor y pena junto
de solo el primer paso al postrer punto.

---

[39] Aceptase.
[40] Inoportuno.
[41] Pretendientes.
[42] Peticiones.
[43] No les bastó maña ni artificio; es decir, hicieron todo lo posible por hacerla cambiar de idea.
[44] Trajeron.
[45] Premio.
[46] Accidente.

"Sentí una novedad que me apremiaba
la libre fuerza y el rebelde brío,
a la cual sometida se entregaba
60 la razón, libertad y el albedrío.
Yo, que cuando acordé,[47] ya me hallaba
ardiendo en vivo fuego el pecho frío,
alcé los ojos tímidos cebados,[48]
que la vergüenza allí tenía abajados.[49] […]

65 "Vile que a la sazón se apercebía
para correr el palio[50] acostumbrado,
que una milla de trecho y más tenía
el término del curso[51] señalado
y al suelto[52] vencedor se prometía
70 un anillo de esmaltes rodeado
y una gruesa esmeralda bien labrada,
dado por esta mano desdichada.

"Más de cuarenta mozos en el puesto
a pretender el precio parecieron[53]
75 donde, en la raya y el pie cada cual puesto,
promptos[54] y apercebidos atendieron:[55]
que no sintieron la señal tan presto
cuando todos en hila[56] igual partieron
con tal velocidad que casi apenas
80 señalaban la planta en las arenas.

"Pero Crepino, el joven estranjero,
que así de nombre propio se llamaba,
venía con tanta furia el delantero
que al presuroso viento atrás dejaba.
85 El rojo palio al fin tocó el primero
que la larga carrera remataba,
dejando con su término[57] agraciado
el circunstante[58] pueblo aficionado.

"Y con solene triunfo rodeando
90 la llena y ancha plaza, le llevaron
pero despúes a mi lugar tornando,
que le diese el anillo me rogaron.
Yo, un medroso temblor disimulando

---

[47] Me recobré.
[48] Heridos.
[49] Bajados.
[50] La carrera; tradicionalmente era el premio recibido por el ganador. Este premio, un palio de seda, se colocaba en la meta.
[51] La carrera.

[52] Veloz.
[53] Aparecieron.
[54] Prontos.
[55] Esperaron.
[56] Hilera.
[57] Modo.
[58] A los espectadores.

(que atentamente todos me miraron),
95 del empacho[59] y temor pasado el punto,
le di mi libertad y anillo junto.

"Él me dijo:—Señora, te suplico
le recibas de mí, que aunque parece
pobre y pequeño el don, te certifico
100 que es grande la afición con que se ofrece;
que con este favor quedaré rico
y así el ánimo y fuerzas me engrandece,
que no habrá empresa grande ni habrá cosa
que ya me pueda ser dificultosa.

105 "Yo, por usar de toda cortesía
(que es lo que a las mujeres perficiona[60]),
le dije que el anillo recebía
y más la voluntad de tal persona;
en esto toda aquella compañía
110 hecha en torno de mi espesa corona,
del ya agradable asiento me bajaron
y a casa de mi padre me llevaron.

"No con pequeña fuerza y resistencia,
por dar satisfacción de mí a la gente,
115 encubrí tres semanas mi dolencia,
siempre creciendo el daño y fuego ardiente;
y mostrando venir a la obediencia
de mi padre y señor, mañosamente
le di a entender por señas y rodeo
120 querer cumplir su ruego y mi deseo

diciendo que pues él me persuadía
que tomase parientes y marido,
al parecer según que convenía,
yo por le obedecer le había elegido:
125 el cual era Crepino, que tenía
valor, suerte y linaje conocido,
junto con ser discreto, honesto, afable,
de condición y término loable.

"Mi padre, que con sesgo[61] y ledo gesto[62]
130 hasta el fin escuchó el parecer mío,
besándome en la frente, dijo:—En esto
y en todo me remito a tu albedrío,
pues de tu discreción e intento[63] honesto

---

[59] Vergüenza.
[60] Perfecciona.
[61] Sereno.

[62] Rostro.
[63] Intención.

que elegirás lo que conviene fío,
135 y bien muestra Crepino en su crianza
ser de buenos respetos y esperanza.

"Ya que con voluntad y mandamiento
a mi honor y deseo satisfizo
y la vana contienda y fundamento
140 de los presentes jóvenes deshizo,
el infelice[64] y triste casamiento
en forma y acto público se hizo.
Hoy hace justo un mes, ¡oh suerte dura,
qué cerca está del bien la desventura!

145 "Ayer me vi contenta de mi suerte,
sin temor de contraste ni recelo;
hoy la sangrienta y rigurosa muerte
todo lo ha derribado por el suelo.
¿Qué consuelo ha de haber a mal tan fuerte?
150 ¿qué recompensa puede darme el cielo
adonde ya ningún remedio vale
ni hay bien que con tan grande mal se iguale?

"Este es, pues, el proceso; ésta es la historia
y el fin tan cierto de la dulce vida:
155 he aquí mi libertad y breve gloria
en eterna amargura convertida.
Y pues que por tu causa la memoria
mi llaga ha renovado encrudecida,[65]
en recompensa del dolor te pido
160 me dejes enterrar a mi marido;

que no es bien que las aves carniceras
despedacen el cuerpo miserable,
ni los perros y brutas bestias fieras
satisfagan su estómago insaciable;
165 mas cuando empedernido ya no quieras
hacer cosa tan justa y razonable,
haznos con esa espada y mano dura
iguales, en la muerte y sepultura."

Aquí acabó su historia y comenzaba
170 un llanto tal que el monte enternecía
con una ansia y dolor que me obligaba
a tenerle en el duelo compañía;
que ya el asegurarle no bastaba
de cuanto prometer yo le podía:
175 sólo pedía la muerte y sacrificio
por último remedio y beneficio. [...]

---

[64] Infeliz.   [65] Irritada; ha empeorado.

■ Preguntas generales

1. ¿Dónde estaba Ercilla cuando tuvo noticias de la guerra del Arauco y qué nos dice esto de su ubicación social y preparación literaria?
2. ¿Qué modelos literarios sigue *La Araucana*? Señale algunas características de esos modelos.
3. ¿Cómo inicia Ercilla los cantos de su obra y por qué?
4. ¿Qué han comentado los críticos sobre el protagonista o los protagonistas de *La Araucana*?
5. ¿Por qué *La Araucana* incluye episodios alejados de las guerras del Arauco, su tema central?

■ Preguntas de análisis

1. ¿Quién es Caupolicán, en qué circunstancia aparece y cómo lo representa la voz poética? En contraste con la carta de Colón, ¿qué novedad encontramos en esta representación?
2. ¿Quién es Colocolo y por qué Ercilla lo caracteriza como "astuto"?
3. ¿Qué se entendía por verosimilitud y verdad en la época en que se escribe *La Araucana*? ¿Cómo maneja Ercilla estos conceptos?
4. ¿En qué circunstancias aparece Tegualda en la obra y cómo logra la simpatía de sus oyentes?
5. ¿Qué espera el padre de Tegualda de su hija? ¿Cómo describe Tegualda sus sentimientos por Crepino? ¿Qué tipo de adjetivos predominan en esa descripción?
6. ¿Qué se entiende por "amor cortés" y cómo lo ejemplifica el relato de Tegualda y Crepino?
7. ¿Cómo aparece la naturaleza americana en las partes leídas de *La Araucana* y qué modelos ha seguido Ercilla para representarla?

■ Temas para informes escritos

1. *La Araucana* y su popularidad en el Siglo de Oro.
2. Tipos femeninos en *La Araucana*.
3. Pedro de Valdivia: figura histórica y personaje literario.
4. El enemigo árabe e indígena en la literatura hispánica de los siglos áureos.
5. Otros poemas épicos de tema americano: la influencia de *La Araucana*.

■ Temas de reflexión y comentario

1. La popularidad de la épica en el Siglo de Oro.
2. *La Araucana*, uno de los "best sellers" de la época.
3. Las referencias mitológicas en *La Araucana*.
4. La resistencia mapuche a la colonización de europeos y criollos.
5. Parejas épicas: Fresia y Caupolicán; Tegualda y Crepino.

EL INCA GARCILASO DE LA VEGA

1539, Cuzco, Perú–1616, Córdoba, España

El Inca Garcilaso de la Vega es el primer gran escritor hispanoamericano. Hijo de una princesa incaica (Chimpu Ocllo) y de un capitán español (Garcilaso de la Vega), nació en el Cuzco y fue bautizado Gómez Suárez de Figueroa. Ya adulto, cambió su nombre al de Garcilaso de la Vega y antepuso a éste el título de Inca. Si bien se han avanzado varias hipótesis para explicar estos cambios, en realidad no sabemos por qué lo hizo. Hablante de quechua y castellano, el joven Gómez Suárez de Figueroa vivió en su ciudad natal, hasta que, poco después de la muerte de su padre, viajó a España (1560) para completar su educación. Hacia 1565 se radicó permanentemente en Montilla, villa andaluza donde tenía parientes. En esta época asumió su nuevo nombre y título, Inca Garcilaso de la Vega, leyó, estudió y proyectó el plan de importantes obras futuras. Participó en la guerra de las Alpujarras (1570) contra los moriscos de Granada y por su actuación recibió el grado de capitán. A partir de 1591 se estableció definitivamente en Córdoba donde, gracias a una herencia y varios negocios, gozó de una situación relativamente acomodada.

En 1590 apareció en Madrid la traducción al español del Inca Garcilaso de la Vega de los *Dialoghi d'amore* (1535), famoso tratado neoplatónico escrito en italiano por el sefardita León Hebreo o Jehuda Avarvanel. Consciente de su doble herencia, el Inca la tituló *La traducción del indio de los tres diálogos de amor de León Hebreo;* poco después escribió la *Relación de la descendencia del famoso Garci Pérez de Vargas* (1596), breve resumen de la rama Vargas de su genealogía española, publicada modernamente (1929). Después apareció *La Florida del Inca* (Lisboa, 1605), su primera crónica de Indias. Basándose en la narración oral de Gonzalo de Silvestre, viejo conquistador en La Florida y el Perú, y también en otras lecturas como, por ejemplo, la *Relación* del naufragio de Álvar Núñez Cabeza de Vaca, el Inca cuenta en esta crónica los trabajos de la expedición de Hernando de Soto (¿1500?–1542), antiguo compañero de armas de Francisco Pizarro (¿1475?–1541) en Perú; a la vez, ofrece una amplia visión de la historia de América y las consecuencias del coloniaje en el continente. *Comentarios reales* es la obra maestra del Inca Garcilaso (1.ª parte, Lisboa, 1609; 2.ª parte, Córdoba, 1617). Su primera parte ofrece una extensa visión del origen y desarrollo de la civilización incaica; su segunda parte, también conocida como *Historia general del Perú*, se ocupa de las guerras civiles entre los conquistadores y la imposición del coloniaje. Traducida a otros idiomas europeos, la obra pronto alcanzó fama literaria en los círculos de estudiosos, tanto por la novedad del material incluido como por el origen del autor. El Inca Garcilaso insiste en su ascendencia indígena, su conocimiento del quechua o lengua general del imperio incaico, su acceso a fuentes primarias y el hecho de haber sido testigo presencial de muchos de los sucesos narrados. De esta forma el autor, mestizo peruano e hijo natural, se reviste de autoridad para corregir los errores y malas interpretaciones de otros cronistas.

Comentarios reales ha sido apreciado por su valor histórico y su calidad literaria. Por mucho tiempo fue considerado como uno de los documentos más importantes para el estudio de la civilización incaica y las primeras décadas de la colonización en Perú. Sin embargo, investigaciones más recientes han cambiado nuestra concepción del mundo aborigen. Esto no desmerece el valor de la obra que se debe justipreciar no sólo por los datos comprobables que aporta, sino por el estilo pulido y novedoso con que el autor presenta hechos grandes y pequeños para mantener el interés del lector. Como los historiadores modernos, el Inca Garcilaso reconoce el valor de la anécdota, del mito y de la fábula, todo lo cual le confiere a *Comentarios reales* un carácter singular. Mediante esta crónica nos acercamos a lo que el escritor español Miguel de Unamuno (1864–1936) llamó tan acertadamente la "intrahistoria", pues los conocimientos del Inca nos ayudan a entender mejor tanto el hecho particular como la historia general de su pueblo, en circunstancias extraordinarias. Al escribir su obra, el Inca Garcilaso tuvo muy en cuenta el modelo clásico de la concepción heroica de la historia. El autor les da carácter de héroes a los soberanos incas y a los conquistadores europeos para lograr en sus escritos la armonía aprendida de los neoplatónicos. Curiosamente, la violenta realidad de la conquista y de la colonización se hace evidente en el discurso y rompe el plan armónico ideado por el Inca. Debe señalarse que el autor hace que los reyes incas desempeñen una labor de igual importancia a la de los conquistadores ibéricos: la obra civilizadora de los primeros preparó el camino para la introducción del cristianismo por los segundos. El Inca Garcilaso valoriza así el aporte de ambos grupos. Pero aun más importante es reconocer cómo esta apología de los incas le sirve para contradecir las ideas divulgadas por el régimen colonial acerca de la tiranía y barbarie de los soberanos del Tahuantinsuyo o Incario. Vistos de este modo, los textos garcilasianos se ofrecen como una crítica al colonialismo español cuyas bondades proclamaban los cronistas oficiales.

Por su estilo equilibrado, la obra del Inca Garcilaso encaja dentro del Renacimiento o de la temprana edad moderna. Es preciso destacar que si bien los principales libros del Inca aparecieron a principios del siglo XVII, fueron pensados y escritos cuando el autor residía en Montilla, a mediados del siglo XVI. Si a esto añadimos la influencia del pensamiento neoplatónico, sus lecturas y contactos con destacados humanistas cordobeses, y la edad a la que comenzó a escribir (después de cumplir los cincuenta años), sin duda vemos que la formación intelectual del peruano es ante todo renacentista.

El autor recurre frecuentemente al detalle curioso, al dato autobiográfico y a la nota moralizadora, para ofrecer otra dimensión de los hechos narrados. Sus escritos están teñidos de nostalgia por la patria que dejó atrás y a la cual no retornó nunca. La característica más sobresaliente de la obra del Inca es el afán de perfección que se hace evidente en pasajes donde la belleza formal, lograda a través del empleo del vocablo exacto para evocar el pasado, marca el discurso y nos acerca a ese mundo lejano y querido. Siempre entre dos culturas, a través de la escritura, el Inca asumió y enalteció su doble herencia incaica y española.

■ Bibliografía mínima

Chang-Rodríguez, Raquel, ed. *Entre la espada y la pluma: el Inca Garcilaso de la Vega y sus "Comentarios reales"*. Lima: Fondo Editorial, PUCP, 2010. Impreso.

——. *Beyond Books and Borders: Garcilaso de la Vega and "La Florida del Inca"*. Lewisburg: Bucknell UP, 2006. Impreso.

Fernández, Christian. *Inca Garcilaso: imaginación, memoria e identidad*. Lima: Fondo Editorial, UNMSM, 2004. Impreso.

Garcilaso de la Vega, el Inca. *Comentarios reales*. Prólogo, ed. y cronología de Aurelio Miró Quesada. 2 Vols. Caracas: Biblioteca Ayacucho, 1976. Web. <http://www.bibliotecayacucho.gob.ve/fba/>.

——. *Comentarios reales* [y] *La Florida del Inca*. Introducción, edición y notas de Mercedes López Baralt. Madrid: Espasa, 2003. Impreso.

Heid, Patricia. "Constructing a Peaceful Imperialism: Manipulating Gender Identity in the *Comentarios reales de los Incas*". *Sixteenth Century Journal: Journal of Early Modern Studies* 33.1 (2002): 93–108. Impreso.

Inca Garcilaso de la Vega and His Legacy. Special issue of *Review: Literature and Arts of the Americas*. Eds. Raquel Chang-Rodríguez, Isaac Goldemberg and Miguel Ángel Zapata. 42.2 (2009). Impreso.

"Inca Garcilaso de la Vega". *Biblioteca Virtual Miguel de Cervantes. Obras y Autores Clásicos*. Web. <http://www.cervantesvirtual.com/bib_autor/incagarcilaso/>.

López-Baralt, Mercedes. "'Mestizo, me lo llamo yo a boca llena': sobre la textualidad de la hibridez en los *Comentarios reales* del Inca Garcilaso". *La Torre: Revista de la Universidad de Puerto Rico* 12.44–45 (2007): 397–413. Impreso.

Mazzotti, José Antonio. *Incan Insights: El Inca Garcilaso's Hints to Andean Readers*. Trad. Barbara M. Corbett. Madrid/Fráncfort: Iberoamericana/Vervuert, 2008. Impreso.

Miró Quesada, Aurelio. *El Inca Garcilaso*. Lima: Fondo Editorial, PUCP, 1994. Impreso.

Ortega, Julio. "The Discourse of Abundance". *Review* 43 (1990): 3–7. Impreso.

Pupo-Walker, Enrique. "El Inca Garcilaso de la Vega". *Latin American Writers*. Ed. Carlos A. Solé y Maria Isabel Abreu. Vol. 1. New York: Scribner's, 1989. 39–51. Impreso.

Zamora, Margarita. *Language, Authority and Indigenous History in "Comentarios Reales de los Incas"*. New York: Cambridge UP, 1988. Impreso.

Comentarios reales de los Incas

PROEMIO AL LECTOR

Aunque ha habido españoles curiosos que han escrito[1] las repúblicas del Nuevo Mundo, como la de México y la del Perú, y las de otros reinos de aquella gentilidad, no ha sido con la relación entera que de ellos se pudiera dar, que lo he notado particularmente en las cosas que del Perú he visto escritas, de las cuales,
5 como natural de la ciudad del Cuzco, que fue otra Roma en aquel Imperio, tengo más larga y clara noticia que la que hasta ahora los escritores han dado. Verdad es que tocan muchas cosas de las muy grandes que aquella república tuvo, pero escríbenlas tan cortamente,[2] que aun las muy notorias para mí (de la manera que las dicen) las entiendo mal. Por lo cual, forzado del amor natural de la patria,
10 me ofrecí al trabajo de escribir estos *Comentarios*,[3] donde clara y distintamente se

---

[1] Descrito.

[2] Brevemente.

[3] Se cree que *Comentarios de la guerra de las Galias* (c. 52 a. de C.) de Julio César, la obra más admirada de la literatura latina, le sirvió de inspiración al Inca Garcilaso.

verán las cosas que en aquella república había antes de los españoles, así en los ritos de su vana religión, como en el gobierno que en paz y en guerra sus reyes tuvieron, y todo lo demás que de aquellos indios se puede decir, desde lo más ínfimo del ejercicio de los vasallos, hasta lo más alto de la corona real. Escribimos
15 solamente del Imperio de los incas, sin entrar en otras monarquías, porque no tengo la noticia de ellas que de ésta. En el discurso de la historia protestamos[4] la verdad de ella, y que no diremos cosa grande, que no sea autorizándola con los mismos historiadores españoles que la tocaron en parte o en todo; que mi intención no es contradecirles, sino servirles de comento y glosa y de intérprete en
20 muchos vocablos indios, que, como extranjeros en aquella lengua, interpretaron fuera de la propiedad de ella, según que largamente se verá en el discurso de la historia, la cual ofrezco a la piedad del que la leyere, no con pretensión de otro interés más que de servir a la república cristiana, para que se den gracias a Nuestro Señor Jesucristo y a la Virgen María su madre, por cuyos méritos e intercesión
25 se dignó la Eterna Majestad sacar del abismo de la idolatría tantas y tan grandes naciones y reducirlas al gremio de su Iglesia Católica Romana, madre y señora nuestra. Espero que se recibirá con la misma intención que yo la ofrezco, porque es la correspondencia que mi voluntad merece, aunque la obra no la merezca.

Otros dos libros se quedan escribiendo de los sucesos que entre los espa-
30 ñoles, en aquella mi tierra pasaron, hasta el año de 1560 que yo salí de ella. Deseamos verlos ya acabados para hacer de ellos la misma ofrenda que de éstos. Nuestro Señor, etc.

EL ORIGEN DE LOS INCAS REYES DEL PERÚ

[...] Después de haber dado muchas trazas[5] y tomado muchos caminos para entrar a dar cuenta del origen y principio de los incas, reyes naturales que fueron del Perú, me pareció que la mejor traza[6] y el camino más fácil y llano, era contar lo que en mis niñeces oí muchas veces a mi madre y a sus hermanos y tíos
5 y a otros sus mayores acerca de este origen y principio, porque todo lo que por otras vías se dice de él viene a reducirse en lo mismo que nosotros diremos y será mejor que se sepa por las propias palabras que los incas lo cuentan que no por las de otros extraños. Es así que, residiendo mi madre en el Cuzco, su patria, venían a visitarla casi cada semana los pocos parientes y parientas que de las crueldades
10 y tiranías de Atahualpa[7] (como en su vida contaremos) escaparon, en las cuales visitas siempre sus más ordinarias pláticas[8] eran tratar del origen de sus reyes, de la majestad de ellos, de la grandeza de su Imperio, de sus conquistas y hazañas, del gobierno que en paz y en guerra tenían, de las leyes que tan en provecho y en favor de sus vasallos ordenaban. En suma, no dejaban cosa de las prósperas que
15 entre ellos hubiese acaecido[9] que no la trajesen a cuenta.

De las grandezas y prosperidades pasadas venían a las cosas presentes, lloraban sus reyes muertos, enajenado[10] su Imperio y acabada su república, etc. Estas y otras semejantes pláticas tenían los incas y Pallas[11] en sus visitas, y con

---

[4] Aseguramos.
[5] Medios, estudiado muchos medios.
[6] Medio.
[7] Atahualpa: soberano Inca apresado y ejecutado (1533) por orden de Francisco Pizarro, conquistador del Perú.

[8] Conversaciones.
[9] Sucedido.
[10] Apartado, separado.
[11] Princesas reales.

la memoria del bien perdido siempre acababan su conversación en lágrimas y
20 llanto, diciendo: "Trocósenos el reinar en vasallaje", etc. En estas pláticas yo como
muchacho entraba y salía muchas veces donde ellos estaban, y me holgaba de las
oír[12], como huelgan los tales de oír fábulas. Pasando pues días, meses y años,
siendo ya yo de diez y seis o diez y siete años, acaeció que, estando mis parientes
un día en esta su conversación hablando de sus reyes y antiguallas,[13] al más an-
25 ciano de ellos, que era el que daba cuenta de ellas, le dije:

Inca, tío, pues no hay escritura entre vosotros, que es la que guarda la memoria de las cosas pasadas, ¿qué noticias tenéis del origen y principios de nuestros reyes? Porque allá los españoles, y las otras naciones sus comarcanas[14], como
tienen historias divinas y humanas saben por ellas cuándo empezaron a reinar
30 sus reyes y los ajenos, y el trocarse unos imperios en otros, hasta saber cuántos
mil años ha que Dios crió[15] el cielo y la tierra; que todo esto y mucho más saben
por sus libros. Empero vosotros que carecéis de ellos, ¿qué memorias tenéis de
vuestras antiguallas?, ¿quién fue el primero de vuestros Incas?, ¿cómo se llamó?,
¿qué origen tuvo su linaje?, ¿de qué manera empezó a reinar?, ¿con qué gente y
35 armas conquistó este grande imperio?, ¿qué origen tuvieron nuestras hazañas?

El Inca, como que holgándose[16] de haber oído las preguntas, por gusto que
recibía de dar cuenta de ellas, se volvió a mí (que ya otras muchas veces lo había
oído, mas ninguna con la atención que entonces) y me dijo:

Sobrino, yo te las diré de muy buena gana, a ti te conviene oírlas y guar-
40 darlas en el corazón (es frase de ellos por decir en la memoria). Sabrás que en los
siglos antiguos toda esta región de tierra que ves, eran unos grandes montes de
breñales,[17] y las gentes en aquellos tiempos vivían como fieras y animales brutos,
sin religión ni policía,[18] sin pueblo ni casa, sin cultivar ni sembrar la tierra, sin
vestir ni cubrir sus carnes, porque no sabían labrar algodón ni lana para hacer
45 de vestir. Vivían de dos en dos, y de tres en tres, como acertaban a juntarse en
las cuevas y resquicios[19] de peñas y cavernas de la tierra: comían como bestias
yerbas de campo y raíces de árboles, y la fruta inculta[20] que ellos daban de suyo,
y carne humana. Cubrían sus carnes con hojas y cortezas de árboles, y pieles de
animales; otros andaban en cueros[21]. En suma, vivían como venados y salvagi-
50 nas,[22] aun en las mujeres se habían como los brutos, porque no supieron tenerlas
propias y conocidas.[23]

Adviértase, porque no enfade el repetir tantas veces estas palabras; "Nuestro Padre el Sol", que era lenguaje de los Incas, y manera de veneración y acata-
miento decirlas siempre que nombraban al Sol, porque se preciaban de descender
55 de él, y al que no era Inca, no le era lícito tomarlas[24] en la boca, que fuera blasfemia, y lo apedrearan. Dijo el Inca:

Nuestro padre el Sol, viendo los hombres tales, como te he dicho, se apiadó
y hubo lástima de ellos, y envió del cielo a la tierra un hijo y una hija de los suyos

---

[12] Me complacía oírlas.
[13] Antigüedades.
[14] Cercanas.
[15] Creó.
[16] Alegrándose.
[17] Tierra entre peñas y poblada de malezas.
[18] Orden.

[19] Aberturas pequeñas.
[20] Silvestre; no cultivada.
[21] Desnudos; sin ropa.
[22] Animales montaraces.
[23] Se refiere a una edad prehistórica, anterior al señorío de los Incas.
[24] Ponerlas en la boca; decirlas.

para que los doctrinasen en el conocimiento de nuestro padre el Sol, para que
60 lo adorasen y tuviesen por su dios, y para que les diesen preceptos y leyes en
que viviesen como hombres en razón y urbanidad; para que habitasen en casas
y pueblos poblados, supiesen labrar las tierras, cultivar las plantas y mieses[25],
criar los ganados y gozar de ellos y de los frutos de la tierra como hombres ra-
cionales, y no como bestias. Con esta orden y mandato puso nuestro padre el
65 Sol estos dos hijos[26] en la laguna Titicaca, que está [a] ochenta leguas de aquí,
y les dijo que fuesen por do[nde][27] quisiesen, y doquiera que parasen a comer
o a dormir, procurasen hincar[28] en el suelo una varilla de oro, de media vara de
largo y dos dedos de grueso, que les dio para señal y muestra que donde aquella
barra se les hundiese, con un solo golpe que con ella diesen en tierra, allí quería
70 el sol nuestro padre que parasen e hiciesen su asiento y corte. A lo último les dijo:
cuando hayáis reducido esas gentes a nuestro servicio, los mantendréis en razón
y justicia, con piedad, clemencia y mansedumbre haciendo en todo oficio de padre piadoso para con sus hijos tiernos y amados, a imitación y semejanza mía
que a todo el mundo hago bien, que les doy mi luz y claridad para que vean y
75 hagan sus haciendas, y las caliento cuando han frío, y crío sus pastos y semente-
ras;[29] hago fructificar sus árboles y multiplico sus ganados; lluevo y sereno a sus
tiempos, y tengo cuidado de dar una vuelta cada día al mundo por ver las necesidades que en la tierra se ofrecen, para las proveer y socorrer, como sustentador
y bienhechor de las gentes; quiero que vosotros imitéis este ejemplo como hijos
80 míos, enviados a la tierra sólo para la doctrina y beneficio de esos hombres, que
viven como bestias. Y desde luego os constituyo y nombro por reyes y señores
de todas las gentes que así doctrináredes con vuestras buenas razones, obras y
gobierno. Habiendo declarado su voluntad nuestro padre el Sol a sus dos hijos,
los despidió de sí. Ellos salieron de Titicaca, y caminaron al septentrión, y por
85 todo el camino, doquiera[30] que paraban, tentaban hincar la barra de oro y nunca
se les hundió. Así entraron en una venta o dormitorio pequeño, que está [a] siete
u ocho leguas al mediodía de esta ciudad, que hoy llaman Pacárec Tampu, que
quiere decir venta, o dormida que amanece. Púsole este nombre el Inca, porque
salió de aquella dormida al tiempo que amanecía. Es uno de los pueblos que este
90 príncipe mandó poblar después, y sus moradores se jactan[31] hoy grandemente
del nombre, porque lo impuso nuestro Inca: de allí llegaron él y su mujer, nuestra
Reina, a este valle del Cuzco, que entonces todo él estaba hecho montaña brava.

(Libro I, Capítulo XV)

PROTESTACIÓN DEL AUTOR SOBRE LA HISTORIA

Ya que hemos puesto la primera piedra de nuestro edificio, aunque fabu-
loso, en el origen de los Incas, reyes del Perú, será razón pasemos adelante en la
conquista y reducción de los indios, extendiendo algo más la relación sumaria
que me dio aquel Inca, con la relación de otros muchos Incas e indios, naturales

---

[25] Sembrados.
[26] Se refiere a Manco Cápac y Mama Ocllo que,
según uno de los mitos fundacionales, crearon
la dinastía y el imperio incaicos.
[27] Donde.

[28] Trataran de hundir.
[29] Tierra sembrada.
[30] Donde quiera.
[31] Enorgullecen.

5 de los pueblos que este primer Inca Manco Cápac[32] mandó poblar, y redujo a su imperio, con los cuales me crié y comuniqué hasta los veinte años. En este tiempo tuve noticia de todo lo que vamos escribiendo, porque en mis niñeces me contaban sus historias, como se cuentan las fábulas a los niños. Después, en edad más crecida, me dieron larga noticia de sus leyes y gobierno; cotejando[33]
10 el nuevo gobierno de los españoles con el de los incas; dividiendo en particular los delitos y las penas, y el rigor de ellas. Decíanme cómo procedían sus reyes en paz y en guerra, de qué manera trataban a sus vasallos, y cómo eran servidos de ellos. Demás de esto, me contaban, como a propio hijo, toda su idolatría, sus ritos, ceremonias y sacrificios, sus fiestas principales y no principales, y cómo las
15 celebraban. Decíanme sus abusos y supersticiones, sus agüeros[34] malos y buenos, así los que miraban en sus sacrificios como fuera de ellos. En suma, digo que me dieron noticia de todo lo que tuvieron en su república, que si entonces lo escribiera, fuera más copiosa esta historia.

      Demás de habérmelo dicho los indios, alcancé y ví por mis ojos mucha parte
20 de aquella idolatría, sus fiestas y supersticiones, que aun en mis tiempos, hasta los doce o trece años de mi edad, no se habían acabado del todo. Yo nací ocho años después que los españoles ganaron mi tierra, y como lo he dicho, me crié en ella hasta los veinte años, y así ví muchas cosas de las que hacían los indios en aquella su gentilidad,[35] las cuales contaré diciendo que las ví. Sin la relación que
25 mis parientes me dieron de las cosas dichas y sin lo que yo ví, he habido otras muchas relaciones de las conquistas y hechos de aquellos reyes. Porque luego que propuse escribir esta historia, escribí a los condiscípulos de escuela y gramática, encargándoles que cada uno me ayudase con la relación que pudiese haber de las particulares conquistas que los incas hicieron de las provincias de sus ma-
30 dres, porque cada provincia tiene sus cuentas y nudos[36] con sus historias, anales y la tradición de ellas, y por esto retiene mejor lo que en ella pasó que lo que pasó en la ajena. Los condiscípulos, tomando de veras[37] lo que les pedí, cada cual de ellos dio cuenta de mi intención a su madre y parientes, los cuales, sabiendo que un indio, hijo de su tierra, quería escribir los sucesos de ella, sacaron de sus ar-
35 chivos las relaciones que tenían de sus historias, y me las enviaron, y así tuve la noticia de los hechos y conquistas de cada inca, que es la misma que los historiadores españoles tuvieron, sino que ésta será más larga, como lo advertiremos en muchas partes de ella.

      Y porque todos los hechos de este primer Inca son principio y fundamento
40 de la historia que hemos de escribir, nos valdrá mucho decirlos aquí, a lo menos los más importantes, porque no los repitamos adelante en las vidas y hechos de cada uno de los incas sus descendientes, porque todos ellos generalmente, así los reyes como los no reyes, se preciaron de imitar en todo y por todo la condición, obras y costumbres de este primer príncipe Manco Cápac. Y dichas sus cosas,
45 habremos dicho las de todos ellos. Iremos con atención de decir las hazañas más

---

[32] Fundador del Incario, de la ciudad de Cuzco y de la dinastía incaica.

[33] Comparando.

[34] Pronósticos.

[35] Idolatría.

[36] Es una referencia a los **quipus**, el sistema de cuerdas y nudos utilizado por los Incas para preservar el pasado, contar y conservar registros.

[37] Tomando en serio.

historiales, dejando otras muchas por impertinentes y prolijas[38] y aunque algunas cosas de las dichas, y otras que se dirán, parezcan fabulosas, me pareció no
dejar de escribirlas, por no quitar los fundamentos sobre que los indios se fundan
para las cosas mayores y mejores que de su Imperio cuentan. Porque, en fin, de
50 estos principios fabulosos procedieron las grandezas que en realidad de verdad
posee hoy España, por lo cual se me permitirá decir lo que conviniere para la
mejor noticia que se pueda dar de los principios, medios y fines de aquella monarquía, que yo protesto decir llanamente[39] la relación que mamé en la leche, y la
que después acá he habido, pedida a los propios míos, y prometo que la afición
55 de ellos no sea parte para dejar de decir la verdad del hecho, sin quitar de lo
malo ni añadir a lo bueno que tuvieron, que bien sé que la gentilidad es un mar
de errores, y no escribiré novedades que no se hayan oído, sino las mismas cosas
que los historiadores españoles han escrito de aquella tierra y de los reyes de ella
y alegaré las mismas palabras de ellos donde conviniere, para que se vea que no
60 finjo ficciones en favor de mis parientes, sino que digo lo mismo que los españoles dijeron. Sólo serviré de comento para declarar y ampliar muchas cosas que
ellos asomaron a decir, y las dejaron imperfectas, por haberles faltado relación
entera. Otras muchas se añadirán que faltan de sus historias y pasaron en hecho
de verdad, y algunas se quitarán que sobran, por falsa relación que tuvieron, por
65 no saberla pedir el español con distinción de tiempos y edades y división de provincias y naciones, o por no entender al indio que se la daba, o por no entenderse
el uno al otro, por la dificultad del lenguaje. Que el español que piensa que sabe
más de él, ignora de diez partes las nueve por las muchas cosas que un mismo
vocablo significa, y por las diferentes pronunciaciones que una misma dicción
70 tiene para muy diferentes significaciones, como se verá adelante en algunos vocablos que será forzoso traerlos a cuenta.

    Demás de esto, en todo lo que de esta república, antes destruida que cono-
cida, dijere, será contando llanamente lo que en su antigüedad tuvo de su idolatría, ritos, sacrificios y ceremonias, y en su gobierno, leyes y costumbres, en
75 paz y en guerra, sin comparar cosa alguna de éstas a otras semejantes que en
las historias divinas y humanas se hallan, ni al gobierno de nuestros tiempos,
porque toda comparación es odiosa. El que las leyere podrá cotejarlas a su gusto,
que muchas hallará semejantes a las antiguas, así de la Santa Escritura como de
las profanas y fábulas de la gentilidad antigua. Muchas leyes y costumbres verá
80 que [se] parecen a las de nuestro siglo, otras muchas oirá en todo contrarias. De
mi parte he hecho lo que he podido, no habiendo podido lo que he deseado. Al
discreto lector suplico reciba mi ánimo, que es de darle gusto y contento, aunque
[ni] las fuerzas ni la habilidad de un indio, nacido entre los indios y criado entre
armas y caballos no pueden llegar allá.

(Libro I, Capítulo XIX)

La fortaleza del Cuzco: el grandor de sus piedras

    Maravillosos edificios hicieron los incas reyes del Perú en fortalezas, en
templos, en casas reales, en jardines, en [de]pósitos y en caminos y otras fábricas
de grande excelencia, como se muestran hoy por las ruinas que de ellas han quedado, aunque mal se puede ver por los cimientos lo que fue todo el edificio.

---

[38] Largas.   [39] Simplemente.

5   La obra mayor y más soberbia que mandaron hacer para mostrar su poder
y majestad fue la fortaleza del Cuzco, cuyas grandezas son increíbles a quien no
las ha visto, y al que las ha visto y mirado con atención le hacen imaginar y aun
creer que son hechas por vía de encantamiento y que las hicieron demonios y no
hombres; porque la multitud de las piedras, tantas y tan grandes, como las que
10 hay puestas en las tres cercas (que más son peñas que piedras), causa admiración
imaginar cómo las pudieron cortar de las canteras de donde se sacaron; porque
los indios no tuvieron bueyes, ni supieron hacer carros, ni hay carros que las pue-
dan sufrir ni bueyes que basten a tirarlas; llevábanlas arrastrando a fuerza de brazos con gruesas maromas[40]; ni los caminos por do[nde] las llevaban eran llanos,
15 sino sierras muy ásperas, con grandes cuestas, por do[nde] las subían y bajaban
a pura fuerza de hombres. Muchas de ellas llevaron de diez, doce, quince leguas,
particularmente la piedra o, por decir mejor, la peña que los indios llaman Say-
cusa, que quiere decir cansada (porque no llegó al edificio); se sabe que la trujeron[41] de quince leguas de la ciudad y que pasó el río Yucay, que es poco menos
20 que el Guadalquivir por Córdoba [...] Pues pasar adelante con la imaginación y
pensar cómo pudieron ajustar tanto unas piedras tan grandes que apenas pueden
meter la punta de un cuchillo por ellas, es nunca acabar. Muchas de ellas están
tan ajustadas que apenas se aparece la juntura; para ajustarlas tanto era menester
levantar y asentar la una piedra sobre la otra muchas veces, porque no tuvieron
25 escuadra ni supieron siquiera de una regla para asentarla encima de una piedra y
ser por ella si estaba ajustada con la otra.

    Tampoco supieron hacer grúas ni garruchas[42] ni otro ingenio alguno que
les ayudar[a] a subir y bajar las piedras, siendo ellas tan grandes que espantan,
como lo dice el muy reverendo padre Joseph de Acosta[43] hablando de esta misma
30 fortaleza; que yo, por no tener la precisa medida del grandor de muchas de ellas,
me quiero valer de la autoridad de este gran varón, que, aunque la he pedido a
los condiscípulos y me la han enviado, no ha sido la relación tan clara y distinta
como yo la pedía de los tamaños de las piedras [...] porque lo más maravilloso
de aquel edificio es la increíble grandeza de las piedras, por el incomportable[44]
35 trabajo que era menester para la[s] alzar y bajar hasta ajustarlas y ponerlas como
están. Porque no se alcanza[45] cómo se pudo hacer con no más ayuda de costa de
la de los brazos. [...]

(Libro VII, Capítulo XXVII)

LA PIEDRA CANSADA

    Holgara poner aquí la medida cierta del grueso y alto de ella [de la pie-
dra cansada]; no he merecido haberla precisa; remítome a los que la han visto.
Está en el llano antes de la fortaleza; dicen los indios que del mucho trabajo que
pasó por el camino, hasta llegar allí, se cansó y lloró sangre, y que no pudo llegar
5   al edificio. La piedra no está labrada sino tosca, como la arrancaron de donde

---

[40] Cuerda gruesa de esparto u otras fibras.
[41] Trajeron.
[42] Poleas.
[43] José de Acosta (1540–1600), influyente
historiador y naturalista jesuita; algunos lo
han llamado el Plinio del Nuevo Mundo. Fue

autor de la *Historia natural y moral de las Indias*
(Sevilla, 1590), otra de las fuentes importantes
del Inca Garcilaso en su composición de
Comentarios reales.
[44] Intolerable.
[45] No se entiende.

estaba escuadrada. Mucha parte de ella está debajo de tierra; dícenme que ahora está más metida debajo de tierra que yo la dejé, porque imaginaron que debajo de ella había gran tesoro y cavaron como pudieron para sacarlo; mas antes que llegasen al tesoro imaginado, se les hundió aquella gran peña y escondió la ma-
10 yor parte de su grandor, y así lo más de ella está debajo de tierra. A una de sus esquinas altas tiene un agujero o dos, que, si no me acuerdo mal, pasan la esquina de una parte a otra. Dicen los indios que aquellos agujeros son los ojos de la piedra, por do[nde] lloró la sangre; del polvo que en los agujeros se recoge y del agua que llueve y corre por la piedra abajo, se hace una mancha o señal algo
15 bermeja[46], porque la tierra es bermeja en aquel sitio: dicen los indios que aquella señal quedó de la sangre que derramó cuando lloró. Tanto como esto afirmaban esta fábula, y yo se la oí muchas veces.

La verdad historial, como la contaban los incas amautas, que eran los sabios filósofos y doctores en toda cosa de su gentilidad, es que traían la piedra más de
20 veinte mil indios, arrastrándola con grandes maromas; iban con gran tiento; el camino por do[nde] la llevaban es áspero, con muchas cuestas […] que subir y bajar; la mitad de la gente tiraba de las maromas que llevaba asidas atrás, porque no rodase por las cuestas abajo y fuese a parar donde no pudiesen sacarla.

En una de aquellas cuestas (por descuido que hubo entre los que iban sos-
25 teniendo, que no tiraron todos a la par), venció el peso de la peña a la fuerza de los que la sostenían, y se soltó por la cuesta abajo y mató tres o cuatro mil indios de los que la iban guiando; mas con toda esta desgracia la subieron y pusieron en el llano donde ahora está. La sangre que derramó dicen es la que lloró, porque la lloraron ellos y porque no llegó a ser puesta en el edificio. Decían que se cansó
30 y que no pudo llegar allá porque ellos se cansaron de llevarla; de manera que lo que por ellos pasó lo atribuyen a la peña; de esta suerte tenían otras muchas fábulas que enseñaban por tradición a sus hijos y descendientes; para que quedase memoria de los acaecimientos[47] más notables que entre ellos pasaban.

Los españoles, como envidiosos de sus admirables victorias, debiendo sus-
35 tentar aquella fortaleza aunque fuera reparándola a su costa, para que por ella vieran en siglos venideros cuán grandes habían sido las fuerzas y el ánimo de los que la ganaron y fuera eterna memoria de sus hazañas, no solamente no la sustentaron, mas ellos propios la derribaron para edificar las casas particulares que hoy tiene en la ciudad del Cuzco […].

(Libro VII, Capítulo XXIX)

■ Preguntas generales

1. ¿Quiénes son los padres del Inca Garcilaso y cómo afecta esta parte de su biografía su personalidad y obra?
2. ¿Qué título le dio el Inca a su traducción de la obra de León Hebreo y por qué es esto significativo?
3. ¿Qué cambios ha habido en la apreciación de *Comentarios reales* al correr de los siglos?

---

[46] Roja. [47] Acontecimientos, eventos.

4. ¿Qué aspectos singulares han señalado los críticos al estudiar *Comentarios reales*? ¿Cómo separa el narrador la historia de la fábula?
5. ¿Qué otras obras escribió el Inca Garcilaso y cuál de ellas está relacionada con la historia de los actuales Estados Unidos? Explique su respuesta.

■ Preguntas de análisis

1. En el "Proemio al lector", ¿por qué compara el Inca Garcilaso a Roma con el Cuzco? ¿Qué quiere decir el autor cuando indica que su obra servirá de "comento y glosa"?
2. ¿Cuáles son las fuentes empleadas por el Inca para fundamentar su relato? ¿Cómo se diferencian de las aprovechadas por los historiadores europeos?
3. ¿Cómo se vivía antes de la época incaica? ¿Quiénes son Manco Cápac y Mama Ocllo y cuál ha sido su papel en la fundación del Incario?
4. ¿Por qué el Inca Garcilaso insiste, tanto en ésta como en otras obras suyas, en declarar su doble origen? ¿Qué le da autoridad para escribir la historia?
5. ¿Cómo transmitían los incas el pasado y qué referencias a este tipo de transmisión encuentra en la selección leída?
6. ¿A qué se refiere el autor cuando comenta: "esta república, antes destruida que conocida"?
7. ¿Qué dificultades encontraron los soberanos incas para construir sus edificios? ¿Por qué destaca el narrador estos aspectos de la cultura incaica?
8. En la leyenda de "la piedra cansada", ¿cómo contrasta el narrador la historia y la fábula? ¿Cuál es el nombre quechua de la piedra y cómo se puede interpretar su trayectoria?

■ Temas para informes escritos

1. Cronistas indígenas y mestizos del Perú.
2. El bilingüismo quechua/español del Inca Garcilaso.
3. Retratos de Incas y conquistadores en *Comentarios reales*.
4. *La Florida del Inca* y la presencia española en la temprana historia de los Estados Unidos.
5. Las ideas sobre la historia en la temprana edad moderna.

■ Temas de reflexión y comentario

1. La identidad del Inca Garcilaso: ¿peruano o español?
2. *Comentarios reales*: ¿reinterpretación contestaria o armónica de la historia peruana?
3. Hernando de Soto en *La Florida del Inca*.
4. *Diálogos de amor*: traducciones al español e impacto en las crónicas del Inca Garcilaso.
5. "Comentar" y "glosar" como prácticas humanistas en la época del Inca Garcilaso.

JUAN DEL VALLE Y CAVIEDES

1645, Porcuna, España–1698,
Lima, Perú

Por el testamento (1683) de Juan del Valle y Caviedes se sabe con certeza que el poeta nació en Porcuna, villa andaluza en la provincia de Jaén, que partió a Lima cuando era joven y allí contrajo matrimonio en 1671. Otros documentos han confirmado que, para la década de 1660, Caviedes trabajaba en un establecimiento minero del Perú. En un romance dedicado a la poeta mexicana Sor Juana Inés de la Cruz (ver pp. 81–93), menciona haberse criado "entre peñas de minas"; en la misma composición, el poeta hace alarde de su formación autodidacta.

Los escritos de Caviedes están constituidos por más de 265 poemas y tres piezas dramáticas. Su obra más divulgada es *Guerra física, hazañas de la ignorancia y proezas medicales* (c. 1689), conocida como *Diente del Parnaso*, título que aparece en tres de los manuscritos que recogen las composiciones del poeta. Como criticó en sus versos a famosos personajes coloniales empleando con frecuencia un lenguaje vulgar, los poemas del autor circularon oralmente y en manuscritos. Las diferentes versiones han dificultado el establecimiento de una edición fidedigna de su obra, ya que en vida suya sólo se imprimieron tres de sus poemas. Las composiciones más conocidas de Caviedes son las satíricas. Mediante ellas se propone divertir a sus lectores como también criticar a la sociedad peruana. No obstante sus denuestos contra los médicos, también condena a los clérigos, los abogados, los sastres y a las mujeres de mal vivir. Siguiendo la estética barroca y más específicamente la corriente conceptista representada por Quevedo, hace hincapié en lo feo, lo grotesco, lo escatológico y lo inmoral para ridiculizar a sus enemigos. Comparándolo con los otros dos poetas satíricos del virreinato del Perú, Mateo Rosas de Oquendo en el siglo XVI y Esteban de Terralla y Landa en el XVIII, Caviedes es el más sobresaliente.

En cuanto a sus ataques a la profesión médica en general y a varios médicos en particular, conviene recordar que se enmarcan en una tradición que arranca de poetas latinos como Marcial y Juvenal. Pero se ha observado que Caviedes parece haber escogido el tema más por motivos personales que literarios. Su arma principal contra los médicos es el humor. Se vale del sarcasmo y la ironía, y de recursos literarios como la antítesis,* la hipérbole,* las comparaciones y los retruécanos* para atacar a los representantes de la odiada profesión en sus puntos más vulnerables. Igualmente denigrantes son sus ataques a las mujeres (alcahuetas, beatas, prostitutas) a quienes también representa destacando sus vicios o burlándose de cómo se valen de artimañas para engañar al marido o al amante.

Caviedes usa los varios niveles del lenguaje popular para desmitificar a la sociedad colonial y exponer sus vicios. Tal lenguaje relaciona nuevamente su obra con una tradición centrada en el juego lingüístico y la parodia literaria vinculada al conceptismo barroco. Pero sería injusto resaltar solamente su vena satírica, pues Caviedes también escribió poesía amorosa, religiosa y de temática variada. Muchas composiciones de su lírica sentimental están dirigidas a Lisi, Filis y Catalina, pseudónimos que ocultan el verdadero nombre de la dama. Estos poemas son refinados y exquisitos; en ellos abundan las escenas bucólicas, así como los sentidos lamentos del amante desdichado. La poesía religiosa suya es de corte tradicional y se ocupa de temas muy tratados, como la Ascensión, la Crucifixión, la Inmaculada Concepción o el culto a Cristo, a la Virgen y a los santos.

El autor escribió tres piezas dramáticas —dos bailes y un entremés*— modernamente redescubiertas y publicadas. Las tres tienen mucho en común en cuanto a tema, estructura y movimiento escénico. El protagonista es el Amor (aparece como Cupido, un alcalde o un médico) a quien los otros personajes le piden consejos. No se sabe si estas obras fueron puestas en escena en vida del poeta.

Dentro de la variada producción literaria de Caviedes sobresalen los poemas satíricos. Ellos retoman la veta popular ya anunciada por romances anónimos de la conquista. Aunque esta tendencia a lo popular y al señalamiento de lo feo y lo grotesco fue nutrida por la estética barroca, en Caviedes el uso del humor, la burla y el chiste se revisten de un carácter propio debido al singular genio del autor.

■ Bibliografía mínima

Caviedes, Juan del Valle. *Obras completas*. Ed. y prólogo de Daniel R. Reedy. Caracas: Biblioteca Ayacucho, 1984. Web. <www.bibliotecayacucho.gob.ve/fba/>.

Costigan, Lúcia Helena S. "Colonial Literature and Social Reality in Brazil and the Viceroyalty of Peru: The Satirical Poetry of Gregório de Matos and Juan del Valle Caviedes". *Coded Encounters. Writing, Gender, and Ethnicity in Colonial Latin America*. Eds. Francisco Javier Cevallos-Candau et al. Amherst, MA: U of Massachusetts P, 1994. 87–100. Impreso.

Hill, Ruth. "Between Black and White: A Critical Race Theory Approach to Caste Poetry in the Spanish New World". *Comparative Literature* 59.4 (2007): 269–93. Impreso.

Johnson, Julie G. *Satire in Spanish America. Turning the World Upside Down*. Austin: U of Texas P, 1993. 86–106. Impreso.

Lasarte, Pedro. "La sátira en el virreinato del Perú". *Cuadernos Hispanoamericanos* 665 (2005): 45–52. Impreso.

——. *Lima satirizada (1598–1698): Mateo Rosas de Oquendo y Juan del Valle y Caviedes*. Lima: Fondo Editorial, PUCP, 2006. Impreso.

Lorente Medina, Antonio. "La 'pintura' de damas en la poesía de Juan del Valle y Caviedes". *Imaginarios poéticos virreinales*. Ed. Raquel Chang-Rodríguez. Número especial de *Calíope: Journal of the Society for Renaissance and Baroque Hispanic Poetry* 16.1 (2010): 141–60. Impreso.

Reedy, Daniel R. "Juan del Valle y Caviedes". *Latin American Writers*. Eds. Carlos A. Solé y Maria Isabel Abreu. Vol. 1. New York: Scribner's, 1989. 79–83. Impreso.

Diente del Parnaso

COLOQUIO QUE TUVO CON LA MUERTE UN MÉDICO ESTANDO ENFERMO DE RIESGO[1]

El mundo todo es testigo,
muerte de mi corazón,
que no has tenido razón
de estrellarte[2] así conmigo.
5 Repara[3] que soy tu amigo
y que de tus tiros tuertos
en mí tienes los aciertos;
excúsame la partida,[4]
que por cada mes de vida
10 te daré treinta y un muertos.

Muerte, si los labradores
dejan siempre qué sembrar
¿cómo quieres agotar
la semilla de doctores?
15 Frutas te damos mayores,
pues, con purgas y con untos,
damos a tu hoz[5] asuntos
para que llenes los trojes,[6]
y por cada doctor coges
20 diez fanegas de difuntos.

No seas desconocida
ni conmigo uses rigores,
pues la muerte sin doctores
no es muerte, que es media vida.
25 Pobre, ociosa y destruida
quedarás en esta suerte,
sin quien tu aljaba[7] concierte,
siendo en tan grande mancilla[8]
una pobre muertecilla,
30 o muerte de mala muerte.

Muerte sin médico es llano,
que será, por lo que infiero,
mosquete sin mosquetero,
espada o lanza sin mano.
35 Temor te tendrán en vano,
porque aunque la muerte sea,
tal que todo cuanto vea,
se lo lleve por delante,
que a nadie mata es constante
40 si el doctor no la menea.[9]

Muerte injusta, a mí también
me tiras por la tetilla,
mas ya sé no es maravilla
pagar mal el servir bien.
45 Por Galeno[10] juro, a quien
venero, que si el rigor
no conviertes en amor,
mudándome de repente,
y muero de este accidente,
50 que no he de ser más doctor.

Mira que en estos afanes,
si así a los médicos tratas,
que han de andar después a gatas
los curas y sacristanes.
55 Porque soles ni desmanes,[11]
la suegra y suegro peor,
fruta y nieve sin licor,
bala, estocada, ni canto,
no matan al año tanto
60 como el médico mejor. [...]

---

[1] Composición escrita en décimas o espinelas.
[2] Chocar.
[3] Date cuenta.
[4] La ida o viaje al otro mundo.
[5] Instrumento con una hoja curva de acero muy afilada que sirve para cortar mieses y yerbas.
[6] Espacio limitado por tablas donde se guardan frutas y cereales.
[7] Caja para llevar flechas u otras armas.
[8] Mancha.
[9] De menear o mover; usado en el sentido de intervenir.
[10] Galeno (131–201): célebre médico de la antigüedad griega.
[11] Asoleos y excesos.

Privilegios del pobre[12]

El pobre es tonto, si calla,
y si habla es majadero;
si sabe, es sólo hablador,
y si afable, es embustero.

5   Si es cortés, entremetido,
cuando no sufre, soberbio;
cobarde, cuando es humilde,
y loco cuando es resuelto.

Si es valiente, es temerario,
10 presumido, si discreto;
adulador, si obedece;
y si se excusa, grosero.

Si pretende, es atrevido,
si merece, es sin aprecio;
15 su nobleza es nada vista,
y su gala sin aseo.

Si trabaja, es codicioso,
y, por el contrario extremo,
un perdido, si descansa.
20 ¡Miren qué buen privilegio!

Para labrarse fortuna en los palacios

Para hallar en palacio estimaciones
se ha de tener un poco de embustero,
poco y medio de infame lisonjero,[13]
y dos pocos cabales de bufones,
5 tres pocos y un poquito de soplones[14]
y cuatros de alcahuete[15] recaudero,[16]
cinco pocos y un mucho de parlero,[17]
las obras censurando y las acciones.

Será un amén[18] continuo a cuanto hablare
10 al señor, o al virrey a quien sirviere;
y cuando más el tal disparatare,
aplaudir con más fuerza se requiere;
y si con esta ganga[19] continuare,
en palacio tendrá cuanto quisiere.

---

[12] Romance con rima asonante en e–o en los versos pares.
[13] Adulador.
[14] Persona que acusa a otra en secreto.
[15] Persona que sirve para encubrir algo que se desea ocultar.

[16] La persona que cobra.
[17] Hablador.
[18] Será decir que sí.
[19] Ruido inútil.

A una dama en un baño[20]

El cristal de una fuente, Anarda bella,
en sus ondas, bañándose, aumentaba,
al paso mismo que también lavaba
sus corrientes, por ser más blanca ella.

5   Roca de plata o condensada pella[21]
de nieve, entre las aguas se ostentaba,
con tal candor que al hielo deslustraba
y el cielo se paró sólo por vella.[22]

Venus, que de la espuma fue congelo,[23]
10 viendo beldad en ella más hermosa,
su hermosura envidiando, desde el cielo,

bajó a la fuente, a competirla airosa.
Adonis[24] llegó en esto y con anhelo
despreció por Anarda allí a la Diosa.[25]

■ Preguntas generales

1. ¿Qué noticias tenemos de la vida de Caviedes?
2. ¿Cómo circularon los escritos de Caviedes? ¿Qué problemas presentan para los estudiosos?
3. ¿Cuáles son las composiciones más conocidas de Caviedes y qué temas tratan?
4. En sus poemas, Caviedes ataca a los médicos. ¿De dónde arranca esa tradición? Identifique los recursos literarios que Caviedes emplea para criticar.
5. ¿Cómo se relaciona la obra de Caviedes con el lenguaje popular?

■ Preguntas de análisis

1. ¿Cómo maneja la voz poética la ironía en su "Coloquio"?
2. ¿Qué ejemplos de antítesis encontramos en el "Coloquio"?
3. ¿Cómo reconstruye, el sujeto lírico, los privilegios del pobre en el poema del mismo nombre?
4. ¿Qué consejos ofrece la voz poética en "Para labrarse..." y qué comentario social se puede resumir de este poema?
5. En "A una dama en un baño", analice la descripción de Anarda e indique qué elementos comparte con otros poemas del Renacimiento escritos en alabanza de la belleza femenina. ¿Qué papel desempeñan los personajes mitológicos?
6. Identifique y exponga dos recursos estilísticos empleados por Caviedes en los poemas estudiados.

---

[20] Soneto clásico.
[21] Masa apretada de forma redonda.
[22] Verla.
[23] Producto.
[24] Adonis: divinidad de origen fenicio; su nombre es sinónimo de belleza.

Era tan hermoso que la diosa Venus se enamoró de él.
[25] Se refiere a Venus, diosa de la belleza y del amor, nacida entre la espuma del mar.

■ Temas para informes escritos

1. Dos poetas satíricos del Perú colonial: Mateo Rosas de Oquendo y Juan del Valle y Caviedes.
2. La poesía religiosa de Juan del Valle y Caviedes.
3. Juan del Valle y Caviedes y su posición dentro del barroco hispanoamericano.
4. Caracterización de los médicos en la poesía de Caviedes.
5. Gregório de Matos y Caviedes: encuentros y desencuentros.

■ Temas de reflexión y comentario

1. La mujer en la poesía de Caviedes.
2. La sociedad virreinal peruana en la época de Caviedes.
3. La medicina y sus practicantes en el Perú del siglo XVII.
4. Contactos líricos entre Caviedes y Sor Juana.
5. Las piezas dramáticas de Caviedes.

SOR JUANA INÉS DE LA CRUZ

1651, San Miguel de Nepantla, México–1695,
Ciudad de México, México

Photo reproduced with permission of the General Secretariat of the Organization of American States.

Sor Juana Inés de la Cruz, hija natural de un militar español (Manuel Asuaje y Vargas Machuca) y de una criolla mexicana (Isabel Ramírez de Santillana), es una de las figuras más sobresalientes de la literatura hispánica. Por la primera biografía de la monja (1700), escrita por su corresponsal, el jesuita Diego Calleja, y por la *Respuesta a Sor Filotea de la Cruz* (1691, pub. en 1700), documento autobiográfico donde Sor Juana defiende su derecho y el de las mujeres a estudiar, sabemos que esta niña precoz, conocida como Juana Ramírez de Asuaje, aprendió a leer a muy temprana edad. Cuando tenía alrededor de ocho años, fue enviada a la capital, al cuidado de unos parientes en cuya casa comenzó a "deprender gramática", o sea, a estudiar latín. La fama de la niña pronto llegó a la corte virreinal y allí la llevaron los virreyes de la Nueva España (México), los Marqueses de Mancera (1666–1673). La virreina aparecerá después en los poemas de la monja con el seudónimo de Laura.

A pesar de su éxito en la corte, Juana decidió hacerse monja. Ingresó primero al aristocrático convento de las Carmelitas para abandonarlo tres meses más tarde. Finalmente, el 24 de febrero de 1669, profesó en el convento de San Jerónimo. Desde su celda conventual y con el nombre de Sor Juana Inés de la Cruz, inició un diálogo intelectual con sobresalientes figuras de la época entre las cuales se destaca su amigo, el erudito escritor y científico mexicano Carlos de Sigüenza y Góngora.

Su simpatía e inteligencia le ganaron a Sor Juana el afecto de los virreyes Marqueses de la Laguna (1680–1686) y especialmente el de la virreina, doña María Luisa Manrique de Lara y Gonzaga, Condesa de Paredes de Nava, quien aparecerá en muchos poemas de la monja bajo el seudónimo de Fili, Lisi o Lísida. Gracias al empeño de doña María Luisa se publicó en Madrid la primera edición de una parte de los escritos de la mexicana, *Inundación castálida* (1689).

La obra de Sor Juana alcanzó gran difusión en vida de la autora y llegó a conocerse tanto en España como en América. Sin embargo, Sor Juana tuvo que defender incesantemente su vocación intelectual en una sociedad donde ésta se veía como patrimonio exclusivo de los varones. El descubrimiento y publicación en 1981 de una carta de Sor Juana a su confesor, conocida modernamente como *Autodefensa espiritual* (c. 1682) o *Carta de Monterrey*, parece indicar que el conflicto con la Iglesia, que intentaba limitar sus actividades, es muy anterior a la publicación de la llamada *Carta atenagórica* (1690) o *Crisis sobre un sermón*. Escrita a pedido del arzobispo de Puebla, Manuel Fernández de Santa Cruz (1637–1699), esta carta fue un documento de gran repercusión donde la autora mexicana criticó un sermón del jesuita portugués Antonio de Vieira (1608–1697). Predicado en Lisboa décadas antes, el sermón trataba sobre cuál era la mayor fineza de Cristo. Probablemente después de la aparición de la *Carta atenagórica*, así llamada por considerarse digna de Atenas o Minerva, la diosa de la sabiduría, aumentaron las críticas contra Sor Juana. Más tarde, en una carta firmada con el seudónimo de "Sor Filotea de la Cruz" (1690), su amigo y protector, el arzobispo de Puebla, la instó a ocuparse de la salvación de su alma y abandonar los menesteres profanos. En su *Respuesta*, Sor Juana refutó las ideas del arzobispo y explicó con argumentos contundentes por qué ella y todas las mujeres tenían derecho a estudiar.

Poco después Sor Juana se deshizo de su biblioteca y de sus instrumentos científicos. ¿Lo hizo por voluntad propia o porque cedió a presiones eclesiásticas? ¿Representa este cambio el triunfo de la Iglesia sobre su vocación intelectual? Los estudiosos de la vida y obra de Sor Juana continúan buscando pruebas documentales para responder satisfactoriamente a estas preguntas. La Décima Musa, como la llamaron sus contemporáneos, murió víctima de la peste que asoló a México en 1695. Sin lugar a dudas, las constantes de su vida fueron el amor al estudio y una inclaudicable convicción del derecho de las mujeres a educarse.

Sor Juana cultivó diversos géneros literarios. Sus maestros predilectos fueron los escritores españoles Lope de Vega, Quevedo, Góngora, Calderón de la Barca y Gracián. Pero la abundante obra de la monja no es simple copia de modelos peninsulares. Los escritos de la autora mexicana, siempre dentro de las corrientes culteranas y conceptistas del barroco, son innovadores porque ellos muestran gran profundidad intelectual; esa profundidad les otorga originalidad y riqueza a los modelos heredados de España. En su obra el estilo se encauza mediante recursos conceptistas y por eso abundan los paralelismos,* las antítesis, los juegos de palabras y el énfasis en lo ingenioso.

Dentro de la poesía de Sor Juana hallamos gran variedad de metros y temas. Tuvo suma facilidad para la versificación como bien lo demuestran sus romances, endechas,* liras,* redondillas* y sonetos. En sus poemas elabora tradicionales temas barrocos: el desengaño, la brevedad de la vida, lo efímero de lo material, el engaño de los sentidos, los encontrados sentimientos provocados por el amor. Se vale de los recursos expresivos del barroco (hipérbaton,* cultismos, perífrasis*) para dejarnos una poesía marcada por lo intelectual. Como sus maestros peninsulares, Sor Juana incluye héroes y dioses de la literatura greco-latina en sus versos. Prefiere las figuras históricas o mitológicas distinguidas por su saber; frecuentemente la monja aparece en diálogo con el Entendimiento o la Sabiduría. Muchas veces Sor Juana selecciona como ejemplos a personajes femeninos de la historia antigua, de la Biblia y a diosas de diversas tradiciones y épocas.

Entre los escritos de Sor Juana sobresalen los villancicos*, cantados en diversas Iglesias para celebrar fiestas religiosas. Algunos de ellos tienen toques populares (afromexicanos, mestizos, indígenas, criollos), que les dan la nota exótica tan gustada por los escritores barrocos. De sus autos sacramentales*, es notable *El divino Narciso* (1690) por la reelaboración del mito clásico y los pasajes de inspiración bíblica. En el teatro secular sobresale la comedia de enredos, *Los empeños de una casa* (c. 1683), donde encontramos a perspicaces protagonistas femeninas y a un gracioso criollo disfrazado de mujer. El aporte literario más importante de Sor Juana es *El sueño o Primero sueño* (1692), silva de 975 versos. *El sueño,* tal y como lo llamó la monja en la *Respuesta,* es una de las más notables creaciones poéticas del siglo XVII. Allí el alma se propone llegar al conocimiento total del universo; no obstante, fracasa al darse cuenta de las limitaciones del intelecto y de la imposibilidad de comprender el universo en su totalidad. La autora acepta esta derrota a la vez que destaca la importancia de seguir adelante, de atreverse a aceptar el reto aun a riesgo de caer. No debe sorprender entonces que Faetón, el hijo del Sol o Apolo, quien al conducir el carro de su padre se acercó tanto a la tierra que el dios se vio obligado a destruirlo antes que el planeta se incendiara, sea uno de sus personajes favoritos. Sor Juana se vale de este atrevido héroe para subrayar la importancia de comenzar la tarea, aun consciente de su fracaso eventual. Ciertamente, la biografía y los escritos de la monja mexicana encarnan el desafío ejemplificado por el hijo de Apolo.

■ Bibliografía mínima

Arenal, Electa and Stacey Schlau, ed. *Untold Sisters in their Own World.* Albuquerque: U of New Mexico P, 1989. Impreso.

Chang-Rodríguez, Raquel. "Gendered Voices from Lima and Mexico: Clarinda, Amarilis and Sor Juana". Ed. Susan Castillo and Ivy Schweitzer. *A Companion to the Literatures of Colonial America.* Oxford: Blackwell, 2005. 277–91. Impreso.

De la Cruz, Sor Juana Inés. *Poesía, teatro, pensamiento. Lírica personal. Lírica coral. Teatro. Prosa.* Ed., introducción y notas de Georgina Sabat de Rivers y Elias L. Rivers. Madrid: Espasa, 2004. Impreso.

——. *Polémica.* Selección y presentación de Mirla Alcibíades. Caracas: Biblioteca Ayacucho, 2009. Web. <http://www.bibliotecayacucho.gob.ve/fba/>.

Flores, Enrique. "Sor Juana y los indios: Loas y tocotines". *Literatura Mexicana* 18.2 (2007): 39–77. Impreso.

Glantz, Margo. *Sor Juana: la comparación y la hipérbole*. México, D. F.: Conaculta, 2000. Impreso.

Grossi, Verónica. *Sigilosos v(u)elos epistemológicos en Sor Juana Inés de la Cruz*. Madrid/Fráncfort: Iberoamericana/Vervuert, 2008. Impreso.

Luciani, Frederick. *Literary Self-Fashioning in Sor Juana Inés de la Cruz*. Lewisburg: Bucknell UP, 2004. Impreso.

Martínez San Miguel, Yolanda. *Saberes americanos: subalternidad y epistemología en los escritos de Sor Juana*. Pittsburgh: Instituto Internacional de Literatura Iberoamericana, 1999. Impreso.

Merrim, Stephanie. *Early Modern Women's Writing and Sor Juana Inés de la Cruz*. Nashville: Vanderbilt UP, 1999. Impreso.

Moraña, Mabel. "Orden dogmático y marginalidad en la *Carta de Monterrey* de Sor Juana Inés de la Cruz". *Hispanic Review* 58.2 (1990): 205–25. Impreso.

Myers, Kathleen A. "Sor Juana's *Respuesta*: Rewriting the Vitae". *Revista Canadiense de Estudios Hispánicos* 14.3 (1990): 459–71. Impreso.

Pascual Buxó, José. *Sor Juana Inés de la Cruz. Lectura barroca de la poesía*. Madrid: Renacimiento, 2006. Impreso.

Paz, Octavio. *Sor Juana Inés de la Cruz o las trampas de la fe*. México, D. F.: Fondo de Cultura Económica, 1982. Impreso.

Perelmuter, Rosa. *Los límites de la femineidad en Sor Juana Inés de la Cruz*. Madrid/Pamplona: Iberoamericana/U de Navarra, 2004. Impreso.

Sabat de Rivers, Georgina. "Sor Juana Inés de la Cruz". En *La cultura letrada en la Nueva España del siglo XVII*. Ed. Raquel Chang-Rodríguez. *Historia de la literatura mexicana*. Vol. 2. México, D. F.: Siglo XXI-UNAM, 2002. 619–71. Impreso.

"Sor Juana Inés de la Cruz". *Biblioteca Virtual Miguel de Cervantes. Obras y Autores Clásicos*. Web. <http://portales.mx.cervantesvirtual.com/bib_autor/sorjuana/>.

Tenorio, Martha Lilia. "A propósito de Sor Juana a través de los siglos". *Nueva Revista de Filología Hispánica* 56.2 (2008): 505–52. Impreso.

Trueblood, Alan S. "Two Poets Face Their Portraits: Góngora and Sor Juana". *Revista de Estudios Hispánicos* 26.1 (1999): 59–69. Impreso.

Respuesta de la poetisa a la muy ilustre Sor Filotea de la Cruz

[Sor Juana le explica a su amigo, el arzobispo de Puebla o Sor Filotea de la Cruz, la pasión por aprender, por escribir, que siente desde la niñez.]

[...] El escribir nunca ha sido dictamen propio, sino fuerza ajena; que les pudiera decir con verdad: *Vos me coegistis*.[1] Lo que sí es verdad que no negaré (lo uno porque es notorio a todos, y lo otro, porque aunque sea contra mí, me ha hecho Dios la merced de darme grandísimo amor a la verdad) que desde
5 que me rayó la primera luz de la razón, fue tan vehemente y poderosa la inclinación a las letras, que ni ajenas represiones —que he tenido muchas—, ni propias reflejas —que he hecho no pocas—, han bastado a que deje de seguir este natural impulso que Dios puso en mí: Su Majestad sabe por qué y para qué; y sabe que

---

[1] "Vosotros me obligasteis" (II, Corintios, xii, 11).

le he pedido que apague la luz de mi entendimiento dejando sólo lo que baste
10 para guardar su Ley, pues lo demás sobra, según algunos, en una mujer; y aun
hay quien diga que daña. Sabe también Su Majestad que no consiguiendo esto,
he intentado sepultar con mi nombre mi entendimiento, y sacrificársele sólo a
quien me lo dio; y que no otro motivo me entró en religión, no obstante que al
desembarazo y quietud que pedía mi estudiosa intención eran repugnantes los
15 ejercicios y compañía de una comunidad; y después, en ella, sabe el Señor, y lo
sabe en el mundo quien sólo lo debió saber, lo que intenté en orden a esconder
mi nombre, y que no me lo permitió, diciendo que era tentación; y sí sería. Si yo
pudiera pagaros algo de lo que os debo, señora mía,[2] creo que sólo os pagara en
contaros esto, pues no ha salido de mi boca jamás, excepto para quien debió salir.
20 Pero quiero que con haberos franqueado[3] de par en par las puertas de mi corazón, haciéndoos patentes sus más sellados secretos, conozcáis que no desdice de
mi confianza lo que debo a vuestra venerable persona y excesivos favores.

Prosiguiendo en la narración de mi inclinación, de que os quiero dar entera
noticia, digo que no había cumplido los tres años de mi edad cuando enviando
25 mi madre a una hermana mía, mayor que yo, a que se enseñase a leer en una de
las que llaman amigas,[4] me llevó a mí tras ella el cariño y la travesura; y viendo
que le daban lección, me encendí yo de manera en el deseo de saber leer, que en-
gañando, a mi parecer, a la maestra, la dije que mi madre ordenaba me diese lección. Ella no lo creyó, porque no era creíble; pero, por complacer al donaire,[5] me
30 la dio. Proseguí yo en ir y ella prosiguió en enseñarme, ya no de burlas, porque la
desengañó la experiencia; y supe leer en tan breve tiempo, que ya sabía cuando lo
supo mi madre, a quien la maestra lo ocultó por darle el gusto por entero y recibir
el galardón por junto; y yo lo callé, creyendo que me azotarían por haberlo hecho
sin orden. Aún vive la que me enseñó (Dios la guarde), y puede testificarlo.
35 Acuérdome que en estos tiempos, siendo mi golosina la que es ordinaria en
aquella edad, me abstenía de comer queso, porque oí decir que hacía rudos,[6] y
podía conmigo más el deseo de saber que el de comer, siendo éste tan poderoso
en los niños. Teniendo yo después como seis o siete años, y sabiendo ya leer y
escribir, con todas las otras habilidades de labores y costura que deprenden[7] las
40 mujeres, oí decir que había universidad y escuelas en que se estudiaban las ciencias, en México; y apenas lo oí cuando empecé a matar a mi madre con instantes e
importunos ruegos sobre que, mudándome el traje, me enviase a México, en casa
de unos deudos[8] que tenía, para estudiar y cursar la universidad; ella no lo quiso
hacer, e hizo muy bien, pero yo despiqué[9] el deseo en leer muchos libros varios
45 que tenía mi abuelo, sin que bastasen castigos ni reprensiones a estorbarlo;[10] de
manera que cuando vine a México, se admiraban, no tanto del ingenio, cuanto
de la memoria y noticias que tenía en edad que parecía que apenas había tenido
tiempo para aprender a hablar.

---

[2] Sor Filotea, o sea, el Arzobispo de Puebla, Manuel Fernández de Santa Cruz.
[3] Abierto.
[4] Amiga: escuela donde las niñas aprendían a leer y escribir, aritmética y labores manuales.
[5] Mi gracia.
[6] Entorpecía, embrutecía.
[7] Aprenden.
[8] Parientes.
[9] Satisfice.
[10] Impedirlo.

Empecé a deprender gramática,[11] en que creo no llegaron a veinte las leccio-
50 nes que tomé; y era tan intenso mi cuidado, que siendo así que en las mujeres —y
más en tan florida juventud—, era tan apreciable el adorno natural del cabello, yo
me cortaba de él cuatro o seis dedos, midiendo hasta dónde llegaba antes, e impo-
niéndome ley de que si cuando volviese a crecer hasta allí no sabía tal o tal cosa,
que me había propuesto deprender en tanto que crecía, me lo había de volver a
55 cortar en pena de la rudeza. Sucedía así que él crecía y yo no sabía lo propuesto,
porque el pelo crecía aprisa y yo aprendía despacio, y con efecto lo cortaba en
pena de la rudeza, que no me parecía razón que estuviese vestida de cabellos
cabeza que estaba tan desnuda de noticias, que era más apetecible adorno. En-
treme religiosa, porque aunque conocía que tenía el estado cosas (de las acceso-
60 rias hablo, no de las formales) muchas repugnantes a mi genio, con todo, para la
total negación que tenía al matrimonio, era lo menos desproporcionado y lo más
decente que podía elegir en materia de la seguridad que deseaba de mi salvación,
a cuyo primer respeto (como al fin más importante) cedieron y sujetaron la cerviz
todas las impertinencillas de mi genio, que eran de querer vivir sola; de no querer
65 tener ocupación obligatoria que embarazase la libertad de mi estudio, ni rumor
de comunidad que impidiese el sosegado silencio de mis libros. Esto me hizo
vacilar algo en la determinación, hasta que alumbrándome personas doctas de
que era tentación, la vencí con el favor divino, y tomé el estado que tan indigna-
mente tengo. Pensé yo que huía de mí misma, pero, ¡miserable de mí!, trájeme a
70 mí conmigo y traje mi mayor enemigo en esta inclinación, que no sé determinar
si por prenda[12] o castigo me dio el Cielo, pues de apagarse o embarazarse con
tanto ejercicio que la religión tiene, reventaba como pólvora, y se verificaba en mí
el *privatio est causa appetitus*.[13]

Volví (mal dije, pues nunca cesé): proseguí, digo, a la estudiosa tarea (que
75 para mí era descanso en todos los ratos que sobraban a mi obligación) de leer
y más leer, de estudiar y más estudiar, sin más maestro que los mismos libros.
Ya se ve cuán duro es estudiar en aquellos caracteres sin alma, careciendo de la
voz viva y explicación del maestro; pues todo este trabajo sufría yo muy gustosa por amor de las letras. ¡Oh, si hubiese sido por amor de Dios, que era lo
80 acertado, cuánto hubiera merecido! Bien que yo procuraba elevarlo cuanto podía
y dirigirlo a su servicio, porque el fin a que aspiraba era a estudiar Teología,[14]
pareciéndome menguada inhabilidad, siendo católica, no saber todo lo que en
esta vida se puede alcanzar, por medios naturales, de los divinos misterios; y
que siendo monja y no seglar debía, por el estado eclesiástico, profesar letras; y
85 más siendo hija de un San Jerónimo,[15] y de una Santa Paula,[16] que era degenerar
de tan doctos padres ser idiota la hija. Esto me proponía yo de mí misma y me

---

[11] Aprender latín.
[12] Regalo.
[13] "La privación es causa de apetito".
[14] La teología era considerada como la ciencia
reina de las diversas ramas del saber.
[15] San Jerónimo: padre y doctor de la Iglesia
(¿347?–420). Tradujo la Biblia al latín en la

versión llamada *Vulgata*. Sor Juana profesó en
el Monasterio de Santa Paula, de la Orden de
San Jerónimo, y por eso ella se considera hija
espiritual del Santo.
[16] Santa Paula: discípula de San Jerónimo; el
convento donde Sor Juana profesó llevaba su
nombre.

parecía razón; si no es que era (y eso es lo más cierto) lisonjear[17] y aplaudir a mi propia inclinación, proponiéndola como obligatorio su propio gusto. [...]

En esto [el deseo de aprender] sí confieso que ha sido inexplicable[18] mi tra-
90 bajo; y así no puedo decir lo que con envidia oigo a otros: que no les ha costado afán el saber. ¡Dichosos ellos! A mí, no el saber (que aún no sé), sólo el desear saber me lo ha costado tan grande que pudiera decir con mi padre San Jerónimo (aunque no con su aprovechamiento): *Quid ibi laboris insumpserim, quid sustinue-
rim difficultatis, quoties desperaverim, quotiesque cessaverim et contentione discendi*
95 *rursus inceperim; testis est conscientia, tam mea, qui passus sum, quam eorum qui me-
cum duxerunt vitam*[19]. Menos los compañeros y testigos (que aun de ese alivio he carecido), lo demás bien puedo asegurar con verdad. ¡Y que haya sido esta mi negra inclinación que todo lo haya vencido! [...]

Pues por la —en mí dos veces infeliz— habilidad de hacer versos, aunque
100 fuesen sagrados, ¿qué pesadumbres no me han dado o cuáles no me han dejado de dar? Cierto, señora mía, que algunas veces me pongo a considerar que el que se señala —o le señala Dios, que es quien sólo lo puede hacer— es recibido como enemigo común, porque parece a algunos que usurpa los aplausos que ellos merecen o que hace estanque[20] de las admiraciones a que aspiraban y así le
105 persiguen.

Yo confieso que me hallo muy distante de los términos de la sabiduría y que le he deseado seguir, aunque *a longe*. Pero todo ha sido acercarme más al fuego de la persecución, al crisol del tormento, y ha sido con tal extremo que han llegado a solicitar que se me prohíba el estudio.

Redondillas

I

[Arguye de inconsecuentes el gusto y la censura de los hombres que en las mujeres acusan lo que causan]

Hombres necios que acusáis
a la mujer sin razón,
sin ver que sois la ocasión
de lo mismo que culpáis:

5   Si con ansia sin igual
solicitáis su desdén,
¿por qué queréis que obren bien,
si las incitáis al mal?

Combatís su resistencia
10 y luego, con gravedad,
decís que fue liviandad
lo que hizo la diligencia.

   Parecer[21] quiere el denuedo[22]
de vuestro parecer loco,
15 al niño que pone el coco[23]
y luego le tiene miedo.

---

[17] Halagar.
[18] Interminable.
[19] "De cuánto trabajo me tome, cuánta dificultad hube de sufrir, cuántas veces desesperé, y cuántas otras veces desistí y empecé de nuevo, por el empeño de aprender, testigo es mi conciencia que lo ha padecido,

y la de los que conmigo han vivido" (*Carta al monje rústico*).
[20] Hace detenerse; paraliza, frena.
[21] Parecerse.
[22] Valor.
[23] Aparición o fantasma con que se atemoriza a los niños.

Queréis, con presunción necia,
hallar a la que buscáis,
para pretendida, Thais,[24]
20 y en la posesión, Lucrecia.[25]

¿Qué humor puede ser más
raro que el que, falto de consejo,
él mismo empaña el espejo,
y siente que no esté claro?

25 Con el favor y el desdén
tenéis condición igual,
quejándoos, si os tratan mal,
burlándoos, si os quieren bien.

Opinión, ninguna gana:
30 pues la que más se recata,[26]
si no os admite, es ingrata,
y si os admite, es liviana.

Siempre tan necios andáis
que, con desigual nivel,
35 a una culpáis por crüel
y a otra por fácil culpáis.

¿Pues cómo ha de estar templada[27]
la que vuestro amor pretende,
si la que es ingrata, ofende,
40 y la que es fácil, enfada?

Mas, entre el enfado y pena
que vuestro gusto refiere,

bien haya la que no os quiere
y quejaos en hora buena.

45 Dan vuestras amantes penas
a sus libertades alas,
y después de hacerlas malas
las queréis hallar muy buenas.

¿Cuál mayor culpa ha tenido
50 en una pasión errada:
la que cae de rogada,
o el que ruega de caído?

¿O cuál es más de culpar,
aunque cualquiera mal haga:
55 la que peca por la paga,
o el que paga por pecar?

Pues ¿para qué os espantáis
de la culpa que tenéis?
Queredlas cual las hacéis
60 o hacedlas cual las buscáis.

Dejad de solicitar,
y después, con más razón,
acusaréis la afición
de la que os fuere a rogar.

65 Bien con muchas armas
fundo que lidia[28] vuestra arrogancia,
pues en promesa e instancia
juntáis diablo, carne y mundo.[29]

II

[EN QUE DESCRIBE RACIONALMENTE LOS EFECTOS IRRACIONALES DEL AMOR]

Este amoroso tormento
que en mi corazón se ve,
sé que lo siento, y no sé
la causa por qué lo siento.

5 Siento una grave agonía
por lograr un devaneo,[30]
que empieza como deseo
y para en melancolía.

---

[24] Thais: o Tais, cortesana griega del siglo IV a. de C., amante de Alejandro Magno y su acompañante en el viaje que éste hizo al Asia.
[25] Lucrecia: esposa de Tarquino Colatino que, violada por el hijo del rey de Roma, se suicidó avergonzada. El ofendido esposo se convirtió en líder de la rebelión que le dio fin a la monarquía romana.

[26] Se esconde.
[27] Hecha, formada.
[28] Batalla, lucha.
[29] Diablo, carne y mundo: los tres enemigos del alma según la doctrina católica.
[30] Delirio, fantasía.

Y cuando con más terneza
10 mi infeliz estado lloro,
sé que estoy triste e ignoro
la causa de mi tristeza.

Siento un anhelo tirano
por la ocasión a que aspiro,
15 y cuando cerca la miro
yo misma aparto la mano.

Porque, si acaso se ofrece,
después de tanto desvelo,
la desazona[31] el recelo
20 o el susto la desvanece.

Y si alguna vez sin susto
consigo tal posesión,
cualquiera leve ocasión
me malogra todo el gusto.

25 Siento mal del mismo bien
con receloso temor,
y me obliga el mismo amor
tal vez a mostrar desdén.

Cualquier leve ocasión labra
30 en mi pecho, de manera,
que el que imposibles venciera
se irrita de una palabra.

Con poca causa ofendida,
suelo, en mitad de mi amor,
35 negar un leve favor
a quien le diera la vida.

Ya sufrida, ya irritada,
con contrarias penas lucho:
que por él sufriré mucho,
40 y con él sufriré nada.

No sé en qué lógica cabe
el que tal cuestión se pruebe:
que por él lo grave es leve,
y con él lo leve es grave.

45 Sin bastantes fundamentos
forman mis tristes cuidados,
de conceptos engañados,
un monte de sentimientos;

y en aquel fiero conjunto
50 hallo, cuando se derriba,
que aquella máquina altiva
sólo estribaba en un punto.

Tal vez el dolor me engaña
y presumo, sin razón,
55 que no habrá satisfacción
que pueda templar mi saña;[32]

y cuando a averiguar llego
el agravio porque riño
es como espanto de niño
60 que para en burlas y juego.

Y aunque el desengaño toco,
con la misma pena lucho,
de ver que padezco mucho
padeciendo por tan poco.

65 A vengarse se abalanza
tal vez el alma ofendida;
y después, arrepentida,
toma de mí otra venganza.

Y si al desdén satisfago,
70 es con tan ambiguo error,
que yo pienso que es rigor
y se remata en halago.

Hasta el labio desatento
suele, equívoco, tal vez,
75 por usar de la altivez
encontrar el rendimiento.

Cuando por soñada culpa
con más enojo me incito,
yo le acrimino[33] el delito
80 y le busco la disculpa.

No huyo el mal ni busco el bien,
Porque, en mi confuso error,
ni me asegura el amor
ni me despecha el desdén.

85 En mi ciego devaneo,
bien hallada[34] con mi engaño,
solicito el desengaño
y no encontrarlo deseo.

---

[31] Le quita el gusto.
[32] Furor, enojo.
[33] Acuso.
[34] Satisfecha, contenta.

Si alguno mis quejas oye,
90 más a decirlas me obliga,
porque me las contradiga,
que no porque las apoye.

Porque si con la pasión
algo contra mi amor digo,
95 es mi mayor enemigo
quien me concede razón.

Y si acaso en mi provecho
hallo la razón propicia,
me embaraza la justicia
100 y ando cediendo el derecho.

Nunca hallo gusto cumplido,
porque, entre alivio y dolor,
hallo culpa en el amor
y disculpa en el olvido.

105 Esto de mi pena dura
es algo del dolor fiero,
y mucho más no refiero
porque pasa de locura.

Si acaso me contradigo
110 en este confuso error,
aquél que tuviere amor
entenderá lo que digo.

Sonetos[35]

I

[PROCURA DESMENTIR LOS ELOGIOS QUE A UN RETRATO DE LA POETISA INSCRIBIÓ LA VERDAD, QUE LLAMA PASIÓN]

Éste, que ves, engaño colorido,[36]
que del arte ostentando los primores,
con falsos silogismos de colores
es cauteloso engaño del sentido;

5 éste, en quien la lisonja[37] ha pretendido
excusar de los años los horrores,
y venciendo del tiempo los rigores
triunfar de la vejez y del olvido:

es un vano artificio del cuidado,
10 es una flor al viento delicada,
es un resguardo inútil para el hado,

es una necia diligencia errada,
es un afán caduco y, bien mirado,
es cadáver, es polvo, es sombra, es nada.

---

[35] El soneto tradicional se compone de catorce versos de rima aconsonantada distribuidos en dos cuartetos y dos tercetos casi siempre con versos de once sílabas (endecasílabos). Hay otras variaciones. La primera composición de Sor Juana fechada con certeza (1666) fue un soneto. Los críticos coinciden en que la escritora dio lo mejor de su obra en este tipo de poemas.

[36] Aquí Sor Juana presenta dos temas favoritos del barroco: el engaño de los sentidos y lo perecedero de lo material.

[37] Alabanza falsa.

II

[EN QUE DA MORAL CENSURA A UNA ROSA, Y EN ELLA A SUS SEMEJANTES]

Rosa divina que en gentil cultura
eres, con tu fragante sutileza,
magisterio purpúreo en la belleza,[38]
enseñanza nevada a la hermosura.

5   Amago[39] de la humana arquitectura,
ejemplo de la vana gentileza,
en cuyo ser unió naturaleza
la cuna alegre y triste sepultura.

¡Cuán altiva en tu pompa, presumida,
10 soberbia, el riesgo de morir desdeñas,
y luego desmayada y encogida

de tu caduco ser das mustias señas,
con que con docta muerte y necia vida,
viviendo engañas y muriendo enseñas!

III

[QUE CONTIENE UNA FANTASÍA CONTENTA CON AMOR DECENTE]

Detente, sombra de mi bien esquivo,
imagen del hechizo que más quiero,
bella ilusión por quien alegre muero,
dulce ficción por quien penosa vivo.

5   Si al imán de tus gracias atractivo
sirve mi pecho de obediente acero,
¿para qué me enamoras lisonjero[40]
si has de burlarme luego fugitivo?

Mas blasonar[41] no puedes, satisfecho,
10 de que triunfa de mí tu tiranía:
que aunque dejas burlado el lazo estrecho

que tu forma fantástica ceñía,
poco importa burlar brazos y pecho
si te labra prisión mi fantasía.

---

[38] La rosa ofrece una enseñanza por su belleza.
[39] Amenaza.
[40] Con falsas alabanzas.
[41] Hacer ostentación, alardear de algo.

IV

[PROSIGUE EL MISMO ASUNTO, Y DETERMINA QUE PREVALEZCA LA RAZÓN CONTRA EL GUSTO]

Al que ingrato me deja, busco amante;
al que amante me sigue, dejo ingrata;
constante adoro a quien mi amor maltrata;
maltrato a quien mi amor busca constante.

5   Al que trato de amor, hallo diamante,
y soy diamante al que de amor me trata;
triunfante quiero ver al que me mata,
y mato al que me quiere ver triunfante.

Si a éste pago, padece mi deseo;
10 si ruego a aquél, mi pundonor enojo:
de entrambos modos infeliz me veo.

Pero yo, por mejor partido, escojo
de quien no quiero, ser violento empleo,
que, de quien no me quiere, vil despojo.

■ Preguntas generales

1. ¿Por qué se ha usado el término "feminista" para caracterizar a Sor Juana?
2. ¿Por qué entró Sor Juana al convento?
3. ¿Cuáles fueron las relaciones de la monja mexicana con la corte virreinal y en especial con las virreinas?
4. ¿Quién es Sor Filotea de la Cruz y por qué Sor Juana se carteó con ella?
5. Sor Juana usó modelos del barroco peninsular; ¿cómo le dio originalidad a esa tradición? Dé ejemplos.
6. ¿Qué entendemos por el tema del *carpe diem* y cómo lo aprovechó la monja en sus poesías? ¿Qué otros temas barrocos empleó y cuál es su significado?
7. ¿Quién es Faetón, qué simboliza y por qué aparece con frecuencia en la obra de Sor Juana?

■ Preguntas de análisis

1. ¿Cómo muestra la autora en la *Respuesta* que su vocación intelectual no es incompatible con su devoción religiosa?
2. ¿Qué datos ofrece la *Respuesta* para confirmar el constante deseo de saber de Sor Juana?
3. Repase las dificultades que pasó Sor Juana para estudiar. ¿Quiénes la perseguían y por qué?
4. ¿Qué conceptos antitéticos encontramos en "Hombres necios"? ¿Qué actitud contradictoria de los hombres critica la voz poética? ¿Qué personajes de la historia clásica aparecen en estas redondillas y qué muestran?
5. ¿Cómo se caracteriza el amor en "Este amoroso tormento"? ¿Por qué es frecuente este tipo de caracterización en el período barroco?

6. En "Éste, que ves, engaño colorido", identifique los paralelismos y explique por qué el retrato es "nada".

7. ¿Por qué en "Rosa divina" esta flor sintetiza la "cuna alegre" y la "triste sepultura"?

8. ¿A quién se dirige la voz poética en "Detente"? ¿Qué comentarios encontramos aquí sobre el amor, el cuerpo y la imaginación?

9. ¿Qué antítesis encontramos en "Al que ingrato"? ¿Cómo resuelve la voz poética su dilema? ¿Está de acuerdo con esta resolución del dilema? Explique su respuesta.

■ Temas para informes escritos

1. Sor Juana y sus antecesoras en el Perú virreinal: Clarinda y Amarilis.

2. Sor Juana y su relación con el padre jesuita Diego Calleja.

3. La *Respuesta a Sor Filotea de la Cruz* y las mujeres doctas mencionadas por Sor Juana.

4. La representación de los indígenas y afromexicanos en los villancicos de Sor Juana.

5. Revelaciones de la *Autodefensa espiritual* o *Carta de Monterrey*.

■ Temas de reflexión y comentario

1. Escritoras de la época de Sor Juana.

2. La educación de la mujer en el siglo XVII.

3. Sor Juana y su triple marginalidad.

4. Las representaciones teatrales en la Nueva España del siglo XVII.

5. Sor Juana y la publicación de *Inundación castálida*.

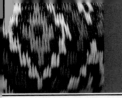

JOSÉ JOAQUÍN FERNÁNDEZ DE LIZARDI

1776–1827, Ciudad de México, México

Las ideas reformadoras de la Ilustración francesa fueron acogidas y defendidas tenazmente por José Joaquín Fernández de Lizardi. Proveniente de una familia con cierto prestigio profesional, pero sin muchos recursos, el futuro ensayista y novelista hizo estudios universitarios que no llegó a terminar. Cuando se casó en 1805, la pequeña dote de la esposa sirvió para aliviar preocupaciones económicas familiares.

Los primeros escritos del autor, sátiras de personajes conocidos y críticas al gobierno, circularon en forma de folletos que vendía por unos centavos para subsistir y difundir sus ideas. Aprovechando un breve período de libertad de prensa a raíz de los decretos de las Cortes de Cádiz de 1812, Lizardi fundó un periódico, *El Pensador Mexicano* (1812–1814), nombre que después adoptó como seudónimo. Ésta y otras empresas periodísticas suyas fueron víctimas de los vaivenes políticos y la cada día más estricta censura de prensa a raíz del retorno de Fernando VII al trono de España en 1814, la suspensión de las Cortes en ese año y la vuelta a la monarquía absoluta.

Apasionado por las reformas sociales y sin otro medio para hacer llegar sus ideas al público, el autor decidió escribir *Vida y hechos de Periquillo Sarniento, escrita por él para sus hijos*, novela conocida como *El Periquillo Sarniento*. Sus primeros tres tomos se publicaron por entregas en 1816; el cuarto no pasó la censura por expresarse contra la esclavitud, pero apareció más tarde. Entusiasmado con el género y convencido de la misión didáctica de la obra literaria sostenida por los neoclásicos, "El Pensador Mexicano" escribió otras tres novelas: *Noches tristes y día alegre* (1818–1819), fantasía romántica donde imita la melancólica elegía *Noches lúgubres* (1798) del militar y escritor español José Cadalso; *La Quijotita y su prima* (1818), orientada a mejorar la educación femenina; y *Don Catrín de la Fachenda* (1832), obra publicada póstumamente y centrada en la biografía de un orgulloso joven que rehúsa trabajar y termina suicidándose. Lizardi también escribió fábulas, poemas y dramas con el propósito de llegar a un público más variado.

Cuando se restauró la libertad de prensa en México (1820), Lizardi volvió a utilizar vías más directas de propaganda. Apoyó vigorosamente la causa independentista y se unió al Partido Federal de cuño liberal; pero las ideas reformadoras de "El Pensador Mexicano", seguramente muy avanzadas para la época, tampoco encontraron acogida allí. Infatigable en su lucha, dos meses antes de fallecer, publicó un amplio folleto donde resumía los males que aquejaban a México y asimismo daba indicaciones de cómo quería ser enterrado.

Es fácil entender por qué Lizardi escogió la novela picaresca como vehículo para expresar sus ideas. Conocía bien la literatura española y sabía cómo este género había servido para hacer crítica social durante el Siglo de Oro. Además, muchas de las cartas y relaciones a la metrópoli de soldados y colonizadores —pensemos en Bernal Díaz— se escribieron utilizando la primera persona. Estos documentos contribuyeron a darle prestigio a la narración autobiográfica. Con todo, el autor no es fiel al modelo picaresco presentado por Quevedo y Mateo Alemán. Está más cerca del francés Lesage y su *Gil Blas de Santillana* (1715–1735); del padre Isla, autor de la novela satírica *Fray Gerundio de Campazas* (1758); y de la *Vida* (1743–1785), autobiografía del trotamundos Diego Torres de Villarroel. Como Lizardi, estos autores critican fuertemente las lacras sociales, pero ofrecen una visión menos pesimista que la de algunos de los escritores del Siglo de Oro. De ahí que Periquillo, al contrario de otros protagonistas picarescos, se redima. Y no podía ser de otra forma, pues las ideas ilustradas del autor se centran en la posibilidad de mejorar la condición de la mayoría a través del perfeccionamiento de las instituciones sociales.

Como en la picaresca, en *El Periquillo* el protagonista cuenta su vida al servicio de varios amos retratados con realismo. Sus andanzas lo llevan a diferentes ciudades de México, a las Filipinas, a una isla fantástica. Lizardi no pierde tiempo para sacar de cada aventura de Periquillo una lección que ofrece en largas digresiones moralizadoras. Haciendo alarde de erudición, cita con frecuencia diversas fuentes para apoyar su punto de vista. En esta novela, "El Pensador Mexicano" ataca los muchos males que agobian a México, pero su blanco preferido es el sistema educativo.

Fernández de Lizardi, siguiendo a Feijoo en su *Teatro crítico universal* (1726–1739), se manifiesta contra la lógica y la metafísica y aboga por métodos de enseñanza modernos, basados en la experimentación. Dentro de una larga tradición literaria —recordemos a Caviedes y sus modelos clásicos— están sus ataques a médicos y farmacéuticos ignorantes y charlatanes. Critica también el código legal de México y el atraso económico de España y sus colonias. Seguidor del ideario ilustrado, ve en la agricultura —pensemos en Andrés Bello—, y no en la minería, una fuente de trabajo y riqueza. Ataca también la avaricia de la Iglesia y la deshonestidad e hipocresía de los clérigos. Al mismo tiempo, la obra incluye detalladas descripciones de costumbres y tipos mexicanos de diversas clases sociales. Al presentar sus ideas, Lizardi no olvida uno de los puntos importantes del credo neoclásico, "enseñar deleitando". Si a esto añadimos las variadas situaciones en las cuales coloca al protagonista y la agilidad y gracia del relato, es fácil comprender el continuado éxito de *El Periquillo Sarniento*.

■ Bibliografía mínima

Alba-Koch, Beatriz de. " 'Enlightened Absolutism' and Utopian Thought: Fernández de Lizardi and Reform in New Spain". *Revista Canadiense de Estudios Hispánicos* 24.2 (2000): 295–306. Impreso.

Corral, Wilfrido H. "Teaching the Spanish American Picaresque Novel: From *El Periquillo Sarniento* to *Ángeles del abismo*". In *Approaches to Teaching the "Lazarillo de Tormes" and the Picaresque Tradition*. Ed. Anne J. Cruz. New York: MLA, 2008. 127–34. Impreso.

Dabove, Juan Pablo. *Nightmares of the Lettered City: Banditry and Literature in Latin America, 1816–1929*. Pittsburgh, PA: U of Pittsburgh P, 2007. Impreso.

Fernández de Lizardi, José Joaquín. *El Periquillo Sarniento*. En *Biblioteca Virtual Miguel de Cervantes. Obras y Autores Clásicos*. Basada en la 4.ª ed. mexicana. 4 Vols. México, D. F.: Librería de Galván, 1842. **Portal:** Novela hispanoamericana del siglo XIX (Fondo Benito Varela Jácome). Web. <http://www.cervantesvirtual.com/portal/BVJ/>.

——. *El Periquillo Sarniento*. Ed. Carmen Ruiz Barrionuevo. 2.ª ed. Madrid: Cátedra, 2009. Impreso.

Flores, Enrique. "Periquillo emblemático. Aguafuertes del *Periquillo Sarniento* (1816)". *Colonial Latin American Review* 11.1 (2002): 89–108. Impreso.

Insúa Cereceda, Mariela. "Aventura y rebeldía en *El Periquillo Sarniento* de Fernández de Lizardi". *Rebeldes y aventureros: Del Viejo al Nuevo Mundo*. Ed. Hugo R. Cortés et al. Madrid/Fráncfort: Iberoamericana/Vervuert, 2008. 115–31. Impreso.

Mozejko, Danuta Teresa. "El letrado y su lugar en el proyecto de nación: *El Periquillo Sarniento* de Fernández de Lizardi". *Revista Iberoamericana* 73.218–219 (2007): 45–60. Impreso.

Vogeley, Nancy. *Lizardi and the Birth of the Novel in Spanish America*. Gainesville: UP of Florida, 2001. Impreso.

——. "La novela". En *Cambios de reglas, mentalidades y recursos retóricos en la Nueva España del siglo XVIII*. Eds. Nancy Vogeley y Manuel Ramos Medina. *Historia de la literatura mexicana*. Vol. 3. México, D. F.: Siglo XXI-UNAM, 2011. 222–42. Impreso.

El Periquillo Sarniento

[Periquillo sirvió en la casa del doctor Purgante. Con él de tutor, aprendió de las hipocresías, trampas, trucos y falsas curaciones de los médicos. Cansado de los abusos del Dr. Purgante y su hermana, creyéndose capaz de ganarse la vida como médico, huyó de la casa llevándose libros en español y latín, y la ropa y los títulos de bachiller en medicina de su amo. Después de robarle al Dr. Purgante, Periquillo se encuentra con Andrés, un modesto joven a quien ya conocía porque los dos habían servido en casa de don Agustín, el barbero. Le miente y le dice que se ha recibido de médico y lo invita a ser su ayudante. Los dos abandonan la ciudad de México y se establecen en Tula,[1] Periquillo como médico y Andrés de maestro barbero.]

[…] Como en los pueblos son muy noveleros, lo mismo que en las ciudades, al momento corrió por toda aquella comarca la noticia de que había médico y barbero en la cabecera, y de todas partes iban a consultarme sobre sus enfermedades.

5 Por fortuna, los primeros que me consultaron fueron aquellos que sanan aunque no se curen, pues les bastan los auxilios de la sabia naturaleza y otros padecían porque no querían o no sabían sujetarse a la dieta que les interesaba. Sea como fuere, ellos sanaron con lo que les ordené, y en cada uno labré un clarín a mi fama.

10 A los quince o veinte días, ya yo no me entendía de enfermos,[2] especialmente indios, los que nunca venían con las manos vacías, sino cargando gallinas, frutas, huevos, verduras, quesos y cuanto los pobres encontraban. De suerte que

---

[1] Tula: ciudad a unos ochenta kilómetros de México, famosa por sus ruinas toltecas.

[2] Tenía muchos pacientes.

el tío Bernabé[3] y sus viejas estaban contentísimos con su huésped. Yo y Andrés no estábamos tristes, pero más quisiéramos monedas; sin embargo de que Andrés estaba mejor que yo, pues los domingos desollaba indios a medio real, que era una gloria, llegando a tal grado su atrevimiento, que una vez se arriesgó a sangrar a uno y por accidente quedó bien. Ello es que con lo poco que había visto y el ejercicio que tuvo, se le agilitó la mano, en términos que un día me dijo: Hora[4] sí, señor, ya no tengo miedo, y soy capaz de afeitar al *Sursum-corda*.[5]

Volaba mi fama de día en día, pero lo que me encumbró a los cuernos de la luna fue una curación que hice (también de accidente como Andrés) con el alcabalero,[6] para quien una noche me llamaron a toda prisa.

Fui corriendo, y encomendándome a Dios para que me sacara con bien de aquel trance, del que no sin razón pensaba que pendía mi felicidad.

Llevé conmigo a Andrés con todos sus instrumentos, encargándole en voz baja, porque no lo oyera el mozo, que no tuviera miedo como yo no lo tenía; que para el caso de matar a un enfermo, lo mismo tenía que fuera indio que español, y que nadie llevaba su pelea más segura que nosotros; pues si el alcabalero sanaba, nos pagarían bien y se aseguraría nuestra fama; y si se moría, como de nuestra habilidad se podía esperar, con decir que ya estaba de Dios[7] y que se le había llegado su hora, estábamos del otro lado, sin que hubiera quien nos acusara de homicidio.

En estas pláticas llegamos a la casa, que la hallamos hecha una Babilonia,[8] porque unos entraban, otros salían, otros lloraban y todos estaban aturdidos.

A este tiempo llegó el señor cura y el padre vicario con los santos óleos. Malo, dije a Andrés, ésta es enfermedad ejecutiva. Aquí no hay medio, o quedamos bien o quedamos mal. Vamos a ver cómo nos sale este albur.[9]

Entramos todos juntos a la recámara y vimos al enfermo tirado boca arriba en la cama, privado de sentidos, cerrados los ojos, la boca abierta, el semblante denegrido y con todos los síntomas de un apoplético.

Luego que me vieron junto a la cama, la señora su esposa y sus niñas, se rodearon de mí y me preguntaron, hechas un mar de lágrimas: ¡Ay, señor!, ¿qué dice usted, se muere mi padre? Yo, afectando mucha serenidad de espíritu y con una confianza de un profeta, les respondí: Callen ustedes, niñas, ¡qué se ha de morir! Estas son efervescencias del humor sanguíneo que oprimiendo los ventrículos del corazón embargan el cerebro, porque cargan con el pondus[10] de la sangre sobre la espina medular y la traquearteria pero todo esto se quitará en un instante, pues si *evaquatio fit, recedet pletora*, con la evacuación nos libraremos de la plétora.

Las señoras me escuchaban atónitas, y el cura no se cansaba de mirarme de hito en hito,[11] sin duda mofándose de mis desatinos, los que interrumpió

---

[3] El dueño de la casa donde se hospedan Periquillo y Andrés.
[4] Ahora.
[5] "Sursum corda" o "elevemos nuestros corazones", palabras que pronuncia el sacerdote durante la misa. Expresión usada aquí como disparate por Andrés, quien cree que es el nombre de un personaje importante.

[6] El que administraba o cobraba el impuesto de la alcabala.
[7] Que era la voluntad de Dios.
[8] Casa en desorden.
[9] Suerte, azar.
[10] Peso.
[11] Mirar fijamente.

diciendo: Señoras, los remedios espirituales nunca dañan ni se oponen a los temporales. Bueno será absolver a mi amigo por la bula y olearlo, y obre Dios.

Señor cura, dije yo con toda la pedantería que acostumbraba, que era tal
55 que no parecía sino que la había aprendido con escritura, señor cura, usted dice bien, y yo no soy capaz de introducir mi hoz en mies ajena; pero, *venia tanti*,[12] digo que esos remedios espirituales, no sólo son buenos, sino necesarios, *necesitate medii y necesitate praecepti in articulo mortis: sed sic est*,[13] que no estamos en ese caso; *ergo*, etc.
60 El cura, que era harto prudente e instruido, no quiso hacer alto[14] en mis charlatanerías, y así me contestó: Señor doctor, el caso en que estamos no da lugar a argumentos, porque el tiempo urge; yo sé mi obligación y esto importa.

Decir esto y comenzar a absolver al enfermo, y el vicario a aplicarle el santo sacramento de la unción, todo fue uno. Los dolientes, como si aquellos socorros
65 espirituales fueran el fallo cierto de la muerte del deudo, comenzaron a aturdir la casa a gritos. Luego que los señores eclesiásticos concluyeron sus funciones, se retiraron a otra pieza, cediéndome el campo y el enfermo.

Inmediatamente me acerqué a la cama, le tomé el pulso, miré a las vigas del techo por largo rato; después le tomé el otro pulso haciendo mil monerías,
70 como eran arquear las cejas, arrugar la nariz, mirar el suelo, morderme los labios, mover la cabeza a uno y otro lado y hacer cuantas mudanzas pantomímicas me parecieron oportunas para aturdir a aquellas pobres gentes que, puestos los ojos en mí, guardaban un profundo silencio, teniéndome sin duda por un segundo Hipócrates; a lo menos ésa fue mi intención, como también ponderar el graví-
75 simo riesgo del enfermo y lo difícil de la curación, arrepentido de haberles dicho que no era cosa de cuidado.

Acabada la tocada del pulso, le miré el semblante atentamente, le hice abrir la boca con una cuchara para verle la lengua, le alcé los párpados, le toqué el vientre y los pies, e hice dos mil preguntas a los asistentes sin acabar de ordenar
80 ninguna cosa, hasta que la señora, que ya no podía sufrir mi cachaza,[15] me dijo: Por fin, señor, ¿qué dice usted de mi marido, es de vida o de muerte?

Señora, le dije, no sé de lo que será; sólo que Dios puede decir que es de vida y resurrección como lo fue *Lazarum resucitavit a monumento foetidum*,[16] y si lo dice, vivirá aunque esté muerto. *Ego sum resurrectio et vita, qui credit in me, etiam si mor-*
85 *tuus fuerit, vivet.*[17] ¡Ay, Jesús!, gritó una de las niñas, ya se murió mi padrecito.

Como ella estaba junto al enfermo, su grito fue tan extraño y doloroso, y cayó privada de la silla, pensamos todos que en realidad había expirado, y nos rodeamos de la cama.

El señor cura y el vicario, al oír la bulla,[18] entraron corriendo, y no sabían a
90 quién atender, si al apoplético o a la histérica, pues ambos estaban privados. La señora ya medio colérica, me dijo: Déjese usted de latines, y vea si cura o no cura a mi marido. ¿Para qué me dijo, cuando entró, que no era cosa de cuidado y me aseguró

---

[12] Con su permiso.
[13] Se necesitan esos remedios cuando el paciente está de muerte pero ése no es el caso.
[14] Prestar atención.
[15] Lentitud.

[16] Lázaro a quién Él [Jesús] resucitó de la tumba fétida.
[17] *Yo soy la resurrección y la vida; todo el que creyere en mí, aunque estuviere muerto, vivirá* (Juan XI: 25).
[18] Escándalo.

que no se moría? Yo lo hice, señora, por no afligir a usted, le dije; pero no había examinado al enfermo *methodice vel juxta artis nostrae praecepta*, esto es, "con mé-
95 todo o según las reglas del arte"; pero encomiéndese usted a Dios y vamos a ver.

Primeramente que se ponga una olla grande de agua a calentar. Eso sobra, díjola, dijo la cocinera. Pues bien, maestro Andrés, continué yo, usted, como buen flebotomiano,[19] dele luego luego un par de sangrías de la vena cava.

Andrés, aunque con miedo y sabiendo tanto como yo de venas cavas, le ligó
100 los brazos y le dio dos piquetes que parecían puñaladas, con cuyo auxilio, al cabo de haberse llenado dos borcelanas[20] de sangre, cuya profusión escandalizaba a los espectadores, abrió los ojos el enfermo, y comenzó a conocer a los circunstantes y a hablarles.

Inmediatamente hice que Andrés aflojara las vendas y cerrara las cisuras[21],
105 lo que no costó poco trabajo, tales fueron de prolongadas.

Después hice que se le untase vino blanco en el cerebro y pulsos, que se le confortara el estómago por dentro con atole[22] de huevos y por fuera con una tortilla de los mismos, condimentada con aceite rosado, vino, culantro y cuantas porquerías se me antojaron; encargando mucho que no lo resupinaran.[23]
110 ¿Qué es eso de resupinar, señor doctor?, preguntó la señora. Y el cura, sonriéndose, le dijo: Que no lo tengan boca arriba. Pues tatita, por Dios, siguió la matrona, hablemos en lengua que nos entendamos como la gente.

A ese tiempo, ya la niña había vuelto de su desmayo y estaba en la conversación, y luego que oyó a su madre, dijo: Sí, señor, mi madre dice muy bien; sepa
115 usted que por eso me privé en denantes,[24] porque como empezó a rezar aquello que los padres les cantan a los muertos cuando los entierran, pensé que ya se había muerto mi padrecito y que usted le cantaba la vigilia.

Rióse el cura de gana[25] por la sencillez de la niña y los demás lo acompañaron, pues ya todos estaban contentos al ver al señor alcabalero fuera de riesgo,
120 tomando su atole y platicando muy sereno como uno de tantos.

Le prescribí su régimen para los días sucesivos, ofreciéndome a continuar su curación hasta que estuviera enteramente bueno.

Me dieron todos las gracias y, al despedirme, la señora me puso en la mano una onza de oro, que yo la juzgué peso en aquel acto, y me daba al diablo de ver
125 mi acierto tan mal pagado; y así se lo iba diciendo a Andrés, el que me dijo: No, señor; no puede ser plata, sobre que[26] a mí me dieron cuatro pesos. En efecto, dices bien, le contesté. Y acelerando el paso llegamos a la casa donde vi que era una onza de oro amarillo como un azafrán refino.

(Tomo III, Capítulo I, en 4.ª ed. mexicana corregida e ilustrada)

---

[19] El que se ocupa de hacer sangrías.
[20] Recipientes pequeños.
[21] Aberturas, heridas.
[22] Bebida caliente de harina de maíz disuelta en agua o leche y endulzada con otros sabores.
[23] No ponerlo de espaldas.
[24] Antes.
[25] Con gusto.
[26] Porque.

■ Preguntas generales

1. ¿Con qué propósito escribió Fernández de Lizardi *El Periquillo* y cómo se publicó?
2. ¿Qué relación hay entre las novelas de Lizardi y la censura de prensa?
3. Además de *El Periquillo*, ¿qué otras novelas escribió Lizardi y cuáles son sus temas?
4. ¿Por qué se le conoce al autor como "El Pensador Mexicano"?
5. ¿Cómo revela la obra de Fernández de Lizardi su interés en el progreso?

■ Preguntas de análisis

1. ¿Por qué Fernández de Lizardi utilizó el modelo picaresco? ¿En qué aspectos se distancia su obra de este género?
2. El neoclasicismo indica que la literatura debe "enseñar deleitando". Explique este aspecto del ideario neoclásico e indique cómo lo cumple el narrador en *El Periquillo Sarniento*.
3. ¿En qué medida introduce Fernández de Lizardi elementos innovadores y subversivos con respecto a la tradición literaria y a la sociedad de su época?
4. Analice la personalidad y las acciones de Periquillo y explique si Ud. lo considera un maleante o una víctima.
5. Describa la curación del alcabalero y comente sobre los aspectos costumbristas del episodio.

■ Temas para informes escritos

1. Las Cortes de Cádiz y la apertura liberal en México.
2. *La Quijotita y su prima* y las ideas de Lizardi sobre la educación de la mujer.
3. El bandidaje en *El Periquillo Sarniento*.
4. Periquillo y otros pícaros literarios hispanoamericanos: convergencias y divergencias.
5. El Asia en *El Periquillo Sarniento*.

■ Temas de reflexión y comentario

1. La novela en México durante el siglo XVIII.
2. El periodismo mexicano en la época de Fernández de Lizardi.
3. Antecedentes literarios del médico, Dr. Purgante.
4. Las ilustraciones de *El Periquillo Sarniento* (ver la versión digital).
5. Periquillo ¿pelado, pícaro, bandido?

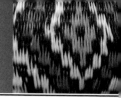

ANDRÉS BELLO

1781, Caracas, Venezuela—1865, Santiago, Chile

Andrés Bello es considerado el padre intelectual de las nuevas repúblicas americanas. Conoció a Alejandro von Humboldt (1769–1859) cuando éste visitó Caracas; también fue maestro de Simón Bolívar (1783–1830), con quien compartió ideas sobre la emancipación de América del dominio español. Junto con su joven discípulo, fue enviado a Londres (1810) por la Junta de Caracas para recaudar fondos a favor de la causa independentista y establecer contacto con políticos europeos influyentes. La etapa londinense de Bello (1810–1829) fue decisiva en su formación literaria. Allí conoció a los liberales españoles exiliados, José Joaquín de Mora y Blanco White [José María Blanco y Crespo (1775–1841)], y a destacados literatos ingleses. Allí fundó las revistas *Biblioteca Americana* (1823) y *El Repertorio Americano* (1826–1827) con el propósito de dar a conocer lo mejor de la cultura europea y los valores de las jóvenes naciones. En este período comenzó a reunir los datos que culminarían en sus estudios sobre el *Poema del Mío Cid*.

A pedido del gobierno de Chile viajó a ese país (1829), donde impulsó la vida intelectual, creó el periódico *El Araucano*, reformó el sistema educativo y fundó la universidad de la cual fue elegido rector en 1843. En Santiago, la capital, Bello y sus discípulos sostuvieron una polémica (1842) con jóvenes argentinos exiliados por el dictador Juan Manuel Rosas (1793–1877). Capitaneados por Juan Bautista Alberdi y por Domingo F. Sarmiento (ver pp. 144–160), futuro presidente de su país, postulaban ellos la independencia política y cultural de España. Equivocadamente veían a Bello, defensor de la unidad lingüística entre España e Hispanoamérica y autor de la *Gramática de la lengua castellana destinada al uso de los americanos* (1847), como una figura académica, apegada a las reglas y la tradición. En realidad, el educador venezolano y los jóvenes argentinos no estaban muy alejados en sus propuestas sobre el futuro cultural hispanoamericano. Así pareció admitirlo después el romántico argentino Esteban Echeverría (ver pp. 128–143) cuando reconoció la necesidad de cuidar y enriquecer el castellano sin alterar su esencia. Recogida en periódicos santiaguinos, la polémica fue representativa de un conflicto generacional y, al mismo tiempo, anunció el auge en Hispanoamérica del romanticismo de filiación francesa.

Filólogo, jurisconsulto, poeta, crítico literario, gramático, maestro, periodista y ensayista, por la profundidad y la amplitud de su saber Bello fue un humanista en el exacto sentido de la palabra. Su temperamento equilibrado lo hizo más neoclásico que romántico; sin embargo, nunca fue intransigente. Familiarizado con los postulados del romanticismo desde su residencia en Londres, el intelectual venezolano abrazó el culto a la libertad, tan central al credo romántico.

De entre sus creaciones poéticas "La alocución a la poesía" (1823) y la silva "La agricultura de la zona tórrida" (1826) son las más famosas. Se publicaron respectivamente en *Biblioteca Americana* y *El Repertorio Americano* e iniciaron la tradición descriptiva en la lírica continental. La primera, considerada como declaración de la independencia intelectual de Hispanoamérica, se abre con una invitación a la Poesía para que abandone la vieja Europa y se establezca en América; en la segunda predomina la intención moral, pues el poeta subraya cómo la agricultura puede ser ayuda y defensa de las nuevas repúblicas. La nota descriptiva y utilitaria se hace presente cuando Bello menciona diferentes tipos de productos agrícolas, destacando sus características y su valor comercial. Siguiendo el tema horaciano de "menosprecio de corte y alabanza de aldea", condena los vicios de la ciudad y exalta las virtudes del campo. Bello abandona toda referencia mitológica para ofrecer una visión de la naturaleza enriquecida con imágenes americanas. Por eso se ha observado que "La agricultura de la zona tórrida" bien podría considerarse antecesora del *Canto general* (1950) del chileno Pablo Neruda (ver pp. 396–405).

Preocupado por el destino de las nuevas repúblicas y por la educación de su juventud, Bello se dedicó a orientar la cultura chilena y la hispanoamericana. Escribió manuales educativos y artículos periodísticos que publicó en *El Araucano*. Sus artículos nos dan una idea muy clara de su propuesta cultural: crear una base que combine lo mejor del saber europeo y del americano. Estas ideas revelan tanto al equilibrado humanista como al maestro excepcional que era Bello.

■ Bibliografía mínima

"Andrés Bello". *Biblioteca Virtual Miguel de Cervantes. Obras y Autores Clásicos*. Web. <http://www.cervantesvirtual.com/bib_autor/Andresbello/>.

Bello, Andrés. *Obra literaria*. Ed. Pedro Grases. 2.ª ed. Caracas: Biblioteca Ayacucho, 1985. Impreso. Web. <http://www.bibliotecaayacucho.gob.ve/fba/>.

——. "Modo de estudiar la historia" [Autonomía cultural de América]. Textos sobre la conciencia histórica de Andrés Bello. En *Biblioteca Virtual Miguel de Cervantes. Obras y Autores Clásicos*. Basada en Andrés Bello, *Antología de discursos y escritos*. Ed. José Vila Selma. Madrid: Editora Nacional, 1976. 179–261. Web. <http://www.cervantesvirtual.com/bib_autor/Andresbello/>.

Briggs, Ronald. "Naturaleza y letras: Emerson, Bello, Rodríguez y la ansiedad posrevolucionaria". *Revista de Humanidades: Tecnológico de Monterrey* 19 (2006): 43–62. Impreso.

Davies, Catherine. "Troped out of History: Women, Gender and Nation in the Poetry of Andrés Bello". *Bulletin of Hispanic Studies* 84.1 (2007): 99–111. Impreso.

Grases, Pedro. "Andrés Bello". *Latin American Writers*. Eds. Carlos A. Solé y Maria Isabel Abreu. Vol. 1. New York: Scribner's, 1989. 129–34. Impreso.

Hirshbein, Cesia. "Andrés Bello y su proyecto integrador americano". *Cuadernos Americanos* 19.3 [111] (2005): 103–20. Impreso.

Jaksic, Ivan. *Andrés Bello: Scholarship and Nation-Building in Nineteenth-Century Latin America*. New York: Cambridge UP, 2001. Impreso.

Kaempfer, Álvaro. "Economías de redención: 'La agricultura de la zona tórrida'" (1826) de Andrés Bello". *MLN* 122.2 (2007): 272–93. Impreso.

Ramírez Márquez, Alister. *Andrés Bello: crítico*. Bogotá: Ala de Mosca, 2005. Impreso.

La agricultura de la zona tórrida[1]

¡Salve,[2] fecunda zona,
que al sol enamorado circunscribes
el vago curso, y cuanto ser se anima
en cada vario clima,
5 acariciada de su luz, concibes!
Tú tejes al verano su guirnalda
de granadas espigas; tú la uva
das a la hirviente cuba;[3]
no de purpúrea fruta, roja o gualda,[4]
10 a tus florestas bellas
falta matiz alguno; y bebe en ellas
aromas mil el viento;
y greyes[5] van sin cuento
paciendo[6] tu verdura, desde el llano
15 que tiene por lindero[7] el horizonte,
hasta el erguido[8] monte,
de inaccesible nieve siempre cano.

Tú das la caña hermosa
de do[9] la miel se acendra,[10]
20 por quien desdeña el mundo los panales;[11]
tú en urnas de coral cuajas la almendra[12]
que en la espumante jícara[13] rebosa;
bulle carmín viviente en tus nopales,[14]
que afrenta fuera al múrice[15] de Tiro,
25 y de tu añil[16] la tinta generosa
émula[17] es de la lumbre del zafiro.
El vino es tuyo, que la herida agave[18]

---

[1] El poema es una silva donde hay versos heptasílabos (7 sílabas) y endecasílabos (11 sílabas) combinados arbitrariamente.
[2] Saludo usado en poesía. Algunos críticos han notado que este verso se asemeja al "Salve, magna parens frugum..." (Salve, gran madre de las cosechas) de las *Geórgicas*, libro 2, de Virgilio.
[3] Recipiente hecho de madera, usado para fermentar bebidas.
[4] Amarilla.
[5] Rebaño de ganado.
[6] De pacer, comer el ganado la hierba de los campos.
[7] Límite.
[8] Alto.
[9] Donde.
[10] Se purifica.
[11] Se refiere a la miel de las abejas.
[12] Se refiere al cacao.
[13] Recipiente pequeño hecho de calabaza o güira.
[14] Se refiere a la cochinilla, insecto originario de México que vive sobre el nopal. Reducido a polvo, se lo empleaba para teñir de rojo la seda y la lana.
[15] Se refiere a un molusco que segrega un licor usado antiguamente para teñir.
[16] Planta de índigo de cuyos tallos y hojas se saca una pasta de color azul.
[17] Competidora.
[18] Se refiere al maguey o pita, planta de donde se saca el pulque, bebida con cierto contenido de alcohol muy gustada en México.

para los hijos vierte
del Anáhuac[19] feliz; y la hoja es tuya,[20]
30 que, cuando de süave
humo en espiras vagarosas huya,
solazará el fastidio al ocio inerte.
Tú vistes de jazmines
el arbusto sabeo[21]
35 y el perfume le das, que en los festines
la fiebre insana templará a Lieo.[22]
Para tus hijos la procera[23] palma
su vario feudo cría,
y el ananás[24] sazona su ambrosía;[25]
40 su blanco pan la yuca,
sus rubias pomas[26] la patata educa,
y el algodón despliega al aura[27] leve
las rosas de oro y el vellón[28] de nieve.
Tendida para ti la fresca parcha[29]
45 en enramadas de verdor lozano,
cuelga de sus sarmientos trepadores
nectáreos globos[30] y franjadas[31] flores;
y para ti el maíz, jefe altanero
de la espigada[32] tribu, hinche su grano;
50 y para ti el banano
desmaya al peso de su dulce carga;
el banano, primero
de cuantos concedió bellos presentes
Providencia a las gentes
55 del Ecuador feliz, con mano larga.
No ya de humanas artes obligado
el premio rinde opimo;[33]
no es a la podadera, no al arado,
deudor de su racimo:
60 escasa industria bástale, cual puede
hurtar a sus fatigas mano esclava;
crece veloz, y cuando exhausto acaba,
adulta prole en torno le sucede.

---

[19] Nombre dado por los nahuas o aztecas al valle de México.
[20] Se refiere al tabaco.
[21] Café; se le llamaba así porque el mejor café solía venir del Reino de Saba.
[22] Lieo: otro nombre para Baco, el dios del vino.
[23] Alta.
[24] Piña.
[25] Manjar.
[26] Frutas.
[27] Viento suave.
[28] Copos blancos, como la lana de un carnero u oveja después de cortada.
[29] Planta también conocida como granadilla.
[30] Se refiere al fruto que tiene forma de huevo y una pulpa sabrosa y agridulce.
[31] Son rojas por dentro y con filamentos de colores diversos.
[32] Alta.
[33] Abundante.

Mas, ¡oh, si cual no cede[34]
65 el tuyo, fértil zona, a suelo alguno,
y como de natura esmero ha sido,
de tu indolente[35] habitador lo fuera!
¡Oh!, si al falaz[36] rüido
la dicha al fin supiese verdadera
70 anteponer, que del umbral le llama
del labrador sencillo,
lejos del necio y vano
fausto,[37] el mentido brillo,
el ocio pestilente ciudadano.
75 ¿Por qué ilusión funesta
aquellos que fortuna hizo señores
de tan dichosa tierra y pingüe[38] y varia,
al cuidado abandonan
y a la fe mercenaria
80 las patrias heredades,[39]
y en el cielo tumulto se aprisionan
de míseras ciudades,
do[40] la ambición proterva[41]
sopla la llama de civiles bandos,
85 o al patriotismo la desidia[42] enerva;
do el lujo las costumbres atosiga,[43]
y combaten los vicios
la incauta edad en poderosa liga? […]

¡Oh, jóvenes Naciones, que ceñida
90 alzáis sobre el atónito[44] Occidente
de tempranos laureles la cabeza!
Honrad el campo, honrad la simple vida
del labrador y su frugal llaneza.
Así tendrán en vos perpetuamente
95 la libertad morada,
y freno la ambición y la ley templo.
Las gentes a la senda
de la inmortalidad, ardua y fragosa,
se animarán, citando vuestro ejemplo.
100 Lo emulará[45] celosa
vuestra posteridad; y nuevos nombres

---

[34] No es inferior.
[35] Perezoso, flojo.
[36] Engañoso.
[37] Lujo extraordinario.
[38] Abundante.
[39] Campos.

[40] Donde.
[41] Perversa.
[42] Inercia, negligencia.
[43] Fatiga.
[44] Sorprendido.
[45] Imitará.

añadiendo la fama
a los que ahora aclama,
"hijos son éstos, hijos
105 (pregonará a los hombres)
de los que vencedores superaron
de los Andes la cima;
de los que en Boyacá, los que en la arena
de Maipo, y en Junín,[46] y en la campaña
110 gloriosa de Apurima,[47]
postrar supieron al león de España".

Autonomía cultural de América[48]

[...] Nuestra juventud ha tomado con ansia el estudio de la historia; acabamos de ver pruebas brillantes de sus adelantamientos en ella; y quisiéramos que se penetrase bien en la verdadera misión de la historia para estudiarla con fruto.

Quisiéramos sobre todo precaverla[49] de una servilidad excesiva a la ciencia
5 de la civilizada Europa.

Es una especie de fatalidad la que subyuga las naciones que empiezan a las que las han precedido. Grecia avasalló a Roma; Grecia y Roma, a los pueblos modernos de Europa, cuando en ésta se restauraron las letras; y nosotros somos ahora arrastrados más allá de lo justo por la influencia de la Europa, a quien,
10 al mismo tiempo que nos aprovechamos de sus luces, debiéramos imitar en la independencia del pensamiento [...]

Es preciso además no dar demasiado valor a nomenclaturas filosóficas; generalizaciones que dicen poco o nada por sí mismas al que no ha contemplado la naturaleza viviente en las pinturas de la historia y, si ser puede, en los historiado-
15 res primitivos y originales. No hablamos aquí de nuestra historia solamente, sino de todas. ¡Jóvenes chilenos! Aprended a juzgar por vosotros mismos; aspirad a la independencia del pensamiento. Bebed en las fuentes; a lo menos en los raudales[50] más cercanos a ellas. El lenguaje mismo de los historiadores originales, sus ideas, hasta sus preocupaciones y sus leyendas fabulosas son una parte de
20 la historia y no la menos instructiva y verídica. ¿Queréis, por ejemplo, saber qué cosa fue el descubrimiento y conquista de América? Leed el diario de Colón,[51] las cartas de Pedro de Valdivia,[52] las de Hernán Cortés. Bernal Díaz[53] os dirá mucho

---

[46] Batallas decisivas en la guerra por la independencia hispanoamericana: Maipo (1818), Boyacá (1819) y Junín (1824).

[47] Apurímac: río cercano a Ayacucho, campo donde se libró la batalla del mismo nombre, en 1824.

[48] Es una selección del segundo de dos artículos: "Modo de escribir la historia" y "Modo de estudiar la historia", donde Bello comenta la obra del historiador chileno Jacinto Chacón (1820–1898). Ambos trabajos se insertan en un

debate mayor sobre qué método debe seguir el historiador, el *ad narrandum* (historia narrativa, Bello) o el *ad probandum* (historia filosófica, Chacón), y también en el conflicto generacional de las polémicas entre neoclásicos y románticos.

[49] Prevenir a la juventud.

[50] Caudal de agua que corre violentamente.

[51] Cristóbal Colón: ver pp. 24–29.

[52] Pedro de Valdivia (1510–1569): conquistador de Chile.

[53] Bernal Díaz del Castillo: ver pp. 39–50.

más que Solís[54] y Robertson.[55] Interrogad a cada civilización en sus obras; pedid a cada historiador sus garantías. Ésa es la primera filosofía que debemos aprender
25 de la Europa.

Nuestra civilización será también juzgada por sus obras; y si se la ve copiar servilmente a la europea, aun en lo que ésta no tiene de aplicable, ¿cuál será el juicio que formará de nosotros, un Michelet,[56] un Guizot?[57] Dirán: la América no ha sacudido aún sus cadenas; se arrastra sobre nuestras huellas con los ojos ven-
30 dados; no respira en sus obras un pensamiento propio, nada original, nada característico; remeda[58] las formas de nuestra filosofía, y no se apropia su espíritu. Su civilización es una planta exótica que no ha chupado todavía sus jugos a la tierra que la sostiene. [...]

(El Araucano, 1848)

■ Preguntas generales

1. ¿Por qué fue Andrés Bello a Londres, cuánto tiempo residió allí, a qué figuras conoció y cuál es la importancia de su estadía en esa ciudad?
2. ¿Qué labor cultural realizó Andrés Bello en Chile?
3. ¿Con quiénes sostuvo una polémica en Santiago y por qué razones?
4. ¿Cuáles son los dos poemas más conocidos de Bello y qué propone la voz lírica en estos versos?
5. ¿Qué aspecto del credo romántico adoptó Andrés Bello y cómo lo contrasta Ud. con los postulados neoclásicos?

■ Preguntas de análisis

1. ¿Cómo relaciona Andrés Bello en "La agricultura de la zona tórrida" el tema de la naturaleza con el de la utilidad?
2. ¿Por qué es importante en la época de Bello describir la naturaleza americana y qué interés impulsó estas descripciones?
3. ¿Qué les garantizará a las generaciones futuras el cuidado del campo?
4. ¿De qué previene Andrés Bello a los jóvenes en "Autonomía cultural de América"?
5. Según Bello, ¿en qué se debe imitar a Europa?
6. ¿Por qué los hispanoamericanos deben conocer la historia de sus países y a qué fuentes deben acudir para estudiarla?
7. ¿De qué "cadenas" habla Andrés Bello en "Autonomía cultural de América"?
8. ¿Cómo pueden lograr las naciones hispanoamericanas su autonomía cultural?

---

[54] Antonio de Solís (1610–1686): cronista de Indias y poeta español, autor de *Historia de la conquista de Méjico, población y progresos de la América Septentrional conocida con el nombre de Nueva España* (1684).
[55] William Robertson (1721–1793): historiador escocés, autor de, entre otras obras, *History of America* (1777, libros 1–8; 1796, libros 9–10).

[56] Jules Michelet (1798–1874): historiador francés famoso por su extensa *Historia de Francia,* terminada en 1867.
[57] François Guizot (1787–1874): estadista y escritor francés.
[58] Imita.

■ Temas para informes escritos

1. La etapa londinense de Andrés Bello.
2. Andrés Bello y sus relaciones con Simón Bolívar.
3. Importancia de la "Alocución a la poesía o Fragmentos de un poema titulado América", de Andrés Bello.
4. Andrés Bello y su polémica con los románticos argentinos.
5. El magisterio de Andrés Bello en Chile.

■ Temas de reflexión y comentario

1. El viaje de Alejandro von Humboldt a Caracas y sus contactos con Andrés Bello.
2. El público lector americano y las revistas literarias impulsadas por Andrés Bello.
3. Las expediciones científicas de la época y su impacto en las letras.
4. Andrés Bello, temprano crítico literario.
5. Andrés Bello y la importancia de su *Gramática*.

Búsqueda de la emancipación cultural

(1825–1882)

CENGAGE **brain**.com

2.1 Política y literatura

Las ideas del filósofo Descartes y más tarde las de los enciclopedistas* Diderot, D'Alambert, Montesquieu, Rosseau y Voltaire, contribuyeron a desarrollar el pensamiento revolucionario del Siglo de las Luces en Francia. La proclamación de la independencia de Haití en 1804, el primer país libre de Latinoamérica, estuvo directamente relacionada con el triunfo de la Revolución Francesa (1789) y la Declaración de los Derechos del Hombre. Alexandre Pétion, uno de los primeros presidentes de Haití (1807–1818), contribuyó a financiar las campañas de Simón Bolívar contra el régimen colonial; su única condición fue que, una vez lograda la independencia, se aboliera la esclavitud en las antiguas posesiones españolas.

La doctrina de la soberanía popular, las ideas sobre la división de los poderes y el rechazo de la monarquía absoluta, llegaron a España y, por medio de viajeros y contrabandistas, se dieron a conocer también en América. El neoclásico español Benito Jerónimo Feijoo (1675–1764) contribuyó a difundir las nuevas ideas, comentándolas en sus escritos.

Los aportes ingleses expresados en la filosofía de Hobbes, Locke y Hume, y las contribuciones científicas de Newton, le otorgaron una sólida base al pensamiento ilustrado. Cuando, en 1776, las trece colonias inglesas en Norteamérica se declararon independientes y el pensamiento de Jefferson y Franklin se difundió en el continente, los criollos liberales discutieron y analizaron con pasión las consecuencias de acontecimientos tan cercanos.

2.1.1 La lucha independentista. Ya a lo largo del siglo XVIII, rebeliones como la de José de Antequera en Asunción de Paraguay, Túpac Amaru en la sierra sur del virreinato del Perú y los comuneros de Zipaquirá, cerca de Bogotá, habían mostrado descontento y resentimiento contra el gobierno colonial. La invasión napoleónica de la Península Ibérica (1807), las reuniones en cabildo* abierto en las diferentes capitales hispanoamericanas para rechazar esa invasión y apoyar a Fernando VII, quien al retornar al trono (1814) gobernó como monarca absolutista, y el breve período de relativa libertad de expresión y autonomía bajo las Cortes de Cádiz (1812) contribuyeron a precipitar el estallido independentista.

2.1.2 El nuevo camino político: de generales a dictadores. La independencia no les trajo a las jóvenes repúblicas ni la paz ni la justicia anheladas por muchos patriotas. A la época bélica siguió un agitado período de turbulencia política y social. Muchas veces los antiguos generales del ejército libertador se convirtieron en caudillos y hasta hubo uno, el mexicano Agustín de Iturbide (1783–1824), que, apoyado por sus partidarios, llegó a hacerse coronar emperador. La dictadura se convirtió en la forma de gobierno prevaleciente y así lo prueban los regímenes de José Gaspar Rodríguez Francia (1814–1840) en Paraguay, Juan Manuel de Rosas (1835–1852) en Argentina y Gabriel García Moreno (1861–1875) en Ecuador. Hubo conflictos bélicos internos tales como las luchas civiles argentinas entre los defensores de la autonomía de las provincias y los propugnadores de la hegemonía de la ciudad de Buenos Aires; guerras entre las nuevas repúblicas, como las dos de Chile contra Perú y Bolivia (1836–1839 y 1879–1883); y luchas armadas entre los países hispanoamericanos y las potencias europeas deseosas de ocupar el vacío dejado por España. Francia, por ejemplo, ideó un plan para contrarrestar el imperialismo norteamericano e impuso a Maximiliano de Habsburgo como emperador de México (1864–1867). En el Caribe continuó la lucha por la independencia política y los levantamientos patrióticos fueron duramente reprimidos por las autoridades coloniales.

2.1.3 El nuevo modelo literario: Francia. En esta etapa de formación y búsqueda de la personalidad nacional llegó a Hispanoamérica el romanticismo* europeo, surgido mayormente en Alemania, Francia e Inglaterra, a fines del siglo XVIII. El nuevo movimiento, con su énfasis en la originalidad, en el individualismo y en el liberalismo político y literario, ganó adeptos fácilmente. Entre los seguidores se encontraban jóvenes intelectuales, deseosos de trazar una nueva senda cultural para las nacientes repúblicas. Para lograr sus objetivos proponían rechazar la influencia española y buscar inspiración en Francia. Al adoptar a los románticos franceses como modelo, no se dieron cuenta de que nuevamente caían en la imitación. Este período de exaltación, sin embargo, fue pasajero. Poco a poco los escritores fueron incorporando las nuevas ideas y apropiándose de ellas para crear obras que, si bien estaban marcadas por el romanticismo, mostraban la diversidad cultural del continente y el genio de sus creadores.

2.2 El romanticismo en Europa y en los Estados Unidos

En términos generales los románticos auspiciaban: 1) el examen del pasado; 2) la suprema individualidad de cada artista; 3) el predominio de los sentimientos y las emociones sobre el intelecto y la razón; y 4) la vuelta a la naturaleza, donde, según el precursor Rousseau, el hombre podía desarrollar su bondad natural —de ahí se originó el culto al "buen salvaje", la atención al campo y la admiración por los héroes—.

2.2.1 Los alemanes: el "Sturm und Drang". En Alemania el camino para la recepción de estas ideas lo preparó, hacia 1770, el movimiento prerromántico del "Sturm und Drang" ("tempestad e ímpetu"). Éste consistía en una fuerte reacción contra el racionalismo y el clasicismo, mezclada con un gran interés en el estudio del pasado medieval. Los hermanos Friedrich y August Wilhelm von Schlegel fueron los teóricos y difusores más importantes del romanticismo en ese país. El primero acuñó el término romanticismo cuando lo usó en oposición a clasicismo; el segundo subrayó la importancia que Calderón de la Barca, el dramaturgo barroco, había tenido para el teatro español en particular y para el europeo en general. Sus ideas se dieron a conocer en España por la traducción que hizo el hispanista alemán Johann Nikolaus Böhl von Faber (padre de la novelista Fernán Caballero [Cecilia Böhl von Faber]) de las *Reflexiones de Schlegel sobre el teatro* (1814).

Entre los románticos alemanes más influyentes están el poeta y dramaturgo Schiller; Goethe, autor del drama filosófico *Fausto*; y especialmente J. G. Herder, quien, con sus tesis sobre la espontaneidad de la poesía y la singularidad del espíritu de cada pueblo (*Volkgeist*), se convirtió en el teórico más admirado del movimiento.

2.2.2 Los ingleses: los sentimientos poderosos. La publicación en 1798 de *Lyrical Ballads* de los poetas "lakistas" Wordsworth y Coleridge señala el comienzo del romanticismo inglés. En el prólogo a la segunda edición de esta obra, los autores hacen hincapié en la poesía como resultado de emociones poderosas, la importancia de la lengua común y el predominio de los sentimientos del artista sobre reglas arbitrarias. Siguiendo estos postulados, Byron, Shelley y Keats expresaron en versos armoniosos y de acento melancólico su reacción personal ante diferentes acontecimientos. Tanto los románticos ingleses como los alemanes veían el pasado medieval como una época misteriosa, heroica y llena de aventuras, tal y como Walter Scott lo representó en *Ivanhoe* y en otras novelas históricas.

2.2.3 Los franceses: el liberalismo político y literario. El credo de los románticos franceses fue expresado por Víctor Hugo en el prefacio de su drama *Cromwell* (1828) y lo reconfirmó en el estreno de *Hernani* (1830). En su famosa frase "El romanticismo es el liberalismo en la literatura", el autor francés proclamó el derecho del artista a escoger y desarrollar sus temas. La modalidad romántica francesa, con su énfasis en la libertad creadora y política, fue la que más influyó entre los jóvenes intelectuales hispanoamericanos, especialmente en los de la zona del Río de la Plata (Argentina y Uruguay). Los escritores rioplatenses se sintieron atraídos por el trágico final, la fuerza descriptiva, el tono melancólico y la interpretación del sentimiento de la naturaleza presentes en obras como *Paul et Virginie* (1788) de Bernardin de Saint Pierre y *Atala* (1801) de Chateaubriand.

2.2.4 Los italianos: una influencia limitada. Manzoni, autor de la novela histórica *Los novios* (1827), y el poeta y novelista Foscolo se encuentran entre los pocos románticos italianos conocidos en Hispanoamérica durante aquella época.

2.2.5 Los españoles: la vuelta al pasado y el examen del presente. En España, el movimiento comenzó como una reacción contra el neoclasicismo. Las ideas del romanticismo inglés se propagaron cuando en 1833 regresaron los exiliados liberales, refugiados en Inglaterra durante el reinado absolutista de Fernando VII. Su retorno trajo consigo el apogeo de la nueva escuela literaria y del liberalismo político, que forjó la Primera República española (1873).

Entre los románticos españoles que tuvieron más influencia en Hispanoamérica están: en poesía, Espronceda, autor de la famosa "Canción del pirata"; Bécquer, cuyas rimas aportan el acento íntimo y emotivo; y Campoamor, conocido por sus "doloras" y "humoradas"; en drama, el Duque de Rivas, cuyo *Don Álvaro o la fuerza del sino* es una de las obras más representativas del romanticismo español; y José Zorrilla, autor de *Don Juan Tenorio*, drama inspirado en una antigua leyenda aprovechada en el Siglo de Oro por Tirso de Molina; y en prosa, Larra, quien se dio a conocer con artículos de costumbres firmados con los seudónimos de "El pobrecito hablador" y "Fígaro".

Una modalidad que se desarrolló con éxito dentro del romanticismo español y después dentro del hispanoamericano, fue el costumbrismo.* Entre los escritores hispanoamericanos influidos por esta tendencia a lo largo del siglo XIX se encuentran el chileno José Joaquín Vallejo (1811–1858), que usó el seudónimo de "Jotabache"; el mexicano Guillermo Prieto (1818–1897), creador de tipos urbanos y rurales; el peruano Ricardo Palma (1833–1919), cuyas "tradiciones"* sobrepasan el marco costumbrista; y el argentino José S. Álvarez (1858–1903), más conocido como "Fray Mocho". Muchas veces los "cuadros" o relatos breves escritos por los costumbristas servían para señalar males sociales. Algunos críticos sostienen que estos relatos, al volverse más complejos y anecdóticos, se convirtieron en eslabones importantes en el desarrollo del cuento moderno. Otros, en desacuerdo, destacan las diferencias entre el cuadro de costumbres y el cuento: el primero presenta una realidad muy específica, con gran afán didáctico y detallista; el segundo hace hincapié en el estilo, lo anecdótico y la búsqueda de efectos.

2.2.6 Los norteamericanos: James Fenimore Cooper y su visión del indígena y la naturaleza. En cuanto al papel de los indígenas como protagonistas y la recreación directa de la naturaleza, es imprescindible reconocer la influencia de James Fenimore Cooper. Las novelas de "el Walter Scott de América", particularmente *The Last of the Mohicans* (1826) cuya primera traducción al español es de 1832, subrayan temas como la destrucción del amerindio y el heroísmo de la población nativa. Tanto los aportes de Rousseau y de Chateaubriand antes mencionados, como los de Cooper, contribuirán a crear una visión idealizada y rígida de los indígenas, evidente después en personajes de novelas y cuentos del indianismo* literario hispanoamericano.

En suma, en las obras literarias de esta época los preceptos románticos se manifestaron en: el culto al individualismo y la libertad creadora, el predominio de las emociones, la utilización de la naturaleza para reflejar los sentimientos del artista, el deseo de libertad política, el interés en lo popular, la vuelta al pasado y el gusto por lo típico y pintoresco.

2.3 La difusión y transformación del romanticismo

2.3.1 Los viajeros: Andrés Bello y Esteban Echeverría. El deseo de formarse en un ambiente cultural más cosmopolita, así como la inestabilidad política del continente debida a las luchas por la independencia, hicieron que muchos de los jóvenes de familias criollas acomodadas viajaran a Europa y permanecieran allí por largos períodos de tiempo. París era la meta de este peregrinaje. La cultura francesa, considerada como la más refinada y avanzada, era la fuente donde los jóvenes hispanoamericanos buscaban inspiración para construir las nuevas naciones. A su regreso, muchos de ellos ejercieron la docencia en universidades y colegios, formaron tertulias, ocuparon altos puestos políticos o se dedicaron a escribir. Las ideas europeas en el arte, la política y la literatura se dieron a conocer a través de vías muy diversas.

En 1810, Andrés Bello (ver pp. 101–108) viajó a Londres como comisionado de la junta de gobierno patriota de Venezuela para conseguir aliados europeos y fondos para la lucha por la independencia. Durante su larga residencia en esa ciudad aparecieron importantes obras de Scott, Byron, Shelley, Keats y Wordsworth que Bello pudo leer y apreciar gracias a su dominio del inglés. Asimismo, las traducciones de varios románticos ingleses y los relatos del español Blanco

White (José María Blanco y Crespo) publicados en *Biblioteca Americana y El Repertorio Americano*, revistas fundadas por Bello, testimonian su apreciación de la nueva estética.

Más tarde, cuando Bello se instaló en Chile (1829), comentó con lucidez y autoridad los puntos principales del nuevo credo romántico. Con tino, advirtió que las reglas no eran el objetivo del arte; reconoció también la importancia de la libertad en la política y en la literatura, así como la trascendencia de la pasión en la obra creadora. Su docencia y escritos contribuyeron a difundir las nuevas ideas, matizadas por él con un sentido de equilibrio, producto de su formación clásica.

Otro viajero clave fue Esteban Echeverría (ver pp. 128–143). En 1825 se embarcó para la capital francesa y allí permaneció por cuatro años absorbiendo las últimas corrientes estéticas, políticas y filosóficas. A su regreso a Buenos Aires (1830) comenzó a escribir una poesía de tono diferente, destacando los tipos, las costumbres y el paisaje locales para lograr una expresión más ajustada a la realidad nacional. Por medio de tertulias y charlas, primero en el "Salón Literario", y después en la "Asociación de Mayo", Echeverría divulgó y afianzó el romanticismo de filiación francesa en Argentina.

Con el exilio de los liberales argentinos que huían de la dictadura rosista, las nuevas ideas pasaron a Uruguay y a Chile. En este último país, las polémicas entre Bello, erróneamente caracterizado como un neoclásico tradicional, y Sarmiento, fogoso emigrado argentino, contribuyeron también a difundir el romanticismo. De ahí el movimiento pasó a Perú, Bolivia, Ecuador y Colombia.

2.3.2 *Las adaptaciones y traducciones: José María Heredia.*   En México, Venezuela y el Caribe, el romanticismo apareció alrededor de 1830. Un factor importante en este desarrollo fueron las traducciones e imitaciones que hizo el cubano José María Heredia (1803–1839) (ver pp. 119–127) de románticos franceses, ingleses e italianos. Algunos viajeros españoles como José Joaquín de Mora, Fernando Velarde y José Zorrilla estimularon con sus escritos y charlas a los creadores hispanoamericanos.

2.3.3 *La apropiación del modelo.*   Los signos más distintivos del romanticismo hispanoamericano son el énfasis en la libertad política y literaria, la exaltación del yo y la búsqueda de una literatura nacional. El último aspecto es de particular interés porque llevó a los escritores a preguntarse cómo Hispanoamérica se diferenciaba culturalmente de Europa. Estas discusiones condujeron tanto al examen detenido del pasado y del presente, como de la geografía y de la gente. En consecuencia, se idealizó el pasado pre-hispánico y el colonial y se luchó con las armas y la pluma por un presente mejor; asimismo, el paisaje y los tipos nacionales —el gaucho, el guajiro, el indígena— se incorporaron definitivamente a la literatura.

Para configurar los nuevos ambientes y personajes, algunos escritores intentaron crear una lengua diferente. Además del vocabulario romántico tradicional, que incluía términos tales como: horrible, fatídico, meditabundo, delirio, ruinas y proscritos, se introdujeron en la lengua literaria de Hispanoamérica palabras provenientes del francés y de las lenguas indígenas, así como vocablos típicos de diferentes regiones. Estos intentos de independencia lingüística subrayaron la necesidad de remozar y afinar el instrumento expresivo, preocupación compartida más tarde con los autores modernistas. Uno de los escritores que más contribuyó en esta dirección fue el ecuatoriano Juan Montalvo (1832–1889). Su rica y cuidada prosa anticipó la renovación modernista (ver pp. 166–170).

El debate planteado sobre la búsqueda de la personalidad nacional y continental que iniciaron los románticos hispanoamericanos durante el siglo XIX no ha terminado. Las generaciones posteriores, aun en la época de la globalización, han hecho preguntas muy similares y la indagación sobre estos temas todavía suscita intensas polémicas.

2.4 Matices del romanticismo hispanoamericano

Los críticos han señalado dos etapas bien marcadas en el desarrollo del romanticismo en Hispanoamérica. La primera abarca un período de más o menos treinta años, entre 1830 y 1860, y se caracteriza por la postura exaltada, la pasión política y el ansia de libertad. La segunda se extiende desde 1860 hasta 1880 y muestra una actitud más íntima y contenida donde el autor expresa delicadamente sus sentimientos.

2.4.1 La literatura como arma política. Por su vehemente espíritu de libertad, la obra poética del cubano José María Heredia anticipó algunas de las características de la primera etapa romántica conocida como "romanticismo social",* centrada después en Buenos Aires. Su líder indiscutible fue Esteban Echeverría, quien pronto se rodeó de jóvenes liberales opuestos a la dictadura de Rosas. Además de Echeverría, entre los más destacados seguidores de esta modalidad se encuentra Domingo Faustino Sarmiento (1811–1888), quien en *Civilización y barbarie o vida de Juan Facundo Quiroga* (1845), obra que desafía la clasificación genérica, reinterpreta la historia argentina, aprovechando muchos de los postulados románticos (ver pp. 144–160).

Como se ha notado, los argentinos utilizaron la literatura para condenar y combatir al tirano Rosas. El propio Echeverría escribió "El matadero", cuento publicado en 1871, donde simultáneamente aparecen elementos románticos, realistas y naturalistas; su convergencia da como resultado un relato de gran tensión. Entre las novelas más conocidas de esta época está *Amalia* (1852) de José Mármol (1818–1871), narración sentimental y de denuncia política donde los amantes están románticamente condenados a la separación y al sufrimiento en un Buenos Aires aterrorizado por la tiranía.

2.4.2 La recuperación del pasado. De acuerdo con el interés romántico por el pasado, se escribieron novelas históricas que evocaban la época de la conquista y la colonia con tramas cargadas de intriga, de heroísmo y de episodios de honor y amor. Entre las más conocidas está *Enriquillo*, donde su autor, el dominicano Manuel de Jesús Galván, se vale, entre otras fuentes, de una de las obras históricas del padre Bartolomé de las Casas (ver pp. 30–38). Sin embargo, quien recreó el pasado hispanoamericano con mayor éxito y chispa fue Ricardo Palma. Este autor peruano aprovechó el material histórico y lo mezcló con una buena dosis de ficción para dejarnos relatos marcados por el humor, la burla y el chiste, donde predomina la presencia del lenguaje popular. El crecido número de imitadores de este tipo de narración, a las cuales Palma llamó "tradiciones", testimonia su aceptación en el continente (ver pp. 171–181).

2.4.3 Indianismo, indigenismo y abolicionismo. El examen de la realidad continental dio lugar a dos modalidades importantes en la prosa narrativa: la novela indianista y la novela abolicionista o antiesclavista. El indianismo idealizaba la figura del indígena hasta presentarlo como adorno literario. Como se ha notado, en la época romántica esta visión se basaba en las ideas de Rousseau, quien veía al indígena como un "buen salvaje" corrompido por la civilización, y también en libros tales como *Atala*, la conocida obra de Chateaubriand donde encontramos representaciones contradictorias de los nativos y una defensa de la labor civilizadora de Europa. Entre las novelas indianistas se destacan *Guatimozín* (1846), de la cubana Gertrudis Gómez de Avellaneda (1814–1873), por ser la primera escrita con esta temática, y *Cumandá* (1871), relato de trama legendaria del ecuatoriano Juan León Mera (1832–1894). Si bien esta última también podría considerarse como novela sentimental, su planteamiento del conflicto entre amos y siervos representa un importante eslabón en la narrativa de defensa del indio. Esta temática de reivindicación alcanzaría mayor relieve en la novela *Aves sin nido* (1889), donde la peruana Clorinda Matto de Turner (1852–1909), presentó la explotación del indígena y promovió el indigenismo* literario, presente décadas antes en *El padre Horán* (1848), novela del también peruano Narciso Aréstegui (¿1820?–1869). Escritora de ideas avanzadas, Matto de Turner trató en sus novelas, tradiciones y ensayos dos temas centrales y polémicos: la integración del indio a la sociedad peruana y el papel de la mujer, tanto en el hogar como en la sociedad (ver pp. 194–202).

Si primero la novela indianista y después la indigenista florecieron sobre todo en países donde había una numerosa población indígena, la abolicionista apareció en las Antillas, zona de alta concentración de esclavos africanos traídos para la explotación de la caña de azúcar durante los siglos coloniales. Gertrudis Gómez de Avellaneda presentó en *Sab* (1841), publicada diez años antes que *Uncle Tom's Cabin* de Harriet Beecher Stowe, las trágicas consecuencias de la esclavitud. Aunque no es la primera obra cubana con esta temática, *Sab* expuso una situación muy conocida por la autora. Es importante recordar que durante esta época algunos afrohispanoamericanos contaron su biografía en páginas llenas de dolor y también escribieron poemas donde exigían la abolición de la esclavitud. Entre estos autores, en Cuba se destaca el poeta y narrador Juan Francisco Manzano (1797–1845). Algunos de sus escritos se publicaron en traducción al inglés (1840) porque un funcionario británico los consideró útiles para la campaña antiesclavista promovida por Inglaterra.

2.4.4 La novela sentimental. La exaltación de los sentimientos tiene su más conocido representante en el colombiano Jorge Isaacs (1837–1895), autor de *María* (1867), trágica historia de amor en la que se nota la huella de *Atala*, *Paul et Virginie* y *Werther*, obras muy divulgadas del romanticismo europeo. El puertorriqueño Eugenio María de Hostos (1839–1903) escribió la novela *La peregrinación de Bayoán* (1863), que ha merecido juicios disímiles. La obra presenta, por medio de personajes alegóricos, el tema de la libertad de Puerto Rico y de la unidad antillana. Hostos compartió con Montalvo el interés por la renovación del lenguaje. Cabe notar que esta retórica de corte sentimental, donde la vida de los protagonistas está marcada por la tragedia y las lágrimas afloran con frecuencia, se encuentra en otras narraciones del siglo XIX, particularmente en relatos indianistas e indigenistas.

2.4.5 *El arte dramático*. En cuanto al teatro, las influencias más marcadas fueron la española y la francesa. En verdad, el público prefería las comedias y los dramas de autores extranjeros. Por su parte, los escritores hispanoamericanos se consideraban primero novelistas y poetas y después dramaturgos. Quizá debido a esa actitud no encontramos aportaciones muy singulares a ese género. Además de la cubana Gertrudis Gómez de Avellaneda, cuyos dramas se presentaron en España con mucho éxito, en el Caribe sobresalió el puertorriqueño Alejandro Tapia Rivera (1827–1882) con *La cuarterona* (1878), pieza en la que criticó los prejuicios raciales. En México, José Peón Contreras (1843–1907) consiguió la admiración del público con tragedias como *La hija del rey* (1876), obra en la que padre e hijo aman a la misma mujer. El costumbrismo se hizo patente en Perú en las obras de Felipe Pardo y Aliaga (1806–1868) y Manuel Ascensio Segura (1805–1871), en cierta forma continuadoras de la tradición satírica iniciada en la época colonial. En Argentina, la dictadura rosista aprovechó el teatro para hacer propaganda a su favor. Si bien algunos talentosos exiliados como Alberdi, Mitre y Mármol escribieron piezas dramáticas, éstas fueron de escaso valor.

2.4.6 *La poesía gauchesca*. La poesía de la época encontró su expresión más brillante dentro del género gauchesco. En busca de tipos originales, el escritor romántico descubrió al gaucho, habitante de las pampas argentinas que hablaba un dialecto cercano al español del siglo XVI y tenía su propio código de honor. Ya antes se habían copiado los cantos o payadas* transmitidos oralmente por los gauchos, pero imprimiéndoles una nota de patriotismo para realzar sus contribuciones en las luchas por la independencia. En este proceso sobresalen los *Cielitos y Diálogos patrióticos* de Bartolomé Hidalgo (1788–1822) que elevaron los temas gauchescos a categoría literaria. Después aparecieron obras de mucha repercusión —*Santos Vega* de Hilario Ascasubi (1807–1875), *Fausto* de Estanislao del Campo (1834–1880)— que intentaban representar la vida del gaucho y reproducir su manera de hablar. *Martín Fierro* de José Hernández (1834–1886) es la obra cumbre de la literatura gauchesca. Valiéndose de diversos procedimientos artísticos, este autor argentino recurrió a las fuentes populares para recrear la vida del gaucho y describir magistralmente sus ideales, sus costumbres y su medio ambiente (ver pp. 182–193).

El romanticismo hispanoamericano no logró la anunciada emancipación literaria. Sin embargo, forzó a los escritores a examinar más detenidamente su entorno y a preguntarse cómo las influencias europeas y las aportaciones hispanoamericanas podrían integrarse para crear una literatura que configurara los anhelos estéticos nacionales y continentales.

2.5 Sumario

2.1. Política y literatura
    2.1.1. La lucha independentista
    2.1.2. El nuevo camino político: de generales a dictadores
    2.1.3. El nuevo modelo literario: Francia

2.2. El romanticismo en Europa y en los Estados Unidos
    2.2.1. Los alemanes: el "Sturm und Drang"
    2.2.2. Los ingleses: los sentimientos poderosos

JOSÉ MARÍA HEREDIA

1803, Santiago de Cuba, Cuba–1839,
Ciudad de México, México

La poesía de Heredia se distingue por versos cargados de nostalgia por Cuba, la patria lejana cuya libertad tanto deseó. Debido a la invasión de Santo Domingo por las fuerzas de Toussaint L'Ouverture (1801), su familia emigró a la vecina isla de Cuba donde Heredia, guiado por su padre, magistrado al servicio de España, adquirió de muy joven una amplia formación humanística. Desde temprana edad leyó a Homero y tradujo a conocidos poetas latinos. Ya adolescente, completó su preparación literaria estudiando la obra de escritores neoclásicos españoles, sobre todo la del poeta lírico Juan Meléndez Valdés (1754–1817). A estas lecturas siguieron traducciones e imitaciones de románticos franceses (Chateaubriand, Lamartine, probablemente Victor Hugo), ingleses (Byron) e italianos (Foscolo); más tarde (1821) se recibió de Bachiller en Leyes por la Universidad de La Habana. Poeta precoz, Heredia dejó una extensa producción lírica donde sobresalen la temática amorosa, la descriptiva y la patriótica; sus artículos y ensayos muestran su interés por la historia y la literatura y lo revelan como crítico sagaz. Su obra poética apareció recopilada en dos ediciones: la primera en Nueva York, en 1825; la segunda, en dos tomos, en Toluca, México, en 1832; los poemas del autor cubano que incluimos siguen esta última edición, "corregida y aumentada" por él mismo.

La influencia del neoclasicismo en la obra de Heredia se refleja en una visión del mundo donde las ansias de justicia y libertad aparecen matizadas por el culto a la razón y el afán didáctico. Por ejemplo, "En el teocalli de Cholula", poema inicialmente publicado con otro título en 1820, y cuya versión definitiva apareció en 1832 con el título indicado, el autor cubano reflexiona sobre la fugacidad del tiempo y lo efímero de la vida. Por medio del teocalli, evoca a quienes lo erigieron y, desde una perspectiva cristiana, critica su religión. Entre la descripción de estos vestigios del pasado y la meditación sobre su historia, el poema condena la tiranía, defiende la libertad e inserta la nota moralizante propia de obras neoclásicas. Igualmente, fija el tema de la meditación ante las ruinas, propio del romanticismo. En otro poema, "En una tempestad" (1822), la voz poética contempla este fenómeno con asombro; apelando a los sentidos, describe la fuerza del huracán y el temor que sienten los animales ante esta manifestación de la naturaleza.

En su juventud, debido al puesto paterno de funcionario judicial de la Corona española, además de residir en Cuba, Heredia vivió en Pensacola, Caracas y México. Más tarde, el poeta fue condenado al destierro por participar en una conspiración en favor de la emancipación de Cuba (1823) y se trasladó a los Estados Unidos donde residió en varias ciudades (Boston, Filadelfia, Nueva

York, New Haven y Norwich). En 1825, escapando del frío del norte, llegó nuevamente a México. Allí contrajo matrimonio, ejerció diferentes cargos públicos, dirigió varios periódicos y murió a la edad de treinta y seis años. Estas andanzas contribuyeron a intensificar el sentimiento de ruptura y de nostalgia tan evidente en la obra herediana. Si bien regresó a la isla por unos meses (1836–1837), la constante añoranza de la patria lo hizo idealizar el paisaje cubano; sus descripciones del entorno expresan angustiosas emociones y reflejan su estado de ánimo.

Cuando Heredia contemplaba el paisaje, ya fuera en México o en Canadá, se sentía libre para reflexionar y expresar su sentir más íntimo. En su oda o canto al "Niágara" (1824), esta actitud tan característica de los poetas románticos se manifiesta muy claramente. El cubano describe el torrente y su caída de modo realista; a la vez exalta a Dios, creador de esa maravilla de la naturaleza; inesperadamente, evoca a la patria lejana y sufriente, las hermosas palmas de la isla y su propia condición de desterrado. Lo exterior o puramente objetivo pasa a un plano secundario: la atención se centra en el paisaje interior o emocional, y en cómo éste y la naturaleza se funden para mostrar los sentimientos de la voz lírica. Al dar rienda suelta a sus pasiones, el poeta se aleja de los moldes ordenados y didácticos propuestos por los neoclásicos y reafirma la libertad creadora y la importancia del yo, postulados claves del romanticismo. Como se observa en la mayoría de sus poemas descriptivos de la naturaleza, el escritor cubano aprendió de los románticos la importancia de la imaginación y de los sentimientos en la creación literaria. La poesía de Heredia confirma el temprano impacto de esta escuela literaria cuyos patrones adoptaron y modificaron los escritores hispano-americanos.

■ Bibliografía mínima

Albin, María C. "Visiones de la mujer: La figura femenina en la poesía de José María Heredia". *Poéticas de la restitución: Literatura y cultura en Hispanoamérica colonial*. Ed. Raúl Marrero-Fente. Newark, DE: Cuesta, 2005. 333–49. Impreso.

Altenberg, Tilmann. *Melancolía en la poesía de José María Heredia*. Madrid/Fráncfort: Iberoamericana/Vervuert, 2001. Impreso.

Heredia, José María. *Niágara y otros textos. Poesía y prosa selectas*. Selección, prólogo, cronología y bibliografía de Ángel Augier. Caracas: Biblioteca Ayacucho, 1990. Impreso.

——. *Poesías completas*. Ed. e introducción Carmen Alemany Bay. Madrid: Verbum, 2004. Impreso.

Mesa Gancedo, Daniel. "El poema extenso como institución cultural, forma poética e identidad americana en Bello, Heredia y Echeverría". *Nueva Revista de Filología Hispánica* 56.1 (2008): 87–122. Impreso.

Roggiano, Alfredo A. "José María Heredia". *Latin American Writers*. Ed. Carlos A. Solé y Maria Isabel Abreu. Vol. 1. New York: Scribner's, 1989. 135–43. Impreso.

Román, Rut. "Lo sublime que se desvanece. La imagen poética del Niágara en Heredia y Pombo". *Decimonónica: Journal of Nineteenth Century Hispanic Cultural Production* 2.1 (2005): 40–54. Impreso.

Saumell, Rafael E. "José María Heredia: La patria no se encuentra en ningún lugar". *Revista de Estudios Hispánicos* 43.2 (2009): 349–63. Impreso.

En una tempestad[1]

Huracán, huracán, venir te siento,
y en tu soplo abrasado
respiro entusiasmado
del señor de los aires el aliento.

5   En las alas del viento suspendido
vedle rodar por el espacio inmenso,
silencioso, tremendo, irresistible
en su curso veloz.[2] La tierra en calma
siniestra, misteriosa,
10 contempla con pavor[3] su faz terrible.
¿Al toro no miráis? El suelo escarban[4]
de insoportable ardor[5] sus pies heridos:
la frente poderosa levantando,
y en la hinchada nariz fuego aspirando,
15 llama la tempestad con sus bramidos.[6]

¡Qué nubes! ¡qué furor! El sol temblando
vela[7] en triste vapor su faz gloriosa,
y su disco nublado sólo vierte
luz fúnebre y sombría,
20 que no es noche ni día…
¡Pavoroso color, velo de muerte!
Los pajarillos tiemblan y se esconden
al acercarse el huracán bramando,
y en los lejanos montes retumbando[8]
25 le oyen los bosques, y a su voz responden.

Llega ya… ¿No lo veis? ¡Cuál desenvuelve
su manto aterrador y majestuoso… !
¡Gigante de los aires, te saludo… !
En fiera confusión el viento agita
30 las orlas[9] de su parda[10] vestidura…
¡Ved… ! ¡En el horizonte
los brazos rapidísimos enarca[11]
y con ellos abarca[12]
cuanto alcanzó a mirar de monte a monte!

---

[1] Silva escrita dos años antes que la oda al Niágara.
[2] Rápido.
[3] Temor, miedo.
[4] Remover la superficie de la tierra.
[5] Calor intenso.
[6] Voz del toro y otros animales.
[7] Oscurece.
[8] Haciendo mucho ruido, gran estruendo.
[9] Los adornos.
[10] De color oscuro; se refiere al cielo oscuro o nublado.
[11] Poner en forma de arco.
[12] Abraza, ciñe.

35   ¡Oscuridad universal... ! ¡Su soplo
      levanta en torbellinos
      el polvo de los campos agitado… !
      En las nubes retumba despeñado[13]
      el carro del Señor, y de sus ruedas
40   brota el rayo veloz, se precipita,
      hiere y aterra el suelo,
      y su lívida[14] luz inunda el cielo.

         ¿Qué rumor? ¿Es la lluvia… ? Desatada
      cae a torrentes, oscurece al mundo,
45   y todo es confusión, horror profundo.
      Cielo, nubes, colinas, caro bosque,
      ¿dó[15] estáis… ? Os busco en vano:
      desaparecisteis… La tormenta umbría[16]
      en los aires revuelve un oceano
50   que todo lo sepulta[17]…
      Al fin, mundo fatal, nos separamos:
      el huracán y yo solos estamos.

      ¡Sublime tempestad! ¡Cómo en tu seno,
      de tu solemne inspiración henchido,[18]
55   al mundo vil y miserable olvido
      y alzo la frente, de delicia lleno!
      ¿Dó está el alma cobarde
      que teme tu rugir[19] …? Yo en ti me elevo
      al trono del Señor: oigo en las nubes
60   el eco de su voz; siento a la tierra
      escucharle y temblar. Ferviente[20] lloro
      desciende por mis pálidas mejillas,
      y su alta majestad trémulo[21] adoro.

      (Edición de 1832, Toluca, México)

Niágara[22]

      Dadme mi lira, dádmela, que siento
   en mi alma estremecida y agitada,
   arder la inspiración. ¡Oh! ¡cuánto tiempo
   en tinieblas pasó, sin que mi frente
5 brillase con su luz…! Niágara undoso,[23]

---

[13] Caído.
[14] Azulada.
[15] Dónde.
[16] Sombría.
[17] Entierra.
[18] Lleno.

[19] Gritar.
[20] Cálido.
[21] Tembloroso.
[22] Oda escrita en forma de silva; no siempre hay rima y si la encontramos es consonante.
[23] Con ondas, ondulante.

tu sublime terror solo podría
tornarme[24] el don divino, que ensañada,[25]
me robó del dolor la mano impía.[26]

     Torrente prodigioso, calma, acalla
10 tu trueno aterrador: disipa un tanto
las tinieblas que en torno te circundan;[27]
déjame contemplar tu faz serena,
y de entusiasmo ardiente mi alma llena.
Yo digno soy de contemplarte: siempre
15 lo común y mezquino[28] desdeñando,[29]
ansié[30] por lo terrífico y sublime.
Al despeñarse el huracán furioso,
al retumbar sobre mi frente el rayo,
palpitando gocé: vi al Océano,
20 azotado por austro[31] proceloso,[32]
combatir mi bajel,[33] y ante mis plantas
vórtice hirviente abrir, y amé el peligro.
Mas del mar la fiereza
en mi alma no produjo
25 la profunda impresión que tu grandeza.

     Sereno corres, majestuoso; y luego
en ásperos peñascos[34] quebrantado,
te abalanzas violento, arrebatado,
como el destino irresistible y ciego
30 ¿qué voz humana describir podría
de la sirte[35] rugiente
la aterradora faz? El alma mía
en vago pensamiento se confunde,
al mirar esa férvida[36] corriente,
35 que en vano quiere la turbada vista
en su vuelo seguir al borde oscuro
del precipicio altísimo: mil olas,
cual pensamiento rápidas pasando
chocan, y se enfurecen,
40 y otras mil y otras mil ya las alcanzan,
y entre espuma y fragor[37] desaparecen.

---

[24] Devolverme.
[25] Cruelmente.
[26] Antes de escribir este poema, Heredia fue obligado a salir de Cuba por haber participado en una conspiración contra el gobierno colonial.
[27] Rodean.
[28] Vulgar.
[29] Despreciando.
[30] Deseé, quise.
[31] Viento del sur.
[32] Tormentoso.
[33] Barco.
[34] Rocas.
[35] Banco de arena.
[36] Ardiente.
[37] Ruido, estruendo.

¡Ved! ¡llegan, saltan! El abismo horrendo
devora los torrentes despeñados:
crúzanse en él mil iris, y asordados[38]
45 vuelven los bosques el fragor tremendo.
En las rígidas peñas
rómpese el agua: vaporosa nube
con elástica fuerza
llena el abismo en torbellino, sube,
50 gira en torno, y al éter
luminosa pirámide levanta,
y por sobre los montes que le cercan
al solitario cazador espanta.

Mas ¿qué en ti busca mi anhelante vista
55 con inútil afán? ¿Por qué no miro
alrededor de tu caverna inmensa
las palmas ¡ay! las palmas deliciosas,
que en las llanuras de mi ardiente patria
nacen del sol a la sonrisa, y crecen,
60 y al soplo de las brisas del Océano
bajo un cielo purísimo se mecen?

Este recuerdo a mi pesar me viene...[39]
nada ¡oh Niágara! falta a tu destino,
ni otra corona que el agreste[40] pino
65 a tu terrible majestad conviene.
La palma, y mirto,[41] y delicada rosa,
muelle[42] placer inspiren y ocio[43] blando
en frívolo jardín; a ti la suerte
guardó más digno objeto, más sublime.
70 El alma libre, generosa, fuerte,
viene, te ve, se asombra,
el mezquino deleite menosprecia
y aun se siente elevar cuando te nombra.

¡Omnipotente Dios! En otros climas
75 vi monstruos execrables,[44]
blasfemando tu nombre sacrosanto,
sembrar error y fanatismo impío,
los campos inundar en sangre y llanto,
de hermanos atizar[45] la infanda[46] guerra,

---

[38] Ensordecidos, vueltos sordos.
[39] El recuerdo de Cuba ensombrece la alegría que siente al evocar el Niágara.
[40] Silvestre.
[41] Arrayán, un tipo de arbusto.
[42] Blando.
[43] Descanso.

[44] Aborrecibles; que deben ser condenados en nombre de ideas sagradas. Es una crítica al gobierno español de Cuba y a los liberales cuya fe en Dios se ha debilitado con la lectura de los filósofos ilustrados franceses.
[45] Avivar.
[46] Torpe.

80 y desolar frenéticos la tierra.
   Vilos,[47] y el pecho se inflamó a su vista
   en grave indignación. Por otra parte
   vi mentidos[48] filósofos, que osaban
   escrutar[49] tus misterios, ultrajarte,[50]
85 y de impiedad al lamentable abismo
   a los míseros hombres arrastraban.
   Por eso te buscó mi débil mente
   en la sublime soledad: ahora
   entera se abre a ti; tu mano siente
90 en esta inmensidad que me circunda,
   y tu profunda voz hiere mi seno
   de este raudal[51] en el eterno trueno.

        ¡Asombroso torrente!
   ¡Cómo tu vista el ánimo enajena,[52]
95 y de terror y admiración me llena!
   ¿Dó tu origen está? ¿Quién fertiliza
   por tantos siglos tu inexhausta fuente?
   ¿Qué poderosa mano
   hace que al recibirte,
100 no rebose[53] en la tierra el Océano?

        Abrió el Señor su mano omnipotente;
   cubrió tu faz de nubes agitadas,
   dio su voz a tus aguas despeñadas,
   y ornó[54] con su arco tu terrible frente.
105 ¡Ciego, profundo, infatigable corres,
   como el torrente oscuro de los siglos
   en insondable[55] eternidad… ! ¡Al hombre
   huyen así las ilusiones gratas,
   los florecientes días,
110 y despierta al dolor... ! … ¡Ay! agostada[56]
   yace mi juventud; mi faz, marchita;
   y la profunda pena que me agita
   ruga[57] mi frente, de dolor nublada.

        Nunca tanto sentí como este día
115 mi soledad y mísero abandono,
   y lamentable desamor… ¿Podría
   en edad borrascosa[58]

---

[47] Los vi.
[48] Falsos.
[49] Examinar.
[50] Insultarte.
[51] Torbellino.
[52] Aliena.
[53] Se derrame.

[54] Adornó.
[55] Que no se puede hallar el fondo; se dice del
mar porque, dada su profundidad, no se puede
encontrar el fondo con la sonda.
[56] Seca.
[57] Arruga.
[58] Tormentosa, desordenada.

sin amor ser feliz? ¡Oh! ¡si una hermosa
mi cariño fijase,
120 y de este abismo al borde turbulento
mi vago pensamiento
y ardiente admiración acompañase!
¡Cómo gozara, viéndola cubrirse
de leve palidez, y ser más bella
125 en su dulce terror, y sonreírse
al sostenerla mis amantes brazos… !
¡Delirios de virtud… ! ¡Ay! ¡Desterrado,
sin patria, sin amores,
sólo miro ante mí, llanto y dolores.

130   ¡Niágara poderoso!
¡Adiós! ¡Adiós! Dentro de pocos años
ya devorado habrá la tumba fría
a tu débil cantor. ¡Duren mis versos
cual tu gloria inmortal! ¡Pueda piadoso
135 viéndote algún viajero,
dar un suspiro a la memoria mía!
Y al abismarse Febo[59] en occidente,
feliz yo vuele do el Señor me llama,
y al escuchar los ecos de mi fama,
140 alce en las nubes la radiosa[60] frente.

(Edición de 1832, Toluca, México)

■ Preguntas generales

1. ¿Quién se encargó de la educación de Heredia y cómo influyó ésta en su carrera literaria?
2. ¿Cómo se refleja la influencia del neoclasicismo en la obra de Heredia?
3. ¿Por qué se ha dicho que Heredia llevó una vida itinerante? ¿En qué circunstancias abandonó Cuba y cómo marca esta ausencia su obra poética?
4. Muchos de los poemas de Heredia expresan su estado de ánimo. ¿Qué recursos utilizó para dar a conocer sus sentimientos?
5. Repase la introducción a este capítulo y explique cómo Heredia contribuyó a difundir las ideas de la escuela romántica.

■ Preguntas de análisis

1. ¿Qué entiende por prosopopeya y cómo aparece en "En una tempestad"?
2. ¿Cómo representa la voz poética el temor a la tempestad? ¿Qué imágenes usa para indicar su identificación con el huracán? ¿Cúal es el origen de este vocablo?

---

[59] Al ponerse el Sol.

[60] De radiante o brillante; se refiere al gozo que sentirá si sus deseos se cumplen.

3. En "Niágara", ¿por qué goza el poeta al contemplar las cataratas y con qué otras experiencias asocia sus sentimientos?

4. Estudie la tercera estrofa de "Niágara" y explique cómo se describe la furia del torrente.

5. ¿Qué sentimientos sobre la fama expresa la voz poética?

6. Una de las estrofas muestra el deseo del poeta de encontrar una compañera. ¿Cómo la describe y cómo aprovecha este tema para dar rienda suelta a otros sentimientos?

7. ¿A qué 'monstruos' alude la voz poética y cuáles son las consecuencias de sus acciones? ¿Quiénes son los 'filósofos' y cómo se relaciona su caracterización con la búsqueda del sujeto lírico?

■ Temas para informes escritos

1. La meditación sobre las ruinas en "El teocalli de Cholula".

2. Heredia y su lucha por la libertad de Cuba.

3. Las cataratas del Niágara en la poesía de Heredia y de Gertrudis Gómez de Avellaneda.

4. La historia mexica o azteca en dos poemas de Heredia.

5. Heredia en México: su labor periodística.

■ Temas de reflexión y comentario

1. El destino individual y de la patria como tema romántico.

2. El breve retorno de Heredia a Cuba.

3. La representación de la naturaleza y la expresión de las ideas de libertad.

4. "El teocalli de Cholula" y el paso del tiempo.

5. El epistolario de Heredia.

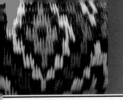

ESTEBAN ECHEVERRÍA

1805, Buenos Aires, Argentina–1851,
Montevideo, Uruguay

Echeverría fue el iniciador del romanticismo en el Río de la Plata. Nació en Buenos Aires pocos años antes de los sucesos políticos y militares que aseguraron la independencia argentina. Luego de una adolescencia rebelde, buscó orientación y disciplina en los cursos del departamento de Estudios Preparatorios de la recientemente creada Universidad de Buenos Aires (1822). Su estancia en las aulas fue breve y, a fines de 1823, comenzó a trabajar como despachante de aduana. Poco después, en 1825, viajó a Europa con el propósito de ampliar sus horizontes intelectuales, proyecto que se generalizaría más tarde entre los jóvenes argentinos. En marzo del año siguiente se instaló en París, donde permaneció, fuera de una visita de un mes y medio a Inglaterra, hasta 1830.

Los cuatro años de residencia en la capital francesa fueron decisivos en la formación de Echeverría. Allí se puso en contacto con las manifestaciones más significativas del movimiento romántico francés. Leyó a Victor Hugo, Lamartine, Vigny, Musset y Chateaubriand. Conoció también la obra de los alemanes Goethe y Schiller, del italiano Manzoni y de los ingleses Walter Scott y Byron. Estas lecturas lo impulsaron a escribir poesía, vocación de la que no había dado pruebas antes de su viaje. Se dio cuenta de que necesitaba mayor preparación en el idioma y en las formas de la versificación española, por lo cual leyó cuidadosamente a Fray Luis de León, Santa Teresa, Cervantes, Quevedo, Lope y Tirso. Para Echeverría, tan importantes como la literatura eran las ideas filosóficas y políticas que había recogido en París. Vico (1668–1744) y Herder le proporcionaron la base teórica a su americanismo literario; el socialismo utópico de Saint-Simon (1760–1825) y Leroux (1797–1871) inspiró su teoría social.

Cuando regresó a Argentina, Echeverría se encontró con un Buenos Aires aterrorizado por los partidarios del caudillo Rosas (1793–1877), hostil a los proyectos intelectuales para los cuales se había preparado, por lo que se refugió en la poesía. Publicó *Elvira o La novia del Plata* (1832) y *Los consuelos* (1834), obras iniciadoras del romanticismo en la poesía argentina. Más adelante, con *Rimas* (1837), libro donde se halla el poema "La cautiva", marcó el rumbo de la literatura nacional. Echeverría adaptó las ideas estéticas europeas a un ideal americanista. Afirmó que la poesía debía ser reflejo del paisaje, las costumbres, las ideas y la historia del pueblo del que había surgido; la literatura debía ser expresión del modo de ser de un pueblo y de su propia naturaleza.

Estas publicaciones, tanto como su magisterio en el Salón Literario de Marcos Sastre, le dieron al escritor prestigio y discípulos. Entre éstos se contaban

Sarmiento, Juan María Gutiérrez (1809–1878), Alberdi (1810–1884) y Mitre (1821–1906), las mentes más brillantes de la intelectualidad argentina. Con ellos fundó, en 1838, la Joven Generación Argentina, una asociación que sustituía al Salón Literario, que había sido disuelto por Rosas, quien gobernaba despóticamente a Buenos Aires desde 1835. El programa político y cultural de esta organización se basaba en la continuación y desarrollo de las doctrinas progresistas de la Revolución de Mayo de 1810. Perseguidos por Rosas, los miembros del grupo se vieron obligados a emigrar. Echeverría se refugió en la estancia Los Talas (Luján, Provincia de Buenos Aires) donde se cree que escribió alrededor de 1839 su relato testimonial "El matadero". Apremiado por las circunstancias políticas, se exilió en Uruguay a fines de 1840. En Montevideo publicó el *Dogma socialista de la Asociación de Mayo* (1846), ensayo donde recogió el credo romántico-liberal del grupo ya desaparecido. Murió en la capital uruguaya sin haber previsto el cercano fin de la tiranía de Rosas.

Echeverría quiso ser reconocido como poeta romántico y como ideólogo de un movimiento generacional. Sin embargo, la crítica literaria lo considera mejor prosista que poeta y valora como su obra más meritoria y perdurable "El matadero". Este relato, que se encuentra entre el cuadro de costumbres y el cuento, fue publicado por primera vez en 1871, a los veinte años de su muerte, en la *Revista del Río de la Plata*. "El matadero" es obra de testimonio y denuncia. El autor vuelca en ella toda su indignación al condenar el despotismo, mientras retrata con despiadada crudeza a la masa degradada que le sirve de base. Su descripción de la matanza de animales, en medio de una multitud enceguecida por el hambre e insensibilizada por el hábito de la violencia, es de un vigor realista inusitado en esa época. El predominio de los elementos grotescos en la caracterización del gentío que se disputa las partes de los animales carneados, es ya anticipador del naturalismo. Al mismo tiempo, la matización del lenguaje, en el que la expresión culta alterna con las formas más groseras del habla popular, ofrece un claro antecedente para los posteriores narradores del realismo hispanoamericano. Sin embargo, Echeverría permanece dentro de las pautas románticas en la idealización del joven héroe unitario, símbolo de las virtudes con las que identifica a los enemigos de Rosas. A través de este personaje, el autor transmite su liberalismo exaltado y su propia percepción de la realidad: la de la clase culta víctima de Rosas.

A pesar de su intención política y de su visión parcial, la veracidad esencial de la descripción del ambiente y de los tipos humanos hace que "El matadero" comunique una realidad de variadas dimensiones, que rebasa el proyecto inicial del autor. Así se revela, por ejemplo, la situación económica y social de los diferentes grupos: negros, mulatos, criollos y gringos, denominación esta última que se empleaba para los extranjeros, especialmente para los ingleses. Aunque el autor demuestra escasa simpatía por la población pobre e inculta que describe, el lector no deja de percibir a esas masas sometidas y envilecidas por el hambre y la ignorancia como las primeras y más desamparadas víctimas de Rosas. Este texto de Echeverría, casi aislado del resto de su obra y tardíamente conocido y apreciado, ha sido con el correr del tiempo modelo y estímulo para la narrativa del siglo XX.

■ **Bibliografía mínima**

Alazraki, Jaime. "Sobre el género literario de 'El matadero'". Ed. Peter Frohlicher y Georges Guntert. *Teoría e interpretación del cuento*. Berna, Suiza: Peter Lang, 1995. 421–36. Impreso.

Arean García, Nilsa, Rita de Cassia Marcelino y Jesús J. Barquet. "Civilización y barbarie en Sarmiento, Echeverría, Hernández y Martí". *Arenas Blancas: Revista Literaria* 4 (2005): 29–35. Impreso.

Bauza, Hugo F. "'El matadero': estampa de un sacrificio ritual". *Revista de Crítica Literaria Latinoamericana* 26.51 (2000): 191–98. Impreso.

Echeverría, Esteban. *Obras escogidas*. Eds. Beatriz Sarlo y Carlos Altamirano. Caracas: Biblioteca Ayacucho, 1991. Impreso.

——. "El matadero". *Biblioteca Virtual Miguel de Cervantes. Obras y Autores Clásicos*. Web. <http://www.cervantesvirtual.com/FichaObra.html?Ref=3170>.

——. *El matadero. La cautiva*. Ed. Leonor Fleming. Madrid: Cátedra, 2009. Impreso.

Gimbernat González, Ester. "Esteban Echeverría". *Latin American Writers*. Eds. Carlos A. Solé y Maria Isabel Abreu. Vol. 1. New York: Scribner's, 1989. 141–45. Impreso.

Lojo, María Rosa. "('El matadero') de Esteban Echeverría: la sangre derramada y la estética de la mezcla". *Alba de América* 9.16–17 (1991): 41–63. Impreso.

Mercado, Juan Carlos. *Building a Nation. The Case of Echeverría*. Lanham, MD: UP of America and Rowman & Littlefield Publishers, 1995. Impreso.

Pérez, Alberto Julián. "Echeverría, la revolución de mayo y la literatura nacional". *Alba de América* 20.37–38 (2001): 377–403. Impreso.

Wilson, Jason. "Writing for the Future: Echeverría's 'El Matadero' and Its Secret Rewriting by Jorge Luis Borges and Adolfo Bioy Casares as 'La Fiesta del Monstruo'". *Forum for Modern Language Studies* 43.1 (2007): 81–92. Impreso.

El matadero[1]

A pesar de que la mía es historia, no la empezaré por el arca de Noé y la genealogía de sus ascendientes como acostumbraban hacerlo los antiguos historiadores españoles de América, que deben ser nuestros prototipos. Tengo muchas razones para no seguir ese ejemplo, las que callo por no ser difuso.[2] Diré solamente que los sucesos de mi narración pasaban por los años de Cristo de 183... Estábamos, a más, en cuaresma, época en que escasea la carne en Buenos Aires, porque la Iglesia, adoptando el precepto de Epicteto,[3] *sustine, abstine* (sufre, abstente), ordena vigilia y abstinencia a los estómagos de los fieles, a causa de que la carne es pecaminosa, y, como dice el proverbio, busca a la carne. Y como la Iglesia tiene *ab initio*[4] y por delegación directa de Dios el imperio inmaterial sobre las conciencias y los estómagos, que en manera alguna pertenecen al individuo, nada más justo y racional que vede lo malo.

Los abastecedores, por otra parte, buenos federales, y por lo mismo buenos católicos, sabiendo que el pueblo de Buenos Aires atesora una docilidad singular para someterse a toda especie de mandamiento, sólo traen en días cuaresmales

---

[1] Se reproduce aquí el texto según la versión completa y definitiva editada por el Instituto de Literatura Argentina, bajo el cuidado de Jorge Max Rohde. Buenos Aires, 1926.

[2] Extenso y poco preciso.

[3] Epicteto (Siglo I): Filósofo estoico nacido en Frigia.

[4] Desde el inicio (latín).

al matadero los novillos[5] necesarios para el sustento de los niños y los enfermos dispensados de la abstinencia por la bula[6] y no con el ánimo de que se harten algunos herejotes, que no faltan, dispuestos siempre a violar los mandamientos carnificinos[7] de la Iglesia, y a contaminar la sociedad con el mal ejemplo.

20   Sucedió, pues, en aquel tiempo, una lluvia muy copiosa. Los caminos se anegaron; los pantanos se pusieron a nado y las calles de entrada y salida a la ciudad rebosaban en acuoso barro. Una tremenda avenida se precipitó de repente por el Riachuelo[8] de Barracas, y extendió majestuosamente sus turbias aguas hasta el pie de las barrancas del Alto.[9] El Plata, creciendo embravecido, empujó
25 esas aguas que venían buscando su cauce y las hizo correr hinchadas por sobre campos, terraplenes, arboledas, caseríos, y extenderse como un lago inmenso por todas las bajas tierras. La ciudad circunvalada del norte al este por una cintura de agua y barro, y al sur por un piélago[10] blanquecino en cuya superficie flotaban a la ventura algunos barquichuelos y negreaban las chimeneas y las copas de los
30 árboles, echaba desde sus torres y barrancas atónitas miradas al horizonte como implorando la protección del Altísimo. Parecía el amago[11] de un nuevo diluvio. Los beatos y beatas gimoteaban haciendo novenarios y continuas plegarias. Los predicadores atronaban el templo y hacían crujir el púlpito a puñetazos. "Es el día del juicio, decían, el fin del mundo está por venir. La cólera divina rebosando se
35 derrama en inundación. ¡Ay de vosotros, pecadores! ¡Ay de vosotros, unitarios[12] impíos que os mofáis de la Iglesia, de los santos, y no escucháis con veneración la palabra de los ungidos[13] del Señor! ¡Ay de vosotros si no imploráis misericordia al pie de los altares! Llegará la hora tremenda del vano crujir de dientes y de las frenéticas imprecaciones. Vuestra impiedad, vuestras herejías, vuestras blasfe-
40 mias, vuestros crímenes horrendos, han traído sobre nuestra tierra las plagas del Señor. La justicia del Dios de la Federación os declarará malditos".

Las pobres mujeres salían sin aliento, anonadadas del templo, echando, como era natural, la culpa de aquella calamidad a los unitarios.

Continuaba, sin embargo, lloviendo a cántaros, y la inundación crecía,
45 acreditando el pronóstico de los predicadores. Las campanas comenzaron a tocar rogativas por orden del muy católico Restaurador[14] quien parece no las tenía todas consigo. Los libertinos, los incrédulos, es decir, los unitarios, empezaron a amedrentarse al ver tanta cara compungida, oír tanta bataola de imprecaciones. Se hablaba ya, como de cosa resuelta, de una procesión en que debía ir
50 toda la población descalza y a cráneo descubierto, acompañando al Altísimo, llevado bajo palio[15] por el obispo, hasta la barranca de Balcarce,[16] donde millares

---

[5] Becerros de dos o tres años.
[6] Indulgencia concedida por la Iglesia.
[7] Relativos a la carne.
[8] Pequeño afluente del río de la Plata que pasa por Buenos Aires.
[9] Barrio de Buenos Aires, originalmente llamado el Alto de San Pedro.
[10] Mar.
[11] Síntoma o principio.
[12] Partidarios de la constitución centralista de 1819. Se oponían al federalismo y eran enemigos del tirano, Rosas.

[13] Personas signadas con el óleo sagrado para investirlas de una alta dignidad. Se aplica a reyes y sacerdotes.
[14] Rosas se presentaba como el Restaurador de las leyes y así lo llamaban sus partidarios.
[15] Cubierta de tela rica colocada en cuatro o más barras con las que es transportada, cubriendo con ella al que lleva la Eucaristía, al Papa, a una imagen o a un soberano.
[16] Barrio de Buenos Aires.

de voces, conjurando al demonio unitario de la inundación, debían implorar la misericordia divina.

Feliz, o mejor, desgraciadamente, pues la cosa habría sido de verse, no tuvo
55 efecto la ceremonia, porque bajando el Plata, la inundación se fue poco a poco escurriendo en su inmenso lecho, sin necesidad de conjuro ni plegarias.

Lo que hace principalmente a mi historia es que por causa de la inundación estuvo quince días el matadero de la Convalecencia[17] sin ver una sola cabeza vacuna, y que en uno o dos, todos los bueyes de quinteros[18] y *aguateros*[19] se consu-
60 mieron en el abasto de la ciudad. Los pobres niños y enfermos se alimentaban con huevos y gallinas, y los gringos y herejotes bramaban por el *beefsteak* y el asado. La abstinencia de carne era general en el pueblo, que nunca se hizo más digno de la bendición de la Iglesia, y así fue que llovieron sobre él millones y millones de indulgencias plenarias. Las gallinas se pusieron a 6 pesos y los huevos a 4 reales,
65 y el pescado carísimo. No hubo en aquellos días cuaresmales promiscuaciones ni excesos de gula; pero, en cambio, se fueron derecho al cielo innumerables ánimas, y acontecieron cosas que parecen soñadas.

No quedó en el matadero ni un solo ratón vivo de muchos millares que allí tenían albergue. Todos murieron o de hambre o ahogados en sus cuevas por la in-
70 cesante lluvia. Multitud de negras rebusconas de *achuras*,[20] como los caranchos[21] de presa, se desbandaron por la ciudad como otras tantas arpías[22] prontas a devorar cuanto hallaran comible. Las gaviotas y los perros, inseparables rivales suyos en el matadero, emigraron en busca de alimento animal. Porción de viejos achacosos[23] cayeron en consunción por falta de nutritivo caldo; pero lo más notable que sucedió fue
75 el fallecimiento casi repentino de unos cuantos gringos herejes que cometieron el desacato de darse un hartazgo de chorizos de Extremadura, jamón y bacalao, y se fueron al otro mundo a pagar el pecado cometido por tan abominable promiscuación.

Algunos médicos opinaron que si la carencia de carne continuaba, medio pueblo caería en síncope por estar los estómagos acostumbrados a su corrobo-
80 rante jugo; y era de notar el contraste entre estos tristes pronósticos de la ciencia y los anatemas lanzados desde el púlpito por los reverendos padres contra toda clase de nutrición animal y de promiscuación en aquellos días destinados por la Iglesia al ayuno y la penitencia. Se originó de aquí una especie de guerra intestina[24] entre los estómagos y las conciencias, atizada por el inexorable apetito, y las
85 no menos inexorables vociferaciones de los ministros de la Iglesia, quienes, como es su deber, no transigen con vicio alguno que tienda a relajar las costumbres católicas; a lo que se agregaba el estado de flatulencia intestinal de los habitantes, producido por el pescado y los porotos[25] y otros alimentos algo indigestos.

Esta guerra se manifestaba por sollozos y gritos descompasados[26] en la
90 peroración[27] de los sermones y por rumores y estruendos subitáneos[28] en las

---

[17] Uno de los sitios donde se mataba el ganado para proveer de carne a la ciudad.
[18] El que tiene arrendada una quinta o finca.
[19] Aguador, el que vende agua de casa en casa.
[20] Las entrañas de la res sacrificada. Las tripas del animal.
[21] Uno de los nombres del caracará, especie de gallinazo o ave de rapiña.

[22] Aves fabulosas que tenían rostro de mujer y cuerpo de ave de rapiña.
[23] Enfermizos.
[24] Lucha interna.
[25] Frijoles.
[26] Desmedidos, excesivos.
[27] Discurso.
[28] Súbitos, imprevistos.

casas y calles de la ciudad o dondequiera concurrían gentes. Alarmóse un tanto el gobierno, tan paternal como previsor, del Restaurador, creyendo aquellos tumultos de origen revolucionario y atribuyéndolos a los mismos salvajes unitarios, cuyas impiedades, según los predicadores federales, habían traído sobre el
95 país la inundación de la cólera divina; tomó activas providencias, desparramó a sus esbirros[29] por la población, y por último, bien informado, promulgó un decreto tranquilizador de las conciencias y de los estómagos, encabezado por un considerando muy sabio y piadoso para que a todo trance, y arremetiendo por agua y todo, se trajese ganado a los corrales.

100 En efecto, el décimosexto día de la carestía, víspera del día de Dolores, entró a vado[30] por el paso de Burgos al matadero del Alto una tropa de cincuenta novillos gordos; cosa poca por cierto para una población acostumbrada a consumir diariamente de 250 a 300, y cuya tercera parte al menos gozaría del fuero eclesiástico de alimentarse con carne. ¡Cosa extraña que haya estómagos sujetos a leyes
105 inviolables y que la Iglesia tenga la llave de los estómagos!

Pero no es extraño, supuesto que el diablo con la carne suele meterse en el cuerpo y que la Iglesia tiene el poder de conjurarlo: el caso es reducir al hombre a una máquina cuyo móvil principal no sea su voluntad sino la de la Iglesia y el gobierno. Quizá llegue el día en que sea prohibido respirar aire libre, pasearse
110 y hasta conversar con un amigo, sin permiso de autoridad competente. Así era, poco más o menos, en los felices tiempos de nuestros beatos abuelos, que por desgracia vino a turbar la Revolución de Mayo.[31] Sea como fuera, a la noticia de la providencia gubernativa, los corrales del Alto se llenaron, a pesar del barro, de carniceros, de *achuradores*[32] y de curiosos, quienes recibieron con grandes vocife-
115 raciones y palmoteos los cincuenta novillos destinados al matadero.

—Chica, pero gorda —exclamaban—. ¡Viva la Federación! ¡Viva el Restaurador!

Porque han de saber los lectores que en aquel tiempo la Federación estaba en todas partes, hasta entre las inmundicias del matadero, y no había fiesta sin
120 Restaurador como no hay sermón sin San Agustín.[33] Cuentan que al oír tan desaforados gritos las últimas ratas que agonizaban de hambre en sus cuevas, se reanimaron y echaron a correr desatentadas,[34] conociendo que volvían a aquellos lugares la acostumbrada alegría y la algazara precursora de abundancia.

El primer novillo que se mató fue todo entero de regalo al Restaurador, hom-
125 bre muy amigo del asado. Una comisión de carniceros marchó a ofrecérselo en nombre de los federales del matadero, manifestándole *in voce* su agradecimiento por la acertada providencia del gobierno, su adhesión ilimitada al Restaurador y su odio entrañable a los salvajes unitarios, enemigos de Dios y de los hombres. El Restaurador contestó a la arenga, *rinforzando* sobre el mismo tema, y concluyó
130 la ceremonia con los correspondientes vivas y vociferaciones de los espectadores

---

[29] Los que ejecutan actos abusivos y violentos ordenados por quien les paga.

[30] Vadear; atravesar a pie un río u otra superficie en la que se ha acumulado agua.

[31] La revolución del 25 de mayo de 1810 fue el primer paso hacia la independencia argentina de España.

[32] Los que se llevaban, sin tener que pagar, las achuras del matadero.

[33] San Agustín (354–430): célebre filósofo cristiano, uno de los Padres de la Iglesia.

[34] Desatinadas, sin tino o prudencia.

y actores. Es de creer que el Restaurador tuviese permiso especial de su Ilustrí-sima[35] para no abstenerse de carne, porque siendo tan buen observador de las leyes, tan buen católico y tan acérrimo[36] protector de la religión, no hubiera dado mal ejemplo aceptando semejante regalo en día santo. [...]

135   [El texto describe en detalle la ubicación del matadero, en el sur de la ciu-dad. Introduce también la figura del juez y caudillo, en quien el Restaurador de-legaba su poder, y explica la veneración de los carniceros por la difunta esposa de Rosas, Doña Encarnación Ezcurra, patrona del matadero.[37]]

La perspectiva del matadero a la distancia era grotesca, llena de animación.
140 Cuarenta y nueve reses estaban tendidas sobre sus cueros, y cerca de doscientas personas hollaban aquel suelo de lodo regado con la sangre de sus arterias. En torno de cada res resaltaba un grupo de figuras humanas de tez[38] y raza distinta. La figura más prominente de cada grupo era el carnicero con el cuchillo en mano, brazo y pecho desnudos, cabello largo y revuelto, camisa y chiripá[39] y rostro em-
145 badurnado de sangre. A sus espaldas se rebullían, caracoleando y siguiendo los movimientos, una comparsa[40] de muchachos, de negras y mulatas *achuradoras*, cuya fealdad trasuntaba[41] las arpías de la fábula, y entremezclados con ellas al-gunos enormes mastines, olfateaban, gruñían o se daban de tarascones[42] por la presa. Cuarenta y tantas carretas, toldadas con negruzco y pelado cuero, se es-
150 calonaban irregularmente a lo largo de la playa, y algunos jinetes con el poncho calado[43] y el lazo prendido al tiento cruzaban por entre ellas al tranco o reclina-dos sobre el pescuezo de los caballos echaban ojo indolente sobre uno de aquellos animados grupos, al paso que, más arriba, en el aire, un enjambre de gaviotas blanquiazules, que habían vuelto de la emigración al olor de la carne, revolotea-
155 ban, cubriendo con su disonante graznido todos los ruidos y voces del matadero y proyectando una sombra clara sobre aquel campo de horrible carnicería. Esto se notaba al principio de la matanza.

Pero a medida que adelantaba, la perspectiva variaba; los grupos se des-hacían, venían a formarse tomando diversas actitudes y se desparramaban co-
160 rriendo como si en medio de ellos cayese alguna bala perdida, o asomase la quijada[44] de algún encolerizado mastín. Esto era que el carnicero en un grupo descuartizaba a golpe de hacha, colgaba en otros los cuartos en los ganchos de su carreta, despellejaba en éste, sacaba el sebo[45] en aquél; de entre la chusma que ojeaba y aguardaba la presa de achura, salía de cuando en cuando una mugrienta
165 mano a dar un tarascón con el cuchillo al sebo o a los cuartos de la res, lo que originaba gritos y explosión de cólera del carnicero y el continuo hervidero de los grupos, dichos y gritería descompasada de los muchachos.

---

[35] Referencia al Obispo.

[36] Máximo.

[37] La esposa de Rosas participó en la revolución que, en 1833, expulsó del poder al General Juan Ramón Balcarce (1773-1836), enemigo del dictador.

[38] Piel del rostro, cutis.

[39] Prenda de vestir del hombre de campo que consiste en un paño que se pasa por entre las piernas hacia adelante y se sujeta en el cinturón.

[40] Grupo de personas que van por la calle, para divertirse o para divertir a la gente.

[41] Trasuntar: copiar, imitar.

[42] Mordiscones.

[43] Echado sobre sus hombros.

[44] Mandíbula; suele aplicarse sólo a las de gran tamaño.

[45] Grasa.

—Ahí se mete el sebo en las tetas, la tipa —gritaba uno.

—Aquél lo escondió en el alzapón[46] —replicaba la negra.

170 —Che, negra bruja, salí de aquí antes de que te pegue un tajo —exclamaba el carnicero.

—¿Qué le hago, ño[47] Juan? ¡No sea malo! Yo no quiero sino la panza y las tripas.

—Son para esa bruja: a la m…

175 —¡A la bruja! ¡A la bruja! —repitieron los muchachos— ¡Se lleva la riñonada y el tongorí![48] —Y cayeron sobre su cabeza sendos cuajos de sangre y tremendas pelotas de barro.

Hacia otra parte, entretanto, dos africanas llevaban arrastrando las entrañas de un animal; allá una mulata se alejaba con un ovillo de tripas y resbalando 180 de repente sobre un charco de sangre, caía a plomo, cubriendo con su cuerpo la codiciada presa. Acullá se veían acurrucadas en hileras 400 negras destejiendo sobre las faldas el ovillo y arrancando, uno a uno, los sebitos que el avaro cuchillo del carnicero había dejado en la tripa como rezagados, al paso que otras vaciaban panzas y vejigas y las henchían de aire de sus pulmones para depositar en ellas, 185 luego de secas, la achura.

Varios muchachos, gambeteando a pie y a caballo, se daban de vejigazos[49] o se tiraban bolas de carne, desparramando con ellas y su algazara la nube de gaviotas que, columpiándose en el aire, celebraban chillando la matanza. Oíanse a menudo, a pesar del veto del Restaurador y de la santidad del día, palabras 190 inmundas y obscenas, vociferaciones preñadas de todo el cinismo bestial que caracteriza a la chusma de nuestros mataderos, con las cuales no quiero regalar a los lectores. [...]

Un animal había quedado en los corrales, de corta y ancha cerviz, de mirar fiero, sobre cuyos órganos genitales no estaban conformes los pareceres, porque 195 tenía apariencias de toro y de novillo. Llególe la hora. Dos enlazadores a caballo penetraron en el corral en cuyo contorno hervía la chusma a pie, a caballo y horqueteada[50] sobre sus nudosos palos. Formaban en la puerta el más grotesco y sobresaliente grupo, varios pialadores[51] y enlazadores de a pie con el brazo desnudo y armado del certero lazo, la cabeza cubierta con un pañuelo punzó[52] y 200 chaleco y chiripá colorado, teniendo a sus espaldas varios jinetes y espectadores de ojo escrutador y anhelante.

El animal, prendido ya al lazo por las astas,[53] bramaba echando espuma furibundo, y no había demonio que lo hiciera salir del pegajoso barro, donde estaba como clavado y era imposible pialarlo. Gritábanle, lo azuzaban en vano con las 205 mantas y pañuelos los muchachos que estaban prendidos sobre las horquetas[54]

---

[46] Bragueta, abertura delantera del pantalón.

[47] Señor.

[48] Parte de los intestinos de un animal.

[49] Golpes dados, por broma o burla, con una vejiga llena de aire.

[50] A horcajadas.

[51] Enlazadores. Echan el lazo a las patas del animal para inmovilizarlo.

[52] Rojo.

[53] Cuernos.

[54] Ángulo formado por dos ramas que concurren en un punto. Horquilla de madera hecha de una rama de árbol que tiene una horqueta natural.

del corral, y era de oír la disonante batahola de silbidos, palmadas y voces tiples y roncas que se desprendían de aquella singular orquesta.

Los dicharachos, las exclamaciones chistosas y obscenas rodaban de boca en boca, y cada cual hacía alarde espontáneamente de su ingenio y de su agudeza,
210 excitado por el espectáculo o picado por el aguijón de alguna lengua locuaz.

—Hi de p … en el toro.

—Al diablo los torunos del Azul.

—Malhaya el tropero que nos da gato por liebre.

—Si es novillo.

215 —¿No está viendo que es toro viejo?

—Como toro le ha de quedar. ¡Muéstreme los c… si le parece, c…o!

—Ahí los tiene entre las piernas. ¿No los ve, amigo, más grandes que la cabeza de su castaño, o se ha quedado ciego en el camino?

220 —Su madre sería la ciega, pues que tal hijo ha parido. ¿No ve que todo ese bulto es barro?

—Es emperrado y arisco como un unitario.

Y al oír esta mágica palabra, todos a una voz exclamaron:— ¡Mueran los salvajes unitarios!

—Para el tuerto los h…

225 —Sí, para el tuerto, que es hombre de c… para pelear con los unitarios. El matambre[55] a Matasiete, degollador de unitarios. ¡Viva Matasiete!

—¡A Matasiete el matambre!

—Allá va —gritó una voz ronca, interrumpiendo aquellos desahogos de la cobardía feroz—. ¡Allá va el toro!

230 —¡Alerta! ¡Guarda los de la puerta! ¡Allá va furioso como un demonio!

Y en efecto, el animal acosado por los gritos y sobre todo por dos picanas[56] agudas que le espoleaban la cola, sintiendo flojo el lazo, arremetió bufando a la puerta, lanzando a entrambos lados una rojiza y fosfórica mirada. Dióle el tirón el enlazador sentando su caballo, desprendió el lazo del asta, crujió por el aire un
235 áspero zumbido y al mismo tiempo se vio rodar desde lo alto de una horqueta del corral, como si un golpe de hacha lo hubiese dividido a cercén, una cabeza de niño cuyo tronco permaneció inmóvil sobre su caballo de palo, lanzando por cada arteria un largo chorro de sangre.

—¡Se cortó el lazo! —gritaron unos—. ¡Allá va el toro!

240 Pero otros, deslumbrados y atónitos, guardaron silencio, porque todo fue como un relámpago.

Desparramóse un tanto el grupo de la puerta. Una parte se agolpó sobre la cabeza y el cadáver palpitante del muchacho degollado por el lazo, manifestando horror en su atónito semblante, y la otra parte, compuesta de jinetes que no vie-
245 ron la catástrofe, se escurrió en distintas direcciones en pos del toro, vociferando y gritando:

—¡Allá va el toro! ¡Atajen! ¡Guarda!

—¡Enlaza, Sietepelos!

—¡Que te agarra, Botija!

---

[55] Carne de la res que está entre las costillas y la piel.

[56] Aguijadas. Varas largas con puntas de hierro.

250 —¡Va furioso; no se le pongan delante!

—¡Ataja, ataja, morado!

—¡Dale espuela al mancarrón![57]

—¡Ya se metió en la calle sola!

__¡Que lo ataje el diablo!

255 El tropel y vocifería era infernal. Unas cuantas negras achuradoras, sentadas en hilera al borde del zanjón, oyendo el tumulto se acogieron y agazaparon[58] entre las panzas y tripas que desenredaban y devanaban con la paciencia de Penélope,[59] lo que sin duda las salvó, porque el animal lanzó al mirarlas un bufido aterrador, dio un brinco sesgado y siguió adelante perseguido por los jinetes.
260 Cuentan que una de ellas se fue de cámaras;[60] otra rezó diez salves en dos minutos, y dos prometieron a San Benito no volver jamás a aquellos malditos corrales y abandonar el oficio de achuradoras. No se sabe si cumplieron la promesa.

El toro, entretanto, tomó la ciudad por una larga y angosta calle que parte de
265 la punta más aguda del rectángulo anteriormente descripto, calle encerrada por una zanja y un cerco de tunas,[61] que llaman *sola* por no tener más de dos casas laterales, y en cuyo apozado centro había un profundo pantano que tomaba de zanja a zanja. Cierto inglés, de vuelta de su saladero, vadeaba este pantano a la sazón, paso a paso, en un caballo algo arisco, y, sin duda, iba tan absorto en sus cálculos que no
270 oyó el tropel de jinetes ni la gritería sino cuando el toro arremetía el pantano. Azoróse de repente su caballo dando un brinco al sesgo y echó a correr, dejando al pobre hombre hundido media vara en el fango. Este accidente, sin embargo, no detuvo ni frenó la carrera de los perseguidores del toro, antes al contrario, soltando carcajadas sarcásticas: "Se amoló[62] el gringo; levántate gringo"—exclamaron, cruzando el
275 pantano, y amasando con barro bajo las patas de sus caballos su miserable cuerpo. Salió el gringo, como pudo, después a la orilla, más con la apariencia de un demonio tostado por las llamas del infierno que un hombre blanco pelirrubio. Más adelante, al grito de ¡al toro!, cuatro negras achuradoras que se retiraban con su presa, se zambulleron en la zanja llena de agua, único refugio que les quedaba.
280 El animal, entretanto, después de haber corrido unas 20 cuadras en distintas direcciones azorando con su presencia a todo viviente, se metió por la tranquera de una quinta, donde halló su perdición. Aunque cansado, manifestaba brío y colérico ceño; pero rodeábalo una zanja profunda y un tupido cerco de pitas,[63] y no había escape. Juntáronse luego sus perseguidores que se hallaban desbanda-
285 dos, y resolvieron llevarlo en un señuelo de bueyes para que expiase su atentado en el lugar mismo donde lo había cometido.

Una hora después de su fuga el toro estaba otra vez en el matadero, donde la poca chusma que había quedado no hablaba sino de sus fechorías. La aventura del gringo en el pantano excitaba principalmente la risa y el sarcasmo. Del niño
290 degollado por el lazo no quedaba sino un charco de sangre: su cadáver estaba en el cementerio.

---

[57] Matalón, caballo malo.
[58] Encogerse y pegarse al suelo o ponerse detrás de algo para ocultarse.
[59] Personaje de la *Odisea* de Homero. Esposa de Ulises y madre de Telémaco.
[60] Se orinó.
[61] Planta cactácea, con hojas carnosas y llenas de espinas.
[62] Se fastidió.
[63] Cardos. Plantas espinosas.

Enlazaron muy luego por las astas al animal, que brincaba haciendo hincapié y lanzando roncos bramidos. Echáronle uno, dos, tres piales;[64] pero infruc-
tuosos: al cuarto quedó prendido de una pata; su brío y su furia redoblaron; su
295 lengua, estirándose convulsiva, arrojaba espuma, su nariz humo, sus ojos miradas encendidas.

—¡Desjarreten[65] ese animal! —exclamó una voz imperiosa. Matasiete se
tiró al punto del caballo, cortóle el garrón[66] de una cuchillada y gambeteando en
torno de él con su enorme daga en mano, se la hundió al cabo hasta el puño en
300 la garganta, mostrándola en seguida humeante y roja a los espectadores. Brotó
un torrente de la herida, exhaló algunos bramidos roncos, y cayó el soberbio
animal entre los gritos de la chusma que proclamaba a Matasiete vencedor y le
adjudicaba en premio el matambre. Matasiete extendió, como orgulloso, por segunda vez el brazo y el cuchillo ensangrentado, y se agachó a desollarlo con otros
305 compañeros.

Faltaba que resolver la duda sobre los órganos genitales del muerto, cla-
sificado provisoriamente de toro por su indomable fiereza; pero estaban todos
tan fatigados de la larga tarea, que lo echaron por lo pronto en olvido. Mas de
repente una voz ruda exclamó:
310 —Aquí están los huevos —sacando de la barriga del animal y mostrando
a los espectadores dos enormes testículos, signo inequívoco de su dignidad de
toro. La risa y la charla fue grande; todos los incidentes desgraciados pudieron
fácilmente explicarse. Un toro en el matadero era cosa muy rara, y aun vedada.
Aquél, según reglas de buena policía, debía arrojarse a los perros; pero había
315 tanta escasez de carne y tantos hambrientos en la población que el señor Juez
tuvo a bien hacer ojo lerdo.[67]

En dos por tres estuvo desollado, descuartizado y colgado en la carreta el
maldito toro. Matasiete colocó el matambre bajo el pellón de su recado[68] y se preparaba a partir. La matanza estaba concluida a las doce, y la poca chusma que ha-
320 bía presenciado hasta el fin, se retiraba en grupos de a pie y de a caballo, o tirando
a la cincha algunas carretas cargadas de carne.

Mas de repente la ronca voz de un carnicero gritó:
—¡Allí viene un unitario! —y al oír tan significativa palabra toda aquella
chusma se detuvo como herida de una impresión subitánea.
325 —¿No le ven la patilla en forma de U? No trae divisa en el fraque ni luto en
el sombrero.

—Perro unitario.
—Es un cajetilla.[69]
—Monta en silla como los gringos.
330 —La Mazorca con él.
—¡La tijera!
—Es preciso sobarlo.[70]

---

[64] Pial: americanismo por peal. Lazo que se
arroja a un animal para derribarlo.
[65] Corten el jarrete (la corva de la pata del animal).
[66] Corvejón. Parte del hueso o caña en la que se
encuentra la articulación de la pierna de una res.

[67] Hacerse el distraído.
[68] Tela o paño de la silla de montar.
[69] Se dice despectivamente del porteño
excesivamente elegante y presumido.
[70] Manosearlo, maltratarlo físicamente.

—Trae pistoleras por pintar.[71]

—Todos estos cajetillas unitarios son pintores como el diablo.

335 —¿A que no te le animás, Matasiete?

—¿A que no?

—A que sí.

Matasiete era hombre de pocas palabras y de mucha acción. Tratándose de violencia, de agilidad, de destreza en el hacha, el cuchillo o el caballo, no hablaba 340 y obraba. Lo habían picado: prendió la espuela a su caballo y se lanzó a brida suelta al encuentro del unitario.

Era éste un joven como de 25 años, de gallarda y bien apuesta persona, que mientras salían en borbotones de aquellas desaforadas bocas las anteriores exclamaciones, trotaba hacia Barracas, muy ajeno de temer peligro alguno. Notando, 345 empero, las significativas miradas de aquel grupo de dogos[72] de matadero, echa maquinalmente la diestra sobre las pistoleras de su silla inglesa, cuando una pechada al sesgo del caballo de Matasiete lo arroja de los lomos del suyo tendiéndolo a la distancia boca arriba y sin movimiento alguno.

—¡Viva Matasiete! —exclamó toda aquella chusma, cayendo en tropel sobre 350 la víctima como los caranchos rapaces sobre la osamenta de un buey devorado por el tigre. Atolondrado todavía el joven, fue, lanzando una mirada de fuego sobre aquellos hombres feroces, hacia su caballo que permanecía inmóvil no muy distante, a buscar en sus pistolas el desagravio y la venganza. Matasiete, dando un salto, le salió al encuentro y con fornido brazo asiéndolo de la corbata lo ten-355 dió en el suelo tirando al mismo tiempo la daga de la cintura y llevándola a su garganta.

Una tremenda carcajada y un nuevo viva estentóreo volvió a vitorearlo.

¡Qué nobleza de alma! ¡Qué bravura en los federales! ¡Siempre en pandillas cayendo como buitres sobre la víctima inerte!

360 —Degüéllalo, Matasiete; quiso sacar las pistolas. Degüéllalo como al toro.

—Pícaro unitario. Es preciso tusarlo.[73]

—Tiene buen pescuezo para el violín.

—Mejor es la resbalosa.[74]

—Probaremos —dijo Matasiete, y empezó sonriendo a pasar el filo de su 365 daga por la garganta del caído, mientras con la rodilla izquierda le comprimía el pecho y con la siniestra mano le sujetaba por los cabellos.

—No, no lo degüellen —exclamó de lejos la voz imponente del Juez del Matadero que se acercaba a caballo.

—A la casilla con él, a la casilla. Preparen mazorca y las tijeras. ¡Mueran los 370 salvajes unitarios! ¡Viva el Restaurador de las leyes!

—¡Viva Matasiete!

"¡Mueran!" "¡Vivan!" — repitieron en coro los espectadores, y atándolo codo con codo, entre moquetes y tirones, entre vociferaciones e injurias, arrastraron al infeliz joven al banco del tormento, como los sayones[75] al Cristo.

---

[71] Forma coloquial de "alardear" o "presumir".
[72] Perros de presa, robustos y valientes.
[73] Cortarle el pelo como a los animales.

[74] Baile y tonada popular entre los federales. Tocar la resbalosa: degollar.
[75] Verdugos.

375 La sala de la casilla tenía en su centro una grande y fornida mesa de la cual no salían los vasos de bebida y los naipes sino para dar lugar a las ejecuciones y torturas de los sayones federales del matadero. Notábase además, en un rincón, otra mesa chica con recado de escribir y un cuaderno de apuntes y porción de si-llas entre las que resaltaba un sillón de brazos destinado para el juez. Un hombre,
380 soldado en apariencia, sentado en una de ellas, cantaba al son de la guitarra la resbalosa, tonada de inmensa popularidad entre los federales, cuando la chusma llegando en tropel al corredor de la casilla lanzó a empellones al joven unitario hacia el centro de la sala.

—A ti te toca la resbalosa —gritó uno.
385 —Encomienda tu alma al diablo.

—Está furioso como toro montaraz.

—Ya te amansará el palo.

—Es preciso sobarlo.

—Por ahora verga[76] y tijera.
390 —Si no, la vela.

—Mejor será la mazorca.[77]

—Silencio y sentarse —exclamó el juez, dejándose caer sobre un sillón. To-dos obedecieron, mientras el joven, de pie, encarando al juez, exclamó con voz preñada de indignación:
395 —¡Infames sayones! ¿Qué intentan hacer de mí?

—¡Calma! —dijo sonriendo el juez—. No hay que encolerizarse. Ya lo ve-rás.

El joven, en efecto, estaba fuera de sí de cólera. Todo su cuerpo parecía estar en convulsión. Su pálido y amoratado rostro, su voz, su labio trémulo,
400 mostraban el movimiento convulsivo de su corazón, la agitación de sus ner-vios. Sus ojos de fuego parecían salirse de la órbita, su negro y lacio cabello se levantaba erizado. Su cuello desnudo y la pechera de su camisa dejaban entrever el latido violento de sus arterias y la respiración anhelante de sus pulmones.
405 —¿Tiemblas? —le dijo el juez.

—De rabia porque no puedo sofocarte entre mis brazos.

—¿Tendrías fuerza y valor para eso?

—Tengo de sobra voluntad y coraje para ti, infame.

—A ver las tijeras de tusar mi caballo: túsenlo a la federala.
410 Dos hombres le asieron, uno de la ligadura del brazo, otro de la cabeza y en un minuto cortáronle la patilla que poblaba toda su barba por bajo, con risa estre-pitosa de sus espectadores.

—A ver —dijo el juez—, un vaso de agua para que se refresque.

—Uno de hiel te daría yo a beber, infame.
415 Un negro petiso[78] púsosele al punto delante con un vaso de agua en la mano. Diole el joven un puntapié en el brazo y el vaso fue a estrellarse en el techo, salpicando el asombrado rostro de los espectadores.

---

[76] Palo, garrote.

[77] Mazorca—espiga de maíz. Grupo de terroristas leales a Rosas, quienes cometieron toda clase de atrocidades y crímenes en apoyo de su dictadura. Pronunciado como "más horca", el nombre del grupo es buen indicio de su conducta violenta.

[78] Bajo, pequeño de estatura.

—Este es incorregible.

—Ya lo domaremos.

420 —Silencio —dijo el juez—. Ya estás afeitado a la federala, sólo te falta el bigote. Cuidado con olvidarlo. Ahora vamos a cuenta. ¿Por qué no traes divisa?

—Porque no quiero.

—¿No sabes que lo manda el Restaurador?

—La librea es para vosotros, esclavos, no para los hombres libres.

425 —A los libres se les hace llevar a la fuerza.

—Sí, la fuerza y la violencia bestial. Esas son vuestras armas, infames. ¡El lobo, el tigre, la pantera, también son fuertes como vosotros! Deberíais andar como ellos, en cuatro patas.

—¿No temes que el tigre te despedace?

430 —Lo prefiero a que maniatado me arranquen, como el cuervo, una a una las entrañas.

—¿Por qué no llevas luto en el sombrero por la heroína?

—Porque lo llevo en el corazón por la patria que vosotros habéis asesinado, infames.

435 —¿No sabes que así lo dispuso el Restaurador?

—Lo dispusisteis vosotros, esclavos, para lisonjear el orgullo de vuestro señor, y tributarle vasallaje infame.

—¡Insolente! Te has embravecido mucho. Te haré cortar la lengua si chistas. Abajo los calzones a ese mentecato cajetilla y a nalga pelada denle verga, 440 bien atado sobre la mesa.

Apenas articuló esto el juez, cuatro sayones salpicados de sangre, suspendieron al joven y lo tendieron largo a largo sobre la mesa comprimiéndole todos sus miembros.

—Primero degollarme que desnudarme, infame canalla.

445 Atáronle un pañuelo a la boca y empezaron a tironear sus vestidos. Encogíase el joven, pateaba, hacía rechinar los dientes. Tomaban ora sus miembros la flexibilidad del junco, ora la dureza del fierro y su espina dorsal era el eje de un movimiento parecido al de la serpiente. Gotas de sudor fluían por su rostro, grandes como perlas; echaban fuego sus pupilas, su boca espuma, y las venas de 450 su cuello y frente negreaban en relieve sobre su blanco cutis como si estuvieran repletas de sangre.

—Átenlo primero —exclamó el juez.

—Está rugiendo de rabia —articuló un sayón.

En un momento liaron sus piernas en ángulo a los cuatro pies de la mesa, 455 volcando su cuerpo boca abajo. Era preciso hacer igual operación con las manos, para lo cual soltaron las ataduras que las comprimían en la espalda. Sintiéndolas libres el joven, por un movimiento brusco en el cual pareció agotarse toda su fuerza y vitalidad, se incorporó primero sobre sus brazos, después sobre sus rodillas y se desplomó al momento murmurando:

460 —Primero degollarme que desnudarme, infame canalla.

Sus fuerzas se habían agotado; inmediatamente quedó atado en cruz y empezaron la obra de desnudarlo. Entonces un torrente de sangre brotó borbolloneando de la boca y las narices del joven, y extendiéndose empezó a caer a chorros por entrambos lados de la mesa. Los sayones quedaron inmóviles y los 465 espectadores estupefactos.

—Reventó de rabia el salvaje unitario —dijo uno.

—Tenía un río de sangre en las venas —articuló otro.

—Pobre diablo, queríamos únicamente divertirnos con él y tomó la cosa de-
470 masiado a lo serio —exclamó el juez frunciendo el ceño de tigre. Es preciso dar
parte; desátenlo y vamos.

Verificaron la orden; echaron llave a la puerta y en un momento se escurrió
la chusma en pos del caballo del juez cabizbajo y taciturno.

Los federales habían dado fin a una de sus innumerables proezas.

En aquel tiempo los carniceros degolladores del matadero eran los apóstoles
475 que propagaban a verga y puñal la federación rosina,[79] y no es difícil imaginarse
qué federación saldría de sus cabezas y cuchillas. Llamaban ellos salvaje unitario,
conforme a la jerga inventada por el Restaurador, patrón de la cofradía, a todo el
que no era degollador, carnicero, ni salvaje, ni ladrón; a todo hombre decente y
de corazón bien puesto, a todo patriota ilustrado amigo de las luces y de la liber-
480 tad; y por el suceso anterior puede verse a las claras que el foco de la federación
estaba en el matadero.

■ Preguntas generales

1. ¿Qué movimiento literario y qué ideas filosóficas y políticas influyeron en
   la formación de Echeverría?
2. ¿En qué consiste el americanismo de este autor y cómo se refleja en su obra?
3. ¿En qué grupos literarios y políticos actuó Echeverría durante la tiranía de
   Rosas?
4. ¿Cuál era el programa político y cultural de los intelectuales antirrosistas?
5. ¿En qué circunstancias personales escribió el autor "El matadero"?
6. ¿De qué modo se adelanta Echeverría a formas posteriores del realismo
   literario en Hispanoamérica?

■ Preguntas de análisis

1. ¿Cuál es el contexto histórico de esta obra? Refiérase al conflicto político y
   social aquí representado.
2. ¿Contra quiénes dirige el narrador sus comentarios irónicos? Dé ejemplos
   de frases irónicas.
3. ¿De qué modo sirve la descripción del matadero a los propósitos ideológicos del autor?
4. ¿Cuál es la actitud del narrador hacia los personajes que describe?
5. ¿Por qué comunica "El matadero" una visión histórico-social que trasciende
   el punto de vista del autor?
6. ¿Cuáles son los aspectos románticos y cuáles son los aspectos realistas del
   texto?

---

[79] Adjetivo creado por el autor con intención satírica, pues combina el nombre de Rosas y la palabra
rocín o rocino, la cual se usa para designar a un caballo de mala traza y feo, así como a un hombre
tosco, ignorante y mal educado.

■ Temas para informes escritos

1. Romanticismo y naturalismo en la obra de Esteban Echeverría.
2. Etnias y clases sociales en "El matadero".
3. Los registros del habla y su utilización literaria en "El matadero".
4. La mezcla de géneros literarios en "El matadero".
5. "El matadero" como modelo de la novela de los dictadores.

■ Temas de reflexión y comentario

1. La explotación política del hambre y de la ignorancia como tema de "El matadero".
2. El antagonismo entre las clases sociales en el texto de Echeverría.
3. El narrador de "El matadero" como testigo y crítico de la realidad que describe.
4. Los ingleses en Buenos Aires durante la época de Rosas y su presencia literaria.
5. El lenguaje de la violencia en los diálogos del relato y su efecto en el lector.

DOMINGO FAUSTINO SARMIENTO

1811, San Juan, Argentina–1888,
Asunción, Paraguay

Entre los intelectuales que combatieron contra la tiranía de Rosas se destaca la vigorosa figura de Sarmiento. Educador, político y escritor, fue Sarmiento hombre de acción y de ideas, para quien la palabra escrita era instrumento de análisis, vehículo de persuasión y arma de lucha. Desde niño, Sarmiento tuvo una gran curiosidad intelectual y fue ávido lector, pero por ser pobre no pudo continuar estudios regulares más allá de la escuela primaria y de las enseñanzas de un tío suyo que era sacerdote. A los quince años era ya maestro en una escuelita rural. Se formó en un ambiente religioso y favorecedor de la causa federal, defensora de la autonomía de las provincias frente al poder central de Buenos Aires. Sarmiento descubrió, sin embargo, el fanatismo y la violencia de los partidarios de la Federación y pronto se convirtió en enemigo de los caudillos federales. Atrapado por el torbellino de la guerra civil, varias veces cruzó la cercana frontera para refugiarse en Chile, donde vivió desde 1831 hasta 1836 y desde 1840 hasta 1851. Su segundo y más largo exilio sobrevino luego de ser detenido y maltratado a causa de su actuación política.

La prolongada estancia en Chile fue decisiva en la vida del autor. Durante esos años colaboró en el periódico *El Mercurio*, escribió libros y artículos, tradujo textos escolares, fundó revistas, polemizó a favor del romanticismo con el grupo neoclasicista de Andrés Bello, viajó a Europa y los Estados Unidos para estudiar nuevos métodos pedagógicos, y contribuyó a la renovación de la educación en Chile. Allí publicó, por entregas, en el diario *El Progreso* su obra maestra, *Civilización y barbarie o vida de Juan Facundo Quiroga* (1845). Del mismo período son también sus memorias de viajes y el libro autobiográfico *Recuerdos de provincia* (1850).

Luego de la derrota de Rosas (1852) y después de resolver algunas desavenencias con los nuevos gobernantes, Sarmiento volvió a Argentina e inició una intensa carrera política. En los años siguientes ocupó importantes puestos públicos hasta llegar a ser presidente de la República Argentina (1868–1874). Vale notar que durante su permanencia en los Estados Unidos como ministro diplomático (1864–1868), Sarmiento se familiarizó con las instituciones y costumbres del país y conoció a destacadas figuras políticas e intelectuales. Hizo amistad con Mary Mann, viuda del educador Horace Mann (1796–1859), quien tradujo al inglés su libro *Facundo*. Cuando dejó la presidencia, Sarmiento continuó sus actividades políticas y literarias. A este período corresponde el ensayo sociológico, *Conflicto y armonía de las razas en América* (1883), donde presenta, apoyado en las ideas científicas de Darwin (1809–1882) y de Spencer (1820–1903), una explicación racista de los problemas latinoamericanos.

Facundo tiene características de varios géneros —historia, biografía, novela, estudio sociológico— sin pertenecer estrictamente a ninguno de ellos. Sarmiento ofrece en este libro una interpretación de la historia argentina que explica los orígenes del caudillismo y propone un programa de gobierno para superar los problemas del país después del derrocamiento de Rosas. Para este análisis histórico y social, sin precedente en Hispanoamérica, Sarmiento contaba con un repertorio de ideas donde confluían la teoría racionalista del progreso tomada de la Ilustración francesa y el historicismo de Vico y Herder, con su concepto de la cultura como producto de las condiciones de vida propias de cada nación. Sabemos por los textos y nombres citados en *Facundo* que su autor conocía las ideas de Michelet (1798–1874), Humboldt y de Tocqueville (1805–1859), quienes, del mismo modo que Herder, habían señalado la influencia del medio geográfico sobre la personalidad social y cultural de los pueblos. Entre otros representantes del romanticismo social, había leído a Villemain (1790–1870) y a Cousin (1792–1867), de cuyos textos extrae los epígrafes para dos capítulos de su libro.

Por una parte, Sarmiento ve en el caudillo Facundo Quiroga "una manifestación de la vida argentina tal como la han hecho la colonización y las peculiaridades del terreno". Al mismo tiempo, afirma su fe en el triunfo del progreso sobre "las tradiciones envejecidas". Sarmiento veía en las inmensas extensiones despobladas el gran mal que aquejaba al país. Las ciudades eran islotes de civilización rodeados por la barbarie, esto es, por las condiciones primitivas de la vida en las llanuras desiertas. El gaucho era producto de este medio, donde la fuerza física imperaba a expensas del intelecto, la disciplina, el hábito de trabajo y el respeto a la ley. En Facundo Sarmiento ve, sin embargo, no sólo estas características negativas sino, también, una sagacidad y un conocimiento de la naturaleza humana que lo hacen superior a los hombres primitivos que aterroriza y domina. Como romántico, Sarmiento se siente atraído por los tipos originales de la pampa argentina. Sus descripciones del *rastreador*, del *baqueano*, del *gaucho malo* y del *payador* o *gaucho cantor* muestran admiración por el arrojo y la valentía, por la destreza y el ingenio natural del habitante de la pampa. Como civilizador, sin embargo, creía que el gaucho y su forma de vida debían desaparecer para dar paso a la civilización y al progreso. Además, si el caudillo Facundo era, según él, producto natural del suelo, el dictador Rosas era, en cambio, el frío explotador de las condiciones creadas por la barbarie. Para curar estos males proponía poblar, cultivar la tierra, educar, introducir la ciencia y la técnica y transplantar los modelos de organización creados por la cultura europea.

Con *Facundo*, Sarmiento inició el ensayo de interpretación de la realidad americana. Su identificación del progreso con lo anglosajón y su rechazo de lo español, lo indio y lo negro son limitaciones que la posteridad ha reconocido y censurado. Aunque discutibles y polémicos, tanto su planteamiento del conflicto entre la civilización y la barbarie, como su ideario político-cultural han gravitado en el pensamiento y la imaginación de ensayistas y novelistas de todo el continente. La visión del país y el programa de acción propuestos en *Facundo* guiaron a Sarmiento como gobernante. Desafortunadamente, su ambicioso proyecto liberal y progresista se vio frustrado por poderosos intereses, que él sólo pudo identificar demasiado tarde, debido a su escasa comprensión de los factores económicos y de la dinámica de los grupos sociales. No obstante, su gran obra de educador y de gobernante impulsó el desarrollo material, cultural e institucional que sentó las bases de la Argentina moderna.

■ Bibliografía mínima

Allen, Esther. "The Paradoxes of Admiration: Sarmiento, Tocqueville, and the United States". *Annals of Scholarship: An International Quarterly in the Humanities and Social Sciences* 11.1–2 (1996): 61–81. Impreso.

Earle, Peter G. "Domingo Faustino Sarmiento". *Latin American Writers*. Eds. Carlos A. Solé y Maria Isabel Abreu. Vol. 1. New York: Scribner's, 1989. 159–67. Impreso.

De la Fuente, Ariel. *Children of "Facundo": Caudillo and Gaucho Insurgency during the Argentine State-Formation Process (La Rioja, 1853–1870)*. Durham, NC: Duke UP, 2000. Impreso.

Goodrich, Diana Sorensen. *"Facundo" and the Construction of Argentine Culture*. Austin, TX: U of Texas P, 1996. Impreso.

Haberly, David T. "*Facundo* in the United States: An Unknown Reading". *Ciberletras* 14 (2005) Web. <http://www.lehman.cuny.edu/ciberletras/>.

——. "Reopening *Facundo*". *Bulletin of Hispanic Studies* 85.1 (2008): 47–61. Impreso.

Katra, William H. *The Argentine Generation of 1837. Echeverría, Alberdi, Sarmiento, Mitre.* Madison, NJ: Fairleigh Dickinson UP, 1996. Impreso.

King Spence, Julie. "Of Bedouins and Gauchos: Orientalism in Argentina". *Alternative Orientalisms in Latin America and Beyond*. Ed. Ignacio López-Calvo. Newcastle upon Tyne, England: Cambridge Scholars, 2007. 182–91. Impreso.

Sánchez Álvarez-Insúa, Alberto. "Civilización y/o barbarie: El discurso constructivo de la modernidad argentina". *Modernidad iberoamericana: Cultura, política y cambio social*. Ed. Francisco Colom González. Madrid/Fráncfort: Iberoamericana/Vervuert, 2009. 467–86. Impreso.

Sarmiento, Domingo Faustino. *Facundo: civilización y barbarie*. Ed. Roberto Yahni. Madrid: Cátedra, 2008. Impreso.

——. *Facundo o civilización y barbarie en las pampas argentinas*. Biblioteca Virtual Miguel de Cervantes. *Obras y Autores Clásicos*. Buenos Aires: Biblioteca Quiroga Sarmiento, 2007. Web. <http://www.cervantesvirtual.com/FichaObra.html?Ref=26185>.

Zea, Leopoldo. "El proyecto de Sarmiento y su vigencia". *Cuadernos Americanos* 3.13 (1989): 85–96. Impreso.

Facundo

PRIMERA PARTE

Capítulo I

Aspecto físico de la República Argentina, y caracteres, hábitos e ideas que engendra.

[…] El mal que aqueja a la República Argentina es la extensión; el desierto la rodea por todas partes, se le insinúa en las entrañas; la soledad, el despoblado sin una habitación humana, son por lo general los límites incuestionables entre unas y otras provincias. Allí, la inmensidad por todas partes; inmensa la llanura,
5 inmensos los bosques, inmensos los ríos, el horizonte siempre incierto, siempre confundiéndose con la tierra entre celajes[1] y vapores tenues, que no dejan en la lejana perspectiva señalar el punto en que el mundo acaba y principia el cielo. Al sur y al norte acéchanla los salvajes, que aguardan las noches de luna para caer, cual enjambres de hienas, sobre los ganados[2] que pacen en los campos y sobre
10 las indefensas poblaciones. En la solitaria caravana de carretas que atraviesa pesadamente las Pampas, y que se detiene a reposar por momentos, la tripulación, reunida en torno del escaso fuego, vuelve maquinalmente la vista hacia el sur al más ligero susurro del viento que agita las hierbas secas, para hundir sus miradas en las tinieblas profundas de la noche, en busca de los bultos siniestros de la
15 horda salvaje que puede de un momento a otro sorprenderla desapercibida.

Si el oído no escucha rumor alguno, si la vista no alcanza a calar[3] el velo oscuro que cubre la callada soledad, vuelve sus miradas, para tranquilizarse del todo, a las orejas de algún caballo que está inmediato al fogón, para observar si están inmóviles y negligentemente inclinadas hacia atrás.
20 Entonces continúa la conversación interrumpida, o lleva a la boca el tasajo[4] de carne medio sollamado[5] de que se alimenta. Si no es la proximidad del salvaje lo que inquieta al hombre del campo, es el temor de un tigre que lo acecha, de una víbora que puede pisar. Esta inseguridad de la vida, que es habitual y permanente en las campañas, imprime, a mi parecer, en el carácter argentino cierta
25 resignación estoica para la muerte violenta, que hace de ella uno de los percances inseparables de la vida, una manera de morir como cualquiera otra; y puede quizá explicar en parte la indiferencia con que dan y reciben la muerte, sin dejar en los que sobreviven impresiones profundas y duraderas.

La parte habitada de este país, privilegiado en dones y que encierra todos
30 los climas, puede dividirse en tres fisonomías distintas, que imprimen a la población condiciones diversas, según la manera como tiene que entenderse con la naturaleza que la rodea. Al norte, confundiéndose con el Chaco,[6] un espeso bosque cubre con su impenetrable ramaje extensiones que llamaríamos inauditas, si en formas colosales hubiese nada inaudito en toda la extensión de la América.
35 Al centro, y en una zona paralela, se disputan largo tiempo el terreno la Pampa

---

[1] Conjunto de nubes.
[2] Conjunto de reses que se llevan juntas a pastar. Vacas, toros, ovejas, etc.
[3] Atravesar, penetrar.

[4] Carne seca.
[5] Chamuscado, quemado ligeramente con la llama.
[6] Territorio que limita con Bolivia y Paraguay.

y la Selva; domina en partes el bosque, se degrada en matorrales enfermizos y espinosos, preséntase de nuevo la selva a merced de algún río que la favorece, hasta que al fin, al sur, triunfa la Pampa y ostenta su lisa y velluda frente, infinita, sin límite conocido, sin accidente notable; es la imagen del mar en la tierra;
40 la tierra como el mapa; la tierra aguardando todavía que se le mande producir las plantas y toda clase de simiente.

Pudiera señalarse, como un rasgo notable de la fisonomía de este país, la aglomeración de ríos navegables que al este se dan cita de todos los rumbos del horizonte, para reunirse en el Plata, y presentar dignamente su estupendo
45 tributo al Océano, que lo recibe en sus flancos no sin muestras visibles de turbación y respeto. Pero estos inmensos canales excavados por la solícita mano de la naturaleza, no introducen cambio ninguno en las costumbres nacionales. El hijo de los aventureros españoles que colonizaron el país detesta la navegación, y se considera como aprisionado en los estrechos límites del bote o de la
50 lancha. Cuando un gran río le ataja el paso, se desnuda tranquilamente, apresta su caballo y lo endilga nadando a algún islote que se divisa a lo lejos; arribado a él, descansan caballo y caballero, y de islote en islote, se completa al fin la travesía.

De este modo, el favor más grande que la Providencia depara a un pueblo,
55 el gaucho argentino lo desdeña, viendo en él más bien un obstáculo opuesto a sus movimientos, que el medio más poderoso de facilitarlos. […]

[Sarmiento cree que el predomino de las tierras llanas es un elemento unificador para la Argentina, y que la geografía del país dicta la necesidad de un gobierno centralizado. Al mismo tiempo, ve en las extensas llanuras despobladas el origen de circunstancias y hábitos contrarios a la libertad y al progreso.]

[…] Muchos filósofos han creído que las llanuras preparaban las vías al despotismo, del mismo modo que las montañas prestaban asidero a las resistencias de la libertad. Esta llanura sin límites que, desde Salta[7] a Buenos Aires y de allí a
60 Mendoza[8] por una distancia de más de setecientas leguas, permite rodar enormes y pesadas carretas sin encontrar obstáculo alguno, por caminos en que la mano del hombre apenas ha necesitado cortar algunos árboles y matorrales, esta llanura constituye uno de los rasgos más notables de la fisonomía interior de la República.

Para preparar vías de comunicación basta sólo el esfuerzo del individuo y
65 los resultados de la naturaleza bruta; si el arte quisiera prestarle su auxilio, si las fuerzas de la sociedad intentaran suplir la debilidad del individuo, las dimensiones colosales de la obra arredrarían a los más emprendedores, y la incapacidad del esfuerzo lo haría inoportuno.

Así, en materia de caminos, la naturaleza salvaje dará la ley por mucho
70 tiempo, y la acción de la civilización permanecerá débil e ineficaz.

Esta extensión de las llanuras imprime por otra parte a la vida del interior cierta tintura asiática que no deja de ser bien pronunciada. Muchas veces al ver

---

[7] Provincia del noroeste argentino. Limita con Chile y Bolivia.
[8] Provincia situada en latitud ligeramente superior a la de Buenos Aires, cuyo límite al oeste es la cordillera de los Andes que la separa de Chile. La Pampa (actualmente una provincia), se encuentra entre la provincia de Buenos Aires y la de Mendoza.

salir la luna tranquila y resplandeciente por entre las hierbas de la tierra, la he saludado maquinalmente con estas palabras de Volney[9] en su descripción de las
75 Ruinas: *La pleine lune a l'Orient s'élevait sur un fond bleuâtre aux plaines rives de l'Euphrate.*[10] Y, en efecto, hay algo en las soledades argentinas que trae a la memoria las soledades asiáticas; alguna analogía encuentra el espíritu entre la Pampa y las llanuras que median entre el Tigris y el Éufrates, algún parentesco en la tropa de carretas solitarias que cruza nuestras soledades para llegar, al fin de una
80 marcha de meses, a Buenos Aires, y la caravana de camellos que se dirige hacia Bagdad o Esmirna. Nuestras carretas viajeras son una especie de escuadra de pequeños bajeles, cuya gente tiene costumbres, idiomas y vestidos peculiares que la distinguen de los hombres de tierra.

Es el capataz un caudillo, como en Asia el jefe de la caravana; necesítase
85 para este destino una voluntad de hierro, un carácter arrojado hasta la temeridad, para contener la audacia y turbulencia de los filibusteros de tierra que ha de gobernar y dominar él solo en el desamparo del desierto. A la menor señal de insubordinación, el capataz enarbola su chicote[11] de hierro, y descarga sobre el insolente golpes que causan contusiones y heridas; si la resistencia se pro-
90 longa, antes de apelar a las pistolas, cuyo auxilio por lo general desdeña, salta del caballo con el formidable cuchillo en mano y reivindica bien pronto su autoridad por la superior destreza con que sabe manejarlo.

El que muere en estas ejecuciones del capataz no deja derecho a ningún reclamo, considerándose legítima la autoridad que lo ha asesinado.
95 Así es como en la vida argentina empieza a establecerse por estas peculiaridades el predominio de la fuerza brutal, la preponderancia del más fuerte, la autoridad sin límites y sin responsabilidad de los que mandan, la justicia administrada sin formas y sin debate. La tropa de carretas lleva además armamento, un fusil o dos por carreta, y a veces un cañoncito giratorio en la que va a
100 la delantera. Si los bárbaros la asaltan, forma un círculo atando unas carretas con otras, y casi siempre resiste victoriosamente a la codicia de los salvajes ávidos de sangre y de pillaje.

La árrea de mulas cae con frecuencia en manos de estos beduinos americanos, y rara vez los troperos escapan de ser degollados. En estos largos
105 viajes, el proletario argentino adquiere el hábito de vivir lejos de la sociedad y de luchar individualmente con la naturaleza, endurecido en las privaciones, y sin contar con otros recursos que su capacidad y maña personal para precaverse de todos los riesgos que le cercan de continuo. [...]

Por aquella extensión sin límites tal como la hemos descrito, están esparci-
110 das aquí y allá catorce ciudades capitales de provincia, que, si hubiéramos de seguir el orden aparente clasificaríamos por su colocación geográfica: Buenos Aires, Santa Fe, Entre Ríos y Corrientes a las márgenes del Paraná; Mendoza, San Juan, La Rioja, Catamarca, Tucumán, Salta y Jujuy, casi en línea paralela con los Andes chilenos; Santiago, San Luis y Córdoba, al centro. [...]
115 Las ciudades argentinas tienen la fisonomía regular de casi todas las ciudades americanas: sus calles cortadas en ángulos rectos, su población

---

[9] Constantin Volney (1757–1820): escritor francés, autor de *Les ruines, ou Méditations sur les révolutions des empires.*

[10] "La luna llena en el Oriente se elevaba sobre un fondo azulado en las riberas llanas del Éufrates".
[11] Látigo.

diseminada en una ancha superficie, si se exceptúa a Córdoba, que, edificada en corto y limitado recinto, tiene todas las apariencias de una ciudad europea, a que dan mayor realce la multitud de torres y cúpulas de sus numerosos y magníficos
120 templos. La ciudad es el centro de la civilización argentina, española, europea; allí están los talleres de las artes, las tiendas del comercio, las escuelas y colegios, los juzgados, todo lo que caracteriza, en fin, a los pueblos cultos.

La elegancia en los modales, las comodidades del lujo, los vestidos europeos, el frac y la levita, tienen allí su teatro y su lugar conveniente. No sin objeto hago
125 esta enumeración trivial. La ciudad capital de las provincias pastoras existe algunas veces ella sola sin ciudades menores, y no falta alguna en que el terreno inculto llegue hasta ligarse con las calles. El desierto las circunda a más o menos distancia, las cerca, las oprime; la naturaleza salvaje las reduce a unos estrechos oasis de civilización enclavados en un llano inculto de centenares de millas cua-
130 dradas, apenas interrumpido por una que otra villa de consideración. Buenos Aires y Córdoba son las que mayor número de villas han podido echar sobre la campaña, como otros tantos focos de civilización y de intereses municipales; ya esto es un hecho notable.

El hombre de la ciudad viste el traje europeo, vive de la vida civilizada tal
135 como la conocemos en todas partes: allí están las leyes, las ideas de progreso, los medios de instrucción, alguna organización municipal, el gobierno regular, etc. Saliendo del recinto de la ciudad, todo cambia de aspecto: el hombre de campo lleva otro traje, que llamaré americano, por ser común a todos los pueblos; sus hábitos de vida son diversos, sus necesidades peculiares y limitadas; parecen dos
140 sociedades distintas, dos pueblos extraños uno de otro. Aún hay más; el hombre de la campaña, lejos de aspirar a semejarse al de la ciudad, rechaza con desdén su lujo y sus modales corteses; y el vestido del ciudadano, el frac, la silla, la capa, ningún signo europeo puede presentarse impunemente en la campaña. Todo lo que hay de civilizado en la ciudad está bloqueado allí, proscrito afuera; y el que
145 osara mostrarse con levita, por ejemplo, y montado en silla inglesa, atraería sobre sí las burlas y las agresiones brutales de los campesinos. [...]

El progreso moral, la cultura de la inteligencia descuidada en la tribu árabe o tártara, es aquí no sólo descuidada, sino imposible. ¿Dónde colocar la escuela para que asistan a recibir lecciones los niños diseminados a diez leguas de dis-
150 tancia en todas direcciones? Así, pues, la civilización es del todo irrealizable, la barbarie es normal,[12] y gracias si las costumbres domésticas conservan un corto depósito de moral. La religión sufre las consecuencias de la disolución de la sociedad; el curato es nominal, el púlpito no tiene auditorio, el sacerdote huye de la capilla solitaria, o se desmoraliza en la inacción y en la soledad; los vicios,
155 el simoniaquismo,[13] la barbarie normal, penetran en su celda, y convierten su superioridad moral en elementos de fortuna y de ambición, porque al fin concluye por hacerse caudillo de partido. [...]

---

[12] Nota del autor: "El año 1826, durante una residencia de un año en la sierra de San Luis, enseñé a leer a seis jóvenes de familias pudientes, el menor de los cuales tenía veintidós años".

[13] Acción de negociar con cosas espirituales religiosas; por ejemplo, con los sacramentos o con los cargos eclesiásticos.

A falta de todos los medios de civilización y de progreso, que no pueden desenvolverse sino a condición de que los hombres estén reunidos en sociedades
160 numerosas, ved la educación del hombre en el campo. Las mujeres guardan la casa, preparan la comida, esquilan las ovejas, ordeñan las vacas, fabrican los quesos y tejen las groseras telas de que se visten; todas las ocupaciones domésticas, todas las industrias caseras, las ejerce la mujer; sobre ella pesa casi todo el trabajo; y gracias si algunos hombres se dedican a cultivar un poco de maíz para el ali-
165 mento de la familia, pues el pan es inusitado como manutención ordinaria. Los niños ejercitan sus fuerzas y se adiestran por placer en el manejo del lazo y de las boleadoras,[14] con que molestan y persiguen sin descanso a las terneras y cabras; cuando son jinetes, y esto sucede luego de aprender a caminar, sirven a caballo en algunos quehaceres; más tarde, y cuando ya son fuertes, recorren los campos
170 cayendo y levantando, rodando a designio en las vizcacheras, salvando precipicios y adiestrándose en el manejo del caballo; cuando la pubertad asoma, se consagran a domar potros salvajes y la muerte es el castigo menor que les aguarda, si un momento les faltan las fuerzas o el coraje. Con la juventud primera viene la completa independencia y la desocupación. […]
175   La vida del campo, pues, ha desenvuelto en el gaucho las facultades físicas, sin ninguna de las de la inteligencia. Su carácter moral se resiente de su hábito de triunfar de los obstáculos y del poder de la naturaleza: es fuerte, altivo, enérgico. Sin ninguna instrucción, sin necesitarla tampoco, sin medios de subsistencia como sin necesidades, es feliz en medio de su pobreza y de sus privaciones, que
180 no son tales para el que nunca conoció mayores goces, ni extendió más altos sus deseos, de manera que, si en esta disolución de la sociedad radica hondamente la barbarie por la imposibilidad y la inutilidad de la educación moral e intelectual, no deja, por otra parte, de tener sus atractivos. El gaucho no trabaja; el alimento y el vestido lo encuentra preparado en su casa; uno y otro se lo proporcionan sus
185 ganados, si es propietario; la casa del patrón o del pariente, si nada posee. Las atenciones que el ganado exige se reducen a correrías y partidas de placer. La hierra, que es como la vendimia de los agricultores, es una fiesta cuya llegada se recibe con transportes de júbilo; allí es el punto de reunión de todos los hombres de veinte leguas a la redonda; allí la ostentación de la increíble destreza en el
190 lazo.

Capítulo II

Originalidad y caracteres argentinos.—El rastreador.—El baqueano.—El gaucho malo.—El cantor.

Si de las condiciones de la vida pastoril tal como la ha constituido la colonización y la incuria, nacen graves dificultades para una organización política cualquiera, y muchas más para el triunfo de la civilización europea, de sus instituciones y de la riqueza y libertad, que son sus consecuencias, no puede,
5 por otra parte, negarse que esta situación tiene su costado poético, y fases dignas de la pluma del romancista. Si un destello de literatura nacional puede brillar momentáneamente en las nuevas sociedades americanas, es el que resultará

---

[14] Dos o tres bolas de piedra, forradas de cuero, que se unen por correas a una anilla. Los gauchos aprendieron de los indígenas a usar boleadoras para cazar animales.

de la descripción de las grandiosas escenas naturales, y sobre todo, de la lucha entre la civilización europea y la barbarie indígena, entre la inteligencia y la

10 materia; lucha imponente en América, y que da lugar a escenas tan peculiares, tan características y tan fuera del círculo de ideas en que se ha educado el espíritu europeo, porque los resortes dramáticos se vuelven desconocidos fuera del país donde se toman, los usos sorprendentes, y originales los caracteres.

El único romancista norteamericano que haya logrado hacerse un nombre

15 europeo es Fenimore Cooper, y eso, porque transportó la escena de sus descripciones fuera del círculo ocupado por los plantadores al límite entre la vida bárbara y la civilizada, al teatro de la guerra en que las razas indígenas y la raza sajona están combatiendo por la posesión del terreno.

No de otro modo nuestro joven poeta Echeverría ha logrado llamar la aten-

20 ción del mundo literario español con su poema titulado *La Cautiva*. Este bardo argentino dejó a un lado a Dido y Arjea,[15] que sus predecesores los Varela[16] trataron con maestría clásica y estro poético, pero sin suceso y sin consecuencia, porque nada agregaban al caudal de nociones europeas, y volvió sus miradas al desierto y allá en la inmensidad sin límites, en las soledades en que vaga el salvaje, en la

25 lejana zona de fuego que el viajero ve acercarse cuando los campos se incendian, halló las inspiraciones que proporciona a la imaginación el espectáculo de una naturaleza solemne, grandiosa, inconmensurable, callada, y entonces el eco de sus versos pudo hacerse oír con aprobación aun por la península española.

Hay que notar de paso un hecho que es muy explicativo de los fenómenos

30 sociales de los pueblos. Los accidentes de la naturaleza producen costumbres y usos peculiares a estos accidentes, haciendo que donde estos accidentes se repiten, vuelvan a encontrarse los mismos medios de parar a ellos, inventados por pueblos distintos. Esto me explica por qué la flecha y el arco se encuentran en todos los pueblos salvajes, cualesquiera que sean su raza, su origen y su colo-

35 cación geográfica. Cuando leía en *El último de los Mohicanos*, de Cooper, que Ojo de Halcón y Uncas habían perdido el rastro de los Mingos en un arroyo, dije para mí: "Van a tapar el arroyo". Cuando en *La pradera*, el Trampero mantiene la incertidumbre y la agonía mientras el fuego los amenaza, un argentino habría aconsejado lo mismo que el Trampero sugiere al fin, que es limpiar un lugar para

40 guarecerse, e incendiar a su vez, para poderse retirar del fuego que invade sobre las cenizas del punto que se ha incendiado. Tal es la práctica de los que atraviesan la pampa para salvarse de los incendios del pasto. Cuando los fugitivos de *La pradera* encuentran un río, y Cooper describe la misteriosa operación del Pawnie con el cuero de búfalo que recoge: va a hacer la *pelota*,[17] me dije a mí mismo:

45 lástima es que no haya una mujer que la conduzca, que entre nosotros son las mujeres las que cruzan los ríos con la *pelota* tomada con los dientes por un lazo. El procedimiento para asar una cabeza de búfalo en el desierto es el mismo que

---

[15] Personajes de la mitología griega. Se refiere a la historia del amor de Dido, fundadora de Cartago, por Eneas, el troyano hijo de Afrodita. Argía era la esposa de Polinices, hijo de Edipo y de Yocasta.

[16] P. Félix Varela (1788–1853) y Juan Cruz Varela (1794–1839). El segundo de ellos fue autor de

dos tragedias seudoclásicas: *Dido* (1823) y *Argía* (1824).

[17] Suerte de balsa o flotador que se hacía de un cuero de vaca disecado al que con unas varas se daba la forma aproximada de una batea. Servía para pasar ríos o arroyos tirando de ella por medio de una cuerda.

nosotros usamos para *batear*[18] una cabeza de vaca o un lomo de ternera. En fin,
mil otros accidentes que omito, prueban la verdad de que modificaciones aná-
50 logas del suelo traen análogas costumbres, recursos y expedientes. No es otra
la razón de hallar en Fenimore Cooper descripciones de usos y costumbres que
parecen plagiadas de la Pampa; así, hallamos en los hábitos pastoriles de la América, reproducidos hasta los trajes, el semblante grave y hospitalidad árabes.

Existe, pues, un fondo de poesía que nace de los accidentes naturales del
55 país y de las costumbres excepcionales que engendra. La poesía, para despertarse
porque la poesía es, como el sentimiento religioso, una facultad del espíritu humano, necesita el espectáculo de lo bello, del poder terrible, de la inmensidad, de
la extensión, de lo vago, lo incomprensible; porque sólo donde acaba lo palpable
y vulgar, empiezan las mentiras de la imaginación, el mundo ideal. Ahora, yo
60 pregunto: ¿Qué impresiones ha de dejar en el habitante de la República Argentina el simple acto de clavar los ojos en el horizonte, y ver... no ver nada? Porque
cuanto más hunde los ojos en aquel horizonte incierto, vaporoso, indefinido, más
se le aleja, más lo fascina, lo confunde y lo sume en la contemplación y la duda.
¿Dónde termina aquel mundo que quiere en vano penetrar? ¡No lo sabe! ¿Qué
65 hay más allá de lo que ve? La soledad, el peligro, el salvaje, la muerte. He aquí ya
la poesía: el hombre que se mueve en estas escenas se siente asaltado de temores
e incertidumbres fantásticas, de sueños que lo preocupan despierto. [...]

*[Sarmiento hace una distinción entre la poesía culta de la ciudad y la poesía "popu-
lar, candorosa y desaliñada del gaucho". En las páginas siguientes escribe sobre la música
y los cantares del pueblo campesino.]*

El pueblo campesino tiene sus cantares propios.

El *triste*, que predomina en los pueblos del Norte, es un canto frigio,[19]
70 plañidero[20] natural al hombre en el estado primitivo de barbarie, según
Rousseau.

La *vidalita*, canto popular con coros, acompañado de la guitarra y un tam-
boril, a cuyos redobles se reúne la muchedumbre y va engrosando el cortejo y el
estrépito de las voces; este canto me parece heredado de los indígenas, porque lo
75 he oído en una fiesta de indios en Copiapó[21] en celebración de la Candelaria;[22] y
como canto religioso, debe ser antiguo, y los indios chilenos no lo han de haber
adoptado de los españoles argentinos. La *vidalita* es el metro popular en que se
cantan los asuntos del día, las canciones guerreras; el gaucho compone el verso
que canta, y lo populariza por las asociaciones que su canto exige.
80 Así, pues, en medio de la rudeza de las costumbres nacionales, estas dos artes que embellecen la vida civilizada y dan desahogo a tantas pasiones generosas,
están honradas y favorecidas por las masas mismas que ensayan su áspera musa
en composiciones líricas y poéticas. El joven Echeverría residió algunos meses en
la campaña en 1840, y la fama de sus versos sobre la pampa le había precedido
85 ya; los gauchos lo rodeaban con respeto y afición, y cuando un recién venido

---

[18] Arcaísmo de bautizar, usado aquí en el
sentido de sazonar.
[19] De Frigia, país de la antigua Asia Menor, hoy
parte de Turquía.
[20] Que gime o se queja.

[21] Ciudad de la provincia de Atacama, Chile.
[22] Fiesta religiosa que se celebra el 2 de febrero.
Ese día se bendicen las velas que se usarán
durante el año.

mostraba señales de desdén hacia el *cajetilla*,[23] alguno le insinuaba al oído: "es poeta", y toda prevención hostil cesaba al oír este título privilegiado.

Sabido es, por otra parte, que la guitarra es el instrumento popular de los españoles, y que es común en América. En Buenos Aires, sobre todo, está todavía
90 muy vivo el tipo popular español, el *majo*.[24] Descúbresele en el compadrito[25] de la ciudad y en el gaucho de la campaña. El *jaleo* español vive en el *cielito*: los dedos sirven de castañuelas. Todos los movimientos del compadrito revelan al majo; el movimiento de los hombros, los ademanes, la colocación del sombrero, hasta la manera de escupir por entre los dientes, todo es aún andaluz genuino.
95 Del centro de estas costumbres y gustos generales se levantan especialidades notables, que un día embellecerán y darán un tinte original al drama y al romance nacional. Yo quiero sólo notar aquí algunos que servirán para completar la idea de las costumbres, para trazar en seguida el carácter, causas y efectos de la guerra civil.

EL RASTREADOR

100 El más conspicuo de todos, el más extraordinario, es el *rastreador*. Todos los gauchos del interior son rastreadores. En llanuras tan dilatadas, en donde las sendas y caminos se cruzan en todas direcciones, y los campos en que pacen o transitan las bestias son abiertos, es preciso saber seguir las huellas de un animal, y distinguirlas de entre mil; conocer si va despacio o ligero, suelto o tirado,
105 cargado o de vacío. Ésta es una ciencia casera y popular. Una vez caía yo de un camino de encrucijada al de Buenos Aires, y el peón que me conducía echó, como de costumbre, la vista al suelo. "Aquí va —dijo luego— una mulita mora, muy buena…, ésta es la tropa de don N. Zapata…, es de muy buena silla…, va ensillada…, ha pasado ayer"… Este hombre venía de la sierra de San Luis, la
110 tropa volvía de Buenos Aires, y hacía un año que él había visto por última vez la mulita mora cuyo rastro estaba confundido con el de toda una tropa en un sendero de dos pies de ancho. Pues esto, que parece increíble, es con todo, la ciencia vulgar; éste era un peón de árrea y no un rastreador de profesión.

El rastreador es un personaje grave, circunspecto, cuyas aseveraciones ha-
115 cen fe en los tribunales inferiores. La conciencia del saber que posee le da cierta dignidad reservada y misteriosa. Todos lo tratan con consideración: el pobre, porque puede hacerle mal, calumniándolo o denunciándolo; el propietario, porque su testimonio puede fallarle. Un robo se ha ejecutado durante la noche; no bien se nota, corren a buscar una pisada del ladrón, y encontrada, se cubre con
120 algo para que el viento no la disipe. Se llama en seguida al Rastreador, que ve el rastro, y lo sigue sin mirar sino de tarde en tarde el suelo, como si sus ojos vieran de relieve esta pisada que para otro es imperceptible. Sigue el curso de las calles, atraviesa los huertos, entra en una casa, y señalando un hombre que encuentra, dice fríamente: "¡Éste es!" El delito está probado, y raro es el delincuente que
125 resiste a esta acusación. Para él, más que para el juez, la deposición del rastreador es la evidencia misma; negarla sería ridículo, absurdo. […]

---

[23] Joven culto y elegante.
[24] Tipo guapo y elegante de Madrid, Cádiz y otras ciudades españolas.

[25] Hombre jactancioso, provocador y pendenciero.

El baqueano

Después del rastreador, viene el *Baqueano*, personaje eminente y que tiene en sus manos la suerte de los particulares de las provincias. El Baqueano es un gaucho grave y reservado, que conoce a palmo veinte mil leguas cuadradas de
130 llanuras, bosques y montañas. Es el topógrafo más completo: es el único mapa que lleva un general para dirigir los movimientos de su campaña. El Baqueano va siempre a su lado. Modesto y reservado como una tapia; está en todos los secretos de la campaña; la suerte del ejército, el éxito de una batalla, la conquista de una provincia, todo depende de él. […]
135 En lo más oscuro de la noche, en medio de los bosques o en las llanuras sin límites, perdidos sus compañeros, extraviados, [el baqueano] da una vuelta en círculo de ellos, observa los árboles; si no los hay, se desmonta, se inclina a tierra, examina algunos matorrales y se orienta de la altura en que se halla; monta en seguida, y les dice para asegurarlos: "Estamos en dereceras de[26] tal lugar, a tantas
140 leguas de las habitaciones; el camino ha de ir al sur"; y se dirige hacia el rumbo que señala, tranquilo, sin prisa de encontrarlo, y sin responder a las objeciones que el temor o la fascinación sugiere a los otros.

Si aun esto no basta, o si se encuentra en la pampa y la oscuridad es impenetrable, entonces arranca pastos de varios puntos, huele la raíz y la tierra,
145 las masca, y después de repetir este procedimiento varias veces, se cerciora de la proximidad de algún lago, o arroyo salado; o de agua dulce, y sale en su busca para orientarse fijamente. El general Rosas, dicen, conoce por el gusto el pasto de cada estancia del sur de Buenos Aires. […]

El gaucho malo

Este es un tipo de ciertas localidades, un *outlaw*, un *squatter*, un misán-
150 tropo particular. Es el *Ojo de Halcón*, el *Trampero* de Cooper, con toda su ciencia del desierto, con toda su aversión a las poblaciones de los blancos, pero sin su moral natural y sin sus conexiones con los salvajes. Llámanle el *Gaucho Malo*, sin que este epíteto le desfavorezca del todo. La justicia lo persigue desde muchos años; su nombre es temido, pronunciado en voz baja, pero sin odio y casi
155 con respeto. Es un personaje misterioso; mora en la Pampa; son su albergue los cardales;[27] vive de perdices y *mulitas*; y si alguna vez quiere regalarse con una lengua, enlaza una vaca, la voltea solo, la mata, saca su bocado predilecto, y abandona lo demás a las aves montecinas. De repente se presenta el *Gaucho Malo* en un pago de donde la partida acaba de salir; conversa pacíficamente con los
160 buenos gauchos, que lo rodean y lo admiran; se provee *de los vicios*,[28] y si divisa la partida, monta tranquilamente en su caballo, y lo apunta hacia el desierto, sin prisa, sin aparato, desdeñando volver la cabeza. La partida rara vez lo sigue; mataría inútilmente sus caballos, porque el que monta el *Gaucho Malo* es un parejero *pangaré*[29] tan célebre como su amo. Si el acaso lo echa alguna vez de
165 improviso entre las garras de la justicia, acomete a lo más espeso de la partida, y a merced de cuatro tajadas que con su cuchillo ha abierto en la cara o en el cuerpo

---

[26] En dirección a.
[27] Lugar donde hay cardos, plantas silvestres de hojas espinosas.

[28] Tabaco y alcohol.
[29] Caballo adiestrado en la carrera, de color amarillento.

de los soldados, se hace paso por entre ellos; y tendiéndose sobre el lomo del caballo para substraerse a la acción de las balas que lo persiguen, endilga hacia el desierto, hasta que, poniendo espacio conveniente entre él y sus perseguido-
170 res, refrena su trotón y marcha tranquilamente. Los poetas de los alrededores agregan esta nueva hazaña a la biografía del héroe del desierto, y su nombradía vuela por toda la vasta campaña. [...]

EL CANTOR

Aquí tenéis la idealización de aquella vida de revueltas, de civilización, de barbarie y de peligros. El *gaucho cantor* es el mismo bardo, el vate,[30] el tro-
175 vador de la Edad Media, que se mueve en la misma escena, entre las luchas de las ciudades y del feudalismo de los campos, entre la vida que se va y la vida que se acerca. El *cantor* anda de pago en pago, "de tapera[31] en galpón",[32] cantando sus héroes de la Pampa perseguidos por la justicia, los llantos de la viuda a quien los indios robaron sus hijos en un malón[33] reciente, la derrota y
180 la muerte del valiente Rauch,[34] la catástrofe de Facundo Quiroga y la suerte que cupo a Santos Pérez.[35] El *cantor* está haciendo candorosamente el mismo trabajo de crónica, costumbres, historia, biografía, que el bardo de la Edad Media, y sus versos serían recogidos más tarde como los documentos y datos en que habría de apoyarse el historiador futuro, si a su lado no estuviese otra sociedad culta
185 con superior inteligencia de los acontecimientos, que la que el infeliz despliega en sus rapsodias ingenuas. En la República Argentina se ven a un tiempo dos civilizaciones distintas en un mismo suelo: una naciente, que sin conocimiento de lo que tiene sobre su cabeza, está remedando los esfuerzos ingenuos y popu- lares de la Edad Media; otra, que sin cuidarse de lo que tiene a sus pies, intenta
190 realizar los últimos resultados de la civilización europea. El siglo XIX y el siglo XII viven juntos: el uno dentro de las ciudades, y el otro en las campañas.

El *cantor* no tiene residencia fija; su morada está donde la noche lo sor- prende; su fortuna en sus versos y en su voz. Dondequiera que el *cielito* enreda sus parejas sin tasa,[36] dondequiera que se apure una copa de vino, el *cantor* tiene
195 su lugar preferente, su parte escogida en el festín. El gaucho argentino no bebe si la música y los versos no lo excitan, y cada *pulpería* tiene su guitarra para poner en manos del cantor, a quien el grupo de caballos estacionados en la puerta anun- cia a lo lejos dónde se necesita el concurso de su gaya ciencia.[37]

El *cantor* mezcla entre sus cantos heroicos la relación de sus propias hazañas.
200 Desgraciadamente, el *cantor*, con ser el bardo argentino, no está libre de tener que habérselas con la justicia. También tiene que dar la cuenta de sendas puñaladas que ha distribuido, una o dos *desgracias* (¡muertes!) que tuvo y algún caballo o alguna muchacha que robó. En 1840, entre un grupo de gauchos y a orillas del majestuoso Paraná, estaba sentado en el suelo y con las piernas cruzadas un *can-
205 tor* que tenía azorado y divertido a su auditorio con la larga y animada historia de sus trabajos y aventuras. Había ya contado lo del rapto de la querida, con los

---

[30] Poeta.

[31] Ruinas de una casa o rancho.

[32] Cobertizo.

[33] Incursión, ataque de los indios.

[34] Rauch: un coronel del ejército de Lavalle (enemigo de Rosas) que murió peleando en 1829.

[35] Santos Pérez: capitán de la banda que asesinó a Facundo Quiroga en Barranca Yaco el 16 de febrero de 1835. Rosas lo hizo ejecutar.

[36] Norma, regla.

[37] Maestría en el arte de rimar y combinar las estrofas.

trabajos que sufrió; lo de la *desgracia* y la disputa que la motivó; estaba refiriendo su encuentro con la partida y las puñaladas que en su defensa dio, cuando el tropel y los gritos de los soldados le avisaron que esta vez estaba cercado. La par-
210 tida, en efecto, se había cerrado en forma de herradura; la abertura quedaba hacia el Paraná que corría veinte varas más abajo; tal era la altura de la barranca. El *cantor* oyó la grita sin turbarse, viósele de improviso sobre el caballo, y echando una mirada escudriñadora sobre el círculo de soldados con las tercerolas[38] prepa-radas, vuelve el caballo hacia la barranca, le pone el poncho en los ojos y clávale
215 las espuelas. Algunos instantes después se veía salir de las profundidades del Paraná, el caballo sin freno, a fin de que nadase con más libertad, y el *cantor*, to-mado de la cola, volviendo la cara quietamente, cual si fuera en un bote de ocho remos, hacia la escena que dejaba en la barranca. Algunos balazos de la partida no estorbaron que llegase sano y salvo al primer islote que sus ojos divisaron.
220   Por lo demás, la poesía original del *cantor* es pesada, monótona, irregular, cuando se abandona a la inspiración del momento. Más narrativa que sentimen-tal, llena de imágenes tomadas de la vida campestre, del caballo y de las escenas del desierto, que la hacen metafórica y pomposa. Cuando refiere sus proezas o las de algún afamado malévolo, parécese al improvisador napolitano, desarre-
225 glado, prosaico de ordinario, elevándose a la altura poética por momentos, para caer de nuevo al recitado insípido y casi sin versificación. Fuera de esto, el *cantor* posee su repertorio de poesías populares, quintillas, décimas y octavas, diversos géneros de versos octosílabos. Entre éstos hay muchas composiciones de mérito, y que descubren inspiración y sentimiento.
230   Aún podría añadir a estos tipos originales muchos otros igualmente curiosos, igualmente locales, si tuviesen, como los anteriores, la peculiaridad de revelar las costumbres nacionales, sin lo cual es imposible comprender nues-tros personajes políticos, ni el carácter primordial y americano de la sangrienta lucha que despedaza a la República Argentina. Andando esta historia, el lector
235 va a descubrir por sí solo dónde se encuentra el *rastreador*, el *baqueano*, el *gaucho malo*, el *cantor*. Verá en los caudillos cuyos nombres han traspasado las fronteras argentinas, y aun en aquéllos que llenan el mundo con el horror de su nombre, el reflejo vivo de la situación interior del país, sus costumbres y su organización.

SEGUNDA PARTE

CAPÍTULO 1

Vida de Juan Facundo Quiroga
Infancia y juventud
[Sarmiento presenta aquí una semblanza de Quiroga y relata algunos hechos significativos de su vida.]

[...] Un hombre iliterato, un compañero de infancia y de juventud de Qui-roga, que me ha suministrado muchos de los hechos que dejo referidos, me in-cluye en su manuscrito, hablando de los primeros años de Quiroga, estos datos curiosos: "Que no era ladrón antes de figurar como hombre público, que nunca
5 robó, aun en sus mayores necesidades, que no sólo gustaba de pelear, sino que

---

[38] Arma de fuego, más corta que la carabina.

pagaba por hacerlo, y por insultar al más pintado,[39] que tenía mucha aversión a los hombres decentes, que no sabía tomar licor nunca, que de joven era muy reservado, y no sólo quería infundir miedo, sino aterrar, para lo que hacía entender a hombres de su confianza que tenía agoreros[40] o era adivino, que con los que
10 tenía relación los trataba como esclavos, que jamás se ha confesado, rezado ni oído misa, que cuando estuvo de general, lo vio una vez en misa, que él mismo le decía que no creía en nada". El candor con que estas palabras están escritas revela su verdad.

Toda la vida pública de Quiroga me parece resumida en estos datos. Veo en
15 ellos el hombre grande, el hombre de genio a su pesar, sin saberlo él... Ha nacido así y no es culpa suya; descenderá en las escalas sociales para mandar, para dominar, para combatir el poder de la ciudad, la partida de la policía. Si le ofrecen una plaza en los ejércitos, la desdeñará, porque no tiene paciencia para aguardar los ascensos; porque hay mucha sujeción, muchas trabas puestas a la indepen-
20 dencia individual; hay generales que pesan sobre él, hay una casaca que oprime el cuerpo y una táctica que regla los pasos; ¡Todo esto es insufrible! La vida a caballo, la vida de peligros y emociones fuertes, han acerado su espíritu y endurecido su corazón; tiene odio invencible, instintivo, contra las leyes que lo han perseguido, contra toda esa sociedad y esa organización a que se ha sustraído
25 desde la infancia, y que lo mira con prevención y menosprecio.

[...] Es inagotable el repertorio de anécdotas de que está llena la memoria de los pueblos con respecto a Quiroga; sus dichos, sus expedientes, tienen un sello de originalidad que le daba ciertos visos orientales, cierta tintura de sabiduría salomónica en el concepto de la plebe. ¿Qué diferencia hay, en efecto, entre aquel
30 famoso expediente de mandar partir en dos al niño disputado, a fin de descubrir la verdadera madre, y este otro para encontrar un ladrón? Entre los individuos que formaban una compañía, habíase robado un objeto, y todas las diligencias practicadas para descubrir al raptor habían sido infructuosas. Quiroga forma la tropa, hace cortar tantas varitas de igual tamaño cuantos soldados había; hace
35 en seguida que se distribuyan a cada uno; y luego con voz segura dice: "Aquel cuya varita amanezca mañana más grande que las demás, ése es el ladrón". Al día siguiente, fórmase de nuevo la tropa, y Quiroga procede a la verificación y comparación de las varitas. Un soldado hay, empero, cuya vara aparece más corta que las otras. "¡Miserable!" le grita Facundo con voz aterrante, "¡tú eres! ..."
40 Y, en efecto, él era; su turbación lo dejaba conocer demasiado. El expediente es sencillo: el crédulo gaucho, temiendo que efectivamente creciese su varita, le había cortado un pedazo. Pero se necesita superioridad y cierto conocimiento de la naturaleza humana para valerse de estos medios.

Habíanse robado algunas prendas de la montura de un soldado, y todas
45 las pesquisas habían sido inútiles para descubrir al raptor. Facundo hace formar la tropa y que desfile por delante de él, que está con los brazos cruzados, la mirada fija, escudriñadora,[41] terrible. Antes ha dicho: "Yo sé quién es", con una seguridad que nada desmiente. Empiezan a desfilar, desfilan muchos, y Quiroga

---

[39] El menos expuesto, por su situación o cualidades, a sufrir ese tratamiento.
[40] El que presagia desgracias.

[41] Mira intensamente para averiguar los detalles menos manifiestos o las interioridades de una cosa o la intimidad de alguien.

permanece inmóvil; es la estatua de Júpiter tonante,[42] es la imagen del Dios del
50 Juicio Final. De repente se abalanza sobre uno, le agarra el brazo, le dice con voz
breve y seca: "¿Dónde está la montura?"... "Allí, señor", contesta, señalando un
bosquecillo. —"¡Cuatro tiradores!", grita entonces Quiroga. ¿Qué revelación era
ésta? La del terror y la del crimen hecha ante un hombre sagaz. Estaba otra vez un
gaucho respondiendo a los cargos que se le hacían por un robo; Facundo le inte-
55 rrumpe diciendo: "ya este pícaro está mintiendo; ¡a ver! ... cien azotes". Cuando
el reo[43] hubo salido, Quiroga dijo a alguno que se hallaba presente: "Vea, patrón,
cuando un gaucho al hablar esté haciendo marcas con el pie, es señal que está
mintiendo". Con los azotes, el gaucho contó la historia como debía de ser, esto es,
que se había robado una yunta[44] de bueyes.
60   [...] De estos hechos hay a centenares en la vida de Facundo, y que al paso
que descubren un hombre superior, han servido eficazmente para labrarle una
reputación misteriosa entre los hombres groseros[45], que llegaban a atribuirle
poderes sobrenaturales.

■ Preguntas generales

1. ¿En qué ambiente transcurrió la infancia de Sarmiento y qué educación
   recibió?
2. ¿Cuáles son algunos de los logros de Sarmiento durante su exilio en Chile?
   ¿Qué obras publicó allí?
3. ¿Qué ideas orientaron al autor de *Facundo* en su interpretación de la realidad argentina?
4. ¿Qué cargos públicos desempeñó Sarmiento luego de la derrota de Rosas?
5. ¿Qué objetivos se propuso como gobernante?
6. ¿En qué es limitada y criticable la visión de Sarmiento?

■ Preguntas de análisis

1. ¿Qué relación establece Sarmiento entre la geografía física de Argentina y el
   fenómeno del caudillismo?
2. ¿Cuáles son los obstáculos que el medio ambiente opone al progreso y la
   cultura?
3. ¿Con qué otras regiones del mundo compara las llanuras argentinas?
4. ¿Cómo describe el autor a los habitantes de la pampa? ¿Qué aptitudes y
   modos de conducta destaca en ellos?
5. ¿Ve Ud. alguna contradicción en la actitud de Sarmiento hacia el gaucho?
6. ¿De qué modo establece Sarmiento un vínculo entre la naturaleza y la
   expresión poética y artística?

---

[42] Que produce truenos. Se aplica
exclusivamente a Júpiter, el dios del rayo y del
trueno, cuyo nombre contiene este calificativo:
"Júpiter tonante".
[43] Persona acusada de un delito, que está siendo
juzgada por un juez o tribunal de justicia.

[44] Par de bueyes que se uncen juntos, que se
sujetan al mismo yugo.
[45] Aquí "groseros" significa: incivilizados, sin
educación, toscos.

■ Temas para informes escritos

1. Las ideas deterministas de Sarmiento.
2. El eurocentrismo de Sarmiento en su contexto histórico.
3. La contraposición de civilización y barbarie en *Facundo* y sus repercusiones en la literatura y el pensamiento hispanoamericanos.
4. Sarmiento como educador.
5. La Ilustración francesa y el romanticismo en la obra de Sarmiento.

■ Temas de reflexión y comentario

1. El eurocentrismo de Sarmiento desde la perspectiva de nuestra época.
2. El contraste entre la ciudad y las zonas rurales en Hispanoamérica y su repercusión política y económica.
3. La dimensión hispanoamericana y universal de los tipos humanos descritos por Sarmiento.
4. Los paralelismos y las diferencias entre Norte y Sur del continente, a la luz de la obra de Sarmiento.
5. *Facundo* como obra iniciadora del ensayo hispanoamericano de interpretación histórica.

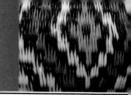

GERTRUDIS GÓMEZ DE AVELLANEDA

1814, Camagüey, Cuba–1873, Madrid, España

Novelista, poeta y dramaturga, Gertrudis Gómez de Avellaneda es una de las figuras más destacadas del romanticismo hispanoamericano. Escritora de extraordinarias dotes y singular personalidad, vivió y sufrió sus amores con impetuosidad romántica. Se rebeló contra los prejuicios y las convenciones sociales de su época, demostró entereza frente a la muerte prematura de sus seres queridos y fue valiente y generosa en la defensa de la justicia y de la libertad. De distinguida familia, la joven Gertrudis fue educada por tutores con los cuales aprendió francés y adquirió una pasión por la lectura. A los doce años ya había escrito odas, una novela y una tragedia, y había dirigido obras de teatro que representaba con sus amigas. Adolescente aún, tuvo la suerte de contar entre sus maestros al poeta José María Heredia, quien ejerció una influencia duradera sobre la precoz discípula.

La carrera literaria de "La Avellaneda" se desarrolló en España, donde vivió desde 1836, con excepción de unos años que pasó en Cuba (1859–1864). Admiró ella a las figuras más importantes del neoclasicismo español (Meléndez Valdés, Manuel José Quintana y Gallegos), no obstante su evidente afinidad con los grandes autores románticos (Chateaubriand, Sand, Scott, Byron, Lamartine, Espronceda y Zorrilla). En Madrid se representaron sus dramas y comedias con gran éxito, tanto por la entusiasta acogida del público como por la excelente respuesta de la crítica. Entre ellos se destacan *Munio Alfonso* (1844), drama histórico, *Saúl* (1849) y *Baltasar* (1858), ambos dramas de tema bíblico, y una comedia de intriga, *La hija de las flores* (1852). Entre sus obras de ficción son de particular interés *Sab* (1841), su primera novela, y *Guatimozín, último emperador de México* (1846), extenso relato con base histórica. En *Sab* la Avellaneda describe, con singular maestría, el paisaje y las costumbres de su país, a la vez que expone las trágicas consecuencias de la esclavitud. Al mismo tiempo, aprovecha uno de los temas clásicos del romanticismo —el amor imposible— representado aquí, en un contexto interracial, por los sentimientos del esclavo hacia su ama. La obra apareció diez años antes que *Uncle Tom's Cabin* (1851–1852) de Harriet Beecher Stowe (1811–1896), con lo cual la autora cubana llega a ser la primera en publicar una novela antiesclavista; pues aunque en Cuba ya se habían escrito otras novelas sobre el tema, éstas no se imprimieron sino hasta fines del siglo XIX. Con *Guatimozín* la Avellaneda es también la primera en idealizar románticamente al héroe indígena y en crear una novela "indianista" de mérito literario. La autora también escribió narraciones breves o leyendas entre las cuales se distingue "El aura blanca", basada en hechos ocurridos en Puerto Príncipe o Camagüey. Otra leyenda suya, "El Cacique de Tumerqué", es también interesante, pues recoge una historia de celos y venganza de *El carnero* (1638), divertida crónica colombiana escrita por Juan Rodríguez Freile.

Recogida en dos volúmenes, la obra poética de la autora muestra gran virtuosismo y dominio de las distintas posibilidades métricas y rítmicas del verso español. Entre los temas representativos de su poesía están: 1) Cuba, a la que dedicó su juvenil y famoso poema "Al partir"; 2) el amor, en los poemas titulados "A él"; 3) la naturaleza vista, como lo hacían los neoclásicos, en paisajes pastoriles e idílicos, en "La primavera"; 4) temas típicos del romanticismo, en poemas como "Al mar", y "Al destino"; 5) temas filosóficos y religiosos, entre los últimos "A la Virgen", "La cruz", "Dios y el hombre". Ejemplo del virtuosismo técnico de la autora es "Noche de insomnio y alba" que, a semejanza de "El estudiante de Salamanca" del español José de Espronceda (1808–1842), comienza con un verso de dos sílabas y se expande sucesivamente en los versos siguientes hasta llegar a un verso de dieciséis sílabas.

La crítica sólo ha apreciado, y muy limitadamente, la poesía de Gertrudis Gómez de Avellaneda. Recientemente empieza, sin embargo, a revalorarse su producción dramática y novelística, y se propone una estimación más justa del calibre intelectual y el talento creador de esta distinguida figura de las letras hispánicas.

■ Bibliografía mínima

Albin, María. *Género, poesía y esfera pública. Gertrudis Gómez de Avellaneda y la tradición romántica*. Madrid: Trotta, 2002. Impreso.

——. "El costumbrismo feminista de Gertrudis Gómez de Avellaneda". *Anales de Literatura Hispanoamericana* 36 (2007): 159–70. Impreso.

Ayala Aracil, María Ángeles. "Gertrudis Gómez de Avellaneda". *Biblioteca Virtual Miguel de Cervantes. Obras y Autores Clásicos*. Web. <http://www.cervantesvirtual.com/bib_autor/gomezavellaneda/pcuartonivel.jsp?conten=presentacion>.

Branche, Jerome. "Ennobling Savagery? Sentimentalism and the Subaltern in *Sab*". *AfroHispanic Review* 17.2 (Fall 1998): 12–23. Impreso.

Fernández, Jesse. "El discurso testimonial en la obra de Gertrudis Gómez de Avellaneda". *Círculo: Revista de Cultura* 35 (2006): 88–94. Impreso.

Gómez de Avellaneda, Gertrudis. *Obra selecta*. Ed. Mary Cruz. Caracas: Biblioteca Ayacucho, 1990. Impreso.

——. *Antología poética. Biblioteca Virtual Miguel de Cervantes. Obras y Autores Clásicos*. Web. <http://www.cervantesvirtual.com/bib>.

Gómez Trueba, Teresa. "Gertrudis Gómez de Avellaneda: 'A él'". *Seis siglos de poesía española escrita por mujeres: Pautas poéticas y revisiones críticas*. Eds. Dolores Romero López, Itziar López Guil, Rita Catrina Imboden y Cristina Albizu Yeregui. Berna, Suiza: Peter Lang, 2007. 237–48. Impreso.

Ianes, Raúl. "Metaficción y 'elaboraciones al vapor': la novela histórica de Gertrudis Gómez de Avellaneda". *Letras Peninsulares* 10.2 (Fall 1997): 249–62. Impreso.

López Cruz, Humberto. "Gertrudis Gómez de Avellaneda y la exaltación a la libertad". *Círculo: Revista de Cultura* 29 (2000): 211–18. Impreso.

Mata-Kolster, Elba. "Gertrudis Gómez de Avellaneda". *Latin American Writers*. Eds. Carlos A. Solé y Maria Isabel Abreu. Vol. 1. New York: Scribner's, 1989. 175–80. Impreso.

Ward, Thomas. "Nature and Civilization in *Sab* and the Nineteenth-Century Novel in Latin America". *Hispanófila* 126 (1999): 25–40. Impreso.

Al partir[1]

¡Perla del mar! ¡Estrella de Occidente!
¡Hermosa Cuba! Tu brillante cielo,
la noche cubre con su opaco velo
como cubre el dolor mi triste frente.

5   ¡Voy a partir!… La chusma[2] diligente,
para arrancarme del nativo suelo
las velas iza[3] y pronta a su desvelo
la brisa acude de tu zona ardiente.

¡Adiós, patria feliz, edén querido!
10 ¡Doquier[4] que el hado en su furor me impela,
tu dulce nombre halagará mi oído!

¡Adiós!…Ya cruje la turgente[5] vela…
el ancla se alza… el buque, estremecido,
las olas corta y silencioso vuela.

Romance

CONTESTANDO A OTRO DE UNA SEÑORITA

(Fragmento)

No soy maga ni sirena,
ni querub ni pitonisa,
como en tus versos galanos
me llamas hoy, bella niña.

5   Gertrudis tengo por nombre,
cual recibido en la pila;
me dice Tula mi madre,
y mis amigos la imitan.

Prescinde, pues, te lo ruego,
10 de las Safos[6] y Corinas,[7]
y simplemente me nombra
Gertrudis, Tula o amiga […]

No, no aliento ambición noble,
como engañada imaginas,

15 de que en páginas de gloria
mi humilde nombre se escriba.

Canto como canta el ave,
como las ramas se agitan,
como las fuentes murmuran,
20 como las auras suspiran.

Canto porque al cielo plugo[8]
darme el estro[9] que me anima;
como dio brillo a los astros,
como dio al orbe armonías.

25   Canto porque hay en mi pecho
secretas cuerdas que vibran
a cada afecto del alma,
a cada azar de la vida.

---

[1] Soneto escrito por la autora a la edad de veintidós años, cuando salía para España en 1836.
[2] La tripulación.
[3] Proceso de desenrollar las velas del barco para alistarlo a navegar.
[4] Dondequiera.
[5] Hinchada, abultada.
[6] Safo: poeta de la antigua Grecia (VII–VI a.C.).
[7] Corina: poeta de la antigua Grecia (V a.C.).
[8] Dio placer.
[9] Inspiración.

Canto porque hay luz y sombras,
30 porque hay pesar y alegría,
porque hay temor y esperanza,
porque hay amor y hay perfidia.

Canto porque existo y siento,
porque lo grande me admira,
35 porque lo bello me encanta,
porque lo malo me irrita.

Canto porque ve mi mente
concordancias infinitas,
y placeres misteriosos,
40 y verdades escondidas.

Canto porque hay en los seres
sus condiciones precisas:
corre el agua, vuela el ave,
silba el viento, y el sol brilla.

45 Canto sin saber yo propia
lo que el canto significa,
y si al mundo, que lo escucha,
asombro o lástima inspira.

El ruiseñor no ambiciona
50 que lo aplaudan cuando trina…
Latidos son de su seno
sus nocturnas melodías.

Modera, pues, tu alabanza,
y de mi frente retira
55 la inmarchitable corona
que tu amor me pronostica.

Premiando nobles esfuerzos,
sienes más heroicas ciña;
que yo al cantar solo cumplo
60 la condición de mi vida.

A él[10]

No existe lazo ya: todo está roto.
Plúgole[11] al cielo así: ¡Bendito sea!
Amargo cáliz con placer agoto:
Mi alma reposa al fin: nada desea.

5 Te amé, no te amo ya: piénsolo al menos:
¡Nunca, si fuere error, la verdad mire!
Que tantos años de amarguras llenos
trague el olvido; el corazón respire.

Lo has destrozado sin piedad: mi orgullo
10 una vez y otra vez pisaste insano…
Mas nunca el labio exhalará un murmullo
para acusar tu proceder tirano.

De graves faltas vengador terrible,
dócil llenaste tu misión: ¿lo ignoras?
15 No era tuyo el poder que irresistible
postró ante ti mis fuerzas vencedoras.

Quísolo Dios y fue: ¡gloria a su nombre!
Todo se terminó: recobro aliento:
¡Ángel de las venganzas! Ya eres hombre…
20 Ni amor ni miedo al contemplarte siento.

---

[10] Poema dirigido a Ignacio de Cepeda y Alcalde, el gran amor de la poeta, a quien también dedicó otro poema con el mismo título. Se compone de versos endecasílabos.
[11] Le dio placer.

Cayó tu cetro,[12] se embotó tu espada…
Mas, ¡ay!, ¡cuán triste libertad respiro!
Hice un mundo de ti, que hoy se anonada,
y en honda y vasta soledad me miro.

25 ¡Vive dichoso tú! Si en algún día
ves este *adiós* que te dirijo eterno,
sabe que aún tienes en el alma mía
generoso perdón, cariño tierno.

■ Preguntas generales

1. ¿Qué cualidades distinguieron a Gertrudis Gómez de Avellaneda en su actitud frente a la vida?
2. ¿Dónde se desarrolló su carrera literaria y en qué géneros se destacó?
3. ¿Qué aspectos románticos están representados en su obra?
4. ¿Qué temas introdujo Gómez de Avellaneda con sus novelas *Sab* y *Guatimozín, último emperador de México*?

■ Preguntas de análisis

1. ¿Cuáles son los temas más frecuentes en la obra poética de Gertrudis Gómez de Avellaneda? ¿Puede identificar algunos de ellos en los poemas incluidos aquí?
2. ¿Cómo explica ella su vocación poética?
3. ¿Qué sentimientos expresan sus versos en "A él"?
4. ¿Qué imágenes utiliza para configurar al amado en "A él"?

■ Temas para informes escritos

1. La idealización del esclavo en *Sab*.
2. La condición de la mujer como tema en la narrativa de Gómez de Avellaneda.
3. La naturaleza en la poesía de la Avellaneda.
4. El desengaño amoroso en la obra de Gómez de Avellaneda.

■ Temas de reflexión y comentario

1. La función concientizadora de las obras indianistas. Posibles paralelismos entre ese tipo de literatura en los Estados Unidos y Latinoamérica.
2. Las causas de que Gertrudis Gómez de Avellaneda sea más reconocida como poeta que como dramaturga o novelista.
3. La relación entre vida y poesía en la obra de Gómez de Avellaneda.
4. Cuba y el tema del exilio en la obra de Gómez de Avellaneda dentro de la tradición literaria del exilio.

---

[12] Vara, generalmente de oro, que llevaban los reyes como insignia de poder supremo.

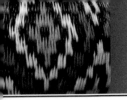

JUAN MONTALVO

1832, Ambato, Ecuador–
1889, París, Francia

Luchador infatigable contra la tiranía, la ignorancia, el fanatismo y la corrupción, Juan Montalvo es uno de los más ilustres prosistas de la lengua castellana. Lector de los clásicos, estudioso de la obra de los grandes escritores españoles, hablaba y leía las lenguas modernas más importantes. Su habilidad periodística y su fama de joven culto contribuyeron a que, a los veinticinco años, fuera nombrado para un puesto diplomático en Francia (1857–1860). En París conoció a Alfonse de Lamartine, el famoso poeta romántico. Cuando Gabriel García Moreno llegó a la presidencia del Ecuador (1861–1865; 1869–1875) e impuso, debido a su fanatismo religioso, lo que se conoce como "estado teocrático", encontró en el escritor recién llegado de Francia a su más acérrimo enemigo. En efecto, Montalvo fundó la revista quiteña *El Cosmopolita* (1866–1869) para combatir a García Moreno. Clausurada esta publicación, en 1869 se exilió en Ipiales, pueblecito fronterizo de Colombia. Allí, por medio de unos estudiantes, recibió la noticia del asesinato del dictador y exclamó: "¡Mi pluma lo mató!".

Pero la lucha de Montalvo contra la tiranía continuó: a García Moreno lo sucedió otro déspota, el general Ignacio de Veintemilla (1876–1883). Para atacarlo, el ensayista fundó otra revista, *El Regenerador* (1876–1878). Las críticas a Veintemilla le ganaron un segundo destierro en Ipiales; en esta época (1880–1882) comenzó a escribir una serie de ensayos acusatorios recogidos después en *Las catilinarias*. En 1881, Montalvo viajó a París, ciudad donde residió hasta su muerte. En esa capital, escribió artículos en francés para la prensa local; allí fundó *El Espectador* (1886–1888), revista muy personal, inspirada por el *Spectator*, del ensayista inglés Joseph Addison (1672–1719). Montalvo vivió como un héroe romántico, combatiendo la opresión en el destierro. Elegante en su estilo literario y en su concepción de la vida, esperó la muerte vestido de frac. Había dado instrucciones de que no se olvidaran de ponerle flores, pues el ver un cadáver sin ellas siempre lo había entristecido.

Entre los muchos y variados escritos del autor ecuatoriano sobresale *Siete tratados* (1882–1883). La obra maestra de Montalvo nos hace recordar a los famosos *Ensayos* del moralista francés Michel de Montaigne (1533–1592) por la variedad de asuntos enfocados —la belleza, la nobleza, el intelecto— y por sus abundantes metáforas e imágenes. Para defenderse de los ataques del arzobispo de Quito, quien lo criticó severamente después de la aparición de esta última obra, Montalvo publicó *Mercurial eclesiástica* o *Libro de las verdades* (1884), donde defiende sus creencias religiosas y critica la intolerancia y la superstición.

En *Capítulos que se le olvidaron a Cervantes* (1895), escrito a comienzos de la década de los años setenta, pero publicado más tarde, el ensayista intenta imitar al gran escritor español. Continúa las aventuras de don Quijote, quien ahora utiliza el credo romántico liberal para exigir justicia. Estas peripecias del caballero de la Mancha le sirven al autor ecuatoriano para presentar sus puntos de vista sobre la pobreza, el valor y la integridad, entre otros temas. Otra obra suya, *Geometría moral* (1902), pasa revista a famosos amantes como Cleopatra, Julio César, Fausto, Romeo, Julieta y don Juan Tenorio, a la vez que describe los diferentes tipos de pasión amorosa. Los escritos más combativos de Montalvo son *Las catilinarias* (1880–1882). El título de esta serie de ensayos contra el dictador Veintemilla alude al patricio Catilina (¿109?–62 a.C.), líder de una conspiración contra el senado romano denunciada por Cicerón. Con igual o mayor fuerza que éste, Montalvo expone y condena los abusos del tiránico general para dejar páginas donde su verbo directo destroza la figura de Veintemilla.

Basándose en tres conceptos muy específicos —la justicia, la honradez y la tolerancia—, Montalvo atacó quijotescamente las ambiciones de los militares y del clero, la ignorancia del pueblo, la injusticia contra los pobres y desvalidos, males comunes de los países latinoamericanos durante el siglo XIX. Expresó estas ideas en una prosa donde abundan la erudición, las digresiones, el juego metafórico, los vocablos arcaicos y las imágenes cromáticas.*

Montalvo creó un estilo caracterizado por la riqueza lingüística, las frases lapidarias y la inclusión de parábolas y acontecimientos sacados de la historia y la mitología. Por su lujo verbal y cuidada expresión los escritos del autor ecuatoriano anticiparon la renovación literaria del Modernismo.

■ Bibliografía mínima

Alvarado Gualpa, José. *Juan Montalvo: ¡habla a la patria para salvarla!* Ambato, Ecuador: Casa de Montalvo, 2006. Impreso.

Di Patre, Patrizia. "Cuando la mística irrumpe en la política: Un antecedente literario español de Juan Montalvo, *Catilinarias*, I". *Iberoamericana:América Latina-España-Portugal* 9.34 (2009): 57–68. Impreso.

Montalvo, Juan. *Las catilinarias.* "El Cosmopolita" "El Regenerador". Selección y prólogo de Benjamín Carrión. Cronología y notas de Gustavo Alfredo Jácome. Caracas: Biblioteca Ayacucho, 1977. Impreso.

——. *Capítulos que se le olvidaron a Cervantes.* Ed. Ángel Esteban. Madrid: Cátedra, 2004. Impreso.

Ochoa Penroz, Marcela. "Juan Montalvo: una reescritura del *Quijote* en América". *Revista de Literatura Hispánica* 46–47 (1997–1998): 57–70. Impreso.

Pareja Diezcanseco, Alfredo. "Juan Montalvo". *Latin American Writers.* Eds. Carlos A. Solé and Maria Isabel Abreu. Vol. 1. New York: Scribner's, 1989. 215–19. Impreso.

Rivera V., Oswaldo. *Filosofía de don Juan Montalvo.* Quito: Sur Editores, 2005. Impreso.

Zaldumbide, Gonzalo, ed. *Juan Montalvo.* En *Biblioteca Virtual Miguel de Cervantes. Obras y Autores Clásicos.* 2003. Web. <http://www.cervantesvirtual.com/FichaObra.html?Ref=12724>.

Siete tratados

LOS HÉROES DE LA EMANCIPACIÓN AMERICANA
WASHINGTON Y BOLÍVAR

El renombre de Washington no finca[1] tanto en sus proezas militares, cuanto en el éxito mismo de la obra que llevó adelante y consumó[2] con tanta felicidad como buen juicio. El de Bolívar trae consigo el ruido de las armas, y a los resplandores que despide esa figura radiosa, vemos caer y huir y desva-
5 necerse los espectros de la tiranía; suenan los clarines, relinchan los caballos, todo es guerrero estruendo en torno al héroe hispanoamericano. Washington se presenta a la memoria y la imaginación como gran ciudadano antes que como gran guerrero, como filósofo antes que como general. Washington estuviera muy bien en el senado romano al lado del viejo Papirio Cursor,[3] y en siendo
10 monarca antiguo, fuera Augusto,[4] ese varón sereno y reposado que gusta de sentarse en medio de Horacio[5] y Virgilio[6], en tanto que las naciones todas giran reverentes alrededor de su trono. Entre Washington y Bolívar hay de común la identidad de fines, siendo así que el anhelo de cada uno se cifra[7] en la liber- tad de un pueblo y el establecimiento de la democracia. En las dificultades sin
15 medida que el uno tuvo que vencer, y la holgura con que el otro vio coronarse su obra, ahí está la diferencia de esos dos varones perilustres,[8] ahí la superio- ridad del uno sobre el otro. Bolívar, en varias épocas de la guerra, no contó con el menor recurso, ni sabía dónde ir a buscarlo; su amor inapelable hacia la patria, ese punto de honra subido que obraba en su pecho, esa imaginación
20 fecunda, esa voluntad soberana, esa actividad prodigiosa que constituían su carácter, le inspiraban la sabiduría de hacer factible lo imposible; le comunica- ban el poder de tornar de la nada al centro del mundo real. Caudillo inspirado por la providencia, hiere la roca con su varilla de virtudes y un torrente de agua cristalina brota murmurando afuera; pisa con intención y la tierra se pue-
25 bla de numerosos combatientes, esos que la patrona de los pueblos oprimidos envía sin que sepamos de dónde. Los americanos del norte eran de suyo ricos, civilizados y pudientes aun antes de su emancipación de la madre Inglaterra; en faltando su caudillo, cien Washingtons se hubieran presentado al instante a llenar ese vacío, y no con desventaja. A Washington le rodeaban hombres tan
30 notables como él mismo, por no decir más beneméritos: Jefferson, Madison, va- rones de alto y profundo consejo, Franklin, genio del cielo y de la tierra, que al tiempo que arranca el cetro a los tiranos, arranca el rayo a las nubes,[9] *Eripui coelo fulmen sceptrumque tyrannis.*[10] Y éstos y todos los demás, cuán grandes eran

---

[1] No está basado.

[2] Terminó.

[3] Papirio Cursor: general romano del siglo IV a.C.

[4] César Octavio Augusto, sobrino de Julio César (63 a.C.–14 d.C.), emperador romano (31 a.C.–14 d.C.).

[5] Quintus Horatius Flaccus (65 a.C.– 8 a.C.), conocido como Horacio, fue el poeta lírico romano más importante en los tiempos de Augusto.

[6] Publio Virgilio Marón: poeta latino (70–19 a.C.), autor de *Las Bucólicas* y *Las Geórgicas*.

[7] Se resume.

[8] Muy ilustres.

[9] Benjamin Franklin (1786–1841): político, publicista e inventor norteamericano. A él le debemos la invención del pararrayos.

[10] "Arrancó a los tiranos el cetro y a los cielos el rayo."

y cuán numerosos se contaban, eran unos en la causa, rivales en la obediencia,
35 poniendo cada cual su contingente en el raudal[11] inmenso que corrió sobre
los ejércitos y las flotas enemigas, y destruyó el poder británico. Bolívar
tuvo que domar a sus tenientes, que combatir y vencer a sus propios compatriotas, que luchar con mil elementos conjurados contra él y la independencia,
al paso que batallaba con las huestes españolas y las vencía o era vencido. La
40 obra de Bolívar es más ardua, y por el mismo caso más meritoria.

Washington se presenta más respetable y majestuoso a la contemplación
del mundo; Bolívar más alto y resplandeciente. Washington fundó una República que ha venido a ser después de poco una de las mayores naciones de la
tierra; Bolívar fundó asimismo una gran nación, pero, menos feliz que su her-
45 manoprimogénito, la vio desmoronarse, y aunque no destruida su obra, por
lo menos desfigurada y apocada. Los sucesores de Washington, grandes ciudadanos, filósofos y políticos, jamás pensaron en despedazar el manto sagrado
de su madre, para echarse cada uno por adorno un jirón de púrpura sobre sus
cicatrices; los compañeros de Bolívar todos acometieron a degollar[12] a la real
50 Colombia[13] y tomar para sí la mayor presa posible, locos de ambición y tiranía.
En tiempo de los dioses, Saturno devoraba a sus hijos; nosotros hemos visto y
estamos viendo a ciertos hijos devorar a su madre. Si Páez,[14] a cuya memoria
debemos el más profundo respeto, no tuviera su parte en este crimen, ya estaba
yo aparejado para hacer una terrible comparación, tocante a esos asociados del
55 parricidio que nos destruyeron nuestra grande patria; y como había además que
mentar a un gusanillo y rememorar el triste fin del héroe de Ayacucho,[15] del
héroe de la guerra y las virtudes, vuelvo a mi asunto ahogando en el pecho esta
dolorosa indignación mía. Washington, menos ambicioso, pero menos magná-
nimo; más modesto, pero menos elevado que Bolívar; Washington, concluida su
60 obra, acepta los casi humildes presentes de sus compatriotas; Bolívar rehusa los
millones ofrecidos por la nación peruana. Washington rehusa el tercer período
presidencial de los Estados Unidos, y cual un patriarca se retira a vivir tranquilo
en el regazo de la vida privada, gozando sin mezcla de odio las consideraciones
de sus semejantes, venerado por el pueblo, amado por sus amigos; enemigos, no
65 los tuvo, ¡hombre raro y feliz! Bolívar acepta el mando tentador que por tercera
vez, y ésta de fuente impura, viene a molestar su espíritu, y muere repelido, perseguido, escarnecido[16] por una buena parte de sus contemporáneos. El tiempo
ha borrado esta leve mancha, y no vemos sino el resplandor que circunda al mayor de los sudamericanos. Washington y Bolívar, augustos personajes, gloria del
70 Nuevo Mundo, honor del género humano junto con los varones más insignes de
todos los pueblos y de todos los tiempos.

---

[11] Conjunto de eventos que suceden
rápidamente.

[12] Cortar la garganta, destruir.

[13] Referencia a la República de la Gran
Colombia, después dividida en cuatro
países: Colombia, Venezuela, Ecuador y,
posteriormente, Panamá.

[14] José Antonio Páez (1790–1873): general de
las guerras de Independencia y presidente de

Venezuela tres veces (1830–1835; 1839–1843;
1861–1863). Su actuación contribuyó a la
desunión entre los patriotas.

[15] Antonio José de Sucre (1793–1830): general
de las guerras de Independencia y héroe de la
batalla de Ayacucho (1824). Murió asesinado
en 1830.

[16] Afrentado, ofendido.

■ **Preguntas generales**

1. ¿A quién se refería Montalvo cuando dijo: "¡Mi pluma lo mató!" y por qué?
2. Se ha dicho que Montalvo vivió y murió como un héroe romántico. Explique este comentario.
3. ¿Por qué se ha relacionado *Siete tratados* con la obra de Montaigne?
4. *Las catilinarias* se han considerado los escritos más combativos de Montalvo. ¿En qué circunstancias escribió esta serie de ensayos y con qué figura histórica se asocia su título?
5. ¿Qué recursos caracterizan la prosa de Montalvo y por qué se considera ésta precursora de la renovación modernista?

■ **Preguntas de análisis**

1. Según Montalvo, ¿cuáles son las diferencias principales entre Washington y Bolívar? Dé ejemplos.
2. ¿Qué caracterizó la lucha por la independencia en Hispanoamérica y qué consecuencias tuvo para el futuro?
3. ¿Por qué cree Montalvo que la labor de Bolívar fue más ardua que la de Washington? ¿Está de acuerdo o no? Explique su respuesta.
4. ¿Cuál era el sueño de Bolívar, qué "gran nación" fundó y qué causas contribuyeron al fracaso de sus planes?
5. ¿Cómo caracteriza Montalvo a Washington?

■ **Temas para informes escritos**

1. El gobierno de Gabriel García Moreno y las protestas de Montalvo.
2. Las revistas literarias fundadas por Montalvo.
3. Veintemilla y el propósito de *Las catilinarias*.
4. El concepto del héroe romántico y su relación con la biografía de Montalvo.
5. Don Juan Tenorio visto por Montalvo en *Geometría moral*.

■ **Temas de reflexión y comentario**

1. Don Quijote visto por Montalvo.
2. El estado "teocrático" de Gabriel García Moreno.
3. Los destierros de Montalvo.
4. Montalvo como precursor del Modernismo.
5. Montalvo y sus retratos de amantes famosos.

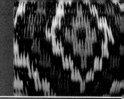

RICARDO PALMA

1833–1919, Lima, Perú

Ricardo Palma es conocido y admirado por haber creado la "tradición", una original forma de narrativa breve. Para elaborar estos relatos cercanos al cuento y al cuadro de costumbres, Palma mezcló material histórico con elementos ficticios y recreó un lenguaje arcaico, matizado con giros populares. La "tradición" se acerca al cuento porque incluye una ligera trama rematada generalmente con un desenlace inesperado; se aproxima al cuadro de costumbres porque retrata con muchos detalles tipos y prácticas sociales de diversas etapas de la historia peruana. Pero la modalidad creada por Palma e imitada por tantos escritores hispanoamericanos se aleja de ambos cuando el narrador interrumpe con frecuencia el hilo del relato para comentar sobre la etimología de una palabra, el origen o la moraleja de un refrán, un acontecimiento gracioso o un suceso incidental.

Inspirado en parte por las ideas románticas, las novelas históricas de Walter Scott, y sus intereses lingüísticos, Palma se dedicó a estudiar y recrear el pasado peruano plasmado después en sus "tradiciones". A partir de 1872 comenzaron a aparecer las diferentes series de *Tradiciones peruanas* (1872–1883) seguidas de otras con títulos diversos, *Ropa vieja* (1889), *Ropa apolillada* (1891), *Tradiciones y artículos históricos* (1899), *Mis últimas tradiciones peruanas y cachivachería* (1906), *Apéndice a mis últimas tradiciones peruanas* (1910) y *Tradiciones en salsa verde* (1973), estas últimas inéditas por mucho tiempo debido a su tono subido y lenguaje soez.

En la creación de las "tradiciones" Palma supo aprovechar las crónicas e historias que leyó cuando dirigió la Biblioteca Nacional del Perú. Entre sus fuentes más prominentes figuran los *Comentarios reales* del Inca Garcilaso de la Vega (ver pp. 64–74) y obras de los grandes escritores del Sigo de Oro español, especialmente de Cervantes y Quevedo. En este sentido conviene recordar que la vena satírico-humorística tan activamente cultivada en España durante los siglos áureos tuvo muchos seguidores en América. Entre estos cultivadores se destaca Juan del Valle Caviedes, cuya poesía Palma contribuyó a dar a conocer (ver pp. 75–80), y Esteban de Terralla y Landa con su largo poema satírico *Lima por dentro y fuera*. Sin duda, los escritos de ambos autores, tanto como los de Quevedo, ayudaron a conformar el estilo mordaz y directo del "tradicionista" peruano.

Aunque Palma repudió los extremos del romanticismo tal y como lo afirma en *La bohemia de mi tiempo* (1887), su obra se apropió de varias características de esta escuela: 1) el entusiasmo y la admiración por el pasado, 2) el gusto por el individualismo y 3) el deseo de progreso social y político. Sin embargo, para comprender el ingenio de las "tradiciones" es necesario resaltar el interés del autor por el estudio del léxico, especialmente de las formas populares de expresión. En efecto, Palma publicó *Neologismos y americanismos* (1895) y *Papeletas lexicográficas* (1903), donde estudió y definió vocablos que debían incluirse en el diccionario preparado por la Real Academia de la Lengua Española. Sin embargo, sus gestiones no tuvieron éxito.

La obra de Palma se caracteriza por el aprovechamiento del lenguaje popular, particularmente en sus chistes, refranes, burlas y "lisuras" (según Palma, "palabra o acción irrespetuosa") que violentan el lenguaje estrictamente literario. El "tradicionista" se valió de este viejo recurso para mostrar la historia y sus héroes desde un ángulo menos distante. Por medio de diminutivos, arcaísmos, construcciones peculiares y giros populares, Palma recrea el pasado peruano a su gusto. Vale recordar la fórmula dada por él mismo para escribir "tradiciones": "Algo, y aun algos, de mentira, y tal cual dosis de verdad, por infinitesimal u homeopática que ella sea, muchísimo de esmero y pulimento en el lenguaje, y cata la receta para escribir Tradiciones".

■ Bibliografía mínima

Cabanas, Miguel A. "Subjectivity and Empire: Representations of Historiography in Ricardo Palma's *Tradiciones peruanas*". *Ciberletras* 12 (2005). Web. <http://www.lehman.cuny.edu/ciberletras/>.

Holguín Callo, Oswaldo. *Tiempos de infancia y bohemia. Ricardo Palma*. Lima: PUCP, 1994. Impreso.

——. "Ricardo Palma". En *Biblioteca Virtual Miguel de Cervantes. Obras y Autores Clásicos*. Web. <http://www.cervantesvirtual.com/bib_autor/ricardopalma/pcuartonivel.jsp?conten=presentacion>.

Huarag Álvarez, Eduardo. *Estructuras y estrategias narrativas en las "Tradiciones peruanas" de Ricardo Palma*. Lima: U Ricardo Palma, Editorial Universitaria, 2004. Impreso.

Ortega, Julio. "Las *Tradiciones peruanas* y el proceso cultural del XIX hispanoamericano". Edición, introducción y notas de Julio Ortega et al. *Tradiciones peruanas*. Madrid: UNESCO, 1996. 409–38. Impreso.

Oviedo, José Miguel. "Ricardo Palma". *Latin American Writers*. Eds. Carlos A. Solé y Maria Isabel Abreu. Vol. 1. New York: Scribner's, 1989. 221–28. Impreso.

Palma, Ricardo. *Cien tradiciones peruanas*. Edición, prólogo y cronología de José Miguel Oviedo. Caracas: Biblioteca Ayacucho, 1977. Impreso.

Zúñiga, Maximiliano E. "El narrador cómplice de las *Tradiciones peruanas* de Ricardo Palma". Edición e introducción de Juan Cruz Mendizábal y Juan Fernández Jiménez. *Visión de la narrativa hispánica: Ensayos*. Indiana, PA: Department of Spanish and Classical Languages, Indiana U of Pennsylvania, 1999. 253–64. Impreso.

Amor de madre

Crónica de la Época del Virrey "Brazo de Plata"

A Juana Manuela Gorriti[1]

Juzgamos conveniente alterar los nombres de los principales personajes de esta tradición, pecado venial que hemos cometido en "La emplazada" y alguna otra. Poco significan los nombres si se cuida de no falsear la verdad histórica;

---

[1] Juana Manuela Gorriti (1818–1892): escritora argentina de larga residencia en Lima, donde animó un importante salón literario.

y bien barruntará[2] el lector qué razón, y muy poderosa, habremos tenido para
desbautizar prójimos.

I

En agosto de 1690 hizo su entrada en Lima el excelentísimo señor don Melchor Portocarrero Lasso de la Vega, conde de la Monclova, comendador de Zarza en la Orden de Alcántara y vigésimo tercio virrey del Perú por su majestad don Carlos II. Además de su hija doña Josefa, y de su familia y servidumbre, acompañábanlo desde México, de cuyo gobierno fue trasladado a estos reinos, algunos soldados españoles. Distinguíase entre ellos, por su bizarro[3] y marcial aspecto, don Fernando de Vergara, hijodalgo extremeño, capitán de gentiles-hombres lanzas;[4] y contábase de él que entre las bellezas mexicanas no había dejado la reputación austera de monje benedictino. Pendenciero, jugador y amante de dar guerra a las mujeres, era más que difícil hacerle sentar la cabeza; y el virrey, que le profesaba paternal afecto, se propuso en Lima casarlo de su mano, por ver si resultaba verdad aquello de *estado muda costumbres*.

Evangelina Zamora, amén de su juventud y belleza, tenía prendas que la hacían el partido más codiciable de la ciudad de los Reyes.[5] Su bisabuelo había sido, después de Jerónimo de Aliaga, del alcalde Ribera, de Martín de Alcántara y de Diego Maldonado el Rico, uno de los conquistadores más favorecidos por Pizarro con repartimientos en el valle del Rimac.[6] El emperador le acordó el uso del Don, y algunos años después, los valiosos presentes que enviaba a la corona le alcanzaron la merced de un hábito de Santiago.[7] Con un siglo a cuestas, rico y ennoblecido, pensó nuestro conquistador que no tenía ya misión sobre este valle de lágrimas, y en 1604 lió el petate[8] legando al mayorazgo,[9] en propiedades rústicas y urbanas, un caudal[10] que se estimó entonces en un quinto de millón.

El abuelo y el padre de Evangelina acrecieron[11] la herencia; y la joven se halló huérfana a la edad de veinte años, bajo el amparo de un tutor y envidiada por su riqueza.

Entre la modesta hija del conde de la Monclova y la opulenta limeña se estableció, en breve, la más cordial amistad. Evangelina tuvo así motivo para encontrarse frecuentemente en palacio en sociedad con el capitán de gentiles-hombres, que a fuer[12] de galante no desperdició coyuntura[13] para hacer su corte a la doncella; la que al fin, sin confesar la inclinación amorosa que el hidalgo extremeño había sabido hacer brotar en su pecho, escuchó con secreta complacencia la propuesta de matrimonio con don Fernando. El intermediario era el virrey nada menos, y una joven bien doctrinada no podía inferir desaire[14] a tan encumbrado padrino.

---

[2] Presentirá.
[3] Valiente.
[4] Cuerpo en la organización militar colonial española.
[5] Lima.
[6] Río vecino al lugar donde Francisco Pizarro fundó la ciudad de Lima.
[7] Prestigiosa orden religiosa y militar fundada en el reino de León en el siglo XII.

[8] Expresión coloquial para indicar que alguien ha muerto.
[9] El hijo mayor y único heredero de todos los bienes, según la ley española de la época.
[10] Una fortuna.
[11] Aumentaron.
[12] A fuerza.
[13] Situación.
[14] Humillar.

35   Durante los cinco primeros años de matrimonio, el capitán Vergara olvidó su antigua vida de disipación. Su esposa y sus hijos constituían toda su felicidad: era, digámoslo así, un marido ejemplar.

Pero un día fatal hizo el diablo que don Fernando acompañase a su mujer a una fiesta de familia, y que en ella hubiera una sala, donde no sólo se jugaba
40 la clásica *malilla abarrotada*,[15] sino que, alrededor de una mesa con tapete verde, se hallaban congregados muchos devotos de los cubículos.[16] La pasión del juego estaba sólo adormecida en el alma del capitán, y no es extraño que a la vista de los dados se despertase con mayor fuerza. Jugó, y con tan aviesa[17] fortuna, que perdió en esa noche veinte mil pesos.

45   Desde esa hora, el esposo modelo cambió por completo su manera de ser, y volvió a la febricitante[18] existencia del jugador. Mostrándosele la suerte cada día más rebelde, tuvo que mermar[19] la hacienda de su mujer y de sus hijos para hacer frente a las pérdidas, y lanzarse en ese abismo sin fondo que se llama el desquite.[20]

50   Entre sus compañeros de vicio había un joven marqués a quien los dados favorecían con tenacidad, y don Fernando tomó a capricho luchar contra tan loca fortuna. Muchas noches lo llevaba a cenar a la casa de Evangelina y, terminada la cena, los dos amigos se encerraban en una habitación a descamisarse,[21] palabra que en el tecnicismo de los jugadores tiene una repugnante exactitud.

55   Decididamente, el jugador y el loco son una misma entidad. Si algo empequeñece, a mi juicio, la figura histórica del emperador Augusto[22] es que, según Suetonio,[23] después de cenar jugaba a pares y nones.[24]

En vano Evangelina se esforzaba para apartar del precipicio al desenfrenado jugador. Lágrimas y ternezas, enojos y reconciliaciones fueron inútiles. La mujer
60 honrada no tiene otras armas que emplear sobre el corazón del hombre amado.

Una noche la infeliz esposa se encontraba ya recogida en su lecho, cuando la despertó don Fernando pidiéndole el anillo nupcial. Era éste un brillante de crecidísimo valor. Evangelina se sobresaltó; pero su marido calló su zozobra, diciéndole que trataba sólo de satisfacer la curiosidad de unos amigos que duda-
65 ban del mérito de la preciosa alhaja.[25]

¿Qué había pasado en la habitación donde se encontraban los rivales de tapete? Don Fernando perdía una gran suma, y no teniendo ya prenda que jugar, se acordó del espléndido anillo de su esposa.

La desgracia es inexorable. La valiosa alhaja lucía pocos minutos más tarde
70 en el dedo anular del gananioso marqués. Don Fernando se estremeció de vergüenza y remordimiento. Despidióse el marqués, y Vergara lo acompañaba a la sala; pero al llegar a ésta, volvió la cabeza hacia una mampara[26] que comunicaba

---

[15] Juego de naipes en el cual la *malilla* es una de las cartas más valiosas. *Abarrotada*, cuando no se juega la *malilla* y se gana con cartas menores.
[16] Dados.
[17] Mala.
[18] Calenturienta, con fiebre.
[19] Disminuir.
[20] Reintegrarse lo perdido.
[21] Jugar hasta perderlo todo.

[22] General romano del siglo I.
[23] Historiador latino (¿69–126?), autor de *Vida de los doce Césares*.
[24] Cuando se sortea algo y en el puño cerrado se tiene un número cualquiera.
[25] Joya.
[26] División movible que sirve para separar una habitación de otra.

al dormitorio de Evangelina y a través de los cristales vióla sollozando de rodillas ante una imagen de María.

75   Un vértigo horrible se apoderó del espíritu de don Fernando, y rápido como el tigre, se abalanzó[27] sobre el marqués y le dio tres puñaladas por la espalda.

El desventurado huyó hacia el dormitorio y cayó exánime[28] delante del lecho de Evangelina.

II

El conde de la Monclova, muy joven a la sazón,[29] mandaba una compañía en la batalla de Arras, dada en 1654.[30] Su denuedo[31] lo arrastró a lo más reñido[32] de la pelea, y fue retirado del campo casi moribundo. Restablecióse al fin, pero con pérdida del brazo derecho, que hubo necesidad de amputarle. Él lo substi-
5 tuyó con otro plateado, y de aquí vino el apodo con que, en México y en Lima, lo bautizaron.

El virrey *Brazo de plata*, en cuyo escudo de armas se leía este mote: *Ave Maria gratia plena*,[33] sucedió en el gobierno del Perú al ilustre don Melchor de Navarra y Rocafull. "Con igual prestigio que su antecesor, aunque con menos dotes
10 administrativas —dice Lorente—, de costumbres puras, religioso, conciliador y moderado, el conde de la Monclova, edificaba al pueblo con su ejemplo, y los necesitados le hallaron siempre pronto a dar de limosna sus sueldos y las rentas de su casa".

En los quince años y cuatro meses que duró el gobierno de *Brazo de plata*,
15 período a que ni hasta entonces ni despúes llegó ningún virrey, disfrutó el país de completa paz; la administración fue ordenada, y se edificaron en Lima magníficas casas. Verdad que el tesoro público no anduvo muy floreciente: pero por causas extrañas a la política. Las procesiones y fiestas religiosas de entonces recordaban, por su magnificencia y lujo, los tiempos del conde de Lemos.[34] Los portales, con
20 sus ochenta y cinco arcos, cuya fábrica se hizo con gasto de veinticinco mil pesos, el Cabildo y la galería de palacio fueron obra de esa época.

En 1694 nació en Lima un monstruo con dos cabezas y rostros hermosos, dos corazones, cuatro brazos y dos pechos unidos por un cartílago. De la cintura a los pies poco tenía de fenomenal, y el enciclopédico limeño don Pedro de Pe-
25 ralta[35] escribió con el título de *Desvíos de la naturaleza* un curioso libro, en que, a la vez que hace una descripción anatómica del monstruo, se empeña en probar que estaba dotado de dos almas.

Muerto Carlos el Hechizado en 1700, Felipe V, que lo sucedió, recompensó al conde de la Monclova haciéndolo grande de España.

30   Enfermo, octogenario y cansado del mando, el virrey *Brazo de plata* instaba a la corte para que se le reemplazase. Sin ver logrado este deseo, falleció

---

[27] Se lanzó violentamente.
[28] Muerto.
[29] Por esa época.
[30] El virrey Melchor de Portocarrero y Lasso de la Vega (1688–1705), III Conde de la Monclova, había perdido el brazo derecho en la batalla de las Dunas de Dunquerque (1658), durante las campañas en Flandes, y lo sustituyó por una prótesis de plata.

[31] Valor.
[32] Riesgoso.
[33] Ave María llena de gracia.
[34] Virrey del Perú (1666–1672).
[35] Pedro de Peralta Barnuevo (1664–1743): sabio peruano, tres veces rector de la Universidad de San Marcos. Autor de numerosos libros en prosa y verso.

el conde de la Monclova el 22 de septiembre de 1702, siendo sepultado en la Catedral; y su sucesor, el marqués de Castel-dos-Rius, no llegó a Lima sino en julio de 1707.

35   Doña Josefa, la hija del conde de la Monclova, siguió habitando en palacio después de la muerte del virrey; mas una noche, concertada ya con su confesor, el padre Alonso Mesía, se descolgó por una ventana y tomó asilo en las monjas de Santa Catalina, profesando con el hábito de Santa Rosa, cuyo monasterio se hallaba en fábrica.[36] En mayo de 1710 se trasladó doña Josefa Portocarrero Lasso
40 de la Vega al nuevo convento, del que fue la primera abadesa.

III

Cuatro meses después de su prisión, la Real Audiencia condenaba a muerte a don Fernando de Vergara. Éste desde el primer momento había declarado que mató al marqués con alevosía, en un arranque de desesperación de jugador arruinado. Ante tan franca confesión no quedaba al tribunal más que
5 aplicar la pena.

Evangelina puso en juego todo resorte para libertar a su marido de una muerte infamante; y en tal desconsuelo, llegó el día designado para el suplicio del criminal. Entonces la abnegada y valerosa Evangelina resolvió hacer, por amor al nombre de sus hijos, un sacrificio sin ejemplo.

10   Vestida de duelo se presentó en el salón de palacio en momentos de hallarse el virrey conde de la Monclova en acuerdo con los oidores, y expuso: que don Fernando había asesinado al marqués, amparado por la ley; que ella era adúltera, y que, sorprendida por el esposo, huyó de su ira, recibiendo su cómplice justa muerte del ultrajado[37] marido.

15   La frecuencia de las visitas del marqués a la casa de Evangelina, el anillo de ésta como gaje[38] de amor en la mano del cadáver, las heridas por la espalda, la circunstancia de habérsele hallado al muerto al pie del lecho de la señora, y otros pequeños detalles eran motivos bastantes para que el virrey, dando crédito a la revelación, mandase suspender la sentencia.

20   El juez de la causa se constituyó en la cárcel para que don Fernando ratificara la declaración de su esposa. Mas apenas terminó el escribano la lectura, cuando Vergara, presa de mil encontrados sentimientos, lanzó una espantosa carcajada.

¡El infeliz se había vuelto loco!

25   Pocos años después, la muerte cernía sus alas sobre el casto lecho de la noble esposa, y un austero sacerdote prodigaba a la moribunda los consuelos de la religión.

Los cuatro hijos de Evangelina esperaban arrodillados la postrera[39] bendición maternal. Entonces la abnegada víctima, forzada por su confesor, les reveló
30 el tremendo secreto: —El mundo olvidará —les dijo— el nombre de la mujer que os dio la vida; pero habría sido implacable para con vosotros si vuestro padre hubiese subido los escalones del cadalso. Dios, que lee en el cristal de mi conciencia, sabe que ante la sociedad perdí mi honra porque no os llamasen un día los hijos del ajusticiado.

---

[36] En construcción.
[37] Ofendido.

[38] Prenda.
[39] Última.

El alacrán de fray Gómez

A Casimiro Prieto Valdés

Principio, principiando;
principiar quiero,
por ver si principiando
principiar puedo.

5 *In diebus illis*,[40] digo, cuando yo era muchacho, oía con frecuencia a las viejas exclamar, ponderando[41] el mérito y precio de una alhaja: —¡Esto vale tanto como el alacrán de fray Gómez!

Tengo una chica, remate de lo bueno, flor de la gracia y espumita de la sal, con unos ojos más pícaros y trapisondistas[42] que un par de escribanos:[43]

10 chica que se parece
al lucero del alba
cuando amanece,

al cual pimpollo[44] he bautizado, en mi paternal chochera,[45] con el mote de *alacrancito de fray Gómez*. Y explicar el dicho de las viejas, el sentido del piropo 15 con que agasajo a mi Angélica, es lo que me propongo amigo y camarada Prieto, con esta tradición.

El sastre paga deudas con puntadas, y yo no tengo otra manera de satisfacer la literaria que con usted he contraído que dedicándole estos cuatro palotes.[46]

I

Éste era un lego[47] contemporáneo de don Juan de la Pipirindica, el de la valiente pica, y de San Francisco Solano;[48] el cual lego desempeñaba en Lima, en el convento de los padres seráficos,[49] las funciones de refitolero[50] en la enfermería u hospital de los devotos frailes. El pueblo lo llamaba fray Gómez, y fray Gó-5 mez lo llaman las crónicas conventuales, y la tradición lo conoce por fray Gómez. Creo que hasta en el expediente que para su beatificación y canonización existe en Roma no se le da otro nombre.

Fray Gómez hizo en mi tierra milagros a mantas,[51] sin darse cuenta de ellos y como quien no quiere la cosa. Era de suyo milagrero, como aquel que hablaba 10 en prosa sin sospecharlo.

Sucedió que un día iba el lego por el puente, cuando un caballo desbocado arrojó sobre las losas al jinete. El infeliz quedó patitieso,[52] con la cabeza hecha una criba[53] y arrojando sangre por boca y narices.

—¡Se descalabró, se descalabró![54] —gritaba la gente— ¡Qué vayan a San Lá-15 zaro por el santo óleo!

---

[40] En aquellos días.
[41] Alabando.
[42] Enredadores.
[43] Ocupación similar a la de los notarios.
[44] Joven que se distingue por su belleza.
[45] Extremo del cariño.
[46] Los trazos que hace el niño en el papel con líneas cuando aprende a escribir. En este caso el autor se refiere al propio escrito que le dedica al amigo.

[47] Religioso sin órdenes sagradas.
[48] Franciscano español (1549–1610), apóstol de los guaraníes y querandíes.
[49] De la orden de San Francisco de Asís.
[50] Cuidador del refectorio.
[51] Abundantes.
[52] Sin vida.
[53] Muy rota.
[54] Se hirió en la cabeza y otras partes.

Y todo era bullicio y alharaca.[55]

Fray Gómez acercóse pausadamente al que yacía en la tierra, púsole sobre la boca el cordón de su hábito, echóle tres bendiciones, y sin más médico ni más botica el descalabrado se levantó tan fresco, como si golpe no hubiera recibido.

20 —¡Milagro, milagro! ¡Viva fray Gómez! —exclamaron los infinitos espectadores.

Y en su entusiasmo intentaron llevar en triunfo al lego. Éste, para substraerse a la popular ovación, echó a correr camino de su convento y se encerró en su celda.

25 La crónica franciscana cuenta esto último de manera distinta. Dice que fray Gómez, para escapar de sus aplaudidores, se elevó en los aires y voló desde el puente hasta la torre de su convento. Yo ni lo niego ni lo afirmo. Puede que sí y puede que no. Tratándose de maravillas, no gasto tinta en defenderlas ni en refutarlas.

30 Aquel día estaba fray Gómez en vena[56] de hacer milagros, pues cuando salió de su celda se encaminó a la enfermería, donde encontró a San Francisco Solano acostado sobre una tarima,[57] víctima de una furiosa jaqueca.[58] Pulsólo el lego y le dijo:

—Su paternidad está muy débil, y haría bien en tomar algún alimento.

35 —Hermano —contestó el santo—, no tengo apetito.

—Haga un esfuerzo, reverendo padre, y pase siquiera un bocado.

Y tanto insistió el refitolero, que el enfermo, por librarse de exigencias que picaban ya en majadería, ideó pedirle lo que hasta para el virrey habría sido imposible conseguir, por no ser la estación propicia para satisfacer el antojo.

40 —Pues mire, hermanito, sólo comería con gusto un par de pejerreyes.[59]

Fray Gómez metió la mano derecha dentro de la manga izquierda, y sacó un par de pejerreyes tan fresquitos que parecían acabados de salir del mar.

—Aquí los tiene su paternidad, y que en salud se le conviertan. Voy a guisarlos.

45 Y ello es que con los benditos pejerreyes quedó San Francisco curado como por ensalmo.[60]

Me parece que estos dos milagritos de que incidentalmente me he ocupado no son paja picada.[61] Dejo en mi tintero otros muchos de nuestro lego, porque no me he propuesto relatar su vida y milagros.

50 Sin embargo, apuntaré, para satisfacer curiosidades exigentes, que sobre la puerta de la primera celda del pequeño claustro, que hasta hoy sirve de enfermería, hay un lienzo pintado al óleo representando estos dos milagros, con la siguiente inscripción:

"El Venerable Fray Gómez. —Nació en Extremadura en 1560. Vistió el hábito en Chuquisaca[62] en 1580. Vino a Lima en 1587. —Enfermero fue cuarenta años, ejercitando todas las virtudes, dotado de favores y dones celestiales. Fue su

---

[55] Extraordinaria demostración de sentimientos, en este caso de lástima por el accidentado.

[56] En disposición.

[57] Banco.

[58] Dolor de cabeza muy fuerte, migraña.

[59] Variedad de pez de carne muy sabrosa.

[60] Encantamiento.

[61] Cosa ordinaria.

[62] Ciudad en la zona sudeste del virreinato del Perú; actualmente está en territorio de Bolivia y su nombre es Sucre.

vida un continuado milagro. Falleció en 2 de mayo de 1631, con fama de santidad. En el año siguiente se colocó el cadáver en la capilla de Aranzazú, y en 13 de
octubre de 1810 se pasó debajo del altar mayor, a la bóveda donde son sepultados
60 los padres del convento. Presenció la traslación de los restos el señor doctor don
Bartolomé María de las Heras. Se restauró este venerable retrato en 30 noviembre
de 1882, por M. Zamudio".

II

Estaba una mañana fray Gómez en su celda entregado a la meditación,
cuando dieron a la puerta unos discretos golpecitos, y una voz de quejumbroso
timbre dijo:

—*Deo gratias*… ¡Alabado sea el Señor!

5 —Por siempre jamás, amén. Entre, hermanito —contestó fray Gómez.

Y penetró en la humildísima celda un individuo algo desarrapado, *vera
effigies*[63] del hombre a quien acongojan pobrezas, pero en cuyo rostro se dejaba
adivinar la proverbial honradez del castellano viejo.

Todo el mobiliario de la celda se componía de cuatro sillones de vaqueta,[64]
10 una mesa mugrienta,[65] y una tarima sin colchón, sábanas ni abrigo, y con una
piedra por cabezal o almohada.

—Tome asiento, hermano, y dígame sin rodeos[66] lo que por acá le trae —dijo
fray Gómez.

—Es el caso, padre, que yo soy hombre de bien a carta cabal…

15 —Se le conoce y que persevere deseo, que así merecerá en esta vida terrena
la paz de la conciencia, y en la otra la bienaventuranza.

—Y es el caso que soy buhonero,[67] que vivo cargado de familia y que mi
comercio no cunde[68] por falta de medios, que no por holgazanería y escasez de
industria en mí.

20 —Me alegro, hermano, que a quien honradamente trabaja Dios le acude.

—Pero es el caso, padre, que hasta ahora Dios se me hace el sordo, y en aco-
rrerme[69] tarda.

—No desespere, hermano, no desespere.

—Pues es el caso que a muchas puertas he llegado en demanda de habilita-
25 ción[70] por quinientos duros, y todas las he encontrado con cerrojo y cerrojillo. Y
es el caso que anoche, en mis cavilaciones, yo mismo me dije a mí mismo: —¡Ea!,
Jerónimo, buen ánimo y vete a pedirle el dinero a fray Gómez, que si él lo quiere,
mendicante y pobre como es, medio encontrará para sacarte del apuro. Y es el caso
que aquí estoy porque he venido, y a su paternidad le pido y ruego que me preste
30 esa puchuela[71] por seis meses, seguro que no será por mí por quien se diga:

En el mundo hay devotos
de ciertos santos;
la gratitud les dura

---

[63] Verdadera imagen.
[64] De cuero de ternera curtido.
[65] Muy sucia.
[66] Directamente.
[67] Vendedor callejero de objetos como botones, agujas, cintas.

[68] No prospera.
[69] Socorrerme, ayudarme.
[70] Préstamo.
[71] Suma muy pequeña de dinero.

lo que el milagro;
35 que un beneficio
da siempre vida a ingratos
desconocidos.

—¿Cómo ha podido imaginarse, hijo, que en esta triste celda encontraría
ese caudal?
40 —Es el caso, padre, que no acertaría a responderle;[72] pero tengo fe en que
no me dejará ir desconsolado.
—La fe lo salvará, hermano. Espere un momento.
Paseando los ojos por las desnudas y blanqueadas paredes de la celda, vio
un alacrán que caminaba tranquilamente sobre el marco de la ventana. Fray Gó-
45 mez arrancó una página de un libro viejo, dirigióse a la ventana, cogió con delicadeza a la sabandija,[73] la envolvió en el papel, y tornándose hacia el castellano
viejo le dijo:
—Tome, buen hombre, y empeñe esta alhajita; no olvide, sí devolvérmela
dentro de seis meses.
50 El buhonero se deshizo en frases de agradecimiento, se despidió de fray
Gómez y más que de prisa se encaminó a la tienda de un usurero.
La joya era espléndida, verdadera alhaja de reina morisca, por decir lo menos. Era un prendedor figurando un alacrán. El cuerpo lo formaba una magnífica
esmeralda engarzada sobre oro, y la cabeza un grueso brillante con dos rubíes
55 por ojos.
El usurero, que era hombre conocedor, vio la alhaja con codicia, y ofreció al
necesitado adelantarle dos mil duros por ella; pero nuestro español se empeñó en
no aceptar otro préstamo que el de quinientos duros por seis meses, y con un interés judaico,[74] se entiende. Extendiéronse y firmáronse los documentos o papele-
60 tas de estilo, acariciando el agiotista[75] la esperanza de que a la postre el dueño de
la prenda acudiría por más dinero, que con el recargo de intereses lo convertiría
en propietario de joya tan valiosa por su mérito intrínseco y artístico.
Y con este capitalito fuele tan prósperamente en su comercio, que a la terminación del plazo pudo desempeñar la prenda, y, envuelta en el mismo papel en
65 que la recibiera, se la devolvió a fray Gómez.
Éste tomó el alacrán, lo puso sobre el alféizar[76] de la ventana, le echó una
bendición y dijo:
—Animalito de Dios, sigue tu camino.
Y el alacrán echó a andar libremente por las paredes de la celda.
70 Y vieja, pelleja,
aquí dio fin la conseja.

---

[72] No sabría como contestarle.
[73] Insecto.
[74] Muy alto.

[75] El especulador.
[76] Marco de la ventana.

■ Preguntas generales

1. ¿Cómo se relaciona la tradición con el cuento y el cuadro de costumbres?
2. ¿Qué fuentes históricas aprovechó Palma y cómo recrea la historia del Perú en sus tradiciones?
3. ¿Cómo reflejan las tradiciones los intereses lingüísticos del autor?
4. ¿Qué ideas del romanticismo aprovechó Palma en la creación de su obra?
5. ¿En qué reside la originalidad de las tradiciones?

■ Preguntas de análisis

1. ¿Cómo utiliza Palma los hechos históricos para ambientar "Amor de madre"? ¿Qué sabemos de Fernando de Vergara?
2. ¿Es Evangelina una heroína? ¿Critica el narrador el código de honor?
3. ¿Qué rasgos del romanticismo encuentra en "Amor de madre"?
4. ¿Qué aspectos del lenguaje oral o popular incorpora Palma en "El alacrán de fray Gómez"?
5. "El alacrán de fray Gómez" comienza y termina con unos versos graciosos. Explique qué función desempeñan en el relato.
6. ¿Quién es fray Gómez? ¿Qué milagros le atribuye el narrador? ¿De qué recursos se vale para presentarlo como un personaje histórico?
7. Indique el tema de las dos tradiciones estudiadas y comente su relación con las ideas del romanticismo.

■ Temas para informes escritos

1. Ricardo Palma y su labor en la Biblioteca Nacional.
2. *La bohemia de mi tiempo* y las ideas de Palma sobre el romanticismo.
3. Palma y el Inca Garcilaso en "Carta canta".
4. Palma y sus imitadores continentales.
5. Las *Tradiciones peruanas* y la identidad nacional.

■ Temas de reflexión y comentario

1. La relación entre Juan del Valle Caviedes y Ricardo Palma.
2. La renovación lingüística y las ideas de Palma sobre este tema.
3. El aspecto lúdico de las *Tradiciones peruanas*.
4. Palma como retratista en las *Tradiciones peruanas*.
5. Palma y el pasado peruano: ¿crítico o idealista?

JOSÉ HERNÁNDEZ

1834, Pcia. de Buenos
Aires, Argentina—1886,
Buenos Aires, Argentina

El nombre de José Hernández está inseparablemente ligado al de su poema gauchesco *Martín Fierro*, y a la causa de los gauchos a quienes defendió como político y como hombre de letras. Razones de salud y circunstancias familiares hicieron que viviera su niñez en pleno campo, donde se adiestró en los trabajos de la ganadería y cultivó libremente su inteligencia, aunque no tuvo acceso a la educación formal. La tiranía de Rosas dividió a la familia: mientras su padre y sus tíos eran rosistas, algunos miembros de la familia materna se contaron entre las víctimas del tirano. Hernández era federalista por sentimiento y por convicción, pero nunca justificó el despotismo de Rosas, cuyo régimen era la antítesis del federalismo que le había servido de bandera política. Por esta razón, luchó con el ejército que derrotó a Rosas (1852), y militó luego contra la política centralista de Sarmiento, en defensa de los derechos del gaucho y del interior del país.

En 1868, Sarmiento fue elegido presidente y Hernández inició, en Buenos Aires, la publicación de *El Río de la Plata*, periódico de oposición donde criticaba la política oficial de persecución y explotación de los gauchos. Denunció allí el reclutamiento forzoso de éstos, que eran obligados a abandonar sus escasas posesiones para ir a la frontera a luchar contra los indios. Señaló la arbitrariedad del poder que la ciudad ejercía sobre el habitante del campo, despojándolo de sus tierras e imponiéndole un régimen de servicio personal en beneficio de los jefes estancieros. También condenó la expulsión de los indios de sus tierras y los planes para su exterminio. Tituló uno de sus artículos de 1869 "¿Qué civilización es la de las matanzas?" y afirmó: "La civilización sólo puede darnos derechos que se deriven de ella misma". Debe señalarse que, aunque en *Martín Fierro* los indios están presentados como criaturas de impulsos feroces, capaces de las más inhumanas atrocidades, Hernández no olvida que el indio se ha vuelto un enemigo cruel por haber sufrido persecución y despojo por parte de los blancos.

En estos artículos periodísticos se encuentra el trasfondo ideológico del poema *Martín Fierro*. Hernández comenzó a escribirlo cuando, obligado a suspender la publicación de su periódico y luego de intervenir en fracasadas acciones militares contra el gobierno de Sarmiento, tuvo que emigrar a Brasil y luego a Uruguay. En 1872 se acogió a un decreto de amnistía, volvió a Buenos Aires y publicó *El gaucho Martín Fierro*, la primera de las dos partes que componen el libro. La segunda, bajo el título *La vuelta de Martín Fierro*, apareció en 1879 y refleja un cambio de perspectiva del autor, concordante con el nuevo clima político —para él más favorable— creado por la presidencia de Nicolás Avellaneda (1874–1880).

El Martín Fierro de la primera parte era el gaucho anárquico, rebelde contra la injusticia, dispuesto a buscar refugio con los indios, del otro lado de la frontera. El que regresa en *La vuelta* no es un rebelde, sino el gaucho resignado a la necesidad de adaptarse a los cambios irreversibles ocurridos en el campo y en el país entero. Paralelamente, Hernández había dejado de ser un irreconciliable opositor político y participaba activamente en la labor del gobierno.

El poema *Martín Fierro* es la culminación de la literatura gauchesca, género que a lo largo del siglo había ya producido composiciones para bailes y canciones, como los *Cielitos y diálogos patrióticos* de Bartolomé Hidalgo (1788–1822), la visión retrospectiva, por momentos nostálgica, de la vida en la pampa en *Santos Vega* de Hilario Ascasubi (1807–1875) y el humorístico *Fausto* de Estanislao del Campo (1834–1880). Trabajando, como sus predecesores, con los elementos de la tradición oral, compenetrado de las fuentes populares y con la maestría de un poeta culto, Hernández hizo surgir, ennoblecida y bella, la voz del payador o gaucho cantor. Escribió cual si improvisara, tal y como lo hacían los payadores, pero logró el efecto de improvisación mediante conscientes procedimientos artísticos. El dialecto gauchesco de la obra no es mera transcripción, sino una recreación de la lengua española tal como la hablaban los gauchos e interiorizada por el autor. El arte de José Hernández salva para la posteridad la figura del gaucho ya en vías de desaparecer. *Martín Fierro* transforma al humilde habitante de la pampa en arquetipo, en símbolo de la nacionalidad argentina. Los refranes, las metáforas, la sabiduría y el humor populares contenidos en sus versos han entrado a formar parte viva de la lengua, culta e inculta, de los argentinos y han influido en las artes y en otras expresiones de su cultura. Este poema, vehículo de las convicciones y sentimientos del autor e indisolublemente asociado a su actuación política, ha conquistado por su originalidad y su calidad artística un lugar permanente en las letras hispanoamericanas.

■ Bibliografía mínima

Alazraki, Jaime. "El género literario del *Martín Fierro*". *Revista Iberoamericana* 40 (1974): 433–58. Volumen dedicado a *Martín Fierro*. Impreso.

Cala Carvajal, Rafael. "Consideraciones sobre la lengua del *Martín Fierro*". *Sintagma: Revista de Lingüística* 9 (1997): 47–60. Impreso.

González Cruz, Luis F. "*Martín Fierro*: escritura y significado". *Círculo* 20 (1991): 137–45. Impreso.

González Ortega, Nelson. "Literary Nationalism and (Post)Colonialism in Latin America: A Show Case Study: Argentine, *Martín Fierro*, a Classical Epic?". *Neohelicon: Acta Comparationis Litterarum Universarum* 32.1 (2005): 175–204. Impreso.

Hernández, José. *Martín Fierro*. Ed. Marcos A. Morínigo. Madrid: Anaya, 1971. Impreso.

——. *Martín Fierro*. Ed. Luis Sáinz de Medrano. Madrid: Cátedra, 2010. Impreso.

——. *Martín Fierro*. Edición digital. *Biblioteca Virtual Miguel de Cervantes. Obras y Autores Clásicos*. Web. <http://www.cervantesvirtual.com/FichaObra.html?Ref=4168>.

Martínez Gramuglia, Pablo. "El libro nacional de los argentinos: Las primeras lecturas del *Martín Fierro*". *Decimonónica: Journal of Nineteenth Century Hispanic Cultural Production* 4.2 (2007): 61–76. Impreso.

Pagés Larraya, Antonio. "José Hernández". *Latin American Writers*. Eds. Carlos A. Solé y Maria Isabel Abreu. Vol. 1. New York: Scribner's, 1989. 235–45. Impreso.

Palermo, Martín. "La mujer y el amor en el *Martín Fierro*". *Cuadernos Hispanoamericanos* 661–62 (2005): 53–61. Impreso.

Portal de literatura gauchesca. *Biblioteca Virtual Miguel de Cervantes. Obras y Autores Clásicos*. Web. <http://www.cervantesvirtual.com/portal/AAL/gauchesca/>.

Regazzoni, Susanna. "La gauchesca de la tradición a la literatura". En *Jorge Luis Borges: Un'eredità letteraria*. Ed. Pia Masiero Zorzi y Rosella Mamoli. Venezia: Cafoscarina, 2008. 137–51. Impreso.

Martín Fierro

PRIMERA PARTE

El Gaucho Martín Fierro[1]

I

MARTÍN FIERRO

Aquí me pongo a cantar
al compás de la vigüela,[2]
que el hombre que lo desvela
una pena estrordinaria,
5 como la ave solitaria,
con el cantar se consuela.

Pido a los santos del cielo
que ayuden mi pensamiento;
les pido en este momento
10 que voy a cantar mi historia
me refresquen la memoria
y aclaren mi entendimiento.

Vengan santos milagrosos,
vengan todos en mi ayuda,
15 que la lengua se me añuda[3]
y se me turba la vista;
pido a mi Dios que me asista
en una ocasión tan ruda.

Yo he visto muchos cantores,
20 con famas bien otenidas,
y que después de alquiridas

no las quieren sustentar:
parece que sin largar
se cansaron en partidas.[4]

25 Mas ande otro criollo pasa
Martín Fierro ha de pasar;
nada lo hace recular
ni las fantasmas lo espantan;
y dende[5] que todos cantan
30 yo también quiero cantar. [...]

Yo no soy cantor letrao;
Mas si me pongo a cantar
no tengo cuándo acabar
y me envejezco cantando;
35 las coplas me van brotando
como agua de manantial.

Con la guitarra en la mano
ni las moscas se me arriman;
naides me pone el pie encima,[6]
40 y cuando el pecho se entona,
hago gemir a la prima[7]
y llorar a la bordona.[8]

---

[1] El poema está escrito en sextillas de versos octosílabos con rima *xaabba*, siendo libre el primero. El nombre de Martín Fierro, colocado antes de comenzar el poema, indica que él es quien canta. Más adelante se le unen otras voces.

[2] Vihuela: instrumento de seis cuerdas, parecido a la guitarra.

[3] Anuda.

[4] Actividad previa a la carrera de caballos, en la que se procuraba cansar al caballo del competidor.

[5] Desde que, ya que.

[6] Nadie me aventaja.

[7] Cuerda más delgada de la guitarra o vihuela.

[8] Cuerda más gruesa, que hace el bajo.

Yo soy toro[9] en mi rodeo
y torazo[10] en rodeo[11] ajeno;
45 siempre me tuve por güeno,[12]
y si me quieren probar,
salgan otros a cantar
y veremos quién es menos.

No me hago al lao de la güeya[13]
50 aunque vengan degollando;
con los blandos yo soy blando
y soy duro con los duros,
y ninguno en un apuro
me ha visto andar tutubiando.[14]

55 En el peligro ¡qué Cristos!
el corazón se me enancha,[15]
pues toda la tierra es cancha,[16]
y de esto naides se asombre:
el que se tiene por hombre
60 donde quiera hace pata ancha.[17]

Soy gaucho, y entiendanló
como mi lengua lo esplica:
para mí la tierra es chica
y pudiera ser mayor.
65 Ni la víbora me pica
ni quema mi frente el sol.

Nací como nace el peje,[18]
en el fondo de la mar;
naides me puede quitar

70 aquello que Dios me dio:
lo que al mundo truje[19] yo
del mundo lo he de llevar.

Mi gloria es vivir tan libre
como el pájaro del cielo;
75 no hago nido en este suelo,
ande hay tanto que sufrir;
y naides me ha de seguir
cuando yo remuento[20] el vuelo.

Yo no tengo en el amor
80 quien me venga con querellas;
como esas aves tan bellas
que saltan de rama en rama,
yo hago en el trébol mi cama
y me cubren las estrellas.

85 Y sepan cuantos escuchan
de mis penas el relato,
que nunca peleo ni mato
sino por necesidá,
y que a tanta alversidá
90 sólo me arrojó el mal trato.

Y atiendan la relación
que hace un gaucho perseguido,
que padre y marido ha sido
empeñoso y diligente,
95 y sin embargo la gente
lo tiene por un bandido.

II

[…] Yo he conocido esta tierra
en que el paisano vivía
y su ranchito tenía
y sus hijos y mujer…
5 Era una delicia el ver
cómo pasaba sus días.

Entonces… cuando el lucero
brillaba en el cielo santo
y los gallos con su canto
10 nos decían que el día llegaba,
a la cocina rumbiaba[21]
el gaucho… que era un encanto.

---

[9] Significa aquí que siempre es un hombre valiente.
[10] Aumentativo de toro. En este caso, aun más valiente.
[11] Grupo de animales de ganado vacuno que andan y descansan juntos.
[12] Bueno.
[13] Huella, camino.
[14] Titubeando.

[15] Ensancha.
[16] Lugar despejado, propio para competencias deportivas.
[17] Enfrenta el peligro con valentía.
[18] Voz que forma parte de los nombres de distintos peces, como "pejespada" y "pejerrey".
[19] Traje.
[20] Remonto.
[21] Tomaba rumbo hacia, se dirigía.

Y sentao junto al jogón[22]
a esperar que venga el día,
15 al cimarrón[23] le prendía[24]
hasta ponerse rechoncho,
mientras su china[25] dormía
tapadita con su poncho.

Y apenas la madrugada
20 empezaba a coloriar,
los pájaros a cantar
y las gallinas a apiarse,[26]
era cosa de largarse
cada cual a trabajar […]

25   ¡Ah tiempos!… Si era un orgullo
ver jinetiar un paisano.
Cuando era gaucho baquiano
aunque el potro se boliase,[27]
no había uno que no parase
30 con el cabresto[28] en la mano.

Y mientras domaban unos,
otros al campo salían,
y la hacienda recogían,
las manadas repuntaban,[29]
35 y ansí sin sentir pasaban
entretenidos el día.

Y verlos al cáir la noche
en la cocina riunidos,
con el juego[30] bien prendido
40 y mil cosas que contar,
platicar muy divertidos
hasta después de cenar.

Y con el buche[31] bien lleno,
era cosa superior
45 irse en brazos del amor

a dormir como la gente,[32]
pa empezar al día siguiente
las fáinas[33] del día anterior.

Ricuerdo ¡qué maravilla!
50 cómo andaba la gauchada,
siempre alegre y bien montada
y dispuesta pa el trabajo…
Pero hoy en el día… ¡barajo!
no se le ve de aporriada.

55   El gaucho más infeliz
tenía tropilla de un pelo,[34]
no le faltaba un consuelo
y andaba la gente lista…
tendiendo al campo la vista,
60 no vía sino hacienda y cielo.

Cuando llegaban las yerras,[35]
¡cosa que daba calor!
tanto gaucho pialador[36]
y tironiador sin yel.[37]
65 ¡Ah tiempos!… pero si en él
se ha visto tanto primor.

Aquello no era trabajo,
más bien era una junción,[38]
y después de un güen tirón
70 en que uno se daba maña,[39]
pa darle un trago de caña
solía llamarlo el patrón.

Pues siempre la mamajuana[40]
vivía bajo la carreta,
75 y aquel que no era chancleta,[41]
en cuanto el goyete vía,
sin miedo se le prendía
como güérfano a la teta.

---

[22] Fogón, cocina.
[23] Mate amargo.
[24] Bebía, tomaba.
[25] Mujer, compañera.
[26] Bajar de las ramas o de las perchas donde duermen.
[27] Se pusiera difícil.
[28] Rienda.
[29] Reunían, juntaban.
[30] Fuego.
[31] Estómago.
[32] Con comodidad.
[33] Faenas, tareas.

[34] De un solo color, lo cual era un verdadero lujo.
[35] Hierras, acto de marcar el ganado con hierros calentados al rojo.
[36] Persona experta en lazar por las patas delanteras al animal en plena carrera.
[37] Incansable.
[38] Función, espectáculo.
[39] Darse maña: arreglárselas bien para determinada cosa.
[40] Damajuana. Botellón grande para transportar agua o vino, habitualmente forrado de mimbre.
[41] Se usa con referencia a la mujer, pero también al hombre que no bebe.

Y ¡qué jugadas se armaban
80 cuando estábamos riunidos!
Siempre íbamos prevenidos,
pues en tales ocasiones,
a ayudarles a los piones
caiban muchos comedidos.[42]

85 Eran los días del apuro
y alboroto pa el hembraje,
pa preparar los potajes
y osequiar bien a la gente;
y ansí, pues, muy grandemente,
90 pasaba siempre el gauchaje.

Venía la carne con cuero,
la sabrosa carbonada,
mazamorra bien pisada,
los pasteles y el güen vino…
95 Pero ha querido el destino
que todo aquello acabara.

Estaba el gaucho en su pago
con toda siguridá;
pero aura… ¡barbaridá!,
100 la cosa anda tan fruncida,[43]
que gasta el pobre la vida
en juir[44] de la autoridá.

Pues si usté pisa en su rancho
y si el alcalde lo sabe,
105 lo caza lo mesmo que ave,

aunque su mujer aborte…
¡No hay tiempo que no se acabe
ni tiento[45] que no se corte!

Y al punto dese por muerto
110 si el alcalde lo bolea,
pues áhi no más se le apea[46]
con una felpa de palos.
Y despúes dicen que es malo
el gaucho si los pelea.

115 Y el lomo le hinchan a golpes
y le rompen la cabeza,
y luego, con ligereza,
ansí lastimao y todo,
lo amarran codo con codo
120 y pa el cepo[47] lo enderiezan,[48]

Áhi comienzan sus desgracias,
áhi principia el pericón;[49]
porque ya no hay salvación,
y que usté quiera o no quiera,
125 lo mandan a la frontera
o lo echan a un batallón.

Ansí empezaron mis males,
lo mesmo que los de tantos.
Si gustan… en otros cantos
130 les diré lo que he sufrido.
Después que uno está perdido
no lo salvan ni los santos.

III

Tuve en mi pago[50] en un tiempo
hijos, hacienda y mujer;
pero empecé a padecer,
me echaron a la frontera,
5 y ¡qué iba a hallar al volver!
Tan sólo hallé la tapera.[51]

Sosegao vivía en mi rancho,
como el pájaro en su nido.
Allí mis hijos queridos
10 iban creciendo a mi lao…
Sólo queda al desgraciao
lamentar el bien perdido.

---

[42] Entrometidos.
[43] Tan apretada, tan mala.
[44] Huir.
[45] Tira delgada de cuero sin curtir, que se emplea para atar, hacer trenzas, etc.
[46] Le descarga.
[47] Madero con agujeros para sujetar al prisionero por las piernas y el cuello.

[48] Lo enderezan, lo llevan.
[49] Baile tradicional argentino y uruguayo. Aquí es sinónimo de baile, en el sentido de calamidades o problemas.
[50] Lugar donde ha nacido o está arraigada una persona.
[51] Vivienda abandonada y en ruinas.

Mi gala en las pulperías
era cuando había más gente
15 ponerme medio caliente,
pues cuando puntiao[52] me encuentro
me salen coplas de adentro
como agua de la virtiente.

Cantando estaba una vez
20 en una gran diversión,
y aprovechó la ocasión
como quiso el juez de paz:
se presentó y áhi no más
hizo una arriada en montón,[53]

25 Juyeron los más matreros[54]
y lograron escapar.
Yo no quise disparar:
soy manso y no había por qué.
Muy tranquilo me quedé
30 y ansí me dejé agarrar.

Allí un gringo con un órgano
y una mona que bailaba
haciéndonos rair estaba
cuando le tocó el arreo.
35 ¡Tan grande el gringo y tan feo!
¡Lo viera cómo lloraba!

Hasta un inglés sanjiador[55]
que decía en la última guerra
que él era de Inca-la-perra
40 y que no quería servir,
tuvo también que juir
a guarecerse en la sierra.

Ni los mirones salvaron
de esa arriada de mi flor,
45 fue acoyarao[56] el cantor

con el gringo de la mona;
a uno solo, por favor,
logró salvar la patrona.

Formaron un contingente
50 con los que en el baile arriaron;
con otros nos mesturaron,[57]
que habían agarrao también.
Las cosas que aquí se ven
ni los diablos las pensaron.

55 A mí el juez me tomó entre ojos[58]
en la última votación.
Me le había hecho el remolón
y no me arrimé ese día,
y él dijo que yo servía
60 a los de la esposición.[59]

Y ansí sufrí ese castigo
tal vez por culpas ajenas.
Que sean malas o sean güenas
las listas, siempre me escondo.
65 Yo soy un gaucho redondo
y esas cosas no me enllenan.[60]

Al mandarnos nos hicieron
más promesas que a un altar.
El juez nos jue a ploclamar
70 y nos dijo muchas veces:
—"Muchachos, a los seis meses
los van a ir a revelar".[61]

Yo llevé un moro[62] de número.
¡Sobresaliente el matucho![63]
75 Con él gané en Ayacucho[64]
más plata que agua bendita.
Siempre el gaucho necesita
un pingo[65] pa fiarle un pucho.[66]

---

[52] Alegre, algo bebido.
[53] Se los llevó a todos detenidos.
[54] Astutos. Se llamaba así a los bandoleros y a otros individuos que vivían fuera de la ley.
[55] Zanjero. Persona que tiene por oficio excavar zanjas.
[56] Acollarar: poner collar a los perros. Acollarados: unidos como perros por sus collares.
[57] Mezclaron.
[58] Se puso en contra mía.
[59] Oposición.

[60] Satisfacen, gustan.
[61] Relevar.
[62] Caballo de pelo negro con una mancha blanca en la frente.
[63] Caballo.
[64] Ciudad en el sur de la provincia de Buenos Aires.
[65] Caballo brioso y resistente, buen corredor.
[66] Pucho: pizca, residuo, cosa pequeña sin valor. Colilla de cigarrillo. "Fiarle un pucho" significa aquí "en el que pueda confiarse".

Y cargué sin dar más güeltas
80 con las prendas que tenía.
Jergas, poncho, cuanto había
en casa, tuito[67] lo alcé.
A mi china la dejé
medio desnuda ese día.

85   No me faltaba una guasca;[68]
esa ocasión eché el resto:
bozal maniador, cabresto,
lazo, bolas y manea …[69]
¡El que hoy tan pobre me vea
90 tal vez no crerá todo esto!

     Ansí en mi moro escarciando[70]
enderecé a la frontera.
¡Aparcero!,[71] si usté viera
lo que se llama cantón…
95 Ni envidia tengo al ratón
en aquella ratonera.

     De los pobres que allí había
a ninguno lo largaron;
los más viejos rezongaron,
100 pero a uno que se quejó,
en seguida lo estaquiaron[72]
y la cosa se acabó.

     En la lista de la tarde
el jefe nos cantó el punto,[73]
105 diciendo: —"Quinientos[74] juntos
llevará el que se resiente;
lo haremos pitar del juerte;[75]
más bien dese por dijunto".

     A naides le dieron armas,
110 pues toditas las que había
el coronel las tenía,

sigún dijo esa ocasión,
pa repartirlas el día
en que hubiera una invasión.

115   Al principio nos dejaron
de haraganes, criando sebo;
pero después… no me atrevo
a decir lo que pasaba…
¡Barajo! … si nos trataban
120 como se trata a malevos.

     Porque todo era jugarle
por los lomos con la espada,
y aunque usté no hiciera nada,
lo mesmito que en Palermo,[76]
125 le daban cada cepiada
que lo dejaban enfermo.

     Y ¡qué indios ni qué servicio!
¡Si allí no había ni cuartel!
Nos mandaba el coronel
130 a trabajar en sus chacras,[77]
y dejábamos las vacas
que las llevara el infiel.

     Yo primero sembré trigo
y después hice un corral;
135 corté adobe pa un tapial,
hice un quincho,[78] corté paja…
¡La pucha que se trabaja
sin que le larguen ni un rial!

     Y es lo pior de aquel enriedo
140 que si uno anda hinchando el lomo
se le apean como un plomo…
¡Quién aguanta aquel infierno!
Y si eso es servir al Gobierno,
a mí no me gusta el cómo. […]

---

[67] Todito.
[68] Ramal de cuero o cuerda que sirve de rienda
o de látigo.
[69] Látigo.
[70] Hacer escarceos, movimiento de inquietud
que hace el caballo mordiendo el freno.
[71] Compañero y amigo.
[72] Estaquear: tormento que consiste en atar
a alguien de manos y pies a cuatro estacas,
tirando luego de las correas hasta dejar el
cuerpo suspendido.
[73] Nos advirtió.
[74] Quinientos azotes.

[75] Expresión con la que se alude a la gravedad
del castigo.
[76] Barrio residencial en la zona norte de
Buenos Aires donde estuvieron, en su época,
los cuarteles del dictador Juan Manuel
Rosas.
[77] Finca rural cerca de un poblado, en la que
se cultivan cereales y se crían aves de corral
y ganado porcino.
[78] Rancho cuyo techo y paredes están hechos
de juncos, cañas o varillas. Se acostumbra
recubrirlos de barro por dentro y por fuera.

V

Yo andaba desesperao,
aguardando una ocasión;
que los indios un malón[79]
nos dieran y entre el estrago
5 hacérmelés cimarrón[80]
y volverme pa mi pago.

Aquello no era servicio
ni defender la frontera:
aquello era ratonera
10 en que sólo gana el juerte;
era jugar a la suerte
con una taba culera.[81]

Allí tuito va al revés:
los milicos[82] se hacen piones
15 y andan por las poblaciones
emprestaos pa trabajar;
los rejuntan pa peliar
cuando entran indios ladrones.

Yo he visto en esa milonga
20 muchos jefes con estancia,
y piones en abundancia,
y majadas y rodeos;
he visto negocios feos,
a pesar de mi inorancia.

25 Y colijo que no quieren
la barunda[83] componer.
Para esto no ha de tener
el jefe aunque esté de estable
más que su poncho y su sable,
30 su caballo y su deber.

Ansina, pues, conociendo
que aquel mal no tiene cura,
que tal vez mi sepultura
si me quedo iba a encontrar,
35 pensé en mandarme mudar
como cosa más sigura. [...]

VI

[...] Una noche que riunidos
estaban en la carpeta[84]
empinando una limeta[85]
el jefe y el juez de paz,
5 yo no quise aguardar más,
y me hice humo en un sotreta.[86]

Para mí el campo son flores
dende que libre me veo;
donde me lleva el deseo
10 allí mis pasos dirijo,
y hasta en las sombras, de fijo
que a donde quiera rumbeo.

Entro y salgo del peligro
sin que me espante el estrago;
15 no aflojo al primer amago
ni jamás fí gaucho lerdo;
soy pa rumbiar como el cerdo,
y pronto cái a mi pago.

Volvía al cabo de tres años
20 de tanto sufrir al ñudo.[87]
Resertor, pobre y desnudo,
a procurar suerte nueva;
y lo mesmo que el peludo
enderecé pa mi cueva.

---

[79] Incursiones o ataques de los indios.
[80] Alzado o montaraz.
[81] Pieza de juego falseada por jugadores tramposos que cae siempre del lado perdedor. Se hacían con huesos de carnero.
[82] Soldados conscriptos.
[83] Baraúnda o barahúnda: confusión o desorden grandes.

[84] Carpa.
[85] Botella de vientre ancho y corto, y cuello largo. Garrafa o damajuana.
[86] Un caballo inútil por lo viejo.
[87] En vano.

25   No hallé ni rastro del rancho;
¡sólo estaba la tapera!
¡Por Cristo, si aquello era
pa enlutar el corazón.
Yo juré en esa ocasión
30 ser más malo que una fiera!

        ¡Quién no sentirá lo mesmo
cuando ansí padece tanto!
Puedo asigurar que el llanto
como una mujer largué.
35 ¡Ay mi Dios si me quedé
más triste que Jueves Santo!

        Sólo se oiban los aullidos
de un gato que se salvó;
el pobre se guareció
40 cerca, en una vizcachera;[88]
venía como si supiera
que estaba de güelta yo.

        Al dirme dejé la hacienda,
que era todito mi haber;
45 pronto debíamos volver,
según el juez prometía,
y hasta entonces cuidaría
de los bienes la mujer.

        Después me contó un vecino
50 que el campo se lo pidieron,
la hacienda se la vendieron
pa pagar arrendamientos,
y qué se yo cuántos cuentos;
pero todo lo fundieron.

55   Los pobrecitos muchachos,
entre tantas afliciones
se conchabaron[89] de piones;
mas ¡qué iban a trabajar,
si eran como los pichones
60 sin acabar de emplumar!

        Por áhi andarán sufriendo
de nuestra suerte el rigor.
Me han contado que el mayor
nunca dejaba a su hermano.
65 Puede ser que algún cristiano
los recoja por favor.

        ¡Y la pobre mi mujer
Dios sabe cuánto sufrió!
Me dicen que se voló
70 con no sé qué gavilán:
sin duda a buscar el pan
que no podía darle yo.

        No es raro que a uno le falte
lo que a algún otro le sobre:
75 Si no le quedó ni un cobre,
sinó de hijos un enjambre,
¿qué más iba a hacer la pobre
para no morirse de hambre?

        Tal vez no te vuelva a ver,
80 prenda de mi corazón;
Dios te dé su proteción,
ya que no me la dio a mí.
Y a mis hijos dende aquí
les echo mi bendición.

85   […] Mas también en este juego
voy a pedir mi bolada[90]
a naides le debo nada,
ni pido cuartel ni doy,
y ninguno dende hoy
90 ha de llevarme en la armada.

        Yo he sido manso primero
y seré gaucho matrero[91]
en mi triste circustancia:
aunque es mi mal tan projundo,
95 nací y me he criao en estancia,
pero ya conozco el mundo.

        Ya le conozco sus mañas,
le conozco sus cucañas,[92]
sé cómo hacen la partida,
100 la enriedan y la manejan.
Desaceré la madeja,
aunque me cueste la vida.

---

[88] Nido de vizcachas, tipo de roedor de la
pampa parecido a la liebre.
[89] Conchabarse: servir a sueldo en trabajos
humildes.

[90] Mi parte. Participar en el juego.
[91] Bandolero, vagabundo, que se interna a vivir
en los montes para ocultarse de la justicia.
[92] Mañas, trucos.

Y aguante el que no se anime
a meterse en tanto engorro
105 o si no aprétese el gorro
o para otra tierra emigre;
pero yo ando como el tigre
que le roban los cachorros.

Aunque muchos cren que el gaucho
110 tiene un alma de reyuno,[93]
no se encontrará ninguno
que no lo dueblen las penas;
mas no debe aflojar uno
mientras hay sangre en las venas.

Martín Fierro: el gaucho Martín Fierro. La vuelta de Martín Fierro. Editorial
Catedra. 1971: Anaya, 1971.

■ Preguntas generales

1. ¿Cuál era la posición de José Hernández frente al conflicto entre unitarios y federales?
2. ¿Qué actuación tuvo en la lucha contra Rosas?
3. ¿Por qué se opuso Hernández a la política de Sarmiento?
4. ¿Cómo dio a conocer sus ideas?
5. ¿Cuándo se familiarizó el autor de *Martín Fierro* con las formas de vida del gaucho y con sus peculiaridades lingüísticas?
6. ¿Qué cambios influyeron en la actuación política y en la producción literaria de Hernández luego de publicar la primera parte de *Martín Fierro*?

■ Preguntas de análisis

1. ¿Qué abusos cometidos contra los gauchos describe y denuncia la obra?
2. ¿Cómo recuerda el gaucho épocas más felices?
3. ¿Cómo muestra el poema la relación entre hombre y mujer?
4. ¿Cuáles son los antecedentes literarios de *Martín Fierro*?
5. ¿Cómo caracterizaría Ud. el lenguaje del poema?
6. ¿Cómo se expresa en el poema la idea de la libertad?
7. ¿Cuál ha sido la contribución de *Martín Fierro* a la tradición cultural argentina e hispanoamericana?

■ Temas para informes escritos

1. El contexto histórico de *Martín Fierro*. Circunstancias y hechos aludidos en el poema.
2. Los personajes de *Martín Fierro*. Un análisis comparativo.
3. Los refranes y la sabiduría popular en *Martín Fierro*.
4. La participación del gaucho en las guerras de frontera y su actitud hacia el indio, según *Martín Fierro*.
5. *Martín Fierro* y la formación del concepto de nacionalidad argentina.

---

[93] Caballo mostrenco con las orejas cortadas o mutiladas; antiguamente pertenecía a la hacienda del rey.

■ Temas de reflexión y comentario

1. Las contradicciones del liberalismo progresista y su programa civilizador con respecto a su tratamiento del gaucho.
2. El relato de Martín Fierro como testimonio de un período de transición en la historia argentina.
3. La violencia en la vida del gaucho.
4. La actitud del gaucho hacia la mujer y las condiciones de vida de ésta entre los gauchos.
5. Las raíces hispánicas del género gauchesco.

CLORINDA MATTO DE TURNER

1852, Paullu, Cuzco, Perú—1909,
Buenos Aires, Argentina

Entre las mujeres que gozaron de fama literaria en Hispanoamérica durante el siglo XIX resalta Clorinda Matto de Turner. La escritora peruana se inició en el mundo de las letras con poemas y "tradiciones" escritos en Tinta, pequeño pueblo cercano al Cuzco, donde se radicó después de su matrimonio (1871) con José Turner, un ciudadano británico. En estos primeros escritos, marcados por la influencia de Ricardo Palma (ver pp. 171–181) y recogidos en publicaciones periódicas cuzqueñas, ya asoman dos temas que se convertirán en constantes de su obra: 1) el papel de la mujer en el hogar y la sociedad, y 2) el destino de la población indígena. Algunas de estas "tradiciones" se difundieron a nivel nacional e internacional cuando se publicaron en periódicos limeños y, traducidas al inglés, en diarios londinenses. En esta etapa inicial, Matto de Turner mostró una afición al periodismo que se fortaleció con los muchos artículos patrióticos escritos durante la Guerra del Pacífico (1879–1883), conflicto fronterizo entre Chile por un lado, y Perú y Bolivia por otro. Esta vocación se reafirmó después cuando, al fallecer su esposo, se mudó a Arequipa y allí se le encargó dirigir *La Bolsa*, un prestigioso periódico de esa ciudad.

Tradiciones cuzqueñas. Leyendas, biografías y hojas sueltas, el primer libro de Matto de Turner, apareció en Arequipa en 1884, con prólogo de Ricardo Palma; su versión ampliada es de 1886. En 1884, también publicó una antología dirigida a las mujeres, *Elementos de literatura según el reglamento de instrucción pública para el bello sexo* y puso en escena *Hima-Sumac*, drama suyo basado en una de las novelas de la escritora argentina Juana Manuela Gorriti, de larga residencia en Lima. En ese drama, Matto de Turner presenta a la protagonista, la princesa incaica Hima-Sumac, como una figura heroica que muere antes que revelarles a los españoles el escondite del tesoro de sus antepasados. Mediante este personaje, la autora eleva a dos grupos marginados dentro de la sociedad peruana: la mujer y el indígena.

En 1886, Clorinda Matto de Turner se trasladó a Lima; en esa ciudad volvió a ponerse en contacto con Juana Manuela Gorriti y Mercedes Cabello de Carbonera, otra novelista peruana; patrocinó veladas literarias a las que asistieron conocidos escritores, entre ellos Manuel González Prada (1844–1918); creó su propia imprenta; y se le encargó la dirección de *El Perú Ilustrado* (1889–1891), publicación donde daría a conocer la obra de escritores hispanoamericanos de la talla de Rubén Darío.

La influencia de Manuel González Prada en Matto de Turner y en su obra es clave. Horrorizado por la derrota peruana en la Guerra del Pacífico, el escritor y crítico social quería transformar radicalmente el país. Según González Prada, era necesario educar tanto a la clase alta como al pueblo y reducir el poder del clero; a estas ideas añadiría más tarde, en 1904, la necesidad de conceptualizar el llamado "problema del indio" dentro de parámetros económicos. *Aves sin nido* (1889), la obra que cimentó para la posteridad la fama de Matto de Turner, recoge varias ideas de González Prada. En efecto, la novela presenta la explotación de los indígenas de Kíllac, una remota aldea andina, por una "trinidad" formada por el cura, el cacique y el juez, contra el intento de ayuda de una pareja limeña y el idilio de las dos "aves sin nido", Manuel y Margarita. En un desenlace muy romántico, los jóvenes resultan ser hermanos, hijos del obispo con dos mujeres diferentes. Por presentar la situación del indígena peruano dentro de un contexto social más amplio, algunos críticos ven en *Aves sin nido* una superación del "indianismo" y de la idealización romántica del amerindio; otros, sin embargo, consideran la visión de Matto de Turner tan superficial como la indianista y muy fiel a las ideas de la burguesía. A pesar de estas críticas, la obra marcó el inicio de la novela de tema indigenista con la presentación del aborigen andino dentro de una compleja problemática social.

Índole (1891) y *Herencia* (1895), dos novelas posteriores, se ocupan de temas tratados en su obra más aclamada. La primera cuenta la resistencia de una respetable dama ante los intentos de seducción de un sacerdote, mientras la segunda retoma la historia de Margarita, una de las "aves sin nido".

Clorinda Matto de Turner publicó artículos periodísticos y dictó muchas conferencias. Algunos de estos trabajos aparecieron en colecciones, como *Bocetos al lápiz de americanos célebres* (1890), *Leyendas y recortes* (1893) y *Boreales, miniaturas y porcelanas* (1902). Coleccionó estampas y recuerdos de su recorrido por Europa en *Viaje de recreo: España, Francia, Inglaterra, Italia, Suiza, Alemania* (1909). La lectura de estos trabajos hace evidente que Matto de Turner había reflexionado mucho sobre cómo lograr la integración del indígena a la sociedad peruana y cómo mejorar la situación de la mujer. En cuanto a lo primero, creía necesario conocer la lengua y la cultura del amerindio como vía de penetración en su mundo. Lamentablemente, en su deseo de homogeneizar a la sociedad peruana, pretendía borrar las diferencias culturales del indígena a la vez que proponía a Lima como modelo nacional. Su contribución más perdurable ha sido mirar con luz nueva al amerindio, destacar aspectos positivos de su personalidad y cultura, y colocar su problemática dentro de un contexto social más amplio. En cuanto a la situación de la mujer, la autora veía el matrimonio como una institución idónea y la maternidad como la culminación de un deber sagrado. Según Matto de Turner, la mujer debía instruirse para ser mejor esposa y madre, y para serle útil a la sociedad. Se opuso a que las mujeres fueran apreciadas únicamente por la apariencia o por los bienes que aportarían al matrimonio y a que se torturaran con prendas —como el corsé, por ejemplo— para hacerse más atractivas, pero menos saludables.

Consecuente con este credo, cuando se exilió en Argentina (1895) después del saqueo de su casa e imprenta por elementos proclericales partidarios del presidente Piérola, la autora fundó una revista literaria, *El Búcaro Americano* (1896–1901), y se dedicó a la enseñanza en colegios para señoritas en Buenos Aires, ciudad donde murió después de un viaje a Europa. Quizá por las ideas que la habían marcado como mujer independiente y avanzada para su época, algunos escritores a quienes ella admiraba no la tomaron muy en cuenta. Así y todo, su periodismo combativo y la diversidad de sus intereses y escritos la muestran como una autora que vio la realidad nacional y usó la pluma, dentro de las limitaciones impuestas por la época, para proponer un cambio en el destino de dos de sus sectores más marginados: el indígena y la mujer.

■ Bibliografía mínima

Berg, Mary G. "Writing for Her Life: The Essays of Clorinda Matto de Turner". Ed. Doris Meyer. *Reinterpreting the Spanish American Essay: Women Writers of the 19th and 20th Centuries.* Austin: U of Texas P, 1995. 80–89. Impreso.

"Clorinda Matto de Turner. Estudios". En *Biblioteca Virtual Miguel de Cervantes. Obras y Autores Clásicos.* Web. <http://www.cervantesvirtual.com/servlet/FichaTituloSerie DeObra?id=942&portal=0>.

Denegri, Francesca. *El abanico y la cigarrera. La primera generación de mujeres ilustradas en el Perú.* Lima: Instituto de Estudios Peruanos-Centro Flora Tristán, 1996. Impreso.

Ferreira, Rocío. "Clorinda Matto de Turner, infatigable obrera del pensamiento." *Crónicas Urbanas. Revista de Investigación del Centro Guaman Poma de Ayala* (Cuzco) 10.11 (2006): 111–24. Web. <http://www.guamanpoma.org/cronicas/11/Rocio_Ferreira. pdf>.

Kristal, Efraín. "Clorinda Matto de Turner". *Latin American Writers.* Eds. Carlos A. Solé y Maria Isabel Abreu. Vol. 1. New York: Scribner's, 1989. 305–09. Impreso.

Martin, Leona S. "Nation Building, International Travel, and the Construction of the Nineteenth-Century Pan-Hispanic Women's Network." *Hispania* 87.3 (2004): 439–46. Impreso.

Matto de Turner, Clorinda. *Aves sin nido.* Prólogo de Antonio Cornejo Polar. Notas de Efraín Kristal y Carlos García Bedoya. Bibliografía y cronología de Efraín Kristal. Caracas: Biblioteca Ayacucho, 1994. Impreso.
Web. <http://www.bibliotecaayacucho.gob.ve/fba/>.

——. *Tradiciones cuzqueñas completas.* Prólogo y edición Estuardo Núñez. Lima: Peisa, 1976. Impreso.

Peluffo, Ana. "Why Can't an Indian be More Like a Man?: Sentimental Bonds in Manuel González Prada and Clorinda Matto de Turner." *Revista de Estudios Hispánicos* 38 (2004): 3–22. Impreso.

Ward, Thomas. "La ideología nacional de Clorinda Matto de Turner". *Neophilologus* 86.3 (2002): 401–15. Impreso.

Para ellas[1]

Hermosura perfecta no consiste
en dar diversas formas al cabello,
perlas a las orejas y oro al cuello,
ni en la costosa ropa que se viste.

5   Creo que las lectoras no dirán mal de nosotras, por haber comenzado estas humildes líneas con los versos de Argensola,[2] puesto que somos amigas y nuestro anhelo es repetirles lo que antes ya han dicho otras escritoras de notable reputación, revelando el secreto de hacerse agradables desde la primera edad hasta la vejez.

---

[1] Se han modernizado la ortografía y la puntuación.
[2] Lupercio Leonardo Argensola (1559–1613) y Bartolomé Leonardo (1562–1631): poetas españoles autores de admirables sonetos; el citado por Matto de Turner pertenece a Bartolomé Leonardo Argensola.

Basta, pues, enriquecerse con los encantos del espíritu de donde ha de despren-
10 derse lo demás, accesorio a una buena educación fundada en aquéllos.

El alma no envejece, el espíritu ilustrado se refleja aun al través de las rugo-
sas[3] mejillas y de las cabezas pobladas de canas.

El orgullo, la vanidad, la soberbia, la envidia y todo aquel horrible cortejo
que tras de sí lleva una mala educación, huye despavorido ante la dignidad que
15 ha comunicado el estudio, llevándonos a la práctica de las virtudes cristianas.

El espíritu atrofiado por la ignorancia es como el organismo inerte por la
acción de la parálisis.

Concepción Gimeno de Flaquer,[4] esa brillante lumbrera del cielo literario
de España, ha juzgado e instruido a la mujer con admirable tacto y arrobadora
20 expresión, y entre la multitud de cuadros que ha pintado con pincel maestro, de
ricos coloridos, descuella la mujer estudiosa, como que no es ligera ni superficial. La noble pasión del estudio, —dice— , extingue en ella pequeñas pasiones, y
mientras fortalece su inteligencia, no se ocupa en atisbar[5] a la vecina, ni en murmurar a la parienta, ni en fiscalizar a la amiga; no hace crónica personal, clavando
25 el aguijón de la envidia, o disparando las saetas de la calumnia.

La instrucción es el precioso talismán que la mujer lleva en sí misma, contra las puerilidades que, abundando en doloroso número, han llegado a invadir
hasta el corazón del sexo llamado fuerte.

La instrucción ha declarado la guerra a la necedad. "¿Quién soportará la
30 conversación de los necios, cuando todas las mujeres sean ilustradas? Aflije pensar en el porvenir de ellos."

Ya que hemos llamado, en apoyo de nuestra idea, la autoridad de una celebridad literaria femenina, no nos acusen **ellos** de parcialidad, y por esto, escuche-
35 mos a la vez la opinión de otras dos entidades masculinas, Stendhal[6] y Rousseau,
[7] espiritual uno, descreído el segundo. "Una mujer instruida que adquiere conocimientos sin perder las gracias de su sexo, está segura de encontrar entre los
hombres la más distinguida consideración". Pensamos que Stendhal se refiera a
la consideración de los hombres ilustrados.

Oigamos ahora al segundo de los escritores citados: "Sólo un ingenio culti-
40 vado hace agradable el trato, y es muy triste para un padre de familia amante de
su casa, el estar obligado a concentrarse en sí mismo y no poder ser entendido
por nadie".

Páginas escribiríamos citando el testimonio de ingenios que se han hecho
respetables ante el mundo del saber, lo cual nos llenaría de las complacencias

---

[3] Arrugadas.

[4] María de la Concepción Gimeno de Fláquer (1850–1919), novelista y ensayista española destacada por insistir en que tanto el hombre como la mujer debían recibir la misma educación. Residió en México por varios años y allí fundó *El álbum de la mujer,* revista de instrucción femenina donde dio a conocer a muchos escritores españoles. Por su labor de enlace cultural entre España y América fue condecorada por los gobiernos de México y Venezuela.

[5] Mirar con curiosidad.

[6] Stendhal (Henri Bayle, 1783–1842): escritor romántico francés famoso por novelas como *Rojo y negro* (1831) y *La cartuja de Parma* (1839).

[7] Juan Jacobo Rousseau (1712–1778): escritor en lengua francesa nacido en Ginebra; muy conocido por sus ideas sobre la bondad del hombre natural y la fuerza corruptora de la sociedad. Su sentimentalismo y amor a la naturaleza influyeron en el desarrollo del romanticismo.

45 del triunfo de la verdad y la justicia, tratándose de los hombres, para nosotras, acostumbradas en la antigua educación, a que ellos nos llamen ángeles cuando nos aman, y nos apelliden demonios cuando los menospreciamos. La instrucción ha traído el término propio para la mujer, conquistándonos el respeto de todos, cuando con frente serena podamos mirarlos del cielo brillante de la instrucción
50 como a pigmeos encerrados en la vanidad de su saber, hasta hace poco, exclusivista.

Mujeres, ilustraos, aspirad a la gloria cuyo resplandor es tan vívido que puede iluminar siglos, generaciones y mundos, sin aquel brillo efímero del oro.

Educaos, y podréis leer, serenas y satisfechas, los versos que tal vez alar-
55 maron vuestra delicada susceptibilidad, al tomar la modesta hoja que os visita, poniéndonos en contacto intelectual.

(*Tradiciones cuzqueñas. Leyendas, biografías y hojas sueltas*, 1886.)

Malccoy

(*Leyenda india*)
*Al doctor don Leonardo Villar**

I

Si bien es cierto que el cautiverio ha hecho degenerar la raza indígena, dejando caer un denso velo sobre sus facultades intelectuales, que al presente parecen adormecidas en la atonía;[8] no menos verdad es la de que en sus épocas primaverales, los indios dejan correr un tanto aquel funesto velo, y como quien
5 vuelve a la alborada de la vida se entregan a las fiestas tradicionales de sus mayores.

Una de esas es el **malccoy**. Traduciendo libremente al castellano ésta, diríamos: la juventud con sus umbrales encantados de amor y de ensueños; la primera ilusión del niño trocado en hombre, la primera sonrisa intencionada, después de
10 reír de la felicidad, que no deja cuenta clara para quien se reconcentre en su examen psicológico.

¡Malccoy! Infinitas veces hemos asistido a esas fiestas campesinas, compartiendo la sencilla alegría de nuestros compatriotas, sentadas sobre el surco abierto por el arado en tierra húmeda, apagando la sed, en igual vasija de ba-
15 rro legendario, con la chicha[9] de maíz y cebada elaborada por la feliz madre del *malcco*, allá en esas poéticas praderas, así se llamen Calca, Urubamba o Tinta.[10] Los nombres de aquellos indios casi los podríamos apuntar, tan frescos viven en la mente. Pero, entre ellos descuellan los de una pareja que aún vive resignada y feliz tras la cima de los Andes, allá muy al otro lado de las saladas aguas del mar.
20 Su historia no es un secreto, y a narrarla voy, ofreciéndola como el fruto de nuestras observaciones.

---

[8] Falta de vigor, debilidad.
[9] Bebida alcohólica que se obtiene de la fermentación del maíz.
[10] Pueblos cercanos al Cuzco.

*1825–1900. Famoso médico cuzqueño, igualmente destacado por sus estudios sobre filología quechua.

II

Conviene saber lo que es un *malcco*, para la ordenada narración de esta leyenda.

Todos los jóvenes varones que frisan[11] ya con los 16 años están obligados a correr la carrera del **malcco** (pichón).

5 Los padres se afanan y los hijos llevan la mente abstraída desde uno o dos meses antes, con la idea de la carrera.

Generalmente se elige la época de los sembríos o de la cosecha para hacer la carrera, al finalizar las labores consiguientes.

Se reúnen todos los mocetoncitos[12] de un **aíllo,**[13] entrados en la edad, y el más 10 caracterizado de los indios, que ya está por lo regular jubilado de cargos, elige los dos que han de ser el *malcco* y correr la carrera: el que la gana, ha de casarse aquel año.

Figúrese el lector los aprietos de los mancebos que ya tienen el corazón en cuerpo[14] de alguna ñusta.[15]

Su felicidad queda a merced de la pujanza de sus pies y pulmones.

III

Pedro y Pituca, nacidos en chozas vecinas, desde los tres años al cuidado de las manadas de ovejas, habían crecido compartiendo el pobre fiambre de mote[16] frío y chuño[17] cocido al vapor, corriendo campos iguales y contándose cuentos alrededor de las zanjas festoneadas[18] de **mateccllos**[19] y de grama. Allí, en esos 5 bordes aprendieron tanto los tejidos de sus hondas como el hilado de los vellones[20] que caían en el tiempo de la trasquila.[21]

Ya no eran niños.

Pituca, aunque la menor, entró la primera en la edad de las efervescencias del alma que suspira por otra alma. Sus negros ojos adquirieron mayor brillo y 10 sus pupilas respiraban fuego.

Pedro, tal vez más tranquilo, comenzó a ver que sólo al lado de Pituca se sentía bien, y los días de faena, en que tenía que suplir a su padre e iba al pueblo, taciturno y caviloso, suspiraba por la choza, por la manada y por la zanja.

—¡Pituca!—se decía, al tomar la ración de coca ofrecida por su cacique, en 15 cuyos campos labraba, sin otra recompensa. ¡Pituca! al mirar las **lliccllas**[22] coloradas y de **puitos**[23] verdes tramados con vicuña[24] que lucían las esposas del alcalde o del regidor de su **aíllo.**

---

[11] Se acercan.

[12] De mozo; jóvenes.

[13] *Ayllu*, voz quechua: "parcialidad," "genealogía", "linaje". Es la unidad familiar, política y económica que existe en los Andes desde antes de los incas. Su principal vínculo consistía en la propiedad común de la tierra y su cultivo por los miembros del *ayllu*.

[14] Que están enamorados.

[15] En el imperio incaico era la doncella de sangre real.

[16] *Muti*, voz quechua: maíz blanco, desgranado y cocido.

[17] Papa seca o curada al sol y al hielo para que dure por muchos meses como los alimentos en conserva.

[18] Adornadas.

[19] Planta que crece en los arroyos y terrenos pantanosos de la zona andina. Tiene propiedades medicinales.

[20] El conjunto de lana esquilada o cortada de un carnero o de una oveja.

[21] Época de cortarle la lana a los animales.

[22] Manta que las mujeres indígenas usan para cubrirse los hombros y la cabeza.

[23] Franjas y rombos.

[24] Lana de vicuña, un mamífero rumiante de los Andes muy apreciado por su vellón o lana.

Un día, sentando a Pituca sobre su falda,

—Hurpillay[25] —le dijo—, mi padre, mi hermano mayor, el compadre Huan-
20 cachoqque, todos tiene su mujercita. ¿Quieres tú ser mi palomita compañera? Yo
correré el **malcco** este año, ¡ay! lo correré por ti, y, si tengo tu palabra, no habrá
venado que me dispute la carrera.

—Córrela, Pedrucha —contestó Pituca—, porque yo seré buena mujercita
para ti, pues, dormida, sueño contigo; tu nombre soplan a mi oído los **machulas**[26]
25 de otra vida; y, despierta, cuando te ausentas, me duele el corazón.

—Escupe al suelo —respondióle Pedro abrazándola, y aquel compromiso
quedó sellado así.

IV

Los maizales verde esmeralda se tornaron amarillos como el oro.

El balido de las ovejas y el bufar de los bueyes, los nidos de las palomitas,
cenizas multiplicadas en las ramas de los algarrobos, las retamas y manzanos,
anuncian en aquellos campos que ha llegado la estación del otoño: los tendales
5 se preparan para la cosecha, el agricultor suspira con inquietud codiciosa y las
indiecitas casaderas comienzan a componer las cantatas del **yaravy**[27] con el cual
han de celebrar el **malccoy**.

Es el día de la faena.

Los mayordomos, cabalgados en lomillos[28] puestos sobre los lomos de ve-
10 tusto **repasiri mayordomil**,[29] que de estos hay dos o tres en las fincas, recorren al
galope, las cabañas. Suena la bocina del indio *segunda* y pronto los prados se cubren de indios que llevan la segadera[30] y la coyunta con asa de fierro[31] lustroso.

Son los alegres afanes de la cosecha.

Terminado el recojo de las mieses, viene luego el **malccoy**.

V

Aquella vez eran las planicies de Atuncolla, en la finca de mi padre, las que
servían de teatro a las poéticas fiestas de esos buenos indios.

Comenzaron a llegar las indias acompañadas de sus hijas.

En el solar de la izquierda, llamado Tinaco, se reunieron los varones para la
5 designación de los **malccos**.

La voz unánime señaló a Pedro y a Sebastián. Este último era un indiecito
de carrillos de terebinto,[32] trenza de azabache y mirada de cernícalo.[33] En la comarca no le designaban con otro nombre que con el de Chapacucha, y tenía como
tres cosechas de más sobre la edad de Pedro.

10 Chapacucha llevaba el alma enferma: su dolor casi podía distinguirse al través de la indiferencia con la cual se adelantó de la fila cuando escuchó su nombre.

Toda la alegre comitiva se fue derecho al campo de Atuncolla.

Al salir, se cruzó entre Pedro y Sebastián este breve diálogo:

Sebastián. —¿Tienes tú novia aquí?
15 **Pedro**. —Presente y muy hermosa. ¿La tuya?

---

[25] Paloma mía.
[26] Antepasados.
[27] Canción de ausencia que ha fusionado elementos melódicos incaicos e hispánicos.
[28] Monturas muy primitivas.
[29] Caballos viejos.

[30] Hoz.
[31] Hierro.
[32] Mejillas rojas, como los frutos del árbol de ese nombre.
[33] Ave de rapiña.

Sebastián. —Duerme en el seno del Allpamama. Murió la pobre de pena cuando me llevaron en la leva[34] para servir de redoblante en el Batallón *6.°* de línea, dispersado en las alturas de Quilinquilin.

20 En aquel momento llegaron al lugar donde aguardaban las mujeres. La mirada de su madre produjo ligera reacción en el semblante de Chapacucha, y con rapidez prodigiosa quedaron, él y su contendor, adornados con **lliclla** colorada, terciada como banda, un birrete de lana de colores y ojotas[35] con tientos corredizos[36]. Se midió la distancia, la señal de la bocina sonó y los dos mancebos se lanzaron al aire como gamos perseguidos por tirano cazador.

VI

Pituca tenía el corazón en los ojos.

Llevaba pendiente del brazo una guirnalda de claveles rojos y yedra morada, como las llevaban, casi todas las mujeres para coronar al gananciaso.

Veinte pasos más, y Pedro traspasó el lindero.

5 La victoria quedó por él. Chapacucha, con calmosa indiferencia, fue el primero que abrazó a su vencedor diciéndole al oído. —¡Tuya es, pero ¡me duele por mi madre!

La algazara[37] no tuvo límites, coronas, flores y abrazos fueron para Pedrucha, a quien preocupaba un solo pensamiento. Pituca tardaba en abrazarlo por-
10 que es usanza aguardar que lo hagan los mayores. Por fin, adelantóse hermosa y risueña con la felicidad del alma, y antes que coronase las sienes de Pedrucha, vio caer a sus pies todas las flores con que aquél estaba adornado, señalándola ante la asamblea y diciendo en voz alta: —Esta es la virgen que he ganado.

Los indios tienen el corazón lleno de ternura y de generosidad; sus goces
15 se confunden íntimamente. Chapacucha y su madre olvidaron que formaban número en la contienda, y sólo pensaron en cumplimentar a la dichosa pareja, por cuya felicidad fueron todos los **yaravíes** cantados en el **malccoy**.

VII

Tres meses después, tuvimos, muy cordial, el gusto de servir de madrina de las bodas de Pituca y Pedro, en cuya celebración epitalámica podríamos escribir: Amor.

Tradiciones cuzqueñas. Leyendas, biografías y hojas sueltas. Cuzco, Perú: Universidad Nacional del Cuzco, Departamento de Extensión Cultural, 1954.

■ **Preguntas generales**

1. ¿Cómo se inició Matto de Turner en la literatura y qué preocupaciones se advierten en sus escritos tempranos?

---

[34] Reclutamiento para el servicio militar.
[35] Del quechua **ushuta:** especie de sandalia hecha de cuero o de fibra vegetal.
[36] Tira delgada de cuero sin curtir que sirve para hacer lazos, en este caso sujetar las ojotas o sandalias.

[37] El alboroto.

2. ¿Con qué figuras literarias femeninas se relacionó en Lima y por qué se las conoce? ¿Qué papel jugaron las tertulias literarias en su carrera?
3. ¿Qué ideas tenía la autora sobre la mujer y la población indígena del Perú?
4. ¿Quiénes fueron los maestros de Matto de Turner y cómo influyeron en su obra?
5. ¿Qué entiende por "indianismo" y por "indigenismo"? ¿En cuál de estas modalidades se ha situado la obra de Matto de Turner? Explique su respuesta.

■ Preguntas de análisis

1. ¿Qué les recomienda Matto de Turner a las mujeres en "Para ellas"? ¿Cómo podríamos juzgar estas recomendaciones en un contexto actual?
2. Para apoyar su punto de vista, en "Para ellas", la autora cita a Stendhal y a Rousseau. Analice estas citas y explique si está de acuerdo o no, con las ideas expresadas por estos autores.
3. ¿Cómo dice Matto de Turner que mirarán las mujeres a los hombres en el futuro y por qué la autora usa el adjetivo "exclusivista" para caracterizar el saber?
4. Según la autora, ¿qué ocurre en las fiestas tradicionales de los indígenas y cómo los representa a lo largo de "Malccoy"?
5. ¿Qué aspectos costumbristas y románticos se observan en esta leyenda? ¿Encontramos notas de protesta?
6. ¿Qué función cumplen las palabras quechuas en "Malccoy"?

■ Temas para informes escritos

1. Redes culturales femeninas: Matto de Turner, Juana Manuela Gorriti y Mercedes Cabello de Carbonera.
2. Clorinda Matto de Turner, discípula de Ricardo Palma.
3. Las ideas renovadoras de Manuel González Prada y su impacto en la obra de Matto de Turner.
4. La educación de la mujer en el siglo XIX: el ángel del hogar.
5. Las protagonistas femeninas de *Aves sin nido*.

■ Temas de reflexión y comentario

1. La Guerra del Pacífico y sus consecuencias políticas para el Perú.
2. La actividad editorial de Matto de Turner.
3. Las impresiones de Europa de Matto de Turner.
4. Difusión de la obra de Matto de Turner en el siglo XIX.
5. Realidad social y escritura femenina en la Lima decimonónica.

La realidad americana y la renovación literaria

1882–1910

CENGAGE **brain**.com

3.1 El crecimiento urbano y la nueva literatura

Durante los años comprendidos entre 1880 y 1910, la mayoría de los países hispanoamericanos experimentaron un acelerado crecimiento demográfico, especialmente en los centros urbanos, lo cual produjo profundos cambios sociales y culturales. El proceso inmigratorio y la expansión de las compañías y capitales extranjeros impulsaron decisivamente el desarrollo de esas sociedades. Al mismo tiempo, sin embargo, las nuevas fuerzas sociales —el proletariado urbano, la clase media y sus intelectuales progresistas— entraron en conflicto con una rígida estructura político-económica al servicio de la oligarquía terrateniente y de las empresas inversionistas. Así como a mediados de siglo el desgarramiento de las guerras civiles había encontrado expresión en las obras de los escritores románticos, esta nueva realidad dinámica y conflictiva haría surgir la literatura realista* y naturalista en Hispanoamérica.

3.1.1 Los modelos literarios. Éstos eran, al igual que en la época anterior, predominantemente franceses: Balzac (1779–1850), con su vigoroso y fiel retrato de la burguesía en las novelas de la serie conocida como *La Comédie humaine*; Flaubert (1821–1880), en su estudio minucioso y objetivo de los tipos humanos y el ambiente en *Madame Bovary* (1856) y *L'Education sentimentale* (1870); Zola (1840–1902), quien se caracterizó por presentar con crudo realismo la vida de las clases bajas en obras como *L'Assommoir* (1877), *Nana* (1880) y *Germinal* (1885). Esta última describe las luchas y las penurias de los trabajadores de las minas de carbón, tema que se encuentra luego en la obra del chileno Baldomero Lillo (1867–1923). El naturalismo de Zola, dirigido por su visión sociológica y su preocupación moral, tuvo una fuerte y duradera influencia sobre los escritores hispanoamericanos. Además de los citados, y de otros autores franceses como Stendhal, los Goncourt, Daudet, también les sirvieron de modelos algunos regionalistas españoles tales como José María de Pereda (1833–1906), Emilia Pardo Bazán (1851–1920) y Leopoldo Alas, "Clarín" (1852–1901), junto a Benito Pérez Galdós (1843–1920), el máximo representante del realismo español. Éste último, en novelas como *Doña Perfecta* (1876), *La de Bringas* (1884) y *Fortunata y Jacinta* (1886–1887), hizo el retrato y la crítica de la sociedad española de su tiempo. La lectura de los rusos Tolstoi, Dostoievski y del inglés Dickens fue también parte de la formación literaria de los escritores hispanoamericanos.

3.1.2 El realismo y el naturalismo tardíos. Bases filosóficas. Estos movimientos llegaron a la literatura hispanoamericana con considerable atraso, cuando ya declinaban en Europa. La mezcla de dichas corrientes, con grados distintos de naturalismo según cada autor, prevaleció en la narrativa hasta bien entrado el siglo XX. Las bases filosóficas de estos movimientos literarios se encuentran en el positivismo, corriente del cientificismo iniciada en Francia por Auguste Comte (1798–1857); el determinismo* de Hippolyte Taine (1828–1893), quien señaló la influencia decisiva que tienen la raza, el medio ambiente y el momento histórico sobre la sociedad y la cultura; y las teorías evolucionistas de Spencer y Darwin. Basadas en esas teorías, las obras de los autores hispanoamericanos se presentan como descripciones veraces y objetivas de regiones y ambientes sociales. Tanto los escritores realistas como los naturalistas, se sentían impelidos a señalar los males que aquejaban a sus pueblos y a prescribir remedios para ellos. Sin embargo, aunque unos y otros buscaban conmover, persuadir y provocar un cambio social, la actitud y los procedimientos literarios diferían. El escritor realista preservaba la fe en la libertad de sus personajes y evitaba presentarlos como seres degradados. El naturalista, en cambio, se adhería a un determinismo más rígido que lo llevaba a crear una visión pesimista de la realidad, acentuando lo feo y lo repugnante, tanto en las situaciones como en la caracterización física y moral de sus personajes.

3.2 Autores representativos

3.2.1 La transición del romanticismo al realismo en Chile.   Excelente expresión de la misma es la obra de Alberto Blest Gana (1830–1929), cuya novela *Martín Rivas* (1862) tiene, en efecto, características románticas. Esto puede verse en la conducta del protagonista y en el desenlace de la trama que revela el triunfo final del amor sobre las condiciones sociales. Al mismo tiempo, *Martín Rivas* es una novela costumbrista fuertemente influida por Balzac, donde el autor presenta la ciudad de Santiago y la sociedad chilena de 1850, recreando el lenguaje y los hábitos de pensamiento y conducta de las distintas clases sociales. En las obras de sus últimos años, como *Los transplantados* (1904), novela que trata de los hispanoamericanos que viven en París, la crítica de costumbres se expresa con decidido realismo y muestra, incluso, algunos rasgos naturalistas. A partir de la década del 80, la narrativa realista en Chile tiene, entre sus figuras representativas, a Baldomero Lillo, quien describe con despiadada objetividad las penurias de los mineros en sus cuentos de *Sub terra* (1904), y a Augusto D'Halmar (1882–1950), con su novela naturalista *Juana Lucero* (1902).

3.2.2 La influencia de Zola en Argentina.   Entre los discípulos de Zola se destaca Eugenio Cambaceres (1843–1888), cuya novela, *Sin rumbo* (1885), describe conductas brutales y patológicas. Su crítica del progreso ya refleja, sin embargo, el escepticismo de la novela moderna. Otros representantes del género son Lucio V. López (1848–1894), con *La gran aldea* (1884), obra de costumbres y crítica de la sociedad porteña, y José Miró, también conocido por el seudónimo de Julián Martel (1867–1896), quien describió, en *La Bolsa* (1890), el ambiente de especulación y la crisis financiera de 1890 en el mercado de valores de Buenos Aires. La novela naturalista alcanzó su máxima expresión artística en Argentina con la obra de Manuel Gálvez (1882–1962), autor de *Nacha Regules* (1918), cuyo tema —el de la prostitución y sus víctimas— le sirve al autor para expresar ideales de reforma social.

3.2.3 Teatro realista y novela naturalista en Uruguay.

En el teatro realista se distingue el uruguayo Florencio Sánchez (1875–1910), quien produjo y estrenó la mayoría de sus obras en Argentina. En *M'hijo el dotor* (1903), *La gringa* (1904) y *Barranca abajo* (1905) Sánchez presentó con verismo pictórico y severidad crítica tipos humanos, ambientes y conflictos sociales de ese país a comienzos del siglo XX. La influencia del naturalismo en Uruguay puede observarse en Carlos Reyles (1868–1938), autor de *Beba* (1894), novela ilustrativa del determinismo biológico-social, donde critica tanto la barbarie del campo como la hipocresía y los convencionalismos burgueses del medio urbano.

3.2.4 El realismo en Perú.

Junto a Clorinda Matto de Turner, considerada en el capítulo anterior y cuya obra ya indica la transición del romanticismo al realismo, este último movimiento está representado en Perú por Mercedes Cabello de Carbonera (1847–1909). Su novela *Blanca Sol* (1888), en la que trata de las aventuras y desventuras de una dama limeña de clase alta, es una aguda crítica a la sociedad peruana de su tiempo. Con su fuerte pintura de tipos humanos, ambientes y costumbres, esta autora documenta un período de la historia política nacional con un enfoque sociológico y moral.

3.2.5 Realismo costumbrista en Colombia.

En Colombia, el máximo representante del realismo es Tomás Carrasquilla (1858–1940), cuyo arte narrativo se afirma en el paisaje, los tipos humanos, las costumbres y tradiciones de su tierra antioqueña en obras como *Frutos de mi tierra* (1896) y *La Marquesa de Yolombó* (1928). Otros autores, comparables a Carrasquilla por su regionalismo y por su empleo de la oralidad son: Samuel Velásquez, autor de *Al pie del Ruiz* (1898) y de *Madre* (1908), Eduardo Zuleta, con *Tierra virgen* (1897), y Francisco de Paula Rendón, con *Inocencia* y *Lenguas y corazones* (1907).

3.2.6 El realismo en México, precursor de la Novela de la Revolución.

En México sobresalieron varios escritores realistas cuya obra precedió y, en alguna medida, fue precursora de la Novela de la Revolución: Emilio Rabasa (1856–1930), autor de la serie *Novelas mexicanas* (1887–1888) a la que pertenece *La bola*, donde describió el caciquismo,* la política oportunista y la burocracia corrompida del régimen de Porfirio Díaz; José López-Portillo y Rojas (1850–1923), quien denunció los vicios del caciquismo rural en *La parcela* (1898); y Federico Gamboa (1864–1939), autor de *Santa* (1903), con su pintura de escenas y personajes típicos de la sociedad mexicana, a quienes presentó como productos y víctimas del medio.

3.2.7 El naturalismo en Puerto Rico.

Puerto Rico tuvo un ilustre representante del naturalismo en Manuel Zeno Gandía (1855–1930), autor de *La charca* (1895), donde describió la degradación física y moral de un pueblo sometido a la explotación y la violencia.

3.2.8 El realismo y el naturalismo, bases de la literatura regionalista.

Estos autores sentaron las bases de la literatura regionalista de temática social que produjo, entre 1910 y 1941, novelas como las siguientes: *Los de abajo* (1915) de Mariano Azuela, testimonio de la lucha entre los distintos caudillos de la Revolución Mexicana; *Raza de bronce* (1919) de Alcides Arguedas, novela telúrica e indigenista; *La vorágine* (1924) de José Eustasio Rivera, con su evocación del mundo tropical americano y su denuncia de los abusos cometidos por las compañías explotadoras del caucho; *Don Segundo Sombra* (1926) de Ricardo Güiraldes, novela en la que se recrea el mito del gaucho; *Doña Bárbara* (1929) de Rómulo Gallegos, una representación del conflicto entre la civilización y la barbarie del cual Sarmiento había ofrecido una primera versión en *Facundo* (ver pp. 144–160); *Huasipungo* (1934) de Jorge Icaza, obra que describe, acentuando los aspectos más crueles, la impotencia del indio despojado de sus tierras; *El indio* (1935) de Gregorio López y Fuentes, donde se muestra cómo el indígena mexicano ha sido sacrificado por los caudillos de la Revolución; y *El mundo es ancho y ajeno* (1941) de Ciro Alegría, de temática parecida a la de las dos últimas, que cuenta la tragedia de una pequeña comunidad indígena violentamente expulsada de sus tierras.

3.3 El modernismo: coexistencia de estéticas opuestas

Simultáneamente con el desarrollo del realismo y el naturalismo se produjo, hacia fines del siglo XIX, otro movimiento estéticamente opuesto y de expresión poética, más que narrativa, conocido como modernismo. Las dos tendencias, que en Europa se habían dado en períodos históricos sucesivos, coexistieron en Hispanoamérica. Esto se explica, en parte, por el atraso con que se había introducido la primera de ellas. Mientras el realismo y el naturalismo reflejaban las condiciones y los conflictos político-sociales de la época en la narrativa, el modernismo dio expresión a una actitud crítica frente a los valores de la sociedad burguesa, particularmente el materialismo y la secularización de la vida, con la pérdida de la fe religiosa y de todo tipo de espiritualidad. Con características derivadas de sus propias condiciones socio-económicas y culturales, el modernismo hispanoamericano es parte de la crisis del arte, la ciencia, la religión, la política y, eventualmente, de todos los aspectos de la vida, que afectó al mundo occidental hacia el fin de siglo. En una sociedad mercantilizada que lo margina y lo desvaloriza, el poeta se siente incomprendido, cuando no víctima, sin otro recurso que el escape por la imaginación y la fantasía. Éste es, efectivamente, el tema de "El rey burgués" y "El velo de la reina Mab", dos cuentos de Rubén Darío (*Azul*). El modernismo introduce una nueva sensibilidad caracterizada por una preocupación por el estilo y por una apertura hacia lo fantástico y lo esotérico. El ocultismo fue también una de sus manifestaciones, como se observa por ejemplo, en *De sobremesa*, novela de José Asunción Silva. Aunque predominantemente poética, la obra de los modernistas tuvo una influencia decisiva en la renovación de la prosa, primeramente en el cuento y más adelante en la profundización y el enriquecimiento estilístico de la novela regionalista, en autores como José Eustacio Rivera y Ricardo Güiraldes, en cuyas obras confluyeron el realismo y el modernismo finiseculares.

3.3.1 *Parnasianismo* y simbolismo.**

El modernismo revitalizó y transformó los modos de expresión. Conservó, al mismo tiempo, preocupaciones y actitudes románticas, como el culto a la muerte y los sentimientos de descontento y melancolía. Los modernistas hispanoamericanos se inspiraron, principalmente, en dos escuelas de la nueva poesía francesa: el parnasianismo y el simbolismo. Entre los parnasianos de mayor influencia se encontraban Théophile Gautier (1811–1872), el autor de *Emaux et camées*, con su anhelo de perfección en la forma, el lema de "el arte por el arte" y el gusto por los objetos decorativos del Oriente. Gautier influyó en los primeros modernistas, particularmente en José Martí (1853–1895), Manuel Gutiérrez Nájera (1859–1895) y Julián del Casal (1863–1893), así como en Rubén Darío (1867–1916). Éstos aprendieron de él el uso de palabras que sugerían colores, joyas o piedras preciosas. En el caso de Martí, la influencia parnasiana es evidente cuando declara que "el escritor ha de pintar" y "las palabras han de ser brillantes como el oro, ligeras como el ala, sólidas como el mármol". Otro importante parnasiano fue Charles Leconte de Lisle (1818–1894) quien, en sus *Poèmes antiques* y *Poèmes barbares,* revivió los mitos griegos y las leyendas antiguas y medievales de los pueblos nórdicos de Europa. Este material erudito ejerció una gran atracción sobre Rubén Darío, quien incorporó algunos de sus temas, como el de "la espada de Argantir" y su versión del mito de Leda, en el poema "El cisne". José María de Heredia (1842–1905), primo del poeta cubano y autor de *Les trophées,* fue también uno de los parnasianos que tuvo influencia sobre los hispanoamericanos, como puede observarse en Julián del Casal. Darío siguió, además, a Catulle Mendès (1841–1909) en la evocación de gnomos y hadas en cuentos como "El rubí" y "El velo de la reina Mab".

Los modernistas adoptaron del parnasianismo el culto a la belleza, la inclinación hacia los temas históricos y la evocación de épocas pasadas. De los simbolistas aprendieron a valorar el sonido y el ritmo, siguiendo a Paul Verlaine (1844–1896), quien prescribía: "de la musique avant toute chose"; a cultivar la metáfora con Stéphane Mallarmé (1842–1898); a emplear las sinestesias* o correspondencias entre las sensaciones con Charles Baudelaire (1821–1867) y Arthur Rimbaud (1854–1891). La influencia de Verlaine, a través de su obra *Fêtes galantes,* es visible en el poema "El reino interior" de Rubén Darío, quien rindió un homenaje póstumo al venerado poeta en su "Responso a Verlaine". En la narrativa, el interés por tiempos y tierras lejanas llevó a novelistas hacia la historia de España. Tal es el caso del argentino Enrique Larreta (1875–1961), autor de *La gloria de don Ramiro* (1908), novela donde evoca la época de Felipe II.

3.3.2 Otras influencias: Poe y D'Annunzio.

Además de los autores ya citados, debe recordarse la influencia que Edgar Allan Poe (1809–1849) tuvo en José Asunción Silva (1865–1896) y el hecho de que Darío le hubiera consagrado un poema y escrito su semblanza literaria en el libro *Los raros* (1896). La narrativa modernista tuvo también por modelo, en la última década del siglo, al italiano Gabriele D'Annunzio (1863–1938). Su prosa poética fue imitada en novelas como *Ídolos rotos* (1901) del venezolano Manuel Díaz Rodríguez (1868–1927). Recordemos también que un libro de D'Annunzio, *Triunfo de la muerte,* acompañó al colombiano José Asunción Silva en el momento de suicidarse.

3.3.3 Americanismo* y mundonovismo.*

Dentro del contexto de la modernidad y de las corrientes socio-culturales que ella introdujo en el mundo occidental, el modernismo hispanoamericano tuvo carácter y objetivos propios. El escritor modernista buscaba enriquecer sus propios medios expresivos y establecer pautas artísticas más elevadas dentro del ambiente cultural de Hispanoamérica. El americanismo fue parte del espíritu modernista, desde la obra de José Martí, el luchador y mártir de la independencia cubana, hasta Rodó, con su ensayo *Ariel* (1900); y Darío, con sus *Cantos de vida y esperanza* (1905). La etapa madura del movimiento, a la que se ha dado el nombre de mundonovismo, se caracterizó por obras de tema americano, en las que se exaltaban la naturaleza y la historia de Hispanoamérica y se expresaban ideas y preocupaciones acerca de su futuro. Este americanismo se tradujo en la revitalización del idioma español como lengua literaria, en el progreso realizado hacia la autonomía cultural y en un sentimiento renovado de solidaridad continental e hispánica.

3.4 Los primeros modernistas

El primer grupo de escritores modernistas tuvo como máximos representantes a Martí, Gutiérrez Nájera, del Casal y Silva. La producción literaria de estos cuatro poetas y escritores, desaparecidos todos antes de 1896, se inició con anterioridad a la publicación de *Azul* (1888), el libro de Rubén Darío que aún recientemente se identificaba con el comienzo del modernismo. Verdad es que Darío le dio nombre al movimiento y que, desde 1896, fue su figura de mayor brillo y prestigio. No obstante, la crítica contemporánea ha corregido la tendencia a circunscribir el movimiento alrededor de la figura de Darío y ha señalado el aporte de los autores citados, así como su influencia sobre la obra del poeta nicaragüense.

3.4.1 José Martí.   Martí fue el gran creador de la prosa modernista. Encontramos esta nueva prosa rítmica, plástica y musical en los cuentos de *La Edad de Oro* (1889), en ensayos, artículos y discursos. Innovador también en el verso, el autor se destacó por su poesía rica en imágenes pictóricas, cual puede verse en *Ismaelillo* (1882), y por poemas intimistas como los de sus *Versos sencillos* (1891). Martí asimiló las nuevas corrientes literarias francesas sin subordinarse a ellas. Su sentido del deber patriótico y sus preocupaciones de orden ético y social lo alejaron del esteticismo y lo impulsaron en sus últimos años a formas de expresión cada vez más austeras.

3.4.2 Manuel Gutiérrez Nájera.   Con gracia natural de estilo y cierta inclinación al misticismo, Gutiérrez Nájera inició con sus *Cuentos frágiles* (1883) una forma narrativa que anticipa, en alguna medida, los cuentos de Darío. Fue de los primeros en profesar especial devoción por los colores, mencionándolos con frecuencia en títulos como "Musa blanca", "El hada verde" y "Crónica color de rosa". Irónicamente, a pesar de su afrancesamiento, el poeta mexicano nunca viajó fuera de su propio país. Dice de él Max Henríquez Ureña: "¡Fue un parisiense que nunca estuvo en París!"

3.4.3 Julián del Casal.   La obra de este poeta introspectivo y melancólico es ilustrativa de todos los aspectos característicos del modernismo. En ella encontramos el culto a la forma, la evocación de épocas remotas y de ambientes cortesanos, el exotismo y símbolos de belleza, como el cisne, y el empleo de palabras sugerentes de brillo y color. Estos rasgos se destacan en su segundo libro, *Nieve* (1892). Prevalecía en el poeta, sin embargo, una hipersensibilidad, una inquietud y angustia muy propias de su época, como se observa en poemas que expresan desencanto y pesimismo.

3.4.4 José Asunción Silva.   Afín a Casal en temperamento, Silva fue un poeta angustiado cuya obsesión con la muerte se revela en composiciones tales como "Día de difuntos" y "Nocturno", su obra consagratoria. La musicalidad, la métrica y el ritmo novedosos del "Nocturno" fueron emulados por poetas tan distinguidos como Darío y el peruano José Santos Chocano (1875–1934).

3.5 La segunda generación modernista. Rubén Darío

La presencia de Rubén Darío abarcó, en verdad, ambos períodos del modernismo. Se dio a conocer con *Azul*, su primer libro, en 1888. A partir de 1896, con la publicación de *Prosas profanas*, y ya desaparecidos los cuatro autores más representativos de la generación literaria anterior, Darío se volvió la figura central del movimiento.

3.5.1 *Influencia de Darío en los poetas rioplatenses.*

En Buenos Aires, donde permaneció desde 1893 hasta 1898, el nicaragüense estuvo rodeado por talentosos poetas sobre los cuales ejerció gran influencia. Tal es el caso de Leopoldo Lugones (1874–1938), cuya obra poética, especialmente la recogida en *Lunario sentimental* (1909), representa una aportación innovadora. Influido por ambos, el uruguayo Julio Herrera y Reissig (1875–1910) se identificó con las nuevas tendencias desde 1900, como se puede ver en sus ocho poemas reunidos bajo el título de *Las pascuas del tiempo*. El boliviano Ricardo Jaimes Freyre (1868–1933), quien vivió muchos años en Argentina, fue un activo y leal colaborador de Darío. Su libro *Castalia bárbara* (1897), cuyo título indica la influencia de Leconte de Lisle, lo muestra como un poeta de virtuosidad métrica y expresión exquisita.

3.5.2 *Otros modernistas. Poesía y ensayo.*

Entre los modernistas deben también incluirse al peruano José Santos Chocano, conocido por su libro *Alma América*, quien adoptó las innovaciones métricas del movimiento, así como algunos de sus símbolos y temas; y al mexicano Amado Nervo (1870–1919), autor de *La amada inmóvil*, poeta de inquietudes místicas, marcado por la angustia y el pesimismo finiseculares.

El modernismo tuvo en el uruguayo José Enrique Rodó (1871–1917), tanto un pensador de alto nivel intelectual y moral, como un fino artífice de la prosa. De acuerdo con los ideales de este movimiento, la obra de Rodó expresó una aspiración hacia valores estéticos y morales superiores. Al mismo tiempo, con clara visión hispanoamericanista, criticó los excesos de afrancesamiento de algunos poetas modernistas, así como la exagerada admiración que los jóvenes universitarios de su época sentían por los Estados Unidos. Su ensayo *Ariel* (1900) reafirmó el valor de la herencia cultural común a los pueblos hispanoamericanos y fue, asimismo, un llamado a la solidaridad que tuvo eco en todo el mundo hispánico.

3.5.3 *Superposición y mezcla de los tres movimientos literarios.*

El realismo, el naturalismo y el modernismo no sólo se superponen cronológicamente en Hispanoamérica, sino que a veces están presentes, en distintos grados, en un mismo autor a través de su obra. Darío tiene, por ejemplo, un cuento naturalista como "El fardo", y en Reyles se dan, junto al naturalismo, algunos rasgos modernistas. Estas tendencias, ya sea en sus manifestaciones más definidas como en combinaciones de distintos grados, sentaron las bases sobre las que se ha desarrollado la literatura hispanoamericana contemporánea.

3.6 Sumario

JOSÉ MARTÍ

1853, La Habana, Cuba—1895,
Dos Ríos, Cuba

© Bettmann/CORBIS

La biografía y los escritos de Martí están signados por su constante lucha por la libertad de Cuba; por su tenacidad y dedicación a este empeño ha pasado a la posteridad con el título de "Apóstol de la Independencia". A tal punto están ligados en Martí el arte y la vida que es casi imposible separarlos. A los diecisiete años, el joven fue acusado de deslealtad por el gobierno colonial, encarcelado, condenado a trabajo forzado y desterrado a España. Recogió las experiencias de esta etapa de su vida en *El presidio político en Cuba* (1871), ensayo al cual siguió *La república española ante la revolución cubana* (1873). Por su fuerza y claridad expresivas ambos trabajos anticiparon las reformas en la prosa propuestas más adelante por los modernistas.

Como el escritor y patriota Eugenio María de Hostos, también Martí aprovechó su estancia en España (1871–1874), especialmente durante la época de la Primera República (1873), para conseguir el apoyo de políticos liberales en favor de la causa independentista. Como el autor puertorriqueño, pronto el escritor cubano se desengañó y decidió continuar sus estudios de Filosofía y Letras y Derecho en las universidades de Zaragoza y Madrid. La etapa española de Martí fue muy importante en su formación, pues le permitió adquirir una sólida preparación intelectual; allá también tuvo la oportunidad de reflexionar sobre los problemas latinoamericanos y las relaciones de las jóvenes repúblicas con los Estados Unidos, el "coloso del Norte".

Después de un corto viaje a Francia, Martí se estableció en México, país donde conoció a su futura esposa, Carmen Zayas Bazán. En 1876 abandonó México a causa del triunfo del dictador Porfirio Díaz. En ese mismo año, visitó brevemente La Habana para más tarde pasar a Guatemala. En 1878, viajó de nuevo a Cuba de donde fue deportado un año después por sus actividades revolucionarias. Al año siguiente viajó a Francia y de allí a los Estados Unidos —llegó a Nueva York en enero de 1880—, para luego radicarse en Venezuela (1881) por un breve período. Participó activamente en la vida literaria de Caracas hasta que rehusó elogiar al dictador Guzmán Blanco (1870–1888), por lo cual nuevamente se vio obligado a cambiar de residencia. A partir de 1881, Martí se radicó permanentemente en Nueva York, ciudad donde escribió la mayor parte de su obra literaria y en la que mantuvo una febril actividad a favor de la causa independentista. En un pueblecito de la actual República Dominicana, Martí redactó el *Manifiesto de Montecristi,* documento donde reafirma su respeto por la libertad de ideas. Tres años después de fundar el Partido Revolucionario Cubano en Key West (1892), viajó a su patria para unirse al ejército libertador y allí murió luchando contra las tropas españolas, el 19 de mayo de 1895.

El conocimiento de Martí del "coloso del Norte", país que admiraba y cuya lengua hablaba correctamente, se profundizó aun más durante su larga residencia en Nueva York (1881–1895). Durante esos años escribió artículos y crónicas para revistas y periódicos hispanoamericanos, en particular para *La Nación* de Buenos Aires; hizo traducciones para la casa Appleton; bajo el seudónimo de Adelaida Ral publicó la novela *Amistad funesta* (1885), también conocida como *Lucía Jerez;* dio a la estampa dos poemarios, *Ismaelillo* (1882) y *Versos sencillos* (1891); fundó la revista infantil *La Edad de Oro* (1889); escribió *Versos libres* (1913) y *Flores del destierro* (1933), colecciones que vieron la luz póstumamente.

Por las imágenes novedosas, la fuerza emotiva, la sinceridad de la expresión y el ritmo poético, *Ismaelillo,* colección integrada por quince poemas que Martí dedicó a su hijo José, marcó el inicio de la renovación literaria modernista. En *Versos sencillos,* Martí empleó un metro tradicional de la lírica española, el octosílabo, para expresar sus más hondos sentimientos. Los poemas se distinguen por el diestro manejo de las imágenes cromáticas y la musicalidad de sus estrofas. *Versos libres* y *Flores del destierro* confirmaron al escritor cubano como uno de los más importantes innovadores de la poesía hispánica. Sus aportes, sin embargo, no implicaban el olvido del pasado, sino su reactualización, para lograr una forma de expresión sincera e individual, más adecuada a las transformaciones de la época moderna. En la poesía, en los artículos y en las crónicas que el autor escribió para diversos periódicos del continente, se perfilan los temas esenciales de su obra: el americanismo, la amistad, la libertad, la justicia y la dignidad humana.

Martí fue una figura igualmente clave en la renovación de la prosa castellana. Como el escritor ecuatoriano Montalvo, poseía una amplia cultura y enriquecía su obra con referencias históricas y alusiones literarias. Como dominaba varias lenguas y estaba familiarizado con los clásicos españoles (Santa Teresa, Quevedo, Cervantes, Gracián) y con los innovadores franceses (Gautier, Flaubert, Hugo, los Goncourt), combinaba el refinamiento y el colorido de los últimos con la riqueza de ideas de los primeros. El estilo impecable y la preocupación por la humanidad evidentes en los escritos martianos, así como su visión de la libertad, la dignidad y la justicia como derechos de todos, hacen del cubano un escritor universal. Revolucionaria e innovadora en múltiples aspectos, la obra de José Martí representa uno de los puntos más altos de la renovación modernista y de la literatura escrita en castellano.

■ Bibliografía mínima

Bojórquez Urzaiz, Carlos E. "Indigenous Components in the Discourse of 'Nuestra América'". *Radical History Review* 89 (2004): 206–13. Impreso.

Camacho, Jorge. "Contra el peligro: José Martí, la crítica modernista y la justificación de las políticas liberales en el siglo XIX". *MLN* 124.2 (2009): 424–37. Impreso.

Díaz-Perera, Hilda Luisa. "La página de José Martí". Web. <http://jose-marti.org/default.aspx>.

Fábregas Puig, Andrés. "Nuestra América: Identidad y cultura". *Cuadernos Americanos* 22.3 (2008): 11–21. Impreso.

Figueroa, Víctor. "Martí's Infanticides: *Ismaelillo* between the Pen and the Sword". *Latin American Literary Review* 32.63 (2004): 40–56. Impreso.

"José Martí". Portal del proyecto Ensayo Hispánico creado por José Luis Gómez-Martínez. Web. <http://www.ensayistas.org/filosofos/cuba/marti/index.htm>.

Kocher, Suzanne. "Angels and Criminals: The Representation of Women in José Martí's Love Poetry". *Confluencia: Revista Hispánica de Cultura y Literatura* 15.2 (2000): 3–16. Impreso.

Martí, José. *Ismaelillo. Versos libres. Versos sencillos.* Ed. Ivan A. Schulman. 12.ª ed. Madrid: Cátedra, 2005. Impreso.

——. *Nuestra América.* Prólogo de Juan Marinello. Selección y notas de Hugo Achúgar. Cronología de Cintio Vitier. Actualización de cronología y bibliografía: Antonio Bastardo Casañas. 3.ª ed. Caracas: Biblioteca Ayacucho, 2005. Web. <http://www.bibliotecayacucho.gob.ve/>.

——. *Obra literaria.* Prólogo, notas y cronología de Cintio Vitier. Selección y notas: Cintio Vitier y Fina García Marruz. Caracas: Biblioteca Ayacucho, 1978. Web. <http://www.bibliotecayacucho.gob.ve.>.

Montero, Oscar. *José Martí: An Introduction.* New York: Palgrave Macmillan, 2004. Impreso.

Rodríguez-Luis, Julio. *Re-Reading José Martí (1853–1895): One Hundred Years Later.* Albany, NY: State U of New York P, 1999. Impreso.

Rotker, Susana. *The American Chronicles of José Martí: Journalism and Modernity in Spanish America.* Trads. Jennifer French y Catherine Semler. Hanover, NH: UP of New England, 2000. Impreso.

Schulman, Ivan A. "José Martí". *Latin American Writers.* Eds. Carlos A. Solé y Maria Isabel Abreu. Vol. 1. New York: Scribner's, 1989. 311–319. Impreso.

——. *Vigencias: Martí y el modernismo.* La Habana: Centro de Estudios Martianos, 2005. Impreso.

Ismaelillo[1] (1882)

MI CABALLERO

Por las mañanas
Mi pequeñuelo
Me despertaba
Con un gran beso.
5 Puesto a horcajadas[2]
Sobre mi pecho,
Bridas[3] forjaba
Con mis cabellos.
Ebrio[4] él de gozo,
10 De gozo yo ebrio,

Me espoleaba[5]
Mi caballero:
¡Qué suave espuela
Sus dos pies frescos!
15 ¡Cómo reía
mi jinetuelo![6]
Y yo besaba
Sus pies pequeños,
Dos pies que caben
20 En solo un beso!

SOBRE MI HOMBRO

Ved: sentado lo llevo
Sobre mi hombro:
Oculto va, y visible
Para mí solo!
5 El me ciñe[7] las sienes
Con su redondo
Brazo, cuando a las fieras
Penas me postro:[8]—
Cuando el cabello hirsuto[9]
10 Yérguese[10] y hosco,
Cual de interna tormenta
Símbolo torvo,[11]
Como un beso que vuela

Siento en el tosco
15 Cráneo: su mano amansa
El bridón[12] loco!—
Cuando en medio del recio
Camino lóbrego,[13]
Sonrío, y desmayado
20 Del raro gozo,
La mano tiendo en busca
De amigo apoyo,—
Es que un beso invisible
Me da el hermoso
25 Niño que va sentado
Sobre mi hombro.

Versos sencillos[14] (1891)

I

Yo soy un hombre sincero
De donde crece la palma,[15]

Y antes de morirme quiero
Echar mis versos del alma.

---

[1] Hijo de Abraham y Agar, del cual se originó el pueblo ismaelita o árabe. El libro está dedicado a José, su hijo de cuatro años.
[2] Como montado a caballo, echando una pierna a cada lado.
[3] Los frenos del caballo; en este caso el niño se sujeta por medio de los cabellos del padre.
[4] Borracho, poseído por el gozo.
[5] Picar a la cabalgadura para que ande; estimular a una persona para que haga algo.
[6] Persona que cabalga; en este caso, el niño sobre el pecho del padre.

[7] Rodea.
[8] Me rindo.
[9] Disperso.
[10] Se levanta.
[11] Fiero.
[12] Caballo brioso y arrogante.
[13] Oscuro, triste.
[14] Martí escribió casi todos los poemas de esta colección en versos octosílabos, en cuartetas (abab) o redondillas (abba) de rima aconsonantada.
[15] Símbolo de Cuba, la patria lejana.

5   Yo vengo de todas partes,
Y hacia todas partes voy:
Arte soy entre las artes,
En los montes, monte soy.

Yo sé los nombres extraños
10 De las yerbas y las flores,
Y de mortales engaños,
Y de sublimes dolores.

Yo he visto en la noche oscura
Llover sobre mi cabeza
15 Los rayos de lumbre pura
De la divina belleza.

Alas nacer vi en los hombros
De las mujeres hermosas:
Y salir de los escombros,
20 Volando las mariposas.

He visto vivir a un hombre
Con el puñal al costado,
Sin decir jamás el nombre
De aquella que lo ha matado.

25   Rápida, como un reflejo,
Dos veces vi el alma, dos:
Cuando murió el pobre viejo,[16]
Cuando ella me dijo adiós.

Temblé una vez,—en la reja,
30 A la entrada de la viña,—
Cuando la bárbara abeja
Picó en la frente a mi niña.

Gocé una vez, de tal suerte
Que gocé cual nunca:—cuando
35 La sentencia de mi muerte
Leyó el alcaide llorando.

Oigo un suspiro, a través
De las tierras y la mar,

V

Si ves un monte de espumas,
Es mi verso lo que ves:
Mi verso es un monte, y es
Un abanico de plumas.

Y no es un suspiro,—es
40 Que mi hijo va a despertar.

Si dicen que del joyero
Tome la joya mejor,
Tomo a un amigo sincero
Y pongo a un lado el amor.

45   Yo he visto al águila herida
Volar al azul sereno,
Y morir en su guarida
La víbora del veneno.

Yo sé bien que cuando el mundo
50 Cede, lívido, al descanso,
Sobre el silencio profundo
Murmura el arroyo manso.

Yo he puesto la mano osada,
De horror y júbilo yerta,[17]
55 Sobre la estrella apagada
Que cayó frente a mi puerta.

Oculto en mi pecho bravo
La pena que me lo hiere:
El hijo de un pueblo esclavo
60 Vive por él, calla y muere.

Todo es hermoso y constante,
Todo es música y razón,
Y todo, como el diamante,
Antes que luz es carbón.

65   Yo sé que el necio se entierra
Con gran lujo y con gran llanto,—
Y que no hay fruta en la tierra
Como la del camposanto.[18]

Callo, y entiendo, y me quito
70 La pompa del rimador:
Cuelgo de un árbol marchito
Mi muceta[19] de doctor.

5   Mi verso es como un puñal
Que por el puño echa flor:
Mi verso es un surtidor
Que da un agua de coral.

---

[16] Se refiere a la muerte del padre.
[17] Rígida, tiesa.
[18] Cementerio.

[19] Prenda de vestir de seda o piel que cubre el pecho y la espalda y es usada en señal de distinción por prelados, doctores y licenciados.

Mi verso es de un verde claro
10 Y de un carmín encendido:
Mi verso es un ciervo herido
Que busca en el monte amparo.

VII

Para Aragón,[20] en España,
Tengo yo en mi corazón
Un lugar todo Aragón,
Franco, fiero, fiel, sin saña.[21]

5   Si quiere un tonto saber
Por qué lo tengo, le digo
Que allí tuve un buen amigo,
Que allí quise a una mujer.[22]

Allá, en la vega florida,
10 La de la heroica defensa,[23]
Por mantener lo que piensa
Juega la gente la vida.

Y si un alcalde lo aprieta
O lo enoja un rey cazurro,[24]
15 Calza la manta el baturro[25]
Y muere con su escopeta.

X

El alma trémula[30] y sola
Padece al anochecer:
Hay baile; vamos a ver
La bailarina española.

5   Han hecho bien en quitar
El banderón de la acera;
Porque si está la bandera,
No sé, yo no puedo entrar.

Mi verso al valiente agrada:
Mi verso, breve y sincero,
15 Es del vigor del acero
Con que se funde la espada.

Quiero a la tierra amarilla
Que baña el Ebro lodoso:
Quiero el Pilar[26] azuloso
20 De Lanuza[27] y de Padilla.[28]

Estimo a quien de un revés[29]
Echa por tierra a un tirano:
Lo estimo, si es un cubano;
Lo estimo, si aragonés.

25   Amo los patios sombríos
Con escaleras bordadas;
Amo las naves calladas
Y los conventos vacíos.

Amo la tierra florida,
30 Musulmana o española,
Donde rompió su corola
La poca flor de mi vida.

Ya llega la bailarina:
10 Soberbia y pálida llega:
¿Cómo dicen que es gallega?
Pues dicen mal: es divina.

Lleva un sombrero torero
Y una capa carmesí:
15 ¡Lo mismo que un alelí
Que se pusiese un sombrero!

---

[20] Martí estudió en la Universidad de Zaragoza.
[21] Enojo.
[22] Referencia a Blanca de Montalvo, su novia cuando estudiaba en Zaragoza.
[23] Se refiere a la guerra de la independencia contra los invasores franceses (1808) y especialmente al sangriento sitio de Zaragoza por las tropas de Napoleón.
[24] Arrogante.
[25] Campesino aragonés.
[26] Referencia al santuario de la Virgen del Pilar, en Zaragoza, a orillas del río Ebro.

[27] Juan de Lanuza (1510–1592): Justicia Mayor de Aragón y defensor del médico Alonso Pérez contra las acusaciones de la Inquisición y de Felipe II.
[28] Juan de Padilla (1484–1531): líder de la rebelión de los Comuneros de Castilla (1520-1522) contra Carlos I de España o V del imperio romano-germánico.
[29] Golpe.
[30] Temblorosa, agitada.

Se ve, de paso, la ceja,
Ceja de mora traidora:
Y la mirada, de mora:
20 Y como nieve la oreja.

Preludian, bajan la luz,
Y sale en bata y mantón,
La virgen de la Asunción
Bailando un baile andaluz.

25 Alza, retando, la frente;
Crúzase al hombro la manta:
En arco el brazo levanta:
Mueve despacio el pie ardiente.

Repica con los tacones
30 El tablado zalamera,[31]
Como si la tabla fuera
Tablado de corazones.

Y va el convite creciendo
En las llamas de los ojos,

35 Y el manto de flecos rojos
Se va en el aire meciendo.

Súbito, de un salto arranca:
Húrtase, se quiebra, gira:
Abre en dos la cachemira,[32]
40 Ofrece la bata blanca.

El cuerpo cede y ondea;
La boca abierta provoca;
Es una rosa la boca:
Lentamente taconea.

45 Recoge, de un débil giro,
El manto de flecos rojos:
Se va, cerrando los ojos,
Se va, como en un suspiro…

Baila muy bien la española;
50 Es blanco y rojo el mantón:
¡Vuelve, fosca,[33] a su rincón
El alma trémula y sola!

XXXIV

¡Penas! ¿quién osa[34] decir
Que tengo yo penas? Luego,
Después del rayo, y del fuego,
Tendré tiempo de sufrir.

5 Yo sé de un pesar profundo
Entre las penas sin nombres:

¡La esclavitud de los hombres
Es la gran pena del mundo!

Hay montes, y hay que subir
10 Los montes altos; ¡después
Veremos, alma, quién es
Quien te me ha puesto al morir!

XLIV

Tiene el leopardo un abrigo
En su monte seco y pardo:
Yo tengo más que el leopardo,
Porque tengo un buen amigo.

5 Duerme, como en un juguete,
La mushma[35] en su cojinete
De arce[36] del Japón: yo digo:
"No hay cojín como un amigo".

Tiene el conde su abolengo:
10 Tiene la aurora el mendigo:
Tiene ala el ave: ¡yo tengo
Allá en México un amigo![37]

Tiene el señor presidente
Un jardín con una fuente,
15 Y un tesoro en oro y trigo:
Tengo más, tengo un amigo.

---

[31] Con excesivas y afectadas demostraciones de cariño.
[32] Prenda de vestir tejida con pelo de cabra mezclada, a veces, con lana; se refiere al manto de la bailarina.
[33] Hosca, áspera, intratable.
[34] Se atreve a.
[35] Del japonés *musume*, chica joven.
[36] Cabecera o almohada hecha de la madera del arce.
[37] Referencia al mexicano Manuel Mercado, uno de sus mejores amigos.

Versos libres (1913)

COPA CON ALAS

Una copa con alas: quién la ha visto
Antes que yo? Yo ayer la vi. Subía
Con lenta majestad, como quien vierte
Óleo sagrado: y a sus bordes dulces
5 Mis regalados labios apretaba:
Ni una gota siquiera, ni una gota
Del bálsamo perdí que hubo en tu beso!

Tu cabeza de negra cabellera
—Te acuerdas?— con mi mano requería,[38]
10 Porque de mí tus labios generosos
No se apartaran. —Blanda como el beso
Que a ti me transfundía, era la suave
Atmósfera en redor:[39] la vida entera
Sentí que a mí abrazándote, abrazaba!
15 Perdí el mundo de vista, y sus ruidos
Y su envidiosa y bárbara batalla!
Una copa en los aires ascendía
Y yo, en brazos no vistos reclinado
Tras ella, asido[40] de sus dulces bordes:
20 Por el espacio azul me remontaba!

Oh amor, oh inmenso, oh acabado artista:
En rueda o riel[41] funde el herrero el hierro:
Una flor o mujer o águila o ángel
En oro o plata el joyador[42] cincela:[43]
25 Tú sólo, sólo tú, sabes el modo
De reducir el Universo a un beso!

POÉTICA

La verdad quiere cetro.[44] El verso mío
Puede, cual paje amable, ir por lujosas
Salas, de aroma vario y luces ricas,
Temblando enamorado en el cortejo
5 De una ilustre princesa o gratas nieves
Repartiendo a las damas. De espadines[45]

---

[38] Solicitar con pasión amorosa.
[39] Alrededor.
[40] Agarrado.
[41] Barra pequeña de metal.
[42] Joyero.
[43] Grabar en piedras o metales, con el cincel.

[44] Vara de oro u otro metal precioso usada por reyes y emperadores como símbolo de su autoridad.
[45] Espada de hoja estrecha y triangular, usada con ciertos uniformes.

Sabe mi verso, y de jubón[46] violeta
Y toca[47] rubia, y calza[48] acuchillada.
Sabe de vinos tibios y de amores
10 Mi verso montaraz;[49] pero el silencio
Del verdadero amor, y la espesura
De la selva prolífica prefiere:
Cuál gusta del canario, cuál del águila!

Flores del destierro (1933)

DOS PATRIAS

Dos patrias tengo yo: Cuba y la noche.
¿O son una las dos? No bien retira
su majestad el sol,[50] con largos velos
y un clavel en la mano, silenciosa
5 Cuba cual viuda triste me aparece.
¡Yo sé cuál es ese clavel sangriento
que en la mano le tiembla! Está vacío
mi pecho, destrozado está y vacío
en donde estaba el corazón. Ya es hora
10 de empezar a morir. La noche es buena
para decir adiós. La luz estorba
y la palabra humana. El universo
habla mejor que el hombre.
　　　　　Cual bandera
15 que invita a batallar, la llama roja
de la vela flamea. Las ventanas
abro, ya estrecho en mí. Muda, rompiendo
las hojas del clavel, como una nube
que enturbia el cielo, Cuba, viuda, pasa…

DOMINGO TRISTE

Las campanas, el Sol, el cielo claro
me llenan de tristeza, y en los ojos
llevo un dolor que el verso compasivo mira,
un rebelde dolor que el verso rompe
5 ¡Y es, oh mar, la gaviota pasajera
que rumbo a Cuba va sobre tus olas!

Vino a verme un amigo, y a mí mismo
me preguntó por mí; ya en mí no queda
más que un reflejo mío, como guarda

---

[46] Vestidura ajustada al cuerpo que cubría desde los hombros hasta la cintura.
[47] Especie de pañuelo con el que se cubría la cabeza.

[48] Prenda de vestir que cubría ajustadamente el muslo y la pierna.
[49] Acostumbrado a andar por los montes.
[50] Anochece.

10 la sal del mar la concha de la orilla.
Cáscara soy de mí, que en tierra ajena
gira, a la voluntad del viento huraño,[51]
vacía, sin fruta, desgarrada, rota.
Miro a los hombres como montes; miro
15 como paisajes de otro mundo, el bravo
codear,[52] el mugir,[53] el teatro ardiente
de la vida en mi torno: Ni un gusano
es ya más infeliz: ¡suyo es el aire,
y el lodo en que muere es suyo!
20 Siento la coz[54] de los caballos, siento
las ruedas de los carros; mis pedazos
palpo[55] ya no soy vivo: ¡ni lo era
cuando el barco fatal levó las anclas
que me arrancaron de la tierra mía!

Nuestra América

[Este ensayo fue publicado en el número correspondiente a enero de 1891 de la **Revista Ilustrada** *de Nueva York; apareció también en* **El Partido Liberal** *de México, el 30 de enero de 1891. Martí exhorta a los hispanoamericanos a conocerse mejor, a buscar formas de gobierno adaptables a las necesidades de los nuevos países. Al mismo tiempo, reitera su preocupación sobre las relaciones de los Estados Unidos con las nacientes repúblicas hispanoamericanas.]*

[…] Ni ¿en qué patria puede tener un hombre más orgullo que en nuestras repúblicas dolorosas de América, levantadas entre las masas mudas de indios, al ruido de pelea del libro con el cirial,[56] sobre los brazos sangrientos de un centenar de apóstoles? De factores tan descompuestos, jamás, en menos tiempo histórico,
5 se han creado naciones tan adelantadas y compactas. Cree el soberbio que la tierra fue hecha para servirle de pedestal, porque tiene la pluma fácil o la palabra de colores y acusa de incapaz e irremediable a su república nativa, porque no le dan sus selvas nuevas modo continuo de ir por el mundo de gamonal[57] famoso, guiando jacas[58] de Persia y derramando champaña. La incapacidad no está en
10 el país naciente, que pide formas que se le acomoden y grandeza útil, sino en los que quieren regir pueblos originales, de composición singular y violenta, con leyes heredadas de cuatro siglos de práctica libre en los Estados Unidos, de diecinueve siglos de monarquía en Francia. Con un decreto de Hamilton no se le para la pechada[59] al potro del llanero.[60] Con una frase de Sieyés[61] no se desestanca

---

[51] Poco amistoso.
[52] Mover los codos, dar golpes con ellos. Se refiere a la lucha por la existencia diaria.
[53] El gran ruido.
[54] Golpe de la pata de un caballo.
[55] Toco.
[56] Los candeleros altos que llevan los acólitos en algunos servicios religiosos.
[57] Terrateniente.
[58] Caballos de poca alzada.
[59] Golpe que da el jinete con el pecho del caballo.
[60] Habitante de los llanos de Venezuela y Colombia.
[61] El Abate Emmanuel Joseph Sieyés, estadista jacobino y miembro de la Asamblea Nacional que le dio su primera constitución a Francia en 1791.

15 la sangre cuajada de la raza india. A lo que es, allí donde se gobierna, hay que atender para gobernar bien: y el buen gobernante en América no es el que sabe cómo se gobierna el alemán o el francés, sino el que sabe con qué elementos está hecho su país, y cómo puede ir guiándolos en junto, para llegar, por métodos e instituciones nacidas del país mismo, a aquel estado apetecible, donde cada hom-

20 bre se conoce y ejerce, y disfrutan todos de la abundancia que la Naturaleza puso para todos en el pueblo que fecundan con su trabajo y defienden con sus vidas. El gobierno ha de nacer del país. El espíritu del gobierno ha de ser el del país. La forma del gobierno ha de avenirse[62] a la constitución propia del país. El gobierno no es más que el equilibrio de los elementos naturales del país.

25   Por eso el libro importado ha sido vencido en América por el hombre natural. Los hombres naturales han vencido a los letrados artificiales. El mestizo autóctono[63] ha vencido al criollo exótico.[64] No hay batalla entre la civilización y la barbarie, sino entre la falsa erudición y la naturaleza. El hombre natural es bueno y acata[65] y premia la inteligencia superior, mientras ésta no se vale de su su-

30 misión para dañarle, o le ofende prescindiendo de él, que es cosa que no perdona el hombre natural, dispuesto a recobrar por la fuerza el respeto de quien le hiere la susceptibilidad o le perjudica el interés. Por esta conformidad con los elementos naturales desdeñados han subido los tiranos de América al poder; y han caído en cuanto les hicieron traición. Las repúblicas han purgado[66] en las tiranías su

35 incapacidad para conocer los elementos verdaderos del país, derivar de ellos la forma de gobierno y gobernar con ellos. Gobernante, en un pueblo nuevo, quiere decir creador.

     En pueblos compuestos de elementos cultos e incultos, los incultos gobernarán, por su hábito de agredir y resolver las dudas con su mano, allí donde los

40 cultos no aprendan el arte del gobierno. La masa inculta es perezosa, y tímida en las cosas de la inteligencia, y quiere que la gobiernen bien; pero si el gobierno le lastima, se lo sacude y gobierna ella. ¿Cómo han de salir de las universidades los gobernantes, si no hay universidad en América donde se enseñe lo rudimentario del arte del gobierno, que es el análisis de los elementos peculiares de

45 los pueblos de América? A adivinar salen los jóvenes al mundo, con antiparras[67] yankees o francesas, y aspiran a dirigir un pueblo que no conocen. En la carrera de la política habría de negarse la entrada a los que desconocen los rudimentos de la política. El premio de los certámenes no ha de ser para la mejor oda, sino para el mejor estudio de los factores del país en que se vive. En el periódico, en

50 la cátedra, en la academia, debe llevarse adelante el estudio de los factores reales del país. Conocerlos basta, sin vendas ni ambages[68]; porque el que pone de lado, por voluntad u olvido, una parte de la verdad, cae a la larga por la verdad que le faltó, que crece en la negligencia, y derriba lo que se levanta sin ella. Resolver el problema después de conocer sus elementos es más fácil que resolver el pro-

55 blema sin conocerlos. Viene el hombre natural, indignado y fuerte, y derriba la justicia acumulada de los libros, porque no se la administra en acuerdo con las necesidades patentes del país. Conocer es resolver. Conocer el país, y gobernarlo

---

[62] Adaptarse.
[63] Nativo del lugar.
[64] Extranjerizante.
[65] Obedece.

[66] Sufrido.
[67] Anteojos.
[68] Rodeos, circunloquios.

conforme al conocimiento, es el único modo de librarlo de tiranías. La universidad europea ha de ceder a la universidad americana. La historia de América, de
60 los incas acá, ha de enseñarse al dedillo,[69] aunque no se enseñe la de los arcon-
tes[70] de Grecia. Nuestra Grecia es preferible a la Grecia que no es nuestra. Nos es
más necesaria. Los políticos nacionales han de reemplazar a los políticos exóticos.
Injértese[71] en nuestras repúblicas el mundo; pero el tronco ha de ser el de nuestras repúblicas. Y calle el pedante vencido; que no hay patria en que pueda tener
65 el hombre más orgullo que en nuestras dolorosas repúblicas americanas.

Con los pies en el rosario, la cabeza blanca y el cuerpo pinto[72] de indio y
criollo, vinimos, denodados,[73] al mundo de las naciones. Con el estandarte de la
Virgen salimos a la conquista de la libertad. Un cura,[74] unos cuantos tenientes y
una mujer alzan en México la república, en hombros de los indios. Un canónigo
70 español,[75] a la sombra de su capa, instruye en la libertad francesa a unos cuantos
bachilleres magníficos, que ponen de jefe de Centro América contra España al general de España. Con los hábitos monárquicos, y el sol por pecho, se echaron a levantar pueblos los venezolanos por el Norte y los argentinos por el Sur. Cuando
los dos héroes chocaron,[76] y el continente iba a temblar, uno, que no fue el menos
75 grande, volvió riendas.[77] Y como el heroísmo en la paz es más escaso, porque
es menos glorioso que el de la guerra; como al hombre le es más fácil morir con
honra que pensar con orden; como gobernar con los sentimientos exaltados y
unánimes es más hacedero[78] que dirigir, después de la pelea, los pensamientos
diversos, arrogantes, exóticos o ambiciosos; […] como la constitución jerárquica
80 de las colonias resistía la organización democrática de la República, o las capitales de corbatín dejaban en el zaguán[79] al campo de bota de potro, o los redento-
res bibliógenos[80] no entendieron que la revolución que triunfó con el alma de la
tierra, desatada a la voz del salvador, con el alma de la tierra había de gobernar,
y no contra ella ni sin ella, entró a padecer América, y padece, de la fatiga de
85 acomodación entre los elementos discordantes y hostiles que heredó de un co-
lonizador despótico y avieso,[81] y las ideas y formas importadas que han venido
retardando, por su falta de realidad local, el gobierno lógico.[…] El problema de
la independencia no era el cambio de formas, sino el cambio de espíritu.

[69] Enseñarse muy bien.
[70] Magistrados.
[71] Cuando una parte de una planta con una o
más yemas se suelda al patrón; en este caso, el
patrón, la base, son las repúblicas americanas;
las culturas ajenas serían lo injertado o
añadido.
[72] De varios colores.
[73] Atrevidos.
[74] Referencia a Miguel Hidalgo y Costilla (1753–
1811), sacerdote que dio inicio a las luchas por
la independencia de México con el Grito de
Dolores (15 de setiembre de 1810), en la ciudad
del mismo nombre.
[75] Alusión al sacerdote José María Castilla
(¿México, 1785–Madrid, 1848?); de familia
española, que desempeñó un papel importante

en promover la educación, la afirmación de la
igualdad entre los ciudadanos en Guatemala y
la unión entre los países centroamericanos.
[76] Se refiere a José de San Martín (1778–1850)
quien después de la famosa entrevista de
Guayaquil (1822), generosamente dejó en
manos de Bolívar el mando militar de las
tropas independentistas. San Martín se expatrió
a Francia y allí murió.
[77] Se retiró.
[78] Provechoso.
[79] Entrada de una casa inmediata a la puerta
principal.
[80] Con sabiduría adquirida mediante la lectura
de libros.
[81] Torcido, mal inclinado.

Con los oprimidos había que hacer causa común, para afianzar el sistema
90 opuesto a los intereses y hábitos de mando de los opresores. El tigre, espantado
del fogonazo,[82] vuelve de noche al lugar de la presa. Muere echando llamas por
los ojos y con las zarpas[83] al aire. No se le oye venir, sino que viene con zarpas
de terciopelo. Cuando la presa despierta, tiene al tigre encima. La colonia continuó viviendo en la república; y nuestra América se está salvando de sus grandes
95 yerros[84]—de la soberbia de las ciudades capitales, del triunfo ciego de los campesinos desdeñados, de la importación excesiva de las ideas y fórmulas ajenas, del
desdén inicuo e impolítico de la raza aborigen— por la virtud superior, abonada
con sangre necesaria, de la república que lucha contra la colonia. El tigre espera,
detrás de cada árbol, acurrucado[85] en cada esquina. Morirá, con las zarpas al aire,
100 echando llamas por los ojos.
[…] Éramos una visión, con el pecho de atleta, las manos de petimetre[86] y la
frente de niño. Éramos una máscara, con los calzones de Inglaterra, el chaleco parisiense, el chaquetón de Norteamérica y la montera de España. El indio, mudo,
nos daba vueltas alrededor, y se iba al monte, a la cumbre del monte, a bautizar
105 a sus hijos. El negro, oteado,[87] cantaba en la noche la música de su corazón, solo
y desconocido, entre las olas y las fieras. El campesino, el creador, se revolvía,
ciego de indignación, contra la ciudad desdeñosa, contra su criatura. Éramos charreteras[88] y togas,[89] en países que venían al mundo con la alpargata en los pies
y la vincha[90] en la cabeza. El genio hubiera estado en hermanar, con la caridad
110 del corazón y con el atrevimiento de los fundadores, la vincha y la toga; en de-
sestancar al indio; en ir haciendo lado[91] al negro suficiente; en ajustar la libertad
al cuerpo de los que se alzaron y vencieron por ella. Nos quedó el oidor,[92] y el
general, y el letrado, y el prebendado.[93] […] Los jóvenes de América se ponen la
camisa al codo, hunden las manos en la masa, y la levantan con la levadura de su
115 sudor. Entienden que se imita demasiado, y que la salvación está en crear. Crear
es la palabra de pase de esta generación. El vino, de plátano; y si sale agrio, ¡es
nuestro vino! […] En pie, con los ojos alegres de los trabajadores, se saludan, de
un pueblo a otro, los hombres nuevos americanos. Surgen los estadistas naturales
del estudio directo de la Naturaleza. Leen para aplicar, pero no para copiar. Los
120 economistas estudian la dificultad en sus orígenes. Los oradores empiezan a ser
sobrios. Los dramaturgos traen los caracteres nativos a la escena. Las academias
discuten temas viables. La poesía se corta la melena zorrillesca y cuelga del árbol glorioso el chaleco colorado.[94] La prosa, centelleante y cernida, va cargada de
idea. Los gobernadores, en las repúblicas de indios, aprenden indio.

---

[82] Llama que resulta de un disparo.
[83] La 'mano' de ciertos animales.
[84] Errores.
[85] Encogido.
[86] Persona preocupada de su apariencia y de
seguir las modas.
[87] Espiado.
[88] Divisa militar en forma de pala que se sujeta
al hombro y de la cual cuelga un fleco.
[89] Traje de ceremonia que los magistrados,
letrados y catedráticos usan sobre el ordinario.

[90] Voz de origen quechua; es la cinta o pañuelo
grueso usado por los indígenas andinos para
ceñirse la frente.
[91] Dándole lugar.
[92] Juez.
[93] Canónigo o racionero de la Iglesia catedral o
colegial.
[94] Referencia a dos escritores románticos, el
español Zorrilla y el francés Gautier.

125 [...] Otras [repúblicas] acendran,[95] con el espíritu épico de la independencia amenazada, el carácter viril. Otras crían, en la guerra rapaz contra el vecino, la soldadesca que puede devorarlas. Pero otro peligro corre, acaso, nuestra América, que no le viene de sí, sino de la diferencia de orígenes, métodos e intereses entre los dos factores continentales, y es la hora próxima en que se le acerque,
130 demandando relaciones íntimas, un pueblo emprendedor y pujante que la desconoce y la desdeña.[96] [...] El desdén del vecino formidable, que no la conoce, es el peligro mayor de nuestra América; y urge, porque el día de la visita está próximo, que el vecino la conozca, la conozca pronto, para que no la desdeñe. Por ignorancia llegaría, tal vez, a poner en ella la codicia. Por el respeto, luego que la
135 conociese, sacaría de ella las manos. Se ha de tener fe en lo mejor del hombre y desconfiar de lo peor de él. Hay que dar ocasión a lo mejor para que se revele y prevalezca sobre lo peor. Si no, lo peor prevalece. [...]

No hay odio de razas, porque no hay razas. Los pensadores canijos,[97] los pensadores de lámparas, enhebran y recalientan las razas de librería, que el via-
140 jero justo y el observador cordial buscan en vano en la justicia de la Naturaleza, donde resalta, en el amor victorioso y el apetito turbulento, la identidad universal del hombre. El alma emana, igual y eterna, de los cuerpos diversos en forma y en color. Peca contra la Humanidad el que fomente y propague la oposición y el odio de las razas. [...] Pensar es servir. Ni ha de suponerse, por antipatía de
145 aldea, una maldad ingénita[98] y fatal al pueblo rubio del continente, porque no habla nuestro idioma, ni ve la casa como nosotros la vemos, ni se nos parece en sus lacras políticas, que son diferentes de las nuestras; ni tiene en mucho a los hombres biliosos[99] y trigueños,[100] ni mira caritativo, desde su eminencia aún mal segura, a los que, con menos favor de la Historia, suben a tramos heroicos la vía de
150 las repúblicas; ni se han de esconder los datos patentes del problema que puede resolverse, para la paz de los siglos, con el estudio oportuno y la unión tácita y urgente del alma continental. ¡Porque ya suena el himno unánime; la generación actual lleva a cuestas, por el camino abonado por los padres sublimes, la América trabajadora; del Bravo a Magallanes,[101] sentado en el lomo del cóndor, regó el
155 Gran Semí,[102] por las naciones románticas del continente y por las islas dolorosas del mar, la semilla de la América nueva!

■ Preguntas generales

1. ¿Por qué se le ha llamado a Martí el "Apóstol de la Independencia"?
2. ¿Cómo se caracteriza la etapa española de Martí?
3. ¿Por qué se ha dicho que la estancia de Martí en Nueva York fue decisiva para su obra?
4. ¿Qué tipo de renovación literaria propone la obra martiana?
5. ¿Cuáles son los temas principales de los escritos de José Martí y cómo están ligados a su cosmovisión?

---

[95] Depurar, dejar sin mancha.
[96] Martí siempre se preocupó por las relaciones interamericanas.
[97] Débiles.
[98] Maldad propia de una persona.

[99] Temperamento pronto al enojo.
[100] De piel oscura.
[101] Del río Bravo (Grande) al Estrecho de Magallanes.
[102] Alusión a una deidad taína.

■ Preguntas de análisis

1. ¿Qué simbolizan los montes, las alas y el brillante en la lírica de Martí?
2. ¿Cuál es la importancia de *Ismaelillo*? Analice "Sobre mi hombro" y explique cómo se alivia el sufrimiento que comunica la voz poética.
3. ¿De qué modo el apartado V de *Versos sencillos* ilustra la influencia parnasiana sobre el ideario estético de Martí?
4. ¿Cuáles son los recursos modernistas más sobresalientes de "La bailarina española" (apartado X) en *Versos sencillos*?
5. En el apartado XLIV de *Versos sencillos* la voz poética habla de la amistad. ¿De qué imágenes se vale para caracterizarla y cuál es la enseñanza ética que se desprende de estos versos?
6. ¿Qué momento describe la voz poética en "Copa con alas" y cómo se transforma a través de esa experiencia? ¿Cómo caracteriza su verso en "Poética"?
7. Tanto "Dos patrias" como "Domingo triste" se centran en el tema del exilio. Explique cómo se diferencia la presentación del tema en ambas composiciones.
8. ¿Cuáles son las preocupaciones centrales de Martí en "Nuestra América"? ¿Qué entiende el autor por "hombre natural"? ¿Qué critica o ve como una amenaza? ¿Cuál es la relevancia actual de este ensayo? Explique su respuesta.

■ Temas para informes escritos

1. Martí y las actividades políticas de su juventud.
2. Análisis temático de *Amistad funesta*.
3. Martí periodista.
4. Hostos y Martí: sus ideas sobre el futuro de las Antillas.
5. *La Edad de Oro, ¿*revista infantil?

■ Temas de reflexión y comentario

1. Martí y su visión de las relaciones entre las repúblicas hispanoamericanas y los Estados Unidos.
2. Los fundamentos de la "América nueva" según José Martí.
3. "El vino, de plátano; y si sale agrio, ¡es nuestro vino!", pertinencia de esta idea martiana.
4. Martí, cronista, en *Escenas norteamericanas*.
5. Martí ante España.

MANUEL GUTIÉRREZ NÁJERA

1859–1895, Ciudad de México, México

Manuel Gutiérrez Nájera fue uno de los modernistas más afrancesados; sin embargo, nunca visitó Francia ni viajó fuera de México. De niño leyó a los místicos españoles, compuso versos, aprendió francés, latín e inglés y adquirió gusto por la lectura. Se inició en la carrera periodística a los dieciséis años; como era costumbre, firmó sus artículos con seudónimos y usó más de cuarenta, entre ellos: Monsieur Can Can, el Duque Job, Puck. Escribió crónicas, cuentos y poemas recopilados en cuarenta volúmenes después de su fallecimiento. Sin embargo, a pesar de su abundante producción literaria, en vida del autor sólo apareció una obra suya: la innovadora colección *Cuentos frágiles* (1883). El refinamiento de estos relatos muestra cómo manejaba el escritor mexicano la llamada "prosa parisiense", llena de gracia, humor y elegancia. La primera colección de sus poemas apareció en 1896, un año después de su muerte.

Los escritos de Gutiérrez Nájera revelan una búsqueda constante de la belleza, la elegancia y la perfección por parte del poeta, cuentista y cronista mexicano. La lectura de autores franceses, cuyas ideas muchas veces estaban en conflicto con su fe religiosa, lo afectó profundamente; quizá por eso el pesimismo y la tristeza sean temas constantes de su obra. Estas pugnas se manifiestan incluso en el seudónimo favorito del autor, "el Duque Job": el aristócrata que puede sufrir pacientemente. Con Carlos Díaz Dufoo fundó, en 1894, la *Revista Azul,* la primera publicación modernista de México, donde colaboraron poetas de la talla de Amado Nervo y Salvador Díaz Mirón.

Los poemas de Gutiérrez Nájera integran el tono desesperanzado y angustioso de los románticos al culto de la forma y la belleza característico de la escuela modernista. Así, en los escritos del autor mexicano se observa tanto la influencia de los románticos franceses (Hugo, Musset, de Nerval), como la de los poetas parnasianos (Laconte de Lisle, Heredia). De los últimos aprendió a crear imágenes audaces y plásticas, el sentido de la musicalidad y el ritmo, así como el empleo de los colores (cromatismo*), especialmente el del blanco, para expresar las emociones. Los temas más frecuentes de su obra son la búsqueda de la fe, la muerte, el amor imposible, la tristeza y la preocupación por los desvalidos.

La prosa de Gutiérrez Nájera presenta características más innovadoras que su poesía. Con el auge del periodismo, introdujo en México la crónica, comentario breve de un suceso, un acontecimiento social, un nuevo libro o la semblanza de un personaje actual, donde predominan la elegancia de la forma, el tono subjetivo y el humor sutil. Asimismo, los primeros cuentos de Gutiérrez Nájera presentan las características que el género desarrollará durante el apogeo modernista: descripción de ambientes, lujo verbal, hondo lirismo, matiz melancólico, papel secundario de la anécdota. Artista hipersensible, el escritor mexicano creó una exquisita prosa poética por medio de la cual logró captar diversos escenarios y emociones. Sus cuentos ofrecen un delicado equilibrio donde la elegancia, el refinamiento y diversos recursos estilísticos (el cromatismo y la musicalidad) muestran la angustia del artista, así como sus esfuerzos por representar lo bello a través de la palabra. Más tarde, la estética renovadora cultivada por Martí y Gutiérrez Nájera, miembros de la primera generación de autores modernistas, se manifestaría en toda su perfección en la prosa y en la poesía de Rubén Darío, el maestro modernista por excelencia.

■ Bibliografía mínima

González, Aníbal. "Manuel Gutiérrez Nájera, clásico de la modernidad mexicana". *La República de las Letras: Asomos a la cultura escrita del México decimonónico. III. Galería de escritores.* Eds. Belem Clark de Lara y Elisa Speckman. México, D. F.: Universidad Nacional Autónoma de México, 2005. 455–68. Impreso.

——. *A Companion to Spanish American Modernismo.* Londres: Tamesis, 2007. Impreso.

Gutiérrez, José Ismael. *Manuel Gutiérrez Nájera y sus cuentos: De la crónica periodística al relato de ficción.* New York: Peter Lang, 1999. Impreso.

Gutiérrez Nájera, Manuel. *Cuentos.* Ed. José María Martínez. Madrid: Cátedra, 2006. Impreso.

——. *Poesía.* Prólogo de Justo Sierra. Edición. y presentación de Ángel Muñoz Fernández. México, D. F.: Factoría Ediciones, 2000. Impreso.

——. *La música y el instante.* Prólogo de Óscar Rodríguez Ortiz. Caracas: Biblioteca Ayacucho, 2003. Web. <http://www.bibliotecayacucho.gob.ve/>.

Martínez, José María. "Entre la lámpara y el espejo: la imaginación modernista de Manuel Gutiérrez Nájera". *Revista Canadiense de Estudios Hispánicos* 32.2 (2008): 247–69. Impreso.

——. "Un duque en la corte del Rey Burguñés: Positivismo y porfirismo en Manuel Gutiérrez Nájera". *Bulletin of Spanish Studies: Hispanic Studies and Researches on Spain, Portugal, and Latin America* 84.2 (2007): 207–21. Impreso.

Salvador, Álvaro. "Manuel Gutiérrez Nájera: de la ciudad de los palacios a la ciudad cosmopolita". *La ciudad imaginaria.* Ed. Javier de Navascues. Madrid/Fráncfort: Iberoamericana/Vervuert, 2007. 293–304. Impreso.

Schulman, Ivan A. "Manuel Gutiérrez Nájera". *Latin American Writers.* Eds. Carlos A. Solé y Maria Isabel Abreu. Vol. 1. New York: Scribner's, 1989. 351–57. Impreso.

Vera, Catherine. "Los niños y el mensaje social en tres cuentos de Manuel Gutiérrez Nájera". *Explicación de Textos Literarios* 6.1 (1977): 69–72. Impreso.

Poesías (1896)

PARA ENTONCES[1]

Quiero morir cuando decline el día
en alta mar y con la cara al cielo;
donde parezca un sueño la agonía,
y el alma, un ave que remonta el vuelo.

5   No escuchar en los últimos instantes,
ya con el cielo y con la mar a solas,
más voces ni plegarias sollozantes
que el majestuoso tumbo[2] de las olas.

Morir cuando la luz triste retira
10 sus áureas redes de la onda verde,
y ser como ese sol que lento expira;
algo muy luminoso que se pierde.

Morir, y joven; antes que destruya
el tiempo aleve[3] la gentil corona,
15 cuando la vida dice aún: "soy tuya",
¡aunque sepamos bien que nos traiciona!

LA DUQUESA JOB[4]

En dulce charla de sobremesa,
mientras devoro fresa tras fresa,
y abajo ronca tu perro Bob,
te haré el retrato de la duquesa
5   que adora a veces el duque Job.[5]

No es la condesa que Villasana[6]
caricatura, ni la poblana[7]
de enagua roja, que Prieto[8] amó;
no es la criadita de pies nudosos,
10 ni la que sueña con los gomosos[9]
y con los gallos de Micoló.[10]

---

[1] Versos endecasílabos con rima consonante ABAB.
[2] Ondulación de las olas del mar.
[3] Traidor.
[4] La esposa del poeta. Los versos se agrupan en quintetos decasílabos (AABAB) y sextetos (AABCCB).
[5] Seudónimo del poeta.
[6] José María de Villasana (1848–1904): periodista y caricaturista mexicano. Escribió numerosos "cuadros de costumbres".
[7] Mujer de Puebla, un estado de la República de México, o que usa el traje de esa zona.

[8] Guillermo Prieto (1818–1897): político y escritor mexicano que gustaba de la poesía popular.
[9] Jóvenes de la clase alta mexicana que se peinaban con un fijador de cabello espeso; imitaban a los dandies ingleses, admirados por su extrema elegancia en el vestir.
[10] Micoló: famosa peluquería regentada por un francés de ese nombre. Los "gallos" puede referirse a un estilo de peinado de moda entonces.

Mi duquesita, la que me adora,
no tiene humos de gran señora:
es la griseta de Paul de Kock.[11]
15 No baila *Boston*,[12] y desconoce
de las carreras el alto goce,
y los placeres del *five o'clock*.[13]

Pero ni el sueño de algún poeta,
ni los querubes que vio Jacob,[14]
20 fueron tan bellos cual la coqueta
de ojitos verdes, rubia griseta,
que adora a veces el duque Job.

Si pisa alfombras, no es en su casa;
si por Plateros[15] alegre pasa
25 y la saluda Madame Marnat,[16]
no es, sin disputa, porque la vista;
sí porque a casa de otra modista
desde temprano rápida va.

No tiene alhajas mi duquesita;
30 pero es tan guapa, y es tan bonita,
y tiene un cuerpo tan *v'lan*, tan *pschutt*,[17]
de tal manera trasciende a Francia,
que no la igualan en elegancia
ni las clientes de Hélène Kossut.[18]

35 Desde las puertas de la Sorpresa[19]
hasta la esquina del Jockey Club,[20]
no hay española, *yankee* o francesa,
ni más bonita, ni más traviesa
que la duquesa del duque Job.

40 ¡Cómo resuena su taconeo
en las baldosas! ¡Con qué meneo
luce su talle de tentación!
¡Con qué airecito de aristocracia
mira a los hombres, y con qué gracia
45 frunce los labios!—¡Mimí Pinson![21]

---

[11] Obrera coqueta de París en las obras del escritor francés Paul de Kock (1794–1871).

[12] Baile muy parecido al vals.

[13] Reunión donde se toma el té a las cinco de la tarde.

[14] Alusión al personaje bíblico que en sueños vio a los ángeles bajar y subir del cielo a la tierra.

[15] Calle de la ciudad de México.

[16] Aclamada modista francesa residente en México.

[17] Interjecciones onomatopéyicas francesas usadas por la clase alta mexicana para manifestar admiración por la duquesita.

[18] Modista francesa.

[19] Almacén mexicano.

[20] Lugar de reunión de la aristocracia porfiriana.

[21] Modista, heroína de un cuento. *Mademoiselle Mimi Pinson: Profil de grisette* (1845), del autor romántico francés Alfred de Musset (1810–1857).

Si alguien la alcanza, si la requiebra,[22]
ella, ligera como una cebra,
sigue camino del almacén;
pero ¡ay del tuno[23] si alarga el brazo!
50 ¡nadie le salva del sombrillazo
que le descarga sobre la sien!

¡No hay en el mundo mujer más linda!
Pie de andaluza, boca de guinda,
esprit rociado de Veuve Clicquot;[24]
55 talle de avispa, cutis de ala,
ojos traviesos de colegiala
como los ojos de Louise Théo![25]

Ágil, nerviosa, blanca, delgada,
media de seda bien estirada,
60 gola[26] de encaje, corsé de ¡crac!,
nariz pequeña, garbosa, cuca,[27]
y palpitantes sobre la nuca
rizos tan rubios como el coñac.

Sus ojos verdes bailan el tango;
65 ¡nada hay más bello que el arremango[28]
provocativo de su nariz!
Por ser tan joven y tan bonita,
cual mi sedosa, blanca gatita,
diera sus pajes la emperatriz.

70 ¡Ah! tú no has visto cuando se peina,
sobre sus hombros de rosa reina
caer los rizos en profusión.
¡Tú no has oído qué alegre canta,
mientras sus brazos y su garganta
75 de fresca espuma cubre el jabón!

¡Y los domingos! … ¡Con qué alegría
oye en su lecho bullir el día
y hasta las nueve quieta se está!
¡Cuál se acurruca[29] la perezosa,
80 bajo la colcha color de rosa,
mientras a misa la criada va!

La breve cofia[30] de blanco encaje
cubre sus rizos, el limpio traje

---

[22] Le cierra el paso.
[23] Pícaro; originalmente del joven que pertenecía a la "tuna", grupo musical estudiantil.
[24] Marca de champaña francesa.
[25] Cantante francesa de opereta.

[26] Adorno de encaje en el cuello.
[27] Mujer graciosa y muy arreglada.
[28] La forma levantada.
[29] Se coloca con gracia.
[30] Gorro pequeño.

aguarda encima del canapé;[31]
85 altas, lustrosas y pequeñitas,
sus puntas muestran las dos botitas,
abandonadas del catre al pie.

Después, ligera, del lecho brinca.[32]
¡Oh, quién la viera cuando se hinca[33]
90 blanca y esbelta sobre el colchón!
¿Qué valen junto de tanta gracia
las niñas ricas, la aristocracia,
ni mis amigas de cotillón?[34]

Toco; se viste; me abre; almorzamos;
95 con apetito los dos tomamos
un par de huevos y un buen *beefsteak*,
media botella de rico vino,
y en coche juntos, vamos camino
del pintoresco Chapultepec.[35]

100 Desde las puertas de la Sorpresa
hasta la esquina del Jockey Club,
no hay española, *yankee* o francesa,
ni más bonita ni más traviesa
que la duquesa del duque Job.

DE BLANCO[36]

¿Qué cosa más blanca que cándido lirio?
¿Qué cosa más pura que místico cirio?
¿Qué cosa más casta que tierno azahar?
¿Qué cosa más virgen que leve neblina?
5 ¿Qué cosa más santa que el ara divina
de gótico altar?

¡De blancas palomas el aire se puebla;
con túnica blanca, tejida de niebla,
se envuelve a lo lejos feudal torreón;
10 erguida[37] en el huerto la trémula acacia
al soplo del viento sacude con gracia
su níveo pompón![38]

¿No ves en el monte la nieve que albea?[39]
La torre muy blanca domina la aldea,

---

[31] Tipo de sofá elegante que tiene acolchado el asiento y el respaldar.
[32] Salta.
[33] Se arrodilla.
[34] Con quienes conversa y chismea.
[35] Parque de la ciudad de México.
[36] A excepción de los versos seis y doce, de seis sílabas (pie quebrado), las estrofas son de seis versos de doce sílabas. La rima es consonante siguiendo el patrón AABCCB.
[37] Levantada.
[38] Alusión a una flor de acacia blanca.
[39] Nieve brillosa de tan blanca.

15 las tiernas ovejas triscando[40] se van,
   de cisnes intactos el lago se llena,
   columpia su copa la enhiesta[41] azucena,
   y su ánfora[42] inmensa levanta el volcán.

          Entremos al templo: la hostia fulgura;[43]
20 de nieve parecen las canas del cura,
   vestido con alba de lino sutil;
   cien niñas hermosas ocupan las bancas,
   y todas vestidas con túnicas blancas
   en ramos ofrecen las flores de abril.

25   Subamos al coro: la Virgen propicia
   escucha los rezos de casta novicia,
   y el Cristo de mármol expira en la cruz;
   sin mancha se yerguen[44] las velas de cera;
   de encaje es la tenue cortina ligera
30 que ya transparenta del alba[45] la luz.

          Bajemos al campo: tumulto de plumas
   parece el arroyo de blancas espumas
   que quieren, cantando, correr y saltar;
   su airosa mantilla de fresca neblina
35 terció la montaña; la vela latina
   de barca ligera se pierde en el mar.

          Ya salta del lecho la joven hermosa,
   y el agua refresca sus hombros de diosa,
   sus brazos ebúrneos,[46] su cuello gentil;
40 cantando y risueña se ciñe la enagua,
   y trémulas brillan las gotas de agua
   en su árabe peine de blanco marfil.

          ¡Oh mármol! ¡Oh nieves! ¡Oh inmensa blancura
   que esparces doquiera[47] tu casta hermosura!
45 ¡Oh tímida virgen! ¡Oh casta vestal![48]
   Tú estás en la estatua de eterna belleza;
   de tu hábito blanco nació la pureza,
   ¡al ángel das alas, sudario[49] al mortal!

          Tú cubres al niño que llega a la vida,
50 coronas las sienes de fiel prometida,
   al paje revistes de rico tisú.[50]

---

[40] Retozando.
[41] Levantada, derecha.
[42] Vasija, cántaro.
[43] Brilla.
[44] Se levantan.
[45] De la mañana.
[46] Blancos como el marfil.

[47] Llevas a todos los sitios.
[48] Se decía de las doncellas romanas consagradas a la diosa Vesta.
[49] Tela con la que se envuelve el cuerpo de los difuntos.
[50] Tela de seda entretejida con hilos de oro o plata.

¡Qué blancas son, reinas, los mantos de armiño!
¡Qué blanca es, ¡oh madres! la cuna del niño!
¡Qué blanca, mi amada, qué blanca eres tú!

55   En sueños ufanos de amores contemplo
alzarse muy blancas las torres de un templo
y oculto entre lirios abrirse un hogar;
y el velo de novia prenderse a tu frente,
cual nube de gasa que cae lentamente
60 y viene en tus hombros su encaje a posar.[51]

Cuentos frágiles (1883)

LA MAÑANA DE SAN JUAN

A GONZALO ESTEVA Y CUEVAS

Pocas mañanas hay tan alegres, tan frescas, tan azules como esta mañana de
San Juan. El cielo está muy limpio, "como si los ángeles lo hubieran lavado por la
mañana"; llovió anoche y todavía cuelgan de las ramas brazaletes de rocío que se
evaporan luego que el sol brilla, como los sueños luego que amanece; los insectos
5 se ahogan en las gotas de agua que resbalan por las hojas, y se aspira con regocijo[52] ese olor delicioso de tierra húmeda, que sólo puede compararse con el olor
de los cabellos negros, con el olor de la epidermis blanca y el olor de las páginas
recién impresas. También la naturaleza sale de la alberca[53] con el cabello suelto y
la garganta descubierta; los pájaros, que se emborrachan con agua, cantan mucho,
10 y los niños del pueblo hunden su cara en la gran palangana[54] de metal. ¡Oh mañanita de San Juan, la de camisa limpia y jabones perfumados, yo quisiera mirarte
lejos de estos calderos en que hierve grasa humana; quisiera contemplarte al aire
libre, allí donde apareces virgen todavía, con los brazos muy blancos y los rizos
húmedos! Allí eres virgen: cuando llegas a la ciudad, tus labios rojos han besado
15 mucho; muchas guedejas[55] rubias de tu undívago[56] cabello se han quedado en las
manos de tus mil amantes, como queda el vellón[57] de los corderos en los zarzales
del camino; muchos brazos han rodeado tu cintura; traes en el cuello la marca roja
de una mordida, y vienes tambaleando, con traje de raso blanco todavía, pero ya
prostituido, profanado, semejante al de Giroflé después de la comida, cuando la
20 novia muerde sus inmaculados azahares y empapa sus cabellos en el vino! ¡No,
mañanita de San Juan, así yo no te quiero! Me gustas en el campo; allí donde se
miran tus azules ojitos y tus trenzas de oro. Bajas por la escarpada colina poco a
poco; llamas a la puerta o entornas sigilosamente[58] la ventana, para que tu mirada
alumbre el interior, y todos te recibimos como reciben los enfermos la salud, los
25 pobres la riqueza y los corazones el amor. ¿No eres amorosa? ¿No eres muy rica?

---

[51] Colocar.
[52] Alegría.
[53] Depósito artificial de agua; piscina.
[54] Lavabo; depósito de agua para lavarse.
[55] Mechón, porción de pelo.

[56] Cabello ondulante como las olas.
[57] Lana que cubre la piel del cordero.
[58] Calladamente.

¿No eres sana? Cuando vienes, los novios hacen sus eternos juramentos; los que padecen, se levantan vueltos a la vida; y la dorada luz de tus cabellos siembra de lentejuelas[59] y monedas de oro el verde oscuro de los campos, el fondo de los ríos, y la pequeña mesa de madera pobre en que se desayunan los humildes, bebiendo
30 un tarro[60] de espumosa leche, mientras la vaca muge en el establo. ¡Ah! Yo quisiera mirarte así cuando eres virgen, y besar las mejillas de Ninon... ¡sus mejillas de sonrosado terciopelo y sus hombros de raso blanco!

Cuando llegas, ¡oh mañanita de San Juan!, recuerdo una vieja historia que tú sabes y que ni tú ni yo podemos olvidar. ¿Te acuerdas? La hacienda en que yo es-
35 taba por aquellos días, era muy grande; con muchas fanegas de tierra sembrada e incontables cabezas de ganado. Allí está el caserón, precedido de un patio, con su fuente en medio. Allá está la capilla. Lejos, bajo las ramas colgantes de los grandes sauces, está la presa en que van a abrevarse[61] los rebaños. Vista desde una altura y a distancia, se diría que la presa es la enorme pupila azul de algún gigante, ten-
40 dido a la bartola[62] sobre el césped. ¡Y qué honda[63] es la presa! ¡Tú lo sabes...!

Gabriel y Carlos jugaban comúnmente en el jardín. Gabriel tenía seis años; Carlos siete. Pero un día, la madre de Gabriel y Carlos cayó en cama, y no hubo quien vigilara sus alegres correrías. Era el día de San Juan. Cuando empezaba a declinar la tarde, Gabriel dijo a Carlos:

45 —Mira, mamá duerme y ya hemos roto nuestros fusiles. Vamos a la presa. Si mamá nos riñe, le diremos que estábamos jugando en el jardín.

Carlos, que era el mayor, tuvo algunos escrúpulos ligeros. Pero el delito no era tan enorme, y además, los dos sabían que la presa estaba adornada con grandes cañaverales y ramos de zempazúchil.[64] ¡Era día de San Juan!

50 —¡Vamos! —le dijo— llevaremos un *Monitor* para hacer barcos de papel y les cortaremos las alas a las moscas para que sirvan de marineros.

Y Carlos y Gabriel salieron muy quedito[65] para no despertar a su mamá, que estaba enferma. Como era día de fiesta, el campo estaba solo. Los peones y trabajadores dormían la siesta en sus cabañas. Gabriel y Carlos no pasaron por la
55 tienda, para no ser vistos, y corrieron a todo escape[66] por el campo. Muy en breve llegaron a la presa. No había nadie: ni un peón, ni una oveja. Carlos cortó en pedazos el *Monitor* e hizo dos barcos, tan grandes como los navíos de Guatemala. Las pobres moscas que iban sin alas y cautivas en una caja de obleas,[67] tripularon humildemente las embarcaciones. Por desgracia, la víspera habían limpiado
60 la presa, y estaba el agua un poco baja. Gabriel no la alcanzaba con sus manos. Carlos que era el mayor, le dijo:

—Déjame a mí que soy más grande. Pero Carlos tampoco la alcanzaba.

Trepó entonces sobre el pretil[68] de piedra, levantando las plantas de la tierra, alargó el brazo e iba a tocar el agua y a dejar en ella el barco, cuando, perdiendo

---

[59] Planchita de metal redonda y brillante que se cose a los vestidos como adorno.
[60] Recipiente de vidrio o porcelana.
[61] Tomar agua.
[62] Sin cuidado.
[63] Profunda.
[64] Flores amarillas, generalmente utilizadas en México para honrar a los muertos.
[65] Calladamente.
[66] Rapidísimo.
[67] Sellos donde se coloca una medicina para tragarla sin percibir su gusto.
[68] Muro.

65 el equilibrio, cayó al tranquilo seno de las ondas.[69] Gabriel lanzó un agudo grito. Rompiéndose las uñas con las piedras, rasgándose la ropa, a viva fuerza logró también encaramarse[70] sobre la cornisa, teniendo casi todo el busto sobre el agua. Las ondas se agitaban todavía. Adentro estaba Carlos. De súbito, aparece en la superficie, con la cara amoratada, arrojando agua por la nariz y por la boca.

70 —¡Hermano! ¡hermano!

—¡Ven acá!, ¡ven acá! no quiero que te mueras.

Nadie oía. Los niños pedían socorro, estremeciendo el aire con sus gritos; no acudía ninguno. Gabriel se inclinaba cada vez más sobre las aguas y tendía las manos.

75 —Acércate, hermanito, yo te estiro.

Carlos quería nadar y aproximarse al muro de la presa, pero ya le faltaban fuerzas, ya se hundía. De pronto, se movieron las ondas y asió Carlos una rama, y apoyado en ella logró ponerse junto del pretil y alzó una mano; Gabriel la apretó con las manitas suyas, y quiso el pobre niño levantar por los aires a su hermano 80 que había sacado medio cuerpo de las aguas y se agarraba a las salientes piedras de la presa. Gabriel estaba rojo y sus manos sudaban, apretando la blanca manecita del hermano.

—¡Si no puedo sacarte! ¡Si no puedo!

Y Carlos volvía a hundirse, y con sus ojos negros muy abiertos le pedía 85 socorro.

—¡No seas malo! ¿Qué te he hecho? Te daré mis cajitas de soldados y el molino de marmaja[71] que te gustan tanto. ¡Sácame de aquí!

Gabriel lloraba nerviosamente, y estirando más el cuerpo de su hermanito moribundo, le decía:

90 —¡No quiero que te mueras! ¡Mamá! ¡Mamá! ¡No quiero que se muera!

Y ambos gritaban, exclamando luego:

—¡No nos oyen! ¡No nos oyen!

—¡Santo ángel de mi guarda! ¿Por qué no me oyes?

Y entretanto, fue cayendo la noche. Las ventanas se iluminaban en el case-95 río. Allí había padres que besaban a sus hijos. Fueron saliendo las estrellas en el cielo. ¡Diríase que miraban la tragedia de aquellas tres manitas enlazadas que no querían soltarse, y se soltaban! ¡Y las estrellas no podían ayudarles, porque las estrellas son muy frías y están muy altas!

Las lágrimas amargas de Gabriel caían sobre la cabeza de su hermano. ¡Se 100 veían juntos, cara a cara, apretándose las manos, y uno iba a morirse!

—Suelta, hermanito, ya no puedes más; voy a morirme.

—¡Todavía no! ¡Todavía no! ¡Socorro! ¡Auxilio!

—¡Toma! voy a dejarte mi reloj. ¡Toma, hermanito!

Y con la mano que tenía libre sacó de su bolsillo el diminuto reloj de oro que 105 le habían regalado el Año Nuevo. ¡Cuántos meses había pensado sin descanso en ese pequeño reloj de oro! El día en que al fin lo tuvo, no quería acostarse. Para dormir, lo puso bajo su almohada. Gabriel miraba con asombro sus dos tapas, la carátula blanca en que giraban poco a poco las manecitas negras y el instantero

---

[69] Olas, elevación del agua.

[70] Subirse.

[71] Arenilla.

que, nerviosamente, corría, corría, sin dar jamás con la salida del estrecho círculo.
110 Y decía: —¡Cuando tenga siete años, como Carlos, también me comprarán un reloj de oro! —No, pobre niño, no cumples aún siete años y ya tienes el reloj. Tu hermanito se muere y te lo deja. ¿Para qué lo quiere? La tumba es muy oscura, y no se puede ver la hora que es.

—¡Toma, hermanito, voy a darte mi reloj; toma, hermanito!

115 Y las manitas ya moradas, se aflojaron, y las bocas se dieron un beso desde lejos. Ya no tenían los niños fuerza en sus pulmones para pedir socorro. Ya se abren las aguas, como se abre la muchedumbre en una procesión cuando la Hostia pasa. ¡Ya se cierran y sólo queda por un segundo, sobre la onda azul, un bucle lacio de cabellos rubios!

120 Gabriel soltó a correr en dirección del caserío, tropezando, cayendo sobre las piedras que lo herían. No digamos ya más; cuando el cuerpo de Carlos se encontró, ya estaba frío, tan frío, que la madre, al besarlo, quedó muerta.

¡Oh mañanita de San Juan! ¡Tu blanco traje de novia tiene también manchas de sangre!

■ Preguntas generales

1. ¿Por qué se han asociado los escritos de Gutiérrez Nájera con Francia?
2. ¿Cómo ha explicado la crítica el pesimismo y la tristeza evidentes en la obra del escritor mexicano?
3. Uno de los seudónimos favoritos del autor es "Duque Job". ¿Qué rasgos de su personalidad resalta ese sobrenombre?
4. ¿Qué aspectos románticos aprovecha el autor mexicano y cómo los renueva?
5. ¿Qué entiende por "crónica modernista" y cómo contribuyó Gutiérrez Nájera al desarrollo de esta modalidad literaria?

■ Preguntas de análisis

1. En "Para entonces", ¿qué tipo de muerte desea el poeta y cómo encaja en los postulados románticos o modernistas?
2. ¿Qué características presenta la mujer de "La duquesa Job"? ¿Cómo figuran las costumbres de los mexicanos de clase alta; los ridiculiza o los elogia la voz poética?
3. ¿De qué recursos literarios modernistas se vale el poeta para describir a la duquesa Job?
4. ¿Cómo aprovecha el autor el cromatismo en "De blanco"?
5. Indique las características generales del cuento modernista y explique cuáles de ellas son más sobresalientes en "La mañana de San Juan".
6. Explique cómo cambia la descripción de la mañana y relacione esta evolución con la trama del cuento. ¿Qué atmósfera envuelve los sucesos?

■ Temas para informes escritos

1. Los seudónimos de Gutiérrez Nájera: posibles significados.
2. La *Revista Azul*: su origen e importancia.

3. Los cuentos de Nájera y su relación con los cuadros de costumbres.
4. Los poetas parnasianos y su influencia en Gutiérrez Nájera.
5. Características de las crónicas modernistas de Gutiérrez Nájera.

■ Temas de reflexión y comentario

1. Relaciones entre el periodismo y la crónica modernista.
2. La mujer en la poesía de Gutiérrez Nájera.
3. Gutiérrez Nájera y sus vínculos con el porfirismo.
4. El cromatismo en "Mis enlutadas".
5. El arte y la música en dos crónicas de Gutiérrez Nájera.

JOSÉ ASUNCIÓN SILVA

1865–1896, Bogotá, Colombia

José Asunción Silva, poeta de fina sensibilidad y espíritu angustiado, es quien mejor representa, entre los primeros modernistas, las ideas e inquietudes dominantes hacia fines del siglo XIX. De familia distinguida y culta, su padre era comerciante a la vez que escritor de relatos costumbristas. El joven Silva se educó en un ambiente propicio al desarrollo de una temprana vocación literaria. Apenas cumplidos los diez años, escribió sus primeros versos. En ellos se advierte la huella del romántico español Gustavo Adolfo Bécquer, cuya influencia prevaleció en su primera etapa de producción poética. El conocimiento de Bécquer lo preparó, además, para luego asimilar el simbolismo francés. Aunque interrumpió sus estudios secundarios para ayudar a su padre, Silva dedicó todo su tiempo libre a la lectura. Conocía la obra de José Eusebio Caro (1817–1853), Jorge Isaacs y otros ilustres autores colombianos. Leyó y tradujo a los románticos franceses, entre ellos a Victor Hugo.

En 1883 Silva hizo su primer viaje a Europa, donde permaneció dos años, residiendo en París, en Londres y en varias ciudades de Suiza. Se familiarizó con las corrientes más importantes de la literatura francesa y con escritores de lengua inglesa como Alfred Tennyson (1809–1892), cuyas obras tradujo, y Edgar Allan Poe, con el cual tenía especial afinidad. Volvió a Colombia donde escribió versos y artículos y también hizo traducciones. Los jóvenes se reunían en torno suyo para leer y comentar a los autores más prestigiosos de la época. Esta actividad literaria coincidió, sin embargo, con un trágico período en la vida de Silva, durante el cual murió en plena juventud su hermana Elvira, quien había sido su confidente y amiga.

La composición poética publicada por Silva con el título de "Nocturno" (1894) comunica, según se cree, sus sentimientos ante la muerte de Elvira. Por su forma novedosa, su musicalidad y su elevado lirismo, este poema fue acogido con gran entusiasmo por los modernistas. El nombre del autor, hasta entonces poco conocido en Colombia, conquistó con su "Nocturno" un lugar permanente en la poesía hispanoamericana. Silva no llegó a conocer la fama. Víctima del pesimismo y obsesionado por la muerte, se suicidó en 1896, dos años después de la publicación del poema. Con anterioridad, había vivido alrededor de seis meses en Caracas, trabajando en la Legación de Colombia. Publicó artículos en *El Cojo Ilustrado* y se vinculó al grupo vanguardista de la revista *Cosmópolis*; escribió novelas cortas, sonetos y la novela *De sobremesa*. Sólo esta última nos queda, y en forma distinta a la original, ya que la obra producida por Silva en Caracas se perdió en el naufragio del barco que lo llevaba de regreso a su patria. En *De sobremesa* se refleja el nihilismo y el desencanto caracterizados como "el mal del siglo", que ya había descrito el argentino Eugenio Cambaceres en su novela *Sin rumbo.* A estas actitudes contribuyeron, sin duda, las lecturas filosóficas del autor, quien aceptaba las ideas de Arthur Schopenhauer (1788–1860) y Friedrich Nietzsche (1844–1900) y consideraba definitivamente caduco el humanismo optimista representado por Victor Hugo.

En poesía, Silva rechazó el modernismo preciosista de primera hora, el de las fiestas galantes y objetos decorativos, y se burló de los imitadores de Rubén Darío. Sus poemas comunican, a veces, sentimientos de tristeza y melancolía, y otras, una visión sarcástica, realista y despiadada del mundo. El "Nocturno" es considerado como una de las más altas expresiones líricas de lengua castellana.

■ Bibliografía mínima

Camacho Guizado, Eduardo. "José Asunción Silva". *Del neoclasicismo al modernismo.* Coordinador Luis Iñigo Madrigal. Madrid: Cátedra, 1987. Vol. 2 de *Historia de la literatura hispanoamericana.* 2 Vols. 1982–1987. 597–601. Impreso.

Cobo Borda, Juan Gustavo, ed. *Leyendo a Silva, III.* Bogotá: Instituto Caro y Cuervo, 1997. Impreso.

Fernández-Medina, Nicolás. "The Modern Self as Subject: The Structure of Crisis in José Asunción Silva's *De sobremesa*". *Latin American Literary Review* 34.68 (2006): 59–82. Impreso.

Florit, Eugenio y José Olivio Jiménez, eds. *La poesía hispanoamericana desde el modernismo.* New York: Appleton-Century-Crofts, 1968. Impreso.

Gutiérrez Girardot, Rafael. *Modernismo.* Barcelona: Montesinos, 1983. Impreso.

Lema Hincapié, Andrés. "De sobremesa de José Asunción Silva: La novela como egología". *Estudios de Literatura Colombiana* 18 (2006): 117–30. Impreso.

Litvak, Lily. "José Asunción Silva". *Latin American Writers.* Eds. Carlos A. Solé y Maria Isabel Abreu. Vol. 1. New York: Scribner's, 1989. 377–85. Impreso.

Marún, Gioconda. "*De sobremesa*: el vértigo de lo invisible". *Thesaurus: Boletín del Instituto Caro y Cuervo* 2 (1985): 361–74. Impreso.

Mejía, Gustavo. "Lector y lectura: Algunas precisiones sobre la poética de Silva". *Revista de Crítica Literaria Latinoamericana* 26.52 (2000): 243–55. Impreso.

Pérez, Rolando. "Irony, Love, and Political Economy in José Asunción Silva's *De sobremesa*". *Hispanófila* 150 (2007): 87–102. Impreso.

Silva, José Asunción. *Obra poética.* Ed. Jesús Munárriz. Introducción de María Mercedes Carranza. Madrid: Hiperión, 1996. Impreso.

——. *Obra completa.* Prólogo de Eduardo Camacho Guizado. Edición, notas y cronología de Eduardo Camacho Guizado y Gustavo Mejía. Caracas: Biblioteca Ayacucho, 1977. Web. <http://www.bibliotecayacucho.gob.ve/>.

Poesías (1908)

NOCTURNO (III)[1]

Una noche,
una noche toda llena de murmullos, de perfumes y de músicas de alas;
   una noche
en que ardían en la sombra nupcial y húmeda las luciérnagas fantásticas,
5 a mi lado, lentamente, contra mí ceñida toda, muda y pálida,
como si un presentimiento de amarguras infinitas
hasta el fondo más secreto de las fibras te agitara,
por la senda que atraviesa la llanura florecida
   caminabas;
10   y la luna llena
por los cielos azulosos, infinitos y profundos esparcía su luz blanca;
    y tu sombra
    fina y lánguida,
   y mi sombra,
15   por los rayos de la luna proyectada,
   sobre las arenas tristes de la senda se juntaban;
    y eran una,
    y eran una,
   y eran una sola sombra larga,
20   y eran una sola sombra larga,
    y eran una sola sombra larga,…
    Esta noche
    solo; el alma
llena de las infinitas amarguras y agonías de tu muerte,
25 separado de ti misma por el tiempo, por la sombra y la distancia,
    por el infinito negro
    donde nuestra voz no alcanza,
    mudo y solo
    por la senda caminaba…
30 Y se oían los ladridos de los perros a la luna,
    a la luna pálida,
    y el chirrido
    de las ranas…
Sentí frío. Era el frío que tenían en tu alcoba
35 tus mejillas y tus sienes y tus manos adoradas,
    entre las blancuras níveas
    de las mortuorias sábanas.
Era el frío del sepulcro, era el frío de la muerte,
    era el frío de la nada.
40   Y mi sombra,

---

[1] Los versos de "Nocturno" se basan en unidades métricas de cuatro sílabas. Son versos asonantes, de medida elástica, pues tienen 4, 8, 12, 16 y 20 sílabas (siempre múltiples de cuatro). Hemos seguido la edición de Florit y Jiménez.

por los rayos de la luna proyectada,
iba sola,
iba sola,
iba sola por la estepa solitaria;
45 y tu sombra esbelta y ágil,
fina y lánguida,
como en esa noche tibia de la muerta primavera,
como en esa noche llena de murmullos, de perfumes y de músicas de alas,
se acercó y marchó con ella,
50 se acercó y marchó con ella,
se acercó y marchó con ella… ¡Oh las sombras enlazadas!
¡Oh las sombras de los cuerpos que se juntan con las sombras de las almas!
¡Oh las sombras que se buscan y se juntan en las noches de negruras y de lágrimas!

VEJECES

Las cosas viejas, tristes, desteñidas,
sin voz y sin color, saben secretos
de las épocas muertas, de las vidas
que ya nadie conserva en la memoria,
5 y a veces a los hombres, cuando inquietos
las miran y las palpan, con extrañas
voces de agonizante, dicen, paso,
casi al oído, alguna rara historia
que tiene oscuridad de telarañas,
10 son de laúd[2] y suavidad de raso.

¡Colores de anticuada miniatura,
hoy de algún mueble en el cajón dormida;
cincelado puñal; carta borrosa;
tabla en que se deshace la pintura,
15 por el tiempo y el polvo ennegrecida;
histórico blasón,[3] donde se pierde
la divisa[4] latina, presuntuosa,
medio borrada por el líquen[5] verde;
misales de las viejas sacristías;
20 de otros siglos fantásticos espejos
que en el azogue[6] de las lunas frías
guardáis de lo pasado los reflejos;
arca, en un tiempo de ducados[7] llena;
crucifijo que tanto moribundo
25 humedeció con lágrimas de pena
y besó con amor grave y profundo;
negro sillón de Córdoba; alacena[8]

---

[2] Antiguo instrumento musical de cuerda.
[3] Escudo de armas, símbolo de gloria y honor.
[4] Insignia.
[5] Planta constituida por la asociación de un hongo y un alga.

[6] Nombre vulgar del mercurio; con él se cubre el vidrio para fabricar espejos.
[7] Antiguas monedas de oro españolas.
[8] Armario.

que guardaba un tesoro peregrino
y donde anida la polilla sola;
30 sortija que adornaste el dedo fino
de algún hidalgo de espadín y gola;[9]
mayúsculas del viejo pergamino;
batista[10] tenue que a vainilla hueles;
seda que te deshaces en la trama
35 confusa de los ricos brocateles;[11]
arpa olvidada, que al sonar te quejas;
barrotes que formáis un monograma
incomprensible en las antiguas rejas:
el vulgo os huye, el soñador os ama
40 y en vuestra muda sociedad reclama
las confidencias de las cosas viejas!

El pasado perfuma los ensueños
con esencias fantásticas y añejas,
y nos lleva a lugares halagüeños
45 en épocas distantes y mejores;
¡por eso a los poetas soñadores
les son dulces, gratísimas y caras,
las crónicas, historias y consejas,[12]
las formas, los estilos, los colores,
50 las sugestiones místicas y raras
y los perfumes de las cosas viejas!

PAISAJE TROPICAL

Magia adormecedora vierte el río
en la calma monótona del viaje,
cuando borra los lejos del paisaje
la sombra que se extiende en el vacío.

5 Oculta en sus negruras al bohío[13]
la maraña tupida y el follaje
semeja los calados de un encaje,
al caer del crepúsculo sombrío.

Venus se enciende en el espacio puro.
10 La corriente dormida, una piragua[14]
rompe en su viaje rápido y seguro,
y con sus nubes el Poniente fragua
otro cielo rosado y verdeoscuro
en los espejos húmedos del agua.

[9] Pieza de armadura que servía para proteger la garganta.
[10] Tela muy fina, casi transparente, de hilo o de algodón.
[11] Tejido de seda con dibujos brillantes que se destacan sobre un fondo mate. Se emplea para ornamentos de Iglesia, vestidos de señora, etc.
Con mezcla de cáñamo, lino o lana, también se usa en tapicería.
[12] Fábulas.
[13] Choza, cabaña.
[14] Embarcación primitiva hecha con un tronco de árbol, más grande que una canoa.

...¿?...

Estrellas[15] que entre lo sombrío
de lo ignorado y de lo inmenso,
asemejáis en el vacío
jirones pálidos de incienso;

5   Nebulosas que ardéis tan lejos
en el infinito que aterra,
que sólo alcanzan los reflejos
de vuestra luz hasta la tierra;

    Astros que en abismos ignotos[16]
10 derramáis resplandores vagos,
constelaciones que en remotos
tiempos adoraron los magos;

    Millones de mundos lejanos,
flores de fantástico broche,
15 islas claras de los océanos
sin fin ni fondo de la noche;

    ¡Estrellas, luces pensativas!
¡Estrellas, pupilas inciertas!
¿Por qué os calláis si estáis vivas
20 y por qué alumbráis si estáis muertas?

■ Preguntas generales

1. ¿Qué circunstancias favorecieron el desarrollo de la vocación literaria en Silva?
2. ¿Quiénes fueron los escritores que influyeron en la obra del poeta colombiano?
3. ¿En qué se distingue la poesía de Silva de la de otros modernistas?
4. Además de la poesía, ¿qué otro género literario cultivó Silva?
5. ¿Por qué se dice que Silva es representativo de las ideas e inquietudes que prevalecen a fines del siglo XIX?

■ Preguntas de análisis

1. ¿Cómo es la estructura rítmica del *Nocturno* particularmente adecuada para comunicar los sentimientos del poeta?
2. ¿Qué imágenes visuales predominan? ¿Qué otras imágenes son importantes?
3. ¿Qué visión de la vida comunican los poemas de Silva?
4. En "Vejeces", ¿cómo explica el poeta su atracción hacia las cosas viejas? ¿Qué piensa o siente ante un cielo estrellado?

---

[15] Este poema se ha publicado con el título "Estrellas".

[16] Inexplorados, desconocidos.

5. ¿Puede Ud. asociar la poesía de Silva con la obra de otros poetas anteriores o contemporáneos suyos? Señale aspectos temáticos y estilísticos comunes.

■ Temas para informes escritos

1. Los modelos románticos y simbolistas franceses asimilados por Silva.
2. La influencia de Bécquer en la poesía del autor del "Nocturno".
3. Análisis de las metáforas y las imágenes en la poesía de Silva.
4. *De sobremesa* y las actitudes y preocupaciones de fines del siglo XIX.
5. La idealización del pasado en "Vejeces".

■ Temas de reflexión y comentario

1. La relación entre vida y obra en José Asunción Silva.
2. La posición de Silva en la sociedad colombiana de su época.
3. La innovación formal y la perduración del romanticismo, aunque superado, en la poesía de Silva.
4. La aparición del anti-héroe en la obra de Silva y en la de sus contemporáneos.
5. Las actitudes estéticas y vitales características del modernismo en la obra de Silva.

RUBÉN DARÍO

1867, Metapa, Nicaragua–1916, León, Nicaragua

Rubén Darío es la figura más representativa del modernismo en todo su apogeo. Nació en Metapa, una pequeña población de Nicaragua. Criado por su tía abuela materna en la ciudad de León, a los trece años ya escribía versos y había establecido fama de "poeta niño". Se trasladó a Managua, capital del país, en busca de un mejor futuro y entró a trabajar en la Biblioteca Nacional. Allí leyó las obras principales de casi todos los clásicos españoles. A los catorce años, se vio envuelto en comprometedoras relaciones amorosas, de las cuales fue rescatado por amigos que lo embarcaron para El Salvador.

A su amistad con el poeta salvadoreño Francisco Gavidia (1864–1955) se ha atribuido —aunque en esto hay desacuerdo— el que se iniciara en la lectura de los autores franceses contemporáneos, particularmente de Victor Hugo. En Santiago de Chile, adonde llegó en 1886, Darío se encontró con un ambiente intelectual estimulante. Amplió y actualizó sus conocimientos literarios y se dedicó al periodismo. Las influencias francesas fueron decisivas durante ese período. El anhelo de perfección en la forma, el exotismo y la revitalización de los mitos hecha por los parnasianos fueron asimilados por Darío a través de la obra de

Théophile Gautier y Leconte de Lisle, entre otros. Con Paul Verlaine y Stéphane Mallarmé aprendió a buscar, como los simbolistas, nuevos ritmos y musicalidad en el verso; frecuentemente empleó la sinestesia, y descubrió, con la mezcla estilística de las sensaciones, nuevos horizontes de expresión poética.

En la primera edición de *Azul* (1888), libro en prosa y verso publicado en Chile, se destaca la influencia de Hugo y Mallarmé, cuyos poemas invocadores del "azul" pudieron haberle sugerido a Darío el título de su obra. El autor recurrió, como sus modelos franceses, al uso de referencias mitológicas, evocó los siglos galantes con sus palacios y escenas cortesanas y privilegió lo exótico y lo sobrenatural. Debe señalarse, sin embargo, que Darío también admiró y emuló a los maestros hispanoamericanos de la primera generación modernista, principalmente a José Martí, cuyos *Versos sencillos* (1891) encontraron eco en algunas de sus composiciones poéticas posteriores.

Luego de publicar *Azul*, Darío viajó por Centroamérica, Cuba, España, Colombia, Nueva York y París. Realizó, al fin, su sueño de visitar la capital francesa, conoció a Verlaine e hizo amistad con otros poetas simbolistas. Nombrado cónsul de Colombia en Argentina, llegó a Buenos Aires, donde fue acogido por un grupo de escritores y poetas que se identificaban con sus ideales de renovación literaria. Figuraban entre ellos el argentino Leopoldo Lugones, el boliviano Ricardo Jaimes Freyre y el uruguayo Julio Herrera y Reissig. Permaneció en la ciudad porteña durante cinco años (1893–1898), época en que desarrolló una gran actividad literaria y en la que se inició el apogeo del modernismo. En Buenos Aires, publicó *Prosas profanas* (1896), escribió para el periódico *La Nación* y colaboró en empresas periodísticas y editoriales.

Con *Prosas profanas*, culminó, en Rubén Darío, el modernismo preciosista caracterizado por la fantasía, la exquisitez, el exotismo y el cosmopolitismo. Estos aspectos, trivializados luego por la imitación de poetas menores, son solamente episódicos en su obra. Años más tarde, en el poema "Yo soy aquel", Darío respondió a la crítica de quienes, como José Enrique Rodó, no habían encontrado en él al "poeta de América". Evoca allí los ideales estéticos de su juventud y recapitula esa etapa ya superada de su obra. El desenlace de la guerra entre España y los Estados Unidos sacudió a todo el mundo hispánico. Sin duda, la derrota española de 1898 y los actos de agresión militar y política de los Estados Unidos en el continente hispanoamericano contribuyeron a que Darío retornara a su raíz hispánica.

Enviado como corresponsal de *La Nación* a Madrid, Darío transmitió desde allí sus impresiones en varias crónicas que recogió luego en el libro *España contemporánea* (1901). *Cantos de vida y esperanza* (1905), obra donde culminó su creación poética, consolidó el prestigio de Darío en la vieja metrópoli. Había depurado su poesía de frivolidades galantes y erudición prestada, y había superado el afán escapista. En *Cantos* Darío manifiesta un renovado interés por la tradición hispánica. "Los cisnes" comunica sus sentimientos de angustia y de incertidumbre sobre el futuro de esa tradición y su cultura, mientras que "A Roosevelt" desafía al representante del país más fuerte con su fe en el valor y la vitalidad del patrimonio religioso, moral y estético de la América indígena y española. Sin embargo, la actitud de Darío hacia los Estados Unidos no siempre fue crítica, como puede observarse en "Salutación al Águila" (1906), poema donde elogia las virtudes de los ciudadanos del Norte y los propone como ejemplos para los hispanoamericanos. Vale notar que en *Prosas*, es el cisne, símbolo de la belleza a la que aspiraba la nueva poesía, el que, en "Los cisnes", interroga al destino y el que puede revelar la respuesta. Finalmente, también es palpable, en los poemas de esa época, la angustia de Darío frente a la vejez y la muerte; en estos versos la intimidad del poeta es dramático reflejo de la condición humana universal. Dicha poesía intimista caracterizó la producción de sus últimos años.

Rubén Darío dio impulso a la transformación de la poesía y la prosa en lengua castellana y promovió una nueva conciencia de la responsabilidad artística entre los poetas y escritores del mundo hispánico.

■ Bibliografía mínima

Acereda, Alberto. "Dos caras desconocidas de Rubén Darío: El poeta masón y el poeta inédito". *Hispania* 88.3 (2005): 423–44. Impreso.

——, ed. *Rubén Darío: Y una sed de ilusiones infinita*. Barcelona: Lumen, 2000. Impreso.

——. "Rubén Darío o el proceso creativo de *Prosas Profanas*". *Anales de Literatura Hispanoamericana* 28.1 (1999): 415–29. Impreso.

Alarcón Sierra, Rafael. "Rubén Darío y Don Quijote". *Crítica Hispánica* 27.2 (2005): 111–31. Impreso.

Anderson Imbert, Enrique. "Rubén Darío". *Latin American Writers*. Eds. Carlos A. Solé y Maria Isabel Abreu. Vol. 1. New York: Scribner's, 1989. 397–412. Impreso.

Burgos, Fernando. "Actuación, fantasía y poética en los cuentos de *Azul*". *La Torre: Revista de la Universidad de Puerto Rico* 1.1–2 (1996): 101–11. Impreso.

Darío, Rubén. *Cuentos*. Ed. José María Martínez. Madrid: Cátedra, 1997. Impreso.

——. *Antología poética*. Introducción de F. Abad. Madrid: EDAF, 1981. Impreso.

——. *Antología*. Prólogo de Octavio Paz. Ed. Carmen Ruiz Barrionuevo. Madrid: Espasa-Calpe, 1992. Impreso.

——. "El triunfo de Calibán" (1898) "Palabras liminares" (1896). Portal del proyecto Ensayo Hispánico creado por José Luis Gómez-Martínez. Web. <http://www.ensayistas.org/antologia/C.htm.>.

Díez de Revenga, Francisco Javier. "Rubén Darío en 1910". *Cuadernos Hispanoamericanos* 715 (2010): 81–95. Impreso.

García Morales, Alfonso, ed. *Rubén Darío: estudios en el centenario de "Los raros" y "Prosas profanas"*. Sevilla: Universidad de Sevilla, 1998. Impreso.

Gutiérrez Girardot, Rafael. *Modernismo*. Barcelona: Montesinos, 1983. Impreso.

Jrade, Cathy Logan. *Rubén Darío and the Romantic Search for Unity: The Modernist Recourse to Esoteric Tradition*. Austin: U of Texas P, 1983. Impreso.

——. "Socio-Political Concerns in the Poetry of Rubén Darío". *Latin American Literary Review* 18.36 (1990): 36–49. Impreso.

Pérez, Alberto Julián. *La poética de Rubén Darío: crisis post-romántica y modelos literarios modernistas*. Madrid: Orígenes, 1992. Impreso.

Pérez, Jorge Alberto. "'En Chile: Ars narrativa de *Azul...* de Rubén Darío". *Revista Iberoamericana* 75.226 (2009): 205–16. Impreso.

"Rubén Darío". *Biblioteca Virtual Miguel de Cervantes. Obras y Autores Clásicos*. Web. <http://www.cervantesvirtual.com/bib_autor/dario>.

Ruiz Barrionuevo, Carmen. *Enigma, deseo y escritura en Rubén Darío*. Alicante: Biblioteca Virtual Miguel de Cervantes, 2006. Web. <http://www.cervantesvirtual.com>.

Prosas profanas (1896)

ERA UN AIRE SUAVE ...[1]

Era un aire suave, de pausados giros:
el hada Harmonía ritmaba sus vuelos;
e iban frases vagas y tenues suspiros
entre los sollozos de los violoncelos.

5   Sobre la terraza, junto a los ramajes,
diríase un trémolo[2] de liras eolias[3]
cuando acariciaban los sedosos trajes,
sobre el tallo erguidas, las blancas magnolias.

La marquesa Eulalia risas y desvíos
10 daba a un tiempo mismo para dos rivales:
el vizconde rubio de los desafíos
y el abate joven de los madrigales.

Cerca, coronado con hojas de viña,
reía en su máscara Término[4] barbudo,
15 y como un efebo[5] que fuese una niña,
mostraba una Diana[6] su mármol desnudo.

Y bajo un boscaje del amor palestra,[7]
sobre rico zócalo al modo de Jonia,[8]
con un candelabro prendido en la diestra
20 volaba el Mercurio de Juan de Bolonia.[9]

La orquesta perlaba sus mágicas notas;
un coro de sones alados se oía;
galantes pavanas, fugaces gavotas
cantaban los dulces violines de Hungría.

25 Al oír las quejas de sus caballeros,
ríe, ríe, ríe la divina Eulalia,
pues son su tesoro las flechas de Eros,
el cinto de Cipria,[10] la rueca de Onfalia.[11]

---

[1] El poema está escrito en versos dodecasílabos, divididos en dos hemistiquios de seis sílabas.
[2] Repetición rápida de un mismo sonido, especialmente en los instrumentos de cuerda.
[3] Lira: instrumento musical antiguo; Eolia: de la Eólida, región del Asia Menor antigua; relativo a Eolo, el dios de los vientos, hijo de Zeus y de la ninfa Menalipa.
[4] Dios romano con figura humana que se colocaba en jardines y campos para proteger los límites.
[5] Adolescente.
[6] Diosa latina de la caza y de los bosques.

[7] Sentido figurado: sitio adecuado para combates amorosos.
[8] Estilo jónico, uno de los tres órdenes de la arquitectura clásica. Jonia: región del Asia Menor.
[9] Juan de Bolonia, o Giambologna (1524–1608): escultor flamenco, radicado en Florencia. Su obra más famosa es una estatua del dios Mercurio en posición de vuelo.
[10] Cipris, Ciprina: uno de los nombres de Venus; se le rendía culto bajo esa advocación en la isla de Chipre.
[11] Reina de Lidia. Se casó con Hércules después de obligarlo a que hilara a sus pies como una mujer.

¡Ay de quien sus mieles y frases recoja!
30 ¡Ay de quien del canto de su amor se fíe!
Con sus ojos lindos y su boca roja,
la divina Eulalia, ríe, ríe, ríe.

Tiene azules ojos, es maligna y bella;
cuando mira, vierte viva luz extraña;
35 se asoma a sus húmedas pupilas de estrella
el alma del rubio cristal de Champaña.

Es noche de fiesta, y el baile de trajes
ostenta su gloria de triunfos mundanos.
La divina Eulalia, vestida de encajes,
40 una flor destroza con sus tersas manos.

El teclado harmónico de su risa fina
a la alegre música de un pájaro iguala,
con los *staccati*[12] de una bailarina
y las locas fugas de una colegiala.

45 ¡Amoroso pájaro que trinos exhala
bajo el ala a veces ocultando el pico;
que desdenes rudos lanza bajo el ala,
bajo el ala aleve del leve abanico!

Cuando a medianoche sus notas arranque
50 y en arpegios áureos gima Filomela,[13]
y el ebúrneo[14] cisne, sobre el quieto estanque,
como blanca góndola imprima su estela,[15]

la marquesa alegre llegará al boscaje,
boscaje que cubre la amable glorieta
55 donde han de estrecharla los brazos de un paje
que, siendo su paje, será su poeta.

Al compás de un canto de artista de Italia
que en la brisa errante la orquesta deslíe,
junto a los rivales, la divina Eulalia,
60 la divina Eulalia, ríe, ríe, ríe.

¿Fue acaso en el tiempo del rey Luis de Francia,[16]
sol con corte de astros, en campos de azur,
cuando los alcázares llenó de fragancia
la regia y pomposa rosa Pompadour?[17]

---

[12] Del italiano. Sonidos o pasos cortos, diferentes y rápidos producidos por la música o los pies de una bailarina.
[13] Hija de Pandión, rey de Atenas, fue convertida en ruiseñor.
[14] Muy blanco (como el marfil).
[15] Huella o rastro visible que deja en la superficie del agua una embarcación o cualquier otro objeto en movimiento.

[16] Luis XIV (1638–1715), llamado el Rey Sol.
[17] Marquesa de Pompadour (1721–1764): favorita de Luis XV (1710–1774). Su nombre quedó asociado con la frivolidad y el lujo de la vida cortesana.

65   ¿Fue cuando la bella su falda cogía
con dedos de ninfa, bailando el minué,
y de los compases el ritmo seguía,
sobre el tacón rojo, lindo y leve el pie?

    ¿O cuando pastoras de floridos valles
70 ornaban con cintas sus albos corderos
y oían, divinas Tirsis[18] de Versalles,
las declaraciones de sus caballeros?

    ¿Fue en ese buen tiempo de duques pastores,
de amantes princesas y tiernos galanes,
75 cuando entre sonrisas y perlas y flores
iban las casacas de los chambelanes?

    ¿Fue acaso en el Norte o en el Mediodía?
Yo el tiempo y el día y el país ignoro;
pero sé que Eulalia ríe todavía,
80 ¡y es cruel y eterna su risa de oro!

SONATINA[19]

    La princesa está triste … ¿Qué tendrá la princesa?
Los suspiros se escapan de su boca de fresa
que ha perdido la risa, que ha perdido el color.
La princesa está pálida en su silla de oro,
5 está mudo el teclado de su clave[20] sonoro,
y en un vaso olvidada se desmaya una flor.

    El jardín puebla el triunfo de los pavos reales;
parlanchina, la dueña dice cosas banales,
y vestido de rojo piruetea el bufón.
10 La princesa no ríe, la princesa no siente;
la princesa persigue por el cielo de Oriente
la libélula[21] vaga de una vaga ilusión.

    ¿Piensa acaso en el príncipe de Golconda[22] o de China,
o en el que ha detenido su carroza argentina[23]
15 para ver de sus ojos la dulzura de luz?
¿O en el rey de las islas de las rosas fragantes,
o en el que es soberano de los claros diamantes,
o en el dueño orgulloso de las perlas de Ormuz?[24]

---

[18] Pastora de la "Égloga VII" de Virgilio. Se alude con ella a la literatura bucólica o pastoril.
[19] Este es un poema escrito en sextinas de alejandrinos (siete y siete) con rima AABCCB en las que los versos tercero y sexto son siempre agudos.
[20] Clavicordio, instrumento musical.
[21] Insecto arquíptero con cuatro alas estrechas, transparentes y reticuladas, y el abdomen filiforme; los machos tienen bellos colores, lo mismo en el cuerpo que en las alas.
[22] Capital del reino antiguo de Golconda en la India, famosa por sus riquezas.
[23] Con brillo o color de plata.
[24] Isla situada en el Golfo Pérsico, productora de perlas valiosas.

¡Ay! la pobre princesa de la boca de rosa
20 quiere ser golondrina, quiere ser mariposa,
   tener alas ligeras, bajo el cielo volar,
ir al sol por la escala luminosa de un rayo,
saludar a los lirios con los versos de mayo,
   o perderse en el viento sobre el trueno del mar.

25   Ya no quiere el palacio, ni la rueca de plata,
ni el halcón encantado, ni el bufón escarlata,
   ni los cisnes unánimes en el lago de azur.
Y están tristes las flores por la flor de la corte;
los jazmines de Oriente, los nelumbos[25] del Norte,
30   de Occidente las dalias y las rosas del Sur.

    ¡Pobrecita princesa de los ojos azules!
Está presa en sus oros, está presa en sus tules,
   en la jaula de mármol del palacio real;
el palacio soberbio que vigilan los guardas,
35 que custodian cien negros con sus cien alabardas,[26]
   un lebrel[27] que no duerme y un dragón colosal.

    ¡Oh, quién fuera hipsipila[28] que dejó la crisálida!
(La princesa está triste. La princesa está pálida)
   ¡Oh visión adorada de oro, rosa y marfil!
40 ¡Quién volara a la tierra donde un príncipe existe
(La princesa está pálida. La princesa está triste)
   más brillante que el alba, más hermoso que abril!

    Calla, calla, princesa—dice el hada madrina—
en caballo con alas hacia acá se encamina,
45   en el cinto la espada y en la mano el azor,[29]
el feliz caballero que te adora sin verte,
y que llega de lejos, vencedor de la Muerte,
   a encenderte los labios con su beso de amor.

El cisne[30]
A Ch[arles] Del Gouffre

    Fue en una hora divina para el género humano.
El cisne antes cantaba sólo para morir.
Cuando se oyó el acento del Cisne wagneriano[31]
fue en medio de una aurora, fue para revivir.

---

[25] Nelumbio, especie de loto, de flores blancas o amarillas.
[26] Alabarda: especie de lanza, cuya punta está cruzada en su base por otra que remata en una media luna por detrás.
[27] Se aplica a un perro muy apto para cazar liebres.
[28] Mariposa.

[29] Ave de rapiña, usada antiguamente en la cacería.
[30] Este poema está escrito en forma de soneto alejandrino.
[31] Referencia al simbolismo del cisne en *Lohengrin,* famosa ópera del compositor alemán Richard Wagner (1813–1883).

5   Sobre las tempestades del humano océano
se oye el canto del Cisne; no se cesa de oír,
dominando el martillo del viejo Thor[32] germano
o las trompas que cantan la espada de Argantir.[33]

    ¡Oh Cisne! ¡Oh sacro pájaro! Si antes la blanca Helena
10 del huevo azul de Leda[34] brotó de gracia llena,
siendo de la Hermosura la princesa inmortal,

    bajo tus blancas alas la nueva Poesía
concibe en una gloria de luz y de harmonía
la Helena eterna y pura que encarna el ideal.

Cantos de vida y esperanza (1905)

YO SOY AQUEL…
A José Enrique Rodó

    Yo soy aquel que ayer no más decía
el verso azul y la canción profana,
en cuya noche un ruiseñor había
que era alondra de luz por la mañana.

5   El dueño fui de mi jardín de sueño,
lleno de rosas y de cisnes vagos;
el dueño de las tórtolas, el dueño
de góndolas y liras en los lagos;

    y muy siglo diez y ocho, y muy antiguo
10 y muy moderno; audaz, cosmopolita;
con Hugo fuerte y con Verlaine ambiguo,
y una sed de ilusiones infinita.

    Yo supe del dolor desde mi infancia;
mi juventud…, ¿fue juventud la mía?,
15 sus rosas aún me dejan su fragancia,
una fragancia de melancolía…

    Potro sin freno se lanzó mi instinto,
mi juventud montó potro sin freno;
iba embriagada y con puñal al cinto;
20 si no cayó, fue porque Dios es bueno.

---

[32] En la mitología germánica, dios del trueno y de la guerra.

[33] Referencia a Argantyr, guerrero mítico en la saga islandesa *Hyndluljoth,* cuya espada pasa de padres a hijos. Véase nuestra referencia a este tema en la introducción del presente capítulo.

[34] En la mitología griega, Leda, esposa de Tíndaro, fue querida por Zeus, quien tomó la forma de un cisne. De esos amores nació Helena, famosa por su belleza.

En mi jardín se vio una estatua bella;
se juzgó mármol y era carne viva;
una alma joven habitaba en ella,
sentimental, sensible, sensitiva.

25   Y tímida ante el mundo, de manera
que, encerrada, en silencio, no salía
sino cuando en la dulce primavera
era la hora de la melodía…

Hora de ocaso y de discreto beso;
30 hora crepuscular y de retiro;
hora de madrigal y de embeleso,
de "te adoro", de "¡ay!", y de suspiro.

Y entonces era en la dulzaina[35] un juego
de misteriosas gamas cristalinas,
35 un renovar de notas del Pan[36] griego
y un desgranar de músicas latinas,

con aire tal y con ardor tan vivo,
que a la estatua nacían de repente
en el muslo viril patas de chivo
40 y dos cuernos de sátiro[37] en la frente.

Como la Galatea gongorina[38]
me encantó la marquesa verleniana,
y así juntaba a la pasión divina
una sensual hiperestesia humana;

45   todo ansia, todo ardor, sensación pura
y vigor natural; y sin falsía,
y sin comedia y sin literatura…:
si hay un alma sincera, ésa es la mía.

La torre de marfil tentó mi anhelo;
50 quise encerrarme dentro de mí mismo,
y tuve hambre de espacio y sed de cielo
desde las sombras de mi propio abismo.

Como la esponja que la sal satura
en el jugo del mar, fue el dulce y tierno,
55 corazón mío, henchido de amargura
por el mundo, la carne y el infierno.

---

[35] Instrumento musical de viento, semejante a la chirimía.
[36] Dios griego de los pastores, tocaba la flauta mientras acompañaba a Baco, dios del vino.
[37] Semidiós y compañero de Baco en la mitología griega. Tenía busto de hombre, pero dos orejas puntiagudas, dos cuernos pequeños y patas de cabra.
[38] Alusión a la "Fábula de Polifemo y Galatea" de Luis de Góngora (1561–1627).

Mas, por gracia de Dios, en mi conciencia
el Bien supo elegir la mejor parte;
y si hubo áspera hiel en mi existencia,
60 melificó toda acritud el Arte.

Mi intelecto libré de pensar bajo,
bañó el agua castalia[39] el alma mía,
peregrinó mi corazón y trajo
de la sagrada selva la armonía.

65 ¡Oh, la selva sagrada! ¡Oh, la profunda
emanación del corazón divino
de la sagrada selva! ¡Oh, la fecunda
fuente cuya virtud vence al destino!

Bosque ideal que lo real complica,
70 allí el cuerpo arde y vive y Psiquis vuela;
mientras abajo el sátiro fornica,
ebria de azul deslíe Filomela.

Perla de ensueño y música amorosa
en la cúpula en flor de laurel verde,
75 Hipsipila sutil liba en la rosa,
y la boca del fauno el pezón muerde.

Allí va el dios en celo tras la hembra
y la caña de Pan se alza del lodo;
la eterna vida sus semillas siembra,
80 y brota la armonía del gran Todo.

El alma que entra allí debe ir desnuda,
temblando de deseo y fiebre santa,
sobre cardo heridor y espina aguda:
así sueña, así vibra y así canta.

85 Vida, luz y verdad, tal triple llama
produce la interior llama infinita;
el Arte puro como Cristo exclama:
Ego sum lux et veritas et vita![40]

Y la vida es misterio; la luz ciega
90 y la verdad inaccesible asombra;
la adusta perfección jamás se entrega,
y el secreto ideal duerme en la sombra.

Por eso ser sincero es ser potente:
de desnuda que está, brilla la estrella;

---

[39] Alusión a la fuente así llamada en honor a la ninfa Castalia que se encontraba al pie del monte Parnaso, cerca de Delfos, adonde se dice que iban a beber las Musas.

[40] "Yo soy la luz, la verdad y la vida" (San Juan, XIV, 6).

95 el agua dice el alma de la fuente
en la voz de cristal que fluye de ella.

Tal fue mi intento, hacer del alma pura
mía, una estrella, una fuente sonora,
con el horror de la literatura
100 y loco de crepúsculo y de aurora.

Del crepúsculo azul que da la pauta
que los celestes éxtasis inspira;
bruma y tono menor —¡toda la flauta!
y Aurora, hija del Sol —¡toda la lira!

105 Pasó una piedra que lanzó una honda;
pasó una flecha que aguzó un violento.
La piedra de la honda fue a la onda,
y la flecha del odio fuese al viento.

La virtud está en ser tranquillo y fuerte;
110 con el fuego interior todo se abrasa;
se triunfa del rencor y de la muerte,
y hacia Belén…, ¡la caravana pasa!

A ROOSEVELT[41]

Es con voz de la Biblia, o verso de Walt Whitman,
que habría de llegar hasta ti, Cazador,
primitivo y moderno, sencillo y complicado,
con un algo de Washington y cuatro de Nemrod.[42]
5 Eres los Estados Unidos, eres el futuro invasor
de la América ingenua que tiene sangre indígena,
que aún reza a Jesucristo y aún habla en español.

Eres soberbio y fuerte ejemplar de tu raza;
eres culto, eres hábil; te opones a Tolstoy.[43]
10 Y domando caballos, o asesinando tigres,
eres un Alejandro[44]-Nabucodonosor.[45]
(Eres un profesor de Energía
como dicen los locos de hoy.)

Crees que la vida es incendio,
15 que el progreso es erupción,

---

[41] El título de este poema se refiere a Theodore Roosevelt (1858–1919), presidente de los Estados Unidos de 1901 a 1909.
[42] Rey legendario de Caldea, a quien la Biblia llama "robusto cazador ante Yavé" (Génesis X, 8–9).
[43] León Tolstoi (1828–1910): gran novelista ruso. Profesaba una forma de cristianismo primitivo. Era pacifista.

[44] Rey de Macedonia (356–323 a.C.), Alejandro fue uno de los grandes guerreros y conquistadores de la historia.
[45] Rey de Babilonia (605–562 a.C.), otro gran guerrero.

que en donde pones la bala
el porvenir pones.
      No.

      Los Estados Unidos son potentes y grandes.
20 Cuando ellos se estremecen hay un hondo temblor
que pasa por las vértebras enormes de los Andes.
Si clamáis, se oye como el rugir del león.
Ya Hugo a Grant[46] le dijo: Las estrellas son vuestras.
(Apenas brilla, alzándose, el argentino sol
25 y la estrella chilena se levanta…) Sois ricos.
Juntáis al culto de Hércules[47] el culto de Mammón,[48]
y alumbrando el camino de la fácil conquista,
la Libertad levanta su antorcha en Nueva York.

      Mas la América nuestra, que tenía poetas
30 desde los viejos tiempos de Netzahualcoyotl,[49]
que ha guardado las huellas de los pies del gran Baco,[50]
que el alfabeto pánico en un tiempo aprendió;
que consultó los astros, que conoció la Atlántida[51]
cuyo nombre nos llega resonando en Platón,
35 que desde los remotos momentos de su vida
vive de luz, de fuego, de perfume, de amor,
la América del grande Moctezuma, del Inca,
la América fragante de Cristóbal Colón,
la América católica, la América española,
40 la América en que dijo el noble Guatemoc:[52]
"Yo no estoy en un lecho de rosas"; esa América
que tiembla de huracanes y que vive de amor,
hombres de ojos sajones y alma bárbara, vive.
Y sueña. Y ama, y vibra, y es la hija del Sol.
45 Tened cuidado. ¡Vive la América española!
Hay mil cachorros sueltos del León Español.
Se necesitaría, Roosevelt, ser, por Dios mismo,
el Riflero terrible y el fuerte Cazador,
para poder tenernos en vuestras férreas garras.

50   Y, pues contáis con todo, falta una cosa: ¡Dios!

---

[46] Ulysses S. Grant (1822–1885): General norteamericano y presidente de la Unión (1868–1876). Cuando visitó París en 1877, Victor Hugo escribió varios artículos en su contra. La mención de las estrellas es posiblemente una alusión a la bandera de los Estados Unidos.
[47] Semidiós de la mitología romana, simboliza la fuerza.
[48] Dios de la riqueza en la mitología fenicia.
[49] Rey chichimeca de Texcoco, México (1402–1471), poeta y filósofo.

[50] El dios del vino, a quien las musas enseñaron el alfabeto de Pan.
[51] Isla que, según la leyenda griega, había existido en el Atlántico, al oeste de Gibraltar. Platón se refiere a ella en dos de sus diálogos.
[52] Cuauhtémoc, sobrino de Moctezuma y último emperador de los aztecas (1500–1525). Cayó prisionero de los españoles, quienes lo torturaron, aplicándole fuego a los pies. Fue entonces que dijo la frase citada por Darío.

Lo fatal[53]

A René Pérez

Dichoso el árbol que es apenas sensitivo,
y más la piedra dura, porque ésa ya no siente,
pues no hay dolor más grande que el dolor de ser vivo,
ni mayor pesadumbre que la vida consciente.

5   Ser, y no saber nada, y ser sin rumbo cierto,
y el temor de haber sido y un futuro terror…
Y el espanto seguro de estar mañana muerto,
y sufrir por la vida y por la sombra y por

lo que no conocemos y apenas sospechamos,
10 y la carne que tienta con sus frescos racimos
y la tumba que aguarda con sus fúnebres ramos,
¡y no saber adónde vamos, ni de dónde venimos…!

Los cisnes

A Juan Ramón Jiménez

¿Qué signo haces, oh Cisne, con tu encorvado cuello
al paso de los tristes y errantes soñadores?
¿Por qué tan silencioso de ser blanco y ser bello,
tiránico a las aguas e impasible a las flores?

5   Yo te saludo ahora como en versos latinos
te saludara antaño Publio Ovidio Nasón.[54]
Los mismos ruiseñores cantan los mismos trinos,
y en diferentes lenguas es la misma canción.

A vosotros mi lengua no debe ser extraña.
10 A Garcilaso visteis, acaso, alguna vez…
Soy un hijo de América, soy un nieto de España…
Quevedo pudo hablaros en verso en Aranjuez…

Cisnes, los abanicos de vuestras alas frescas
den a las frentes pálidas sus caricias más puras
15 y alejen vuestras blancas figuras pintorescas
de nuestras mentes tristes las ideas oscuras.

Brumas septentrionales nos llenan de tristezas,
se mueren nuestras rosas, se agostan nuestras palmas;
casi no hay ilusiones para nuestras cabezas,
20 y somos los mendigos de nuestras pobres almas.

Nos predican la guerra con águilas feroces,
gerifaltes[55] de antaño revienen a los puños,

---

[53] Este poema consta de versos alejandrinos,
eneasílabos y heptasílabos.
[54] Publio Ovidio Nasón (43 a.C.–16 d.C.): Poeta
latino, autor de *Metamorfosis*.

[55] Ave rapaz, especie de halcón grande.

mas no brillan las glorias de las antiguas hoces,
ni hay Rodrigos ni Jaimes, ni hay Alfonsos ni Nuños.[56]

25   Faltos de los alientos que dan las grandes cosas,
¿qué haremos los poetas sino buscar tus lagos?
A falta de laureles son muy dulces las rosas
y a falta de victorias busquemos los halagos.

    La América Española como la España entera
30 fija está en el Oriente de su fatal destino;
yo interrogo a la Esfinge que el porvenir espera
con la interrogación de tu cuello divino.

    ¿Seremos entregados a los bárbaros fieros?
¿Tantos millones de hombres hablaremos inglés?
35 ¿Ya no hay nobles hidalgos ni bravos caballeros?
¿Callaremos ahora para llorar después?

    He lanzado mi grito, Cisnes, entre vosotros,
que habéis sido los fieles en la desilusión,
mientras siento una fuga de americanos potros
40 y el estertor postrero de un caduco león…

    Y un cisne negro dijo: "La noche anuncia el día".
Y uno blanco: "¡La aurora es inmortal, la aurora
es inmortal!" ¡Oh tierras de sol y de armonía,
aún guarda la Esperanza la caja de Pandora![57]

Azul (1888)

EL VELO DE LA REINA MAB[58]

La reina Mab, en su carro hecho de una sola perla, tirado por cuatro coleópteros de petos[59] dorados y alas de pedrería, caminando sobre un rayo de sol, se
coló por la ventana de una buhardilla donde estaban cuatro hombres flacos, barbudos e impertinentes, lamentándose como unos desdichados.

5   Por aquel tiempo, las hadas habían repartido sus dones a los mortales. A
unos habían dado las varitas misteriosas que llenan de oro las pesadas cajas de
comercio; a otros unas espigas maravillosas que al desgranarlas colmaban las trojes[60] de riqueza; a otros unos cristales que hacían ver en el riñón de la madre

---

[56] Referencia a reyes y nobles de los reinos
cristianos medievales de Castilla y Aragón que
se distinguieron por su heroísmo en las guerras
de la Reconquista española.

[57] Zeus dio a Pandora, la primera mujer,
una caja en la que estaban encerrados todos
los males del mundo. Al abrirla su esposo
Epimeteo, el primer hombre, se esparcieron
por el mundo y sólo quedó en el fondo la
Esperanza.

[58] En la tradición céltica la reina Mab es el
"hada madrina". Darío se inspiró para su
cuento en la descripción que de ella hace
Shakespeare en *Romeo y Julieta* (1 acto, IV
escena). Se habla allí del hada, su carroza y sus
modos de darles sueños a los hombres. No se
menciona, sin embargo, ningún velo.

[59] Darío llama "petos" a los élitros, piezas
córneas que cubren las alas de ciertos insectos.

[60] Graneros.

tierra oro y piedras preciosas; a quiénes, cabelleras espesas y músculos de Go-
10 liat,[61] y mazas enormes para machacar el hierro encendido; y a quiénes, talones
fuertes y piernas ágiles para montar en las rápidas caballerías que se beben el
viento y que tienden las crines en la carretera.

Los cuatro hombres se quejaban. Al uno le había tocado en suerte una cantera, al otro el iris, al otro el ritmo, al otro el cielo azul.

*

15 La reina Mab oyó sus palabras. Decía el primero: —¡Y bien! ¡Heme aquí en la
gran lucha de mis sueños de mármol! Yo he arrancado el bloque y tengo el cincel.
Todos tenéis, unos el oro, otros la armonía, otros la luz; yo pienso en la blanca y divina Venus, que muestra su desnudez bajo el plafón[62] color del cielo. Yo quiero dar a
la masa la línea y la hermosura plástica; y que circule por las venas de la estatua una
20 sangre incolora como la de los dioses. Yo tengo el espíritu de Grecia en el cerebro, y
amo los desnudos en que la ninfa huye y el fauno tiende los brazos. ¡Oh, Fidias![63] Tú
eres para mí soberbio y augusto como un semidiós, en el recinto de la eterna belleza,
rey ante un ejército de hermosuras que a tus ojos arrojan el magnífico Kiton[64] mostrando la esplendidez de la forma en sus cuerpos de rosa y de nieve.

25 Tú golpeas, hieres y domas el mármol, y suena el golpe armónico como en
verso, y te adula la cigarra, amante del sol oculta entre los pámpanos[65] de la viña
virgen. Para ti son los Apolos rubios y luminosos, las Minervas severas y sobera-
nas. Tú, como un mago, conviertes la roca en simulacro y el colmillo del elefante
en copa de festín. Y al ver tu grandeza siento el martirio de mi pequeñez. Porque
30 pasaron los tiempos gloriosos. Porque tiemblo ante las miradas de hoy. Porque
contemplo el ideal inmenso y las fuerzas exhaustas. Porque a medida que cincelo
el bloque me ataraza[66] el desaliento.

*

Y decía el otro:
—Lo que es hoy romperé mis pinceles. ¿Para qué quiero el iris y esta gran
35 paleta de campo florido, si a la postre mi cuadro no será admitido en el salón?
¿Qué abordaré? He recorrido todas las escuelas, todas las inspiraciones artísticas.
He pintado el torso de Diana y el rostro de la Madona. He pedido a las campiñas
sus colores, sus matices; he adulado a la luz como a una amada y la he abrazado
como a una querida. He sido adorador del desnudo, con sus magnificencias, con
40 los tonos de sus carnaciones y con sus fugaces medias tintas. He trazado en mis
lienzos los nimbos de los santos y las alas de los querubines. ¡Ah, pero siempre el
terrible desencanto!, ¡el porvenir! ¡Vender una Cleopatra en dos pesetas para poder almorzar!; ¡Y yo que podría, en el estremecimiento de mi inspiración, trazar
el gran cuadro que tengo aquí adentro!

*

45 Y decía el otro:
—Perdida mi alma en la gran ilusión de mis sinfonías, temo todas las decepciones. Yo escucho todas las armonías, desde la lira de Terpandro[67] hasta las

---

[61] El gigante filistino a quien David mató
disparándole una piedra con una honda, según
la Biblia.
[62] Cielo raso.
[63] Fidias (c. 500–c. 431 a. C.): escultor griego a
quien Pericles encargó el embellecimiento de
Atenas.

[64] Túnica.
[65] Ramas jóvenes de la vid.
[66] Muerde.
[67] Músico griego (Siglo VII a.C.) a quien se le
atribuye haber agregado tres cuerdas a la lira
de cuatro cuerdas.

fantasías orquestales de Wagner. Mis ideales brillan en medio de mis audacias de inspirado. Yo tengo la percepción del filósofo que oyó la música de los astros.
⁵⁰ Todos los ruidos pueden aprisionarse, todos los ecos son susceptibles de combinaciones. Todo cabe en la línea de mis escalas cromáticas.

La luz vibrante es himno, y la melodía de la selva halla un eco en mi corazón. Desde el ruido de la tempestad hasta el canto del pájaro, todo se confunde y enlaza en la infinita cadencia.

⁵⁵ Entretanto, no diviso sino la muchedumbre que befa, y la celda del manicomio.

Y el último:

—Todos bebemos del agua clara de la fuente de Jonia. Pero el ideal flota en el azul; y para que los espíritus gocen de la luz suprema es preciso que asciendan.
⁶⁰ Yo tengo el verso que es de miel y el que es oro, y el que es de hierro candente. Yo soy el ánfora del celeste perfume: tengo el amor. Paloma, estrella, nido, lirio, vosotros conocéis mi morada. Para los vuelos inconmensurables tengo alas de águila que parten a golpes mágicos el huracán. Y para hallar consonantes, los busco en dos bocas que se juntan; y estalla el beso, y escribo la estrofa, y entonces,
⁶⁵ si veis mi alma, conoceréis a mi musa. Amo a las epopeyas porque de ellas brota el soplo heroico que agita las banderas que ondean sobre las lanzas y los penachos⁶⁸ que tiemblan sobre los cascos;⁶⁹ los cantos líricos, porque hablan de las diosas y de los amores; y las églogas,⁷⁰ porque son olorosas a verbena y a tomillo, y al santo aliento del buey coronado de rosas. Yo escribiría algo inmortal; mas me
⁷⁰ abruma un porvenir de miseria y de hambre.

*

Entonces la reina Mab, del fondo de su carro hecho de una sola perla, tomó un velo azul, casi impalpable, como formado de suspiros, o de miradas de ángeles rubios y pensativos. Y aquel velo era el velo de los sueños, de los dulces sueños, que hacen ver la vida del color de rosa. Y con él envolvió a los cuatro hombres fla-
⁷⁵ cos, barbudos e impertinentes. Los cuales cesaron de estar tristes, porque penetró en su pecho la esperanza, y en su cabeza el sol alegre, con el diablillo de la vanidad, que consuela en sus profundas decepciones a los pobres artistas.

Y desde entonces, en las buhardillas de los brillantes infelices, donde flota el sueño azul, se piensa en el porvenir como en la aurora, y se oyen risas que qui-
⁸⁰ tan la tristeza, y se bailan extrañas farándulas⁷¹ alrededor de un blanco Apolo, de un lindo paisaje, de un violín viejo, de un amarillento manuscrito.

■ **Preguntas generales**

1. ¿Qué corrientes literarias influyeron en la formación poética de Rubén Darío?
2. ¿En qué países vivió Darío y qué actividades literarias desarrolló en cada uno de ellos?

---

⁶⁸ Plumas de adorno.
⁶⁹ Pezuña o parte inferior de la pata de los caballos.

⁷⁰ Composiciones poéticas del género bucólico.
⁷¹ Baile de cómicos o farsantes.

3. ¿Qué cambios van produciéndose en la obra de Darío desde *Azul* y *Prosas profanas* hasta sus últimos poemas?
4. ¿Cómo se explica su regreso a las raíces hispánicas a partir de *Cantos de vida y esperanza*? ¿En qué poemas expresa su preocupación por el futuro de los pueblos hispanoamericanos?
5. ¿Cuál fue la contribución mayor de Darío a las letras del mundo hispánico?

■ Preguntas de análisis

1. ¿Qué aspectos representativos del modernismo se observan en las composiciones de *Prosas profanas*? Señale temas, imágenes y vocabulario.
2. ¿Cómo explicaría Ud. el ideal de la nueva poesía expresado en "El cisne"? ¿Qué tiene en común con la visión mágica de "El velo de la reina Mab"?
3. ¿Qué quiso explicar Darío en "Yo soy aquel...", y por qué dedicó el poema a José Enrique Rodó?
4. ¿Cuál es el simbolismo del cisne en el poema "Los cisnes"? ¿Qué interrogantes angustian al poeta?
5. En "A Roosevelt", ¿por qué dice Darío que Roosevelt no podrá conquistar la América española?
6. ¿Qué poemas son más reflexivos e intimistas? Explique por qué.

■ Temas para informes escritos

1. La influencia de Gautier, de Verlaine y de otros poetas franceses en los poemas de *Prosas profanas*.
2. La imagen de la mujer en la poesía de Rubén Darío.
3. Los temas hispánicos en *Cantos de vida y esperanza*.
4. Análisis de las metáforas y las imágenes en los poemas de Rubén Darío.
5. La condición humana en "Lo fatal". Aspectos comunes entre este poema y las ideas de Miguel de Unamuno y de otros pensadores contemporáneos del poeta.
6. La función de los sueños y la magia en los cuentos de Rubén Darío.
7. La influencia de Rubén Darío sobre otros poetas hispanoamericanos.

■ Temas de reflexión y comentario

1. El oriente y lo exótico en la obra de Rubén Darío.
2. El papel de las artes plásticas y las imágenes visuales en la poesía de Darío.
3. La manifestación de una conciencia artística en la obra de Darío.
4. La influencia del contexto histórico en la evolución poética de Darío.
5. Ambientes literarios en los que Darío proyectó su influencia.

BALDOMERO LILLO

1867, Lota, Chile—1923, Santiago de Chile

Los cuentos de Lillo ocupan un espacio muy singular en el desarrollo de la narrativa hispanoamericana porque presentan, de un modo realista y con colores locales, la tragedia de los trabajadores chilenos, en particular de los mineros, cuando no existían leyes de protección obrera. De familia modesta, Lillo escuchó en su niñez el relato de las experiencias de su padre, quien había viajado a California (1848) tocado por la "fiebre del oro" para regresar dos años después con las manos vacías. Por problemas de salud, el joven Lillo no terminó los estudios secundarios y empezó a trabajar en Lota, un importante centro minero. Por encargo de sus patrones viajaba con frecuencia a Concepción, donde comenzó a adquirir libros de escritores españoles (Pérez Galdós y Pereda), rusos (Dostoievski, Tolstoi) y franceses (Maupassant y Zola). De todos ellos fue Émile Zola, el portaestandarte del naturalismo, quien más decisiva influencia ejerció sobre Lillo. En efecto, el escritor chileno leyó *Germinal* (1885), novela donde Zola detalla en dramáticos cuadros la miserable existencia de los mineros franceses; la influencia de este autor naturalista es evidente en los cuentos de Lillo recopilados posteriormente en *Sub terra* (1904).

Por razones económicas, Lillo se trasladó a Santiago, donde su hermano Samuel, un poeta de prestigio, lo llevó a las tertulias literarias de la capital. Allí comenzó a trabajar como funcionario en la universidad y conoció a los miembros más distinguidos de la "generación de 1900", grupo deseoso de reformas sociales y literarias. Animado por estos intelectuales, comenzó a colaborar en importantes diarios como *Zig-Zag* y *El Mercurio,* y a publicar sus cuentos, recogidos después en *Sub terra,* colección de relatos mineros cuya primera edición se agotó en tres meses. *Sub sole* (1907), cuentos de temas obreros, campesinos y costumbristas, no despertó igual entusiasmo. Después, Lillo decidió escribir *La huelga,* novela sobre una masacre obrera, pero no la terminó. Otros textos suyos aparecieron póstumamente agrupados en dos colecciones, *Relatos populares* (1942) y *El hallazgo y otros cuentos del mar* (1954).

Una de las aportaciones literarias de Baldomero Lillo fue la adaptación de recursos técnicos y postulados teóricos del realismo y del naturalismo a la descripción de la realidad hispanoamericana. Este aprovechamiento de modalidades europeas y de tipos y costumbres regionales dio como resultado una narrativa clasificada por algunos como "criollista" por su descripción verista de personajes y acontecimientos locales. Siguiendo a los naturalistas franceses, Lillo quería dar a conocer los problemas sociales de un determinado sector y por eso describió detalladamente el arduo y peligroso trabajo en las minas. Como Zola, también hizo hincapié en los efectos de la miseria en la salud y la mente del obrero.

En su deseo de criticar las injusticias sociales, el autor agrupó a los personajes en dos categorías: explotadores y explotados, ofreciendo una visión un tanto rígida de los hechos narrados. Sin embargo, el escritor chileno logró captar el dolor y el estado indefenso de sus protagonistas, a quienes describió en forma sencilla y directa. Su sensibilidad para recrear de manera realista el drama colectivo de personajes atrapados por la mina y el injusto sistema laboral, le ganó a Baldomero Lillo un sitio permanente dentro de la narrativa hispanoamericana.

■ Bibliografía mínima

"Baldomero Lillo". Portal preparado por Berta López Morales. *Biblioteca Virtual Miguel de Cervantes. Obras y Autores Clásicos*. Web. <http://www.cervantesvirtual.com/bib_autor/lillo/>.

Bocaz, Luis. "*Sub terra* de Baldomero Lillo y la gestación de una conciencia alternativa". *Estudios Filológicos* 40 (2005): 7–27. Impreso.

Bolden, Millicent. "Gothic Elements in Baldomero Lillo's 'El Chiflón del Diablo' ". *Romance Languages Annual* 8 (1996): 377–83. Impreso.

Lillo, Baldomero. *Obra completa*. Edición crítica de Ignacio Álvarez y Hugo Bello Maldonado. Prólogo de Jaime Concha. Santiago: Universidad Alberto Hurtado, 2008. Impreso.

Preble, Oralia M. "Contrapunto emotivo en 'El Chiflón del Diablo' de Baldomero Lillo". *Romance Notes* 17 (1976): 103–07. Impreso.

Ramos, José A. "Naturalismo romántico y modernista en los cuentos de Baldomero Lillo, Javier de Viana y Augusto D'Halmar". *Excavatio: Emile Zola and Naturalism* 14.1–2 (2001): 334–43. Impreso.

Sub terra (1904)

El Chiflón[1] del Diablo

En una sala baja y estrecha, el capataz de turno, sentado en su mesa de trabajo y teniendo delante de sí un gran registro abierto, vigilaba la bajada de los obreros en aquella fría mañana de invierno. Por el hueco de la puerta se veía el ascensor aguardando su carga humana que, una vez completa, desaparecía con
5 él, callada y rápida, por la húmeda abertura del pique.[2]

Los mineros llegaban en pequeños grupos y, mientras descolgaban de los ganchos adheridos a las paredes sus lámparas ya encendidas, el escribiente fijaba en ellas una ojeada penetrante, trazando con el lápiz una corta raya al margen de cada nombre. De pronto, dirigiéndose a dos trabajadores que iban presurosos
10 hacia la puerta de salida, los detuvo con un ademán, diciéndoles:

—Quédense ustedes.

Los obreros se volvieron sorprendidos y una vaga inquietud se pintó en sus pálidos rostros. El más joven, muchacho de veinte años escasos, pecoso, con una abundante cabellera rojiza, a la que debía el apodo de Cabeza de Cobre con que
15 todo el mundo lo designaba, era de baja estatura, fuerte y robusto. El otro, más alto, un tanto flaco y huesudo, era ya viejo, de aspecto endeble[3] y achacoso.

Ambos con la mano derecha sostenían la lámpara y con la izquierda un manojo de pequeños trozos de cordel en cuyas extremidades había atados un botón o una cuenta de vidrio de distintas formas y colores: eran los *tantos* o señales que
20 los barreteros[4] sujetan dentro de las carretillas de carbón para indicar arriba su procedencia.

La campana del reloj, colgado en el muro, dio pausadamente las seis. De cuando en cuando un minero jadeante[5] se precipitaba por la puerta, descolgaba su lámpara y con la misma prisa abandonaba la habitación, lanzando al pasar
25 junto a la mesa, una tímida mirada al capataz, quien, sin despegar los labios, impasible y severo, señalaba con una cruz el nombre del rezagado.[6]

Después de algunos minutos de silenciosa espera, el empleado hizo una seña a los obreros para que se acercasen, y les dijo:

—Son ustedes barreteros de la Alta, ¿no es así?

30 —Sí, señor —respondieron los interpelados.

—Siento decirles que quedan sin trabajo. Tengo orden de disminuir el personal de esa veta.

Los obreros no contestaron y hubo por un instante un profundo silencio.

Por fin, el de más edad dijo:

35 —¿Pero se nos ocupará en otra parte?

El individuo cerró el libro con fuerza y, echándose atrás en el asiento con tono serio, contestó:

---

[1] O bocamina; excavación iniciada en la superficie de la tierra donde el manto de carbón asoma y que se profundiza de acuerdo con el gradiente de la veta. En la minería carbonífera de Chile había dos tipos de excavaciones: chiflón y pique. Seguimos la edición crítica de 2008.

[2] El pozo o abertura de la mina.
[3] Débil, de poca resistencia.
[4] El que trabaja con la barra o cuña.
[5] Con respiración rápida.
[6] El atrasado.

—Lo veo difícil, tenemos gente de sobra en todas las faenas.

El obrero insistió:

40 —Aceptaremos el trabajo que se nos dé, seremos torneros,[7] apuntaladores,[8] lo que Ud. quiera.

El capataz movía la cabeza negativamente.

—Ya lo he dicho, hay gente de sobra y si los pedidos de carbón no aumentan, habrá que disminuir también la explotación en algunas otras vetas.

45 Una amarga e irónica sonrisa contrajo los labios del minero, y exclamó:

—Sea usted franco, don Pedro, y díganos de una vez que quiere obligarnos a que vayamos a trabajar al Chiflón del Diablo.

El empleado se irguió en la silla y protestó indignado:

—Aquí no se obliga a nadie. Así como Uds. son libres para rechazar el tra-
50 bajo que no les agrade, la Compañía, por su parte, está en su derecho para tomar las medidas que más convengan a sus intereses.

Durante aquella filípica,[9] los obreros con los ojos bajos escuchaban en silencio y, al ver su humilde continente, la voz del capataz se dulcificó.

—Pero, aunque las órdenes que tengo son terminantes —agregó—, quiero
55 ayudarles a salir del paso. Hay en el Chiflón Nuevo o del Diablo como ustedes lo llaman, dos vacantes de barreteros, pueden ocuparlas ahora mismo, pues mañana sería tarde.

Una mirada de inteligencia se cruzó entre los obreros. Conocían la táctica y sabían de antemano el resultado de aquella escaramuza.[10] Por lo demás, esta-
60 ban ya resueltos a seguir su destino. No había medio de evadirse. Entre morir de hambre o aplastado por un derrumbe era preferible lo último: tenía la ventaja de la rapidez. ¿Y adónde ir? El invierno, el implacable enemigo de los desamparados que convertía en torrente los lánguidos arroyuelos, dejaba los campos desolados y yermos.[11] Las tierras bajas eran inmensos pantanos de aguas cenagosas y
65 en las colinas y en las laderas de los montes, los árboles ostentaban bajo el cielo eternamente opaco la desnudez de sus ramas y de sus troncos.

En las chozas de los campesinos el hambre asomaba su pálida faz a través de los rostros famélicos de sus habitantes, quienes se veían obligados a llamar a las puertas de los talleres y de las fábricas en busca del pedazo de pan que les
70 negaba el mustio suelo de las campiñas exhaustas.

Había, pues, que someterse a llenar los huecos que el fatídico corredor abría constantemente en sus filas de inermes desamparados, en perpetua lucha contra las adversidades de la suerte, abandonados de todos, y contra quienes toda injusticia e iniquidad estaba permitida.

75 El trato quedó hecho. Los obreros aceptaron sin poner objeciones el nuevo trabajo y un momento después estaban en la jaula, cayendo a plomo en las profundidades de la mina.

La galería del Chiflón del Diablo tenía una siniestra fama. Abierta para dar salida al mineral de un filón recién descubierto, se habían en un principio ejecu-
80 tado los trabajos con el esmero requerido. Pero, a medida que se ahondaba en

---

[7] Trabajador en una máquina.
[8] El que ayuda en el trabajo de mantenimiento de techos y paredes de las minas.

[9] Invectiva, censura.
[10] Combate breve, en este caso, verbal.
[11] Sin cultivar.

la roca, ésta se tornaba porosa e inconsistente. Las filtraciones un tanto escasas al empezar habían ido en aumento, haciendo muy precaria la estabilidad de la techumbre,[12] que solo se sostenía mediante sólidos revestimientos.[13]

85 Una vez terminada la obra, como la inmensa cantidad de maderas que había que emplear en los apuntalamientos aumentaba el costo del mineral de un modo considerable, se fue descuidando poco a poco esta parte esencialísima del trabajo. Se revestía siempre, sí, pero con flojedad, economizando todo lo que se podía.

Los resultados de este sistema no se dejaron esperar. Continuamente había que extraer de allí un contuso,[14] un herido y también a veces algún muerto
90 aplastado por un brusco desprendimiento de aquel techo falto de apoyo, y que, minado traidoramente por el agua, era una amenaza constante para las vidas de los obreros, quienes, atemorizados por la frecuencia de los hundimientos, empezaron a rehuir las tareas en el mortífero corredor. Pero la Compañía venció muy luego su repugnancia con el cebo[15] de unos cuantos centavos más en los salarios
95 y la explotación de la nueva veta continuó.

Muy luego, sin embargo, el alza de jornales fue suprimida, sin que por esto se paralizasen las faenas, bastando para obtener este resultado el método puesto en práctica por el capataz aquella mañana.

Cabeza de Cobre llegó esa noche a su habitación más tarde que de costum-
100 bre. Estaba grave, meditabundo, y contestaba con monosílabos las cariñosas preguntas que le hacía su madre sobre su trabajo del día. En ese hogar humilde había cierta decencia y limpieza, por lo común desusadas en aquellos albergues donde, en promiscuidad repugnante, se confundían hombres, mujeres y niños y una variedad tal de animales que cada uno de aquellos cuartos sugería en el espíritu la
105 bíblica visión del Arca de Noé.

La madre del minero era una mujer alta, delgada, de cabellos blancos. Su rostro muy pálido tenía una expresión resignada y dulce que hacía más suave aún el brillo de sus ojos húmedos, donde las lágrimas parecían estar siempre prontas a resbalar. Llamábase María de los Ángeles.
110 Hija y madre de mineros, terribles desgracias la habían envejecido prematuramente. Su marido y dos hijos muertos unos tras otros por los hundimientos y las explosiones del grisú,[16] fueron el tributo que los suyos habían pagado a la insaciable avidez de la mina. Sólo le restaba aquel muchacho por quien su corazón, joven aún, pasaba en continuo sobresalto.
115 Siempre temerosa de una desgracia, su imaginación no se apartaba un instante de las tinieblas del manto carbonífero que absorbía aquella existencia que era su único bien, el único lazo que la sujetaba a la vida.

¡Cuántas veces en esos instantes de recogimiento había pensado, sin acertar a explicárselo, en el porqué de aquellas odiosas desigualdades humanas que con-
120 denaban a los pobres, al mayor número, a sudar sangre para sostener el fausto[17] de la inútil existencia de unos pocos! ¡Y si tan sólo se pudiera vivir sin aquella

---

[12] Terreno situado sobre una capa de material, con frecuencia formado y sostenido por vigas de madera para evitar los derrumbes.
[13] Cubierta con que se resguarda alguna superficie.
[14] El que ha recibido un golpe sin herida exterior.

[15] La recompensa.
[16] El gas metano que sale de las minas de hulla o carbón; al mezclarse con el aire, puede producir fuertes explosiones.
[17] Lujo.

perpetua zozobra por la suerte de los seres queridos, cuyas vidas eran el precio, tantas veces pagado, del pan de cada día!

Pero aquellas cavilaciones eran pasajeras y, no pudiendo descifrar el enigma,
125 la anciana ahuyentaba esos pensamientos y tornaba a sus quehaceres con su melancolía habitual.

Mientras la madre daba la última mano a los preparativos de la cena, el muchacho, sentado junto al fuego, permanecía silencioso, abstraído en sus pensamientos. La anciana, inquieta por aquel mutismo, se preparaba a interrogarlo
130 cuando la puerta giró sobre sus goznes[18] y un rostro de mujer asomó por la abertura.

—Buenas noches, vecina. ¿Cómo está el enfermo? —preguntó cariñosamente María de los Ángeles.

—Lo mismo —contestó la interrogada, penetrando en la pieza—. El médico
135 dice que el hueso de la pierna no ha soldado todavía y que debe estar en la cama sin moverse.

La recién llegada era una joven de moreno semblante, demacrado por vigilias y privaciones. Tenía en la diestra una escudilla de hoja de lata, y, mientras respondía, esforzábase por desviar la vista de la sopa que humeaba sobre la mesa.
140 La anciana alargó el brazo y cogió el jarro y, en tanto vaciaba en él el caliente líquido, continuó preguntando:

—¿Y hablaste, hija, con los jefes? ¿Te han dado algún socorro?

La joven murmuró con desaliento:

—Sí, estuve allá. Me dijeron que no tenía derecho a nada, que bastante ha-
145 cían con darnos el cuarto; pero que si él se moría fuera a buscar una orden para que en el despacho me entregaran cuatro velas y una mortaja.

Y dando un suspiro agregó:

—Espero en Dios que mi pobre Juan no los obligará a hacer ese gasto.

María de los Angeles añadió a la sopa un pedazo de pan y puso ambas dádi-
150 vas en manos de la joven, quien se encaminó hacia la puerta, diciendo agradecida:

—La Virgen se lo pagará, vecina.

—Pobre, Juana —dijo la madre, dirigiéndose a su hijo que había arrimado su silla junto a la mesa—, pronto hará un mes que sacaron a su marido del pique con la pierna rota. ¿En qué se ocupaba?
155 —Era barretero del Chiflón del Diablo.

—¡Ah, sí, dicen que los que trabajan ahí tienen la vida vendida!

—No tanto, madre —dijo el obrero—, ahora es distinto, se han hecho grandes trabajos de apuntalamientos. Hace más de una semana que no hay desgracias.
160 —Será así como dices, pero yo no podría vivir si trabajaras allá; preferiría irme a mendigar por los campos. No quiero que te traigan un día como me trajeron a tu padre y a tus hermanos.

Gruesas lágrimas se deslizaban por el pálido rostro de la anciana. El muchacho callaba y comía sin levantar la vista del plato.
165 Cabeza de Cobre se fue a la mañana siguiente a su trabajo sin comunicar a su madre el cambio de faena efectuado el día anterior. Tiempo de sobra habría

---

[18] Bisagras para fijar las puertas y ventanas que, al abrirse, giran.

siempre para darle aquella mala noticia. Con la despreocupación propia de la edad, no daba grande importancia a los temores de la anciana. Fatalista, como todos sus camaradas, creía que era inútil tratar de sustraerse al destino que cada
170 cual tenía de antemano asignado.

Cuando una hora después de la partida de su hijo, María de los Ángeles abría la puerta, se quedó encantada de la radiante claridad que inundaba los campos. Hacía mucho tiempo que sus ojos no veían una mañana tan hermosa. Un nimbo[19] de oro circundaba el disco del sol, que se levantaba sobre el hori-
175 zonte enviando a torrentes sus vívidos rayos sobre la húmeda tierra, de la que se desprendían por todas partes azulados y blancos vapores. La luz del astro, suave como una caricia, derramaba un soplo de vida sobre la naturaleza muerta. Bandadas de aves cruzaban, allá lejos, el sereno azul, y un gallo de plumas tornasoladas, desde lo alto de un montículo[20] de arena, lanzaba un alerta estridente cada
180 vez que la sombra de un pájaro deslizábase junto a él.

Algunos viejos, apoyándose en bastones y muletas, aparecieron bajo los sucios corredores, atraídos por el glorioso resplandor que iluminaba el paisaje. Caminaban despacio, estirando sus miembros entumecidos, ávidos de aquel tibio calor que fluía de lo alto.
185 Eran los inválidos de la mina, los vencidos del trabajo. Muy pocos eran los que no estaban mutilados y que no carecían ya de un brazo o de una pierna. Sentados en un banco de madera que recibía de lleno los rayos del sol, sus pupilas fatigadas, hundidas en las órbitas, tenían una extraña fijeza. Ni una palabra se cruzaba entre ellos, y de cuando en cuando, tras una tos breve y cavernosa, sus
190 labios cerrados se entreabrían para dar paso a un escupitajo[21] negro como la tinta.

Se acercaba la hora del mediodía y en los cuartos las mujeres atareadas preparaban las cestas de la merienda para los trabajadores, cuando el breve repique[22] de la campana de alarma las hizo abandonar la faena y precipitarse despavoridas fuera de las habitaciones.
195 En la mina, el repique había cesado y nada hacía presagiar una catástrofe. Todo tenía allí el aspecto ordinario y la chimenea dejaba escapar sin interrupción su enorme penacho[23] que se ensanchaba y crecía arrastrado por la brisa que lo empujaba hacia el mar.

María de los Ángeles se ocupaba en colocar en la cesta destinada a su hijo la
200 botella de café, cuando la sorprendió el toque de alarma y, soltando aquellos objetos, se abalanzó hacia la puerta frente a la cual pasaban a escape[24] con las faldas levantadas, grupos de mujeres seguidas de cerca por turbas de chiquillos que corrían desesperadamente en pos de sus madres. La anciana siguió aquel ejemplo: sus pies parecían tener alas, el aguijón del terror galvanizaba sus viejos músculos y todo su
205 cuerpo se estremecía y vibraba como la cuerda del arco en su máximum de tensión.

En breve se colocó en primera fila y su blanca cabeza herida por los rayos del sol, parecía atraer y precipitar tras de sí la masa sombría del harapiento rebaño.

---

[19] Aureola, círculo.
[20] Pequeña elevación del terreno.
[21] Saliva, flema o sangre escupida. Los mineros estaban expuestos a enfermedades pulmonares crónicas por el polvo que inhalaban en su trabajo, entre ellas la silicosis (del polvo de sílice) y la antracosis (del polvo del carbón).
[22] El sonido.
[23] La masa de aire sobresaturado que sale de la chimenea.
[24] Corriendo.

Las habitaciones quedaron desiertas. Sus puertas y ventanas se abrían y se cerraban con estrépito impulsadas por el viento. Un perro atado en uno de 210 los corredores, sentado en sus cuartos traseros, con la cabeza vuelta hacia arriba, dejaba oír un aullido lúgubre como respuesta al plañidero[25] clamor que llegaba hasta él, apagado por la distancia.

Sólo los viejos no habían abandonado su banco calentado por el sol y, mudos e inmóviles, seguían siempre en la misma actitud, con los turbios ojos fijos en 215 un más allá invisible y ajenos a cuanto no fuera aquella férvida irradiación que infiltraba en sus yertos[26] organismos un poco de aquella energía y de aquel tibio calor que hacía renacer la vida sobre los campos desiertos.

Como los polluelos que, percibiendo de improviso el rápido descenso del gavilán, corren lanzando pitíos[27] desesperados a buscar un refugio bajo las plu- 220 mas erizadas de la madre, aquellos grupos de mujeres con las cabelleras destrenzadas, gimoteando, fustigadas por el terror, aparecieron en breve bajo los brazos descarnados de la cabria,[28] empujándose y estrechándose sobre la húmeda plataforma. Las madres apretaban a sus pequeños hijos, envueltos en sucios harapos, contra el seno semidesnudo, y un clamor que no tenía nada de humano brotaba 225 de las bocas entreabiertas contraídas por el dolor.

Una recia barrera de maderos defendía por un lado la abertura del pozo y en ella fue a estrellarse parte de la multitud. En el otro lado, unos cuantos obreros con la mirada hosca, silenciosos y taciturnos, contenían las apretadas filas de aquella turba que ensordecía con sus gritos, pidiendo noticias de sus deudos, del 230 número de muertos y del sitio de la catástrofe.

En la puerta de los departamentos de las máquinas se presentó con la pipa entre los dientes uno de los ingenieros, un inglés corpulento, de patillas[29] rojas, y con la indiferencia que da la costumbre, paseó una mirada sobre aquella escena. Una formidable imprecación[30] lo saludó y centenares de voces aullaron:

235 —¡Asesinos, asesinos!

Las mujeres levantaban los brazos por encima de sus cabezas y mostraban los puños, ebrias[31] de furor. El que había provocado aquella explosión de odio lanzó al aire algunas bocanadas de humo y, volviendo la espalda, desapareció.

Las noticias que los obreros daban del accidente calmó un tanto aquella ex- 240 citación. El suceso no tenía las proporciones de las catástrofes de otras veces: sólo había tres muertos, de quienes se ignoraban aún los nombres. Por lo demás, y casi no había necesidad de decirlo, la desgracia, un derrumbe, había ocurrido en la galería del Chiflón del Diablo, donde se trabajaba hacía ya dos horas en extraer las víctimas, esperándose de un momento a otro la señal de *izar*[32] en el departa- 245 mento de las máquinas.

Aquel relato hizo nacer la esperanza en muchos corazones devorados por la inquietud. María de los Ángeles, apoyada en la barrera, sintió que la tenaza que mordía sus entrañas aflojaba sus férreos garfios. No era la suya esperanza, sino certeza: de seguro él no estaba entre aquellos muertos. Y reconcentrada entre sí 250 misma con ese feroz egoísmo de las madres, oía casi con indiferencia los histéricos sollozos de las mujeres y sus ayes de desolación y angustia.

---

[25] Lloroso.
[26] Tiesos, rígidos.
[27] Sonidos emitidos por los polluellos.
[28] Máquina para levantar pesos.

[29] Porción de barba en los lados de la cara.
[30] Insulto.
[31] Ciegas, apasionadas.
[32] Levantar.

Entretanto huían las horas y bajo las arcadas de cal y ladrillo, la máquina inmóvil dejaba reposar sus miembros de hierro en la penumbra de los vastos departamentos; los cables, como los tentáculos de un pulpo, surgían estremecientes 255 del pique hondísimo y enroscaban en la bobina sus flexibles y viscosos brazos; la masa humana, apretada y compacta, palpitaba y gemía como una res desangrada y moribunda, y arriba, por sobre la campiña inmensa, el sol, traspuesto ya el meridiano, continuaba lanzando los haces[33] centelleantes de sus rayos tibios y una calma y serenidad celestes se desprendían del cóncavo espejo del cielo azul y 260 diáfano, que no empañaba una nube.

De improviso, el llanto de las mujeres cesó: un campanazo seguido de otros tres resonaron lentos y vibrantes: era la señal de izar. Un estremecimiento agitó a la muchedumbre, que siguió con avidez las oscilaciones del cable que subía, en cuya extremidad estaba la terrible incógnita que todos ansiaban y temían descifrar.

265 Un silencio lúgubre interrumpido apenas por uno que otro sollozo reinaba en la plataforma, y el aullido lejano se esparcía en la llanura y volaba por los aires, hiriendo los corazones como un presagio de muerte.

Algunos instantes pasaron, y de pronto la gran argolla de hierro que corona la jaula,[34] asomó por sobre el brocal.[35] El ascensor se balanceó un momento y 270 luego se detuvo, sujeto por los ganchos del reborde superior.

Dentro de él, algunos obreros con las cabezas descubiertas rodeaban una carretilla negra de barro y de polvo de carbón.

Un clamoreo inmenso saludó la aparición del fúnebre carro, la multitud se arremolinó y su loca desesperación dificultaba enormemente la extracción de los 275 cadáveres. El primero que se presentó a las ávidas miradas de la turba estaba forrado en mantas y sólo dejaba ver los pies descalzos, rígidos y manchados de lodo. El segundo que siguió inmediatamente al anterior tenía la cabeza desnuda: era un viejo de barba y cabellos grises.

El tercero y último apareció a su vez. Por entre los pliegues de la tela que lo 280 envolvía asomaban algunos mechones de pelos rojos que lanzaban a la luz del sol un reflejo de cobre recién fundido. Varias voces profirieron con espanto:

—¡El Cabeza de Cobre!

El cadáver, tomado por los hombros y por los pies, fue colocado trabajosamente en la camilla que lo aguardaba.

285 María de los Ángeles, al percibir aquel lívido rostro y esa cabellera que parecía empapada en sangre, hizo un esfuerzo sobrehumano para abalanzarse sobre el muerto; pero apretada contra la barrera sólo pudo mover los brazos, en tanto que un sonido inarticulado brotaba de su garganta.

Luego, sus músculos se aflojaron, los brazos cayeron a lo largo del cuerpo y 290 permaneció inmóvil en el sitio como herida por el rayo.

Los grupos se apartaron y muchos rostros se volvieron hacia la mujer, quien con la cabeza doblada sobre el pecho, sumida en una insensiblidad absoluta, parecía absorta en la contemplación del abismo abierto a sus pies.

Jamás se supo cómo salvó la barrera, detenida por los cables niveles[36], se 295 la vio por un instante agitar sus piernas descarnadas en el vacío, y luego, sin un

---

[33] Los rayos luminosos del sol; plural de haz.
[34] Se refiere al ascensor.
[35] Boca del pozo de la mina.

[36] Son cables fijos; van desde el vértice de la cabria hasta el fondo del pique.

grito, desaparecer en el abismo. Algunos segundos después, un ruido sordo, lejano, casi imperceptible, brotó de la hambrienta boca del pozo, de la cual se escapaban bocanadas de tenues vapores: era el aliento del monstruo ahíto[37] de sangre en el fondo de su cubil.[38]

■ Preguntas generales

1. ¿Cuál era la vinculación de Lillo con las minas?
2. ¿Cuáles son las ideas principales del naturalismo? ¿Cómo influyó esta tendencia en la obra del escritor chileno y quién fue su principal modelo?
3. ¿Qué diferencia hay entre los personajes de los dos libros de cuentos de Lillo?
4. ¿Qué le ha otorgado permanencia a la obra de este autor?
5. ¿Qué entiende por "criollismo"? ¿Encaja o no la obra de Lillo dentro de este apartado? Explique su respuesta.

■ Preguntas de análisis

1. ¿Cuál es el dilema que se les presenta a Cabeza de Cobre y a su compañero? ¿Por qué se le llama así al Chiflón del Diablo? ¿Qué sugiere este nombre?
2. ¿Cómo se describe a los viejos mineros y a las mujeres? ¿Qué función tienen estas descripciones en el cuento?
3. ¿Quién es María de los Ángeles y qué relación se puede establecer entre su historia familiar y el desenlace del cuento?
4. ¿Cómo está representada la naturaleza y cuál es su importancia?
5. ¿Cómo caracteriza Lillo la mina?
6. ¿Cuál es la actitud de los administradores hacia los mineros? Dé ejemplos.

■ Temas para informes escritos

1. *Germinal* de Zola y su influencia en *Sub terra.*
2. Lillo y la "generación de 1900" en Chile.
3. El trabajo infantil en las minas y su representación en "La compuerta número 12".
4. Lillo y su contribución a la narrativa realista.
5. Los mineros de Chile a comienzos de siglo y en la actualidad.

■ Temas de reflexión y comentario

1. Las luchas sociales en Chile a comienzos del siglo XX.
2. La formación intelectual de Lillo.
3. La "fiebre de oro" de California (1848) y su impacto en Chile.
4. *La huelga*, novela incompleta de Lillo.
5. ¿Baldomero Lillo, un Émile Zola americano?

---

[37] Saciado, harto.   [38] Sitio donde duermen las fieras.

LEOPOLDO LUGONES

1874, Pcia. de Córdoba,
Argentina—1938, Pcia. de Buenos
Aires, Argentina

Leopoldo Lugones, destacado poeta, escritor de ficción, educador y ensayista, fue una de las más importantes figuras del modernismo, a cuya renovación contribuyó con una rica y variada producción poética. Nació en Villa de Santa María del Río Seco, en la provincia de Córdoba, donde vivió hasta los nueve años. En la ciudad de Córdoba completó su educación secundaria y se inició en la creación literaria y en el periodismo, actividades a las que continuó dedicándose, desde 1896, en Buenos Aires. Muy pronto se vinculó Lugones al grupo de escritores y poetas jóvenes influidos por los ideales y la obra de Rubén Darío, quien acababa de publicar sus *Prosas profanas* (1896) en la capital porteña. Al mismo tiempo, Lugones se unió a la causa socialista, escribiendo para los periódicos *La Vanguardia y La Montaña*, el segundo de los cuales ayudó él mismo a fundar. Sus convicciones políticas cambiaron luego y en los últimos años adoptó posiciones conservadoras y militaristas.

El primer libro de Lugones, *Las montañas del oro* (1897), en el que se observan resabios románticos, un sensualismo pagano y cierta rebeldía, muestra que el joven poeta compartía la influencia, común a las distintas generaciones de modernistas, de Victor Hugo, Poe y Baudelaire. *Los crepúsculos del jardín* (1905) es, por otra parte, la más modernista de sus colecciones poéticas. De mayor sutileza en tono e imágenes que la anterior, en esta última convergen la forma parnasiana, con la musicalidad y el colorido del simbolismo. Algunos de sus poemas, como "Delectación morosa" y "El solterón", son particularmente apreciados por antólogos y críticos. En su obra posterior, *Lunario sentimental* (1909), Lugones expandió el horizonte modernista mediante innovadores procedimientos metafóricos y con el empleo del verso libre, dando muestras de una original fantasía, de gracia y humor. *Lunario sentimental* reúne poesía, cuentos, églogas y breves piezas dramáticas, todos ellos relacionados por el tema lunar y por un humor desmitificador que destruye las imágenes románticas de la luna. Esta colección coloca al poeta argentino entre los precursores del futuro vanguardismo.

Después de *Lunario*, Lugones abandonó la experimentación formal de sus obras anteriores. Los poemas de *Odas seculares* (1910), compuestos en ocasión del primer centenario de la independencia argentina, celebran la riqueza del suelo, el variado paisaje y los personajes y hechos heroicos de la historia nacional. Con excepción de *El libro fiel* (1912), colección de poemas de amor dedicada a su esposa, el resto de su producción continúa y diversifica la temática de las *Odas*. La belleza de árboles, pájaros y flores, las impresiones visuales, auditivas y olfativas de una tormenta de verano, son parte del mundo rural que presenta en *El libro de los paisajes* (1917) y en *Horas doradas* (1922). En los años siguientes, los motivos campestres convergen con el interés de Lugones por el pasado heroico y por la poesía épica capaz de evocarlo. Así escribió el *Romancero* (1924), los *Poemas solariegos* (1928) y su obra póstuma, *Romances del Río Seco* (1938).

Aunque aquí sólo hemos presentado selecciones de su obra poética, deben también señalarse otras contribuciones importantes de Lugones a la literatura. Del mismo modo que Martí, Darío y otros modernistas, Lugones escribió obras de un tipo de narrativa considerada como artística. Ejemplo de ésta es *La guerra gaucha* (1905), serie de episodios históricos de carácter más épico que novelesco que recrean la vida y las hazañas de Martín Güemes, el heroico gaucho que defendió con sus montoneros el noreste argentino en la guerra por la independencia. *Las fuerzas extrañas* (1906), totalmente distinta de la obra anterior, aunque también de filiación modernista, es una colección de cuentos que ha contribuido al desarrollo del relato fantástico en Hispanoamérica. En ella es evidente la fascinación del autor por lo oculto y la experimentación científica. Sin duda influido por Poe, Lugones logra, sin embargo, un alto grado de originalidad y maestría en cuentos como "La lluvia de fuego", "Los caballos de Abdera" y, particularmente, en "Yzur".

La producción ensayística de Lugones abarca temas culturales, educativos y políticos. De personalidad fuerte y polémica, tuvo actuación en casi todos los campos de la vida cultural argentina. Su contribución más valiosa reside, sin embargo, en su obra poética.

■ Bibliografía mínima

Báez Báez, Edith María. "El erotismo como forma de armonía en 'Los doce gozos' (*Los crepúsculos del jardín*) de Leopoldo Lugones". *Hispanic Journal* 17.2 (1996): 221–33. Impreso.

Forster, Merlin H. "Leopoldo Lugones". *Latin American Writers*. Eds. Carlos A. Solé y Maria Isabel Abreu. Vol. 2. New York: Scribner's, 1989. 493–502. Impreso.

Gomes, Miguel. "Modernismo, cuerpo y fantasía: La narrativa de Leopoldo Lugones". *Latin American Literary Review* 32.64 (2004): 79–99. Impreso.

Kason, Nancy M. "The Fantastic Stories in *Las fuerzas extrañas* by Leopoldo Lugones". *The Shape of the Fantastic*. Ed. Olena H. Saciuk. New York: Greenwood, 1990. 93–99. Impreso.

Lugones, Leopoldo. *Antología poética*. Selección e introducción de Jorge Luis Borges. Madrid: Alianza Editorial, 2007. Impreso.

—. *Lunario sentimental*. Ed. Jesús Benítez. Madrid: Cátedra, 1988. Impreso.

Marún, Gioconda. "La presencia de Lugones en Borges". *Palabra y Persona* 3.6 (1999): 69–75. Impreso.

Premat, Julio. "*Lunario sentimental* o la palabra inhallable: reflexiones sobre la profusión lugoniana". *Revista de Crítica Literaria Latinoamericana* 23.46 (1997): 199–210. Impreso.

Rocha, Carolina. "Lugones: crítica y construcción del sujeto nacional". *Tropos* 26 (2000): 25–35. Impreso.

Rodríguez, Fermín Adrián. "Nacionalidad forzada. Leopoldo Lugones, entre la tradición del espíritu y la herencia del monstruo". *Revista Iberoamericana* 75.227 (2009): 375–97. Impreso.

Los crepúsculos del jardín (1905)

DELECTACIÓN MOROSA

La tarde, con ligera pincelada
que iluminó la paz de nuestro asilo,
apuntó en su matiz crisoberilo[1]
una sutil decoración morada.

5   Surgió enorme la luna en la enramada;
las hojas agravaban su sigilo,[2]
y una araña en la punta de su hilo,
tejía sobre el astro, hipnotizada.

Poblóse de murciélagos el combo[3]
10 cielo, a manera de chinesco biombo;
tus rodillas exangües[4] sobre el plinto[5]

manifestaban la delicia inerte,
y a nuestros pies un río de jacinto
corría sin rumor hacia la muerte.

Lunario sentimental (1909)

DIVAGACIÓN LUNAR

Si tengo la fortuna
de que con tu alma mi dolor se integre,
te diré entre melancólico y alegre
las singulares cosas de la luna.

5   Mientras el menguante[6] exiguo
a cuyo noble encanto ayer amaste,
aumenta su desgaste
de cequín[7] antiguo,
quiero mezclar a tu champaña
10 como un buen astrónomo teórico,
su luz, en sensación extraña
de jarabe hidroclórico.[8]
Y cuando te envenene la pálida mixtura

---

[1] Piedra preciosa de color verde amarillento.
[2] Secreto con que se trata una cosa. También se usa para significar silencio.
[3] Curvado.
[4] Exánimes, muertas.
[5] Basamento cuadrado, de poca altura, sobre el que se asienta una columna. También se usa con el significado de pedestal, que es el que tiene en este poema.
[6] Se aplica a lo que está menguando, disminuyendo, particularmente a la luna.
[7] Cequí, antigua moneda de oro.
[8] Con ácido clorhídrico, que es un ácido muy corrosivo.

como a cualquier romántica Eloísa o Irene,[9]
15 tu espíritu de amable criatura
buscará una secreta higiene
en la pureza de mi desventura.

    Amarilla y flacucha,
la luna cruza el azul pleno,
20 como una trucha
por un estanque sereno,
y su luz ligera,
indefiniendo asaz tristes arcanos,[10]
pone una mortuoria translucidez de cera
25 en la gemela nieve de tus manos.

    Cuando aún no estaba la luna, y afuera
como un corazón poético y sombrío
palpitaba el cielo de primavera,
la noche, sin ti, no era
30 más que un obscuro frío.
Perdida toda forma, entre tanta
obscuridad, eras sólo un aroma;
y el arrullo[11] amoroso ponía en tu garganta
una ronca dulzura de paloma.
35 En una puerilidad de tactos quedos,[12]
la mirada perdida en una estrella,
me extravié en el roce de tus dedos.
Tu virtud fulminaba como una centella[13]…
Mas el conjuro[14] de los ruegos vanos
40 te llevó al lance dulcemente inicuo,
y el coraje se te fue por las manos
como un poco de agua por un mármol oblicuo.

    La luna fraternal, con su secreta
intimidad de encanto femenino,
45 al definirte hermosa te ha vuelto coqueta.

---

[9] Eloísa (1101–1164) fue la protagonista de una desdichada historia de amor con Pedro Abelardo (1079–1142), su maestro de filosofía. Castigado Abelardo con la castración, se hizo religiosa y vivieron separados, pero mantuvieron su relación a través de un apasionado epistolario. Esta figura ha inspirado a numerosos escritores, entre ellos Jean Jacques Rousseau. En cuanto a Irene, Lugones puede referirse a la última tragedia escrita por Voltaire, titulada *Irène* (1778), o al poema, mucho más romántico, de François Coppée *La Tête de la Sultane* (1878), en el que una joven griega muere por orden de su enamorado y dueño, el sultán, para que éste pueda acallar a los que lo critican por haber abandonado el gobierno por el amor.
[10] Secretos; misterios.
[11] Acción de arrullar. Deleitar y adormecer a alguien con un sonido agradable.
[12] Silenciosos, calmos.
[13] Rayo.
[14] Acción, como de magia, de palabras, gestos, presencia o cosa semejante.

Sutiliza tus maneras un complicado tino;[15]
en la lunar presencia,
no hay ya ósculo[16] que el labio al labio suelde;
y sólo tu seno de audaz insipiencia,
50 con generosidad rebelde
continúa el ritmo de la dulce violencia.

       Entre un recuerdo de Suiza
y la anécdota de un oportuno primo
tu crueldad virginal se sutiliza;
55 y con sumisión postiza
te acurrucas[17] en pérfido mimo,[18]
como un gato que se hace una bola
en la cabal redondez de su cola.

       Es tu ilusión suprema
60 de joven soñadora,
ser la joven mora
de un antiguo poema.
La joven cautiva que llora
llena de luna, de amor y de sistema.

65   La luna enemiga
que te sugiere tanta mala cosa,
y de mi brazo cordial te desliga,
pone un detalle trágico en tu intriga
de pequeño mamífero rosa.
70 Mas el amoroso reclamo
de la tentación, en tu jardín alerta,
tu grácil juventud despierta
golosa de caricia y de *Yoteamo*.
En el albaricoque
75 un tanto marchito de tu mejilla,
pone el amor un leve toque
de carmín, como una lucecilla.
Lucecilla que a medias con la luna
tu rostro excava en escultura inerte,
80 y con sugestión oportuna
de pronto nos advierte
no sé qué próximo estrago,[19]
como el rizo anacrónico de un lago
anuncia a veces el soplo de la muerte…

---

[15] Habilidad.
[16] Beso.
[17] Ponerse (aplicado a personas) doblado y encogido, ocupando el menos espacio posible.

[18] Zalamería o afectación.
[19] Destrozo o daño muy grande.

Odas seculares (1910)

A LOS GAUCHOS

      Raza valerosa y dura
que con pujanza silvestre
dio a la patria en garbo[20] ecuestre
su primitiva escultura.
5 Una terrible ventura
va a su sacrificio unida,
como despliega la herida
que al toro desfonda el cuello,
en el raudal[21] del degüello
10 la bandera de la vida.

      Es que la fiel voluntad
que al torvo[22] destino alegra,
funde en vino la uva negra
de la dura adversidad.
15 Y en punto de libertad
no hay satisfacción más neta,
que medírsela completa[23]
entre riesgo y corazón,
con tres cuartas de facón[24]
20 y cuatro pies de cuarteta.[25]

      En la hora del gran dolor
que a la historia nos paría,
así como el bien del día
trova el pájaro cantor,
25 la copla del payador[26]
anunció el amanecer,
y en el fresco rosicler[27]
que pintaba el primer rayo,
el lindo gaucho de Mayo[28]
30 partió para no volver.

---

[20] Gallardía.
[21] Torbellino.
[22] Terrible, feroz.
[23] Medirse: competir con alguien en fuerza, habilidad o inteligencia. "Medírsela completa" aquí significa medirse resueltamente, con toda la fuerza necesaria.
[24] Puñal, cuchillo grande de punta aguda.
[25] Estrofa de cuatro versos de ocho o menos sílabas métricas.
[26] Cantor y poeta popular que improvisaba composiciones poéticas en las pulperías,
ranchos campesinos y fiestas populares. Acompañaba sus versos con música de guitarra.
[27] Color rosado de la aurora.
[28] Esta es una referencia al 25 de mayo de 1810, fecha en la que los ciudadanos de Buenos Aires proclamaron su autonomía del poder español. Lugones evoca aquí, así como también en *La guerra gaucha* (1905), la participación de los gauchos en la lucha por la independencia.

Así salió a rodar tierra
contra el viejo vilipendio,[29]
enarbolando el incendio
como estandarte de guerra.
35 Mar y cielo, pampa y sierra,
su galope al sueño arranca,
y bien sentada en el anca
que por las cuestas se empina,
le sonríe su *Argentina*
40 linda y fresca, azul y blanca.[30]

Desde Suipacha a Ayacucho[31]
se agotó en el gran trabajo,
como el agua cuesta abajo
por haber corrido mucho;
45 mas siempre garboso y ducho[32]
aligeró todo mal,
con la gracia natural
que en la más negra injusticia
salpicaba su malicia
50 clara y fácil como un real.

Luego al amor del caudillo
siguió, muriendo admirable,
con el patriótico sable
ya rebajado a cuchillo;
55 pensando, alegre y sencillo,
que en cualesquiera ocasión,
desde que cae al montón
hasta el día que se acaba,
pinta el culo de la taba[33]
60 la existencia del varón.

Su poesía es la temprana
gloria del verdor campero
donde un relincho ligero
regocija la mañana.
65 Y la morocha[34] lozana
de sediciosa cadera,
en cuya humilde pollera[35]
primicias de juventud

---

[29] Acción de vilipendiar: denigrar, insultar o mostrar desprecio con palabras o actos. Humillación y deshonra que resultan para el que es vilipendiado.
[30] Los colores de la bandera argentina.
[31] Suipacha, en Bolivia, donde los argentinos derrotaron a las fuerzas españolas en 1810; Ayacucho, en Perú, donde tuvo lugar la victoria definitiva que puso fin a la dominación española en Sudamérica (1824).
[32] Hábil.
[33] La taba es un pequeño hueso reseco de animal que el gaucho usa para echar la suerte; el culo de la taba es el extremo del perdedor.
[34] Morena.
[35] Falda de mujer, saya.

nos insinuó la inquietud
70 de la loca primavera.

Su recuerdo, vago lloro
de guitarra sorda y vieja,
a la patria no apareja
preocupación ni desdoro.[36]
75 De lo bien que guarda el oro
el guijarro es argumento;
y desde que el pavimento
con su nivel sobrepasa,
va sepultando la casa
80 las piedras de su cimiento.

■ Preguntas generales

1. ¿Qué circunstancias favorecieron la identificación de Lugones con el modernismo?
2. ¿Cuáles fueron los campos de la cultura y de la vida pública en los que se destacó Lugones?
3. ¿En qué aspectos de su poesía fue precursor del vanguardismo?
4. ¿Cómo pueden caracterizarse los cambios que se producen en su poesía desde *Odas seculares*?
5. ¿A qué géneros literarios contribuyó con su obra?

■ Preguntas de análisis

1. ¿Qué rasgos modernistas se observan en "Delectación morosa"?
2. ¿Qué imágenes plásticas emplea Lugones en "Delectación morosa?
3. ¿Con qué recursos destruye el texto de "Divagación lunar" las imágenes románticas de la luna?
4. ¿Qué cualidades humanas subraya Lugones en su retrato del gaucho? ¿Cómo valora en su poema "A los gauchos" la participación de éstos en la historia y la cultura argentinas?
5. ¿En qué circunstancias históricas y sociales de la Argentina escribe Lugones su poema "A los gauchos"?

■ Temas para informes escritos

1. El humor y la fantasía de *Lunario sentimental*.
2. La naturaleza y el paisaje en la poesía de Lugones.
3. Los temas históricos en la obra de Lugones.
4. Los cuentos fantásticos de Lugones.
5. La tradición hispánica en el *Romancero*, los *Poemas solariegos* y los *Romances del Río Seco*.

---

[36] Deshonor, desprestigio.

■ Temas de reflexión y comentario

1. *Los crepúsculos del jardín*: aspectos que comparte con el modernismo de Rubén Darío.
2. Anticipos de una nueva expresión poética en *Lunario sentimental*.
3. El canto a la naturaleza en Lugones, y su exaltación de la flora y de la fauna, una temática que, en Hispanoamérica, tiene antecedentes en Andrés Bello y en Darío.
4. El gaucho y el concepto de patria en la obra de Lugones.
5. La relación entre la obra de Lugones y su nacionalismo político.

Continuidad y ruptura: hacia una nueva expresión

(1910–1960)

4.1 La Revolución Mexicana y su impacto

El siglo XX se abrió en Hispanoamérica con un acontecimiento que estremecería la estructura social, política y económica de uno de sus países más importantes y que tendría un gran impacto en el mundo hispanohablante: la Revolución Mexicana. Después de treinta y cinco años en el poder, el dictador Porfirio Díaz fue derrocado (1911) por un terrateniente idealista, Francisco I. Madero, que el 20 de noviembre de 1910 proclamó el comienzo de la Revolución. La lucha armada se intensificó cuando Madero fue asesinado por generales traidores, y terminó en los primeros años de la década de los veinte, cuando la Constitución de 1917 hizo ley muchas de las reivindicaciones por las cuales los mexicanos habían luchado. Entre los caudillos de la etapa bélica de la Revolución sobresalieron Francisco (Pancho) Villa y Emiliano Zapata. El primero, jefe de la División del Norte, se dio a conocer por los audaces ataques de los "Dorados", su valiente caballería; el segundo, jefe del Ejército Libertador del Sur, se destacó por ser el líder del movimiento que con el lema "Tierra y libertad" exigía la reforma agraria. En la etapa legislativa de la Revolución sobresalieron Venustiano Carranza y Álvaro Obregón. Carranza convocó la Asamblea Constituyente que produjo la carta magna mexicana de 1917; por su parte, Obregón exigió leyes más radicales en cuanto a la redistribución de la tierra y al sistema de trabajo en el campo y la ciudad. Posteriormente, cuando Obregón llegó a ser presidente (1920–1924), llevó a cabo trascendentales reformas en el sistema educacional bajo la supervisión de José Vasconcelos (1882–1959), su Secretario de Educación Pública.

4.1.1 El Ateneo de la Juventud. Como es frecuente en Hispanoamérica, los intelectuales mexicanos de la época revolucionaria desempeñaron un papel clave en el proceso de cambio social. Gracias a sus esfuerzos, comenzó la revisión del pensamiento positivista* cuyos postulados habían aprovechado los partidarios de Porfirio Díaz para ofrecerle una justificación "científica" al largo régimen dictatorial. En 1909, José Vasconcelos, Antonio Caso, Alfonso Reyes, Pedro Henríquez Ureña y otros fundaron el Ateneo de la Juventud (1909–1914), importante centro de renovación artística dedicado al estudio de las humanidades. Gracias a la labor de este grupo llegaron a México nuevas ideas filosóficas que contribuirían a darle otro giro político y cultural al país. Interesado en que todos los mexicanos participaran en este desarrollo humanístico, el Ateneo de la Juventud promovió tempranamente el concepto de la cultura como bien público.

Entre los ateneístas más distinguidos se encontraban: José Vasconcelos, futuro Secretario de Educación Pública y autor de una importante obra ensayística en la que sobresale el estudio *La raza cósmica*; Alfonso Reyes (ver pp. 318–322), poeta, ensayista, traductor y crítico literario, cuya vasta erudición se hizo evidente en libros como *El deslinde,* donde se esforzó por definir la literatura, en ensayos interpretativos de lo americano tales como *Última Tule* y en evocaciones líricas cercanas al poema en prosa como *Visión de Anáhuac.* Uno de los ateneístas más destacados fue el dominicano Pedro Henríquez Ureña (ver pp. 303–311), investigador, crítico literario y educador cuya obra, *Seis ensayos en busca de nuestra expresión* (1928), manifiesta su vocación americanista.

4.1.2 La revisión de la historia.
Los miembros del Ateneo dieron a conocer nuevas figuras literarias y tendencias filosóficas. Conscientes de la importancia de la educación en el proceso de cambio social, trataron de instruir al pueblo para que éste pudiera participar de lleno en la vida del país. Estas inquietudes tuvieron su impacto más allá de México y condujeron a los escritores hispanoamericanos a examinar detenidamente la historia del continente a fin de poder comprender mejor sus problemas. Así surgió una de las importantes direcciones del ensayo contemporáneo. Dentro de ella se destacan: la obra del argentino Ezequiel Martínez Estrada, cuya *Radiografía de la pampa* (1933) ofrece una interpretación crítica de la historia de su patria; la del cubano Jorge Mañach, quien en *Indagación del choteo* (1928) analiza un aspecto del carácter nacional; y la del peruano José Carlos Mariátegui (ver pp. 351–357), cuyo libro *Siete ensayos de interpretación de la realidad peruana* (1928), constituye una novedosa adaptación de las doctrinas filosóficas y políticas que el autor había estudiado en Europa.

4.1.3 La narrativa revolucionaria.
A raíz de los sucesos mexicanos y también debido a la influencia de la Revolución Rusa (1917), los marginados y especialmente los indígenas pasaron a formar parte integral de la literatura hispanoamericana. Éstos ya no aparecían descritos como figuras decorativas que daban el toque local, sino como víctimas de una injusta estructura económica y social contra la que estaban dispuestos a luchar para ver realizadas sus aspiraciones. Dentro de esta corriente se destaca *Los de abajo* (1915), novela de Mariano Azuela con la cual se abrió el ciclo de la narrativa de la Revolución Mexicana. Pertenecieron a la primera etapa de este ciclo creadores que habían participado directamente en la contienda, tales como Martín Luis Guzmán, quien en *El águila y la serpiente* (1928) nos dejó un retrato vívido de Francisco (Pancho) Villa y a la vez caracterizó la violencia de la guerra fratricida; y José Rubén Romero, autor de *Apuntes de un lugareño* (1932), novela que describe los trágicos efectos de la Revolución en una zona remota de México. Vale notar que Romero es más conocido por *La vida inútil de Pito Pérez* (1938), narración donde reelabora el modelo de la novela picaresca tan popular en España durante el siglo XVII, como antes lo había hecho en México Fernández de Lizardi en *El Periquillo Sarniento* (ver pp. 94–100).

4.1.4 La ficción posrevolucionaria.
La segunda etapa de este ciclo está integrada por escritores que, sin haber participado en el conflicto bélico y desde una perspectiva histórica distante, examinaron los acontecimientos más objetivamente. Entre ellos se encuentran Gregorio López y Fuentes, cuya novela de corte antropológico, *El indio* (1935), es una protesta contra los abusos cometidos en perjuicio de este sector de la población; Agustín Yáñez con *Al filo del agua* (1947), novela donde cuenta la vida de los habitantes de un pueblecito de Jalisco antes de la

Revolución; Nellie Campobello, autora de *Cartucho* (1931), colección de cuentos y estampas que recrea personajes y sucesos del acontecer revolucionario tal y como los había visto cuando era niña; y Juan Rulfo, uno de los escritores más admirados de Hispanoamérica (ver pp. 406–412). En los relatos recogidos en *El llano en llamas* (1953), Rulfo configuró, con un estilo a la vez lírico y objetivo, un mundo de miseria donde la situación de "los de abajo" no había cambiado; en la novela *Pedro Páramo* (1955), el autor, influido por nuevas corrientes literarias, presentó una visión mítica de los hechos y abandonó la secuencia temporal del relato. En la breve obra de Juan Rulfo —una colección de cuentos y una novela— las letras hispanoamericanas llegaron a uno de sus puntos más altos.

4.1.5 *La literatura de la Revolución Mexicana y su aporte.* La narrativa de la Revolución Mexicana rompió los esquemas tradicionales de varios modos. A veces, el protagonista individual fue sustituido por un protagonista colectivo —la masa, el pueblo— o por la Revolución misma. El narrador pasó a un plano secundario y los hechos aparecieron como vistos por un lente cinematográfico; de igual modo, la descripción de personajes y lugares se integra totalmente a la función narrativa. Las obras de ambas etapas del ciclo de la Revolución Mexicana están marcadas por el pesimismo y por un presentimiento de tragedia. Los personajes aparecen condenados a la destrucción en el conflicto bélico, al hastío y a la asfixia de la vida provinciana, o al desencanto y a la humillación frente a la frustración del proceso de cambio social.

4.2 Más allá del modernismo*

Tradicionalmente, el conocido poema "Tuércele el cuello al cisne" (1910) del mexicano Enrique González Martínez, ha servido para marcar la frontera entre el modernismo y manifestaciones literarias posteriores. El autor mexicano criticó en estos versos a los imitadores serviles de Martí, Darío y Lugones que utilizaron hasta el desgaste los símbolos más visibles de ese movimiento. Además, como se ha señalado en el capítulo anterior, el modernismo va más allá de los cisnes y los lagos, las princesas y los palacios, las joyas y los colores. Fue un movimiento de renovación y búsqueda que marcó en la cultura y las letras hispanoamericanas el profundo cambio hacia la modernidad.*

4.2.1 *Coexistencia del modernismo, el posmodernismo* y el vanguardismo.* Es posible explicar la perdurabilidad del modernismo en función de este deseo de renovación que lo llevó a combinar las tradiciones más disímiles con absoluta libertad. Así, sustentadas por lo que éste tenía de carácter innovador, surgieron dos direcciones importantes en la poesía hispanoamericana. La primera, conocida como posmodernismo, buscaba la sencillez y la expresión de las emociones; la segunda, influida por el vanguardismo europeo, llevaría hasta sus últimas consecuencias la búsqueda de la originalidad y la universalidad ya impulsada por los modernistas. Por su complejidad e importancia, el vanguardismo se estudiará en un apartado diferente. Conviene recordar que, como ocurrió en épocas anteriores, éstas y otras tendencias más evidentes en el desarrollo de la narrativa coexistieron y se entrecruzaron, dándole un carácter muy variado a la literatura hispanoamericana de las primeras décadas del siglo XX.

4.2.2 El posmodernismo en la poesía.

La característica más importante de la poesía posmodernista es su deseo de expresar los sentimientos en forma sencilla. Con frecuencia tal propósito hizo que los poemas cayeran en el prosaísmo o que tuvieran un tono irónico y sentimental. En contraste con la época modernista, se ponía ahora más énfasis en dar a conocer la profundidad de las emociones, que en la manera de expresarlas.

Entre los posmodernistas más destacados se encuentran: el peruano José M. Eguren, con versos de extraño encanto; el puertorriqueño Luis Lloréns Torres, renovador de la poesía en su país; Carlos Pezoa Véliz, iniciador del posmodernismo en Chile; el colombiano Porfirio Barba Jacob, con poemas donde predomina una actitud de desesperanza; la uruguaya María Eugenia Vaz Ferreira, cuya lírica muestra un fuerte conflicto con el ambiente; el argentino Baldomero Fernández Moreno, iniciador del sencillismo poético en su patria; Ramón López Velarde, quien llevó temas provincianos a la poesía de México; el venezolano Andrés Eloy Blanco, cuyos poemas incorporan mitos y leyendas populares; y la cubana Dulce María Loynaz, con versos y narraciones de acento íntimo.

Uno de los momentos más importantes del posmodernismo está representado por la lírica de Delmira Agustini (ver pp. 312–317), Gabriela Mistral (ver pp. 323–330), Alfonsina Storni (ver pp. 331–335) y Juana de Ibarbourou. La expresión sincera de los sentimientos es la nota más característica de esta poesía. El empleo de imágenes eróticas y del cuerpo como tema poético por Juana de Ibarbourou y Delmira Agustini bien podría interpretarse como una forma de mostrar la rebeldía contra la sociedad patriarcal que por tanto tiempo mantuvo a la mujer fuera del quehacer intelectual. Por su parte, Alfonsina Storni dio explícita expresión en sus versos a esta frustración femenina y reclamó para la mujer un lugar justo en la sociedad de su época. Sobre todos los poetas del posmodernismo descolló Gabriela Mistral, ganadora del Premio Nobel (1945); la escritora chilena dio expresión singular y universal al sentimiento amoroso, el cual, en las diferentes etapas de su obra, se extendió del ser amado a la humanidad toda.

4.2.3 Direcciones de la narrativa.

En la narrativa de las tres primeras décadas del siglo XX, además de lo ya notado al comentar algunas novelas de la Revolución Mexicana, se encuentran las siguientes direcciones: 1) el cultivo de una prosa poética muy cuidada; 2) la obsesión con los problemas psicológicos y filosóficos; 3) el estudio del individuo en las grandes ciudades; 4) el deseo de describir el paisaje, la tierra y los tipos humanos de una región particular; y 5) la preocupación por los desposeídos. Las dos últimas direcciones señaladas dieron lugar a la novela regionalista e indigenista. En líneas generales, el predominio del realismo tradicional caracterizó las novelas de esta época.

4.2.3.1 La prosa poética.

La primera de estas direcciones continuó la preocupación modernista por la forma, y dio como resultado obras de estilo trabajado y de lenguaje pulido. Ejemplificó esta tendencia el chileno Pedro Prado. Su novela *Alsino* (1920) revivió el mito de Ícaro en la figura del protagonista, un joven a quien le salen alas, y aprende a volar.

4.2.3.2 Los problemas psicológicos y filosóficos.

El interés por los problemas psicológicos se hace evidente en la obra de uno de los cuentistas más destacados de Hispanoamérica, el uruguayo Horacio Quiroga (ver pp. 297–302); éste comenzó a escribir bajo la influencia modernista, y después evolucionó hacia el realismo y el relato psicológico como se nota en su cuento "El hijo". Dentro de esta tendencia también están situados el poeta, novelista y cuentista guatemalteco Rafael Arévalo Martínez, cuyo relato, "El hombre que parecía un caballo" (1915), muestra la técnica del cuento psicozoológico; el chileno Eduardo Barrios con su novela *El niño que enloqueció de amor* (1925), un penetrante estudio de la psicología infantil; y la venezolana Teresa de la Parra, quien ofreció en la novela *Ifigenia: diario de una señorita que escribió porque se fastidiaba* (1924) un análisis de la vida asfixiante de la mujer venezolana en las primeras décadas del siglo XX.

4.2.3.3 La novela de la ciudad.

La "novela de la ciudad" tuvo su más alto representante en la obra del argentino Manuel Gálvez, mencionado antes como exponente del naturalismo en Hispanoamérica. Entre otros destacados cultivadores de esta modalidad se encuentra otro argentino, Roberto Arlt, cuyas novelas y cuentos recrean lo absurdo de la existencia y el caos del mundo moderno después de la Primera Guerra Mundial (1914–1918). No debe extrañar entonces que en *Los siete locos* (1929) el protagonista proyecte destruir la sociedad capitalista de la cual se cree víctima. Por su inconformismo, por captar la experiencia urbana desde los márgenes de la sociedad y por la evasión a través de sueños, incursiones metafísicas y aventuras disparatadas de sus personajes porteños, la obra de Arlt tuvo gran influencia en los narradores argentinos, especialmente en Julio Cortázar.

4.2.3.4 La novela regionalista.

Las obras narrativas más notables de la década de los años veinte se encuentran dentro de la llamada novela regionalista. Sobresalen el chileno Mariano Latorre y los argentinos Benito Lynch y Ricardo Güiraldes, autor este último de *Don Segundo Sombra* (1926), visión idealizada del gaucho y de la pampa argentina. Junto con esta novela alcanzaron reconocimiento internacional *La Vorágine* (1924) del colombiano José Eustasio Rivera, y *Doña Bárbara* (1929) del venezolano Rómulo Gallegos. La primera describe en detalle la selva, zona de amenazante belleza donde se desenvuelve la triste existencia de los trabajadores del caucho, la mayoría indígenas, explotados por grandes compañías nacionales y extranjeras, tema analizado después con mayor complejidad por Mario Vargas Llosa (ver pp. 491–506) en *El sueño del celta* (2010); la segunda se desarrolla en los llanos de Venezuela, y encarna en los dos protagonistas la lucha entre civilización y barbarie tratada en el siglo anterior por Sarmiento en su ensayo sobre el caudillo Facundo Quiroga (ver pp. 144–160).

4.2.3.5 El indigenismo.

La vertiente narrativa de protesta social ha logrado sus mejores obras en México, Guatemala, Ecuador, Perú y Bolivia, en novelas y cuentos que exponen la desesperada situación del indio y exigen solución a sus problemas. Ya se ha indicado cómo la obra de Bartolomé de las Casas fue precursora de esta literatura de reivindicación en la época colonial (ver pp. 30–38); más adelante, Clorinda Matto de Turner (ver pp. 194–202) expuso la situación de la opresión del indígena peruano dentro de un marco social. Después, impulsados por el triunfo de la Revolución Mexicana y la Revolución Rusa, los escritores indigenistas utilizaron la literatura como arma de combate. En Bolivia sobresale *Raza de bronce* (1919) de Alcides Arguedas, autor también del ensayo *Pueblo enfermo* (1909), escrito bajo la influencia de discutibles teorías sobre el determinismo geográfico y las características raciales. En Ecuador y Perú los más distinguidos exponentes del indigenismo son: Jorge Icaza, cuya novela *Huasipungo* (1934) nos deja una sombría descripción del drama del indio ecuatoriano; y Ciro Alegría, autor de *El mundo es ancho y ajeno* (1941), enérgica defensa del derecho de existir de las comunidades indígenas.

4.3 Los movimientos de vanguardia en Europa

Para comprender el cambio de orientación que comenzó a afirmarse en la literatura hispanoamericana a fines de la segunda década del siglo XX, conviene recordar la influencia que los movimientos de vanguardia, surgidos en Europa alrededor de la Primera Guerra Mundial, tuvieron sobre las nuevas ideas estéticas. En efecto, en las décadas iniciales del siglo XX el fauvismo, el cubismo, el futurismo, el expresionismo, el imaginismo, el dadaísmo y el surrealismo postularon para las artes plásticas y la literatura una manera totalmente diferente de ver el mundo, fundamentada en el irracionalismo.

4.3.1 El fauvismo. Fue esencialmente un movimiento pictórico francés que postuló la distorsión de las formas y el uso excesivo de colores. Su exponente más destacado fue Matisse quien, mucho después de 1908, continuó explorando en sus cuadros las posibilidades inicialmente sugeridas por los fauvistas.

4.3.2 El cubismo. Comenzó como una rebelión contra la pintura tradicional. En una primera etapa analítica (1907–1912), los cubistas querían mostrar el objeto desde todas las perspectivas, tal y como la mente lo percibe. Para lograrlo, fragmentaron y recompusieron el objeto, lo cual dio por resultado cuadros donde predominaba una visión geométrica. En la segunda etapa cubista o fase sintética (1913–1930), las formas se simplificaron; se usaron colores más vivos y el objeto recreado se volvió más abstracto. El principal exponente del cubismo fue Pablo Picasso, quien antes había pertenecido al grupo fauvista.

4.3.3 El futurismo. Fue un movimiento de la literatura y de las artes plásticas italianas, lanzado por Filippo Tommaso Marinetti en un manifiesto de 1909. Los futuristas querían retratar el carácter dinámico del siglo XX, glorificando la guerra, el peligro, las máquinas. En su entusiasmo por celebrar la tecnología, Marinetti se atrevió a decir que un automóvil era más hermoso que la Victoria de Samotracia, la célebre escultura griega. En literatura el futurismo abogaba por la imaginación libre, la ruptura de la sintaxis, la abolición o sustitución de los signos ortográficos, la arbitraria combinación de mayúsculas y minúsculas, el empleo de tintas de diversos colores para imprimir el texto, la disposición desordenada de letras, palabras y versos en la página impresa. El futurismo perdió muchos de sus adeptos cuando Marinetti se unió a los fascistas.

4.3.4 El expresionismo. Se usa este término para describir obras de arte en las cuales la realidad se distorsiona para dar una visión interior de ella; el expresionista transforma la realidad de acuerdo con su particular visión de ésta, pero evitando imitarla. En literatura el expresionismo está asociado con la obra de Franz Kafka y James Joyce. A comienzos del siglo XX, el término se utilizó en Alemania para caracterizar a un grupo de dramaturgos que dejaron obras donde esta distorsión de la realidad era la nota más preponderante.

4.3.5 El imaginismo.   Atrajo a poetas ingleses y norteamericanos que, influidos por el simbolismo francés y la poesía china y japonesa, se rebelaron contra las imágenes exuberantes y contra el sentimentalismo excesivo del siglo XIX. El poeta norteamericano Ezra Pound fue por un tiempo líder del imaginismo.

4.3.6 El dadaísmo.   Fue un movimiento artístico y literario de carácter nihilista originado en Zurich con la poesía del rumano Tristan Tzara. Los dadaístas atacaban la estética tradicional, subrayaban la importancia del absurdo y de la espontaneidad en la creación literaria y popularizaron el uso de palabras incoherentes en el lenguaje poético. Más tarde, basándose en un poema del cubano Mariano Brull, Alfonso Reyes (ver pp. 318–322) llamó a estos juegos verbales jitanjáforas.*

4.3.7 El surrealismo.   Fundado por el francés André Breton en París (1924), fue el más influyente de todos los "ismos". Debe su nombre a una obra del poeta Guillaume Apollinaire, *Les mamelles de Tiresias* (1917), subtitulada por él "drama surrealista". Interesados en la libre asociación y en las implicaciones de las palabras más que en su significado, los surrealistas le otorgaron valor supremo al subconsciente en la obra artística, y de ahí su énfasis en los sueños y en la escritura automática. Sostenían que la literatura realista falseaba la realidad porque se concentraba en describir lo exterior. Muchos dadaístas se sumaron al surrealismo. Los antecedentes del surrealismo se encuentran en la obra de escritores franceses tales como Baudelaire, Rimbaud, Apollinaire y del pintor italiano Giorgio de Chirico. Entre sus representantes más notables están: en la plástica, Salvador Dalí y Joan Miró; en la cinematografía, Jean Cocteau y Luis Buñuel; y en la literatura, Louis Aragon y Paul Eluard.

Cuando se habla de estos movimientos conviene relacionarlos con el contexto histórico y filosófico que facilitó su génesis, pues ni la literatura ni las artes plásticas permanecieron indiferentes a los profundos cambios por los cuales atravesó Europa en los años que precedieron y siguieron a la Primera Guerra Mundial. Recordemos que, como Marx, los surrealistas rechazaron los principios del capitalismo y de la sociedad burguesa. De Freud aprendieron la importancia de la expresión simbólica, descubierta por el padre del psicoanálisis en los sueños y en los aspectos eróticos de la existencia. En 1905 y 1915, Einstein dio a conocer sus teorías de la relatividad, con las que integraba el tiempo a las tres dimensiones del espacio (largo, ancho y profundidad). Los dadaístas y los surrealistas se sintieron atraídos por estas ideas científicas que proponían una armonía universal. Por otro lado, *La decadencia de Occidente* (1918), obra del filósofo alemán Oswald Spengler, traducida al español en 1923, postulaba el ocaso de Europa. Todo ello contribuyó al radical examen de la cultura y de las letras occidentales propuesto por los diversos movimientos de vanguardia.

4.4 El vanguardismo poético en Hispanoamérica

La nueva estética se dio a conocer en Hispanoamérica directamente a través de quienes viajaban a Francia, Inglaterra y España, y por revistas literarias de corta duración. Conviene recordar que en España, con el gobierno de la Segunda República (1931–1939), ocurrió un renacimiento cultural al que contribuyeron importantes vanguardistas hispanoamericanos. Si para difundir estas ideas se crearon revistas, para defenderlas, se escribieron y divulgaron múltiples manifiestos. La crítica ha señalado las siguientes características del vanguardismo en su manifestación hispanoamericana: 1) el culto a la imagen, 2) la búsqueda de lo original y de lo sorprendente, 3) el anti-sentimentalismo, 4) el anti-anecdotismo, 5) el anti-retoricismo, 6) la inclusión de nuevos temas (la máquina, la ciudad, el obrero), 7) el irracionalismo, 8) la nota humorística y lúdica, 9) el olvido de las normas estróficas, y 10) la alteración de la sintaxis, la puntuación y el uso de las mayúsculas.

4.4.1 El creacionismo y el ultraísmo. Anticipándose a los franceses, el chileno Vicente Huidobro (ver pp. 343–350), leyó en 1914, en Santiago, su manifiesto poético "Non serviam", donde elaboró algunos aspectos del movimiento que después llamó "creacionismo".* Sus teorías se afinaron cuando viajó a París y colaboró con Apollinaire, Tzara y Reverdy en la revista *Nord-Sud* (1917–1918), importante tribuna vanguardista. Más tarde, en Madrid, el poeta chileno contribuyó a crear el "ultraísmo",* movimiento al cual se sumó el argentino Jorge Luis Borges (ver pp. 358–367), quien por entonces se hallaba en la capital española. Al regresar a la Argentina, Borges y otros jóvenes escritores, como Oliverio Girondo, Norah Lange y Eduardo González Lanuza, difundieron el "ultraísmo", iniciando así el vanguardismo en ese país. Borges renunció después al "ultraísmo" para producir una escritura marcada por la meditación filosófica y el diálogo con la cultura universal; su obra desafía cualquier encasillamiento.

4.4.2 El estridentismo y los "contemporáneos". Influido por el futurismo, en México surgió el "estridentismo"* (c. 1922), cuyo exponente más destacado fue el poeta Manuel Maples Arce. Los "estridentistas" fueron reemplazados por los "contemporáneos" reunidos en torno a dos importantes revistas: *Ulises* (1927–1928) y *Contemporáneos* (1928–1931). Entre ellos sobresalen Carlos Pellicer, José Gorostiza, Jaime Torres Bodet y Xavier Villaurrutia. Muchos de estos escritores produjeron lo mejor de su obra más tarde, una vez pasada la etapa más aventurera del vanguardismo.

4.4.3 Las revistas literarias. Estas publicaciones, generalmente de corta vida, contribuyeron a difundir las nuevas ideas estéticas. En la Argentina sobresalen *Prisma* (1921), *Proa* (1922–1925) y *Martín Fierro* (1924–1927). En Cuba, la *Revista de Avance* (1927–1930) se convirtió en el vocero del vanguardismo. Como en México las revistas *Ulises* y *Contemporáneos,* en el Perú, *Amauta* (1926–1930), fundada por José Carlos Mariátegui (ver pp. 351–357), fue la tribuna más importante de las corrientes renovadoras.

4.4.4 Dos poetas representativos. En los inicios del vanguardismo poético en Hispanoamérica sobresalen Vicente Huidobro (ver pp. 343–350), su teórico y defensor más constante, y César Vallejo (ver pp. 336–342), poeta peruano de obra muy personal. El primero dejó una variada producción —poesía, teatro y novela— donde mostró su interés en cumplir lo que tempranamente (1916) había expresado en una conferencia en Buenos Aires: "La primera condición del poeta es crear, la segunda crear y la tercera crear". *Altazor; o, el viaje en paracaídas,* es su obra más ambiciosa. En ella el yo poético deja constancia de una agónica búsqueda para terminar deslizándose hacia el abismo y la nada. Empleando los recursos más atrevidos de la vanguardia, el vate chileno captó en este largo poema la crisis existencial contemporánea.

Por su parte, Vallejo dejó una variada obra que, como Huidobro, comenzó a escribir influido por el modernismo. Sin embargo, a partir de *Trilce* (1922) hizo suyos los postulados de la vanguardia, especialmente los relacionados con la libre asociación de imágenes y la dislocación de la puntuación y la sintaxis. Los versos del escritor peruano muestran una dolorosa visión de la existencia y al mismo tiempo, su solidaridad con todos los seres sufrientes. Si bien Vallejo se aprovechó de las innovaciones surrealistas, su obra, como la de Borges, desafía toda clasificación.

4.5 Más allá de la vanguardia

Para la década de los treinta, las expresiones más extremas de la vanguardia fueron quedándose atrás. No obstante, pasaron a formar parte integral de la visión contemporánea de la literatura: la libre asociación de imágenes, el reconocimiento de la importancia del subconsciente y de los sueños, el deseo de expresar la realidad más allá de la descripción superficial. Se ha llamado posvanguardismo a la época que siguió al vanguardismo, porque aprovechó y asimiló los logros de la nueva estética otorgándoles cierta mesura y sobriedad. Es difícil precisar los límites del posvanguardismo pues su influencia va más allá de la Segunda Guerra Mundial. A este período caracterizado por la expansión del horizonte cultural y la asimilación de nuevas ideas y formas expresivas, correspondió la aparición de la revista *Sur*, fundada en Buenos Aires en 1931 por Victoria Ocampo (1890–1979), distinguida escritora y promotora de empresas culturales. *Sur* contó en su nómina de autores a las figuras más destacadas de Europa y las Américas. Entre sus colaboradores españoles, franceses y norteamericanos sobresalen José Ortega y Gasset, Eugenio d'Ors, Jules Supervielle y Waldo Frank.

4.5.1 La poesía posvanguardista. Aunque fundamentada en el vanguardismo, ofrece, sin embargo, varios contrastes notables. Como sus predecesores, los posvanguardistas reconocieron el papel clave de la metáfora pero, al contrario de ellos, no la juzgaron el centro del poema. Los posvanguardistas consideraban que la metáfora debía emplearse para configurar una particular visión del mundo o un estado emotivo determinado. No rechazaron las diversas formas de la realidad, ya fuera la externa, ya la personal o la social, pero sí evitaron su simple copia. Asimismo, desecharon la exagerada actitud de rebeldía expresada por algunos de sus predecesores. Dentro del posvanguardismo poético la crítica ha advertido cuatro direcciones: 1) la poesía pura, 2) la metafísica, 3) la personal y 4) la social. Es preciso añadir en seguida que en un mismo poeta muchas veces se hallan representadas varias de estas direcciones.

4.5.1.1 La poesía pura. El escritor francés Paul Valéry definió la poesía pura como aquélla que se da después de eliminar los aspectos temáticos, didácticos, filosóficos y sentimentales que él juzgaba prosaicos. Esta modalidad llegó a Hispanoamérica por tres caminos: 1) por medio de la obra de Valéry y la del crítico e historiador Henry Brémond; 2) a través de los españoles Juan Ramón Jiménez, Ramón Gómez de la Serna y Jorge Guillén; 3) y, en general, gracias a la influyente generación del '27. El más conocido representante de la poesía pura fue el cubano Mariano Brull, quien vivió en París como diplomático y allí estuvo en contacto con Valéry, cuyos dos poemas principales, "La Jeune Parque" (1917) y "Le Cimetière marin" (1920), tradujo al español.

4.5.1.2 La poesía metafísica. Los poetas mexicanos vinculados a la revista *Contemporáneos*, el argentino Ricardo A. Molinari, el chileno Humberto Díaz Casanueva y la uruguaya Sara de Ibáñez, mostraban en su obra una acusada preocupación metafísica. Dentro de esta tendencia igualmente se destaca el mexicano José Gorostiza, autor del elogiado poema *Muerte sin fin* (1939).

4.5.1.3 La poesía intimista. En la dirección intimista, a través de la cual el yo lírico descubría sus sentimientos cándidamente y ofrecía una particular visión del mundo, está la obra de la salvadoreña Claudia Lars, del ecuatoriano Jorge Carrera Andrade, de los chilenos Pablo Neruda (ver pp. 396–405) y Nicanor Parra, y de la puertorriqueña Julia de Burgos. Nicanor Parra es conocido por sus "antipoemas",* composiciones donde con lenguaje cotidiano y visión irónica describió experiencias de la vida diaria. El Neruda más personal se encuentra en *Residencia en la tierra I y II* y los volúmenes que componen *Memorial de Isla Negra* (1964). De larga trayectoria y diferentes matices, la poesía de Neruda recorre varias de las direcciones señaladas para convertirse en una de las expresiones líricas más originales del siglo XX.

4.5.1.4 La poesía social. El nicaragüense Pablo Antonio Cuadra y la peruana Magda Portal han mostrado en sus versos una intensa preocupación social. Dentro de esta tendencia se sitúa la modalidad negrista también llamada afroantillana, no obstante haberse cultivado en varios países hispanoamericanos además de Puerto Rico, Cuba y la República Dominicana.

4.5.1.5 El negrismo literario. Diferentes factores contribuyeron al auge del negrismo literario. En 1905, después de viajar por África, el etnólogo alemán Leo Frobenius dictó varias conferencias sobre sus experiencias en ese continente y publicó *El decamerón negro* (1910), una variada colección de cuentos y leyendas recogidos en la zona. Por esa época se comenzó a escuchar y a admirar el jazz norteamericano en Europa. El crítico y periodista francés Blaise Cendrars, quien también había viajado por África y China, y Philippe Soupault, poeta y novelista asociado con el dadaísmo y el surrealismo, dieron a conocer obras de tema negro. En París se organizaron exhibiciones de objetos africanos y orientales. Los pintores cubistas, especialmente Picasso, descubrieron el arte africano e intentaron imitar sus formas; además, Spengler, en *La decadencia de Occidente*, ya había notado el estado precario de la civilización europea. Era necesario volver la mirada hacia otras culturas para revitalizar a la envejecida Europa.

Por otro lado, en Hispanoamérica el antropólogo cubano Fernando Ortiz publicó *Los negros brujos* (1905) y *Glosario de afronegrismos* (1924), libros que dieron a conocer la riqueza y la complejidad de las culturas africanas trasplantadas a Cuba. Así estimulados, los escritores antillanos se interesaron por llevar a la literatura el mundo del negro. Surgió entonces una poesía que en su primer momento se centró en el ritmo y la imitación del habla del afroantillano para después pasar a la protesta social. Entre sus principales cultivadores se encuentran el puertorriqueño Luis Palés Matos, iniciador del movimiento en las Antillas; el cubano Nicolás Guillén (ver pp. 375–383) que en poemas donde combinó lo tradicional y lo popular mostró el alma mulata de su patria; y el dominicano Manuel del Cabral, cuyos versos exaltan diferentes aspectos del carácter del negro. La modalidad se extendió también a la narrativa, donde ha dado importantes obras como *Cuentos negros de Cuba* (1940) de Lydia Cabrera, las novelas *Juyungo*

(1942) del ecuatoriano Adalberto Ortiz y *Chambacú, corral de negros* (ed. rev. 1967) del colombiano Manuel Zapata Olivella.

4.5.2 La narrativa posvanguardista. Gracias a los aportes del vanguardismo, la narrativa superó el realismo tradicional, ofreciendo novelas y cuentos donde predominan la descripción del mundo interior y la expresión de lo absurdo.

4.5.2.1 La superación del realismo tradicional. Influida por las vanguardias y por escritores franceses, ingleses y norteamericanos tales como Proust, Camus, Joyce, Steinbeck, Dos Passos y Faulkner, para mencionar sólo nombres mayores, las obras hispanoamericanas simultáneamente presentan: diversos niveles de la realidad, ruptura del tiempo cronológico, yuxtaposición de acontecimientos reales e imaginarios, diversos núcleos narrativos y diferentes tipos de lenguaje. Con estos recursos estilísticos creó Jorge Luis Borges (ver pp. 358–367), sus cuentos de *Ficciones* (1944), dando nuevas pautas para la literatura fantástica en el idioma español. Por su mayor grado de complejidad y por prestarse a distintas interpretaciones, esta narrativa exige la participación del lector, que se convierte así en un elemento activo en la configuración de la obra literaria.

4.5.2.2 Los problemas existenciales y psicológicos. Dentro de las direcciones señaladas anteriormente para la narrativa posmodernista, se observa, a partir de los años finales de la década de los treinta, un interés especial en los problemas existenciales en la obra del chileno Manuel Rojas, en la del uruguayo Juan Carlos Onetti y en la de los argentinos Eduardo Mallea, Leopoldo Marechal y Ernesto Sábato. De este último son *El túnel* (1948), novela que muestra la crisis de la sociedad moderna, y *Sobre héroes y tumbas* (1962), alucinada visión de la historia argentina. La novela psicológica encontró notables representantes en las chilenas Marta Brunet y María Luisa Bombal. En *La última niebla* (1934) y *La amortajada* (1938), dos obras de Bombal, la acción se desarrolla entre la realidad y los sueños, entre lo conocido y lo misterioso, para mostrar la frustración de los personajes femeninos.

4.5.2.3 Un nuevo regionalismo. La naturaleza, el paisaje y los tipos locales continuaron siendo fuente de inspiración en este período, pero se ven a través del mito, la religión, la magia y las voces populares. Se ha llamado "realismo mágico"* a esta forma peculiar de analizar la realidad americana, que, por cierto, incorpora diferentes categorías del regionalismo anterior. En esta dirección se sitúan la obra del guatemalteco Miguel Ángel Asturias (ver pp. 368–374), ganador del Premio Nobel (1967), y parte de la producción del cubano Alejo Carpentier (ver pp. 384–395), quien elaboró su propio concepto de lo real maravilloso,* así como la obra del ecuatoriano Demetrio Aguilera Malta, cuya novela *Don Goyo* (1933) combina acertadamente lo mágico-realista con la protesta social. En *Leyendas de Guatemala* (1930), Asturias recogió las creencias de los indígenas de su patria. La primera novela del autor, *El señor presidente* (1946), inició el ciclo de las novelas sobre dictadores. No obstante la temática social, Asturias se valió de elementos oníricos para mostrar la crueldad del tirano y presentar singularmente las consecuencias del totalitarismo. Por su parte, Carpentier dejó ensayos, cuentos y novelas que lo muestran como uno de los escritores más logrados de este período y como genuino innovador. Entre sus novelas sobresalen *El reino de este mundo* (1949) y *El siglo de las luces* (1962), donde describió el impacto de la Revolución Francesa en el Caribe.

4.5.2.4 *Innovaciones del indigenismo.* Durante esta época, la narrativa de tema indigenista tuvo su representante más sobresaliente en el peruano José María Arguedas. El indigenismo había sufrido, sin embargo, cambios importantes. El tono combativo y el énfasis en la descripción de lo exterior, cedieron a la representación del mundo interior del indígena. Éste se configura a través de los mitos y de la elaboración del lenguaje, así como de una visión lírica, donde la naturaleza, los animales y los seres humanos aparecen unidos por fuerzas inexplicables; todo ello se evidencia, por ejemplo, en la obra de Miguel Ángel Asturias (ver pp. 368–374) donde predomina el aprovechamiento de la mitología maya. Si antes se presentaba al amerindio en el campo, apegado a la tierra, en el nuevo indigenismo se observa su traslado a la ciudad y el consecuente choque cultural. Arguedas dio cuenta del conflicto entre el mundo indígena y el europeizado en *Los ríos profundos* (1958), su obra más admirada; en *El zorro de arriba y el zorro de abajo* (1971), una novela póstuma, reveló las transformaciones sociales y culturales del Perú moderno por medio de inmigrantes andinos situados en el puerto de Chimbote.

En este período de radicales cambios sociales, políticos y estéticos, los escritores hispanoamericanos mostraron su capacidad para adaptar nuevas concepciones a esquemas tradicionales. Esta renovación insertó las letras hispanoamericanas en el período contemporáneo, a la vez que realizó una aspiración expresada por José Martí (ver pp. 212–226) en "Nuestra América", su ensayo fundador: "Injértese en nuestras repúblicas el mundo; pero el tronco ha de ser el de nuestras repúblicas".

4.6 Sumario

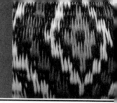

HORACIO QUIROGA

1878, Salto, Uruguay–1937,
Buenos Aires, Argentina

El cuento, género de decisiva importancia en el desarrollo de las letras hispanoamericanas, alcanza su madurez en la obra de Horacio Quiroga. Este maestro de
la narrativa breve, junto con Lugones, es el eslabón hacia los grandes cuentistas
rioplatenses de las generaciones siguientes: Jorge Luis Borges, Felisberto Hernández, Julio Cortázar. Desde su infancia y adolescencia transcurridas en El Salto,
hasta los primeros años vividos en el territorio selvático de Misiones (1909–1916),
en el noreste argentino, la vida del escritor estuvo marcada por acontecimientos
trágicos. Sólo contaba dos meses cuando un disparo accidental de escopeta mató
a su padre, vicecónsul argentino descendiente del caudillo Facundo. Adolescente,
presenció el suicidio de su padrastro; en 1902 mató accidentalmente a un amigo y
en 1915 su primera esposa se suicidó, en Misiones. También Quiroga acabaría con
su vida, años más tarde, al saberse enfermo de cáncer. Las circunstancias biográficas, así como el contacto con la naturaleza indómita y los peligros de la selva,
explican que la muerte accidental, violenta y las anormalidades psicológicas sean
temas predominantes en su obra.

Desde 1902, Quiroga vivió en la Argentina; fuera de los años pasados en
Misiones, adonde regresó hacia el fin de su vida (1932–1936), residió en Buenos
Aires, donde publicó la mayor parte de su obra y tuvo activa participación en los
círculos literarios. Quiroga se había iniciado en las letras en Montevideo, durante
el apogeo del modernismo, a cuyos maestros siguió fielmente en los versos simbolistas y prosas artísticas de *Los arrecifes de coral* (1901). Con dos amigos creó, en
la capital uruguaya, el "Consistorio del Gay Saber", especie de laboratorio de experimentación poética. Reconocía como maestros al argentino Lugones, a quien
trató personalmente y, a través de lecturas, a Poe, Maupassant, Dostoievsky, Che-
jov y Kipling. Estos modelos, y sobre todo sus propias experiencias, lo impulsaron hacia la prosa realista y la expresión contenidamente dramática y personal
que caracterizan sus mejores relatos. Estos se encuentran, particularmente, en
Cuentos de amor, de locura y de muerte (1917), *Cuentos de la selva* (1918), *Anaconda*
(1921), *La gallina degollada y otros cuentos* (1925), *Los desterrados* (1926) y su última
colección, *Más allá* (1935) a la que pertenece "El hijo".

"El hijo" es un cuento en el que se observan muchas de las características mencionadas del arte narrativo de Quiroga. El trasfondo autobiográfico se
manifiesta, sobre todo, en el papel del padre, el protagonista, en su angustiado
presentimiento y en las alucinaciones, que primero presagian y luego niegan la
muerte del hijo. El texto comunica estas experiencias del personaje con vívida
intensidad. La superposición de elementos reales e irreales anuncia ya aspectos
del futuro cuento fantástico. En contraste con Borges, sin embargo, en cuya obra

se yuxtaponen la realidad y la fantasía, Quiroga separa prolijamente estos dos planos. El cuento no se desarrolla en una dimensión fantástica o metafísica, sino que permanece dentro de los parámetros del realismo y la irrealidad queda allí reducida al nivel psicopatológico.

Aunque Quiroga se sentía atraído por la naturaleza, los animales y las condiciones de vida primitiva, él mismo era un hombre culturalmente refinado y espiritualmente complejo. Como escritor, tuvo clara conciencia de su oficio; en "Decálogo del perfecto cuentista" y "La retórica del cuento" así lo demuestra. Debe señalarse que Julio Cortázar, uno de los autores más representativos del cuento en las décadas siguientes, escribió con entusiasmo sobre "el hermano Quiroga" y se identificó con el último precepto de su "decálogo": "Cuenta como si el relato no tuviera interés más que para el pequeño ambiente de tus personajes, de los que pudiste haber sido uno".

■ Bibliografía mínima

Alonso, Carlos J. "Muerte y resurrecciones de Horacio Quiroga". *El cuento hispanoamericano ante la crítica*. Ed. Enrique Pupo-Walker. Madrid: Castalia, 1995. 191–210. Impreso.

Cadova, Romana. "La influencia de Edgar Allan Poe en Horacio Quiroga". *Études Romanes de Brno: Sbornik Praci Filozoficke Fakulty Brnenske Univerzity. L: Rada Romanisticka/ Series Romanica* 37.28 (2007): 149–57. Impreso.

Fleming Figueroa, Leonor. "Horacio Quiroga y la crítica: Un siglo de gozos y de sombras (1895–1995)". *Cuadernos Hispanoamericanos* 537 (1995): 103–08. Impreso.

Garate, Miriam V. "Crítica cinematográfica y ficción en Horacio Quiroga". *Revista Iberoamericana* 74.222 (2008): 101–14. Impreso.

García, Guillermo. "Horacio Quiroga y el nacimiento del escritor profesional". *Ciberletras* 12 (2005). Web. <http://www.lehman.cuny.edu/ciberletras/v12/garcia.htm>.

Hernández, Ana María. "Técnicas cinematográficas en tres cuentos de Horacio Quiroga". *Cincinnati Romance Review* 18 (1999): 80–89. Impreso.

Olea Franco, Rafael. "Horacio Quiroga y el cuento fantástico". *Nueva Revista de Filología Hispánica* 56.2 (2008): 467–87. JSTOR. Web. 26 de octubre 2010. Impreso.

Paoli, Roberto. "El perfecto cuentista: comentario a tres textos de Horacio Quiroga". *Revista Iberoamericana* 58 (1992): 953–74. Impreso.

Quiroga, Horacio. *Cuentos*. Edición y prólogo de Emir Rodríguez Monegal. Cronología de Alberto Oreggioni. Caracas: Biblioteca Ayacucho, 1984. Web. <http://www. bibliotecayacucho.gob.ve/fba/index.php?id=97&backPID=96&swords=Quiroga&tt_ products=88>.

——. *Cuentos completos*. Edición y estudio preliminar a cargo de Carlos Dámaso Martínez. Vol. 2. Buenos Aires: Seix Barral/Espasa Calpe, 1997. Impreso.

Schade, George D. "Horacio Quiroga". *Latin American Writers*. Eds. Carlos A. Solé y Maria Isabel Abreu. Vol. 2. New York: Scribner's, 1989. 551–58. Impreso.

Más allá (1935)

EL HIJO

Es un poderoso día de verano en Misiones[1] con todo el sol, el calor y la calma que puede deparar la estación. La naturaleza, plenamente abierta, se siente satisfecha de sí.

---

[1] Provincia al norte de la Argentina, en la frontera con Brasil y Paraguay.

Como el sol, el calor y la calma ambiente, el padre abre también su corazón
5 a la naturaleza.

—Ten cuidado, chiquito —dice a su hijo abreviando en esa frase todas las
observaciones del caso y que su hijo comprende perfectamente.

—Sí, papá —responde la criatura, mientras coge la escopeta y carga de car-
tuchos los bolsillos de su camisa, que cierra con cuidado.

10 —Vuelve a la hora de almorzar —observa aún el padre.

—Sí, papá —repite el chico.

Equilibra la escopeta en la mano, sonríe a su padre, lo besa en la cabeza y parte.

Su padre lo sigue un rato con los ojos y vuelve a su quehacer de ese día,
feliz con la alegría de su pequeño.

15 Sabe que su hijo, educado desde su más tierna infancia en el hábito y la precaución del peligro, puede manejar un fusil y cazar no importa qué. Aunque es
muy alto para su edad, no tiene sino trece años. Y parecería tener menos, a juzgar
por la pureza de sus ojos azules, frescos aún de sorpresa infantil.

No necesita el padre levantar los ojos de su quehacer para seguir con la
20 mente la marcha de su hijo: Ha cruzado la picada[2] roja y se encamina rectamente
al monte a través del abra de espartillo.[3]

Para cazar en el monte —caza de pelo— se requiere más paciencia de la
que su cachorro puede rendir. Después de atravesar esa isla de monte, su hijo
costeará la linde de cactus hasta el bañado, en procura de palomas, tucanes[4] o tal
25 cual casal de garzas, como las que su amigo Juan ha descubierto días anteriores.

Sólo ahora, el padre esboza una sonrisa al recuerdo de la pasión cinegética[5]
de las dos criaturas. Cazan sólo a veces un yacútoro,[6] un surucuá[7] —menos aún
— y regresan triunfales, Juan a su rancho con el fusil de nueve milímetros que él
le ha regalado, y su hijo a la meseta, con la gran escopeta Saint-Étienne[8] calibre 16,
30 cuádruple cierre y pólvora blanca.

Él fue lo mismo. A los trece años hubiera dado la vida por poseer una escopeta. Su hijo, de aquella edad, la posee ahora; y el padre sonríe.

No es fácil, sin embargo, para un padre viudo, sin otra fe ni esperanza que
la vida de su hijo, educarlo como lo ha hecho él, libre en su corto radio de acción,
35 seguro de sus pequeños pies y manos desde que tenía cuatro años, consciente de
la inmensidad de ciertos peligros y de la escasez de sus propias fuerzas.

Ese padre ha debido luchar fuertemente contra lo que él considera su
egoísmo. ¡Tan fácilmente una criatura calcula mal, sienta un pie en el vacío y se
pierde un hijo!

40 El peligro subsiste siempre para el hombre en cualquier edad; pero su amenaza amengua si desde pequeño se acostumbra a no contar sino con sus propias
fuerzas.

De este modo ha educado el padre a su hijo. Y para conseguirlo ha debido
resistir no sólo a su corazón, sino a sus tormentos morales; porque ese padre, de
45 estómago y vista débiles, sufre desde hace un tiempo de alucinaciones.

---

[2] Camino estrecho.
[3] Tipo de hierba que crece en lugares húmedos.
[4] Aves de enorme pico y cabeza pequeña
adornada por plumas de vivos colores.
[5] Del arte de la caza.

[6] Yacú de gran tamaño, ave negra.
[7] Ave de la especie de los *Trogonidae* a la que
también pertenece el quetzal. Habita en las
zonas selváticas y tropicales.
[8] Fábrica francesa de armas de fuego.

Ha visto, concretados en dolorosísima ilusión, recuerdos de una felicidad que no debía surgir más de la nada en que se recluyó. La imagen de su propio hijo no ha escapado a este tormento. Lo ha visto una vez rodar envuelto en sangre cuando el chico percutía en la morsa del taller una bala de parabellum, siendo
50 así que lo que hacía era limar la hebilla de su cinturón de caza.

Horribles cosas… Pero hoy, con el ardiente y vital día de verano, cuyo amor su hijo parece haber heredado, el padre se siente feliz, tranquilo y seguro del porvenir.

En ese instante, no muy lejos, suena un estampido.

55 —La Saint-Étienne… —piensa el padre al reconocer la detonación.— Dos palomas de menos en el monte…

Sin prestar más atención al nimio acontecimiento, el hombre se abstrae de nuevo en su tarea.

El sol, ya muy alto, continúa ascendiendo. Adonde quiera que se mire
60 —piedras, tierra, árboles—, el aire, enrarecido como un horno, vibra con el calor. Un profundo zumbido que llena el ser entero e impregna el ámbito hasta donde la vista alcanza, concentra a esa hora toda la vida tropical.

El padre echa una ojeada a su muñeca: las doce. Y levanta los ojos al monte. Su hijo debía estar ya de vuelta. En la mutua confianza que depositan el uno en
65 el otro —el padre de sienes plateadas y la criatura de trece años—, no se engañan jamás. Cuando su hijo responde: —Sí, papá —, hará lo que dice. Dijo que volvería antes de las doce, y el padre ha sonreído al verlo partir.

Y no ha vuelto.

El hombre torna a su quehacer, esforzándose en concentrar la atención en
70 su tarea. Es tan fácil, tan fácil perder la noción de la hora dentro del monte, y sentarse un rato en el suelo mientras se descansa inmóvil…

Bruscamente, la luz meridiana, el zumbido tropical y el corazón del padre se detienen a compás de lo que acaba de pensar: su hijo descansa inmóvil…

El tiempo ha pasado; son las doce y media. El padre sale de su taller, y al
75 apoyar la mano en el banco de mecánica sube del fondo de su memoria el estallido de una bala de parabellum, e instantáneamente, por primera vez en las tres horas transcurridas, piensa que tras el estampido de la Saint-Étienne no ha oído nada más. No ha oído rodar el pedregullo bajo un paso conocido. Su hijo no ha vuelto y la naturaleza se halla detenida a la vera del bosque, esperándolo…

80 ¡Oh! No son suficientes un carácter templado y una ciega confianza en la educación de un hijo para ahuyentar el espectro de la fatalidad que un padre de vista enferma ve alzarse desde la línea del monte. Distracción, olvido, demora fortuita: ninguno de estos nimios motivos que pueden retardar la llegada de su hijo hallan cabida en aquel corazón.

85 Un tiro, un solo tiro ha sonado, y hace ya mucho. Tras él el padre no ha oído un ruido, no ha visto un pájaro, no ha cruzado el abra una sola persona a anunciarle que al cruzar un alambrado, una gran desgracia…

La cabeza al aire y sin machete, el padre va. Corta el abra de espartillo, entra en el monte, costea la línea de cactus sin hallar el menor rastro de su hijo. Pero la
90 naturaleza prosigue detenida. Y cuando el padre ha recorrido las sendas de caza conocidas y ha explorado el bañado en vano, adquiere la seguridad de que cada paso que da en adelante lo lleva, fatal e inexorablemente, al cadáver de su hijo.

Ni un reproche que hacerse, es lamentable. Sólo la realidad fría, terrible y consumada: Ha muerto su hijo al cruzar un…

95   ¡Pero dónde, en qué parte! ¡Hay tantos alambrados allí, y es tan tan sucio el monte! … ¡Oh, muy sucio!… Por poco que no se tenga cuidado al cruzar los hilos con la escopeta en la mano…

El padre sofoca un grito. Ha visto levantarse en el aire ¡Oh, no es su hijo, no! … Y vuelve a otro lado, y a otro y a otro…

100   Nada se ganaría con ver el color de su tez y la angustia de sus ojos. Ese hombre aún no ha llamado a su hijo. Aunque su corazón clama por él a gritos, su boca continúa muda. Sabe bien que el solo acto de pronunciar su nombre, de llamarlo en voz alta, será la confesión de su muerte…

—¡Chiquito! —se le escapa de pronto. Y si la voz de un hombre de carác-
105 ter es capaz de llorar, tapémonos de misericordia los oídos ante la angustia que clama en aquella voz.

Nadie ni nada ha respondido. Por las picadas rojas de sol, envejecido en diez años, va el padre buscando a su hijo que acaba de morir.

—¡Hijito mío!… ¡Chiquito mío! —clama en un diminutivo que se alza del
110 fondo de sus entrañas. Ya antes, en plena dicha y paz, ese padre ha sufrido la alucinación de su hijo rodando con la frente abierta por una bala al cromo níquel. Ahora, en cada rincón sombrío del bosque ve centelleos de alambre; y al pie de un poste, con la escopeta descargada al lado, ve a su…

—¡Chiquito!… ¡Mi hijo!…

115   Las fuerzas que permiten entregar un pobre padre alucinado a la más atroz pesadilla tienen también un límite. Y el nuestro siente que las suyas se le escapan, cuando ve bruscamente desembocar de un pique lateral a su hijo.

A un chico de trece años bástale ver desde cincuenta metros la expresión de su padre sin machete dentro del monte para apresurar el paso con los ojos
120 húmedos.

—Chiquito … —murmura el hombre. Y, exhausto, se deja caer sentado en la arena albeante, rodeando con los brazos las piernas de su hijo.

La criatura, así ceñida, queda de pie; y como comprende el dolor de su padre, le acaricia despacio la cabeza: —Pobre papá …

125   En fin, el tiempo ha pasado. Ya van a ser las tres. Juntos, ahora, padre e hijo emprenden el regreso a la casa.

—¿Cómo no te fijaste en el sol para saber la hora?… —murmura aún el primero.

—Me fijé, papá… Pero cuando iba a volver vi las garzas de Juan y las seguí…
130   —¡Lo que me has hecho pasar, chiquito!…

—Piapiá… —murmura también el chico.

Después de un largo silencio:

—Y las garzas, ¿las mataste? —pregunta el padre.

—No…

135   Nimio detalle, después de todo. Bajo el cielo y el aire candentes, a la des-
cubierta por el abra de espartillo, el hombre vuelve a casa con su hijo, sobre cuyos hombros, casi del alto de los suyos, lleva pasado su feliz brazo de padre. Regresa empapado de sudor, y aunque quebrantado de cuerpo y alma, sonríe de felicidad…

140   Sonríe de alucinada felicidad… Pues ese padre va solo. A nadie ha encontrado, y su brazo se apoya en el vacío. Porque tras él, al pie de un poste y con las piernas en alto, enredadas en el alambre de púa, su hijo bienamado yace al sol, muerto desde las diez de la mañana.

■ Preguntas generales

1. ¿Qué autores influyeron en la formación literaria de Horacio Quiroga?
2. ¿Dónde vivió muchas de las experiencias que ha vertido en sus cuentos?
3. ¿Qué tipos humanos y situaciones presenta en su obra?
4. ¿Dónde comunica Quiroga sus ideas sobre el arte de escribir cuentos?
5. ¿Qué aspectos de su narrativa lo acercan a los posteriores maestros del género fantástico?

■ Preguntas de análisis

1. ¿De qué modo refleja "El hijo" circunstancias de la vida del autor?
2. ¿Qué relación se establece entre la naturaleza y el personaje? ¿Dónde observa Ud. la personificación de la naturaleza en este cuento?
3. ¿Cómo lucha el padre contra los temores y contra las imágenes que presagian la muerte de su hijo?
4. ¿En qué forma triunfa la irracionalidad en el cuento?
5. ¿De qué modo se acerca y, al mismo tiempo, se distingue este relato de los caracterizados como fantásticos?

■ Temas para informes escritos

1. Aspectos autobiográficos de la obra de Horacio Quiroga.
2. El papel de la naturaleza en sus cuentos.
3. Las manifestaciones de la muerte y la anormalidad en su obra.
4. Las experiencias irreales de los personajes de Quiroga.
5. Características del lenguaje y la forma narrativa de "El hijo".

■ Temas de reflexión y comentario

1. Las ideas de Quiroga sobre el cuento como género literario.
2. El conocimiento de la psicopatología y su influencia en los cuentos de Quiroga.
3. Los aspectos cinematográficos en la obra de Quiroga. Las versiones fílmicas de su obra.
4. Los animales de la selva en los cuentos de Quiroga.
5. La contribución de Quiroga al desarrollo del cuento hispanoamericano.

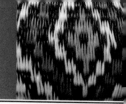

PEDRO HENRÍQUEZ UREÑA

1884, Santo Domingo,
República Dominicana–1946,
Buenos Aires, Argentina

Pedro Henríquez Ureña es una de las figuras más ilustres y veneradas de las letras hispánicas. De sólida formación humanística, con erudición, talento crítico y vocación educadora, este gran dominicano enriqueció el ambiente cultural de cada uno de los países donde transcurrió su azarosa existencia. Pasó la mayor parte de su vida fuera de su patria, a la que tuvo que abandonar en 1901 y a la cual sólo regresó temporalmente treinta años después (1931–1933). Había manifestado inclinación literaria desde los nueve años; junto con su hermano Max, un año menor que él, realizó extensas lecturas y empezó a escribir versos guiado por su madre, la poeta Salomé Ureña (1850–1897). La inestabilidad política del país motivó el exilio de la familia. El joven escritor vivió y estudió en Nueva York durante tres años (1901–1904), etapa de fructífera experiencia personal y cultural de la que surgieron poemas y ensayos. Más tarde, durante su residencia en La Habana, escribió y publicó su primer libro, *Ensayos críticos* (1905). Henríquez Ureña vivió en la Ciudad de México desde 1906 hasta 1914, época de efervescencia política y de nuevas ideas. Fue miembro fundador del Ateneo de la Juventud, importante centro de renovación intelectual y artística, junto con el filósofo Antonio Caso, los escritores José Vasconcelos, Alfonso Reyes y otros ilustres mexicanos. Ejerció la docencia universitaria y el periodismo, y contribuyó a la preparación de la *Antología del Centenario*. Compilada bajo la dirección de Justo Sierra (1848–1912), el fundador de la moderna Universidad Nacional de México, esta antología se propuso recoger la literatura mexicana del primer siglo de independencia. El segundo libro del autor, *Horas de estudio* (1910), abarca lo mejor de su prosa escrita en esos años.

Entre 1914 y 1920, Henríquez Ureña enseñó en la Universidad de Minnesota, donde también obtuvo el doctorado en literatura con la tesis *La versificación irregular en la poesía castellana*, publicada más tarde (1920). Durante el mismo período pasó temporadas extensas en Madrid dedicado a la investigación filológica en el Centro de Estudios Históricos que dirigía el gran hispanista Ramón Menéndez Pidal (1869–1968). Luego de una segunda, pero más breve residencia en México (1921–1924), se trasladó a la Argentina, donde transcurrió la última etapa de su vida. En Buenos Aires y en La Plata (Provincia de Buenos Aires), ejerció la docencia secundaria y universitaria, y formó, junto con el distinguido filólogo español Amado Alonso (1896–1952), una generación de lingüistas y críticos. En esos años publicó *Seis ensayos en busca de nuestra expresión* (1928), uno de sus libros más importantes, donde analiza la historia cultural hispanoamericana. Fue ésta una época de intensa actividad literaria, en la cual escribió y trabajó para revistas y casas editoriales, dictó conferencias y contribuyó con los capítulos sobre Santo

Domingo y Puerto Rico a la *Historia de América* publicada bajo la dirección del investigador argentino Ricardo Levene.

Durante el año académico 1940–1941, Henríquez Ureña fue invitado por la Universidad de Harvard a ocupar la cátedra Charles Eliot Norton. Sus conferencias, dictadas en inglés, fueron publicadas en forma de libro por la misma universidad con el título *Literary Currents in Hispanic America* (1945). Este libro, traducido luego al español (1949), y hoy considerado como uno de los estudios clásicos del tema, consolidó el prestigio internacional del autor y representó la culminación de su brillante trayectoria de investigador y de hombre de letras. En cambio, su *Historia de la cultura en la América Hispana*, de publicación póstuma (1947), no alcanzó un nivel y una importancia comparables.

En *Seis ensayos en busca de nuestra expresión*, Henríquez Ureña analiza las etapas recorridas, los problemas aún no superados y los caminos posibles en la evolución hacia una auténtica expresión de la cultura hispanoamericana. Estas páginas admirablemente concisas son fruto de un conocimiento destilado y de una gran capacidad de síntesis puestos al servicio de una visión americanista.

■ Bibliografía mínima

Álvarez Martínez, María Ángeles. "Pedro Henríquez Ureña y la dialectología hispanoamericana". *La Torre: Revista de la Universidad de Puerto Rico* 3.7–8 (1998): 177–85. Impreso.

Anderson Imbert, Enrique. "Pedro Henríquez Ureña". *Latin American Writers*. Eds. Carlos A. Solé y Maria Isabel Abreu. Vol. 2. New York: Scribner's, 1989. 597–601. Impreso.

Berroa, Rei, ed. "La literatura dominicana en el siglo XX: con una sección dedicada a Pedro Henríquez Ureña". *Revista Iberoamericana* 54 (1988): 291–357. Impreso.

de Beer, Gabriella. "El epistolario Reyes–Henríquez Ureña: una trayectoria cultural". *Nueva Revista de Filología Hispánica* 37.2 (1989): 305–15. Impreso.

Donoso Romo, Andrés. "Aproximación crítica al pensamiento de Pedro Henríquez Ureña sobre educación y nación". *Cuadernos Americanos* 21.4 [122] (2007): 55–68. Impreso.

Gelpí, Juan G. "Cultura, sujeto y constitución de una crítica literaria: 'Nuestra América' de José Martí y 'Seis ensayos en busca de nuestra expresión' de Pedro Henríquez Ureña". *Revista de Estudios Hispánicos* 24.1 (1997): 69–83. Impreso.

Henríquez Ureña, Pedro. *Obras Completas*. Ed. Juan Jacobo de Lara. 10 vols. Santo Domingo: Universidad Pedro Henríquez Ureña, 1976–1980. Impreso

——. *Ensayos*. Eds. José Luis Abellán y Ana María Barrenechea. Madrid: Archivos, 1998. Impreso.

——. *La utopía de América*. Prólogo de Rafael Gutiérrez Girardot. Compilación y cronología de Ángel Rama y Rafael Gutiérrez Girardot. Caracas: Biblioteca Ayacucho, 1998. Web. <http://www.bibliotecayacucho.gob.ve/fba/index.php?id=97&backPID=96&swords=Henriquez%20Urena&tt_products=37>.

Pitol, Sergio. "Pedro Henríquez Ureña". *La Palabra y el Hombre: Revista de la Universidad Veracruzana* 113 (2000): 21–34. Impreso.

Seis ensayos en busca de nuestra expresión (1928)

EL DESCONTENTO Y LA PROMESA

LAS FÓRMULAS DEL AMERICANISMO

Examinemos las principales soluciones propuestas y ensayadas para el problema de nuestra expresión en literatura. Y no se me tache prematuramente de optimista cándido porque vaya dándoles aprobación provisional a todas: al final se verá el por qué.

5   Ante todo, la naturaleza. La literatura descriptiva habrá de ser, pensamos durante largo tiempo, la voz del Nuevo Mundo. Ahora no goza de favor la idea: hemos abusado en la aplicación; hay en nuestra poesía romántica tantos paisajes como en nuestra pintura impresionista. La tarea de escribir, que nació del entusiasmo, degeneró en hábito mecánico. Pero ella ha educado nuestros ojos: del cua-
10 dro convencional de los primeros escritores coloniales, en quienes sólo de raro en raro asomaba la faz genuina de la tierra, como en las serranías peruanas del Inca Garcilaso, pasamos poco a poco, y finalmente llegamos, con ayuda de Alexander von Humboldt y de Chateaubriand, a la directa visión de la naturaleza. De mucha olvidada literatura del siglo XIX sería justicia y deleite arrancar una vivaz
15 colección de paisajes y miniaturas de fauna y flora. Basta detenernos a recordar para comprender, tal vez con sorpresa, cómo hemos conquistado, trecho a trecho, los elementos pictóricos de nuestra pareja de continentes y hasta el aroma espiritual que se exhala de ellos: la colosal montaña; las vastas altiplanicies de aire fino y luz tranquila donde todo perfil se recorta agudamente; las tierras cálidas del
20 trópico, con sus marañas de selvas, su mar que asorda y su luz que emborracha; la pampa profunda; el desierto "inexorable y hosco". Nuestra atención al paisaje engendra preferencias que hallan palabras vehementes: tenemos partidarios de la llanura y partidarios de la montaña. Y mientras aquéllos, acostumbrados a que los ojos no tropiecen con otro límite que el horizonte, se sienten oprimidos
25 por la vecindad de las alturas, como Miguel Cané[1] en Venezuela y Colombia, los otros se quejan del paisaje "demasiado llano", como el personaje de la *Xamaica* de Güiraldes, o bien, con voluntad de amarlo, vencen la inicial impresión de monotonía y desamparo y cuentan cómo, después de largo rato de recorrer la pampa, ya no la vemos: vemos otra pampa que se nos ha hecho en el espíritu (Gabriela
30 Mistral). O acerquémonos al espectáculo de la zona tórrida: para el nativo es rico en luz, calor y color, pero lánguido y lleno de molicie; todo se le deslíe en largas contemplaciones, en pláticas sabrosas, en danzas lentas,

         y en las ardientes noches del estío
         la bandola[2] y el canto prolongado
35   que une su estrofa al murmurar del río …

     Pero el hombre de climas templados ve el trópico bajo deslumbramiento agobiador: así lo vio Mármol en el Brasil, en aquellos versos célebres, mitad ripio,[3] mitad hallazgo de cosa vivida; así lo vio Sarmiento en aquel breve y total apunte de Río de Janeiro:

40   Los insectos son carbuncos o rubíes, las mariposas plumillas de oro flotantes, pintadas las aves, que engalanan penachos y decoraciones fantásticas, verde esmeralda la vegetación, embalsamadas y purpúreas las flores, tangible la luz del cielo, azul cobalto el aire, doradas a fuego las nubes, roja la tierra y las arenas entremezcladas de diamantes y topacios.

45   A la naturaleza sumamos el primitivo habitante. ¡Ir hacia el indio! Programa que nace y renace en cada generación, bajo muchedumbre de formas, en todas las artes. En literatura, nuestra interpretación del indígena ha sido irregular y capri-

---

[1] Miguel Cané (1851–1905): escritor argentino conocido por su novela autobiográfica *Juvenilia* (1884).

[2] Instrumento musical pequeño, de cuatro cuerdas, parecido al laúd.
[3] Palabra o frase superflua.

chosa. Poco hemos agregado a aquella fuerte visión de los conquistadores como Hernán Cortés, Ercilla, Cieza de León, y de los misioneros como Fray Bartolomé
50 de las Casas. Ellos acertaron a definir dos tipos ejemplares, que Europa acogió e incorporó a su repertorio de figuras humanas: el "indio hábil y discreto", educado en complejas y exquisitas civilizaciones propias, singularmente dotado para las artes y las industrias, y el "salvaje virtuoso", que carece de civilización mecánica, pero vive en orden, justicia y bondad, personaje que tanto sirvió a los
55 pensadores europeos para crear la imagen del hipotético hombre del "estado de naturaleza" anterior al contrato social.[4] En nuestros cien años de independencia, la romántica pereza nos ha impedido dedicar mucha atención a aquellos magníficos imperios cuya interpretación literaria exigiría previos estudios arqueológicos; la falta de simpatía humana nos ha estorbado para acercarnos al superviviente
60 de hoy, antes de los años últimos, excepto en casos como el memorable de los *indios ranqueles*; y al fin, aparte del libro impar y delicioso de Mansilla,[5] las mejores obras de asunto indígena se han escrito en países como Santo Domingo[6] y el Uruguay, donde el aborigen de raza pura persiste apenas en rincones lejanos y se ha diluido en recuerdo sentimental. "El espíritu de los hombres flota sobre la tierra
65 en que vivieron, y se le respira", decía Martí.

   Tras el indio, el criollo. El movimiento criollista ha existido en toda la América española con intermitencias, y ha aspirado a recoger las manifestaciones de la vida popular, urbana y campestre, con natural preferencia por el campo. Sus límites son vagos; en la pampa argentina, el criollo se oponía al indio, enemigo
70 tradicional, mientras en México, en la América Central, en toda la región de los Andes y su vertiente del Pacífico, no siempre existe frontera perceptible entre las costumbres de carácter criollo y las de carácter indígena. Así mezcladas las reflejan en la literatura mexicana los romances de Guillermo Prieto[7] y el *Periquillo* de Lizardi, despertar de la novela en nuestra América, a la vez que despedida de la
75 picaresca española. No hay país donde la existencia criolla no inspire cuadros de color peculiar. Entre todas, la literatura argentina, tanto en el idioma culto como en el campesino, ha sabido apoderarse de la vida del gaucho en visión honda como la pampa. Facundo Quiroga, Martín Fierro, Santos Vega, son figuras definitivamente plantadas dentro del horizonte ideal de nuestros pueblos. Y no creo
80 en la realidad de la querella de Fierro contra Quiroga. Sarmiento, como civilizador, urgido de acción, atenaceado por la prisa, escogió para el futuro de su patria el atajo europeo y norteamericano en vez del sendero criollo, informe todavía, largo, lento, interminable tal vez, o desembocando en el callejón sin salida; pero nadie sintió mejor que él los soberbios ímpetus, la acre originalidad de la barbarie
85 que aspiraba a destruir. En tales oposiciones y en tales decisiones está el Sarmiento

---

[4] Esta es una alusión a las ideas de Jean Jacques Rousseau (1712–1778), el autor de *El contrato social* (1762).

[5] Lucio Mansilla (1831–1913): escritor argentino, autor de *Una excursión a los indios ranqueles* (1870).

[6] El nombre de Santo Domingo, la ciudad capital, designaba originariamente el territorio de la actual República Dominicana, así nombrada en 1844 al lograrse la independencia. El uso de la antigua designación aún persiste entre los dominicanos.

[7] Guillermo Prieto (1818–1897), novelista romántico mexicano.

aquilino:[8] la mano inflexible escoge; el espíritu amplio se abre a todos los vientos. ¿Quién comprendió mejor que él a España, la España cuyas malas herencias quiso arrojar al fuego, la que visitó "con el santo propósito de levantarle el proceso verbal", pero que a ratos le hacía agitarse en ráfagas de simpatía? ¿Quién
90 anotó mejor que él las limitaciones de los Estados Unidos, de esos Estados Unidos cuya perseverancia constructora exaltó a modelo ejemplar?

Existe otro americanismo, que evita al indígena, y evita el criollismo pintoresco, y evita el puente intermedio de la era colonial, lugar de cita para muchos antes y después de Ricardo Palma: su precepto único es ceñirse siempre al Nuevo
95 Mundo en los temas, así en la poesía como en la novela y el drama, así en la crítica como en la historia. Y para mí, dentro de esa fórmula sencilla como dentro de las anteriores, hemos alcanzado, en momentos felices, la expresión vívida que perseguimos. En momentos felices, recordémoslo.

El afán europeizante

Volvamos ahora la mirada hacia los europeizantes, hacia los que, descontentos de todo americanismo con aspiraciones de sabor autóctono, descontentos hasta de nuestra naturaleza, nos prometen la salud espiritual si mantenemos recio y firme el lazo que nos ata a la cultura europea. Creen que nuestra función
5 no será crear, comenzando desde los principios, yendo a la raíz de las cosas, sino continuar, proseguir, desarrollar, sin romper tradiciones ni enlaces.

Y conocemos los ejemplos que invocarían, los ejemplos mismos que nos sirvieron para rastrear el origen de nuestra rebelión nacionalista: Roma, o la Edad Media, el Renacimiento, la hegemonía francesa del siglo XVIII… Detengámo-
10 nos nuevamente ante ellos. ¿No tendrán razón los arquetipos clásicos contra la libertad romántica de que usamos y abusamos? ¿No estará el secreto único de la perfección en atenernos a la línea ideal que sigue desde sus remotos orígenes la cultura de Occidente? Al criollista que se defienda —acaso la única vez en su vida— con el ejemplo de Grecia, será fácil demostrarle que el milagro griego, si
15 más solitario, más original que las creaciones de sus sucesores, recogía vetustas herencias: ni los milagros vienen de la nada; Grecia, madre de tantas invenciones estupendas, aprovechó el trabajo ajeno, retocando y perfeccionando, pero en su opinión, tratando de acercarse a los cánones, a los paradigmas que otros pueblos, antecesores suyos o contemporáneos, buscaron con intuición confusa.
20 Todo aislamiento es ilusorio. La historia de la organización espiritual de nuestra América, después de la emancipación política, nos dirá que nuestros propios orientadores fueron, en momento oportuno, europeizantes: Andrés Bello, que desde Londres lanzó la declaración de nuestra independencia literaria, fue motejado de europeizante por los proscriptos argentinos veinte años después,
25 cuando organizaba la cultura chilena; y los más violentos censores de Bello, de regreso a su patria, habían de emprender a su turno tareas de europeización, para que ahora se lo afeen los devotos del criollismo puro.

Apresurémonos a conceder a los europeizantes todo lo que les pertenece, pero nada más, y a la vez tranquilicemos al criollista. No sólo sería ilusorio el

---

[8] Aguileño, perteneciente o relacionado al águila.

30 aislamiento —la red de las comunicaciones lo impide—, sino que tenemos derecho a tomar de Europa todo lo que nos plazca: tenemos derecho a todos los beneficios de la cultura occidental. Y en literatura —ciñéndonos a nuestro problema— recordemos que Europa estará presente, cuando menos, en el arrastre histórico del idioma.

35 Aceptemos francamente, como inevitable, la situación compleja: al expresarnos habrá en nosotros, junto a la porción sola, nuestra, hija de nuestra vida, a veces con herencia indígena, otra porción substancial, aunque sólo fuere el marco, que recibimos de España. Voy más lejos: no sólo escribimos el idioma de Castilla, sino que pertenecemos a la Romania, la familia románica que constituye todavía 40 una comunidad, una unidad de cultura, descendiente de la que Roma organizó bajo su potestad; pertenecemos —según la repetida frase de Sarmiento— al imperio Romano. Literariamente, desde que adquieren plenitud de vida las lenguas romances, a la Romania nunca le ha faltado centro, sucesor de la Ciudad Eterna: del siglo XI al XIV fue Francia, con oscilaciones iniciales entre Norte y Sur; con el 45 Renacimiento se desplaza a Italia; luego, durante breve tiempo, tiende a situarse en España; desde Luis XIV vuelve a Francia. Muchas veces la Romania ha extendido su influjo a zonas extranjeras, y sabemos cómo París gobernaba a Europa, y de paso a las dos Américas, en el siglo XVIII; pero desde comienzos del siglo XIX se definen, en abierta y perdurable oposición, zonas rivales: la germánica, susci- 50 tadora de la rebeldía; la inglesa, que abarca a Inglaterra con su imperio colonial, ahora en disolución, y a los Estados Unidos; la eslava … Hasta políticamente hemos nacido y crecido en la Romania. Antonio Caso señala con eficaz precisión los tres acontecimientos de Europa cuya influencia es decisiva sobre nuestros pueblos: el Descubrimiento, que es acontecimiento español; el Renacimiento, ita- 55 liano; la Revolución, francés. El Renacimiento da forma —en España sólo a medias— a la cultura que iba a ser trasplantada a nuestro mundo; la Revolución es el antecedente de nuestras guerras de independencia. Los tres acontecimientos son de pueblos románicos. No tenemos relación directa con la Reforma, ni con la evolución constitucional de Inglaterra, y hasta la independencia y la Constitución 60 de los Estados Unidos alcanzan prestigio entre nosotros merced a la propaganda que de ellas hizo Francia.

LA ENERGÍA NATIVA

Concedido todo eso, que es todo lo que en buen derecho ha de reclamar el europeizante, tranquilicemos al criollo fiel recordándole que la existencia de la Romania como unidad, como entidad colectiva de cultura, y la existencia del centro orientador, no son estorbos definitivos para ninguna originalidad, porque aquella 5 comunidad tradicional afecta sólo a las formas de la cultura, mientras que el carácter original de los pueblos viene de su fondo espiritual, de su energía nativa.

Fuera de momentos fugaces en que se ha adoptado con excesivo rigor una fórmula estrecha, por excesiva fe en la doctrina retórica, o durante períodos en que una decadencia nacional de todas las energías lo ha hecho enmudecer, cada 10 pueblo se ha expresado con plenitud de carácter dentro de la comunidad imperial. Y en España, dentro del idioma central, sin acudir a los rivales, las regiones se definen a veces con perfiles únicos en la expresión literaria. Así, entre los poetas, la secular oposición entre Castilla y Andalucía, el contraste entre Fray Luis de León y Fernando de Herrera, entre Quevedo y Góngora, entre Espronceda y Bécquer.

15 El compartido idioma no nos obliga a perdernos en la masa de un coro cuya dirección no está en nuestras manos: sólo nos obliga a acendrar nuestra nota expresiva, a buscar el acento inconfundible. Del deseo de alcanzarlo y sostenerlo nace todo el rompecabezas de cien años de independencia proclamada; de ahí las fórmulas de americanismo, las promesas que cada generación escribe, sólo para
20 que la siguiente las olvide o las rechace, y de ahí la reacción, hija del inconfesado desaliento, en los europeizantes.

El ansia de perfección

Llegamos al término de nuestro viaje por el palacio confuso, por el fatigoso laberinto de nuestras aspiraciones literarias, en busca de nuestra expresión original y genuina. Y a la salida creo volver con el oculto hilo que me sirvió de guía.

Mi hilo conductor ha sido el pensar que no hay secreto de la expresión sino
5 uno: trabajarla hondamente, esforzarse en hacerla pura, bajando hasta la raíz de las cosas que queremos decir; afinar, definir, con ansia de perfección.

El ansia de perfección es la única norma. Contentándonos con usar el ajeno hallazgo, del extranjero o del compatriota, nunca comunicaremos la revelación íntima; contentándonos con la tibia y confusa enunciación de nuestras intuicio-
10 nes, las desvirtuaremos ante el oyente y le parecerán cosa vulgar. Pero cuando se ha alcanzado la expresión firme de una intuición artística, va en ella, no sólo el sentido universal, sino la esencia del espíritu que la poseyó y el sabor de la tierra de que se ha nutrido.

Cada fórmula de americanismo puede prestar servicios (por eso les di a to-
15 das aprobación provisional); el conjunto de las que hemos ensayado nos da una suma de adquisiciones útiles, que hacen flexible y dúctil el material originario de América. Pero la fórmula, al repetirse, degenera en mecanismo y pierde su prístina eficacia; se vuelve receta y engendra una retórica.

Cada grande obra de arte crea medios propios y peculiares de expresión;
20 aprovecha las experiencias anteriores, pero las rehace, porque no es una suma, sino una síntesis, una invención. Nuestros enemigos, al buscar la expresión de nuestro mundo, son la falta de esfuerzo y la ausencia de disciplina, hijos de la pereza y la incultura, o la vida en perpetuo disturbio y mudanza, llena de preocupaciones ajenas a la pureza de la obra: nuestros poetas, nuestros escritores, fueron las
25 más veces, en parte son todavía, hombres obligados a la acción, la faena política y hasta la guerra, y no faltan entre ellos los conductores e iluminadores de pueblos.

El futuro

Ahora, en el Río de la Plata cuando menos, empieza a constituirse la profesión literaria. Con ella debieran venir la disciplina, el reposo que permite los graves empeños. Y hace falta la colaboración viva y clara del público: demasiado tiempo ha oscilado entre la falta de atención y la excesiva indulgencia. El público
5 ha de ser exigente; pero ha de poner interés en la obra de América. Para que haya grandes poetas, decía Walt Whitman, ha de haber grandes auditorios. Sólo un temor me detiene, y lamento turbar con una nota pesimista el canto de esperanzas.

Ahora que parecemos navegar en dirección hacia el puerto seguro, ¿no llegaremos tarde? ¿El hombre del futuro seguirá interesándose en la creación artística
10 y literaria, en la perfecta expresión de los anhelos superiores del espíritu? El occidental de hoy se interesa menos en ellas que el de ayer, y mucho menos que el de tiempos lejanos. Hace cien, cincuenta años, cuando se auguraba la desaparición del arte, se rechazaba el agüero con gestos fáciles: "siempre habrá poesía". Pero después —fenómeno nuevo en la historia del mundo, insospechado y
15 sorprendente— hemos visto surgir a existencia próspera sociedades activas y al parecer felices, de cultura occidental, a quienes no preocupa la creación artística, a quienes les basta la industria, o se contentan con el arte reducido a procesos industriales: Australia, Nueva Zelandia, aun el Canadá. Los Estados Unidos, ¿no habrán sido el ensayo intermedio? Y en Europa, bien que abunde la producción
20 artística y literaria, el interés del hombre contemporáneo no es el que fue. El arte había obedecido hasta ahora a dos fines humanos: uno, la expresión de los anhelos profundos, del ansia de eternidad, del utópico y siempre renovado sueño de la vida perfecta; otro, el juego, el solaz imaginativo en que descansa el espíritu. El arte y la literatura de nuestros días apenas recuerdan ya su antigua función tras-
25 cendental; sólo nos va quedando el juego… Y el arte reducido a diversión, por mucho que sea diversión inteligente, pirotecnia del ingenio, acaba en hastío.

No quiero terminar en el tono pesimista. Si las artes y las letras no se apagan, tenemos derecho a considerar seguro el porvenir. Trocaremos en arca de tesoros la modesta caja donde ahora guardamos nuestras escasas joyas, y no tendremos
30 por qué temer al sello ajeno del idioma en que escribimos, porque para entonces habrá pasado a estas orillas del Atlántico el eje espiritual del mundo español.

Pedro Henríquez Ureña. *Obra crítica*. Edición, bibliografía e índice onomástico por Emma Susana Speratti Piñero. Prólogo de Jorge Luis Borges. México: FCE, 1960. ISBN-10: 9681608216 ISBN-13: 978-9681608217 (hard and soft cover)

■ Preguntas generales

1. ¿Qué circunstancias obligaron a Pedro Henríquez Ureña a vivir fuera de su país?
2. ¿Cuál fue la actuación del escritor dominicano en el ambiente intelectual de México?
3. ¿En qué campos de estudio se destacó? ¿Sobre qué temas escribió?
4. ¿Qué obra educadora realizó en la Argentina?
5. ¿Cuál es su libro más apreciado? ¿Cómo se originó este libro?

■ Preguntas de análisis

1. ¿Con qué elementos irá elaborándose una expresión genuinamente americana, según el autor de "El descontento y la promesa"?
2. ¿Qué errores e ilusiones critica?
3. ¿Qué piensa Henríquez Ureña acerca de las posibilidades de expresión propia dentro del lenguaje y la cultura heredados?
4. ¿Qué circunstancias y actitudes han obstaculizado, según este ensayo, el desarrollo cultural en Hispanoamérica?
5. ¿Cómo se hace evidente en este texto la formación humanística del autor?

■ Temas para informes escritos

1. La posición de Pedro Henríquez Ureña frente a las distintas fórmulas del americanismo.
2. La visión continental de Pedro Henríquez Ureña.
3. La idea de Henríquez Ureña de que la propia expresión es un rehacer de experiencias ajenas. Vigencia actual de este punto de vista.
4. La conjunción de valores éticos y estéticos en el pensamiento de Henríquez Ureña.
5. Las afinidades literarias y humanísticas de Pedro Henríquez Ureña y Alfonso Reyes.

■ Temas de reflexión y comentario

1. El estudio de la literatura como vehículo de autoconocimiento para el hispanoamericano, según Henríquez Ureña.
2. Henríquez Ureña como intérprete y crítico de la literatura hispanoamericana.
3. Las observaciones críticas de Henríquez Ureña acerca del mutuo desconocimiento de los países hispanoamericanos.
4. La participación de Henríquez Ureña en la vida intelectual y literaria de México.
5. Henríquez Ureña como educador. Influencia de su magisterio en México y la Argentina.

DELMIRA AGUSTINI

1886–1914, Montevideo, Uruguay

De padres acomodados y prominentes, Delmira Agustini fue educada en casa por preceptores que la instruyeron en música, francés, pintura, literatura y bordado. "La Nena", sobrenombre cariñoso de la joven, mostró desde temprano una mente precoz y un carácter sensible: a los cuatro años leía y a los diez compuso sus primeros versos. En 1913, ya gozando de fama literaria, contrajo matrimonio con Enrique Job Reyes, con quien tenía poca afinidad de temperamento. Aunque la pareja se separó pronto, los dos amantes continuaron viéndose a escondidas. En una de estas citas secretas, Reyes mató a la poeta y después se suicidó.

La fama literaria de Delmira Agustini descansa en los poemarios *El libro blanco* (1907), *Cantos de la mañana* (1910) y *Los cálices vacíos* (1913), y en los poemas inéditos, reunidos después en los dos tomos de sus obras completas publicadas en 1924. El primero de estos volúmenes se denomina *El rosario de Eros;* el segundo, *Los astros del abismo,* lleva el título que la autora había pensado darle a la colección que juzgaba la "cumbre" de su obra.

El amor es el tema central de la lírica de la escritora uruguaya y lo usó para mostrar el anhelo por satisfacer apetencias carnales y espirituales. En *El libro blanco,* por ejemplo, se encuentran poemas como "Desde lejos" y "El intruso" donde estas ansias están representadas por la seguridad del amor compartido o la unión con el ser querido, todo ello expresado con gran sinceridad. En su segundo poemario, *Cantos de la mañana*, predomina la desilusión. Quizá Agustini, ya más madura, intuía que la realidad —la estrechez de la vida montevideana, las limitaciones impuestas a la mujer por la sociedad patriarcal— la incapacitaba para continuar la búsqueda tal y como ella hubiera querido. Estas percepciones se hacen evidentes en el último verso de "La barca milagrosa" donde exclama: "Yo ya muero de vivir y soñar". También en "Las alas" la voz lírica explicó cuán difícil era satisfacer sus ansias y cómo éstas quedaban frustradas muchas veces. En *Los cálices vacíos*, libro dedicado a Eros, y en los poemas publicados después de su muerte, particularmente en los que Agustini pensaba incorporar en *Los astros del abismo*, sus versos se vuelven más apasionados y oscuros. Junto a los placeres carnales y espirituales del amor, se halla la meditación sobre la muerte, el dolor y el paso del tiempo. Por esta exaltación del sentimiento amoroso marcada por una intensa búsqueda, así como por su riqueza emotiva, algunos críticos han vinculado los poemas de Delmira Agustini a los escritos de los místicos españoles.

La obra de la poeta uruguaya está ligada, tanto al período romántico por la manera sincera y apasionada en que expuso sus sentimientos, como al modernista por la actitud de inconformidad y el apego a la retórica de esta escuela evidente en sus versos. Más que nada, la obra de Delmira Agustini es innovadora por la manera tan personal como da rienda suelta a la expresión del sentimiento amoroso en una época en que esto era completamente desusado y más en la obra de una mujer.

■ Bibliografía mínima

Agustini, Delmira. *Poesías completas*. Ed. Magdalena García Pinto. 3.ª ed. Madrid: Cátedra, 2006. Impreso.

Beaupied, Aída. "Otra lectura de 'El cisne' de Delmira Agustini". *Letras Femeninas* 22.1–2 (1996): 131–42. Impreso.

Borrachero Mendíbil, Aránzazu. "Erotismo y alteridad en la prosa de José Asunción Silva y la poesía de Delmira Agustini". *Romance Quarterly* 53.1 (2006): 15–24. *Humanities Full Text*. Web.

Castillo, Jorge Luis. "Delmira Agustini o el modernismo subversivo". *Chasqui: Revista de Literatura Latinoamericana* 27.2 (1998): 70–84. Impreso.

"Delmira Agustini". Centro Virtual Miguel de Cervantes. Web. <http://cvc.cervantes.es/literatura/escritores/agustini/biografia/>.

Escaja, Tina, ed. *Delmira Agustini y el Modernismo: nuevas propuestas de género*. Rosario, Argentina: Viterbo, 2000. Impreso.

——. "Modernistas, feministas y decadentes: Delmira Agustini, entre la mujer fetiche y la Nueva Mujer". *Ciberletras* 13 (2005). Web. <http://www.lehman.cuny.edu/ciberletras/v13/escaja.htm>.

Giaudrone, Carla. *La degeneración del 900: Modelos estético-sexuales de la cultura en el Uruguay del novecientos*. Montevideo: Trilce, 2004. Impreso.

Peluffo, Ana. " 'De todas las cabezas quiero tu cabeza': Figuraciones de la 'Femme Fatale' en Delmira Agustini". *Chasqui* 34.2 (2005): 131–44. Impreso.

Trambaioli, Marcella. "La estatua y el ensueño: dos claves para la poesía de Delmira Agustini". *Revista Hispánica Moderna* 50.1 (1997): 57–66. Impreso.

El libro blanco (1907)

EL INTRUSO[1]

Amor, la noche estaba trágica y sollozante
Cuando tu llave de oro cantó en mi cerradura;
Luego, la puerta abierta sobre la sombra helante
Tu forma fue una mancha de luz y de blancura.

5   Todo aquí lo alumbraron tus ojos de diamante;
Bebieron en mi copa tus labios de frescura,
Y descansó en mi almohada tu cabeza fragante;
Me encantó tu descaro y adoré tu locura.

Y hoy río si tú ríes, y canto si tú cantas;
10 Y si tú duermes, duermo como un perro a tus plantas!
Hoy llevo hasta en mi sombra tu olor de primavera;

Y tiemblo si tu mano toca la cerradura,
Y bendigo la noche sollozante y oscura
Que floreció en mi vida tu boca tempranera!

EXPLOSIÓN

¡Si la vida es amor, bendita sea!
¡Quiero más vida para amar! Hoy siento
que no valen mil años de la idea
lo que un minuto azul del sentimiento.

5   Mi corazón moría, triste y lento…
Hoy abre en luz como una flor febea[2]:
¡La vida brota como un mar violento
donde la mano del amor golpea!

Hoy partió hacia la noche, triste, fría,
10 rotas las alas mi melancolía;
como una vieja mancha de dolor

en la sombra lejana se deslíe[3]…
Mi vida toda canta, besa, ríe!
Mi vida toda es una boca en flor!

---

[1] Soneto alejandrino, con versos de catorce sílabas.

[2] Perteneciente a Febo o al Sol.
[3] Se disuelve.

Cantos de la mañana (1910)

LAS ALAS[4]

Yo tenía…
      dos alas!…
Dos alas,
Que del Azur vivían como dos siderales
5 Raíces…
Dos alas,
Con todos los milagros de la vida, la Muerte
Y la ilusión. Dos alas,
Fulmíneas[5]
10 Como el velamen[6] de una estrella en fuga;
Dos alas,
Como dos firmamentos[7]
Con tormentas, con calmas y con astros…

     ¿Te acuerdas de la gloria de mis alas?…
15 El áureo campaneo
Del ritmo; el inefable
Matiz atesorando
El Iris todo, mas un Iris nuevo
Ofuscante y divino,
20 Que adorarán las plenas pupilas del Futuro
(Las pupilas maduras a toda luz!) el vuelo…

     El vuelo ardiente, devorante y único,
Que largo tiempo atormentó los cielos,
Despertó soles, bólidos,[8] tormentas,
25 Abrillantó los rayos y los astros;
Y la amplitud: tenían
Calor y sombra para todo el Mundo,
Y hasta incubar un *más allá* pudieron.

     Un día, raramente
30 Desmayada a la tierra,
Yo me adormí en las felpas profundas de este bosque…

     Soñé divinas cosas!…
Una sonrisa tuya me despertó, paréceme…
Y no siento mis alas!…
35 Mis alas?…
     —Yo las *ví* deshacerse entre mis brazos…
¡Era como un deshielo!

---

[4] Poema compuesto con versos de diferentes
medidas (tres, cuatro, siete y diez, once y
catorce sílabas).
[5] Con las propiedades del rayo.

[6] Las velas de un barco.
[7] Cielos.
[8] Meteoros.

Los cálices vacíos (1913)

NOCTURNO[9]

Engarzado[10] en la noche el lago de tu alma,
Diríase una tela de cristal y de calma
Tramada[11] por las grandes arañas del desvelo.

Nata de agua lustral[12] en vaso de alabastros;
5 Espejo de pureza que abrillantas los astros
Y reflejas la sima[13] de la Vida en un cielo! …

Y soy el cisne errante de los sangrientos rastros,
Voy manchando los lagos y remontando el vuelo.

El rosario de Eros (1924)

TU AMOR[14]

Tu amor, esclavo, es como un sol muy fuerte:
Jardinero de oro de la vida,
Jardinero de fuego de la muerte,
En el carmen[15] fecundo de mi vida.

5 Pico de cuervo con olor de rosas,
Aguijón enmelado[16] de delicias
Tu lengua es. Tus manos misteriosas
Son garras enguantadas de caricias.

Tus ojos son mis medianoches crueles,
10 Panales negros de malditas mieles
Que se desangran en mi acerbidad;[17]

Crisálida[18] de un vuelo del futuro
Es tu abrazo magnífico y oscuro
Torre embrujada de mi soledad.

---

[9] Poema de dos tercetos y una estrofa de dos versos; la rima es consonante y cada verso tiene catorce sílabas.
[10] Como una piedra preciosa puesta en su montura.
[11] Tejida, hecha.
[12] Usada para rociar a las víctimas que iban al sacrificio.

[13] Abismo, cavidad grande en la tierra.
[14] Soneto de versos endecasílabos (11 sílabas).
[15] Verso o composición poética.
[16] Dulce, con sabor a miel.
[17] Aspereza.
[18] Ninfa de los insectos lepidópteros.

■ Preguntas generales

1. ¿Qué tipo de educación recibió Delmira Agustini y cómo se manifestó su precocidad intelectual?
2. ¿En qué circunstancias murió la autora?
3. ¿Cuál es el tema central de la poesía de Agustini y cómo se manifiesta en algunos de sus poemarios?
4. ¿Cómo se puede interpretar el verso de Agustini, "Yo ya muero de vivir y soñar"?
5. En su opinión, ¿cuál es el principal aporte de Delmira Agustini a la lírica hispanoamericana? Explique su respuesta.

■ Preguntas de análisis

1. ¿Qué imágenes se utilizan en "El intruso" para describir al amado? ¿Cuál es la actitud del yo con respecto al intruso: positiva, negativa o ambivalente?
2. ¿Qué significan las alas en el poema de este nombre y cómo están caracterizadas? ¿Qué pierde y qué encuentra el yo al final de este poema?
3. En "Explosión", ¿cómo caracteriza al amor la voz lírica? ¿Cuáles son las consecuencias de sentir el amor y qué imágenes se asocian con éste?
4. ¿Cómo rompe "Nocturno" la visión tradicional de la mujer en las relaciones amorosas?
5. En "Tu amor", ¿cómo se describe este sentimiento? ¿Qué consecuencias tiene el amor para el yo? ¿Qué metáforas definen al amante y qué asociaciones eróticas se encuentran en ellas?
6. ¿Cuáles son las características del posmodernismo? ¿Encaja la lírica de Delmira Agustini dentro de esta tendencia?

■ Temas para informes escritos

1. La formación cultural de Delmira Agustini.
2. Erotismo y rebeldía en la obra de Agustini.
3. Delmira Agustini y Juana de Ibarbouru: dos contemporáneas.
4. Rasgos románticos y modernistas en la poesía de Agustini.
5. La muerte y el dolor en *Los astros del abismo*.

■ Temas de reflexión y comentario

1. Limitaciones de la retórica modernista en la poesía de Delmira Agustini.
2. El ambiente cultural uruguayo durante la primera década del siglo XX.
3. Una amistad literaria: Delmira Agustini y María Eugenia Vaz Ferreira.
4. La representación de la *femme fatale* en "El vampiro" de *Cantos de la mañana*.
5. El vocabulario erótico en la lírica de Delmira Agustini.

ALFONSO REYES

1889, Monterrey, México–1959,
Ciudad de México, México

Del mismo modo que Pedro Henríquez Ureña, Alfonso Reyes fue un erudito e investigador de amplia formación humanística, pensador e historiador de la cultura. Se destacó en el ensayo y también fue un excelente narrador y poeta. Reyes pasó los años de su infancia y primera juventud en Monterrey, Nuevo León, en el norte de la República Mexicana. Su padre, el general Bernardo Reyes, era gobernador de dicho estado y murió después de un fracasado levantamiento en contra del presidente Madero durante los hechos violentos en que éste fue despojado del poder (1913). El joven Reyes completó su educación universitaria en la Ciudad de México (1906–1913), donde se recibió de abogado. Al mismo tiempo, junto con otros escritores e intelectuales, contribuía en el ya mencionado Ateneo de la Juventud al movimiento reformista que daría una nueva orientación a la cultura mexicana. Años más tarde evocaría esa época en su ensayo-memoria *Pasado inmediato* (1941). Ya en su primer libro, *Cuestiones estéticas* (1911), se encuentran en germen los temas y el pensamiento modulado por la poesía y la visión artística que caracterizan su monumental obra madura. La cultura clásica, las letras españolas, francesas, inglesas y mexicanas y la obra de Goethe, dan tema desde el comienzo a la mayor parte de su producción ensayística. Reyes pasó diez años muy fructíferos en Madrid (1914–1924) y trabajó en la sección de Filología del Centro de Estudios Históricos, donde también hizo investigaciones su amigo Henríquez Ureña. De esa época es *Visión de Anáhuac* (1917), prosa evocadora de "la región más transparente del aire", como Reyes mismo llamó al alto valle de Anáhuac o de México. Mediante la poetización de la geografía y la historia, el autor buscaba en esta obra la revelación de una esencia mexicana. Al mismo período corresponden otros de sus libros representativos: *El cazador* (1921), colección de ensayos basados en experiencias parisienses (1913–1914), *Simpatías y diferencias* (1921–1926), una compilación de reseñas, comentarios periodísticos y reflexiones sobre temas literarios y culturales; y *El plano oblicuo* (1924), donde se encuentran algunos de sus mejores cuentos.

Junto a su producción literaria, Reyes tuvo una larga carrera diplomática, representando a su país en España, Francia, Argentina, Brasil, Chile y Uruguay. De esos años datan numerosos ensayos de tema americano recogidos luego en *Última Tule* (1942). A esta colección pertenece "Capricho de América", breve ensayo representativo de la fusión de pensamiento, imaginación y poesía con la que Reyes comunica su visión de América. En 1939 dejó la carrera diplomática y regresó a México para dedicarse exclusivamente a las letras. En las dos décadas finales de su vida consolidó su obra literaria y publicó importantes libros como *La experiencia literaria* (1942) y *El deslinde: prolegómenos a la teoría literaria* (1944). Reyes fundó El Colegio de México (1940), prestigioso centro de estudios humanísticos, y contribuyó de múltiples maneras al progreso educativo y cultural de su país.

■ Bibliografía mínima

Díaz Arciniega, Víctor, comp. *Voces para un retrato: ensayos sobre Alfonso Reyes*. Iztapalapa, México, D. F.: U Autónoma Metropolitana y Fondo de Cultura Económica. 1990. Impreso.

Díaz Ruiz, Ignacio. "La afición americana de Alfonso Reyes". *Nueva Revista de Filología Hispánica* 37.2 (1989): 371–81. Impreso.

Garciadiego, Javier. "Destinos compartidos: Alfonso Reyes y los intelectuales republicanos emigrados a México". *Revista de Occidente* 245 (2001): 68–74. Impreso.

Glantz, Margo. "Apuntes sobre la obsesión helénica de Alfonso Reyes". *Nueva Revista de Filología Hispánica* 37.2 (1989): 425–32. Impreso.

Gracia, Jordi. "La experiencia literaria de Alfonso Reyes a los cincuenta años de la muerte del escritor". *Cuadernos Hispanoamericanos* 705 (2009): 17–25. Impreso.

Houvenaghel, Eugenia, Sam Creve, y Aagje Monballieu. "Alfonso Reyes, traductor de *La Ilíada*: un poeta épico autónomo". *Neophilologus* 92.1 (2008): 49–61. *Humanities International Complete*. Web. www.ebscohost.com/academic/humanities-international-complete.

Méndez, Sigmund. "Continuidad poética del helenismo: la *Ifigenia cruel* de Alfonso Reyes". *Studi Ispanici* 34 (2009): 245–84. Impreso.

Monsiváis, Carlos. "Las utopías de Alfonso Reyes". *Asedios a Alfonso Reyes: 1889–1989*. México, D. F.: IMSS/U Autónoma Metropolitana. 1989. Impreso.

Rangel Guerra, Alfonso. "Alfonso Reyes, teórico de la literatura". *Hispania*. 79.2 (1996): 208–14. Impreso.

—. *Las ideas literarias de Alfonso Reyes*. México, D. F.: Colegio de México. 1989. Impreso.

Reyes, Alfonso. *Última Tule y otros ensayos*. Selección y prólogo, Rafael Gutiérrez Girardot; cronología, Ana María Erdt y Rafael Gutiérrez Girardot. Caracas: Biblioteca Ayacucho. 1992. Impreso.

Robb, James Willis. "Alfonso Reyes". *Latin American Writers*. Eds. Carlos A. Solé y Maria Isabel Abreu. Vol. 2. New York: Scribner's, 1989. 693–703. Impreso.

Última Tule (1942)

Capricho de América

La imaginación, la loca de la casa, vale tanto como la historia para la interpretación de los hechos humanos. Todo está en saberla interrogar y en tratarla con delicadeza. El mito es un testimonio fehaciente sobre alguna operación divina. *La Odisea* puede servir de carta náutica al que, entendiéndola, frecuente los
5   pasos del Mediterráneo. Dante, enamorado de las estrellas,

> *… Le divine fiammelle*
> *dànno per gli occhi una dolcezza al core*
> *che intender non la può chi non la prova,*[1]

---

[1] "Esas pequeñas llamas dan por los ojos miel al corazón, quién lo puede entender si no lo prueba". De los tres versos, probablemente citados de memoria por Reyes, sólo hemos podido identificar la fuente del segundo y el tercero. Estos proceden, aunque aquí modificados, de *La vita nuova*, XXVI, Soneto XV. El texto original de los mismos (y del verso que les precede) dice:

> *Mostrasi si piacente a chi la mira,*
> *che dá per li occhi una dolcezza al core,*
> *che 'ntender no puó chi no la prova.*

acaba por adelantarse al descubrimiento de la Cruz del Sur.[2] Y asimismo, entre la

10 más antigua literatura, los relatos novelescos de los egipcios (y quién sabe si también entre las memorias de la desaparecida y misteriosa era de Aknatón[3]), encontramos ya que la fantasía se imanta hacia el Occidente, presintiendo la existencia de una tierra ignota americana. A través de los griegos, Europa hereda esta inclinación de la mente, y ya en el Renacimiento podemos decir que América, antes

15 de ser encontrada por los navegantes, ha sido inventada por los humanistas y los poetas. La imaginación, la loca de la casa, había andado haciendo de las suyas.

Préstenos la imaginación su caballo con alas y recorramos la historia del mundo en tres minutos. La masa solar, plástica y blanda —más aun: vaporosa—, solicitada un día por la vecindad de algún otro cuerpo celeste que la atrae, levanta una

20 inmensa cresta de marea. Aquella cresta se rompe en los espacios. Los fragmentos son los planetas y nuestra Tierra es uno de ellos. Desde ese remoto día, los planetas giran en torno a su primitivo centro como verdaderas ánimas en pena. Porque aquel arrancamiento con que ha comenzado su aventura es el pecado original de los planetas, y si ellos pudieran se refundirían otra vez en la unidad solar de que

25 sólo son como destrozos.

La Tierra, entregada pues a sí misma, va equilibrando como puede sus partes de mar y suelo firme. Pero aquella corteza de suelo firme se desgarra un día por las líneas de menor resistencia, ante las contracciones y encogimientos de su propia condensación. Y aquí —nueva ruptura y destrozo, segundo pecado—

30 comienzan a alejarse unos de otros los continentes flotantes, según cierta fatalidad geométrica. Uno de los resultados de este destrozo es nuestra América.

Imaginemos todavía. Soñemos, para mejor entender la realidad. Soñemos que un día nuestra América constituyó, a su vez, una grande comunidad humana, cuyas vinculaciones salvaran mágicamente la inmensidad de los territo-

35 rios, las murallas de las montañas, la cerrazón de los bosques impracticables. A la hora en que los primeros europeos se asoman a nuestro Continente, esta unidad se ha roto ya. Quetzalcóatl,[4] el civilizador de México, ha huido hacia el Sur, precisamente empujado por las tribus sanguinarias que venían del Norte, y ha dejado allá por Guatemala la impronta de sus plantas, haciéndose llamar Cu-

40 culcán. Semejante fenómeno de disgregación se ha repetido en todos los focos del Nuevo Mundo. Acaso hay ya pueblos des-civilizados, recaídos en la barbarie a consecuencia de la incomunicación, del nuevo destrozo o tercer pecado. Los grandes imperios americanos no son ya centros de cohesión, sino residencias de un poder militar que sólo mantiene la unión por la fuerza.

45 Todavía la historia hace un nuevo intento de reunificación, atando, ya que no a una sola, a dos fuertes razas europeas toda esta pedacería de naciones americanas. Sajones e iberos se dividen el Continente. Pero como todo aspira a bastarse a sí mismo, las dos grandes familias americanas que de aquí resultan se

---

[2] Constelación que se ve en el hemisferio sur.

[3] Aknatón: faraón egipcio en el siglo 4 a. C.

[4] Quetzalcóatl o Serpiente emplumada: es un dios antiquísimo. Se le rindió culto, con distintos nombres, en toda Mesoamérica. Aunque se le atribuyen diversas funciones, Quetzalcóatl es siempre representado como el padre y benefactor de la humanidad. Creó a los hombres con su propia sangre y fue el descubridor del maíz, su principal alimento. Les enseñó la agricultura, las artes y el calendario. Como rey de los toltecas, en su forma humana, Quetzalcóatl fue también el protector y civilizador de su pueblo.

emancipan un día. El proceso de fecundación europea sólo ha servido, como un
50 recurso lateral, para nutrirlas artificialmente, para devolverles la conciencia de su
ser continental, para restaurar entre ellas otra vez el sueño de una organización
coherente y armónica.

Y, en efecto, cuando los padres de las independencias americanas se alzan
contra las metrópolis europeas, bien puede decirse que se sienten animados de
55 un espíritu continental. En sus proclamas de guerra se dirigen siempre a "los
americanos", de un modo general y sin distinción de pueblos, y cada uno de ellos
se imagina que lucha por todo el Continente. Naturalmente, este fenómeno sólo es
apreciable en los países hispanoamericanos, únicos para los cuales tiene sentido.
Luminosa imagen del planeta que ronda en torno a su sol, Bolívar sueña entonces
60 en la aparición de la Grande América. Pero el tiempo no está maduro, y la independencia procede por vías de fraccionamientos nacionales.

En las distintas etapas recorridas, asistimos, pues, a un juego cósmico de
rompecabezas. Los tijeretazos de algún demiurgo caprichoso han venido tajando
en fragmentos la primitiva unidad, y uno de los fragmentos en partes, y una de
65 las partes en pedazos, y uno de los pedazos en trozos. Y la imaginación —cuyo
consejo hemos convenido en seguir para ver a dónde nos lleva— nos está diciendo en voz baja que, aunque esa unidad primitiva nunca haya existido, el
hombre ha soñado siempre con ella, y la ha situado unas veces como fuerza impulsora y otras como fuerza tractora de la historia: si como fuerza impulsora, en
70 el pasado, y entonces se llama la Edad de Oro; si como fuerza tractora, en el porvenir, y entonces se llama la Tierra Prometida. De tiempo en tiempo, los filósofos se divierten en esbozar los contornos de la apetecida ciudad perfecta, y estos
esbozos se llaman Utopías, de que los Códigos Constitucionales (si me permitís
una observación de actualidad) no son más que la última manifestación.
75 Así pues —y aquí volvemos a la realidad profunda de los mitos con que he
comenzado estas palabras—, hay que concebir la esperanza humana en figura
de la antigua fábula de Osiris:[5] nuestra esperanza está destrozada, y anda poco a
poco juntando sus *disjecti membra*[6] para reconstruirse algún día. Soñamos, como
si nos acordáramos de ella (Edad de Oro a la vez que la Tierra Prometida), en una
80 América coherente, armoniosa, donde cada uno de los fragmentos, triángulos y
trapecios encaje, sin frotamiento ni violencia, en el hueco de los demás. Como en
el juego de dados de los niños, cuando cada dado esté en su sitio tendremos la
verdadera imagen de América.

Pero —¡Platón nos asista!— ¿existe en algún repliegue de la realidad esta
85 verdadera imagen de América? ¡Oh, sí: existe en nuestros corazones, y para ella
estamos viviendo! Y he aquí cómo llegamos a la Idea[7] de América, idea que tiene
de paradójico el que casi se la puede ver con los ojos, como aquella *Ur-Pflanze* o
planta de las plantas (verdadero paradigma del reino vegetal) en la célebre conversación de Goethe y Schiller.[8]

---

[5] Osiris: rey y divinidad egipcia. Fue asesinado
por su hermano Set (Tifón), quien cortó el cadáver
en 14 pedazos y los esparció por distintos sitios.
Su hermana y esposa Isis recogió los pedazos con
la ayuda del dios Anubis y lo resucitó.
[6] Miembros dispersos.
[7] El autor alude aquí a las Ideas de Platón;
según el filósofo griego, las Ideas son modelos

perfectos y eternos de los cuales nuestra
realidad sólo es una copia imperfecta.
[8] Goethe describió, en *La metamorfosis de las
plantas* (1790), la idea de un arquetipo para
todas las plantas posibles. Éste se basaba en
un sistema combinatorio que él creía capaz de
representar todas las variedades de plantas
existentes e imaginarias.

■ Preguntas generales

1. ¿A qué movimiento reformista perteneció Alfonso Reyes como joven universitario?
2. ¿Qué conocimientos literarios dieron base a su visión humanística?
3. ¿Qué estudios realizó en Madrid y de qué modo fue fructífera su permanencia en España?
4. Además de su producción literaria, ¿en qué otro campo hizo carrera?
5. ¿De qué modo contribuyó Reyes al progreso educativo y cultural de su país?

■ Preguntas de análisis

1. ¿Por qué dice Reyes que "América, antes de ser encontrada por los navegantes", había sido "inventada por los humanistas y poetas"?
2. ¿De qué modo sitúa el nacimiento y la historia de América dentro de una visión cósmica?
3. ¿Cree Ud. que la alusión a los progresivos fraccionamientos sufridos por el continente americano tiene alguna intención crítica por parte del autor?
4. ¿De qué modo ilustra este ensayo la síntesis de elementos europeos e indígenas en el concepto de América propuesto por Reyes?
5. ¿Cuál es el simbolismo de Osiris aplicable, según el autor, al destino de Hispanoamérica?

■ Temas para informes escritos

1. La confluencia del mito, la literatura y la historia en la visión de "Capricho de América".
2. Las imágenes de unidad y disgregación del continente americano en el ensayo de Alfonso Reyes.
3. La base idealista del americanismo de Alfonso Reyes.
4. El poder de la imaginación y la Idea de América en la historia del continente, según Alfonso Reyes.
5. La cultura helénica en la obra de Alfonso Reyes.

■ Temas de reflexión y comentario

1. La relación de Reyes con los intelectuales emigrados de la Guerra Civil Española en México.
2. La influencia de Ortega y Gasset en el pensamiento de Reyes.
3. La combinación de géneros narrativos en la obra de Reyes, como el cuento y el ensayo, el ensayo y la poesía, la autobiografía y el cuento.
4. Las imágenes plásticas en el discurso ensayístico de Reyes.
5. Los cuentos fantásticos de Reyes.

GABRIELA MISTRAL

1889, Vicuña, Chile–1957, Roslyn,
Nueva York, EE. UU.

Oriunda de un pueblecito del norte de Chile, Lucila Godoy Alcayaga fue maestra en diferentes regiones de su país (1904–1922). Después de ganar el primer premio en los Juegos Florales de la Sociedad de Artistas de Santiago por "Los sonetos de la muerte" (1914), adoptó definitivamente el seudónimo de Gabriela Mistral. Los poemas premiados se refieren a un acontecimiento clave en la biografía de la escritora chilena: en 1907, cuando ejercía la docencia en La Cantera, trabó amistad con Romelio Ureta, un empleado de la oficina del ferrocarril que después se suicidó. La poeta, conmovida por la desaparición del joven, recreó sus relaciones con él en estas composiciones.

Con la publicación de *Desolación* (1922), por el Instituto de las Españas de la Universidad de Columbia, creció la fama literaria de Gabriela Mistral. En ese mismo año, Álvaro Obregón, presidente de México, la invitó a colaborar en la reforma educacional posrevolucionaria dirigida por José Vasconcelos, el Secretario de Educación. Los estudiosos de la biografía de Gabriela Mistral coinciden en que esta invitación le dio fama continental a la escritora chilena. Más tarde, la poeta representó a su país en diversas misiones diplomáticas. Viajó después por Centro y Sudamérica y por el Caribe; también dictó conferencias y enseñó en varias universidades norteamericanas (Mills, Barnard, Vassar, Middlebury). En 1935, el Congreso de Chile la nombró cónsul vitalicia con autoridad para residir donde quisiera. Vivió en Brasil entre 1940 y 1945. Allí se suicidó Yin Yin, su sobrino adoptivo; y allí recibió la noticia de que se le había otorgado el Premio Nobel (1945), convirtiéndose en el primer escritor hispanoamericano así honrado. Desde 1953 hasta su fallecimiento en 1957, representó a Chile ante la Organización de las Naciones Unidas (ONU). Muestra de la admiración que la obra de Gabriela Mistral había despertado en círculos literarios de los Estados Unidos, es la traducción al inglés de una selección de sus poemas por el famoso escritor norteamericano Langston Hughes (1902–1967).

Reconocida y admirada por sus contribuciones a la poesía hispanoamericana, la autora chilena fue igualmente adepta en el ensayo, género que aprovechó para escribir sobre diversos temas en periódicos del continente. Su trayectoria poética puede estudiarse en *Desolación* (1922), *Ternura* (1924), *Tala* (1938) y *Lagar* (1954). *Poema de Chile* (1967), una obra póstuma, no fue revisada del todo por la autora. Los primeros dos libros afirman su concepción de la vida como "valle de lágrimas", y del amor como un todo donde el goce y el dolor son inseparables. En los poemas de ambas colecciones se revelan los temas claves de la autora: el amor, la maternidad, la naturaleza y la religiosidad. El sentimiento amoroso evolucionó para abandonar la instancia personal, evidente en "Los sonetos de la muerte", y volcarse en expresión universal, en los niños y los desvalidos. Este tratamiento de la temática amorosa está muy alejado del erotismo de Delmira Agustini y más cerca del dolorido sentir, evidente por ejemplo, en la lírica del peruano César Vallejo. De igual manera evolucionaría la expresión mistraliana del sentimiento maternal. Al principio se manifestaba como un anhelo muy personal de ser madre. Los niños, sus juegos y caricias, sugerían la ternura y la pureza inalcanzables, la maternidad frustrada. Más tarde, el sentimiento de amor maternal se extendería a toda la humanidad, y en particular a los desamparados.

Gabriela Mistral supo, al igual que su compatriota Pablo Neruda, observar y describir el paisaje americano de modo muy singular. Y no nos referimos únicamente al de su tierra natal, sino al de otras zonas del continente que tuvo oportunidad de visitar. En sus versos se advierte cómo la naturaleza cobra vida y se puebla de seres sencillos. En cuanto a la religiosidad, Mistral se identificaba con el Cristo sufriente a quien acudía en busca de consuelo. Dentro de este núcleo temático a veces se hallan instancias de duda, acentuadas por el paso de los años, así como por circunstancias personales y generales —la trágica muerte de su sobrino, la guerra civil española, las dos guerras mundiales.

En *Tala* y *Lagar* la escritora chilena utilizó recursos vanguardistas, en particular sueños y alucinaciones, para dejarnos una poesía más hermética y pesimista. Al mismo tiempo, continuó indagando sobre los secretos de la existencia para entenderse tanto a sí misma como a los otros. En esta búsqueda tenaz, la voz lírica de Gabriela Mistral logró sus más genuinos acentos.

■ Bibliografía mínima

Cúneo, Ana María. *Para leer a Gabriela Mistral*. Santiago, Chile: Universidad Nacional Andrés Bello. 1998. Impreso.

de Beer, Gabriella. "Pedagogía y feminismo en una olvidada obra de Gabriela Mistral, *Lecturas para mujeres*". *Monographic Review/Revista Monográfica* 6 (1990): 211–20. Impreso.

"Gabriela Mistral". *Biblioteca Virtual Miguel de Cervantes. Obras y Autores Clásicos*. Web. <http://www.cervantesvirtual.com/bib_autor/gabrielamistral/>.

Goic, Cedomil. "Gabriela Mistral". *Latin American Writers*. Eds. Carlos A. Solé y Maria Isabel Abreu. Vol. 2. New York: Scribner's, 1989. 677–91.

Gordon Vailakis, Ivonne. "El mar como espacio de resistencia en 'Todas íbamos a ser reinas' de Gabriela Mistral". *ALPHA: Revista de Artes, Letras y Filosofía* 15 (1999): 93–101. Impreso.

Horan, Elizabeth. "Gabriela Mistral: Language Is the Only Homeland". *A Dream of Light and Shadow: Portraits of Latin American Women Writers*. Ed. Marjorie Agosin. Trad. Nancy Abraham Hall. Albuquerque: U of New Mexico P, 1995. 119–42. Impreso.

Latta, P. Alex. "Edenic Narratives in the Nature Poetry of Chile's Pablo Neruda and Gabriela Mistral". *Isle: Interdisciplinary Studies in Literature and Environment* 14.2 (2007): 141–63. Impreso.

Marchant, Elizabeth A. "The Professional Outsider: Gabriela Mistral on Motherhood and Nation". *Latin American Literary Review* 27.53 (1999): 49–63. Impreso.

Miller, Nicola. "Recasting the Role of the Intellectual: Chilean Poet Gabriela Mistral". *Feminist Review* 79 (2005): 134–49. Web. <http://www.palgrave-journals.com/fr/journal/v79/n1/index.html>.

Mistral, Gabriela *Poesía y prosa*. Selección, prólogo, cronología y bibliografía de Jaime Quezada. Caracas: Biblioteca Ayacucho, 1993. Versión digital. Web. <http://www.bibliotecayacucho.gob.ve/>.

Rojo, Grínor. "¿Qué no sé de amor…? Para una nueva lectura de 'Los sonetos de la muerte', de Gabriela Mistral". *Revista Iberoamericana* 60.168–69 (1994): 673–84. Impreso.

Ryan-Kobler, Maryalice. "Beyond the Mother Icon: Rereading the Poetry of Gabriela Mistral". *Revista Hispánica Moderna* 50.2 (1997): 327–34. Impreso.

Zaldívar, María Inés. "Gabriela Mistral y sus 'locas mujeres' del siglo veinte". *Taller de Letras* 38 (2006): 165–80. Web. <http://www.uc.cl/letras/html/6_publicaciones/pdf_revistas/taller/tl38_10.pdf>.

Desolación (1922)

LOS SONETOS DE LA MUERTE[1]

1

Del nicho helado en que los hombres te pusieron,
te bajaré a la tierra humilde y soleada.
Que he de dormirme en ella los hombres no supieron,
y que hemos de soñar sobre la misma almohada.

5   Te acostaré en la tierra soleada, con una
dulcedumbre de madre para el hijo dormido,
y la tierra ha de hacerse suavidades de cuna
al recibir tu cuerpo de niño dolorido.

    Luego iré espolvoreando tierra y polvo de rosas,
10 y en la azulada y leve polvareda de luna,
los despojos livianos irán quedando presos.

    Me alejaré cantando mis venganzas hermosas,
¡porque a ese hondor recóndito[2] la mano de ninguna
bajará a disputarme tu puñado de huesos!

---

[1] Los tres son sonetos alejandrinos con versos de catorce sílabas.　　[2] Muy escondido.

2

Este largo cansancio se hará mayor un día,
y el alma dirá al cuerpo que no quiere seguir
arrastrando su masa por la rosada vía,
por donde van los hombres, contentos de vivir…

5   Sentirás que a tu lado cavan[3] briosamente,[4]
que otra dormida llega a la quieta ciudad.
Esperaré que me hayan cubierto totalmente…
¡y después hablaremos por una eternidad!

Sólo entonces sabrás el porqué no madura
10 para las hondas huesas[5] tu carne todavía,
tuviste que bajar, sin fatiga, a dormir.

Se hará luz en la zona de los sinos,[6] oscura;
sabrás que en nuestra alianza signo de astros había
y, roto el pacto enorme, tenías que morir…

3

Malas manos tomaron tu vida desde el día
en que, a una señal de astros, dejara su plantel
nevado de azucenas. El gozo florecía.
Malas manos entraron trágicamente en él…

5   Y yo dije al Señor: "Por las sendas mortales
le llevan. ¡Sombra amada que no saben guiar!
¡Arráncalo, Señor, a esas manos fatales
o le hundes en el largo sueño que sabes dar!

¡No le puedo gritar, no le puedo seguir!
10 Su barca empuja un negro viento de tempestad.
Retórnalo a mis brazos o le siegas[7] en flor".

Se detuvo la barca rosa de su vivir…
¿Que no sé del amor, que no tuve piedad?
¡Tú, que vas a juzgarme, lo comprendes, Señor!

Ternura (1924)

SUEÑO GRANDE

A niño tan dormido
no me lo recordéis.
Dormía así en mi entraña
con mucha dejadez.

5   Yo lo saqué del sueño
de todo su querer,
y ahora se me ha vuelto
a dormir otra vez.

---

[3] Remueven la tierra.
[4] Con mucha fuerza.
[5] Fosa, hoyo para enterrar cadáveres.

[6] Hado, de las fuerzas desconocidas que obran sobre las personas y los sucesos.
[7] Cortas.

La frente está parada
10 y las sienes también.
Los pies son dos almejas[8]
y los costados, pez.

Rocío tendrá el sueño,
que es húmeda su sien.
15 Tendrá música el sueño
que le da su vaivén.

Resuello se le oye
en agua de correr;
pestañas se le mueven
20 en hojas de maitén.[9]

Les digo que lo dejen
con tanto y tanto bien,

hasta que se despierte
de sólo su querer…

25 El sueño se lo ayudan
el techo y el dintel,[10]
la Tierra que es Cibeles,[11]
la madre que es mujer.

A ver si yo le aprendo
30 dormir que ya olvidé
y se lo aprende tanta
despierta cosa infiel.

Y nos vamos durmiendo
como de su merced,
35 de sobras de ese sueño,
hasta el amanecer…

Tala (1938)

PAN[12]

A Teresa y Enrique Díez Canedo

Dejaron un pan en la mesa,
mitad quemado, mitad blanco,
pellizcado encima y abierto
en unos migajones de ampo.[13]

5 Me parece nuevo o como no visto,
y otra cosa que él no me ha alimentado,
pero volteando su miga, sonámbula,
tacto y olor se me olvidaron.

Huele a mi madre cuando dio su leche,
10 huele a tres valles por donde he pasado:
a Aconcagua, a Pátzcuaro, a Elqui,[14]
y a mis entrañas cuando yo canto.

Otros olores no hay en la estancia
y por eso él así me ha llamado;
15 y no hay nadie tampoco en la casa
sino este pan abierto en un plato,

---

[8] Molusco marino con valvas casi ovales; su carne es comestible y muy apreciada.
[9] Árbol chileno cuyas hojas son muy gustadas por el ganado vacuno.
[10] Parte superior de las puertas y ventanas.
[11] Cibeles: hija del Cielo y de la Tierra, esposa de Saturno. Se adoraba como diosa de la Tierra y se representaba como a una mujer en etapa avanzada de embarazo.

[12] Poema compuesto por ocho cuartetos con rima asonante en a-o en los versos pares, y tres sextinas con rima asonante en a-o en los versos pares. Todos los versos son eneasílabos (de nueve sílabas).
[13] Muy blancos.
[14] Los tres valles por donde ha pasado la escritora. Gabriela Mistral nació en la parte norte de Chile, en la zona del Valle de Elqui, famoso por sus frutos.

que con su cuerpo me reconoce
y con el mío yo reconozco.

20   Se ha comido en todos los climas
el mismo pan en cien hermanos:
pan de Coquimbo,[15] pan de Oaxaca,[16]
pan de Santa Ana[17] y de Santiago.[18]

     En mis infancias yo le sabía
forma de sol, de pez o de halo,
25   y sabía mi mano su miga
y el calor de pichón[19] emplumado…

     Después le olvidé, hasta este día
en que los dos nos encontramos,
yo con mi cuerpo de Sara[20] vieja
30   y él con el suyo de cinco años.

     Amigos muertos con que comíalo[21]
en otros valles, sientan el vaho[22]
de un pan en septiembre molido
y en agosto en Castilla segado.

35   Es otro y es el que comimos
en tierras donde se acostaron.
Abro la miga y les doy su calor;
lo volteo y les pongo su hálito.[23]

     La mano tengo de él rebosada[24]
40   y la mirada puesta en mi mano;
entrego un llanto arrepentido
por el olvido de tantos años,
y la cara se me envejece
o me renace en este hallazgo.[25]

45   Como se halla vacía la casa,
estemos juntos los reencontrados,
sobre esta mesa sin carne y fruta,
los dos en este silencio humano,
hasta que seamos otra vez uno
50   y nuestro día haya acabado…

---

[15] Puerto situado en la parte septentrional de Chile.
[16] Ciudad mexicana situada en el estado del mismo nombre.
[17] Ciudad peruana situada en las cercanías del Cuzco.
[18] Capital de Chile.
[19] El ave al poco tiempo de nacida.
[20] En el antiguo testamento, es la esposa de Abraham y madre de Isaac.
[21] Lo comía (yo lo comía).
[22] Olor.
[23] Aliento.
[24] Muy llena.
[25] Descubrimiento.

Lagar (1954)

LA DESVELADA

En cuanto engruesa[26] la noche
y lo erguido se recuesta,
y se endereza lo rendido,
le oigo subir las escaleras.
5 Nada importa que no le oigan
y solamente yo lo sienta.
¡A qué había de escucharlo
el desvelo de otra sierva!

En un aliento mío sube
10 y yo padezco hasta que llega
—cascada loca que su destino
una vez baja y otras repecha[27]
y loco espino calenturiento
castañeteando[28] contra mi puerta—.

15 No me alzo, no abro los ojos,
y sigo su forma entera.
Un instante, como precitos,[29]
bajo la noche tenemos tregua;
pero le oigo bajar de nuevo
20 como en una marea eterna.

Él va y viene toda la noche
dádiva absurda, dada y devuelta,
medusa[30] en olas levantada
que ya se ve, que ya se acerca.
25 Desde mi lecho yo lo ayudo
con el aliento que me queda,
porque no busque tanteando
y se haga daño en las tinieblas.

Los peldaños[31] de sordo leño
30 como cristales me resuenan.
Yo sé en cuáles se descansa,
y se interroga, y se contesta.

Oigo donde los leños fieles,
igual que mi alma, se le quejan,
35 y sé el paso maduro y último
que iba a llegar y nunca llega…

Mi casa padece su cuerpo
como llama que la retuesta.[32]
Siento el calor que da su cara
40 —ladrillo ardiendo— sobre mi puerta.
Pruebo una dicha que no sabía:
sufro de viva, muero de alerta,
¡y en este trance de agonía
se van mis fuerzas con sus fuerzas!

45 Al otro día repaso en vano
con mis mejillas y mi lengua,
rastreando la empañadura[33]
en el espejo de la escalera.
Y unas horas sosiega[34] mi alma
50 hasta que cae la noche ciega.

El vagabundo que lo cruza
como fábula me lo cuenta.
Apenas él lleva su carne,
apenas es de tanto que era,
55 y la mirada de sus ojos
una vez hiela y otras quema.

No le interrogue quien lo cruce:[35]
sólo le digan que no vuelva,
que no repeche su memoria[36],
60 para que él duerma y que yo duerma.
Mate el nombre que como viento
en sus rutas turbillonea[37]
¡y no vea la puerta mía,
recta y roja como una hoguera!

---

[26] Avanza.
[27] Sube.
[28] Tocando la puerta, haciendo ruido.
[29] Condenados al infierno.
[30] Celentéreo de cuerpo gelatinoso y provisto de tentáculos.
[31] Los escalones o peldaños de una escalera.
[32] Volver a tostar, recalentar.
[33] Mancha en el espejo que es la huella del aliento.
[34] Calma.
[35] Quien se lo encuentre.
[36] Descanse, que no permanezca o se quede su memoria.
[37] Oscurece, enturbia.

■ Preguntas generales

1. ¿Con qué acontecimiento en la biografía de Gabriela Mistral se han relacionado "Los sonetos de la muerte"? ¿Qué emociones observamos en esos poemas?
2. ¿Qué participación tuvo la poeta chilena en la reforma educacional de México después del triunfo de la Revolución Mexicana de 1910?
3. ¿Qué vínculos tuvo Mistral con el ambiente cultural de los Estados Unidos?
4. ¿Cómo evoluciona la concepción mistraliana de la existencia?
5. La maternidad es un tema clave en la poesía de Gabriela Mistral. ¿Cómo cambia la expresión de este tema en su obra?

■ Preguntas de análisis

1. En el primer soneto de "Los sonetos de la muerte", ¿cómo se caracterizaría el yo y el tú? ¿Con qué se compara la tierra? ¿Cuál es el beneficio de la muerte del otro? En el segundo soneto, ¿qué posibilita la muerte? ¿Qué tipo de alianza se realiza entre el yo y el tú? En el tercer soneto, caracterice el yo, el tú y el él. ¿Qué pide el yo en sus plegarias? ¿A qué alude "la barca"?
2. Además del tema de la muerte, ¿qué comparten los tres sonetos? ¿Son idénticas las necesidades del yo en los tres poemas?
3. ¿Qué imágenes utiliza la voz poética para describir al niño? ¿Cuál es la estructura rítmica de esta composición y qué intenta imitar?
4. ¿Qué simboliza el pan en la composición de este nombre? ¿Qué imágenes emplea la autora para llevarlo a una dimensión espiritual?
5. ¿Cómo se proyecta el misterio de la muerte en "La desvelada"? ¿Con qué asociamos la presencia extraña? ¿Qué características vanguardistas encontramos en esta composición?

■ Temas para informes escritos

1. Una amistad literaria: Gabriela Mistral y Langston Hughes.
2. El surrealismo y su influencia en la obra de Gabriela Mistral.
3. México en la obra de Gabriela Mistral.
4. Características de la prosa de Gabriela Mistral.
5. La naturaleza americana en la poesía de Gabriela Mistral.

■ Temas de reflexión y comentario

1. Gabriela Mistral y su recreación de lo cotidiano.
2. *Poema de Chile* de Gabriela Mistral y *Poema general de Chile* de Pablo Neruda.
3. Bartolomé de las Casas, Simón Bolívar, José Martí y Augusto César Sandino vistos por Gabriela Mistral en *Recados contando a Chile*.
4. La religiosidad en dos poemas de Gabriela Mistral.
5. Gabriela Mistral y su labor en la Organización de las Naciones Unidas (ONU).

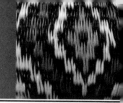

ALFONSINA STORNI

1892, Sala Capriasca, Suiza–1938,
Mar del Plata, Argentina

Alfonsina Storni nació en un pueblecito de la Suiza de habla italiana durante una visita que sus padres, emigrados a la Argentina, hicieron a la tierra de donde eran oriundos. En el país adoptivo, su niñez y adolescencia transcurrieron mayormente en ciudades de provincia (Rosario, San Juan). Cuando tenía catorce años formó parte de una compañía teatral con la cual tuvo la oportunidad de viajar dentro de la Argentina. Más tarde, la joven se recibió de maestra normalista y ejerció la docencia en Rosario, ciudad donde nació su hijo natural, Alejandro Alfonso. Las presiones sociales forzaron a Alfonsina Storni y a su pequeño hijo a trasladarse a Buenos Aires (1912), donde comenzó a asistir a tertulias literarias, a ganar fama por sus versos y a causar escándalo por su postura en defensa de la mujer. En efecto, su obra sobresale por la innovación temática, donde presenta la absurda situación de la mujer; por medio del humor, la voz poética femenina disminuye al hombre hasta convertirlo en un ser ínfimo. La mujer deja de ser objeto, o simple tema literario, para convertirse en sujeto activo. Después de obtener diversos honores en la Argentina, entre 1930 y 1934, la escritora viajó por las capitales europeas más importantes. En 1934, Storni supo que tenía un cáncer incurable; después de enviar el poema "Voy a dormir" al periódico bonaerense *La Nación,* se suicidó, en 1938, arrojándose al mar. En el último terceto parece despedirse casualmente de un amante:

"[…] Gracias. Ah, un encargo/si él llama nuevamente por teléfono/le dices que no insista, que he salido […]"

Su obra poética puede dividirse en dos etapas bien marcadas. La primera tiene como tema predominante un resentimiento hacia el hombre, criatura inferior según ella, pero al cual la mujer necesita. Esta actitud contradictoria de desdén y amor, así como la defensa y reafirmación de los derechos de la mujer, marcan los versos de esta primera época, muy especialmente los contenidos en sus colecciones más admiradas, *El dulce daño* (1918) y *Ocre* (1925). Otro aspecto importante dentro de este período es la rebelión de Storni contra el materialismo, como lo muestra "Cuadrados y ángulos".

La segunda etapa lírica de la escritora contiene poemas que reflejan la influencia de la estética vanguardista. Entonces ensayó con diversas formas métricas y trabajó las imágenes para lograr una poesía más intelectualizada, evidente en composiciones como los llamados "antisonetos" de la colección *Mascarilla y trébol* (1938). En este período sus poemas se vuelven más herméticos y a la vez predomina en ellos una actitud de desilusión donde están ausentes las preocupaciones por el más allá.

Alfonsina Storni se valió de la poesía para exponer la ridícula situación de la mujer en la sociedad argentina e hispanoamericana, y para exigir para ella y sus congéneres un sitio justo y digno en el mundo contemporáneo. Su mayor aporte fue abrir un espacio para esta temática expresada ahora por una voz poética femenina. La valentía y la sinceridad de sus reclamos expuestos en una lírica de variados acentos le ganaron a ella y a su obra un lugar muy especial dentro de la literatura hispanoamericana.

■ Bibliografía mínima

Agosin, Marjorie. "Alfonsina Storni". *Latin American Writers.* Eds. Carlos A. Solé y Maria Isabel Abreu. Vol. 2. New York: Scribner's, 1989. 739–43. Impreso.

"Alfonsina Storni". *Biblioteca Virtual Miguel de Cervantes. Obras y Autores Clásicos.* Web. <http://www.cervantesvirtual.com/bib_autor/Alfonsina/>.

Delgado, Josefina. *Alfonsina Storni: una biografía esencial.* Buenos Aires: Planeta, 2001. Impreso.

Hoy, Rebekah. "Simultaneous Grammars of Domination: A Feminist Rhetorical Study of Alfonsina Storni's 'Tú me quieres blanca'". *Young Scholars in Writing: Undergraduate Research in Writing and Rhetoric* 6 (2009): 73–82. Impreso.

Kirkpatrick, Gwen. "The Creation of Alfonsina Storni". *A Dream of Light and Shadow: Portraits of Latin American Women Writers.* Ed. Marjorie Agosin. Trad. Nancy Abraham Hall. Albuquerque: U of New Mexico P, 1995. 95–117. Impreso.

Kroll, Juli A. "Conciencia desdoblada: Agencia femenina y melancolía en la poesía de Alfonsina Storni, Rosario Castellanos y Alejandra Pizarnik". *Hispanic Journal* 29.2 (2008): 69–85. Impreso.

Marr, Matthew J. "Formal Subversion and Aesthetic Harmony in *Mascarilla y trébol*: A Reconsideration of Alfonsina Storni's Late Poetics". *Romance Quarterly* 49.1 (2002): 50–60. Impreso.

Salomone, Alicia. *Alfonsina Storni: mujeres, modernidad y literatura.* Buenos Aires: Corregidor, 2006. Impreso.

Storni, Alfonsina. *Antología poética.* Edición y prólogo de Susana Zanetti. Buenos Aires: Losada, 1997. Impreso.

El dulce daño (1918)

TÚ ME QUIERES BLANCA[1]

Tú me quieres alba,
me quieres de espumas,
me quieres de nácar.[2]
Que sea azucena
5 sobre todas, casta.
De perfume tenue.
Corola cerrada.

Ni un rayo de luna
filtrado me haya.
10 Ni una margarita
se diga mi hermana.
Tú me quieres nívea,[3]
tú me quieres blanca,
tú me quieres alba.

---

[1] Composición de versos hexasílabos (seis sílabas).

[2] Una de las capas internas que forma la concha de los moluscos. Generalmente estas capas son delgadas y producen reflejos irisados cuando la luz las atraviesa.

[3] Tan blanca como la nieve.

15   Tú, que hubiste todas
las copas a mano,
de frutos y mieles
los labios morados.
Tú, que en el banquete
20 cubierto de pámpanos[4]
dejaste las carnes
festejando a Baco.[5]
Tú, que en los jardines
negros del Engaño,
25 vestido de rojo
corriste al Estrago.[6]

     Tú, que el esqueleto
conservas intacto
no sé todavía
30 por cuáles milagros
me pretendes blanca
(Dios te lo perdone),
me pretendes casta
(Dios te lo perdone),
35 ¡me pretendes alba!
     Huye hacia los bosques;

vete a la montaña;
límpiate la boca;
vive en las cabañas;
40 toca con las manos
la tierra mojada;
alimenta el cuerpo
con raíz amarga;
bebe de las rocas;
45 duerme sobre escarcha;
renueva tejidos
con salitre y agua;
habla con los pájaros
y lévate[7] al alba.
50 Y cuando las carnes
te sean tornadas,[8]
y cuando hayas puesto
en ellas el alma,
que por las alcobas
55 se quedó enredada,
entonces, buen hombre,
preténdeme blanca,
preténdeme nívea,
preténdeme casta.

CUADRADOS Y ÁNGULOS

     Casas enfiladas, casas enfiladas,
casas enfiladas.
Cuadrados, cuadrados, cuadrados.
Casas enfiladas.
5 Las gentes ya tienen el alma cuadrada,
ideas en fila
y ángulo en la espalda.
Yo misma he vertido ayer una lágrima,
Dios mío, cuadrada.

Irremediablemente (1919)

PESO ANCESTRAL

     Tú me dijiste: no lloró mi padre;
tú me dijiste: no lloró mi abuelo;
no han llorado los hombres de mi raza,
eran de acero.

[4] Rama de la vid.
[5] Dios del vino.
[6] A la destrucción, ruina.

[7] Levántate.
[8] Devueltas.

5   Así diciendo te brotó una lágrima
y me cayó en la boca… Más veneno
yo no he bebido nunca en otro vaso
así pequeño.

     Débil mujer, pobre mujer que entiende,
10 dolor de siglos conocí al beberlo.
Oh, el alma mía soportar no puede
todo su peso.

HOMBRE PEQUEÑITO[9]

     Hombre pequeñito, hombre pequeñito,
suelta a tu canario que quiere volar…
yo soy el canario, hombre pequeñito,
déjame saltar.

5   Estuve en tu jaula, hombre pequeñito,
hombre pequeñito que jaula me das.
Digo pequeñito porque no me entiendes,
ni me entenderás.

     Tampoco te entiendo, pero mientras tanto
10 ábreme la jaula, que quiero escapar;
hombre pequeñito, te amé media hora,
no me pidas más.

Mascarilla y trébol (1938)

EL HIJO[10]

     Se inicia y abre en ti, pero estás ciega
para ampararlo y si camina ignoras
por flores de mujer o espadas de hombre,
ni qué alma prende en él, ni cómo mira.

5   Lo acunas balanceando, rama de aire,
y se deshace en pétalos tu boca
porque tu carne ya no es carne, es tibio
plumón de llanto que sonríe y alza.

     Sombra en tu vientre apenas te estremece
10 y sientes ya que morirás un día
por aquél sin piedad que te deforma.

     Una frase brutal te corta el paso
y aún rezas y no sabes si el que empuja
te arrolla sierpe o ángel se despliega.

---

[9] Versos de doce (dodecasílabos) y seis sílabas. La rima es asonante en los versos pares.
[10] Corresponde a las composiciones que la autora llamó anti-sonetos. Los versos endecasílabos están distribuidos en la forma del soneto tradicional, pero no tienen rima.

■ Preguntas generales

1. ¿Qué momentos biográficos considera importantes para el conocimiento de la obra poética de Alfonsina Storni?
2. ¿Qué ideas animan su lírica?
3. ¿Cuáles son las características de las dos etapas en que se ha dividido su obra?
4. ¿Qué proponen sus "antisonetos"?
5. ¿Qué aporta la obra de Storni a la poesía hispanoamericana?

■ Preguntas de análisis

1. ¿A quién se dirige el yo en "Tú me quieres blanca" y cómo caracteriza a ese interlocutor? ¿Dónde encontramos efectos cromáticos?
2. ¿Cuál es la preocupación del hablante en "Cuadrados y ángulos"? ¿Qué representan los cuadrados y los ángulos?
3. ¿Cómo está caracterizado el tú en "Peso ancestral"? ¿Cómo desmiente el yo esta caracterización? ¿A qué alude el "dolor de siglos"?
4. En "Hombre pequeñito", según la voz poética, ¿cuál es la función del diminutivo? ¿En qué consiste la pequeñez del hombre? ¿Qué representa el canario y por qué desea salir de la jaula?
5. Haga una comparación entre "El hijo" de Alfonsina Storni y "Sueño grande" de Gabriela Mistral (ver pp. 326–327) y explique las diferencias entre ambas composiciones en cuanto al tono y los recursos expresivos.

■ Temas para informes escritos

1. Los poemas de la ciudad en la lírica de Alfonsina Storni.
2. Alfonsina Storni y su postura en defensa de la mujer.
3. Análisis de "Tú me quieres blanca" y "Hombres necios…" de Sor Juana Inés de la Cruz (ver pp. 81–93).
4. Los autorretratos poéticos de Alfonsina Storni.
5. El leitmotiv del mar en la poesía de Alfonsina Storni.

■ Temas de reflexión y comentario

1. Alfonsina Storni frente al matrimonio.
2. El paisaje urbano en "Motivos de ciudad" de *Mundo de siete pozos*.
3. El ambiente vanguardista del Buenos Aires de la década de los años treinta.
4. Alfonsina Storni ensayista.
5. El teatro de Alfonsina Storni.

CÉSAR VALLEJO

1892, Santiago de Chuco,
Perú–1938, París, Francia

La obra de este escritor peruano representa una de las más altas expresiones del lenguaje poético escrito en lengua española. El compromiso con la humanidad presente en su lírica está matizado por la emoción expresiva de una honda angustia. Ésta convoca las raíces indígenas y españolas del poeta, así como trágicas experiencias personales, y desemboca en versos donde la soledad del individuo es la nota más profundamente arraigada.

Vallejo nació en un hogar modesto de un pueblecito de la serranía del norte peruano. Después de estudiar Letras y Derecho en la Universidad de Trujillo, pasó a Lima (1918) donde conoció a José Carlos Mariátegui (ver pp. 351–357) y a otros escritores, algunos de ellos futuros colaboradores en la innovadora revista *Amauta* iniciada después por Mariátegui. En 1918, apareció el primer poemario de Vallejo, *Los heraldos negros*. Por esa época dos acontecimientos trágicos marcaron la vida y los escritos del bardo: el fallecimiento de su madre y su injusto encarcelamiento en Trujillo. En prisión escribió varios poemas recogidos después en *Trilce* (1922), su segunda colección.

En 1923, Vallejo viajó a París en busca de horizontes culturales más amplios y allí vivió con muchas estrecheces económicas hasta su muerte, en 1938. En la capital francesa hizo amistad con escritores de vanguardia entre los cuales sobresalen el español Juan Larrea y el francés Louis Aragon. Entre 1928 y 1929 el peruano visitó Rusia dos veces y se adhirió a los postulados marxistas. Vallejo fue expulsado de Francia por sus convicciones políticas y se estableció en España, donde vivió por varios años (1930–1933), e hizo amistad con jóvenes intelectuales socialistas entre los cuales se encontraba Federico García Lorca. Admirador de la Segunda República española (1931–1939) y profundamente conmovido por la lucha fratricida de la Guerra Civil (1936–1939), el autor escribió estremecedoras composiciones en defensa de la causa republicana. Éstas se recogieron en *España, aparta de mí este cáliz*, y se publicaron después, junto con *Poemas en prosa*, en la colección titulada *Poemas humanos* (1939). Vallejo dejó escritos en prosa entre los cuales sobresalen crónicas, cuentos, ensayos y novelas. Dentro de su narrativa se destaca *El tungsteno* (1931), novela de tesis donde defiende a los explotados. A esta cuantiosa producción en verso y prosa se suman obras teatrales de desigual valor.

Los heraldos negros, el primer poemario de Vallejo, muestra la influencia de los modernistas, especialmente de Darío y de Herrera y Reissig, tanto en el vocabulario, como en el ritmo de los versos. En esta temprana colección, el indígena aparece como símbolo de todo ser doliente, tema alrededor del cual giraría mucha de la lírica vallejiana posterior. Aun en poemas donde es fácilmente reconocible la huella modernista, se encuentra esa carga emocional donde la tristeza y la angustia son las notas predominantes. En el poema liminar de esta colección, "Los heraldos negros", aparecen los temas fundamentales de la lírica vallejiana: el sufrimiento, la muerte, el destino, esos "golpes" que no sabemos si atribuírselos a la muerte o a Dios, pero que son el legado de todas las personas. Inquietud metafísica y preocupación social van de la mano en esta primera obra donde Vallejo se solidariza, mucho antes de su afiliación al marxismo, con "los pobres de la tierra", como llamó el cubano José Martí a los desamparados del mundo.

Influido por la estética vanguardista, en *Trilce* el escritor peruano desea lograr un lenguaje poético de acuerdo con su peculiar visión del mundo. Esta visión está marcada por la ruptura y el absurdo y se manifiesta en la dislocada sintaxis y en la nueva carga afectiva que adquiere cada palabra según su lugar en la oración. La orfandad del ser humano se afirma de modo rotundo en *Trilce* cuando la voz poética describe un mundo donde Dios está ausente o, si aparece, es incapaz de proteger a las personas de las desgracias y la soledad.

Escritos entre 1923 y 1937, los "poemas en prosa" retoman muchos de los temas de *Trilce:* la muerte, la experiencia de la prisión, el recuerdo de la madre. Sobre todo, expresan ese sufrimiento que podría definirse como la esencia misma de *Poemas humanos,* en versos donde la muerte y la vida caminan indisolublemente unidas. La pregunta más dolorosa que se desprende de esta colección se relaciona, como ocurre constantemente en la lírica vallejiana, con la persona: ¿por qué sufre ese ser que desea vivir feliz?

En *Poemas humanos* la preocupación social de Vallejo se muestra en su esperanza por un porvenir mejor, cuando, a través de la lucha colectiva, se haya construido una sociedad donde el egoísmo y el culto al individuo hayan quedado atrás. Esta esperanza, como bien señaló Américo Ferrari, es "ante todo la esperanza en el hombre, y en la fuerza irreductible, que Vallejo sintió siempre en sí mismo, de decir no al mal, no a la destrucción, no a los límites". En esta fuerza radica la universalidad de la lírica de César Vallejo que, más allá de cualquier influencia literaria o doctrinaria, revela de modo constante su insuperada originalidad.

■ Bibliografía mínima

Clayton, Michelle. "*Trilce*'s Lyric Matters". *Revista de Estudios Hispánicos* 42.1 (2008): 83–107. Web. *Humanities International Complete.*

Ferrari, Américo. "Una lectura mestiza de Vallejo". *Inti: Revista de Literatura Hispánica* 48 (1998): 71–78. Impreso.

Hart, Stephen M. "Vallejo's 'Other': Versions of Otherness in the Work of César Vallejo". *Modern Language Review* 93.3 (1998): 710–23. Impreso.

Jrade, Cathy J. "César Vallejo's *España, aparta de mí este cáliz:* The Struggle between Two Modes of Discourse". *Hispanic Journal* 18.1 (1997): 127–36. Impreso.

Kamenszain, Tamara. "To Attest by Oxymoron: The César Vallejo Case". *Review: Literature and Arts of the Americas* 75.40 [2] (2007): 349–53. Impreso.

Monasterios P., Elizabeth. "Poéticas del conflicto andino". *Revista Iberoamericana* 73.220 (2007): 541–61. Impreso.

Ortega, Julio. "César Vallejo". *Latin American Writers.* Eds. Carlos A. Solé y Maria Isabel Abreu. Vol. 2. New York: Scribner's, 1989. 727–38. Impreso.

Pérez, Rolando. "Vallejo on Language and Politics". *Letras Hispanas: Revista de Literatura y Cultura* 5.2 (2008): 29–48. Web. <http://letrashispanas.unlv.edu/>.

Vallejo, César. *Antología poética.* Ed. José Miguel Oviedo. Madrid: Alianza, 2001. Impreso.

——. *Obra poética completa.* En *Obras completas.* Vol. 3. Lima: Mosca Azul, 1974. Impreso.

Wolfenzon, Carolyn. "El cubismo vallejiano y las simplificaciones de la crítica". *Latin American Literary Review* 35.69 (2007): 67–81. Impreso.

Los heraldos negros (1918)

LOS HERALDOS[1] NEGROS

Hay golpes en la vida, tan fuertes… ¡Yo no sé!
Golpes como del odio de Dios; como si ante ellos,
la resaca[2] de todo lo sufrido
se empozara[3] en el alma… ¡Yo no sé!

5   Son pocos; pero son… Abren zanjas oscuras
en el rostro más fiero y en el lomo más fuerte.
Serán tal vez los potros de bárbaros atilas;[4]
o los heraldos negros que nos manda la Muerte.

Son las caídas hondas de los Cristos del alma,
10 de alguna fe adorable que el Destino blasfema.
Esos golpes sangrientos son las crepitaciones[5]
de algún pan que en la puerta del horno se nos quema.

¡Y el hombre… Pobre… pobre! Vuelve los ojos, como
cuando por sobre el hombro nos llama una palmada;
15 vuelve los ojos locos, y todo lo vivido
se empoza, como charco de culpa, en la mirada.

Hay golpes en la vida, tan fuertes… ¡Yo no sé!

Trilce (1922)

XXVIII

He almorzado solo ahora, y no he tenido
madre, ni súplica, ni sírvete, ni agua,
ni padre que, en el fecundo ofertorio
de los choclos,[6] pregunte para su tardanza
5 de imagen, por los broches mayores del sonido.

Cómo iba yo a almorzar. Cómo me iba a servir
de tales platos distantes esas cosas,

---

[1] Mensajeros.

[2] El movimiento de las olas en retroceso, después de llegar a la orilla.

[3] Como si se metiera en el alma y quedara detenida formando charcos o pozas.

[4] Se refiere a Atila, rey de los hunos (432–453), cuyo ejército fue famoso por su crueldad y a él mismo se le llamó "el azote de Dios".

[5] Ruido de algo que chisporrotea en el fuego.

[6] Mazorca de maíz tierno.

cuando habráse quebrado[7] el propio hogar,
cuando no asoma ni madre a los labios.
10 Cómo iba yo a almorzar nonada.[8]

A la mesa de un buen amigo he almorzado
con su padre recién llegado del mundo,
con sus canas[9] tías que hablan
en tordillo[10] retinte de porcelana,
15 bisbiseando[11] por todos sus viudos alvéolos;
y con cubiertos francos de alegres tiroriros,[12]
porque estánse en su casa. Así, ¡qué gracia!
Y me han dolido los cuchillos
de esta mesa en todo el paladar.

20 El yantar[13] de estas mesas así, en que se prueba
amor ajeno en vez del propio amor,
torna tierra el bocado que no brinda la
MADRE.
Hace golpe la dura deglución;[14] el dulce,
25 hiel; aceite funéreo, el café.

Cuando ya se ha quebrado el propio hogar,
y el "sírvete" materno no sale de la
tumba,
la cocina a oscuras, la miseria de amor.

Poemas en prosa en *Poemas humanos* (1939)

VOY A HABLAR DE LA ESPERANZA

Yo no sufro este dolor como César Vallejo. Yo no me duelo ahora como artista, como hombre ni como simple ser vivo siquiera. Yo no sufro este dolor como católico, como mahometano ni como ateo. Hoy sufro solamente. Si no me llamase César Vallejo, también sufriría este mismo dolor. Si no fuese artista, tam-
5 bién lo sufriría. Si no fuese hombre ni ser vivo siquiera, también lo sufriría. Si no fuese católico, ateo ni mahometano, también lo sufriría. Hoy sufro desde más abajo. Hoy sufro solamente.

Me duelo ahora sin explicaciones. Mi dolor es tan hondo, que no tuvo ya causa ni carece de causa. ¿Qué sería su causa? ¿Dónde está aquello tan importante,
10 que dejase de ser su causa? Nada es su causa; nada ha podido dejar de ser su causa. ¿A qué ha nacido este dolor, por sí mismo? Mi dolor es del viento del norte y del viento del sur, como esos huevos neutros que algunas aves raras ponen del viento. Si hubiera muerto mi novia, mi dolor sería igual. Si me hubieran cortado

---

[7] Roto.
[8] Algo de valor insignificante.
[9] Viejas.
[10] Tipo de caballo de pelo mezclado de negro y blanco.

[11] Susurrar, hablar entre dientes.
[12] Sonido de los instrumentos musicales de boca.
[13] Comer.
[14] Tragar.

el cuello de raíz, mi dolor sería igual. Si la vida fuese, en fin, de otro modo, mi
15 dolor sería igual. Hoy sufro desde más arriba. Hoy sufro solamente.

Miro el dolor del hambriento y veo que su hambre anda tan lejos de mi
sufrimiento, que de quedarme ayuno[15] hasta morir, saldría siempre de mi tumba
una brizna[16] de yerba al menos. Lo mismo el enamorado. ¡Qué sangre la suya
más engendrada, para la mía sin fuente ni consumo!
20 Yo creía hasta ahora que todas las cosas del universo eran, inevitablemente,
padres o hijos. Pero he aquí que mi dolor de hoy no es padre ni es hijo. Le falta espalda para anochecer, tanto como le sobra pecho para amanecer y si lo pusiesen
en la estancia oscura, no daría luz y si lo pusiesen en una estancia luminosa, no
echaría sombra. Hoy sufro suceda lo que suceda. Hoy sufro solamente.

Poemas humanos

PIEDRA NEGRA SOBRE UNA PIEDRA BLANCA[17]

Me moriré en París con aguacero,
un día del cual tengo ya el recuerdo.
Me moriré en París —y no me corro—[18]
tal vez un jueves, como es hoy, de otoño.

5 Jueves será, porque hoy, jueves, que proso[19]
estos versos, los húmeros[20] me he puesto
a la mala y, jamás como hoy, me he vuelto,
con todo mi camino, a verme solo.

César Vallejo ha muerto, le pegaban
10 todos sin que él les haga nada;
le daban duro con un palo y duro

también con una soga; son testigos
los días jueves y los huesos húmeros,
la soledad, la lluvia, los caminos…

---

[15] Sin comer.
[16] Hebra.
[17] Versos endecasílabos dispuestos en dos cuartetos y dos tercetos; la rima asonante está distribuida con libertad. El título alude a una costumbre de la antigüedad de indicar los sucesos felices con una piedra blanca y los desafortunados con una negra.
[18] No me escapo.
[19] Escribo.
[20] Hueso entre el hombro y el codo.

España, aparta de mí este cáliz
en *Poemas humanos*

MASA

Al fin de la batalla,
y muerto el combatiente, vino hacia él un hombre
y le dijo: "¡No mueras, te amo tanto!"
Pero el cadáver ¡ay! siguió muriendo.

5   Se le acercaron dos y repitiéronle:
"¡No nos dejes! ¡Valor! ¡Vuelve a la vida!"
Pero el cadáver ¡ay! siguió muriendo.

Acudieron a él veinte, cien, mil, quinientos mil,
clamando: "¡Tanto amor y no poder nada contra la muerte!"
10 Pero el cadáver ¡ay! siguió muriendo.

Le rodearon millones de individuos,
con un ruego común: "¡Quédate, hermano!"
Pero el cadáver ¡ay! siguió muriendo.

Entonces, todos los hombres de la tierra
15 le rodearon; les vio el cadáver triste, emocionado;
incorporóse lentamente,
abrazó al primer hombre; echóse a andar…

■ Preguntas generales

1. ¿De dónde proviene la angustia evidente en la obra de Vallejo?
2. ¿Qué experiencias personales marcaron su lírica?
3. ¿Qué visión del indígena observamos en *Los heraldos negros*?
4. ¿Cuáles son los temas constantes de su obra y cómo los elabora?
5. ¿Cómo se manifiesta la preocupación social en la obra de Vallejo?

■ Preguntas de análisis

1. ¿Cómo caracteriza la voz lírica los "golpes" en *Los heraldos negros*? ¿Cómo concluye el poema y a qué actitud remite esta conclusión?
2. En el poema XXVIII, estudie la tercera estrofa y explique por qué son novedosas las imágenes empleadas para describir a las personas sentadas a la mesa. ¿En qué se transforma este almuerzo y de qué recursos expresivos se vale Vallejo para lograr esta transformación?
3. En "Voy a hablar de la esperanza", ¿qué función tienen los vocablos de negación en el primer párrafo? ¿Cómo se explica el sufrimiento del poeta?
4. En "Piedra negra sobre una piedra blanca", explique cómo se configura la soledad del poeta. ¿Cuál es el significado de "los húmeros me he puesto a la mala"?
5. ¿Cuál ha sido el impacto de la Guerra Civil española en la obra de Vallejo? ¿Qué aspecto importante de la cosmovisión vallejiana se observa en "Masa"?

■ Temas para informes escritos

1. La influencia modernista en *Los heraldos negros*.
2. *Trilce* y la biografía de César Vallejo.
3. El dolor en la lírica de César Vallejo.
4. Contactos literarios: Mariátegui y Vallejo.
5. España en la obra de César Vallejo y Nicolás Guillén.

■ Temas de reflexión y comentario

1. César Vallejo y sus viajes a Rusia.
2. La estética de vanguardia y la obra de César Vallejo.
3. Solidaridad y religiosidad como temas en la poesía de César Vallejo.
4. Presencia del Perú en la lírica de César Vallejo.
5. La obra dramática de César Vallejo.

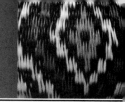

VICENTE HUIDOBRO

1893, Santiago, Chile–1948,
Cartagena, Chile

Vicente Huidobro es considerado como uno de los fundadores de la poesía moderna en lengua española. De distinguida y adinerada familia chilena, Huidobro escribió versos desde niño. Fue candidato a la presidencia de Chile (1925), partidario de la independencia de Irlanda, defensor de la República española, iniciador del creacionismo, y siempre un espíritu independiente. Su desahogada posición económica le permitió dedicarse por completo a la literatura.

Admirador de Rubén Darío por su labor como renovador de la poesía, el futuro autor vanguardista escribió artículos elogiando la obra del poeta modernista cuando éste visitó Chile. También en homenaje a Darío, Huidobro fundó después la revista *Azul* (1913). Igualmente, en *Canciones en la noche* y *La gruta del silencio,* dos colecciones suyas de 1913, se percibe la influencia del modernismo en la creación de ambientes exóticos donde predominan las piedras preciosas y los perfumes extraños. A este primer período pertenece el poema "Nipona", donde Huidobro utilizó un tema del orientalismo modernista, pero abandonó los metros y la disposición tradicionales del verso para dejarnos una composición vanguardista, parecida a los caligramas* del poeta francés Apollinaire.

En su primer libro en prosa, *Pasando y pasando: crónicas y comentarios* (1914), Huidobro confirmó su preferencia por lo nuevo y diferente: "En literatura me gusta todo lo que es innovación. Todo lo que es original. Odio la rutina, el cliché y lo retórico". El deseo de crear una poesía independiente de la realidad se expresa con mayor claridad y efusión en "Non serviam", manifesto poético leído por Huidobro en el Ateneo de Santiago en 1914. Esta proclama lo confirmó como el primer exponente de las ideas animadoras del creacionismo. En "Arte poética", de la colección *El espejo de agua* (Buenos Aires, 1916), Huidobro expuso un postulado clave de ese movimiento: "Por qué cantáis la rosa, ¡oh Poetas!/hacedla florecer en el poema; … El poeta es un pequeño Dios". Más tarde, para defenderse de quienes le disputaban la paternidad de la nueva estética, y especialmente de su amigo, el vanguardista francés Pierre Reverdy, Huidobro recopiló sus escritos teóricos en un libro titulado *Manifestes* (1925).

Cuando el poeta chileno viajó a París en 1916, en seguida se puso en contacto con notables vanguardistas como Tristán Tzara, Paul Derméc, Pierre Reverdy y Guillaume Apollinaire. Pronto fue invitado a colaborar en la revista *Nord-Sud* (1917–1918) donde aparecieron poemas suyos en francés, después recogidos en *Horizon carré* (1917). En el prólogo de este poemario Huidobro delineó las pautas del creacionismo: el poeta debe inventar nuevas realidades empleando los procedimientos más audaces, desde las más atrevidas metáforas hasta la arbitraria disposición del texto en la página. En 1918 el poeta chileno visitó España. En Madrid trabó amistad con autores jóvenes como Juan Larrea, Gerardo Diego y Guillermo de Torre, posteriormente fundadores del movimiento ultraísta, basado en los tres pilares de la estética vanguardista: antirrealismo, irracionalismo y afán absoluto de novedad. Jorge Luis Borges (ver pp. 358–367) llevaría los postulados ultraístas a Buenos Aires. *Poemas árticos* y *Ecuatorial*, libros de Huidobro publicados en España en 1918, continuaron sus innovaciones creacionistas, como se hace evidente en las metáforas incomprensibles, la curiosa disposición de los versos y el uso arbitrario de mayúsculas.

En 1931 aparecieron en España otros dos libros suyos: *Temblor de cielo*, un poema en prosa donde una voz femenina expresa las emociones asociadas con el goce sexual; y *Altazor; o, El viaje en paracaídas, poema en VII cantos,* valorado por la crítica como uno de los poemas claves del siglo XX. En esta última obra de cerca de 3.000 versos escritos en diferentes etapas, el hablante alude a las limitaciones existenciales y a instancias sociales y políticas de la época, por ejemplo, la Primera Guerra Mundial. A partir del canto III, aparece una crítica radical de la poesía, del lenguaje y de los objetivos del autor. En este ambicioso poema marcado por numerosos procedimientos innovadores, el hablante deja constancia de la crisis contemporánea; víctima de ella, descentrado y materializado, el sujeto lírico termina deslizándose en paracaídas hacia el abismo, la nada, la muerte, mostrando así las limitaciones del ejercicio poético.

Innovador e iconoclasta en el sentido más genuino de estas palabras, Huidobro escribió ensayos, dramas y novelas. En esta última categoría sobresale *Cagliostro,* su experimental "novela-film", publicada primero en inglés (1931) y después en castellano (1934), donde narra la historia de un nigromante del siglo XVIII. Los escritos del poeta chileno, abiertos siempre a las tendencias más audaces, marcaron el rumbo de la poesía moderna en lengua castellana. Por eso justamente José Olivio Jiménez comentó en su momento, "[a Vicente Huidobro] hay que considerarlo el representante más sostenido y cabal del vanguardismo, entendido en su alcance definitivo y permanente".

■ Bibliografía mínima

Costa, René de. *Vicente Huidobro: The Careers of a Poet.* New York: Oxford UP, 1984. Impreso.

Ellis, Keith. "Vicente Huidobro y la Primera Guerra Mundial". *Hispanic Review* 67.3 (1999): 333–46. Impreso.

Forster, Merlin H. "Vicente Huidobro". *Latin American Writers.* Eds. Carlos A. Solé y Maria Isabel Abreu, Vol. 2. New York: Scribner's, 1989. 755–64. Impreso.

Goic, Cedomil. "Fin del mundo, fin de un mundo: *Ecuatorial,* de Vicente Huidobro". *Revista Chilena de Literatura* 55 (1999): 5–29. Impreso.

Huidobro, Vicente. *Vicente Huidobro en breve.* Selección y prólogo de Ana Pizarro. Santiago de Chile: Editorial Universidad de Santiago, 2001. Impreso.

——. *Obra selecta.* Edición, notas, prólogo, bibliografía y cronología de Luis Navarrete Orta. Caracas: Biblioteca Ayacucho, 1989. Impreso.

Medina, Celso. "De *Ecuatorial* a *Altazor*". *Acta Literaria* 32 (2006): 107–14. Impreso.

Müller-Bergh, Klaus y Gilberto Mendonça Teles. *Vanguardia Latinoamericana. Historia, crítica y documentos.* Vol. 5. Madrid/Fráncfort: Iberoamericana/Vervuert, 2009. Impreso.

Osorio, Nelson, ed. *Manifiestos, proclamas y polémicas de la vanguardia literaria hispanoamericana.* Caracas: Biblioteca Ayacucho, 1988. Impreso.

Pérez López, María Ángeles. *Los signos infinitos: un estudio de la obra narrativa de Vicente Huidobro*. Lleida: Universitat de Lleida, 1998. Impreso.

"Vicente Huidobro". *Biblioteca Virtual Miguel de Cervantes. Obras y Autores Clásicos*. Web. <http://www.cervantesvirtual.com/portal/bnc/huidobro/huidobro.shtml>.

Canciones en la noche (1913)

NIPONA[1]

Ven

Flor rara

De aquel edén

Que llaman Yoshiwara[2]

Ven, muñequita japonesa

Que vagaremos juntos nuestro anhelo

Cabe el maravilloso estanque de turquesa

Bajo un cielo que extienda el palio[3] de ónix de su velo

Deja que bese

Tu rostro oblicuo

Que se estremece

Por un inicuo[4]

Brutal deseo.

¡Oh! Déjame así

Mientras te veo

Como un biscuit.[5]

Son tus ojos dos gotas ovaladas y enervantes

Es tu rostro amarillo y algo marfileño

Y tienes los encantos lancinantes[6]

De un ficticio y raro ensueño.

Mira albas y olorosas

Sobre el plaqué

Las rosas

Té.

El espejo de agua (1916)

ARTE POÉTICA

Que el verso sea como una llave
que abra mil puertas.
Una hoja cae; algo pasa volando;
cuanto miren los ojos creado sea,
y el alma del oyente quede temblando.

---

[1] Chica japonesa.
[2] Barrio de las geishas.
[3] Manto, dosel.
[4] Malvado.

[5] Porcelana blanca.
[6] Dolorosos; generalmente asociado con un dolor muy agudo, producto de un desgarrón.

Inventa mundos nuevos y cuida tu palabra;
el adjetivo, cuando no da vida, mata.

Estamos en el ciclo de los nervios.
El músculo cuelga,
10 como recuerdo, en los museos;
mas no por eso tenemos menos fuerza:
el vigor verdadero
reside en la cabeza.

Por qué cantáis la rosa, ¡oh Poetas!
15 hacedla florecer en el poema;

Sólo para nosotros
viven todas las cosas bajo el Sol.

El poeta es un pequeño Dios.

Poemas árticos (1918)

LUNA O RELOJ

Las tardes prisioneras

en los rincones fríos
Y las canciones cónicas de los jardines
Golondrinas sin alas
5   entre la niebla sólida
Angustia en mi garganta
Sobre la frente la corona seca
Y en tus manos una estrella fresca
Después en el valle sin sol
10   un mismo ruido
La luna y el reloj

Altazor; o, El viaje en paracaídas (1931)

CANTO I

Altazor, ¿por qué perdiste tu primera serenidad?
¿Qué ángel malo se paró en la puerta de tu sonrisa
Con la espada en la mano?
¿Quién sembró la angustia en las llanuras de tus ojos
    [como el adorno de un dios?
5 ¿Por qué un día de repente sentiste el terror de ser?
Y esa voz que te gritó vives y no te ves vivir
¿Quién hizo converger tus pensamientos al cruce
    [de todos los vientos del dolor?

Se rompió el diamante de tus sueños en un mar de estupor
Estás perdido Altazor

10 Solo en medio del universo
Solo como una nota que florece en las alturas del vacío
No hay bien no hay mal ni verdad ni orden ni belleza

¿En dónde estás Altazor?

La nebulosa de la angustia pasa como un río
15 Y me arrastra según la ley de las atracciones
La nebulosa en olores solidificada huye su propia soledad
Siento un telescopio que me apunta como un revólver
La cola de un cometa me azota el rostro y pasa relleno de eternidad
Buscando infatigable un lago quieto en donde refrescar su tarea ineludible

20 Altazor morirás. Se secará tu voz y serás invisible
La Tierra seguirá girando sobre su órbita precisa
Temerosa de un traspié como el equilibrista sobre el alambre que ata las
[miradas del pavor]
En vano buscas ojo enloquecido
No hay puerta de salida y el viento desplaza los planetas
25 Piensas que no importa caer eternamente si se logra escapar
¿No ves que vas cayendo ya?
Limpia tu cabeza de prejuicio y moral
Y si queriendo alzarte nada has alcanzado
Déjate caer sin parar tu caída sin miedo al fondo de la sombra
30 Sin miedo al enigma de ti mismo
Acaso encuentres una luz sin noche
Perdida en las grietas de los precipicios
Cae

Cae eternamente
35 Cae al fondo del infinito
Cae al fondo del tiempo
Cae al fondo de ti mismo
Cae lo más bajo que se pueda caer
Cae sin vértigo
40 A través de todos los espacios y todas las edades
A través de todas las almas de todos los anhelos y todos los naufragios
Cae y quema al pasar los astros y los mares
Quema los ojos que te miran y los corazones que te aguardan
Quema el viento con tu voz
45 El viento que se enreda en tu voz
Y la noche que tiene frío en su gruta de huesos

Cae en infancia
Cae en vejez
Cae en lágrimas
50 Cae en risas
Cae en música sobre el universo
Cae de tu cabeza a tus pies
Cae de tus pies a tu cabeza
Cae del mar a la fuente

55 Cae al último abismo de silencio
Como el barco que se hunde apagando sus luces

Todo se acabó
El mar antropófago golpea la puerta de las rocas despiadadas
Los perros ladran a las horas que se mueren
60 Y el cielo escucha el paso de las estrellas que se alejan
Estás solo
Y vas a la muerte derecho como un *iceberg* que se desprende del polo […]

CANTO IV

[…] No hay tiempo que perder
Ya viene la golondrina monotémpora
Trae un acento antípoda[7] de lejanías que se acercan
Viene gondoleando[8] la golondrina
5 Al horitaña de la montazonte
La violondrina y el goloncelo
Descolgada esta mañana de la lunala
Se acerca a todo galope
Ya viene viene la golondrina
10 Ya viene viene la golonfina
Ya viene la golontrina
Ya viene la goloncima
Viene la golonchina
Viene la golonclima
15 Ya viene la golonrima
Ya viene la golonrisa
La golonniña
La golongira
La golonlira
20 La golonbrisa
La golonchilla
Ya viene la golondía
Y la noche encoge sus uñas como el leopardo
Ya viene la golontrina
25 Que tiene un nido en cada uno de los dos calores
Como yo lo tengo en los cuatro horizontes
Viene la golonrisa
Y las olas se levantan en la punta de los pies
Viene la golonniña
30 Y siente un vahído[9] la cabeza de la montaña
Viene la golongira
Y el viento se hace parábola de sílfides[10] en orgía
Se llenan de notas los hilos telefónicos
Se duerme el ocaso[11] con la cabeza escondida

---

[7] Contrario, opuesto.
[8] Siguen a éste otros vocablos inventados por el poeta.
[9] Mareo.
[10] Ninfas del aire.
[11] El occidente (el sol en el occidente).

35 Y el árbol con el pulso afiebrado
Pero el cielo prefiere el rodoñol
Su niño querido el rorreñol
Su flor de alegría el romiñol
Su piel de lágrima el rofañol
40 Su garganta nocturna el rosolñol
El rolañol
El rosiñol […]

No hay tiempo que perder
Los icebergs que flotan en los ojos de los muertos
45 Conocen su camino
Ciego sería el que llorara
Las tinieblas del féretro sin límites
Las esperanzas abolidas[12]
Los tormentos cambiados en inscripción de cementerio
50 Aquí yace Carlota ojos marítimos
Se le rompió un satélite
Aquí yace Matías en su corazón dos escualos[13] se batían
Aquí yace Marcelo mar y cielo en el mismo violoncelo
Aquí yace Susana cansada de pelear contra el olvido
55 Aquí yace Teresa ésa es la tierra que araron sus
        [ojos hoy ocupada por su cuerpo
Aquí yace Angélica anclada en el puerto de sus brazos
Aquí yace Rosario río de rosas hasta el infinito
Aquí yace Raimundo raíces del mundo son sus venas
60 Aquí yace Clarisa clara risa enclaustrada en la luz
Aquí yace Alejandro antro[14] alejado ala adentro
Aquí yace Gabriela rotos los diques sube en las savias
        [hasta el sueño esperando la resurrección
Aquí yace Altazor azor[15] fulminado por la altura
65 Aquí yace Vicente antipoeta y mago […]

Vicente Huidobro. *Obras completas*. Prólogo de Braulio Arenas. Vol. 1. Santiago de Chile: Zig-Zag, 1964. Reprinted by permission of the Fundación Vicente Huidobro.

■ Preguntas generales

1. ¿Cuál es la importancia de Huidobro en la poesía moderna?
2. ¿Qué relación hay entre la poesía modernista y la poesía de Huidobro?
3. ¿Cómo muestra Huidobro su preferencia por lo novedoso e innovador?
4. ¿Qué vínculos hay entre el poeta chileno y los vanguardistas franceses?
5. Además de la poesía, ¿en qué otros géneros se interesó Huidobro y por qué?

---

[12] Anuladas.
[13] Tiburones.
[14] Cueva.
[15] Ave rapaz diurna.

■ Preguntas de análisis

1. Señale los elementos modernistas y vanguardistas de "Nipona".
2. Según "Arte poética", ¿cuál es el papel del poeta y por qué esta definición aporta una nueva dimensión al proceso poético? ¿Cómo está caracterizado el verso?
3. En "Luna o reloj", ¿qué representan y cómo se unen la luna y el reloj?
4. Indique y dé ejemplos de los recursos expresivos de vanguardia evidentes en *Altazor*.
5. ¿Qué trayectoria sigue el yo poético en *Altazor*? ¿Con quién dialoga? ¿Qué simboliza este viaje en paracaídas?

■ Temas para informes escritos

1. La militancia política de Huidobro y su poesía comprometida.
2. Los manifiestos poéticos de Huidobro.
3. Vicente Huidobro narrador y dramaturgo.
4. Poesía y pintura: Huidobro y sus contactos con Juan Gris, Pablo Picasso y Diego Rivera.
5. La voz femenina en *Temblor de cielo*.

■ Temas de reflexión y comentario

1. Comparación de *Altazor* de Huidobro y *Piedra de sol* de Octavio Paz.
2. Biografía y cinematografía en el *Mío Cid Campeador* de Huidobro.
3. *Horizon carré* y el cubismo poético.
4. El poema en prosa en Huidobro y Vallejo.
5. Importancia y objetivos de la revista *Creación* (1921).

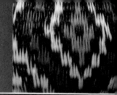

JOSÉ CARLOS MARIÁTEGUI

1894, Moquegua, Perú–1930,
Lima, Perú

El infatigable magisterio y profundo saber de este escritor, hicieron que sus discípulos peruanos lo llamaran "Amauta", el antiguo nombre dado a los filósofos del imperio incaico. En la niñez de este autor que tanto contribuyó después a modernizar el pensamiento político hispanoamericano, la religiosidad materna fue una influencia decisiva. Más tarde, con la ayuda de las ideas del francés Georges Sorel (1847–1922), Mariátegui vio el proceso revolucionario como doctrina redentora cuyo triunfo aseguraría el bienestar social. Como los escasos recursos de la familia apenas le permitieron terminar la escuela primaria, Mariátegui comenzó a trabajar para ayudar a los suyos, mientras leía y estudiaba por cuenta propia. A los diecinueve años el joven autodidacta ya era un periodista respetado en el diario limeño *La Prensa.*

En 1918, se inició como redactor en *El Tiempo* y con otros colegas fundó la revista *Nuestra Época,* que contó entre sus colaboradores a César Vallejo (ver pp. 336–342). Durante este período, Mariátegui comenzó a tomar conciencia de los problemas nacionales. Por entonces conoció a Víctor Raúl Haya de la Torre (1895–1979), joven dirigente universitario llamado después a fundar la organización política conocida con el nombre de Alianza Popular Revolucionaria Americana (APRA), en 1924. Ya politizado, Mariátegui y otros establecieron el diario *La Razón* y lo pusieron al servicio de la causa obrera. En 1919, el dictador Augusto B. Leguía clausuró este diario y le ofreció a Mariátegui el cargo de "agente de propaganda periodística" en Europa. A pesar de las muchas críticas, el joven aceptó el puesto porque le ofrecía la oportunidad de prepararse para servir mejor a la causa obrera. Después se referirá a la etapa de su vida anterior al viaje a Europa, como la "Edad de Piedra".

Mariátegui permaneció en Europa de 1919 a 1923. Allá visitó varias capitales, se vinculó con importantes líderes de la izquierda y contrajo matrimonio con una joven italiana. Parece que en Italia conoció al filósofo Benedetto Croce, uno de sus autores favoritos, y a Antonio Gramsci (1891–1937), fundador del partido comunista de ese país. Descorazonado ante el avance del fascismo en Italia, viajó a Berlín, donde vivió por seis meses. Durante este período europeo el escritor peruano abrazó el marxismo y con otros amigos hizo planes para concertar una acción socialista en el Perú.

Cuando retornó a Lima (1923), el "Amauta" se vinculó con los elementos progresistas del mundo obrero e intelectual y se convirtió en una de las figuras centrales de la izquierda peruana. Difundió las ideas socialistas y explicó la situación internacional, a la vez que colaboró en dos revistas conservadoras, *Variedades*

(1908–1932) y *Mundial* (1920–1931). El primer libro suyo, *La escena contemporánea* (1925), es una recopilación de los artículos publicados en *Variedades*. Una segunda recopilación de otros trabajos publicados por Mariátegui en esta misma revista, apareció póstumamente con el título de *El alma matinal y otras estaciones del hombre de hoy* (1950). La actividad excesiva hizo que el joven enfermara gravemente en 1924, cuando se le recrudeció una antigua dolencia en una rodilla y no hubo otro remedio que amputarle una pierna. Mariátegui, sin embargo, reanudó sus labores de activista político y continuó escribiendo para publicaciones peruanas y extranjeras. Con su hermano Julio César creó la editorial Minerva, donde publicó su obra más renombrada, *Siete ensayos de interpretación de la realidad peruana* (1928).

En esta época fundó *Amauta* (1925–1930), revista donde se difundieron el pensamiento marxista y las ideas vanguardistas en el arte y la literatura. Infatigable, Mariátegui estableció el quincenario *Labor* (1928–1929), vocero de los intereses del proletariado. En octubre de 1928, ya separado de Haya de la Torre y del APRA, fundó el Partido Socialista del Perú. Quebrantada su salud y decepcionado por la falta de éxito de sus propuestas políticas, José Carlos Mariátegui falleció en Lima, el 16 de abril de 1930.

Los escritos de Mariátegui son producto de dos períodos bien marcados: el juvenil (1914–1919) y el maduro (1920–1930). En la primera etapa publicó crónicas, poemas, cuentos y dramas influidos por la estética modernista. Entre los seguidores del modernismo en el Perú, Manuel González Prada ejerció la influencia más poderosa en el joven; de los modernistas extranjeros, Amado Nervo (1870–1919), cuyos versos Mariátegui recitaba de memoria, fue el que más lo atrajo. Abraham Valdelomar (1888–1919), quien en su revista *Colónida* (1916) intentó crear una estética que superara a la modernista, fue otra fuerte influencia de esta época. No obstante el conjunto de su producción literaria juvenil es menor, en ella asoman preocupaciones evidentes en los escritos maduros del autor: profunda religiosidad, exaltación del heroísmo y antipositivismo romántico.

En la etapa madura, Mariátegui no escribió ningún libro. Como era frecuente entonces, sus artículos periodísticos fueron recopilados siguiendo ciertos temas y después se publicaron como libros. Entre ellos sobresale *Siete ensayos de interpretación de la realidad peruana*, obra que, desde una perspectiva marxista, ofrece un penetrante análisis de los problemas sociales, económicos y culturales de su patria. Adaptando los postulados marxistas a la realidad americana y sin caer en el dogmatismo, Mariátegui mostró cómo el desarrollo económico del país estaba condicionado por estructuras coloniales y hasta semifeudales. Se detuvo a analizar la condición de los indígenas, sector que todavía vivía en estado de servidumbre. En esta obra también sentó las bases de la nueva crítica literaria en el Perú. La exposición directa, el hábil manejo de diversas fuentes y la visión analítica del autor han hecho de *Siete ensayos* lectura obligada para quienes deseen comprender la realidad peruana e hispanoamericana. La vida y obra de José Carlos Mariátegui lo confirman como intelectual comprometido: para él la literatura y la política fueron las armas de combate idóneas para transformar la sociedad.

■ Bibliografía mínima

Chang-Rodríguez, Eugenio. "Mariátegui y las colaboradoras de *Amauta*". *Indigenismo hacia el fin del milenio: Homenaje a Antonio Cornejo Polar*. Ed. Mabel Moraña. Pittsburgh, PA: Instituto Internacional de Literatura Iberoamericana, 1998. 159–68. Impreso.

———. "José Carlos Mariátegui". *Latin American Writers*. Eds. Carlos A. Solé y Maria Isabel Abreu. Vol. 2. New York: Scribner's, 1989. 791–96. Impreso.

Ferrari, Américo. "La crítica literaria en la obra de José Carlos Mariátegui". *Hispamérica: Revista de Literatura* 26.76–77 (1997): 5–17. Impreso.

García, Gustavo V. " 'Verdadero moderno marxismo' y la emergencia del indígena en *Siete ensayos de interpretación de la realidad peruana*". *La Torre: Revista de la Universidad de Puerto Rico* 11.40 (2006): 187–205. Impreso.

Mariátegui, José Carlos. *Siete ensayos de interpretación de la realidad peruana*. 62.ª ed. Lima: Amauta, 1995. Impreso.

———. *7 ensayos de interpretación de la realidad peruana*. Prólogo de Aníbal Quijano. Notas y cronología de Elizabeth Garrels. 2.ª ed. Caracas: Biblioteca Ayacucho, 2007. Web. <http://www.bibliotecayacucho.gob.ve>.

Melis, Antonio. "Mariátegui frente al estudio de una literatura colonial". *Revista Iberoamericana* 73.220 (2007): 487–96. Impreso.

Moraña, Mabel y Guido A. Podestá, eds. *José Carlos Mariátegui y los estudios latinoamericanos*. Pittsburgh, PA: Instituto Internacional de Literatura Iberoamericana, 2009. Impreso.

Siete ensayos de interpretación de la realidad peruana (1928)

EL PROBLEMA DEL INDIO

Su nuevo planteamiento

Todas las tesis sobre el problema indígena, que ignoran o eluden a éste como problema económico-social, son otros tantos estériles ejercicios teoréticos —y a veces sólo verbales—, condenados a un absoluto descrédito. No las salva a algunas su buena fe. Prácticamente, todas no han servido sino para ocultar o
5 desfigurar la realidad del problema. La crítica socialista lo descubre y esclarece, porque busca sus causas en la economía del país y no en su mecanismo administrativo, jurídico o eclesiástico, ni en su dualidad o pluralidad de razas, ni en sus condiciones culturales y morales. La cuestión indígena arranca de nuestra economía. Tiene sus raíces en el régimen de propiedad de la tierra. Cualquier
10 intento de resolverla con medidas de administración o policía, con métodos de enseñanza o con obras de vialidad,[1] constituye un trabajo superficial o adjetivo, mientras subsista la feudalidad de los "gamonales".[2]

El "gamonalismo" invalida inevitablemente toda ley u ordenanza de protección indígena. El hacendado, el latifundista,[3] es un señor feudal. Contra su

---

[1] Vías públicas, caminos.
[2] En el Perú, terrateniente explotador de indígenas.

[3] Nombre dado a los propietarios de inmensas fincas o latifundios.

15 autoridad, sufragada[4] por el ambiente y el hábito, es impotente la ley escrita. El trabajo gratuito está prohibido por la ley y, sin embargo, el trabajo gratuito, y aun el trabajo forzado, sobreviven en el latifundio. El juez, el subprefecto, el comisario, el maestro, el recaudador, están enfeudados a la gran propiedad. La ley no puede prevalecer contra los gamonales. El funcionario que se obstinase
20 en imponerla, sería abandonado y sacrificado por el poder central, cerca del cual son siempre omnipotentes[5] las influencias del gamonalismo, que actúan directamente o a través del parlamento, por una y otra vía con la misma eficacia. [...]

La derrota más antigua y evidente es, sin duda, la de los que reducen la protección de los indígenas a un asunto de ordinaria administración. Desde los
25 tiempos de la legislación colonial española, las ordenanzas sabias y prolijas,[6] elaboradas después de concienzudas[7] encuestas, se revelan totalmente infructuosas. La fecundidad de la República, desde las jornadas de la Independencia, en decretos, leyes y providencias encaminadas a amparar a los indios contra la exacción[8] y el abuso, no es de las menos considerables. El gamonal de hoy, como el "enco-
30 mendero"[9] de ayer, tiene, sin embargo, muy poco que temer de la teoría administrativa. Sabe que la práctica es distinta.

El carácter individualista de la legislación de la República ha favorecido, incuestionablemente, la absorción de la propiedad indígena por el latifundismo. La situación del indio, a este respecto, estaba contemplada con mayor realismo
35 por la legislación española. Pero la reforma jurídica no tiene más valor práctico que la reforma administrativa, frente a un feudalismo intacto en su estructura económica. [...]

La suposición de que el problema indígena es un problema étnico, se nutre del más envejecido repertorio de ideas imperialistas. El concepto de razas inferio-
40 res sirvió al Occidente blanco para su obra de expansión y conquista. Esperar la emancipación indígena de un cruzamiento de la raza aborigen con inmigrantes blancos, es una ingenuidad antisociológica [...] Los pueblos asiáticos, a los cuales no es inferior en un ápice el pueblo indio, han asimilado admirablemente la cultura occidental, en lo que tiene de más dinámica y creadora, sin transfusiones de
45 sangre europea. [...]

La tendencia a considerar el problema indígena como un problema moral, encarna una concepción liberal, humanitaria, ochocentista, iluminista,[10] que en el orden político de Occidente anima y motiva las "ligas de los Derechos del Hombre". Las conferencias y sociedades antiesclavistas, que en Europa han denun-
50 ciado más o menos infructuosamente los crímenes de los colonizadores, nacen de esta tendencia, que ha confiado siempre con exceso en sus llamamientos al sentido moral de la civilización. [...] La prédica humanitaria ni ha detenido ni embarazado en Europa el imperialismo ni ha modificado sus métodos. La lucha contra el imperialismo no confía ya sino en la solidaridad y en la fuerza de los
55 movimientos de emancipación de las masas coloniales. [...]

---

[4] Aprobada.
[5] Invencibles.
[6] Abundantes.
[7] Muy pensadas.
[8] Cobro injusto y violento.
[9] La persona que, durante la época colonial, recibía a un grupo de indios y a cambio de su trabajo o tributo tenía la obligación de alimentarlos, protegerlos y mantenerlos en la fe católica. En la práctica, los encomenderos abusaron de sus privilegios y colocaron a los indígenas en un estado de semi-esclavitud.
[10] Del siglo XVIII, también llamado "de las luces".

En el terreno de la razón y la moral, se situaba hace siglos, con mayor energía, o al menos mayor autoridad, la acción religiosa. Esta cruzada no obtuvo, sin embargo, sino leyes y providencias muy sabiamente inspiradas. La suerte de los indios no varió sustancialmente. [...] Más evidentes posibilidades de éxito que
60 la prédica liberal tenía, con todo, la prédica religiosa. Ésta apelaba al exaltado y operante catolicismo español mientras aquélla intentaba hacerse escuchar del exiguo[11] y formal liberalismo criollo.

Pero hoy la esperanza en una solución eclesiástica es indiscutiblemente la más rezagada[12] y antihistórica de todas. Quienes la representan no se preocupan
65 siquiera, como sus distantes — ¡tan distantes!— maestros, de obtener una nueva declaración de los derechos del indio, con adecuadas autoridades y ordenanzas, sino de encargar al misionero la función de mediar entre el indio y el gamonal. La obra que la Iglesia no pudo realizar en un orden medioeval, cuando su capacidad espiritual e intelectual podía medirse por frailes como el padre De las Casas,[13]
70 ¿con qué elementos contaría para prosperar ahora? Las misiones adventistas, bajo este aspecto, han ganado la delantera al clero católico [...]

El concepto de que el problema del indio es un problema de educación, no aparece sufragado[14] ni aun por un criterio estricta y autónomamente pedagógico. La pedagogía tiene hoy más en cuenta que nunca los factores sociales y económi-
75 cos. El pedagogo moderno sabe perfectamente que la educación no es una mera cuestión de escuela y métodos didácticos. El medio económico social condiciona inexorablemente la labor del maestro. El gamonalismo es fundamentalmente adverso a la educación del indio; su subsistencia tiene en el mantenimiento de la ignorancia del indio el mismo interés que en el cultivo de su alcoholismo. La
80 escuela moderna [...] es incompatible con el latifundio feudal. La mecánica de la servidumbre anularía totalmente la acción de la escuela, si ésta misma, por un milagro inconcebible dentro de la realidad social, consiguiera conservar, en la atmósfera del feudo, su pura misión pedagógica. La más eficiente y grandiosa enseñanza moral no podría operar estos milagros. [...]
85 La solución pedagógica, propugnada[15] por muchos con perfecta buena fe, está ya hasta oficialmente descartada. Los educacionistas son, repito, los que menos pueden pensar en independizarla de la realidad económico-social. No existe, pues, en la actualidad, sino como una sugestión vaga e informe, de la que ningún cuerpo y ninguna doctrina se hace responsable.
90 El nuevo planteamiento consiste en buscar el problema indígena en el problema de la tierra.

EL PROBLEMA DE LA TIERRA

Quienes desde puntos de vista socialistas estudiamos y definimos el problema del indio, empezamos por declarar absolutamente superados los puntos de vista humanitarios o filantrópicos en que, como una prolongación de la apostólica batalla del padre De las Casas, se apoyaba la antigua campaña proin-
5 dígena. Nuestro primer esfuerzo tiende a establecer su carácter de problema

---

[11] Insuficiente, escaso.
[12] Atrasada.
[13] Bartolomé de las Casas, sacerdote español defensor de los indígenas (ver pp. 30–38).

[14] Aprobado.
[15] Propuesta.

fundamentalmente económico. Insurgimos, primeramente, contra la tendencia instintiva —y defensiva— del criollo [...] a reducirlo a un problema exclusivamente administrativo, pedagógico, étnico o moral, para escapar a toda costa del plano de la economía. Por esto, el más absoluto de los reproches que se nos
10 pueden dirigir es el de lirismo o literaturismo. Colocando en primer plano el problema económico-social, asumimos la actitud menos lírica y menos literaria posible. No nos contentamos con reivindicar el derecho del indio a la educación, a la cultura, al progreso, al amor y al cielo. Comenzamos por reivindicar, categóricamente, su derecho a la tierra. Esta reivindicación perfectamente materialista,
15 debería bastar para que no se nos confundiese con los herederos o repetidores del verbo evangélico del gran fraile español, a quien, de otra parte, tanto materialismo no nos impide admirar y estimar fervorosamente.

Y este problema de la tierra —cuya solidaridad con el problema del indio es demasiado evidente— tampoco nos avenimos[16] a atenuarlo o adelgazarlo opor-
20 tunistamente. Todo lo contrario. Por mi parte, yo trato de plantearlo en términos absolutamente inequívocos y netos.

El problema agrario se presenta, ante todo, como el problema de la liquidación de la feudalidad en el Perú. Esta liquidación debía haber sido realizada ya por el régimen demo-burgués formalmente establecido por la revolución de la independen-
25 cia. Pero en el Perú no hemos tenido en cien años de república una verdadera clase burguesa, una verdadera clase capitalista. La antigua clase feudal —camuflada o disfrazada de burguesía republicana— ha conservado sus posiciones. [...] Y el hecho es que durante un siglo de república, la gran propiedad agraria se ha reforzado y engrandecido a despecho[17] del liberalismo teórico de nuestra Constitución y de
30 las necesidades prácticas del desarrollo de nuestra economía capitalista.

Las expresiones de la feudalidad sobreviviente son dos: latifundio y servidumbre [...] No se puede liquidar la servidumbre que pesa sobre la raza indígena, sin liquidar el latifundio.

Planteado así el problema agrario del Perú, no se presta a deformaciones
35 equívocas. Aparece en toda su magnitud de problema económico social —y por tanto, político— del dominio de los hombres que actúan en este plano de hechos e ideas. Y resulta vano todo empeño de convertirlo, por ejemplo, en un problema técnico-agrícola del dominio de los agrónomos.

Nadie ignora que la solución liberal de este problema sería, conforme a la
40 ideología individualista, el fraccionamiento de los latifundios para crear la pequeña propiedad [...] Esta fórmula —fraccionamiento de los latifundios en favor de la pequeña propiedad— no es utopista, ni herética, ni revolucionaria, ni bolchevique, ni vanguardista, sino ortodoxa, constitucional, democrática, capitalista y burguesa [...] Tiene su origen en el ideario liberal en que se inspiran los Estatu-
45 tos constitucionales de todos los Estados demoburgueses. [...]

Congruentemente con mi posición ideológica, yo pienso que la hora de ensayar en el Perú el método liberal, la fórmula individualista, ha pasado ya. Dejando aparte las razones doctrinales, considero fundamentalmente este factor incontestable y concreto que da un carácter peculiar a nuestro problema agrario;
50 la supervivencia de la comunidad y de elementos de socialismo práctico en la agricultura y la vida indígenas. [...]

---

[16] Estamos dispuestos.   [17] A pesar de.

■ Preguntas generales

1. ¿Cómo llamó Mariátegui a la primera etapa de su vida adulta? ¿Por qué se puede decir que fue un autodidacta? ¿Qué importancia tuvo su viaje a Europa?
2. ¿Cuál es la obra principal de Mariátegui y cuáles son sus aportes?
3. ¿Cuál es la importancia de la revista *Amauta*?
4. Mencione dos escritores que influyeron en Mariátegui y explique quiénes fueron.
5. ¿Qué se entiende por escritor comprometido y cómo encaja Mariátegui en esta categoría?

■ Preguntas de análisis

1. ¿Por qué es novedoso el análisis de Mariátegui sobre el problema del indio? ¿En qué se fundamenta?
2. ¿Qué se entiende por "gamonalismo" en el Perú y cómo, según el autor, ha afectado al desarrollo del país? ¿Cómo se relaciona con el latifundio?
3. ¿Por qué rechaza Mariátegui la "aproximación pedagógica" para resolver el problema de la población indígena?
4. Según explica el autor, ¿qué relación hay entre el problema indígena y la tenencia de la tierra?
5. ¿Cómo caracterizaría Ud. la prosa de Mariátegui?

■ Temas para informes escritos

1. Los escritos de José Carlos Mariátegui durante su "edad de piedra".
2. El pensamiento de Manuel Gónzalez Prada y su influencia en José Carlos Mariátegui.
3. *Siete ensayos* y las ideas de José Carlos Mariátegui sobre la literatura peruana.
4. Las colaboradoras de la revista *Amauta*.
5. José Carlos Mariátegui, Haya de la Torre y la renovación del pensamiento político peruano.

■ Temas de reflexión y comentario

1. Mariátegui y su visión del imperio incaico.
2. Mariátegui dramaturgo: *Las tapadas*.
3. Características del marxismo de Mariátegui.
4. Las polémicas sobre el indigenismo en el Perú.
5. Mariátegui y sus ideas sobre la función de la crítica literaria.

JORGE LUIS BORGES

1899, Buenos Aires, Argentina—
1986, Ginebra, Suiza

Jorge Luis Borges ha tenido un impacto extraordinario en las letras hispanoamericanas del siglo XX, y autores como Julio Cortázar y Gabriel García Márquez públicamente han reconocido la importancia de esta influencia en el desarrollo de su propia obra. Poeta, ensayista y narrador, Borges revolucionó los géneros literarios. Fue innovador en la técnica narrativa, maestro en el estilo, y guía en el camino que tomarían la teoría y la crítica de la literatura décadas más tarde. De ahí el gran interés despertado por su obra y el prestigio conquistado por el autor a nivel internacional. Borges vivió y escribió inmerso en el mundo de los libros, dialogando con las ideas y los temas claves de la cultura universal. De este diálogo surgió su propia escritura, que él concibió como re-escritura, ya que rechazaba el concepto de la originalidad literaria.

El escritor argentino recibió su educación primaria y secundaria en Buenos Aires. Desde 1914 hasta 1918 permaneció en Ginebra, donde continuó sus estudios, leyó vorazmente y descubrió a muchos de los autores —Schopenhauer, Chesterton y Kafka— que luego ocuparían un lugar central en su pensamiento. A este período siguieron tres años de residencia en distintas ciudades de España y su vinculación con el grupo de ultraístas, entre los que se contaban Guillermo de Torre y Rafael Cansinos Assens. Al regresar a Buenos Aires (1921), Borges inició con otros jóvenes poetas el vanguardismo en la Argentina, movimiento que culminaría con la publicación de la revista *Martín Fierro* (1924–1927).

Al período de 1923–1929 corresponden sus libros poéticos más importantes: *Fervor de Buenos Aires* (1923), *Luna de enfrente* (1925) y *Cuaderno San Martín* (1929). A éstos se sumaría luego *Muertes de Buenos Aires* (1943). Las calles, las casas y los patios de su ciudad, así como los hechos de la historia argentina, motivaron la evocación poética de Borges. El criollismo de su poesía siempre se fundamentaba, sin embargo, en esquemas del pensamiento universal. Los poemas de Borges son meditaciones, indagaciones permeadas de la misma inquietud metafísica que lleva a su libro de prosa y verso *El hacedor* (1960), y a los ensayos y cuentos que durante tres décadas desplazaron la poesía del centro de su producción literaria.

Borges conquistó renombre con los cuentos imbuidos de ideas filosóficas, de escritura paródica y auto-reflexiva recogidos en *Historia universal de la infamia* (1935), *Ficciones* (1944) y *El aleph* (1949). También como ensayista se destacó en *Inquisiciones* (1925), *Historia de la eternidad* (1936), *Nueva refutación del tiempo* (1948) y *Otras inquisiciones* (1952). En los últimos veinte años de su vida volvió a la poesía con libros como *Elogio de la sombra* (1969), *El oro de los tigres* (1972), *La rosa profunda* (1975) y *Los conjurados* (1985); y publicó, entre sus colecciones de cuentos, *El informe de Brodie* (1970) y *El libro de arena* (1975). Debe recordarse, asimismo, su extensa obra escrita en colaboración con autores como Adolfo Bioy Casares (1914–1999), destacado cuentista y novelista argentino.

Borges transformó en materia narrativa las ideas filosóficas y teológicas que motivaban sus disquisiciones ensayísticas. Aunque radicalmente escéptico con respecto a dogmas religiosos y a sistemas de pensamiento, consideraba admirable el milenario esfuerzo de la inteligencia y la imaginación humanas que han buscado, mediante la teología o la metafísica, una solución a los enigmas del universo. En su mundo fantástico incorporó estos productos de la fe y el pensamiento, a los que consideraba ficciones. "Tlön, Uqbar, Orbis Tertius" y "La biblioteca de Babel" son especialmente ilustrativos de su posición escéptica, así como de sus intereses filosóficos. En los cuentos de Borges los sueños y la realidad se yuxtaponen ("Las ruinas circulares"), el tiempo cronológico es abolido ("El milagro secreto") o se expande laberínticamente en direcciones simultáneas e infinitas ("El jardín de senderos que se bifurcan"), y un individuo puede ser todos los hombres ("El inmortal"). El relativismo histórico y moral ("Tema del traidor y del héroe"), las hipótesis heterodoxas ("Tres versiones de Judas"), y las formas extremas del idealismo filosófico para el cual la realidad existe sólo como proceso mental ("Tlön"), provocaban su imaginación y su impulso narrativo.

En el poema "Fundación mítica de Buenos Aires", Borges evocó e inventó los orígenes de su ciudad natal. La historia, vista por él como "un pasado ilusorio", fue suplantada por el tiempo y la visión transfiguradora del mito. "Borges y yo" comunica el sentimiento de una identidad fragmentada, el enfrentamiento del yo íntimo, vivencial y el yo-autor configurado por su obra. En "El sur" convergen el mito del coraje, el simbolismo del gaucho Martín Fierro, personaje del famoso poema de José Hernández y el deseo del protagonista de morir heroicamente, como su antepasado materno. Todo ello se da en un tiempo y un espacio fantásticos regidos por la lógica de los sueños. Los temas y la técnica narrativa están desarrollados con un lenguaje preciso, contenido, que sugiere más que define el desenlace del relato.

■ Bibliografía mínima

Aizenberg, Edna, ed. *Borges and His Successors. The Borgesian Impact on Literature and the Arts.* Columbia: U of Missouri P, 1990. Impreso.

Alazraki, Jaime. "Jorge Luis Borges". *Latin American Writers.* Eds. Carlos A. Solé y Maria Isabel Abreu. Vol. 2. New York: Scribner's, 1989. 845–64. Impreso.

—. "Lectura estructuralista de 'El sur' de Borges". *Escritura* 3 (1977): 109–19. Impreso.

Alonso, Carlos J. "Borges y la teoría". *MLN* 120.2 (2005): 437–56. Impreso. *Project Muse.* Web. < http://muse.jhu.edu/sitesearch>.

Balderston, Daniel. *¿Fuera de contexto? Referencialidad histórica y expresión de la realidad en Borges.* Rosario, Argentina: Beatriz Viterbo, 1996. Impreso.

Barcia, Pedro Luis. "El legado de Borges a veinte años de su muerte". *Boletín de la Academia Argentina de Letras* 72.291–92 (2007): 93–117. Impreso.

Bell-Villada, Gene H. *Borges and His Fiction: A Guide to His Mind and Art.* Austin, TX: U of Texas P, 1999. Impreso.

Borges, Jorge Luis. *Obras completas I.* Buenos Aires: Emecé, 2007. Impreso.

Bosteels, Bruno. "Borges as Antiphilosopher". *Vanderbilt e-Journal of Luso-Hispanic Studies* 3 (2006). Web. <http://ejournals.library.vanderbilt.edu/lusohispanic/archive.php>.

González Casanovas, Roberto J. "Borges's Argentinian South: Legend, Fiction, and Myth in 'El sur'". *West Virginia University Philological Papers* 37 (1991): 151–57. Impreso.

Kristal, Efraín. *Invisible Work. Borges and Translation.* Nashville: Vanderbilt UP, 2002. Impreso.

Molloy, Sylvia. *Las letras de Borges y otros ensayos.* 2.ª ed. Rosario, Argentina: Beatriz Viterbo, 1999. Impreso.

Premat, Julio. "Borges: Tradición, traición, transgresión". *Variaciones Borges* 21 (2006): 9–21. *AcademicOneFile.* Web. <www.gale.cengage.com/AcademicOneFile>.

Sarlo, Beatriz. *Borges, un escritor en las orillas.* Buenos Aires: Ariel, 1995. Impreso.

Toro, Alfonso de y Fernando de Toro, eds. *Jorge Luis Borges: Pensamiento y saber en el siglo XX.* Madrid/Fráncfort: Iberoamericana/Vervuert, 1999. Impreso.

Cuaderno San Martín (1929)

FUNDACIÓN MÍTICA DE BUENOS AIRES

¿Y fue por este río de sueñera[1] y de barro
que las proas vinieron a fundarme la patria?
Irían a los tumbos los barquitos pintados
entre los camalotes de la corriente zaina.[2]

5   Pensando bien la cosa, supondremos que el río
era azulejo entonces como oriundo del cielo
con su estrellita roja para marcar el sitio
en que ayunó Juan Díaz[3] y los indios comieron.

      Lo cierto es que mil hombres y otros mil arribaron
10 por un mar que tenía cinco lunas de anchura
y aún estaba poblado de sirenas y endriagos[4]
y de piedras imanes que enloquecen la brújula.

---

[1] Sueño, modorra.
[2] Color castaño rojizo.

[3] Juan Díaz de Solís: descubridor del Río de la Plata, donde murió a manos de los indios en 1516.
[4] Dragones.

Prendieron unos ranchos trémulos en la costa,
durmieron extrañados. Dicen que en el Riachuelo,[5]
15 pero son embelecos fraguados en la Boca.[6]
Fue una manzana entera y en mi barrio: en Palermo.[7]

Una manzana entera pero en mitá del campo
expuesta a las auroras y lluvias y suestadas.[8]
La manzana pareja que persiste en mi barrio:
20 Guatemala, Serrano, Paraguay, Gurruchaga.[9]

Un almacén rosado como revés de naipe
brilló y en la trastienda conversaron un truco;[10]
el almacén rosado floreció en un compadre,[11]
ya patrón de la esquina, ya resentido y duro.

25 El primer organito salvaba el horizonte
con su achacoso porte, su habanera[12] y su gringo.[13]
El corralón seguro ya opinaba YRIGOYEN,[14]
algún piano mandaba tangos de Saborido.[15]

Una cigarrería sahumó como una rosa
30 el desierto. La tarde se había ahondado en ayeres,
los hombres compartieron un pasado ilusorio.
Sólo faltó una cosa: la vereda de enfrente.

A mí se me hace cuento que empezó Buenos Aires:
La juzgo tan eterna como el agua y el aire.

El hacedor (1960)

BORGES Y YO

Al otro, a Borges, es a quien le ocurren las cosas. Yo camino por Buenos
Aires y me demoro, acaso ya mecánicamente, para mirar el arco de un zaguán[16] y
la puerta cancel;[17] de Borges tengo noticias por el correo y veo su nombre en una
terna de profesores o en un diccionario biográfico. Me gustan los relojes de arena,

---

[5] Río de poco caudal que desemboca en el Río
de la Plata. El poema aquí alude a la primera
fundación de Buenos Aires por Pedro de
Mendoza en 1534.

[6] Humilde barrio porteño situado junto a
la costa.

[7] Barrio residencial en la zona norte de Buenos
Aires.

[8] Pronunciación popular de "sudestada", viento
del sudeste, fuerte y con frecuencia tormentoso.

[9] Estos nombres corresponden a calles del
barrio de Palermo.

[10] Juego de naipes muy popular en la
Argentina. Los jugadores se intercambian
ingeniosas frases improvisadas a manera

de aviso. De ahí la expresión "conversar
un truco".

[11] Fanfarrón, bravucón.

[12] Música y danza procedente de La Habana.

[13] Extranjero, aquí aplicado al inmigrante
italiano.

[14] Hipólito Yrigoyen (1850–1933), político
liberal, fue dos veces presidente de la
Argentina.

[15] Saborido: autor popular de tangos.

[16] Pieza cubierta a modo de vestíbulo en la
entrada de una casa.

[17] Contrapuerta que se adosa, por fuera o por
dentro, a la puerta de entrada, para mayor
protección.

5 los mapas, la tipografía del siglo XVIII, las etimologías, el sabor del café y la prosa de Stevenson; el otro comparte esas preferencias, pero de un modo vanidoso que las convierte en atributos de un actor. Sería exagerado afirmar que nuestra relación es hostil; yo vivo, yo me dejo vivir, para que Borges pueda tramar su literatura y esa literatura me justifica. Nada me cuesta confesar que ha logrado ciertas 10 páginas válidas, pero esas páginas no me pueden salvar, quizá porque lo bueno ya no es de nadie, ni siquiera del otro, sino del lenguaje o la tradición. Por lo demás, yo estoy destinado a perderme, definitivamente, y sólo algún instante de mí podrá sobrevivir en el otro. Poco a poco voy cediéndole todo, aunque me consta su perversa costumbre de falsear y magnificar. Spinoza[18] entendió que todas las 15 cosas quieren perseverar en su ser; la piedra eternamente quiere ser piedra y el tigre un tigre. Yo he de quedar en Borges, no en mí (si es que alguien soy), pero me reconozco menos en sus libros que en muchos otros o que en el laborioso rasgueo de una guitarra. Hace años yo traté de librarme de él y pasé de las mitologías del arrabal a los juegos con el tiempo y con lo infinito, pero esos juegos son de Borges 20 ahora y tendré que idear otras cosas. Así mi vida es una fuga y todo lo pierdo y todo es del olvido, o del otro.

No sé cuál de los dos escribe esta página.

Ficciones (1944)

EL SUR

El hombre que desembarcó en Buenos Aires en 1871 se llamaba Johannes Dahlmann y era pastor de la Iglesia evangélica; en 1939, uno de sus nietos, Juan Dahlmann, era secretario de una biblioteca municipal en la calle Córdoba y se sentía hondamente argentino. Su abuelo materno había sido aquel Francisco Flores, 5 del 2 de infantería de línea, que murió en la frontera de Buenos Aires, lanceado por indios de Catriel; en la discordia de sus dos linajes, Juan Dahlmann (tal vez a impulso de la sangre germánica) eligió el de ese antepasado romántico, o de muerte romántica. Un estuche con el daguerrotipo[19] de un hombre inexpresivo y barbado, una vieja espada, la dicha y el coraje de ciertas músicas, el hábito de estrofas del 10 *Martín Fierro*, los años, el desgano y la soledad, fomentaron ese criollismo algo voluntario, pero nunca ostentoso. A costa de algunas privaciones, Dahlmann había logrado salvar el casco[20] de una estancia en el Sur, que fue de los Flores; una de las costumbres de su memoria era la imagen de los eucaliptos balsámicos y de la larga casa rosada que alguna vez fue carmesí. Las tareas y acaso la indolencia lo retenían 15 en la ciudad. Verano tras verano se contentaba con la idea abstracta de posesión y con la certidumbre de que su casa estaba esperándolo, en un sitio preciso de la llanura. En los últimos días de febrero de 1939 algo le aconteció.

Ciego a las culpas, el destino puede ser despiadado con las mínimas distracciones. Dahlmann había conseguido, esa tarde, un ejemplar descabalado de

---

[18] Baruj Spinoza (1632–1677), filósofo holandés.

[19] Imagen fotográfica fijada en una plancha metálica.

[20] El edificio principal de una estancia. Habitualmente incluye la residencia de los dueños, las habitaciones de servicio, una capilla y los establos de uso personal.

20 *Las mil y una noches* de Weil; ávido de examinar ese hallazgo, no esperó que bajara el ascensor y subió con apuro las escaleras; algo en la oscuridad le rozó la frente, ¿un murciélago, un pájaro? En la cara de la mujer que le abrió la puerta vio grabado el horror, y la mano que se pasó por la frente salió roja de sangre. La arista de un batiente[21] recién pintado que alguien se olvidó de cerrar le habría
25 hecho esa herida. Dahlmann logró dormir, pero a la madrugada estaba despierto y desde aquella hora el sabor de todas las cosas fue atroz. La fiebre lo gastó y las ilustraciones de *Las mil y una noches* sirvieron para decorar pesadillas. Amigos y parientes lo visitaban y con exagerada sonrisa le repetían que lo hallaban muy bien. Dahlmann los oía con una especie de débil estupor y le maravillaba que
30 no supieran que estaba en el infierno. Ocho días pasaron, como ocho siglos. Una tarde, el médico habitual se presentó con un médico nuevo y lo condujeron a un sanatorio de la calle Ecuador, porque era indispensable sacarle una radiografía. Dahlmann, en el coche de plaza que los llevó, pensó que en una habitación que no fuera la suya podría, al fin, dormir. Se sintió feliz y conversador; en cuanto
35 llegó, lo desvistieron; le raparon la cabeza, lo sujetaron con metales a una camilla, lo iluminaron hasta la ceguera y el vértigo, lo auscultaron y un hombre enmascarado le clavó una aguja en el brazo. Se despertó con náuseas, vendado, en una celda que tenía algo de pozo y, en los días y noches que siguieron a la operación pudo entender que apenas había estado, hasta entonces, en un arrabal del in-
40 fierno. El hielo no dejaba en su boca el menor rastro de frescura. En esos días, Dahlmann minuciosamente se odió; odió su identidad, sus necesidades corporales, su humillación, la barba que le erizaba la cara. Sufrió con estoicismo las curaciones, que eran muy dolorosas, pero cuando el cirujano le dijo que había estado a punto de morir de una septicemia,[22] Dahlmann se echó a llorar, condolido de
45 su destino. Las miserias físicas y la incesante previsión de las malas noches no le habían dejado pensar en algo tan abstracto como la muerte. Otro día, el cirujano le dijo que estaba reponiéndose y que, muy pronto, podría ir a convalecer a la estancia. Increíblemente, el día prometido llegó.

A la realidad le gustan las simetrías y los leves anacronismos; Dahlmann
50 había llegado al sanatorio en un coche de plaza y ahora un coche de plaza lo llevaba a Constitución.[23] La primera frescura del otoño, después de la opresión del verano, era como un símbolo natural de su destino rescatado de la muerte y la fiebre. La ciudad, a las siete de la mañana, no había perdido ese aire de casa vieja que le infunde la noche; las calles eran como largos zaguanes, las plazas como
55 patios. Dahlmann la reconocía con felicidad y con un principio de vértigo; unos segundos antes de que las registraran sus ojos, recordaba las esquinas, las carteleras, las modestas diferencias de Buenos Aires. En la luz amarilla del nuevo día, todas las cosas regresaban a él.

Nadie ignora que el Sur empieza del otro lado de Rivadavia.[24] Dahlmann
60 solía repetir que ello no es una convención y que quien atraviesa esa calle entra en un mundo más antiguo y más firme. Desde el coche buscaba entre la nueva edificación, la ventana de rejas, el llamador, el arco de la puerta, el zaguán, el íntimo patio.

---

[21] La hoja de una ventana o puerta.
[22] Infección de la sangre.
[23] Estación de ferrocarril.

[24] Calle principal que divide a la ciudad de Buenos Aires entre norte y sur.

En el *hall* de la estación advirtió que faltaban treinta minutos. Recordó brus-
65 camente que en un café de la calle Brasil (a pocos metros de la casa de Yrigoyen)
había un enorme gato que se dejaba acariciar por la gente, como una divinidad
desdeñosa. Entró. Ahí estaba el gato, dormido. Pidió una taza de café, la endulzó
lentamente, la probó (ese placer le había sido vedado en la clínica) y pensó, mientras alisaba el negro pelaje, que aquel contacto era ilusorio y que estaban como
70 separados por un cristal, porque el hombre vive en el tiempo, en la sucesión, y el
mágico animal, en la eternidad del instante.

A lo largo del penúltimo andén el tren esperaba. Dahlmann recorrió los va-
gones y dió con uno casi vacío. Acomodó en la red la valija; cuando los coches
arrancaron, la abrió y sacó, tras alguna vacilación, el primer tomo de *Las mil y*
75 *una noches.* Viajar con este libro, vinculado a la historia de su desdicha, era una
afirmación de que esa desdicha había sido anulada y un desafío alegre y secreto a
las frustradas fuerzas del mal.

A los lados del tren, la ciudad se desgarraba en suburbios; esta visión y
luego la de jardines y quintas demoraron el principio de la lectura. La verdad es
80 que Dahlmann leyó poco; la montaña de piedra imán y el genio[25] que ha jurado
matar a su bienhechor eran, quién lo niega, maravillosos, pero no mucho más que
la mañana y que el hecho de ser. La felicidad lo distraía de Shahrazad y de sus
milagros superfluos; Dahlmann cerraba el libro y se dejaba simplemente vivir.

El almuerzo (con el caldo servido en boles de metal reluciente, como en los
85 ya remotos veraneos de la niñez) fue otro goce tranquilo y agradecido.

Mañana me despertaré en la estancia, pensaba, y era como si a un tiempo fuera
dos hombres: el que avanzaba por el día otoñal y por la geografía de la patria, y
el otro, encarcelado en un sanatorio y sujeto a metódicas servidumbres. Vio casas de ladrillo sin revocar, esquinadas y largas, infinitamente mirando pasar los
90 trenes; vio jinetes en los terrosos caminos; vio zanjas y lagunas y hacienda; vio
largas nubes luminosas que parecían de mármol, y todas estas cosas eran casuales, como sueños de la llanura. También creyó reconocer árboles y sembrados que
no hubiera podido nombrar, porque su directo conocimiento de la campaña era
harto inferior a su conocimiento nostálgico y literario.

95 Alguna vez durmió y en sus sueños estaba el ímpetu del tren. Ya el blanco
sol intolerable de las doce del día era el sol amarillo que precede al anochecer y no
tardaría en ser rojo. También el coche era distinto; no era el que fue en Constitución, al dejar el andén: la llanura y las horas lo habían atravesado y transfigurado.
Afuera la móvil sombra del vagón se alargaba hacia el horizonte. No turbaban la
100 tierra elemental ni poblaciones ni otros signos humanos. Todo era vasto, pero al
mismo tiempo era íntimo y, de alguna manera, secreto. En el campo desaforado,
a veces no había otra cosa que un toro. La soledad era perfecta y tal vez hostil, y
Dahlmann pudo sospechar que viajaba al pasado y no sólo al Sur. De esa conjetura
fantástica lo distrajo el inspector, que al ver su boleto, le advirtió que el tren no lo
105 dejaría en la estación de siempre sino en otra, un poco anterior y apenas conocida
por Dahlmann. (El hombre añadió una explicación que Dahlmann no trató de entender ni siquiera de oír, porque el mecanismo de los hechos no le importaba.)

---

[25] Ser sobrenatural que compartía y regía, según la mitología, el destino de una persona o de
un lugar.

El tren laboriosamente se detuvo, casi en medio del campo. Del otro lado de las vías quedaba la estación, que era poco más que un andén con un cobertizo. 110 Ningún vehículo tenían, pero el jefe opinó que tal vez pudiera conseguir uno en un comercio que le indicó a unas diez, doce cuadras.

Dahlmann aceptó la caminata como una pequeña aventura. Ya se había hundido el sol, pero un esplendor final exaltaba la viva y silenciosa llanura, antes de que la borrara la noche. Menos para no fatigarse que para hacer durar esas cosas, 115 Dahlmann caminaba despacio, aspirando con grave felicidad el olor del trébol.

El almacén, alguna vez, había sido punzó,[26] pero los años habían mitigado para su bien ese color violento. Algo en su pobre arquitectura le recordó un grabado en acero, acaso de una vieja edición de *Pablo y Virginia*.[27] Atados al palenque[28] había unos caballos. Dahlmann, adentro, creyó reconocer al patrón; luego 120 comprendió que lo había engañado su parecido con uno de los empleados del sanatorio. El hombre, oído el caso, dijo que le haría atar la jardinera;[29] para agregar otro hecho a aquel día y para llenar ese tiempo, Dahlmann resolvió comer en el almacén.

En una mesa comían y bebían ruidosamente unos muchachones, en los que 125 Dahlmann, al principio, no se fijó. En el suelo, apoyado en el mostrador, se acurrucaba, inmóvil como una cosa, un hombre muy viejo. Los muchos años lo habían reducido y pulido como las aguas a una piedra o las generaciones de los hombres a una sentencia. Era oscuro, chico y reseco, y estaba como fuera del tiempo, en una eternidad. Dahlmann registró con satisfacción la vincha,[30] el pon- 130 cho de bayeta,[31] el largo chiripá[32] y la bota de potro[33] y se dijo, rememorando inútiles discusiones con gente de los partidos del Norte o con entrerrianos,[34] que gauchos de ésos ya no quedan más que en el Sur.

Dahlmann se acomodó junto a la ventana. La oscuridad fue quedándose con el campo, pero su olor y sus rumores aún le llegaban entre los barrotes de 135 hierro. El patrón le trajo sardinas y después carne asada; Dahlmann las empujó con unos vasos de vino tinto. Ocioso, paladeaba el áspero sabor y dejaba errar la mirada por el local, ya un poco soñolienta. La lámpara de kerosén pendía de uno de los tirantes; los parroquianos de la otra mesa eran tres: dos parecían peones de chacra,[35] otro, de rasgos achinados y torpes, bebía con el chambergo puesto. 140 Dahlmann, de pronto, sintió un leve roce en la cara. Junto al vaso ordinario de vidrio turbio, sobre una de las rayas del mantel, había una bolita de miga. Eso era todo, pero alguien se la había tirado.

Los de la otra mesa parecían ajenos a él. Dahlmann, perplejo, decidió que nada había ocurrido y abrió el volumen de *Las mil y una noches*, como para tapar

---

[26] De color rojo brillante.
[27] Novela de Bernardin de Saint-Pierre, autor francés del siglo XVIII.
[28] Poste para sujetar animales.
[29] Carruaje ligero y descubierto.
[30] Faja angosta o cinta de tela para sujetar el cabello.
[31] Tela de lana, floja y poco tupida.
[32] Prenda de vestir del gaucho. Manta con la punta de atrás pasada entre las piernas y sujeta por delante en el cinturón.

[33] Nombre que se da al caballo desde que nace hasta que muda los dientes de leche.
[34] De la provincia de Entre Ríos.
[35] Finca rural cerca de un pueblo, destinada al cultivo de cereales, a la cría de aves de corral y de ganado porcino.

145 la realidad. Otra bolita lo alcanzó a los pocos minutos, y esta vez los peones se rieron. Dahlmann se dijo que no estaba asustado, pero que sería un disparate que él, un convaleciente, se dejara arrastrar por desconocidos a una pelea confusa. Resolvió salir; ya estaba de pie cuando el patrón se le acercó y lo exhortó con voz alarmada:

150 —Señor Dahlmann, no les haga caso a esos mozos, que están medio alegres.

Dahlmann no se extrañó de que el otro, ahora, lo conociera, pero sintió que estas palabras conciliadoras agravaban, de hecho, la situación. Antes, la provocación de los peones era a una cara accidental, casi a nadie; ahora iba contra él y 155 contra su nombre y lo sabrían los vecinos. Dahlmann hizo a un lado al patrón, se enfrentó con los peones y les preguntó qué andaban buscando.

El compadrito de la cara achinada se paró, tambaleándose. A un paso de Juan Dahlmann, lo injurió a gritos, como si estuviera muy lejos. Jugaba a exagerar su borrachera y esa exageración era una ferocidad y una burla. Entre malas 160 palabras y obscenidades, tiró al aire un largo cuchillo, lo siguió con los ojos, lo barajó, e invitó a Dahlmann a pelear. El patrón objetó con trémula voz que Dahlmann estaba desarmado. En ese punto, algo imprevisible ocurrió.

Desde un rincón, el viejo gaucho extático, en el que Dahlmann vio una cifra del Sur (del Sur que era suyo), le tiró una daga desnuda que vino a caer a sus 165 pies. Era como si el Sur hubiera resuelto que Dahlmann aceptara el duelo. Dahlmann se inclinó a recoger la daga y sintió dos cosas. La primera, que ese acto casi instintivo lo comprometía a pelear. La segunda, que el arma, en su mano torpe, no serviría para defenderlo, sino para justificar que lo mataran. Alguna vez había jugado con un puñal, como todos los hombres, pero su esgrima no pasaba de una 170 noción de que los golpes deben ir hacia arriba y con el filo para adentro. *No hubieran permitido en el sanatorio que me pasaran estas cosas*, pensó.

—Vamos saliendo—dijo el otro.

Salieron, y si en Dahlmann no había esperanza, tampoco había temor. Sintió, al atravesar el umbral, que morir en una pelea a cuchillo, a cielo abierto y 175 acometiendo, hubiera sido una liberación para él, una felicidad y una fiesta, en la primera noche del sanatorio, cuando le clavaron la aguja. Sintió que si él, entonces, hubiera podido elegir o soñar su muerte, ésta es la muerte que hubiera elegido o soñado.

Dahlmann empuña con firmeza el cuchillo, que acaso no sabrá manejar, y 180 sale a la llanura.

Borges, Jorge Luis. *Obras completas I*. Buenos Aires: Emecé, 2007. Impreso.

■ Preguntas generales

1. ¿Cuál fue la participación de Borges en el movimiento vanguardista?
2. ¿Qué temas predominan en su obra poética?
3. ¿Cuál es la posición de Borges acerca de la filosofía, la teología y otros sistemas de pensamiento? ¿Qué papel tiene el mundo de las ideas en sus textos?
4. ¿En qué aspectos de su obra se aparta Borges del realismo literario e inicia una nueva forma de narrar en idioma español?
5. ¿Qué cualidades de la obra de Borges le han conquistado un puesto permanente en la literatura universal?

■ Preguntas de análisis

1. ¿Cuál es la actitud de Borges frente al pasado histórico en su poema "Fundación mítica de Buenos Aires"?
2. ¿Cuáles son los dos aspectos de la persona que se enfrentan en "Borges y yo"?
3. ¿Qué significa el Sur para el protagonista del cuento que lleva este título?
4. ¿Cómo introduce Borges al lector en la realidad y la lógica de los sueños?
5. ¿De qué modo el desenlace es revelado indirectamente mediante formas lingüísticas? ¿Cree Ud. que el texto permite dos interpretaciones distintas?

■ Temas para informes escritos

1. La influencia de Borges sobre los novelistas hispanoamericanos de la generación siguiente.
2. La contribución de Borges a la teoría y la crítica literarias de nuestro tiempo.
3. Los temas argentinos de Borges.
4. Análisis de algunos recursos borgeanos como la ironía, las citas, las bibliografías apócrifas y el suspenso.
5. El contexto histórico de la obra de Borges.

■ Temas de reflexión y comentario

1. Las imágenes, símbolos y alegorías en la obra de Borges.
2. Las ideas de Borges sobre los límites del lenguaje para representar el mundo.
3. Las técnicas narrativas del autor de *Ficciones*.
4. La violencia, el coraje y la traición en los cuentos de Borges.
5. Las muertes de los personajes en la obra narrativa de Borges.

MIGUEL ÁNGEL ASTURIAS

1899, Ciudad de Guatemala,
Guatemala—1974, Madrid, España

Estudioso e intérprete de los mitos y las leyendas de su tierra, a la vez que novelista comprometido en las luchas político-sociales del mundo hispánico, Miguel
Ángel Asturias (Premio Nobel, 1967) es el escritor centroamericano que más reconocimiento internacional ha recibido. Nacido en la Ciudad de Guatemala, las dificultades de su padre con el dictador Estrada Cabrera hicieron que pasara cuatro
años de su infancia (1904–1908) en Salamá, una ciudad de provincia. Desde allí
visitó a menudo la estancia de su abuelo materno, donde tuvo el primer contacto
con los ritos y creencias indígenas que luego evocaría en obras como *Leyendas de
Guatemala* (1930), *Hombres de maíz* (1949) y *El espejo de Lida Sal* (1967). De regreso a
la capital, completó los estudios primarios y secundarios, cursó Leyes y obtuvo el
título de Licenciado en Derecho con la tesis *El problema social del indio*, luego pre-
miada y publicada (1922). Sin embargo, nunca ejerció la profesión de abogado.

Durante sus años de estudiante, Asturias escribió poemas vanguardistas,
inspirados principalmente en el futurismo de Marinetti; colaboró en periódicos y revistas; militó en el movimiento estudiantil reformista y estuvo entre los
fundadores y maestros de la Universidad Popular de Guatemala, institución

dedicada a la educación de los obreros. De visita en México en 1921, conoció al escritor español Ramón del Valle Inclán, quien publicó más tarde *Tirano Banderas* (1926), novela que tuvo mucha influencia sobre Asturias. Esta obra fue el antecedente inmediato de *El señor Presidente* (1946), libro con el que el escritor guatemalteco inició el ciclo de la "novela de los dictadores" en la literatura hispanoamericana.

Desde 1925, Asturias se dedicó a estudiar seriamente la cultura maya en la Escuela de Altos Estudios de París, bajo la dirección del especialista francés Georges Raynaud. En colaboración con el historiógrafo mexicano José María González de Mendoza, y sobre la base de las versiones francesas de Raynaud, tradujo al español el *Popol Vuh* (1927) y *Anales de los Xahil* (1928). Los textos mayas estudiados por él en esos años fueron asimilados en la composición de las *Leyendas de Guatemala,* y entraron a formar parte de su caudal expresivo en obras posteriores. Sin descuidar sus estudios de las culturas precolombinas, Asturias continuó escribiendo poesía, y ensayó las nuevas técnicas de la escritura automática y onírica con las que experimentaban los grupos vanguardistas. Fue amigo de André Breton, el ideólogo del surrealismo, y de otros escritores y artistas del mismo grupo. De ellos adoptó los postulados irracionalistas y la transmutación de la realidad tangible en otra, creada por la fantasía. El surrealismo de sus libros corresponde, según él dijo, a la mentalidad mágica y primitiva del indígena, quien vive entre lo real y lo soñado, imaginado o inventado. El elemento onírico en *El alhajadito,* obra comenzada en 1928, y la experimentación con el lenguaje en su novela consagratoria, *El señor Presidente,* trabajada a lo largo de dos décadas, son algunas de las formas asumidas por las técnicas surrealistas en su obra.

Asturias vivió en Guatemala desde 1933 hasta 1945. En los años siguientes tuvo que exiliarse debido a las circunstancias políticas de su patria, y pasó largas temporadas en México, Buenos Aires y París. La temática social, presente en toda su obra, lo absorbió por completo al escribir sus novelas de protesta contra los abusos de las compañías bananeras en Guatemala: *Viento fuerte* (1949), *El papa verde* (1954) y *Los ojos de los enterrados* (1960). Del mismo carácter es *Weekend en Guatemala* (1956), una colección de cuentos acerca de la caída del Presidente Arbenz, provocada por la intervención de los Estados Unidos, en 1954. Las novelas de la trilogía bananera, cuyo mayor mérito se encuentra en su sentido de solidaridad humana y en la denuncia de la explotación y la injusticia, no corresponden sin embargo al nivel artístico más alto de la producción del autor representado por *El señor Presidente* y *Hombres de maíz.* Posteriormente, Asturias volvió a los temas mitológicos y a la fantasía con obras como *Mulata de tal* (1963) y *El espejo de Lida Sal. Maladrón* (1969) es una novela que evoca el espíritu y los modos de expresión del *Popol Vuh,* al mismo tiempo que describe el nacimiento de la raza mestiza después de la Conquista, tema que sólo había presentado parcialmente en *Leyendas de Guatemala.*

En "Leyenda de la Tatuana" se entrelazan las tradiciones mayas y europeas en un mundo que oscila entre la realidad y el sueño. El relato se sitúa en una Guatemala dominada por las instituciones coloniales. Al mismo tiempo tiene, sin embargo, características de un cuento de hadas, pues hay encantamientos, maldiciones, fantasías y un objeto maravilloso, el barquito tatuado en el brazo de la esclava.

■ Bibliografía mínima

Arango, Miguel Antonio. "El surrealismo, elemento estructural en *Leyendas de Guatemala* y en *El señor presidente* de Miguel Ángel Asturias". *Thesaurus: Boletín del Instituto Caro y Cuervo* 45.2 (1990): 472–81. Impreso.

Asturias, Miguel Ángel. *Tres Obras. Leyendas de Guatemala. El alhajadito. El señor presidente.* Prólogo de Arturo Uslar Pietri; notas y cronología de Giuseppe Bellini. Caracas: Biblioteca Ayacucho, 1993. Impreso.

——. *Leyendas de Guatemala*. Guatemala: Piedra Santa, 2006. Impreso.

Franco, Jean. "Miguel Ángel Asturias". *Latin American Writers*. Eds. Carlos A. Solé y Maria Isabel Abreu. Vol. 2. New York: Scribner's, 1989. 865–73. Impreso.

Henighan, Stephen. "El indígena y el alma nacional en *El problema social* de Asturias: Fuentes de una investigación". *Hispamérica: Revista de Literatura* 27.80–81 (1998): 207–15. Impreso.

Hurtado Heras, Saúl. "Lo magicómico en Asturias". *La palabra y el Hombre: Revista de la Universidad Veracruzana* 138 (2006): 57–63. Impreso.

Jaeger, Frances. "El sujeto indígena y la modernidad en *Leyendas de Guatemala* y *El espejo de Lida Sal*". *Cien años de magia: Ensayos críticos sobre la obra de Miguel Ángel Asturias*. Ed. Oralia Preble-Niemi. Guatemala City, Guatemala: F & G, 2006. 159–77. Impreso.

Lund, Joshua y Joel Wainwright. "Miguel Ángel Asturias and the Aporia of Postcolonial Geography". *Interventions: International Journal of Postcolonial Studies* 10.2 (2008): 141–57. Impreso.

Prieto, René. "Las *Leyendas de Guatemala* de Miguel Ángel Asturias". *El cuento hispanoamericano ante la crítica*. Ed. Enrique Pupo-Walker. Madrid: Castalia, 1995. 235–60. Impreso.

Leyendas de Guatemala (1930)

LEYENDA DE LA TATUANA*[1]

Ronda por Casa-Mata la Tatuana…

El MAESTRO Almendro tiene la barba rosada, fue uno de los sacerdotes que los hombres blancos tocaron creyéndoles de oro, tanta riqueza vestían, y sabe el secreto de las plantas que lo curan todo, el vocabulario de la obsidiana —piedra que habla— y leer los jeroglíficos de las constelaciones.

5   Es el árbol que amaneció un día en el bosque donde está plantado, sin que ninguno lo sembrara, como si lo hubieran llevado los fantasmas. El árbol que anda…[2] El árbol que cuenta los años de cuatrocientos días por las lunas que ha visto, que ha visto muchas lunas, como todos los árboles, y que vino ya viejo del Lugar de la Abundancia.

10   Al llenar la luna del Búho-Pescador (nombre de uno de los veinte meses del año de cuatrocientos días), el Maestro Almendro repartió el alma entre los caminos.

---

*Las notas 1–3 reproducen parcialmente las proporcionadas por el autor.

[1] O, como debe haber sido primitivamente, de la Tatuada, por tratarse de un tatuaje que tiene la virtud mágica de hacer invisible a la persona.

[2] En el *Popol Vuh,* libro sagrado de los mayas, se habla de árboles que andan ("y crecen de tal modo que no se puede descender de ellos, algunos hasta transportan así al cielo a quienes llegan a su cima"). El maestro Almendro es un "árbol que anda".

Cuatro eran los caminos y se marcharon por opuestas direcciones hacia las cuatro extremidades del cielo. La negra extremidad: Noche sortílega. La verde extremidad: Tormenta primaveral. La roja extremidad: Guacamayo o éxtasis de trópico.
15 La blanca extremidad: Promesa de tierras nuevas. Cuatro eran los caminos.

—¡Caminín! ¡Caminito!…— dijo al Camino Blanco una paloma blanca, pero el Caminito Blanco no la oyó. Quería que le diera el alma del Maestro, que cura de sueños. Las palomas y los niños padecen de ese mal.

—¡Caminín! ¡Caminito!…— dijo al Camino Rojo un corazón rojo; pero el
20 Camino Rojo no lo oyó. Quería distraerlo para que olvidara el alma del Maestro. Los corazones, como los ladrones, no devuelven las cosas olvidadas.

—¡Caminín! ¡Caminito!…— dijo al Camino Verde un emparrado verde, pero el Camino Verde no lo oyó. Quería que con el alma del Maestro le desquitase algo de su deuda de hojas y de sombra.

25 ¿Cuántas lunas pasaron andando los caminos?

El más veloz, el Camino Negro,[3] el camino al que ninguno habló en el camino, se detuvo en la ciudad, atravesó la plaza y en el barrio de los mercaderes, por un ratito de descanso, dio el alma del Maestro al Mercader de Joyas sin precio.

Era la hora de los gatos blancos. Iban de un lado a otro. ¡Admiración de los
30 rosales! Las nubes parecían ropas en los tendederos del cielo.

Al saber el Maestro lo que el Camino Negro había hecho, tomó naturaleza humana nuevamente, desnudándose de la forma vegetal en un riachuelo que nacía bajo la luna ruboroso como una flor de almendro, y encaminóse a la ciudad.

Llegó al valle después de una jornada, en el primer dibujo de la tarde, a
35 la hora en que volvían los rebaños, conversando a los pastores, que contestaban monosilábicamente a sus preguntas, extrañados, como ante una aparición, de su túnica verde y su barba rosada.

En la ciudad se dirigió a Poniente. Hombres y mujeres rodeaban las pilas públicas. El agua sonaba a besos al ir llenando los cántaros. Y guiado por las som-
40 bras, en el barrio de los mercaderes encontró la parte de su alma vendida por el Camino Negro al Mercader de Joyas sin precio. La guardaba en el fondo de una caja de cristal con cerradores de oro.

Sin perder tiempo se acercó al Mercader, que en un rincón fumaba, a ofrecerle por ella cien arrobas de perlas.

45 El Mercader sonrió de la locura del Maestro. ¿Cien arrobas de perlas? ¡No, sus joyas no tenían precio!

El Maestro aumentó la oferta. Los mercaderes se niegan hasta llenar su tanto. Le daría esmeraldas, grandes como maíces, de cien en cien almudes,[4] hasta formar un lago de esmeraldas.

50 El Mercader sonrió de la locura del Maestro. ¿Un lago de esmeraldas? ¡No, sus joyas no tenían precio!

---

[3] Antes de llegar a Xibalbá, lugar de la muerte, se cruzaban cuatro caminos: el camino rojo, el camino verde, el camino blanco y el camino negro; este último era, en efecto, Xibalbá, el cual halagaba el orgullo de los viajeros para atraérselos, diciéndoles que era el camino del rey, el camino del jefe.

[4] Medida antigua de capacidad para áridos, aún en uso en muchas regiones de España e Hispanoamérica, con variadísimas equivalencias. La equivalencia más general es la de 5 litros.

Le daría amuletos, ojos de namik[5] para llamar el agua, plumas contra la tempestad, mariguana para su tabaco…

El Mercader se negó.

55 ¡Le daría piedras preciosas para construir, a medio lago de esmeraldas, un palacio de cuento!

El Mercader se negó. Sus joyas no tenían precio, y, además ¿a qué seguir hablando? —ese pedacito de alma lo quería para cambiarlo, en un mercado de esclavas, por la esclava más bella.

60 Y todo fue inútil, inútil que el Maestro ofreciera y dijera, tanto como lo dijo, su deseo de recobrar el alma. Los mercaderes no tienen corazón.

Una hebra de humo de tabaco separaba la realidad del sueño, los gatos negros de los gatos blancos y al Mercader del extraño comprador, que al salir sacudió sus sandalias en el quicio de la puerta. El polvo tiene maldición.

65 Después de un año de cuatrocientos días —sigue la leyenda— cruzaba los caminos de la cordillera el Mercader. Volvía de países lejanos, acompañado de la esclava comprada con el alma del Maestro, del pájaro en flor, cuyo pico trocaba en jacintos las gotitas de miel, y de un séquito de treinta servidores montados.

—¡No sabes —decía el Mercader a la esclava, arrendando su caballería—
70 cómo vas a vivir en la ciudad! ¡Tu casa será un palacio y a tus órdenes estarán todos mis criados, yo el último, si así lo mandas tú!

—Allá —continuaba con la cara a mitad bañada por el sol— todo será tuyo. ¡Eres una joya, y yo soy el Mercader de Joyas sin precio! ¡Vales un pedacito de alma que no cambié por un lago de esmeraldas!… En una hamaca juntos vere-
75 mos caer el sol y levantarse el día, sin hacer nada, oyendo los cuentos de una vieja mañosa que sabe mi destino. Mi destino, dice, está en los dedos de una mano gigante, y sabrá el tuyo, si así lo pides tú.

La esclava se volvía al paisaje de colores diluidos en azules que la distancia iba diluyendo a la vez. Los árboles tejían a los lados del camino una caprichosa
80 decoración de güipil.[6] Las aves daban la impresión de volar dormidas, sin alas, en la tranquilidad del cielo, y en el silencio de granito, el jadeo de las bestias, cuesta arriba, cobraba acento humano.

La esclava iba desnuda. Sobre sus senos, hasta sus piernas, rodaba su cabellera negra envuelta en un solo manojo, como una serpiente. El Mercader iba
85 vestido de oro, abrigadas las espaldas con una manta de lana de chivo. Palúdico y enamorado, al frío de su enfermedad se unía el temblor de su corazón. Y los treinta servidores montados llegaban a la retina como las figuras de un sueño.

Repentinamente, aislados goterones rociaron el camino, percibiéndose muy lejos, en los abajaderos,[7] el grito de los pastores que recogían los ganados, teme-
90 rosos de la tempestad. Las cabalgaduras apuraron el paso para ganar un refugio, pero no tuvieron tiempo: tras los goterones, el viento azotó las nubes, violentando selvas hasta llegar al valle, que a la carrera se echaba encima las mantas mojadas de la bruma, y los primeros relámpagos iluminaron el paisaje, como los fogonazos de un fotógrafo loco que tomase instantáneas de tormenta.

---

[5] Venado.

[6] Huipil o Güipil: camisa sin mangas usada por las indias, hecha de tela tosca con bordados en vivos colores.

[7] Cuestas, terrenos en declive.

95   Entre las caballerías que huían como asombros, rotas las riendas, ágiles las piernas, grifa[8] la crin al viento y las orejas vueltas hacia atrás, un tropezón del caballo hizo rodar al Mercader al pie de un árbol, que, fulminado por el rayo en ese instante, le tomó con las raíces como una mano que recoge una piedra, y le arrojó al abismo.

100   En tanto, el Maestro Almendro, que se había quedado en la ciudad perdido, deambulaba como loco por las calles, asustando a los niños, recogiendo basuras y dirigiéndose de palabra a los asnos, a los bueyes y a los perros sin dueño, que para él formaban con el hombre la colección de bestias de mirada triste.

     —¿Cuántas lunas pasaron andando los caminos?… —preguntaba de puerta
105 en puerta a las gentes, que cerraban sin responderle, extrañadas, como ante una aparición, de su túnica verde y su barba rosada.

     Y pasado mucho tiempo, interrogando a todos, se detuvo en la puerta del Mercader de Joyas sin precio a preguntar a la esclava, única sobreviviente de aquella tempestad:

110   —¿Cuántas lunas pasaron andando los caminos?…

     El sol, que iba sacando la cabeza de la camisa blanca del día, borraba en la puerta, claveteada de oro y plata, la espalda del Maestro, y la cara morena de la que era un pedacito de su alma, joya que no compró con un lago de esmeraldas.

     —¿Cuántas lunas pasaron andando los caminos?…

115   Entre los labios de la esclava se acurrucó la respuesta y endureció como sus dientes. El Maestro callaba con insistencia de piedra misteriosa. Llenaba la luna del Búho-Pescador. En silencio se lavaron la cara con los ojos, al mismo tiempo, como dos amantes que han estado ausentes y se encuentran de pronto.

     La escena fue turbada por ruidos insolentes. Venían a prenderles en nombre
120 de Dios y el Rey, por brujo a él, y por endemoniada a ella. Entre cruces y espadas bajaron a la cárcel, el Maestro con la barba rosada y la túnica verde, y la esclava luciendo las carnes que de tan firmes parecían de oro.

     Siete meses después, se les condenó a morir quemados en la Plaza Mayor. La víspera de la ejecución, el Maestro acercóse a la esclava y con la uña le tatuó
125 un barquito en el brazo, diciéndola:

     —Por virtud de este tatuaje, Tatuana, vas a huir siempre que te halles en peligro, como vas a huir hoy. Mi voluntad es que seas libre como mi pensamiento; traza este barquito en el muro, en el suelo, en el aire, donde quieras, cierra los ojos, entra en él y vete…

130   ¡Vete, pues mi pensamiento es más fuerte que ídolo de barro amasado con cebollín!

     ¡Pues mi pensamiento es más dulce que la miel de las abejas que liban la flor del suquinay![9]

     ¡Pues mi pensamiento es el que se torna invisible!

---

[8] En estado de desorden, revuelta.
[9] Arbusto tropical de flores muy aromáticas. En *La recordación de la Florida*, libro sobre la historia de Guatemala terminado en 1695, y publicado en Madrid en 1882, Francisco Antonio de Fuentes y Guzmán (1643–c.1700) comenta que las abejas que liban las flores del suquinay dan una miel dulcísima.

135   Sin perder un segundo la Tatuana hizo lo que el Maestro dijo: trazó el barquito, cerró los ojos entrando en él —el barquito se puso en movimiento—, escapó de la prisión y de la muerte.

    Y a la mañana siguiente, la mañana de la ejecución, los alguaciles encontraron en la cárcel un árbol seco que tenía entre las ramas dos o tres florecitas de
140 almendro, rosadas todavía.

Miguel Ángel Asturias, "Leyenda de la Tatuana", Leyendas de Guatemala.
© Herederos de Miguel Ángel Asturias, 2011.

■ Preguntas generales

1. ¿Cómo se familiarizó Asturias con los ritos y las creencias indígenas?
2. ¿Qué relación estableció el escritor guatemalteco entre las ideas vanguardistas europeas y su propia percepción del mundo indígena?
3. ¿Cómo contribuyó Asturias al conocimiento de los textos mayas?
4. Además de ser *El señor Presidente* una novela centrada en la figura paradigmática del dictador, ¿qué otro interés literario tiene esta obra?
5. ¿En qué novelas predomina la preocupación de Asturias por las luchas político-sociales de su país?

■ Preguntas de análisis

1. ¿De qué modo se sirve Asturias de elementos mitológicos e históricos para escribir su leyenda?
2. ¿Cómo caracterizaría el lenguaje de "Leyenda de la Tatuana"?
3. ¿Ve en los personajes una dimensión universal?
4. ¿Podría analizar el uso de imágenes visuales y su posible simbolismo en la narración?
5. ¿A qué tradición pertenece esta leyenda como forma narrativa?

■ Temas para informes escritos

1. El mito y la realidad social en la obra de Asturias.
2. La influencia del surrealismo en *Leyendas de Guatemala*.
3. Asturias, un estudioso de la cultura maya.
4. La representación literaria de una experiencia histórica en *El señor Presidente*.
5. La calidad pictórica y el ritmo poético de la prosa de Asturias.

■ Temas de reflexión y comentario

1. La experiencia europea de Asturias.
2. Asturias y el subgénero de las "novelas de dictadores".
3. La experimentación con el lenguaje narrativo en la obra de Asturias.
4. El tiempo histórico y el tiempo mítico en las novelas de Asturias.
5. El *Popol Vuh* como modelo de Asturias para la cosmovisión de su mundo indígena.

NICOLÁS GUILLÉN

1902, Camagüey, Cuba—1989,
La Habana, Cuba

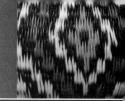

Nicolás Guillén es el poeta cubano de mayor renombre internacional. Nació y terminó sus estudios secundarios en Camagüey, y de allí pasó a La Habana a estudiar Derecho. Concluyó el primer año de esa carrera en la universidad, pero dificultades económicas lo obligaron a abandonar los estudios y a ejercer el periodismo. En La Habana (1930), Guillén conoció al escritor español Federico García Lorca, quien ejerció una decisiva influencia en su obra. En 1937, el poeta cubano viajó a México y después a España; allí asistió, con Pablo Neruda, César Vallejo y Octavio Paz, al Segundo Congreso Internacional de Escritores para la Defensa de la Cultura, con sesiones en Valencia, Madrid, Barcelona y París. Como Vallejo y Neruda, Guillén hizo suya la causa de la República española y, como ellos, escribió una emotiva colección, *España (Poema en cuatro angustias y una esperanza)* (1937), donde recuerda a García Lorca, lamenta la lucha fratricida y expresa su fe en el triunfo de la causa republicana. Por esa misma época el poeta se afilió al partido comunista. Más tarde Guillén recorrió otras ciudades de Europa y de Asia y visitó varias capitales hispanoamericanas. En 1953 fue expulsado de su patria por razones políticas y se estableció en París hasta 1959, cuando volvió a Cuba después del triunfo de la Revolución.

En la poesía de Nicolás Guillén se entrecruzan y nutren diversas vertientes. Entre las mayores figuran: 1) la negrista, influida por patrones de la lírica española y cubana, así como por postulados vanguardistas; y 2) la social, ligada a su deseo de reivindicación de los afrohispanoamericanos y a su preocupación constante por los explotados del mundo. En *Motivos de son* (1930), el primer poemario de Guillén, ya aparecen ambas direcciones poéticas. Aquí el autor configuró literariamente a negros y mulatos habaneros, pobres habitantes de "solares" o casas de vecindad de la capital cubana. Guillén, como lo habían hecho antes escritores del Siglo de Oro español y la poeta mexicana Sor Juana Inés de la Cruz, empleó elementos rítmicos y onomatopéyicos y juegos verbales para imitar la manera de hablar del afrocubano e imprimirle a su poesía gran musicalidad. La estructura de estos poemas está basada en el son cubano, mezcla de baile y canto con compás africano y letra del romance castellano. El son se originó en la provincia de Oriente y, según ha explicado el antropólogo cubano Fernando Ortiz, estuvo prohibido tocarlo en La Habana por identificarse como la música de la "gente de color". A pesar de tales restricciones, el son se impuso en la década de los treinta en toda la isla y luego fue aclamado en Nueva York y en otras ciudades. Desde un punto de vista técnico, Guillén es el creador de una nueva modalidad, el poema-son. Pero su aporte va más allá de este tipo de innovación.

Cuando Guillén recurrió a la estructura del son para inscribir temas y personajes, dejó atrás estereotipos literarios y étnicos para buscar la auténtica voz del negro y el significado de su contribución a la cultura cubana y latinoamericana. Así, en el estribillo de muchos de sus poemas emplea vocablos de las lenguas africanas a veces con alteraciones; hasta hace muy poco esas palabras eran vistas como juegos verbales sin sentido. Sin embargo, estos vocablos constituyen un retorno lingüístico al origen africano que nos lleva a la raíz misma de la identidad negra y al hondo proceso de transculturación forjador de lo cubano. Asimismo, el diálogo, la musicalidad, el humor, los vocablos exóticos, la referencia a rituales africanos y el continuo vaivén cultural, evidentes en la obra de Guillén, contribuyeron a subvertir la tradicional imagen literaria del negro para conformar otra más auténtica.

Guillén profundizó la vertiente social en *Sóngoro cosongo: poemas mulatos* (1931), en cuyo prólogo exaltó el aporte africano a la cultura cubana y caracterizó a sus composiciones de versos "mulatos". En *West Indies, Ltd.* (1934), escrito años después de la crisis económica de 1930, esta preocupación social se expresa en una vigorosa protesta contra la injusticia. "Balada de los dos abuelos", uno de los poemas de esta colección, reafirma el carácter mulato de la cultura cubana y antillana. *Cantos para soldados y sones para turistas* (1937) critica el militarismo y ridiculiza al turista que se divierte, indiferente a la miseria del pueblo. En "Un largo lagarto verde", la voz lírica expresa el deseo de cambio social.

Poemas de *La paloma de vuelo popular* (1958) y de anteriores colecciones muestran solidaridad con los oprimidos del mundo. Por ejemplo, en "Little Rock", Guillén recuerda un episodio de las luchas por las libertades cívicas de los afronorteamericanos, en 1957. *Tengo* (1964) canta el triunfo de la Revolución Cubana. Otros poemarios como *El gran zoo* (1967), *La rueda dentada* (1972) y *El diario que a diario* (1972), continúan la línea de preocupación social y muestran además otras direcciones —la humorística, por ejemplo— en la obra del poeta nacional de Cuba. En 1975 publicó *Prosa de prisa*, y en 1982 aparecieron sus memorias, *Páginas vueltas*. Nicolás Guillén supo aprovechar y recombinar elementos populares y cultos, africanos y españoles, para lograr una obra cuya esencia remite al proceso de transculturación, fundador de la cultura hispanoamericana.

■ Bibliografía mínima

Arnedo-Gómez, Miguel. "Afro-Cuban Literature and the Afrocubanista Poetry of Nicolás Guillén". *Bulletin of Hispanic Studies* 85.4 (2008): 561–74. Web. *Humanities Full Text*.

Branche, Jerome, ed. *Lo que teníamos que tener: raza y revolución en Nicolás Guillén*. Pittsburgh: Instituto Internacional de Literatura Iberoamericana, 2003. Impreso.

Dahl, Anthony G. "Resolving the Question of Identity: Nicolás Guillén's 'La balada de los dos abuelos' ". *Afro-Hispanic Review* 14.1 (1995): 10–17. Impreso.

Fuentes de la Paz, Ivette. "Lo 'africano' como una de las expresiones de la cubanidad: el caso del mestizaje en la obra de Nicolás Guillén". *Hipertexto* 3 (2006): 64–71. Impreso.

García Ronda, Denia, ed. *¡Aquí estamos! El negro en la obra de Nicolás Guillén*. La Habana: Ciencias Sociales, 2008. Impreso.

Guillén, Nicolás. *Las grandes elegías y otros poemas*. Edición, prólogo, notas y cronología de Ángel Augier. Caracas: Biblioteca Ayacucho, 1984. Impreso.

——. *Summa poética*. Ed. Luis Iñigo Madrigal. 12 ed. Madrid: Cátedra, 2005. Impreso.

Kutzinski, Vera M. "Nicolás Guillén". *Latin American Writers*. Eds. Carlos A. Solé y Maria Isabel Abreu. Vol. 2. New York: Scribner's, 1989. 947–55. Impreso.

Morejón, Nancy. "Cuba and Its Deep Africanity". *Callaloo: A Journal of African Diaspora Arts and Letters* 28.4 (2005): 933–51. Impreso.

"Nicolás Guillén". *Biblioteca Virtual Miguel de Cervantes. Obras y Autores Clásicos*. Web. <http://www.cervantesvirtual.com/bib_autor/Guillen>.

Scott, William. "Motivos of Translation: Nicolás Guillén and Langston Hughes". *CR: The New Centennial Review* 5.2 (2005): 35–71. Impreso.

Motivos de son (1930)

BÚCATE PLATA[1]

Búcate plata,
búcate plata,
poqque no doy un paso má:
etoy a arró con galleta[2]
5 na má.

Yo bien sé cómo etá to,[3]
pero biejo, hay que comé:
búcate plata,
búcate plata,
10 poqque me boy a corré.

Depué dirán que soy mala,
y no me quedrán tratá,

---

[1] El poeta intenta reproducir características del habla de sectores afrocubanos omitiendo ciertas letras (s, z, r) o trastocándolas (r por q; b por v) y sílabas finales (nada = na; todo = to). El poema se reproduce tal y como figura en la edición de Ángel Augier.

[2] La situación del hablante poético es tan precaria que se alimenta muy mal, únicamente de arroz y galletas.

[3] El hablante poético está consciente de la difícil situación económica.

pero amó con hambre, biejo,
¡qué ba!
15 Con tanto sapato nuevo,
¡qué ba!
Con tanto reló, compadre,
¡qué ba!
Con tanto lujo, mi negro,
20 ¡qué ba!

Sóngoro cosongo (1931)

VELORIO DE PAPÁ MONTERO[4]

Quemaste la madrugada
con fuego de tu guitarra:
zumo de caña en la jícara[5]
de tu carne prieta y viva,
5 bajo luna muerta y blanca.

El son te salió redondo[6]
y mulato, como un níspero.[7]
Bebedor de trago largo,
garguero de hoja de lata,[8]
10 en mar de ron barco suelto,
jinete de la cumbancha:[9]
¿qué vas a hacer con la noche,
si ya no podrás tomártela,
ni qué vena te dará
15 la sangre que te hace falta,
si se te fue por el caño[10]
negro de la puñalada?

¡Ahora sí que te rompieron,[11]
Papá Montero!

20 En el solar[12] te esperaban,
pero te trajeron muerto;
fue bronca de jaladera,[13]
pero te trajeron muerto;
dicen que él era tu ecobio,[14]

25 pero te trajeron muerto;
el hierro no apareció,
pero te trajeron muerto.

Ya se acabó Baldomero:
¡zumba,[15] canalla y rumbero!

30 Sólo dos velas están
quemando un poco de sombra;
para tu pequeña muerte
con esas dos velas sobra.
Y aún te alumbran, más que velas,
35 la camisa colorada
que iluminó tus canciones,
la prieta[16] sal de tus sones
y tu melena planchada.[17]

¡Ahora sí que te rompieron,
40 Papá Montero!

Hoy amaneció la luna
en el patio de mi casa;
de filo cayó en la tierra
y allí se quedó clavada.
45 Los muchachos la cogieron
para lavarle la cara,
y yo la traje esta noche
y te la puse de almohada.

---

[4] Como ha especificado Ángel Augier, este poema está basado en un son, "Papá Montero", del compositor cubano Eliseo Grenet. El son y el poema resaltan la vida alegre del personaje a quien al morir se le despide de la forma alegre en que vivió. Los versos son octosílabos con rima asonante en a-a, e-o y o-a.
[5] Recipiente hecho de la corteza del fruto de la güira. El cuerpo de Papá Montero es como una jícara.
[6] Perfecto.
[7] Fruta tropical.
[8] Tenía resistencia para tomar los licores más fuertes.
[9] Fiesta, movida.
[10] Herida.
[11] Mataron.
[12] Casa de vecindad muy pobre.
[13] Borrachera.
[14] Buen amigo.
[15] Interjección que significa "arriba", dale.
[16] Oscura.
[17] Alisada.

West Indies, Ltd. (1934)

SENSEMAYÁ[18]

CANTO PARA MATAR A UNA CULEBRA

¡Mayombe—bombe—mayombé![19]
¡Mayombe—bombe—mayombé!
¡Mayombe—bombe—mayombé!

La culebra tiene los ojos de vidrio;
5 la culebra viene y se enreda en un palo;
con sus ojos de vidrio en un palo,
con sus ojos de vidrio.

La culebra camina sin patas;
la culebra se esconde en la yerba;
10 caminando se esconde en la yerba,
caminando sin patas.

¡Mayombe—bombe—mayombé!
¡Mayombe—bombe—mayombé!
¡Mayombe—bombe—mayombé!

15 Tú le das con el hacha y se muere:
¡dale ya!
¡No le des con el pie, que te muerde,
no le des con el pie, que se va!

Sensemayá, la culebra,
20 sensemayá.
Sensemayá, con sus ojos,
sensemayá.
Sensemayá, con su lengua,
sensemayá.
25 Sensemayá, con su boca,
sensemayá.

¡La culebra muerta no puede comer,
la culebra muerta no puede silbar,
no puede caminar,
30 no puede correr!
La culebra muerta no puede mirar,
la culebra muerta no puede beber,
no puede respirar,
no puede morder.

---

[18] Sensemayá, diosa representada por una serpiente en una de las religiones afrocubanas.
[19] De la secta mayombé del sistema yomba, culto yomba o lucumí que adoraba a varios dioses africanos y al espíritu de los muertos. En Cuba evolucionó hacia la santería.

35   ¡Mayombe—bombe—mayombé!
Sensemayá, la culebra…
¡Mayombe—bombe—mayombé!
Sensemayá, no se mueve…

     ¡Mayombe—bombe—mayombé!
40 *Sensemayá, la culebra…*
¡Mayombe—bombe—mayombé!
Sensemayá, se murió.

BALADA DE LOS DOS ABUELOS[20]

    Sombras que sólo yo veo,
me escoltan mis dos abuelos.

    Lanza con punta de hueso,
tambor de cuero y madera:
5 mi abuelo negro.
Gorguera[21] en el cuello ancho,
gris armadura guerrera:
mi abuelo blanco.

    Pie desnudo, torso pétreo[22]
10 los de mi negro;
pupilas de vidrio antártico[23]
las de mi blanco.

    África de selvas húmedas
y de gordos gongos[24] sordos…
15 —¡Me muero!
(Dice mi abuelo negro.)
Aguaprieta de caimanes,
verdes mañanas de cocos…
—¡Me canso!
20 (Dice mi abuelo blanco.)
Oh velas de amargo viento,
galeón ardiendo en oro…
—¡Me muero!
(Dice mi abuelo negro.)
25 ¡Oh costas de cuello virgen
engañadas de abalorios[25]…!
—¡Me canso!
(Dice mi abuelo blanco.)
¡Oh puro sol repujado,[26]

---

[20] Versos con rima asonante.
[21] Pieza de la armadura antigua que se ajustaba en el cuello para protegerlo.
[22] Fuerte, como de piedra.
[23] Duras y frías.

[24] Instrumento de percusión.
[25] Adornos formados con cuentas de vidrio agujereadas.
[26] Por su resplandor, el sol parece ser de oro y estar labrado de relieve, a martillo.

30 preso en el aro del trópico;
oh luna redonda y limpia
sobre el sueño de los monos!

¡Qué de barcos, qué de barcos!
¡Qué de negros, qué de negros!
35 ¡Qué largo fulgor[27] de cañas!
¡Qué látigo el del negrero!
Piedra de llanto y de sangre,
venas y ojos entreabiertos,
y madrugadas vacías,
40 y atardeceres de ingenio,
y una gran voz, fuerte voz,
despedazando el silencio.
¡Qué de barcos, qué de barcos,
qué de negros!

45 Sombras que sólo yo veo,
me escoltan[28] mis dos abuelos.

Don Federico me grita
y Taita Facundo calla;
los dos en la noche sueñan,
50 y andan, andan.
Yo los junto.

—¡Federico!
¡Facundo! Los dos se abrazan.
Los dos suspiran. Los dos
55 las fuertes cabezas alzan;
los dos del mismo tamaño,
bajo las estrellas altas;
los dos del mismo tamaño,
ansia negra y ansia blanca;
60 los dos del mismo tamaño,
gritan, sueñan, lloran, cantan.
Sueñan, lloran, cantan.
Lloran, cantan.
¡Cantan!

La paloma de vuelo popular (1958)

UN LARGO LAGARTO VERDE[29]

Por el Mar de las Antillas
(que también Caribe llaman)

---

[27] Brillo, resplandor.
[28] Acompañan.

[29] Romance octosílabo de rima asonante en los versos pares. El poema alude a la forma de lagarto o caimán que tiene la isla de Cuba en el mapa.

batida por olas duras
y ornada[30] de espumas blandas,
5 bajo el sol que la persigue
y el viento que la rechaza,
cantando a lágrima viva
navega Cuba en su mapa:
un largo lagarto verde,
10 con ojos de piedra y agua.

    Alta corona de azúcar
le tejen agudas cañas;
no por coronada libre,
sí de su corona esclava:
15 reina del manto hacia fuera,
del manto adentro, vasalla,
triste como la más triste
navega Cuba en su mapa:
un largo lagarto verde,
20 con ojos de piedra y agua.

    Junto a la orilla del mar,
tú que estás en fija guardia,
fíjate, guardián marino,
en la punta de las lanzas
25 y en el trueno de las olas
y en el grito de las llamas
y en el lagarto despierto
sacar las uñas del mapa:
un largo lagarto verde,
30 con ojos de piedra y agua.

■ Preguntas generales

1. ¿Cómo se vinculan Guillén, Vallejo y Neruda?
2. ¿Qué se sabe de la historia del son cubano y cómo influye en la creación del "poema-son"?
3. ¿Cómo evolucionó la poesía de Guillén?
4. ¿Qué tradiciones influyeron en la obra del poeta cubano?
5. ¿Cómo aparece la cultura africana en la poesía de Guillén?

■ Preguntas de análisis

1. ¿Cómo vemos en "Búcate plata" el pintoresquismo negro?
2. ¿Quién es Papá Montero? Identifique las metáforas y explique cómo ayudan a caracterizar a Papá Montero. ¿Por qué es "pequeña" su muerte?
3. ¿Cuáles son la función y el significado de vocablos como "sensemayá", "mayombé"? ¿Cómo profundiza Guillén el tema negro en "Sensemayá"?

---

[30] Adornada.

4. ¿Qué tesis de Guillén sobre la nacionalidad cubana y antillana ejemplifica "Balada de los dos abuelos"? ¿Qué metáforas se emplean para caracterizar a los dos abuelos? Analice los tiempos verbales de esta composición y explique cómo contribuyen a equilibrar las acciones de cada abuelo.

5. ¿Qué metáforas se emplean para caracterizar a Cuba en "Un largo lagarto verde"? ¿Por qué es Cuba "reina del manto hacia fuera, / del manto adentro, vasalla"? ¿Se puede encasillar esta composición en el apartado "poesía social"? Explique su respuesta.

■ Temas para informes escritos

1. El son en la lírica de Nicolás Guillén.
2. Estudio temático de tres poemas de Nicolás Guillén, Luis Palés Matos y Manuel del Cabral.
3. Actividad política y preocupación social en Guillén.
4. El humor en *El gran zoo*.
5. La poesía negra más allá del Caribe: Nicomedes Santacruz, en el Perú.

■ Temas de reflexión y comentario

1. La poesía ideológica de Nicolás Guillén: aciertos y desaciertos.
2. Langston Hughes y Nicolás Guillén: coincidencias literarias.
3. Vanguardismo y negrismo en el Caribe.
4. Negrismo, *négritude* y el "Harlem Renaissance".
5. Recursos musicales en el "Son número 6" de *El son entero*.

ALEJO CARPENTIER

1904, Lausanne, Suiza–1980,
París, Francia[1]

Con vasta cultura y gran habilidad para la evocación de ambientes y de épocas, Carpentier utilizó sus conocimientos de historia, literatura, música y artes plásticas en la producción de sus obras. Educado en La Habana, de padre francés y madre de ascendencia rusa, dominaba el idioma paterno junto con el español, y pasó largos períodos de residencia en la capital francesa. Su íntimo conocimiento de Europa le permitió servir de mediador entre la cultura europea y la hispanoamericana, y al mismo tiempo, analizar los complejos vínculos que unen a ambos mundos. La búsqueda de la identidad americana, preocupación central de los vanguardistas, es una de las constantes en la obra de Carpentier.

El futuro escritor comenzó estudios de arquitectura que debió abandonar para ganarse la vida en el periodismo. En los años veinte se inició en las letras, participando en el movimiento afrocubano con otros jóvenes escritores y artistas opuestos al europeísmo de la generación anterior. Colaboró en la producción de ballets de tema negro y escribió poemas inspirados por los ritos afrocubanos. Después de haber estado en la cárcel en 1927 por su abierta oposición a la dictadura de Gerardo Machado, Carpentier se trasladó a París, donde permaneció once años (1928–1939). Allí se vinculó con las figuras más sobresalientes del surrealismo, colaboró en revistas y periódicos y dirigió programas radiofónicos. Su primera novela, comenzada en la cárcel, ¡Ecue-Yamba-O! (¡Dios, loado seas!), fue publicada en Madrid (1933). En ella intentó —sin lograrlo, como él mismo lo admitió— representar la cultura afrocubana desde adentro. Durante esos años, Carpentier se consagró a leer todo lo que encontraba sobre Hispanoamérica, posesionado por el deseo de dar expresión al mundo americano.

Regresó a La Habana en 1939, pero sólo permaneció allí hasta 1945, fecha en que se trasladó a Caracas. Entre tanto, había realizado un viaje a Haití (1943) y otro a México (1944), el primero de los cuales lo familiarizó con la historia de Haití y le proporcionó el material para su novela *El reino de este mundo* (1949). En el prólogo de ésta, el autor explicó su idea de lo "real maravilloso"*, esto es, su percepción del continente americano como un mundo donde la experiencia de hechos extraordinarios, maravillosos y mágicos es parte integrante de la realidad. De este período datan también *La música en Cuba* (1946) y los relatos (con la excepción de *El acoso*) que luego incluiría en *Guerra del tiempo* (1958): "Viaje a la semilla", "El camino de Santiago" y "Semejante a la noche". En este último la

---

[1] Con la aparición del certificado de nacimiento de Alejo Carpentier en Lausanne, Suiza, quedó establecido que fue ésta, y no La Habana, su ciudad natal.

narración superpone distintos tiempos y sucesos históricos. El texto critica las relaciones de poder y explotación que, encubiertas por la retórica del honor, la religiosidad o el patriotismo, han originado las guerras a través de los siglos. Los relatos de *Guerra del tiempo* representan, dentro de la obra del autor, una breve etapa de experimentación en la técnica narrativa, durante la cual utilizó algunas formas propias del cuento fantástico.

Residente en Caracas, Carpentier viajó al interior de Venezuela (1947 y 1948); de esa experiencia surgió *Los pasos perdidos* (1953), novela de base autobiográfica y acción contemporánea al momento de su escritura donde se manifiesta una inquietud existencialista. En esta obra culmina, sin éxito, la búsqueda de un reencuentro del artista con una América primordial. Más adelante, en *El acoso* (1956), Carpentier se concentró en la historia política de Cuba; amplió este horizonte en *El siglo de las luces* (1962), novela histórica donde mostró las repercusiones de la Revolución Francesa en los países del Caribe y en el resto del mundo hispánico. Después del triunfo de la Revolución Cubana (1959), el novelista regresó a La Habana y ocupó puestos directivos en las nuevas instituciones culturales. Desde 1967 vivió en París, donde desempeñó funciones diplomáticas representando a su país en Francia. Sus novelas *El recurso del método* y *Concierto barroco* aparecieron en 1974, luego de una larga interrupción en su producción narrativa. La primera, cuyo título es una alusión paródica al *Discurso del método* de Descartes, presenta al dictador hispanoamericano como forma degradada del déspota ilustrado. *Concierto barroco* refleja, por otra parte, la idea central del autor de que la cultura hispanoamericana es necesariamente barroca. La novela muestra humorísticamente la mezcla indiscriminada de elementos culturales que América devuelve a Europa, subvirtiendo la cultura heredada de ella para crear nuevas formas expresivas.

Carpentier publicó hacia el final de su vida novelas representativas de sus mejores cualidades. *La consagración de la primavera* (1978) evoca medio siglo de contiendas y revoluciones, abarcando desde la Guerra Civil española y la Segunda Guerra mundial hasta la Revolución Cubana y la batalla de Playa Girón. *El arpa y la sombra* (1979), su última novela, noveliza la biografía de Cristóbal Colón, presentando una imagen desmitificada del gran almirante. Como novelista, Carpentier se distinguió por su capacidad para recrear vastos escenarios históricos y hacer la crónica de los movimientos colectivos que han sacudido a la humanidad, todo ello desde la perspectiva histórica, cultural y política del continente americano. Los ensayos de *Tientos y diferencias* (1964) y *La novela latinoamericana en vísperas de un nuevo siglo* (1981), de publicación póstuma, confirmaron a Carpentier como uno de los estudiosos y pensadores más lúcidos de la cultura hispanoamericana.

■ Bibliografía mínima

Beverley, John. "Baroque Historicism, Then and Now". *Revista Canadiense de Estudios Hispánicos* 33.1 (2008): 65–77. Impreso.

Birkenmaier, Anke. *Alejo Carpentier y la cultura del surrealismo en América Latina*. Madrid/Fráncfort: Iberoamericana/Vervuert, 2006. Impreso.

Carpentier, Alejo. *Guerra del tiempo y otros relatos*. Prólogo de Gonzalo Celorio. Miami: LD Books Inc., 2001. Impreso.

Castro, Ricardo. "The Constitution of the Hispanic Baroque: Timeless Gazes". *Revista Canadiense de Estudios Hispánicos* 33.1 (2008): 251–63. Impreso.

González Echevarría, Roberto. *Alejo Carpentier, el peregrino en su patria*. 2.ª ed. Madrid: Gredos, 2004. Impreso.

———. "'Semejante a la noche' de Carpentier: Historia y ficción". *El cuento hispanoamericano ante la crítica*. Ed. Enrique Pupo-Walker. Madrid: Castalia, 1995. 261–284. Impreso.

King, Nicole. "'Semejante a la noche' de Alejo Carpentier: La Historia y el hombre". *Gaceta Hispánica de Madrid* 6 (2008): 1–10. Impreso.

Larsen, Neil. "*El siglo de las luces*: Modernism and Epic". *Modernism and Its Margins: Reinscribing Cultural Modernity from Spain and Latin America*. Edición e introducción de Anthony L. Geist y José B. Monleón; epílogo de René Jara. New York: Garland, 1999. 260–75. Impreso.

Leante, César. "Carpentier y la revolución". *Cuadernos Hispanoamericanos* 618 (2001): 125–29. Impreso.

Lynd, Juliet. "The Problem of Representing the Latin American Other: Alejo Carpentier's *El reino de este mundo* and *Los pasos perdidos*". *Romance Languages Annual* 9 (1997): 593–99. Impreso.

Márquez Rodríguez, Alexis. "Alejo Carpentier: teorías del barroco y de lo real maravilloso". *Nuevo Texto Crítico* 3.1 (1990): 95–121. Impreso.

Martin, Claire Emilie. *Alejo Carpentier y las crónicas de Indias: Orígenes de una escritura americana*. Hanover, NH: Ediciones del Norte, 1995. Impreso.

Müller-Bergh, Klaus. "Alejo Carpentier". *Latin American Writers*. Eds. Carlos A. Solé y Maria Isabel Abreu. Vol. 3. New York: Scribner's, 1989. 1019–31. Impreso.

Muñoz, Willy O. "Literatura e historia en 'Semejante a la noche' de Alejo Carpentier". *Siglo XX* 11.1–2 (1993): 181–92. Impreso.

Rae, Caroline. "In Havana and Paris: The Musical Activities of Alejo Carpentier". *Music & Letters* 89.3 (2008): 373–95. *Project Muse*. Web. <muse.jhu.edu/search>.

Guerra del tiempo (1958)

SEMEJANTE A LA NOCHE

Y caminaba, semejante a la noche.

ILÍADA.—Canto I.

I

El mar empezaba a verdecer entre los promontorios todavía en sombras, cuando la caracola[1] del vigía anunció las cincuenta naves negras que nos enviaba el Rey Agamemnón. Al oír la señal, los que esperaban desde hacía tantos días sobre las boñigas de las eras[2], empezaron a bajar el trigo hacia la playa donde ya 5 preparábamos los rodillos[3] que servirían para subir las embarcaciones hasta las murallas de la fortaleza. Cuando las quillas[4] tocaron la arena, hubo algunas riñas con los timoneles, pues tanto se había dicho a los micenianos que carecíamos de toda inteligencia para las faenas marítimas, que trataron de alejarnos con sus pértigas.[5] Además, la playa se había llenado de niños que se metían entre las piernas 10 de los soldados, entorpecían las maniobras, y se trepaban a las bordas[6] para robar

---

[1] Caracol de forma cónica con el que se hace un instrumento musical que suena como una trompa.

[2] Espacio de tierra limpia y firme, algunas veces empedrado, donde se trillan las mieses.

[3] Cilindros.

[4] Bases de los barcos que sostienen toda su estructura.

[5] Varas largas.

[6] Parte superior del costado de un barco.

nueces de bajo los banquillos de los remeros. Las olas claras del alba se rompían
entre gritos, insultos y agarradas a puñetazos, sin que los notables pudieran pronunciar sus palabras de bienvenida, en medio de la baraúnda.[7] Como yo había
esperado algo más solemne, más festivo, de nuestro encuentro con los que ve-
15 nían a buscarnos para la guerra, me retiré, algo decepcionado, hacia la higuera en
cuya rama gruesa gustaba de montarme, apretando un poco las rodillas sobre la
madera, porque tenía un no sé qué de flancos de mujer.

A medida que las naves eran sacadas del agua, al pie de las montañas que
ya veían el sol, se iba atenuando en mí la mala impresión primera debida sin
20 duda al desvelo de la noche de espera, y también al haber bebido demasiado, el
día anterior, con los jóvenes de tierras adentro, recién llegados a esta costa, que
habrían de embarcar con nosotros, un poco después del próximo amanecer. Al
observar las filas de cargadores de jarras, de odres[8] negros, de cestas, que ya se
movían hacia las naves, crecía en mí, con un calor de orgullo, la conciencia de la
25 superioridad del guerrero. Aquel aceite, aquel vino resinado, aquel trigo sobre
todo, con el cual se cocerían, bajo ceniza, las galletas de las noches en que dormi-
ríamos al amparo de las proas mojadas, en el misterio de alguna ensenada desconocida, camino de la Magna Cita de Naves, aquellos granos que habían sido
echados con ayuda de mi pala, eran cargados ahora para mí, sin que yo tuviese
30 que fatigar estos largos músculos que tengo, estos brazos hechos al manejo de
la pica[9] de fresno,[10] en tareas buenas para los que sólo sabían de oler la tierra;
hombres, porque la miraban por sobre el sudor de sus bestias, aunque vivieran
encorvados encima de ella, en el hábito de deshierbar y arrancar y rascar, como
los que sobre la tierra pacían. Ellos nunca pasarían bajo aquellas nubes que siem-
35 pre ensombrecían, en esta hora, los verdes de las lejanas islas de donde traían el
silfión[11] de acre perfume. Ellos nunca conocerían la ciudad de anchas calles de
los troyanos, que ahora íbamos a cercar, atacar y asolar. Durante días y días nos
habían hablado, los mensajeros del Rey de Micenas, de la insolencia de Príamo,[12]
de la miseria que amenazaba a nuestro pueblo por la arrogancia de los súbditos,
40 que hacían mofa de nuestras viriles costumbres; trémulos de ira, supimos de los
retos lanzados por los de Ilios[13] a nosotros, acaienos[14] de largas cabelleras, cuya
valentía no es igualada por la de pueblo alguno. Y fueron clamores de furia, puños alzados, juramentos hechos con las palmas en alto, escudos arrojados a las
paredes, cuando supimos del rapto de Elena de Esparta. A gritos nos contaban
45 los emisarios de su maravillosa belleza, de su porte y de su adorable andar, de-
tallando las crueldades a que era sometida en su abyecto cautiverio, mientras
los odres derramaban el vino en los cascos.[15] Aquella misma tarde, cuando la
indignación bullía en el pueblo, se nos anunció el despacho de las cincuenta naves. El fuego se encendió entonces en las fundiciones de los bronceros, mientras
50 las viejas traían leña del monte. Y ahora, transcurridos los días, yo contemplaba
las embarcaciones alineadas a mis pies, con sus quillas potentes, sus mástiles al

---

[7] Alboroto, ruido y confusión grandes.
[8] Vasijas de cuero para guardar vino o aceite.
[9] Herramienta.
[10] Árbol oleáceo de tronco grueso, cuya madera
sirvió por siglos para hacer armas y herramientas.
[11] Hierba alta y vivaz.

[12] Último rey de Troya; reinó durante el asedio
a la ciudad y murió al ser ésta capturada.
[13] Ciudadanos de Troya, conocida también por
Ilión.
[14] Héroes míticos del Ática.
[15] Toneles, barriles.

descanso entre las bordas como la virilidad entre los muslos del varón, y me sentía un poco dueño de esas maderas que un portentoso ensamblaje, cuyas artes ignoraban los de acá, transformaba en corceles de corrientes, capaces de llevarnos a
55 donde desplegábase en acta de grandezas el máximo acontecimiento de todos los tiempos. Y me tocaría a mí, hijo de talabartero,[16] nieto de un castrador de toros, la suerte de ir al lugar en que nacían las gestas cuyo relumbre nos alcanzaba por los relatos de los marinos; me tocaría a mí, la honra de contemplar las murallas de Troya, de obedecer a los jefes insignes, y de dar mi ímpetu y mi fuerza a la obra
60 del rescate de Elena de Esparta, másculo[17] empeño, suprema victoria de una guerra que nos daría, por siempre, prosperidad, dicha y orgullo. Aspiré hondamente la brisa que bajaba por la ladera de los olivares, y pensé que sería hermoso morir en tan justiciera lucha, por la causa misma de la Razón. La idea de ser traspasado por una lanza enemiga me hizo pensar, sin embargo, en el dolor de mi madre,
65 y en el dolor, más hondo tal vez, de quien tuviera que recibir la noticia con los ojos secos, por ser el jefe de la casa. Bajé lentamente hacia el pueblo, siguiendo la senda de los pastores.

Tres cabritos retozaban en el olor del tomillo.[18] En la playa, seguía embarcándose el trigo.

II

Con bordoneos de vihuela[19] y repiques de tejoletas,[20] festejábase, en todas partes, la próxima partida de las naves. Los marinos de La Gallarda andaban ya en zarambeques[21] de negras horras,[22] alternando el baile con coplas de sobado, como aquélla de la Moza del Retoño, en que las manos tentaban el objeto de la
5 rima dejado en puntos por las voces. Seguía el trasiego[23] del vino, el aceite y el trigo, con ayuda de los criados indios del Veedor,[24] impacientes por regresar a sus lejanas tierras. Camino del puerto, el que iba a ser nuestro capellán arreaba dos bestias que cargaban con los fuelles y flautas de un órgano de palo. Cuando me tropezaba con gente de la armada, eran abrazos ruidosos, de muchos aspa-
10 vientos, con risas y alardes para sacar las mujeres a sus ventanas. Éramos como hombres de distinta raza, forjados para culminar empresas que nunca conocerían el panadero ni el cardador[25] de ovejas, y tampoco el mercader que andaba pregonando camisas de Holanda, ornadas de caireles[26] de monjas, en patios de comadres. En medio de la plaza, con los cobres al sol, los seis trompetas del Ade-
15 lantado se habían concertado en folías,[27] en tanto que los atambores borgoñones atronaban los parches, y bramaba, como queriendo morder, un sacabuche[28] con fauces de tarasca.[29]

---

[16] Trabajador del cuero.
[17] Grande, importante.
[18] Planta muy olorosa, común en España, que se usa para sazonar la comida.
[19] Sonidos graves de la vihuela, instrumento de cuerda parecido a la guitarra.
[20] Castañuelas.
[21] Danzas alegres y bulliciosas.
[22] Esclavas que han obtenido su libertad legalmente.

[23] Traslado.
[24] Inspector.
[25] El que carda (saca) la lana a las ovejas.
[26] Adornos a modo de flecos.
[27] Bailes y cantos populares en las Islas Canarias.
[28] Instrumento de viento parecido al trombón.
[29] Figura de dragón monstruoso llevada en algunas procesiones.

Mi padre estaba, en su tienda oliente a pellejos y cordobanes,[30] hincando la lezna en un ación[31] con el desgano de quien tiene puesta la mente en espera.
20 Al verme, me tomó en brazos con serena tristeza, recordando tal vez la horrible muerte de Cristobalillo, compañero de mis travesuras juveniles, que había sido traspasado por las flechas de los indios de la Boca del Drago. Pero él sabía que era locura de todos, en aquellos días, embarcar para las Indias, aunque ya dijeran muchos hombres cuerdos que aquello era engaño común de muchos y remedio
25 particular de pocos. Algo alabó de los bienes de la artesanía, del honor —tan honor como el que se logra en riesgosas empresas— de llevar el estandarte de los talabarteros en la procesión del Corpus; ponderó la olla segura, el arca repleta, la vejez apacible. Pero, habiendo advertido tal vez que la fiesta crecía en la ciudad y que mi ánimo no estaba para cuerdas[32] razones, me llevó suavemente hacia la
30 puerta de la habitación de mi madre. Aquél era el momento que más temía, y tuve que contener mis lágrimas ante el llanto de la que sólo habíamos advertido de mi partida cuando todos me sabían ya asentado en los libros de la Casa de la Contratación. Agradecí las promesas hechas a la Virgen de los Mareantes por mi pronto regreso, prometiendo cuanto quiso que prometiera, en cuanto a no tener
35 comercio deshonesto con las mujeres de aquellas tierras, que el Diablo tenía en desnudez mentidamente edénica para mayor confusión y extravío de cristianos incautos, cuando no maleados por la vista de tanta carne al desgaire.[33] Luego, sabiendo que era inútil rogar a quien sueña ya con lo que hay detrás de los horizontes, mi madre empezó a preguntarme, con voz dolorida, por la seguridad
40 de las naves y la pericia de los pilotos. Yo exageré la solidez y marinería de *La Gallarda*, afirmando que su práctico era veterano de Indias, compañero de Nuño García. Y, para distraerla de sus dudas, le hablé de los portentos de aquel mundo nuevo, donde la Uña de la Gran Bestia y la Piedra Bezar curaban todos los males, y existía, en tierra de Omeguas, una ciudad toda hecha de oro, que un buen cami-
45 nador tardaba una noche y dos días en atravesar, a la que llegaríamos, sin duda, a menos de que halláramos nuestra fortuna en comarcas aún ignoradas, cunas de ricos pueblos por sojuzgar. Moviendo suavemente la cabeza, mi madre habló entonces de las mentiras y jactancias de los indianos, de amazonas y antropófagos, de las tormentas de las Bermudas, y de las lanzas enherboladas[34] que dejaban
50 como estatua al que hincaban.[35] Viendo que a discursos de buen augurio ella oponía verdades de mala sombra, le hablé de altos propósitos, haciéndole ver la miseria de tantos pobres idólatras, desconocedores del signo de la cruz. Eran millones de almas, las que ganaríamos a nuestra santa religión, cumpliendo con el mandato de Cristo a los Apóstoles. Éramos soldados de Dios, a la vez que sol-
55 dados del Rey, y por aquellos indios bautizados y encomendados,[36] librados de sus bárbaras supersticiones por nuestra obra, conocería nuestra nación el premio de una grandeza inquebrantable, que nos daría felicidad, riquezas, y poderío sobre todos los reinos de la Europa. Aplacada por mis palabras, mi madre me colgó un escapulario del cuello y me dio varios ungüentos contra las mordeduras de

---

[30] Pieles.
[31] Correa que sostiene el estribo de la silla de montar.
[32] Sensatas.

[33] Exhibida con descuido.
[34] Untadas con el zumo de hierbas venenosas.
[35] Hincar: clavar.
[36] Dados en encomienda.

60 alimañas ponzoñosas, haciéndome prometer, además, que siempre me pondría, para dormir, unos escarpines de lana que ella misma hubiera tejido. Y como entonces repicaron las campanas de la catedral, fue a buscar el chal bordado que sólo usaba en las grandes oportunidades. Camino del templo, observé que, a pesar de todo, mis padres estaban como acrecidos de orgullo por tener un hijo
65 alistado en la armada del Adelantado. Saludaban mucho y con más demostraciones que de costumbre. Y es que siempre es grato tener un mozo de pelo en pecho,[37] que sale a combatir por una causa grande y justa. Miré hacia el puerto. El trigo seguía entrando en las naves.

III

Yo la llamaba mi prometida, aunque nadie supiera aún de nuestros amores. Cuando vi a su padre cerca de las naves, pensé que estaría sola, y seguí aquel muelle triste, batido por el viento, salpicado de agua verde, abarandado de cadenas y argollas verdecidas por el salitre, que conducía a la última casa de ventanas
5 verdes, siempre cerradas. Apenas hice sonar la aldaba[38] vestida de verdín,[39] se abrió la puerta y, con una ráfaga de viento que traía garúa[40] de olas, entré en la estancia donde ya ardían las lámparas, a causa de la bruma. Mi prometida se sentó a mi lado, en un hondo butacón de brocado antiguo, y recostó la cabeza sobre mi hombro con tan resignada tristeza que no me atreví a interrogar sus ojos que
10 yo amaba, porque siempre parecían contemplar cosas invisibles con aire asombrado. Ahora, los extraños objetos que llenaban la sala cobraban un significado nuevo para mí. Algo parecía ligarme al astrolabio,[41] la brújula, y la Rosa de los Vientos;[42] algo, también, al pez-sierra que colgaba de las vigas del techo, y a las cartas de Mercator y Ortellius que se abrían a los lados de la chimenea, revueltos
15 con mapas celestiales habitados por Osas, Canes y Sagitarios. La voz de mi prometida se alzó sobre el silbido del viento que se colaba por debajo de las puertas, preguntando por el estado de los preparativos. Aliviado por la posibilidad de hablar de algo ajeno a nosotros mismos, le conté de los sulpicianos[43] y recoletos[44] que embarcarían con nosotros, alabando la piedad de los gentileshombres y cul-
20 tivadores escogidos por quien hubiera tomado posesión de las tierras lejanas en nombre del Rey de Francia. Le dije cuanto sabía del gigantesco río Colbert, todo orlado de árboles centenarios de los que colgaban como musgos plateados, cuyas aguas rojas corrían majestuosamente bajo un cielo blanco de garzas. Llevábamos víveres para seis meses. El trigo llenaba los sollados[45] de *La Bella* y *La Amable*. Íba-
25 mos a cumplir una gran tarea civilizadora en aquellos inmensos territorios selváticos, que se extendían desde el ardiente Golfo de México hasta las regiones de Chicagúa, enseñando nuevas artes a las naciones que en ellos residían. Cuando yo creía a mi prometida más atenta a lo que le narraba, la vi erguirse ante mí con sorprendente energía, afirmando que nada glorioso había en la empresa que

---

[37] Bravo, valiente.
[38] Picaporte, llamador de la puerta.
[39] Moho o sustancia verde que se forma sobre la superficie de los metales.
[40] Llovizna, lluvia muy ligera.
[41] Antiguo instrumento de navegación con el que se observaban los movimientos de los astros.

[42] Círculo que tiene marcados alrededor los cuatro puntos cardinales. Instrumento de navegación.
[43] Miembros de la congregación de San Sulpicio.
[44] Frailes que viven retirados y muy modestamente.
[45] Cubiertas o pisos interiores de un barco.

30 estaba haciendo repicar, desde el alba, todas las campanas de la ciudad. La noche anterior, con los ojos ardidos por el llanto, había querido saber algo de ese mundo de allende el mar, hacia el cual marcharía yo ahora, y, tomando los ensayos de Montaigne,[46] en el capítulo que trata de los carruajes, había leído cuanto a América se refería. Así se había enterado de la perfidia de los españoles, de cómo,
35 con el caballo y las lombardas,[47] se habían hecho pasar por dioses. Encendida de virginal indignación, mi prometida me señalaba el párrafo en que el bordelés escéptico afirmaba que "nos habíamos valido de la ignorancia e inexperiencia de los indios, para atraerlos a la traición, lujuria, avaricia y crueldades, propias de nuestras costumbres". Cegada por tan pérfida lectura, la joven que piadosamente
40 lucía una cruz de oro en el escote, aprobaba a quien impíamente afirmara que los salvajes del Nuevo Mundo no tenían por qué trocar su religión por la nuestra, puesto que se habían servido muy útilmente de la suya durante largo tiempo. Yo comprendía que, en esos errores, no debía ver más que el despecho de la doncella enamorada, dotada de muy ciertos encantos, ante el hombre que le impone una
45 larga espera, sin otro motivo que la azarosa pretensión de hacer rápida fortuna en una empresa muy pregonada. Pero, aun comprendiendo esa verdad, me sentía profundamente herido por el desdén a mi valentía, la falta de consideración por una aventura que daría relumbre a mi apellido, lográndose, tal vez, que la noticia de alguna hazaña mía, la pacificación de alguna comarca, me valiera algún título
50 otorgado por el Rey aunque para ello hubieran de perecer, por mi mano, algunos indios más o menos. Nada grande se hacía sin lucha, y en cuanto a nuestra santa fe, la letra con sangre entraba. Pero ahora eran celos los que se traslucían en el feo cuadro que ella me trazaba de la isla de Santo Domingo, en la que haríamos escala, y que mi prometida, con expresiones adorablemente impropias, calificaba
55 de "paraíso de mujeres malditas". Era evidente que, a pesar de su pureza, sabía de qué clase eran las mujeres que solían embarcar para el Cabo Francés, en muelle cercano, bajo la vigilancia de los corchetes,[48] entre risotadas y palabrotas de los marineros; alguien —una criada, tal vez— podía haberle dicho que la salud del hombre no se aviene con ciertas abstinencias y vislumbraba, en un miste-
60 rioso mundo de desnudeces edénicas, de calores enervantes, peligros mayores que los ofrecidos por inundaciones, tormentas, y mordeduras de los dragones de agua que pululan en los ríos de América. Al fin empecé a irritarme ante una terca discusión que venía a sustituirse, en tales momentos, a la tierna despedida que yo hubiera apetecido. Comencé a renegar de la pusilanimidad de las mu-
65 jeres, de su incapacidad de heroísmo, de sus filosofías de pañales y costureros, cuando sonaron fuertes aldabonazos, anunciando el intempestivo regreso del padre. Salté por una ventana trasera sin que nadie, en el mercado, se percatara de mi escapada, pues los transeúntes, los pescaderos, los borrachos —ya numerosos en esta hora de la tarde— se habían aglomerado en torno a una mesa sobre la que
70 a gritos hablaba alguien que en el instante tomé por un pregonero del Elixir de Orvieto,[49] pero que resultó ser un ermitaño que clamaba por la liberación de los Santos Lugares. Me encogí de hombros y seguí mi camino. Tiempo atrás había

---

[46] Michel de Montaigne (1533–1592): ensayista y pensador francés.
[47] Cañones que disparaban piedras grandes.

[48] Funcionarios de la justicia, de rango inferior.
[49] Droga inventada por Ferrante de Orvieto, muy popular durante el siglo XVII.

estado a punto de alistarme en la cruzada predicada por Fulco de Neuilly.[50] En
buena hora una fiebre maligna —curada, gracias a Dios y a los ungüentos de mi
75 santa madre— me tuvo en cama, tiritando, el día de la partida: aquella empresa
había terminado, como todos saben, en guerra de cristianos contra cristianos. Las
cruzadas estaban desacreditadas. Además, yo tenía otras cosas en qué pensar.

El viento se había aplacado. Todavía enojado por la tonta disputa con mi
prometida, me fui hacia el puerto, para ver los navíos. Estaban todos arrimados
80 a los muelles, lado a lado, con las escotillas[51] abiertas, recibiendo millares de sa-
cos de harina de trigo entre sus bordas pintadas de arlequín. Los regimientos
de infantería subían lentamente por las pasarelas, en medio de los gritos de los
estibadores, los silbatos de los contramaestres, las señales que rasgaban la bruma,
promoviendo rotaciones de grúas. Sobre las cubiertas se amontonaban trastos infor-
85 mes, mecánicas amenazadoras, envueltas en telas impermeables. Un ala de aluminio
giraba lentamente, a veces, por encima de una borda, antes de hundirse en la
obscuridad de un sollado. Los caballos de los generales, colgados de cinchas, viajaban por sobre los techos de los almacenes, como corceles wagnerianos. Yo contemplaba los últimos preparativos desde lo alto de una pasarela de hierro, cuando,
90 de pronto, tuve la angustiosa sensación de que faltaban pocas horas —apenas
trece— para que yo también tuviese que acercarme a aquellos buques, cargando
con mis armas. Entonces pensé en la mujer; en los días de abstinencia que me
esperaban; en la tristeza de morir sin haber dado mi placer, una vez más, al calor
de otro cuerpo. Impaciente por llegar, enojado aún por no haber recibido un beso,
95 siquiera, de mi prometida, me encaminé a grandes pasos hacia el hotel de las bai-
larinas. Christopher, muy borracho, se había encerrado ya con la suya. Mi amiga
se me abrazó, riendo y llorando, afirmando que estaba orgullosa de mí, que lucía
más guapo con el uniforme, y que una cartomántica[52] le había asegurado que
nada me ocurriría en el Gran Desembarco. Varias veces me llamó *héroe*, como si
100 tuviese una conciencia del duro contraste que este halago establecía con las frases
injustas de mi prometida. Salí a la azotea. Las luces se encendían ya en la ciudad,
precisando en puntos luminosos la gigantesca geometría de los edificios. Abajo,
en las calles, era un confuso hormigueo de cabezas y sombreros.

No era posible, desde este alto piso, distinguir a las mujeres de los hombres
105 en la neblina del atardecer. Y era sin embargo por la permanencia de ese pulular
de seres desconocidos, que me encaminaría hacia las naves, poco después del
alba. Yo surcaría el Océano tempestuoso de estos meses, arribaría a una orilla
lejana bajo el acero y el fuego, para defender los Principios de los de mi raza. Por
última vez, una espada había sido arrojada sobre los mapas de Occidente. Pero
110 ahora acabaríamos para siempre con la nueva Orden Teutónica, y entraríamos,
victoriosos, en el tan esperado futuro del hombre reconciliado con el hombre.
Mi amiga puso una mano trémula en mi cabeza, adivinando, tal vez, la mag-
nanimidad de mi pensamiento. Estaba desnuda bajo los vuelos de su peinador
entreabierto.

---

[50] Foulques, cura párroco de Neuilly,
predicador de la cuarta Cruzada en 1198.
[51] Aberturas en la cubierta de los barcos para
subir y bajar.

[52] Persona que adivina la suerte por medio de
los naipes o cartas.

IV

Cuando regresé a mi casa, con los pasos inseguros de quien ha pretendido burlar con el vino la fatiga del cuerpo ahíto[53] de holgarse sobre otro cuerpo, faltaban pocas horas para el alba. Tenía hambre y sueño, y estaba desasosegado, al propio tiempo, por las angustias de la partida próxima. Dispuse mis armas
5 y correajes sobre un escabel[54] y me dejé caer en el lecho. Noté entonces, con sobresalto, que alguien estaba acostado bajo la gruesa manta de lana, y ya iba a echar mano al cuchillo cuando me vi preso entre brazos encendidos en fiebre, que buscaban mi cuello como brazos de náufrago, mientras unas piernas indeciblemente suaves se trepaban a las mías. Mudo de asombro quedé al ver que la
10 que de tal manera se había deslizado en el lecho era mi prometida. Entre sollozos me contó su fuga nocturna, la carrera temerosa de ladridos, el paso furtivo por la huerta de mi padre, hasta alcanzar la ventana, y las impaciencias y los miedos de la espera. Después de la tonta disputa de la tarde, había pensado en los peligros y sufrimientos que me aguardaban, sintiendo esa impotencia de enderezar
15 el destino azaroso del guerrero que se traduce, en tantas mujeres, por la entrega de sí mismas, como si ese sacrificio de la virginidad, tan guardada y custodiada, en el momento mismo de la partida, sin esperanzas de placer, dando el desgarre propio para el goce ajeno, tuviese un propiciatorio poder de ablación[55] ritual. El contacto de un cuerpo puro, jamás palpado por manos de amante, tiene un fres-
20 cor único y peculiar dentro de sus crispaciones, una torpeza que sin embargo acierta, un candor que intuye, se amolda y encuentra, por obscuro mandato, las actitudes que más estrechamente machihembran los miembros. Bajo el abrazo de mi prometida, cuyo tímido vellón parecía endurecerse sobre uno de mis muslos, crecía mi enojo por haber extenuado mi carne en trabazones de harto tiempo
25 conocidas, con la absurda pretensión de hallar la quietud de días futuros en los excesos presentes. Y ahora que se me ofrecía el más codiciable consentimiento, me hallaba casi insensible bajo el cuerpo estremecido que se impacientaba. No diré que mi juventud no fuera capaz de enardecerse una vez más aquella noche, ante la incitación de tan deleitosa novedad. Pero la idea de que era una virgen la
30 que así se me entregaba, y que la carne intacta y cerrada exigiría un lento y sostenido empeño por mi parte, se me impuso con el temor al acto fallido. Eché a mi prometida a un lado, besándola dulcemente en los hombros, y empecé a hablarle, con sinceridad en falsete, de lo inhábil que sería malograr júbilos nupciales en la premura de una partida; de su vergüenza al resultar empreñada; de la tristeza
35 de los niños que crecen sin un padre que les enseñe a sacar la miel verde de los troncos huecos, y a buscar pulpos debajo de las piedras. Ella me escuchaba, con sus grandes ojos claros encendidos en la noche, y yo advertía que, irritada por un despecho sacado de los trasmundos del instinto, despreciaba al varón que, en semejante oportunidad, invocara la razón y la cordura, en vez de roturarla,[56]
40 y dejarla sobre el lecho, sangrante como un trofeo de caza, de pechos mordidos, sucia de zumos, pero hecha mujer en la derrota. En aquel momento bramaron las reses que iban a ser sacrificadas en la playa y sonaron las caracolas de los vigías.[57]

---

[53] Harto, saciado.
[54] Asiento de madera sin respaldo; taburete.
[55] Mutilación, extirpación.

[56] Arar una tierra por primera vez.
[57] Personas que vigilan desde una atalaya, torre hecha en lugar alto para observar a la distancia.

Mi prometida, con el desprecio pintado en el rostro, se levantó bruscamente, sin dejarse tocar, ocultando ahora, menos con gesto de pudor que con ademán de
45 quien recupera algo que estuviera a punto de malbaratar, lo que de súbito estaba encendiendo mi codicia. Antes de que pudiera alcanzarla, saltó por la ventana. La vi alejarse a todo correr por entre los olivos, y comprendí en aquel instante que más fácil me sería entrar sin un rasguño en la ciudad de Troya, que recuperar a la Persona perdida.
50   Cuando bajé hacia las naves, acompañado de mis padres, mi orgullo de guerrero había sido desplazado en mi ánimo por una intolerable sensación de hastío, de vacío interior, de descontento de mí mismo. Y cuando los timoneles hubieron alejado las naves de la playa con sus fuertes pértigas, y se enderezaron los mástiles entre las filas de remeros, supe que habían terminado las horas de alardes, de
55 excesos, de regalos, que preceden las partidas de soldados hacia los campos de batalla. Había pasado el tiempo de las guirnaldas, las coronas de laurel, el vino en cada casa, la envidia de los canijos,[58] y el favor de las mujeres. Ahora, serían las dianas, el lodo, el pan llovido, la arrogancia de los jefes, la sangre derramada por error, la gangrena que huele a almíbares infectos. No estaba tan seguro ya de que
60 mi valor acrecería la grandeza y la dicha de los acaienos de largas cabelleras. Un soldado viejo que iba a la guerra por oficio, sin más entusiasmo que el trasquilador de ovejas que camina hacia el establo, andaba contando ya, a quien quisiera escucharlo, que Elena de Esparta vivía muy gustosa en Troya, y que cuando se refocilaba en el lecho de Paris sus estertores de gozo encendían las mejillas de las
65 vírgenes que moraban en el palacio de Príamo. Se decía que toda la historia del doloroso cautiverio de la hija de Leda,[59] ofendida y humillada por los troyanos, era mera propaganda de guerra alentada por Agamemnón con el asentimiento de Menelao. En realidad, detrás de la empresa que se escudaba con tan elevados propósitos, había muchos negocios que en nada beneficiarían a los combatientes
70 de poco más o menos.[60] Se trataba sobre todo —afirmaba el viejo soldado— de vender más alfarería, más telas, más vasos con escenas de carreras de carros, y de abrirse nuevos caminos hacia las gentes asiáticas, amantes de trueques, acabándose de una vez con la competencia troyana. La nave, demasiado cargada de harina y de hombres, bogaba despacio. Contemplé largamente las casas de mi
75 pueblo, a las que el sol daba de frente. Tenía ganas de llorar. Me quité el casco y oculté mis ojos tras de las crines enhiestas de la cimera[61] que tanto trabajo me hubiera costado redondear —a semejanza de las cimeras magníficas de quienes podían encargar sus equipos de guerra a los artesanos de gran estilo, y que, por cierto, viajaban en la nave más velera y de mayor eslora.[62]

Alejo Carpentier. *Obras completas III. Guerra del tiempo, El acoso y otros relatos*. México: Siglo XXI, 1983. Reprinted by permission.

---

[58] Débiles, enclenques.
[59] Figura mitológica. Esposa de un rey de Esparta; fue seducida por Zeus transformado en cisne. De esa unión nació Elena.
[60] Pobres.

[61] Parte superior del casco o morrión con el que los soldados protegían la cabeza, y que solían adornar con plumas u otras cosas.
[62] Longitud del barco.

■ Preguntas generales

1. ¿Cómo refleja la obra de Carpentier sus conocimientos de historia, literatura, música y artes plásticas? Dé ejemplos.
2. ¿De qué modo lo "real maravilloso" forma parte, según Carpentier, de la experiencia del mundo americano? ¿Cómo ilustra esta idea en *El reino de este mundo?*
3. ¿Cómo podría caracterizarse la visión de la historia que presenta Carpentier en sus obras?
4. ¿Por qué cree el escritor cubano que la cultura hispanoamericana es necesariamente barroca?
5. ¿Qué rasgos distintivos tiene el estilo carpenteriano? ¿Cómo emplea el lenguaje para recrear ambientes y épocas?

■ Preguntas de análisis

1. ¿De qué modo la despedida del soldado que va a pelear en la guerra de Troya le sirve a Carpentier como eje para el desarrollo de su relato?
2. ¿En qué lapso ocurren los hechos aludidos?
3. ¿Qué vocabulario y qué referencias históricas identifican los distintos períodos abarcados por la narración?
4. ¿Cómo ilustra el autor las actitudes sociales típicas a través de sus personajes?
5. ¿De qué modo emerge una visión crítica de la historia por parte del autor?

■ Temas para informes escritos

1. El Caribe como escenario de las obras de Carpentier.
2. Los movimientos revolucionarios en *El siglo de las luces* y en *La consagración de la primavera.*
3. La experimentación con la técnica narrativa en los relatos de *Guerra del tiempo.*
4. Presencia de la naturaleza en la obra de Carpentier.
5. Carpentier como pensador y ensayista.

■ Temas de reflexión y comentario

1. Las artes plásticas en las novelas de Carpentier.
2. Los temas y estructuras musicales en el ensayo y en la ficción de Carpentier.
3. La crítica del racionalismo en la obra de Carpentier.
4. La ficcionalización de personajes históricos en las novelas de Carpentier.
5. Carpentier como mediador entre la cultura europea y la hispanoamericana.

PABLO NERUDA

1904, Parral, Chile–1973,
Santiago, Chile

RDA/Hulton Archive/Getty Images

Por la originalidad y variedad de su obra, Pablo Neruda (Premio Nobel, 1971) es considerado como uno de los poetas contemporáneos más importantes. Su influencia en la literatura escrita en lengua castellana, en ambas orillas del Atlántico, es comparable únicamente a la que había ejercido Rubén Darío, portaestandarte del modernismo. En Temuco, pueblo del sur de Chile donde pasó la niñez, Neruda aprendió a apreciar la lluvia, el mar, la tierra, el viento, las plantas, los animales y las piedras que ocuparían un lugar tan importante en su obra madura. También en Temuco conoció a Gabriela Mistral, cuya obra admiraba, y con quien compartió después una cordial amistad. Muy temprano (1920), el joven Ricardo Neftalí Reyes Basoalto adoptó el seudónimo de Pablo Neruda.

La crítica ha dividido la amplia producción poética de Neruda en cinco ciclos. El primero está caracterizado por la influencia modernista, matizada por una actitud neo-romántica, como es evidente en los poemas de *Crepusculario* (1923), donde se combinan la musicalidad y la sencillez con la expresión de los sentimientos. A esta etapa pertenece *Veinte poemas de amor y una canción desesperada*

(1924), el libro más popular de Neruda. Sirvieron de inspiración a los poemas de esta colección dos mujeres, una de Santiago (Marisombra) y otra de Temuco (Marisol), a las cuales Neruda no identificó. Los poemas amorosos están marcados por el abandono y la soledad, temas recurrentes en la obra del vate chileno; sin embargo, más que nada este poemario representa al amor como fuerza vital en imágenes sensuales reelaboradas por el poeta en una etapa posterior.

La publicación de *Tentativa del hombre infinito* (1926) y de *Residencia en la tierra* [I, 1925–1931], (1933) y *Residencia en la tierra* [II, 1931–1935], (1935), señaló la segunda etapa de evolución de Neruda. Muchas de las composiciones incluidas en estas dos primeras *Residencias* correspondían a los años de aislamiento como funcionario diplomático en diversas capitales de Asia (1927–1932). Neruda era entonces el poeta surrealista que, en profunda soledad, observaba los males del mundo. Esta angustia existencial y su indignación ante la injusticia se expresan en imágenes disyuntivas, con frecuentes alusiones a lo feo y lo sucio, a fin de lograr un estilo sumamente original, caracterizado por el hermetismo. La angustia, la soledad y el abandono de su primera etapa, se intensificaron llevándolo a una crisis espiritual evidente en poemas como "Walking Around".

En 1934 Neruda viajó a España, donde se desempeñó como cónsul de Chile, primero en Barcelona y después en Madrid. Durante estos años (1934–1937) tuvo oportunidad de estrechar lazos de amistad con Federico García Lorca, Rafael Alberti, Miguel Hernández, Vicente Aleixandre y otros destacados vanguardistas españoles. La publicación de *España en el corazón* (1937), un año después de iniciarse la Guerra Civil en ese país, marcó la tercera etapa en la evolución poética del escritor chileno: Neruda era ya el poeta comprometido que condenaba el fascismo, defendía la causa republicana y se hermanaba con los seres olvidados y sufrientes. En *Tercera residencia* (*1935–1945*) (1947) y *Las uvas y el viento* (1954) se alejó, aunque no del todo, de la angustia existencial de la segunda etapa para cantar con lenguaje sencillo la causa del proletariado. Escrito cinco años después del ingreso oficial del poeta al partido comunista, el poemario más importante de esta época es *Canto general* (1950). En esta obra, calificada por algunos de mural poético hispanoamericano, el chileno recorre la historia y la geografía del continente para ofrecer una interpretación de su desarrollo y hacer suyas las luchas de los obreros y los oprimidos.

Con la publicación de la primera serie de *Odas elementales* (1954), se inició el cuarto período de la poesía de Neruda: el vate observa lo cotidiano para recrearlo con singular intensidad. Cosas tales como los calcetines, la alcachofa, el diccionario, la cebolla, están descritas con afecto para captar las preocupaciones del hombre sencillo y resaltar el valor de lo aparentemente insignificante.

Caracterizada por el regreso al intimismo, la quinta etapa de desarrollo en la poesía nerudiana la abrió *Estravagario* (1958), colección donde predominan los ambientes irreales, la vuelta al pasado y el tono meditativo. En *Cien sonetos de amor* (1959), el poeta cantó al amor hallado tras una intensa búsqueda marcada por el fracaso y la desesperación; la amada se convirtió aquí en un amuleto contra la soledad y la muerte. La pasión exaltada quedó atrás para dar paso a una ternura melancólica. Esta vuelta al intimismo amoroso se había visto antes en *Los versos del capitán* (1952). Los cinco volúmenes de *Memorial de Isla Negra* (1964) constituyen un recorrido biográfico donde el poeta recreó sus experiencias infantiles, su época de juventud, sus viajes, su compromiso político, todo ello tocado ahora por la nostalgia. En su producción lírica publicada póstumamente, Neruda retomó viejos temas y los renovó empleando metáforas singulares y un acento dramático. Entre estos últimos poemarios sobresale *Jardín de invierno* (1974), donde el autor se debate entre la angustia y la esperanza. Neruda también dejó unas fascinantes memorias en prosa tituladas *Confieso que he vivido* (1974).

Cada una de las épocas que atravesó la poesía de Pablo Neruda muestra la riqueza de una obra que asimiló y reconformó disímiles tradiciones para producir una lírica a la vez universal y singularmente americana.

■ Bibliografía mínima

Bloom, Harold, ed. *Pablo Neruda.* New York: Chelsea House, 1989. Impreso.

Concha, Jaime. "Neruda, poeta del siglo XX". *Revista Chilena de Literatura* 65 (2004): 143–52. JSTOR. Web.

Dawes, Greg. *Poetas ante la modernidad: las ideas estéticas y políticas de Vallejo, Huidobro, Neruda y Paz.* Madrid: Fundamentos, 2009. Impreso.

Fischer, María Luisa. "'Toda la historia pasó de mano en mano': Elaboraciones de la historia colonial en *Canto general* de Neruda". *Revista Hispánica Moderna* 57.1–2 (2004): 137–46. JSTOR. Web.

Konstantinova, Iana. "The Ambiguity of the Beloved in Neruda's *Veinte poemas de amor y una canción desesperada*". *Letras Hispanas: Revista de Literatura y Cultura* 2.1 (2005). Web. <http://letrashispanas.unlv.edu/Vol2/vol2index.htm/>.

Marzán, Julio. "Pablo Neruda's Dilemma". *Massachusetts Review: A Quarterly of Literature, the Arts and Public Affairs* 40.4 (1999–2000): 675–81. Impreso.

Moran, Dominic. "'Cuerpo de mujer': Neruda's Sex Education". *Hispanic Research Journal: Iberian and Latin American Studies* 10.1 (2009): 56–69. Impreso.

Neruda, Pablo. *Obras completas.* Edición y notas de Hernán Loyola; con el asesoramiento de Saúl Yurkievich; introducción general de Saúl Yurkievich; prólogo de Enrico Mario Santí. 5 Vols. Barcelona: Galaxia Gutenberg-Círculo de Lectores, 1999–2002. Impreso.

——. *Antología fundamental.* Prólogo de Jaime Quezada; selección de Jorge Barros. Santiago de Chile: Editorial A. Bello, 1997. Impreso.

"Pablo Neruda". *Biblioteca Virtual Miguel de Cervantes. Obras y Autores Clásicos.* Web. <http://www.cervantesvirtual.com/bib_autor/neruda/>.

Pérez Firmat, Gustavo. "Reading for Feeling: Pablo Neruda's 'Poema 20'". *Hispania* 90.1 (2007): 32–41. Impreso.

Perriam, Chris. "Re-Reading Neruda's *Veinte poemas de amor y una canción desesperada*". *Bulletin of Hispanic Studies* 75.1 (1998): 93–108. Impreso.

Santí, Enrico Mario. *Pablo Neruda. The Poetics of Prophecy.* Ithaca: Cornell UP, 1982. Impreso.

Schade, George D. "Pablo Neruda". *Latin American Writers.* Eds. Carlos A. Solé y Maria Isabel Abreu. Vol. 3. New York: Scribner's, 1989. 1001–15. Impreso.

Veinte poemas de amor y una canción desesperada (1924)

POEMA 20

Puedo escribir los versos más tristes esta noche.

Escribir, por ejemplo: "La noche está estrellada,
y tiritan, azules, los astros, a lo lejos".

El viento de la noche gira en el cielo y canta.

5 Puedo escribir los versos más tristes esta noche.
Yo la quise, y a veces ella también me quiso.

En las noches como ésta la tuve entre mis brazos.
La besé tantas veces bajo el cielo infinito.

Ella me quiso, a veces yo también la quería.
10 Cómo no haber amado sus grandes ojos fijos.

Puedo escribir los versos más tristes esta noche.
Pensar que no la tengo. Sentir que la he perdido.

Oír la noche inmensa, más inmensa sin ella.
Y el verso cae al alma como al pasto el rocío.

15 Qué importa que mi amor no pudiera guardarla.
La noche está estrellada y ella no está conmigo.

Eso es todo. A lo lejos alguien canta. A lo lejos.
Mi alma no se contenta con haberla perdido.

Como para acercarla mi mirada la busca.
20 Mi corazón la busca, y ella no está conmigo.

La misma noche que hace blanquear los mismos árboles.
Nosotros, los de entonces, ya no somos los mismos.

Ya no la quiero, es cierto, pero cuánto la quise.
Mi voz buscaba el viento para tocar su oído.

25 De otro. Será de otro. Como antes de mis besos.
Su voz, su cuerpo claro. Sus ojos infinitos.

Ya no la quiero, es cierto, pero tal vez la quiero.
Es tan corto el amor, y es tan largo el olvido.

Porque en noches como ésta la tuve entre mis brazos,
30 mi alma no se contenta con haberla perdido.

Aunque éste sea el último dolor que ella me causa,
y éstos sean los últimos versos que yo le escribo.

Residencia en la tierra [II, 1931–1935], (1935)

WALKING AROUND

Sucede que me canso de ser hombre.
Sucede que entro en las sastrerías y en los cines
marchito, impenetrable, como un cisne de fieltro
navegando en un agua de origen y ceniza.

5 El olor de las peluquerías me hace llorar a gritos.
Sólo quiero un descanso de piedras o de lana,

sólo quiero no ver establecimientos ni jardines,
ni mercaderías, ni anteojos, ni ascensores.

Sucede que me canso de mis pies y mis uñas
10 y mi pelo y mi sombra.
Sucede que me canso de ser hombre.

Sin embargo sería delicioso
asustar a un notario con un lirio cortado
o dar muerte a una monja con un golpe de oreja.
15 Sería bello
ir por las calles con un cuchillo verde
y dando gritos hasta morir de frío.

No quiero seguir siendo raíz en las tinieblas,
vacilante, extendido, tiritando de sueño,
20 hacia abajo, en las tripas mojadas de la tierra,
absorbiendo y pensando, comiendo cada día.

No quiero para mí tantas desgracias.
No quiero continuar de raíz y de tumba,
de subterráneo solo, de bodega con muertos
25 ateridos, muriéndome de pena.

Por eso el día lunes arde como el petróleo
cuando me ve llegar con mi cara de cárcel,
y aúlla en su transcurso como una rueda herida,
y da pasos de sangre caliente hacia la noche.

30 Y me empuja a ciertos rincones, a ciertas casas húmedas,
a hospitales donde los huesos salen por la ventana,
a ciertas zapaterías con olor a vinagre,
a calles espantosas como grietas.

Hay pájaros de color de azufre y horribles intestinos
35 colgando de las puertas de las casas que odio,
hay dentaduras olvidadas en una cafetera,
hay espejos
que debieran haber llorado de vergüenza y espanto,
hay paraguas en todas partes, y venenos, y ombligos.

40 Yo paseo con calma, con ojos, con zapatos,
con furia, con olvido,
paso, cruzo oficinas y tiendas de ortopedia,
y patios donde hay ropas colgadas de un alambre:
calzoncillos, toallas y camisas que lloran
45 lentas lágrimas sucias.

Canto general (1950)

ALTURAS DE MACCHU PICCHU[1]

[En las secciones anteriores, el poeta expresa su angustiosa búsqueda del significado de la vida y de la muerte. A medida que el poema progresa, las descripciones se vuelven más concretas hasta llegar a la evocación de Macchu Picchu, los indígenas que construyeron esa ciudad y el destino de Hispanoamérica. El yo lírico encuentra respuesta a sus preguntas en la solidaridad con los desposeídos cuyos trabajos y luchas hace suyos.]

VI

Entonces en la escala de la tierra he subido
entre la atroz maraña de las selvas perdidas
hasta ti, Macchu Picchu.

Alta ciudad de piedras escalares,
5 por fin morada del que lo terrestre
no escondió en las dormidas vestiduras.
En ti, como dos líneas paralelas,
la cuna del relámpago y del hombre
se mecían en un viento de espinas.

10 Madre de piedra, espuma de los cóndores.

Alto arrecife de la aurora humana.

Pala perdida en la primera arena.

Ésta fue la morada, éste es el sitio:
aquí los anchos granos del maíz ascendieron
15 y bajaron de nuevo como granizo rojo.

Aquí la hebra dorada salió de la vicuña[2]
a vestir los amores, los túmulos,[3] las madres,
el rey, las oraciones, los guerreros.

Aquí los pies del hombre descansaron de noche
20 junto a los pies del águila, en las altas guaridas[4]
carniceras, y en la aurora
pisaron con los pies del trueno la niebla enrarecida
y tocaron las tierras y las piedras
hasta reconocerlas en la noche o la muerte.

25 Miro las vestiduras y las manos,
el vestigio del agua en la oquedad[5] sonora,
la pared suavizada por el tacto de un rostro

---

[1] Ciudad incaica situada a treinta y cinco millas al noroeste del Cuzco, antigua capital del imperio de los incas. El arqueólogo norteamericano Hiram Bingham (1875–1956), dio a conocer las ruinas de Macchu Picchu en 1911.

[2] Mamífero rumiante de los Andes. Se cazaba para utilizar su vellón, que da una lana finísima.

[3] Tumbas, sepulturas.

[4] Amparo, refugio.

[5] Vacío.

que miró con mis ojos las lámparas terrestres,
que aceitó con mis manos las desaparecidas
30 maderas: porque todo, ropaje, piel, vasijas,
palabras, vino, panes,
se fue, cayó a la tierra.

Y el aire entró con dedos
de azahar[6] sobre todos los dormidos:
35 mil años de aire, meses, semanas de aire,
de viento azul, de cordillera férrea,
que fueron como suaves huracanes de pasos
lustrando[7] el solitario recinto de la piedra.

XII

Sube a nacer conmigo, hermano.

Dame la mano desde la profunda
zona de tu dolor diseminado.
No volverás del fondo de las rocas.
5 No volverás del tiempo subterráneo.
No volverá tu voz endurecida.
No volverán tus ojos taladrados.[8]
Mírame desde el fondo de la tierra,
labrador, tejedor, pastor callado:
10 domador de guanacos[9] tutelares:
albañil del andamio[10] desafiado:
aguador de las lágrimas andinas:
joyero de los dedos machacados:[11]
agricultor temblando en la semilla:
15 alfarero en tu greda[12] derramado:
traed a la copa de esta nueva vida
vuestros viejos dolores enterrados.
Mostradme vuestra sangre y vuestro surco,
decidme: aquí fui castigado,
20 porque la joya no brilló o la tierra
no entregó a tiempo la piedra o el grano:
señaladme la piedra en que caísteis
y la madera en que os crucificaron,
encendedme los viejos pedernales,[13]
25 las viejas lámparas, los látigos pegados
a través de los siglos en las llagas
y las hachas de brillo ensangrentado.
Yo vengo a hablar por vuestra boca muerta.

---

[6] Blancos y perfumados, como las flores de ese nombre.

[7] Dándole brillo.

[8] Heridos.

[9] Mamíferos rumiantes de los Andes meridionales.

[10] Armazón de madera o metal que sirve para trabajar en la construcción o reparación de edificios.

[11] Rotos, destrozados, golpeados con el martillo.

[12] Arcilla arenosa.

[13] Variedad de cuarzo de color amarillento que da chispas.

A través de la tierra juntad todos
30 los silenciosos labios derramados
y desde el fondo habladme toda esta larga noche,
como si yo estuviera con vosotros anclado,
contadme todo, cadena a cadena,
eslabón a eslabón, y paso a paso,
35 afilad los cuchillos que guardasteis
ponedlos en mi pecho y en mi mano,
como un río de rayos amarillos,
como un río de tigres enterrados,
y dejadme llorar, horas, días, años,
40 edades ciegas, siglos estelares.

Dadme el silencio, el agua, la esperanza.

Dadme la lucha, el hierro, los volcanes.

Apegadme los cuerpos como imanes.

Acudid a mis venas y a mi boca.

45 Hablad por mis palabras y mi sangre.

Nuevas odas elementales (1956)

ODA A LOS CALCETINES

Me trajo Maru Mori
un par
de calcetines
que tejió con sus manos
5 de pastora,
dos calcetines suaves
como liebres.[14]
En ellos
metí los pies
10 como en
dos
estuches
tejidos
con hebras[15] del
15 crepúsculo
y pellejo de ovejas.

Violentos calcetines,
mis pies fueron
dos pescados

20 de lana,
dos largos tiburones
de azul ultramarino
atravesados
por una trenza de oro,
25 dos gigantes mirlos,[16]
dos cañones:
mis pies
fueron honrados
de este modo
30 por
estos
celestiales
calcetines.
Eran
35 tan hermosos
que por primera vez
mis pies me parecieron
inaceptables
como dos decrépitos[17]

[14] Mamíferos muy hábiles para correr; se parecen a los conejos.
[15] Hilos.

[16] Un pájaro de plumas oscuras; el macho es enteramente negro con el pico amarillo.
[17] En mal estado; muy viejos.

40 bomberos, bomberos
indignos
de aquel fuego
bordado,
de aquellos luminosos
45 calcetines.

Sin embargo
resistí
la tentación aguda
de guardarlos
50 como los colegiales
preservan
las luciérnagas,
como los eruditos
coleccionan
55 documentos sagrados,
resistí
el impulso furioso
de ponerlos
en una jaula
60 de oro
y darles cada día
alpiste[18]
y pulpa de melón rosado.

Como descubridores
65 que en la selva
entregan el rarísimo
venado verde
al asador
y se lo comen
70 con remordimiento,
estiré
los pies
y me enfundé
los
75 bellos
calcetines
y
luego los zapatos.

Y es ésta
80 la moral de mi oda:
dos veces es belleza
la belleza
y lo que es bueno es doblemente
bueno
85 cuando se trata de dos calcetines
de lana
en el invierno.

Estravagario (1958)

ESTACIÓN INMÓVIL

Quiero no saber ni soñar.
Quién puede enseñarme a no ser,
a vivir sin seguir viviendo?

Cómo continúa el agua?
5 Cuál es el cielo de las piedras?

Inmóvil, hasta que detengan
las migraciones su apogeo
y luego vuelen con sus flechas
hacia el archipiélago frío.

10　　　Inmóvil, con secreta vida
como una ciudad subterránea
para que resbalen los días
como gotas inabarcables:
nada se gasta ni se muere
15 hasta nuestra resurrección,
hasta regresar con los pasos
de la primavera enterrada,
de lo que yacía[19] perdido,
inacabablemente inmóvil
20 y que ahora sube desde no ser
a ser una rama florida.

---

[18] Alimento para los pájaros.　　　　[19] Permanecía.

■ Preguntas generales

1. Explique por qué los críticos han comparado a Neruda con Darío.
2. Caracterice las cinco etapas en que se ha dividido la obra poética de Neruda.
3. ¿Cómo se relaciona la obra del poeta chileno con las luchas sociales de su época?
4. ¿Cómo se representa a la amada en tres poemas de *Cien sonetos de amor*?
5. El mundo natural figura prominentemente en los versos de Neruda. ¿Qué experiencias biográficas contribuyeron a interesarlo en ese mundo?

■ Preguntas de análisis

1. ¿De qué se lamenta el yo en el "Poema 20"? ¿Qué elementos modernistas y posmodernistas se encuentran en esta composición?
2. ¿Qué le sugiere el título "Walking Around"? ¿Por qué dice el poeta que se "cansa de ser hombre"? ¿Qué significado tienen la raíz, la tumba, las tripas?
3. ¿Qué representa el ascenso del yo en la sección VI de "Alturas de Macchu Picchu"? ¿Qué relación hay entre su angustia y la invitación al interlocutor en la sección XII? ¿Cómo se cruzan las líneas sociales y líricas en esta selección?
4. ¿Qué momento del desarrollo poético de Neruda representan las *Odas*? ¿Cómo se transforman los pies al ponerse los calcetines? ¿Qué tentación resiste la voz poética? ¿Qué enseñanza nos dan los calcetines?
5. ¿Qué deseo expresa el yo lírico en "Estación inmóvil"? ¿Qué representan el agua y las piedras?

■ Temas para informes escritos

1. Neruda y su etapa modernista.
2. El activismo político de Neruda.
3. Análisis de dos figuras históricas de *Canto general*.
4. Los antipoemas de Parra y las odas de Neruda: semejanzas y diferencias.
5. En la película *Il Postino* (1994) estudie la representación del poeta y el impacto de la poesía.

■ Temas de reflexión y comentario

1. Vallejo, Guillén y Neruda ante la Guerra Civil española.
2. Las personas y las cosas en *Odas elementales*.
3. Relación de *Residencia en la tierra* I y II con la pintura de Dalí y Picasso.
4. Neruda y su experiencia asiática.
5. El poeta y el pasado en *Memorial de Isla Negra*.

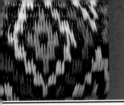

JUAN RULFO

1918, Sayula, Jalisco, México–1986,
Ciudad de México, México

La obra de Juan Rulfo, surgida de una profunda identificación con la tierra y el habla del campesino mexicano es, al mismo tiempo, expresión de un escritor innovador y consciente de su oficio, que llevó a sus temas y ambientes locales una amplia visión universal. Los elementos mágico-realista que componen el mundo por él creado y la subjetividad e intensidad dramática de su prosa lo colocan entre los maestros de las nuevas formas en la narrativa.

Rulfo pasó su infancia en el pueblo de San Gabriel, estado de Jalisco, cerca de los hombres de campo, oyendo historias de guerras y de crímenes. La violencia afectó su vida desde temprano. Su padre fue asesinado cuando él era niño y del mismo modo murieron otros miembros de la familia. En esa región de México, la Guerra de los Cristeros (1926–1928), que enfrentó a los defensores de la Iglesia Católica con el régimen del presidente Elías Calles, tuvo efectos devastadores. Rulfo asistió a la escuela primaria y secundaria en Guadalajara. Huérfano también de madre, quedó a cargo de una abuela materna y vivió algún tiempo en un orfelinato. Estas experiencias trágicas al comienzo de su vida marcaron, sin duda, su personalidad y sus obras futuras.

Llegó a la ciudad de México en 1935, donde trabajó en la Oficina de Migración hasta 1945, al mismo tiempo que escribía cuentos y perfeccionaba su técnica narrativa. Más adelante, mientras se ganaba la vida en el Departamento de Ventas y Publicidad de la compañía Goodrich (1947–1954), publicó su primer libro, la colección de cuentos *El llano en llamas* (1953). Desde entonces tuvo varios puestos oficiales y privados en Guadalajara y en la ciudad de México hasta que, en 1962, se hizo cargo del Departamento Editorial del Instituto Nacional Indigenista. Entre tanto, publicó su novela *Pedro Páramo* (1955), preparó guiones cinematográficos y programas para televisión, y colaboró en un proyecto de recopilación de textos históricos patrocinado por el Banco Industrial de Jalisco, para el cual hizo la selección y el prólogo de *Noticias históricas de la vida y hechos de Nuño de Guzmán* (1962). Rulfo tuvo la formación literaria de un autodidacta. Leyó a los grandes novelistas mexicanos (Mariano Azuela, Martín Luis Guzmán, Agustín Yáñez), y a los autores ingleses y estadounidenses más influyentes del siglo XX (James Joyce, William Faulkner, Virginia Woolf, John Dos Passos, Ernest Hemingway). Sin embargo, siempre subrayó la influencia que tuvieron sobre él los autores nórdicos, entre ellos Selma Lagerlöf y Halldór Laxness, con los cuales sintió especial afinidad.

Rulfo no publicó más obra narrativa que *El llano en llamas,* colección a la que agregó o quitó cuentos en sucesivas ediciones, y *Pedro Páramo.* Una segunda novela, *La cordillera,* cuya aparición se esperó por muchos años, quedó sin publicar. Aunque escasa, la alta calidad estilística y el vigor imaginativo de su obra le aseguraron a este autor un lugar permanente en la historia de la literatura hispanoamericana. Los cuentos de *El llano en llamas* se sitúan en escenarios rurales primitivos, o en aldeas a veces fantasmales ("Luvina"). La injusticia social y la lucha contra un medio árido, hostil ("Nos han dado la tierra"), la violencia individual o colectiva ("El hombre", "Diles que no me maten", "El llano en llamas") y la pobreza ("Es que somos muy pobres") determinan trágicamente el destino de sus personajes. Ya sean éstos almas simples, o anormales ("Macario"), o espíritus angustiados por el remordimiento ("Talpa"), el autor los ha concebido con gran penetración psicológica. La narración en primera persona, desde la limitada perspectiva de los personajes, y el lenguaje escueto con el que Rulfo reprodujo el habla campesina, colocan inmediatamente al lector dentro del mundo de sus criaturas. Este es un mundo en el que predominan la ambigüedad y la dislocación temporal, la muerte y sus fantasmas. Todos estos elementos también están presentes en *Pedro Páramo,* en el relato de las pasiones, la violencia y el sufrimiento de los habitantes de Comala coagulados en sus murmullos de almas en pena. Esta visión sombría de la sociedad mexicana, estilizada en imágenes arquetípicas, se comunica en una prosa de intenso y contenido lirismo.

El contexto histórico de la obra de Rulfo es el México posrevolucionario, donde las promesas de justicia social de la Revolución no se han cumplido. "Nos han dado la tierra" muestra cómo las leyes agrarias, que debían asegurar a los campesinos la posesión de tierras de cultivo para su subsistencia, son utilizadas por un poder abusivo como un instrumento más para despojarlos.

■ Bibliografía mínima

Dill, Hans-Otto. "Juan Rulfo entre la leyenda negra y la hagiografía: A los veinte años de su muerte y los cincuenta años de *El llano en llamas* y *Pedro Páramo". Iberoamericana: América Latina-España-Portugal* 8.32 (2008): 179–99. Impreso.

Fares, Gustavo. *Ensayos sobre la obra de Juan Rulfo.* New York, NY: Peter Lang, 1998. Impreso.

Fell, Claude, coord. Juan Rulfo. *Toda la obra.* Prefacio y notas de Sergio López Mena. París: UNESCO, 1992. Impreso.

Glantz, Margo. "La palabra de Juan Rulfo". *Ínsula: Revista de Letras y Ciencias Humanas* 618–19 (1998): 11–15. Impreso.

Jiménez de Báez, Yvette. *Juan Rulfo: del Páramo a la esperanza: una lectura crítica de su obra.* México, D. F.: Colegio de México y Fondo de Cultura Económica, 1990. Impreso.

Leal, Luis. "Juan Rulfo". *Latin American Writers.* Eds. Carlos A. Solé y Maria Isabel Abreu. Vol. 3. New York: Scribner's, 1989. 1215–27. Impreso.

Pearson, Lon. "Juan Rulfo (1917–86)". *Chasqui: Revista de Literatura Latinoamericana* 34.1 (2005): 150–61. JSTOR. Web. <www.jstor.org/>.

Perus, Françoise. "Los silencios de Juan Rulfo." *Revista Canadiense de Estudios Hispánicos* 22.2 (1998): 325–41. Impreso.

Ramírez, Hugo Hernán. "El personaje femenino en los cuentos de Juan Rulfo". *Iberoamericana: América Latina-España-Portugal* 8.30 (2008): 47–63. Impreso.

Rosser, Harry L. "La visión fatalista de Juan Rulfo". *El cuento hispanoamericano ante la crítica.* Ed. Enrique Pupo-Walker. Madrid: Castalia, 1995. 325–46. Impreso.

Schmidt, Friedhelm. "Heterogeneidad y carnavalización en tres cuentos de Juan Rulfo". *Revista de Crítica Literaria Latinoamericana* 24.47 (1998): 227–46. Impreso.

El llano en llamas (1953)

NOS HAN DADO LA TIERRA

Después de tantas horas de caminar sin encontrar ni una sombra de árbol, ni una semilla de árbol, ni una raíz de nada, se oye el ladrar de los perros.

Uno ha creído a veces, en medio de este camino sin orillas, que nada habría después; que no se podría encontrar nada al otro lado, al final de esta llanura
5 rajada de grietas y de arroyos secos. Pero sí, hay algo. Hay un pueblo. Se oye que ladran los perros y se siente en el aire el olor del humo, y se saborea ese olor de la gente como si fuera una esperanza.

Pero el pueblo está todavía muy allá. Es el viento el que lo acerca.

Hemos venido caminando desde el amanecer. Ahorita son algo así como
10 las cuatro de la tarde. Alguien se asoma al cielo, estira los ojos hacia donde está colgado el sol y dice:

—Son como las cuatro de la tarde.

Ese alguien es Melitón. Junto con él, vamos Faustino, Esteban y yo. Somos cuatro. Yo los cuento: dos adelante, otros dos atrás. Miro más atrás y no veo a
15 nadie. Entonces me digo: "Somos cuatro". Hace rato, como a eso de las once, éramos veintitantos; pero puñito a puñito se han ido desperdigando hasta quedar nada más este nudo que somos nosotros.

Faustino dice:

—Puede que llueva.

20 Todos levantamos la cara y miramos una nube negra y pesada que pasa por encima de nuestras cabezas. Y pensamos: "Puede que sí".

No decimos lo que pensamos. Hace ya tiempo que se nos acabaron las ganas de hablar. Se nos acabaron con el calor. Uno platicaría muy a gusto en otra parte, pero aquí cuesta trabajo. Uno platica aquí y las palabras se calientan en la
25 boca con el calor de afuera, y se le resecan a uno en la lengua hasta que acaban con el resuello. Aquí así son las cosas. Por eso a nadie le da por platicar.

Cae una gota de agua, grande, gorda, haciendo un agujero en la tierra y dejando una plasta[1] como la de un salivazo. Cae sola. Nosotros esperamos a que sigan cayendo más y las buscamos con los ojos. Pero no hay ninguna más. No
30 llueve. Ahora si se mira el cielo se ve a la nube aguacera corriéndose muy lejos, a toda prisa. El viento que viene del pueblo se le arrima empujándola contra las sombras azules de los cerros. Y a la gota caída por equivocación se la come la tierra y la desaparece en su sed.

¿Quién diablos haría este llano tan grande? ¿Para qué sirve, eh?

35 Hemos vuelto a caminar, nos habíamos detenido para ver llover. No llovió. Ahora volvemos a caminar. Y a mí se me ocurre que hemos caminado más de lo que llevamos andado. Se me ocurre eso. De haber llovido quizá se me ocurrieran otras cosas. Con todo, yo sé que desde que yo era muchacho, no vi llover nunca sobre el llano, lo que se llama llover.

---

[1] Pasta o cosa blanda y moldeable. En México y en otros países de Latinoamérica, excremento de animal de forma aplastada.

40 No, el llano no es cosa que sirva. No hay ni conejos ni pájaros. No hay nada. A no ser unos cuantos huizaches[2] trespeleques[3] y una que otra manchita de zacate[4] con las hojas enroscadas; a no ser eso, no hay nada.

Y por aquí vamos nosotros. Los cuatro a pie. Antes andábamos a caballo y traíamos terciada una carabina. Ahora no traemos ni siquiera la carabina.

45 Yo siempre he pensado que en eso de quitarnos la carabina hicieron bien. Por acá resulta peligroso andar armado. Lo matan a uno sin avisarle, viéndolo a toda hora con "la 30" amarrada a las correas. Pero los caballos son otro asunto. De venir a caballo ya hubiéramos probado el agua verde del río, y paseado nuestros estómagos por las calles del pueblo para que se les bajara la comida. Ya lo 50 hubiéramos hecho de tener todos aquellos caballos que teníamos. Pero también nos quitaron los caballos junto con la carabina.

Vuelvo hacia todos lados y miro el llano. Tanta y tamaña tierra para nada. Se le resbalan a uno los ojos al no encontrar cosa que los detenga. Sólo unas cuantas lagartijas salen a asomar la cabeza por encima de sus agujeros, y luego que 55 sienten la tatema[5] del sol corren a esconderse en la sombrita de una piedra. Pero nosotros, cuando tengamos que trabajar aquí, ¿qué haremos para enfriarnos del sol, eh? Porque a nosotros nos dieron esta costra de tepetate[6] para que la sembráramos.

Nos dijeron:

60 —Del pueblo para acá es de ustedes.

Nosotros preguntamos:

—¿El Llano?

—Sí, el llano. Todo el Llano Grande.

Nosotros paramos la jeta para decir que el Llano no lo queríamos. Que que-65 ríamos lo que estaba junto al río. Del río para allá, por las vegas, donde están esos árboles llamados casuarinas y las paraneras[7] y la tierra buena. No este duro pellejo de vaca que se llama el Llano.

Pero no nos dejaron decir nuestras cosas. El delegado no venía a conversar con nosotros. Nos puso los papeles en la mano y nos dijo:

70 —No se vayan a asustar por tener tanto terreno para ustedes solos.

—Es que el Llano, señor delegado…

—Son miles y miles de yuntas.[8]

—Pero no hay agua. Ni siquiera para hacer un buche hay agua.

—¿Y el temporal? Nadie les dijo que se les iba a dotar con tierras de riego. 75 En cuanto allí llueva, se levantará el maíz como si lo estiraran.

—Pero, señor delegado, la tierra está deslavada, dura. No creemos que el arado se entierre en esa como cantera que es la tierra del Llano. Habría que hacer agujeros con el azadón para sembrar la semilla y ni aun así es positivo que nazca nada; ni maíz ni nada nacerá.

---

[2] Acacias arborescentes que crecen en matorrales de ramas tortuosas, flexibles y llenas de fuertes púas. Dan flores amarillas de perfume agradable. En otros lugares se las llama aromos.
[3] Expresión despectiva, aquí con referencia al aspecto y condición de los huizaches.
[4] Nombre genérico de las gramíneas rastreras; yerba, pasto, forraje en general.

[5] Quemadura. De tatemar: asar carnes, raíces o frutas.
[6] Piedra porosa amarillenta que, cortada en bloques, se emplea en construcciones.
[7] Tierras de pastoreo.
[8] Yugada, medida de superficie agraria. El espacio que puede arar una yunta de bueyes en un día.

80 —Eso manifiéstenlo por escrito. Y ahora váyanse. Es al latifundio al que tienen que atacar, no al Gobierno que les da la tierra.

—Espérenos usted, señor delegado. Nosotros no hemos dicho nada contra el Centro. Todo es contra el Llano… No se puede contra lo que no se puede. Eso es lo que hemos dicho… Espérenos usted para explicarle. Mire, vamos a comen-
85 zar por donde íbamos…

Pero él no nos quiso oír.

Así nos han dado esta tierra. Y en este comal[9] acalorado quieren que sembremos semillas de algo, para ver si algo retoña y se levanta. Pero nada se levantará de aquí. Ni zopilotes.[10] Uno los ve allá cada y cuando, muy arriba, volando a
90 la carrera; tratando de salir lo más pronto posible de este blanco terregal endurecido, donde nada se mueve y por donde uno camina como reculando.[11]

Melitón dice:

—Esta es la tierra que nos han dado.

Faustino dice:

95 —¿Qué?

Yo no digo nada. Yo pienso: "Melitón no tiene la cabeza en su lugar. Ha de ser el calor el que lo hace hablar así. El calor que le ha traspasado el sombrero y le ha calentado la cabeza. Y si no, ¿por qué dice lo que dice? ¿Cuál tierra nos han dado, Melitón? Aquí no hay ni la tantita que necesitaría el viento para jugar a los
100 remolinos."

Melitón vuelve a decir:

—Servirá de algo. Servirá aunque sea para correr yeguas.

—¿Cuáles yeguas? —le pregunta Esteban.

Yo no me había fijado bien a bien en Esteban. Ahora que habla, me fijo en él.
105 Lleva puesto un gabán que le llega al ombligo, y debajo del gabán saca la cabeza algo así como una gallina.

Sí, es una gallina colorada la que lleva Esteban debajo del gabán. Se le ven los ojos dormidos y el pico abierto como si bostezara. Yo le pregunto:

—Oye, Teban, ¿de dónde pepenaste[12] esa gallina?
110 —Es la mía —dice él.

—No la traías antes. ¿Dónde la mercaste, eh?

—No la merqué, es la gallina de mi corral.

—Entonces te la trajiste de bastimento, ¿no?

—No, la traigo para cuidarla. Mi casa se quedó sola y sin nadie para que le
115 diera de comer; por eso me la traje. Siempre que salgo lejos cargo con ella.

—Allí escondida se te va a ahogar. Mejor sácala al aire.

Él se la acomoda debajo del brazo y le sopla el aire caliente de su boca. Luego dice:

—Estamos llegando al derrumbadero.[13]
120 Yo ya no oigo lo que sigue diciendo Esteban. Nos hemos puesto en fila para bajar la barranca y él va mero adelante. Se ve que ha agarrado a la gallina por las patas y la zangolotea[14] a cada rato, para no golpearle la cabeza contra las piedras.

---

[9] Cazuela de barro o de metal que se emplea para cocer las tortillas de maíz o para tostar el café y el cacao.
[10] Buitres negros de gran tamaño, aves rapaces.
[11] Recular: retroceder, andar hacia atrás.

[12] Pepenar: recoger del suelo; hurtar.
[13] Despeñadero o precipicio; pendiente escarpada o corte en el terreno.
[14] Zangolotear: mover continuamente una cosa o sacudirla.

Conforme bajamos, la tierra se hace buena. Sube polvo desde nosotros como si fuera un atajo de mulas lo que bajara por allí; pero nos gusta llenarnos
125 de polvo. Nos gusta. Después de venir durante once horas pisando la dureza del llano, nos sentimos muy a gusto envueltos en aquella cosa que brinca sobre nosotros y sabe a tierra.

Por encima del río, sobre las copas verdes de las casuarinas, vuelan parvadas[15] de chachalacas[16] verdes. Eso también es lo que nos gusta.
130 Ahora los ladridos de los perros se oyen aquí, junto a nosotros, y es que el viento que viene del pueblo retacha[17] en la barranca y la llena de todos sus ruidos.

Esteban ha vuelto a abrazar su gallina cuando nos acercamos a las primeras casas. Le desata las patas para desentumecerla, y luego él y su gallina desaparecen detrás de unos tepemezquites.[18]
135 —¡Por aquí arriendo yo! —nos dice Esteban.

Nosotros seguimos adelante, más adentro del pueblo.

La tierra que nos han dado está allá arriba.

Juan Rulfo. "Nos han dado la tierra", *El llano en llamas*. © Herederos de Juan Rulfo, 2011.

▪ Preguntas generales

1. ¿En qué período de la historia mexicana transcurrió la infancia de Rulfo? ¿Cómo se refleja la violencia que afectó a su familia inmediata en la obra del futuro escritor?
2. ¿Cómo realizó Rulfo su formación literaria? ¿Con qué autores tuvo particular afinidad?
3. ¿Cuáles son los escenarios y los personajes que presenta Rulfo en sus obras?
4. ¿Cuál fue la contribución de Rulfo al desarrollo de la novela hispanoamericana?
5. ¿Qué rasgos estilísticos caracterizan la narrativa de Rulfo?

▪ Preguntas de análisis

1. ¿Por qué es irónico el título del cuento?
2. ¿Cuál es el contexto histórico y político que corresponde a la situación descrita?
3. ¿Qué sentimientos comunica la narración? ¿De qué modo la forma descriptiva, el uso de tiempos verbales y otros recursos estilísticos contribuyen a crear la atmósfera del cuento?
4. ¿Cómo se transmite la afinidad del narrador con la tierra que describe?
5. ¿Qué critica implícitamente este cuento?

---

[15] Bandadas, gran número.
[16] Aves parecidas a las gallinas, comestibles, de ojos rojos, sin cresta. No cesan de gritar mientras vuelan.

[17] Retachar: rebotar.
[18] De la familia del mezquite, que es un árbol leguminoso de escasa altura.

■ Temas para informes escritos

1. La visión crítica de la Revolución Mexicana en la obra de Rulfo.
2. La penetración psicológica en la elaboración de los personajes de Rulfo.
3. *Pedro Páramo* y la "nueva novela" hispanoamericana.
4. El estilo de Juan Rulfo.
5. Los mitos en la narrativa de Juan Rulfo.

■ Temas de reflexión y comentario

1. Rulfo y la transformación de la Novela de la Revolución Mexicana.
2. El tiempo detenido y los ambientes espectrales en la obra de Rulfo.
3. La estructura fragmentada de *Pedro Páramo*.
4. Las voces narrativas en los cuentos de *El llano en llamas*.
5. El fatalismo en los personajes de Rulfo.

5

Consolidación y expansión

(1960–1975)

5.1 Contexto histórico y literario

Entre 1960 y 1970 la literatura hispanoamericana, guiada por los autores presentados en el capítulo anterior, entró en un período de extraordinario dinamismo, particularmente en la narrativa. Este fenómeno era la culminación de un proceso de crecimiento y maduración que, a lo largo de las dos décadas precedentes, había transformado el concepto y la práctica de la literatura entre los escritores de los distintos países del continente.

5.1.1 Modelos literarios. Los maestros hispanoamericanos y la literatura universal.

Borges había reivindicado para el escritor hispanoamericano el derecho a utilizar como propio el vasto repertorio de la cultura universal. El juego libre de la imaginación, la ironía y el humor, el escepticismo radical frente a los sistemas del pensamiento y a las doctrinas religiosas, así como la escritura irreverente y paródica del autor de *Ficciones*, señalaron el camino de la nueva narrativa. Rulfo demostró, por su parte, que los temas de la tradicional novela de la tierra —el cacique, la explotación y la violencia— podían cobrar nueva vida a través del complejo diseño narrativo que configura el mundo mítico de *Pedro Páramo*. Esta obra es, como ha dicho Carlos Fuentes, el hilo que nos conduce a la "nueva novela latinoamericana". La recuperación de los mitos y leyendas indígenas llevada a cabo por Asturias y Arguedas, y de la herencia africana por Guillén y Carpentier, así como la visión recreadora y crítica de la historia de este último, fueron también asimiladas por la mente y la imaginación de los narradores y poetas de los años sesenta.

Los escritores representativos de este período, como Cortázar, Fuentes, García Márquez y Vargas Llosa tuvieron, pues, maestros y modelos hispanoamericanos. Al mismo tiempo se reconoce en ellos la influencia formativa de autores europeos y norteamericanos: James Joyce, el autor de *Ulysses*, con su exploración del lenguaje dentro de la ficción y el cultivo del humor, la parodia y la sátira lingüísticas; Virginia Woolf, con su apertura a lo fantástico y su alegoría cultural de intención paródica en *Orlando*; William Faulkner, quien en obras como *The Sound and the Fury* creó el mítico pueblo sureño de Yoknapatawpha y dio voz y forma a los monólogos interiores de sus personajes; John Dos Passos, autor de la trilogía *U.S.A.* y *Manhattan Transfer*, obras que sirvieron de modelo para el desarrollo de la novela urbana; y Ernest Hemingway, quien estableció un vínculo directo con el mundo hispánico a través de *For Whom the Bell Tolls*, novela basada en sus experiencias durante la Guerra Civil española. Entre los franceses tuvieron especial influencia Jean Paul Sartre y Albert Camus, autores de ensayos filosóficos, novelas y obras de teatro que presentan ideas y temas existencialistas, tales como la alienación, la incomunicación, la ambigüedad moral y la experiencia de lo absurdo en la sociedad que emergía de la Segunda Guerra Mundial.

5.1.2 El ambiente cultural de los años sesenta.

La transformación de la literatura hispanoamericana estuvo vinculada también con fenómenos literarios y culturales que tuvieron lugar en Europa, particularmente en París, y en los Estados Unidos. Entre ellos se destaca la introducción de ideas y técnicas narrativas para la creación de una "nueva novela" francesa, por parte de autores como Nathalie Sarraute, con *Portrait d'un inconnu* y *Les Fruits d'or*; Alain Robbe-Grillet, con *Les Gommes* y *La Jalousie*; y Michel Butor, con *La Modification* y *L'Emploi du temps*. Los promotores de la "nueva novela" consideraban agotado el modelo de la novela realista del siglo XIX, basado en el desarrollo de personajes coherentes, una trama lógica y comprensible, y un narrador omnisciente* en completo control de su mundo. En contraste, la "nueva novela" presenta personajes anónimos y esquemáticos, sin desarrollo ni profundidad, con los que el autor no se propone crear la ilusión de seres vivos y verosímiles; una trama fragmentada en segmentos que aparecen sin orden lógico; y un mundo cuyo sentido no se aclara y el lector debe descifrar.

Los autores de la "nueva novela" hispanoamericana se mantuvieron más cerca de la realidad y de la historia que los de la "nueva novela" francesa y no incurrieron, por lo general, en sus excesos de abstracción y esquematismo teórico. Sin embargo, el movimiento de ideas que impulsó esta renovación del género novelístico en Francia estimuló el interés en la búsqueda y la experimentación para lograr objetivos similares entre los escritores hispanoamericanos. El escritor argentino Julio Cortázar quien se propuso, como Robbe-Grillet, romper con los modelos de la novela realista y psicológica, es representativo de esta búsqueda. Cortázar rechazó la idea de que el personaje literario fuera la máxima creación del novelista, y que éste debiera analizar y explicar su carácter. Coincidió con Robbe-Grillet en concebir un tipo de novela que no se ofreciera completa y acabada a la lectura pasiva, sino que presentara un esquema modificable, no exento de ambigüedades y contradicciones. Esta "nueva novela" requiere la participación de un lector cómplice,* quien ha de colaborar con el autor en la creación de la obra.

Mientras el florecimiento de la "nueva novela" francesa ocurrió durante los años cincuenta, la década siguiente estuvo dominada, también desde París, por nuevas tendencias en la teoría y la crítica de la literatura, agrupadas bajo el nombre de estructuralismo.* Éste proponía, como método crítico, el análisis de los mecanismos de significación que operan dentro del propio texto —los elementos formales o estructurales de la obra, la parodia del lenguaje o el diálogo que el texto implícitamente establece con otros textos, por ejemplo. La obra de los autores vinculados a este movimiento se caracteriza por una escritura consciente de sí misma y de sus mecanismos de producción. En algunos escritores hispanoamericanos, como el cubano Severo Sarduy, estas teorías tuvieron un impacto decisivo; en otros, como Octavio Paz, influyeron de modo más limitado o indirecto. Por otra parte, las circunstancias históricas impidieron que el escritor hispanoamericano se alejara demasiado de su función tradicional de intérprete y crítico de la realidad social. Los narradores y poetas cultivaron también el ensayo, género que desde el siglo anterior había servido al análisis y a la interpretación de los problemas colectivos hispanoamericanos. Ejemplos de ello son *El laberinto de la soledad* (1950, 1959) de Octavio Paz, *La expresión americana* (1957) de José Lezama Lima y *Tiempo mexicano* (1971) de Carlos Fuentes.

5.1.3 *La crisis político-social y sus repercusiones culturales.* La década de los sesenta fue un período de gran agitación y de rebeldía, no sólo contra el orden político y social, sino también contra todos los valores y las formas tradicionales de la cultura. Los escritores hispanoamericanos participaron, algunos en París o en Nueva York, y otros desde sus respectivos países, del clima creado por las rebeliones estudiantiles y la actitud iconoclasta de los intelectuales y artistas, tanto en Europa como en los Estados Unidos, contra las instituciones y los valores consagrados. El lenguaje de la cultura heredada, visto por ellos como medio y mensaje de contenido ideológico, fue también blanco de su agresividad crítica. Las preocupaciones político-sociales, nunca ausentes en la literatura de Hispanoamérica, cobraron aun mayor impulso a partir de la Revolución Cubana de 1959, la cual despertó, en los años sesenta, un fuerte movimiento de solidaridad entre los escritores y artistas del continente. Los congresos y concursos literarios que se realizaron en La Habana (1966–1968), con la participación de las figuras más distinguidas de las letras hispanoamericanas contribuyeron, sin duda, a formar una conciencia de grupo. Acontecimientos políticos posteriores produjeron desacuerdos y causaron rupturas en este sentimiento de unidad, pero esto no disminuye la importancia del impacto inicial.

5.2 La nueva narrativa

Nombres como "la nueva narrativa" o "la nueva novela" son insatisfactorios, porque exageran el mérito literario de la novedad y porque desvinculan erróneamente la producción de este período de sus antecedentes inmediatos. Esta caracterización responde, por otra parte, a una necesidad legítima, la de enmarcar una época de experimentación, intensidad creadora y repercusión internacional sin precedentes en la historia de las letras hispanoamericanas. Los autores más representativos de la nueva narrativa pertenecen a distintas generaciones. Julio Cortázar (1914–1984), conocido desde los años cincuenta como autor de cuentos predominantemente fantásticos, se convirtió con su novela *Rayuela* (1963) en promotor y guía de las nuevas tendencias. Carlos Fuentes (n. 1928), Gabriel García Márquez (n. 1928) y Mario Vargas Llosa (n. 1936) formaban, junto con Cortázar, un grupo unido por ideas y propósitos literarios, aunque éstos se manifestaron en obras que reflejan sus respectivas y distintas personalidades.

El rechazo del realismo social o psicológico que había caracterizado a las novelas de la primera parte del siglo XX, y la exaltación de la libertad de la imaginación por encima de las limitaciones de lo lógico y racional, representaron, en la década de los años sesenta, un retorno a los ideales de la vanguardia surrealista, interrumpida por la Segunda Guerra Mundial. Julio Cortázar, asiduo lector y admirador de los surrealistas, y formado dentro de la tradición del cuento fantástico rioplatense, enriqueció este género, pasando luego a la experimentación con el lenguaje y la estructura novelística. Estos aspectos, así como la amplitud de su visión crítica de la sociedad y la cultura contemporáneas, fueron su contribución más importante dentro de este nuevo movimiento vanguardista. En contraste con el cosmopolitismo de Cortázar, Gabriel García Márquez, procedente del periodismo y formado dentro de una tradición oral depositaria de mitos y leyendas, aportó al movimiento una visión a la vez realista y mítica, y universalizó la imagen del mundo latinoamericano desde la especificidad de la trágica historia de la Guerra Civil colombiana. Su "realismo mágico" surgía de la experiencia colectiva, y no de los sueños y obsesiones individuales, como en el caso de Cortázar. La contribución de Mario Vargas Llosa, quien —a diferencia de los anteriores— era un escritor realista por vocación y en la práctica, consistió en la introducción de complejas formas y estructuras narrativas, con las que perseguía su ideal de "la novela total". Ésta era, en su concepto, la novela que comunicara una realidad desde todos los puntos de vista posibles, haciendo que se entrecruzaran o convergieran las voces narrativas, los espacios y los tiempos. Carlos Fuentes, por su parte, escribió obras predominantemente realistas, aunque también cultivó, desde sus primeros cuentos, formas del género fantástico. Además, los mitos aztecas y mayas son un elemento esencial en sus visiones de México. Al mismo tiempo, sin embargo, Fuentes ha aportado una perspectiva de México y de Latinoamérica que integra a su país y al continente en el mundo contemporáneo. Su obra novelística, a diferencia de la de los anteriores, incorpora ideas, reflexiones e interpretaciones ensayísticas. Si bien estos cuatro escritores han sido especialmente reconocidos como promotores de la "nueva narrativa", otros autores coetáneos, que luego mencionaremos, han tenido una participación destacada en la innovación de las letras hispanoamericanas.

5.2.1 Las técnicas narrativas.

Entre las técnicas que exploraron estos autores se encuentran diversas formas de relato fragmentado, múltiples y cambiantes puntos de vista, yuxtaposiciones de planos temporales y espaciales, además de diálogos entrecruzados. Estos diálogos se producen en distintos tiempos y espacios, pero se conectan a través de la narración. Moviéndose por los distintos tiempos, saltando entre ellos con retrospecciones y anticipaciones, la narración hace surgir una multiplicidad de voces y de historias. La introducción de elementos inverosímiles en la descripción de situaciones familiares, realizada con la mayor naturalidad, es también parte del repertorio de recursos de estos escritores. El novelista crea un mundo en el que los personajes de ficción conviven con los personajes históricos, sin que se marque una diferencia entre ellos. Algunos autores adoptan las técnicas cinematográficas del corte y montaje para abarcar distintos planos narrativos manteniendo, al mismo tiempo, la cohesión del relato. No todos los escritores emplean estas técnicas en igual medida, pero ellas han sido algunos de los signos distintivos de la "nueva narrativa".

5.2.2 Obras y autores representativos. Complejidad técnica y experimentación lingüística.

Entre 1962 y 1967 se publicaron, además de *Rayuela* de Julio Cortázar; *La muerte de Artemio Cruz* (1962) y *Cambio de piel* (1967) de Carlos Fuentes; *La ciudad y los perros* (1962) y *La casa verde* (1966) de Vargas Llosa, así como *Cien años de soledad* (1967) de García Márquez. Estas obras encarnaron las nuevas pautas novelísticas y marcaron el rumbo de la narrativa hispanoamericana. Pronto se uniría a este grupo José Donoso, con *El obsceno pájaro de la noche* (1970) y su ensayo *Historia personal del boom* (1972). Al período 1960–1970 pertenecen también *La feria* (1971) de Juan José Arreola, *Recuerdos del porvenir* (1963) de Elena Garro, *Tres tristes tigres* (1965) de Guillermo Cabrera Infante, *José Trigo* (1966) de

Fernando del Paso, *Paradiso* (1968) de José Lezama Lima, *El mundo alucinante* (1969) de Reinaldo Arenas, *Cobra* (1972) de Severo Sarduy y *Yo, el Supremo* (1974) de Augusto Roa Bastos. Las novelas mencionadas se caracterizan por la complejidad de su técnica narrativa, los experimentos con el lenguaje y, particularmente en *Rayuela* y *Cambio de piel*, por el afán de comunicar una visión totalizadora del mundo contemporáneo desde la perspectiva personal y latinoamericana del autor.

5.2.3 *Predominio del punto de vista histórico y social.*

Al mismo tiempo, durante los años sesenta y setenta, hubo otros autores menos preocupados por la experimentación formal que por interpretar creativamente la historia y las realidades político-sociales de los países hispanoamericanos. Este fue el caso de Rosario Castellanos con *Oficio de tinieblas* (1962), Marcio Veloz Maggiolo con *Judas—El buen ladrón* (1962), Carlos Martínez Moreno con *El paredón* (1962), Mario Benedetti con *Gracias por el fuego* (1965), Miguel Barnet con *Biografía de un cimarrón* (1966), David Viñas con *Los hombres de a caballo* (1968), Augusto Monterroso con *La oveja negra y demás fábulas* (1969), y Elena Poniatowska con *Hasta no verte Jesús mío* (1969). En el mismo período aparecen, también, *La traición de Rita Hayworth* (1969) de Manuel Puig y *Figuraciones en el mes de marzo* (1972) de Emilio Díaz Valcárcel, novelas arraigadas en la experiencia cotidiana y en la cultura popular. Apuntan, con esto, a las tendencias que van a predominar en la narrativa hispanoamericana de las décadas siguientes.

5.3 La poesía: herencia y ramificación del posvanguardismo

A los poetas posvanguardistas, ya presentados en el capítulo anterior, les sucedieron los autores que, nacidos a partir de 1910, definieron su orientación poética durante la década de los cuarenta. Representativos de este grupo son José Lezama Lima, Octavio Paz y Nicanor Parra (n. 1914), cuya obra incorpora el legado vanguardista al mismo tiempo que imprime nuevas direcciones a la poesía.

5.3.1 *Aspiración a lo trascendente.*

En Lezama Lima y en Paz, el poema surge como intento de captar el sentido último o trascendente de la realidad a través de la imagen poética. El poeta aspira a lo inefable o recóndito, diseñando con su palabra el trazado de una realidad esencial y colocándose por encima de la contingencia histórica o personal. Este impulso trascendentalista, presente en Lezama Lima desde el poemario *La fijeza* (1944), se encuentra también, equilibrado por preocupaciones existenciales, en *La estación violenta* (1957) de Octavio Paz.

5.3.2 *Rechazo de lo abstracto.*

En contraste con Lezama Lima y Paz, Nicanor Parra manifestó, desde *Poemas y antipoemas* (1954), un repudio de las abstracciones poéticas a favor de la expresión más directa de la experiencia vivida. Su poesía comunica, con una actitud radicalmente crítica y desesperanzada, la visión de un mundo fragmentado y caótico.

5.3.3 *La generación de Paz.*

Entre los poetas contemporáneos de la generación de Paz se encuentra Juan Liscano, con *Humano destino* (1949) y *Tierra muerta de sed* (1954). Pertenece también a ella Gonzalo Rojas, autor de *La miseria del hombre* (1948) y *Contra la muerte* (1964), quien representa, según algunos críticos, una transición hacia la poesía de la generación siguiente.

5.3.4 *Promociones posteriores. Rasgos distintivos.* Los estudiosos de la poesía hispanoamericana coinciden en agrupar a los poetas posteriores en dos promociones. Aunque no es posible proponer una caracterización que haga justicia a la diversidad de cualidades representadas por la obra de estos poetas, pueden señalarse, sin embargo, ciertas tendencias compartidas por algunos de los integrantes de estas dos promociones. Se destacan, en el primer grupo, el regreso a la naturalidad expresiva y el intento de incorporar la totalidad de la experiencia en el hecho poético. Este afán totalizador corresponde, en la poesía, a la orientación similar que dio impulso a la narrativa durante ese mismo período. El compromiso social ha impulsado también a muchos de estos poetas, particularmente a Ernesto Cardenal y a Roberto Fernández Retamar. Esta promoción, integrada por los nacidos entre 1920 y 1934, incluye a autores como Olga Orozco, Cintio Vitier, Alvaro Mutis, Fina García Marruz, Claribel Alegría, Ernesto Cardenal, Rosario Castellanos, Blanca Varela, Carlos Germán Belli, Enrique Lihn, Roberto Fernández Retamar y Juan Gelman. Los poetas del segundo grupo comparten, por lo general, la actitud frente al lenguaje de los autores anteriores. Su poesía se expresa con un lenguaje directo, conciso, que a veces linda con el de la prosa. Del mismo modo que en la narrativa de este período, el tema del exilio es frecuente en la obra de estos autores. Lo es también la percepción interiorizada del tiempo y la búsqueda de raíces históricas, como se observa en la poesía de José Emilio Pacheco y de Antonio Cisneros. En este último, el compromiso social suele expresarse en poemas que conjuran imágenes del pasado. Esta promoción comprende a los nacidos desde 1935, e incluye a poetas como Roque Dalton, Alejandra Pizarnik, Oscar Hahn, José Emilio Pacheco, Pedro Shimose, Antonio Cisneros y José Watanabe.

5.3.5 *La producción poética de los exiliados y expatriados.* Los poetas hispanoamericanos escriben a menudo su obra lejos de su país de origen, y en contacto con otras culturas y otros idiomas. En las últimas décadas, algunos de ellos, exiliados o voluntariamente expatriados en los Estados Unidos, realizan su actividad creadora dentro de un ambiente cultural que los integra a una más amplia y diversificada comunidad hispánica. La contribución de los grupos chicanos, cubanos y puertorriqueños a la poesía que se produce desde dentro del ambiente hispánico, ya sea en Nueva York, en California, o en otras regiones del país, es un fenómeno cultural que está recibiendo mayor atención por parte de la crítica. Muchos de ellos, como así también los hijos de los expatriados que llegaron de otros países del mundo hispánico, y se educaron en los Estados Unidos, escriben su obra en inglés, y han alcanzado amplio reconocimiento. Dicha producción poética, del mismo modo que la narrativa de ese grupo, se conoce como *Latino Literature,* y constituye un nuevo e interesante campo de estudio que sobrepasa los límites del presente texto.

5.4 La renovación del teatro

La dramaturgia ha ido ocupando en Hispanoamérica un lugar cada vez más importante dentro de la producción literaria de las últimas décadas. El nuevo teatro surgió, en casi todos los países, hacia mediados de siglo y su destino, vinculado al del espectáculo público, sería particularmente afectado por los vaivenes de la política y las limitaciones económicas.

5.4.1 Dramaturgos y novelistas. El teatro en México. Escribir para el teatro no ha sido por lo común una actividad exclusiva. Los dramaturgos fueron, con frecuencia, también narradores, y algunos novelistas, como Carlos Fuentes y Mario Vargas Llosa, han contribuido, con mayor o menor éxito, al género dramático. México ha tenido, sin embargo, muchos y excelentes dramaturgos, como Rodolfo Usigli (1905–1980), quien exploró los temas de la historia y la identidad mexicanas en *El gesticulador* (1937), *Corona de sombra* (1947) y *Corona de luz* (1963), como lo hicieron Paz y Fuentes en el ensayo y la narrativa. Otros autores representativos del género en México son Salvador Novo, quien produjo obras de crítica y sátira social; Elena Garro con dramas breves que se acercan al teatro del absurdo; Emilio Carballido, autor de vena humorística y variada temática social; y Maruxa Vilalta, quien denuncia en sus obras la incomunicación y la guerra.

5.4.2 El teatro en Argentina. En la Argentina, el máximo exponente de la dramaturgia a mediados de siglo fue Conrado Nalé Roxlo (1898–1971), autor de *La cola de la sirena* (1941), *Una viuda difícil* (1944) y *El pacto de Cristina* (1945), obras dinámicas, modernas, en las que campean el humor y la ironía. Sin embargo, el teatro argentino contemporáneo se definió unos años más tarde, con el estreno de *El puente* (1949) de Carlos Gorostiza, quien en esta obra y en las siguientes trató temas comunes al teatro existencialista.* Otros dramaturgos representativos son Osvaldo Dragún, autor de *Historias para ser contadas* (1959), breves piezas en las que critica la deshumanización de una sociedad mecanizada, y también de *Tupac Amaru* (1957), basada en la tragedia del inca rebelde de 1780. En los años siguientes se destacó Griselda Gambaro, quien escribió obras de fuerte denuncia social, entre ellas *El campo* (1968), donde la vida es vista como un campo de concentración. Sus visiones de pesadilla se adelantaron proféticamente a la propia realidad, que pronto iba a superar el horror de lo imaginado.

5.4.3 Otros dramaturgos importantes. Entre los dramaturgos de ese período también deben mencionarse: el cubano Virgilio Piñera, con su obra *Dos viejos pánicos* (1968); el puertorriqueño René Marqués, autor de *Los soles truncos* (1958); el guatemalteco Carlos Solórzano, con *Los fantoches* (1958); el chileno Jorge Díaz, con *El cepillo de dientes* (1966); y el cubano José Triana, con *La noche de los asesinos* (1965). A estos nombres deben agregarse los del uruguayo Carlos Maggi, la mexicana Luisa Josefina Hernández, el cubano Matías Montes Huidobro y los de muchos otros que deberían incluirse en una presentación más extensa.

En conclusión: El período iniciado por la actividad literaria de los años sesenta cambió radicalmente la posición de los escritores hispanoamericanos en el mundo de las letras. Esta etapa brillante produjo una narrativa de éxito internacional, obras poéticas y ensayísticas de altísima calidad y un teatro que emergió como género de vigoroso impulso e impacto social. El escritor hispanoamericano superó la marginación que había afectado la obra de sus predecesores, y conquistó un papel de protagonista en el escenario cultural de nuestra época.

5.5 Sumario

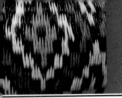

JULIO CORTÁZAR

1914, Bruselas, Bélgica–
1984, París, Francia

Escritor alerta a todas las manifestaciones de la cultura contemporánea, Cortázar fue uno de los grandes innovadores de la narrativa en idioma español. Artista de audaz imaginación y espíritu solidario, buscó desde su compleja e intensa subjetividad los puentes de la comunicación y la participación social. Cortázar nació en Bruselas, de padres argentinos, y vivió en esa ciudad sus primeros cuatro años, antes de que la familia regresara a la Argentina en 1918. El futuro escritor hizo la carrera de educación con especialidad en literatura. Enseñó desde los veinte años, primero en escuelas secundarias (1937–1944), en las ciudades de Bolívar y Chivilcoy (Provincia de Buenos Aires), y luego en la Universidad de Cuyo (Mendoza), donde dictó un curso de literatura francesa (1944–1945). Renunció a este puesto en protesta contra los abusos del régimen militar que llevó a la presidencia a Juan Domingo Perón (1946–1955), y se trasladó a Buenos Aires. Durante esos mismos años publicó, bajo el seudónimo de Julio Denis, una colección de poemas titulada *Presencia* (1938) y comenzó a escribir cuentos. "Casa tomada" apareció en 1946 en *Los anales de Buenos Aires,* una revista literaria dirigida por Borges. En los dos años siguientes salieron "Bestiario" y "Lejana". Estos tres cuentos, y otros cinco de la misma época, no fueron reunidos en forma de libro hasta años más tarde. Para entonces el autor ya había dado a conocer su poema dramático *Los reyes* (1949), una reinterpretación del mito del Minotauro.[1] En vísperas de viajar a Francia, apareció *Bestiario* (1951), su primera colección de cuentos. Con ella se inició la fase más productiva de la vida literaria de Cortázar, que culminó con la publicación de la novela *Rayuela* (1963). Durante este período ganó el reconocimiento de la crítica literaria y un público de lectores admiradores de su obra, tanto en el idioma original, como en sus múltiples traducciones. Desde 1951 hasta su muerte, Cortázar residió en París, donde trabajó como traductor de la UNESCO. Sus libros, siempre escritos en español, se publicaron en Buenos Aires, México y España.

Cortázar comenzó a producir su obra en la década de los cuarenta, en el ambiente literario y artístico creado por las corrientes vanguardistas europeas de la generación anterior, el surrealismo francés en particular, y la innovación de las letras argentinas iniciada por Roberto Arlt, Macedonio Fernández y Jorge Luis Borges. Sus primeros cuentos lo muestran afín a la narrativa fantástica de Borges

---

[1] Según la mitología griega, un monstruo con cuerpo de toro y cabeza humana, preso en un laberinto construido por Dédalos. Los atenienses debían pagar como tributo a Minos, rey de Creta, el sacrificio anual de siete jóvenes y siete doncellas que eran devorados por el monstruo. En la interpretación de Cortázar, el Minotauro simboliza el espíritu poético libre. Minos y Teseo, el héroe que mata al monstruo, son representantes, en cambio, del poder opresor.

pero, a diferencia de éste, Cortázar concebía lo fantástico como fuerza operante dentro de la misma realidad cotidiana que comparte el lector con los personajes. Arlt y Macedonio Fernández fueron, por otra parte, sus predecesores en el uso de una escritura urbana, de humor irrespetuoso y crítico, demoledora del lenguaje literario oficial y de los valores tradicionales que éste representa.

En *Los premios* (1960), su primera novela, Cortázar utilizó magistralmente el lenguaje para definir la condición social y el nivel cultural de sus personajes. Después de esta obra su escritura autocrítica cuestiona el valor de la palabra como instrumento expresivo. Esta actitud frente al lenguaje es, sin embargo, sólo una fase de su búsqueda vital e intelectual de autenticidad. La conjunción de preocupaciones estéticas y existenciales, que ya se anunciaba en "El perseguidor" (*Las armas secretas,* 1959), logró su máxima expresión en *Rayuela.* Allí Cortázar atacó la novela realista, la novela de análisis psicológico, y propuso las bases de una nueva novela, liberada de los cánones tradicionales. *62. Modelo para armar,* publicada cinco años más tarde, pone en práctica las ideas sobre el género novelístico formuladas por él en *Rayuela.* En su producción posterior, y más específicamente desde el *Libro de Manuel* (1973), irrumpen en la escritura inquietudes de tipo político-social y expresiones de solidaridad con los pueblos oprimidos de Latinoamérica.

La vasta obra de Cortázar incluye, además de los títulos ya mencionados, colecciones de cuentos tales como *Final del juego* (1956, 2.ª ed. revisada, 1964), *Historias de cronopios y de famas* (1962), *Todos los fuegos el fuego* (1966), *Un tal Lucas* (1979), *Queremos tanto a Glenda* (1980) y *Deshoras* (1983). Publicó también "libros collage", donde reunió cuentos, poemas, ensayos, diseños gráficos, cartas y fotografías: *La vuelta al día en ochenta mundos* (1967), *Último round* (1969) y *Los autonautas de la cosmopista* (1983), escrito en colaboración con Carol Dunlop. Póstumamente aparecieron algunas de sus obras juveniles, como *El examen* (1986) y *Divertimento* (1986) y, más recientemente, *Papeles inesperados: el último legado de Julio Cortázar* (2009), libro que reúne relatos inéditos, poemas, artículos políticos, crónicas y otros textos que el autor había escrito y descartado a lo largo de su vida.

En los cuentos de Cortázar, los fantasmas creados por la imaginación cobran vida propia, invadiendo y trastornando el orden y la rutina meticulosamente establecidos por los personajes. Entre sus recursos más frecuentes encontramos: 1) la introducción de un hecho extraño e inexplicable dentro de circunstancias aparentemente normales; 2) la materialización de ideas obsesivas, sueños y pesadillas; 3) misteriosas transformaciones, desdoblamientos e intercambios de personalidad; 4) la sustitución del tiempo cronológico por una coincidencia del pasado, el presente y el futuro; y 5) la superposición de planos temporales y espaciales que le permite al personaje vivir, simultáneamente, en épocas y lugares distintos. Mediante un lenguaje conciso y sobrio, Cortázar impone al lector lo inverosímil con la mayor naturalidad. Al mismo tiempo el autor, quien concibe la lectura como una participación activa en el proceso creador propuesto por la obra, deja al lector con la libertad y la responsabilidad de completar e interpretar el sentido del texto. En "Continuidad de los parques" encuentran expresión las ideas del autor sobre el acto de leer. Emplea, para ello, uno de sus recursos favoritos, el pasaje de un nivel a otro de realidad, en este caso, de afuera hacia dentro de la novela, por parte de su protagonista.

■ Bibliografía mínima

Alazraki, Jaime. *Hacia Cortázar: aproximaciones a su obra.* Barcelona, Anthropos, 1994. Impreso.

Alonso, Carlos J., ed. *Julio Cortázar: New Readings.* Cambridge: Cambridge UP, 1998. Impreso.

Campra, Rosalba. *Cortázar para cómplices.* Prólogo de Jean Andreu. Madrid: Centro Editores, 2009. Impreso.

Carter, E. D., Jr., ed. *Otro round: estudios sobre la obra de Julio Cortázar.* Número especial de *Explicación de Textos Literarios* 17.1–2 (1988–1989). Impreso.

Cortázar, Julio. *Cuentos completos.* 2 Vols. Madrid: Alfaguara, 1994. Impreso.

——. *Obras completas.* Edición e introducción general de Saúl Yurkievich; con la colaboración de Gladis Anchieri; prólogo de Jaime Alazraki. Barcelona: Galaxia Gutenberg: Círculo de Lectores, 2003. Impreso.

Filer, Malva E. "Leer a Cortázar como mujer". *Me gustas cuando callas… Los escritores del "Boom" y el género sexual.* Ed. Ana Luisa Sierra. San Juan, PR: Universidad de Puerto Rico, 2002. 65–86. Impreso.

Goloboff, Mario. *Julio Cortázar: la biografía.* Buenos Aires: Seix Barral, 1998. Impreso.

Matamoro, Blas. "El músico, ese perseguidor". *Cuadernos Hispanoamericanos* 625–626 (2002): 129–38. Impreso.

Musselwhite, David. "Death and the Phantasm: A Reading of Julio Cortázar's 'Babas del diablo' ". *Romance Studies* 18.1 (2000): 57–68. Impreso.

Rodríguez Reyes, Claudia. "Análisis textual estratégico en el cuento 'Continuidad de los parques' de J. Cortázar". *Espéculo: Revista de Estudios Literarios* 34 (Nov. 2006–Feb. 2007). Web. <http://www.ucm.es/info/especulo/>.

Zavala, Lauro. "Continuaciones para 'Continuidad de los parques' de Julio Cortázar". *Texto Crítico* 8.14 (enero-junio 2004): 99–107. Impreso.

Final del juego (1964)

CONTINUIDAD DE LOS PARQUES

Había empezado a leer la novela unos días antes. La abandonó por negocios urgentes, volvió a abrirla cuando regresaba en tren a la finca; se dejaba interesar lentamente por la trama, por el dibujo de los personajes. Esa tarde, después de escribir una carta a su apoderado y discutir con el mayordomo una cuestión de
5 aparcerías[1], volvió al libro en la tranquilidad del estudio que miraba hacia el parque de los robles. Arrellanado[2] en su sillón favorito, de espaldas a la puerta que lo hubiera molestado como una irritante posibilidad de intrusiones, dejó que su mano izquierda acariciara una y otra vez el terciopelo verde y se puso a leer los últimos capítulos. Su memoria retenía sin esfuerzo los nombres y las imágenes de
10 los protagonistas; la ilusión novelesca lo ganó casi en seguida. Gozaba del placer casi perverso de irse desgajando[3] línea a línea de lo que lo rodeaba, y sentir a la vez que su cabeza descansaba cómodamente en el terciopelo del alto respaldo, que los cigarrillos seguían al alcance de la mano, que más allá de los ventanales danzaba el aire del atardecer bajo los robles. Palabra a palabra, absorbido por la sórdida

---

[1] Contrato entre el propietario de una tierra y el que la trabaja, por el cual ambos participan de los productos de ella.

[2] Sentado con comodidad, en actitud de abandono.

[3] Separar una parte de otra, arrancar.

15 disyuntiva de los héroes, dejándose ir hacia las imágenes que se concertaban[4] y adquirían color y movimiento, fue testigo del último encuentro en la cabaña del monte. Primero entraba la mujer, recelosa; ahora llegaba el amante, lastimada la cara por el chicotazo[5] de una rama. Admirablemente restañaba[6] ella la sangre con sus besos, pero él rechazaba las caricias, no había venido para repetir las ceremo-
20 nias de una pasión secreta, protegida por un mundo de hojas secas y senderos furtivos. El puñal se entibiaba contra su pecho, y debajo latía la libertad agazapada. Un diálogo anhelante corría por las páginas como un arroyo de serpientes, y se sentía que todo estaba decidido desde siempre. Hasta esas caricias que enredaban el cuerpo del amante como queriendo retenerlo y disuadirlo, dibujaban abomina-
25 blemente la figura de otro cuerpo que era necesario destruir. Nada había sido olvidado: coartadas, azares, posibles errores. A partir de esa hora cada instante tenía su empleo minuciosamente atribuido. El doble repaso despiadado se interrumpía apenas para que una mano acariciara una mejilla. Empezaba a anochecer.

Sin mirarse ya, atados rígidamente a la tarea que los esperaba, se separaron
30 en la puerta de la cabaña. Ella debía seguir por la senda que iba al norte. Desde la senda opuesta él se volvió un instante para verla correr con el pelo suelto. Corrió a su vez, parapetándose en los árboles y los setos[7], hasta distinguir en la bruma malva del crepúsculo la alameda que llevaba a la casa. Los perros no debían ladrar, y no ladraron. El mayordomo no estaría a esa hora, y no estaba. Subió los
35 tres peldaños del porche y entró. Desde la sangre galopando en sus oídos le llegaban las palabras de la mujer: primero una sala azul, después una galería, una escalera alfombrada. En lo alto, dos puertas. Nadie en la primera habitación, nadie en la segunda. La puerta del salón, y entonces el puñal en la mano, la luz de los ventanales, el alto respaldo de un sillón de terciopelo verde, la cabeza del hombre
40 en el sillón leyendo una novela.

Julio Cortázar. "Continuidad de los parques", Final del juego. © Herederos de Julio Cortázar, 2011.

■ Preguntas generales

1. ¿Qué movimientos literarios y artísticos influyeron en la formación de Cortázar como escritor? ¿Con qué tendencias se identificó en París?
2. ¿De qué modo presenta Cortázar lo fantástico? ¿Cuáles son los recursos de técnica narrativa que emplea con mayor frecuencia en sus cuentos?
3. ¿Qué nuevo tipo de novela propone? ¿Qué espera del lector?
4. ¿Cuál es la actitud de Cortázar con respecto al lenguaje y en qué se refleja?
5. ¿Qué preocupaciones no literarias orientaron la obra de Cortázar desde la década de los sesenta?

■ Preguntas de análisis

1. ¿A qué clase social pertenece el protagonista de "Continuidad de los parques" y qué actividades ocupan su tiempo?
2. ¿Qué lugar tiene la lectura en su vida?

---

[4] Se componían, se ordenaban, se arreglaban las partes de una cosa.
[5] Latigazo.
[6] Detener la salida de la sangre por una herida.

[7] División hecha con plantas de adorno que se podan de manera que forman como una pared en los jardines.

3. ¿Cómo describe el cuento las sensaciones y los sentimientos del hombre lector?
4. ¿Qué tipo de obra está leyendo el personaje?
5. ¿De qué modo el cuento ilustra ideas y recursos comunes en la obra de Cortázar?

■ Temas para informes escritos

1. Aspectos comunes y diferencias entre los cuentos de Cortázar y los de Borges.
2. La afinidad de propósito entre Cortázar y otros creadores de la "nueva novela" hispanoamericana.
3. Convergencia de las preocupaciones existenciales y literarias en *Rayuela*.
4. Las raíces y las manifestaciones del individualismo y la rebeldía en los personajes de Cortázar.
5. La influencia de Cortázar sobre los escritores más jóvenes, como Luisa Valenzuela y Rosario Ferré.

■ Temas de reflexión y comentario

1. La autobiografía en la obra de Cortázar. Textos evocadores de la infancia y la adolescencia, o la experiencia del exilio, entre otros.
2. Las transgresiones gramaticales, sintácticas, y otras formas anticonvencionales del lenguaje de Cortázar.
3. La relación entre las ideas sobre el género novelístico de Cortázar y las de la Nueva Novela francesa.
4. Buenos Aires en la obra de Julio Cortázar. La imagen detenida en el recuerdo y la ciudad lejana y distinta.
5. La música de *jazz* y sus intérpretes. Paralelismo con la lectura de textos literarios.

OCTAVIO PAZ

1914–1998, Ciudad de México, México

Poeta y ensayista, Octavio Paz es una figura cumbre de las letras hispánicas. Dedicado a la poesía desde los 14 años, sus lecturas independientes lo introdujeron al estudio de las lenguas clásicas y modernas y de la literatura universal. Aunque asistió a la escuela de Artes y Letras y a la de Leyes de la Universidad Nacional Autónoma de México, no obtuvo título académico. Su excepcional cultura es el resultado de un riguroso y disciplinado esfuerzo propio de investigación, tanto en los campos de la literatura y el arte, como en los de antropología y filosofía occidental y oriental. Paz publicó su primer poemario, *Luna silvestre,* en 1933. En 1937 viajó a España para asistir al Segundo Congreso Internacional de Escritores para la Defensa de la Cultura, que tuvo lugar en plena Guerra Civil. Allí conoció a importantes escritores españoles (Cernuda, Alberti, Altolaguirre, Antonio Machado) e hispanoamericanos (Neruda, Huidobro, Vallejo, Carpentier). Carpentier le proporcionó meses más tarde, en París, sus primeros contactos con el ambiente surrealista. De regreso en México, Paz participó en la fundación y dirección de las revistas *Taller* (1938) y *El hijo pródigo* (1943), en las que colaboraron muchos escritores refugiados de la Guerra Civil Española y donde aparecieron por primera vez en español *Une saison en enfer* de Rimbaud y *Poésies* de Lautréamont.

En 1946, Paz entró al servicio de relaciones exteriores de su país y, con excepción de los años 1953–1959 que pasó en México, ocupó distintos cargos diplomáticos en los Estados Unidos, Francia, Japón, Suiza e India. En este último país fue embajador desde 1962 hasta 1968, año en que renunció al puesto y abandonó la carrera diplomática, como acto de protesta contra su gobierno por la masacre de estudiantes en la Plaza de Tlatelolco. A esta decisión siguieron dos años en París (1968–1970), el regreso a México en 1971, y breves períodos de enseñanza en las universidades de Cambridge, Pittsburgh y Texas. Paz, como ya lo había hecho Henríquez Ureña, ocupó la prestigiosa cátedra Charles Eliot Norton de Harvard University (1971–1972), y fue profesor de literatura comparada en la misma universidad, donde enseñó un semestre por año hasta 1980. Durante este período fue también director del suplemento literario *Plural,* publicación que abandonó por razones políticas, y luego fundó otra revista, *Vuelta,* altamente considerada en el ámbito hispánico. Recibió en 1990 el Premio Nobel de Literatura. Paz escribió una vasta obra poética y ensayística. Sus ensayos reflejan lucidez e inquebrantable independencia intelectual en el tratamiento de una rica y variada temática: análisis del carácter mexicano en *El laberinto de la soledad* (1950, 2.ª ed. revisada y ampliada, 1959); teoría literaria en *El arco y la lira* (1956, 2.ª ed. revisada y ampliada, 1967) y *Corriente alterna* (1967); estudios de crítica literaria en *Las peras del olmo* (1957), *Cuadrivio* (1965), *Puertas al campo* (1966) y *Los hijos del limo* (1974); puntos de vista antropológicos y filosóficos en *Claude Lévi-Strauss o El nuevo festín*

427

de Esopo (1967), *Conjunciones y disyunciones* (1969), y *La llama doble: amor y erotismo* (1993); el arte surrealista en *Marcel Duchamp o El castillo de la pureza* (1968), corregido y ampliado luego en *Apariencia desnuda. La obra de Marcel Duchamp* (1978); reflexiones sobre el signo y la escritura en *El signo y el garabato* (1973) y *El mono gramático* (1974); nuevos aportes al estudio de Sor Juana en *Sor Juana Inés de la Cruz o Las trampas de la fe* (1982); y temas político-sociales en *El ogro filantrópico* (1979) y *Tiempo nublado* (1983).

De su producción poética, las colecciones más importantes son: *Libertad bajo palabra: obra poética, 1935–1957* (1960), la cual incluye los poemas de *La estación violenta* (1958), entre ellos "Himno entre ruinas" y "Piedra de sol", donde el tiempo y los mitos aztecas se fusionan con los mitos del Occidente, en una búsqueda personal del sentido de la vida y de la propia identidad; *Salamandra, 1958–1961* (1962), *Ladera este, 1962–1968* (1969), donde se encuentra "Blanco", poema complejo e innovador, cuyas imágenes mentales convocadas por la palabra se visualizan sobre el espacio de la página; *La centena. Poemas: 1935–1968* (1969), *Pasado en claro* (1975) y *Vuelta* (1976). Según Paz, el significado de la poesía es cambiante y momentáneo, "brota del encuentro entre el poema y el lector". Del mismo modo que los autores de la nueva narrativa, el poeta concibe al lector como un partícipe de la creación literaria, cuya interpretación hace surgir significados inherentes al poema.

En "Himno entre ruinas" el título, las referencias a la estatua y a las columnas, el epígrafe de Góngora, así como el lugar y la fecha de escritura (Nápoles, 1948), indican una relación entre las "ruinas" y la historia romana. Este poema no invoca, sin embargo, las glorias del pasado a la manera de Neruda en "Alturas de Macchu Picchu", sino que presenta, alternativamente, la percepción extática de dos momentos en los que se condensan visiones y sentimientos opuestos. Tres de las siete estrofas que componen el poema (1, 3, 5) evocan el gozo de la belleza, la luz radiante y la vitalidad de las imágenes paradisíacas del mundo clásico, en oposición a tres estrofas (2, 4, 6) que presentan como degradado y caduco el mundo contemporáneo. En la séptima estrofa se alcanza la reconciliación de "las dos mitades enemigas" con la afirmación de la voluntad creadora del ser humano. Ésta se encarna en las palabras "que son flores que son frutos que son actos", los que a su vez serán nuevas palabras y nuevos himnos en incesante y expansiva circularidad.

■ Bibliografía mínima

Astorga, Omar. "La máscara en el imaginario de Octavio Paz". En *Octavio Paz: La dimensión estética del ensayo*. Ed. Héctor Jaimes. México, D. F.: Siglo XXI, 2004. 251–68. Impreso.

Dale, Scott. "La liberación de la palabra en el 'Himno entre ruinas' de Octavio Paz". *Cuadernos Americanos* 15.5 (2001): 86–97. Impreso.

Grenier, Yvon. "Octavio Paz's Perspectives on Politics: The Other Voice". *Studies in the Humanities* 35.2 (Dec. 2008): 198–215. Impreso.

Jaimes, Héctor, ed. *Octavio Paz: la dimensión estética del ensayo*. México, D. F.: Siglo XXI, 2004. Impreso.

Paz, Octavio. *Libertad bajo palabra*. Ed. Enrico Mario Santí. Madrid: Cátedra, 1988.

——. *El laberinto de la soledad*. Ed. Enrico Mario Santí ("Introducción", 11–132). Madrid: Cátedra, 1993. Impreso.

Pinho, Mario. *Volver a ser: Un acercamiento a la poética de Octavio Paz*. New York: Peter Lang, 1997. Impreso.

Rosales Rodríguez, Amán. "Modernidad y progreso: Observaciones sobre el escepticismo histórico en la ensayística de Octavio Paz". *Hispanic Research Journal: Iberian and Latin American Studies* 8.4 (Sept. 2007): 333–46. Impreso.

Rosler, Isaac. "Paz and the 'Figure' of the pachuco in *El laberinto de la soledad*". *Hispanic Journal* 21.1 (2000): 165–78. Impreso.

Ruy-Sánchez, Alberto. "Octavio Paz". *Latin American Writers*. Eds. Carlos A. Solé y Maria Isabel Abreu. Vol. 2. New York: Scribner's, 1989. 1163–76. Impreso.

Valdés, Mario J., ed. *Revista Canadiense de Estudios Hispánicos* 16.3 (1992). Número dedicado a la obra de Octavio Paz. Impreso.

Zabalgoitia Herrera, Mauricio. "Relectura de *El laberinto de la soledad* de Octavio Paz: Reelaboración del género ensayo desde la enunciación de un sujeto poético y el ejercicio de un estilo individual". *Espéculo: Revista de Estudios Literarios* 43 (Nov. 2009–Feb. 2010). Web. <http://www.ucm.es/info/especulo/>

Zea, Leopoldo. "Octavio Paz: Identidad y modernidad". *Cuadernos Americanos* 12.4 (1998): 11–22. Impreso.

El laberinto de la soledad (1959)

III

TODOS SANTOS, DÍA DE MUERTOS

El solitario mexicano ama las fiestas y las reuniones públicas. Todo es ocasión para reunirse. Cualquier pretexto es bueno para interrumpir la marcha del tiempo y celebrar con festejos y ceremonias hombres y acontecimientos. Somos un pueblo ritual. Y esta tendencia beneficia a nuestra imaginación tanto como a
5 nuestra sensibilidad, siempre afinadas y despiertas. El arte de la Fiesta, envilecido en casi todas partes, se conserva intacto entre nosotros. En pocos lugares del mundo se puede vivir un espectáculo parecido al de las grandes fiestas religiosas de México, con sus colores violentos, agrios y puros, sus danzas, ceremonias, fuegos de artificio, trajes insólitos y la inagotable cascada de sorpresas de los frutos,
10 dulces y objetos que se venden esos días en plazas y mercados.

Nuestro calendario está poblado de fiestas. Ciertos días, lo mismo en los lugarejos más apartados que en las grandes ciudades, el país entero reza, grita, come, se emborracha y mata en honor de la Virgen de Guadalupe o del general Zaragoza. Cada año, el 15 de septiembre a las once de la noche, en todas las pla-
15 zas de México celebramos la Fiesta del Grito;[1] y una multitud enardecida efectivamente grita por espacio de una hora, quizá para callar mejor el resto del año. Durante los días que preceden y suceden al 12 de diciembre, el tiempo suspende su carrera, hace un alto y en lugar de empujarnos hacia un mañana siempre inalcanzable y mentiroso, nos ofrece un presente redondo y perfecto, de danza
20 y juerga, de comunión y comilona con lo más antiguo y secreto de México. El tiempo deja de ser sucesión y vuelve a ser lo que fue, y es, originariamente: un presente en donde pasado y futuro al fin se reconcilian.

---

[1] La celebración anual del *Grito de Dolores* conmemora la rebelión del cura Miguel Hidalgo en Dolores (Estado de Guanajuato), en 1810, contra los españoles. En México, el 16 de septiembre es tradicionalmente el Día de la Independencia.

Pero no bastan las fiestas que ofrecen a todo el país la Iglesia y la República. La vida de cada ciudad y de cada pueblo está regida por un santo, al que
25 se festeja con devoción y regularidad. Los barrios y los gremios tienen también sus fiestas anuales, sus ceremonias y sus ferias. Y, en fin, cada uno de nosotros —ateos, católicos o indiferentes— poseemos nuestro santo, al que cada año honramos. Son incalculables las fiestas que celebramos y los recursos y tiempo que gastamos en festejar. Recuerdo que hace años pregunté al presidente municipal
30 de un poblado vecino a Mitla:[2] "¿A cuánto ascienden los ingresos del Municipio por contribuciones?" "A unos tres mil pesos anuales. Somos muy pobres. Por eso el señor gobernador y la Federación nos ayudan cada año a completar nuestros gastos". "¿Y en qué utilizan esos tres mil pesos?" "Pues casi todo en fiestas, señor. Chico como lo ve, el pueblo tiene dos santos patronos".
35 Esa respuesta no es asombrosa. Nuestra pobreza puede medirse por el número y suntuosidad de las fiestas populares. Los países ricos tienen pocas: no hay tiempo, ni humor. Y no son necesarias; las gentes tienen otras cosas que hacer y cuando se divierten lo hacen en grupos pequeños. Las masas modernas son aglomeraciones de solitarios. En las grandes ocasiones, en París o en Nueva York,
40 cuando el público se congrega en plazas o estadios, es notable la ausencia de pueblo: se ven parejas y grupos, nunca una comunidad viva en donde la persona humana se disuelve y rescata simultáneamente. Pero un pobre mexicano ¿cómo podría vivir sin esas dos o tres fiestas anuales que lo compensan de su estrechez y de su miseria? Las fiestas son nuestro único lujo; ellas sustituyen, acaso con
45 ventaja, al teatro y a las vacaciones, al *week end* y al *cocktail party* de los sajones, a las recepciones de la burguesía y al café de los mediterráneos.

En esas ceremonias —nacionales, locales, gremiales o familiares— el mexicano se abre al exterior. Todas ellas le dan ocasión de revelarse y dialogar con la divinidad, la patria, los amigos o los parientes. Durante esos días el silencioso
50 mexicano silba, grita, canta, arroja petardos, descarga su pistola al aire. Descarga su alma. Y su grito, como los cohetes que tanto nos gustan, sube hasta el cielo, estalla en una explosión verde, roja, azul y blanca y cae vertiginoso dejando una cauda[3] de chispas doradas. Esa noche los amigos, que durante meses no pronunciaron más palabras que las prescritas por la indispensable cortesía, se
55 emborrachan juntos, se hacen confidencias, lloran las mismas penas, se descubren hermanos y a veces, para probarse, se matan entre sí. La noche se puebla de canciones y aullidos. Los enamorados despiertan con orquestas a las muchachas. Hay diálogos y burlas de balcón a balcón, de acera a acera. Nadie habla en voz baja. Se arrojan los sombreros al aire. Las malas palabras y los chistes caen como
60 cascadas de pesos fuertes. Brotan las guitarras. En ocasiones, es cierto, la alegría acaba mal: hay riñas, injurias, balazos, cuchilladas. También eso forma parte de la fiesta. Porque el mexicano no se divierte: quiere sobrepasarse, saltar el muro de soledad que el resto del año lo incomunica. Todos están poseídos por la violencia y el frenesí.[4] Las almas estallan como los colores, las voces, los sentimientos. ¿Se ol-
65 vidan de sí mismos, muestran su verdadero rostro? Nadie lo sabe. Lo importante

[2] Zona arqueológica en el estado de Oaxaca, cerca de Tlacolula. Su nombre significa "ciudad de las flechas, o de los guerreros".

[3] Cola.
[4] Exaltación violenta de una pasión, delirio.

es salir, abrirse paso, embriagarse[5] de ruido, de gente, de color. México está de fiesta. Y esa Fiesta, cruzada por relámpagos y delirios, es como el revés brillante de nuestro silencio y apatía, de nuestra reserva y hosquedad.[6]

Algunos sociólogos franceses consideran a la Fiesta como un gasto ritual.
70 Gracias al derroche,[7] la colectividad se pone al abrigo de la envidia celeste y humana. Los sacrificios y las ofrendas calman o compran a dioses y santos patronos; las dádivas[8] y festejos, al pueblo. El exceso en el gastar y el desperdicio de energías afirman la opulencia de la colectividad. Ese lujo es una prueba de salud, una exhibición de abundancia y poder. O una trampa mágica. Porque con el de-
75 rroche se espera atraer, por contagio, a la verdadera abundancia. Dinero llama a dinero. La vida que se riega, da más vida; la orgía, gasto sexual, es también una ceremonia de regeneración genésica;[9] y el desperdicio, fortalece. Las ceremonias de fin de año, en todas las culturas, significan algo más que la conmemoración de una fecha. Ese día es una pausa; efectivamente el tiempo se acaba, se extingue.
80 Los ritos que celebran su extinción están destinados a provocar su renacimiento: la fiesta del fin de año es también la del año nuevo, la del tiempo que empieza. Todo atrae a su contrario. En suma, la función de la Fiesta es más utilitaria de lo que se piensa; el desperdicio atrae o suscita la abundancia y es una inversión como cualquiera otra. Sólo que aquí la ganancia no se mide, ni cuenta. Se trata
85 de adquirir potencia, vida y salud. En este sentido la Fiesta es una de las formas económicas más antiguas, con el don y la ofrenda.

Esta interpretación me ha parecido siempre incompleta. Inscrita en la órbita de lo sagrado, la Fiesta es ante todo el advenimiento de lo insólito.[10] La rigen reglas especiales, privativas, que la aíslan y hacen un día de excepción. Y con ella se
90 introduce una lógica, una moral, y hasta una economía que frecuentemente contradicen las de todos los días. Todo ocurre en un mundo encantado; el tiempo es *otro tiempo* (situado en un pasado mítico o en una actualidad pura); el espacio en que se verifica cambia de aspecto, se desliga del resto de la tierra, se engalana[11] y convierte en un "sitio de fiesta" (en general se escogen lugares especiales o
95 poco frecuentados); los personajes que intervienen abandonan su rango humano o social y se transforman en vivas, aunque efímeras, representaciones. Y todo pasa como si no fuera cierto, como en los sueños. Ocurra lo que ocurra, nuestras acciones poseen mayor ligereza, una gravedad distinta: asumen significaciones diversas y contraemos con ellas responsabilidades singulares. Nos aligeramos de
100 nuestra carga de tiempo y razón.

En ciertas fiestas desaparece la noción misma de Orden. El caos regresa y reina la licencia. Todo se permite: desaparecen las jerarquías habituales, las distinciones sociales, los sexos, las clases, los gremios. Los hombres se disfrazan de mujeres, los señores de esclavos, los pobres de ricos. Se ridiculiza al ejército, al
105 clero, a la magistratura. Gobiernan los niños o los locos. Se cometen profanaciones rituales, sacrilegios obligatorios. El amor se vuelve promiscuo. A veces la Fiesta se convierte en Misa Negra. Se violan reglamentos, hábitos, costumbres.

---

[5] Emborracharse, llenarse de algo, perder la serenidad o el equilibrio.
[6] Cualidad de hosco. Actitud poco sociable.
[7] Gasto excesivo.

[8] Donaciones.
[9] Fecundadora.
[10] Extraordinario, desacostumbrado.
[11] Engalanar: arreglar con galas o adornos.

El individuo respetable arroja su máscara de carne y la ropa oscura que lo aísla y, vestido de colorines, se esconde en una careta, que lo libera de sí mismo.

110 Así pues, la Fiesta no es solamente un exceso, un desperdicio ritual de los bienes penosamente acumulados durante todo el año; también es una revuelta, una súbita inmersión en lo informe, en la vida pura. A través de la Fiesta la sociedad se libera de las normas que se ha impuesto. Se burla de sus dioses, de sus principios y de sus leyes: se niega a sí misma.

115 La Fiesta es una Revuelta,[12] en el sentido literal de la palabra. En la confusión que engendra, la sociedad se disuelve, se ahoga, en tanto que organismo regido conforme a ciertas reglas y principios. Pero se ahoga en sí misma, en su caos o libertad original. Todo se comunica; se mezcla el bien con el mal, el día con la noche, lo santo con lo maldito. Todo cohabita, pierde forma, singularidad, y 120 vuelve al amasijo primordial.[13] La Fiesta es una operación cósmica: la experiencia del Desorden, la reunión de los elementos y principios contrarios para provocar el renacimiento de la vida. La muerte ritual suscita[14] el renacer; el vómito, el apetito; la orgía, estéril en sí misma, la fecundidad de las madres o de la tierra. La Fiesta es un regreso a un estado remoto e indiferenciado, prenatal o presocial, 125 por decirlo así. Regreso que es también un comienzo, según quiere la dialéctica inherente a los hechos sociales.

El grupo sale purificado y fortalecido de ese baño de caos. Se ha sumergido en sí, en la entraña misma de donde salió. Dicho de otro modo, la Fiesta niega a la sociedad en tanto que conjunto orgánico de formas y principios diferenciados, 130 pero la afirma en cuanto fuente de energía y creación. Es una verdadera recreación, al contrario de lo que ocurre con las vacaciones modernas, que no entrañan rito o ceremonia alguna, individuales y estériles como el mundo que las ha inventado.

La sociedad comulga consigo misma en la Fiesta. Todos sus miembros 135 vuelven a la confusión y libertad originales. La estructura social se deshace y se crean nuevas formas de relación, reglas inesperadas, jerarquías caprichosas. En el desorden general, cada quien se abandona y atraviesa por situaciones y lugares que habitualmente le estaban vedados.[15] Las fronteras entre espectadores y actores, entre oficiantes y asistentes, se borran. Todos forman parte de la Fiesta, 140 todos se disuelven en su torbellino. Cualquiera que sea su índole, su carácter, su significado, la Fiesta es participación. Este rasgo la distingue finalmente de otros fenómenos y ceremonias: laica[16] o religiosa, orgía o saturnal,[17] la Fiesta es un hecho social basado en la activa participación de los asistentes.

Gracias a las Fiestas el mexicano se abre, participa, comulga con sus se- 145 mejantes y con los valores que dan sentido a su existencia religiosa o política. Y es significativo que un país tan triste como el nuestro tenga tantas y tan alegres fiestas. Su frecuencia, el brillo que alcanzan, el entusiasmo con que todos participamos, parecen revelar que, sin ellas, estallaríamos. Ellas nos liberan, así sea momentáneamente, de todos esos impulsos sin salida y de todas esas materias

---

[12] Revuelta. (Del lat. "revoluta", participio de "revolvere"). Paz alude aquí al significado de mezcla o desorden que tiene la palabra.
[13] Mezcla, argamasa primitiva, del principio.
[14] Suscitar: promover, provocar.

[15] Prohibidos.
[16] Secular, no religiosa.
[17] Originalmente relacionada con Saturno, dios de la mitología romana. Bacanal, orgía.

150 inflamables que guardamos en nuestro interior. Pero a diferencia de lo que ocurre en otras sociedades, la Fiesta mexicana no es nada más un regreso a un estado original de indiferenciación y libertad; el mexicano no intenta regresar, sino salir de sí mismo, sobrepasarse. Entre nosotros la Fiesta es una explosión, un estallido. Muerte y vida, júbilo y lamento, canto y aullido[18] se alían en nuestros festejos, no

155 para recrearse o reconocerse, sino para entredevorarse. No hay nada más alegre que una fiesta mexicana, pero también no hay nada más triste. La noche de fiesta es también noche de duelo.

Si en la vida diaria nos ocultamos a nosotros mismos, en el remolino[19] de la Fiesta nos disparamos. Más que abrirnos, nos desgarramos. Todo termina en

160 alarido y desgarradura: el canto, el amor, la amistad. La violencia de nuestros festejos muestra hasta qué punto nuestro hermetismo nos cierra las vías de comunicación con el mundo. Conocemos el delirio, la canción, el aullido y el monólogo, pero no el diálogo. Nuestras Fiestas, como nuestras confidencias, nuestros amores y nuestras tentativas por reordenar nuestra sociedad, son rupturas vio-

165 lentas con lo antiguo o con lo establecido. Cada vez que intentamos expresarnos, necesitamos romper con nosotros mismos. Y la Fiesta sólo es un ejemplo, acaso el más típico, de ruptura violenta. No sería difícil enumerar otros, igualmente reveladores: el juego, que es siempre un ir a los extremos, mortal con frecuencia; nuestra prodigalidad[20] en el gastar, reverso de la timidez de nuestras inversiones

170 y empresas económicas; nuestras confesiones. El mexicano, ser hosco, encerrado en sí mismo, de pronto estalla, se abre el pecho y se exhibe, con cierta complacencia y deteniéndose en los repliegues vergonzosos o terribles de su intimidad. No somos francos, pero nuestra sinceridad puede llegar a extremos que horrorizarían a un europeo. La manera explosiva y dramática, a veces suicida, con que

175 nos desnudamos y entregamos, inermes casi, revela que algo nos asfixia y cohíbe. Algo nos impide ser. Y porque no nos atrevemos o no podemos enfrentarnos con nuestro ser, recurrimos a la Fiesta. Ella nos lanza al vacío, embriaguez que se quema a sí misma, disparo en el aire, fuego de artificio.

La muerte es un espejo que refleja las vanas gesticulaciones de la vida.

180 Toda esa abigarrada[21] confusión de actos, omisiones, arrepentimientos y tentativas —obras y sobras— que es cada vida, encuentra en la muerte, ya que no sentido o explicación, fin. Frente a ella nuestra vida se dibuja e inmoviliza. Antes de desmoronarse y hundirse en la nada, se esculpe y vuelve forma inmutable: ya no cambiaremos sino para desaparecer. Nuestra muerte ilumina nuestra vida. Si

185 nuestra muerte carece de sentido, tampoco lo tuvo nuestra vida. Por eso cuando alguien muere de muerte violenta, solemos decir: "se la buscó". Y es cierto, cada quien tiene la muerte que se busca, la muerte que se hace. Muerte de cristiano o muerte de perro son maneras de morir que reflejan maneras de vivir. Si la muerte nos traiciona y morimos de mala manera, todos se lamentan: hay que morir como se

190 vive. La muerte es intransferible, como la vida. Si no morimos como vivimos es porque realmente no fue nuestra la vida que vivimos: no nos pertenecía como no nos pertenece la mala suerte que nos mata. Dime cómo mueres y te diré quién eres.

---

[18] Sonido producido al aullar o bramar: grito quejumbroso emitido por algunos animales, como el lobo.

[19] Torbellino.
[20] Derroche, despilfarro.
[21] Heterogénea, mezclada.

Para los antiguos mexicanos la oposición entre muerte y vida no era tan absoluta como para nosotros. La vida se prolongaba en la muerte. Y a la inversa. La
195 muerte no era el fin natural de la vida, sino fase de un ciclo infinito. Vida, muerte y resurrección eran estadios de un proceso cósmico, que se repetía insaciable. La vida no tenía función más alta que desembocar en la muerte, su contrario y complemento; y la muerte, a su vez, no era un fin en sí; el hombre alimentaba con su muerte la voracidad de la vida, siempre insatisfecha. El sacrificio poseía un doble
200 objeto: por una parte, el hombre accedía al proceso creador (pagando a los dioses, simultáneamente, la deuda contraída por la especie); por la otra, alimentaba la vida cósmica y la social, que se nutría de la primera.

Posiblemente el rasgo más característico de esta concepción es el sentido impersonal del sacrificio. Del mismo modo que su vida no les pertenecía, su
205 muerte carecía de todo propósito personal. Los muertos —incluso los guerreros caídos en el combate y las mujeres muertas en el parto, compañeros de Huitzilopochtli,[22] el dios solar— desaparecían al cabo de algún tiempo, ya para volver al país indiferenciado de las sombras, ya para fundirse al aire, a la tierra, al fuego, a la sustancia animadora del universo. Nuestros antepasados indígenas no creían
210 que su muerte les pertenecía, como jamás pensaron que su vida fuese realmente "su vida", en el sentido cristiano de la palabra. Todo se conjugaba para determinar, desde el nacimiento, la vida y la muerte de cada hombre: la clase social, el año, el lugar, el día, la hora. El azteca era tan poco responsable de sus actos como de su muerte.
215 Espacio y tiempo estaban ligados y formaban una unidad inseparable. A cada espacio, a cada uno de los puntos cardinales, y al centro en que se inmovilizaban, correspondía un "tiempo" particular. Y este complejo de espacio-tiempo poseía virtudes y poderes propios, que influían y determinaban profundamente la vida humana. Nacer un día cualquiera, era pertenecer a un espacio, a un
220 tiempo, a un color y a un destino. Todo estaba previamente trazado. En tanto que nosotros disociamos espacio y tiempo, meros escenarios que atraviesan nuestras vidas, para ellos había tantos "espacios-tiempos" como combinaciones poseía el calendario sacerdotal. Y cada uno estaba dotado de una significación cualitativa particular, superior a la voluntad humana.
225 Religión y destino regían su vida, como moral y libertad presiden la nuestra. Mientras nosotros vivimos bajo el signo de la libertad y todo —aun la fatalidad griega y la gracia de los teólogos— es elección y lucha, para los aztecas el problema se reducía a investigar la no siempre clara voluntad de los dioses. De ahí la importancia de las prácticas adivinatorias. Los únicos libres eran los
230 dioses. Ellos podían escoger —y, por lo tanto, en un sentido profundo, pecar. La religión azteca está llena de grandes dioses pecadores —Quetzalcóatl,[23] como ejemplo máximo—, dioses que desfallecen y pueden abandonar a sus creyentes, del mismo modo que los cristianos reniegan a veces de su Dios. La conquista de México sería inexplicable sin la traición de los dioses, que reniegan de su pueblo.

---

[22] Dios azteca del sol y de la guerra.
[23] Dios tolteca cuyo nombre significa Serpiente Emplumada; es conocido como dador de la vida por haber enseñado a su pueblo a cultivar el maíz y por haberse opuesto a los sacrificios humanos. Fue derrotado por Tezcatlipoca, quien, según algunas versiones, hizo que un enviado suyo lo emborrachara. Avergonzado ante su propia gente, viejo y vencido, Quetzalcoatl abandonó Tula.

235 El advenimiento del catolicismo modifica radicalmente esta situación. El sacrificio y la idea de salvación, que antes eran colectivos, se vuelven personales. La libertad se humaniza. Encarna en los hombres. Para los antiguos aztecas lo esencial era asegurar la continuidad de la creación; el sacrificio no entrañaba la salvación ultraterrena, sino la salud cósmica; el mundo, y no el individuo, vivía
240 gracias a la sangre y la muerte de los hombres. Para los cristianos, el individuo es lo que cuenta. El mundo —la historia, la sociedad— está condenado de antemano. La muerte de Cristo salva a cada hombre en particular. Cada uno de nosotros es el Hombre y en cada uno están depositadas las esperanzas y posibilidades de la especie. La redención es obra personal.

245 Ambas actitudes, por más opuestas que nos parezcan, poseen una nota común: la vida, colectiva o individual, está abierta a la perspectiva de una muerte que es, a su modo, una nueva vida. La vida sólo se justifica y trasciende cuando se realiza en la muerte. Y ésta también es trascendencia, más allá, puesto que consiste en una nueva vida. Para los cristianos la muerte es un tránsito, un salto
250 mortal entre dos vidas, la temporal y la ultraterrena; para los aztecas, la manera más honda de participar en la continua regeneración de las fuerzas creadoras, siempre en peligro de extinguirse si no se les provee de sangre, alimento sagrado. En ambos sistemas, vida y muerte carecen de autonomía; son las dos caras de una misma realidad. Toda su significación proviene de otros valores, que las ri-
255 gen. Son referencias a realidades invisibles.

La muerte moderna no posee ninguna significación que la trascienda o refiera a otros valores. En casi todos los casos es, simplemente, el fin inevitable de un proceso natural. En un mundo de hechos, la muerte es un hecho más. Pero como es un hecho desagradable, un hecho que pone en tela de juicio todas nues-
260 tras concepciones y el sentido mismo de nuestra vida, la filosofía del progreso (¿el progreso hacia dónde y desde dónde?, se pregunta Scheler[24]) pretende escamotearnos su presencia. En el mundo moderno todo funciona como si la muerte no existiera. Nadie cuenta con ella. Todo la suprime: las prédicas de los políticos, los anuncios de los comerciantes, la moral pública, las costumbres, la alegría a
265 bajo precio y la salud al alcance de todos que nos ofrecen hospitales, farmacias y campos deportivos. Pero la muerte, ya no como tránsito, sino como gran boca vacía que nada sacia, habita todo lo que emprendemos. El siglo de la salud, la higiene, los anticonceptivos, las drogas milagrosas y los alimentos sintéticos, es también el siglo de los campos de concentración, del Estado policíaco, de la ex-
270 terminación atómica y del *murder story*. Nadie piensa en la muerte, en su muerte propia, como quería Rilke,[25] porque nadie vive una vida personal. La matanza colectiva no es sino el fruto de la colectivización de la vida.

También para el mexicano moderno la muerte carece de significación. Ha dejado de ser tránsito, acceso a otra vida más vida que la nuestra. Pero la intras-
275 cendencia de la muerte no nos lleva a eliminarla de nuestra vida diaria. Para el habitante de Nueva York, París o Londres, la muerte es la palabra que jamás se

---

[24] Max Scheler (1874–1928), filósofo alemán.
[25] En su diario poético *Cuadernos de Malte Laurids Brigge* (1924), el poeta alemán Rainer

María Rilke (1875–1926) imagina una muerte individualizada dentro de cada ser como forma exaltada de la individualidad.

pronuncia porque quema los labios. El mexicano, en cambio, la frecuenta, la burla, la acaricia, duerme con ella, la festeja, es uno de sus juguetes favoritos y su amor más permanente. Cierto, en su actitud hay quizá tanto miedo como en la de los otros:
280 mas al menos no se esconde ni la esconde; la contempla cara a cara con impaciencia, desdén o ironía: "si me han de matar mañana, que me maten de una vez". [26]

La indiferencia del mexicano ante la muerte se nutre de su indiferencia ante la vida. El mexicano no solamente postula la intrascendencia del morir, sino la del vivir. Nuestras canciones, refranes, fiestas y reflexiones populares manifiestan
285 de una manera inequívoca que la muerte no nos asusta porque "la vida nos ha curado de espanto". Morir es natural y hasta deseable; cuanto más pronto, mejor. Nuestra indiferencia ante la muerte es la otra cara de nuestra indiferencia ante la vida. Matamos porque la vida, la nuestra y la ajena, carece de valor. Y es natural que así ocurra: vida y muerte son inseparables y cada vez que la primera pierde
290 significación, la segunda se vuelve intrascendente. La muerte mexicana es el espejo de la vida de los mexicanos. Ante ambas el mexicano se cierra, las ignora.

El desprecio a la muerte no está reñido con el culto que le profesamos. Ella está presente en nuestras fiestas, en nuestros juegos, en nuestros amores y en nuestros pensamientos. Morir y matar son ideas que pocas veces nos abandonan.
295 La muerte nos seduce. La fascinación que ejerce sobre nosotros quizá brote de nuestro hermetismo y de la furia con que lo rompemos. La presión de nuestra vitalidad, constreñida a expresarse en formas que la traicionan, explica el carácter mortal, agresivo o suicida, de nuestras explosiones. Cuando estallamos, además, tocamos el punto más alto de la tensión, rozamos el vértice vibrante de la vida. Y
300 allí, en la altura del frenesí, sentimos el vértigo: la muerte nos atrae.

Por otra parte, la muerte nos venga de la vida, la desnuda de todas sus vanidades y pretensiones y la convierte en lo que es: unos huesos mondos y una mueca espantable. En un mundo cerrado y sin salida, en donde todo es muerte, lo único valioso es la muerte. Pero afirmamos algo negativo. Calaveras de azúcar
305 o de papel de China, esqueletos coloridos de fuegos de artificio, nuestras representaciones populares son siempre burla de la vida, afirmación de la nadería e insignificancia de la humana existencia. Adornamos nuestras casas con cráneos, comemos el día de los Difuntos panes que fingen huesos y nos divierten canciones y chascarrillos[27] en los que ríe la muerte pelona, pero toda esa fanfarrona[28]
310 familiaridad no nos dispensa de la pregunta que todos nos hacemos: ¿qué es la muerte? No hemos inventado una nueva respuesta. Y cada vez que nos la preguntamos, nos encogemos de hombros: ¿qué me importa la muerte, si no me importa la vida?

El mexicano, obstinadamente cerrado ante el mundo y sus semejantes, ¿se
315 abre ante la muerte? La adula, la festeja, la cultiva, se abraza a ella, definitivamente y para siempre, pero no se entrega. Todo está lejos del mexicano, todo le es extraño y, en primer término, la muerte, la extraña por excelencia. El mexicano no se entrega a la muerte, porque la entrega entraña sacrificio. Y el sacrificio, a su

---

[26] Cita de "La Valentina", famoso corrido de la Revolución Mexicana. El corrido es un romance popular que contiene alguna historia o aventura, se canta o se recita, y aun se baila con acompañamiento musical.

[27] Chistes, cuentecillos o narraciones que contienen un chiste.
[28] Jactanciosa, expresada con ostentación o alarde.

vez, exige que alguien dé y alguien reciba. Esto es, que alguien se abra y se encare
320 a una realidad que lo trasciende. En un mundo intrascendente, cerrado sobre sí mismo, la muerte mexicana no da ni recibe; se consume en sí misma y a sí misma se satisface. Así pues, nuestras relaciones con la muerte son íntimas —más íntimas, acaso, que las de cualquier otro pueblo— pero desnudas de significación y desprovistas de erotismo. La muerte mexicana es estéril, no engendra como la de
325 aztecas y cristianos.

Nada más opuesto a esta actitud que la de europeos y norteamericanos. Leyes, costumbres, moral pública y privada, tienden a preservar la vida humana. Esta protección no impide que aparezcan cada vez con más frecuencia ingeniosos y refinados asesinos, eficaces productores del crimen perfecto y en serie. La
330 reiterada irrupción de criminales profesionales, que maduran y calculan sus asesinatos con una precisión inaccesible a cualquier mexicano; el placer con que relatan sus experiencias, sus goces y sus procedimientos; la fascinación con que el público y los periódicos recogen sus confesiones; y, finalmente, la reconocida ineficacia de los sistemas de represión con que se pretende evitar nuevos crímenes,
335 muestran que el respeto a la vida humana que tanto enorgullece a la civilización occidental es una noción incompleta o hipócrita.

El culto a la vida, si de verdad es profundo y total, es también culto a la muerte. Ambas son inseparables. Una civilización que niega a la muerte, acaba por negar a la vida. La perfección de los criminales modernos no es nada más
340 una consecuencia del progreso de la técnica moderna, sino del desprecio a la vida inexorablemente implícito en todo voluntario escamoteo de la muerte. Y podría agregarse que la perfección de la técnica moderna y la popularidad de la *murder story* no son sino frutos (como los campos de concentración y el empleo de sistemas de exterminación colectiva) de una concepción optimista y unilateral de
345 la existencia. Y así, es inútil excluir a la muerte de nuestras representaciones, de nuestras palabras, de nuestras ideas, porque ella acabará por suprimirnos a todos y en primer término a los que viven ignorándola o fingiendo que la ignoran.

Cuando el mexicano mata —por vergüenza, placer o capricho— mata a una persona, a un semejante. Los criminales y estadistas modernos no matan:
350 suprimen. Experimentan con seres que han perdido ya su calidad humana. En los campos de concentración primero se degrada al hombre; una vez convertido en un objeto, se le extermina en masa. El criminal típico de la gran ciudad —más allá de los móviles concretos que lo impulsan— realiza en pequeña escala lo que el caudillo moderno hace en grande. También a su modo experimenta: envenena,
355 disgrega cadáveres con ácidos, incinera despojos, convierte en objeto a su víctima. La antigua relación entre víctima y victimario, que es lo único que humaniza al crimen, lo único que lo hace imaginable, ha desaparecido. Como en las novelas de Sade,[29] no hay ya sino verdugos y objetos, instrumentos de placer y destrucción. Y la inexistencia de la víctima hace más intolerable y total la infinita
360 soledad del victimario. Para nosotros el crimen es todavía una relación —y en ese sentido posee el mismo significado liberador que la Fiesta o la confesión. De ahí su dramatismo, su poesía y —¿por qué no decirlo?— su grandeza. Gracias al crimen, accedemos a una efímera trascendencia.

---

[29] Marqués Donatien Alphonse François Sade (1749–1814), más conocido como Marqués de Sade, autor francés de escritos eróticos y filosóficos.

En los primeros versos de la *Octava elegía de Duino*, Rilke dice que la cria-
365 tura —el ser en su inocencia animal— contempla lo Abierto, al contrario de nosotros, que jamás vemos hacia adelante, hacia lo absoluto. El miedo nos hace volver
el rostro, darle la espalda a la muerte. Y al negarnos a contemplarla, nos cerra-
mos fatalmente a la vida, que es una totalidad que la lleva en sí. Lo Abierto es el
mundo en donde los contrarios se reconcilian y la luz y la sombra se funden. Esta
370 concepción tiende a devolver a la muerte su sentido original, que nuestra época
le ha arrebatado: muerte y vida son contrarios que se complementan. Ambas son
mitades de una esfera que nosotros, sujetos a tiempo y espacio, no podemos sino
entrever. En el mundo prenatal, muerte y vida se confunden; en el nuestro, se
oponen; en el más allá, vuelven a reunirse, pero ya no en la ceguera animal, an-
375 terior al pecado y a la conciencia, sino como inocencia reconquistada. El hombre puede trascender la oposición temporal que las escinde —y que no reside
en ellas, sino en su conciencia— y percibirlas como una unidad superior. Este
conocimiento no se opera sino a través de un desprendimiento: la criatura debe
renunciar a su vida temporal y a la nostalgia del limbo, del mundo animal. Debe
380 abrirse a la muerte si quiere abrirse a la vida; entonces "será como los ángeles".

Así, frente a la muerte hay dos actitudes: una, hacia adelante, que la concibe
como creación; otra, de regreso, que se expresa como fascinación ante la nada o
como nostalgia del limbo. Ningún poeta mexicano o hispanoamericano, con la
excepción, acaso, de César Vallejo, se aproxima a la primera de estas dos concep-
385 ciones. En cambio, dos poetas mexicanos, José Gorostiza y Xavier Villaurrutia,[30]
encarnan la segunda de estas dos direcciones. Si para Gorostiza la vida es "una
muerte sin fin", un continuo despeñarse en la nada, para Villaurrutia la vida no
es más que "nostalgia de la muerte".

La afortunada imagen que da título al libro de Villaurrutia, *Nostalgia de la*
390 *muerte,* es algo más que un acierto verbal. Con él, su autor quiere señalarnos la
significación última de su poesía. La muerte como nostalgia y no como fruto o fin
de la vida, equivale a afirmar que no venimos de la vida, sino de la muerte. Lo
antiguo y original, la entraña materna, es la huesa[31] y no la matriz.[32] Esta aseve-
ración corre el riesgo de parecer una vana paradoja o la reiteración de un viejo lu-
395 gar común: todos somos polvo y vamos al polvo. Creo, pues, que el poeta desea
encontrar en la muerte (que es, en efecto, nuestro origen) una revelación que la
vida temporal no le ha dado: la de la verdadera vida. Al morir,

> la aguja del instantero
> recorrerá su cuadrante
400 > todo cabrá en un instante
> ...
> y será posible acaso
> vivir, después de haber muerto.[33]

---

[30] José Gorostiza (1903–1950) y Xavier
Villaurrutia (1901–1966) son dos de los más
importantes poetas del grupo Contemporáneos
(ver p. 291).

[31] Fosa, sepultura.

[32] Útero.

[33] Cita de los versos 1–2 y 9–10 de la décima VI
de "Décima muerte", en *Nostalgia de la muerte*
(1938), de Villaurrutia.

Regresar a la muerte original será volver a la vida de antes de la vida, a la
405 vida de antes de la muerte: al limbo, a la entraña materna.

Muerte sin fin, el poema de José Gorostiza, es quizá el más alto testimonio
que poseemos los hispanoamericanos de una conciencia verdaderamente moderna, inclinada sobre sí misma, presa de sí, de su propia claridad cegadora. El
poeta, al mismo tiempo lúcido y exasperado, desea arrancar su máscara a la exis-
410 tencia, para contemplarla en su desnudez. El diálogo entre el mundo y el hombre,
viejo como la poesía y el amor, se transforma en el del agua y el vaso que la ciñe,
el del pensamiento y la forma en que se vierte y a la que acaba por corroer. Preso
en las apariencias —árboles y pensamientos, piedras y emociones, días y noches,
crepúsculos, no son sino metáforas, cintas de colores— el poeta advierte que el
415 soplo que hincha la sustancia, la modela y la erige Forma, es el mismo que la
carcome y arruga y destrona. En este drama sin personajes, pues todos son nada
más reflejos, disfraces de un suicida que dialoga consigo mismo en un lenguaje
de espejos y ecos, tampoco la inteligencia es otra cosa que reflejo, forma, y la más
pura, de la muerte, de una muerte enamorada de sí misma. Todo se despeña en
420 su propia claridad, todo se anega en su fulgor, todo se dirige hacia esa *muerte*
transparente: la vida no es sino una metáfora, una invención con que la muerte
—¡también ella!— quiere engañarse. El poema es el tenso desarrollo del viejo
tema de Narciso[34] — al que, por otra parte, no se alude una sola vez en el texto. Y
no solamente la conciencia se contempla a sí misma en sus aguas transparentes y
425 vacías, espejo y ojo al mismo tiempo, como en el poema de Valéry[35] la nada, que
se miente forma y vida, respiración y pecho, que se finge corrupción y muerte,
termina por desnudarse y, ya vacía, se inclina sobre sí misma: se enamora de sí,
cae en sí, incansable muerte sin fin.

En suma, si en la Fiesta, la borrachera o la confidencia nos abrimos, lo hace-
430 mos con tal violencia que nos desgarramos y acabamos por anularnos. Y ante la
muerte, como ante la vida, nos alzamos de hombros y le oponemos un silencio o
una sonrisa desdeñosa. La Fiesta y el crimen pasional o gratuito, revelan que el
equilibrio de que hacemos gala[36] sólo es una máscara, siempre en peligro de ser
desgarrada por una súbita explosión de nuestra intimidad.

435 Todas estas actitudes indican que el mexicano siente, en sí mismo y en la
carne del país, la presencia de una mancha, no por difusa menos viva, original
e imborrable. Todos nuestros gestos tienden a ocultar esa llaga, siempre fresca,
siempre lista a encenderse y arder bajo el sol de la mirada ajena.

Ahora bien, todo desprendimiento provoca una herida. A reserva de inda-
440 gar cómo y en qué momento se produjo ese desprendimiento, debo apuntar que
cualquier ruptura (con nosotros mismos o con lo que nos rodea, con el pasado
o con el presente) engendra un sentimiento de soledad. En los casos extremos
—separación de los padres, de la Matriz o de la tierra natal, muerte de los dioses
o conciencia aguda de sí— la soledad se identifica con la orfandad. Y ambos se
445 manifiestan generalmente como conciencia del pecado. Las penalidades y vergüenza que inflige el estado de separación pueden ser consideradas, gracias a la

---

[34] Narciso: en la mitología griega, el joven que
se enamoró de sí mismo mirándose en las aguas
de una fuente y se precipitó al fondo de ésta.
Fue convertido en la flor que lleva su nombre.

[35] Se refiere al poema *"La jeune parque"* de Paul
Valéry (1871–1945).
[36] Hacer gala de algo significa jactarse de ello.

introducción de las nociones de expiación y redención, como sacrificios necesarios, prendas[37] o promesas de una futura comunión que pondrá fin al exilio. La
culpa puede desaparecer, la herida cicatrizar, el exilio resolverse en comunión. La
450 soledad adquiere así un carácter purgativo, purificador. El solitario o aislado trasciende su soledad, la vive como una prueba y como una promesa de comunión.

El mexicano, según se ha visto en las descripciones anteriores, no trasciende
su soledad. Al contrario, se encierra en ella. Habitamos nuestra soledad como Fi-
loctetes[38] su isla, no esperando, sino temiendo volver al mundo. No soportamos
455 la presencia de nuestros compañeros. Encerrados en nosotros mismos, cuando
no desgarrados y enajenados, apuramos una soledad sin referencias a un más
allá redentor o a un más acá creador. Oscilamos entre la entrega y la reserva,
sin entregarnos jamás. Nuestra impasibilidad recubre la vida con la máscara de
la muerte; nuestro grito desgarra esa máscara y sube al cielo hasta distenderse,
460 romperse y caer como derrota y silencio. Por ambos caminos el mexicano se cierra al mundo: a la vida y a la muerte.

Libertad bajo palabra (1960)

El pájaro

Un silencio de aire, luz y cielo.
En el silencio transparente
el día reposaba:
la transparencia del espacio
5 era la transparencia del silencio.
La inmóvil luz del cielo sosegaba
el crecimiento de las yerbas.
Los bichos de la tierra, entre las piedras,
bajo una luz idéntica, eran piedras.
10 El tiempo en el minuto se saciaba.
En la quietud absorta
se consumaba el mediodía.

Y un pájaro cantó, delgada flecha.
Pecho de plata herido vibró el cielo,
15 se movieron las hojas,
las yerbas despertaron…
Y sentí que la muerte era una flecha
que no se sabe quién dispara
y en un abrir los ojos nos morimos.

Dos cuerpos

Dos cuerpos frente a frente
son a veces dos olas
y la noche es océano.

---

[37] Pruebas, garantías.
[38] Guerrero griego que se distinguió en el sitio
de Troya y fue luego desterrado a la isla de

Lemnos. El tema de su soledad trágica inspiró
a Sófocles.

Dos cuerpos frente a frente
5 son a veces dos piedras
y la noche desierto.

Dos cuerpos frente a frente
son a veces raíces
en la noche enlazadas.

10 Dos cuerpos frente a frente
son a veces navajas
y la noche relámpago.

Dos cuerpos frente a frente
son dos astros que caen
15 en un cielo vacío.

HIMNO ENTRE RUINAS

donde espumoso el mar siciliano…
  Góngora

Coronado de sí el día extiende sus plumas.
  ¡Alto grito amarillo,
caliente surtidor en el centro de un cielo
imparcial y benéfico!
5 Las apariencias son hermosas en ésta su verdad momentánea.
El mar trepa la costa,
se afianza entre las peñas, araña deslumbrante;
la herida cárdena[39] del monte resplandece;
un puñado de cabras es un rebaño de piedras;
10 el sol pone su huevo de oro y se derrama sobre el mar.
Todo es dios.
¡Estatua rota,
columnas comidas por la luz,
ruinas vivas en un mundo de muertos en vida!

15 *Cae la noche sobre Teotihuacán.[40]*
En lo alto de la pirámide los muchachos fuman marihuana,
suenan guitarras roncas.
¿Qué yerba, qué agua de vida ha de darnos la vida,
dónde desenterrar la palabra,
20 *la proporción que rige al himno y al discurso,*
al baile, a la ciudad y a la balanza?
El canto mexicano estalla en un carajo,[41]
estrella de colores que se apaga,
piedra que nos cierra las puertas del contacto.
25 *Sabe la tierra a tierra envejecida.*

---

[39] Morada, violácea.
[40] "Teotihuacán" significa "morada de los dioses". Antiguo centro religioso de la civilización tolteca situado al noreste de la ciudad de México, del cual se han preservado las pirámides al sol y a la luna y templos en ruinas.
[41] Expresión de enojo, sorpresa o alegría.

Los ojos ven, las manos tocan.
Bastan aquí unas cuantas cosas:
tuna,[42] espinoso planeta coral,
higos encapuchados,
30 uvas con gusto a resurrección,
almejas, virginidades ariscas,
sal, queso, vino, pan solar.
Desde lo alto de su morenía una isleña me mira,
esbelta catedral vestida de luz.
35 Torres de sal, contra los pinos verdes de la orilla
surgen las velas blancas de las barcas.
La luz crea templos en el mar.

Nueva York, Londres, Moscú.
La sombra cubre al llano con su yedra fantasma,
40 *con su vacilante vegetación de escalofrío,*
su vello ralo,[43] su tropel de ratas.
A trechos[44] tirita un sol anémico.
Acodado en montes que ayer fueron ciudades, Polifemo[45] bosteza.
Abajo, entre los hoyos, se arrastra un rebaño de hombres.
45 *(Bípedos domésticos, su carne*
—a pesar de recientes interdicciones religiosas—
es muy gustada por las clases ricas.
Hasta hace poco el vulgo los consideraba animales impuros.)

Ver, tocar formas hermosas, diarias.
50 Zumba la luz, dardos y alas.
Huele a sangre la mancha de vino en el mantel.
Como el coral sus ramas en el agua
extiendo mis sentidos en la hora viva:
el instante se cumple en una concordancia amarilla,
55 ¡oh mediodía, espiga henchida de minutos,
copa de eternidad!

Mis pensamientos se bifurcan, serpean,[46] se enredan,
recomienzan,
y al fin se inmovilizan, ríos que no desembocan,
60 *delta de sangre bajo un sol sin crepúsculo.*
¿Y todo ha de parar en este chapoteo[47] de aguas muertas?

¡Día, redondo día,
luminosa naranja de veinticuatro gajos,[48]
todos atravesados por una misma y amarilla dulzura!

---

[42] Nopal, planta de hojas carnosas con espinas.
[43] Espaciado, disperso.
[44] A ratos.
[45] Uno de los Cíclopes, hijo de Neptuno. Aprisionó a Ulises y a sus compañeros en una caverna donde diariamente devoraba a dos hombres. Ulises le abrasó su único ojo y consiguió liberarse.
[46] Serpentean, se mueven como serpientes.
[47] Acción y efecto de chapotear. Batir o agitar el agua.
[48] Las divisiones interiores de la naranja.

65 La inteligencia al fin encarna,
se reconcilian las dos mitades enemigas
y la conciencia-espejo se licúa,
vuelve a ser fuente, manantial de fábulas:
Hombre, árbol de imágenes,
70 palabras que son flores que son frutos que son actos.

Octavio Paz, *El laberinto de la soledad y Libertad bajo palabra,* la obra. Fondo de Cultura Económica.

■ Preguntas generales

1. ¿En qué géneros literarios se ha destacado Octavio Paz?
2. ¿Cuáles son los temas más importantes de sus ensayos?
3. ¿Qué función tienen los mitos en el pensamiento y en la poesía de Paz?
4. ¿Cómo concibe él la relación entre el poema y el lector?
5. ¿En qué otros campos, fuera de la creación literaria, se desempeñó Paz?

■ Preguntas de análisis

1. ¿Qué aspectos del carácter mexicano analiza Paz en esta selección de *El laberinto de la soledad*? ¿Qué función cumple la fiesta en la sociedad mexicana, según este autor? ¿Cómo explica la actitud del mexicano con respecto a la muerte?
2. ¿De qué modo estos rasgos psicosociales han influido, según Paz, en la historia y en las expresiones de la cultura mexicana?
3. Señale imágenes de movimiento y de inmovilidad en el poema "Los pájaros".
4. ¿Qué experiencia humana describe "Dos cuerpos" y cómo se vale de metáforas para hacerlo?
5. ¿A qué corresponden las dos visiones que se alternan en las estrofas de "Himno entre ruinas"? ¿Cómo difiere el lenguaje de las voces alternantes? ¿Qué pensamientos acerca del tiempo presenta el poema?

■ Temas para informes escritos

1. La función del mito en la interpretación de la historia de México de Paz.
2. La influencia del pensamiento de Paz en la obra de Carlos Fuentes.
3. Las ideas de Paz sobre lo moderno y la tradición en la literatura.
4. Presencia de las artes plásticas y el surrealismo en su obra.
5. Las teorías de la psicología y la antropología filosófica en que se apoya el ensayista mexicano.

■ Temas de reflexión y comentario

1. Los ensayos de Paz relacionados con la masacre de Tlatelolco (1968).
2. La experiencia de Paz en la India y la influencia de ésta en su análisis crítico de la civilización occidental.
3. Paz como crítico de arte y como poeta. La relación estrecha entre su crítica y su creación poética.
4. La experimentación poética en Octavio Paz. Ejemplos de poesía visual, poesía concreta y otras formas vanguardistas.
5. El estudio de Paz sobre la personalidad de Sor Juana Inés de la Cruz y la sociedad colonial mexicana en la que ésta vivió.

EMILIO CARBALLIDO

1925, Córdoba, México–2008, Jalapa, México

Entre los dramaturgos contemporáneos más sobresalientes de Hispanoamérica está Emilio Carballido. Su influencia ha sido decisiva en la creación del teatro mexicano moderno. Para apreciar la contribución de Carballido a la dramaturgia mexicana e hispanoamericana es oportuno recordar que en 1923 los actores mexicanos, influidos por el grupo de renovación llamado "Unión de los Siete Autores", abandonaron la pronunciación castellana para emplear la mexicana. Cinco años más tarde, Xavier Villaurrutia y Salvador Novo crearon el grupo teatral *Ulises* en reacción contra el excesivo nacionalismo fomentado por la Revolución Mexicana. El grupo se inspiró en la tradición dramática europea y norteamericana e intentó crear y presentar obras que integraban técnicas modernas y temas universales. Gracias a la influencia de *Ulises* y otros grupos experimentales, en 1948 el Instituto Nacional de Bellas Artes estableció un Departamento de Teatro y una Escuela de Arte Dramático e inició un festival anual de teatro. También por esos años la influencia del grupo teatral de la Universidad Nacional Autónoma de México (UNAM) fue muy importante.

Dramaturgo, novelista, cuentista y guionista cinematográfico, Carballido, quien se inició en el teatro a fines de la década de los cuarenta, perteneció a la brillante Generación del 50, entre cuyos integrantes figuran Sergio Magaña, Luisa Josefina Hernández, Rosario Castellanos (ver pp. 457–465), Jaime Sabines y Sergio Galindo. Contribuyó con más de cien piezas teatrales, muchas de ellas puestas en escena en México, La Habana, Praga, Moscú y varias ciudades de los Estados Unidos. En 1948 apareció *La zona intermedia,* un auto sacramental* dedicado a Sor Juana Inés de la Cruz (ver pp. 81–93), donde se presenta el juicio final de personajes subhumanos. Dos años después le siguió su primera obra extensa, *Rosalba y los Llaveros.* Estrenado en Bellas Artes (1950) bajo la dirección de Salvador Novo, este drama ofrece un penetrante análisis de la vida provinciana donde predominan la ironía y el humor en un marco de crítica social. Pertenecen a la misma corriente realista *La danza que sueña la tortuga* (1955) y *Felicidad* (1957). La primera muestra cómo la rígida estructura familiar afecta y limita la vida de dos solteronas; la segunda revela la frustración de un maestro al darse cuenta de que está envejeciendo. Si bien la nota predominante en las tres obras es la crítica social, Carballido logra que ella se desprenda lógicamente de situaciones y personajes. *Medusa* (1958), obra que tuvo poco éxito, es una notable recreación de la clásica leyenda griega.

La hebra de oro (1956) retoma la faceta neorrealista anunciada en *La zona intermedia.* En esta obra, Carballido incorpora definitivamente la fantasía para convertirla en la característica más definitiva de su producción posterior; así, se vale de elementos surrealistas cuando utiliza los sueños y el subconsciente para darles mayor libertad a los protagonistas. *El día que se soltaron los leones* (1963), ofrece un certero examen de las necesidades espirituales del individuo; otras piezas, por ejemplo, *¡Silencio, pollos pelones, ya les van a echar su maíz!* (1963), critican severamente la burocracia gubernamental y sus efectos negativos en el ciudadano. *Yo también hablo de la rosa* (1966), una de las mejores obras de Carballido, es un ataque a la deshumanización de la sociedad contemporánea, donde el autor examina diferentes aspectos de la realidad valiéndose de un estilo muy cómico. En otra pieza, *Orinoco* (1982), el autor emplea una técnica semejante para presentar el dilema de Mina y Fifí, prostitutas de personalidades opuestas. En *Rosa de dos aromas* (1986), el dramaturgo critica el machismo a través de dos mujeres en camino a su liberación después de descubrir que comparten al mismo hombre, una como amante y otra como esposo. Carballido fue el editor-fundador de *Tramoya*, revista de la Universidad Veracruzana dedicada a las artes escénicas, que dirigió desde 1975 hasta su fallecimiento.

En cuanto al estilo teatral de Carballido, bien puede decirse que una de sus notas más sobresalientes es la economía de las palabras. Su deseo de representar en las tablas el mundo imaginario de sus personajes, ha llevado al dramaturgo mexicano a una constante experimentación y al uso de la música para comunicar una realidad más allá de lo tangible. Carballido evoca con frecuencia la vida provinciana y el efecto de ésta en diversos personajes. Otra dirección importante en su dramaturgia es la recuperación de la historia mexicana en obras como *Almanaque de Juárez* (1969), cuya figura central es Benito Juárez (1806–1872), el presidente de México y líder de la guerra contra los invasores franceses. Un aporte muy notable del autor es su empleo del humor en matices variadísimos, desde la burla y el sarcasmo directos, hasta las insinuaciones más sutiles. Uno de sus últimos estrenos fue *Escrito en el cuerpo de la noche* (1993). En *El censo* (1957), obra de un acto, Carballido detalla la visita de un funcionario menor, encargado de levantar el censo de un taller de costura ilegal de la capital mexicana. Por medio de la farsa y la risa, la breve pieza muestra el dominio de Carballido de la escena y su compasión por personajes del pueblo, siempre sospechosos de la burocracia gubernamental.

■ Bibliografía mínima

Berman, Sabina. "Emilio Carballido". *Letras Libres* (abril 2008). Web. <http://www.letraslibres.com/index.php?art=12835>.

Bixler, Jacqueline E. *Convention and Transgression: The Theatre of Emilio Carballido*. Lewisburg, PA: Bucknell UP, 1997. Impreso.

——. "Emilio Carballido". *Latin American Dramatists: First Series*. Ed. Adam Versenyi. Detroit, MI: Gale, 2005. 87–105. Impreso.

Carballido, Emilio. *D. F. 26 obras de un acto*. 2.ª ed. México, D. F.: Grijalbo, 1978. Impreso.

Guglani, Laura. "Yo también hablo de la globalización". *Cincinnati Romance Review* 25.1 (2006): 176–87. Impreso.

Meléndez, Priscilla. *The Politics of Farce in Contemporary Spanish American Theatre*. Chapel Hill, NC: North Carolina Studies in the Romance Langs. and Lits., 2006. Impreso.

Postma, Regan. "El progreso descarrilado en *Yo también hablo de la rosa* de Emilio Carballido". *Tramoya* 96 (2008): 67–72. Impreso.

Roster, Peter. "Comedy Revisited: from *Rosalba y los Llaveros* to *Rosa de dos aromas*". En Frank Dauster, ed. *Perspectives on Contemporary Spanish American Theatre*. Lewisburg, Pa.: Bucknell UP, 1996. Impreso.

Zegarra, Chrystian. "Héroes y monstruos: Humanización y monstruosidad en *Medusa* de Emilio Carballido". *Vetas: Revista de El Colegio de San Luis* 19 (2005): 145–55. Impreso.

El censo (1957)

Personajes

Remedios	Concha
Dora	El Empadronador
Herlinda	Paco

Lugar: una vivienda en el rumbo de La Lagunilla, 1945.[1]

Dora es gorda y Herlinda flaca. Concha está rapada[2] *y trae un pañuelo cubriéndole el cuero cabelludo.*[3] *El Empadronador*[4] *es flaco y usa lentes; tiene cara y maneras de estudiante genial. Habitación de una vivienda pobre, convertida en taller de costura. Es también recámara.*[5] *Tiene una cama de latón al fondo, muy dorada y muy desvencijada,*[6] *con colcha*[7] *tejida y cojines bordados. Un altarcito sobre ella, con veladoras y Virgen de Guadalupe.*[8] *Cuatro máquinas de coser. Ropero con lunas*[9] *baratas, que deforman al que se mire en ellas. El reloj grande, de doble alarma, está en el buró. Remedios está probándose un vestido. Es una señora generosamente desproporcionada por delante y por detrás. Dora la ayuda; Herlinda corta telas sobre la cama; Concha cose en una de las máquinas. La ropa anteriormente usada por doña Remedios cuelga de una silla.*

Remedios: Pues... Me veo un poco buchona,[10] ¿no?

Dora: *(Angustiada.)* No, doña Remedios. Le queda muy bien, muy elegante.

Herlinda: Ese espejo deforma mucho. Tenemos que comprar otro.

Remedios: ¿No se me respinga[11] de atrás?

Concha: Sí.

Remedios: ¿Verdad?

Herlinda: No se le respinga nada. Esta Concha no sabe de modas.

Remedios: Pues yo me veo un respingo...

Herlinda va y le da a la falda un feroz tirón hacia abajo.

Herlinda: Ahora sí. Muy bonito. Realmente nos quedó muy bonito.

Dora: Es un modelo francés.

Tocan el timbre. Dora va a abrir.

Remedios: Pues creo que sí está bien. ¿Cuánto falta darles?

---

[1] A quienes juzguen inverosímil esta comedia, les recomendamos leer en los periódicos el resultado del censo de 1960 de la ciudad de Guadalajara, México, según el cual sólo alguna plaga fulminante podría explicar el decrecimiento de los habitantes en una ciudad que obviamente parece mucho más poblada que diez años atrás [**Nota del autor**]. La Lagunilla es un barrio pobre de la Ciudad de México.

[2] Con el pelo cortado al rape.

[3] Piel del cráneo.

[4] Persona encargada de llevar a cabo el censo.

[5] Dormitorio.

[6] Aflojada, en malas condiciones.

[7] Sobrecama, cobertura exterior de la cama.

[8] Santa patrona de México.

[9] Espejos.

[10] Persona gorda, con mucho pecho y senos protuberantes.

[11] Levanta.

Herlinda:	Doce pesos.
Remedios:	Me lo voy a llevar puesto.

Vuelve Dora aterrada.

Dora:	¡Ahí está un hombre del gobierno!
Herlinda:	¿Qué quiere?
Dora:	No sé.
Herlinda:	Pues pregúntale.
Dora:	¿Le pregunto?
Herlinda:	Claro.

Sale Dora.

Herlinda:	¿Cuándo se manda a hacer otro?
Remedios:	Pues anda pobre la patria.[12] A ver.
Herlinda:	Doña Remedios, nos llegaron unas telas preciosas. No tiene usted idea.
Remedios:	¿Sí?
Herlinda:	Preciosas. Hay un brocado amarillo… (*Abre el ropero.*) Mire, palpe.[13] Pura seda.
Remedios:	Ay, qué chula[14] está. ¿Y esa guinda?
Herlinda:	Es charmés de seda. Me las trajeron de Estados Unidos. A nadie se las he enseñado todavía.

Concha dice por señas que no es cierto. "Qué va, son de aquí." Remedios la ve, sorprendidísima.

Remedios:	¿De Estados Unidos?

Concha insiste: "no, no, de aquí".

Herlinda:	Sí. Me las trae un sobrino, de contrabando.

Entra Dora enloquecida.

Dora:	¡Que lo manda la Secretaría de Economía, y ya averiguó que cosemos! ¡Esconde esas telas!
Herlinda:	¡Cómo!
Dora:	Trae muchos papeles.
Remedios:	¡Papeles! Ay, Dios, lo que se les viene encima. ¿Ustedes no están registradas?[15]
Dora:	¿En dónde? Ah, no, doña Remedios, figúrese.
Herlinda:	(*Codazo*) Claro que sí, sólo que Dora no sabe nada, siempre está en la luna.

---

[12] Mi situación económica no es tan buena.
[13] Toque.

[14] Bonita.
[15] No tienen licencia.

Dora:	Ah, sí, sí estamos.
Remedios:	Leí que ahora se han vuelto muy estrictos. Pobres de ustedes. Ya me voy, no me vayan a comprometer en algo. Adiós, ¿eh? ¡Qué multota se les espera!

(Sale. Se lleva su otro vestido al brazo.)

Herlinda:	Qué tienes que informarle a esta mujer…
Dora:	Virgen, ¿qué hacemos?
Herlinda:	¿Lo dejaste allá afuera?
Dora:	Sí, pero le cerré la puerta,
Herlinda:	Tú eres nuestra sobrina, ¿lo oyes?
Concha:	Yo no, qué.
Herlinda:	Las groserías para después. Tú eres nuestra sobrina, y aquí no hacemos más ropa que la nuestra…
Dora:	¿Y el letrero de la calle?
Herlinda:	…y la de nuestras amistades. Y ya.
Dora:	Ay, yo no creo que…
Herlinda:	¡Esconde ese vestido! *(El de la cama)*

Toquidos en la puerta.

El Empadronador:	*(Fuera.)* ¿Se puede?
Dora:	*(Grita casi.)* ¡Ya se metió! *(Y se deja caer en una silla.)*

Herlinda duda un instante. Abre.

Herlinda:	*(Enérgica.)* ¿Qué se le ofrece, señor?
El Empadronador:	*(Avanza un paso.)* Buenas tardes. Vengo de la…
Herlinda:	¿Puede saberse quién lo invitó a pasar?
El Empadronador:	La señora que salía me dijo que…
Herlinda:	Porque ésta es una casa privada y entrar así es un… ama-a-llamamiento[16] de morada.
El Empadronador:	La señora que salía me dijo que pasara y…
Herlinda:	¡Salga usted de aquí!
El Empadronador:	Oiga usted…
Dora:	¡Ay, Dios mío!
Herlinda:	*(Gran ademán.)* ¡Salga!
El Empadronador:	*(Cobra ánimos.)* Un momento, ¿echa usted de su casa a un empadronador de la Secretaría de Economía? ¿Y en frente de testigos?
Herlinda:	No, tanto como echarlo, no. Pero… ¡yo no lo autoricé a entrar!

---

[16] La palabra correcta es allanamiento, entrar por la fuerza en casa ajena.

El Empadronador:	Mire: estoy harto. El sastre me amenazó con las tijeras, en la tortillería me insultaron. ¿Ve usted estas hojas? Son actas de consignación. Si usted se niega a recibirme, doy parte.[17]
Herlinda:	¿Pero qué es lo que quiere?
El Empadronador:	Empadronarlas. ¿Qué horas son? *(Busca el reloj.)* ¡Es tardísimo! *(De memoria, muy aprisa.)* En estos momentos se está levantando en toda la República el censo industrial, comercial y de transportes. Yo soy uno de los encargados de empadronar esta zona. Aquí en la boleta dice *(se apodera de una mesa, saca sus papeles)* que todos los datos son confidenciales y no podrán usarse como prueba fiscal o…
Herlinda:	Entonces esto es del fisco.
El Empadronador:	¡No, señora! ¡Todo lo contrario! *(Aprisa.)* La Dirección General de Estadística y el Fisco no tienen nada que ver. Un censo sirve para hacer…
Herlinda:	Pero usted habló del Fisco.
El Empadronador:	Para explicarle que nada tienen que ver…
Herlinda:	*(Amable, femenina.)* Pues esto no es un taller, ni… Mire, la jovencita es mi sobrina… *(Por lo bajo, a Dora.)* Dame cinco pesos. *(Alto.)* Es mi sobrina, y la señora es mi cuñada, y yo…
Dora:	¿Que te dé qué?
Herlinda:	*(Con los dedos hace "cinco".)* Somos una familia, nada más.

Concha niega con la cabeza. El Empadronador no la ve.

El Empadronador:	*(Preparando papeles y pluma.)* Un tallercito familiar…[18]
Herlinda:	*(Menos, por lo bajo.)* ¡Cinco pesos!
Dora:	Ah. *(Va al ropero.)*
Herlinda:	No, taller no… ¡Dora! *(Se interpone entre Dora y el ropero.)* Si ni vale la pena que pierda el tiempo…
Dora:	*(Horrorizada de lo que iba a hacer.)* Ay, de veras. Pero… *(Azorada,[19] ve a todos.)* Concha, ¿no tienes…? ¿Para qué quieres cinco pesos?
Herlinda:	*(Furiosa.)* ¡Para nada!
Dora:	A ver si Paco… *(Sale.)*
Herlinda:	Es muy tonta, pobrecita. Perdóneme un instante. *(Sale tras la otra.)*

---

[17] Informar a las autoridades.

[18] En el barrio de la Lagunilla abundaban en esa época los talleres clandestinos de costura que explotaban un personal oscilante entre las 4 o 6 y las 40 o 50 trabajadoras. En la actualidad es casi seguro que no se encuentre en el rumbo uno solo de esos talleres (habrán cambiado de dirección) [**Nota del autor**].

[19] Sobresaltada, turbada.

Concha corre con El Empadronador.

Concha: Sí es un taller, cosemos mucho. Y aquí, mire, esto está lleno de telas, y las venden. Dicen que son telas gringas, pero las compran en La Lagunilla. Me pagan re mal,[20] y no me dejan entrar al Sindicato. ¿Usted me puede inscribir en el Sindicato?

El Empadronador: No, yo no puedo, y... No sé. ¿Qué sindicato?

Concha: Pues... no sé. Si supiera me inscribiría yo sola. ¿Hay muchos sindicatos?

El Empadronador: Sí, muchos. De músicos, de barrenderos, de... choferes, de... Hay muchos.

Concha: Pues no. En esos no.

El Empadronador: *(Confidencial.)* A usted le ha de tocar el de costureras.

Concha: Ah, ¿sí? Déjeme apuntarlo. Nomás entro y me pongo en huelga. Esa flaca es mala. Ayer corrió a Petrita, porque su novio la... *(Ademán en el vientre.)* Y ya no podía coser. Le quedaba muy lejos la máquina. Y a mí, me obligó a raparme. Figúrese, dizque[21] tenía yo piojos. Mentiras, ni uno. Pero me echó D.D.T., ¡y arde!

El Empadronador: Ah, ¿y no tenía? *(Retrocede, se rasca nerviosamente.)*

Concha: Ni uno.

Entra Herlinda.

Herlinda: ¿Qué estás haciendo ahí?

Concha: Yo, nada. Le decía que aquí no es taller.

Herlinda: Bueno, joven *(le da la mano)*, pues ya ve que ésta es una casa decente y que... *(Le sonríe como cómplice, le guiña[22] un ojo.)* Que todo está bien.

El Empadronador: ¿Y esto? *(Herlinda le puso en la mano un billete.)* ¿Diez pesos?

Herlinda: Por la molestia. Adiós. Lo acompaño.

El Empadronador: Oiga, señora...

Herlinda: Señorita, aunque sea más largo.

El Empadronador: Señorita, esto se llama soborno. ¿Qué se ha creído? Tenga. Con esto bastaba para que levantara un acta y la encerraran en la cárcel. Voy a hacer como que no pasó nada, pero usted me va a dar sus datos, ya. Y aprisa, por favor. *(Ve el reloj, se sienta, saca pluma.)*

---

[20] Muy mal.
[21] Dice que.

[22] Cierra un ojo mientras el otro queda abierto.

A Herlinda le tiemblan las piernas; se sienta en una silla.
Ahora sí está aterrada.

El Empadronador:	¿Razón social?
Herlinda:	¿Cómo?
El Empadronador:	¿A nombre de quién está esto?
Herlinda:	No está a nombre de nadie.
El Empadronador:	¿Quién es el dueño de todo esto?
Herlinda:	El jefe de la casa es Francisco Ríos.
El Empadronador:	*(Escribe.)* ¿Cuánta materia prima consumen al año?
Herlinda:	*(Horrorizada.)* ¡Materia prima!
El Empadronador:	Sí. Telas, hilos, botones. Al año, ¿cuántos carretes de hilo usarán?
Herlinda:	Dos o tres.
El Empadronador:	¡Cómo es posible!

Entra Dora, ve los diez pesos sobre la mesa. Desfallece.

Dora:	¡Jesús!
El Empadronador:	*(Mueve la cabeza.)* Habrá que calcular… ¿Hacen trabajos de maquila?[23]
Herlinda:	No, señor. Cosemos.
El Empadronador:	Eso es. Pero ¿con telas ajenas? ¿O venden telas?
Dora:	*(Ofendida, calumniada.)* Ay, no. ¿Cómo vamos a vender telas?
Herlinda:	No vendemos.
El Empadronador:	¿Podría ver lo que hay en ese ropero?
Herlinda:	¿Ahí?
El Empadronador:	*(Feroz.)* Sí, ahí.
Herlinda:	Nuestras cosas: ropa, vestidos…
Dora:	*(Pudorosa.)* Ropa interior.
Herlinda:	Comida.
El Empadronador:	¿Comida?
Herlinda:	Cosas privadas.
El Empadronador:	Bueno, pues déjeme verlas. *(Truculento.)* Eso está lleno de telas, ¿verdad?

Dora grita. Pausa.

Herlinda:	*(Ve a Concha)* ¡Judas!

---

[23] Sistema por el cual una compañía formal o informal emplea materiales generalmente traídos de fuera por otra compañía a cambio de un porcentaje de ganancia en la venta de los productos terminados. En el México de esa época las maquiladoras y sus productos llamados maquila, eran frecuentes.

Concha se sonríe, baja la vista. Dora empieza a llorar en silencio. Herlinda se pasa la mano por la frente.

Herlinda: Está bien. *(Va y abre.)* Aquí hay unas telas, pero son nuestras, de nuestro uso. Y no las vendemos. Son puros vestidos nuestros.

Concha hace señas de "mentiras".

El Empadronador: ¿Cuántos cortes? *(Va y cuenta.)* ¿Treinta y siete vestidos van a hacerse?

Herlinda: ¡Nos encanta la ropa!

Dora empieza a sollozar, cada vez más alto.

Dora: Ay, Herlinda, este señor parece un ser humano. ¡Dile, explícale! Señor, somos solas, mi marido está enfermo, no puede trabajar.

Concha: Se emborracha.

Dora: Mi cuñada y yo trabajamos. Empezamos cosiendo a mano, y ve usted que tenemos buen gusto, a las vecinas les parecieron bien nuestros trabajitos. Ay, señor, nos sangraban los dedos, ni dedal teníamos. Mire estas máquinas, telas, así las ganamos, con sangre. ¿Cómo puede usted? *(Se arrodilla.)* Yo le suplico, por su madre, por lo que más quiera… *(Aúlla)* ¡No nos hunda usted! ¡No podemos pagar contribuciones! ¡Si así no ganamos nada! ¡No podemos! ¡Acepte los diez pesos!

Herlinda: ¡Dora! ¡Cállate ya!

Dora: ¡Acéptelos! ¡No tenemos más! ¡Se los damos de buena voluntad! ¡Pero váyase, váyase! *(Va de rodillas a la cama y ahí sigue sollozando.)*

El Empadronador: *(Gritando.)* ¡Pero señora, no entiende! Esto es para Estadística, de Economía. Los impuestos son de Hacienda. Esto es confidencial, es secreto. Nadie lo sabrá. ¿Qué horas son? ¿Dónde pusieron el reloj? ¡Van a dar las dos y no hemos hecho nada! ¡A ver! ¡Contésteme!

Más aullidos de Dora. Herlinda se seca dignamente dos lágrimas.

Herlinda: Pregunte lo que quiera.

El Empadronador: Por favor, entienda. ¿Cómo cree que les iba a hacer un daño? ¡Pero debo entregar veinte boletas cada día y llevo seis! ¡Seis boletas! ¡Y ayer entregué nada más quince! Yo estudio, necesito libros, necesito ropa. Mire mis pantalones. ¡Ve qué valencianas?[24] Mire mi suéter,

---

[24] Doblez del pantalón.

los codos. Y no quiero que me corran[25] antes de cobrar mi primera quincena.

Concha: (*Coqueta.*) ¿No tiene un cigarro?

El Empadronador: ¡No tengo nada!

Una pausa. Sollozos de Dora.

El Empadronador saca un cigarro y lo enciende, inconscientemente.

El Empadronador: El censo es... Ya le expliqué, es un... ¡No tiene nada que ver con los impuestos! ¡No les va a pasar nada!

Entra Paco, adormilado, con leves huellas alcohólicas en su apariencia y voz.

Paco: ¿Qué sucede? ¿Por qué lloran?

El Empadronador: Señor. ¿Usted es el jefe de la casa?

Paco: (*Solemne.*) A sus órdenes.

El Empadronador: Mire usted, sus esposas no han entendido.

Herlinda: No es harén, señor. Yo soy su hermana.

El Empadronador: Eso. Perdón. Mire... ¿Usted sabe lo que es un censo?

Paco: Claro. El periódico lo ha dicho. Un recuento de población. Todos los grandes países lo hacen.

El Empadronador: (*Ve el cielo abierto.*) Eso es. Y un censo de industria, comercio y transporte, es un recuento de... Eso mismo.

Paco: Sí claro. Muy bien. ¿Y por eso lloran? No se fije. Son tontas. Concha, tráeme una cerveza.

Concha: No soy su gata.

Paco: (*Ruge.*) ¡Cómo que no! (*La arrastra por el brazo.*) Toma, y no te tardes. (*Le aprieta una nalga. Intenso.*) Una Dos Equis, fría. (*De mala gana.*) Usted toma una, ¿verdad?

El Empadronador: No puedo, trabajando...

Paco: Me imaginé. (*Ruge.*) ¡Anda!

Concha sale muerta de risa.

El Empadronador: Los datos del censo son confidenciales. La Dirección General de Estadística es una tumba, y yo otra. Nadie sabrá lo que aquí se escriba.

Paco: ¿Y para qué lo escriben, entonces?

El Empadronador: Quiero decir... Lo saben en Estadística.

Paco: Como pura información.

El Empadronador: Sí.

Paco: Nada personal.

El Empadronador: Nada. Todo se convierte en números.

Paco: Archivan los datos.

---

[25] Despidan.

El Empadronador:	Sí.
Paco:	Y se los mandan al fisco.
El Empadronador:	Sí. ¡No! Pero… usted entendía. (*Azota los papeles.*) Usted sabe lo que es un censo. Es… es ser patriota, engrandece a México, es… ¿No lo leyó en el periódico?
Paco:	(*Malicioso, bien informado.*) Los periódicos dicen puras mentiras. Vamos a ver, si no es para ganar más con los impuestos, ¿para qué van a gastar en sueldo de usted, papel muy fino, imprenta … ?
El Empadronador:	(*Desesperado.*) Es como… Mire, la Nación se pregunta: ¿Cuáles son mis riquezas? Y hace la cuenta. Como usted, ¿no le importa saber cuánto dinero hay en su casa?
Paco:	No.
El Empadronador:	Pero… tiene que contar cuánto gastan, cuánto ganan…
Paco:	Nunca.
El Empadronador:	¡Pero cómo no! Bueno, ustedes no, pero un país debe saber… cuánta riqueza tiene, debe publicarlo…
Paco:	¿Para que cuando lo sepan los demás países le caigan encima? ¡Yo no voy a ayudar a la ruina de mi Patria!
El Empadronador:	Es que… ¡Es que ya son casi las dos! ¡A las dos y media debo entregar mi trabajo!
Paco:	Ah, pues vaya usted. Ya no le quito el tiempo.
El Empadronador:	(*Grita.*) ¿Y qué voy a entregar? Nadie me da datos, todo el mundo llora. Me van a correr, hoy no llevo más que seis boletas. Usted, déme los datos. De lo contrario, es delito, ocultación de datos. Puedo levantar un acta y consignarla.

Nuevos aullidos de Dora.

Herlinda:	Consígneme. Se verá muy bien arrastrándome a la cárcel. Muy varonil.
Paco:	No se exalte, no se exalte. Nadie le oculta nada. ¿Pero usted cree que vale la pena hacer llorar a estas mujeres por esos datos?
El Empadronador:	¡Pero si no les va a pasar nada!
Paco:	Les pasa, mire. (*Patético.*) ¡Sufren! (*Tierno.*) Ya no llores mujer, ya no llores, hermana. (*Las muestra.*) Aquí tiene, siguen llorando.
El Empadronador:	(*A punto de llorar.*) Tengo que llenar veinte boletas, y llevo seis.
Paco:	Pues llene aprisa las que le faltan, yo le ayudo. ¿Qué hay que poner?
El Empadronador:	(*Escandalizado.*) ¿Pero quiere que inventemos los datos?
Paco:	Yo no. Usted. (*Le da un codazo.*) Ande. Primero es uno, después los papeles.

Entra Concha.

Concha:	Tenga. *(Le da la cerveza.)*
Paco:	¿Una poca? ¿Un vasito? ¿O algo más fuerte? ¿Un tequilita?
El Empadronador:	¿Qué horas son? *(Duda.)* ¿Usted me ayuda?
Paco:	¡Claro, hombre!
El Empadronador:	Pues aprisa. Despejen la mesa. Sólo así. Señora, señorita… Ya no voy a llenar la boleta de ustedes, pero… ¿Pueden ayudarme con unos datos?
Paco:	A ver, viejas, ayúdennos. Hay que ayudar a mi señor censor. ¿Un tequilita, mi censor?
El Empadronador:	Muy chico.

Las mujeres ven el cielo abierto, corren a servirlo.

Paco:	Y una botanita.[26] A ver. ¿Se puede con lápiz?
El Empadronador:	Con lápiz tinta, nada más.
Dora:	*(Tímida)* ¿Los ayudamos?
El Empadronador:	Pues… A ver si pueden. Si no, yo las corrijo.
Herlinda:	*(Cauta, sonríe.)* ¿Rompemos ésta?
El Empadronador:	¿La de ustedes? Póngale una cruz grande y "Nulificada". Ahora imagínese que tiene un taller con… quince máquinas. Y vaya escribiendo: cuántos vestidos haría al año, cuánto material gastaría… Haga la cuenta por separado. Y usted… imagínese un taller más chico, con ocho máquinas. Las preguntas que no entiendan, sáltenlas. Yo las lleno después.

Se sientan con él. Trabajan velozmente.

Herlinda:	Mi taller va a ser precioso. Se va a llamar: "Alta Costura", S. en C. de R. H.[27]
Dora:	¿Qué dirección le pongo a mi taller?
El Empadronador:	Cualquiera de esta manzana. Salud. *(Bebe.)*
Dora:	*(Se ríe.)* Le voy a poner la dirección de doña Remedios.
Paco:	Yo preferiría un taller mecánico. Eso voy a hacer. "La 25 Autógena", S. A.[28] *(Pellizca a Concha.)*
Concha:	¡Ay!
Herlinda:	Cállate, Judas.
El Empadronador:	Con esos diez pesos… Podrían mandar a Judas a comprar unas tortas. Para todos, ¿no?

"El censo" by Emilio Carballido, from "52 Obras en un Acto". Reprinted by permission of Fondo de Cultura Económica.

---

[26] Un bocadillo.
[27] Sociedad en Comandita de Responsabilidad Hipotecaria Limitada. Es una clase de incorporación en que el individuo no tiene responsabilidades en caso de bancarrota.
[28] Sociedad Anónima; es otra clase de incorporación.

■ Preguntas generales

1. ¿Cuál era la situación del teatro mexicano en la década del veinte y qué impacto tuvo el grupo *Ulises?*
2. ¿Cómo intercala Carballido la nota de crítica social en su teatro?
3. ¿Cuáles son dos direcciones importantes en la obra dramática de Carballido?
4. ¿De qué recursos se vale el dramaturgo para mostrar el subconsciente de sus personajes?
5. ¿Cuál ha sido el impacto de la generación del 50 en la cultura mexicana?

■ Preguntas de análisis

1. El humor es uno de los elementos principales en el teatro de Carballido. Dé tres ejemplos de situaciones humorísticas en *El censo* y explique por qué son importantes.
2. ¿Qué representa el empadronador para Concha, Herlinda y Dora? ¿Por qué le temen ellas al censo?
3. ¿Cómo caracteriza el autor a Paco? ¿Por qué él se entiende más fácilmente con el empadronador?
4. En la obra impera una atmósfera de caos y desorganización. Dé ejemplos de estas situaciones caóticas y explique qué recursos emplea el autor para producirlas.
5. ¿Cuál es la situación económica del empadronador? ¿Cómo la conocemos? Explique cómo integra el autor la crítica social al desarrollo de *El censo*.

■ Temas para informes escritos

1. El grupo teatral de la UNAM y la renovación del teatro mexicano.
2. Benito Juárez, figura histórica y protagonista de *Almanaque de Juárez*.
3. Emilio Carballido, cuentista.
4. La liberación femenina en *Rosa de dos aromas*.
5. Retrato de la clase media mexicana en *Rosalba y los Llaveros*.

■ Temas de reflexión y comentario

1. Emilio Carballido novelista: análisis de *Flor de abismo*.
2. El absurdo en dramas breves de Emilio Carballido y Carmen Boullosa (ver pp. 593–607).
3. La recreación de los mitos clásicos en *Medusa*, de Emilio Carballido y *La pasión según Antígona Pérez*, de Luis Rafael Sánchez (ver pp. 521–531).
4. La revista *Tramoya* (Universidad Veracruzana) y su impacto.
5. Personajes y parodias del México moderno en dos obras de Carballido.

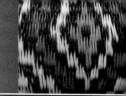

ROSARIO CASTELLANOS

1925, Ciudad de México–1974,
Tel–Aviv, Israel

Poeta, novelista, dramaturga y ensayista, Rosario Castellanos está entre los escritores hispanoamericanos más polifacéticos, tanto por los diversos géneros que cultivó, como por la multiplicidad de los intereses reflejados en su obra. El temprano fallecimiento de la autora cuando era embajadora de México en Israel, truncó una brillante carrera literaria.

Castellanos nació en la Ciudad de México porque la familia, originalmente de Chiapas, se encontraba allí de paso. Su infancia y adolescencia transcurrieron en Comitán, ciudad chiapaneca, donde tuvo oportunidad de conocer las leyendas, tradiciones y sufrimientos de los indígenas de la etnia tzotzil. Posteriormente, cuando trabajó en el Centro Coordinador Tzeltal-Tzotzil (San Cristóbal de las Casas, Chiapas) del Instituto Nacional Indigenista, profundizó sus conocimientos sobre la población nativa de esa zona. Su preocupación por el mundo indígena se manifiesta en los cuentos de *Ciudad Real* (1960) y en dos novelas, *Balún-Canán* (1957) y *Oficio de tinieblas* (1962). Como el peruano José María Arguedas, la escritora mexicana se vale de elementos folclóricos y míticos para otorgarles una voz auténtica a sus protagonistas. En *Balún-Canán,* novela donde la voz de una niña de siete años cuenta los sucesos, emplea un lenguaje simbólico para mostrar las diferencias entre el mundo indígena y el ladino o blanco. Algunos de los relatos de *Ciudad Real* hablan de la opresión a la que está sujeta la población nativa. *Oficio de tinieblas* se basa en un hecho histórico: un levantamiento de los chamulas ocurrido en 1867 en el cual el líder fue crucificado. *Los convidados de agosto* (1964), cuyos cuentos se desarrollan en un ambiente de clase media, cierra el llamado "ciclo de Chiapas". En las cuatro obras aparecen personajes femeninos de gran fuerza y valentía que muestran otra de las preocupaciones centrales de los escritos de Rosario Castellanos: la situación de la mujer en la sociedad mexicana.

En efecto, *Sobre cultura femenina* (1950), tesis que Castellanos presentó para optar por la maestría en Filosofía y Letras en la Universidad Nacional Autónoma de México, se propuso explicar por qué se ha discriminado a la mujer a través de la historia. Para algunos críticos, más importante que ese temprano estudio es la colección de ensayos *Mujer que sabe latín* (1973); esta obra alcanzó gran difusión por aparecer poco antes del Año Internacional de la Mujer (1975). El título del libro remite a un viejo refrán mexicano: "Mujer que sabe latín, no tiene marido ni tiene buen fin". Anteriormente, Castellanos había publicado *Juicios sumarios* (1966), recopilación de ensayos sobre diferentes autores y temas literarios que denotan una maduración de sus ideas feministas y una preocupación con el destino de las escritoras. *Mujer que sabe latín* continúa esta trayectoria cuando trata sobre Virginia Woolf, Lillian Hellman, Eudora Welty, María Luisa Bombal y Clarice Lispector, entre otras autoras. Al mismo tiempo, ensayos como "La participación de la mujer mexicana en la educación formal" y "La mujer y su imagen", revelan el desarrollo ideológico de Castellanos. *El uso de la palabra* (1974) y *El mar y sus pescaditos* (1975), colecciones de artículos periodísticos publicadas póstumamente, muestran la curiosidad intelectual y el ágil humor de su prosa. "Costumbres mexicanas" recoge las preocupaciones de las mexicanas de clase media en una época determinada, a la vez que burlonamente retrata su posición desigual en el matrimonio y la sociedad. Si bien el ensayo responde a inquietudes tal vez superadas en países más desarrollados, no sería equivocado señalar tristemente que el retrato entre serio y burlón hecho por Castellanos de las expectativas y la situación de la mujer de clase media no ha variado tanto ni en México ni en otros países de Hispanoamérica.

Un género que Castellanos cultivó con asiduidad fue la poesía. Los poemas de doce colecciones de la autora mexicana han sido recopilados en *Poesía no eres tú* (1972), título que contradice un famoso verso del poeta romántico español Gustavo Adolfo Bécquer. La poesía de Castellanos, influida por escritores tan diversos como Sor Juana Inés de la Cruz, Gabriela Mistral y Octavio Paz, se inició con un tono altisonante para llegar más tarde a una expresión intimista, matizada por la ironía. En esta última etapa, Castellanos, ya en completo dominio del instrumento expresivo, transformó incidentes triviales en materia poética. Los estudiosos de su poesía señalan como temas recurrentes, el amor, la soledad, la muerte y el consuelo. Su feminismo se afirmó en poemas como "Valium 10" y "Poesía no eres tú". A partir de su interés en el destino de la mujer, llegó a preocuparse por la humanidad y a reflexionar cómo podía mejorarse la vida de todos. Este compromiso se hace evidente en *Lívida luz* (1960) y *Materia memorable* (1969) y en los poemas de las tres últimas secciones de *Poesía no eres tú*, donde el yo lírico dialoga con un tú en una conversación a veces trunca, pero que en ocasiones se desarrolla armónicamente.

El eterno femenino (1975), una obra teatral de Castellanos ambientada en un salón de belleza, participa de la ironía evidente en los últimos poemas de la autora; al mismo tiempo, muestra cómo el diálogo entre los personajes no es más que un largo monólogo que remite a la incomunicación y a la vida frustrada de las clientas del salón de belleza. En la misma corriente se ubica la colección de cuentos *Álbum de familia* (1971). Sobresalen "Lección de cocina" donde una recién casada se da cuenta de las obligaciones de su nuevo estado civil —cocinar, callarse, obedecer al esposo— tan diferente a lo imaginado antes de la ceremonia matrimonial, y "Cabecita blanca", trágica representación de la suerte de una madre abnegada y olvidada.

La rica obra de Rosario Castellanos denuncia la opresión de los indígenas tanto como la precaria situación de la mujer en la sociedad. La autora mexicana comunicó magistralmente éstas y otras preocupaciones en escritos que la establecen como una de las voces más sobresalientes de la literatura hispanoamericana del siglo XX.

■ Bibliografía mínima

Ahern, Maureen. "Rosario Castellanos". *Latin American Writers*. Eds. Carlos A. Solé y Maria Isabel Abreu. Vol. 3. New York: Scribner's, 1989. 1295–302. Impreso.

Barovero, Lydia. "La ironía y la (re)producción en *El eterno femenino* de Rosario Castellanos". *Latin American Theatre Review* 39.2 (2006): 5–18. Impreso.

Campos Fuentes, María Cristina. *Con el otro la poesía comienza: amor y sexualidad en poemas breves de Rosario Castellanos*. México, D. F.: CONACULTA. 2010. Impreso.

Castellanos, Rosario. *Poesía no eres tú*. 2.ª ed. México, D. F.: Fondo de Cultura Económica, 1991. Impreso.

——. *Mujer de palabras: artículos rescatados de Rosario Castellanos*. Ed. Andrea Reyes. México, D. F.: CONACULTA, 2004. Impreso.

——. *Sobre cultura femenina*. Prólogo de Gabriela Cano. México, D. F.: Fondo de Cultura Económica, 2005. Impreso.

——. *Balún Canán*. Ed. Dora Sales. Madrid: Cátedra, 2004. Impreso.

Cuneo, Ana María. "Desde las voces de la tradición al encuentro con la propia voz: el viaje de la escritura poética de Rosario Castellanos". *Revista Chilena de Literatura* 66 (2005): 29–46. Impreso.

Finnegan, Nuala. "Reproducing the Monstrous Nation: A Note on Pregnancy and Motherhood in the Fiction of Rosario Castellanos, Brianda Domecq, and Ángeles Mastretta". *Modern Language Review* 96.4 (2001): 1006–15. Impreso.

Galindo Ulloa, Javier. *La farsa y la mujer mexicana en "El eterno femenino" de Rosario Castellanos*. México, D. F.: CONACULTA, 2004. Impreso.

Gil Iriarte, María Luisa. *Testamento de Hécuba: mujeres e indígenas en la obra de Rosario Castellanos*. Sevilla: U de Sevilla, 1999. Impreso.

Larisch, Sharon. "Rosario Castellanos's Elegies, Distributive Justice, and the Ethics of Loss". *Revista Canadiense de Estudios Hispánicos* 31.3 (2007): 431–54. Impreso.

Peña, Karen. *Poetry and the Realm of the Public Intellectual: The Alternative Destinies of Gabriela Mistral, Cecília Meireles, and Rosario Castellanos*. London: Legenda, 2007. Impreso.

Tapia Arizmendi, Margarita. "Rosario Castellanos: ser por la palabra". Alberto Saladino García, ed. *Humanismo mexicano del siglo XX*. Vol. 1. Toluca, Méx.: Universidad Autónoma del Estado de México, 2004. 157–69. Web. <http://www.ensayistas.org/critica/generales/C-H/mexico/castellanos.htm>.

Umanzor, Marta A. "Mundos discursivos en *Balún Canán* de Rosario Castellanos". *Diáspora: Journal of the Annual Afro-Hispanic Literature and Culture Conference* 10 (2000): 77–89. Impreso.

Verástegui, Maristela. "Mediaciones fallidas: 'lost in translation' en *Oficio de tinieblas*". *Revista de Crítica Literaria Latinoamericana* 70 (2009): 211–29. Impreso.

Poesía no eres tú (1972)

VALIUM 10

A veces (y no trates
de restarle importancia
diciendo que no ocurre con frecuencia)
se te quiebra[1] la vara con que mides.
5 se te extravía[2] la brújula
y ya no entiendes nada.
El día se convierte en una sucesión
de hechos incoherentes, de funciones
que vas desempeñando[3] por inercia y por hábito.

10 Y lo vives. Y dictas el oficio
a quienes corresponde. Y das la clase
lo mismo a los alumnos inscritos que al oyente.
Y en la noche redactas el texto que la imprenta
devorará mañana.
15 Y vigilas (oh, sólo por encima)
la marcha de la casa, la perfecta
coordinación de múltiples programas
—porque el hijo mayor ya viste de etiqueta
para ir de chambelán[4] a un baile de quince años

20 y el menor quiere ser futbolista y el de en medio
tiene un póster del Che[5] junto a su tocadiscos.

Y repasas las cuentas del gasto y reflexionas,
junto a la cocinera, sobre el costo
de la vida y el ars magna combinatoria
25 del que surge el menú posible y cotidiano.

Y aún tienes voluntad para desmaquillarte
y ponerte la crema nutritiva y aún leer
algunas líneas antes de consumir la lámpara.

Y ya en la oscuridad, en el umbral[6] del sueño,
30 echas de menos lo que se ha perdido:

---

[1] Rompe.
[2] Pierde.
[3] Realizando.
[4] Pareja o acompañante de una quinceañera.

[5] Ernesto Che Guevara (1928–1967), médico y político argentino colaborador de Fidel Castro durante la Revolución Cubana.
[6] Antes.

el diamante de más precio, la carta
de marear, el libro
con cien preguntas básicas (y sus correspondientes
respuestas) para un diálogo
35 elemental siquiera con la Esfinge.[7]

Y tienes la penosa sensación
de que en el crucigrama se deslizó una errata
que lo hace irresoluble.

Y deletreas el nombre del Caos. Y no puedes
40 dormir si no destapas
el frasco de pastillas y si no tragas una
en la que se condensa,
químicamente pura, la ordenación del mundo.

POESÍA NO ERES TÚ[8]

Porque si tú existieras
tendría que existir yo también. Y eso es mentira.

Nada hay más que nosotros: la pareja,
los sexos conciliados en un hijo,
5 las dos cabezas juntas, pero no contemplándose
(para no convertir a nadie en un espejo)
sino mirando frente a sí, hacia el otro.

El otro: mediador, juez, equilibrio
entre opuestos, testigo,
10 nudo en el que se anuda lo que se había roto.
El otro, la mudez que pide voz
al que tiene la voz
y reclama el oído del que escucha.

El otro. Con el otro
15 la humanidad, el diálogo, la poesía, comienzan.

El uso de la palabra (1974)

COSTUMBRES MEXICANAS

No sería capaz de formularlo aún. En primer lugar son observaciones casuales y luego me detiene la consideración de que se trata de un asunto sin importancia: una tentativa de convivencia. ¿Puede darse algo más vulgar, algo que

---

[7] Animal con cuerpo de león y cabeza humana que entre los egipcios personificaba al sol. Los griegos lo introdujeron en su mitología con cuerpo de perro, garras de león, cola terminada en punta de lanza, alas de águila y senos de mujer. La esfinge habitaba en una cueva y bajaba al camino para proponerles enigmas a los viajeros. Como no podían descifrarlos, eran devorados por ella. Se asocia con mantener una actitud reservada o enigmática.

[8] Título que parodia una rima del escritor romántico español Gustavo Adolfo Bécquer (1836–1870).

más naturalmente hagan todos, desde el momento en que nacen y se insertan en
5 una familia y después en un grupo social y luego en un matrimonio?

Este último es el problema. Porque se trata de elegir a la pareja adecuada, a
aquella a la que no tememos jurar una fidelidad y un apego eternos.

He dicho elegir y creo que si quiero ser exacta he de cambiar el verbo. Porque, en este país al menos, las mujeres no elegimos. Nos sentamos pasivamente a
10 esperar que un hombre vuelva sus ojos hasta el rincón que nuestra modestia nos
depara[9] y descubra las cualidades maravillosas que nos adornan. Lo demás está
previsto y sujeto a reglas bastante rigurosas. Los pasos progresivos de la aproximación del macho, nuestra esquivez[10] convencional, nuestro disimulo[11] del terror
de perder esta oportunidad, porque nadie nos ha garantizado que se presentará
15 otra. A veces, claro, la oportunidad es tan deleznable,[12] que no nos queda más remedio que rechazarla. Pero, en general, nos conformamos con poco. Con alguien
que tenga un trabajo estable, que alcance cierto índice de salud y cuya apariencia
no sea decididamente repugnante.

Sus cualidades morales se reducen a que acepte que el casamiento es una
20 institución válida con la que no se juega y que dentro de ella la esposa tiene un
lugar y hay que dárselo. Pero, ¿cuál es el lugar? Eso ya depende de las circunstancias. Si los contrayentes —como de manera tan delicada dicen las crónicas sociales— son ricos, el lugar de la esposa puede ser el de un mueble decorativo que
tiene la ventaja de que, además de poder ser mostrado a las visitas, puede ser
25 transportado, para su lucimiento, a fiestas y reuniones. Se espera de ella que su-
prima cualquier acontecimiento capaz de deteriorar su figura y se le permite que
dedique su tiempo restante a obra de beneficencia.

Como es un objeto que casi no tiene contacto con la realidad, no vamos
a ocuparnos más de ella, sino de la esposa del empleado de su marido. Desde
30 luego, también aspira y tiene la obligación de ser un elemento decorativo, sólo
que cuenta con menos medios y tiempo, ya que desempeña todas las faenas domésticas y que, anualmente, alegra su hogar con la visita de la cigüeña. Es difícil,
entre pañales y berridos,[13] travesuras de los que ya son capaces de untar la crema
carísima de mamá en el tapete [,] y alarmantes silbatazos de la olla express con-
35 servar, ya no sólo la ecuanimidad, sino las características humanas. La señora va
olvidando, paulatinamente,[14] los más elementales principios de la civilización:
no se peina, por ejemplo. Y el marido contempla, desde su aspecto impecable, a
una mujer desgreñada, a su regreso de las rudas tareas burocráticas. ¿No es ese
motivo suficiente para recurrir a los amigos y correr una parranda y contratar a
40 los mariachis, para que ayuden a olvidar el fracaso? Si el marido tiene una mentalidad práctica (y dinero, naturalmente), instala una casa chica donde siempre
lo espera, con los brazos abiertos y cubierta por una incitante negligée de nylon
"la otra". Esa otra cuya existencia principal radica en la mente de la esposa abandonada por pretextos clásicos: la junta con los dirigentes de la empresa que, por
45 motivos técnicos, cada vez se prolonga más; las cenas con los antiguos compañeros de colegio, que no tienen límite para llegar a su término; el viaje repentino
a alguna sucursal del negocio, cuyas cuentas no están muy claras… en fin. Si la

---

[9] Señala.
[10] Despego, desdén.
[11] Ocultamiento.

[12] Despreciable.
[13] Gritos.
[14] Poco a poco.

mujer, ay, ha sido bendecida en la pila del bautismo por la falta de imaginación, tomará en serio esos pretextos y ganará gracias arreglando con esmero la maleta
50 o planchando la camisa especial o sacando, del baúl de los tesoros, las mancuernas[15] que pertenecieron a aquel tío que, si hubiera llevado una vida ordenada, los habría hecho millonarios al morir (como murió) soltero e intestado[16].

Pero las noches son largas y las mujeres tienen pocas diversiones a su alcance. Después de acostar a los niños y cancelarlos hasta el día siguiente, pren-
55 den la televisión. Allí se enteran vagamente de una intriga que se desarrolla en algún país exótico lleno de palmeras y nativos, donde un muchacho rubio reparte puñetazos, desbarata las maquinaciones de los malos y se queda con el botín y con la muchacha rubia.

La mujer bosteza. Cree que ha llegado el momento de dormir y se mete en
60 la cama. Pero al apagar la luz la invade una sensación de malestar. El sueño no acude[17] y, para pasar el rato, ¿qué mejor que la lectura de una de esas revistas hechas especialmente para las amas de casa? Prende la luz de nuevo, revuelve entre los periódicos hasta dar con lo que busca. Ahí está, en la portada, una joven seductora, con los ojos brillantes, los dientes brillantes, los labios brillantes y el
65 pelo educado por los mejores peinadores del mundo. La lectora la observa como podría observar un condenado la visión de un ángel. Hojea, entre irritada y distraída, las páginas interiores. Pasteles a todo color, ¡a ella, que con tanto sacrificio ha renunciado a la cena con la esperanza de reducir aunque sea un centímetro de cintura! Modelos parisienses que ni su esbeltez[18] ni su presupuesto le permitirían
70 poseer. Pero, a estas altas horas nocturnas, está sola y puede soñar. Sí, ella pasea por las avenidas del bosque llevando por la cadena un perro; asiste a un coctel y a una recepción de gala y amanece, al día siguiente, sin el menor rastro de fatiga, derramando a su alrededor esa maravillosa bata que vela[19] y revela los encantos que las maternidades sucesivas (¿cuáles?, las había olvidado) eclipsaron transito-
75 riamente.

Señora, en este momento crítico, cierre la revista y duerma. Soñará sueños agradables e imposibles. Porque si usted da vuelta a la página encontrará su retrato. E irá reconociéndose, poco a poco. Las ausencias de su marido, señora, no son justificadas; las excusas son falsas. Porque usted ha descuidado su persona,
80 usted ante la alternativa de ser esposa o madre, ha elegido ser madre y ha abandonado al hombre a las innumerables tentaciones que lo cercan. Y eso, señora, se paga. Y usted está pagando. Pero no, no puede usted perder el gobierno de sus emociones. Los hombres se van, claro. Pero vuelven. Es una ley natural, tan invariable como la migración de las aves. ¡No eche a perder el retorno con una escena
85 de llanto, celos o recriminaciones! Al contrario, exagere su dulzura y comprensión; preocúpese por mejorar su aspecto; ingéniese para que los niños parezcan no existir en las breves estancias de su esposo en el hogar. Un hogar agradable, acogedor y, sobre todo, legítimo. Porque usted, señora, provoca en su marido un profundo sentimiento de culpa, ya que lo obliga a hacer acciones indebidas. Y en
90 cuanto a "la otra", no le guarde rencor. Contra lo que usted supone, no está en un lecho de rosas. Su situación es equívoca y no ignora que, a la larga, ha de perder.

---

[15] Gemelos para puños de camisa.
[16] Sin dejar testamento.
[17] Le llega.

[18] Buena forma. En este caso, falta de esa buena forma.
[19] Esconde.

Simple cuestión de tiempo. ¿Cuándo los placeres no han causado hastío?[20] En cuanto a lo que a usted concierne, esfuércese y ganará. Sí, señora. Ganará usted esta vez. Y otra. Y otra. Y otra. Su virtud cardinal es la paciencia y si la ejercita,
95 será recompensada. A los noventa años, su marido será exclusivamente suyo (si es que ha sabido evadir los compromisos y usted ha tolerado sus travesuras). Le aseguramos que nadie le disputará el privilegio de amortajarlo.[21]

25 de enero de 1964

■ Preguntas generales

1. ¿Cómo se interesó Castellanos por la población indígena de Chiapas y qué impacto tuvo ésta en su obra?
2. ¿De qué recursos se vale Castellanos para representar al mundo indígena?
3. ¿Cuál es la importancia de *Mujer que sabe latín…* y a qué alude su título?
4. ¿Cómo evolucionó la poesía de Castellanos?
5. ¿Cómo representa *El eterno femenino* la situación de la mujer?

■ Preguntas de análisis

1. ¿Con quién dialoga el yo en "Valium 10"? ¿Qué recursos emplea la voz lírica para describir la vida de la mujer? ¿Qué caracteriza su rutina diaria?
2. La famosa rima XXI de Bécquer se pregunta: "¿Qué es poesía? —dices mientras clavas / en mi pupila tu pupila azul—/¿Qué es poesía? ¿y tú me lo preguntas? / Poesía… eres tú". ¿Por qué cree que Castellanos decidió darle el nombre de *Poesía no eres tú* a su colección de poemas?
3. ¿Cómo se reconcilian el yo y el tú en "Poesía no eres tú"? ¿Quién es el otro y por qué puede ser mediador? ¿Qué diferencia hay entre la idea de contemplación y el mirar "frente a sí, hacia el otro" y por qué es importante esta distinción?
4. Según "Costumbres mexicanas", ¿por qué no eligen las mujeres? ¿Cuál es el destino de la esposa de clase media? ¿Cómo y por qué va cambiando la mujer y cuál es la actitud del hombre?
5. En el mismo ensayo, ¿cuáles son las contradicciones entre lo que la mujer lee y ve en la televisión y su vida real? ¿Cómo caracterizaría Ud. sus sueños? ¿Qué y cuándo ganará la mujer? ¿Qué tono predomina en el ensayo y cuál es su importancia?

■ Temas para informes escritos

1. El indigenismo de Rosario Castellanos en dos cuentos de *Ciudad Real*.
2. Lenguaje y mito en *Balún-Canán*.
3. Virginia Woolf, Eudora Welty y Clarice Lispector vistas por Rosario Castellanos.

---

[20] Cansancio.   [21] Prepararlo para el entierro.

4. Simone de Beauvoir y Rosario Castellanos: *El segundo sexo* (1949) y *Sobre cultura femenina* (1950).
5. La poesía como vehículo de cambio en tres poemas de *Lívida luz*.

■ Temas de reflexión y comentario

1. La voz de la protagonista infantil en *Balún Canán*.
2. El nuevo indigenismo en Rosario Castellanos y José María Arguedas.
3. Temas recurrentes en los ensayos de Rosario Castellanos.
4. Gabriela Mistral y Rosario Castellanos: poetas y diplomáticas.
5. La rebelión de los chamula: la representación de la historia en *Oficio de tinieblas*.

CARLOS FUENTES

1928, Ciudad de Panamá, Panamá

Intelectual brillante, escritor de vasta cultura, y narrador de rica temática y variada técnica, Carlos Fuentes es una de las figuras más prestigiosas del mundo de las letras, no sólo en el ámbito hispánico sino a nivel internacional. Hijo de un diplomático, vivió durante su infancia y adolescencia en distintos países, con prolongadas residencias en Washington (1932–1938) y en Santiago de Chile y Buenos Aires (1939–1944). En Chile asistió al mismo colegio inglés (Grange School) donde era alumno José Donoso y allí publicó sus primeros artículos y cuentos. En 1944 regresó a México, donde concluyó sus estudios secundarios y cursó la carrera de Leyes, graduándose en 1949. En los años siguientes continuó su formación profesional en el Instituto de Altos Estudios Internacionales de Ginebra (1950–1951) y fue agregado cultural de su país en Suiza (1950–1952).

El primer libro publicado por Fuentes fue una colección de cuentos, *Los días enmascarados* (1954) y su primera novela *La región más transparente* (1958). Desde 1959, y a excepción de los tres años que pasó en París como embajador de México (1974–1977), se ha dedicado por entero a las letras. Del mismo modo que su compatriota Octavio Paz, de quien recibió ideas y estímulo durante sus años formativos, Fuentes ha sido profesor y conferencista en las universidades más importantes de los Estados Unidos. Con una continuidad que revela su gran capacidad creadora, ha producido novelas, colecciones de cuentos, ensayos, artículos de crítica literaria y obras de teatro. Entre sus novelas se destacan *La muerte de Artemio Cruz* (1962), *Cambio de piel* (1967), *Terra Nostra* (1975), *Una familia lejana* (1980), *Gringo viejo* (1985), *Cristóbal Nonato* (1987) y *La campaña* (1990). En ellas el autor ofrece su visión de la historia mexicana, que él interpreta como una superposición y coexistencia de culturas distintas y aun contradictorias: el mundo mítico del indígena regido por el concepto cíclico del tiempo, la versión española del cristianismo, y la modernidad sustentada en los valores individualistas de la burguesía europea, cuya fe en la razón, la ciencia y el progreso produjo el gran desarrollo de los países industrializados. Fuentes ha seguido enfocando, desde distintos ángulos, la situación de su país. *La frontera de cristal* (1995) se compone de nueve relatos enlazados por el tema de la inmigración mexicana a los Estados Unidos, con historias que ocurren a lo largo de doscientos años. En *Los años con Laura Díaz* (1999), la novela recorre la historia del siglo XX, en México y en el mundo, a través de la vida de su personaje Laura, nacida en 1898. Con esta novela culmina el ambicioso proyecto de Fuentes de evocar —con visión histórica y crítica— hechos, ideas e ideologías que han definido nuestro mundo contemporáneo. De distinto carácter es *Instituto de Inez* (2001), una historia de amor que ocurre en Londres durante la Segunda Guerra Mundial y que pertenece al conjunto de obras de carácter fantástico del autor. En *La silla del águila* (2003) Fuentes retoma, sin embargo, su crítica, siempre lúcida, de la política mexicana. Y dentro de esta temática, presente desde su primera novela, Fuentes ofrece una visión del México contemporáneo, con sus problemas de corrupción, crimen y narcotráfico, en *La voluntad y la fortuna* (2008) y *Adán en Edén* (2010).

La vigencia de los mitos indígenas como elemento subyacente del México moderno es una idea que recorre toda la obra de Fuentes, quien se ha referido a este tema en sus ensayos de *Tiempo mexicano* (1971). La revaloración del pasado inmediato representado por la Revolución Mexicana, hecha desde la perspectiva crítica del presente, en obras como *La muerte de Artemio Cruz*, la inserción de la realidad mexicana dentro de una perspectiva universal en *Cambio de piel*, y la visión totalizadora, a la vez que americana, de *Terra Nostra*, son los otros aspectos que distinguen la obra de Fuentes. En sus cuentos de *Los días enmascarados*, el autor evoca los mitos indígenas ("Chac Mool" y "Por boca de los dioses") y la historia mexicana ("Tlactocatzine, del jardín de Flandes"). Allí y en su novela corta *Aura* (1962) Fuentes aborda el género fantástico, con el que también se vinculan, en menor grado, algunas de sus novelas posteriores como *Cumpleaños* (1969), *Una familia lejana* y *Cristóbal Nonato*. En contraste, su segunda colección de cuentos, *Cantar de ciegos* (1964), no incluye elementos irreales y presenta distintas facetas de la sociedad mexicana contemporánea. Como crítico literario, Fuentes fue uno de los primeros en analizar el movimiento de la nueva narrativa en su libro *La nueva novela hispanoamericana* (1969). Ha publicado *Casa con dos puertas* (1970), una colección que incluye ensayos sobre William Faulkner, Ernest Hemingway, Jean Paul Sartre y William Styron; *Cervantes o la crítica de la lectura* (1976), obra interpretativa que ahonda en las raíces de la cultura española; y *Valiente mundo nuevo* (1990) y *El naranjo* (1993), donde continúa elaborando sus ideas sobre la literatura y la cultura hispanoamericanas. En *Geografía de la novela* (1993), Fuentes trasciende, en cambio, las fronteras nacionales y lingüísticas, para registrar e interpretar la evolución de la novela contemporánea.

"Chac Mool" toma su título del nombre dado al dios maya de la lluvia, cuyo culto fue especialmente importante en la región árida de Yucatán. Una noticia periodística aparecida en 1952 le sugirió el tema al autor. Con motivo de una exposición de arte mexicano en París, se había embarcado con rumbo a Europa una imagen del dios; ésta desencadenó, según comentaron los periódicos, tormentas en alta mar y lluvias por todo el continente.

■ Bibliografía mínima

Bach, Caleb. "Carlos Fuentes: Time to Imagine". *Américas* 52.2 (2000): 22–27. Impreso.
Bruna Bragado, María José. "La ficcionalización de la historia en la obra de Carlos Fuentes". *Literatura Mexicana* 17.1 (2006): 83–93. Impreso.
Castillo, Debra A. "Fuentes fronterizo". *Arizona Journal of Hispanic Cultural Studies* 4 (2000): 159–74. Impreso.
Gyurko, Lanin A. *Lifting the Obsidian Mask: the Artistic Vision of Carlos Fuentes*. Potomac, Maryland: Scripta Humanistica, 2007. Impreso.
Lagmanovich, David. "Los cuentos de Carlos Fuentes". *El cuento hispanoamericano ante la crítica*. Ed. Enrique Pupo-Walker. Madrid: Castalia, 1995. 427–52. Impreso.
Martínez, Gustavo. "La 'otra' casa tomada. 'Chac Mool' de C. Fuentes". *Espéculo: Revista de Estudios Literarios* 32 (marzo-junio 2006). Web. < http://www.ucm.es/info/especulo/>.

Ortega, Julio. "*La muerte de Artemio Cruz* y el relato de la des-fundación nacional". *Hispania* 85.2 (2002): 198–208. Impreso.

Rodríguez Suro, Joaquín. "*Aura* de Fuentes y la razón pura". *Texto Crítico* 12.22 (2008): 21–35. Impreso.

Williams, Raymond Leslie, ed. *The Writings of Carlos Fuentes.* Austin, TX: U of Texas P, 1996. Impreso.

Los días enmascarados (1954)

CHAC MOOL

Hace poco tiempo, Filiberto murió ahogado en Acapulco. Sucedió en Semana Santa. Aunque despedido de su empleo en la Secretaría, Filiberto no pudo resistir la tentación burocrática de ir, como todos los años, a la pensión alemana, comer el choucrout[1] endulzado por el sudor de la cocina tropical, bailar el sábado
5 de gloria[2] en La Quebrada, y sentirse "gente conocida" en el oscuro anonimato vespertino de la playa de Hornos. Claro, sabíamos que en su juventud había nadado bien, pero ahora, a los cuarenta, y tan desmejorado como se le veía, ¡intentar salvar, y a medianoche, un trecho tan largo! Frau Müller no permitió que se velara —cliente tan antiguo— en la pensión; por el contrario, esa noche organizó un
10 baile en la terracita sofocada, mientras Filiberto esperaba, muy pálido en su caja, a que saliera el camión matutino de la terminal, y pasó acompañado de huacales[3] y fardos la primera noche de su nueva vida. Cuando llegué, temprano, a vigilar el embarque del féretro, Filiberto estaba bajo un túmulo[4] de cocos; el chofer dijo que lo acomodáramos rápidamente en el toldo y lo cubriéramos de lonas, para que no
15 se espantaran los pasajeros, y a ver si no le habíamos echado la sal al viaje.

Salimos de Acapulco, todavía en la brisa. Hasta[5] Tierra Colorada nacieron el calor y la luz. Con el desayuno de huevos y chorizo, abrí el cartapacio[6] de Filiberto, recogido el día anterior, junto con sus otras pertenencias, en la pensión de los Müller. Doscientos pesos. Un periódico viejo; cachos[7] de la lotería; el pasaje
20 de ida —¿sólo de ida?—, y el cuaderno barato, de hojas cuadriculadas y tapas de papel mármol.

Me aventuré a leerlo, a pesar de las curvas, el hedor a vómito, y cierto sentimiento natural de respeto a la vida privada de mi difunto amigo. Recordaría —sí, empezaba con eso— nuestra cotidiana labor en la oficina; quizá, sabría por qué fue declinando, olvidando sus deberes, por qué dictaba oficios sin sentido, ni
25 número, ni "Sufragio Efectivo".[8] Por qué, en fin, fue corrido, olvidada la pensión, sin respetar los escalafones.

---

[1] Repollo salado y fermentado, sauerkraut.

[2] El sábado de la Semana Santa, día en que los cristianos festejan la resurrección de Cristo y su ascenso a la gloria.

[3] Guacales, cestas o jaulas hechas con varillas de madera; se llevan sobre las espaldas para transportar mercancías.

[4] Montón.

[5] Aquí significa recién (en), según el uso generalizado en México.

[6] Carpeta para meter papeles.

[7] Pedacito, y especialmente décimo o vigésimo de un billete de lotería

[8] "¡Sufragio efectivo; no reelección!" fue el lema con el que Francisco Madero y los revolucionarios mexicanos se opusieron a la reelección del general Porfirio Díaz. La alusión es irónica, ya que el lema revolucionario se ha transformado, según el texto, en una frase vacía de significado que se agrega ritualmente a los documentos oficiales.

"Hoy fui a arreglar lo de mi pensión. El licenciado, amabilísimo. Salí tan contento que decidí gastar cinco pesos en un café. Es el mismo al que íbamos de jóvenes y al que ahora nunca concurro, porque me recuerda que a los veinte
30 años podía darme más lujos que a los cuarenta. Entonces todos estábamos en un mismo plano, hubiéramos rechazado con energía cualquier opinión peyorativa hacia los compañeros —de hecho librábamos la batalla por aquellos a quienes en la casa discutían la baja extracción o falta de elegancia. Yo sabía que muchos (quizás los más humildes) llegarían muy alto, y aquí, en la escuela, se iban a for-
35 jar las amistades duraderas en cuya compañía cursaríamos el mar bravío. No, no fue así. No hubo reglas. Muchos de los humildes quedaron allí, muchos llegaron más arriba de lo que pudimos pronosticar en aquellas fogosas, amables tertulias. Otros, que parecíamos prometerlo todo, quedamos a la mitad del camino, destri- pados en un examen extracurricular, aislados por una zanja invisible de los que
40 triunfaron y de los que nada alcanzaron. En fin, hoy volví a sentarme en las sillas, modernizadas —también, como barricada de una invasión, la fuente de sodas— y pretendí leer expedientes. Vi a muchos, cambiados, amnésicos, retocados de luz neón, prósperos. Con el café que casi no reconocía, con la ciudad misma, habían ido cincelándose[9] a ritmo distinto del mío. No, ya no me reconocían, o no me
45 querían reconocer. A lo sumo —uno o dos— una mano gorda y rápida en el hom- bro. Adiós, viejo, qué tal. Entre ellos y yo, mediaban los dieciocho agujeros del Country Club. Me disfracé en los expedientes. Desfilaron los años de las grandes ilusiones, de los pronósticos felices y también todas las omisiones que impidieron su realización. Sentí la angustia de no poder meter los dedos en el pasado y pegar
50 los trozos de algún rompecabezas abandonado; pero el arcón[10] de los juguetes se va olvidando, y al cabo, quién sabrá a dónde fueron a dar los soldados de plomo, los cascos, las espadas de madera. Los disfraces tan queridos, no fueron más que eso. Y, sin embargo, había habido constancia, disciplina, apego al deber. ¿No era suficiente, o sobraba? No dejaba, en ocasiones, de asaltarme el recuerdo
55 de Rilke.[11] La gran recompensa de la aventura de juventud debe ser la muerte; jóvenes, debemos partir con todos nuestros secretos. Hoy, no tendría que volver la vista a las ciudades de sal. ¿Cinco pesos? Dos de propina".

Pepe, aparte de su pasión por el derecho mercantil, gusta de teorizar. Me vio salir de Catedral, y juntos nos encaminamos a Palacio. Él es descreído, pero
60 no le basta: en media cuadra tuvo que fabricar una teoría. Que si no fuera mexi- cano, no adoraría a Cristo, y —No, mira, parece evidente. Llegan los españoles y te proponen adores a un Dios, muerto hecho un coágulo, con el costado herido, clavado en una cruz. Sacrificado. Ofrendado. ¿Qué cosa más natural que aceptar un sentimiento tan cercano a todo tu ceremonial, a toda tu vida?… Figúrate, en
65 cambio, que México hubiera sido conquistado por budistas o mahometanos. No es concebible que nuestros indios veneraran a un individuo que murió de indi- gestión. Pero un Dios al que no le basta que se sacrifiquen por él, sino que incluso va a que le arranquen el corazón, ¡caramba, jaque mate a Huitzilopochtli![12] El

---

[9] Tomando forma, como grabados con cincel.
[10] Arca grande, caja de madera con tapa sujeta con goznes.
[11] Rainer Maria Rilke (1875–1926), escritor austríaco, autor de *Elegías de Duino*, los *Sonetos*

a Orfeo (1923) y *Los cuadernos de Malte Laurids Brigge* (1910).
[12] Dios de la guerra, el principal del panteón azteca.

cristianismo, en su sentido cálido, sangriento, de sacrificio y liturgia, se vuelve
70 una prolongación natural y novedosa de la religión indígena. Los aspectos de
caridad, amor, y la otra mejilla, en cambio, son rechazados. Y todo en México es
eso: hay que matar a los hombres para poder creer en ellos".

"Pepe conocía mi afición, desde joven, por ciertas formas del arte indígena
mexicano. Yo colecciono estatuillas, ídolos, cacharros. Mis fines de semana los
75 paso en Tlaxcala,[13] o en Teotihuacán.[14] Acaso por esto le guste relacionar todas las
teorías que elabora para mi consumo con estos temas. Por cierto que busco una
réplica razonable del Chac Mool desde hace tiempo, y hoy Pepe me informa de
un lugar en la Lagunilla donde venden uno de piedra y parece que barato. Voy a
ir el domingo".

80 "Un guasón[15] pintó de rojo el agua del garrafón[16] en la oficina, con la consiguiente perturbación de las labores. He debido consignarlo al director, a quien
sólo le dio mucha risa. El culpable se ha valido de esta circunstancia para hacer
sarcasmos a mis costillas el día entero, todo en torno al agua. ¡Ch… !"

"Hoy, domingo, aproveché para ir a la Lagunilla. Encontré el Chac Mool
85 en la tienducha[17] que me señaló Pepe. Es una pieza preciosa, de tamaño natural,
y aunque el marchante asegura su originalidad, lo dudo. La piedra es corriente,
pero ello no aminora la elegancia de la postura o lo macizo del bloque. El desleal
vendedor le ha embarrado salsa de tomate en la barriga para convencer a los turistas de la autenticidad sangrienta de la escultura".

90 "El traslado a la casa me costó más que la adquisición. Pero ya está aquí, por
el momento en el sótano mientras reorganizo mi cuarto de trofeos a fin de darle
cabida. Estas figuras necesitan sol, vertical y fogoso; ese fue su elemento y condición. Pierde mucho en la oscuridad del sótano, como simple bulto agónico,[18] y
su mueca parece reprocharme que le niegue la luz. El comerciante tenía un foco
95 exactamente vertical a la escultura, que recortaba todas las aristas, y le daba una
expresión más amable a mi Chac Mool. Habrá que seguir su ejemplo".

"Amanecí con la tubería descompuesta. Incauto, dejé correr el agua de la
cocina, y se desbordó, corrió por el suelo y llegó hasta el sótano, sin que me percatara. El Chac Mool resiste la humedad, pero mis maletas sufrieron; y todo esto,
100 en día de labores, me ha obligado a llegar tarde a la oficina".

"Vinieron, por fin, a arreglar la tubería. Las maletas, torcidas. Y el Chac
Mool, con lama[19] en la base".

"Desperté a la una: había escuchado un quejido terrible. Pensé en ladrones.
Pura imaginación".

105 "Los lamentos nocturnos han seguido. No sé a qué atribuirlos, pero estoy
nervioso. Para colmo de males, la tubería volvió a descomponerse, y las lluvias se
han colado, inundando el sótano".

---

[13] Capital del estado del mismo nombre, el más pequeño de los estados que componen la República Mexicana. Ocupa aproximadamente el área del antiguo principado de Tlaxcala, el cual se negó a aceptar el dominio de la confederación azteca y fue el más importante aliado indígena de Cortés en la conquista de México.
[14] "Teotihuacán" significa "morada de los dioses". Antiguo centro religioso de la civilización tolteca situado al noreste de la ciudad de México, del que se han preservado las pirámides al sol y a la luna y templos en ruinas.
[15] Burlón, que gasta bromas, despectivo.
[16] Aumentativo de garrafa.
[17] Forma despectiva: tienda pequeña que vende artículos de poca calidad y de bajo precio.
[18] Que se halla en agonía, al borde de la muerte.
[19] Musgo.

"El plomero no viene, estoy desesperado. Del Departamento del Distrito Federal, más vale no hablar. Es la primera vez que el agua de las lluvias no obe-
110 dece a las coladeras y viene a dar a mi sótano. Los quejidos han cesado: vaya una cosa por otra".

"Secaron el sótano, y el Chac Mool está cubierto de lama. Le da un aspecto grotesco, porque toda la masa de la escultura parece padecer de una erisipela[20] verde, salvo los ojos, que han permanecido de piedra. Voy a aprovechar el do-
115 mingo para raspar el musgo. Pepe me ha recomendado cambiarme a un aparta-mento, y en el último piso, para evitar estas tragedias acuáticas. Pero no puedo dejar este caserón, ciertamente muy grande para mí solo, un poco lúgubre en su arquitectura porfiriana,[21] pero que es la única herencia y recuerdo de mis padres. No sé qué me daría ver una fuente de sodas con sinfonola en el sótano y una casa
120 de decoración en la planta baja".

"Fui a raspar la lama del Chac Mool con una espátula.[22] El musgo parecía ya parte de la piedra; fue labor de más de una hora, y sólo a las seis de la tarde pude terminar. No era posible distinguir en la penumbra, y al dar fin al trabajo, con la mano seguí los contornos de la piedra. Cada vez que repasaba el bloque
125 parecía reblandecerse. No quise creerlo: era ya casi una pasta. Este mercader de la Lagunilla me ha timado.[23] Su escultura precolombina es puro yeso, y la hume-dad acabará por arruinarla. Le he puesto encima unos trapos, y mañana la pasaré a la pieza de arriba, antes de que sufra un deterioro total".

"Los trapos están en el suelo. Increíble. Volví a palpar el Chac Mool. Se ha
130 endurecido, pero no vuelve a la piedra. No quiero escribirlo: hay en el torso algo de la textura de la carne, lo aprieto como goma, siento que algo corre por esa figura recostada… Volví a bajar en la noche. No cabe duda: el Chac Mool tiene vello en los brazos".

"Esto nunca me había sucedido. Tergiversé[24] los asuntos en la oficina: giré
135 una orden de pago que no estaba autorizada, y el director tuvo que llamarme la atención. Quizá me mostré hasta descortés con los compañeros. Tendré que ver a un médico, saber si es imaginación, o delirio, o qué, y deshacerme de ese maldito Chac Mool".

Hasta aquí, la escritura de Filiberto era la vieja, la que tantas veces vi en
140 memoranda[25] y formas, ancha y ovalada. La entrada del 25 de agosto, parecía es-crita por otra persona. A veces como niño, separando trabajosamente cada letra; otras, nerviosa, hasta diluirse en lo ininteligible. Hay tres días vacíos, y el relato continúa:

"Todo es tan natural; y luego, se cree en lo real… pero esto lo es, más que
145 lo creído por mí. Si es real un garrafón,[26] y más, porque nos damos mejor cuenta de su existencia, o estar, si un bromista pinta de rojo el agua… Real bocanada de cigarro efímera, real imagen monstruosa en un espejo de circo, reales, ¿no lo son todos los muertos, presentes y olvidados?… Si un hombre atravesara el Paraíso

---

[20] Inflamación superficial de la piel, acompañada de fiebre.
[21] De la época de Porfirio Díaz.
[22] Paleta pequeña con bordes afilados y mango largo que usan los pintores.
[23] Estafado, engañado.

[24] Tergiversar: trastrocar, confundir.
[25] Plural de memorandum; comunicaciones breves, por lo común no firmadas.
[26] Damajuana. Vasija grande de vidrio, semejante a una botella redondeada, muy abultada y con cuello largo.

en un sueño, y le dieran una flor como prueba de que había estado allí, y si al des-
150 pertar encontrara esa flor en su mano…, ¿entonces, qué…? Realidad: cierto día
la quebraron en mil pedazos, la cabeza fue a dar allá, la cola aquí, y nosotros no
conocemos más que uno de los trozos desprendidos de su gran cuerpo. Océano
libre y fictício, sólo real cuando se le aprisiona en un caracol. Hasta hace tres días,
mi realidad lo era al grado de haberse borrado hoy: era movimiento reflejo, ru-
155 tina, memoria, cartapacio.[27] Y luego, como la tierra que un día tiembla para que
recordemos su poder, o la muerte que llegará, recriminando mi olvido de toda la
vida, se presenta otra realidad que sabíamos estaba allí, mostrenca,[28] y que debe
sacudirnos para hacerse viva y presente. Creía, nuevamente, que era imaginación: el Chac Mool, blando y elegante, había cambiado de color en una noche;
160 amarillo, casi dorado, parecía indicarme que era un Dios, por ahora laxo, con las
rodillas menos tensas que antes, con la sonrisa más benévola. Y ayer, por fin, un
despertar sobresaltado, con esa seguridad espantosa de que hay dos respiracio-
nes en la noche, de que en la oscuridad laten más pulsos que el propio. Sí, se escuchaban pasos en la escalera. Pesadilla. Vuelta a dormir… No sé cuánto tiempo
165 pretendí dormir. Cuando volví a abrir los ojos, aún no amanecía. El cuarto olía a
horror, a incienso y sangre. Con la mirada negra, recorrí la recámara,[29] hasta dete-
nerme en dos orificios de luz parpadeante, en dos flámulas[30] crueles y amarillas.
Casi sin aliento encendí la luz.
Allí estaba Chac Mool, erguido, sonriente, ocre, con su barriga encarnada.
170 Me paralizaban los dos ojillos, casi bizcos,[31] muy pegados a la nariz triangular.
Los dientes inferiores, mordiendo el labio superior, inmóviles; sólo el brillo del
casquetón[32] cuadrado sobre la cabeza anormalmente voluminosa, delataba vida.
Chac Mool avanzó hacia la cama; entonces empezó a llover".
Recuerdo que a fines de agosto, Filiberto fue despedido de la Secretaría,
175 con una recriminación pública del director, y rumores de locura y aun robo. Esto
no lo creía. Sí vi unos oficios[33] descabellados, preguntando al Oficial Mayor si el
agua podía olerse, ofreciendo sus servicios al Secretario de Recursos Hidráuli-
cos para hacer llover en el desierto. No supe qué explicación darme; pensé que
las lluvias excepcionalmente fuertes, de ese verano, lo habían enervado. O que
180 alguna depresión moral debía producir la vida en aquel caserón antiguo, con la
mitad de los cuartos bajo llave y empolvados, sin criados ni vida de familia. Los
apuntes siguientes son de fines de septiembre:
"Chac Mool puede ser simpático cuando quiere… un glu-glu de agua em-
belesada… Sabe historias fantásticas sobre los monzones,[34] las lluvias ecuatoria-
185 les, el castigo de los desiertos; cada planta arranca de su paternidad mítica: el
sauce, su hija descarriada;[35] los lotos,[36] sus mimados; su suegra: el cacto. Lo que
no puedo tolerar es el olor, extrahumano, que emana de esa carne que no lo es, de

---

[27] carpeta
[28] Que no tiene hogar o amo conocido; de esta
palabra proviene el término "mustang".
[29] Alcoba, dormitorio.
[30] Llamitas.
[31] Torcidos, encontrados.
[32] Tocado o gorro del Chac Mool.
[33] Comunicaciones escritas, referentes a los
asuntos del servicio público.

[34] Vientos periódicos en el Océano Índico.
[35] Extraviada, perdida.
[36] Loto: planta de grandes hojas coriáceas y
flores blancas y olorosas, muy repetida
como motivo decorativo, más o menos
estilizado, en la pintura y la arquitectura del
antiguo Egipto.

las chanclas[37] flamantes de ancianidad. Con risa estridente, el Chac Mool revela cómo fue descubierto por Le Plongeon,[38] y puesto, físicamente, en contacto con
190 hombres de otros símbolos. Su espíritu ha vivido en el cántaro y la tempestad, natural; otra cosa es su piedra, y haberla arrancado al escondite es artificial y cruel. Creo que nunca lo perdonará el Chac Mool. Él sabe de la inminencia del hecho estético.

He debido proporcionarle sapolio[39] para que se lave el estómago que el
195 mercader le untó de *ketchup* al creerlo azteca. No pareció gustarle mi pregunta sobre su parentesco con Tláloc,[40] y, cuando se enoja, sus dientes, de por sí repulsivos, se afilan y brillan. Los primeros días, bajó a dormir al sótano; desde ayer, en mi cama".

"Ha empezado la temporada seca. Ayer, desde la sala en que duermo ahora,
200 comencé a oír los mismos lamentos roncos del principio, seguidos de ruidos terribles. Subí y entreabrí la puerta de la recámara: el Chac Mool estaba rompiendo las lámparas, los muebles; saltó hacia la puerta con las manos arañadas, y apenas pude cerrar e irme a esconder al baño… Luego bajó jadeante y pidió agua; todo el día tiene corriendo las llaves, no queda un centímetro seco en la casa. Tengo que
205 dormir muy abrigado, y le he pedido no empapar la sala más".[41]

"El Chac Mool inundó hoy la sala. Exasperado, dije que lo iba a devolver a la Lagunilla. Tan terrible como su risilla —horrorosamente distinta a cualquier risa de hombre o animal— fue la bofetada que me dio, con ese brazo cargado de brazaletes pesados. Debo reconocerlo: soy su prisionero. Mi idea original era dis-
210 tinta: yo dominaría al Chac Mool, como se domina a un juguete; era, acaso, una prolongación de mi seguridad infantil; pero la niñez —¿quién lo dijo?— es fruto comido por los años, y yo no me he dado cuenta… Ha tomado mi ropa, y se pone las batas cuando empieza a brotarle musgo verde. El Chac Mool está acostumbrado a que se le obedezca, por siempre; yo, que nunca he debido mandar, sólo
215 puedo doblegarme. Mientras no llueva —¿y su poder mágico?— vivirá colérico o irritable".

"Hoy descubrí que en las noches el Chac Mool sale de la casa. Siempre, al obscurecer, canta una canción chirriona[42] y anciana, más vieja que el canto mismo. Luego, cesa. Toqué varias veces a su puerta, y cuando no me contestó, me
220 atreví a entrar. La recámara, que no había vuelto a ver desde el día en que intentó atacarme la estatua, está en ruinas, y allí se concentra ese olor a incienso y sangre que ha permeado la casa. Pero, detrás de la puerta, hay huesos: huesos de perros, de ratones y gatos. Esto es lo que roba en la noche el Chac Mool para sustentarse. Esto explica los ladridos espantosos de todas las madrugadas".

---

[37] Zapatos viejos cuyos talones están ya caídos y aplastados por el mucho uso.
[38] Le Plongeon, Augustus (1826–1908): médico, estudioso de las culturas precolombinas y explorador de las ruinas mayas. Autor de *Sacred Mysteries Among the Mayas and the Quichés* (1886) y *Queen Móo and The Egyptian Sphinx* (1896). El texto de Fuentes parece aludir al hecho de que Le Plongeon descubrió sorprendentes analogías entre el lenguaje, la cosmogonía y los conceptos religiosos de los mayas y los de las antiguas civilizaciones del Asia, África y Europa.
[39] Del nombre de la marca de fábrica. Jabón duro que lleva polvo de piedra pómez. Sirve para fregar y pulir objetos no metálicos.
[40] Dios azteca de la lluvia; distribuye la lluvia, el huracán y la sequía.
[41] Filiberto no explica en qué lengua se entendía con el Chac Mool [nota del autor].
[42] Desentonada.

225 "Febrero, seco. Chac Mool vigila cada paso mío; ha hecho que telefonee a una fonda para que me traigan diariamente arroz con pollo. Pero lo sustraído de la oficina ya se va a acabar. Sucedió lo inevitable: desde el día primero, cortaron el agua y la luz por falta de pago. Pero Chac ha descubierto una fuente pública a dos cuadras de aquí; todos los días hago diez o doce viajes por agua, y él me ob-
230 serva desde la azotea. Dice que si intento huir me fulminará; también es Dios del Rayo. Lo que él no sabe es que estoy al tanto de sus correrías nocturnas... Como no hay luz, debo acostarme a las ocho. Ya debería estar acostumbrado al Chac Mool, pero hace poco, en la obscuridad, me topé con él en la escalera, sentí sus brazos helados, las escamas de su piel renovada, y quise gritar".

235 "Si no llueve pronto, el Chac Mool va a convertirse en piedra otra vez. He notado su dificultad reciente para moverse; a veces se reclina durante horas, paralizado, y parece ser, de nuevo, un ídolo. Pero estos reposos sólo le dan nue- vas fuerzas para vejarme, arañarme como si pudiera arrancar algún líquido de mi carne. Ya no tienen lugar aquellos intermedios amables en que relataba vie-
240 jos cuentos; creo notar un resentimiento concentrado. Ha habido otros indicios que me han puesto a pensar: se está acabando mi bodega; acaricia la seda de las batas; quiere que traiga una criada a la casa; me ha hecho enseñarle a usar jabón y lociones. Creo que el Chac Mool está cayendo en tentaciones humanas; incluso hay algo viejo en su cara que antes parecía eterna. Aquí puede estar mi
245 salvación: si el Chac se humaniza, posiblemente todos sus siglos de vida se acu- mulen en un instante y caiga fulminado. Pero también, aquí, puede germinar mi muerte: el Chac no querrá que asista a su derrumbe, es posible que desee matarme".

"Hoy aprovecharé la excursión nocturna de Chac para huir. Me iré a Aca-
250 pulco; veremos qué puede hacerse para adquirir trabajo, y esperar la muerte del Chac Mool; sí, se avecina; está canoso, abotagado.[43] Necesito asolearme,[44] nadar, recuperar fuerza. Me quedan cuatrocientos pesos. Iré a la Pensión Müller, que es barata y cómoda. Que se adueñe de todo el Chac Mool: a ver cuánto dura sin mis baldes de agua".

255 Aquí termina el diario de Filiberto. No quise volver a pensar en su relato; dormí hasta Cuernavaca. De ahí a México pretendí dar coherencia al escrito, rela- cionarlo con exceso de trabajo, con algún motivo sicológico. Cuando a las nueve de la noche llegamos a la terminal, aún no podía concebir la locura de mi amigo. Contraté una camioneta para llevar el féretro a casa de Filiberto, y desde allí or-
260 denar su entierro.

Antes de que pudiera introducir la llave en la cerradura, la puerta se abrió. Apareció un indio amarillo, en bata de casa, con bufanda. Su aspecto no podía ser más repulsivo; despedía un olor a loción barata; su cara, polveada, quería cubrir las arrugas; tenía la boca embarrada de lápiz labial mal aplicado, y el pelo daba la
265 impresión de estar teñido.

—Perdone... no sabía que Filiberto hubiera...

—No importa; lo sé todo. Dígales a los hombres que lleven el cadáver al sótano.

Carlos Fuentes. "Chac Mool", *Los días enmascarados*. © Carlos Fuentes, 1954.

---

[43] Hinchado. [44] Tomar sol.

■ Preguntas generales

1. ¿Qué ideas conforman la visión de la historia mexicana de Fuentes?
2. ¿En qué obras presenta una perspectiva crítica de la Revolución Mexicana? ¿En cuáles interpreta la realidad mexicana como parte integrante del mundo contemporáneo?
3. ¿Qué elementos fantásticos incluye en parte de su narrativa?
4. ¿Dónde ha demostrado sus conocimientos literarios y su habilidad como intérprete y crítico de la literatura hispanoamericana?
5. ¿En qué novela ha elaborado el tema de la relación entre México y los Estados Unidos?

■ Preguntas de análisis

1. ¿Cómo calificaría Ud. la situación psicológica y social de Filiberto?
2. ¿Qué función cumple la afición del personaje a "ciertas formas del arte indígena mexicano"?
3. ¿Qué ideas acerca del pasado y presente de México comunica el relato?
4. ¿Observa Ud. analogías entre este cuento y otros de autores contemporáneos?
5. ¿Cómo preserva el autor la ambigüedad del desenlace, permitiendo tanto la interpretación fantástica como la racional?

■ Temas para informes escritos

1. Los mitos indígenas en la obra de Fuentes.
2. Fuentes como promotor de nuevas corrientes literarias.
3. La crítica social dentro de la obra de Fuentes.
4. Puntos de contacto entre las ideas de Fuentes y las de Paz sobre la cultura mexicana.
5. Mexicanidad y universalidad en la obra de Fuentes.

■ Temas de reflexión y comentario

1. La integración del mundo hispánico en la obra de Carlos Fuentes.
2. La visión histórica en la narrativa de Fuentes.
3. Los personajes femeninos de Fuentes, a la luz de las teorías sobre el género sexual.
4. Los elementos cinematográficos en las novelas de Fuentes. Sus versiones fílmicas.
5. Los escritores estadounidenses que influyeron en la formación de Fuentes.

GABRIEL GARCÍA MÁRQUEZ

1928, Aracataca, Colombia

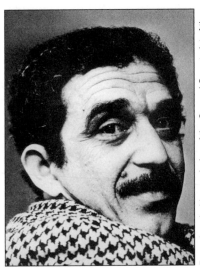

Figura estelar de la narrativa hispanoamericana contemporánea, Gabriel García Márquez ha conquistado el interés y la admiración de un extraordinario número de lectores, dentro y fuera del mundo hispánico. La celebridad del autor de *Cien años de soledad* (1967) y ganador del Premio Nobel de Literatura (1982) ha llegado como culminación de un largo y sostenido esfuerzo. Nació en Aracataca, pequeño pueblo colombiano de la costa del Caribe, y vivió allí, en casa de sus abuelos maternos, hasta la edad de ocho años. Esta zona del país había pasado por una época de gran prosperidad durante la "fiebre del banano", cuando asentó su dominio la United Fruit Company y llegaron a trabajar allí millares de forasteros. Fue ésta, sin embargo, una prosperidad ilusoria y efímera, pagada con la explotación económica y la represión política de los trabajadores colombianos.

Para 1928, Aracataca era un pueblo que vivía de recuerdos y de leyendas embellecedoras del pasado esplendor. El futuro escritor recogió en su infancia recuerdos y anécdotas pintorescas, así como las memorias de las guerras civiles narradas por su abuelo, quien había peleado en el bando liberal. Con este material de base histórica, transformado por la memoria y la imaginación, construyó García Márquez la historia del pueblo de Macondo, desde su primera y más realista novela, *La hojarasca* (1955), hasta el mundo mítico de *Cien años de soledad*. Antes de dedicarse por entero a las letras, cursó estudios de Leyes en las universidades de Bogotá y Cartagena, pero los abandonó para dedicarse al periodismo. La vida de García Márquez, como la de todos los jóvenes colombianos de su generación, estuvo afectada por la violencia que estalló en el país a raíz del asesinato del candidato liberal a la presidencia de la república, Jorge Eliécer Gaitán (1948). Esta atmósfera de violencia, y las causas que la provocaron, dieron luego materia a su segunda novela, *La mala hora* (1962), y están presentes en su obra posterior.

García Márquez escribió para periódicos de Cartagena, Barranquilla y Bogotá. Como corresponsal del diario *El espectador*, donde publicó sus primeros cuentos, fue enviado a Ginebra, Roma y París. Estudió dirección cinematográfica en Roma (1954). En 1955, durante su residencia en París, se quedó sin empleo al ser clausurado *El espectador* bajo la dictadura del general Gustavo Rojas Pinilla (1953–1957), pero pudo dedicarse a su obra narrativa. De esa época datan *La hojarasca, La mala hora* (terminada en 1957), y las varias versiones de *El coronel no tiene quien le escriba,* novela corta que no publicó hasta 1961. Los años siguientes lo obligaron a frecuentes cambios. Trabajó para *Prensa Latina* primero en Bogotá, y luego en Cuba y Nueva York (1959–1960), y se ganó la vida como periodista y escritor de guiones cinematográficos en México (1961–1967). Allí publicó *La mala hora* y *Los funerales de la Mamá Grande* (1962); el cuento que da título a esta colección anuncia ya la libertad imaginativa, los elementos satíricos y humorísticos y la exageración grotesca que caracterizan a *Cien años de soledad,* publicada en Buenos Aires durante la permanencia del autor en México.

Desde 1967 hasta 1982, el escritor colombiano vivió en Barcelona, donde pudo dedicarse totalmente a la creación literaria. En los últimos años ha alternado residencia entre México y Colombia. Además de las obras ya citadas, deben mencionarse las siguientes novelas: *El otoño del patriarca* (1975), visión pesadillesca y penetrante de la psicología del dictador; *Crónica de una muerte anunciada* (1981), de la cual se ha hecho una versión cinematográfica, donde parodia las formas tradicionales del género policíaco; *El amor en los tiempos del cólera* (1985), historia que ahonda en el sentimiento del amor a través de las distintas estaciones de la vida; *El general en su laberinto* (1989), una recreación de los últimos días del Libertador Simón Bolívar y *Del amor y otros demonios* (1994), obra que describe, con imaginación e ironía, el poder destructivo del fanatismo religioso y el celo persecutorio de la Inquisición durante la Colonia. Entre sus colecciones de cuentos se destacan: *La increíble y triste historia de la cándida Eréndira y de su abuela desalmada* (1972), de la cual se ha popularizado la historia del mismo título en su versión cinematográfica, y *Doce cuentos peregrinos* (1992), relatos que el autor fue produciendo a través de sus años de viaje y de residencia en distintos países. La obra periodística de García Márquez ha sido recogida por el autor en varios volúmenes: *Textos costeños* (1991, 1999), *Por la libre: obra periodística* (1999) y *Entre cachacos* (1992, 1999). El primer tomo de sus memorias, *Vivir para contarla,* fue publicado en 2002.

Su más reciente novela, *Memoria de mis putas tristes* (2004), es, pese a su título, una historia de amor entre un periodista de 90 años y una prostituta adolescente, cuyas referencias pictóricas, literarias y musicales crean una atmósfera de ternura e ilusión.

"El ahogado más hermoso del mundo" aquí incluido, muestra cómo el cadáver de un ahogado desconocido, depositado en las orillas de un pueblo sin nombre ni características distintivas, produce en sus habitantes una transformación radical. La presencia del muerto inspira en ellos fantasías, despierta anhelos de belleza y sentimientos comunitarios que dan un nuevo sentido y propósito a sus vidas.

■ Bibliografía mínima

Abbott, H. Porter. "Immersions in the Cognitive Sublime: The Textual Experience of the Extratextual Unknown in García Márquez and Beckett". *Narrative* 17.2 (May 2009): 131–42. Impreso.

Anderson, Jon Lee. "The Power of García Márquez". *New Yorker* 75.28 (1999): 56–66. Impreso.

Bell-Villada, Gene H. "What the Young Gabriel García Márquez Learned from the Master Graham Greene. The Case of 'Un día de estos'". *Comparatist: Journal of the Southern Comparative Literature Association* 24 (2000): 146–56. Impreso.

Dravasa, Mayder. "Authority and Dependence in García Márquez's *El otoño del patriarca*". *Revista Canadiense de Estudios Hispánicos* 24.2 (2000): 397–407. Impreso.

González, Aníbal. "Gabriel García Márquez y el amor". *Ínsula: Revista de Letras y Ciencias Humanas* 723 (2007): 16–18. Impreso.

Maglia, Graciela. "Una lectura intertextual de 'El ahogado más hermoso del mundo' de Gabriel García Márquez". *Cuento en Red: Estudios Sobre la Ficción Breve* 5 (Spring 2002). Web. <http://www.latindex.unam.mx/buscador/ficRev.html?opcion>.

Martin, Gerald. *Gabriel García Márquez. A Life*. New York: Knopf, 2009. Impreso.

Romeo, Gabriela María. "'El ahogado más hermoso del mundo' de Gabriel García Márquez". *Literatura como intertextualidad: IX Simposio Internacional de Literatura*. Eds. Juana Alcira Arancibia et al. Buenos Aires: Inst. Lit. y Cultural Hispánico, 1993. 443–56. Impreso.

La increíble y triste historia de la Cándida Eréndira y su abuela desalmada (1968)

EL AHOGADO MÁS HERMOSO DEL MUNDO

Los primeros niños que vieron el promontorio oscuro y sigiloso[1] que se acercaba por el mar, se hicieron la ilusión de que era un barco enemigo. Después vieron que no llevaba banderas ni arboladura,[2] y pensaron que fuera una ballena. Pero cuando quedó varado en la playa le quitaron los matorrales de sargazos,[3]
5 los filamentos de medusas y los restos de cardúmenes[4] y naufragios que llevaba encima, y sólo entonces descubrieron que era un ahogado.

Habían jugado con él toda la tarde, enterrándolo y desenterrándolo en la arena, cuando alguien los vio por casualidad y dio la voz de alarma en el pueblo. Los hombres que lo cargaron hasta la casa más próxima notaron que pesaba más

---

[1] Silencioso, secreto.
[2] Conjunto de palos y vergas en una embarcación.
[3] Nombre común de algunas algas marinas de hasta 12 pulgadas de longitud, que viven sobre fondos de sustratos duros en las profundidades del mar. Algunas especies se desprenden del fondo y quedan libres en el agua constituyendo grandes masas flotantes que se desplazan.
[4] Multitud de peces.

10 que todos los muertos conocidos, casi tanto como un caballo, y se dijeron que tal
vez había estado demasiado tiempo a la deriva y el agua se le había metido dentro de los huesos. Cuando lo tendieron en el suelo vieron que había sido mucho
más grande que todos los hombres, pues apenas si cabía en la casa, pero pensaron que tal vez la facultad de seguir creciendo después de la muerte estaba en la
15 naturaleza de ciertos ahogados. Tenía el olor del mar, y sólo la forma permitía
suponer que era el cadáver de un ser humano, porque su piel estaba revestida de
una coraza de rémora[5] y de lodo.

No tuvieron que limpiarle la cara para saber que era un muerto ajeno. El
pueblo tenía apenas unas veinte casas de tablas, con patios de piedras sin flores,
20 desperdigadas[6] en el extremo de un cabo desértico. La tierra era tan escasa, que
las madres andaban siempre con el temor de que el viento se llevara a los niños,
y a los pocos muertos que les iban causando los años tenían que tirarlos en los
acantilados. Pero el mar era manso y pródigo, y todos los hombres cabían en siete
botes. Así que cuando se encontraron el ahogado les bastó con mirarse los unos a
25 los otros para darse cuenta de que estaban completos.

Aquella noche no salieron a trabajar en el mar. Mientras los hombres averi-
guaban si no faltaba alguien en los pueblos vecinos, las mujeres se quedaron cui-
dando al ahogado. Le quitaron el lodo con tapones de esparto[7], le desenredaron
del cabello los abrojos[8] submarinos y le rasparon la rémora con fierros de deses-
30 camar pescados. A medida que lo hacían, notaron que su vegetación era de océanos remotos y de aguas profundas, y que sus ropas estaban en piltrafas, como si
hubiera navegado por entre laberintos de corales. Notaron también que sobrelle-
vaba la muerte con altivez, pues no tenía el semblante solitario de los otros ahogados del mar, ni tampoco la catadura[9] sórdida y menesterosa de los ahogados
35 fluviales. Pero solamente cuando acabaron de limpiarlo tuvieron conciencia de la
clase de hombre que era, y entonces se quedaron sin aliento. No sólo era el más
alto, el más fuerte, el más viril y el mejor armado que habían visto jamás, sino
que todavía cuando lo estaban viendo no les cabía en la imaginación.

No encontraron en el pueblo una cama bastante grande para tenderlo ni
40 una mesa bastante sólida para velarlo. No le vinieron los pantalones de fiesta de
los hombres más altos, ni las camisas dominicales de los más corpulentos, ni los
zapatos del mejor plantado. Fascinadas por su desproporción y su hermosura,
las mujeres decidieron entonces hacerle unos pantalones con un pedazo de vela
cangreja,[10] y una camisa de bramante[11] de novia, para que pudiera continuar su
45 muerte con dignidad. Mientras cosían sentadas en círculo, contemplando el cadáver entre puntada y puntada, les parecía que el viento no había sido nunca tan
tenaz ni el Caribe había estado nunca tan ansioso como aquella noche, y suponían que esos cambios tenían algo que ver con el muerto. Pensaban que si aquel
hombre magnífico hubiera vivido en el pueblo, su casa habría tenido las puertas

---

[5] Pez perciforme que se fija a los objetos flotantes o a otros peces con una especie de ventosa que tiene en la cabeza, al cual los antiguos atribuían el poder de detener las naves.

[6] Esparcidas, dispersas.

[7] Planta gramínea que se cría en los terrenos pobres y secos de España. Posee hojas de 24 pulgadas de largo y arrolladas, de las cuales se obtiene una fibra con la que se fabrican sogas y pasta de papel.

[8] Nombre dado a varias plantas espinosas y al fruto de estas plantas.

[9] Aspecto, gesto.

[10] Vela de cuchillo trapezoidal, sujeta por dos cabos.

[11] Hilo gordo o cordel, muy delgado, hecho de cáñamo.

50 más anchas, el techo más alto y el piso más firme, y el bastidor de su cama habría sido de cuadernas[12] maestras con pernos[13] de hierro, y su mujer habría sido la más feliz. Pensaban que habría tenido tanta autoridad que hubiera sacado los peces del mar con sólo llamarlos por sus nombres, y habría puesto tanto empeño en el trabajo que hubiera hecho brotar manantiales de entre las piedras más áridas y
55 hubiera podido sembrar flores en los acantilados. Lo compararon en secreto con sus propios hombres, pensando que no serían capaces de hacer en toda una vida lo que aquél era capaz de hacer en una noche, y terminaron por repudiarlos en el fondo de sus corazones como los seres más escuálidos y mezquinos de la tierra. Andaban extraviadas por esos dédalos[14] de fantasía, cuando la más vieja de las
60 mujeres, que por ser la más vieja había contemplado al ahogado con menos pasión que compasión, suspiró:

—Tiene cara de llamarse Esteban.[15]

Era verdad. A la mayoría le bastó con mirarlo otra vez para comprender que no podía tener otro nombre. Las más porfiadas, que eran las más jóvenes, se
65 mantuvieron con la ilusión de que al ponerle la ropa, tendido entre flores y con unos zapatos de charol, pudiera llamarse Lautaro.[16] Pero fue una ilusión vana. El lienzo resultó escaso, los pantalones mal cortados y peor cosidos le quedaron estrechos, y las fuerzas ocultas de su corazón hacían saltar los botones de la camisa. Después de la media noche se adelgazaron los silbidos del viento y el
70 mar cayó en el sopor del miércoles. El silencio acabó con las últimas dudas: era Esteban. Las mujeres que lo habían vestido, las que lo habían peinado, las que le habían cortado las uñas y raspado la barba no pudieron reprimir un estremecimiento de compasión cuando tuvieron que resignarse a dejarlo tirado por los suelos. Fue entonces cuando comprendieron cuánto debió haber sido de infeliz
75 con aquel cuerpo descomunal, si hasta después de muerto le estorbaba. Lo vieron condenado en vida a pasar de medio lado por las puertas, a descalabrarse con los travesaños,[17] a permanecer de pie en las visitas sin saber qué hacer con sus tiernas y rosadas manos de buey de mar, mientras la dueña de casa buscaba la silla más resistente y le suplicaba muerta de miedo siéntese aquí, Esteban, hágame el
80 favor, y él recostado contra las paredes, sonriendo, no se preocupe señora, así estoy bien, con los talones en carne viva y las espaldas escaldadas de tanto repetir lo mismo en todas las visitas, no se preocupe, señora, así estoy bien, sólo para no pasar vergüenza de desbaratar la silla, y acaso sin haber sabido nunca que quienes le decían no te vayas, Esteban, espérate siquiera hasta que hierva el café, eran
85 los mismos que después susurraban ya se fue el bobo grande, qué bueno, ya se fue el tonto hermoso. Esto pensaban las mujeres frente al cadáver un poco antes del amanecer. Más tarde, cuando le taparon la cara con un pañuelo para que no le molestara la luz, lo vieron tan muerto para siempre, tan indefenso, tan parecido a sus hombres, que se les abrieron las primeras grietas de lágrimas en el corazón.

---

[12] Conjunto de piezas que forman la armadura, las costillas del barco.

[13] Pieza de hierro u otro metal, larga, cilíndrica, con cabeza redonda por un extremo y asegurada por una tuerca por el otro, que se usa para afirmar muebles u objetos de gran volumen.

[14] Laberintos.

[15] Posible referencia al santo católico de este nombre, diácono de la primera comunidad cristiana de Jerusalén. Acusado de dar primacía a la fe sobre la ley, fue lapidado.

[16] Lautaro (1534–1557): caudillo araucano. Luchó contra los españoles y los venció varias veces antes de morir asesinado.

[17] Barra, barrote. Pieza de madera o hierro que atraviesa de una parte a otra.

90 Fue una de las más jóvenes la que empezó a sollozar. Las otras, alentándose entre sí, pasaron de los suspiros a los lamentos, y mientras más sollozaban más deseos sentían de llorar, porque el ahogado se les iba volviendo cada vez más Esteban, hasta que lo lloraron tanto que fue el hombre más desvalido de la tierra, el más manso y el más servicial, el pobre Esteban. Así que cuando los hombres volvie-
95 ron con la noticia de que el ahogado no era tampoco de los pueblos vecinos, ellas sintieron un vacío de júbilo entre las lágrimas.

—¡Bendito sea Dios —suspiraron—: es nuestro!

Los hombres creyeron que aquellos aspavientos no eran más que frivolidades de mujer. Cansados de las tortuosas averiguaciones de la noche, lo único que
100 querían era quitarse de una vez el estorbo del intruso antes de que prendiera el sol bravo de aquel día árido y sin viento. Improvisaron unas angarillas[18] con restos de trinquetes[19] y botavaras,[20] y las amarraron con carlingas[21] de altura, para que resistieran el peso del cuerpo hasta los acantilados. Quisieron encadenarle a los tobillos un ancla de buque mercante para que fondeara sin tropiezos en los
105 mares más profundos donde los peces son ciegos y los buzos se mueren de nostalgia, de manera que las malas corrientes no fueran a devolverlo a la orilla, como había sucedido con otros cuerpos. Pero mientras más se apresuraban, más cosas se les ocurrían a las mujeres para perder el tiempo. Andaban como gallinas asustadas picoteando amuletos de mar en los arcones, unas estorbando aquí porque
110 querían ponerle al ahogado los escapularios del buen viento, otras estorbando allá para abrocharse una pulsera de orientación, y al cabo de tanto quítate de ahí mujer, ponte donde no estorbes, mira que casi me haces caer sobre el difunto, a los hombres se les subieron al hígado las suspicacias y empezaron a rezongar que con qué objeto tanta ferretería de altar mayor para un forastero, si por muchos
115 estoperoles[22] y calderetas[23] que llevara encima se lo iban a masticar los tiburones, pero ellas seguían tripotando[24] sus reliquias de pacotilla, llevando y trayendo, tropezando, mientras se les iba en suspiros lo que no se les iba en lágrimas, así que los hombres terminaron por despotricar[25] que de cuándo acá semejante alboroto por un muerto al garete,[26] un ahogado de nadie, un fiambre de mierda. Una
120 de las mujeres, mortificada por tanta insolencia, le quitó entonces al cadáver el pañuelo de la cara, y también los hombres se quedaron sin aliento.

Era Esteban. No hubo que repetirlo para que lo reconocieran. Si les hubieran dicho Sir Walter Raleigh,[27] quizás, hasta ellos se habrían impresionado con su acento de gringo, con su guacamaya en el hombro, con su arcabuz de matar
125 caníbales, pero Esteban solamente podía ser uno en el mundo, y allí estaba tirado

---

[18] Armazón consistente en dos varas que, colocadas paralelamente, sostienen entre ellas un tablero sobre el que se transporta carga. Son llevadas entre dos personas que, colocadas entre las varas, sostienen los extremos de ellas marchando una tras la otra.
[19] Palos de proa en las embarcaciones que tienen más de uno.
[20] Palo horizontal apoyado en el mástil, al cual se sujeta la vela cangreja.
[21] Hueco, generalmente cuadrado, en que se encaja la mecha de un árbol u otra pieza semejante para reforzarla.

[22] Clavo de adorno de cabeza dorada.
[23] Recipiente pequeño en forma de caldera. Recipiente en donde se lleva agua bendita.
[24] Llevando de acá para allá los restos fúnebres.
[25] Dirigir críticas, protestas o expresiones ofensivas contra alguien.
[26] A merced del viento o de la corriente.
[27] Walter Raleigh (1554–1618): navegante y escritor inglés. Favorito de la reina Isabel I, fue partidario de una estrategia naval ofensiva contra España en América e intentó fundar una colonia en la actual Carolina del Norte, a la que llamó Virginia en honor de la "reina virgen".

como un sábalo,[28] sin botines, con unos pantalones de sietemesino y esas uñas rocallosas que sólo podían cortarse a cuchillo. Bastó con que le quitaran el pañuelo de la cara para darse cuenta de que estaba avergonzado, de que no tenía la culpa de ser tan grande, ni tan pesado ni tan hermoso, y si hubiera sabido que aquello
130 iba a suceder habría buscado un lugar más discreto para ahogarse, en serio, me hubiera amarrado yo mismo un áncora de galeón[29] en el cuello y hubiera trastabillado como quien no quiere la cosa en los acantilados, para no andar ahora estorbando con este muerto de miércoles, como ustedes dicen, para no molestar a nadie con esta porquería de fiambre que no tiene nada que ver conmigo. Ha-
135 bía tanta verdad en su modo de estar, que hasta los hombres más suspicaces, los que sentían amargas las minuciosas noches del mar temiendo que sus mujeres se cansaran de soñar con ellos para soñar con los ahogados, hasta ésos, y otros más duros, se estremecieron en los tuétanos[30] con la sinceridad de Esteban.

Fue así como le hicieron los funerales más espléndidos que podían concebirse
140 para un ahogado expósito. Algunas mujeres que habían ido a buscar flores en los pueblos vecinos regresaron con otras que no creían lo que les contaban, y éstas se fueron por más flores cuando vieron al muerto, y llevaron más y más, hasta que hubo tantas flores y tanta gente que apenas si se podía caminar. A última hora les dolió devolverlo huérfano a las aguas, y le eligieron un padre y una madre entre los
145 mejores, y otros se le hicieron hermanos, tíos y primos, así que a través de él todos los habitantes del pueblo terminaron por ser parientes entre sí. Algunos marineros que oyeron el llanto a distancia perdieron la certeza del rumbo, y se supo de uno que se hizo amarrar al palo mayor, recordando antiguas fábulas de sirenas. Mientras se disputaban el privilegio de llevarlo en hombros por la pendiente escarpada
150 de los acantilados, hombres y mujeres tuvieron conciencia por primera vez de la desolación de sus calles, la aridez de sus patios, la estrechez de sus sueños, frente al esplendor y la hermosura de su ahogado. Lo soltaron sin ancla, para que volviera si quería, y cuando lo quisiera, y todos retuvieron el aliento durante la fracción de siglos que demoró la caída del cuerpo hasta el abismo. No tuvieron necesidad de
155 mirarse los unos a los otros para darse cuenta de que ya no estaban completos, ni volverían a estarlo jamás. Pero también sabían que todo sería diferente desde entonces, que sus casas iban a tener las puertas más anchas, los techos más altos, los pisos más firmes, para que el recuerdo de Esteban pudiera andar por todas partes sin tropezar con los travesaños, y que nadie se atreviera a susurrar en el futuro ya murió
160 el bobo grande, qué lástima, ya murió el tonto hermoso, porque ellos iban a pintar las fachadas de colores alegres para eternizar la memoria de Esteban, y se iban a romper el espinazo excavando manantiales en las piedras y sembrando flores en los acantilados, para que en los amaneceres de los años venturos los pasajeros de los grandes barcos despertaran sofocados por un olor de jardines en alta mar, y el capi-
165 tán tuviera que bajar de su alcázar con su uniforme de gala, con su astrolabio, su estrella polar y su ristra[31] de medallas de guerra, y señalando el promontorio de rosas en el horizonte del Caribe dijera en catorce idiomas: miren allá, donde el viento es

---

[28] Pez teleósteo marino de la misma familia que la sardina.

[29] Áncora: Persona o cosa que sirve de ayuda y protección ante un peligro o infortunio.

[30] En lo más íntimo o profundo.

[31] Conjunto de ciertas cosas colocadas unas tras otras.

ahora tan manso que se queda a dormir debajo de las camas, allá, donde el sol brilla tanto que no saben hacia dónde girar los girasoles, sí, allá, es el pueblo de Esteban.

Gabriel García Márquez. "El ahogado más hermoso del mundo", *La increíble y triste historia de la Cándida Eréndira y de su abuela desalmada.* © Gabriel García Márquez, 1972.

■ Preguntas generales

1. ¿De qué modo se relacionan la vida del autor y su creación de Macondo?
2. ¿Qué hechos de la historia de Colombia recrea en sus obras?
3. ¿Qué circunstancias influyeron sobre su actividad periodística y sobre su carrera de escritor? ¿Cómo se manifiestan en su obra?
4. ¿Cuándo y cómo traspasa García Márquez los límites del realismo tradicional?
5. ¿Qué temas suscitan con mayor frecuencia la imaginación del escritor?

■ Preguntas de análisis

1. ¿Cómo llega el cadáver al pueblo y qué importancia tiene que el muerto no sea de allí?
2. ¿Qué actitud asumen las mujeres que limpian y visten al ahogado? ¿Cómo lo describen?
3. ¿Qué diferencia hay entre hombres y mujeres con respecto al muerto?
4. ¿Cómo lo despide el pueblo? ¿Adónde y cómo lo lleva?
5. ¿De qué modo la presencia de ese muerto desconocido produce una transformación del pueblo?

■ Temas para informes escritos

1. La visión de la historia hispanoamericana en la obra de García Márquez.
2. El empleo de la hipérbole, el humor y lo grotesco en la narrativa de García Márquez.
3. Aplicación del concepto de "realismo mágico" a la ficción del escritor colombiano.
4. El amor y los personajes femeninos en la obra de García Márquez.
5. El sentido universal de *Cien años de soledad.*

■ Temas de reflexión y comentario

1. La violencia en la obra de Gabriel García Márquez
2. La ficcionalización de Simón Bolívar y su visión profética del destino hispanoamericano en *El general y su laberinto.*
3. El aspecto caribeño en la obra de García Márquez.
4. La superposición de tiempos y otras transgresiones del tiempo cronológico en la narrativa de García Márquez.
5. La intertextualidad en la obra de García Márquez.

ELENA PONIATOWSKA

1933, París, Francia

De padre francés de origen polaco y madre mexicana, Elena Poniatowska llegó a la Ciudad de México en 1942, durante la Segunda Guerra Mundial. Estudió primero en el Lycée Français de la capital mexicana y después pasó al convento del Sagrado Corazón en Eton Hall, Filadelfia. En 1954, inició su carrera de periodista en el diario mexicano *Excélsior*, y desde entonces continúa ejerciendo esta profesión. Dentro de la primera etapa creativa de Poniatowska sobresalen *Lilus Kikus* (1954), obra donde la protagonista del mismo nombre cuenta experiencias de su infancia y adolescencia, y *Palabras cruzadas* (1961), colección de entrevistas con destacadas personalidades nacionales y extranjeras.

Elena Poniatowska empleó tempranamente en sus escritos las técnicas del nuevo periodismo: collage de noticias, titulares de periódicos, declaraciones de testigos presenciales. Ayudante del antropólogo norteamericano Oscar Lewis cuando éste trabajó en México, Poniatowska se dio cuenta en seguida del valor de la grabadora para reconstruir la vida de sus protagonistas. Producto de esta experimentación es la aclamada novela *Hasta no verte Jesús mío* (1969), donde Jesusa Palancares cuenta su andariega vida a una interlocutora. A pesar de una trayectoria de fracasos y decepciones que incluye una etapa de lucha revolucionaria y otra de espiritualismo, Jesusa no se deja vencer; siempre generosa, ayuda a quienes tienen menos que ella. En esta novela la voz narrativa muestra el estoicismo de una mujer humilde y crea una de las protagonistas más atrayentes de la narrativa hispanoamericana. En otra novela suya, *Querido Diego, te abraza Quiela* (1978), la autora se vale del género epistolar para recrear el amor apasionado de la pintora rusa Angelina Beloff (Quiela) por el muralista mexicano Diego Rivera. Las doce cartas imaginarias que desde París la mujer le escribe al pintor después del regreso de éste a México, muestran su generosidad de espíritu y el constante deseo de reunirse con el amado. *De noche vienes* (1979) es una colección de cuentos donde sobresalen "Las lavanderas" y "Esperanza número equivocado", por recrear de modo muy efectivo los temores y vivencias de las mujeres humildes. En otra novela, *Tinísima* (1992), Poniatowska cuenta la vida de Tina Modotti, una fotógrafa italo-norteamericana de larga residencia en México, mezclando varios códigos (lingüístico y visual) y géneros (cartas, diarios, periódicos, procesos judiciales, propaganda política). *Paseo de la Reforma* (1996) cuenta la vida, los amores y el "paseo" o periplo personal de Ashby Egbert, joven de la alta sociedad mexicana residente en Reforma, y Amaya Chacel, periodista, activista y defensora de los pobres.

Galardonada con el premio Alfaguara, *La piel del cielo* (2001) está centrada en Lorenzo de Tena, científico mexicano en busca de su identidad. Al desvelar el recorrido y las ambiciones del personaje central, la novela ofrece una rica meditación sobre un ámbito poco frecuentado del mundo mexicano. *El tren pasa primero* (2006), novela por la cual recibió el Premio Rómulo Gallegos, describe la expansión de las vías ferroviarias y su impacto en la nación. En una narración de corte realista y ágil diálogo, la novela pinta las luchas sindicales en el ambiente ferrocarrilero, la injerencia del gobierno en todo ello y la corrupción imperante. Igualmente da cuenta de las vidas de hombres y mujeres en el campo y la ciudad que resultan afectadas por estas circunstancias. *Leonora* (2011), otra novela suya, se basa en la vida de Leonora Carrington, la pintora surrealista anglo-mexicana, La narración ofrece un singular retrato del mundo artístico del París de entreguerras donde figuran los personajes más prominentes del arte moderno: Salvador Dalí, Marcel Duchamp, Pablo Picasso, André Breton y Max Ernst.

Dentro de la obra ensayística de Poniatowska sobresale *La noche de Tlatelolco* (1971), un testimonio de la represión del ejército mexicano contra una manifestación estudiantil en 1968 en la que participaron trabajadores, amas de casa, artistas y gente del pueblo. *Fuerte es el silencio* (1980) continúa el examen crítico del México actual en ensayos y crónicas, mientras que *Nada, nadie: las voces del temblor* (1988) describe minuto a minuto el devastador terremoto que asoló la Ciudad de México en 1985. En otra dirección de su ensayística, Poniatowska ofrece en *Las siete cabritas* (2000) el retrato de siete mujeres singulares, desde la cuentista Nellie Campobello hasta la pintora Frida Kahlo. Al convocar a estas figuras, Poniatowska recrea un espacio donde lo femenino es lo central. Igualmente sugerentes son sus comentarios a crónicas fotográficas, tales como *Octavio Paz. Las palabras del árbol* (1998) y *Las soldaderas* (1999), o sobre problemas lacerantes, por ejemplo, *La herida de Paulina: crónica del embarazo de una niña violada* (2007), donde la narradora, por medio de fotos y de voces muy variadas, trata el abuso sexual, la inmigración ilegal y la indiferencia del gobierno hacia los humildes.

La obra de Elena Poniatowska representa un esfuerzo constante para otorgarles una presencia literaria a quienes han carecido de ella. En sus cuentos, novelas y crónicas, seres desposeídos relatan sus experiencias y nos ofrecen una interpretación diversa de la historia nacional. A través de las voces recreadas tan hábilmente por la autora, entendemos cómo las variables de género, clase y raza inciden en la cultura mexicana y la hispanoamericana.

■ Bibliografía mínima

de Beer, Gabriella. "Biografía, autobiografía y ficción: el caso de Elena Poniatowska y Nellie Campobello". *América sin Nombre* 11–12 (2008): 42–48. Impreso.

Estrada, Oswaldo. "Ciclos represivos y conflictos de identidad en las crónicas de Elena Poniatowska". *América sin Nombre* 11–12 (2008): 113–22. Impreso.

Jörgensen, Beth E. *The Writing of Elena Poniatowska. Engaging Dialogues*. Austin: U of Texas P, 1994. Impreso.

Maloof, Judy. "The Construction of a Collective Voice: New Journalistic Techniques in Elena Poniatowska's Testimonial: *Nada, nadie: las voces del temblor*". *Hispanófila* 135 (2002): 137–51. Impreso.

Oviedo Pérez de Tudela, Rocío, coord. *Elena Poniatowska: México escrito y vivido*. Special issue of *America sin Nombre* 11–12 (2008). Impreso.

Poniatowska, Elena. *Obras reunidas I. Narrativa breve*. México, D. F.: Fondo de Cultura Económica, 2005. Impreso.

Richards, Katharine C. "A Note on Contrasts in Elena Poniatowska's *De noche vienes*". *Letras Femeninas* 17.1–2 (1991): 107–11. Impreso.

Schuessler, Michael K. y Carlos Fuentes. *Elena Poniatowska: An Intimate Biography*. Tucson, AZ: U of Arizona P, 2007. Impreso.

Wachtel, Eleanor. "An Interview with Elena Poniatowska". *Brick* 82 (2009): 126–37. Impreso.

De noche vienes (1979)

LAS LAVANDERAS

En la humedad gris y blanca de la mañana, las lavanderas tallan[1] su ropa. Entre sus manos el mantel se hincha como a medio cocer, y de pronto revienta con mil burbujas de agua. Arriba sólo se oye el chapoteo[2] del aire sobre las sábanas mojadas. Y a pesar de los pequeños toldos de lámina, siento como un gran
5 ruido de manantial. El motor de los coches que pasan por la calle llega atenuado;[3] jamás sube completamente. La ciudad ha quedado atrás; retrocede, se pierde en el fondo de la memoria.

Las manos se inflaman, van y vienen, calladas; los dedos chatos, las uñas en la piedra, duras como huesos, eternas como conchas de mar. Enrojecidas de agua,
10 las manos se inclinan como si fueran a dormirse, a caer sobre la funda de la almohada. Pero no. La terca mirada de doña Otilia las reclama. Las recoge. Allí está el jabón, el pan de a cincuenta centavos y la jícara[4] morena que hace saltar el agua. Las lavanderas tienen el vientre humedecido de tanto recargarlo en la piedra porosa y la cintura incrustada de gotas que un buen día estallarán.
15 A doña Otilia le cuelgan cabellos grises de la nuca; Conchita es la más joven, la piel restirada[5] a reventar sobre mejillas redondas (su rostro es un jardín

---

[1] Frotan.
[2] El ruido.
[3] Muy suave.

[4] Recipiente hecho originalmente de calabaza o güira.
[5] Muy estirada.

y hay tantas líneas secretas en su mano); y doña Matilde, la rezongona,[6] a quien siempre se le amontona la ropa. —Del hambre que tenían en el pueblo el año pasado, no dejaron nada para semilla.

20   —Entonces, ¿este año no se van a ir a la siembra, Matildita?

    —Pues no, pues ¿qué sembramos? ¡No le estoy diciendo que somos un pueblo de muertos de hambre!

    —¡Válgame Dios! Pues en mi tierra, limpian y labran la tierra como si tuviéramos maíz. ¡A ver qué cae! Luego dicen que lo trae el aire.

25   —¿El aire? ¡Jesús mil veces! Si el aire no trae más que calamidades. ¡Lo que trae es puro chayotillo![7]

Otilia, Conchita y Matilde se le quedan viendo a doña Lupe que acaba de dejar su bulto en el borde del lavadero.

    —Doña Lupe, ¿por qué no había venido?

30   —De veras doña Lupe, hace muchos días que no la veíamos por aquí.

    —Ya la andábamos extrañando.

Las cuatro hablan quedito.[8] El agua las acompaña, las cuatro encorvadas[9] sobre su ropa, los codos paralelos, los brazos hermanados.

    —Pues ¿qué le ha pasado Lupita que nos tenía tan abandonadas?

35 Doña Lupe, con su voz de siempre, mientras las jícaras jalan el agua para volverla a echar sobre la piedra, con un ruido seco, cuenta que su papá se murió (bueno, ya estaba grande)[10] pero con todo y sus años era campanero, por allá por Tequisquiapan[11] y lo querían mucho el señor cura y los fieles. En la procesión, él era quien le seguía al señor cura, el que se quedaba en el segundo escalón

40 durante la santa misa, bueno, le tenían mucho respeto. Subió a dar las seis como siempre, y así, sin aviso, sin darse cuenta siquiera, la campana lo tumbó de la torre. Y repite doña Lupe más bajo aún, las manos llenas de espuma blanca:

    —Sí. La campana lo mató. Era una esquila,[12] de esas que dan vuelta.

Se quedan las tres mujeres sin movimiento bajo la huida del cielo. Doña

45 Lupe mira un punto fijo:

    —Entonces, todos los del pueblo agarraron la campana y la metieron a la cárcel.

    —¡Jesús mil veces!

    —Yo le voy a rezar hasta muy noche a su papacito…

50 Arriba el aire chapotea sobre las sábanas.

ESPERANZA NÚMERO EQUIVOCADO

Esperanza siempre abre el periódico en la sección de sociales y se pone a ver a las novias. Suspira: "Ay, señorita Diana, cuándo la veré a usted así". Y examina infatigable los rostros de cada una de las felices desposadas. "Mire, a esta le va a ir de la patada…"[13] "A esta otra pue'que y se le haga…"[14] "Esta ya se viene

---

[6] Persona que siempre se queja de lo que se le manda a hacer y lo ejecuta de mala gana.
[7] Planta que se da en las milpas; el interior fibroso de su fruto seco se utiliza como esponja. En este sentido la frase se emplea para decir que el aire no trae nada valioso.
[8] En voz baja.

[9] Dobladas.
[10] Viejo, entrado en años.
[11] Balneario del estado de Querétaro.
[12] Campana; llama a los feligreses a misa y otros actos.
[13] Muy mal.
[14] Puede que le vaya bien.

5 fijando en otro. Ya ni la amuela.[15] Creo que es el padrino..." Sigue hablando de
las novias obsesiva y maligna. Con sus uñas puntiagudas —"me las corto de
triangulito, para arañar, así se las había de limar la señorita"—, rasga el papel y
bruscamente desaparece la nariz del novio, o la gentil contrayente queda ciega:
"Mire niña Diana, qué chistosos se ven ahora los palomos". Le entra una risa
10 larga, larga, larga, entrecortada de gritos subversivos: "Hi ¡Hi! ¡Hi! ¡Hi! ¡Hiiii!",
que sacude su pequeño cuerpo de arriba a abajo. "No te rías tanto, Esperanza,
que te va a dar hipo".[16]

A veces Diana se pregunta por qué no se habrá casado Esperanza. Tiene
un rostro agradable, los ojos negros muy hundidos, un leve bigotito y una patita
15 chueca.[17] La sonrisa siempre en flor. Es bonita y se baña diario.

Ha cursado[18] cien novios: "No le vaya a pasar lo que a mí, ¡que de tantos
me quedé sin ninguno!". Ella cuenta: "Uno era decente, un señor ingeniero, fíjese
usted. Nos sentábamos el uno al lado del otro en una banca del parque y a mí me
daba vergüenza decirle que era criada y me quedé silencia".

20 Conoció al ingeniero por un "equivocado".[19] Su afición al teléfono la llevaba a entablar largas conversaciones. "No señor, está usted equivocado. Esta
no es la familia que usted busca, pero ojalá y fuera". "Carnicería 'La Fortuna' "
"No, es una casa particular pero qué fortuna..." Todavía hoy, a los cuarenta y
ocho años, sigue al acecho[20] de los equivocados. Corre al teléfono con una alegría
25 expectante: "Caballero yo no soy Laura Martínez, soy Esperanza..." Y a la vez
siguiente: "Mi nombre es otro, pero ¿en qué puedo servirle?" ¡Cuánto correo del
corazón! Cuántos: "Nos vemos en la puerta del cine Encanto. Voy a llevar un
vestido verde y un moño rojo en la cabeza"... ¡Cuántas citas fallidas! ¡Cuántas
idas a la esquina a ver partir las esperanzas! Cuántos: "¡Ya me colgaron!"[21] Pero
30 Esperanza se rehace pronto y tres o cuatro días después, allí está nuevamente en
servicio dándole vuelta al disco, metiendo el dedo en todos los números, compo-
niendo cifras al azar a ver si de pronto alguien le contesta y le dice como Pedro
Infante:[22] "¿Quiere usted casarse conmigo?"

Compostura, estropicio,[23] teléfono descompuesto, 02, 04, mala manera de
35 descolgarse por la vida, como una araña que se va hasta el fondo del abismo col-
gada del hilo del teléfono. Y otra vez a darle a esa negra carátula de reloj donde
marcamos puras horas falsas, puros: "Voy a pedir permiso", puros: "Es que la
señora no me deja...", puros: "¿Qué de qué?" porque Esperanza no atina y ya le
está dando el cuarto para las doce.[24]

40 Un día el ingeniero equivocado llevó a Esperanza al cine, y le dijo en lo
oscuro: "Oiga señorita, ¿le gusta la natación?" Y le puso una mano en el pecho.
Tomada por sorpresa, Esperanza respondió: "Pues mire usted ingeniero, ultima-
damente y viéndolo bien, a mí me gusta mi leche sin nata". Y le quitó la mano.

---

[15] ¡Ni la avergüenza!
[16] Movimiento convulsivo del diafragma.
[17] Torcida.
[18] Tenido.
[19] Llamada a un número de teléfono
equivocado.
[20] Espera.

[21] Colgar el teléfono; también cuando otra
persona no acude a la cita, quien espera queda
"colgado" o "plantado".
[22] Pedro Infante (1917–1957): cantante y actor
mexicano de cine, muy popular.
[23] Confusión.
[24] Se le hace tarde para volver a la casa donde
sirve y para vivir su vida.

Durante treinta años, los mejores de su vida, Esperanza ha trabajado de re-
45 camarera.[25] Sólo un domingo por semana puede asomarse a la vida de la calle, a
ver a aquella gente que tiene "su" casa y "su" ir y venir.

Ahora ya de grande y como le dicen tanto que es de la familia, se ha endurecido. Con su abrigo de piel de nutria heredado de la señora y su collar de perlas
auténticas, regalo del señor, Esperanza mangonea[26] a las demás y se ha instituido
50 en la única detentadora de la bocina.[27] Sin embargo, su voz ya no suena como
campana en el bosque[28] y en su último "equivocado" pareció encogerse, sentirse
a punto de desaparecer, infinitamente pequeña, malquerida, y, respondió modu-
lando dulcemente sus palabras: "No señor, no, yo no soy Isabel Sánchez, y por
favor, se me va a ir usted mucho a la chingada".[29]

■ Preguntas generales

1. ¿Qué técnicas emplea Poniatowska con frecuencia en sus obras y cuál fue
   su relación con Oscar Lewis?
2. ¿Quién es Jesusa y cuál es su importancia en la narrativa de Poniatowska?
3. ¿Qué relación tiene *Querido Diego, te abraza Quiela* con el mundo del arte?
4. ¿Cómo se caracterizaría la ensayística de Poniatowska en cuanto a sus temas?
5. ¿Cómo influye la obra de Poniatowska en nuestra visión de la historia?

■ Preguntas de análisis

1. ¿Cómo describe la narradora a las mujeres en "Las lavanderas", y por qué
   es importante esta descripción? ¿Cómo les afecta este trabajo a las mujeres?
   ¿De dónde son las lavanderas y por qué lo sabemos?
2. ¿Quién es doña Lupe? ¿Por qué no ha trabajado últimamente? ¿Cómo resuelve el pueblo la muerte del campanero y qué demuestra esta conducta?
3. ¿Por qué examina Esperanza la sección de sociales con tanta atención en
   "Esperanza número equivocado"? Describa físicamente a Esperanza.
4. ¿Qué método utiliza Esperanza para conocer a diferentes personas? ¿Quién
   es el ingeniero y cómo se comportó con Esperanza?
5. ¿Qué recursos emplea la narradora para que conozcamos más íntimamente
   a Esperanza? ¿Cuál es el mensaje de este cuento? ¿Qué contraste hallamos
   entre las lavanderas y Esperanza?

■ Temas para informes escritos

1. El periodismo y su influencia en los ensayos de Elena Poniatowska.
2. Análisis de contraste entre dos cuentos de Nellie Campobello y Elena Poniatowska.
3. Los conflictos de la pareja en *Querido Diego, te abraza Quiela*.
4. La visión del México contemporáneo en *Fuerte es el silencio*.
5. Jesusa Palancares ante la Revolución Mexicana.

---

[25] Empleada encargada de la limpieza interior
de una casa familiar.
[26] Manda.

[27] Que controla el receptor del teléfono.
[28] Fuerte, con claridad.
[29] Expresión vulgar: "Váyase al diablo".

■ Temas de reflexión y comentario

1. Crónicas fotográficas: *Las soldaderas* y los comentarios de Elena Poniatowska.
2. Las crónicas realistas de Elena Poniatowska.
3. Frida Kahlo vista por Elena Poniatowska en *Las siete cabritas*.
4. La represión estudiantil en *La noche de Tlatelolco*.
5. Elena Poniatowska y la nueva generación de escritoras mexicanas.

MARIO VARGAS LLOSA

1936, Arequipa, Perú

© Richard Smith/Corbis Sygma

Con sólida formación literaria, intensa vocación y un alto sentido de su respon-sabilidad como intelectual latinoamericano, Mario Vargas Llosa, ganador del Premio Nobel en 2010, ha realizado una brillante trayectoria en la literatura de idioma español a lo largo de cinco décadas. Llegó a las letras después de una difícil adolescencia marcada por conflictos con los códigos de conducta de su pa-dre y de la sociedad conservadora y machista en que vivía. Enviado a los catorce años a la Academia Militar Leoncio Prado para que "se hiciera hombre", el futuro escritor encontró un modo de rebelarse y abandonarla, gracias a la vocación li-teraria que había cultivado clandestinamente. Abandonó el ambiente de abuso físico, verbal y psicológico, enmascarado por ideales de hombría y patriotismo, que dominaba en la Academia; sin embargo, esa experiencia dejó en él una huella profunda. Años más tarde, ya en Europa, evocaría ese período de su vida en *La ciudad y los perros* (1963), su primera novela, con la que conquistó un lugar pro-minente dentro del grupo innovador de la narrativa hispanoamericana, junto a Cortázar, Fuentes y García Márquez.

Vargas Llosa hizo estudios de literatura en la Universidad de San Marcos de Lima, mientras trabajaba como reportero de noticias para periódicos locales, la radio y la televisión y comenzaba a publicar sus cuentos en revistas literarias.

Apenas egresado de San Marcos, consiguió una beca para hacer estudios de doctorado en la Universidad de Madrid, de donde se graduó mucho más tarde, en 1971, cuando ya era un novelista de reputación internacional. Su tesis, publicada luego como libro, se titula *Gabriel García Márquez. Historia de un deicidio* (1973). En 1959, terminada la beca, se fue a París con su primera esposa, Julia Urquidi. Acababa de publicar en Barcelona su colección de cuentos *Los jefes*, la cual años antes, en una edición peruana, había pasado desapercibida, y ya tenía escrita una primera versión de *La ciudad y los perros*, que revisaría y completaría en la capital francesa. Su experiencia periodística le permitió trabajar para la Agencia France-Presse y para la Radio Televisión Francesa, mientras leía vorazmente a los clásicos franceses y se familiarizaba con las novelas de Gustave Flaubert (1821–1880) y con las obras filosóficas y literarias de Jean-Paul Sartre (1905–1980), dos autores que tuvieron un gran impacto en su formación. La influencia del existencialismo sartreano se puede observar, particularmente, en su primera novela, pero también se detecta en sus obras posteriores.

La devoción por Flaubert llevó a Vargas Llosa a escribir *La orgía perpetua. Flaubert y Madame Bovary* (1975), donde analiza las ideas del novelista francés sobre la creación literaria. Para entonces, ya había publicado *La casa verde* (1966), considerada por muchos críticos como su mejor novela. En ella construye, con gran pericia, una compleja trama, utilizando técnicas narrativas innovadoras como la de los diálogos simultáneos que ocurren en tiempos distintos y entre personas diferentes, produciendo una multiplicidad de voces que relatan, desde distintas perspectivas, los hechos ocurridos. Esto responde a la aspiración, declarada por el autor, de representar distintas zonas geográficas del Perú, en particular la Amazonía. La narración sigue las aventuras y desventuras de sus numerosos personajes, casi todos pertenecientes a los estratos más bajos de la sociedad peruana, conectando sus destinos a través de espacios y tiempos cambiantes. Implícitamente, el relato contiene una fuerte crítica de las instituciones oficiales, en particular el ejército y la Iglesia, y de su complicidad en la explotación económica y los abusos contra la población indígena. Vargas Llosa ha pasado largos períodos de su vida fuera del Perú, pero la sociedad y la política peruanas ocupan un lugar prominente en su producción novelística. En *Conversación en La Catedral* (1969), novela que incluye muchos elementos autobiográficos, la acción ocurre en Lima, durante la dictadura de Manuel Odría (1948–1956) y su régimen corrupto. En obras posteriores continuará indagando y presentando visiones críticas de la realidad peruana, aligerando a veces el tono, mediante el humor y la parodia, como en *Pantaleón y las visitadoras* (1973), o explorando la relación entre ficción e historia como en *Historia de Mayta* (1984). En dos novelas, sin embargo, Vargas Llosa ha tomado por tema realidades no peruanas. *La guerra del fin del mundo* (1981) re-escribe la historia de la rebelión de Canudos a fines del siglo XIX en el noreste del Brasil, a partir del relato del escritor brasileño Euclides-da Cunha (1866–1909), testigo e intérprete de los hechos, en su libro *Los sertones* (1902). *La fiesta del Chivo* (2000) reconstruye los últimos días del dictador dominicano Rafael Trujillo, la conspiración que culminó con su asesinato y las consecuencias de este hecho.

Vargas Llosa ha explorado la autobiografía en *La tía Julia y el escribidor* (1977) y el género policial en *¿Quién mató a Palomino Molero?* (1986). Los temas de sus novelas incluyen la crítica del indigenismo en *El hablador* (1987), el erotismo en *Elogio de la madrastra* (1988), *Los cuadernos de don Rigoberto* (1997) y *Travesuras de* *la niña mala* (2006), y las utopías en *El paraíso en la otra esquina* (2003). Esta última relata la historia de Flora Tristán (1803–1844), francesa de padre peruano, pionera del socialismo y precursora del movimiento feminista, y su nieto, el pintor Paul Gauguin (1848–1903). Su novela más reciente, *El sueño del celta* (2010), recrea la vida de Roger Casement, diplomático inglés nacido en Irlanda, quien fue uno de los primeros europeos en denunciar los efectos del colonialismo en el Congo belga y la explotación de los indígenas en la zona cauchera de la Amazonía peruana. Casement pasó luego a militar en la causa del nacionalismo irlandés. Vargas Llosa ha producido, también, obras de teatro, entre ellas *La señorita de Tacna* (1981), *El loco de los balcones* (1993), *Al pie del Támesis* (2008) y *Las mil noches y una noche* (2008), una adaptación del clásico literario en cuya puesta en escena el autor participó primero con la actriz española Aitana Sánchez Gijón y después con la peruana Vanessa Saba.

Junto a su producción novelística, se destacan los ensayos, la crítica literaria y los artículos periodísticos de Vargas Llosa, quien ha demostrado en estos campos un alto nivel intelectual, convicciones profundas y valentía para defenderlas, por impopulares o polémicas que ellas sean. Esto último lo impulsó a postularse para la presidencia de su país en las elecciones de 1990, en las que no fue elegido. Sus experiencias durante la campaña electoral han quedado registradas en *El pez en el agua* (1993), mientras que otra colección, *Sables y utopías* (2009), recopila artículos y cartas sobre la América Latina. Los ensayos de Vargas Llosa comunican intereses literarios, sociales y políticos. Su estudio sobre Flaubert ya mencionado, los tres volúmenes de *Contra viento y marea* (1986–1990), *La verdad de las mentiras* (1990, 2.ª ed. 2002) y sus *Cartas a un joven novelista* (1997), lo muestran como escritor de insoslayable vocación creadora, y como intérprete lúcido de las ideas e ideologías que han configurado el mundo contemporáneo. "La literatura y la vida", el ensayo aquí incluido, es ilustrativo de esas cualidades, al mismo tiempo que presenta una fuerte defensa de la literatura y de la práctica de la lectura como actividades esenciales y beneficiosas para la vida humana.

■ Bibliografía mínima

Armas Marcelo, J.J. *Vargas Llosa: el vicio de escribir*. Madrid: Alfaguara, 2002. Impreso.

Bell-Villada, Gene H. "The Inventions and Reinventions of Mario Vargas Llosa". *Salmagundi* 153–154 (2007): 148–67. Impreso.

Castillo Durante, Daniel. "Mario Vargas Llosa ensayista: Por una crítica libertina de la literatura". En *Perú en su cultura*. Ed. Daniel Castillo Durante and Borka Sattler. Lima: PromPerú, 2002. 183–92. Impreso.

Castro-Klaren, Sara. "Mario Vargas Llosa." *Latin American Writers*. Eds. Carlos A. Solé y Klaus Müller-Bergh. Supplement 1. New York: Scribner's, 2002. 545–65. Impreso.

Cueto, Alonso. "Mario Vargas Llosa. El vicio de la verdad". *Letras Libres* 8.87 (2006): 73–75. Impreso.

Fernández Ariza, Guadalupe. *La morada del fantasma: itinerarios artísticos de Mario Vargas Llosa*. Roma: Bulzoni, 2007. Impreso.

Forgues, Roland. *Mario Vargas Llosa, ética y creación: ensayos críticos*. Paris: Mare & Martin, 2006. Impreso.

Fuentes, Carlos. "Vargas Llosa's Will to Totality". *Review: Latin American Literature and Arts* 61 (2000): 13–19. Impreso.

Kristal, Efraín. *Temptation of the Word: The Novels of Mario Vargas Llosa*. Nashville, TN.: Vanderbilt UP, 1998; Pbk. Ed., 1999. Impreso.

Oviedo, José Miguel. *Dossier Vargas Llosa*. Lima: Taurus, 2007. Impreso.

Payne, Johnny, ed. "Mario Vargas Llosa". *Review of Contemporary Fiction* 17.1 (1997): 8–77. Impreso.

Vargas Llosa, Mario. *La verdad de las mentiras*. Madrid: Santillana, 2002. Impreso.

——. "Levels of Reality". Trad. Natasha Wimmer. *Literary Review: An International Journal of Contemporary Writing* 45.3 (2002): 520–28. Impreso.

La verdad de las mentiras (2002)

LA LITERATURA Y LA VIDA

Muchas veces me ha ocurrido, en ferias del libro o librerías, que un señor se me acerque con un libro mío en las manos y me pida una firma, precisando: "Es para mi mujer; o mi hijita, o mi hermana, o mi madre; ella, o ellas, son grandes lectoras y les encanta la literatura". Yo le pregunto, de inmediato: "¿Y, usted, no
5 lo es? ¿No le gusta leer?". La respuesta rara vez falla: "Bueno, sí, claro que me gusta, pero yo soy una persona muy ocupada, sabe usted". Sí, lo sé muy bien, porque he oído esa explicación decenas de veces: ese señor, esos miles de miles de señores iguales a él, tienen tantas cosas importantes, tantas obligaciones y responsabilidades en la vida que no pueden desperdiciar su precioso tiempo
10 pasando horas de horas enfrascados en una novela, un libro de poemas o un ensayo literario. Según esta extendida concepción, la literatura es una actividad prescindible, un entretenimiento, seguramente elevado y útil para el cultivo de la sensibilidad y las maneras, un adorno que pueden permitirse quienes disponen de mucho tiempo para la recreación, y que habría que filiar entre los deportes,
15 el cine, el bridge o el ajedrez, pero que puede ser sacrificado sin escrúpulos a la hora de establecer una tabla de prioridades en los quehaceres y compromisos indispensables de la lucha por la vida.

Es cierto que la literatura ha pasado a ser, cada vez más, una actividad femenina: en las librerías, en las conferencias o recitales de escritores, y, por supuesto,
20 en los departamentos y facultades universitarias dedicados a las letras, las faldas derrotan a los pantalones por goleada. La explicación que se ha dado es que, en los sectores sociales medios, las mujeres leen más porque trabajan menos horas que los hombres, y, también, que muchas de ellas tienden a considerar más justificado que los varones el tiempo dedicado a la fantasía y la ilusión. Soy un tanto
25 alérgico a estas explicaciones que dividen a hombres y mujeres en categorías cerradas y que atribuyen a cada sexo virtudes y deficiencias colectivas, de manera que no suscribo del todo dichas explicaciones. Pero, no hay duda, los lectores literarios son cada vez menos, en general, y, dentro de ellos, las mujeres prevalecen. Ocurre en casi todo el mundo. En España, una reciente encuesta organizada
30 por la SGAE (Sociedad General de Autores Españoles) arrojó una comprobación alarmante: que la mitad de los ciudadanos de este país jamás ha leído un libro. La encuesta reveló, también, que, en la minoría lectora, el número de mujeres que confiesan leer supera al de los hombres en un 6,2% y la tendencia es a que la diferencia aumente. Doy por seguro que esta proporción se repite en muchos
35 países, y, probablemente agravada, también en el mío. Yo me alegro mucho por

las mujeres, claro está, pero lo deploro por los hombres, y por aquellos millones de seres humanos que, pudiendo leer, han renunciado a hacerlo. No sólo porque no saben el placer que se pierden, sino, desde una perspectiva menos hedonista, porque estoy convencido de que una sociedad sin literatura, o en la que la lite-
40 ratura ha sido relegada, como ciertos vicios inconfesables, a los márgenes de la vida social y convertida poco menos que en un culto sectario, está condenada a barbarizarse espiritualmente y a comprometer su libertad.

Quisiera formular algunas razones contra la idea de la literatura como un pasatiempo de lujo y a favor de considerarla, además de uno de los más enrique-
45 cedores quehaceres del espíritu, una actividad irremplazable para la formación del ciudadano en una sociedad moderna y democrática, de individuos libres, y que, por lo mismo, debería inculcarse en las familias desde la infancia y formar parte de todos los programas de educación como una disciplina básica. Ya sabe-mos que ocurre lo contrario, que la literatura tiende a encogerse e, incluso, desapa-
50 recer del currículo escolar como enseñanza prescindible.

Vivimos en una era de especialización del conocimiento, debido al prodi-gioso desarrollo de la ciencia y la técnica, y a su fragmentación en innumerables avenidas y compartimentos, sesgo[1] de la cultura que sólo puede acentuarse en los años venideros. La especialización trae, sin duda, grandes beneficios, pues
55 permite profundizar en la exploración y la experimentación, y es el motor del progreso. Pero tiene también una consecuencia negativa: va eliminando esos de-nominadores comunes de la cultura gracias a los cuales los hombres y las mujeres pueden coexistir, comunicarse y sentirse de alguna manera solidarios. La espe-cialización conduce a la incomunicación social, al cuarteamiento del conjunto de
60 seres humanos en asentamientos o guetos culturales de técnicos y especialistas a los que un lenguaje, unos códigos y una información progresivamente secto-rizada y parcial confinan en aquel particularismo contra el que nos alertaba el viejísimo refrán: no concentrarse tanto en la rama o la hoja como para olvidar que ellas son partes de un árbol, y éste, de un bosque. De tener conciencia cabal de
65 la existencia del bosque depende en buena medida el sentimiento de pertenencia que mantiene unido al todo social y le impide desintegrarse en una miríada de particularismos solipsistas[2]. Y el solipsismo —de pueblos o individuos— produce paranoias y delirios, esas desfiguraciones de la realidad que a menudo generan el odio, las guerras y los genocidios. Ciencia y técnica ya no pueden cumplir aque-
70 lla función cultural integradora en nuestro tiempo, precisamente por la infinita riqueza de conocimientos y la rapidez de su evolución que les ha llevado a la es-pecialización y al uso de vocabularios herméticos.

La literatura, en cambio, a diferencia de la ciencia y la técnica, es, ha sido y seguirá siendo, mientras exista, uno de esos denominadores comunes de la ex-
75 periencia humana, gracias al cual los seres vivientes se reconocen y dialogan, no importa cuán distintas sean sus ocupaciones y designios vitales, las geografías y las circunstancias en que se hallen, e incluso, los tiempos históricos que deter-minen su horizonte. Los lectores de Cervantes o de Shakespeare, de Dante o de

---

[1] Curso o rumbo.
[2] Solipsista, de solipsismo: subjetivismo extremo, según el cual lo único que existe o puede ser conocido es el yo individual y lo demás es mera representación del yo.

Tolstoi, nos entendemos y nos sentimos miembros de la misma especie porque,
80 en las obras que ellos crearon, aprendimos aquello que compartimos como seres
humanos, lo que permanece en todos nosotros por debajo del amplio abanico de
diferencias que nos separan. Y nada defiende mejor al ser viviente contra la estupidez de los prejuicios, del racismo, de la xenofobia, de las orejeras pueblerinas
del sectarismo religioso o político, o de los nacionalismos excluyentes, como esta
85 comprobación incesante que aparece siempre en la gran literatura: la igualdad
esencial de hombres y mujeres de todas las geografías y la injusticia que es establecer entre ellos formas de discriminación, sujeción o explotación. Nada enseña
mejor que la literatura a ver, en las diferencias étnicas y culturales, la riqueza del
patrimonio humano y a valorarlas como una manifestación de su múltiple creati-
90 vidad. Leer buena literatura es divertirse, sí; pero, también, aprender, de esa manera directa e intensa que es la de la experiencia vivida a través de las ficciones,
qué y cómo somos, en nuestra integridad humana, con nuestros actos y sueños y
fantasmas, a solas y en el entramado de relaciones que nos vinculan a los otros,
en nuestra presencia pública y en el secreto de nuestra conciencia, esa complejí-
95 sima suma de verdades contradictorias —como las llamaba Isaiah Berlin—[3] de
que está hecha la condición humana. Ese conocimiento totalizador y en vivo del
ser humano, hoy, sólo se encuentra en la literatura. Ni siquiera las otras ramas de
las humanidades —como la filosofía, la psicología, la sociología, la historia o las
artes— han podido preservar esa visión integradora y un discurso asequible al
100 profano, pues, bajo la irresistible presión de la cancerosa división y subdivisión
del conocimiento, han sucumbido también al mandato de la especialización, a
aislarse en parcelas cada vez más segmentadas y técnicas, cuyas ideas y lenguajes
están fuera del alcance de la mujer y el hombre del común. No es ni puede ser
el caso de la literatura, aunque algunos críticos y teorizadores se empeñen en
105 convertirla en una ciencia, porque la ficción no existe para investigar en un área
determinada de la experiencia, sino para enriquecer imaginariamente la vida, la
de todos, aquella vida que no puede ser desmembrada, desarticulada, reducida
a esquemas o fórmulas, sin desaparecer. Por eso, Marcel Proust[4] afirmó: "La verdadera vida, la vida por fin esclarecida y descubierta, la única vida por lo tanto
110 plenamente vivida, es la literatura". No exageraba, guiado por el amor a esa vocación que practicó con soberbio talento; simplemente quería decir que, gracias a
la literatura, la vida se entiende y se vive mejor, y entender y vivir la vida mejor
significa vivirla y compartirla con los otros.

El vínculo fraterno que la literatura establece entre los seres humanos, obli-
115 gándolos a dialogar y haciéndolos conscientes de un fondo común, de formar
parte de un mismo linaje espiritual, trasciende las barreras del tiempo. La literatura nos retrotrae al pasado y nos hermana con quienes, en épocas idas, fragua-
ron, gozaron y soñaron con esos textos que nos legaron y que, ahora, nos hacen
gozar y soñar también a nosotros. Ese sentimiento de pertenencia a la colectivi-
120 dad humana a través del tiempo y el espacio es el más alto logro de la cultura y
nada contribuye tanto a renovarlo en cada generación como la literatura.

---

[3] Filósofo británico (1909–1997). Autor de *Elogio de la libertad* (1969).

[4] (1871–1922). Escritor francés conocido por su gran obra, el ciclo novelístico *En busca del tiempo perdido* (7 volúmenes, 1913–1927).

A Borges lo irritaba que le preguntaran: "¿Para qué sirve la literatura?". Le parecía una pregunta idiota y respondía: "¡A nadie se le ocurriría preguntarse cuál es la utilidad del canto de un canario o de los arreboles de un crepúsculo!".
125 En efecto, si esas cosas bellas están allí y gracias a ellas la vida, aunque sea por un instante, es menos fea y menos triste, ¿no es mezquino buscarles justificaciones prácticas? Sin embargo, a diferencia del gorjeo de los pájaros o el espectáculo del sol hundiéndose en el horizonte, un poema, una novela, no están simplemente allí, fabricados por el azar o la Naturaleza. Son una creación humana, y es lícito
130 indagar cómo y por qué nacieron, y qué han dado a la humanidad para que la literatura, cuyos remotos orígenes se confunden con los de la escritura, haya durado tanto tiempo. Nacieron, como inciertos fantasmas, en la intimidad de una conciencia, proyectados a ella por las fuerzas conjugadas del inconsciente, una sensibilidad y unas emociones a los que, en una lucha a veces a mansalva[5] con las
135 palabras, el poeta, el narrador, fueron dando silueta, cuerpo, movimiento, ritmo, armonía, vida. Una vida artificial, hecha de lenguaje e imaginación, que coexiste con la otra, la real, desde tiempos inmemoriales, y a la que acuden hombres y mujeres —algunos con frecuencia y otros de manera esporádica— porque la vida que tienen no les basta, no es capaz de ofrecerles todo lo que quisieran. La litera-
140 tura no comienza a existir cuando nace, por obra de un individuo; sólo existe de veras cuando es adoptada por los otros y pasa a formar parte de la vida social, cuando se torna, gracias a la lectura, experiencia compartida.

Uno de sus primeros efectos benéficos ocurre en el plano del lenguaje. Una comunidad sin literatura escrita se expresa con menos precisión, riqueza de ma-
145 tices y claridad que otra cuyo principal instrumento de comunicación, la palabra, ha sido cultivado y perfeccionado gracias a los textos literarios. Una humanidad sin lecturas, no contaminada de literatura, se parecería mucho a una comunidad de tartamudos y de afásicos, aquejada de tremendos problemas de comunicación debido a lo basto y rudimentario de su lenguaje. Esto vale también para los in-
150 dividuos, claro está. Una persona que no lee, o lee poco, o lee sólo basura, puede hablar mucho pero dirá siempre pocas cosas, porque dispone de un repertorio mínimo y deficiente de vocablos para expresarse. No es una limitación sólo verbal; es, al mismo tiempo, una limitación intelectual y de horizonte imaginario, una indigencia de pensamientos y de conocimientos, porque las ideas, los conceptos,
155 mediante los cuales nos apropiamos de la realidad existente y de los secretos de nuestra condición, no existen disociados de las palabras a través de los cuales los reconoce y define la conciencia. Se aprende a hablar con corrección, profundidad, rigor y sutileza, gracias a la buena literatura, y *sólo gracias a ella*. Ninguna otra disciplina, ni tampoco rama alguna de las artes, puede sustituir a la literatura en
160 la formación del lenguaje con que se comunican las personas. Los conocimientos que nos transmiten los manuales científicos y los tratados técnicos son fundamentales; pero ellos no nos enseñan a dominar las palabras ni a expresarnos con propiedad. Al contrario, a menudo están muy mal escritos y delatan confusión lingüística, porque sus autores, a veces indiscutibles eminencias en su profesión,
165 son literariamente incultos y no saben servirse del lenguaje para comunicar los tesoros conceptuales de que son poseedores. Hablar bien, disponer de un habla

---

[5] Sobre seguro. Sin peligro.

rica y diversa, encontrar la expresión adecuada para cada idea o emoción que se quiere comunicar, significa estar mejor preparado para pensar, enseñar, aprender, dialogar, y, también, para fantasear, soñar, sentir y emocionarse. De una manera
170 subrepticia,[6] las palabras reverberan[7] en todos los actos de la vida, aun en aquellos que parecen muy alejados del lenguaje. Éste, a medida que, gracias a la literatura, evolucionó hasta niveles elevados de refinamiento y matización, elevó las posibilidades del goce humano, y, en lo relativo al amor, sublimó los deseos y dio categoría de creación artística al acto sexual. Sin la literatura, no existiría
175 el erotismo. El amor y el placer serían más pobres, carecerían de delicadeza y exquisitez, de la intensidad que alcanzan educados y azuzados[8] por la sensibilidad y las fantasías literarias. No es exagerado decir que una pareja que ha leído a Garcilaso,[9] a Petrarca,[10] a Góngora[11] y a Baudelaire[12] ama y goza mejor que otra de analfabetos semiidiotizados por los programas de la televisión. En un mundo
180 iliterario, el amor y el goce serían indiferenciables de los que sacian a los animales, no irían más allá de la cruda satisfacción de los instintos elementales: copular y tragar.

Los medios audiovisuales tampoco están en condiciones de suplir a la literatura en la función de enseñar al ser humano a usar con seguridad y talento las
185 riquísimas posibilidades que encierra la lengua. Por el contrario, los medios audiovisuales tienden, como es natural, a relegar a las palabras a un segundo plano respecto a las imágenes, que son su lenguaje primordial, y a constreñir[13] la lengua a su expresión oral, lo mínimo indispensable y lo más alejada de su vertiente escrita, que, en la pantalla, pequeña o grande, y en los parlantes, resulta siempre
190 soporífica. Decir de una película o un programa que es «literario» es una manera elegante de llamarlos aburridos. Y, por eso, los programas literarios en la radio o la televisión rara vez conquistan al gran público: que yo sepa, la única excepción a esta regla ha sido *Apostrophes*, de Bernard Pivot,[14] en Francia. Ello me lleva a pensar, también, aunque en esto admito ciertas dudas, que no sólo la literatura
195 es indispensable para el cabal conocimiento y dominio del lenguaje, sino que la suerte de la literatura está ligada, en matrimonio indisoluble, a la del libro, ese producto industrial al que muchos declaran ya obsoleto.

Entre ellos, una persona tan importante, y a la que la humanidad debe tanto en el dominio de las comunicaciones, como Bill Gates, el fundador de Microsoft.
200 El señor Gates estuvo en Madrid hace algunos meses, y visitó la Real Academia Española, con la que Microsoft ha echado las bases de lo que, ojalá, sea una fecunda colaboración. Entre otras cosas, Bill Gates aseguró a los académicos que se ocupará personalmente de que la letra «ñ» no sea desarraigada nunca de las

---

[6] Oculta.

[7] Se reflejan.

[8] Estimulados.

[9] Garcilaso de la Vega (1501–1536). Poeta español. Autor de églogas, canciones, elegías y sonetos.

[10] Francesco Petrarca (1304–1374). Poeta y humanista italiano. Fue el primero de los grandes humanistas del Renacimiento.

[11] Luis de Góngora y Argote (1561–1627). Poeta español, representante del culteranismo. Sus obras más importante son *Las Soledades* y la *Fábula de Polifemo y Galatea*.

[12] Charles Baudelaire (1821–1867). Escritor francés. Heredero del romanticismo, su obra apunta ya hacia la modernidad. Autor del poemario *Las flores del mal* (1857).

[13] Reducir, limitar.

[14] Periodista, entrevistador, animador de programas culturales en la televisión francesa.

computadoras, promesa que, claro está, nos ha hecho lanzar un suspiro de alivio
205 a los cuatrocientos millones de hispanohablantes de los cinco continentes a los
que la mutilación de aquella letra esencial en el ciberespacio hubiera creado problemas babélicos. Ahora bien, inmediatamente después de esta amable concesión
a la lengua española, y sin siquiera abandonar el local de la Real Academia, Bill
Gates afirmó en conferencia de prensa que no se morirá sin haber realizado su
210 mayor designio. ¿Y cuál es éste? *Acabar con el papel*, y por lo tanto, con los libros,
mercancías que a su juicio son ya de un anacronismo pertinaz.[15] El señor Gates
explicó que las pantallas del ordenador están en condiciones de reemplazar exi-
tosamente al papel en todas las funciones que éste ha asumido hasta ahora, y
que, además de ser menos onerosas, quitar menos espacio y ser más transpor-
215 tables, las informaciones y la literatura vía pantalla en lugar de vía periódicos y
libros tendrán la ventaja ecológica de poner fin a la devastación de los bosques,
cataclismo que es consecuencia de la industria papelera. Las gentes continuarán
leyendo, explicó, por supuesto, pero en las pantallas, y de este modo, habrá más
clorofila en el medio ambiente.
220   Yo no estaba presente —conozco estos detalles por la prensa—, pero si lo
hubiera estado, hubiera abucheado[16] al señor Bill Gates por anunciar allí, con total impudor, su intención de enviarnos al desempleo a mí y a tantos de mis colegas, los escribidores librescos. ¿Puede la pantalla reemplazar al libro en todos
los casos, como afirma el creador de Microsoft? No estoy tan seguro. Lo digo sin
225 desconocer, en absoluto, la gigantesca revolución que en el campo de las comunicaciones y la información ha significado el desarrollo de las nuevas técnicas,
como Internet, que cada día me presta una invalorable ayuda en mi propio trabajo. Pero, de ahí a admitir que la pantalla electrónica puede suplir al papel en
lo que se refiere a las lecturas literarias, hay un trecho que no alcanzo a cruzar.
230 Simplemente no consigo hacerme a la idea de que la lectura no funcional ni prag-
mática, aquella que no busca una información ni una comunicación de utilidad
inmediata, pueda integrarse en la pantalla de una computadora, al ensueño y la
fruición de la palabra con la misma sensación de intimidad, con la misma concentración y aislamiento espiritual, con que lo hace a través del libro. Es, tal vez,
235 un prejuicio, resultante de la falta de práctica, de la ya larga identificación en
mi experiencia de la literatura con los libros de papel, pero, aunque con mucho
gusto navego por Internet en busca de las noticias del mundo, no se me ocurriría
recurrir a él para leer los poemas de Góngora, una novela de Onetti[17] o un ensayo
de Octavio Paz, porque sé positivamente que el efecto de esa lectura jamás sería
240 el mismo. Tengo el convencimiento, que no puedo justificar, de que, con la desaparición del libro, la literatura recibiría un serio maltrato, acaso mortal. El nombre no desaparecería, por supuesto; pero probablemente serviría para designar
un tipo de textos tan alejados de lo que ahora entendemos por literatura como lo
están los programas televisivos de chismografía y escándalo sobre los famosos de
245 la jet-set o *El Gran Hermano* de las tragedias de Sófocles y de Shakespeare.
    Otra razón para dar a la literatura una plaza importante en la vida de las
naciones es que, sin ella, el espíritu crítico, motor del cambio histórico y el mejor

---

[15] Obstinado.
[16] Abuchear: reprobar, protestar ruidosamente.

[17] Juan Carlos Onetti (1909–1994). Escritor
uruguayo que recreó en sus novelas el drama
existencial del hombre urbano.

valedor de su libertad con que cuentan los pueblos, sufriría una merma[18] irremediable. Porque toda buena literatura es un cuestionamiento radical del mundo
en que vivimos. En todo gran texto literario, y, sin que muchas veces lo hayan
querido sus autores, alienta una predisposición sediciosa.[19]

La literatura no dice nada a los seres humanos satisfechos con su suerte, a
quienes colma[20] la vida tal como la viven. Ella es alimento de espíritus indóci-
les y propagadora de inconformidad, un refugio para aquel al que sobra o falta
algo, en la vida, para no ser infeliz, para no sentirse incompleto, sin realizar en
sus aspiraciones. Salir a cabalgar junto al escuálido Rocinante[21] y su desbaratado
jinete por los descampados de La Mancha, recorrer los mares en pos de la ballena
blanca con el capitán Ahab,[22] tragarnos el arsénico con Emma Bovary[23] o convertirnos en un insecto con Gregorio Samsa[24], es una manera astuta que hemos inventado a fin de desagraviarnos a nosotros mismos de las ofensas e imposiciones
de esa vida injusta que nos obliga a ser siempre los mismos, cuando quisiéramos
ser muchos, tantos como requerirían para aplacarse los incandescentes deseos de
que estamos poseídos.

La literatura sólo apacigua momentáneamente esa insatisfacción vital, pero,
en ese milagroso intervalo, en esa suspensión provisional de la vida en que nos
sume la ilusión literaria —que parece arrancarnos de la cronología y de la historia y convertirnos en ciudadanos de una patria sin tiempo, inmortal—, somos
otros. Más intensos, más ricos, más complejos, más felices, más lúcidos, que en la
constreñida rutina de nuestra vida real. Cuando, cerrado el libro, abandonada la
ficción literaria, regresamos a aquella y la cotejamos[25] con el esplendoroso territorio que acabamos de dejar, qué decepción nos espera. Es decir, esta tremenda
evidencia: que la vida soñada de la novela es mejor —más bella y más diversa,
más comprensible y perfecta— que aquella que vivimos cuando estamos despier-
tos, una vida doblegada por las limitaciones y la servidumbre de nuestra condición. En este sentido, la buena literatura es siempre —aunque no lo pretenda ni
lo advierta— sediciosa, insumisa, revoltosa: un desafío a lo que existe. La literatura
nos permite vivir en un mundo cuyas leyes transgreden las leyes inflexibles por
las que transcurre nuestra vida real, emancipados de la cárcel del espacio y del
tiempo, en la impunidad para el exceso y dueños de una soberanía que no conoce
límites. ¿Cómo no quedaríamos defraudados, luego de leer *La guerra y la paz*[26] o *En
busca del tiempo perdido*,[27] al volver a este mundo de pequeñeces sin cuento, de fronteras y prohibiciones que nos acechan por doquier[28] y que, a cada paso, corrompen
nuestras ilusiones? Esa es, acaso, más incluso que la de mantener la continuidad
de la cultura y la de enriquecer el lenguaje, la mejor contribución de la literatura al

---

[18] Pérdida, disminución.
[19] Rebelde.
[20] Satisface.
[21] Nombre del caballo de Don Quijote, el
protagonista de la novela de Cervantes.
[22] El Capitán Ahab es un personaje de la novela
Moby Dick (1851) de Herman Melville.
[23] Emma Bovary es la protagonista de *Madame
Bovary* (1857) del escritor francés Gustave
Flaubert (1821–1880).

[24] Protagonista de *La metamorfosis*, novela de
Franz Kafka (1883–1924), escritor checo de
lengua alemana.
[25] Comparamos.
[26] Novela del escritor ruso Liev Nikoláievich
Tolstoi (1828–1910).
[27] Ciclo novelístico de Marcel Proust.
Ver Nota 4.
[28] Dondequiera.

285 progreso humano: recordarnos (sin proponérselo en la mayoría de los casos) que el mundo está mal hecho, que mienten quienes pretenden lo contrario —por ejemplo, los poderes que lo gobiernan—, y que podría estar mejor, más cerca de los mundos que nuestra imaginación y nuestro verbo son capaces de inventar.

Una sociedad democrática y libre necesita ciudadanos responsables y críti-
290 cos, conscientes de la necesidad de someter continuamente a examen el mundo en que vivimos para tratar de acercarlo —empresa siempre quimérica— a aquel en que quisiéramos vivir; pero, gracias a su terquedad en alcanzar aquel sueño inalcanzable —casar la realidad con los deseos— ha nacido y avanzado la civilización, y llevado al ser humano a derrotar a muchos —no a todos, por supuesto—
295 demonios que lo avasallaban.

Y no existe mejor fermento de insatisfacción frente a lo existente que la literatura. Para formar ciudadanos críticos e independientes, difíciles de manipular, en permanente movilización espiritual y con una imaginación siempre en ascuas,[29] nada como las buenas lecturas.

300 Ahora bien, llamar sediciosa a la literatura porque las bellas ficciones desarrollan en los lectores una conciencia alerta respecto de las imperfecciones del mundo real no significa, claro está, como creen las Iglesias y los gobiernos que establecen censuras para atenuar o anular su carga subversiva, que los textos literarios provoquen inmediatas conmociones sociales o aceleren las revoluciones.
305 Entramos aquí en un terreno resbaladizo, subjetivo, en el que conviene moverse con prudencia. Los efectos socio-políticos de un poema, de un drama o de una novela son inverificables porque ellos no se dan casi nunca de manera colectiva, sino individual, lo que quiere decir que varían enormemente de una a otra persona. Por ello es difícil, para no decir imposible, establecer pautas precisas. De
310 otro lado, muchas veces estos efectos, cuando resultan evidentes en el ámbito colectivo, pueden tener poco que ver con la calidad estética del texto que los produce. Por ejemplo, una novela mediocre, *La cabaña del tío Tom*, de Harriet Elizabeth Beecher Stowe[30], parece haber desempeñado un papel importantísimo en la toma de conciencia social en Estados Unidos sobre los horrores de la esclavitud. Pero
315 que estos efectos sean difíciles de identificar no implica que no existan, sino que ellos se dan, de manera indirecta y múltiple, a través de las conductas y acciones de los ciudadanos cuya personalidad los libros contribuyeron a modelar.

La buena literatura, a la vez que apacigua momentáneamente la insatisfacción humana, la incrementa, y, desarrollando una sensibilidad crítica inconfor-
320 mista ante la vida, hace a los seres humanos más aptos para la infelicidad. Vivir insatisfecho, en pugna contra la existencia, es empeñarse en buscar tres pies al gato sabiendo que tiene cuatro, condenarse en cierta forma a librar esas batallas que libraba el coronel Aureliano Buendía, de *Cien años de soledad*, sabiendo que las perdería todas. Esto es probablemente cierto; pero también lo es que, sin la
325 insatisfacción y la rebeldía contra la mediocridad y la sordidez de la vida, los seres humanos viviríamos todavía en un estadio primitivo, la historia se hubiera estancado, no habría nacido el individuo, ni la ciencia ni la tecnología hubieran despegado, ni los derechos humanos serían reconocidos, ni la libertad existiría,

---

[29] Inquieta.   [30] Novelista estadounidense (1811–1896).

pues todos ellos son criaturas nacidas a partir de actos de insumisión contra una
330 vida percibida como insuficiente e intolerable. Para este espíritu que desacata la
vida tal como es, y busca, con la insensatez de un Alonso Quijano,[31] cuya locura,
recordemos, nació de leer novelas de caballerías, materializar el sueño, lo imposible, la literatura ha servido de formidable combustible.

Hagamos un esfuerzo de reconstrucción histórica fantástica, imaginando un
335 mundo sin literatura, una humanidad que no hubiera leído poemas ni novelas.
En aquella civilización ágrafa, de léxico liliputiense, en la que prevalecerían acaso
sobre las palabras los gruñidos y la gesticulación simiesca, no existirían ciertos
adjetivos formados a partir de las creaciones literarias: quijotesco, kafkiano, pan-
tagruélico, rocambolesco, orwelliano, sádico y masoquista, entre muchos otros.
340 Habría locos, víctimas de paranoias y delirios de persecución, y gentes de ape-
titos descomunales y excesos desaforados, y bípedos que gozarían recibiendo o
infligiendo dolor, ciertamente. Pero no habríamos aprendido a ver detrás de esas
conductas excesivas, en entredicho con la supuesta normalidad, aspectos esenciales de la condición humana, es decir, de nosotros mismos, algo que sólo el talento
345 creador de Cervantes,[32] de Kafka, de Rabelais,[33] de Sade[34] o de Sacher-Masoch[35]
nos reveló. Cuando apareció El Quijote, los primeros lectores se mofaban de ese
iluso extravagante, igual que los demás personajes de la novela. Ahora, sabemos
que el empeño del Caballero de la Triste Figura[36] en ver gigantes donde hay moli-
nos y hacer todos los disparates que hace es la más alta forma de la generosidad,
350 una manera de protestar contra las miserias de este mundo y de intentar cambiarlo. Las nociones mismas de ideal y de idealismo, tan impregnadas de una
valencia moral positiva, no serían lo que son —valores diáfanos y respetables—
sin haberse encarnado en aquel personaje de novela con la fuerza persuasiva que
le dio el genio de Cervantes. Y lo mismo podría decirse de ese pequeño quijote
355 pragmático y con faldas que fue Emma Bovary —el bovarismo no existiría, claro
está—, que luchó también con ardor por vivir esa vida esplendorosa, de pasiones
y lujo, que conoció por las novelas y que se quemó en ese fuego como la mariposa que se acerca demasiado a la llama.

Como las de Cervantes y Flaubert, las invenciones de todos los grandes
360 creadores literarios, a la vez que nos arrebatan a nuestra cárcel realista y nos llevan y traen por mundos de fantasía, nos abren los ojos sobre aspectos desconocidos y secretos de nuestra condición, y nos equipan para explorar y entender
mejor los abismos de lo humano. Decir «borgiano» es inmediatamente despegar
de la rutinaria realidad racional y acceder a una fantástica, rigurosa y elegante

---

[31] Nombre original del personaje de Cervantes antes de cambiarlo a Don Quijote.

[32] Miguel de Cervantes Saavedra (1547–1616). Escritor español, autor de El ingenioso hidalgo Don Quijote de la Mancha (1605 y 1615) y una extensa obra que incluye novelas, novelas cortas, entremeses y poesía. Es considerado el creador de la novela moderna.

[33] François Rabelais (1494–1553). Escritor francés, autor de Los horribles y espantosos hechos y proezas del muy famoso Pantagruel, rey de los dipsodas (1532, 1546 y 1562) y Gargantúa (1534).

[34] Donatien Alfonse François, conde de Sade (1740–1814). Su obra es, a la vez, la teoría y la ilustración del sadismo, conducta por la cual el acto de infligir sufrimiento a otra persona causa placer al que lo ejecuta.

[35] Leopold Ritter von Sacher-Masoch (1836–1895). Escritor austríaco. De su obra se deriva el concepto de masoquismo, esto es, el placer que alguien experimenta, asociado con el dolor que le inflige otra persona.

[36] Modo de referirse a Don Quijote.

365 construcción mental, casi siempre laberíntica, impregnada de referencias y alusiones librescas, cuya singularidad no nos es, sin embargo, extraña, porque en ella reconocemos recónditas apetencias y verdades íntimas de nuestra personalidad que sólo gracias a las creaciones literarias de un Jorge Luis Borges tomaron forma. EI adjetivo kafkiano viene naturalmente a nuestra mente, como el fogonazo
370 de una de esas antiguas cámaras fotográficas con brazo de acordeón, cada vez que nos sentimos amenazados, como individuos inermes, por esas maquinarias opresoras y destructivas que tanto dolor, abusos e injusticias han causado en el mundo moderno: los regímenes autoritarios, los partidos verticales, las Iglesias intolerantes, las burocracias asfixiantes. Sin los cuentos y novelas de ese atormentado
375 judío de Praga que escribía en alemán y vivió siempre al acecho[37], no hubiéramos sido capaces de entender con la lucidez que hoy es posible hacerlo el sentimiento de indefensión y de impotencia del individuo aislado, o de las minorías discriminadas y perseguidas, ante los poderes omnímodos que pueden pulverizarlos y borrarlos sin que los verdugos tengan siquiera que mostrar las caras.

380   EI adjetivo «orwelliano», primo hermano de «kafkiano», alude a la angustia opresiva y a la sensación de absurdidad extrema que generan las dictaduras totalitarias del siglo XX, las más refinadas, crueles y absolutas de la historia, en su control de los actos, las psicologías y hasta los sueños de los miembros de una sociedad. En sus novelas más célebres, *Animal Farm* y *1984*, George Orwell[38]
385 describió, con tintes helados y pesadillescos, una humanidad sometida al control de *Big Brother,* un amo absoluto que, mediante la eficiente combinación de terror y moderna tecnología, ha eliminado la libertad, la espontaneidad y la igualdad —en ese mundo algunos son "más iguales que los demás"— y convertido la sociedad en una colmena de autómatas humanos, programados ni más ni menos
390 que los robots. No sólo las conductas obedecen a los designios del poder; también el lenguaje, el *Newspeak,*[39] ha sido depurado de toda coloración individualista, de toda invención y matización subjetiva, transformado en sartas[40] de tópicos y clisés impersonales, lo que refrenda la servidumbre de los individuos al sistema. ¿Pero acaso tiene sentido hablar todavía de individuos en relación con esos seres
395 sin soberanía, ni vida propia, en esos miembros de un rebaño manipulados desde la cuna hasta la tumba por el poder de la pesadilla orwelliana? Es verdad que la profecía siniestra de *1984* no se materializó en la historia real, y que, como había ocurrido con los totalitarismos fascista y nazi, el comunismo desapareció en la URSS y comenzó a deteriorarse luego en China y en esos anacronismos que son
400 todavía Cuba y Corea del Norte. Pero el vocablo "orwelliano" sigue ahí, vigente, como recordatorio de una de las experiencias político-sociales más devastadoras sufridas por la civilización, que las novelas y ensayos de George Orwell nos ayudaron a entender en sus mecanismos recónditos.[41]

    De donde resulta que la irrealidad y las mentiras de la literatura son tam-
405 bién un precioso vehículo para el conocimiento de verdades profundas de la realidad humana. Estas verdades no son siempre halagüeñas; a veces el semblante

---

[37] Vigilante.
[38] George Orwell (1903–1950). Escritor británico, denunció los peligros del totalitarismo.

[39] Término creado por Orwell, lenguaje deliberadamente ambiguo y contradictorio usado para desorientar y manipular la opinión pública.
[40] Series.
[41] Ocultos, secretos.

que se delinea en el espejo que las novelas y poemas nos ofrecen de nosotros mismos es el de un monstruo. Ocurre cuando leemos las horripilantes carnicerías sexuales fantaseadas por el divino marqués, o las tétricas dilaceraciones[42] y
410 sacrificios que pueblan los libros malditos de un Sacher-Masoch o un Bataille[43]. A veces, el espectáculo es tan ofensivo que resulta irresistible. Y, sin embargo, lo peor de esas páginas no es la sangre, la humillación y las abyectas torturas y retorcimientos que las afiebran; es descubrir que esa violencia y desmesura no nos son ajenas, que están lastradas de humanidad, que esos monstruos ávidos
415 de transgresión y exceso se agazapan[44] en lo más íntimo de nuestro ser y que, desde las sombras que habitan, aguardan una ocasión propicia para manifestarse, para imponer su ley de los deseos en libertad, que acabaría con la racionalidad, la convivencia y acaso la existencia. La literatura, no la ciencia, ha sido la primera en bucear las simas[45] del fenómeno humano y descubrir el escalofriante
420 potencial destructivo y auto destructor que lo conforma. Así pues, un mundo sin literatura sería en parte ciego sobre esos fondos terribles donde a menudo yacen las motivaciones de las conductas y los comportamientos inusitados, y, por lo mismo, tan injusto contra el que es distinto como aquel que, en un pasado no tan remoto, creía a los zurdos, a los gafos[46] y a los gagos[47] poseídos por el demonio,
425 y seguiría practicando, tal vez, como hasta no hace mucho tiempo ciertas tribus amazónicas, el perfeccionismo atroz de ahogar en los ríos a los recién nacidos con defectos físicos.

Incivil, bárbaro, huérfano de sensibilidad y torpe de habla, ignorante y ventral,[48] negado para la pasión y el erotismo, el mundo sin literatura de esta pe-
430 sadilla que trato de delinear tendría, como rasgo principal, el conformismo, el sometimiento generalizado de los seres humanos a lo establecido. También en este sentido sería un mundo animal. Los instintos básicos decidirían las rutinas cotidianas de una vida lastrada por la lucha por la supervivencia, el miedo a lo desconocido, la satisfacción de las necesidades físicas, en la que no habría cabida
435 para el espíritu y en la que, a la monotonía aplastadora del vivir, acompañaría como sombra siniestra el pesimismo, la sensación de que la vida humana es lo que tenía que ser y que así será siempre, y que nada ni nadie podrá cambiarlo.

Cuando se imagina un mundo así, hay la tendencia a identificarlo de inmediato con lo primitivo y el taparrabos, con las pequeñas comunidades mágico-
440 religiosas que viven al margen de la modernidad en América Latina, Oceanía y África. La verdad es que el formidable desarrollo de los medios audiovisuales en nuestra época, que, de un lado, han revolucionado las comunicaciones haciéndonos a todos los hombres y mujeres del planeta copartícipes de la actualidad, y de otro, monopolizan cada vez más el tiempo que los seres vivientes dedican al ocio
445 y a la diversión arrebatándoselo a la lectura, permite concebir, como un posible escenario histórico del futuro mediato, una sociedad modernísima, erizada de ordenadores, pantallas y parlantes, y sin libros, o, mejor dicho, en la que los libros

---

[42] Desgarramientos, destrozos del cuerpo humano.
[43] George Bataille (1897–1962). Escritor francés, interesado por el erotismo y obsesionado por la muerte. Autor de *Las lágrimas de Eros*.
[44] Se esconden.

[45] Abismos.
[46] Que tiene encorvados y sin movimiento los dedos de manos y pies.
[47] Tartamudos.
[48] Relativo al vientre.

—la literatura— habrían pasado a ser lo que la alquimia en la era de la física: una curiosidad anacrónica, practicada en las catacumbas de la civilización mediática por unas minorías neuróticas. Ese mundo cibernético, me temo mucho, a pesar de su prosperidad y poderío, de sus altos niveles de vida y de sus hazañas científicas, sería profundamente incivilizado, aletargado, sin espíritu, una resignada humanidad de robots que habrían abdicado de la libertad.

Desde luego que es más que improbable que esta tremendista perspectiva se llegue jamás a concretar. La historia no está escrita, no hay un destino pre-establecido que haya decidido por nosotros lo que vamos a ser. Depende enteramente de nuestra visión y voluntad que aquella macabra utopía se realice o eclipse. Si queremos evitar que con la literatura desaparezca, o quede arrinconada en el desván de las cosas inservibles, esa fuente motivadora de la imaginación y la insatisfacción, que nos refina la sensibilidad y enseña a hablar con elocuencia y rigor, y nos hace más libres y de vidas más ricas e intensas, hay que actuar. Hay que leer los buenos libros, e incitar y enseñar a leer a los que vienen detrás —en las familias y en las aulas, en los medios y en todas las instancias de la vida común— como un quehacer imprescindible, porque él impregna y enriquece a todos los demás.

Lima, 3 de abril de 2001

Mario Vargas Llosa. "La literatura y la vida", *La verdad de las mentiras.* © Mario Vargas Llosa, 1990.

■ Preguntas generales

1. ¿Qué géneros literarios ha cultivado Mario Vargas Llosa?
2. ¿Qué autores influyeron en la formación intelectual y literaria de Vargas Llosa?
3. ¿Cuáles son los temas que predominan en la obra de Vargas Llosa?
4. ¿De qué modo se diferencian las novelas de Vargas Llosa de las novelas regionalistas escritas en la primera mitad del siglo XX?
5. ¿Qué importancia ha tenido la experiencia de Vargas Llosa como periodista en la escritura de sus novelas?

■ Preguntas de análisis

1. ¿Cuál es el público lector de obras literarias, según describe Vargas Llosa, y cuál es la actitud prevalente en nuestros días acerca de la lectura no utilitaria?
2. ¿Por qué cree Vargas Llosa que la literatura tiene una función muy importante en nuestro mundo especializado?
3. ¿Qué vínculos establece el autor entre la lectura literaria, el lenguaje y la capacidad de pensar y de imaginar?
4. ¿Cómo relaciona Vargas Llosa la lectura literaria y la formación de un ciudadano libre y socialmente alerta?
5. ¿Qué ejemplos da el autor de la creación literaria de conceptos que son parte del lenguaje con el que comunicamos nuestra común percepción de la vida humana?

■ Temas para informes escritos

1. La crítica del ejército y de la Iglesia en la obra de Vargas Llosa.
2. La influencia del existencialismo sartreano en *La ciudad y los perros*.
3. Las técnicas narrativas de Vargas Llosa.
4. La historia y la política peruanas en *Conversación en La Catedral*.
5. La representación de la historia en *La guerra del fin del mundo* y *La fiesta del Chivo*.

■ Temas de reflexión y comentario

1. Los elementos autobiográficos en la obra de Vargas Llosa.
2. Los aspectos que distinguen la narrativa de Vargas Llosa de la de otros novelistas como Julio Cortázar y Gabriel García Márquez.
3. Los personajes femeninos de Vargas Llosa.
4. La crítica del fanatismo religioso y político en las novelas de Vargas Llosa.
5. Los ensayos de crítica literaria, cultural y política de Vargas Llosa.

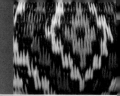

MARCIO VELOZ MAGGIOLO

1936, Santo Domingo, Rep. Dominicana

Marcio Veloz Maggiolo es una figura excepcional en las letras dominicanas ya que, además de haberse distinguido por su obra literaria, es también reconocido como antropólogo, arqueólogo e historiador. Hijo de un intelectual autodidacta y de madre de ascendencia italiana, el futuro escritor nació y se formó en el barrio de Villa Francisca, el cual ha tenido un papel protagónico en algunas de sus narraciones. Como todos los escritores dominicanos de su generación, vivió buena parte de su vida bajo el régimen opresivo del dictador Trujillo, experiencia que se refleja en su obra novelística y en cuentos como el que se incluye aquí. Veloz Maggiolo es, por otra parte, un escritor cuyos conocimientos enciclopédicos y formación interdisciplinaria lo han dotado de una amplia visión del mundo, por lo que sus obras trascienden el ámbito local de sus experiencias del pasado y apuntan a una dimensión universal.

Veloz Maggiolo se inicia en las letras como autor de *El sol y las cosas* (1957), un poemario en el que sigue modelos de la tradición española. En 1961 obtiene la Licenciatura en Filosofía y Letras de la Universidad Autónoma de Santo Domingo, en donde ahora ejerce como profesor vitalicio. Por su primera novela, de caracter bíblico, *Judas–El buen ladrón* (1.ª ed. 1960, edición definitiva 1962), recibió el premio Fundación William Faulkner de la Universidad de Virginia. A ella le siguen más poemarios, *El prófugo* (1962), obra que inaugura su narrativa de ambiente trujillista, una pieza teatral, *Creonte* (1963), y *Seis relatos* (1963), también de temática bíblica, como la novela. El joven escritor incursiona en todos los géneros literarios y se adhiere, sobre todo en sus relatos, a la corriente vanguardista. Terminada la dictadura de Trujillo, Veloz Maggiolo, como otros escritores dominicanos, puede escribir abiertamente sobre el pasado, y expresarse con libertad sobre los problemas del presente y las perspectivas para el futuro de su país. Este cambio se refleja en sus novelas desde *De abril en adelante* (1975) hasta las más reconocidas: *Materia prima. Protonovela* (1988), *Uña y carne* (1999), *El hombre del acordeón* (2003) y *Una mosca soldado* (2004). Ellas intentan una reconstrucción del pasado a partir de la memoria escrita, individual y colectiva, al mismo tiempo que problematizan el ejercicio de la memoria y muestran el aporte de la imaginación al proceso recreador de la Historia. El diálogo entre el pasado y el presente, crea, en *Uña y carne*, un discurso dialéctico de memoria-olvido, el cual caracteriza las novelas de la post-dictadura. *Materia prima* muestra, además, que la transcripción de los recuerdos incluye necesariamente el acto de mentir. Del mismo modo, en *El hombre del acordeón*, hay biografías inventadas o imaginadas de personajes relacionados con un hecho histórico: la matanza de haitianos propiciada por Trujillo en 1937. En *La mosca soldado*, se entabla un diálogo entre el profesor, arqueólogo, y su ayudante acerca de si deben intentar evocar/recrear el período histórico en que vivió la indígena a la que llaman Pandora. El profesor, persuadido por su ex-alumno, realiza una reconstrucción histórica que apela a la poesía y, por tanto, a la imaginación.

Veloz Maggiolo, como hombre de letras, ha hecho suyos los recursos de la narrativa contemporánea. Sus obras incluyen elementos de metaficción, ambigüedad en la trama y el rechazo de que haya una única versión de los acontecimientos pasados. Sus estudios de arqueología y de historia, en la Universidad de Madrid, donde se doctoró en Historia de América (1972), lo han orientado hacia la ficcionalización del pasado dominicano, cercano o remoto. Hay una estrecha relación, sin duda, entre sus publicaciones arqueológicas sobre la cultura y la civilización dominicanas y de otras áreas del Caribe, sus escritos sobre arte indígena, sus ensayos sobre política cultural, y la temática de sus novelas. Ha recibido reconocimientos y numerosos premios en todos los campos en que ha actuado. De los que corresponden a su creación literaria, que es la que aquí enfocamos, los más importantes son el ya mencionado premio Fundación William Faulkner de la Universidad de Virginia, el Premio Nacional de Novela otorgado a varias de sus novelas y el Premio Feria Nacional del Libro (1997) con *Trujillo, Villa Francisca y otros fantasmas*.

"El coronel Buenrostro", incluido en *La fértil agonía del amor* (1982) y, más recientemente, en *Cuentos para otros milenios* (2000), comunica con un eficaz uso de recursos narrativos como el monólogo, las manifestaciones de la corriente de la conciencia, el traspaso del punto de vista y la fragmentación del lenguaje, el ambiente de terror vivido durante el régimen de Trujillo. El ejercicio del poder absoluto sobre la vida de los ciudadanos, aun en el entorno íntimo y familiar, la impunidad con que se ejerce la violencia y se enmascara la cobardía, y la abyección con la que aceptan lo inaceptable los así subyugados, están condensados en unas pocas páginas de brutal realismo e ironía cruel. Más que por su temática, el cuento es interesante por la forma en que está narrado, la cual logra recrear el pensamiento y las emociones del mundo evocado.

◼ Bibliografía mínima

Larson, Neil. "¿Cómo narrar el trujillato?". *Revista Iberoamericana* 54.142 (1988): 89–98. Impreso.

Rodríguez Henríquez, Rafael. *Fuentes de la imaginación histórica en la narrativa de Marcio Veloz Maggiolo*. Lewiston, NY: The Edwin Mellen P, 2010. Impreso.

——. Estudio preliminar y notas. Marcio Veloz Maggiolo. *La mosca soldado*. Buenos Aires: Stockcero, 2007. Impreso.

Tejada, Rita. "Entrevista a Marcio Veloz Maggiolo". *Caribe: Revista de Cultura y Literatura* 7.2 (2004–2005): 54–64. Impreso.

Torres-Saillant, Silvio. "Marcio Veloz Maggiolo (13 August 1936)". *Modern Latin American Fiction Writers: Second Series*. Eds. William Luis y Ann González. Detroit, MI: Gale, 1994. 321–34. Impreso.

Ugalde, Sharon Keefe. "Veloz Maggiolo y la narrativa de dictador/dictadura: Perspectivas dominicanas e innovaciones". *Revista Iberoamericana* 54.142 (1988): 129–50. Impreso.

Valerio-Holguín, Fernando, ed. *Arqueología de las sombras. La narrativa de Marcio Veloz Maggiolo*. Santo Domingo: Amigo del Hogar, 2000. 19–23. Impreso.

Veloz Maggiolo, Marcio. *Cuentos para otros milenios*. Santo Domingo: Editora Cole, 2000. Impreso.

Cuentos para otros milenios (2000)

El coronel Buenrostro

¿Sí?, naturalmente. Debe llevarlo a un lugar donde no pueda ser localizado. No, no, cabo Ramírez, usted debe cumplir mis órdenes y nada más. He dicho que debe cumplirlas, no importa que sea un nombre conocido dentro de las filas. Nadie sabe que ha sido apresado. ¿Aló?, ¿aló?... Tengo mis motivos. Reténgalo y
5 no diga nada a nadie; hace tiempo que espero esta oportunidad... Cumpla con lo que le digo. Usted será el responsable de que esto llegue a oídos de las autoridades o de que se quede...

Tienes los ojos llenos de terror y las manos sudadas. Han tocado alerta. Al través de cualquier rendija del tiempo veo tus charreteras[1] doradas y tus labios
10 carnosos. Nunca me dijiste qué sucedió. Para qué te llamaron al campo de batalla. "Campo de batalla", puf, asesinato de imberbes.[2] Sabías que no te dejaría marchar. Una mujer decente no se acuesta con un hombre sucio de sangre. Tienes los ojos llenos de sudor y las manos sudadas. "Papá, ¿dónde vas?... Me voy a la porra,[3] hijita". Aquella respuesta había ordenado nuevamente el crimen y la ma-
15 tanza. Sabía que no podrías oponerte. Sabía que luego vendrían las condecoraciones. Luego supimos lo que pasó con aquellos jóvenes... Solamente.

¿Aló?... No, no, llévelo a un lugar seguro. Espera. Te diré... Vete a la prisión ocho y di que el coronel Buenrostro necesita la celda subterránea... No, de ninguna manera. Nadie se atreverá a oponerse. Todos son de mi confianza.
20 El yip[4] viene. Se ha detenido en la puerta de casa y me llaman. Me reclama el deber. "Coronel Buenrostro, partimos ahora mismo, el Generalísimo quiere que usted se ponga al frente de las acciones antiguerrilleras". He comenzado a pensar en cómo habrá de ser todo aquello. Nunca me he enfrentado a nadie. Esta paz de Trujillo, magnífica, no nos ha permitido comprobar lo que es una batalla. Todo se
25 acaba en segundos. "Coronel Buenrostro, lo esperamos". "Manuela, mi casco, la metralleta, por favor". Comienzo a sentir cierto malestar. Los rumores son muchos, y alguien ha dicho que deberemos pelear duro. Morir así, de un balazo, sin saber de dónde sopla el viento, es algo que no me convence. Una verdadera vaina.[5] Quién sabe por qué el jefe me escogió. ¿Sería porque quiere eliminarme?
30 Él se cansa pronto de los hombres. Él se olvida pronto de los amigos, según dicen; él, él... "coronel Buenrostro", "coronel Buenrostro".

"Coronel Buenrostro, te dijo el jefe una vez, eres hombre de mi confianza. Carajo, no te me voltees porque te parto, te parto, coronel Buenrostro". El Jefe estaba bien borracho y llevaba esa noche sus insignias de generalísimo... El pueblo,
35 aterrorizado y avizor, curioso y pleno de miedo, miraba aquellas charreteras y la gorra tipo "De Gaulle". El jefe era bien ridículo, piensan muchos. Sin embargo lo seguían, lo aplaudían, lo amaban, lo condecoraban, lo estrechaban, lo entrevistaban, lo pelaban;[6] caramba, lo agradaban. "Coronel Buenrostro, o Buen-rostro,

---

[1] Divisa militar que se sujeta sobre el hombro.
[2] Jóvenes que todavía no tienen barba.
[3] Irse a la porra: irse al diablo, irse al infierno, irse al carajo y otras expresiones semejantes.
[4] Adaptación del inglés *jeep* de uso popular.
[5] Contrariedad, molestia.
[6] Le hacían caso, le prestaban atención.

o Buenrostró, no importa tu nombre, eres una ficha y crees lo contrario". Como
40 siempre, error de militares.

Sí, mira cabo Ramírez, mejor déjalo allí. Regresaré al cuartel en unos momentos. Yo mismo me encargaré de él. Gentes como el capitán Monsanto hay que
tratarlas personalmente.

Subí en el yip y mis compañeros miraron mis galones.[7] Hicieron el saludo con
45 el terror en los ojos. Manuela me despidió con el pañuelo blanco. Había un silencio
expectante cuando el motor del yip rompió de un solo golpe la medianoche.

La pendejada[8] es que no sabemos cuántos son ni por dónde les vamos a
entrar.

Vamos a darles fuego por los cuatro costados. Los aviones harán una opera-
50 ción inolvidable, me dijo Monsanto.

Siempre sentí cierto recelo con este hombre enjuto[9] y mal vestido, este mili-
tarcito marrano, que daba opiniones sin que nadie se lo ordenara.

Aquí ninguno sabe lo que va a pasar, respondí. Yo soy el que encabeza esto,
y nadie me ha hablado de aviones. Posiblemente tendremos que fajarnos[10] como
55 animales.

Los demás oficiales se quedaron en silencio. El yip había entrado en la carretera y veíamos, en medio de la noche, los postes de teléfonos y de la luz correr
hacia nosotros y hacernos muecas largas y oscuras. Pensé que Monsanto me trae-
ría problemas.

60 No me imagino el motivo por el que me han traído aquí. Haberme hecho
cargo de las operaciones no constituye delito alguno, no sé. Órdenes del jefe, tal
vez. Órdenes del Generalísimo. Algún chisme. Alguna denuncia hija de puta.

—Se calla o lo jodo[11], Monsanto.

—Usted me debe respeto.

65 —Sólo debo respeto al coronel. Déjese de cosas, capitán. Ustedes los oficiales creen que son dioses.

—Alguien me explicará esto.

Desde luego, alguien te explicará lo que está pasando. Alguien debe saberlo,
pero ni el cabo ni el capitán Monsanto, que eres tú mismo, pueden imaginarse
70 nada. Miras por las rendijas de la puerta y sólo ves oscuridad plena. Ni siquiera
estás cerca de la naturaleza. El viento de la cordillera no llena tus pulmones y tu
valor, y tu hombría, y tus abusos y tus crímenes no son capaces de reconocer a
nadie. Porque está preso y estás preso y sigue estando preso, capitán Monsanto.

—¡Se acabó la cosa, Manuela!, sólo quedan presos y muertos.

75 Ha sido brutal, pero necesario. Nos condecorarán. Viniste, la niña estaba
dormida y nosotros, tus familiares (padres, hermanos, hija, esposa) habíamos escuchado por la radio las incidencias. Ramón Buenrostro había estado al frente y
lograba sofocar a los insurgentes. "Tu coronel Buen Rostro o Buenrostro, o Buenrostró", lo mismo da. Yo había decidido abandonarte. Me contaron de atrocida-
80 des increíbles. Me narraron las inhumanidades que cometieron tus hombres. Te
dije entonces:

---

[7] Galón: cinta de tejido fuerte que se pone en
la manga o bocamanga del uniforme como
distintivo del grado militar.
[8] Tontería, estupidez.

[9] Flaco, delgado.
[10] Acometer.
[11] Lo fastidio, lo perjudico.

—Coronel Buenrostro, me voy con la niña. No me acuesto con hombres sanguinolentos y podridos. Me dijiste entonces que así era la milicia. Me dijiste que si hacía tal cosa, perderías tu rango y tu posición y que yo sería acusada de anti
85 gobiernista. Me hablaste de ascensos y del mal que sobrevendría a mis familiares ante la posibilidad de una separación. Me dijiste que recordara que el Generalísimo controlaba la vida íntima de cada militar y aquello era peligroso. Eras héroe. Habías triunfado.

Reuní esa mañana a los sargentos y oficiales de mi compañía. Les dije lo de
90 Monsanto. Les expliqué que aquél había tratado de suplantarme en el mando y que había muerto en combate sin que se pudiera recoger su cadáver. No sé hasta qué punto se convencieron de ello. Lo cierto es que están persuadidos de que las órdenes de Monsanto eran órdenes mías… Es lo vital, lo necesario, lo que me salva de esta encrucijada[12]. No puedo permitir otra cosa.
95 —No lo vimos mucho, coronel, pero sabemos que usted ordenó a Monsanto hacerse cargo del frente.

—Así es, órdenes de arriba. Órdenes de arriba. Esa frase era suficiente para dejar cerradas las justificaciones. Nadie dudaba que "arriba" quería decir "el Jefe", o algo parecido a todo lo que se movía en torno al generalísimo.
100 Subí a mi automóvil, y mientras recorría las calles hacia el cuartel, pensaba en Monsanto. Oía el ruido de las ametralladoras enemigas y cada vehículo me parecía un gran tanque de guerra; confundía los carros de concho[13] con carros de asalto; dudaba si el palo de bandera de la escuela pública era tal palo y no un cañón de 105 milímetros apuntando hacia el infinito… "Adiós, coronel".
105 "¡Ahí va el coronel!". "¡Es el coronel!". Avenidas, gentes, sospechosos, automóviles, estatuas del generalísimo, más estatuas, obeliscos, palmeras, frenos y bajadas.

—He venido por ti.

—No sé a qué se refiere ni por qué estoy preso, Coronel.
110 —Te voy a ser sincero, Monsanto. Soy hombre de confianza del Generalísimo y no puedo perder esa confianza… Cabo, salga y déjenos solos.

—Sí, mi Coronel.

—Mira Monsanto, tú sabes bien lo que pasó.

—Se lo que pasó y no tengo por qué decirlo.
115 —No puedo confiar en eso, Monsanto. Cualquier día te zafas,[14] hablas y jodes mi vida, mi reputación.

—No diré nada, coronel, se lo juro.

—En las mismas tropas hay ciertas dudas. Ya te anuncié como hombre muerto.
120 —No tuve la culpa, coronel, lo vi quedarse atrás, por eso le sustituí.

—Y me salvaste.

—Sí, coronel… También lo hice por el generalísimo… Usted sabe.

—La tropa sabe que has muerto; sería faltar a mis palabras. "¡Cabo, cabo!" El coronel me ha llamado. Soy hombre de confianza. No me ha costado mucho.
125 He cargado y enterrado hombres más pesados que el capitán Monsanto.

---

[12] Situación difícil que puede resolverse de diversas maneras y en la que no se sabe qué conducta seguir.

[13] Camiones de transporte público.
[14] Te escapas.

■ Preguntas generales

1. ¿Qué profesiones ha ejercido Veloz Maggiolo y cómo se ha educado y entrenado en ellas?
2. ¿Cuál fue el género literario en que comenzó a escribir? ¿Qué otros géneros ha cultivado?
3. ¿Qué circunstancias políticas incidieron en su vida y en su obra?
4. ¿Cómo se vinculan sus conocimientos de diferentes disciplinas con sus obras de ficción?
5. ¿En qué novelas muestra el papel de la imaginación en la recreación del pasado?

■ Preguntas de análisis

1. ¿Dónde y cuándo transcurren los hechos narrados en "El coronel Buenrostro"?
2. ¿Cómo caracteriza el cuento al coronel?
3. ¿Por qué desea su esposa abandonarlo y por qué no lo hace?
4. ¿Qué recursos narrativos emplea el autor para describir la situación en que se encuentran sus personajes?
5. ¿Por qué ordena el coronel Buenrostro la muerte del capitán Monsanto?

■ Temas para informes escritos

1. Marcio Veloz Maggiolo y la narrativa dominicana contemporánea.
2. Veloz Maggiolo y la novela de la post-dictadura.
3. La investigación arqueológica en *La mosca soldado*.
4. Memoria, imaginación e invención en la reconstrucción del pasado que realiza el autor.
5. Veloz Maggiolo y las características de la "Nueva Narrativa" hispanoamericana.

■ Temas de reflexión y comentario

1. La indagación acerca de la identidad dominicana en la obra literaria y no literaria de Veloz Maggiolo.
2. Memoria y olvido en la obra de Veloz Maggiolo y en la de otros escritores de países que han sufrido regímenes totalitarios.
3. Las clases sociales representadas por la obra de Veloz Maggiolo.
4. Características del lenguaje dominicano en las obras de ficción de Veloz Maggiolo.
5. La intertextualidad en la narrativa de Veloz Maggiolo.

6

Asimilación y diferencia

---■---

(1976–)

6.1 La narrativa. Contexto histórico y literario

A mediados de la década de los años setenta del pasado siglo surge una generación de escritores que, formados bajo el influjo de la Nueva Narrativa, incorporan sus técnicas y asumen con naturalidad las libertades expresivas conquistadas por la generación anterior. Sin embargo, su visión de la relación entre el escritor y el lector, y del papel del escritor dentro de la cultura y la sociedad es distinta de la que caracterizó a autores como Carpentier, Cortázar o Fuentes. Sus obras muestran, por ello, diferencias significativas con respecto a las de éstos. Los factores que han producido una literatura diversa de la anterior son muchos, entre ellos: las experiencias vividas bajo regímenes represivos, las cuales estimularon el auge de una reinterpretación histórica y orientaron al escritor a evocar personajes y situaciones de la vida nacional; el fracaso de los grandes sistemas ideológicos, lo cual llevó al abandono, por parte del escritor, de la ambición de crear visiones totalizantes que incorporaran la suma de sus conocimientos e ideas sobre la realidad, como en *Rayuela* o *Terra Nostra,* probablemente el último de estos intentos; el gran crecimiento de la población urbana y, con éste, la abolición de las distinciones jerárquicas entre alta y baja cultura, la cual se manifiesta en la incorporación de las expresiones de la cultura popular, incluso las vistas como sentimentales o cursis, y en un lenguaje que es reflejo de la oralidad; la expansión del mercado del libro para un público lector masivo, en competencia con los medios audiovisuales de una cultura cada vez más globalizada e influida por el soporte electrónico. Todo ello lleva al escritor a buscar un mayor acercamiento al lector medio, eliminando dificultades excesivas para la comprensión de su obra.

6.1.1 El "postmodernismo" en la periodización de la narrativa hispano-americana. El prestigio internacional conquistado por la literatura hispanoamericana en las últimas décadas del siglo XX tuvo como consecuencia que ella fuera interpretada, por los críticos de habla inglesa, de acuerdo con criterios que concuerdan con su cronología de los períodos literarios. Esta cronología difiere, sin embargo, de la aceptada tradicionalmente en el ámbito de la cultura hispánica. La crítica angloamericana divide la literatura del siglo anterior en dos períodos: modernismo* y postmodernismo*. Según este esquema, la primera parte de la centuria está representada por autores como el novelista y poeta irlandés James Joyce, y los poetas y críticos norteamericanos Ezra Pound y T.S. Eliot. Durante ese período se mantiene la fe en las grandes promesas de la edad moderna, y la literatura y el arte se conciben como realizaciones de la alta cultura, cuidadosamente separadas de las expresiones de la cultura popular.

En la literatura de la segunda época son representativos, en los Estados Unidos, novelistas como Thomas Pynchon, autor de *The Crying of Lot 49* y *Gravity's Rainbow;* John Barth, con *The Sot-Weed Factor* y *Giles Goat-Boy;* y Robert Coover, con *The Public Burning.* Durante las últimas décadas del pasado siglo se manifestaron una actitud crecientemente escéptica con respecto a la retórica de los grandes sistemas de pensamiento, una mayor conciencia de los condicionamientos sociales que relativizan el conocimiento pretendidamente objetivo, y el abandono de proyectos que engloban la totalidad de la cultura. Cuando cayeron las barreras entre alta y baja cultura, se incorporaron al texto literario las formas expresivas del cine, la televisión, la música popular y los medios publicitarios y electrónicos. Al mismo tiempo se cuestionaron los valores canónicos, y surgió una literatura representativa de los grupos marginados que ya ha conquistado un espacio importante en el centro del escenario cultural.

Esta cronología de los períodos literarios entró inevitablemente en conflicto con el uso —bien establecido en lengua española— del término modernismo para describir el movimiento de fines del siglo XIX, encabezado por Rubén Darío (ver el Cap.3), así como con la nomenclatura tradicional utilizada en los capítulos anteriores. A pesar de ello, y de la resistencia y la polémica iniciales, el empleo del término "postmodernista" con referencia a la narrativa reciente ha conquistado aceptación entre los críticos del mundo hispánico. Por otra parte, y como ya indicamos, la narrativa hispanoamericana desde mediados de la década de los años setenta incluye, en efecto, características que la colocan dentro de los parámetros que definen el postmodernismo fuera del ámbito hispánico.

6.1.2 La década de los setenta: la represión y el exilio. Durante este período, los conflictos político-sociales endémicos en las sociedades hispanoamericanas condujeron —sobre todo en la Argentina, Chile y Uruguay— a regímenes violentamente represivos. Esto produjo el exilio de numerosos escritores, entre ellos David Viñas, Griselda Gambaro, Mario Benedetti, Isabel Allende y Antonio Skármeta. Otros fueron encarcelados, como Antonio Di Benedetto o asesinados, como Haroldo Conti y Rodolfo Walsh. En Centroamérica, éste fue también un período de represiones y guerras civiles. En Nicaragua, donde Anastasio Somoza ejercía los poderes dictatoriales heredados de su padre, las condiciones imperantes llevaron al exilio a escritores como Sergio Ramírez, quien regresó a su país como miembro del movimiento Sandinista que derrotó al dictador en 1979. Muchas de las obras escritas entre 1975 y 1985 recrean el ambiente de terror y de implacable persecución política, o las experiencias y conflictos del exilio. Dentro de este período se produjo, también, la emigración de numerosos escritores cubanos disidentes, entre ellos Heberto Padilla, Reinaldo Arenas y Antonio Benítez Rojo. Si bien entre los escritores nombrados hay diferencias en cuanto a circunstancias personales, ideologías políticas y condiciones específicas de sus países de origen, la literatura producida por ellos ha sido influida por las experiencias vividas durante este difícil período histórico.

6.1.3 Desde los años ochenta: la superación del pasado y la eclosión de voces femeninas. Con el fin de la violencia y la represión en la mayor parte de los países del continente, las experiencias sufridas en los años anteriores encontraron expresión literaria en obras de carácter testimonial (David Viñas, Isabel Allende, Osvaldo Soriano, Mempo Giardinelli y Reina Roffé), en aquéllas marcadas por la parodia (Reinaldo Arenas, Luisa Valenzuela y Diamela Eltit), en otras donde predomina la alegoría (Cristina Peri Rossi, César Aira y Ricardo Piglia), y en las que adoptan técnicas de la literatura fantástica (Mario Levrero). Con el fin de los regímenes represivos surge también una producción novelística, como la de María Rosa Lojo, que indaga en el pasado, particularmente en el siglo XIX, para entender las causas remotas de los conflictos recientes. Cabe destacar la presencia, en número creciente, de mujeres escritoras, cuyas obras han aportado distintas perspectivas y cualidades a la corriente general. Esto se observa, particularmente, en la apropiación de géneros canónicos, como el *Bildungsroman**, un tipo de novela cultivado en el siglo XIX que mostraba el desarrollo del protagonista, siempre de sexo masculino, desde la adolescencia y juventud hasta la madurez. De este aprendizaje para la vida a través del descubrimiento del mundo, en aventuras y experiencias aleccionadoras y búsquedas espirituales, estaban excluidas las jóvenes adolescentes, cuyo horizonte de vida era mucho más limitado. En nuestra época, varias escritoras, como Rosario Ferré, María Luisa Puga, Silvia Molina y Ángeles Mastretta han transformado este género escribiendo novelas de formación o aprendizaje con protagonistas femeninas.

6.1.4 Cotidianidad y coloquialismo. Los escritores de esta época parten, por lo general, de la realidad que les es inmediata y encuentran en el lenguaje coloquial el modo más efectivo de comunicación. No intentan interpretar el mundo ordenándolo según esquemas ideológicos o doctrinas filosóficas, ni comunicar experiencias excepcionales. Buscan, más humildemente, dar forma a la experiencia de una realidad limitada, aceptando lo que ésta tenga de caótico, atroz o banal. La elaboración literaria de este material, sin embargo, puede ser compleja, e incluye, como ya se ha mencionado, el empleo de la alegoría, la parodia, el humor y la fantasía. Entre los escritores representativos de estas tendencias se destacan: Antonio Skármeta con *Soñé que la nieve ardía* (1975), donde evoca la caída del régimen de Salvador Allende desde la perspectiva de un futbolista provinciano, y *La insurrección* (1982), novela que ficcionaliza la lucha de los nicaragüenses sandinistas contra el dictador Somoza; Luis Rafael Sánchez con *La guaracha del Macho Camacho* (1976), donde describe un embotellamiento de tránsito en un texto que entremezcla las voces anónimas de la calle y la música popular, introduce a los personajes de la política y la televisión y produce una pintura humorística y crítica de la sociedad puertorriqueña; Alfredo Bryce Echenique con *La amigdalitis de Tarzán* (2000), una historia de amor que recrea, al mismo tiempo, veinticinco años de historia latinoamericana; Ana Lydia Vega con el lenguaje desenfadado de sus cuentos en *Encancaranublado* (1982); Isabel Allende, quien en *La casa de los espíritus* (1982) y *De amor y de sombra* (1984), comunica su visión de la historia chilena y su propia experiencia desde la perspectiva de sus personajes femeninos; Luisa Valenzuela con *Cambio de armas* (1983) y *Cola de lagartija* (1984), evocadoras del período de violencia política en la Argentina; José Alcántara Almánzar con los cuentos de *Las máscaras de la seducción* (1983) y *La carne estremecida* (1989), donde presenta las condiciones de vida y los problemas que afectan al habitante de Santo Domingo; y Alberto Fuguet con *Mala onda* (1991), que rememora la experiencia de un joven de clase alta y sin conciencia política durante la dictadura de Pinochet. Algunos de los escritores jóvenes, como los colombianos Juan Carlos Botero, Jorge Franco y Mario Mendoza exploran el medio urbano, dominado por los efectos del narcotráfico y las guerras civiles que afectan a su país, en novelas que describen la violencia perpetrada por pandillas, fuerzas paramilitares y criminales de todo tipo. La violencia está también presente en la obra de Edmundo Paz Soldán, boliviano residente en Estados Unidos, quien en novelas como *La marca del deseo* (2001) y *El delirio de Turing* (2004), presenta un mundo globalizado, regido por la tecnología y definido por el predominio de la cultura de masas; y en los peruanos Oscar Colchado, Alonso Cueto y Santiago Roncagliolo, autores respectivamente de *Rosa Cuchillo* (1997), *La hora azul* (2005) y *Abril rojo* (2006), narraciones donde se analizan las consecuencias personales y políticas de la lucha contra Sendero Luminoso.

6.1.5 La revisión crítica de la historia. En las últimas décadas del siglo XX, y en los inicios del presente siglo, se manifiesta en la literatura hispanoamericana un intenso interés por evocar e interpretar el pasado. En particular, los novelistas dan muestras de una gran insatisfacción, cuando no rechazo, frente a los textos historiográficos. La reinterpretación de hechos, situaciones y figuras históricas es, para ellos, un proyecto de búsqueda a través de la ficción. En contraste con las formas tradicionales de la novela histórica, en las obras de estos autores la escritura inventa para descubrir, repite para cambiar, y da con ello voz y cuerpo a los silenciados y a los excluidos por el registro histórico. Con irreverente espíritu crítico y escribiendo, en muchos casos, sus propias versiones apócrifas de la historia, los novelistas impugnan el etnocentrismo europeo y la visión exclusivamente masculina del pasado. Algunos de los autores representativos de estas tendencias son: Elena Poniatowska con *Tinísima* (1992), Tomás Eloy Martínez, con *La novela de Perón* (1991) y *Santa Evita* (1995), Fernando del Paso con *Noticias del imperio* (1987), Abel Posse con *Daimón* (1978) y *Los perros del paraíso* (1983), Juan José Saer con *El entenado* (1983), Arturo Azuela con *Manifestación de silencios* (1978), Rosario Ferré con *Maldito amor* (1986) y *La casa de la laguna* (en inglés, 1995; en español, 1997), Ricardo Piglia con *Respiración artificial* (1980) y *La ciudad ausente* (1992), María Rosa Lojo con *La pasión de los nómades* (1994) y *La princesa federal* (1998), Carmen Boullosa con *El médico de los piratas* (1992) y *Llanto, novelas imposibles* (1994), Sergio Ramírez con *Margarita, está linda la mar* (1998), Ricardo Feierstein con *La logia del umbral* (2001), Liliana Heker con *El fin de la historia* (1996), Edgardo Rodríguez Juliá con *La noche oscura del niño Avilés* (1984) y Napoleón Baccino Ponce de León con *Maluco. La novela de los descubridores* (1990). A ellos se agrega Jorge Volpi, con novelas como *En busca de Klingsor* (1999) y *No será la tierra* (2006), en las cuales reconstruye la historia de la segunda mitad del siglo XX con una visión transnacional y crítica.

6.1.6 Los ensayistas. En el período aquí estudiado se ha renovado, también, el género del ensayo, y éste ha producido obras fundamentales para la interpretación de la historia y las sociedades hispanoamericanas. Entre los ensayistas se destacan Ángel Rama, perteneciente a una generación anterior, quien abre nuevas perspectivas al estudio de las instituciones culturales con *La ciudad letrada* (1984), Carlos Monsiváis con *Aires de familia* (2000), Antonio Cornejo Polar con *Escribir en el aire: ensayo sobre la heterogeneidad sociocultural en las literaturas andinas* (1994) y Beatriz Sarlo con *Una modernidad periférica: Buenos Aires 1920 y 1930* (1988) y *Escenas de la vida posmoderna* (1994). Pertenecen también a este grupo Luis Rafael Sánchez y Antonio José Ponte. En *La guagua aérea* (1994), *No llores por* *nosotros, Puerto Rico* (1997) y *Devórame otra vez* (2004), el primero medita sobre el destino de su patria y a la vez aprovecha el lenguaje coloquial para comentar temas de actualidad, desde la inmigración con sus variadas consecuencias hasta la influencia de la tecnología en la vida moderna; por su parte, el segundo, en obras como *Las comidas profundas* (1997) y *El libro perdido de los origenistas* (2002), se aproxima, con una prosa trabajada y alusiones a personajes históricos y figuras literarias, al proceso cultural cubano. Como en el caso de la narrativa última, la actual ensayística no ofrece interpretaciones totalizantes, más bien se orienta, empleando diferentes recursos, al comentario de lo actual, incluyendo aspectos de la farándula o del mundo de la cibernética. Los ensayistas más jóvenes se valen de la tecnología para difundir sus escritos y publicar en revistas y periódicos electrónicos, algunos **de éstos** de vida efímera.

6.2 La poesía en las últimas décadas

Si bien no es posible proponer una caracterización que haga justicia a la diversidad de cualidades representadas por la obra de los poetas durante el período que nos ocupa, pueden señalarse, sin embargo, ciertas tendencias compartidas. Desde una perspectiva cronológica, esta promoción comprende a los nacidos desde 1935, e incluye a poetas como Roque Dalton, Jorge Teiller, Ricardo Silva-Santisteban, Alejandra Pizarnik, Oscar Hahn, Eugenio Montejo, José Emilio Pacheco, Antonio Cisneros, José Watanabe, Nancy Morejón, Carmen Ollé, Juan Gustavo Cobo Borda, Gioconda Belli, Rossella di Paolo, Reina María Rodríguez, Marita Troiano, Ana Istarú, Coral Braccio, María Rosa Lojo y Antonio José Ponte. Perduran en su obra la temática del exilio, la percepción interiorizada del tiempo y la búsqueda de raíces históricas, como se observa en la poesía de José Emilio Pacheco y de Antonio Cisneros. En este último, el compromiso social suele expresarse en poemas que conjuran imágenes del pasado. Los conflictos sociales de época más reciente y, en particular, la lucha de la mujer por afirmar su identidad personal y su libertad de expresión, son también temas frecuentes en esta poesía. Por lo general, sus composiciones utilizan un lenguaje directo, conciso, que a veces linda con la prosa y hace recordar los antipoemas* de Nicanor Parra. También incluyen aspectos lúdicos y versos matizados por la ternura.

6.3 El teatro en las últimas décadas

La dramaturgia ha ido ocupando en Hispanoamérica un lugar cada vez más importante dentro de la producción literaria de las últimas décadas, a pesar de las dificultades que ha afrontado a causa de los vaivenes de la política y las limitaciones económicas. Las dos ciudades con mayor actividad teatral son Buenos Aires y México. Con algunas posibles excepciones, como las del mexicano Emilio Carballido con *Yo también hablo de la rosa* (1966), *Orinoco* (1982) y *Rosa de dos aromas* (1986), y la argentina Griselda Gambaro con *El campo* (1968), *Del sol naciente* (1984) y *Hay que entender un poco* (1995), el nuevo teatro está representado por los dramaturgos nacidos después de 1930. Carballido presenta, con humorismo crítico, los males de la burocracia, del machismo y de una sociedad deshumanizada. Gambaro, por su parte, representa, aunque alejándose del teatro realista, los efectos de las ideologías totalitarias y de los conflictos sociales. En la Argentina se destacan, en época reciente, Roberto Cossa y Eduardo Pavlovsky. Cossa ha ocupado un lugar importante por hacer en sus obras un retrato de la vida nacional, representando con una síntesis de realismo, expresionismo, y el "grotesco criollo", los mitos y la experiencia colectiva de sus conciudadanos a lo largo de más de tres décadas. Se dio a conocer con *Nuestro fin de semana,* pieza escrita en 1962 y representada en 1964. En 1970 se estrenó *El avión negro,* obra que Cossa había escrito en colaboración con Germán Rozenmacher y Ricardo Talesnik, autor de *La fiaca* (1967), sobre el futuro retorno de Juan Perón a la Argentina. Dramas posteriores incluyen *La nona* (1977), *Tute cabrero* (1981) y *Yepeto* (1987). Pavlovsky, formado como médico psiquiatra, ve en el teatro un medio para representar los conflictos patológicos causados por las presiones sociales y por la experiencia del régimen de terror durante la dictadura militar (1976–1983). El tema político predomina en sus obras, entre las cuales se encuentran *Cámara lenta* (1981) y *Potestad* (1985). Esta última tiene por tema el rapto de los hijos menores de los muertos y desaparecidos en las cárceles clandestinas y su entrega a personas vinculadas con los responsables de estos crímenes. Entre los dramaturgos más recientes se encuentran Susana Torres Molina, con *Extraño juguete,* estrenada en 1977, seguida de *Y a otra cosa mariposa,* ambas piezas antologadas en el 2008, y Alejandro Tantanian, con *Foollyk* (2005), una colección de cinco obras dramáticas.

En el Perú se ha destacado Alonso Alegría, quien tuvo un primer éxito con *El cruce sobre el Niágara* (1969), traducida ya a varios idiomas y de la cual preparó una versión cinematográfica. Hizo luego la adaptación escénica de *Los cachorros* de Vargas Llosa (1970) y también estrenó *El terno blanco* (1981) y *Encuentro con Fausto* (1999), cuyo tema se relaciona con la violencia en el Perú. En Venezuela, el nuevo teatro está representado por José Ignacio Cabrujas y Rodolfo Santana, fundadores junto con Román Chalbaud e Isaac Chocrón, del Nuevo Grupo (1967). Cabrujas produjo, entre otras, *El día que me quieras* (1976) y *El americano ilustrado* (1986); Santana ha escrito numerosas obras, la más difundida de las cuales es *La empresa perdona un momento de locura* (1976), llevada al cine (1978) bajo la dirección de Mauricio Walerstein; también es autor de *Encuentro en el parque peligroso* (1980). Entre los dramaturgos mexicanos se destaca Víctor Hugo Rascón Banda, quien presentó el tema de la inmigración a los Estados Unidos en *Los ilegales* (1978) y ha llevado a la escena a personajes reales como en *Tina Modotti* (1980), la fotógrafa italiana que Elena Poniatowska convirtió en protagonista de una de sus novelas; Estela Leñero, cuyo teatro está marcado por la cultura clásica y una fuerte preocupación por la mujer como víctima de la violencia doméstica y social observables en *Agua sangre* y *Lejos del corazón,* drama este último que da título a una trilogía (2005) representativa de la segunda etapa de su producción. También está Sabina Berman, autora de *El suplicio del placer* (1985), *Entre Villa y una mujer desnuda* (1993) y *Feliz nuevo siglo, Doktor Freud* (2001). Su producción dramática se caracteriza por el humor negro, la ironía y la desconfianza de todo discurso oficial. Berman presenta situaciones de violencia criminal y política con cierto realismo psicológico, al mismo tiempo que transgrede los modelos de género sexual y otras herencias culturales. Carmen Boullosa, narradora y ensayista, también ha cultivado con éxito este género; sus contribuciones se han recogido en libros como *Teatro herético* (1987), una colección de tres obras suyas: *Aura y las once mil vírgenes, Cocinar hombres* y *Propusieron a María.* Las viñetas de su pieza inédita que antologamos,

El muerto vivo: obra de teatro en cuatro cuadros, muestran el hábil manejo del humor y la actitud irreverente de la autora. A estos representantes del género en México podemos agregar a Martín Zapata, Claudia Ríos y Bárbara Colio, cuyo teatro experimental responde a nuevas problemáticas sociales y tendencias estéticas.

Otros dramaturgos importantes, cuya obra se extiende desde los años sesenta hasta nuestra época son: el chileno Jorge Díaz, autor de *El cepillo de dientes* (1966), *Teatro, ceremonias de la soledad* (1978) y *Los últimos Díaz del milenio* (1999); el cubano José Triana, quien se dio a conocer con *La noche de los asesinos* (1965) y también ha publicado *Medea en el espejo* y *Palabras comunes* (1991); el puertorriqueño Luis Rafael Sánchez, quien además de *La pasión según Antígona Pérez* (1968), escribió *Quíntuples* (1986); Matías Montes Huidobro, cubano exiliado, autor de, entre otras piezas, *La sal de los muertos* (1971), *Exilio* (1986) y *Sobre las mismas rocas* (1991); y Ana Istarú, cuya producción dramática incluye *Baby boom en el paraíso* (1996) y *Hombres en escabeche* (2000).

Cabe destacar el surgimiento de grupos teatrales que llevan su obra a sectores sociales marginados e intentan incorporar una variedad de técnicas tanto nativas como importadas de Europa y Asia. Muchas veces sus representaciones son productos colectivos. Entre los más conocidos y admirados está el grupo peruano *Yuyachcani*, del quechua, "estoy recordando", "estoy pensando". Este grupo se ha caracterizado por estimular el arte del actor y por un lenguaje escénico que responde a las necesidades locales.

6.4 En conclusión

Las últimas décadas del siglo XX y los inicios del presente siglo han sido un período de gran producción literaria en Hispanoamérica, con el surgimiento de nuevas generaciones de escritores que incorporaron los logros de los años sesenta, a la vez que buscan sus propios caminos. A pesar de las difíciles condiciones de vida impuestas, en muchos casos, por las circunstancias políticas y las limitaciones económicas, la literatura hispanoamericana ha mantenido un alto nivel de creatividad.

6.5 Sumario

6.1 La narrativa. Contexto histórico y literario
    6.1.1 El "postmodernismo" en la periodización de la narrativa hispanoamericana
    6.1.2 La década de los setenta: la represión y el exilio
    6.1.3 Desde los años ochenta: la superación del pasado y la eclosión de voces femeninas
    6.1.4 Cotidianidad y coloquialismo
    6.1.5 La revisión crítica de la historia
    6.1.6 Los ensayistas

6.2 La poesía en las últimas décadas

6.3 El teatro en las últimas décadas

6.4 En conclusión

LUIS RAFAEL SÁNCHEZ

1936, Humacao, Puerto Rico

AP Photo/Herminio Rodriguez

Luis Rafael Sánchez es una de las voces más originales de la actual literatura hispanoamericana. *La guaracha del Macho Camacho* (1976), su primera novela, le dio al autor gran reconocimiento en el ámbito literario nacional y continental, y a la vez confirmó el carácter innovador de su obra. Las novedades de sus aportes a la literatura son varias: manejado lúdicamente, el lenguaje popular se convierte en protagonista; agrupado en varias constelaciones, el humor marca singularmente el relato; el empleo de lo soez o vulgar desarticula modelos de comportamiento social; la ambigüedad y variedad de las situaciones narrativas amplía las posibilidades de interpretación; la inserción de la música le imprime a sus novelas un tono —entre letra y melodía, entre narración y canción, entre reflexión y sentimiento— y un ritmo peculiarísimos. Publicada bajo el prestigioso sello de Ediciones La Flor en Buenos Aires, y traducida al inglés cuatro años después, *La guaracha* se convirtió en una de las obras más representativas del "postboom", etapa que siguió a la eclosión de la "nueva novela" hispanoamericana magistralmente representada por la obra de Cortázar (ver pp. 422–426), Donoso, García Márquez (ver pp. 476–483), Fuentes (ver pp. 466–475) y Vargas Llosa (ver pp. 491–506). Continúa esta veta innovadora *La importancia de llamarse Daniel Santos* (1989), "fabulación" donde Sánchez recrea la vida de ese cantante y compositor puertorriqueño. Si en *La guaracha* el lenguaje es el protagonista, en esta segunda novela, la música es el personaje principal. La obra incluye trozos de las melodías más famosas de Daniel Santos, un ídolo en Hispanoamérica; éstas evocan geografías y tiempos diversos, y a la vez marcan el relato con notas de melancolía y de romance, quebradas por el humor y las situaciones absurdas desde las cuales se evoca al inquieto Anacobero, pseudónimo con el cual se conocía a Daniel Santos en círculos musicales habaneros. *Indiscreciones de un perro gringo* (2007) conserva el juego lingüístico evidente en narraciones anteriores, pero ahora entreverado con el mundo de la cibernética y un salto clásico a *El coloquio de los perros* de Cervantes. En efecto, Buddy Clinton, la mascota del presidente Bill Clinton (1993–2001), se convierte en testigo de las aventuras amorosas del mandatario en la Casa Blanca. Dotado del habla por la magia de las computadoras, el can se convierte en forzado declarante de las indiscreciones de su dueño. El relato de las aventuras y desventuras sexuales y jurídicas del amo y su mascota nos lleva por un recorrido donde el narrador aprovecha técnicas del teatro y recursos literarios como la parodia, para adentrarse en el espacio íntimo de cada uno y meditar sobre los difuminados linderos de lo público y lo privado en la época postmoderna.

El gusto por la oralidad y lo popular, confiesa Sánchez, le viene desde sus días de adolescencia, cuando era aficionado a programas y novelas radiales que escuchaba en la sala de su hogar en compañía de familiares y amigos; este interés se desarrolló plenamente después y convirtió al joven Sánchez en profesional de la radio puertorriqueña, carrera truncada con la llegada de la televisión y los prejuicios de esta industria en cuanto a la facha y etnia de los galanes. Más tarde, en sus años en la Universidad de Puerto Rico, en la New York University y en la Universidad Complutense de Madrid, institución de donde se doctoró, leyó mucho, en particular los clásicos de la literatura hispánica. Estos intereses y singular preparación han dejado honda huella tanto en su obra como en las clases que impartía en la Universidad de Puerto Rico, en el City College y en el Graduate Center de la City University of New York (CUNY), donde ejerció la docencia como Profesor Distinguido hasta 1999.

Si bien por medio de sus novelas Sánchez consigue fama internacional, conviene recordar enseguida que su iniciación literaria fue como dramaturgo. Dos de sus piezas teatrales, *Los ángeles se han fatigado* (1960) y *La hiel nuestra de cada día* (1962), fueron inspiradas por la vida en San Juan, por el habla de su gente, por el ruido de sus barrios, por el contacto y choque de dos culturas (la insular, de raigambre hispánica y africana, y la extranjera, de raíz anglo-sajona). Ambas obras se estrenaron en festivales patrocinados por el Instituto de Cultura Puertorriqueña. Entre sus dramas sobresalen *La pasión según Antígona Pérez* (1968), donde ofrece la versión caribeña de ese mito clásico también "acriollado" por la argentina Griselda Gambaro en su *Antígona furiosa* (estreno 1988), y *Quíntuples* (1985), denominada por Sánchez "vodevil para máscaras" y representada en varias ciudades del continente, incluyendo Nueva York. Como las novelas comentadas, este último drama ofrece la parodia, el carnaval, la burla, la hipérbole, la irrisión, como recursos expresivos característicos, todos perfectamente controlados por el dramaturgo. Por medio de ellos nos muestra otra cara de la realidad: ésta permanece con nosotros y nos obliga a meditar sobre sus múltiples facetas, en particular lo diferente, lo inusitado, lo despreciado. Al convidarnos a tal reflexión a través de la risa y la desmesura, Sánchez afirma su capacidad para sorprender y manejar registros lingüísticos afincados tanto en lo popular como en lo culto. Asimismo, da cuenta de la influencia que la radio y la televisión tuvieron en su formación.

Una temprana colección de cuentos de Luis Rafael Sánchez, *En cuerpo de camisa* (1966), ya había mostrado su vocación por la frase ajustada y la temática atrevida. En estos relatos, donde el lenguaje, como anuncia el título, figura desnudo de todo adorno, los protagonistas aparecen en situaciones límites —pensemos, por ejemplo, en "Jum"— que el narrador aprovecha para mostrar prejuicios de clase, raza y género de variados sectores de la sociedad insular. *La guagua aérea* (1994), *No llores por nosotros, Puerto Rico* (1997) y *Devórame otra vez* (2004) ofrecen la veta ensayística de Sánchez. Este último libro recopila una selección de los artículos de la columna permanente del autor en el diario sanjuanino *El Nuevo Día* y de ahí la reiteración del título que también coincide con el de una canción popular puertorriqueña. Desde la gastronomía hasta la moda, desde la obesidad hasta la corrupción, nada parece serle ajeno a Sánchez, que convierte los oficios más prosaicos, por ejemplo, el abuso del teléfono celular, en una meditación sobre la tecnología y su asalto de lo cotidiano. Las reflexiones de su obra ensayística muestran la diversidad de intereses de Sánchez y su sentido compromiso con el destino de Puerto Rico, del Caribe, de Hispanoamérica. Ofrecen asimismo sus meditaciones profundas sobre la sociedad y la solidaridad, sobre autores de diversos orígenes y tradiciones, y temas tan actuales como la globalización y la emigración. En el ensayo que ofrecemos, Sánchez reflexiona sobre el quehacer del escritor. Cuando lo hace, da exacta cuenta de sus pasiones y aversiones a la vez que muestra las aristas de una arraigada y amada vocación literaria.

■ Bibliografía mínima

Aparicio, Frances R., *Listening to Salsa: Gender, Latin Popular Music and Puerto Rican Cultures.* Hanover: Wesleyan UP, 1998. Impreso.

Birmingham-Pokorny, Elba D. y William W. Megenney, eds. *The Demythologization of Language, Gender, and Culture and the Re-Mapping of Latin American Identity in Luis Rafael Sánchez's Works.* Miami, FL: Universal, 1999. Impreso.

Díaz Quiñones, Arcadio. Introducción. Luis Rafael Sánchez. *La guaracha del Macho Camacho.* Ed. Arcadio Díaz Quiñones. Madrid: Cátedra, 2000. 11–95. Impreso.

Maeseneer, Rita de y Salvador Mercado Rodríguez. *Ocho veces Luis Rafael Sánchez.* Madrid: Verbum, 2008. Impreso.

Martínez, Elena M. "Asedios a la masculinidad hegemónica: A propósito de la obra de Luis Rafael Sánchez". *Letras Hispanas: Revista de Literatura y Cultura* 5.1 (2008): 10–19. Impreso.

Perivolaris, John Dimitri. *Puerto Rican Cultural Identity and the Work of Luis Rafael Sánchez.* Chapel Hill: North Carolina Studies in the Romance Languages and Literatures, 2000. Impreso.

Sánchez, Luis Rafael. *No llores por nosotros, Puerto Rico.* Hanover, NH: Ediciones del Norte, 1998. Impreso.

Tineo, Gabriela. *En nuestra quimera ardiente y querida. Refundar la puertorriqueñidad en Luis Rafael Sánchez.* La Plata: Universidad Nacional de La Plata, EDULP, 2010. Impreso.

Vázquez Arce, Carmen. *Por la vereda tropical: notas sobre la cuentística de Luis Rafael Sánchez.* Buenos Aires: Ediciones de la Flor, 1994. Impreso.

Waldman, Gloria. *Luis Rafael Sánchez: pasión teatral.* San Juan: Instituto de Cultura Puertorriqueña, 1988. Impreso.

No llores por nosotros, Puerto Rico (1997)

¿POR QUÉ ESCRIBE UD.?

[…] insistentemente, se pregunta a quien escribe por qué lo hace. Tal como si se tratara de un asunto turbio[1] o delictivo, un asunto a sospechar, un asunto volátil o impráctico. Algunos escritores, que muy pronto repararon[2] en que la pregunta se la podían espetar[3] a la primera oportunidad, han patentizado una
5 respuesta que les permita salir del paso con gracia y con chispa. De entre las numerosas que circulan, a punto ya de integrar un volumen grueso e ingenioso, prefiero las de dos escritores de excepcional reciedumbre[4], a los que tengo por amigos, Gabriel García Márquez[5] y Juan Goytisolo.[6]

El primero ha acuñado una respuesta que no huele a guayaba[7] pero sí a
10 fragante trampa —*Escribo para que mis amigos me quieran más*—. La respuesta tiene mucho de greguería.[8] Aunque en la greguería ramoniana el resorte insólito se le encarga a la paradoja. Además de confirmar el carácter retozón[9] del colombiano universal, la respuesta plantea un formidable ardid. García Márquez confiesa que escribe para endeudar a los otros con el cariño, para satisfacer la expectativa a
15 propósito de su genialidad creativa. Juan Goytisolo, más enigmático que Gabriel García Márquez, más apegado al ideal de la escritura compleja, dice que cuando sepa por qué escribe dejará de hacerlo. La respuesta sugiere que en cada obra suya se elabora, inconscientemente, una teoría del autoconocimiento, la búsqueda de una respuesta cuya fatalidad radica en su posible hallazgo.

20 Por otro lado, Rosario Castellanos,[10] la admirable escritora mexicana, expresa que da por no vivido lo no escrito, una paráfrasis feliz de los versos de Jorge Manrique,[11] *Daremos por no venido lo pasado*. Una pregunta apropiada para hacerle a Rosario Castellanos sería *¿Por qué vive usted?*

Ando convencido de que la pregunta *¿Por qué escribe usted?* contiene otras
25 preguntas como contiene varias cajas la sorprendente caja china; que la pregunta esconde un doble fondo, como lo esconden los baúles de los cuales escapan los magos ante el aplauso del público agradecido por la eficacia de la trampa.

Aun así, como la pregunta recurre; como parece que deba darle una respuesta fluida y convincente, tarde o temprano; como suele formularla una per-
30 sona joven, a lo mejor atemorizada por los compromisos a que empuja la vocación artística, he empezado a razonar, lápiz en mano, *por qué escribo*.

---

[1] Oscuro.
[2] Se dieron cuenta.
[3] Lanzar, hacer la pregunta de modo directo y sorpresivo.
[4] Fuertes, vigorosos.
[5] Aclamado novelista y periodista colombiano, ganador del Premio Nobel de Literatura en 1982. Ver pp. 476–483.
[6] Novelista y ensayista nacido en Barcelona (1931), España.
[7] Alusión a una obra de Gabriel García Márquez, *El olor de la guayaba* (1982), donde recoge las conversaciones con su compatriota,
el escritor y periodista colombiano Plinio Apuleyo Mendoza.
[8] Metáfora con mezcla de humor e ingenio sobre las relaciones entre las cosas. Las greguerías fueron creadas por el escritor español Ramón Gómez de la Serna (1888–1963); la primera colección apareció en 1917.
[9] Juguetón.
[10] Poeta, narradora y ensayista mexicana. Ver pp. 457–465.
[11] Poeta español del siglo XV; famoso por las *Coplas a la muerte del maestre don Rodrigo*, conocidas como *Coplas a la muerte de su padre*.

Poco a poco, sin nada de alboroto

No les extrañe que sea ahora cuando me decido a llevar a cabo tan poco promisorio inventario. A la madurez de los años, le agradezco, públicamente, la rebaja de la ansiedad que, en muchas ocasiones, ha sobresaltado mi vocación li-
35 teraria, llevándome a sumir en el silencio penitenciario a que ya hice referencia. Una ansiedad que, por otro lado, me ha salvado de rebajar la escritura a producción industrial, de confundirla con la grafomanía megalómana, de ceder a la tentación de dar gato por libro.[12] He publicado lo que he creído pertinente, responsable y necesario si bien he caído, en ocasiones, en lo que algunos de mis
40 buenos amigos llaman el pecado de la inedición.[13] También explica que sea ahora que los años tañen mi sonata de otoño,[14] ahora que vivo una feliz reconciliación con la complejidad de mi persona, esa persona que poquísima relación guarda con los ruidos que le valen a esas dos hijas bastardas del trabajo y la paciencia que se llaman la fama y la celebridad, cuando acepto adelantar una reflexión in-
45 troductoria, una reflexión en tono menor, de mi escritura, de sus voces, de las razones que concurren en ella.

Creánme.

Yo nunca he tenido el temperamento exigido para mentir en la vida, a riesgo de desilusionar a los que aman el embuste sin temer a sus consecuencias. Yo sólo
50 he querido, sólo he tratado de mentir frente a la página en blanco. [...]

Hechas las introspecciones de rigor, tras repasar en el frágil archivo de la memoria unas cuantas de mis obras, puedo entonces confesar que, en términos generales, escribo para entablar[15] un diálogo crítico, vivo, a fuego cruzado con mi país y con mi tiempo; para mediar entre los asombros producidos por la rea-
55 lidad que me rodea y mi persona que la padece. Lo que es un riesgo excepcional si se vive en las Antillas, si se es hijo del Caribe, ese alucinante archipiélago de fronteras.

Mar Caribe, alárgate en mi espíritu

De todas maneras fronterizo es el Caribe, de todas maneras mezclado. Hasta el extremo de que sólo una paradoja tiene la competencia dialéctica para
60 caracterizarlo —*lo único puro en el Caribe es la impureza*—. La mescolanza racial, la mescolanza idiomática, la mescolanza religiosa, la mescolanza ideológica, la mescolanza política, la mescolanza de las disímiles pobrezas, hacen del Caribe un lugar desgarrado según la óptica de Palés Matos[16] y Jacques Stephen Alexis,[17] de

---

[12] Se refiere al refrán "dar gato por liebre"; engañar; dar una cosa por otra.

[13] De no publicar la obra.

[14] Referencia al título de una de las *Sonatas* (1902–1905) del escritor español Ramón del Valle Inclán (1866–1936).

[15] Dar comienzo.

[16] Luis Palés Matos (1889–1959), escritor puertorriqueño conocido por su poesía afroantillana, en particular la colección *Tuntún de pasa y grifería* (1937).

[17] Novelista haitiano (1922–1961) y luchador contra el régimen represivo de François Duvalier (1901–1971), conocido como "Papa Doc". Cuando Alexis regresó a Haití en 1961, al mando de una fuerza invasora, desapareció y se cree que murió asesinado por los Tontons Macoutes, la policía secreta del dictador. Entre sus novelas sobresale *Compère General Soleil* (1955) traducida al inglés con el título de *General Sun, My Brother*.

Jamaica Kincaid[18] y Reinaldo Arenas,[19] un lugar de municipal raigambre[20] según
65 la óptica de Derek Walcott[21] y Marcio Veloz Maggiolo,[22] de Aimé Cesaire[23] y Ana
Lydia Vega,[24] un lugar descorazonadoramente exótico según la óptica de Graham
Greene[25] y V. S. Naipaul.[26] A la vez, un lugar duro y amargo para los propósitos
del arte, un lugar destructivo sobre todo. Que en las geografías donde manda el
hambre el artista viene condenado a cumplir el papel del paria o del comediante,
70 del extranjero en casa o del asqueante adulador del poder, del mal visto tejedor
de la historia de *la tribu accidental* como llama Fedor Dostoievski[27] al país donde
se nace.

Aunque de agua o de sal sean los barrotes[,] un país con forma de isla es
un país con forma de cárcel. Tarde o temprano, el Caribe le impone al caribeño
75 la emigración, la errancia,[28] el exilio. Si la emigración se legaliza[,] el viaje tiene
como su transporte legal la guagua[29] aérea. Si la emigración se ilegaliza, si se provoca la fiereza de los mares, si se desafía la hambruna de los tiburones, el viaje
tiene como su transporte la yola,[30] la balsa.

Desde las islas que las revistas de viaje catalogan de paradisíacas, hasta las
80 islas que las agencias noticiosas catalogan de conflictivas, el Caribe lo integran
un hervidero[31] de falsas postales. Detrás de las fachadas idílicas se arrastran unos
países con hambre de comida, de alfabetización y de justicia. Detrás de las fachadas conflictivas serpentean unas castas que apartan para sí los más inesperados
privilegios.

85 Escribo, también, para compartir la satisfacción y la dicha que me inspiran
el ser un hombre caribeño. Un hombre caribeño oriundo[32] de Puerto Rico. Un
hombre caribeño, oriundo de Puerto Rico, de señas mulatas —la piel prietona[33],
la nariz ensanchada, los labios abultados, el pelo rizoso.[34]

De forma abreviada gloso el comentario anterior pues quisiera ponerle im-
90 pedimento de salida a lo que sepa a demagogia, lo parezca o lo sea.

---

[18] Nació (1949) Elaine Potter Richardson en la isla de Antigua. Al comenzar su carrera literaria en 1965, en Nueva York, cambió su nombre a Jamaica Kincaid.

[19] Escritor cubano (1943–1990) conocido por sus novelas y cuentos. Desde 1980 se exilió en los Estados Unidos.

[20] Conjunto de afectos, hábitos, recuerdos que ligan a una persona a un lugar.

[21] Poeta y dramaturgo nacido en Santa Lucía (1930); recibió el Premio Nobel de literatura en 1992; la crítica lo ve como el poeta representativo del Caribe anglófono.

[22] Nació en Santo Domingo, República Dominicana (1936); novelista, antropólogo y profesor en la Universidad Autónoma de Santo Domingo. Ver pp. 507–512.

[23] Ensayista, dramaturgo, poeta de lengua francesa y político martiniqués (1913–2008). Propuso un regreso a los orígenes africanos con el objetivo de lograr una poética de la negritud.

[24] Narradora y ensayista puertorriqueña (1946).

[25] Novelista inglés (1904–1991).

[26] Escritor de Trinidad y Tobago (Trinidad, 1932) cuyas novelas tratan de los conflictos de una sociedad multiétnica, y la dificultad de asiáticos y negros de integrarse al modelo de civilización británico o de volver a los orígenes ancestrales. Recibió el Premio Nobel de Literatura en el 2001.

[27] Escritor ruso (1821–1881) cuyas novelas se destacan por el despliegue del sufrimiento y la humillación de los personajes.

[28] Ir de un lado a otro.

[29] Autobús, en las Antillas y las Canarias. Sobre el tema, véase el libro de Sánchez, *La guagua aérea* (1994), y en particular el ensayo del mismo nombre que abre la colección.

[30] Embarcación estrecha y muy ligera.

[31] Muchas falsas postales.

[32] Natural de, que nació en Puerto Rico.

[33] Morena, oscura.

[34] Ondulado.

Yo no tengo la culpita, oigan queridos hermanos

Nunca he practicado la ilusión de provenir de otro lugar del que provengo. Tampoco me ha ilusionado ser otra persona diferente a ésta que soy. A la vez, porque nunca se me ha hecho sana, inteligente o tolerable la idea de que hay un mérito intrínseco en la procedencia nacional, advierto que nunca me ha robado el
95 sueño la imposibilidad absoluta de ser, por ejemplo, norteamericano.

Además, tal sueño me ha parecido siempre el colmo de la aberración, el paradigma superior de la tontería. Sin la necesidad de estafar la propia naturaleza, afincado hasta las entretelas[35] en lo que uno es, sea hombre o mujer, blanco o negro, amarillo o mestizo, religioso o agnóstico, europeo o novomundista, he-
100 terosexual u homosexual, joven o viejo, puertorriqueño o norteamericano, hay suficiente aventura y significación, hay complejidad y destino de sobra, como para poder adelantar cualquier vocación, como para poder vislumbrar cualquier proyecto.

En ese sentido, en el hecho de ser puertorriqueño sin traumatismos ni
105 compunciones,[36] sin ceder un ápice[37] a los peligros de la victimización, echando mano del patriotismo cuando ha sido menester pero desacreditando la patriotería[38] cuando ha sido necesario, he buscado, hasta encontrarlos, los materiales con que construir mi obra. Una obra que ha tenido como reiterado eje el diálogo, sin ambages, con mi tribu accidental… El país que me acompaña por doquier. El país
110 cuya canción, dulce o amarga, quiero cantar, inevitablemente. […]

Otros cuadernos del país natal[39]

[…] desde que se publica la colección de cuentos *En cuerpo de camisa*, he querido hablar, ahora amorosamente, ahora furiosamente, de mi país; he querido, poco a poco, textualizarlo, ahondar en las posibilidades de su fisonomía y de su tipicidad, conjuntar[40] algunos de sus rasgos tajantes.[41] Aunque sin olvidar
115 la verdad de que todo país se configura con una pluralidad de temperamentos y de visiones, de miradas enfrentadas y de indistintas apuestas a los azares[42] del destino. Aunque sin desatender la verdad de que en la geografía moral de un país caben miles de países ensoñados.[43]

[…]
120 Repito, yo escribo para dar noticia al mundo de mi país. Lo hago porque ha sido en los libros donde he bebido el aliciente para enamorarme, perdidamente, de un lugar particular, de la gente que lo habita y lo modifica, lo vitaliza y lo espiritualiza.

Por ejemplo, amaba a Bahía[44] antes de conocerla, un amor inducido por las
125 novelas sensuales firmadas por Jorge Amado.[45] Con igual fuerza amaba a Madrid

---

[35] Lo más íntimo.
[36] Penas, tristezas.
[37] Sin ceder en nada.
[38] Los alardes de patriotismo.
[39] El apartado alude al título del largo poema de Aimé Césaire, *Cuaderno de un retorno al país natal* (*Cahier d'un Retour au Pays Natal*, 1947), donde evoca su patria caribeña (Martinica) y profundiza en la poética de la negritud.
[40] Reunir, juntar.
[41] Resaltantes.
[42] Casualidades, probabilidades.
[43] Imaginados en sueños e ilusiones.
[44] Salvador de Bahía, capital del estado brasileño de Bahía.
[45] Escritor brasileño (1912–2001) que combinó en sus novelas la crítica social y la sensualidad tanto como las tradiciones de Bahía.

antes de conocerla, un amor inducido por las novelas del genial Pérez Galdós.[46]
Acaso, más que a Madrid, a las calles que se hacían camino en *La de Bringas, Fortunata y Jacinta, Miau,*[47] las novelas de Torquemada,[48] esa Madrid de calles vetustas[49] y paredones maculados.[50]

130 Uno y otro, Jorge Amado y Benito Pérez Galdós, colocan la ciudad en el centro del conflicto novelesco, de manera que los avatares[51] de los personajes no se conciben fuera de ella. Una Bahía más parecida a África que a América, puesta en evidencia por un Jorge Amado promotor de la magia. Una Madrid chismosilla y aldeana, puesta en evidencia por un Benito Pérez Galdós de perpetuo adosado[52]
135 a la realidad. [...]

Tempranamente, cuando mi vocación apenas si era el balbuceo[53] de un muchachón del caserío Antonio Roig, en Humacao, ciudad oriental de Puerto Rico, desinformado y mal formado, dueño de una vida que apenas sabía hacia dónde iba a encarrilarse, uno de ellos me dio una lección formidable. Más allá de esce-
140 nografía, más allá de lugar de la acción, más allá de recinto histórico, la ciudad cumple la misión del ojo de las tormentas personales. El otro, más tardíamente, cuando mi vocación letrada empezaba a echar sus bases, me dio otra lección inolvidable. Todos los colores le sirven a la sensualidad, hasta el burlado color local, ese color local que en la novelística de Jorge Amado, por efecto de su ilustre pa-
145 leta, asciende a color universal, a color primer mundista.

Escribo también para recuperar las lejanas vivencias de la persona cuya presencia en la tierra la reconoce el Registro Demográfico bajo dos apellidos y dos nombres, Luis Rafael Sánchez Ortiz, hijo de Luis Sánchez Cruz y Águeda Ortiz Tirado, panadero el padre, bordadora en el bazar de Josefina Reyes la madre.
150 Cuando la familia, que completaban Elba Ivelisse Sánchez Ortiz y Néstor Manuel Sánchez Ortiz, se mudó a San Juan, cuando arriesgó su caudal de ilusiones en el ilusional que se ensambló en las sabanas[54] enfangadas de Puerto Nuevo y Caparra Terrace, mi padre pasó a ser policía insular y mi madre pasó a ser empleada en una fábrica de zapatos baratos llamada *Utrilón*.

LOS QUE VIVEN POR SUS MANOS Y LOS RICOS

155 Cuando retomo los nombres de mis padres retomo la clase social que me origina. Una clase social que en el caserío subsidiado por el gobierno tuvo su anclaje inicial, una clase cuya certidumbre[55] más legítima era la pobreza.

Entonces, sin que la afirmación se equivoque con los suspiros reaccionarios de la nostalgia, Puerto Rico era pobre de otra manera. Entonces, de la instruc-
160 ción con miras al diploma se encargaba la escuela y de la educación restante se

---

[46] Se refiere a Benito Pérez Galdós (1843–1920), novelista español liberal y anticlerical, muy influido por el realismo; veía la novela como imagen de la vida.
[47] Novelas de Pérez Galdós.
[48] Una serie de novelas (1889–1895) de Pérez Galdós escritas en torno a ese personaje.
[49] Viejas, antiguas.
[50] Manchados, sucios.

[51] Transformaciones, cambios de fortuna.
[52] Arrimado.
[53] Hablar articulando las palabras de modo vacilante y confuso, como hacen los niños cuando empiezan a hablar. En este caso el autor se refiere a los comienzos de su carrera.
[54] Extensión de terreno llano con vegetación herbácea.
[55] Conocimiento seguro de algo; certeza.

encargaba el hogar. Tres nortes guiaban aquella educación hogareña, tres nortes resumibles en tres letanías repetidas, mañana, tarde y noche. Porque, justamente, a la repetición se le atribuía un valor pedagógico:

> *Pobre pero decente.*
165 > *Pobre pero honrado.*
> *Pobre pero limpio.*

La pobreza se aceptaba como un hecho alejado de la política, como un acontecimiento inmodificable a no ser por la vía del trabajo arduo. La pobreza se confrontaba como un desafío individual. De ahí la imperiosidad de la conjunción 170 adversativa.[56] La decencia, la honradez, la limpieza, elevadas a señas morales o virtudes a ser desplegadas por los pobres en toda ocasión y lugar, no estaban sujetas a la transigencia.[57] De los ricos no había por qué esperar que fueran decentes, honrados o limpios porque los ricos contaban entre sus incontables lujos el poder vivir de espaldas a la opinión. Para eso eran ricos. Para poder ser y hacer 175 lo que les daba la gana, cuando les viniera la gana, como les viniera la gana.

[…] Después, cuando la pobreza empezó a apropiarse de los valores y los rencores de la clase media, […] cuando el progreso estalló en la cara del país como si fuera una bomba de demoledora potencia, aquellos códigos rígidos dejaron de observarse. Hasta el lamentable extremo de que la pobreza deseada se 180 convirtió en otro aprovechado disfraz[58] de la pequeña burguesía —el mahón[59] deshilachado[60] pero de marca *Levis,* el jean roto en las rodillas pero de marca *Pepe.* Hasta el amargo extremo de que la pobreza fue atendida como otra de las posibilidades de la estética.

COLOFÓN

Sin que resulte dogmático uno puede suscribir la vieja idea de que en toda 185 obra literaria hay biografía, que la persona del autor asoma, ya de manera principal o secundaria, ya ubicua o frontalmente. Los puertorriqueños tenemos, como apeaderos[61] notables de nuestra identidad colectiva, el son, el mestizaje y la errancia. La nuestra ha sido, destacadamente, una cultura callejera, una cultura del vocerío y la estridencia. Mi obra no quiere hacer otra cosa que biografiar, más 190 que mi persona, mi país. Mas, no el plácido que halla su deformación en la postal que lo promociona como un paraíso sin serpiente. El otro país me interesa a la hora de literaturizar. El caótico, el despedazado, el hostil.

Mientras afilo las líneas de cierre me doy cuenta que escribo, en fin, para confirmar la vida como un tejido de bruscas y desapacibles textualidades. 195 Un bardo[62] ilustre, cuya poesía más acendrada[63] se trasvasa[64] en la forma del bolero, reclama en uno de sus trabajos más difundidos, un aplauso al placer y al amor. Para eso también escribo. Para aplaudir las grandes avenidas del placer,

---

[56] Se refiere a "pero".
[57] Deseos y opiniones de otras personas; del verbo "transigir".
[58] Disimulo, máscara.
[59] Nombre dado en Puerto Rico al pantalón "blue jeans".

[60] Roto, reducido a hilos.
[61] Signos, puntos de parada.
[62] Poeta.
[63] Depurada.
[64] Pasar algo de una parte a otra; en este caso, la poesía pasa a ser bolero, canción.

para hacerle terreno a las grandes ilusiones del amor. Decía Elías Canetti,[65] el inmenso escritor búlgaro, *Todo se nos puede perdonar menos el no atrevernos a ser* 200 *felices*. También para eso escribo, para atreverme a ser un poco feliz.

■ Preguntas generales

1. ¿Qué características de la última narrativa se pueden relacionar con *La guaracha del Macho Camacho*?
2. ¿Quién es Daniel Santos y cuál es su importancia en la música hispanoamericana de las últimas décadas del pasado siglo?
3. ¿Cómo surgen la guaracha y el bolero? ¿Qué los liga a la salsa y por qué estos ritmos, así como el cine, han penetrado la última literatura hispanoamericana?
4. ¿Qué escritores actuales se valen de la cultura popular, en particular del cine y de la música, para representar situaciones y personajes? Explique cómo aprovechan estas fuentes.
5. ¿De qué recursos dramáticos se vale *Quíntuples* y cómo relacionamos la obra con la dramaturgia del español Valle-Inclán o del alemán Brecht?

■ Preguntas de análisis

1. ¿Cómo caracteriza Sánchez la respuesta de García Márquez a la pregunta "Por qué escribe Ud."? ¿Cómo contrasta esa respuesta con la de Juan Goytisolo?
2. ¿Por qué ha demorado tanto el autor en contestar esa pregunta? ¿Qué problemas se le han presentado en su carrera?
3. ¿Cómo ve Sánchez el Caribe? ¿Cómo se representa él mismo? ¿Por qué es peligroso ser escritor en el Caribe?
4. ¿Cómo ve Sánchez a Puerto Rico? ¿Qué diferencia observa entre patriotismo y patriotería? Explique su respuesta.
5. ¿Qué novelistas han influido decisivamente en Sánchez? ¿Qué aspectos de su arte le han impresionado más?
6. ¿Cómo ve Sánchez la pobreza y cuáles eran los paradigmas de la educación entre las familias pobres? ¿Qué diferencia nota entre 'instrucción' y 'educación'? ¿Cómo marca el impacto del colonialismo?
7. ¿Qué quiere decir Sánchez cuando menciona el "paraíso sin serpiente" de las postales? ¿Qué aspectos de su país le interesan? ¿Cómo presenta a su familia?
8. ¿Qué sabemos de los inicios de su vocación literaria? ¿Cómo se explica la conclusión del ensayo? En su opinión, ¿por qué se apropia Sánchez de la cita de Elías Canetti? Explíquese.

---

[65] Novelista y ensayista (1905–1994) de origen búlgaro que escribió en alemán; recibió el Premio Nobel de Literatura en 1981. Dejó una extensa autobiografía.

■ Temas para informes escritos

1. Caracterización de los personajes de *La guaracha del Macho Camacho*.
2. La música como protagonista en *La importancia de llamarse Daniel Santos*.
3. San Juan en dos obras dramáticas de Luis Rafael Sánchez.
4. Gambaro y Sánchez ante la *Antígona* de Sófocles: puntos de contacto y contraste.
5. El dilema de Buddy Clinton en *Indiscreciones de un perro gringo*.

■ Temas de reflexión y comentario

1. Aspectos lúdicos en *La guaracha del Macho Camacho*.
2. Periodismo y literatura en *Devórame otra vez*.
3. Novelistas puertorriqueños actuales: temas tratados y recursos expresivos.
4. El tema de la emigración en *La guagua aérea*.
5. La radionovela y el cine en la narrativa y el teatro de Sánchez.

LUISA VALENZUELA

1938, Buenos Aires, Argentina

Javier Moreno/dpa/Corbis

Entre los escritores surgidos durante los años sesenta se destaca Luisa Valenzuela, autora de novelas y cuentos que indagan con sentido crítico y penetración
psicológica en los traumas de la represión política y sexual. Valenzuela, hija de la
novelista Luisa Mercedes Levinson, fue educada en un ambiente propicio para
la vocación literaria, y comenzó muy joven su carrera de escritora y periodista.
Antes de los veinte años colaboraba ya en revistas y periódicos, entre ellos el
prestigioso suplemento literario del diario *La Nación* de Buenos Aires. Su primer
cuento, "Ciudad ajena", apareció en 1957. Pasó tres años en París (1958–1961),
donde trabajó en la Radio Télévision Française, se vinculó a grupos literarios
y escribió la novela *Hay que sonreír,* publicada más tarde (1966). A través de su
protagonista, una prostituta, Valenzuela critica la subordinación y la explotación
económica de la mujer. Al mismo tiempo, alude irónicamente a la separación y
relación jerárquica entre alma y cuerpo (en la novela, cabeza y cuerpo), en la cual
se fundan el pensamiento y la moral del Occidente cristiano.

De 1961 a 1969 la escritora vivió en Argentina, continuó su carrera periodística y publicó una colección de cuentos, *Los heréticos* (1967). Desde 1969 viajó por
muchos países y, durante la década de violencia y represión política en Argentina
(1973–1983), pasó años en México, Barcelona y Nueva York. En ese período Valenzuela produjo sus obras más importantes: las novelas *El gato eficaz* (1972) y *Cola de
lagartija* (1983), y las colecciones de cuentos *Aquí pasan cosas raras* (1975), *Cambio de*

armas (1982) y *Donde viven las águilas* (1983), a la que pertenece el breve relato "Los censores". *El gato eficaz* es una novela de tipo experimental, en la que predomina el virtuosismo del lenguaje. Esta apertura a nuevas formas expresivas concuerda con el intento, por parte de la autora, de liberar el lenguaje —especialmente el lenguaje de la mujer— de las limitaciones y distorsiones impuestas por la tradición cultural y el poder político. En *Cola de lagartija* Valenzuela recrea la siniestra personalidad de José López Rega, el secretario y consejero de Juan Domingo Perón (1895–1974) apodado "el brujo". Esta novela, así como casi todos los cuentos de *Cambio de armas*, tienen como fondo una sociedad caótica y aterrorizada. La escritora evoca con lenguaje medido, bien lograda técnica narrativa y sin caer en la exposición o prédica de ideas, un ambiente dominado por el miedo y la angustia. Después del restablecimiento de las instituciones democráticas en la Argentina, Valenzuela regresó a su país. De esa época datan *Novela negra con argentinos* (1990) y *Simetrías* (1993). En la primera, de ambiente neoyorquino, la indagación acerca de la causa de un presunto crimen revela, en el protagonista, ocultos sentimientos de culpabilidad por su cobardía al haber permanecido en silencio frente a los crímenes de la dictadura militar en su país. En los cuentos de *Simetrías* (1993) reaparece el tema de la violencia, y el horror está representado tanto en forma explícita como por medio de recursos propios de la alegoría y de la literatura fantástica. Estas preocupaciones se continúan en los ensayos recogidos en *Peligrosas palabras* (2001) y la novela *La Travesía* (2001), con características de *bildungsroman*, donde Valenzuela recrea personajes y ambientes que frecuentó en Buenos Aires y en Nueva York a través de las experiencias de su protagonista. En años más recientes ha publicado ensayos, microrrelatos y una novela, *El mañana* (2010), en la que ahonda en un tema que es central en su obra: la lucha de la mujer, y en particular la escritora, por apropiarse del lenguaje y crear por la palabra su propia identidad. Aunque tiene elementos de *thriller*, la novela se centra en la aventura interior del personaje.

El relato "Los censores" está escrito con una precisión e ironía semejantes a las de algunos cuentos de Borges. Aunque refleja las circunstancias históricas ya mencionadas, el texto confiere, sin embargo, un sentido universal a lo narrado a través de la caracterización del protagonista y de su conducta.

■ Bibliografía mínima

Castillo, Debra A. "Appropriating the Master's Weapons: Luisa Valenzuela". *Talking Back: Toward a Latin American Feminist Literary Criticism*. Ithaca, NY: Cornell UP, 1992. 96–136. Impreso.

Cordones Cook, Juana María, ed. *Luisa Valenzuela. Número especial de Letras Femeninas* 27.1 (2001). Impreso.

Dabove, Juan Pablo. "Claudicaciones de la razón letrada y romance nacional totalitario. Sobre *Cola de lagartija* de Luisa Valenzuela". *Revista Iberoamericana* 71.210 (2005): 203–20. Impreso.

Díaz, Gwendolyn y María Inés Lagos, eds. *La palabra en vilo: narrativa de Luisa Valenzuela*. Santiago, Chile: Cuarto Propio, 1996. Impreso.

Ferrero, Adrián. "Usar el lenguaje es como cabalgar las líneas de fuerza que surcan el universo. Entrevista a la escritora argentina Luisa Valenzuela". *Confluencia: Revista Hispánica de Cultura y Literatura* 23.1 (2007): 130–34. Impreso.

Martínez, Z. Nelly. *El silencio que habla: aproximaciones a la obra de Luisa Valenzuela*. Buenos Aires: Corregidor, 1994. Impreso.

Medeiros-Lichem, María Teresa. "El sujeto nómada y la exploración de la memoria en *La travesía* de Luisa Valenzuela". *Mujeres que escriben en América Latina*. Ed. Sara Beatriz Guardia. Lima: Centro de Estudios La Mujer en la Historia de América Latina (CEHMAL), 2007. 531–38. Impreso.

——. "Polygonal Prism of Writing: *Cuentos de Hades* by Luisa Valenzuela". *Identity, Nation, Discourse: Latin American Women Writers and Artists*. Eds. Claire Taylor y Vilma Penagos. Newcastle-upon-Tyne, England: Cambridge Scholars, 2009. 176–91. Impreso.

Noguerol, Francisca, ed. *Luisa Valenzuela: generosos inconvenientes*. Palencia: Menoscuarto, 2008. Impreso.

Selimović, Inela. "Sexing of the City: Desire, Memory, and Trauma in Luisa Valenzuela's *La Travesía*". *Revista Hispánica Moderna* 60.2 (2007): 205–19. Impreso.

Shaw, Donald L. *The Post-Boom in Spanish American Literature*. Albany: State U of New York P, 1998. Impreso.

Swanson, Philip. "Theory and the Body: Luisa Valenzuela's *Novela negra con argentinos* as Test Case". *Forum for Modern Language Studies* 35.1 (1999): 95–105. Impreso.

Valenzuela, Luisa. *Donde viven las águilas*. Buenos Aires: Celtia, 1983. Impreso.

Donde viven las águilas (1983)

LOS CENSORES

¡Pobre Juan! Aquel día lo agarraron con la guardia baja[1] y no pudo darse cuenta de que lo que él creyó ser un guiño[2] de la suerte era en cambio un maldito llamado de la fatalidad. Esas cosas pasan en cuanto uno se descuida, y así como me oyen uno se descuida tan pero tan a menudo. Juancito dejó que se le viera en-
5 cima la alegría —sentimiento por demás perturbador— cuando por un conducto inconfesable le llegó la nueva dirección de Mariana, ahora en París, y pudo creer así que ella no lo había olvidado. Entonces se sentó ante la mesa sin pensarlo dos veces y escribió una carta. *La* carta. Esa misma que ahora le impide concentrarse en su trabajo durante el día y no lo deja dormir cuando llega la noche (¿qué habrá
10 puesto en esa carta, qué habrá quedado adherido a esa hoja de papel que le envió a Mariana?).

Juan sabe que no va a haber problema con el texto, que el texto es irreprochable, inocuo. Pero ¿y lo otro? Sabe también que a las cartas las auscultan, las huelen, las palpan, las leen entre líneas y en sus menores signos de puntuación,
15 hasta en las manchitas involuntarias. Sabe que las cartas pasan de mano en mano por las vastas oficinas de censura, que son sometidas a todo tipo de pruebas y pocas son por fin las que pasan los exámenes y pueden continuar camino. Es por lo general cuestión de meses, de años si la cosa se complica, largo tiempo durante el cual está en suspenso la libertad y hasta quizá la vida no sólo del re-
20 mitente sino también del destinatario. Y eso es lo que tiene sumido a nuestro Juan en la más profunda de las desolaciones: la idea de que a Mariana, en París, llegue a sucederle algo por culpa de él. Nada menos que a Mariana que debe de sentirse tan segura, tan tranquila allí donde siempre soñó vivir. Pero él sabe que los Comandos Secretos de Censura actúan en todas partes del mundo y gozan de

---

[1] Descuidado.
[2] Usado figurativamente aquí. Gesto o señal que se hace, a veces con disimulo, cerrando momentáneamente un ojo mientras el otro queda abierto.

25 un importante descuento en el transporte aéreo; por lo tanto nada les impide lle-
garse hasta el oscuro barrio de París, secuestrar a Mariana y volver a casita con-
vencidos de su noble misión en esta tierra. Entonces hay que ganarles de mano,[3]
entonces hay que hacer lo que hacen todos: tratar de sabotear el mecanismo, de
ponerle en los engranajes[4] unos granos de arena, es decir ir a las fuentes del pro-
30 blema para tratar de contenerlo.

Fue con ese sano propósito con que Juan, como tantos, se postuló[5] para censor. No por vocación como unos pocos ni por carencia de trabajo como otros,
no. Se postuló simplemente para tratar de interceptar su propia carta, idea para
nada novedosa pero consoladora. Y lo incorporaron de inmediato porque cada
35 día hacen falta más censores y no es cuestión de andarse con melindres[6] pidiendo
antecedentes.

En los altos mandos de la Censura no podían ignorar el motivo secreto que
tendría más de uno para querer ingresar a la repartición, pero tampoco estaban
en condiciones de ponerse demasiado estrictos y total ¿para qué? Sabían lo difícil
40 que les iba a resultar a esos pobres incautos detectar la carta que buscaban y, en
el supuesto caso de lograrlo, ¿qué importancia podían tener una o dos cartas que
pasan la barrera frente a todas las otras que el nuevo censor frenaría en pleno
vuelo? Fue así como no sin ciertas esperanzas nuestro Juan pudo ingresar en el
Departamento de Censura del Ministerio de Comunicaciones.

45 El edificio, visto desde fuera, tenía un aire festivo a causa de los vidrios
ahumados que reflejaban el cielo, aire en total discordancia con el ambiente austero que imperaba dentro. Y poco a poco Juan fue habituándose al clima de concentración que el nuevo trabajo requería, y el saber que estaba haciendo todo lo
posible por su carta —es decir por Mariana— le evitaba ansiedades. Ni siquiera
50 se preocupó cuando, el primer mes, lo destinaron a la sección K donde con infinitas precauciones se abren los sobres para comprobar que no encierran explosivo
alguno.

Cierto es que a un compañero, al tercer día, una carta le voló la mano derecha y le desfiguró la cara, pero el jefe de sección alegó que había sido mera
55 imprudencia por parte del damnificado y Juan y los demás empleados pudieron
seguir trabajando como antes aunque bastante más inquietos. Otro compañero
intentó a la hora de salida organizar una huelga para pedir aumento de sueldo
por trabajo insalubre pero Juan no se adhirió y después de pensar un rato fue a
denunciarlo ante la autoridad para intentar así ganarse un ascenso.

60 Una vez no crea hábito, se dijo al salir del despacho del jefe, y cuando lo
pasaron a la sección J donde se despliegan las cartas con infinitas precauciones
para comprobar si encierran polvillos venenosos, sintió que había escalado un
peldaño[7] y que por lo tanto podía volver a su sana costumbre de no inmiscuirse[8]
en asuntos ajenos.

65 De la J, gracias a sus méritos, escaló rápidamente posiciones hasta la sección
E donde ya el trabajo se hacía más interesante pues se iniciaba la lectura y el análisis del contenido de las cartas. En dicha sección hasta podía abrigar esperanzas

---

[3] Adelantárseles.
[4] Conjunto de las piezas que engranan.
Conjunto de los dientes de una pieza o
máquina.

[5] Se ofreció.
[6] Delicadezas.
[7] Escalón.
[8] Entremeterse.

de echarle mano a su propia misiva dirigida a Mariana que, a juzgar por el tiempo transcurrido, debería de andar más o menos a esta altura después de una larguí-
70 sima procesión por otras dependencias.

Poco a poco empezaron a llegar días cuando su trabajo se fue tornando de tal modo absorbente que por momentos se le borraba la noble misión que lo había llevado hasta las oficinas. Días de pasarle tinta roja a largos párrafos, de echar sin piedad muchas cartas al canasto de las condenadas. Días de horror ante las
75 formas sutiles y sibilinas[9] que encontraba la gente para transmitirse mensajes subversivos, días de una intuición tan aguzada que tras un simple "el tiempo se ha vuelto inestable" o "los precios siguen por las nubes" detectaba la mano algo vacilante de aquel cuya intención secreta era derrocar al Gobierno.

Tanto celo de su parte le valió un rápido ascenso. No sabemos si lo hizo muy
80 feliz. En la sección B la cantidad de cartas que le llegaba a diario era mínima —muy contadas franqueaban[10] las anteriores barreras— pero en compensación había que leerlas tantas veces, pasarlas bajo la lupa,[11] buscar micropuntos con el microscopio electrónico y afinar tanto el olfato que al volver a su casa por las noches se sentía agotado. Sólo atinaba a recalentarse una sopita, comer alguna fruta y ya se echaba
85 a dormir con la satisfacción del deber cumplido. La que se inquietaba, eso sí, era su santa madre que trataba sin éxito de reencauzarlo por el buen camino. Le decía, aunque no fuera necesariamente cierto: Te llamó Lola, dice que está con las chicas en el bar, que te extrañan, te esperan. Pero Juan no quería saber nada de excesos: todas las distracciones podían hacerle perder la acuidad[12] de sus sentidos y él los
90 necesitaba alertas, agudos, atentos, afinados, para ser un perfecto censor y detectar el engaño. La suya era una verdadera labor patria. Abnegada y sublime.

Su canasto de cartas condenadas pronto pasó a ser el más nutrido pero también el más sutil de todo el Departamento de Censura. Estaba a punto ya de sentirse orgulloso de sí mismo, estaba a punto de saber que por fin había encontrado
95 su verdadera senda, cuando llegó a sus manos su propia carta dirigida a Mariana. Como es natural, la condenó sin asco. Como también es natural, no pudo impedir que lo fusilaran al alba, una víctima más de su devoción por el trabajo.

■ **Preguntas generales**

1. ¿Cómo se manifiesta la posición feminista de Valenzuela en su obra? ¿De qué modo presenta las limitaciones, así como la lucha de la mujer, dentro de estructuras sociales represivas?
2. ¿Qué impacto tuvieron en la vida y en la producción literaria de Valenzuela los años de violencia política en la Argentina?
3. ¿Qué recursos literarios emplea esta autora para transmitir su visión crítica sin limitarse al relato realista ni caer en la prédica?
4. ¿Cuáles son los escritores argentinos anteriores con los que se muestra afín?
5. ¿Qué aspectos de su obra son representativos de la literatura producida después de los ambiciosos proyectos de la "nueva narrativa"?

---

[9] Misteriosas, ocultas, incomprensibles.
[10] Se abrían paso a través (de), atravesaban.
[11] Lente de aumento, generalmente provista de un mango.

[12] Agudeza.

■ Preguntas de análisis

1. ¿Por qué cometió Juan un error serio al enviarle la carta a Mariana? ¿Cómo intentó recuperarla?
2. Una vez convertido en censor, ¿cómo se desempeñó Juan en este oficio?
3. ¿Puede Ud. señalar expresiones irónicas empleadas en el texto? ¿Qué función cumplen?
4. ¿Cree Ud. que el protagonista estaba ya condenado desde que dio el primer paso? ¿Podría el desenlace haber sido distinto?
5. ¿Con qué otros autores y obras relacionaría Ud. este cuento de Valenzuela?

■ Temas para informes escritos

1. La escritura transgresora en la obra de Valenzuela.
2. La representación de la violencia en la narrativa de Valenzuela.
3. La fantasía, el humor y la ironía como formas de expresión liberadoras en la obra de Valenzuela.
4. Los personajes femeninos y su búsqueda de autonomía personal.
5. Los textos autorreflexivos de Valenzuela. El acto de escribir como tema en su obra.

■ Temas de reflexión y comentario

1. El manejo de lo absurdo en dos cuentos de *Simetrías*.
2. *Peligrosas palabras* y sus contribuciones al ensayo.
3. José López Rega y la historia argentina en *Cola de lagartija*.
4. Puntos de contacto entre la obra novelística de Tomás Eloy Martínez y Luisa Valenzuela.
5. Innovaciones técnicas y temáticas en *La travesía*.

CARLOS MONSIVÁIS

1938–2010 Ciudad de México, México

Carlos Monsiváis fue uno de los más importantes intérpretes y críticos de las realidades sociopolíticas y la cultura mexicanas de nuestra época. Cursó estudios en la Escuela Nacional de Economía (1955–1958) y en la Facultad de Filosofía y Letras de la UNAM (1955–1960), de donde se graduó. Fue becario del Centro Mexicano de Escritores en dos ocasiones (1962–1963 y 1967–1968) y del Centro de Estudios Internacionales de la Universidad de Harvard (1965). Más allá del mundo académico, Monsiváis se formó como escritor y hombre de ideas en la práctica del periodismo y las participaciones en programas radiales y televisivos. Del mismo modo que Elena Poniatowska, Monsiváis se inició en esas actividades, y comenzó a escribir sus ensayos, afectado por el trauma de la masacre de Tlatelolco (1968), la cual produjo en su generación un cuestionamiento de las instituciones, los valores y las formas de vida del México contemporáneo.

Carlos Monsiváis participó en numerosas empresas editoriales y de difusión cultural. Fue secretario de redacción, junto con Carlos Fuentes, de la revista *Medio Siglo* y de *Estaciones*, hizo programas para radio UNAM, como "El cine y la crítica", y dirigió la colección de discos *Voz viva de México*, de la UNAM. Fue fundador y director de "La cultura en México", colaborador de "México en la Cultura" y "El gallo ilustrado", así como cofundador y colaborador de las revistas *Proceso* y *Nexos* y de los diarios *Unomásuno* y *La Jornada*. A todo lo cual se agregan sus colaboraciones en periódicos como *Excélsior*, *El Financiero*, *Reforma*, y otros. A través de sus experiencias con los medios masivos de comunicación, Monsiváis desarrolló un agudo poder de observación y una prosa ágil, de giros locales, que refleja con humor e ironía el lenguaje hablado por el mexicano de nuestro tiempo. En sus libros, por los que desfilan las figuras más conocidas de la política, el arte y la cultura popular mexicanos, el texto escrito presenta, también, ese carácter de oralidad. En forma de viñetas, y con la ayuda de imágenes visuales, Monsiváis ofrece un retrato y, a la vez, un comentario crítico y mordaz de la sociedad mexicana de hoy. Los libros de Monsiváis, desde *Días de guardar* (1970) y *Amor perdido* (1977) hasta los más recientes, son difíciles de clasificar dentro de un género literario, porque son textos en los que convergen la crónica periodística, el trabajo de investigación y el ensayo. Escritos poco después de la tragedia de Tlatelolco, el autor ataca, en esos primeros libros, el mito de la Revolución Mexicana e impugna la ideología oficial sustentada por ese mito, destruyendo así los símbolos glorificados por el Estado y burlándose del patriotismo altisonante. Allí, y en sus obras posteriores, *Escenas de pudor y liviandad* (1981, 1988) y *Los rituales del caos* (1995), es notable, también, el empleo emblemático de imágenes visuales: fotografías, imágenes de la televisión y del cine. En *Escenas…*, Monsiváis, como narrador, cumple funciones de psicólogo y de antropólogo cultural embarcado en un proyecto de análisis psicosocial. A este respecto, cabe señalar que, entre las muchas actividades profesionales de este autor, se incluye la de haber sido investigador del Instituto Nacional de Antropología e Historia. Su estudio de la historia produjo, entre otros, el libro *Nuevo catecismo para indios remisos* (1982), donde describe paródicamente los métodos de evangelización utilizados por la Iglesia durante la conquista española de México. *Aires de familia. Cultura y sociedad en América Latina* (2000), al que pertenece la selección aquí incluida, se distingue de la mayor parte de la obra anterior de Monsiváis, por no contener imágenes visuales, por ofrecer una perspectiva continental por encima de las fronteras nacionales, y porque su prosa expositiva encuadra perfectamente dentro de los parámetros del ensayo. *Aires de familia* analiza las características y las transformaciones del mundo latinoamericano a lo largo del siglo XX, enfocando los problemas económicos y culturales de estas sociedades que, sin haber completado todavía su proyecto de modernización, se ven afectadas por la globalización del mundo postmoderno. Monsiváis se detiene en temas tales como el culto a los héroes, los movimientos migratorios, los efectos del cine, la televisión y otras formas de espectáculo.

■ Bibliografía mínima

Chacón, Hilda. "Crónica, nación y cultura popular en *Escenas de pudor y liviandad* de Carlos Monsiváis". *Revista de Literatura Mexicana Contemporánea* 11.26 (2005): 89–93. Impreso.

Egan, Linda. *Carlos Monsiváis. Culture and Chronicle in Contemporary Mexico*. Tucson: Arizona UP, 2001. Impreso.

Faber, Sebastián. "La metonimia en una crónica de Monsiváis: Hacia un periodismo democrático". *Literatura Mexicana* 10.1–2 (1999): 251–80. Impreso.

Gelpí, Juan G. "Paseo por la crónica urbana de México, D. F.: Carlos Monsiváis y José Joaquín Blanco". *Nómada: Creación, Teoría, Crítica* 3 (1997): 83–88. Impreso.

Gentic-Valencia, Tania. "El relajo como redención social en *Los rituales del caos* de Carlos Monsiváis". *Revista Iberoamericana* 73.218-19 (2007): 219–36. Impreso.

Martínez Martínez, Germán. "La crítica cultural comprometida: El discurso sobre Carlos Monsiváis en las universidades anglo-estadounidenses". *Hispanic Research Journal: Iberian and Latin American Studies* 9.1 (2008): 87–104. Impreso.

Monsiváis, Carlos. *Aire de familia* Barcelona: Anagrama, 2000. Impreso.

Mudrovic, María Eugenia. "Cultura nacionalista vs. cultura nacional: Carlos Monsiváis ante la sociedad de masas". *Hispamérica: Revista de Literatura* 27.79 (1998): 29–39. Impreso.

Nadeau, Evelyn. "Entre la ficción y el periodismo: Cambio social y la crónica mexicana contemporánea". *Mester* 28 (1999): 21–35. Impreso.

Pons, María Cristina. "Monsi-Caos: La política, la poética o la caótica de las crónicas de Carlos Monsiváis". *Revista de Crítica Literaria Latinoamericana* 26.51 (2000): 125–39. Impreso.

Poot Herrera, Sara. "'A petición del público': Carlos Monsiváis y el cuento mexicano". *El cuento mexicano: Homenaje a Luis Leal*. Ed. Sara Poot Herrera. México, D. F.: Universidad Nacional Autónoma de México, 1996. 127–46. Impreso.

Villoro, Juan. "La cultura de masas imita a su profeta". *Ínsula: Revista de Letras y Ciencias Humanas* 618–19 (1998): 27–29. Impreso.

Aires de familia (2000)

LAS MIGRACIONES CULTURALES

Marchar hacia ninguna parte, con la condición de que el viaje lleve a todos lados

El siglo XX es, entre otras cosas y muy fundamentalmente, época de migraciones voluntarias y a la fuerza, causadas por el ansia de alternativas, la urgencia de mejorar el nivel de vida, el afán de aventura, las ganas de sobrevivir. En otro sentido, no tan dramático, pero igualmente profundo, el siglo es de poderosas e
5 interminables migraciones culturales. Así por ejemplo, en América Latina estas migraciones han sido a tal punto radicales que, en distintos períodos, inventan o legitiman (corroen o rectifican) apariencias urbanas, jerarquías y comportamientos familiares, estilos del consumo, escuelas del sentimiento y el sentimentalismo, idolatrías frenéticas que, las más de las veces, nadie recuerda a los cinco años de su
10 apogeo. No me refiero aquí sólo a las transformaciones de gran alcance civilizatorio, sino también a las relaciones entre industria cultural y vida cotidiana, entre el universo de imágenes y productos comerciales y las ideas del mundo. En las metamorfosis inevitables y en los desplazamientos de hábitos, costumbres y creencias, los migrantes culturales son vanguardias a su manera, que al adoptar modas y
15 actitudes de ruptura abandonan lecturas, devociones, gustos, usos del tiempo libre, convicciones estéticas y religiosas, apetencias musicales, cruzadas del nacionalismo, concepciones juzgadas "inmodificables" de lo masculino y de lo femenino. Estas migraciones son, en síntesis, otro de los grandes paisajes de nuestro tiempo.

"Y pues contáis con todo, falta una cosa: continuidad"

A principios del siglo XX, lo propio en América Latina es la homogeneidad
20 de gustos y creencias, la visión de la familia como el segundo recinto eclesiástico, el catolicismo como el archivo de axiomas, la intimidación ante las metrópolis (que muy pocos conocen), el homenaje continuo a los héroes (presentados como padrinos y ángeles de la guarda de los gobernantes), el analfabetismo generalizado, el papel preponderante de la cultura oral, la superstición que identifica el
25 título profesional con un rango espiritual superior, la mística de la poesía (de preferencia en su versión declamatoria), el recelo ante la ciencia que busca devastar la fe, las maneras únicas (aprobadas) de ser hombres y ser mujeres, la sujeción femenina ("La mujer en casa y con la pata rota") y, siempre aparatoso, el pavor ante la tecnología, en donde caben las monjas que informan a la curia del invento
30 diabólico utilizado por un obispo (el teléfono), provocan pasmo los primeros fonógrafos (tienen un enano dentro que canta y toca), se aterran (y se esconden en sus asientos) los espectadores de cine al ver avanzar desde la pantalla a la locomotora, se indignan los revolucionarios mexicanos de la Convención de Aguascalientes de 1914 al contemplar en un noticiero a sus enemigos, lo que los envía a
35 desenfundar sus pistolas acribillando las sombras, se horrorizan los espectadores en República Dominicana al ver a Judas en las películas sobre la Pasión de Cristo, motivo por el cual se lanzan con cuchillos a desgarrar las sábanas que hacen las veces de pantalla y matar al traidor.

Y, ubicuos y omnímodos, presiden las ceremonias los símbolos que re-
40 presentan a la Patria, el Pueblo, el Patriarca, la Mujer, la Honra, la Decencia, el Heroísmo, la Gratitud Nacional, la Fe, los Dones de Dios, la Santidad, la Devoción. En los primeros años del siglo XX latinoamericano, lo simbólico es

el segundo lenguaje social, el ahorro de tiempo, el intercambio de certezas, el afianzamiento enfrentado y simultáneo de las tradiciones populares, la decla-
45 ración de perdurabilidad del tradicionalismo, el apuntalamiento de la mentalidad republicana.

En América Latina, una de las primeras migraciones culturales de importancia se desprende de la Revolución Mexicana, que así no destruya el tabú de la sacrosanta propiedad privada, sí exhibe el carácter mortal de algunos hacenda-
50 dos y, lo inesperado, acelera y masifica la movilidad social. La Revolución no sólo expulsa a cientos de miles del país; también, mediante la conminación de las armas, introduce en escena a campesinos y obreros, decreta la relatividad de la moral ("La muerte no mata a nadie, / la matadora es la suerte"), crea escalas insólitas de ascenso y genera una estética inesperada. Un personaje de *Los de abajo*, el
55 idealista Solís, minutos antes de que lo alcance una bala perdida, exclama: "¡Qué hermosa es la revolución, aun en su misma barbarie!" Y la belleza atribuida a las alegorías de la violencia se despliega acto seguido en la literatura y la pintura de América Latina, genera el muralismo de Rivera, Orozco y Siqueiros,[1] se expresa en la novela del realismo social, prestigia a los machos de Mariano Azuela y Mar-
60 tín Luis Guzmán[2] y a los compadritos de Evaristo Carriego,[3] prepara el campo para los pósters de Zapata,[4] es el sustrato de *Canaima, Cantaclaro y Doña Bárbara*,[5] y origina una de las tesis de Octavio Paz en *El laberinto de la soledad*:[6] "La revolución es la revelación". La violencia siempre ha existido, pero por vez primera se le concede importancia a su transfiguración artística y literaria.
65 En las migraciones históricas del campo a las ciudades, a las razones clásicas (salarios de hambre, desempleo, caciquismo, desastres agrarios, latifundios) se añade la de los desplazados por el acoso del "pueblo chico, infierno grande", la cerrazón del fanatismo y la carencia de toda privacidad. Un tema constante de novelas, cuentos y obras de teatro ubicados en provincia es el tránsito a las
70 libertades urbanas, lejos del espionaje parroquial y de la obligación de compartir con los vecinos los imposibles secretos de la recámara. Desde fines del siglo XIX se institucionaliza el abismo entre provincia y capital, y cada quien califica moralmente cuál es el paraíso y cuál es el infierno. En la distribución de funciones, a la capital le toca el equilibrio entre la conducta más desenfadada y las trampas
75 morales, y la provincia se encarga del aislamiento y el cuidado de la ortodoxia. El resultado desintegra a los sectores del sedentarismo, por ser tantos los que en cada generación ambicionan la libertad de movimientos y el crecimiento de oportunidades, y porque escasean los decididos a resistir al tradicionalismo en sus sitios de origen, con resultados inciertos en el mejor de los casos. Desdicha
80 del centralismo: el que se queda en la provincia arraiga en el pasado; el que se va, por el mero hecho de hacerlo, se cree domiciliado en el porvenir. Y no hay un presente compartido.

---

[1] Diego Rivera (1886–1957), José Clemente Orozco (1883–1949) y David Alfaro Siqueiros (1896–1974) fueron los creadores de la pintura muralista en México.
[2] Ver p. 285 sobre la narrativa de la Revolución Mexicana.
[3] Poeta popular del barrio porteño de Palermo, inmortalizado por Borges en su libro *Evaristo Carriego* (1930).
[4] Emiliano Zapata (1879–1919), revolucionario mexicano y defensor de los derechos del campesinado. Luchó para que la Revolución implantara una auténtica reforma agraria.
[5] Novelas del venezolano Rómulo Gallegos (1884–1969).
[6] Ver pp. 429–440.

En las primeras décadas del siglo XX tiene lugar una migración más bien escasa y sólo asumida por una vanguardia (deliberada o involuntaria) en las
85 ciudades. Es el viaje de las costumbres que en México, al amparo de la revolución y del anticlericalismo de los revolucionarios, permite pregonar el amor libre, el desenfado sexual, la blasfemia civil. (En 1921 los estridentistas mexicanos exclaman: "¡Viva el mole de guajolote y muera el cura Hidalgo!") Si la homosexualidad se practica menos crípticamente pero de ningún modo se exalta, sí se
90 da una suerte de liberación femenina que mezcla creatividad inesperada y disponibilidad corporal *voluntaria*, alejada de cualquier prostitución. Actos que hoy no llamarían la atención son entonces escandalosos, demostraciones de autonomía espiritual. Ejemplos: la fotógrafa italiana Tina Modotti se desnuda y Edward Weston la fotografía en una azotea, pregonando las formas que son tanto más
95 deseables porque son artísticas, y a la inversa. Frida Kahlo pinta la vida y el dolor y vive sus amores "sin preguntar por cortesía a qué sexo pertenecen". Teresa de la Parra,[7] Gabriela Mistral,[8] María Luisa Bombal[9] y Victoria Ocampo[10] dan cuenta en sus escritos de una sensibilidad radicalmente ajena a la impuesta por el patriarcado, no una "sensibilidad femenina", sino sencillamente no sujeta al ma-
100 chismo. Las sufragistas, al exigirlos, inician el uso de sus derechos. Unos cuantos y unas cuantas migran de hábitos de vida y pensamiento, y anuncian el fin de la dictadura de los comportamientos fijos.

LAS MIGRACIONES TRAMITADAS POR LA TECNOLOGÍA

El cine: "¿Para qué un relato a la luz de la fogata pudiendo gozar en lo oscurito?"

Una migración esencial del siglo XX es la que va del entretenimiento del hogar o del teatro al espectáculo fílmico, es decir, lo que va de lo privado o muy mi-
105 noritario a lo público tal y como se produce en la oscuridad. El entretenimiento privado, si tal nombre hemos de darle al muy público *seno de la familia*, incluye veladas lírico-musicales, sermones patriarcales, lecciones de abnegación maternal, ruedas de chismes y hostigamientos que son redes de castigo para quienes se desvían de la norma. En el teatro tradicional, se le concede al melodrama el reani-
110 mar con frases sonoras la intimidad hogareña, y en el teatro frívolo las canciones, los bailes y los chistes le dan su oportunidad a "lo licencioso". Pero la llegada del cine todo lo trastoca.

Junto a la revolución (o el fracaso o la imposibilidad de la revolución), es el cine el fenómeno cultural en su sentido amplio —antropológico— de efectos
115 más profundos en la América Latina de la primera mitad del siglo XX. La tecnología se sacraliza y el cine elige muchísimas tradiciones que se suponían inamovibles, las perfecciona alegóricamente y destruye su credibilidad situándolas como meros paisajes melodramáticos o costumbristas. Dos o tres veces por semana las películas incorporan a un conocimiento global (rudimentario y fanta-
120 sioso, pero irreversible) a comunidades aisladas que se modernizan a través de

---

[7] Escritora venezolana (1890–1936).
[8] Ver 323–330.
[9] Escritora chilena (1910–1980).
[10] Escritora y figura influyente en las letras argentinas e hispanoamericanas. Fundadora

de la revista SUR (1931–1970), con cuyo sello editorial realizó una importante tarea de difusión cultural.

la imitación sincerísima o la asimilación a contracorriente, y adquieren un vasto repertorio verbal (frases hechas que son nuevos acercamientos a la realidad). El cine encumbra ídolos a modo de interminables espejos comunitarios, fija los sonidos del habla popular y se los impone a sus usuarios (quienes tal vez nunca los
125 habían oído).

En la "alta cultura", se juzga la masificación un instrumento del Apocalipsis ("Y en aquellos días llegarán las masas y nadie querrá oír a Beethoven ni leer a Shakespeare"), mientras el "sentido de la realidad" se desplaza de la literatura a los medios electrónicos. A la pregunta "¿Qué es *lo real?*", también se contesta:
130 aquello que involucra sentimentalmente a públicos muy amplios, las atmósferas y los diálogos que hacen las veces de eco de la conciencia, los personajes que odiamos y amamos al punto de la identificación plena, el cúmulo de circunstancias y productos teatrales, musicales, discográficos, radiofónicos, fílmicos, novelísticos, literarios, que para sus frecuentadores son "lo genuino" porque los alejan
135 de la mezquindad y la circularidad de las vidas, "irreales" en su inmensa mayoría, esto es, no susceptibles de tratamiento cinematográfico.

Una comprobación entre muchas, la de Rosario Castellanos[11] (en "El uso de la palabra", *Excélsior*, México, 1970), cuando describe los efectos del cine en su pueblo, Comitán, indígena en un 70 por ciento:

140 El estreno del cine hablado. Esto ameritó la construcción de un edificio especial, el único en el pueblo que tenía dos pisos. Las plateas eran el sitio reservado para la crema de la crema; la luneta era propia de personas honorables aunque no muy prósperas desde el punto de vista económico; los palcos estaban destinados a los artesanos y las galerías a la plebe, que
145 armaba un gran escándalo, escupía y tiraba pequeños proyectiles a los privilegiados de abajo. No siempre se aguardaba el orden de los rollos y su alteración volvía incomprensible la película. ¿Pero a quién podía importarle semejante cosa?... Las relaciones del público con el espectáculo al que acudían eran muy confusas. Les parecía un juego sucio el hecho de
150 que el protagonista que moría en la película, acribillado a tiros, apareciera en la película siguiente, bañado en agua de rosas. Pero lo soportaban como soportaban todas las arbitrariedades de que los hacían víctimas las gentes de razón.

Y aun se dio el caso de una mujer, vendedora ambulante de dulces, a
155 la que le hicieron la broma de que su vida aparecería proyectada en el cine. Trató por todos los medios de evitarlo, y cuando lo consideró imposible, comenzó a divulgar episodios que hasta entonces habían sido ignorados. Se había vuelto loca y nunca recuperó el juicio.

Los productos de Hollywood, quimera a bajo precio, se vuelven modelos
160 del comportamiento ideal. Pero los pobres no le confían a Hollywood su imagen y su sentimentalismo. Para eso están el cine mexicano, y en menor medida, el argentino y el brasileño: así hablan, así se expresan, se mueven, se comportan nuestros semejantes. Cada película "popular" instituye el canon acústico y gestual ante el cual, carentes de alternativas, los aludidos se van adaptando, creyendo

---

[11] Ver pp. 457–465.

165 genuina la distorsión. Los ídolos del cine son escuelas del comportamiento y a las
películas se les concede el sitio antes ocupado por la hora del Ángelus (es cada
vez más riesgoso enfrentar a las misas vespertinas con las películas de moda).

El cine de algún modo integra a comunidades disminuidas históricamente
por el aislamiento. Y el espíritu moderno surge cuando el medio nuevo revisa
170 las tradiciones. La intención es respetuosa pero los resultados son gradualmente
devastadores porque, al amplificarse en la pantalla, lo ancestral se vuelve pintoresco. Sin que se aprecie debidamente, los métodos para conducir las emociones
personales se trastocan gracias al cine, su sentido del ritmo, el uso de escenarios
imponentes, los gags, la combinación de personajes principales y secundarios, la
175 suma de frases desgarradas o hilarantes, el alborozo ante la repetición de las tramas, las dosis del chantaje sentimental.

En América Latina, y sin opciones posibles, el cine sonoro fija la primera,
muy autoritaria versión moderna de lo que fastidia y de lo que agita las pasiones
en las butacas. El salto es considerable: a través de los géneros fílmicos, los espec-
180 tadores enfrentan a diario gustos antes inimaginables, perciben que las tradiciones son también asunto de la estética y no solamente de la costumbre y de la fe,
se sumergen sin culpa en la sensualidad favorecida por las tinieblas, aprenden en
compañía las reglas de los nuevos tiempos. Y se produce lo ya apuntado por el
cine mudo, el casi monopolio en lo tocante a ideas y vivencias contemporáneas.
185 Pocos leen, todos ven películas, y de allí extraen el sentido de "lo que va con la
época", el registro de la realidad inminente, las modas que se abren paso entre
las prohibiciones. No es lo mismo sufrir la pobreza como maldición ("pobre pero
honrado") que ostentarla como victoria sobre el individualismo; no es igual decir lo que se viene a la mente en un pleito conyugal que utilizar frases textuales
190 de los melodramas o su equivalente ("¡Si cruzas esa puerta te vas para siempre
aunque te lleves mi corazón!"). En distintos niveles, el cine aproxima los sentimientos y las actitudes que en cada etapa parecen imposibles, y que en un plazo
breve o no demasiado largo se legitiman. Antes de *The Wild One* y de *Rebelde sin
causa*, los jóvenes incomprendidos son una pesadilla, después son un fenómeno
195 impuesto por los tiempos.

De allí lo indetenible de la migración cultural de los espectadores de cine,
para ya no hablar de los cinéfilos. De la moda que se filtra con lentitud se pasa a
la impregnación instantánea de poses o de posiciones radicales. De la paciencia
o la resignación ante el entretenimiento aún dominado por la familia y la comu-
200 nidad, se pasa a un lenguaje internacional de "idolatrías", de mitos que son fruto
coral de la soledad erotizada o relajada por las imágenes de la pantalla.

La televisión: el arrasamiento de la privacidad

Una migración cultural fundamental en la segunda mitad del siglo XX: la
que va del cine, espectáculo en sociedad, a la televisión, el regreso a la familia
que modifica los antiguos métodos de manejo hogareño. Con la televisión cesa
205 el diálogo audible entre un público y un medio masivo, surge un gestor y censor
interesado (el *rating*) y el entretenimiento se vuelve dogmático, mientras amenaza al espectador: "O me ves o te quedas a solas con tus pensamientos". Y esta
migración es de larga resonancia especialmente en la provincia. Según algunos,
la televisión es el gozo incontaminado que libra a la familia de los peligros de las
210 calles; otros, muy pocos, la califican de "asedio de la inmoralidad" por desdicha

imprescindible; a los defensores de la identidad nacional (tótem y tabú) les resulta el sinónimo menos cruento o más ameno de la fatalidad integracionista; la mayoría la asume con gratitud vehemente o distraída. Como sea, el aparato libera de las rutinas del aislamiento y, de muy diversas maneras, infunde en sus espec-
215 tadores una certeza competitiva: "Es extraordinario lo que, en sentido positivo, nos diferencia de los ancestros, marginados de tales prodigios de la tecnología". El cambio de hábitos modifica la noción del pasado, censurable en la medida en que carecía de pantalla chica. Y en la intención se transita del pasado monótono al porvenir sólo hecho de sensaciones divertidas.
220 La televisión acelera el culto por la sociedad de consumo, que de espejismo adquisitivo se transforma en mito primigenio. Es inútil resistir a su influjo. Las migraciones se vuelven sedentarias.

■ Preguntas generales

1. ¿En qué actividades profesionales se destacó Monsiváis?
2. ¿Qué aspectos de la vida mexicana analiza Monsiváis en sus libros?
3. ¿Qué hechos históricos y políticos han influido a la generación de Monsiváis?
4. ¿Cómo utiliza Monsiváis a los héroes de la cultura popular en su obra?
5. ¿Qué papel han tenido las imágenes visuales en la composición de los libros de Monsiváis?

■ Preguntas de análisis

1. ¿Qué impacto han tenido las migraciones, según Monsiváis, en la vida cotidiana y en la industria cultural de los países latinoamericanos?
2. ¿Cómo describe Monsiváis los efectos del cine, particularmente el producido por Hollywood, en Latinoamérica durante la primera mitad del siglo XX?
3. ¿Qué cambios produjo la televisión, según Monsiváis, en la relación entre público y espectáculo?
4. ¿De qué modo, opina este autor, el cine y la televisión transformaron la vida familiar?
5. ¿Cómo, según Monsiváis, imponen modas y cánones de conducta los medios masivos de comunicación?

■ Temas para informes escritos

1. La interpretación de Monsiváis, en *Amor perdido,* del movimiento de escritores conocido como "la Onda".
2. La masacre de Tlatelolco narrada por Monsiváis en *Días de guardar* y por Elena Poniatowska en *La noche de Tlatelolco.*
3. La evocación del Porfiriato y de la Revolución en *Amor perdido.*
4. La crítica de Monsiváis a la nueva clase hegemónica en el México postrevolucionario.
5. El empleo de la parodia en *Nuevo catecismo para indios remisos.*

■ Temas de reflexión y comentario

1. Los aspectos postmodernistas de la obra de Monsiváis.
2. La importancia de la oralidad en la obra de Monsiváis.
3. Los procesos de hibridación intercultural, desde la perspectiva de Monsiváis.
4. El análisis de las consecuencias sociales que han tenido las migraciones culturales, en *Aires de familia*.
5. Las reflexiones de Monsiváis sobre los efectos de la globalización en los países latinoamericanos.

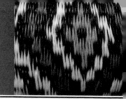

ROSARIO FERRÉ

1938, Ponce, Puerto Rico

Narradora, poeta y ensayista, Rosario Ferré comunica con pluma ágil y perspectiva histórica su visión crítica de la sociedad puertorriqueña. Como estudiosa de la literatura, obtuvo la maestría en literatura hispanoamericana y española en la Universidad de Puerto Rico (1982) y el doctorado, en ese mismo campo de estudio, en la Universidad de Maryland (1987). Los primeros cuentos, poemas y ensayos críticos de Ferré aparecieron en la revista *Zona: carga y descarga*, publicación dedicada a la nueva literatura puertorriqueña que ella dirigió entre 1972 y 1974. Su primer libro fue *Papeles de Pandora* (1976), una colección de catorce cuentos y seis poemas narrativos. En ellos recrea, mediante la diversidad de registros del lenguaje, el humor satírico y la fantasía, una realidad dominada por la explotación económica y por los prejuicios raciales y sexuales. Los problemas que confronta la mujer en los distintos niveles de esta sociedad estratificada constituyen el núcleo temático de sus cuentos, particularmente en "Cuando las mujeres quieren a los hombres", "Amalia" y "La muñeca menor". La autora siguió escribiendo sobre estos temas en sus libros posteriores.

La obra publicada de Ferré incluye: *Los cuentos de Juan Bobo* (1981); las colecciones de relatos tituladas *El medio pollito* (1978) y *La mona que le pisaron la cola* (1981); los poemas de *Fábulas de la garza desangrada* (1982); los ensayos de *Sitio a Eros* (1980, 2.ª ed. corregida y aumentada, 1986); *El árbol y sus sombras* (1989) y *El coloquio de las perras* (1990); la colección *Maldito amor* (1986), que contiene la novela corta del mismo nombre y tres relatos; los cuentos, fragmentos autobiográficos y poemas de *Las dos Venecias* (1992); la novela de sátira religiosa y crítica social titulada *La batalla de las Vírgenes* (1993); una novela escrita en inglés, *The House on the Lagoon* (1995), y en español (*La casa de la laguna*, 1997), donde la historia multigeneracional de dos familias se confunde con la historia de Puerto Rico desde comienzos del siglo XX; y *Vecindarios excéntricos* (1998), una colección de cuentos que relatan historias familiares ocurridas durante los últimos años de la sociedad colonial en la isla.

Reconstruir el mundo de sus antepasados es tarea que atrae a la escritora puertorriqueña, no sólo porque se encuentran en él las raíces del presente, sino también porque cree que, a pesar de sus injusticias, ese mundo desaparecido contenía valores que merecen rescatarse. En "Maldito amor", Ferré evoca el Puerto Rico de comienzos del siglo XX, época en la que ocurrió la ruina económica y el desplazamiento político de la vieja clase terrateniente y el surgimiento de una nueva clase capitalista dominada por las compañías de los Estados Unidos. En ese período se sitúa también "Isolda en el espejo", incluido en el mismo volumen. "El regalo", por otra parte, presenta el conflicto de clases y la discriminación racial dentro del ambiente de un exclusivo colegio religioso para niñas. La mujer como escritora, sus características propias y sus posibilidades, así como las limitaciones que aún debe superar, es otro de sus temas, particularmente en *Sitio a Eros*. Este libro incluye ensayos sobre las grandes escritoras del pasado, entre ellas George Sand (1804–1876), Virginia Woolf (1882–1941) y, más cercanas a nuestro tiempo, Anaís Nin (1903–1977) y Sylvia Plath (1932–1963). Entre las obras publicadas por Ferré en lo que va del presente siglo, se encuentran tres novelas: *El vuelo del cisne* (2001), donde se narran las penurias, las intrigas amorosas, así como la apasionada dedicación artística, de los miembros de una compañía de ballet rusa refugiada en Puerto Rico a raíz de la Revolución de 1917; *La extraña muerte del Capitán Candelario* (2002), de carácter futurista, que se desarrolla en un Puerto Rico al que el Congreso de Estados Unidos ha decidido dar una independencia obligatoria, porque ya no le es de utilidad estratégica o beneficio económico. En esa sociedad imaginada, se produce una lucha de clases de rockeros contra salseros, la clase oprimida. *Lazos de sangre* (2010) describe la vida y desarrollo de una escritora, Rosa Monroig, y muestra, a través de ella, los obstáculos que se elevan contra su éxito y la discriminación contra la mujer durante el pasado siglo. La novela recrea el mundo social, en particular el de las ciudades de Ponce y Mayagüez, y las relaciones entre sus familiares aristocráticas.

En "La muñeca menor" se mezclan lo real y lo fantástico. La "chágara" pertenece a este último orden. Aunque esta palabra proviene de la lengua de los indios taínos y significa "camarón de río", el animal del cuento es, según la autora, producto de su imaginación y de la de cada lector, quien puede visualizar esa chágara como quiera. El texto de Ferré comunica su sentido por medio de elementos de valor metafórico y simbólico, tales como las muñecas, la miel y las chágaras. Aunque permite distintas interpretaciones, el relato hace explícita la condición de víctimas de las dos protagonistas, y sugiere una forma de venganza como desenlace de la trama.

■ Bibliografía mínima

Castillo García, Gema. "A Room/Voice of One's Own: La recuperación de la voz de dos heroínas ferrerianas, Gloria Camprubí e Isabel Monfort". *Revista de Estudios Hispánicos* 33.1 (2006): 17–37. Impreso.

Filer, Malva E. "Polifonía y contrapunto: la crónica histórica en *Maldito amor*, y *The House on the Lagoon*." *Revista Hispánica Moderna* 49.2 (1996): 318–28, Impreso.

Gascón Vera, Elena. "Sitio a Eros: The Liberated Eros of Rosario Ferré". *Reinterpreting the Spanish American Essay: Women Writers of the 19th and 20th Centuries*. Ed. Doris Meyer. Austin: U of Texas P, 1995. 197–206. Impreso.

Gutiérrez Mouat, Ricardo. "La 'loca del desván' y otros intertextos de *Maldito Amor*". *Modern Language Notes* 109.2 (1994): 283–306. Impreso.

Murphy, Marie. "Rosario Ferré en el espejo: Defiance and Inversions". *Hispanic Review* 65.2 (1997): 145–57. Impreso.

Palma, María Irene. "La metamorfosis en 'Axolotl' y 'La muñeca menor': Una reacción a la vida". *Hipertexto* 1 (2005): 105–108. Impreso.

Pastén B., J. Agustín. "Essayistic Discourse as Literary Autobiography and Feminist Criticism in Rosario Ferré's *Sitio a Eros* and *El coloquio de las perras*". *Hispanófila* 132 (2001): 103–23. Impreso.

Puleo, Augustus C. "The Intersection of Race, Sex, Gender, and Class in a Short Story of Rosario Ferré". *Studies in Short Fiction* 32.2 (1995): 227–36. Impreso.

Rodero, Jesús. "Lo fantástico feminista: Metamorfosis y transgresión en Rosario Ferré y Rima de Vallbona". *Neophilologus* 93.2 (2009): 263–77. Impreso.

Scoular, Bryan T. "Over Our Dead Bodies: Emilia Pardo Bazán, Rosario Ferré, and the Feminine Fantastic". *Forum for Modern Language Studies* 44.4 (2008): 445–59. Impreso.

Trigo, Benigno. "Vicisitudes de lo perverso en la literatura de Puerto Rico: Desde *El puertorriqueño dócil* hasta *El capitán de los dormidos*". *Revista Iberoamericana* 75.229 (2009): 1253–282. Impreso.

Papeles de Pandora (1976)

LA MUÑECA MENOR

La tía vieja había sacado desde muy temprano el sillón al balcón que daba al cañaveral como hacía siempre que se despertaba con ganas de hacer una muñeca. De joven se bañaba a menudo en el río, pero un día en que la lluvia había recrecido la corriente en cola de dragón había sentido en el tuétano[1] de los huesos una
5 mullida sensación de nieve. La cabeza metida en el reverbero negro de las rocas, había creído escuchar, revolcados con el sonido del agua, los estallidos del salitre sobre la playa y pensó que sus cabellos habían llegado por fin a desembocar en el mar. En ese preciso momento sintió una mordida terrible en la pantorrilla. La sacaron del agua gritando y se la llevaron a la casa en parihuelas[2] retorciéndose
10 de dolor.

El médico que la examinó aseguró que no era nada, probablemente había sido mordida por una chágara viciosa. Sin embargo pasaron los días y la llaga no cerraba. Al cabo de un mes el médico había llegado a la conclusión de que la chágara se había introducido dentro de la carne blanda de la pantorrilla, donde
15 había evidentemente comenzado a engordar. Indicó que le aplicaran un sinapismo[3] para que el calor la obligara a salir. La tía estuvo una semana con la pierna rígida, cubierta de mostaza desde el tobillo hasta el muslo, pero al finalizar el tratamiento se descubrió que la llaga se había abultado aún más, recubriéndose de una substancia pétrea y limosa que era imposible tratar de remover sin que
20 peligrara toda la pierna. Entonces se resignó a vivir para siempre con la chágara enroscada dentro de la gruta de su pantorrilla.

Había sido muy hermosa, pero la chágara que escondía bajo los largos pliegues de gasa de sus faldas la había despojado de toda vanidad. Se había encerrado en la casa rehusando a todos sus pretendientes. Al principio se había dedi-
25 cado a la crianza de las hijas de su hermana, arrastrando por toda la casa la pierna monstruosa con bastante agilidad. Por aquella época la familia vivía rodeada de un pasado que dejaba desintegrar a su alrededor con la misma impasible musicalidad con que la lámpara de cristal del comedor se desgranaba a pedazos sobre el mantel raído de la mesa. Las niñas adoraban a la tía. Ella las peinaba, las bañaba
30 y les daba de comer. Cuando les leía cuentos se sentaban a su alrededor y levantaban con disimulo el volante almidonado de su falda para oler el perfume de guanábana madura que supuraba la pierna en estado de quietud.

[1] Médula, parte interior de un hueso largo.
[2] Angarillas, camilla para transporte de enfermos.

[3] Remedio hecho con polvo de mostaza.

Cuando las niñas fueron creciendo la tía se dedicó a hacerles muñecas para jugar. Al principio eran sólo muñecas comunes, con carne de guata[4] de higüera
35 y ojos de botones perdidos. Pero con el pasar del tiempo fue refinando su arte hasta ganarse el respeto y la reverencia de toda la familia. El nacimiento de una muñeca era siempre motivo de regocijo sagrado, lo cual explicaba el que jamás se les hubiese ocurrido vender una de ellas, ni siquiera cuando las niñas eran ya grandes y la familia comenzaba a pasar necesidad. La tía había ido agrandando
40 el tamaño de las muñecas de manera que correspondieran a la estatura y a las medidas de cada una de las niñas. Como eran nueve y la tía hacía una muñeca de cada niña por año, hubo que separar una pieza de la casa para que la habitasen exclusivamente las muñecas. Cuando la mayor cumplió diez y ocho años había ciento veintiséis muñecas de todas las edades en la habitación. Al abrir la puerta,
45 daba la sensación de entrar en un palomar,[5] o en el cuarto de muñecas del palacio de las tzarinas[6] o en un almacén donde alguien había puesto a madurar una larga hilera de hojas de tabaco. Sin embargo, la tía no entraba en la habitación por ninguno de estos placeres, sino que echaba el pestillo a la puerta e iba levantando amorosamente cada una de las muñecas canturreándoles[7] mientras las mecía: Así
50 eras cuando tenías un año, así cuando tenías dos, así cuando tenías tres, reviviendo la vida de cada una de ellas por la dimensión del hueco que le dejaban entre los brazos.

El día que la mayor de las niñas cumplió diez años, la tía se sentó en el sillón frente al cañaveral y no se volvió a levantar jamás. Se balconeaba días enteros
55 observando los cambios de agua de las cañas y sólo salía de su sopor cuando la venía a visitar el doctor o cuando se despertaba con ganas de hacer una muñeca. Comenzaba entonces a clamar para que todos los habitantes de la casa viniesen a ayudarla. Podía verse ese día a los peones de la hacienda haciendo constantes relevos al pueblo como alegres mensajeros incas, a comprar cera, a comprar barro
60 de porcelana, encajes, agujas, carretes de hilos de todos los colores. Mientras se llevaban a cabo estas diligencias, la tía llamaba a su habitación a la niña con la que había soñado esa noche y le tomaba las medidas. Luego le hacía una mascarilla de cera que cubría de yeso por ambos lados como una cara viva dentro de dos caras muertas; luego hacía salir un hilillo rubio interminable por un hoyito en la
65 barbilla. La porcelana de las manos era siempre translúcida; tenía un ligero tinte marfileño que contrastaba con la blancura granulada de las caras de biscuit. Para hacer el cuerpo, la tía enviaba al jardín por veinte higüeras relucientes. Las cogía con una mano y con un movimiento experto de la cuchilla las iba rebanando una a una en cráneos relucientes de cuero verde. Luego las inclinaba en hilera contra
70 la pared del balcón, para que el sol y el aire secaran los cerebros algodonosos de guano[8] gris. Al cabo de algunos días raspaba el contenido con una cuchara y lo iba introduciendo con infinita paciencia por la boca de la muñeca.

Lo único que la tía transigía[9] en utilizar en la creación de las muñecas sin que estuviese hecho por ella, eran las bolas de los ojos. Se los enviaban por correo

---

[4] La pulpa de la higüera (o jigüera), cuyo fruto es similar a la calabaza.

[5] Sitio donde se crían palomas.

[6] Ferré emplea esta palabra no española, en vez de zarinas, de uso corriente en el idioma.

[7] Canturrear: cantar con poca voz y descuidadamente.

[8] Fibra de las pencas de palma.

[9] Transigir: conceder, aceptar.

75 desde Europa en todos los colores, pero la tía los consideraba inservibles hasta no haberlos dejado sumergidos durante un número de días en el fondo de la quebrada para que aprendiesen a reconocer el más leve movimiento de las antenas de las chágaras. Sólo entonces los lavaba con agua de amoníaco y los guardaba, relucientes como gemas, colocados sobre camas de algodón, en el fondo de una 80 lata de galletas holandesas. El vestido de las muñecas no variaba nunca, a pesar de que las niñas iban creciendo. Vestía siempre a las más pequeñas de tira bordada y a las mayores de broderí, colocando en la cabeza de cada una el mismo lazo abullonado y trémulo de pecho de paloma.

Las niñas empezaron a casarse y a abandonar la casa. El día de la boda la tía 85 les regalaba a cada una la última muñeca dándoles un beso en la frente y diciéndoles con una sonrisa: "Aquí tienes tu Pascua de Resurrección". A los novios los tranquilizaba asegurándoles que la muñeca era sólo una decoración sentimental que solía colocarse sentada, en las casas de antes, sobre la cola del piano. Desde lo alto del balcón la tía observaba a las niñas bajar por última vez las escaleras 90 de la casa sosteniendo en una mano la modesta maleta a cuadros de cartón y pasando el otro brazo alrededor de la cintura de aquella exuberante muñeca hecha a su imagen y semejanza, calzada con zapatillas de ante,[10] faldas de bordados nevados y pantaletas de valenciennes.[11] Las manos y la cara de estas muñecas, sin embargo, se notaban menos transparentes, tenían la consistencia de la leche 95 cortada. Esta diferencia encubría otra más sutil: la muñeca de boda no estaba jamás rellena de guata, sino de miel.

Ya se habían casado todas las niñas y en la casa quedaba sólo la más joven cuando el doctor hizo a la tía la visita mensual acompañado de su hijo que acababa de regresar de sus estudios de medicina en el norte. El joven levantó el 100 volante de la falda almidonada y se quedó mirando aquella inmensa vejiga abotagada que manaba una esperma perfumada por la punta de sus escamas verdes. Sacó su estetoscopio y la auscultó cuidadosamente. La tía pensó que auscultaba la respiración de la chágara para verificar si todavía estaba viva, y cogiéndole la mano con cariño se la puso sobre un lugar determinado para que palpara el 105 movimiento constante de las antenas. El joven dejó caer la falda y miró fijamente al padre. Usted hubiese podido haber curado esto en sus comienzos, le dijo. Es cierto, contestó el padre, pero yo sólo quería que vinieras a ver la chágara que te había pagado los estudios durante veinte años.

En adelante fue el joven médico quien visitó mensualmente a la tía vieja. Era 110 evidente su interés por la menor y la tía pudo comenzar su última muñeca con amplia anticipación. Se presentaba siempre con el cuello almidonado, los zapatos brillantes y el ostentoso alfiler de corbata oriental del que no tiene donde caerse muerto. Luego de examinar a la tía se sentaba en la sala recostando su silueta de papel dentro de un marco ovalado, a la vez que le entregaba a la menor el mismo 115 ramo de siemprevivas moradas. Ella le ofrecía galletitas de jengibre y cogía el ramo quisquillosamente[12] con la punta de los dedos como quien coge el estómago de un erizo[13] vuelto al revés. Decidió casarse con él porque le intrigaba su perfil dormido, y porque ya tenía ganas de saber cómo era por dentro la carne de delfín.

---

[10] Piel de ante, rumiante parecido al ciervo.
[11] Encaje.
[12] Con melindres, con exceso de delicadeza.

[13] Mamífero insectívoro de 20 a 30 centímetros de largo, con el dorso y los costados cubiertos de púas que pone erectas cuando se ve perseguido.

El día de la boda la menor se sorprendió al coger la muñeca por la cintura
120 y encontrarla tibia, pero lo olvidó enseguida, asombrada ante su excelencia artística. Las manos y la cara estaban confeccionadas con delicadísima porcelana de Mikado. Reconoció en la sonrisa entreabierta y un poco triste la colección completa de sus dientes de leche. Había, además, otro detalle particular: la tía había incrustado en el fondo de las pupilas de los ojos sus dormilonas[14] de brillantes.

125 El joven médico se la llevó a vivir al pueblo, a una casa encuadrada dentro de un bloque de cemento. La obligaba todos los días a sentarse en el balcón, para que los que pasaban por la calle supiesen que él se había casado en sociedad. Inmóvil dentro de su cubo de calor, la menor comenzó a sospechar que su marido no sólo tenía el perfil de silueta de papel sino también el alma. Confirmó
130 sus sospechas al poco tiempo. Un día él le sacó los ojos a la muñeca con la punta del bisturí y los empeñó por un lujoso reloj de cebolla[15] con una larga leontina.[16] Desde entonces la muñeca siguió sentada sobre la cola del piano, pero con los ojos bajos.

A los pocos meses el joven médico notó la ausencia de la muñeca y le pre-
135 guntó a la menor qué había hecho con ella. Una cofradía de señoras piadosas le habían ofrecido una buena suma por la cara y las manos de porcelana para hacerle un retablo a la Verónica en la próxima procesión de Cuaresma. La menor le contestó que las hormigas habían descubierto por fin que la muñeca estaba rellena de miel y en una sola noche se la habían devorado. "Como las manos y
140 la cara eran de porcelana de Mikado, dijo, seguramente las hormigas las creyeron hechas de azúcar, y en este preciso momento deben de estar quebrándose los dientes, royendo con furia dedos y párpados en alguna cueva subterránea". Esa noche el médico cavó toda la tierra alrededor de la casa sin encontrar nada.

Pasaron los años y el médico se hizo millonario. Se había quedado con toda
145 la clientela del pueblo, a quienes no les importaba pagar honorarios exorbitantes para poder ver de cerca a un miembro legítimo de la extinta aristocracia cañera. La menor seguía sentada en el balcón, inmóvil dentro de sus gasas y encajes, siempre con los ojos bajos. Cuando los pacientes de su marido, colgados de collares, plumachos y bastones, se acomodaban cerca de ella removiendo los rollos de
150 sus carnes satisfechas con un alboroto de monedas, percibían a su alrededor un perfume particular que les hacía recordar involuntariamente la lenta supuración de una guanábana. Entonces les entraban a todos unas ganas irresistibles de restregarse las manos como si fueran patas.

Una sola cosa perturbaba la felicidad del médico. Notaba que mientras él se
155 iba poniendo viejo, la menor guardaba la misma piel aporcelanada y dura que tenía cuando la iba a visitar a la casa del cañaveral. Una noche decidió entrar en su habitación para observarla durmiendo. Notó que su pecho no se movía. Colocó delicadamente el estetoscopio sobre su corazón y oyó un lejano rumor de agua. Entonces la muñeca levantó los párpados y por las cuencas vacías de los ojos co-
160 menzaron a salir las antenas furibundas de las chágaras.

From *Papeles de Pandora*. Copyright © 1976 by Rosario Ferré. Published by Vintage Español/US (2000) and first published by Editorial Joaquín Mortiz. By permission of Susan Bergholz Literary Services, New York, NY, and Lamy, NM. All rights reserved.

---

[14] Aretes.

[15] Reloj de bolsillo.

[16] Cadena de reloj, ancha y colgante.

■ Preguntas generales

1. ¿Cuáles son los temas que presenta Ferré en sus obras? ¿Que géneros literarios elige para hacerlo?
2. ¿Qué características tiene el lenguaje utilizado por la autora? ¿Qué recursos estilísticos emplea?
3. ¿Por qué le interesa a Ferré la reconstrucción del pasado? ¿Qué período de la historia de Puerto Rico evoca en su obra?
4. ¿Qué aspectos de su obra pueden considerarse autobiográficos?
5. ¿De qué modo comunica su posición feminista y su visión crítica de la sociedad?

■ Preguntas de análisis

1. ¿Qué elementos reales, fantásticos y simbólicos se mezclan en "La muñeca menor"?
2. ¿Cuáles son los rasgos de carácter que definen, respectivamente, a los personajes femeninos y a los masculinos?
3. ¿De qué modo personifica el texto a las muñecas? ¿Cómo se indica la progresiva transformación del personaje?
4. ¿Cómo interpreta Ud. el fin de este cuento?
5. ¿Cree Ud. que el relato tiene un impacto positivo o negativo en el lector? ¿Por qué?

■ Temas para informes escritos

1. Aspectos comunes de la obra de Ferré y la de otros escritores de su grupo generacional.
2. Las voces narrativas en la obra de Ferré.
3. La representación simbólica en la narrativa de Ferré.
4. La reescritura de los mitos en *Fábulas de la garza desangrada*.
5. La reinterpretación de la historia y la escritura femenina en la obra de Ferré.

■ Temas de reflexión y comentario

1. La evolución de la familia puertorriqueña en la narrativa de Rosario Ferré.
2. *Sitio a Eros*. Los ensayos de Rosario Ferré.
3. La escritura de la historia como ejercicio del poder en *La casa de la laguna*.
4. Los conflictos de raza y de clase en la obra de Ferré.
5. La posición de Ferré sobre el papel del bilingüismo en la escritura de sus obras.

ANTONIO CISNEROS

1942, Lima, Perú

Periodista, traductor de poesía, guionista cinematográfico, profesor de Literatura en las universidades peruanas de Huamanga (Ayacucho) y San Marcos, así como en instituciones académicas europeas y norteamericanas, Antonio Cisneros es una de las voces más originales de la poesía hispanoamericana actual.

Destierro, su primer poemario, se publicó en 1961, seguido por David en 1962. Comentarios reales (1964), libro donde revisó la historia peruana, lo afirmó como poeta. Con un tono irónico y mordaz, evidente en el título que remite a la conocida obra del Inca Garcilaso de la Vega (ver pp. 64–74), la voz poética rechazó tanto las glorias virreinales y republicanas del Perú como su brillante pasado precolombino para describir un ambiente en el que predominan la hipocresía, la injusticia y la opresión. Incapaz de identificarse con la historia patria, el poeta asumió tempranamente el desencanto y la desilusión. Canto ceremonial contra un oso hormiguero (1968) continúa en esa dirección desmitificadora y a la vez confirma la base sociopolítica de la alienación del poeta. Con todo, algunos de los poemas recopilados en esta colección ofrecen una explicación más personal: el yo lírico se asfixia en un ambiente regido por un estricto código social. La tensión entre lo que se debe hacer y lo que se desea hacer, y la angustia resultante es un tema recurrente en la obra de Cisneros. En este último libro dicho tema aparece en poemas como "Soy el favorito de mis cuatro abuelos"; después volverá a repetirse, por ejemplo, en "La última costumbre del día", de Agua que no has de beber (1971). Como higuera en un campo de golf (1972) muestra otro tipo de alienación: el poeta, hombre del tercer mundo y admirador de Europa, no encuentra un lugar en esa sociedad desarrollada. Asume entonces su realidad: Perú es la patria que tanto desea cambiar.

Las características más sobresalientes de este período lírico de Cisneros son la ironía, la reflexión y la parodia. El lenguaje poético es sencillo y hace recordar los antipoemas del chileno Nicanor Parra; en los versos de Cisneros esta sencillez se logra a través del trabajo cuidadoso del instrumento lingüístico unido a un deseo de sorprender y descentrar al lector. Este aspecto lúdico está ligado, sin embargo, a un mensaje amargo y serio que desnuda tanto al poeta como al universo de sus versos. Con frecuencia las composiciones de Cisneros están matizadas por la ternura, muy evidente en aquellos versos donde menciona a sus hijos.

El libro de Dios y de los húngaros (1978) testimonia el retorno al cristianismo del autor, y recoge experiencias de su estancia en Hungría (1974–1975). Vale notar que el nuevo catolicismo de Cisneros está vinculado a la teología de la liberación propugnada por su compatriota, el sacerdote Gustavo Gutiérrez; este cristianismo militante ha hecho que al escritor peruano se le haya comparado con el poeta y sacerdote nicaragüense, Ernesto Cardenal. En esta dirección se coloca Crónica *del Niño Jesús de Chilca* (1981), donde una voz lírica popular cuenta la historia de una comunidad de la costa del Perú. *Monólogo de la casta Susana y otros poemas* (1986) trata nuevamente temas principales en la obra de Cisneros otorgándoles un matiz reflexivo a través de las voces de escritores consagrados. La colección *Las inmensas preguntas celestes* (1992) reafirma la continuidad de la obra de Antonio Cisneros y a la vez destaca su habilidad para manejar diversas modalidades poéticas. *Poesía reunida* (1996) recogió poemas principales de Cisneros.

Posteriormente aparecieron *Un crucero a las islas Galápagos (nuevos cantos marianos)* (2005) y *Diario de un diabético hospitalizado* (2010). En la primera colección los poemas en prosa se organizan como un viaje imaginario; en ellos Cisneros continúa la veta religiosa matizándola con una preocupación por la muerte, la vejez, las enfermedades; las experiencias místicas ocurren en variados ambientes donde se observa una peculiar intercesión de la naturaleza. La Virgen María, protectora de los pecadores arrepentidos, ocupa el centro de estas experiencias. En esta poesía intimista no faltan la ironía y el cuestionamiento tan característicos en la obra del vate limeño. La segunda colección reúne tres poemas, "Réquiem jubiloso por el Teatro Municipal incendiado", "Toros" y "Diario de un diabético hospitalizado", donde el yo lírico adquiere tono elegíaco desplazándose de lo público a lo íntimo.

La prosa de Cisneros se ha recogido en *El arte de envolver pescado* (1990) y *El libro del buen salvaje* (1994); en ambos el autor se vale de la crónica para describir con humor y parquedad impresiones y sucesos ligados a sus experiencias en el Perú, Norteamérica, Asia y Europa. *Ciudades en el tiempo: crónicas de viaje* (2001), otra colección de textos en prosa, recorre los numerosos lugares que ha visitado, todo ello matizado por entretenidas anécdotas. Tanto la prosa como la poesía de Antonio Cisneros lo muestran como lúcido intérprete de vivencias personales y realidades sociales.

■ Bibliografía mínima

Bazán, José Cerna. "La poesía como género híbrido: experimentación literaria y heteroglosia en el Perú". *Revista de Crítica Literaria Latinoamericana* 25.50 (1999): 235–45. Impreso.

Chiquillo, Raquel Patricia. "Hacia la confrontación con el no-idioma: El uso del color y la naturaleza en *El libro de Dios y de los húngaros*". *Hispanic Poetry Review* 6.2 (2006): 68–89. Impreso.

Cisneros, Antonio. *Comentarios reales*. Madrid: Pre-Textos, 2003. Impreso.

——. *Crónica del niño Jesús de Chilca; Monólogo de la casta Susana y otros poemas; Las inmensas preguntas celestes*. Lima/Bogotá: Peisa/Arango, 2000. Impreso.

——. *Poesía, reunida*. Lima: Nacional, 1996. Impreso.

——. *Un crucero a las islas Galápagos: (nuevos cantos marianos)*. Lima: PEISA, 2005. Impreso.

——. *Ciudades en el tiempo: crónicas de viaje*. Lima: Fondo Editorial del Congreso del Perú, 2001. Impreso.

Hart, Stephen M. "Three Tropes of Postmodernism in Contemporary Peruvian Poetry". *Neophilologus* 89.4 (2005): 575–85. Impreso.

Manzari, H. J. "Antonio Cisneros: Algunas inmensas preguntas". *Tropos* 24.1 (1998): 34–42. Impreso.

Roca, Juan Manuel. "Animalario de Antonio Cisneros". *Cuadernos Hispanoamericanos* 709–10 (2009): 25–30. Impreso.

Comentarios reales (1964)

TÚPAC AMARU[1] RELEGADO

Hay libertadores
de grandes patillas sobre el rostro,
que vieron regresar muertos y heridos
después de los combates. Pronto su nombre
5 fue histórico, y las patillas
creciendo entre sus viejos uniformes
los anunciaban como padres de la patria.
Otros sin tanta fortuna, han ocupado
dos páginas de texto
10 con los cuatro caballos[2] y su muerte.

TRES TESTIMONIOS DE AYACUCHO

Amaneció al fin, el 9 de diciembre de 1824,[3] el día más grande para la América del Sur, y pudieron encontrarse frente a frente los soldados de la libertad y el despotismo.

(Mi primera historia del Perú)

1. DE UN SOLDADO

Después de la batalla, no había sitio donde amontonar
a nuestros muertos, tan sucios y ojerosos, desparramados[4]
en el pasto como sobras de este duro combate.
Los héroes hinchados y amarillos se mezclan entre piedras
5 o caballos abiertos y tendidos bajo el alba: es decir,
los camaradas muertos son iguales
al resto de otras cosas comestibles después de una batalla,
y pronto
100 pájaros marrones se reproducirán sobre sus cuerpos,
10 hasta limpiar la yerba.

2. DE UNA MADRE

Unos soldados que bebían aguardiente me han dicho que ahora este país es
     nuestro.
También dijeron que no espere a mis hijos. Debo entonces
cambiar las sillas de madera por un poco de aceite y unos panes.
5 Negra es la tierra como muertas hormigas, los soldados dijeron que era nuestra.
Sin embargo cuando empiecen las lluvias

---

[1] José Gabriel Túpac Amaru: descendiente de la realeza incaica y líder de una rebelión (1780) contra las autoridades españolas. Reclamó, entre otras cosas, un trato más justo para la población indígena. Después de varios triunfos bélicos, Túpac Amaru fue traicionado, derrotado y entregado a las tropas realistas. Murió en Cuzco donde antes presenció la ejecución de su esposa, su hijo y sus colaboradores más cercanos. Los peruanos lo consideran un precursor de las luchas por la independencia.
[2] Se refiere al descuartizamiento de Túpac Amaru, atado a cuatro caballos.
[3] Fecha de la batalla de Ayacucho que selló la independencia del continente.
[4] Dispersos, esparcidos.

he de vender el poncho[5] y los zapatos de mis muertos, guardarme del halcón.
Algún día compraré un burro peludo para bajar hasta mis campos de tierra
    negra,
10 para cosechar
en las anchas tierras moradas.

3. DE LA MADRE, OTRA VEZ

    Mis hijos y otros muertos todavía
pertenecen al dueño de los caballos,
dueño también de tierras y combates.

    Unos manzanos crecen entre sus huesos
5 o estas duras retamas.[6] Así abonan
los sembríos morados. Así sirven
al dueño de la guerra, del hambre
y los caballos.

Crónica del niño Jesús de Chilca (1981)

LAS SALINAS

    Yo nunca vi la nieve y sin embargo he vivido entre la nieve[7] toda mi
        juventud.
En las Salinas, adonde el mar no terminaba nunca y las olas eran dunas de sal.
En las Salinas, adonde el mar no moja pero pinta.
5 Nieve de mi juventud prometedora como un árbol de mango.
Veinte varas[8] de sal para cada familia de cristianos. Y aún más.
Sal que los arrieros[9] nos cambiaban por el agua de lluvia. Y aún más.
Ni sólidos ni líquidos los blanquísimos bordes de ese mar.
Bajo el sol de febrero destellaban[10] más que el flanco de plata de lenguado.[11]
10 (Y quemaban las niñas de los ojos).
A veces las mareas —hora del sol, hora de la luna— se alzaban como lomos de
        caballo.
Mas siempre volvían.
Hasta que un mal verano y un invierno las aguas afincaron[12] para tiempos
15 y ni rezos ni llantos pudieron apartarlas de los campos de sal.
    Y el mar levantó techo.[13]

Ahora que ya enterré a mi padre y a mi hermano mayor y mis hijos están
        prontos a enterrarme,
han vuelto las Salinas altas y deslumbrantes bajo el sol.
20 Hay también unas grúas y unas torres que separan los ácidos del cloro.

---

[5] Especie de capa usada en los Andes que
consiste en una pieza rectangular con abertura
en el centro para pasar la cabeza.
[6] Planta de pequeñas flores amarillas. Se utiliza
para hacer escobas.
[7] Se refiere a la blancura de las salinas.

[8] Medida de longitud.
[9] Conductores de las bestias de carga.
[10] Brillaban.
[11] Pez de forma aplanada y escamas brillosas.
[12] Se quedaron.
[13] Se quedó permanentemente.

(Ya nada es del común.)
Y yo salgo muy poco pero Luis —el hijo de Julián— me cuenta que los perros
      no dejan acercarse.
Si parece mentira.
25 Mala leche tuvieron los hijos de los hijos de la sal.
Puta madre.
Qué de perros habrá para cuidar los blanquísimos campos donde el mar no
      termina y la tierra tampoco.
Qué de perros, Señor, qué oscuridad.

Monólogo de la casta Susana y otros poemas (1986)

HAY VECES QUE LOS HIJOS

Entonces yo flotaba entre las olas y el salitre del Atlántico boreal.
Era un barco con hierro de Marcona, bandera de Liberia y marineros griegos.
Los tumbos[14] en la noche o las más ordinarias nostalgias eran pretexto
para escribir poemas (muy sentidos) sobre Diego, hijo del alma delgado y
5   amarillo.
Y poco a poco me las ingenié para meterlo (contra su voluntad) entre mis libros.
Luego vinieron Alejandra y Soledad. No sé por qué perezas fueron abandonadas
      (o libradas) de mi canto.
No por completo, es cierto. Soledad (75) supo de festejos el día que nació
10   bajo la nieve. Y la comparé (también) con un erizo.
Alejandra (81), apenas más alta que una mesa, tan sólo fue nombrada en una
      triste prosa.
Siento que les debo unos versos que hablen de su gracia y su belleza (puros
      lugares comunes) y del dolor de vivir separados (puro melodrama).
15 Aunque en verdad, ya no deseo que sean ricas o buenas o virtuosas.
Dados los tiempos, me contento con que en el camino del mar hasta la casa
      no sufran ningún mal.

Las inmensas preguntas celestes (1992)

RÉQUIEM (3)

A las inmensas preguntas celestes
no tengo más respuesta
que comentarios simples y sin gracia
sobre las muchachas
5 que viven por mi casa
cerca del faro y el malecón Cisneros.
Y no pretendan ver
en la cháchara[15] tonta esa humildad

---

[14] Las olas.   [15] Conversación.

de los antiguos griegos.
10 Ocurre apenas
que las inmensas preguntas celestes
sacan a flote
mi desencanto y mis aburrimientos.
Que a la larga
15 me tienen dando vueltas
como un zancudo[16] al final de la tarde.
Haciendo tiempo
mientras llega la hora de oficiar
mis pompas funerarias,
20 que no serán gran cosa
por supuesto.
En esos momentos malos bastará
con una mula vieja
y un ánfora de palo
25 brillante y negra
como el lomo mojado de un delfín.
¡Ah las preguntas celestes!
Las inmensas.

■ Preguntas generales

1. ¿Qué importancia tiene *Comentarios reales* en el desarrollo poético de Cisneros?
2. ¿Qué tensiones presenta *Canto ceremonial contra un oso hormiguero*?
3. ¿Cómo se caracteriza el lenguaje poético de Cisneros?
4. ¿Qué se entiende por "teología de la liberación", con quién se la asocia y cómo se relaciona la obra de Cisneros a este movimiento?
5. ¿Qué tipo de prosa ha cultivado Cisneros, y con qué autores y movimiento literario se la asocia?

■ Preguntas de análisis

1. ¿Qué contraste se establece entre los héroes consagrados y Tupac Amaru en "Tupac Amaru relegado"? ¿Por qué ha sido relegado el héroe indígena?
2. En "Tres testimonios de Ayacucho", explique qué ha significado la independencia para la madre. ¿Qué imágenes configuran los sentimientos de esta mujer?
3. ¿Qué tipo de lenguaje emplea el poeta en "Las salinas"? ¿Qué simbolizan los perros? Estudie los recursos expresivos y el tema de este poema y de "Tres testimonios de Ayacucho" y señale similaridades y diferencias.
4. En "Hay veces que los hijos", ¿qué función tienen los paréntesis? ¿Qué tono predomina en el poema, y qué vocabulario se emplea para describir los sentimientos del padre?

---

[16] Mosquito.

5. ¿Qué entendemos por "preguntas celestes"? ¿Cómo responde la voz poética a esas preguntas, y qué ideas le suscitan? ¿Cómo relacionamos la conclusión con el título del poema?

◼ Temas para informes escritos

1. La revisión de la historia peruana en *Comentarios reales*.
2. Aspectos lúdicos de la poesía de Cisneros.
3. La familia en tres poemas de *Monólogo de la casta Susana*.
4. El lenguaje poético y las voces populares de *Crónica del Niño Jesús de Chilca*.
5. La prosa de Cisneros y su visión humorística de los sucesos.

◼ Temas de reflexión y comentario

1. Ernesto Cardenal y Antonio Cisneros: encuentros y desencuentros poéticos.
2. La labor periodística de Antonio Cisneros.
3. El sencillismo lírico de Nicanor Parra y Antonio Cisneros.
4. Motivos religiosos en la poesía de Antonio Cisneros.
5. La historia personal y la nacional en la obra de Cisneros.

ISABEL ALLENDE

1942, Lima, Perú

Photo by Horst Tappe/Hulton Archive/Getty Images

Escritora y periodista, Isabel Allende ha conquistado un lugar prominente en las letras hispanoamericanas desde la aparición de su primera novela, *La casa de los espíritus* (1982). Hija de diplomáticos, nació en Lima, Perú, pero es de nacionalidad chilena. Siendo aún muy pequeña sus padres se separaron y ella, su madre y dos hermanos se fueron a vivir en la casa de los abuelos maternos. En los rincones oscuros y silenciosos de la vieja casona, la niña habitó en castillos encantados, jugó con fantasmas y encontró libros y objetos abandonados que estimularon su curiosidad intelectual y su fantasía. La influencia de la madre fue, según la autora ha dicho, muy importante en su vida. Ella la alentó a apuntar sus ideas en un cuaderno, tarea con la que comenzó su aprendizaje de escritora. La abuela fue también una figura ejemplar. Aunque murió durante la infancia de la autora, ésta conservó su imagen suficientemente viva como para inspirarle el personaje de Clara del Valle en *La casa de los espíritus*. Del mismo modo se basó en su abuelo para la creación de Esteban Trueba, quien inicia una dinastía familiar con la cual el relato reconstruye setenta años de historia chilena.

Antes de escribir obras de ficción, Allende había sido periodista en Santiago de Chile. En esta actividad se inició muy joven, a los diecisiete años. Al producirse el golpe de estado que derrocó y causó la muerte de su tío, el presidente Salvador Allende (1973), salió de Chile y se radicó en Caracas, Venezuela. Su vocación literaria despertó entonces, en el exilio, y estuvo impulsada por la necesidad que sentía de mantener los vínculos con la patria que había perdido. *La casa de los espíritus* surgió de su propia experiencia, a nivel personal y familiar, y como resultado de haber participado en los acontecimientos históricos que convulsionaron a su país. Si bien la crítica ha subrayado las coincidencias de esta novela con *Cien años de soledad* de Gabriel García Márquez, los estudios más analíticos muestran las diferencias entre las dos obras, sobre todo en la caracterización de los personajes femeninos. En *La casa de los espíritus,* a través de las cuatro generaciones de mujeres en la familia Trueba, se relata la historia de la lucha por superar las limitaciones impuestas por una sociedad patriarcal y autoritaria, y se llega hasta el momento en que las mujeres comienzan a asumir un papel activo en la lucha social. Si bien *Cien años de soledad* ha sido un modelo literario para Allende y para otros escritores de su generación, su texto obedece a otra visión, distinta y hasta cierto punto antagónica. Esta visión de la historia chilena, con su mezcla de fantasía, humor paródico y realismo sin disfraces se destaca, no por tener algunos elementos propios del realismo mágico, sino por el poder que una voz femenina asume en ella al contar la historia. Con esto Allende demuestra claramente su identificación con las tendencias, anteriormente explicadas, de la generación posterior a la de la "nueva narrativa" de los años sesenta.

La segunda novela de Isabel Allende, *De amor y de sombra* (1984), alude también al período de la dictadura de Pinochet, y se basa en un caso verídico de violencia política, el asesinato de cinco miembros de una familia, sobre el cual la autora se enteró por los periódicos de Caracas. Luego de esta obra, Allende ha abandonado los temas relacionados con la época de la dictadura para escribir *Eva Luna* (1987) y *Los cuentos de Eva Luna* (1990), donde presenta personajes femeninos fuertes, libres y aventureros. Tanto Eva Luna, protagonista de la novela del mismo nombre, como muchas de las mujeres de sus cuentos, son personajes picarescos, pero concebidos según esquemas que subvierten los moldes de la tradición picaresca, ampliando así las posibilidades de acción y de desarrollo del personaje femenino. En años posteriores, después de haberse radicado en los Estados Unidos, Allende publicó *El plan infinito* (1991), cuya acción tiene lugar en California durante la guerra de Vietnam y los años siguientes, *Paula* (1994), testimonio de la experiencia trágica de la autora frente a la enfermedad y la muerte de su hija, *Hija de la fortuna* (1998) y *Retrato en sepia* (2001), novelas donde las aventuras de sus personajes los llevan a vivir, desde mediados del siglo XIX, experiencias decisivas en Chile y en California. En *Mi país inventado* (2003), Allende elabora recuerdos de su vida en y fuera de Chile. *Inés del alma mía* (2006) relata la vida de Inés Suárez, la primera mujer europea en llegar a Chile en el siglo XVI, y narra, además, su relación amorosa con Pedro de Valdivia, a cuyo lado estuvo durante la conquista de Chile y la fundación de la ciudad de Santiago. *La isla bajo el mar* (2009) es la historia de Zarité Sedella, vendida como esclava a los nueve años a un propietario de tierras y dueño de esclavos en el Saint-Domingue de fines del siglo XVIII. Zarité es una mujer luchadora de extraordinaria valentía, quien emerge de las condiciones más crueles de sometimiento para conquistar su libertad y la de sus hijos, y para vivir con dignidad sus últimos años al lado del hombre que ama. Las protagonistas de estas novelas siguen el modelo establecido desde las primeras obras de la autora: son mujeres fuertes, capaces de arriesgarse y de luchar contra obstáculos y peligros, mujeres que —por su voluntad o forzadas por el destino— viven vidas azarosas y aventureras. Algo distinta de las anteriores, *El cuaderno de Maya* transcurre entre Estados Unidos y la isla de Chiloé, en el sur de Chile, donde se refugia una joven adicta a drogas amenazada por criminales.

"Clarisa", incluido en *Cuentos de Eva Luna,* contiene muchos de estos rasgos representativos de la narrativa de Allende: su personaje es una mujer fuerte ante la adversidad, valiente ante el peligro, con una actitud comprensiva e irrefrenables impulsos caritativos. Clarisa enfrenta la vida con energía y optimismo, mientras su marido queda psicológicamente anulado con el nacimiento de dos hijos anormales; ella decide su destino sin dejarse dominar por las convenciones sociales.

■ Bibliografía mínima

Avendaño, Nadia. "La hija de la fortuna: Cross-Dressing, Travel, and Gendering the Self". *CIEHL: Cuaderno Internacional de Estudios Humanísticos y Literatura* 7 (2007): 113–27. Impreso.

Borrachero Mendíbil, Aránzazu. "Estereotipos raciales y sexuales en la narrativa del 'realismo mágico': La revisión crítica del 'boom'". *Ciberletras* 16 (2007).Web. <http://www.lehman.cuny.edu/ciberletras/v16/borrachero.html>.

Buedel, Barbara Foley. "Magical Places in Isabel Allende's *Eva Luna* and *Cuentos de Eva Luna". West Virginia University Philological Papers* 53 (2006): 108–17. Impreso.

Carullo, Sylvia G. "Fetichismo, magia amorosa y amor erótico en dos cuentos de Isabel Allende". *Texto Crítico* 3.4–5 (1997): 125–32. Impreso.

Cooper, Sara E. "Family Systems and National Subversion in Isabel Allende's *The House of the Spirits". Interdisciplinary Literary Studies: A Journal of Criticism and Theory* 10.1 (2008): 16–37. Impreso.

Gesso Cabrera, Ana María del. "Romper barreras: El discurso femenino". *Alba de América: Revista Literaria* 28.53–54 (2009): 239–46. Impreso.

Gutiérrez, José Ismael. "Metamorfosis de la subjetividad femenina y veleidades intergenéricas en *Hija de la fortuna*, de Isabel Allende". *Letras Hispanas: Revista de Literatura y Cultura* 5.1 (2008): 20–31. Impreso.

"Isabel Allende". Web. <http://www.isabelallende.com/>.

Levine, Linda Gould. *Isabel Allende.* New York: Twayne, 2002. Impreso.

Lutes, Leasa Y. *Allende, Buitrago, Luiselli: Aproximaciones teóricas al concepto del'Bildungsroman' femenino.* New York: Peter Lang, 2000. Impreso.

Cuentos de Eva Luna (1990)

CLARISA

Clarisa nació cuando aún no existía la luz eléctrica en la ciudad, vio por televisión al primer astronauta levitando sobre la superficie de la luna y se murió de asombro cuando llegó el Papa de visita y le salieron al encuentro los homosexuales disfrazados de monjas. Había pasado la infancia entre matas de helechos y corredores alumbrados por candiles de aceite. Los días transcurrían lentos en aquella época. Clarisa nunca se adaptó a los sobresaltos de los tiempos de hoy, siempre me pareció que estaba detenida en el aire color sepia de un retrato de otro siglo. Supongo que alguna vez tuvo cintura virginal, porte gracioso y perfil

de medallón, pero cuando yo la conocí ya era una anciana algo estrafalaria,[1] con
10 los hombros alzados como dos suaves jorobas y su noble cabeza coronada por
un quiste sebáceo,[2] como un huevo de paloma, alrededor del cual ella enrollaba
sus cabellos blancos. Tenía una mirada traviesa y profunda, capaz de penetrar
la maldad más recóndita y regresar intacta. En sus muchos años de existencia
alcanzó fama de santa y después de su muerte muchos tienen su fotografía en
15 un altar doméstico, junto a otras imágenes venerables, para pedirle ayuda en las
dificultades menores, a pesar de que su prestigio de milagrera no está reconocido
por el Vaticano y con seguridad nunca lo estará, porque los beneficios otorgados
por ella son de índole caprichosa: no cura ciegos como Santa Lucía ni encuentra
marido para las solteras como San Antonio, pero dicen que ayuda a soportar el
20 malestar de la embriaguez, los tropiezos de la conscripción[3] y el acecho[4] de la
soledad. Sus prodigios son humildes e improbables, pero tan necesarios como las
aparatosas maravillas de los santos de catedral.

La conocí en mi adolescencia, cuando yo trabajaba como sirvienta en casa
de La Señora, una dama de la noche, como llamaba Clarisa a las de ese oficio. Ya
25 entonces era casi puro espíritu, parecía siempre a punto de despegar del suelo y
salir volando por la ventana. Tenía manos de curandera[5] y quienes no podían pagar un médico o estaban desilusionados de la ciencia tradicional esperaban turno
para que ella les aliviara los dolores o los consolara de la mala suerte. Mi patrona
solía llamarla para que le aplicara las manos en la espalda. De paso, Clarisa hur-
30 gaba[6] en el alma de La Señora con el propósito de torcerle la vida y conducirla
por los caminos de Dios, caminos que la otra no tenía mayor urgencia en recorrer,
porque esa decisión habría descalabrado[7] su negocio. Clarisa le entregaba el calor
curativo de sus palmas por diez o quince minutos, según la intensidad del dolor,
y luego aceptaba un jugo de fruta como recompensa por sus servicios. Sentadas
35 frente a frente en la cocina, las dos mujeres charlaban sobre lo humano y lo divino, mi patrona más de lo humano y ella más de lo divino, sin traicionar la tolerancia y el rigor de las buenas maneras. Después cambié de empleo y perdí de
vista a Clarisa hasta un par de décadas más tarde, en que volvimos a encontrar-
nos y pudimos restablecer la amistad hasta el día de hoy, sin hacer mayor caso de
40 los diversos obstáculos que se nos interpusieron, inclusive el de su muerte, que
vino a sembrar cierto desorden en la buena comunicación.

Aun en los tiempos en que la vejez le impedía moverse con el entusiasmo
misionero de antaño,[8] Clarisa preservó su constancia para socorrer[9] al prójimo, a
veces incluso contra la voluntad de los beneficiarios, como era el caso de los chu-
45 los[10] de la calle República, quienes debían soportar, sumidos en la mayor mor-
tificación, las arengas[11] públicas de esa buena señora en su afán inalterable de

---

[1] Extravagante.
[2] De sebo, grasa.
[3] Servicio militar.
[4] Acción de acechar: observar, seguir los pasos
para atacar.
[5] Persona que, sin título ni conocimientos
médicos, se dedica a curar, generalmente por
procedimientos supersticiosos o sin ningún
fundamento científico.
[6] Escarbaba.

[7] Habría perjudicado.
[8] De otros tiempos, de tiempos pasados.
[9] Ayudar a otro ser humano que se encuentra
en un peligro o en una necesidad apremiante.
[10] Hombres que trafican con prostitutas,
rufianes.
[11] Discursos destinados a despertar en los
oyentes entusiasmo o valor para llevar a cabo
algo.

redimirlos. Clarisa se desprendía de todo lo suyo para darlo a los necesitados; por lo general sólo tenía la ropa que llevaba puesta y hacia el final de su vida le resultaba difícil encontrar pobres más pobres que ella. La caridad se convirtió en
50 un camino de ida y vuelta y ya no se sabía quién daba y quién recibía.

Vivía en un destartalado[12] caserón de tres pisos, con algunos cuartos vacíos y otros alquilados como depósito a una licorería, de manera que una ácida pestilencia[13] de borracho contaminaba el ambiente. No se mudaba de esa vivienda, herencia de sus padres, porque le recordaba su pasado abolengo[14] y porque
55 desde hacía más de cuarenta años su marido se había enterrado allí en vida, en un cuarto al fondo del patio. El hombre fue juez de una lejana provincia, oficio que ejerció con dignidad hasta el nacimiento de su segundo hijo, cuando la decepción le arrebató[15] el interés por enfrentar su suerte y se refugió como un topo[16] en el socavón[17] maloliente de su cuarto. Salía muy rara vez, como una sombra
60 huidiza, y sólo abría la puerta para sacar la bacinilla[18] y recoger la comida que su mujer le dejaba cada día. Se comunicaba con ella por medio de notas escritas con su perfecta caligrafía y de golpes en la puerta, dos para sí y tres para no. A través de los muros de su cuarto se podían escuchar su carraspeo[19] asmático y algunas palabrotas de bucanero[20] que no se sabía a ciencia cierta a quién iban dirigidas.
65 —Pobre hombre, ojalá Dios lo llame a Su lado cuanto antes y lo ponga a cantar en un coro de ángeles —suspiraba Clarisa sin asomo de ironía; pero el fallecimiento oportuno de su marido no fue una de las gracias otorgadas por la Divina Providencia, puesto que la ha sobrevivido hasta hoy, aunque ya debe tener más de cien años, a menos que haya muerto y las toses y maldiciones que se
70 escuchan sean sólo el eco de ayer.

Clarisa se casó con él porque fue el primero que se lo pidió y a sus padres les pareció que un juez era el mejor partido posible. Ella dejó el sobrio bienestar del hogar paterno y se acomodó a la avaricia y la vulgaridad de su marido sin pretender una fortuna mejor. La única vez que se le oyó un comentario nostálgico
75 por los refinamientos del pasado fue a propósito de un piano de cola con el cual se deleitaba de niña. Así nos enteramos de su afición por la música y mucho más tarde, cuando ya era una anciana, un grupo de amigos le regalamos un modesto piano. Para entonces ella había pasado casi sesenta años sin ver un teclado de cerca, pero se sentó en el taburete y tocó de memoria y sin la menor vacilación un
80 Nocturno de Chopin.

Un par de años después de la boda con el juez, nació una hija albina, quien apenas comenzó a caminar acompañaba a su madre a la Iglesia. La pequeña se deslumbró en tal forma con los oropeles[21] de la liturgia, que comenzó a arrancar los cortinajes para vestirse de obispo y pronto el único juego que le interesaba era
85 imitar los gestos de la misa y entonar cánticos en un latín de su invención. Era retardada sin remedio, sólo pronunciaba palabras en una lengua desconocida,

[12] Excesivamente grande o desproporcionado, desarreglado y desordenado.
[13] Mal olor.
[14] Ascendencia ilustre.
[15] Arrebatar: quitar algo violentamente.
[16] Mamífero insectívoro parecido a un ratón en tamaño y forma; vive en galerías subterráneas que abre con sus fuertes uñas.
[17] Hoyo o cueva.
[18] Vasija pequeña que se usa en el dormitorio para recoger la orina.
[19] Tosecilla que se hace voluntaria o involuntariamente para aclarar la garganta.
[20] Pirata, corsario.
[21] Adornos ostentosos pero de poco valor.

babeaba sin cesar y sufría incontrolables ataques de maldad, durante los cuales debían atarla como un animal de feria para evitar que masticara los muebles y atacara a las personas. Con la pubertad se tranquilizó y ayudaba a su madre en
90 las labores de la casa. El segundo hijo llegó al mundo con un dulce rostro asiático, desprovisto de curiosidad, y la única destreza que logró adquirir fue equilibrarse sobre una bicicleta, pero no le sirvió de mucho porque su madre no se atrevió nunca a dejarlo salir de la casa. Pasó la vida pedaleando en el patio en una bicicleta sin ruedas fija en un atril.

95   La anormalidad de sus hijos no afectó el sólido optimismo de Clarisa, quien los consideraba almas puras, inmunes al mal, y se relacionaba con ellos sólo en términos de afecto. Su mayor preocupación consistía en preservarlos incontaminados por sufrimientos terrenales; se preguntaba a menudo quién los cuidaría cuando ella faltara. El padre, en cambio, no hablaba jamás de ellos, se aferró al
100 pretexto de los hijos retardados para sumirse en el bochorno,[22] abandonar su trabajo, sus amigos y hasta el aire fresco y sepultarse en su pieza, ocupado en copiar con paciencia de monje medieval los periódicos en un cuaderno de notario. Entretanto su mujer gastó hasta el último céntimo de su dote y de su herencia y luego trabajó en toda clase de pequeños oficios para mantener a la familia. Las
105 penurias propias no la alejaron de las penurias ajenas y aun en los períodos más difíciles de su existencia no postergó sus labores de misericordia.

Clarisa poseía una ilimitada comprensión por las debilidades humanas. Una noche, cuando ya era una anciana de pelo blanco, se encontraba cosiendo en su cuarto cuando escuchó ruidos desusados en la casa. Se levantó para averiguar
110 de qué se trataba, pero no alcanzó a salir, porque en la puerta tropezó de frente con un hombre que le puso un cuchillo en el cuello.

—Silencio, puta, o te despacho de un solo corte —la amenazó.

—No es aquí, hijo. Las damas de la noche están al otro lado de la calle, donde tienen la música.

115   —No te burles, esto es un asalto.

—¿Cómo dices? —sonrió incrédula Clarisa—. ¿Y qué me vas a robar a mí?

—Siéntate en esa silla, voy a amarrarte.

—De ninguna manera, hijo, puedo ser tu madre, no me faltes el respeto.

—¡Siéntate!

120   —No grites, porque vas a asustar a mi marido, que está delicado de salud. Y de paso guarda el cuchillo, que puedes herir a alguien —dijo Clarisa.

—Oiga, señora, yo vine a robar —masculló[23] el asaltante desconcertado.

—No, esto no es un robo. Yo no te voy a dejar que cometas un pecado. Te voy a dar algo de dinero por mi propia voluntad. No me lo estás quitando, te
125 lo estoy dando, ¿está claro? —fue a su cartera y sacó lo que le quedaba para el resto de la semana—. No tengo más. Somos una familia bastante pobre, como ves. Acompáñame a la cocina, voy a poner la tetera.

El hombre se guardó el cuchillo y la siguió con los billetes en la mano. Clarisa preparó té para ambos, sirvió las últimas galletas que le quedaban y lo invitó
130 a sentarse en la sala.

—¿De dónde sacaste la peregrina[24] idea de robarle a esta pobre vieja?

---

[22] Sentimiento de vergüenza.   [24] Extraña.
[23] Mascullar: gruñir, hablar entre dientes.

El ladrón le contó que la había observado durante días, sabía que vivía sola y pensó que en aquel caserón habría algo que llevarse. Ése era su primer asalto, dijo, tenía cuatro hijos, estaba sin trabajo y no podía llegar otra vez a su casa con las manos vacías. Ella le hizo ver que el riesgo era demasiado grande, no sólo po-dían llevarlo preso, sino que podía condenarse en el infierno, aunque en verdad ella dudaba que Dios fuera a castigarlo con tanto rigor, a lo más iría a parar al purgatorio, siempre que se arrepintiera y no volviera a hacerlo, por supuesto. Le ofreció incorporarlo a la lista de sus protegidos y le prometió que no lo acusaría a las autoridades. Se despidieron con un par de besos en las mejillas. En los diez años siguientes, hasta la muerte de Clarisa, el hombre le enviaba por correo un pequeño regalo en Navidad.

No todas las relaciones de Clarisa eran de esa calaña,[25] también conocía a gente de prestigio, señoras de alcurnia,[26] ricos comerciantes, banqueros y hom-bres públicos, a quienes visitaba buscando ayuda para el prójimo, sin detenerse a especular sobre cómo sería recibida. Cierto día se presentó en la oficina del di-putado Diego Cienfuegos, conocido por sus incendiarios[27] discursos y por ser uno de los pocos políticos incorruptibles del país, lo cual no le impidió ascender a ministro y acabar en los libros de historia como padre intelectual de un cierto tratado de la paz. En esa época Clarisa era joven y algo tímida, pero ya tenía la misma tremenda determinación que la caracterizó en la vejez. Llegó donde el di-putado a pedirle que usara su influencia para conseguirles una nevera moderna a las Madres Teresianas. El hombre la miró pasmado,[28] sin entender las razones por las cuales él debía ayudar a sus enemigas ideológicas.

—Porque en el comedor de las monjitas almuerzan gratis cien niños cada día, y casi todos son hijos de los comunistas y evangélicos que votan por usted —replicó mansamente Clarisa.

Así nació entre ambos una discreta amistad que habría de costarle muchos desvelos y favores al político. Con la misma lógica irrefutable conseguía de los jesuitas becas escolares para muchachos ateos, de la Acción de Damas Católicas ropa usada para las prostitutas de su barrio, del Instituto Alemán instrumentos de música para un coro hebreo, de los dueños de viñas fondos para los progra-mas de alcohólicos.

Ni el marido sepultado en el mausoleo de su cuarto, ni las extenuantes ho-ras de trabajo cotidiano, evitaron que Clarisa quedara embarazada una vez más. La comadrona le advirtió que con toda probabilidad daría a luz otro anormal, pero ella la tranquilizó con el argumento de que Dios mantiene cierto equilibrio en el universo, y tal como Él crea algunas cosas torcidas, también crea otras de-rechas, por cada virtud hay un pecado, por cada alegría una desdicha, por cada mal un bien y así, en el eterno girar de la rueda de la vida todo se compensa a través de los siglos. El péndulo va y viene con inexorable precisión, decía ella.

Clarisa pasó sin prisa el tiempo de su embarazo y dio a luz un tercer hijo. El nacimiento se produjo en su casa, ayudada por la comadrona y amenizado por la compañía de las criaturas retardadas, seres inofensivos y sonrientes que pasaban las horas entretenidos en sus juegos, una mascullando galimatías[29] en su traje

---

[25] Índole, con connotación negativa.
[26] Aristócratas.
[27] Revolucionarios.

[28] Estupefacto, boquiabierto.
[29] Lenguaje incomprensible por la confusión de las frases o de las ideas.

de obispo y el otro pedaleando hacia ninguna parte en una bicicleta inmóvil. En esta ocasión la balanza se movió en el sentido justo para preservar la armonía de la Creación y nació un muchacho fuerte, de ojos sabios y manos firmes, que la madre se puso al pecho, agradecida. Catorce meses después Clarisa dio a luz otro
180 hijo con las características del anterior.

—Éstos crecerán sanos para ayudarme a cuidar a los dos primeros —decidió ella, fiel a su teoría de las compensaciones, y así fue, porque los hijos menores resultaron derechos como dos cañas y bien dotados para la bondad.

De algún modo Clarisa se las arregló para mantener a los cuatro niños sin
185 ayuda del marido y sin perder su orgullo de gran dama solicitando caridad para sí misma. Pocos se enteraron de sus apuros financieros. Con la misma tenacidad con que pasaba las noches en vela fabricando muñecas de trapo o tortas de novia para vender, batallaba contra el deterioro de su casa, cuyas paredes comenzaban a sudar un vapor verdoso, y le inculcaba a los hijos menores sus principios
190 de buen humor y de generosidad con tan espléndido efecto que en las décadas siguientes estuvieron siempre junto a ella soportando la carga de sus hermanos mayores, hasta que un día éstos se quedaron atrapados en la sala de baño y un escape de gas los trasladó apaciblemente a otro mundo.

La llegada del Papa se produjo cuando Clarisa aún no cumplía ochenta
195 años, aunque no era fácil calcular su edad exacta, porque se la aumentaba por coquetería, nada más que para oír decir cuán bien se conservaba a los noventa y cinco que pregonaba. Le sobraba ánimo,[30] pero le fallaba el cuerpo, le costaba caminar, se desorientaba en las calles, no tenía apetito y acabó alimentándose de flores y miel. El espíritu se le fue desprendiendo en la misma medida en que
200 le germinaron las alas, pero los preparativos de la visita papal le devolvieron el entusiasmo por las aventuras terrenales. No aceptó ver el espectáculo por televisión, porque sentía una desconfianza profunda por ese aparato. Estaba convencida de que hasta el astronauta en la luna era una patraña filmada en un estudio de Hollywood, igual como engañaban con esas historias en las cuales los prota-
205 gonistas se amaban o se morían de mentira y una semana después reaparecían con sus mismas caras, padeciendo otros destinos. Clarisa quiso ver al Pontífice con sus propios ojos, para que no fueran a mostrarle en la pantalla a un actor con paramentos[31] episcopales, de modo que tuve que acompañarla a vitorearlo[32] en su paso por las calles. Al cabo de un par de horas defendiéndonos de la muche-
210 dumbre de creyentes y de vendedores de cirios,[33] camisetas estampadas, policromías y santos de plástico, logramos vislumbrar al Santo Padre, magnífico dentro de una caja de vidrio portátil, como una blanca marsopa[34] en su acuario. Clarisa cayó de rodillas, a punto de ser aplastada por los fanáticos y por los guardias de la escolta. En ese instante, justamente cuando teníamos al Papa a tiro de piedra,
215 surgió por una calle lateral una columna de hombres vestidos de monjas, con las caras pintarrajeadas, enarbolando[35] pancartas en favor del aborto, el divorcio, la sodomía y el derecho de las mujeres a ejercer el sacerdocio. Clarisa hurgó en su

---

[30] Tenía entusiasmo y valor, más de lo necesario.
[31] Ornamentos litúrgicos. Indumentaria que usa el sacerdote para decir misa, y adornos del altar.

[32] Vitorear: aclamar, dar vivas u otros gritos de entusiasmo en honor a alguien.
[33] Velas gruesas y largas.
[34] Pez cetáceo parecido al delfín.
[35] Enarbolar: sostener en alto una bandera o estandarte.

bolso con mano temblorosa, encontró sus gafas y se las colocó para cerciorarse de que no se trataba de una alucinación.

220   —Vámonos, hija. Ya he visto demasiado —me dijo, pálida.

Tan desencajada[36] estaba, que para distraerla ofrecí comprarle un cabello del Papa, pero no lo quiso, porque no había garantía de su autenticidad. El número de reliquias capilares[37] ofrecidas por los comerciantes era tal, que alcanzaba para rellenar un par de colchones, según calculó un periódico socialista.

225   —Estoy muy vieja y ya no entiendo el mundo, hija. Lo mejor es volver a casa.

Llegó a su caserón extenuada, con el fragor de campanas y vítores todavía retumbándole en las sienes. Partí a la cocina a preparar una sopa para el juez y a calentar agua para darle a ella una infusión de camomila, a ver si eso la tranquilizaba un poco. Entre tanto Clarisa, con una expresión de gran melancolía, colocó 230 todo en orden y sirvió el último plato de comida para su marido. Puso la bandeja ante la puerta cerrada y llamó por primera vez en más de cuarenta años.

    —¿Cuántas veces he dicho que no me molesten? —protestó la voz decrépita del juez.

    —Disculpa, querido, sólo deseo avisarte que me voy a morir.

235   —¿Cuándo?

    —El viernes.

    —Está bien —y no abrió la puerta.

Clarisa llamó a sus hijos para darles cuenta de su próximo fin y luego se acostó en su cama. Tenía una habitación grande, oscura, con pesados muebles de 240 caoba tallada[38] que no alcanzaron a convertirse en antigüedades, porque el deterioro los derrotó por el camino. Sobre la cómoda había una urna de cristal con un Niño Jesús de cera de un realismo sorprendente, parecía un bebé recién bañado.

    —Me gustaría que te quedaras con el Niñito, para que me lo cuides, Eva.

    —Usted no piensa morirse, no me haga pasar estos sustos.

245   —Tienes que ponerlo a la sombra, si le pega el sol se derrite. Ha durado casi un siglo y puede durar otro si lo defiendes del clima.

Le acomodé en lo alto de la cabeza sus cabellos de merengue, le adorné el peinado con una cinta y me senté a su lado, dispuesta a acompañarla en ese trance,[39] sin saber a ciencia cierta de qué se trataba, porque el momento carecía de 250 todo sentimentalismo, como si en verdad no fuera una agonía, sino un apacible resfrío.

    —Sería bien bueno que me confesara, ¿no te parece, hija?

    —¡Pero qué pecados puede tener usted, Clarisa!

    —La vida es larga y sobra tiempo para el mal, con el favor de Dios.

255   —Usted se irá derecho al cielo, si es que el cielo existe.

    —Claro que existe, pero no es tan seguro que me admitan. Allí son bien estrictos —murmuró. Y después de una larga pausa agregó— : Repasando mis faltas, veo que hay una bastante grave…

Tuve un escalofrío, temiendo que esa anciana con aureola de santa me di-260 jera que había eliminado intencionalmente a sus hijos retardados para facilitar la justicia divina, o que no creía en Dios y que se había dedicado a hacer el bien en

---

[36] Con la cara alterada por un padecimiento intenso.

[37] Del pelo o relacionado con él.

[38] Labrada.

[39] Ocasión crítica o difícil por la que alguien pasa.

este mundo sólo porque en la balanza le había tocado esa suerte, para compensar el mal de otros, mal que a su vez carecía de importancia, puesto que todo es parte del mismo proceso infinito. Pero nada tan dramático me confesó Clarisa. Se
265 volvió hacia la ventana y me dijo ruborizada que se había negado a cumplir sus deberes conyugales.

—¿Qué significa eso? —pregunté.

—Bueno… me refiero a no satisfacer los deseos carnales de mi marido ¿entiendes?

270 —No.

—Si una le niega su cuerpo y él cae en la tentación de buscar alivio con otra mujer, una tiene la responsabilidad moral.

—Ya veo. El juez fornica y el pecado es de usted.

—No, no. Me parece que sería de ambos, habría que consultarlo.

275 —¿El marido tiene la misma obligación con su mujer?

—¿Ah?

—Quiero decir que si usted hubiera tenido otro hombre, ¿la falta sería también de su esposo?

—¡Las cosas que se te ocurren, hija! —me miró atónita.

280 —No se preocupe, si su peor pecado es haberle escamoteado el cuerpo al juez, estoy segura de que Dios lo tomará en broma.

—No creo que Dios tenga humor para esas cosas.

—Dudar de la perfección divina ése… sí es un gran pecado, Clarisa.

Se veía tan saludable que costaba imaginar su próxima partida, pero supuse
285 que los santos, a diferencia de los simples mortales, tienen el poder de morir sin miedo y en pleno uso de sus facultades. Su prestigio era tan sólido, que muchos aseguraban haber visto un círculo de luz en torno de su cabeza y haber escuchado música celestial en su presencia; por lo mismo no me sorprendió, al desvestirla para ponerle el camisón, encontrar en sus hombros dos bultos inflamados, como
290 si estuviera a punto de reventarle un par de alas de angelote.

El rumor de la agonía de Clarisa se regó con rapidez. Los hijos y yo tuvimos que atender una inacabable fila de gentes que venían a pedir su intervención en el cielo para diversos favores o simplemente a despedirse. Muchos esperaban que en el último momento ocurriera un prodigio[40] significativo, como que el olor
295 a botellas rancias que infectaba el ambiente se transformara en perfume de camelias o su cuerpo refulgiera[41] con rayos de consolación. Entre ellos apareció su amigo, el bandido, quien no había enmendado el rumbo y estaba convertido en un verdadero profesional. Se sentó junto a la cama de la moribunda y le contó sus andanzas sin asomo de arrepentimiento.

300 —Me va muy bien. Ahora me meto nada más que en las casas del barrio alto. Le robo a los ricos y eso no es pecado. Nunca he tenido que usar violencia, yo trabajo limpiamente, como un caballero —explicó con cierto orgullo.

—Tendré que rezar mucho por ti, hijo.

—Rece, abuelita, que eso no me puede hacer mal.

305 También La Señora apareció compungida[42] a darle el adiós a su querida amiga, trayendo una corona de flores y unos dulces de alfajor[43] para contribuir al

---

[40] Milagro, portento; suceso extraordinario, no explicable por causas naturales.

[41] Resplandeciera, emitiera destellos o fulgor.

[42] Apenada.

[43] Golosina compuesta de dos piezas circulares de masa adheridas una a otra con dulces.

velorio. Mi antigua patrona no me reconoció, pero yo no tuve dificultad en iden-
tificarla a ella, porque no había cambiado tanto, se veía bastante bien, a pesar de
su gordura, su peluca[44] y sus extravagantes zapatos de plástico con estrellas do-
310 radas. A diferencia del ladrón, ella venía a comunicarle a Clarisa que sus consejos
de antaño habían caído en tierra fértil y ahora ella era una cristiana decente.

—Cuénteselo a San Pedro, para que me borre del libro negro —le pidió.

—Qué tremendo chasco se llevarán estas buenas personas si en vez de irme
al cielo acabo cocinándome en las pailas[45] del infierno… —comentó la mori-
315 bunda, cuando por fin pude cerrar la puerta para que descansara un poco.

—Si eso ocurre allá arriba, aquí abajo nadie lo sabrá, Clarisa.

—Mejor así.

Desde el amanecer del viernes se congregó una muchedumbre en la calle y a
duras penas sus hijos lograron impedir el desborde de creyentes dispuestos a lle-
320 varse cualquier reliquia, desde trozos de papel de las paredes hasta la escasa ropa
de la santa. Clarisa decaía a ojos vista y por primera vez dio señales de tomar en
serio su propia muerte. A eso de las diez se detuvo frente a la casa un automóvil
azul con placas del Congreso. El chofer ayudó a descender del asiento trasero a
un anciano, que la multitud reconoció de inmediato. Era don Diego Cienfuegos,
325 convertido en prócer después de tantas décadas de servicio en la vida pública.
Los hijos de Clarisa salieron a recibirlo y lo acompañaron en su penoso ascenso
hasta el segundo piso. Al verlo en el umbral de la puerta, Clarisa se animó, volvieron el rubor a sus mejillas y el brillo a sus ojos.

—Por favor, saca a todo el mundo de la pieza y déjanos solos —me sopló al
330 oído.

Veinte minutos más tarde se abrió la puerta y don Diego Cienfuegos salió
arrastrando los pies, con los ojos aguados, maltrecho[46] y tullido,[47] pero sonriendo.
Los hijos de Clarisa, que lo esperaban en el pasillo, lo tomaron de nuevo por los
brazos para ayudarlo; y entonces, al verlos juntos, confirmé algo que ya había
335 notado antes. Esos tres hombres tenían el mismo porte y perfil, la misma pausada
seguridad, los mismos ojos sabios y manos firmes.

Esperé que bajaran la escalera y volví donde mi amiga. Me acerqué para
acomodarle las almohadas y vi que también ella, como su visitante, lloraba con
cierto regocijo.

340 —Fue don Diego su pecado más grave, ¿verdad? —le susurré.

—Eso no fue pecado, hija, sólo una ayuda a Dios para equilibrar la balanza
del destino. Y ya ves cómo resultó de lo más bien, porque por dos hijos retardados tuve otros dos para cuidarlos.

Esa noche murió Clarisa sin angustia. De cáncer, diagnosticó el médico al
345 ver sus capullos de alas; de santidad, proclamaron los devotos apiñados[48] en la
calle con cirios y flores; de asombro, digo yo, porque estuve con ella cuando nos
visitó el Papa.

Isabel Allende. "Clarisa", *Cuentos de Eva Luna*. © Isabel Allende, 1990.

---

[44] Cabellera postiza.
[45] Ollas, cacerolas.
[46] En mal estado físico o moral.

[47] Inválido. Imposibilitado de moverse o de mover algún miembro.
[48] Aglomerados, en grupos apretados.

■ Preguntas generales

1. ¿Cómo transcurrió la infancia de Isabel Allende, y qué influencia tuvieron estas tempranas experiencias en su obra futura? ¿Cuál fue su primera vocación? ¿En qué circunstancias se inició como novelista?
2. ¿Qué época histórica abarca Allende en *La casa de los espíritus?* ¿Qué características tiene su versión del pasado?
3. ¿En qué se basó Allende para escribir *De amor y de sombra?*
4. ¿Qué tipo femenino crea la autora en *Eva Luna* y en *Cuentos de Eva Luna?*
5. ¿Qué otros temas ha explorado en su obra más reciente?

■ Preguntas de análisis

1. ¿Quién relata la historia de Clarisa y qué sentimientos proyecta en la descripción de su personaje?
2. ¿Cuáles son las diferencias de carácter y de conducta entre Clarisa y su marido, y cómo se manifiestan?
3. ¿Qué actividades ocupan a Clarisa y cómo la ayudan a resolver sus problemas? ¿Dónde se observa el uso de expresiones humorísticas o irónicas en la descripción de las actividades de Clarisa?
4. ¿Qué decisión tomó Clarisa para mejorar su destino y el de su familia? ¿Cómo caracterizaría Ud. su actitud con respecto a las normas morales y sociales?
5. ¿Qué revela el personaje de Clarisa acerca de la visión feminista de la autora?

■ Temas para informes escritos

1. Semejanzas y diferencias entre *Cien años de soledad* y *La casa de los espíritus.*
2. Influencia de la experiencia periodística de Allende en su obra.
3. La tradición picaresca y la modificación de las pautas de conducta de la mujer en *Eva Luna* y *Cuentos de Eva Luna.*
4. La solidaridad femenina en la obra de Allende.
5. Ritos, magia y supersticiones en la obra de Isabel Allende.

■ Temas de reflexión y comentario

1. El contexto chileno-californiano de *Hija de la fortuna* y *Retrato en sepia.*
2. Los personajes aventureros de Isabel Allende.
3. El entrecruzamiento de culturas en la obra reciente de Allende.
4. El mensaje liberador que comunican los protagonistas femeninos de Allende.
5. La experiencia personal de los hechos históricos en el relato de la esclava Zarité de *La isla bajo el mar.*

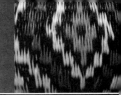

SERGIO RAMÍREZ

1942, Masatepe, Nicaragua

Como muchos intelectuales hispanoamericanos que le precedieron desde la independencia de sus respectivos países, Sergio Ramírez ha vivido entre dos mundos, el de la literatura y el de la responsabilidad cívica. En años recientes, sin embargo, su vocación literaria, mantenida a través de los vaivenes de su trayectoria política, lo ha absorbido completamente, por lo que la literatura centroamericana ha ganado un escritor de gran talento narrativo. Descendiente de una familia de músicos, sus padres, quienes tenían por necesidad una vida errante, lo entregaron a un médico y aficionado violista, para que lo criara. El contacto con su familia de músicos, a la que pertenecían sus abuelos y numerosos tíos y tías, fue una experiencia importante en su formación. Aunque no heredó la vocación de éstos, el mundo de orquestas y bandas musicales ambulantes y las historias de sus rivalidades, así como también el descubrimiento de las tiras cómicas, le darían más tarde material para su novela *Un baile de máscaras* (1995). También el cine influyó sobre el futuro escritor. A los doce años, cuando comenzaba a desarrollar su habilidad para las letras, entró a trabajar como proyeccionista de películas en el único cine que existía en Masatepe, propiedad de un tío suyo. Esto le permitió familiarizarse con películas de Alfred Hitchcock, Ingmar Bergman, Akira Kurosawa, así como con un rico repertorio de películas mexicanas. Ramírez, al igual que otros escritores de su generación, ha incorporado, sin jerarquizarlas, las manifestaciones de la cultura y el arte, desde las formas elaboradas y complejas que requieren un alto grado de educación hasta las expresiones de la cultura popular. Su creatividad se orientó, desde el comienzo, hacia la narrativa. Inició su carrera literaria a la temprana edad de catorce años con la publicación de un cuento basado en una leyenda, "La carreta magna", en el prestigioso suplemento cultural *La prensa literaria* (1956).

En 1959 Ramírez se trasladó a la ciudad de León para cursar estudios de Derecho en la universidad. Allí, junto con Fernando Gordillo, fundó la revista *Ventana,* y estableció contacto con las organizaciones estudiantiles que luchaban por hacer respetar la autonomía universitaria. Ramírez se graduó de abogado en 1964, pero nunca ejerció esa profesión. En 1963, con la publicación de su primer libro, *Cuentos,* había reafirmado su vocación de escritor y comenzado su primera novela, *Tiempo de fulgor,* publicada en Guatemala en 1967. Cuenta en ella su tránsito de Masetepe, su pueblo natal, a León. Nicaragua, en esa época, vivía bajo la dictadura de Anastasio Somoza Debayle (1925–1980), quien había heredado el poder, ejercido por décadas, de su padre, el fundador de la dinastía Somoza. Ramírez decidió exiliarse. Ya casado y con hijos, se trasladó con su familia a Costa Rica, donde se hizo cargo de la dirección de EDUCA, la Editorial Centroamericana Universitaria. En 1973, se fue desde allí a Berlín, gracias a una beca que se le otorgó para que escribiera su novela *¿Te dio miedo la sangre?* (1976). En la ciudad alemana trabajó, también, en la primera versión de *El pensamiento vivo de Sandino* (1975), obra que llegó a tener dos volúmenes en la versión completa, publicada en Nicaragua, en 1984.

En 1975, Ramírez dejó Berlín para volver a Centroamérica y unirse al Frente Sandinista de Liberación Nacional (FSLN) en la lucha contra la dictadura de Somoza. Después del triunfo del FSLN, integró la Junta de Gobierno de Reconstrucción Nacional y fue elegido vicepresidente en 1984, cargo que ejerció hasta las elecciones de 1990, en las que el sandinismo fue derrotado. El país había pasado por un difícil período, en el que la violencia de grupos armados en contra del régimen, apoyados por los Estados Unidos, y los propios errores del sandinismo, precipitaron su deterioro y minaron su popularidad. Desacuerdos y conflictos con el sandinismo oficial de Daniel Ortega llevaron a Ramírez a separarse de éste y formar un partido aparte, en representación del cual se presentó, sin éxito, como candidato presidencial en las elecciones siguientes. Luego de estas experiencias, Ramírez abandonó la política y regresó a su primera y auténtica vocación de escritor, dedicándose por entero desde entonces a escribir su obra y a actividades académicas e intelectuales relacionadas con la literatura. Las experiencias que había vivido se reflejan en *Adiós muchachos. Una memoria de la revolución sandinista* (1999), libro que ofrece una interpretación autocrítica del régimen sandinista.

Entre las obras de ficción del autor se destacan: *Un baile de máscaras*, donde, precisamente, un baile de máscaras, organizado por el protagonista para celebrar el cumpleaños de su esposa, sirve de escenario para una trama, con personajes reales y sobrenaturales, que entreteje, con humor y gracia, la historia de la familia del propio autor con las historias e intrigas de la pequeña ciudad; *Castigo divino* (1988), novela que utiliza las circunstancias de un extraño crimen para recrear el ambiente de Nicaragua al comienzo de los años treinta; *Margarita, está linda la mar* (1998), donde se superponen dos épocas, la de la visita de Rubén Darío a León, al final de su vida, y la del asesinato del dictador Anastasio (Tacho) Somoza García (1956), por el poeta Rigoberto López Pérez. La figura de Darío es el puente que une estas dos épocas, como lo indica la mención del apellido Debayle y la red de vínculos que revelan el entrecruzamiento de los personajes, en su mayoría históricos; *Sombras nada más* (2003) se basa en un hecho ocurrido semanas antes del triunfo sandinista, cuando las fuerzas revolucionarias capturaron, y sometieron a juicio, a un viejo funcionario del régimen de Somoza, llamado Alirio Martinica, quien llegó a ser secretario del dictador. La novela ofrece una versión desmitificadora de las conductas, en la que no hay santos ni monstruos en uno u otro bando. En *Mil y una muertes* (2005), el autor reconstruye la historia del fotógrafo nicaragüense llamado Castellón y comunica, a través de las visiones captadas por su cámara en distintos lugares del mundo, una perspectiva escéptica sobre las nacionalidades y sobre las utopías y los ideales derrotados a través de la historia. Las publicaciones recientes de Ramírez incluyen las colecciones de cuentos *El reino animal* (2007) y *Juego perfecto* (2008), así como *El cielo llora por mí* (2008), novela policíaca. En ésta, a raíz de la desaparición de una mujer, los investigadores del Departamento de Narcóticos de la policía nicaragüense enfrentan con humor y valentía a los temibles carteles de Cali y Sinaloa. La ficción de Sergio Ramírez demuestra un gran talento en el manejo de materiales históricos y el juego de la intertextualidad, en la utilización de distintos registros del lenguaje, incluyendo los del cine y el espectáculo popular, en su habilidad para describir situaciones con un humor cómico y en su empleo de una diversidad de técnicas narrativas.

"Catalina y Catalina", aquí incluido, forma parte de su colección de *Cuentos completos* (1997). El relato comunica una crítica implícita de la sociedad patriarcal, cuyo sexismo y autoritarismo imponen normas de conducta que perpetúan el sometimiento de la mujer y llegan a destruir los lazos familiares.

■ Bibliografía mínima

Blog de Sergio Ramírez. *El Boomeran(g)*. Blog literario en español. Web. <http//www.sergioramirez.org.ni>.

Cabrera, Enriqueta. "Sergio Ramírez: Between Reality and Fiction". *Americas* (English Edition) 58.5 (2006): 10–15. Impreso.

Cruz, Juan. "Sergio Ramírez: El hombre que viaja con su país". *Cuadernos Hispanoamericanos* 716 (2010): 35–38. Impreso.

Henighan, Stephen. "Forged Testimonies: Fabricating the Nation in Sergio Ramírez's *Sombras nada más*". *Modern Language Review* 102.3 (2007): 737–52. Impreso.

Mackenbach, Werner. "Historia y ficción en la obra novelística de Sergio Ramírez". *Iberoamericana: América Latina-España-Portugal* 5.19 (2005): 149–66. Impreso.

Menton, Seymour. "*Margarita, está linda la mar,* una nueva novela histórica en la época posrevolucionaria: 1989–2000". Web. <www.sergioramirez.org.ni/criticas/Seymour%20Menton.htm>.

Ramírez, Sergio. *Cuentos completos*. México, D. F.: Alfaguara: 1997. Impreso.

Ramírez-Pimienta, Juan Carlos. "Darío en el sandinismo: ¿Literatura de la revolución o revolución literaria?". *Crítica Hispánica* 22.1–2 (2000): 209–14. Impreso.

Rodríguez Moya, Daniel. "Sergio Ramírez: 'Los sueños de revolución en Nicaragua fueron muy caros'". *Cuadernos Hispanoamericanos* 703 (2009): 117–27. Impreso.

Rueda Estrada, Verónica. "Sergio Ramírez. Épica y memoria de la revolución sandinista". *Istmo: Revista Virtual de Estudios Literarios y Culturales Centroamericanos* 19 (2009): 1–22. Web. <http://collaborations.denison.edu/istmo/n19/articulos/index.html>.

Tomás, Carlos. "La parábola policíaca de Sergio Ramírez". *Cuadernos Hispanoamericanos* 708 (2009): 63–67. Impreso.

Cuentos completos (1997)

CATALINA Y CATALINA

Esa tarde Catalina planchaba en combinación y sostén como todas las tardes, para aliviarse del calor, porque el cuarto era estrecho y mucho el fogazo de la hornilla de fierro donde se calentaban las planchas, o porque de verdad fuera una adúltera y por eso no se rasuraba los sobacos, aunque sí, y por lo mismo, se
5 depilaba meticulosamente las piernas con una pinza. Adúltera, como después no se cansaría de acusarla mi padre delante de cualquiera, mordiendo las palabras entre las coronas metálicas de su dentadura. Y ya no tuve nunca otra forma de verla en adelante que a la luz de aquella acusación terrible que me recordaba la historia sagrada, derribada a pedradas en el polvo Catalina, magullada y ensan-
10 grentada bajo una lluvia de piedras, hasta morir.

Como todas las tardes, con el dedo humedecido de saliva probaba Catalina el calor de las planchas y se aplicaba con decisión sobre los cuellos y puños de las camisas blancas que rociaba con agua almidonada usando una bomba de flit;[1] una vez planchada cada camisa, iba a depositarlas, desplegadas, sobre la cama,

15 dentro del mosquitero extendido para que no les cayera el polvo; y en los descansos, acercaba a los carbones de la hornilla de fierro la cabellera rojiza para encender los cigarrillos Valencia que fumaba pensativa, sonriendo sola a veces, un brazo cruzado sobre el vientre desnudo, húmedo de sudor, el otro frente al rostro nublado por las lentas bocanadas que tardaban un mundo en deshacerse.

20 Catalina tenía la cabellera tirando a rojizo, los ojos de un amarillo claro y la voz ronca. Una vez, viéndola así, distraída, le preguntó mi padre al pasar para la calle, siempre mordiendo las palabras, que en qué pensaba tanto, como si aquello de verla así, perdida en lontananzas,[2] lo molestara en el alma; se sonrió ella diciéndole que pensaba en países lejanos; y le contestó él, ya agriado, que tuviera

25 mucho cuidado en no engañarlo sobre lo que andaba divagando su cabeza porque le podía costar muy caro.

Y, entonces, resultó lo de esa tarde que empecé diciendo, cuando apareció mi padre, de pronto, en la casa, a una hora en que nadie lo esperaba. Yo estudiaba en voz alta las guerras púnicas,[3] sentada en un banquito al pie del planchador y

30 mi hermano remendaba en el suelo un barrilete, usando el mismo almidón de las camisas. Decían, con admiración, que el secreto de Catalina para dejar aquellos cuellos y puños tan tersos y a la vez tan firmes, que hacía que le llovieran los encargos y la casa anduviera siempre llena de camisas blancas, camisas en el tendedero del patio, camisas sobre las sillas, sobre la mesa del comedor y de-

35 bajo del mosquitero, estaba en la forma en que preparaba su almidón, batiéndolo despacio sin que al final se le espesara mucho, y en aquel procedimiento suyo de rociarlo en las camisas con una bomba de flit; pero yo más bien creo que se debía a su tesón con la plancha. Su brazo derecho, con el bicep desarrollado, se había vuelto fuerte y musculoso, como de boxeador.

40 Mi padre se plantó frente a ella, menudo y nervioso como era, la manzana de adán en un tenso temblor bajo la piel lastimada por la cuchilla de afeitar, las venas en enjambre[4] repintadas muy gruesas en el cuello y debajo del vello de los brazos. La examinó de los pies a la cabeza, con ojos de desprecio; después la escupió en la cara, aún con más desprecio, y le ordenó que se fuera inmediatamente

45 de la casa llamándola una y otra vez adúltera. Catalina, sin discutirle nada, se limpió con los dedos la saliva que le bajaba por la barbilla, y con su voz ronca le dijo que sí, que se iría, que no se preocupara, pero primero tenía que terminar de planchar las camisas blancas y le faltaba todavía media docena. Él, por toda repuesta, volvió a escupirla, y volvió a la calle.

50 Entonces, cuando se había ido, mi hermano y yo corrimos llorando al lado de Catalina y nos prendimos de su combinación pidiéndole que no hiciera caso, que no se fuera. Ella siguió en su tarea de planchar, y mientras tanto nos decía

[1] Tubo flexible que se usa para echar insecticida. Flit, palabra derivada de una marca ya desaparecida, ha pasado al vocabulario como nombre genérico de insecticida.
[2] Lejanías.

[3] Las tres guerras entre Roma y Cartago (264–241, 218–201, y 149–146 antes de la era cristiana), en las que Roma salió victoriosa.
[4] Agrupadas, formando un conjunto.

que no creyéramos nada malo de ella, que no era ninguna adúltera, eran cuentos
y enredos de sus cuñadas que nunca la habían querido, pero que lo mejor era
55 obedecer, que todos le debíamos obediencia a mi padre aunque estuviera equivocado, que nos portáramos bien y estudiáramos las lecciones, iba a escribir, y que
no me olvidara yo de entregar las camisas planchadas en las casas donde pertenecían, todas me las iba a dejar listas, debajo del mosquitero.

Y ya listas todas las camisas se fue al cuarto a meter en una caja de avena
60 Quaker, que sacó de debajo de la cama, su ropa y sus cositas que tenía en el saliente
de la ventana, una polvera musical, una muñequita china de porcelana con un paraguas, una foto suya entre pinares de cuando había ido en bus a Jinotega en un paseo, siendo soltera. En ese mismo saliente de la ventana mi padre manejaba, debajo
de una piedra de río, unos poquitos libros que nunca cambiaron ni dejaron de estar
65 allí: *El Conde de Montecristo*, una novela de Javier de Montepin[5] que no recuerdo, y
un Almanaque Mundial que aún para entonces era ya viejo, de varios años atrás.

Después, Catalina se vistió, tranquila, silbando por lo bajo, como silbaba,
a veces, cuando planchaba, y salió a la calle cargando la caja. La recuerdo en la
puerta mirando en distintas direcciones, como si no supiera para dónde iba a
70 coger, parpadeando, como si la deslumbrara mucho el sol, y recuerdo el vestido
con que se fue, un vestido gris de tela de gro,[6] bordado de negro en el cuello, que
alguna vez había sido de fiesta, descosido de algunas puntadas en un costado.
Tenía veintisiete años para entonces Catalina y, ya dije, el pelo tirando a rojizo,
los ojos de un amarillo claro y la voz ronca.

75 Eran los tiempos del algodón. Mi padre era mecánico de tractores Cater-
pillar en el taller de la Nicaragua Machinery en Masaya, y le habían otorgado un
diploma del mejor mecánico del año que colgaba en la pared, al lado de la mesa
del comedor. Ganaba muy bien, tanto como para mandarme a mí al colegio de las
monjas del Rosario, y dar cada sábado fiestas en el patio que empezaban desde
80 el mediodía. No necesitaba Catalina empeñarse en planchar camisas, él tenía suficiente para proveer; pero si quería seguir desarrollando su brazo de boxeador
con el ejercicio de la plancha, allá ella.

La crudeza de carácter de mi padre la resumo hoy, no sé porqué, en su
grueso cinturón de vaqueta trabajado al buril,[7] en el sombrero de fieltro con man-
85 chas de sudor que no se quitaba ni dentro de la casa, y en sus botas recias, botas
de trabajo pero siempre bien lustradas, extrañas en su brillo porque se suponían
unas botas que no debían de brillar. Y sobre todo en su voz, una voz de órdenes
secas que no tenía matices, la voz con que le ordenó a Catalina salir para siempre
de la casa después de llamarla adúltera, moliendo las palabras entre las coronas
90 metálicas que se entreveían cuando comía, o cuando cantaba.

Porque mi padre cantaba boleros. Extraño, si se quiere; pero ya avanzadas
sus fiestas del sábado mandaba a la calle a buscar algún trío; se sentaba en un
banquito bajo delante de los guitarristas, se aconsejaba con ellos, cada vez, en el
acompañamiento, y entonaba las letras con una voz suave y esquiva,[8] siempre sin
95 matices, los ojos cerrados y la mano en el entrecejo; y seguía cantando, bolero tras

---

[5] Xavier Henri Aymon Perrin, conde de
Montepin (1823–1902) fue un autor de folletines
y dramas populares, de mucho éxito en su
tiempo.

[6] Tela de seda gruesa que se emplea en cintas.
[7] Punzón con el que trabajan los grabadores.
[8] Evasiva, huidiza.

bolero, aunque la gente dejara de ponerle oído, y bebiendo, después de terminar cada canción, sorbos de un vaso de agua tibia que Catalina, por órdenes suyas, le ponía al lado, en el suelo.

100 Nunca puedo imaginarlo cantándole boleros a Catalina, sin embargo, ni acariciándola en la oscuridad, o quitándole alguna prenda de vestir mientras la besaba. Pero recuerdo una tarde de un sábado que me aburría en la casa y entré de pronto al dormitorio de los dos, en busca de nada; saltó él de la cama, desnudo, y se quedó sentado en el borde, encogido, sin darme la cara, mientras Catalina, desnuda también y bañada de sudor, se cubría hasta la cintura, sin quitarme la 105 vista, recogiendo la sábana con extremo cuidado como si tratara de entrar en ella sin que yo me diera cuenta, mientras con su voz ronca, más enronquecida aún, me pedía que saliera.

Tampoco lo recuerdo haciéndome alguna caricia a mí, ni me recuerdo sentada nunca a la mesa junto a él. Se ponía a comer, con mi hermano al lado, y ya 110 cuchillo y tenedor en mano pasaba revista al plato, dividiéndole luego con una señal de los cubiertos en cuatro partes iguales, como un campo de batalla, para empezar entonces su acometida, masticando de manera meticulosa y reflexiva y mirando de nuevo la comida antes de emprender cada bocado, sus ojos hostiles vigilando alrededor para prevenir cualquier interrupción.

115 Mi hermano y yo averiguamos al fin adónde se había ido Catalina. A la casa de su hermano Noelito, el escribiente del juzgado, cerca de la estación del ferrocarril, porque llegó un día mi tía Fula, que era la peor de todas, a decirle a mi padre que ésa seguía en Masaya, la desvergonzada, y que en la casa de su hermano alcahuete,[9] Noelito el escribiente del juzgado que no tenía ni donde caer 120 muerto,[10] recibía al querido.

Esta Fula y mis otras tías se daban ínfulas sociales, caminaban con paso altanero como si el suelo tuviera que pedirles permiso para dejarse pisar, iban a misa de sombrero, sombreros de velillo pendiente, adornados de flores artificiales, y anteojos de sol, que no se quitaban dentro de la Iglesia porque para 125 ellas eso era de grandes damas, hablaban continuamente de apellidos y riquezas, y tampoco tenían donde caer muertas, igual que mi tío Noelito que siempre usaba los mismos pantalones, muy bien remendados, con mucho primor, pero los mismos pantalones que si eran oscuros iban perdiendo el color hasta que los años lo desvanecían por completo, y él que hacía broma de aquella 130 prueba de pobreza diciendo que así estrenaba sin gastar porque, al fin y al cabo, con el tiempo y un pelito, de todos modos llegaba a tener pantalones de distinto color.

Otra tarde en que caía un aguacero muy recio, mi hermano y yo nos concertamos para subirnos enganchados a la culata[11] de un coche de caballos que 135 llevaba pasajeros a la estación del ferrocarril, y fuimos a buscar a Catalina a la casa de su hermano Noelito. Pero ya no estaba.

Mi tío Noelito, que usaba un cabo de lápiz detrás de la oreja porque aquél era su oficio, escribir siempre, nos secó las cabezas con una toalla, nos fue a

---

[9] Mediador en relaciones amorosas o sexuales irregulares o encubridor de ellas.
[10] Expresión que enfatiza su falta de recursos económicos.

[11] Parte posterior.

comprar él mismo, remojándose, una coca cola para cada uno a la pulpería de
140 enfrente, nos metió a su aposento, que quedaba detrás de un biombo forrado con
carátulas de revistas, nos sentó en su cama, y nos explicó que Catalina se había
trasladado a Managua con la voluntad de conseguir allá un dinero para el pasaje
aéreo y así irse a vivir a Los Ángeles donde ya tenía asegurado un trabajo de
planchadora de cuellos y puños en una fábrica de camisas Van Heusen de unos
145 judíos; que nos había dejado saludos por si acaso llegábamos a verla, y que antes
de irse le había encargado comprarnos esas coca colas, de cuenta de ella. Y nos
entregó el vuelto del billete que ella le había dado para las coca colas.

Al oír aquellas noticias yo empecé a llorar muy bajito mientras me tomaba
la coca cola, y mi hermano sólo me miraba, muy asustado, y después me pedía
150 que no llorara porque, entonces, él también iba a llorar.

No tiene nada malo que lloren por el recuerdo de su mamá, nos dijo entonces mi tío Noelito; es una mujer buena y trabajadora y estoy seguro de que
apenas tenga con qué, los manda a traer a los dos para que vayan a pasear a los
Estados Unidos y quién quita y hasta aprenden a hablar en inglés. Con esa pro-
155 mesa, algo me consolé, y mi hermano se puso a preguntar sobre aquel viaje como
si ya al día siguiente fuéramos a subirnos al avión.

Entonces le pregunté yo a mi tío Noelito, así, de pronto, si era cierto que
Catalina era una adúltera, y aunque se lo pregunté dos veces, se hizo el disimu-
lado, y más bien me preguntó él si me gustaba coleccionar estampillas; tenía una
160 del volcán Momotombo, en forma de triángulo, que era escasa. Y aunque le dije
que no, porque nada tenía que ver yo con estampillas, y lo que quería era que me
contestara lo que le estaba preguntando, fue a sacar de una gaveta la estampilla,
que me regaló, diciéndome que sería bueno que me volviera filatélica[12] como él.
Y dijo mi hermano: ¿es filatélica lo mismo que adúltera?
165 Pero mi tío Noelito, muy atolondrado, le contestó que no, que eran palabras
muy distintas; y que nos fuéramos ya para la casa, ya había escampado, no viniera a darse cuenta su cuñado que estábamos allí y Dios nos libre. Y nos tomó de
la mano y nos llevó hasta la puerta.

No eran muchos los hombres que se relacionaban con Catalina. Recuerdo a
170 dos. Valentín, mesero del Club Social que entraba con todo y bicicleta a la casa, a
dejar el costal de sus camisas blancas sucias, un costal de harina Espiga de Oro,
media docena por vez de camisas Venus porque era su obligación atender a los
socios de camisa blanca y corbatín negro. Después de un rato se iba, manejando
su bicicleta con una sola mano, las perchas con sus camisas blancas en la otra,
175 flameando al viento.

Este Valentín, decía Catalina en son de reproche[13] y como si él no estuviera
allí, ya le he dicho que no se ponga tanta brillantina en el pelo porque le chorrea
con el sudor en el cuello de las camisas y cuesta tanto sacar la costra de grumo[14]
que ni raspándola con un cuchillo. Y respondía siempre Valentín: es que me tengo
180 que ver elegante, Catalina.

---

[12] Coleccionista de estampillas.
[13] Queja.
[14] Parte coagulada de un líquido. O: pequeña masa compacta que se forma cuando una sustancia en polvo se deslíe sin precaución en un líquido.

Valentín, para que ella lo hubiera llegado a tomar como pareja de adulterio, no era ni bien parecido ni nada. Un hombre sin gracia, común y corriente. Pero un día de Santa Catalina, que tuvo que haberlo averiguado él en el almanaque porque no se celebra por lo común, le llevó una tarjeta grande, de esas perfu-
185 madas, con dos corazones rojos de satín acolchado, que fue a entregarle hasta la mesa de planchar sin dejar la bicicleta que hacía girar sola sus pedales mientras él la empujaba por el manubrio. Ella, amuinada[15], sin alzar la cabeza, recibió la tarjeta y la guardó muy veloz bajo las camisas lavadas. Es todo lo que recuerdo.

El otro era Peter, el gerente de la sucursal del Banco Calley Dagnall, que
190 sólo usaba camisas Arrow, de mancuernillas,[16] y eran una novedad que admiraba a Catalina las ballenitas de plástico que traían los cuellos por debajo para mantenerlos firmes. Peter se quedaba largo tiempo conversándole a Catalina, cuando llegaba a dejar sus camisas en un saco de lona con las marcas del banco, de los mismos que servían para transportar billetes.

195 Le conversaba, y le contaba chistes de los que ella se reía mientras planchaba, reprimiendo la risa con la boca cerrada, chistes de curas, conventos, monjas, burros, arrieros y loras, siempre había una lora en aquellos chistes; y siempre que terminaba de contar alguno, lo celebraba chocando las manos por arriba de la cabeza e iniciaba un paseo por el cuarto, moviendo las caderas, como en un
200 paso de baile, y volvía a chocar las manos tantas veces como le fuera posible. Un día, algo que yo no oí le dijo Peter y ella se quedó algo así como pestañeando y tal vez llorando, y nunca volvió a aparecer Peter con sus camisas Arrow.

Eso fue todo. Salvo que, delante de Valentín y delante de Peter planchaba Catalina en combinación y sostén; entraban ellos y no se preocupaba de correr
205 a ponerse nada encima, igual que si fuera mi padre el que entrara. Y aquello de quedarse delante de hombres extraños medio desvestida, que más bien podría ser prueba de su inocencia, mi tía Fula lo alegaba como prueba de su maldad, lo mismo el hecho de que todas las noches fuera sola al cine; asunto que no era su culpa, porque a mi padre le repugnaban las películas.

210 Ahora tengo la edad que tenía Catalina cuando se fue de la casa, veintisiete años; y quienes la conocieron de joven siempre me dicen que me parezco mucho a ella. Debe ser. Por lo menos tengo el pelo tirando a rojizo, aunque lo uso muy corto, los ojos de un amarillo claro, aunque desde los doce años llevo lentes, por la miopía; y la voz ronca, una voz que, según me dicen, es de tono sensual; una
215 voz de alcoba, me dijo alguien una vez. Me llamo, además, Catalina. Y me quedé llamándola a ella por su nombre, Catalina, porque se fue lejos para siempre, y porque está de por medio esa acusación en su contra de haber sido adúltera, que sea o no cierto el hecho, me quitó también, desde entonces, la inclinación de llamarla mamá.

220 Cómo será ahora Catalina, qué aspecto tendrá, si conservará el color de su pelo o tendrá canas, arruguitas junto a los ojos y la boca, si seguirá fumando en combinación y sostén, si será siempre musculoso su brazo de planchar, si al fin habrá tenido allá un amante, en el caso de que no lo tuvo aquí. No lo sé. Nunca volvimos a verla, nunca tuvimos una fotografía suya, ni nos escribió nunca invi-
225 tándonos a pasar una temporada con ella en Estados Unidos, como creía el pobre de mi tío Noelito: las vacaciones se les van a hacer pequeñas por tantos lugares

---

[15] Disgustada o triste.   [16] Gemelos para los puños de la camisa.

donde su mamá los va a llevar a pasear, conocerán al perro Lassie[17] en persona, comerán golosinas de allá, empacadas en celofán, y valijas nuevas, de esas de zíper, tendrán que traer por tanta ropa americana que ella va a comprarles. Mentiras.

230 Me bachilleré[18] en el colegio de las monjas del Rosario, mi padre dio a hacer un traje entero para llevarme del brazo, siempre de botas fuertes, bien lustradas; yo le escogí en el almacén de Elías Frech la corbata que se puso, aunque se portó rebelde, ya vestido, a la hora de ir yo a cerrarle el botón del cuello porque le molestaba la manzana de adán. Y fue una de las pocas veces que lo vi reír, enseñando
235 sus calzaduras metálicas, diciéndome que lo dejara, que el botón le apretaba mucho y que iba a parecer chivo ahorcado, con los ojos tan sobresalidos. Y asistió a la ceremonia con el cuello abierto, un sombrero nuevo que compró por su propia cuenta en el mismo almacén de Elías Frech, y unos anteojos oscuros, como mi tía Fula. Y nunca volvió a juntarse con ninguna otra mujer. Por lo menos, ninguna
240 mujer que pusiera los pies en la casa.

Un día, mi hermano no amaneció en la casa. Se fue a la clandestinidad como se estaban yendo muchos de su edad en Masaya, y quedó faltando en su lugar en la mesa de comer al lado de mi padre. Él no dijo nada, ni preguntó nada, y en su aparente tranquilidad daba a entender que mi hermano lo había prevenido de su
245 desaparición, sólo para no verse disminuido en su autoridad; algo muy falso, si costaba que los dos se pasaran palabra. Y en los meses que siguieron, al terminar su tarea de comer, sólo miraba con ojos fijos a la silleta vacía, claro que preocupado, mientras, por largo rato, se escarbaba los dientes con el palillo.

Me matriculé en Derecho en la UCA[19] y debía viajar todos los días a Ma-
250 nagua, con lo que las relaciones con mi padre se fueron haciendo más lejanas, pues apenas nos veíamos por las noches y él con su costumbre constante de no admitirme nunca a la mesa aunque ahora tuviera que comer solo; y así, con esa distancia, yo tampoco iba a contarle que estaba metida en una célula clandestina y que recibía entrenamiento en el manejo de armas. Vino la insurrección de sep-
255 tiembre, me advirtieron que me buscaba la OSN,[20] terminé asilada en la embajada de Costa Rica, y salí exiliada para San José.

En el aeropuerto, cuando los exiliados, que éramos más de cincuenta, subíamos al avión charter en fila de uno, lo vi desde lejos en el balcón de la terminal desierta en un momento en que me volví por acaso, detenida frente a los agentes
260 de la seguridad que comprobaban mi nombre en la lista. No sé cómo habrá llegado hasta allí, si habían prohibido la entrada a todos los familiares. No quitó un sólo momento las manos de la barandilla, no hizo ningún ademán de saludo. Pero había venido a despedirme, por eso estaba allí bajo el sol; y desde lejos, creía verlo masticar algo entre sus calzaduras metálicas, palabras que no salían de su
265 boca cerrada, o acaso sólo masticaba sinsabores.

Llegó el año de 1979. Entonces, en plena ofensiva final mataron en combate a mi hermano, integrado a las fuerzas del Frente Sur que avanzaban desde la frontera con Costa Rica en busca de tomar la ciudad de Rivas. La columna logró

---

[17] Nombre dado a una perra que fue protagonista de una serie televisiva trasmitida desde 1954 a 1973.
[18] Ésta no es una palabra correcta en español, no existe un verbo que pueda conjugarse así.

[19] Universidad Centroamericana.
[20] Oficina de Seguridad Nacional.

recuperar el cadáver y lo enterramos en el panteón del poblado de La Cruz, del
270 lado costarricense. Y entonces, llamó Catalina.

Fue al día siguiente del entierro. No se cómo habrá averiguado mi teléfono
si en aquella casa de Curridabat vivíamos tantos, escondidos tras seudónimos,
y nos cambiábamos, además, de domicilio tan a menudo. Pero llamó. Te llaman
por larga distancia, me dijeron. Yo estaba acomodando medicinas, vendas, gasas
275 y esparadrapos en una caja, la última de un lote que debía salir esa mañana para
el Frente Sur. Quién, pregunté. Dice la operadora que de Los Ángeles. Y corrí al
teléfono. Catalina llamando a Catalina. ¿Es usted Catalina? Catalina, aquí está
Catalina en la línea, adelante. Y esperé. Fueron segundos, muy largos. Adelante,
dijo otra vez la operadora, y hubo un nuevo silencio.
280 ¿Cómo sería su voz? ¿Sería aún más ronca que antes?

No pude saberlo porque lo que escuché fue un llanto que empezaba, una
explosión lejana, un fulgor, un derrumbe, una polvareda de llanto, y yo también
empecé a llorar como si todos aquellos años no hubiera hecho más que acumular
mi carga de llanto para esperar la llegada de aquel momento en que tendría que
285 responderle, llorando, llanto con llanto, y llorábamos y ninguna de las dos dejaba
de llorar, y sólo nuestros sollozos en pugna que crecían, buscaban sosiego y después volvían a irrumpir con violencia desconsolada, podían percibirse a los dos
lados de la línea, un llanto acercándose y otro llanto alejándose, uno que venía y
otro que se iba para encontrarse, rechazarse y volver a encontrarse otra vez.
290 Era tanto tiempo, tantos años, había tantas cosas que decirse, buscar entre
las dos, Catalina y Catalina, aquel hilo roto desde la tarde que la había visto por
última vez en la acera, el viejo vestido de fiesta descosido en el costado, con la
caja de su ropa en la mano, sosteniendo el cordel del amarre, tenso, entre los dedos, sin acertar a decidir adónde dirigirse, cegada por el sol; contarle, al menos,
295 como si hubiera sido una cosa de ayer, que mi tío Noelito había cumplido con el
encargo de comprarnos las coca colas con el dinero que ella le había dejado, y que
me contara ella si se había marchado a Managua con su amante porque era una
adúltera, o es que no tuviste nunca ningún amante y no fuiste una adúltera, men-
tía mi tía Fula, la muy engreída, mentían todas esas tías venenosas, enganchados
300 en la culata de un coche fuimos a buscarte, desvalidos los dos en aquel aposento,
remojados de lluvia, temblando de frío, no debía llorar yo para que no llorara mi
hermano que me decía: voy a llorar, hermanita, tuvo que haber muerto él para
que llamaras por fin, Catalina, qué te costaba, qué te hiciste todo este tiempo,
ni una carta tuya, ni una línea, ni una razón, jamás nos mandaste una foto, me
305 pusieron anteojos de miope, cumplí quince años, tuve mi fiesta, me bachilleré, se
fue a la guerra mi hermano, yo me vine al exilio, a él lo mataron, cayó rescatando
a un compañero herido bajo el fuego de los morteros en la colina 55, yo me he
puesto luto, le pusieron su nombre a la columna guerrillera, ahora uso muy corto
el pelo, qué te costaba comunicarte con nosotros para decirnos si estabas viva, iba
310 a decirle yo con mi voz ronca aun más ronca por el llanto apenas dejáramos de
llorar pero aún lloramos bastante rato todavía.

Y cuando, tanto tiempo después, al fin nos sosegamos, sorbiendo las dos el
llanto, vino otro silencio; y, allá, en la distancia, desde muy lejos, oí decir:

—Catalina, Catalina. ¿Está allí?
315 —Número equivocado —dije yo. Y colgué—.

■ Preguntas generales

1. ¿Qué circunstancias influyeron en la formación literaria de Sergio Ramírez?
2. ¿Qué papel juega la historia de Nicaragua en la narrativa de Ramírez?
3. ¿Desde qué perspectiva evoca Ramírez la revolución sandinista?
4. ¿Qué características comparte Ramírez con otros escritores de su generación?
5. ¿En qué empresas educativas y culturales ha participado Ramírez?

■ Preguntas de análisis

1. ¿Cómo describe el autor la vida familiar en "Catalina y Catalina"?
2. ¿Por qué es expulsada del hogar Catalina, la madre, y cómo se puede interpretar su conducta, antes y después de marcharse?
3. ¿Qué función cumple en el relato el contraste entre el padre de Catalina, la joven, y el tío Noelito?
4. ¿De qué modo interviene la lucha contra la dictadura en la trama del cuento?
5. ¿Qué pone en evidencia el desenlace de la historia?

■ Temas para informes escritos

1. Sergio Ramírez y la "nueva novela histórica".
2. Los personajes femeninos y masculinos en la narrativa de Ramírez.
3. La relación entre personajes reales y personajes ficticios en la obra de Ramírez.
4. La violencia en la ficción de Ramírez.
5. La incomunicación entre las mujeres como secuela del orden patriarcal.

■ Temas de reflexión y comentario

1. La relación conflictiva entre la vocación literaria y la vocación de servicio a la comunidad en escritores como Sergio Ramírez.
2. La recreación de la historia vivida y la autocrítica en la obra de Ramírez.
3. La ambigüedad moral en la conducta de los personajes de Ramírez.
4. Lo carnavalesco en la obra de Ramírez.
5. El punto de vista feminista en algunas narraciones de Ramírez.

MARÍA ROSA LOJO

1954, Buenos Aires

María Rosa Lojo es una de las figuras sobresalientes de la actual literatura argentina. Escritora, investigadora y crítica literaria, se ha destacado como novelista, poeta y ensayista. Es doctora en letras por la Universidad de Buenos Aires, investigadora del Consejo Nacional de Investigaciones Científicas y Técnicas (CONICET) y dicta un Seminario-Taller de Doctorado en la Universidad del Salvador. Hija de exiliados españoles que llegaron a la Argentina a causa de la Guerra Civil, su origen gallego por vía paterna, así como el trauma familiar del exilio, marcaron su juventud y su futura obra. A través del estudio de la literatura e historia argentinas, Lojo se identificó con su país de origen al cual ha hecho una importante contribución, con su extensa y variada obra, como creadora y estudiosa.

Lojo se inició en las letras como poeta con *Visiones* (1984), una colección que anticipa desde su título y la cita de Rainer María Rilke que le sirve de epígrafe, la temática de la mirada interior. Tanto éste, como los poemarios siguientes, *Forma oculta del mundo* (1991) y *Esperan la mañana verde* (1998), son libros de poesía en prosa, forma de expresión que le permite a la autora comunicar su mundo interior y su visión de la realidad. En *Esperan la mañana verde*, la experiencia cotidiana y los recuerdos aparecen transfigurados por la voz poética que los desfamiliariza y transforma en misteriosos e inquietantes.

Luego de su primera novela, de carácter autobiográfico, *Canción perdida en Buenos Aires al Oeste* (1987), Lojo ha cultivado la narrativa histórica, recreando con su ficción el pasado argentino, particularmente la época del tirano Rosas y las décadas posteriores en las que el país inicia, con la organización nacional, su marcha hacia la modernidad. Sus novelas *La pasión de los nómades* (1994), *La princesa federal* (1998) y *Una mujer de fin de siglo* (1999), así como los relatos de *Historias ocultas de la Recoleta* (1999) y *Amores insólitos de nuestra historia* (2001), son parte de ese proyecto. Su reconstrucción del período formativo de la Argentina moderna se inscribe, sin embargo, dentro de un esquema más amplio que incluye novelas en las que la mirada retrospectiva se dirige hacia el pasado inmediato. *Canción perdida en Buenos Aires al Oeste* tiene como contexto la época de la guerra de las Malvinas, y *Las libres del Sur* (2004) recrea parte de la vida de Victoria Ocampo, la aristocrática fundadora de la revista *Sur* y patrocinadora de escritores y de empresas de divulgación cultural. Apoyada en una cuidadosa investigación de cada uno de los períodos históricos que su obra abarca, María Rosa Lojo reconstruye ambientes de época y biografías, reintegrándolas con nuevos significados al presente activo de la memoria colectiva. Sus personajes históricos conviven con los ficticios, una de las características de la "Nueva novela histórica". Lojo recrea en especial figuras femeninas pobremente comprendidas o valoradas en los textos canónicos. Entre ellas, Manuela Rosas, la hija de Juan Manuel de Rosas, en *La princesa federal,* quien reaparece en *Finisterre* (2005) aunque no como figura central; la escritora Eduarda Mansilla de García es la protagonista de *Una mujer de fin de siglo*, novela que ha revivido el interés por la obra y la vida de esta autora tan injustamente olvidada. Al conocimiento y revaloración de Eduarda Mansilla también ha contribuido Lojo con la edición crítica de su obra *Lucía Miranda* (1860), un esmerado trabajo de equipo que ella dirigió y al que enriqueció con su propia introducción.

Mucho más conocido que Eduarda Mansilla es su hermano Lucio V. Mansilla, el autor de *Una expedición a los indios ranqueles* (1875), obra que sirve de intertexto para *La pasión de los nómades* (1994), elaborada como reescritura de la misma. El tema indígena es central en la obra de Lojo, está presente en su ficción, en novelas como *Finisterre*, en poemas de *Esperan la mañana verde* y en sus trabajos de investigación, como lo muestran su libro *La "barbarie" en la narrativa argentina (Siglo XIX)* (1994) y otros ensayos de crítica e investigación sobre el tema. Éste también se encuentra en las colecciones de cuentos *Historias ocultas en la Recoleta, Amores insólitos de nuestra historia* y *Cuerpos resplandecientes* (2007), que dan nueva vida y drama a personalidades históricas e inventadas, a héroes y villanos, a aborígenes, cautivas, caudillos y soldados, hurgando en los misterios del pasado, en las raíces de la identidad nacional, con imaginación y mirada crítica.

De publicación más reciente es *Árbol de familia* (2010), a la que pertenece la selección aquí incluida. Es una novela que retoma la historia familiar de la autora, introducida en su primera novela. El libro se compone de semblanzas, recuerdos, episodios cómicos o tristes, personajes pintorescos, cuando no picarescos, recreados con humor, simpatía y, como en el episodio de "El alma vegetal de Antón, el rojo", con comprensión y ternura.

Lojo ha incursionado en campos teóricos en su libro *El símbolo: poéticas, teorías, metatextos* (1997), y en numerosos estudios sobre temas literarios; es, además, colaboradora permanente del periódico *La Nación* de Buenos Aires. Su obra ha recibido numerosos premios, entre ellos: Primer Premio de Poesía de la Feria del Libro de Buenos Aires (1984), Premio Kónex (1994–2003), Premio Nacional "Esteban Echeverría" (2004), por toda su obra narrativa, Medalla de la Hispanidad (2009) y Medalla del Bicentenario otorgada por la Ciudad de Buenos Aires (2010).

■ Bibliografía mínima

Arancibia, Juana A., Malva E. Filer y Rosa Tezanos-Pinto, eds. *María Rosa Lojo: la reunión de lejanías.*Westminster: Instituto Literario y Cultural Hispánico de California, 2007. Impreso.

Betanzos, Erick. "La figura indígena en la literatura argentina". *Diálogo Americano* 9 Mayo/ Junio 1997, 34. Web. <http://dialogo.ugr.es/anteriores/dial09/34-9.htm>.

Da Cunha Giabbai, Gloria, "María Rosa Lojo y el renacimiento del cuento histórico". *Nuevas tendencias y perspectivas contemporáneas en la narrativa.* Buenos Aires: Centro de Estudios de Narratología 2.° Simposio Internacional, U de Buenos Aires. CD ROM, 2002.

Fasah, Ana María. *La princesa federal: los múltiples rostros de Manuela Rosas.* Córdoba: Universidad Nacional de Córdoba, 2008. Impreso.

Filer, Malva. "Europeos e indígenas en María Rosa Lojo". *Hispamérica.* Año 35.105 (2006): 119–24. Impreso.

——. "La ficcionalización de la 'barbarie' en la novela finisecular argentina del siglo XX". En Alfonso de Toro, coord.; Alfonso de Toro/René Ceballos, eds. *Expresiones liminales en la narrativa latinoamericana del siglo XX. Estrategias postmodernas y postcoloniales.* Hildesheim, Alemania: Georg Olms Verlag, 2007. 285–97. Impreso.

Lehman, Kathryn. "The New Historical Novel and Domestic Politics under *Rosismo*". *The 'nueva novela histórica' in Hispanic Literature. Monographic Review/Revista Monográfica* 19 (2003): 180–95. Impreso.

Lojo, María Rosa. *Visiones.* Buenos Aires: Faiga, 1984. Impreso.

——. *Forma oculta del mundo.* Buenos Aires: Último Reino, 1991. Impreso.

——. *Esperan la mañana verde.* Buenos Aires: El Francotirador Ediciones, 1998. Impreso.

——. *Árbol de familia.* Buenos Aires: Sudamericana, 2010. Impreso.

Noguerol, Francisca. "Aguijones de luz: imagen y ritmo en los textos breves de María Rosa Lojo". En *María Rosa Lojo: la reunión de lejanías.* En Arancibia et al. 79–95. Impreso.

Rodríguez Francia, Ana María, "Cuestionamiento del lenguaje en la poesía en prosa argentina: Alejandra Pizarnik y María Rosa Lojo". *Letras* (Universidad Católica Argentina) 34 (julio-diciembre 1996): 123–239. Impreso.

——. "La búsqueda del ser por el lenguaje en la poesía de María Rosa Lojo". *Alba de América* 11.20–21 (1993): 333–40. Impreso.

Sauter, Silvia, ed. *Teoría y práctica del proceso creativo. Con entrevistas a Ernesto Sábato, Ana María Fagundo, Olga Orozco, María Rosa Lojo, Raúl Zurita y José Watanabe.* Madrid/ Fráncfort: Iberoamericana/Vervuert. 2006. Impreso.

Visiones (1984)

SIGNOS OSCUROS

I.

Con pasos de cazador nocturno, escuchando el murmullo de los astros que caen sobre las aguas quietas, con pasos de peregrino y de amante en vela, con los ojos atónitos del que alcanza la orilla de otro mundo inconcebible durante el sueño, así te asomas a las aguas donde el mundo se invierte, donde las formas reales del ser y del amor te miran desde balcones ya intocables, desde terrazas desamparadas y olvidadas, desde los cuartos de infancia donde la madre cantó por vez primera en el abrirse original del día, en el momento del júbilo y el tránsito.

Forma oculta del mundo (1991)

HOMBRE DE LA LUNA

En la luna hay un hombre que te mira todas las noches. Algún día se desprenderá de su lugar y caerá sobre la palma de tu mano derecha, empequeñecido y gastado por el vuelo. Ya no podrás soñar que te ama porque lo desprecias. Y aunque él verdaderamente sigue amándote y ha entregado las tres cuartas partes
5 de sí mismo para tu alegría, lo guardarás en el primer cajón de tu mesa de luz, indiferente al destierro irreversible, al inútil tesoro de su sacrificio.

EL CUADRO

Sentada contra un paisaje sin fin, quisieras apresar lo lejano, dar de comer al pájaro que canta sobre el roble intangible,[1] en una tela blanca. No hace falta pincel. Con el dedo del corazón vas trazando colores que no existen en el marco
10 vacío, el único escenario a tu medida, profundo y silencioso como el deseo. Cierras los ojos para que el mundo crezca en la soledad de tu sueño y cuando ha florecido en la corona de una rosa absoluta quieres ver, otra vez, la tierra nueva. Sobre la tela, ese rostro desconocido, tu rostro, heredado de un Dios que todo lo abandonó, y en tus ojos el pájaro incesante que lo recuerda.

Esperan la mañana verde (1998)

AMOR CONSTANTE

Sé que tu mano saldrá por debajo de la tierra para sostenerme —será semejante a una raíz, con nudos impenetrables al desgaste—. Sé que tu mano se curvará y se ahuecará para darme reposo. Sé que se cerrará y que se alzará, para que me levante contra el temor del cielo. Sé que las noches la bruñirán[2] como un
5 espejo donde se refleje mi vida, para que me vea en sueños.

Sé que tu mano de ceniza tendrá sentido y latirá como tu corazón, constante nueve lunas para crecerme.

Sé que dibujará el último círculo de amparo y que me acostará en el centro de aquel aro de fuego.
10 Y todo el viento cayendo en el oscuro no podrá deshacerlo.

TÉ DE LAS CINCO

Una taza de té con sus hojas dispersas en el fondo: hay allí un ojo extraviado, hay una boca que no halló la palabra, hay una pierna atravesada en medio del camino, hay una mano que no sabe coser. Hay un mapa secreto de una ciudad ya inhabitable donde viviste. Hay un llamado inaudible, hay una música
15 que podría volverte el alma del revés,[3] si la escucharas.

Pero hay otra mano tuya que vuelve a llenar la taza para tapar el fondo, para que no veas más, para no verte.

---

[1] Que no puede tocarse.
[2] Bruñir: sacarle lustre o brillo a un metal o piedra.

[3] Dar vuelta en sentido contrario, transformarlo.

ESTRUCTURA DE LAS CASAS

Dentro de un dedal había un salón de costura donde la abuela bordaba rosas cuando era una niña obligada a quedarse del revés de la luz[4] para que no la distrajesen los ruidos del mundo.

Dentro de una foto del padre había un joven que regresaba a las montañas cruzando campos ardidos por la guerra, y había cuerpos acabados de fusilar pudriéndose en el fondo de las pupilas.

Detrás de un guante viejo había un hermano desaparecido, en un pastillero vacío acechaba la locura; sobre los platos cascados[5] comía una familia sentada en torno de una mesa de roble; dentro de un cofre la madre guardaba cartas de pretendientes, y con las cartas esperanza y pobreza y plumas que avanzaban despacio sobre el papel rugoso de las vidas pasadas.

En tu historia había historias imposibles de limpiar y cuartos cerrados que no se abrirían nunca porque las estructuras de las casas son cajas chinas interminables y concéntricas y de la misma manera misteriosas.

LO QUE HABÍA

Dicen que aquí no había nada, salvo las danzas de los antiguos que imitaban los pasos del avestruz[6] para esquivar la trampa de la suerte mortal.

Dicen que aquí no había caballos acoplados a las piernas del hombre ni al tranco[7] tormentoso del viento; dicen que no había siquiera cráneos de vaca encendidos por dentro con la luz de las ánimas.

Dicen que sólo las aves y la gente de la tierra cruzaban el cambiante corazón de la llanura. Dicen que el mal y los caballos y las vacas fosforescentes llegaron del mar con amos blancos, sagaces y feroces. Dicen que un día el mar crecerá y se llevará nuevamente todo lo que trajo, salvo las ánimas en pena que ahora son blancas también, pero han perdido ferocidad y astucia y no saben la danza de los antiguos y pertenecen al tiempo y a la muerte.

LOS QUE DEJARON DE ANDAR

La tierra sueña con los pies de los pueblos que sólo sabían andar, en busca de la sal. Los vientos del Sur, del Norte, los cambios de los solsticios, los llevaban de un lado a otro como semillas, hasta que florecían en lugares extraños y abruptos. Al pie de la cordillera o en las pampas del salitre lloraban de pronto, como apariciones curiosas y patéticas, cabecitas humanas acabadas de nacer.

La tierra sueña con los pies de los grandes corredores que adelantaban al sol en su camino con invisibles alas de avestruz. La tierra añora[8] la repetición de las danzas y su alegría seca como un golpe de trueno. Pero ya no hace conocer su voluntad y calla sus opiniones secretas. Sólo se levanta una noche por siglo, y baila hasta el amanecer con su capa deslumbrante de sales duras y de huesos iluminados, donde ríen las bocas de los que dejaron de andar.

---

[4] Del lado opuesto a la luz.

[5] Estropeados por el uso.

[6] Ave corredora de unos 2,60 m de altura y unos 100 kg, con cuello largo, alas pequeñas que no le permiten volar y patas fuertes y largas. Vive en grupos en las estepas y desiertos africanos. De la misma especie, pero de menor tamaño, es el ñandú, que vive en las pampas de Sudamérica.

[7] Paso largo o salto de los caballos. Por extensión, movimiento acelerado.

[8] Añorar: recordar con pena la ausencia o pérdida de alguien o algo muy querido.

Humahuaca

El silencio más grande del mundo está dividido en franjas de color de altura
55 desmedida y un brillo perseverante que anonada las palabras y la música.

Tiene el peso y la dureza de lo que permanece, y acaso es más piadoso que
el silencio de Dios porque al menos condesciende en hacerse visible a las generaciones de los hombres.

Las voces se estrellan contra el muro resplandeciente que devuelve los sig-
60 nos sin abrir y las súplicas sin responder, hasta que se disipan.

Los gritos de guerra y el galope de los perseguidos y el látigo de los encomenderos han pasado en vano a lo largo de esa garganta que no puede contar,
que no puede cantar, que es igual a sí misma, invulnerable, y no dará jamás ni
amor ni testimonio.

Árbol de familia (2010)

El alma vegetal de Antón, el Rojo[9]

Antón, mi padre, no había sido siempre, claro, Antón, el rojo.

Así lo llamaron, después de la guerra, algunos vecinos franquistas que, por
lo demás, identificaban secreta o públicamente con ese apodo a todos los hombres
de la casa de María Antonia, aunque mi tío Suso, el menor, no había tenido tiempo
5 de ser rojo ni azul ni amarillo. Así lo llamaría también, pero quitándole el Antón,
y dejando sólo "el rojo", mi abuela materna, en la época en que la inquina[10] entre
los dos había llegado a tal extremo, que la abuela se hacía servir el almuerzo de
los domingos en su dormitorio, pretextando enfermedad, con tal de no verlo.

Antes de ser el rojo enemigo de su suegra Julia, antes de tener una novia rica
10 en Vigo y otra, farmacéutica, en Coruña, antes de gastarse el dinero de la mina de
wolfram[11] de Don Alfonso en negocios extravagantes, antes de estar detenido en
Madrid, y de perder la guerra, y de haber querido pilotear aviones de combate,
y de haber leído a Bakunin[12] y a Kropotkin,[13] antes, mucho antes, Antón era solo
uno de los tantos bisnietos de María Antonia y tenía un carnero amaestrado que
15 —a una señal suya— lo defendía de todos sus adversarios en las riñas escolares,
cuando las cosas llegaban a un punto intolerable.

Esa y otras anécdotas de su infancia campesina que solía contar en la sobremesa, para divertirnos, provocaban después la crítica despiadada de su suegra,

---

[9] Con esta palabra se identifica a los comunistas y, durante la Guerra Civil Española y la posterior dictadura franquista se empleó el término para designar a los republicanos sin hacer distinciones ideológicas.

[10] Antipatía, animadversión.

[11] Tungsteno, metal de color blanco plateado. Se utiliza para fabricar los filamentos de las lámparas incandescentes. La denominación antigua era *volframio* o *wolframio* derivadas del alemán *wolfram*.

[12] Mijaíl Alexándrovich Bakunin (1814–1876), fue un conocido anarquista ruso contemporáneo de Karl Marx. Posiblemente el más conocido de la primera generación de filósofos anarquistas, es considerado uno de los padres del movimiento, dentro del cual defendió la tesis colectivista. Perteneció, además, a la francmasonería, con la intención de inclinarla hacia postulados anarquistas.

[13] El príncipe Piotr Alexéievich Kropotkin (1842–1921) fue geógrafo y naturalista, aparte de pensador político ruso. Fue uno de los principales teóricos del movimiento anarquista y el fundador de la escuela del anarco-comunismo.

que ya veía en ese niño de Barbanza[14] la predisposición a la desvergüenza y la
20 blasfemia que caracterizarían al adulto. ¿No demostraba, acaso, una maldad in-
nata, el hecho de que Antón fuese capaz de apedrear un gallo para que cojease,
y luego convencer a su madre de que convenía sacrificarlo y cocinarlo, ya que de
todos modos se moriría pronto, porque estaba enfermo? A mi juicio, eso parecía
demostrar sólo el hambre de buena comida de los hijos de Rosa, que desayuna-
25 ban cotidianamente con pan de borona,[15] y nada más que en las fiestas veían el
de trigo.

Antón, empero, no recordaba haber sido desdichado. Por el contrario, eran
esos días los que ocupaban en su memoria el espacio de una felicidad inimitable.
¿Significaba eso que Antón no apreciaba los indiscutidos triunfos que a pesar de
30 todo habían jalonado las etapas de una vida difícil? ¿No era, acaso, un exitoso
sobreviviente donde tantos habían muerto o habían quedado mutilados y rotos?
¿No había puesto, en América, casa y negocio? ¿No se había casado con doña
Ana, la Bella, que además era madrileña? ¿No tenía dos hijos?

Sin embargo, aun en aquellos momentos, todavía rebosante de salud, de
35 fortaleza, de proyectos y hasta de buena fortuna, Antón se obstinaba en situar en
ese pasado remoto y pobre el centro de su existencia y el irrecuperable lugar de
la perfección. Aquellas cosas añoradas estaban embellecidas por una distancia
imposible de acortar: la del exilio. Se habían vuelto intocables, a la vez ofrecidas
y selladas tras el cristal más puro del deseo. Tardé en entenderlo: mi padre había
40 traído con él su Paraíso Perdido.

Un lugar que antaño había resultado limitado y pequeño para el adolescente ansioso por ver y conquistar la gran ciudad, una aldea de infancia sumida
entre montañas, iba a convertirse, años más tarde, en el Centro del Universo, manantial, siempre renovado, de una vida tan antigua que se extraviaba en la noche
45 de los tiempos, entre brillos de cascos[16] romanos, y más lejos aún, de orfebrerías
celtas y enormes piedras blancas brotadas del suelo, como huellas de dioses gi-
gantescos. Ningún elemento del legado materno (la Gran Vía madrileña con sus
cafés, el Paseo de la Castellana, La Cibeles, ni siquiera el Museo del Prado), pudo
competir —al menos para mí— con la belleza secreta de ese mundo arcaico y
50 por lo tanto inmortal y seguramente mágico, porque en él había quedado presa
el alma de mi padre. Ese fue mi segundo descubrimiento: que un hombre terco
y obstinado, duro por fuera como las nueces que gustaba partir con los dientes,
tuviese, sin embargo, una inconfesable alma vegetal, húmeda y densa como la
niebla que cubre, en las mañanas de invierno, las laderas de Barbanza. Tal como
55 ella, su alma se aferraba a los seres de la montaña, se desgarraba cuando se desprendía, y no era nada cuando la aventaba[17] la luz, con sus claras distancias. Tuve
la certeza de que Barbanza jamás había liberado ni liberaría el alma de mi padre
muchos años más tarde. Ya era viejo, pero sobre todo estaba enfermo. La inteligencia empezaba a deshacérsele. Una carcoma[18] invisible le roía la precisión de

---

[14] Barbanza: comarca española perteneciente a
la provincia de La Coruña.

[15] Borona: maíz.

[16] Pieza de la armadura que cubre y defiende
la cabeza.

[17] Hacer o echar aire a algo.

[18] Nombre que se da a diversas especies de
insectos coleópteros cuyas larvas roen y
taladran la madera. Por extensión se aplica
a una enfermedad que va desgastando y
consumiendo a una persona.

60 los números y desarticulaba el orgullo de los pensamientos. Entonces podía escucharse, nítidamente, la voz del alma desde otro sitio. En pleno invierno austral, protegido sólo con la ropa interior, se escapaba de la cama al jardín helado para pescar truchas con las manos en el río Corono, del lado en que la sombra del bosque caía sobre el agua. Cuando lo arropábamos otra vez, reprendiéndolo, como a
65 un chico, se quejaba furioso. Pedía que lo dejásemos bajar a tiempo del tren que lo llevaba de Madrid a las montañas. Estaba en su licencia de servicio, durante la guerra, y en la estación lo esperaban un perro y el carnero,[19] ya envejecido, tan bien adiestrado y tan doméstico como el perro mismo.

Durante toda nuestra infancia nos instruyó sobre su colección preciosa de
70 objetos míticos con la desenvoltura y la exactitud del experto que va abriendo a un público lego y ansioso los tesoros de un museo. Pronto los objetos escapaban de sus vitrinas, incontenibles: había un enorme castaño de ramas retorcidas cuyo tronco había servido para labrar los muebles de toda una casa. Había una rueca[20] y un arcón[21] que guardaba sábanas de lino, y otro que custodiaba los papeles,
75 luego perdidos, del enigmático antepasado, "el escribano de Indias". Había hilanderas con un pañuelo en la cabeza, arrugadas y dulces como las uvas pasas. Había lobos recortados como figuras de un cuento contra la luna llena, y cacerías que dejaban en el monte un rastro de sangre interrumpido.

La luz que emanaba de estos objetos desacreditaba en los seres de la tierra
80 inmediata toda posibilidad de autónomo valor. Para quien nace en el exilio, el lugar de su nacimiento tiene a menudo la dudosa calidad de las copias platónicas, es un mundo "de segundo grado", en tono menor, a punto de desvanecerse, deslucido e insuficiente. De la historia y la geografía argentina, hasta entonces, sólo me habían hablado los libros de escuela, incapaces de alcanzar el esplendor de la
85 memoria viva y el peso candente del extrañamiento. La biografía familiar —yo lo ignoraba entonces— no hacía sino repetir lo que la ensayística argentina había rastreado ya en los comienzos de la conquista del Plata: una fundación que nunca se terminó de realizar, porque las extensiones vacías u hostiles fueron pobladas con el espíritu del "campamento" y no de la permanencia, porque se las enfrentó
90 con la ignorancia (o el desprecio) hacia los númenes[22] de la tierra nueva.

Mi padre, que no creía en Dios, creía en los árboles. Como lo hiciera Rafael Alberti,[23] fuimos a vivir a Castelar,[24] donde había muchos, y las casas tenían y tienen amplios jardines. En el parque trasero de la nuestra ya había un ciruelo, y varios árboles frutales. Pero mi padre plantó, también, un joven castaño. Era su
95 árbol fundador, después de todo, un verdadero "árbol madre": árbol de la vida, árbol del mundo, eje cósmico capaz de abastecer las necesidades de toda una

---

[19] Macho de la oveja, se cría para aprovechar su carne y su lana.
[20] Instrumento que sirve para hilar.
[21] Aumentativo de arca.
[22] Numen: Deidad dotada de un poder misterioso y fascinador.
[23] Rafael Alberti Merello (El Puerto de Santa María, Cádiz (1902–1999) fue un escritor español, especialmente reconocido como poeta, miembro de la Generación del 27. Se le considera uno de los importantes literatos de la llamada Edad de Plata de la literatura española. Al concluir la Guerra Civil se exilió debido a su militancia en el Partido Comunista. A su regreso a España, tras el fin de la dictadura franquista, fue nombrado Hijo Predilecto de Andalucía en 1983 y Doctor Honoris Causa por la Universidad de Cádiz en 1985.
[24] Castelar es una ciudad del oeste del Gran Buenos Aires, Argentina.

familia, y por extensión, de la especie humana. En sus hojas rejuvenecía, cada primavera, la esperanza del reencuentro. Pero los castaños no se avienen con el clima de Buenos Aires: los frutos eran muy malos, casi raquíticos, ni siquiera valía
100 la pena extraerlos de su coraza puntiaguda. Sin embargo, el castaño dio otro fruto mejor y más esperado. Cuando ya mi padre había muerto pude, por fin, volver a la tierra que yo aún no conocía, y donde él no llegó a retornar nunca. A mi regreso, el castaño empezó a morir, irremediable y violento. En un mes se había secado de la copa a las raíces. Comprendí que simplemente daba por cumplida
105 su misión terrena, que siempre había estado allí sólo para encarnar la fuerza del deseo, la poderosa pulsión de la nostalgia, el primer mandamiento que se le impone al hijo del exilio.

■ Preguntas generales

1. ¿Qué circunstancias familiares influyeron en la vida y la obra de María Rosa Lojo?
2. ¿Qué tipo de poesía ha escrito?
3. ¿Cuáles son los temas de sus novelas?
4. ¿Qué personajes atraen su interés?
5. ¿Cuál ha sido su contribución como estudiosa y crítica de la literatura?

■ Preguntas de análisis

1. ¿De qué modo los objetos y los lugares cotidianos son transformados en los poemas de María Rosa Lojo?
2. ¿Cómo comunica la autora lo que es para ella el amor?
3. ¿En qué poemas aparece el tema indígena?
4. ¿Quién es Antón y cómo describe la autora sus sentimientos de exiliado?
5. ¿Qué simbolismo tiene el castaño plantado por Antón?

■ Temas para informes escritos

1. Las figuras históricas en la obra de María Rosa Lojo.
2. La presencia del indígena en su ficción.
3. La reinterpretación del pasado argentino en su producción literaria.
4. La relación entre la creación literaria y el trabajo de investigación en la obra de Lojo.
5. La multiplicidad de voces narrativas y el enlace de distintos tiempos en su obra.

■ Temas de reflexión y comentario

1. La problemática del exilio en la obra de Lojo.
2. La presencia de Galicia en su obra.
3. La recreación de la época de Rosas en su obra.
4. La revaloración de las mujeres del pasado.
5. Las convicciones morales y sociales reflejadas en su obra.

CARMEN BOULLOSA

1954, Ciudad de México, México

© FIL Guadalajara/Bernardo de Niz

Carmen Boullosa es una de las escritoras mexicanas más prolíficas y variadas. Poeta, dramaturga, ensayista, narradora, su vocación se desarrolló muy temprano. Cuando tenía quince años, sintió un deseo inexplicable de escribir. Consciente de la necesidad de formarse y alentada por su padre, cursó estudios primero en la Universidad Iberoamericana, y después en la Nacional Autónoma de México donde se vinculó a otros estudiantes quienes también sentían el apremiante llamado de las musas.

Los dos primeros libros de Boullosa, *El hilo olvida* (1978) y *La memoria vacía* (1978), son poemarios; los siguieron otras colecciones de lírica: *Ingobernable* (1979), *Lealtad* (1980), *Abierta* (1983), después recogidas en el volumen *La salvaja* (1989). *Salto de mantarraya (y dos más)* (2004), una reciente recopilación de poemas, permite observar la evolución de la autora en este género.

Por medio del arte dramático, Boullosa amplió su horizonte creativo y su capacidad para entreverar vivencias. Se dedicó a escribir y dirigir obras, algunas de ellas representadas en "El Cuervo", su propio teatro-bar, después llamado "El Hijo del Cuervo", los dos localizados en Coyoacán. La colección *Teatro herético* (1987) incluye tres obras suyas: *Aura y las once mil vírgenes*, *Cocinar hombres* y *Propusieron a María*. Entre ellas sobresale la segunda, en cartelera por tres años, donde dos niñas se convierten en mujeres y brujas de la noche a la mañana y van por el mundo tentando a los hombres. Las tres obras están marcadas por la irreverencia, la parodia, la irrisión, la mezcla de realidad y fantasía. *Los Totoles*, otro drama suyo estrenado en 1985 y dirigido a un público infantil, recrea un cuento de la tradición popular náhuatl. *El muerto vivo: obra de teatro en cuatro cuadros*, la pieza inédita antologada, se estrenó bajo la dirección de Boullosa en 1988 en

"El Cuervo". En sus cuadros o viñetas encontramos un tratamiento lúdico de la muerte y sus ceremonias donde personajes muy diferentes enfrentan a muertos también muy peculiares; los difuntos no parecen estar tan muertos y participan en un jocoso diálogo donde emiten opiniones y critican a los vivos. Por medio de la recreación de un ambiente caótico, de la desacralización de los rituales, del empleo del lenguaje popular, personajes como el suicida, el bobo, el borracho y el esposo, muestran con humor las cambiantes y escurridizas caras de una realidad donde vivos y muertos figuran como actores en el gran teatro del mundo. Al mismo tiempo, la pieza es representativa de un tipo de teatro breve, muy aceptado hoy día en América Latina, cuya escenificación se ha desplazado a locales pequeños donde el público está muy cerca del escenario y los actores pueden observar su reacción y hasta interactuar con los espectadores.

La veta ensayística de Boullosa la encontramos en *Papeles irresponsables* (1989), en *Cuando fui mortal* (2010) y en los artículos publicados en el diario *El Universal*, donde mantiene una columna permanente. Entre los últimos hemos seleccionado "El sueño mexicano", por tratar un hecho histórico de la vida de la frontera en el siglo XIX protagonizado por los Black Seminoles o mascogos, y porque muestra una realidad donde actuales paradigmas se trastocan: para estos inmigrantes el país anhelado es México, a donde quieren llegar a toda costa para retomar su vida y gozar de la protección de las autoridades.

Boullosa terminó *Mejor desaparece*, su primera novela, alrededor de 1980; sin embargo, no apareció sino hasta siete años después. Es una narración fragmentada cuyo lector debe ser siempre activo para reconstruir la vida de una familia. Su rutina diaria se nos ofrece por medio de escenas donde la locura, el olvido, la muerte y el horror constituyen los principales vectores; esta "rutina" termina obliterando a los miembros de la familia. A esta obra primeriza la siguieron *Antes* (1989), novela donde una niña que falleció cuando tenía once años relata sus días de adolescente. En *Son vacas, somos puercos: filibusteros del mar Caribe* (1991), Boullosa va mucho más allá de los relatos de piratas para iniciar una singular vertiente de su narrativa: el examen de la historia desde diversas perspectivas. Centrada en la figura de Jean Smeeks y sus peripecias como esclavo, curandero, médico y filibustero, *El médico de los piratas: bucaneros y filibusteros en el Caribe* (1992) continúa estos intereses. *Llanto: novelas imposibles* (1992), enfoca la historia colonial y republicana de México cuando Moctezuma reaparece y deambula sorprendido por el D.F. *Duerme* (1994), *La Milagrosa* (1993) y *Las paredes hablan* (2010) siguen esta línea de indagación de corte histórico y de preocupación por la política de su país natal; en cuanto a la última novela mencionada, Boullosa es también autora del guión de la película del mismo título. *De un salto descabalga la reina* (2002) se centra en la figura de Cleopatra y en experiencias anteriores a su ascensión al trono, incluyendo viajes fantásticos y contactos con las míticas amazonas. En todas ellas los personajes femeninos se caracterizan por su inteligencia y se presentan en situaciones donde emplean múltiples habilidades para salir airosos.

Constantemente atenta a la interacción de personas y culturas, Boullosa no ha dejado de lado el aspecto lúdico de la realidad y así lo confirman *La novela perfecta* (2006*)* y *El complot de los románticos* (2009). En la primera, parodia a personajes dispares reunidos en Brooklyn e igualmente expone la trágica injerencia de la electrónica en la vida de un escritor que desea apresurar la producción de su obra y cobrar regalías sin mucho esfuerzo; en la segunda, el Parnaso, un congreso literario integrado por luminares muertos —entre ellos Dante Alighieri—, se reúne en Madrid para otorgar un premio al mejor inédito. *La otra mano de Lepanto* (2005), *El Velázquez de París* (2007) y *La virgen y el violín* (2008), conforman una trilogía española donde la voz narrativa viaja libremente por la historia recuperando acontecimientos muy conocidos como la batalla de Lepanto, o la Guerra de las Alpujarras, o dando cuenta de episodios menores (el plagio de un lienzo de Velázquez), o de cómo el renacimiento y la creación de sus mercancías —desde violines hasta pinturas— traen a Europa artesanos y materia prima de distantes geografías. Cuando trata esta historia ajena a la mexicana, la voz narrativa ofrece meditaciones sobre la vida de los moriscos antes de su expulsión de España, las relaciones entre la pintura y la literatura, la singularidad femenina en el ejercicio del arte en el siglo XVII, en particular de Sofonisba Anguisola, artista cremonense que vivió por varios años en la corte de Felipe II y retrató al soberano. Los cuentos recopilados en *El fantasma y el poeta* (2007) tratan temas tan diversos como la visita a Nueva York de Rubén Darío o los problemas de un estudiante en completar la asignación de su profesora. En sus escritos, Carmen Boullosa ha tocado múltiples temas y creado una gran variedad de voces. Al hacerlo, se nos revela como una autora dispuesta a aceptar el reto impuesto por la novedad de espacios y el tratamiento de personajes históricos a quienes transforma, gracias al trabajo de investigación tanto como a un singular dominio del lenguaje.

■ Bibliografía mínima

Boullosa, Carmen. "El sueño mexicano". *El Universal* (México). 4 de noviembre de 2010.

"Carmen Boullosa". Web. <http://www.carmenboullosa.net/en/about/bio.html>.

Carmen Boullosa interviewed by Rubén Gallo. *Bomb Magazine* 74 (Winter 2001). Web. <http://bombsite.com/issues/74/articles/2375>.

Corral, Wilfrido. H. "¿Qué queda del sesentayochismo en los nuevos narradores hispanoamericanos?" *Guaraguao. Revista de Cultura Latinoamericana* 13.30 (verano 2009): 39–54. Impreso.

de Beer, Gabriella. *Escritoras mexicanas contemporáneas: cinco voces*. México, D. F.: Fondo de Cultura Económica, 1999. 185–242. Impreso.

González, José Eduardo. "Boullosa y los milagros políticos". *Bulletin of Spanish Studies* 85.3 (2008): 325–34. Impreso.

Kroll, Juli A. "Lovers, Mothers and Lamias in *Cocinar hombres* by Carmen Boullosa". *Latin American Theatre Review* 40.1 (2006): 97–116. Impreso.

Madrid Moctezuma, Paola. "Tres calas en la producción fantástica en Carmen Boullosa: fantasmas, vampiros y quimeras". *Semiosis: Seminario de Semiótica, Teoría, Análisis* 3.6 (2007): 25–38. Impreso.

——. "Las narraciones históricas de Carmen Boullosa". *Biblioteca Virtual Miguel de Cervantes. Obras y autores clásicos*. Web. <http://www.cervantesvirtual.com/obra/las-narraciones-historicas-de-carmen-boullosa>.

Martí-Peña, Guadalupe. "Los avatares de un cuadro: Arte y literatura en *El sueño de Venecia* de Paloma Díaz-Mas y *El Velázquez de París* de Carmen Boullosa". *Extravío: Revista Electrónica de Literatura Comparada* 3 (2008): 104–20. Web. <http://dialnet.unirioja.es/servlet/articulo?codigo=2683931>.

Mato, Shigeko. "Moctezuma in the City: Revisited Past in Carmen Boullosa's *Llanto: Novelas imposibles*". *Hispanic Journal* 28.1 (2007): 117–34. Impreso.

Santos, Cristina. *Bending the Rules in the Quest for an Authentic Female Identity: Clarice Lispector and Carmen Boullosa*. New York: Peter Lang, 2004. Impreso.

Seydel, Ute. *Narrar historia(s): la ficcionalización de temas históricos por las escritoras mexicanas Elena Garro, Rosa Beltrán y Carmen Boullosa (un acercamiento transdisciplinario a la ficción histórica)*. Madrid/Fráncfort: Iberoamericana/Vervuert, 2007. Impreso.

Taylor, Claire. "Geographical and Corporeal Transformations in Carmen Boullosa's *Duerme*". *Bulletin of Hispanic Studies* 83.3 (2006): 225–39. Impreso.

El sueño mexicano (2010)

Imaginemos que los miles que cruzan la frontera norte de México van en sentido opuesto, buscando "ilegalmente" entrar a nuestro país, que las autoridades del norte intentan impedir la fuga, y que las del sur, las mexicanas, auxilian a los huidos. ¿Un cuento de hadas? No: ocurrió durante algunas décadas
5 del XIX.

Los desesperados no eran latinoamericanos tras el "Sueño Americano", sino esclavos huyendo por alcanzar su libertad, por acceder a la solidaridad y la protección (física y legal) de una nación hermana. México era la Tierra Prometida.

Los esclavos huían arriesgando el pellejo[1] —la frontera era hostil y estaba
10 sembrada de peligros; podían perderse, morir de hambre y sed, o caer en manos de cruentos desalmados que pedirían por ellos rescate a sus "amos", violarían a las mujeres, los someterían a todo tipo de ultrajes y torturas, y los asesinarían si no conseguían los pagos exigidos; podían topar con cazadores profesionales de esclavos, o se enfrentarían a pares[2] que permanecían leales a sus amos y que
15 deseaban impedir su huida; podrían caer en manos de "polleros"[3] que los exportaban para venderlos como sirvientes bajo contratos de condiciones leoninas.[4] Pero muchos afroamericanos conseguían cruzar la frontera, y encontraban en México libertad y benevolencia, tantas que algún texano se quejó de que "los esclavos son tratados con respeto y con más consideración que si fueran ameri-
20 canos o europeos".

El presidente gringo trató de pactar un "Convenio de Extradición" con México, que no lo llevó a ningún lado, el presidente texano[5] redobló el intento, convencido de que la economía de la república independiente dependía de la mano de obra de los esclavos. La respuesta mexicana fue contundente: no se per-
25 mitiría a ningún gobierno extranjero poner las manos encima de algún esclavo que hubiera encontrado refugio en nuestro territorio. La posición de México no era una de brazos cruzados, el esclavo que llegaba sí encontraba su libertad y la protección para conservarla.

En los treintas y los cuarentas[6] muchos consiguieron escapar. En el verano
30 de 1850, un hecho escandalizó a la opinión pública esclavista: cientos de indios seminolas cruzaron nuestra frontera, dejando atrás la reservación ("la prisión

---

[1] Exponiendo su vida.

[2] A otros esclavos.

[3] Individuo dedicado al tráfico de personas, particularmente en la frontera suroeste entre México y los Estados Unidos.

[4] Cuando un contrato es ventajoso sólo para una de sus partes, en este caso para el

"pollero" o explotador que los descubría y situaba.

[5] Referencia al período entre 1836 y 1846 en que la República de Texas era una nación independiente en América del Norte.

[6] En la década de los treinta y los cuarenta ("la prisión

india") a que los habían confinado.[7] Que los indios se fueran, no era pérdida que les tuviera en mucho, pero venían acompañados de unos 200 negros, escapados de la esclavitud o hijos de cimarrones. El gobernador texano contrató a Warren
35 Adams,[8] famoso cazador de esclavos, para rescatar las prendas "hurtadas" por el Jefe Gato Salvaje, ese "ladrón de negros". Las autoridades mexicanas espiaban los movimientos de Warren Adams y alertaban a los refugiados, pero algo falló y el cazador prendió a Juan Caballo, el líder de los negros seminolas (los mascogos).[9]

El 12 de noviembre de 1850, los gringos expidieron una ley que permitía
40 tomar preso a cualquier esclavo que intentara cruzar el Río "Grande" —que para nosotros fue y sigue siendo el Río Bravo—. Pero de poco les sirvió, las tropas en la frontera no se daban abasto, se les escurrían como el agua entre las manos.

Para 1854, el periódico *Austin State Times* calculaba en más de 200 mil los negros que habían huido a México —un número inflado, pero que refleja la dimen-
45 sión del fenómeno—. Se ofrecieron altos rescates por los fugitivos, y más de un cazador de esclavos se entremezcló con las tropas liberales mexicanas fingiendo apoyarlas, cuando lo único que perseguían era poner las garras sobre sus presas.

Los afroamericanos tenían a "México en mente" —expresión de un esclavista cuando declinó la compra de un esclavo por oír decir que soñaba con ve-
50 nirse al sur—. Confiaban en el Sueño Mexicano. Por él arriesgaban la vida. ¡Quién lo creyera, que pasado un siglo y medio no fuera ésta la tierra prometida, ni el sueño de libertad y dignidad de muchos!

El muerto vivo

Obra de teatro en cuatro cuadros

1. EL MUERTO VIVO

Lugar:

Sótano de un hospital.

Personajes:

EL MUERTO VIVO
AFANADORA

Oscuridad, sólo ilumina una vela. La afanadora[10] entra con un sacudidor de plumas, a medias buscando qué limpiar y un refugio para huir del trabajo.

---

[7] Episodio histórico en que, bajo el liderazgo de Gato Salvaje o Wild Cat, en 1849 los seminoles y un grupo de esclavos abandonaron la reservación para establecerse en el estado mexicano de Coahuila.
[8] Ante las presiones de los esclavistas, en 1851 el gobernador de Texas, Peter H. Bell, contrató a Warren Adams, notorio filibustero y cazador de esclavos huidos o cimarrones, para recuperar a los fugados.
[9] Mascogos o Black Seminoles, se llama así a los esclavos africanos que huían a la Florida en busca de refugio cuando era territorio español. Algunos fueron comprados por los seminolas y a otros los tomaron como botín de guerra. Sin embargo, entre los africanos y los seminolas se estableció una convivencia mutuamente beneficiosa. Ambos grupos se mezclaron integrando costumbres africanas y seminolas, luchando contra los invasores de su territorio y cruzando el desierto para finalmente asentarse en Nacimiento, en el estado mexicano de Coahuila.
[10] En México, empleada en las faenas de la limpieza en los establecimientos públicos.

Afanadora: No, pus aquí como que no hay polvo.

Entran luces, no las tórridas luces calientitas de un salón de sociedad, ni las deslumbrantes de un gran espectáculo, ni las homogéneas y claras de un aparador, sino las pocas luces que puede haber en el sótano del hospital, en el lugar de tránsito donde descansan los cadáveres en lo que llegan por ellos para llevárselos.

Afanadora (pasando la mirada por el sótano): Viéndolo bien como que no hay nada de polvo. Allá arriba, en cambio, un de polvo que hay… Es por los enfermos, como que llegan bastante mugrosos.[11] ¡Ni se les nota cuando entran todos llenos de sangre y raspones[12]! *(Su mirada topa[13] con un cadáver)* ¡Ay!, ¡qué muerto tan horrendo! ¡Éste sí que está espantoso!... Como que da miedo… Ya para que a uno, que ve tanto muerto, uno de ésos le dé miedo, es que tiene que estar de a tiro,[14] de a tiro o muy, pero muy horrendo, o muy, pero muy, muy muerto. ¡Sí, hombre!, éste sí que está muy muerto… Tiene ya hasta polvo… *(Revisándolo)* ¡Mírale nomás!, polvo por aquí y por allá... ¡Ay!, ¡pobre muerto!, no ha de tener conocidos, seguro que por eso no vienen por él. ¡Es el muerto de nadie!… O no, a lo mejor sí tiene conocidos, pero si yo fuera uno de ellos, ni loca me apersono a recogerlo... ¿Cómo crees que alguien va a gastar dinero en enterrar un muerto tan, pero tan, feo?... Se les gasta[15] cuando son lindos, cuando se ven que hasta hacen llorar con sus trajes bien puestos y las chapas[16] que les pintan, redonditas casi, aquí, en cada cachetito, lado a lado de su cara, retiraditas... *(Cambiando a un tono como reflexivo)* Me he fijado qué bien disfrazan las heridas con maquillaje, los pintan como de estrella de la tele *(Empieza a sacudirlo con su plumero[17])*, los dejan como para hacer de galán. *(El muerto se mueve como si intentara esquivar el plumero que, como es lógico, le pica, o mejor dicho, le hace cosquillas)* ¡Ay! ¡Se movió!

Muerto Vivo: ¡Ay!

La afanadora sale corriendo de miedo. Un segundo después, entra.

Afanadora: No, aquí no pasa nada, nomás[18] es que me puso muy nerviosa que estuviera tan feo.

Muerto Vivo: Pero, ¿qué escucho desde las tinieblas que me rodean? ¿Escucho acaso que me dicen feo? ¡Hasta en sueños he de oír el insulto que acompañó mis juegos de niño y mis…?

Afanadora: ¡Ay, no! ¡Qué horror!

---

[11] Mugrientos o sucios.
[12] Lesiones superficiales causadas por roces violentos.
[13] Se encuentra.
[14] Estar verdaderamente muy feo.
[15] Se gasta dinero en velarlos y enterrarlos.

[16] Maquillaje de tono rojizo que se pone en las mejillas.
[17] Atado de plumas sujeto a un mango usado para quitar el polvo.
[18] Solamente.

Muerto Vivo: ¿Horror me dicen? ¡Ay, qué honda es mi desgracia, ay...!

Afanadora: Pero, ¿qué?, ¿está usted hablando?

Muerto Vivo: Estoy hablando... Mis labios expulsan sonidos que no hieren mis oídos, palabras (ustedes las llaman así) que salen de mi cálido pecho, a protegerme de las inclemencias... Así han sido para mí siempre las palabras, son el hogar de éste que no ha amado nadie; ellas, que los nombran a ustedes (¡oh crueles humanos!) y a cuanto nos rodea, son tiernas protectoras mías... Jugando con ellas he aprendido a amar la vida...

Afanadora: ¿Dijo usted vida? ¡Pero cómo va a decir eso un muerto! Es más, ¡cállese la boca, señor! ¡Los muertos no hablan!

Muerto Vivo: Yo sí hablo, sí, y lo he dicho siempre: las palabras me dan la vida. Sí, las palabras son mías y no podrían prohibírmelas... No...

Afanadora: Oiga señor, atiéndame... Párele, ¿no? Cállese y estése quieto... ¿No ve que usted está muerto?

Muerto Vivo: ¿Muerto? El poeta no muere, es la resurrección.

Afanadora: ¿Resurrección? ¿Pues qué día es hoy?

Muerto Vivo: Era un martes. Yo iba a reiterarle la promesa de mi amor eterno y ella... ¡Ay!... ¡Dolor! Si yo puse contra mi sien la fría boca muda y terrible del arma oscura, fue porque ella, mi amada, mi eterno amor, no sólo se negó a mí... ¡Le pidió al novio que acudiera a la entrevista donde nos encontraríamos, para pedirme que no la molestara ya más! ¡Molestarla!, ¿se imagina? Yo me había pasado la noche anterior con los ojos abiertos, imaginando los dulces momentos que me brindaría verla sentada en la banca del parque cerca de mí, unos instantes tan sólo... mientras yo le decía que la amaba, que la amaba, que la amaría siempre... ¡No pedía yo más que verla para saciar mi amor! Mi amor por ella era ya puro y perfecto, no quería realizarse más que en sí... Con verla yo tenía... Y cuando vi al idiota que la posee brutalmente por las noches mancillando[19] su adorable cuerpo con sus lascivas acciones y sus sucios pensamientos, diciéndome (¡él a mí!, ¿me entiende?), que la dejara en paz, me pregunté, "¿cómo puedo soportar la vida?" Tomé el arma, la apunté hacia mí, apoyándola aquí... ¡Yo lo vi!...

Afanadora: ¿Usted vio cómo, si está bien, pero bien, pero bien, bien muerto? Ni ha de haber pasado a un cuarto del hospital, lo han de haber traído aquí directamente. ¿Quién no iba a darlo por muerto nomás de verlo?

Muerto Vivo: ¿Dónde dice que estoy?

---

[19] Manchando, ensuciando.

Afanadora: A ver, señor, lo reviso *(Inspecciona de cerca la cara del muerto)* … ¡Ni le pasó nada!… Ya le cerró bien la herida… Pero sí que sangró… ¿Por qué no le habrán limpiado las enfermeras? Les ha de haber dado asco… Pues no seré doctor, pero usted, aunque esté muerto, está bien vivo. Subo a avisar. ¡No se vaya a ir, porque me mete en un lío! Dirán que soy de las que se roban cadáveres, y yo seré floja,[20] seré aprovechada, no me gustará hacer mi trabajo, todo eso es verdad, pero una roba muertos, ¡jamás!

Afananadora sale. Regresa de inmediato.

Afanadora: No, tampoco dirán de mí que estoy loca. Tantos años trabajando aquí para que el menso[21] que está a la entrada del sótano me diga que acá abajo todos están muertos, que no sea yo loca… ¡Ah, no! ¡Ahora se me muere, señor, ni modo!

Muerto Vivo: ¿Cómo me voy a morir? Yo sí, ya se lo dije, deseo la muerte… Pero tráigame con qué…

Afanadora: ¿Qué quiere decir?

Muerto Vivo: Traiga con qué pueda yo matarme.

Afanadora: ¡Ah, no! Yo no soy de las que matan. Me confunde. Yo sacudo, toditito el hospital… Eso es todo lo que hago, ¡y no más!

Muerto Vivo: ¿Entonces?

Afanadora: No sé… Yo me bajé para acá porque estaba cansada, ya me fallan las piernas, y me dije, "vete para donde están los muertos, que ahí ni quién te diga que le arrecies a la sacudida"[22]… Nadie baja aquí nunca… *(Pausa)* ¿Muérase, no? A mí no me gusta estar así… Ande, acomódese en su lugar *(Ayuda al cadáver a regresar a la misma posición donde estaba cuando ella lo encontró).* Cierre sus ojitos… Muy bien. Sh, sh, sh… *(Cantando)* Duérmase mi niño, duérmaseme ya…

Telón.

2. EL MUERTO BEBE

Lugar:
La sala de una casa.

Personajes:
EL MUERTO VIVO
LA VIUDA

Una viuda desconsolada, vestida de luto riguroso, a los pies de su muerto, expuesto, descansando en su ataúd (o no, si la producción de esta pieza no lo

---

[20] Perezosa, haragana.
[21] Tonto.

[22] Que sacudas con más fuerza y rapidez.

permite. Yo, en lo personal, me lo imagino acomodado sobre una mesa, sobre un mantel blanco, adornado con florecitas, no demasiadas, entre cursi y demasiado formal, "proper". En esta especie de altar de muertos debe haber una botella de ron. Si es ataúd, como elegiría un productor con una gota de sentido común –no la tengo yo—, el ron puede estar en una vinatera de vidrio cortado, en una mesita, al lado del ataúd).

La Viuda: ¡Ay!, ¿qué voy a hacer sin ti? *(Llora y llora)* ¿qué voy a hacer? ¿Y tus pobres hijos? ¡Pobrecitos niños! El padre les va a hacer tanta falta… Están pequeñitos… Ay, pobre, pobre de mí… *(Deja de llorar. Cambiando de tono)* Pues pobre, y la verdad es que no tan pobre, en parte fue mi culpa; ¿para qué me casé con un borracho, un vividor, un gandul,[23] todo el día pegado a la botella?... ¡Adorabas beber!, ¿verdad? Y bebió y bebió, hasta que el alcohol lo metió en su tumba… *(Con desprecio)* ¡Sus cubitas![24] "Échenme ahí otra cubita!"

El muerto extiende el brazo y toma el ron. Da un trago, de modo muy sonoro.

La Viuda *(continúa)*: ¡Pero!... ¿Qué esto no es el colmo… que hasta muerto sigas bebiendo…? ¡Eres un desconsiderado! ¡No piensas en mí ni muerto! ¡Ni en nadie más! ¡Yo, yo, tú sólo sólo piensas en tu yo! ¿Y qué con mi yo? ¡Dime!

El muerto toma otro traguito, también sonoramente.

La Viuda *(continúa)*: Sí… ¡bebiendo! ¿Pero es que ni muerto entiendes? *(Se echa a llorar muy aparatosamente) (Al público)* Ni muerto entiende… Hijo de borracho, ¡pintito hasta la tumba![25] *(Para sí)* ¡Tamaño pendejo! ¿Por qué me lastimas hasta cuando te estoy velando? ¿Que dices que yo fui lo que te echó a perder el hígado? ¿Que yo fui lo que te destrozó el estómago? ¿Que por mí te corrieron del trabajo? ¿A poco fue por mí que olías siempre así, a borracho?

El muerto da otro sonoro trago al ron.

La Viuda *(ve al muerto de reojo[26] y con desprecio)*: ¡Hasta muerto eres insufrible!

El Muerto: ¡Ya! ¡Párale! ¡No seas exagerada! Bájale… bájale… tanto irigote[27] por sólo unos traguitos… Si me hubiera acabado la botella, ¡bueno!, ¡tendrías siquiera de qué quejarte!… ¿A poco crees que estoy cómodo aquí acostadote, haciéndola de muerto? ¡Pues no! Siquiera déjame tomarme un trago.

---

[23] Truhán, persona de baja calaña.
[24] Tragos; en México se refiere al "Cuba libre", bebida a base de ron, coca-cola y jugo de limón. Coloquialmente se usa para referirse a una persona que bebe mucho.
[25] Igual hasta la muerte.
[26] Mirar disimuladamente dirigiendo la vista por encima del hombro o hacia los costados.
[27] Escándalo.

La Viuda: ¡Pero cómo puedes ser tan egoísta!, ¡tan desconsiderado! ¡Tú ni muerto aprendes!... ¿Qué te mató?, ¿a ver?, ¿a ver?, ¡contesta!

El Muerto: Un automóvil me arrolló a medio Eje Vial.

La Viuda: Eso fue una casualidad, un accidente. Te mató el alcohol. Andabas borracho, tirado a media calle…

El Muerto: Eso dijo el imbécil irresponsable que me mató… ¡Y tú lo defendiste! ¡Y todavía lo defiendes! ¡Nomás no me lo puedo creer! ¡No lo puedo tragar! ¡Ni aunque esté yo muerto me dejas de llevar la contra!, ¡ya ni la amuelas![28] ¿Cómo crees que iba a estar acostado a media calle? El imbécil pasó, vuelto madre,[29] y me arrolló. Pero a fin de cuentas lo único que me consuela es saber que trabajas en tu propia contra, hijita, le pudiste sacar una buena lana,[30] y nada más por restarme honorabilidad, por hacerme salir como un pendejo[31] en el acto de mi muerte (¡imagínate!) Quesque[32] yo estaba tirado en el medio de un Eje Vial… Eso ni un teporocho[33]…

La Viuda: Pues por mí que tú no eras muy distinto a un teporocho. De los demás que dices ni sé…

El Muerto: No voy a pelearme contigo. Ya pagué mi cuota de pleitos contigo. Te digo, tú sola pierdes, dijiste que sí, y que el güey[34] ése ni para el entierro te dio… ¡Lo dijiste por pendeja, manita[35]! ¡Allá tú!

El muerto toma otro trago sonoro y se vuelve a acomodar en su posición de muerto con su anforita (la botella que contenga alcohol, en la forma que producción decida) en la mano. A partir de este momento, bebe, bebe y bebe.

La Viuda: ¿Y cómo no me lo dijiste antes? (*Llora, llora y llora*) Por molestarme, ya sé.

El Muerto: ¡Pero es que estoy muerto! Por eso no te lo dije, si los muertos ni pueden hablar…

La Viuda: ¡Ay, es cierto! (*Llora, llora y llora, mientras el muerto bebe, bebe y bebe*) ¡Y él que era tan joven!, ¿cómo se fue a morir? ¿Cómo voy a sacar adelante a mis hijos? ¡Ay! ¡Pobre de mí, ay, ay, ay…!

Telón.

---

[28] Ya ni me fastidias de tanto llevar la contra. En México se usa con variados significados. Amolar viene de afilar algo con la muela o piedra de sacarle filo a los objetos.
[29] Sin importarle.
[30] Dinero.
[31] Tonto.
[32] Contracción de: que es que.
[33] En México, sinónimo de borracho, alcohólico. Referencia a los lugares modestos donde vendían té cortado con aguardiente por ocho centavos; muchos de los compradores estaban ebrios y pedían un "teporocho" (té por ocho centavos).
[34] En México, tipo, cualquier individuo. Proviene de buey, el toro castrado; cambia de significado de acuerdo con el contexto.
[35] Amiga. De hermanita; es un tratamiento popular de mucha confianza.

3. EL MUERTO BOBO

Lugar:

Funeraria.

Personajes:

EL MUERTO VIVO
DOS EMPLEADOS DE LA FUNERARIA, UN HOMBRE, GUSTAVO,
Y UNA MUJER, EPITACIA (PUEDE SER INTERPRETADO TAMBIÉN
COMO EPITACIO, UN VARÓN).

Un muerto sobre una mesa. Al lado, la base de un ataúd, sin éste. Dos canchanchanes[36] van entrando cargando el ataúd, maniobrando con dificultad.

Epitacia: ¿Pasas?

Gustavo: Si no te tuerces…[37]

Epitacia: Ya pasaste, no te hagas. No alburées,[38] trae mala suerte cuando uno trata con muertos.

Dejan el ataúd sobre su base.

Gustavo: ¡Ándale manita!, apúrate; ya me muero de hambre.

Toman el muerto e intentan meterlo en el ataúd. Al muerto se le cae un zapato. Regresan al muerto a la mesa.

Epitacia: Ya le tiraste un zapato.

Gustavo: Se le cayó solo, yo no hice nada.

Epitacia: Ah, sí, no, cómo que no… ¿Se lo zafó porque le apretaba? ¿O qué?

Gustavo: No, a éste con la cara que tiene, hasta se le caen los zapatos de lo bobo. ¡Míralo!

Epitacia: Pónselo… a nadie se le caen los zapatos por bobo.

Gustavo: Mírale la cara y dime si no parece tan bobo como para que hasta se le caigan los zapatos y todo…

Epitacia (observa al muerto): No, pues sí.

Gustavo: Entonces, qué, pónle el zapato.

Epitacia: Es tu trabajo, lo de los zapatos.

Gustavo: Te toca, yo se los puse hace rato.

Epitacia: Se lo pusiste mal; por eso se le cayó.

Gustavo: Está bien, se lo pongo. *(Pone el zapato al muerto)* Ay, ¡mira!, ¡un botón! *(Cae un botón, rebotando en el escenario)* Se le cayó un botón al muerto bobo.

---

[36] Ayudantes.
[37] Cambiar o alterar la posición recta del cuerpo.

[38] Hablar en doble sentido, con connotaciones sexuales. Aquí se refiere al movimiento del cuerpo de Epitacia.

Epitacia: ¿Por bobo, será?

Gustavo: Sería culpa tuya, si es culpa de alguien. Mía no es; tú eres la que revisas que esté bien la ropa.

Epitacia: No, yo no decía, mírale la cara, por bobo hasta los botones se le caen.

Epitacia toma una aguja de su saco, y mientras cose el botón al saco del muerto, éste levanta el brazo, se pasa la mano por la cabeza, se despeina. Epitacia lo repeina. El muerto se despeina otra vez.

Gustavo: ¿Y qué dirías, que es por bobo, o por necio, que este güey se despeina?

Epitacia: ¡Qué más da si él o quién! No lo podemos guardar en su caja despeinado.

Epitacia repeina al muerto.

Gustavo: Anda, vamos metiéndolo ya a la caja.

Intentan meterlo en la caja, pero el muerto forcejea para que no lo metan. Gustavo y Epitacia desisten. Lo dejan sobre la mesa.

Epitacia: ¿Viste? Como que no entra.

Gustavo: Pero eso no puede ser; ¿cómo que no entra?

Vuelven a intentar meterlo en la caja. El muerto se vuelve a resistir. Ellos vuelven a desistir. Lo dejan sobre la mesa.

Epitacia: Todo se le desparrama, no te digo…

Gustavo: No te digo… ¡es bobo!

Vuelven a intentar meter al muerto a la caja.

Gustavo: Cuál bobo. Mira, se está agarrando para que no lo metamos; se agarra duro a la silla.

Epitacia: ¡Tú empuja!

Forcejean por meter al muerto a la caja.

Epitacia: ¡Duro!... ¡Duro!

El muerto entra a la caja. Le ponen la tapa y la cierran.

Gustavo: ¡Ya entró!

Epitacia: No fue fácil…

Gustavo: No quería que lo metiéramos.

Epitacia: Pero pudimos con él, ¿no te dije? Es que era bobo, el muerto bobo; se hubiera puesto más abusado[39], y santo remedio, todavía andaría por aquí afuera, a lo mejor hasta caminando…

Gustavo: ¿No te digo? Si es que era bobo. El muerto bobo.

Telón.

---
[39] Hubiera estado más atento, prestado más atención.

4. EL MUERTO… ¡bu!, ¡bu!

Lugar:

Lugar indeterminado, sólo hay al centro un ataúd con cuerpo expuesto.

Personajes:

EL MUERTO ¡BU, BU!
LA VIUDA
EL AMANTE

La viuda llora a gritos, acodada sobre el borde del ataúd.

El Muerto: ¡Oye tú!, ¡ya no llores! Oye… ya… ¡me destemplas[40] los oídos!

La Viuda: ¡Ay!

El Muerto: Oye, ¡ya cállate! ¿Quién eres?

La Viuda: ¡Ay! Mi amorcito… ¡ay!, no regresará…

El Muerto: Parece que no me oye. Y se me hace que es mi esposa. ¿Será? ¿Cómo le hago para verla? *(Se levanta del ataúd, se para enfrente de la llorona, y la observa con detenimiento)* No está mal; fea, fea, no es. ¡Pero cómo chilla![41] ¡Pobre! *(A la viuda)* ¡Ya no llores, no es para tanto! ¡Total!… *(Regresa a su lugar en el ataúd)* Pobre… me ha de haber querido mucho… miren cómo está desolada… inconsolable… Es que he de haber sido muy bueno con ella… Seguramente yo también la amé.

La Viuda *(sin escuchar al muerto)*: ¡Ay! ¡Qué desgracia la mía! ¿Qué va a ser de mí?

Suena el timbre de la casa. La viuda sale a abrir. El muerto se levanta otra vez, y camina a un lado y el otro.

El Muerto: ¡Qué alivio! ¡Ya estaba yo entumido![42] ¡Ahí viene, mi pobre viuda! *(Regresa apresurado a su lugar en el ataúd)* ¡Justo a tiempo!, yo creo que si me cacha[43] deambulando por la sala, la asusto. ¡Y con lo llorona que parece ser, los gritos que hubiera dado!

La Viuda: ¡Qué bueno que ya llegaste! ¡Ya estaba yo desesperada!

Siguiéndole los talones a la viuda, entra un galanazo.

El Amante: ¡Tranquila!, ¡tranquila!… ¿No es lo que querías? ¿De qué lloras?

La Viuda *(con sorpresa)*: ¿Qué?

El Amante: Que él se muriera.

La Viuda: ¿Ése? ¡Ah, sí! No, pero ya estaba yo hasta llorando porque no venías… Yo me dije: "tanto esfuerzo para nada, ¡no puede ser!"

---

[40] Alterar el buen orden.
[41] Llorar.

[42] Cuando los músculos del cuerpo se entorpecen porque han estado sin movimiento.
[43] Si me sorprende.

El Amante: ¿Cómo crees que te iba a dejar yo plantada? *(Aparte, al público)* Pobrecillas, las mujeres, inferiores y confusas, pero infinitamente aptas para el amor. Mírenla, cuánto me quiere, ¡lo que ha hecho por mí!... Debo contestar a sus peticiones siquiera con un pálido reflejo de sus deseos. Diciéndole, por ejemplo *(a la viuda)* ¡te adoro!

El muerto mira azorado al público.

Telón.

■ Preguntas generales

1. ¿Qué otros autores se podrían añadir al grupo generacional de Carmen Boullosa y cuál es la importancia de este conjunto de autores en las letras mexicanas? ¿Incluiría al chileno Bolaño en este grupo? Explique su respuesta.
2. ¿Qué aspectos feministas encontramos en *Cocinar hombres,* y por qué cree que la autora situó este drama en un ambiente de brujas?
3. ¿Qué relación encontramos entre literatura y pintura en la trilogía española de Boullosa?
4. ¿Cómo se presenta el Caribe en las novelas de piratas de Boullosa?
5. ¿Cómo se caracterizaría al Moctezuma de *Llanto: novelas imposibles*?
6. ¿Qué preocupaciones manifiesta Boullosa en su tratamiento de la historia mexicana?

■ Preguntas de análisis

1. ¿Cómo trastoca "El sueño mexicano" el paradigma de la inmigración? ¿Qué contrastes y coincidencias se pueden establecer entre el pasado y el presente en cuanto al dilema de los inmigrantes?
2. ¿Quiénes son los Black Seminoles o mascogos y cómo se relaciona su itinerario con la historia de la Florida española y del oeste norteamericano?
3. En el primer cuadro de *El muerto vivo,* ¿qué sabemos del difunto y cuál es el dilema de la afanadora? ¿Cómo logra el absurdo la dramaturga?
4. Estudie el lenguaje y las acotaciones de "El muerto bebe" y explique cómo contribuyen a crear el sentido de caos y de equívoco en este cuadro.
5. ¿A qué se reduce el ritual de la muerte en "El muerto bobo"? ¿Cómo ven Epitacia y Gustavo su tarea en la funeraria?
6. "El muerto... ¡bu!, ¡bu!" parodia las relaciones matrimoniales, ¿cómo lo hace? ¿quiénes son los burlados? ¿fue asesinado el muerto? ¿cómo calificaría el comentario final del amante? ¿Encajan estos cuadros en el teatro del absurdo? Explique su respuesta.

■ Temas para informes escritos

1. Las memorias de Alexander Olivier Esquemelin y *El médico de los piratas*.
2. Lo carnavalesco en *El complot de los románticos*.
3. La nota autobiográfica en *Cuando fui mortal*.
4. La creación literaria y la marca de la cibernética en *La novela perfecta*.
5. Sofonisba Anguisola y la corte española en *La virgen y el violín*.
6. La época de Porfirio Díaz en *Las paredes hablan*.
7. *La Milagrosa*: coincidencias y disidencias con el género detectivesco.
8. Cleopatra y las amazonas en *De un salto descabalga la reina*.

■ Temas de reflexión y comentario

1. Atrocidad y solidaridad en las novelas de piratas.
2. Origen histórico de la Guerra de las Alpujarras en *La mano de Lepanto*.
3. Realismo mágico en *Treinta años*.
4. Los narradores de *Las paredes hablan*.
5. Narradoras infantiles en *Balún Canán* de Rosario Castellanos y *Antes* de Carmen Boullosa: comparación y contraste.
6. Los libros artesanales de Carmen Boullosa.

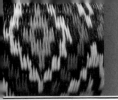

ANTONIO JOSÉ PONTE

1964, Matanzas, Cuba

Poeta, ensayista y narrador, Antonio José Ponte es una de las voces más notables de la actual literatura cubana. Nació en Matanzas, ciudad-puerto de gran auge económico durante el siglo XIX; allí se interesó por las letras y desde niño comenzó a escribir poemas y cuentos; en 1980 su familia se trasladó a la capital cubana. Preocupado por las trabas en la Facultad de Humanidades, Ponte decidió ingresar a la Facultad de Ingeniería de la Universidad de La Habana y se graduó en 1988 en la especialidad de ingeniería hidráulica, carrera que ejerció durante años antes de dedicarse por completo a las letras.

Si bien en La Habana la vida literaria está regulada por organismos como Casa de las Américas y la Unión Nacional de Escritores y Artistas de Cuba (UNEAC), Ponte se unió a un grupo de jóvenes escritores con quienes compartía intereses y preferencias. Familiarizados con el canon nacional y en busca de una estética propia, leían con asiduidad a autores extranjeros. Quizá estas lecturas le han permitido afirmar que cuando escribe no siente "el peso de la tradición cubana". En 1990, cuando Cuba entró en el llamado "período especial en tiempos de paz" a raíz del colapso de la Unión Soviética y la consecuente debacle económica, Ponte publicó su primera obra, *Trece poemas*, colección galardonada con el Premio del Joven Poeta; seguirán *Poesía (1982–1989)* (1991) y la recopilación *Asiento en las ruinas* (1997). El tono de su lírica es a la vez enigmático y melancólico, nunca exento de un toque de cinismo. Por medio de un lenguaje escueto, cuidadosamente trabajado, el sujeto poético expresa su frustración ante las promesas incumplidas y el tiempo que se desliza implacablemente. La Habana y su estado ruinoso se convierten en materia poética y le sirven al autor, como antes el Teocalli de Cholula a su compatriota José María Heredia (ver pp. 119–127), para meditar sobre el porqué del hundimiento y desarrollar un tipo de estética de la decadencia. El aislamiento, la separación, la búsqueda de la intimidad, la fugacidad de un encuentro, son temas recurrentes en estos poemarios.

Ponte se inaugura como ensayista con *Un seguidor de Montaigne mira La Habana* (1985), obra que recibió el codiciado Premio Nacional de la Crítica del Instituto Cubano del Libro. En 1997 aparece en París su segundo libro de ensayos, *Las comidas profundas,* en una edición ilustrada por el pintor Ramón Alejandro; en 2002 vio luz otra colección suya, *El libro perdido de los origenistas*. En la primera de las tres obras mencionadas, el ensayista ofrece varias miradas a la capital cubana y comenta su aspecto dilapidado; igualmente detalla su ambigua relación con los libros y las variadas reacciones del lector ante un texto leído en diferentes épocas. Siguiendo una larga tradición —pensemos en Manuel de Zequeira y Arango o en Severo Sarduy—, en la segunda colección de ensayos reflexiona sobre las comidas y las frutas cubanas y cómo, por medio de ellas, es posible acercarse a la historia de la isla, criticar el nacionalismo desaforado y proponer otros modos más amplios de identidad cultural —hacia dentro y fuera de Cuba—. En contraste con los mencionados autores canónicos, Ponte se acerca a las comidas cubanas desde la perspectiva de la carencia y no de la abundancia. Oscilando entre el ensayismo meditado y el relato histórico, la colección le da oportunidad a la voz narrativa para notar la escasez de alimentos y la necesidad de los cubanos, un pueblo "solar" —observa el narrador—, por incluir productos "del bosque" (raíces y tubérculos) en su dieta. La tercera obra se centra en el grupo de escritores que giró en torno a la revista *Orígenes*, tan ligada a la renovación de las letras cubanas, en particular de la poesía; el autor reexamina la trayectoria de los principales origenistas, José Lezama Lima y Virgilio Piñera, por ejemplo, y comenta su complicada relación con la Revolución.

Ponte se inicia como narrador con los relatos recogidos en *Corazón de skitalietz* (1998); entre ellos, el que da título a la colección se ofrece como el más enigmático y representativo de su prosa. Allí encontramos nuevamente la imagen ruinosa de La Habana, ciudad opresiva y deformada donde los protagonistas, Escorpión y Veranda —en ruso *skitalietz* y en español vagabundos—, deambulan marcados por la enfermedad, el dolor y el extrañamiento. La tallada prosa pontiana transmite la opresión, estrechez y carencia del ambiente sin caer en el panfleto político. *Cuentos de todas partes del imperio* (2000), entre cuyos temas centrales figuran la diáspora y el aislamiento, consolida su puesto como narrador; por ejemplo, en "Un arte de hacer ruinas" encontramos a Tuguria, la ciudad virtual de la nostalgia, del recuerdo, que en su apabullante crecimiento ha reemplazado a La Habana, la ciudad real, urbe paradójicamente detestada e imprescindible. En la novela *Contrabando de sombras* (2002), el mundo de los vivos y el de los muertos se confunden; en *La fiesta vigilada* (2007), obra difícil de clasificar, el narrador rememora sus experiencias en las noches habaneras. Como la mayoría de las obras de Ponte se han publicado fuera de Cuba (Francia, EE. UU., España), es más conocido en el extranjero que en su patria.

Cuando aceptó integrar el Consejo de Redacción de la revista *Encuentro de la Cultura Cubana* y también por otras desavenencias, Ponte fue "desactivado" de la UNEAC (2003). Desde el 2007 vive en Madrid donde dirige la publicación digital *Diario de Cuba*.

■ Bibliografía mínima

Alvarez-Tabío Albo, Emma. *Invención de La Habana*. Barcelona: Casiopea, 2000. Impreso.

Basile, Teresa, ed. *La vigilia cubana: sobre Antonio José Ponte*. Rosario: Beatriz Viterbo, 2009. Impreso.

Birkenmaier, Anke y José Manuel Prieto, guest eds. *Cuba Inside and Out*. Special issue of *Review: Literature and Arts of the Americas* 44.82 (May 2011). Impreso.

Corral, Wilfrido H. *Cartografía occidental de la novela hispanoamericana*. Quito: Centro Cultural Benjamín Carrión/Municipalidad de Quito, 2010. Impreso.

Maristany, José Javier. "Topografías urbanas: de los andamios a los apuntalamientos. A propósito de *Contrabando de sombras* de Antonio José Ponte". *La Torre: Revista de la Universidad de Puerto Rico* 10.35 (2005): 135–48. Impreso.

Navarro, Desiderio. "In Media Res Publicas: On Intellectuals and Social Criticism in the Cuban Public Sphere". *Nepantla: Views from South* 2.2 (2001): 355–71. Impreso.

Ponte, Antonio José. *Un seguidor de Montaigne mira La Habana. Las comidas profundas*. Madrid: Verbum, 2001. Impreso.

——. *Asiento en las ruinas*. Madrid: Renacimiento, 2005. Impreso.

Rodríguez, Néstor E. "La mirada epistemológica en la poética literaria de Antonio José Ponte". *Revista Canadiense de Estudios Hispánicos* 33.3 (2009): 565–77. Impreso.

Segre, Roberto, Joseph Scarpaci y Mario Coyula. *Havana, Two Faces of the Antillean Metropolis*. Ed. Rev. Chapel Hill: U of North Carolina P, 2002. Impreso.

Solana, Anna y Mercedes Serna. "Entrevista a Antonio José Ponte". *El otro mensual, revista de creación literaria y artística.*Web. <http://www.eldigoras.com/eom03/2004/2/fuego35ajp01.htm>.

Whitfield, Esther. Prólogo y cronología. Antonio José Ponte. *Un arte de hacer ruinas y otros cuentos*. México, D. F.: Fondo de Cultura Económica, 2005. 9–33. Impreso.

Las comidas profundas (1997)

LAS COMIDAS PROFUNDAS (CAPÍTULO UNO)

Un castillo en España...

Para referirse a alguien que hace planes imposibles, castillos en el aire, los franceses acostumbran a decir que es dueño de castillos en España. Por alguna razón les parece fantástica la idea de que se alcen castillos en la tierra de al lado.

5   Escribo sobre la mesa de comer. La mesa está cubierta con un mantel de hule, el hule con dibujos de comidas: frutas y carne asada y copas y botellas, todo lo que no tengo. Mi castillo en España es escribir de comidas. Sentarme a la mesa vacía y tapar con la hoja en blanco los dibujos de comidas y escribir de comidas en la hoja.

Un castillo en España por los años del descubrimiento de América o un
10 poco más tarde, bajo el reinado del emperador Carlos V.[1]

Se encontrarán dos reyes en ese castillo alzado al sur de la península, cerca de las naves que regresan de América. Que sea Sevilla, el Alcázar de Sevilla, sus jardines sembrados de palmeras, arrayanes,[2] naranjos, los jardines por donde Carlos V e Isabel de Portugal[3] se pasearon después de sus bodas.

15 Carlos V espera en el Alcázar de Sevilla la llegada del otro monarca. Para concertar su reciente matrimonio recibió miniaturas con retratos de todas las princesas casaderas de las familias reinantes. Conoce por efigie a los otros reyes de Europa, los ha visto en monedas y medallas que le llegan como curiosidades. Pero de éste a quien espera sólo tiene descripción en palabras, noticias confusas
20 y encontradas.

Unos hablan de él en masculino, otros como si fuera hembra. La contradicción de estas noticias puede explicarse por lo prodigioso de las tierras donde reina. Esas tierras pertenecen ahora al César Carlos, a quien lisonjean con la imagen de un reino suyo donde el sol no consigue ponerse.[4]

---

[1] Del Sacro Imperio Romano Germánico (1520–1558), o Carlos I, rey de España (1516–1556).

[2] Árbol también conocido como mirto.

[3] Consorte de Carlos I de España; sus bodas se realizaron en 1526, en el Salón de Embajadores de los Reales Alcázares de Sevilla.

[4] Como en la época de Carlos V el imperio español se extendía por Europa, América y Asia, se decía que en los dominios del rey, jamás se ponía el sol.

25   Carlos pasea su orgullo entre las aguas del Alcázar, espera por ese rey o reina que le debe vasallaje. Ha ordenado un festín para su recepción, habrá banquete y música. Y al fin, después de tanta espera, ve acercarse al séquito.

Se encuentran, y todo lo que habían contado al emperador parece justo ahora. En el séquito vienen guacamayos vivos y gentecita de color cobrizo y hay
30   alforjas[5] de oro y de piedras preciosas.

Han hecho un largo viaje para arribar a este jardín de España, el viaje más largo que pueda imaginarse y aún la imaginación no cubriría tantas leguas.

El monarca recién desembarcado merece los festejos con que lo reciben. Su presencia, como al emperador toca reconocer, es de veras magnífica. Carlos mira
35   largamente y quisiera, a pesar de las prevenciones que le hacen, tenderle sus manos. Al final, con toda delicadeza, toma en sus manos a la reina o el rey, piña o ananás, como quiera que le llamen.

Se han dado cita en un jardín el emperador del Sacro Imperio y la reina de las frutas,[6] el monarca de apetito más desmedido y la fruta más suntuosa entre
40   todas las frutas del Nuevo Mundo.

La piña llega de donde nunca estará él. A Carlos corresponde esperar el regreso de las expediciones, depender de los sentidos y de la inteligencia de otros, de intereses ajenos. El Nuevo Mundo tiene a veces para él la forma de una intriga, de un complot. Y eso precisamente vuelve a sentir frente a la piña.

45   ¿No le decimos a estar en un complot estar en la piña?

Los rodea el jardín mediterráneo. Por encima de los naranjos y de los arrayanes, de las aguas aromatizadas y de las palmeras, el olor de la piña embalsama el jardín del castillo. Virgilio Piñera[7] lo escribirá después de esta manera: El perfume de la piña puede detener a un pájaro en el aire.

50   Los trinchadores[8] de la mesa del rey se han acercado. Carlos lleva la piña a su nariz de Habsburgo.[9] El olor, tan penetrante, marea. Como si para percibirlo fuera preciso atravesar el océano y en ese olor estuvieran concentrados todos los vientos de la travesía.

Lo que sostiene el emperador en sus manos es el aire de todo su imperio.
55   La luz de un sol que no se pone, de oro viejo, permanece en su cáscara. Carlos descubre la majestad de la piña, llega a considerar que un perfume semejante debería acompañar a las personas de los reyes. La piña es el león de las frutas y Carlos el león entre los monarcas.

Desatiende a los colores relampagueantes de los pájaros, al azoro[10] de los
60   indígenas. No se fija demasiado en el oro y las piedras volcadas en bandejas, está absorto en la piña. La observa del mismo modo en que observaría a una ciudad enemiga amurallada. Procura hallar la brecha por donde tomarla, revisa una armadura.

Los que rodean al emperador permanecen en silencio. Todo el jardín espera
65   inmóvil a que la voluntad imperial caiga sobre la reina cautiva. Lo único vivo es el aletear de los guacamayos.

---

[5] Tipo de bolsas grandes unidas por una tira fuerte, que sirve para transportar una carga al hombro o a lomos de las caballerías.
[6] Se refiere a la piña, caracterizada por los conocedores como la "reina de las frutas".
[7] Poeta, narrador y dramaturgo cubano (1912–1979).

[8] Quienes parten en trozos la comida para servirla.
[9] Referencia a la casa real a la cual pertenecía el soberano español, también conocida como Austria.
[10] Sobresalto, inquietud.

Unos siglos después, en medio de una disertación sobre el lechón asado, el ensayista inglés Charles Lamb[11] escribe un elogio de la piña. Opina que es el mejor de los sabores, aunque quizás demasiado trascendente. Un placer, si no
70 pecaminoso, tan semejante al pecado, que realmente la persona de conciencia delicada haría bien en detenerse.

¿Pudo ser Carlos V persona de conciencia delicada?

Hiere y excoria[12] los labios de aquél que se le acerque, continúa Lamb sobre la piña. Muerde lo mismo que un beso de amante. Es un placer que bordea el do-
75 lor por la fiereza y locura de su goce.

Los guacamayos aletean en parejas, las mujeres y hombres indígenas comparten entre ellos el azoro, se refugian unos en otros. No existe piedra, por rara o exquisita que sea, que no tenga su doble en las alforjas. Avientan[13] el oro pero el oro no es individuo nunca, sino género, elemento.
80 ¿Quién dijo que el dinero era el quinto elemento? ¿Auden?[14]

La piña, a diferencia de todo esto, es demasiado impar a los ojos del César. En toda Europa, en millas y millas a la redonda, no hay otra como ella. Quienes tienen estudios teológicos lo saben: la fruta está más sola que un ángel e intuirlo marea lo mismo que marea su olor dulce y picante. En toda la tierra no hay otra piña para el
85 emperador. Esto presta melancolía a cualquiera de los reyes melancólicos.

Treinta o cuarenta años después, viejo ya, retirado en el monasterio de Yuste,[15] el antiguo emperador Carlos manejará caravanas de alimentos con el mismo empeño con que antes manejara los asuntos de gobierno. Correos que viajan de Lisboa a Valladolid se apartarán del camino recto y demorarán sus misiones
90 con tal de llevar pescado de mar a su mesa. Desde Valladolid le llegarán pasteles de anguila, terneros de Zaragoza, piezas de caza desde Ciudad Real y perdices desde Jaén. Pondrán sobre su mesa anchoas de Cádiz, lenguados de Lisboa y aceitunas y mazapanes de Extremadura y Toledo. El mapa gastronómico de España será un plano de campaña sobre la mesa del viejo César Carlos. Sentado al cen-
95 tro de España comerá ostras frescas a pesar de las distancias y los malos caminos hasta el mar.

Un estratega de la voracidad como él tuvo que sentir por fuerza, treinta o cuarenta años antes, su imposibilidad frente a la piña. Es joven en el Alcázar de Sevilla, domina un gran imperio y de sus orillas más alejadas le han traído a esta
100 reina cautiva y es en balde.[16] Se conoce incapaz de comerla una vez y pasar luego sus días sin volver a tenerla, pendiente más que nunca de cada flota que arribe. Carlos teme que la piña (según Lamb muerde igual que un amante) le traiga la locura de amor de su madre Juana.[17]

---

[11] Ensayista inglés (1775–1834) que escribió con el pseudónimo de Elia.

[12] Al comerla, se gasta la piel para dejar asomar la carne.

[13] Arrojar.

[14] Referencia a W. H. Auden (1907–1973), poeta inglés que adquirió la ciudadanía norteamericana. Su lírica tocó temas relacionados a los valores morales.

[15] Monasterio en la provincia de Cáceres, España, donde vivió Carlos I después de su abdicación al trono (1556) hasta su muerte en 1558.

[16] Hecho inútilmente, sin conseguir su propósito.

[17] Juana I de Castilla (1479–1555) quien al llegar a la corte flamenca para desposarse con Felipe, archiduque de Austria, se enamoró pérdidamente de él y lo celaba siempre. Después de la muerte en España de su marido, conocido como Felipe el Hermoso, enloqueció y pasó a la historia como Juana la Loca.

Se extendería entre ellos el océano que desconoce.

105 Sobre el emperador cae la tristeza que sienten los grandes monarcas, la tristeza del monarca extendido que no alcanzará nunca a pisar sus propios límites. Y al fin no prueba la piña ni le importa saber cuál de sus nobles come de ella.

Las comidas cubanas podrían empezar por esa piña que Carlos V no come.

A punto de devorar el único pequeño pan del día, he pensado en la falta
110 que ese pan me hará más tarde. Lo mismo que el emperador. El día que me toca atravesar hasta otro pan pequeño es tan vasto como el océano desde Sevilla. Días y días marcados por una ración de prisionero.

Supongo que al norte o al futuro abundarán las piñas y los panes. Como un viejo cartógrafo que llena mapas de ballenas y eolos[18] y gente de las antípodas,
115 coloco en algún punto el Lugar De Donde Vienen Las Comidas Sabrosas (lo vi en una postal, un cuadro de Paul Klee).[19] Y todavía llamo a ese lugar imaginario Cuba.

Atiendo en el mantel a los dibujos de comidas. El mantel cae sobre la mesa como un mapa. El primer libro de ese país imaginario es el *Espejo de Paciencia*[20] y
120 ese libro habla ya de comidas:

Un cortejo de criaturas mitológicas —náyades, sátiros, ninfas, silvanos, centauros— se presta a la apoteosis militar de unos vencedores, uno de esos momentos en que el poeta está muy lejos de ser juzgado por su veracidad. El cortejo trae ofrendas de flores y de frutas, carnes de río y de monte. Pero nada de mar a
125 la celebración de los poderes de la tierra. La única fecundidad parece ser la de la isla. En vano Tetis,[21] Glauco,[22] Proteo,[23] las nereidas, las focas y otras criaturas de sal se ofrecieron a participar en la lucha. (Del mar vino el enemigo.)

Ninfas, centauros, son juguetes mecánicos como los que rodean a Carlos en su retiro de Yuste (otra pasión suya, junto a la gastronomía). Son juguetes de la
130 retórica. Una ninfa de ésas no es más que una mujer disfrazada, un lugar común en la poesía del siglo diecisiete. Si acaso vive es porque carga un aguacate.

La cornucopia de todo lo sabroso se desborda en ese desfile virreinal de *Espejo de Paciencia*. Y en medio de ello, el poeta Sivestre de Balboa, si fue éste su autor, se duele de una comida que le falta, que sólo tiene en palabras:

135 De aquellas hicoteas de Masabo,

Que no las tengo y siempre las alabo.

Puede que sean éstos los dos versos más memorables del libro. Por la carne de jicotea, comida de relojeros que es preciso desmontar huesito a huesito, puede comenzar el deseo por las comidas cubanas.

140 Escribir de comidas es mi espejo de paciencia.

Bajo el mantel, la mesa debe tener esa memoria de los muebles de la que están seguros tantos espiritismos. Es una mesa vieja, la recuerdo en todas las

---

[18] Dioses del viento.

[19] Pintor alemán (1879–1940) nacido en Suiza cuyo arte innovador frecuentemente alude a la música, la poesía y los sueños.

[20] Poema de corte épico escrito por Silvestre de Balboa, escribano del cabildo de Puerto Príncipe, hoy Camagüey, en 1608; es considerado la primera obra literaria cubana.

[21] Ninfa del mar, una de las cuarenta nereidas.

[22] Divinidad y monstruo marino.

[23] Dios del mar, pastor de las manadas de focas de Poseidón; podía predecir el futuro; sin embargo, como detestaba hacerlo, se ocultaba cambiando de forma y de ahí el adjetivo "proteico".

mudadas. Llamo a una piña, a un castillo en España, a un emperador viejo y antes joven, a deseos de comer carne en un poema de mil seiscientos ocho. Llamo al
145 espíritu de las viejas comidas, pregunto por sus secretos.

Asiento en las ruinas (1997)

CIUDADES

    Era en una ciudad desconocida
a la espera del invierno
(también el invierno resulta impredecible),
en la ciudad de invierno
5 y sentí temor.

    No era la lejanía lo que entonces lloraba
ni el gesto irrecordado de mi casa,
eran los hábitos, ese acodarme.[24]
Esperaba algún centro, atravesaba calles.
10 ¿Qué hacemos con los labios
sino mentir esta vieja canción:
dónde está el centro,
la semilla que pueda levantar con mis manos?

    Pasó gente.
15 El camino a la belleza de sus rostros era tan largo
y yo tan lento para recorrerlo...
Había escrito que una ciudad sucede a otra
pero hallé demasiadas para mi memoria.
Era en una ciudad desconocida
20 a la espera del invierno.
Temí gastarme en pueblos que no eran,
inventados al paso de los trenes.

UN BOSQUE, UNA ESCALERA

    En las ramas movidas a su paso hubo algo teatral,
hubo un presentimiento de escenario
y luego nada.
Se perdió entre dos árboles, bajaba una escalera,
5 tocó tu rostro con sus dedos finos llamándote Príncipe.

    Si el minuto fuera ese escalón donde se han detenido
ustedes dos besándose
y sintieras aún el perfume que ha levantado el viento
cuando penetra ella entre dos árboles.

10   ¿Qué ensaya el bosque con su cuerpo adentro,
sombra blanca entre ramas eléctricas?

---

[24] Apoyar el codo en alguna parte para, por lo general, sostener la cabeza con las manos. En este
caso refleja una postura de comodidad en un ambiente familiar como el de la casa.

¿Y qué haces tú sino amarla,
perseguir el minuto que ya no sabes dónde fue
—un bosque, una escalera—
15 pero que crece en ti casi hasta ahogarte?

SEIS MINUTOS DE CONVERSACIÓN CON EL EXTRANJERO

Entonces tú y yo que nos queremos,
que no comemos ciertas cosas
sin que el otro aparezca,
sin que nos acordemos de una tarde
5 en un paisaje montañoso
y un tren en que volvimos hablando de comidas
cuando lo que buscaban nuestras lenguas
era hundirse juntas,
hemos vuelto a las preguntas amables de transeúntes conocidos.
10 Descarnamos hasta ser estas voces
que preguntan del clima.
Mira lo que ha podido hacer en el teléfono la lejanía:
apurarnos a un tiempo cortés indiferente
en que éramos transeúntes conocidos.

EN DICIEMBRE, VIENDO VOLAR

En diciembre, viendo volar los fuegos de artificio
pienso en el tiempo.
Un año no comienza en esta noche
hecha para que algunos se abracen y rían,
5 sino en la calma mañana de mi cumpleaños.

Esta noche tan clara para los augurios
no cambiará mi suerte.
Puedo olvidarme de tocar madera,
hasta volcar la sal podría,
10 no cambiará mi suerte para nada.
¿Qué nos hace creer que en diciembre
termina una suerte y empieza otra?
¿Y para qué brindamos
deseándonos nuevos destinos?
15 Amarga es la madera de mi ventana
y pongo allí la frente.
Quiero que pase el tiempo como en las películas.
Ya dije amor y me he quedado solo,
he dicho tiempo
20 seguro de que todo lo arrastraba.
Voy a seguir contando las cosas que no fueron,
lo que se echó a perder por algunas palabras,
el dolor que nos dejan las despedidas.

■ Preguntas generales

1. ¿Cuál es la formación de Ponte y cómo se refleja en su obra?
2. ¿Qué se entiende por "período especial" y cuál fue su impacto en la vida cultural cubana?
3. ¿Por qué se ha hablado de una estética de la decadencia en cuanto a la poesía de Ponte?
4. ¿Cuál es el origen del vocablo *skitalietz* y por qué lo apropia Ponte para titular una de sus colecciones?
5. ¿Por qué su obra es más conocida fuera de Cuba?

■ Preguntas de análisis

1. ¿En qué época histórica se desarrolla "Las comidas profundas" (capítulo uno)? ¿Cómo está ambientado el ensayo?
2. ¿Qué obras y autores figuran en el ensayo? ¿Por qué los selecciona el narrador?
3. ¿Cómo se representa la piña? ¿Cómo se establece la relación entre la situación del rey y del narrador en cuanto a la comida? ¿Cómo se logra la crítica social?
4. En "Ciudades", describa los sentimientos de la voz poética. ¿Por qué siente temor? ¿Qué extraña y cómo lo describe?
5. ¿Qué representan el bosque y la escalera en el poema del mismo nombre? ¿De qué se lamenta la voz poética? ¿Cuál es el ambiente del poema y por medio de que imágenes se logra?
6. En "Seis minutos de conversación con el extranjero", ¿a qué se reducen los hablantes? ¿Cómo se nota su relación antes de la separación?
7. ¿Cuándo comienza el año para el hablante de "En diciembre, viendo volar" y por qué? Explique la actitud de la voz poética ante el paso del tiempo y cómo éste se configura.

■ Temas para informes escritos

1. La Habana en la obra de Ponte.
2. El grupo Orígenes en la ensayística de Ponte.
3. La representación de la piña en la obra de Zequeira y Arango y de Ponte, similitudes y diferencias.
4. Literatura y pintura: la edición ilustrada por Ramón Alejandro de *Las comidas profundas*.
5. La expresión de la soledad en dos poemas de Ponte.

■ Temas de reflexión y comentario

1. La relación de Ponte con la revista *Encuentro de la Cultura Cubana*.
2. Ponte y la diáspora cubana.
3. Las ideas de Ponte sobre José Martí.
4. José Lezama Lima y Virgilio Piñera vistos por Ponte.
5. El *Diario de Cuba*, contenido y proyección.

EDMUNDO PAZ SOLDÁN

1967, Cochabamba, Bolivia

© Daniela Bejarano

Edmundo Paz Soldán es una figura sobresaliente entre los actuales escritores latinoamericanos, tanto por su obra de ficción innovadora como por haber sido uno de los fundadores del movimiento literario McOndo, junto con otros escritores de su generación, entre ellos Alberto Fuguet, Sergio Gómez, Jorge Franco y Rodrigo Fresán. Dicho movimiento fue una reacción de estos jóvenes escritores contra lo que experimentaban como la imposición del realismo mágico, por parte de las editoriales europeas, para las cuales esa forma de escribir era la que demostraba que una obra era auténticamente latinoamericana. La publicación de la antología McOndo en 1996, dando a conocer las ideas del grupo, refleja realidades que corresponden a las décadas de los ochenta y los noventa del pasado siglo. Desde entonces, Paz Soldán y otros integrantes de aquel movimiento han desarrollado carreras exitosas mostrando así sus propios talentos creativos.

Paz Soldán estudió Relaciones Internacionales en Argentina y Ciencias Políticas en la Universidad de Alabama-Huntsville, adonde llegó con una beca como jugador de fútbol. En 1997, obtuvo su doctorado en Lenguas y Literaturas Hispánicas de la Universidad de Berkeley y en la actualidad se desempeña como profesor de literatura hispanoamericana en la Universidad de Cornell. Sus obras han sido traducidas a ocho idiomas, y ha recibido numerosos galardones, entre los que se destaca el Premio Juan Rulfo de cuento (1997) por "Dochera", y el Premio Nacional de Novela en Bolivia por *El Delirio de Turing* (2004). Colabora en diversos medios, entre ellos los periódicos *El País* (España) y *La Tercera (Chile)*, y las revistas *Etiqueta Negra (Perú)*, *Qué Pasa* (Chile) y *Vanity Fair* (España).

Paz Soldán es autor de varios libros de cuentos: *Las máscaras de la nada* (1990), *Desapariciones* (1994), *Dochera y otros cuentos* (1997) y *Amores imperfectos* (1998), y de nueve novelas. Sus cuentos, por lo general breves y con una estrecha relación entre ficción y autobiografía, presentan protagonistas de todo tipo, muchos de ellos seres atormentados y solitarios, dispersos por distintos sitios del mundo. Entre las novelas se encuentran *Alrededor de la torre* (1997), en la que trata el problema del racismo en su Bolivia natal; *Río Fugitivo* (1998), donde aparece, observada desde dentro de las paredes de un colegio, la realidad boliviana de los ochenta: huelgas, racismo, inestabilidad política y desigualdades sociales. El joven narrador, que tiene probablemente mucho de autobiográfico, es un escritor en ciernes, autor de novelitas policíacas y panfletos subversivos, quien ve de pronto destruida la seguridad de su mundo de lazos familiares y de amigos a raíz de la muerte sorpresiva de una persona cercana. En su intento de resolver el enigma de esa muerte, el personaje busca el camino hacia su propia madurez. En *La materia del deseo* (2001) el autor crea un tecno-*thriller* latinoamericano como respuesta a la globalización, que considera tóxica. Más tarde, en 2004, Paz Soldán publica *El delirio de Turing*, cuyo título es una alusión al científico británico Alan Turing (1912–1954), matemático, criptoanalista y creador de una máquina calculadora que lleva su nombre y fue la base para la computación actual y el desarrollo de la informática. Es éste otro *thriller* tecnológico, cuya acción transcurre en Río Fugitivo (nombre alegórico de la Cochabamba natal del autor), cuando las riquezas naturales de Bolivia pasan a manos extranjeras y su entrega produce una disconformidad creciente. El conflicto recrudece cuando una de las empresas de electricidad de Globalux sube las tarifas y se asocia con la Cámara Negra, organización estatal encargada de descifrar mensajes de la oposición. En esta batalla se cruzan técnicas de *hacking* con la criptografía, y las máquinas adquieren vida propia.

En 2006, Paz Soldán presenta *Palacio Quemado,* título que alude al palacio de gobierno boliviano, novela donde recrea la caída del gobierno de Sánchez de Lozada (2003) y el fin de una era política en Bolivia. En 2009, publica *Los vivos y los muertos*, en la cual construye un retrato crudo y realista de la violencia en una sociedad, la norteamericana, que se creía ganadora e inmune a la crueldad. *Norte* (2011), su libro más reciente, trata del tema de la inmigración. Se desarrolla en la frontera de México y Estados Unidos y narra la vida de cuatro personajes cuyas historias se cruzan y entrelazan. Uno de ellos, el personaje central, fue un asesino serial de existencia histórica a quien el FBI capturó en los años noventa.

Paz Soldán es, además de autor, crítico y profesor de literatura, un promotor de la obra de sus contemporáneos. Ha coeditado con Alberto Fuguet *Se habla español* (2000), una antología de la nueva narrativa latinoamericana, y con Gustavo Faveron Patriau *Bolaño salvaje* (2008), una obra que reúne principalmente estudios académicos sobre la poesía de Roberto Bolaño.

"Extraños en la noche", el cuento aquí incluido, está escrito como un diálogo, el cual dramatiza el asalto a una pareja de gente de buen nivel económico. Se describe, con humor e ironía, las diferencias de actitud y de expectativas de la mujer y de su marido: ella se aferra a sus posesiones y presiona al hombre a que tome un arma y confronte a los ladrones; él, más cauteloso que valiente, prefiere no arriesgarse y que se lo lleven todo. El relato mantiene la tensión y el suspenso del género policial, aunque la situación y el desenlace no carecen de comicidad.

■ Bibliografía mínima

Brown, J. Andrew. "Edmundo Paz Soldán and His Precursors: Borges, Dick, and the SF Canon". *Science Fiction Studies* 34.3 [103] (2007): 473–83. Impreso.

——. "Hacking the Past: Edmundo Paz Soldán's *El delirio de Turing* and Carlos Gamerro's *Las Islas*". *Arizona Journal of Hispanic Cultural Studies* 10.1 (2006): 115–29. Impreso.

De Fays, Helene. "From *1984* to *Sueños digitales*. The Dystopian Novel in the Age of Globalization". *Contracorriente: A Journal of Social History and Literature in Latin America* 3.1 (Fall 2005): 114–47. Impreso.

Fischbach, Erich, ed. *Tradition et modernité dans l'œuvre d'Edmundo Paz Soldán*. Angers, France: PU d'Angers, 2010. Impreso.

Milián Arias, Claudia M. "McOndo and Latinidad: An Interview with Edmundo Paz Soldán". *Studies in Latin American Popular Culture* 24 (2005): 139–49. Impreso.

Montoya Juárez, Jesús. "Ni apocalípticos ni integrados: Medios audiovisuales en tres narradores del Sur de América". *Revista Iberoamericana* 73.221 (2007): 887–902. Impreso.

Navarro-Albaladejo, Natalia. "Manifestaciones del nacionalismo y la globalización en la literatura contemporánea: En diálogo con Santiago Roncagliolo, Edmundo Paz Soldán y Santiago Vaquera". *Arizona Journal of Hispanic Cultural Studies* 10.1 (2006): 231–50. Impreso.

Paz Soldán, Edmundo. *Dochera y otros cuentos*. Cochabamba: Nuevo Milenio, 2005.

Ramos González, Rosario. "La 'fábula electrónica': Respuestas al terror político y las utopías informáticas en Edmundo Paz Soldán". *Modern Language Notes* 118.2 (2003): 96–114. Impreso.

Río Fugitivo. Blog de Edmundo Paz Soldán. *El Boomeran(g). Blog Literario en español*. Web. <http://www.elboomeran.com/blog/117/rio-fugitivo-blog-de-edmundo-paz-soldan/>.

Dochera y otros cuentos (1997)

EXTRAÑOS EN LA NOCHE

—Felipe, ¡despierta!

—Eh, eh... —miró a su esposa con los ojos entreabiertos, como si se tratara de una aparición.

—Escuché ruidos abajo —susurró Rita—. Tengo miedo.

5 —Los muebles hablan entre ellos de noche. Vuélvete a dormir.

—Es en serio, Felipe. ¿Y qué si nos roban?

—Eso. ¿Y qué?

Felipe terminó de despertarse. Había babeado en la almohada y en su polera con un dibujo del Demonio de Tasmania,[1] el sueño muy profundo, el trabajo en el 10 banco lo dejaba listo para el *uppercut* final de una hora de televisión y después a dormir. Ese era el precio de tanto triunfo. No podía quejarse. No debía quejarse.

Hubo un silencio y ahora sí escuchó, nítido, un ruido como de objetos de metal entrechocando. Luego pasos sigilosos. Edipo no había ladrado, para eso uno compraba perros.

15 —¿Vas a bajar? ¿Vas a bajar? ¡Ten cuidado!

---

[1] Animal que figura en dibujos animados; es un marsupial carnívoro que se encuentra en el estado de ese nombre en Australia. Un videojuego de 1983 para Atari 2600 se basó en este personaje de los dibujos animados.

No hubiera querido bajar: ¿para qué arriesgar su vida? No le quedaba otra alternativa: la voz y la mirada de Rita habían decidido por él. Se dirigió al armario, estuvo a punto de tropezar con los controles del Super Nintendo en una esquina. Buscó el revólver plateado que su abuelo le había regalado y que jamás
20 había usado. Colocó las balas con torpeza. Ah, Rita, tan preocupada por el estéreo y las porcelanas de Lladró[2] y los cuadros de Gíldaro[3] y la alfombra persa y etcétera. Debía reconocerlo, había de qué preocuparse: los objetos se acumulaban, agresivos en su materialidad, ya tan imprescindibles en su universo que se tornaban naturales: formas convertidas en fondo.
25   Se detuvo en el umbral de la habitación. Antes de continuar miró ansioso a Rita, acaso esperando que ella lo liberara de su obligación. Sentada sobre sus piernas en la cama, el pijama de seda blanca y transparente por el que se adivinaban sus senos erguidos, batalladores, Rita lo empujaba al enfrentamiento.

—¿Y?
30   —Ya voy.

Se dio la vuelta, buscó la escalera en la oscuridad. La conocía de memoria, cuántas veces había subido borracho por ella, jamás un accidente. Se detuvo en el primer escalón. Ah, Rita. Estas cosas debían ocurrir para que se diera cuenta de cómo y cuánto lo había cambiado. No era sólo su culpa, algo debía haber en él
35 muy receptivo a sus sugerencias, que no eran malas, después de todo.

Distinguió dos siluetas. Habían abierto la puerta principal y vaciaban el living metódicamente, como si se tratara de empleados de una compañía de mudanzas. No era difícil sospechar un camión aparcado en la puerta. Tanto cinismo escandalizaba. Ni siquiera se habían molestado en trepar la verja,[4] seguro habían
40 conseguido las llaves de la empleada o el jardinero. Ya no se podía confiar en nadie. Y el pobre Edipo, acaso despatarrado en el jardín.

Tuvo frío. Deseó haberse puesto al menos las pantuflas.[5] ¿Y ahora qué? Había leído que si uno tenía entre sus manos un revólver, debía estar decidido a usarlo. En las películas, disparar parecía lo más fácil del mundo, tanto como
45 mascar chicle o ignorar mendigos en la calle. Ni siquiera sabía cómo empuñar el revólver. Capaz que disparaba y la bala se le metía por la sien, ¿no que las armas las disparaba el diablo?

El primer piso de la casa se vació. Era una operación concienzuda: para llevarse el refrigerador, aparecieron dos individuos corpulentos más, bien vestidos,
50 el aire despreocupado. Ya ni siquiera se molestaban en disimular el ruido, confiados acaso en que la pareja en el piso de arriba, despierta y todo, estaría demasiado intimidada como para hacer algo. ¿Llamar a la policía? No sería de extrañar que los ladrones fueran policías. Había en ellos cierto alarde de impunidad que sólo procuraba el comercio con la autoridad.
55   En el rellano[6] de la escalera, protegido por las sombras, Felipe fue descubriendo que le era más fácil no hacer nada que hacer algo. Había algo de despojamiento budista en su postura inmóvil, con un fulgurante revólver que parecía

---

[2] Referencia a piezas artísticas del ceramista español José Lladró (n. 1928).
[3] Referencia al pintor boliviano Gíldaro Antezana (Cochabamba, 1938–1976), famoso por sus pinturas de gallos.

[4] Enrejado que sirve de cerca.
[5] Tipo de calzado o zapato cómodo, para usar en casa.
[6] Porción horizontal que termina cada tramo de la escalera.

de juguete entre sus manos. Admirable, por lo meticuloso, el trabajo de los muchachos: gente que acaso no le hubiera caído mal, con quien podría haberse ido
60 a emborrachar. De niño, en los juegos de policías y ladrones en el barrio, prefería estar del bando de los malos. Y las películas lo desilusionaban siempre al final, con ese empeño en ordenar el desorden, darle un inmerecido y muchas veces irreal triunfo a quienes no se lo merecían.

Después de todo, nunca le habían gustado los payasos de Lladró. Y el esté-
65 reo había sido un regalo de su deplorable suegra. Rita lloraría por la mesa, cuánto se vanagloriaba ante sus amistades de su auténtica Ethan Allen.[7] ¿Los casetes para el Super Nintendo que acababa de comprar ayer y ni siquiera había abierto? Tarde: los había dejado sobre la mesa. Le daban pena los gallos de Gíldaro. Sin refrigerador ni platos no habría desayuno por la mañana. La falta de alfombra de-
70 jaría ver el estado lamentable del parkett.[8] La ausencia de muebles agrandaría la casa y le daría un rostro vertiginoso al vacío. Habría más silencio. Quizás ya era hora de tener hijos. Debía ser realista: con Rita en la inmobiliaria y él en el banco, no habría mucho tiempo para nada. Las plantas se secaban, Edipo se moría de hambre (había que despedir a la empleada).
75 Las luces se encendieron y dos pistolas lo encañonaron.

—Así que el amigo quería sorprendernos —dijo un hombre de voz gangosa, la camisa impecablemente blanca.

—¡Ta ta ta chín tachín, cazador cazado! —dijo un enano pecoso.

—¡El demonio de Tasmania, qué susto! Eso no se hace, amigo. Fíjese que
80 fuimos buenos.

—Nada de ruidos, nada de sangre.

—Ni siquiera matamos al perro.

—Nos hubiera sido fácil subir al cuarto y atarle las manos y dejar que nos mire haciéndola gozar a su esposa.
85 —Porque ella tiene cara de que algo le falta, ¿no?

Felipe quiso abrir la boca. La voz gangosa lo ponía aún más nervioso.

—Tanta gentileza, ¿para qué? Para que nos venga con una cosa tan lamentable como un arma de fuego en la mano.

— ¡Un arma de fuego!
90 —Lamentable.

—¿Qué castigo se le dará, mandandirundirundán?

—Lo que usted diga, su señoría, mandandirundirundán.

Felipe balbuceó unas disculpas.

—Me quedé admirando su trabajo. Muy profesional. Tanto, que pensé que
95 no podían irse sin este revólver. ¿Cómo irse sin lo más importante?

—Bromista, el amigo —los revólveres seguían encañonándolo.

—La verdad que es caro —dijo el pecoso tomándolo entre sus manos—. Ni debe funcionar, pero es de esas antigüedades que te pagan un montón.

—Sí. Regalo de mi abuelo. Y arriba hay mejores cosas. Pasen, siéntanse
100 como en su casa.

Los otros dos aparecieron en el umbral de la puerta.

---

[7] Marca de muebles finos en los EE. UU.   [8] Deletreo alemán de "parquet".

—¿Qué pasa? ¿Por qué tardan tanto?

—Miren lo que encontramos —dijo el pecoso.

—Nos vio las caras. Hay que limpiarlo.

105 —Es bromista el amigo —dijo el gangoso—. Eso lo salva. Nos vamos. Si sabemos de alguna denuncia, volveremos. ¿Vio que no nos cuesta nada entrar a su puta casa?

—Y su esposa. Recuerde a su esposa.

—Gracias —dijo Felipe—. Muchas gracias.

110 Los hombres se fueron llevándose su revólver. Felipe subió lentamente al cuarto. La voz del gangoso repiqueteaba en sus oídos. ¿Qué castigo se le daría? Lo que usted diga, su señoría, mandandirundirundán.

—¿Qué pasó? Te escuché hablar con ellos.

—Nada, amor —dijo Felipe echándose al lado de Rita en la cama, dándole
115 la espalda—. Duerme, mañana será otro día.

—Felipe, por Dios, ¿qué pasó? ¡No me puedes dejar así!

—Duerme, carajo.

■ Preguntas generales

1. ¿Qué motivó a Edmundo Paz Soldán y otros escritores de su generación a publicar la antología McOndo?
2. ¿De qué modo refleja la obra del escritor boliviano una perspectiva latinoamericana del mundo globalizado?
3. ¿En qué obras tiene un papel central la tecnología informática?
4. ¿Dónde aparece la realidad boliviana y sus problemas políticos y sociales?
5. ¿Cómo está presente en su obra el crimen y la violencia?

■ Preguntas de análisis

1. ¿Qué indica en el relato la situación económica de los protagonistas?
2. ¿Cómo se diferencian las actitudes y conductas del marido y la esposa?
3. ¿De qué modo la actitud de la mujer refleja expectativas acerca de la virilidad inculcadas por una sociedad machista?
4. ¿Cuál es la reacción del hombre frente a lo que su mujer espera de él y ante la amenaza de los ladrones?
5. ¿Qué es lo que pone en ridículo al personaje masculino?

■ Temas para informes escritos

1. La obra de Paz Soldán como representativa de un cambio generacional en la literatura latinoamericana.
2. Elementos autobiográficos en la obra de Paz Soldán.
3. La realidad boliviana en un mundo globalizado, desde la perspectiva del autor.
4. El tema de la inmigración en la obra de Paz Soldán.
5. Nuevas formas de la novela policial en la obra del escritor boliviano.

■ Temas de reflexión y comentario

1. El narcotráfico y la violencia en la obra de Paz Soldán.
2. Las crisis de la política y la economía bolivianas descritas por el autor.
3. La ficcionalización de Alan Turing y su inserción en una novela de contexto boliviano.
4. El *thriller* tecnológico y la ficción de Paz Soldán.
5. Paz Soldán como intérprete de la literatura producida dentro y fuera de los países de origen de los escritores latinoamericanos.

CRONOLOGÍA

Para que la cronología sea útil a los lectores de *Voces de Hispanoamérica*, hemos incluido información histórica y cultural esencial y seleccionado entre las principales obras literarias de cada escritor.

CRONOLOGÍA. CAPÍTULO I

Mundo exterior: historia y cultura	*Las raíces indígenas, el mundo colonial hispanoamericano*	*Sistemas de comunicación nativos, la escritura alfabética*
1500–31 a.C.	**1500–31 a.C.**	**1500–31 a.C.**
Grecia: época arcaica (776–500 a.C.). Fundación mítica de Roma (753 a.C.).	Esplendor cultural olmeca (1500–900 a.C.).	Calendario de Monte Albán (600 a.C.).
300–31 a.C.:	**300–31 a.C.:**	**300–31 a.C.:**
Platón, Academia (387 a.C.). Aristóteles, Liceo (335 a.C.). Alejandro Magno (336–323 a.C.).		
31 a.C.–900 d.C.:	**31 a.C.–900 d.C.:**	
Predominio de Roma, a partir del siglo I a.C.. Muerte de Jesús de Nazareth. (c. 30 d.C.).	Período clásico en Mesoamérica; florecimiento de Teotihuacán, Monte Albán, Tikal, Copán, Palenque. Zona andina: mochicas en la costa norte y nazcas en la costa sur del Perú actual.	
V–X d.C.:	**V–X d.C.:**	**V–X d.C.:**
c. 416, visigodos en España; derrota de don Rodrigo (711) y penetración árabe en España (VIII d.C.).	Hegemonía tolteca en la meseta mexicana (X d.C.). Apogeo de Tiahuanaco (altiplano de Bolivia), cultura precursora de la incaica.	Abundan las inscripciones jeroglíficas en el área maya.

Mundo exterior: historia y cultura	*Las raíces indígenas, el mundo colonial hispanoamericano*	*Sistemas de comunicación nativos, la escritura alfabética*
X–XIII d.C.: Comienzo de la reconquista en España (722) con la batalla de Covadonga. Fundación de la Universidad de Bolonia (1088). *Carta Magna* en Inglaterra (1215).	**X–XIII d.C.:** Culto a Quetzalcóatl en Mesoamérica; invasión de los chichimecas al norte del Valle de México. En Yucatán, alianza de Chichén Itzá, Uxmal y Mayapán en la llamada Liga de Mayapán. En el área andina, auge del señorío chimú en la costa norte del actual Perú.	
Siglo XIV Aparición de los mapas portulanos.	**Siglo XIV** Asentamiento azteca en un islote en medio de un lago, la futura México-Tenochtitlán (1325).	**Siglo XIV** Elaboración de códices pintados en templos y escuelas de Mesoamérica.
Siglo XV Conquista de las Islas Canarias por España. Juan Gutenberg imprime la *Biblia* en latín, usando tipos móviles (1456). Reinado de Fernando de Aragón e Isabel de Castilla (1476–1516). *Arte de la lengua castellana* de Nebrija (1492). Derrota árabe en Granada. Expulsión de los judíos de España (1492). La bula *Inter caetera* (1493) y el Tratado de Tordesillas (1494) fijan los límites de los territorios americanos de España y Portugal.	**Siglo XV** Supremacía azteca (1428). Mayas, desintegración de la Liga de Mayapán (1441). Pachacuti Inca inicia las conquistas de territorios que formarán el imperio incaico (1438–1471). Primer viaje de Colón a tierras americanas (1492): inicio de los primeros contactos hispano-indígenas. Colón llega al continente (1498).	**Siglo XV** Perfeccionamiento del sistema de **quipus** o nudos de los incas.

Mundo exterior: historia y cultura	*Las raíces indígenas, el mundo colonial hispanoamericano*	*Sistemas de comunicación nativos, la escritura alfabética*
Siglo XVI	**Siglo XVI**	**Siglo XVI**
Creación de la Casa de Contratación (1503).	Los primeros esclavos llegan a Santo Domingo (1501).	Cartas y documentos de Colón relativos a sus viajes a América.
El nombre "América" figura en un mapa por primera vez (1507).	Circunnavegación del globo iniciada por Magallanes y Elcano (1519–1522).	*Cartas de relación* (1520–1526) de Cortés. *Historia de las Indias* (1527–1559), *Brevísima relación de la destrucción de las Indias* (1552) de Bartolomé de las Casas.
Promulgación de las Leyes de Burgos (1512) para regular el trato de la población nativa. Publicación de *El príncipe* (1513) de Maquiavelo. Reinado de la Casa de Austria o Habsburgo, Carlos I, rey de España (1516–1556). Tesis de Lutero (1517). Creación del Consejo de Indias (1519).	Cortés asume el poder en la meseta mexicana (1521). Pizarro inicia la conquista del imperio incaico (1531).	
	Atahualpa es agarrotado (1533).	
Carlos I asume el título de emperador del Sacro Imperio romano como Carlos V (1519). Rebelión de las Comunidades de Castilla (1520–1521). Se reorganiza el Consejo de Indias (1524).	Virreinato de la Nueva España (México) (1535) y establecimiento de la imprenta allí (1539). Virreinato del Perú (1542).	
Bula papal *Sublimis Deus* sobre la racionalidad de la población indígena (1537). Se dictan las Leyes Nuevas (1542). El Concilio de Trento (1545–1563) regula y define el dogma católico. Debate en Valladolid sobre el derecho de España a someter a los indígenas y cómo debe conducirse la evangelización (1550–1551). Comercio entre Filipinas y Nueva España (México) mediante el Galeón de Manila (1565).	Descubrimiento de las minas de Potosí (1545). Fundación de las universidades de San Marcos en Lima (1551) y de México (1551). Primer tribunal inquisitorial de América en Lima (1570). Perú y Nueva España (México): baja demográfica de la población nativa por las epidemias, la resistencia bélica y el régimen de trabajo forzado.	*La Araucana* (1.ª parte), de Alonso de Ercilla y Zúñiga. Versiones por medio del alfabeto latino de *Libros de Chilam Balam, Memorial de Sololá; Popul Vuh, Cantares mexicanos* y otros testimonios indígenas.
Reinado de Felipe II (1556–1598). Rebelión de los moriscos en las Alpujarras (1568–1571). Batalla de Lepanto contra el poder otomano (1571). Fundación de Manila (1571). Camões: *Os Lusiadas* (1572).	La imprenta llega a Lima (1584). Ataques de Francis Drake a posesiones españolas en América (1585–1586).	
Portugal y España se unifican (1580–1640). Derrota de la Armada Invencible (1588) por los ingleses. Auge de la literatura española (Siglo de Oro).		

Mundo exterior: historia y cultura	*Las raíces indígenas, el mundo colonial hispanoamericano*	*Sistemas de comunicación nativos, la escritura alfabética*
Siglo XVII	**Siglo XVII**	**Siglo XVII**
Don Quijote (1.ª parte, 1605), Miguel de Cervantes. *Macbeth* (1605), William Shakespeare. Expulsión de los moriscos de España (1609). *Mensajero sideral, Sidereus Nuncius* (1610), Galileo Galilei. España reconoce la independencia de los Países Bajos (Holanda) (1648). Los portugueses expulsan a los holandeses del Brasil (1654). Recopilación de las Leyes de Indias (1680).	Fundación de Jamestown, la primera colonia inglesa en América (1607). Llegada de los peregrinos a Plymouth en el Mayflower (1620). Difusión en el Caribe del cultivo de la caña de azúcar. Jamaica pasa a los ingleses (1670). La **mita** o trabajo forzado diezma la población del altiplano andino.	*Comentarios reales,* Inca Garcilaso de la Vega. *Primer nueva corónica y buen gobierno,* Felipe Guaman Poma de Ayala. *Historia verdadera de la conquista de la Nueva España,* Bernal Díaz del Castillo. *El Carnero,* Juan Rodríguez Freile. *Diente del Parnaso,* Juan del Valle Caviedes. *Respuesta, El sueño, Inundación castálida,* Sor Juana Inés de la Cruz. *La verdad sospechosa,* Juan Ruiz de Alarcón. *Infortunios de Alonso Ramírez,* Carlos de Sigüenza y Góngora.
Siglo XVIII	**Siglo XVIII**	**Siglo XVIII**
Época de los Borbones en España (1700). *Poética* (1737), Ignacio de Luzán. *El contrato social* (1762), Jean-Jacques Rousseau. Revolución de las colonias inglesas en Norteamérica (1776–1783). Revolución Francesa (1789); difusión de la "Declaración de los Derechos del Hombre" (1794).	Expediciones científicas (Charles-Marie de La Condamine, 1753; Fausto de Elhuyar, 1785). Expulsión de los jesuitas de los dominios españoles (1767). Creación del virreinato de Nueva Granada (1717, 1739) y del virreinato del Río de la Plata (1776). Rebeliones contra el poder español: Túpac Amaru (1780) en el Perú; Zipaquirá (1781) en la Nueva Granada. Fundación de importantes periódicos, como el *Diario Erudito, Económico y Comercial de Lima,* primer periódico diario en la América española (1790).	*El lazarillo de ciegos caminantes,* Alonso Carrió de la Vandera.

CRONOLOGÍA. CAPÍTULO II

Mundo exterior: historia y cultura	*Hispanoamérica: historia y política*	*Hispanoamérica: literatura*
1799: Napoleón toma el poder en Francia.	**1799–1804:** Humboldt y Bonpland viajan por Sudamérica y el Caribe. Estos viajes contribuyen a revivir el interés en la poesía descriptiva.	Auge del **neoclasicismo;** tardía presencia del **barroco.**
1800–1875: Florecimiento del realismo en Europa.	**1804:** Independencia de Haití.	
1807: Napoleón invade la Península Ibérica.	**1808–10:** Cabildos abiertos en las capitales de América.	
	1810: Grito de Dolores, inicio de la lucha por la independencia en México.	
1810: Gobierno de las Cortes durante el exilio de Fernando VII de España.	**1811:** Paraguay y Venezuela se declaran independientes.	
1812: Se aprueba la Constitución liberal de Cádiz, en España.		
1813: Retorno de Fernando VII a Madrid y abolición de la Constitución liberal.	**1814–1840:** Gobierno de José Gaspar Rodríguez Francia en Paraguay.	
	1816: Independencia de Argentina.	**1816:** México, José Joaquín Fernández de Lizardi, *El Periquillo Sarniento.*
	1820–1822: Declaración de independencia de México, Perú y América Central. Invasión haitiana de Santo Domingo (1822).	**1820:** Cuba, José María Heredia, *El teocalli de Cholula.*
1823: Proclamación de la doctrina Monroe por el presidente de los EE. UU.	**1824:** Batallas de Junín y Ayacucho sellan la independencia de Sudamérica.	**1824:** Cuba, José María Heredia, *Niágara.*

Mundo exterior: historia y cultura	Hispanoamérica: historia y política	Hispanoamérica: literatura
	1824–1838: Creación de las Provincias Unidas de Centroamérica.	**1826:** Venezuela, Andrés Bello, *La agricultura de la zona tórrida.*
1827: Victor Hugo publica su "Manifiesto" romántico como prefacio a *Cromwell.*	**1825–1838:** Guerra Cisplatina (1825–1828) entre Argentina y Brasil por la posesión de Uruguay, llamada Provincia Cisplatina. Independencia de Uruguay.	**1827–1880:** Florecimiento del **romanticismo** en Hispanoamérica, interés en el **costumbrismo**.
	1829–1852: El caudillo Juan Manuel de Rosas domina Argentina. Preeminencia de Santa Anna en México hasta 1855.	
	1830: Disolución de la Gran Colombia (Colombia, Ecuador, Venezuela).	
		1836: Cuba, Gertrudis Gómez de Avellaneda, *Al partir.*
		1841: Cuba, Gertrudis Gómez de Avellaneda, *Sab.*
	1844: Juan Pablo Duarte y otros patriotas proclaman en Santo Domingo la independencia del poder haitiano.	**1845:** Argentina, Domingo Faustino Sarmiento, *Facundo.*
	1846–48: Guerra entre México y los EE. UU. El Tratado de Guadalupe-Hidalgo le otorga Arizona, California y Nuevo México a los EE. UU.	
1848: Revolución de Febrero en Francia. Movimientos revolucionarios en Europa. Karl Marx y Friedrich Engels, *Manifiesto comunista.*		**1848:** Venezuela, Andrés Bello, *Autonomía cultural de América.*

Mundo exterior: historia y cultura	Hispanoamérica: historia y política	Hispanoamérica: literatura
1850–1900: En Europa movimientos de renovación como el parnasismo, el impresionismo, el simbolismo, el decadentismo, preparan el camino para el modernismo en Hispanoamérica.		**1852:** Argentina, José Mármol, *Amalia*.
1859: Charles Darwin publica el *Origen de las especies*.	**1857–1861:** Guerra de Reforma en México, dirigida por Benito Juárez.	
1861–1865: Guerra Civil de los EE. UU.	**1864–1867:** Maximiliano de Habsburgo gobierna México como emperador.	**1862:** Chile, Alberto Blest Gana, *Martín Rivas*.
	1865–1870: Independencia de la República Dominicana (1865). Guerra de la Triple Alianza (Argentina, Brasil y Uruguay) derrotan a Paraguay.	**1863:** Puerto Rico, Eugenio María de Hostos, *La peregrinación de Bayoán*.
		1866: Argentina, Estanislao del Campo, *Fausto*.
		1867: Colombia, Jorge Isaacs, *María*.
	1868–1878: Grito de Lares (1868), estallido de la guerra por la independencia de Puerto Rico. Inicio de la Guerra de los Diez Años en Cuba. Proclamación de la independencia de Cuba.	
1870: Inicios del naturalismo en Francia; su portaestandarte es Émile Zola.	**1870:** Fundación del periódico *La Nación* en Buenos Aires, Argentina.	

Mundo exterior: historia y cultura	Hispanoamérica: historia y política	Hispanoamérica: literatura
		1871: Argentina, Esteban Echeverría, *El matadero*. Ecuador, Juan León Mera, *Cumandá*.
		1872: Perú, Ricardo Palma, *Tradiciones peruanas*. Argentina, José Hernández, *Martín Fierro;* Hilario Ascasubi, *Santos Vega*.
1876: Invención del teléfono por Alexander Graham Bell.	**1876–1911:** Porfirio Díaz gobierna México.	**1876:** México, José Peón Contreras, *La hija del rey*.
	1879–1883: Guerra del Pacífico (Chile contra Bolivia y Perú).	**1878:** Puerto Rico, Alejandro Tapia Rivera, *La cuarterona*.
		1879: República Dominicana, Manuel de Jesús Abreu Galván, *Enriquillo*.

CRONOLOGÍA. CAPÍTULO III

Mundo exterior: historia y cultura	Hispanoamérica: historia y política	Hispanoamérica: literatura
1880: Émile Zola, *Naná*. Fiódor Dostoievski, *Los hermanos Karamazov*.		**1880:** Ecuador, Juan Montalvo, inicia en Panamá la publicación de los tratados recogidos después en *Las catilinarias*.
		1882: Cuba, José Martí, *Ismaelillo* (comienzo del **modernismo**). Ecuador, Juan Montalvo, *Siete tratados*.
1883: Friedrich Nietzche, *Así hablaba Zaratustra*.		**1883:** México, Manuel Gutiérrez Nájera, *Cuentos frágiles*.
1884: Benito Pérez Galdós, *La de Bringas*.		**1884:** Argentina, Lucio V. López, *La gran aldea*.
		1885: Argentina, Eugenio Cambaceres, *Sin rumbo*.
1886–1887: Benito Pérez Galdós, *Fortunata y Jacinta*.	**1886:** Abolición de la esclavitud en Cuba.	
		1888: Nicaragua, Rubén Darío, *Azul*. Ecuador, Juan Montalvo, *Las catilinarias*.
1889: La Exposición Internacional en París muestra los comienzos del estilo moderno en el arte.		**1889:** Perú, Clorinda Matto de Turner, *Aves sin nido*; Mercedes Cabello de Carbonera, *Blanca Sol*. Cuba, José Martí, *La edad de oro*.
1889–1890: Se reúne el Primer Congreso Interamericano en Washington.		**1890:** Argentina, José Miró (seud. Julián Martel), *La bolsa*.
	1891: Guerra Civil Chilena.	**1891:** Cuba, José Martí, *Versos sencillos*.

Mundo exterior: historia y cultura	Hispanoamérica: historia y política	Hispanoamérica: literatura
		1892: Cuba, Julián del Casal, *Nieve.*
1893: Nueva Zelandia es la primera nación que le da el voto a la mujer. Estados Unidos anexa Hawai.		
1895: Los hermanos Lumière producen el primer espectáculo cinematográfico.	**1895–1898:** Guerra por la independencia de Cuba. Explosión del buque norteamericano Maine (1898). Intervención de los EE. UU. en la lucha por la independencia cubana.	**1895:** Ecuador, Juan Montalvo, *Capítulos que se le olvidaron a Cervantes.*
1896: Muere Paul Verlaine, poeta francés de gran influencia entre los modernistas hispanoamericanos.		**1896:** Nicaragua, Rubén Darío, *Prosas profanas.* Colombia, Tomás Carrasquilla, *Frutos de mi tierra.*
1898: Guerra entre España y los Estados Unidos. Tratado de París (1898): España reconoce la independencia de Cuba y cede Las Filipinas, Guam y Puerto Rico a los EE. UU. Fin del imperio español.	**1898–1920:** Dictadura de Manuel Estrada Cabrera en Guatemala.	**1898:** México, José López-Portillo y Rojas, *La parcela.*
1900: Sigmund Freud, *La interpretación de los sueños.*	**1899–1902:** La Guerra de los Mil Días en Colombia.	**1899:** Bolivia, Ricardo Jaimes Freyre, *Castalia bárbara.* **1900:** Uruguay, José Enrique Rodó, *Ariel.*
1903: Los hermanos Wright realizan los primeros vuelos.	**1903:** Panamá se independiza de Colombia y firma un tratado con los Estados Unidos para la construcción de un canal interoceánico.	**1903:** México, Federico Gamboa, *Santa.* Uruguay, Florencio Sánchez, *La gringa, M'hijo el dotor.*

Mundo exterior: historia y cultura	*Hispanoamérica: historia y política*	*Hispanoamérica: literatura*
1904: El corolario Roosevelt se agrega a la Doctrina Monroe, para así mantener los intereses comerciales de los EE. UU. y a Europa fuera de la zona.		**1904:** Chile, Baldomero Lillo, *Sub terra.*
1905–1924: Movimientos artísticos revolucionarios (**fauvismo, cubismo, futurismo, expresionismo, dadaísmo**). Teoría de la relatividad de Einstein.		**1905:** Argentina, Leopoldo Lugones, *Los crepúsculos del jardín.* Nicaragua, Rubén Darío, *Cantos de vida y esperanza.*
1907: Exposición de pintura cubista en París.		
1908: Henry Ford produce el auto modelo T.		**1908:** Argentina, Enrique Larreta, *La gloria de don Ramiro.*
		1909: Argentina, Leopoldo Lugones, *Lunario sentimental.*

CRONOLOGÍA. CAPÍTULO IV

Mundo exterior: historia y cultura	Hispanoamérica: historia y política	Hispanoamérica: literatura
1909–1913: Ocupación de Nicaragua por los EE. UU.		
	1910: Revolución mexicana.	**1909:** México, Ateneo de la Juventud.
	1911: México, derrocamiento de Porfirio Díaz por Francisco Madero; descubrimiento de Machu Picchu en Perú.	**1910:** Uruguay, Delmira Agustini, *Las alas*.
	1912: Cuba, se organiza un partido político en apoyo de los derechos civiles de los afrocubanos.	
	1913: Argentina recibe 364.878 inmigrantes europeos.	**1913:** Cuba, José Martí, *Versos libres*.
1914–18: Primera Guerra Mundial.	**1914:** Inauguración del Canal de Panamá.	
		1915: México, Mariano Azuela, *Los de abajo*. Chile, Eduardo Barrios, *El niño que enloqueció de amor*.
		1916: Chile, Vicente Huidobro, *El espejo en el agua* (comienzo del **creacionismo**).
1917: Revolución Rusa. El primer disco de jazz. Carl Jung, *El inconsciente*.	**1917:** México, nueva constitución.	**1917:** México, Alfonso Reyes, *Visión de Anáhuac*.
1918: Oswald Spengler, *La decadencia de Occidente*.		**1918:** Argentina, Alfonsina Storni, *El dulce daño*. Perú, César Vallejo, *Los heraldos negros*.
1919 Se inicia el movimiento **ultraísta** en España	**1919:** Argentina, gran exportadora de carne. Primera exportación de petróleo venezolano.	**1919:** Bolivia, Alcides Arguedas, *Raza de bronce*.

Mundo exterior: *historia y cultura*	*Hispanoamérica:* *historia y política*	*Hispanoamérica:* *literatura*
		1920: Chile, Pedro Prado, *Alsino*.
1922: Constitución de la URSS.	**1922:** Brasil, movimiento **tenentista**.	**1922:** Perú, César Vallejo, *Trilce*. Chile, Gabriela Mistral, *Desolación*. Uruguay, Juana de Ibarbourou, *Raíz salvaje*.
		1923: Chile, Pablo Neruda, *Crepusculario*.
1924: **Surrealismo**, *Manifiesto surrealista* de André Breton.	**1924:** Tratado panamericano de no agresión; fundación de la Alianza Popular Revolucionaria Americana (APRA).	**1924:** Venezuela, Teresa de la Parra, *Ifigenia; Diario de una señorita que escribió porque se fastidiaba*. Colombia, José Eustasio Rivera, *La vorágine*. Uruguay, Delmira Agustini, *El rosario de Eros*. Chile, Pablo Neruda, *Veinte poemas de amor y una canción desesperada*.
		1925: México, José Vasconcelos, *La raza cósmica*.
	1926: Nicaragua, oposición armada de Sandino a la ocupación de los EE. UU. México, Guerra Cristera. Perú, Mariátegui lanza la revista *Amauta*. Cuba, fundación de la Sociedad de Estudios Afrocubanos.	**1926:** Argentina, Ricardo Güiraldes, *Don Segundo Sombra*. Colombia, Tomás Carrasquilla, *La marquesa de Yolombó*.
1927: Lindbergh, primer vuelo transatlántico sin escala.		
	1928: México, asesinato de Álvaro Obregón. Brasil, colapso económico. Guatemala, formación de la Liga Antiimperialista.	**1928:** República Dominicana, Pedro Henríquez Ureña, *Seis ensayos en busca de nuestra expresión*. Cuba, Jorge Mañach, *Indagación del choteo*. Perú, José Carlos Mariátegui, *Siete ensayos de interpretación de la realidad peruana*. México, Martín Luis Guzmán, *El águila y la serpiente*.

Mundo exterior: historia y cultura	Hispanoamérica: historia y política	Hispanoamérica: literatura
1929: Colapso de la bolsa en Nueva York con graves repercusiones internacionales.	**1929:** Perú, Mariátegui funda el Partido Socialista.	**1929:** Argentina, Roberto Arlt, *Los siete locos;* Jorge Luis Borges, *Cuaderno San Martín.* Venezuela, Rómulo Gallegos, *Doña Bárbara;* Teresa de la Parra, *Memorias de Mamá Blanca.*
1930: Mohandas Karamchand "Mahatma" Gandhi, movimiento de desobediencia civil.	**1930:** Brasil, revolución de octubre y ascendencia al poder de Getúlio Vargas hasta 1945. Trujillo asume el poder absoluto en la República Dominicana.	**1930:** Guatemala, Miguel Ángel Asturias, *Leyendas de Guatemala.*
1931–1939: 2.ª República española.	**1931:** Argentina, Victoria Ocampo funda *Sur.*	**1931:** México, Nellie Campobello, *Cartucho.* Chile, Vicente Huidobro, *Altazor, o el viaje en paracaídas;* Pablo Neruda, *Residencia en la tierra I.* Cuba, Nicolás Guillén, *Sóngoro cosongo: poemas mulatos.*
	1932–1935: Guerra del Chaco entre Bolivia y Paraguay.	**1933:** Argentina, Ezequiel Martínez Estrada, *Radiografía de la pampa.*
1934: Roosevelt inicia la política del "buen vecino" hacia la América Latina.	**1934:** Nicaragua, asesinato de Sandino. Cuba, supresión de la Enmienda Platt.	**1934:** Ecuador, Jorge Icaza, *Huasipungo.*
	1934–1959: Cuba, Fulgencio Batista domina la política.	**1935:** México, Gregorio López y Fuentes, *El indio.* Uruguay, Horacio Quiroga, *Más allá.* Chile, Pablo Neruda, *Residencia en la tierra, II.*
1936–1939: Guerra Civil española.	**1936–1979:** Nicaragua, dinastía de los Somoza.	

Mundo exterior: historia y cultura	Hispanoamérica: historia y política	Hispanoamérica: literatura
	1937–1945: Brasil, **estado novo** con disolución del congreso y los partidos políticos.	**1937:** Puerto Rico, Luis Palés Matos, *Tuntún de pasa y grifería*.
	1938: México, nacionalización del petróleo.	**1938:** México, José Rubén Romero, *La vida inútil de Pito Pérez*. Chile, María Luisa Bombal, *La amortajada*. Argentina, Alfonsina Storni, *Mascarilla y trébol*.
1939–1945: Segunda Guerra Mundial. Triunfo de Franco en España. Televisión en EE. UU. (1939).	**1939:** Contingentes de refugiados españoles llegan a México y a Chile.	**1939:** Perú, César Vallejo, *Poemas humanos*. México, José Gorostiza, *Muerte sin fin*. Uruguay, Juan Carlos Onetti, *El pozo*.
		1940: Argentina, Adolfo Bioy Casares, *La invención de Morel*. Cuba, Lydia Cabrera, *Cuentos negros de Cuba*.
		1941: Perú, Ciro Alegría, *El mundo es ancho y ajeno*. José María Arguedas, *Yawar fiesta*.
		1942: Ecuador, Adalberto Ortiz, *Juyungo*. México, Alfonso Reyes, *Última Tule*.
		1944: Argentina, Jorge Luis Borges, *Ficciones*.
1945: Bomba atómica sobre Hiroshima y Nagasaki. Formación de la ONU.	**1945:** Guatemala, Juan José Arévalo llega a la presidencia.	**1945:** Chile, Premio Nobel de Literatura, Gabriela Mistral.
	1946–1955: Argentina, presidencia de Juan Domingo Perón (y de nuevo 1973–1974).	**1946:** Guatemala, Miguel Ángel Asturias, *El señor Presidente*.

Mundo exterior: *historia y cultura*	*Hispanoamérica:* *historia y política*	*Hispanoamérica:* *literatura*
1947:		**1947:**
Guerra de Indochina. Aprobación del Plan Marshall. La ONU aprueba el plan de reparto de Palestina. Tratado Interamericano de Asistencia Recíproca, Río de Janeiro.		México, Agustín Yáñez, *Al filo del agua*. Cuba, Nicolás Guillén, *El son entero*. Chile, Pablo Neruda, *Residencia en la tierra III*.
1948:	**1948:**	**1948:**
Fundación de Israel. Asesinato de Mohandas Karamchand "Mahatma" Gandhi.	Creación de la OEA. Colombia, "Bogotazo" a consecuencia del asesinato de Jorge Eliécer Gaitán. Costa Rica, revolución de José María Figueres. Venezuela, Rómulo Gallegos es derrocado por militares.	Argentina, Ernesto Sábato, *El túnel*.
1949:	**1949:**	**1949:**
Proclamación de la República Popular China. Claude Lévi-Strauss, *Estructuras elementales del parentesco*.	Colombia, violencia, 300.000 muertos en una década. Argentina, influencia de Eva Perón.	Guatemala, Miguel Ángel Asturias, *Hombres de maíz*. Cuba, Alejo Carpentier, *El reino de este mundo*.
	1950:	**1950:**
	Independentistas puertorriqueños intentan asesinar al presidente Harry S. Truman. Brasil, Getúlio Vargas es reelecto. Guatemala, elección de Jacobo Arbenz a la presidencia con un plan de gobierno revolucionario.	Chile, Pablo Neruda, *Canto general*. Uruguay, Juan Carlos Onetti, *La vida breve*. México, Octavio Paz, *El laberinto de la soledad*.
1951:		
Mircea Eliade, *El mito del eterno retorno*.		
	1952:	
	Inicio de la Revolución Boliviana. Cuba, golpe de estado de Fulgencio Batista. Venezuela, consolidación de la dictadura de Marcos Pérez Jiménez. Puerto Rico, Estado Libre Asociado.	
		1953:
		México, Juan Rulfo, *El llano en llamas*. Cuba, Alejo Carpentier, *Los pasos perdidos*.

Mundo exterior: *historia y cultura*	*Hispanoamérica:* *historia y política*	*Hispanoamérica:* *literatura*
	1954: Jacobo Arbenz es desalojado de la presidencia de Guatemala por Carlos Castillo Armas, con la ayuda de la CIA y de los dictadores de Honduras y de la República Dominicana.	**1954:** Chile, Gabriela Mistral, *Lagar;* Nicanor Parra, *Poemas y antipoemas.*
1956: Martin Luther King encabeza la lucha por los derechos civiles de los afronorteamericanos.		
1957: Rusia lanza los primeros satélites, Sputnik I y II.		
	1958: Derrocamiento del dictador Marcos Pérez Jiménez en Venezuela.	**1958:** Cuba, Alejo Carpentier, *Guerra del tiempo;* Nicolás Guillén, *La paloma de vuelo popular.* Perú, José María Arguedas, *Los ríos profundos.*
1959: El Papa Juan XXIII convoca al primer Concilio Ecuménico desde 1879.	**1959:** Triunfo de la Revolución Cubana bajo el liderazgo de Fidel Castro.	
		1960: Argentina, Jorge Luis Borges, *El hacedor.* Paraguay, Augusto Roa Bastos, *Hijo de hombre.*

CRONOLOGÍA. CAPÍTULO V

Mundo exterior: historia y cultura	Hispanoamérica: historia y política	Hispanoamérica: literatura
		1960: México, Octavio Paz, *Libertad bajo palabra*.
1961: Se construye el Muro de Berlín, el cual separa la Alemania comunista del Este de la Alemania Occidental. Yuri Gagarin realiza el primer viaje en el espacio.	**1961:** Asesinato de Rafael Leónidas Trujillo en la República Dominicana. El presidente John F. Kennedy anuncia la "Alianza para el progreso". Estados Unidos rompe relaciones con Cuba. Derrota de los invasores anticastristas en Playa Girón, Cuba.	**1961:** Colombia, Gabriel García Márquez, *El coronel no tiene quien le escriba*. Uruguay, Juan Carlos Onetti, *El astillero*.
1961–1975: Participación de EE. UU. en la Guerra de Vietnam, conflicto iniciado en 1955.		
	1962: Crisis de los misiles entre Estados Unidos, Rusia y Cuba. Rusia retira los misiles de Cuba.	**1962:** Cuba, Alejo Carpentier, *El siglo de las luces*. México, Rosario Castellanos, *Oficio de tinieblas;* Carlos Fuentes, *La muerte de Artemio Cruz*. Colombia, Gabriel García Márquez, *Los funerales de la Mamá Grande*. Argentina, Ernesto Sábato, *Sobre héroes y tumbas*.
1963: Primer álbum de los Beatles. Asesinato del presidente John F. Kennedy.		**1963:** Argentina, Julio Cortázar, *Rayuela*. Perú, Mario Vargas Llosa, *La ciudad y los perros*. México, Elena Garro, *Los recuerdos del porvenir*.
1964: Declaración de los Derechos Civiles en los Estados Unidos.		**1964:** Perú, Antonio Cisneros, *Comentarios reales*. Argentina, Roberto Cossa, *Nuestro fin de semana*.
1965: Inicio de la Revolución Cultural en China.	**1965:** Invasión y ocupación de la República Dominicana por los Estados Unidos.	**1965:** Uruguay, Mario Benedetti, *Gracias por el fuego*. Cuba, José Triana, *La noche de los asesinos*.

Mundo exterior: *historia y cultura*	*Hispanoamérica:* *historia y política*	*Hispanoamérica:* *literatura*
		1966: Cuba, José Lezama Lima, *Paradiso*. Perú, Mario Vargas Llosa, *La casa verde*. Argentina, Julio Cortázar, *Todos los fuegos el fuego*. Chile, Jorge Díaz, *El cepillo de dientes*.
1967: Primer trasplante de corazón en humanos.		**1967:** Guatemala, Premio Nobel de Literatura, Miguel Ángel Asturias. Cuba, Guillermo Cabrera Infante, *Tres tristes tigres*; Severo Sarduy, *De donde son los cantantes*. Colombia, Gabriel García Márquez, *Cien años de soledad*.
1968: Revueltas estudiantiles en Europa. Martin Luther King es asesinado.	**1968:** Masacre de Tlatelolco en la Ciudad de México, en un ataque ordenado por el gobierno de Gustavo Díaz Ordaz contra estudiantes, líderes obreros y otros ciudadanos indefensos que protestaban contra los abusos de poder del régimen. Visita del Papa Pablo VI al Congreso Eucarístico en Bogotá, la primera visita de un Papa a Latinoamérica. En Perú, golpe de estado militar que establece una dictadura bajo el general Juan Velasco Alvarado. En Panamá, el general Omar Torrijos Herrera asume el poder mediante un golpe militar.	**1968:** Argentina, Manuel Puig, *La traición de Rita Hayworth*. Cuba, Miguel Barnet, *Biografía de un cimarrón*.
1969: Primer alunizaje.		**1969:** Cuba, Reinaldo Arenas, *El mundo alucinante*. México, Elena Poniatowska, *Hasta no verte Jesús mío*.

Mundo exterior: historia y cultura	Hispanoamérica: historia y política	Hispanoamérica: literatura
	1970: Se igualan en número la población urbana y la población rural en Hispanoamérica. Pedro Eugenio Aramburu, expresidente argentino, es secuestrado y asesinado por guerrilleros izquierdistas, con lo que comienza una década de represión y violencia en ese país.	**1970:** Chile, José Donoso, *El obsceno pájaro de la noche*. México, Carlos Monsiváis, *Días de guardar*.
	1970–1973: Gobierno socialista de Salvador Allende en Chile. Derrota y muerte de Allende. Comienza la dictadura del general Pinochet.	**1971:** Chile: Premio Nobel de Literatura, Pablo Neruda. México, Carlos Fuentes, *Tiempo mexicano;* Elena Poniatowska, *La noche de Tlatelolco*.
	1973: Juan Domingo Perón regresa del exilio para asumir la presidencia de Argentina.	
1974: Watergate y la renuncia de Nixon.		**1974:** Cuba, Alejo Carpentier, *El recurso del método*. México, Octavio Paz, *Los hijos del limo*. Paraguay, Augusto Roa Bastos, *Yo el supremo*.
1975: En España muere el general Francisco Franco y asume el poder el rey Juan Carlos de Borbón. Los astronautas de Apolo (Estados Unidos) y de Soyuz (Unión Soviética) establecen contacto en el espacio.	**1975:** Primera Conferencia Mundial sobre el estado jurídico y social de la mujer, México, D. F., Año Internacional de la Mujer.	**1975:** Colombia, Gabriel García Márquez, *El otoño del patriarca*. México, Carlos Fuentes, *Terra Nostra*. Chile, Antonio Skármeta, *Soñé que la nieve ardía*.

CRONOLOGÍA. CAPÍTULO VI

Mundo exterior: historia y cultura	Hispanoamérica: historia y política	Hispanoamérica: literatura
1976: Toma impulso la producción de microcomputadores para uso personal. Se crea la empresa Apple.	**1976:** Una junta militar ocupa el poder en Argentina; se inicia la "guerra sucia", oficialmente dirigida contra los guerrilleros de izquierda.	**1976:** Argentina, Manuel Puig, *El beso de la mujer araña*. Puerto Rico, Rosario Ferré, *Papeles de Pandora*; Luis Rafael Sánchez, *La guaracha del Macho Camacho*. Venezuela, Rodolfo Santana, *La empresa perdona un momento de locura*.
1977: Primeras elecciones democráticas en España, después de 40 años de dictadura bajo el régimen del general Franco.		
	1978: Panamá y Estados Unidos firman el Tratado del Canal de Panamá, según el cual Panamá recuperará el control de la zona del canal en 1999.	**1978:** Chile, José Donoso, *Casa de campo*. Argentina, Ernesto Sábato, *Sobre héroes y tumbas* (ed. definitiva). México, Víctor Hugo Rascón Banda, *Los ilegales*.
1979: Primeras elecciones directas al Parlamento Europeo.	**1979:** Triunfo de la Revolución Sandinista en Nicaragua. En Puebla, México, se desarrolla la Conferencia de Obispos de América Latina de la Iglesia Católica. **1979–1992:** Guerra civil en El Salvador.	**1979:** Cuba, Alejo Carpentier, *El arpa y la sombra*.
1980: John Lennon es asesinado. *El nombre de la rosa* de Umberto Eco.	**1980:** Argentina y Chile superan el tenso conflicto de límites por el canal de Beagle, se evita la guerra merced a la mediación del cardenal Samoré por encargo del Papa Juan Pablo.	**1980:** Argentina, Ricardo Piglia, *Respiración artificial*.

Mundo exterior: historia y cultura	Hispanoamérica: historia y política	Hispanoamérica: literatura

1981:

Es identificado el SIDA.

Fuertes movimientos huelguísticos en Polonia dan lugar a la formación de la organización sindical Solidaridad. Se inicia una profunda crisis en Polonia.

En Egipto, el presidente Anwar El Sadat es asesinado por militares rebeldes. La Organización de Naciones Unidas (ONU) designa a Javier Pérez de Cuéllar como Secretario General.

1982:

En Beirut un atentado terrorista con un vehículo bomba produce más de 200 muertos en el cuartel de los marinos de los EE. UU.

Las investigaciones sobre el SIDA llevan a sospechar del posible contagio de la enfermedad a través de las transfusiones sanguíneas.

1982:

Argentina invade las Islas Malvinas (Falkland Islands), provocando una guerra con Gran Bretaña en la que es derrotada.

El endeudamiento regional latinoamericano provoca una seria crisis financiera internacional que llevará a la renegociación de la deuda externa.

El fenómeno climático conocido como El Niño arruina las pesquerías de Perú y Ecuador.

1981:

Perú, Mario Vargas Llosa, *La guerra del fin de mundo*. Argentina, Cesar Aira, *Ema, la cautiva*.

1982:

Colombia, Premio Nobel de Literatura, Gabriel García Márquez. Argentina, Luisa Valenzuela, *Cambio de armas*. Chile, Isabel Allende, *La casa de los espíritus*. México, Emilio Carballido, *Orinoco*. Uruguay, Ángel Rama, *Transculturación narrativa en la América Latina*.

Mundo exterior: *historia y cultura*	*Hispanoamérica:* *historia y política*	*Hispanoamérica:* *literatura*
1983: En el Instituto Pasteur el Dr. Luc Montagnier logra aislar finalmente el virus del SIDA, desatándose una polémica con el Dr. Robert Gallo de EE. UU. quien durante más de 10 años le disputará el hallazgo. Muere Humberto II de Saboya, legando al Papa el Santo Sudario que presuntamente envolvió el cuerpo de Jesucristo; será depositado en custodia en la Catedral de Turín.	**1983:** Retorno de la democracia en Argentina. Raúl Alfonsín es elegido presidente de la República Argentina y sanciona los decretos 157/83 y 158/83 en los que se ordena enjuiciar a los dirigentes de las organizaciones guerrilleras ERP y Montoneros y procesar a las tres juntas militares que dirigieron el país desde el golpe militar del 24 de marzo de 1976 hasta la Guerra de las Malvinas. Intervención militar de los EE. UU. en la isla de Granada. La erupción del Nevado del Ruiz en Colombia provoca la muerte de más de 24.000 personas. Detección del agujero de la capa de ozono en la Antártida.	**1983:** Argentina, Luisa Valenzuela, *Donde viven las águilas*; Abel Posse, *Los perros del paraíso*; Juan José Saer, *El entenado*.
1984: En la India es asesinada la primera ministra Indira Gandhi por miembros de su guardia personal de palacio. En Bophal, también en la India, un escape de gases químicos originado accidentalmente en una planta de Union Carbide, causa más de 5.000 muertos y afecta a 200.000 personas. En China la política poblacional obliga por ley a limitar los nacimientos a un solo hijo por familia.	**1984:** En Argentina, la CONADEP (Comisión Nacional sobre la Desaparición de las Personas) creada con el objetivo de investigar las graves, reiteradas y planificadas violaciones a los derechos humanos durante la llamada guerra sucia de entre 1976 y 1983, produce su conocido informe titulado *Nunca Más*.	**1984:** Uruguay, Ángel Rama, *La ciudad letrada*.

Mundo exterior: historia y cultura	Hispanoamérica: historia y política	Hispanoamérica: literatura
1985: Formación de la Perestroika en Rusia. En Rusia, el gobierno de Mijaíl Gorbachov comienza a promover la iniciativa privada en la economía, debido a los fracasos del régimen de planificación centralizada.	**1985:** Retorno de la democracia en Uruguay. La película *La historia oficial* se estrena y gana el Óscar y el Cóndor de Plata. Un terremoto en la Ciudad de México acaba con la vida de más de 35.000 personas.	**1985:** Colombia, Gabriel García Márquez, *El amor en los tiempos del cólera.* Puerto Rico, Luis Rafael Sánchez, *Quíntuples.* Chile, Antonio Skármeta, *El cartero de Neruda.* México, Sabina Berman, *El suplicio del placer.* Argentina, Eduardo Pavlovsky, *Potestad.*
1986: La National Science Foundation inicia un sistema de comunicaciones que promueve el desarrollo de la Internet. Un accidente nuclear en Chernobyl, Ucrania, entonces parte de la Unión Soviética, produce una extensa contaminación radioactiva, dejando un número estimado de 4.000 muertos y desplazando a centenares de miles de habitantes de Bielorrusia. En Florida, se produce la mayor tragedia de la astronáutica hasta entonces, al estallar en vuelo a pocos segundos de su lanzamiento, el transbordador espacial Challenger, provocando la muerte de sus 7 tripulantes.	**1986:** El escritor argentino Jorge Luis Borges muere en Ginebra, Suiza.	**1986:** México, Emilio Carballido, *Rosa de dos aromas.* Venezuela, José Ignacio Cabrujas, *El americano ilustrado.*
1987: Tratado entre Estados Unidos y la Unión Soviética para eliminar la proliferación de las armas nucleares. La población mundial asciende a 5.000 millones de personas.		**1987:** Argentina, María Rosa Lojo, *Canción perdida en Buenos Aires al oeste;* Roberto Cossa, *Yepeto.*

Mundo exterior: *historia y cultura*	*Hispanoamérica:* *historia y política*	*Hispanoamérica:* *literatura*
	1988: El general Augusto Pinochet es derrotado en el plebiscito en Chile.	**1988:** México, Carmen Boullosa, *El muerto vivo*. Chile, Diamela Eltit, *El cuarto mundo*. Argentina, Beatriz Sarlo, *Una modernidad periférica*.
1989: Caída de los regímenes comunistas del este de Europa. Caída del Muro de Berlín, que separaba a Alemania del este, bajo el control soviético, de Alemania occidental. Comienza la disolución de la Unión Soviética.	**1989:** Intervención de los Estados Unidos en Panamá. El general y presidente Manuel Antonio Noriega es arrestado. El general Augusto Pinochet es derrotado en elecciones democráticas. Fin de la dictadura en Chile. Un golpe de Estado destituye al general Alfredo Stroessner en Paraguay. Rebelión popular o "Caracazo" en Venezuela. Carlos Menem es electo presidente en Argentina, país que gobernará durante la década siguiente.	**1989:** Costa Rica, Ana Istarú, *La muerte y otros efímeros agravios*. México, Laura Esquivel, *Como agua para chocolate*. Chile, Carlos Franz, *Santiago Cero*. Cuba, Antonio Benítez Rojo, *La isla que se repite: el Caribe y la perspectiva posmoderna*.
1990: Reunificación de Alemania 1990–1997. Guerra civil entre Tutsis y Hutus en Ruanda, África. El Papa Juan Pablo II se reúne en Roma con el líder soviético Mijaíl Gorbachov, poco después ambos estados establecerán relaciones diplomáticas.	**1990:** Elecciones democráticas en Nicaragua. En Perú, Alberto Fujimori vence al escritor Mario Vargas Llosa en las elecciones presidenciales. La capital de México, con una población de 20.2 millones de habitantes, es considerada la megápolis más grande de América. En Haití es elegido presidente Jean Bertrand Aristide por amplia mayoría en las únicas elecciones libres de la historia haitiana; siete meses más tarde será depuesto por un golpe militar.	**1990:** México, Premio Nobel de Literatura a Octavio Paz; Carlos Fuentes, *La campaña*. Chile, Isabel Allende, *Cuentos de Eva Luna*.

Mundo exterior: historia y cultura	Hispanoamérica: historia y política	Hispanoamérica: literatura

1991:

Retiro de las tropas rusas de Cuba. Disolución formal de la Unión de Repúblicas Socialistas Soviéticas.

En Rusia se produce una grave crisis institucional que deriva en un intento comunista de destituir al presidente Mijaíl Gorbachov; el golpe fracasa y surge fortalecido un nuevo líder, Boris Yeltsin.

La Guerra del Golfo: los Estados Unidos y las fuerzas aliadas realizan una campaña militar contra Irak para liberar a Kuwait de la ocupación iraquí. Irak es derrotado.

1991:

Chile, Isabel Allende, *El plan infinito*. Argentina, Tomás Eloy Martínez, *La novela de Perón*.

1992:

Se conmemora el Quinto Centenario de la llegada de Colón a América.

La Santa Sede es el primer estado en reconocer la independencia de Croacia a partir de su escisión de Yugoslavia.

En la ONU, el egipcio Boutros Boutros-Ghali sucede al peruano Javier Pérez de Cuéllar como Secretario General de esa organización.

1992:

Captura del jefe del movimiento subversivo "Sendero luminoso" en Perú.

En Río de Janeiro, Brasil, se reúne la 1.ª Cumbre de la Tierra ECO 92 organizada por la ONU; debate sobre los problemas globales del medio ambiente y del desarrollo.

1992:

México, Ángeles Mastretta, *Arráncame la vida*; Carmen Boullosa. *Son vacas, somos puercos*; Elena Poniatowska, *Tinísima*. Perú, Antonio Cisneros, *Las inmensas preguntas celestes*. Bolivia, Edmundo Paz Soldán, *Días de papel*.

1993:

Argentina, César Aira, *Cómo me hice monja*. México, Sabina Berman, *Entre Villa y una mujer desnuda*.

1994:

Nelson Mandela es elegido presidente de Sudáfrica.

La red mundial de computadoras, Internet, conocida como la autopista informática, comienza a extenderse por el mundo, contando con varias decenas de miles de usuarios.

1994:

En Argentina, un ataque terrorista destruye la mutual judía, AMIA, produciendo casi 100 muertos, en uno de los más graves atentados de su historia.

Rebelión zapatista en Chiapas, México, en defensa de los derechos indígenas.

1994:

Argentina, María Rosa Lojo, *La pasión de los nómades*; Beatriz Sarlo, *Escenas de la vida posmoderna*. Chile, Diamela Eltit, *Los vigilantes*.

Mundo exterior: *historia y cultura*	*Hispanoamérica:* *historia y política*	*Hispanoamérica:* *literatura*

1995:

Isaac Rabin, primer ministro de Israel, es asesinado en Tel Aviv por un ultranacionalista judío al retirarse de un acto público por la paz.

En La Jolla, California, (EE. UU.) muere el científico Jonas Salk, creador de la primera vacuna efectiva contra la poliomielitis.

1996–1997:

Guerra civil en Zaire: rebeldes tutsis contra el gobierno hutu.

1997:

Se da a conocer el nacimiento de la oveja Dolly, primera reproducción genética o clonación de un mamífero. Se inicia el debate sobre las implicaciones científicas y éticas de la tecnología genética.

Muere la Madre Teresa de Calcuta.

1995:

Guerra entre Perú y Ecuador, que termina con un tratado de paz impuesto por organismos internacionales.

En Argentina, Carlos Menem es electo presidente por segunda vez.

1996:

Un tratado de paz le pone fin a la guerra civil de 36 años en Guatemala.

1998:

Se cumple el primer centenario de la guerra entre Estados Unidos y España, en la que España perdió sus últimas colonias: Cuba, Puerto Rico y Filipinas.

Hugo Chávez es elegido presidente de Venezuela.

Centroamérica es devastada por el huracán Mitch, el peor en varias décadas. Guatemala, Honduras, El Salvador y Nicaragua son los países más afectados.

El general Augusto Pinochet es arrestado en Londres a petición de un juez español, acusado de violación de derechos humanos durante su dictadura en Chile.

1995:

Costa Rica, Ana Istarú, *Verbo madre*. Argentina, Tomás Eloy Martínez, *Santa Evita*; Griselda Gambaro, *Hay que entender un poco*.

1997:

México, Carmen Boullosa, *Cielos en la tierra*. Puerto Rico, Luis Rafael Sánchez, *No llores por nosotros, Puerto Rico*. Cuba, Antonio José Ponte, *Asiento entre ruinas; Las comidas profundas*. Bolivia, Edmundo Paz Soldán, *Alrededor de la torre*.

1998:

Nicaragua, Sergio Ramírez, *Margarita, está linda la mar*. México, Ángeles Mastretta, *Mal de amores*.

Cuba, Antonio José Ponte, *Corazón de skitalietz*.

Argentina, María Rosa Lojo, *La princesa federal*. Chile, Carlos Franz, *El lugar donde estuvo el paraíso*. Bolivia, Edmundo Paz Soldán, *Río Fugitivo*.

Mundo exterior: historia y cultura	*Hispanoamérica: historia y política*	*Hispanoamérica: literatura*
1999:	**1999:**	**1999:**
Entrada en vigor del euro.	Victoria electoral socialista en Chile.	México, Carlos Fuentes, *Los años con Laura Díaz*; Jorge Volpi, *En busca de Klingsor.* Chile, Isabel Allende, *Hija de la fortuna.* Argentina, María Rosa Lojo, *Una mujer de fin de siglo.* Perú, Alonso Alegría, *Encuentro con Fausto.*
El senado de los EE. UU. absuelve al presidente William J. Clinton de las acusaciones de perjurio y obstrucción a la justicia.	En Venezuela, lluvias torrenciales a mediados de diciembre provocan aludes de barro y piedra hacia la costa en los alrededores de Caracas, sepultando a miles de personas y provocando daños materiales catastróficos.	
Guerra de Kosovo, la OTAN bombardea Yugoslavia. La represión serbia en Kosovo genera miles de refugiados.		
Un violento terremoto causa la muerte de más de 17.000 personas en Turquía.	Fernando de la Rúa es elegido presidente de Argentina.	
2000:	**2000:**	**2000:**
Vladimir Putin es elegido presidente de Rusia.	Panamá asume la soberanía del Canal.	Perú, Mario Vargas Llosa, *La fiesta del Chivo*. México, Carlos Monsiváis, *Aires de familia.* Costa Rica, Ana Istarú, *Hombres en escabeche.* Cuba, Antonio José Ponte, *Cuentos de todas partes del imperio.* Bolivia, Edmundo Paz Soldán, *Sueños digitales.*
Reelección por mayoría absoluta del presidente del Gobierno español, José María Aznar.	Vicente Fox es elegido presidente de México; final de 71 años de hegemonía del Partido Revolucionario Institucional (PRI).	
	Hugo Chávez es reelecto. Alejandro Toledo gana las elecciones presidenciales en Perú. La población de origen hispánico en los Estados Unidos llega a más de 35 millones, lo cual muestra un aumento del 60% en la última década. El número de personas mayores de 5 años que viven en los Estados Unidos y hablan español se estima en más de 17 millones.	
2001:	**2001:**	**2001:**
Ataques terroristas dirigidos contra el *World Trade Center,* en Nueva York, y el Pentágono, en Virginia. Rusia cierra su base de operaciones de inteligencia en Cuba.	Grave crisis económica en Argentina; imposición del corralito económico que cierra el acceso a los fondos depositados en los bancos; insurrecciones populares; dimisión del presidente Fernando de la Rúa.	México, Carlos Fuentes, *Instinto de Inez*; Elena Poniatowska, *La piel del cielo.* Chile, Isabel Allende, *Retrato en sepia.* Cuba, Antonio Benítez Rojo, *Mujer en traje de batalla.* Perú, Antonio Cisneros, *Ciudades en el tiempo: crónicas de viaje.* Bolivia, Edmundo Paz Soldán, *La materia del deseo.*
Invasión de Afganistán por parte de los EE. UU. y fuerzas británicas en respuesta al ataque al *World Trade Center* y con el propósito de apresar a Osama bin Laden.		

Mundo exterior: historia y cultura	*Hispanoamérica:* historia y política	*Hispanoamérica:* literatura

2002:

Se descubre en Chad, África central, un esqueleto humanoide que puede tener hasta 7 millones de años de antigüedad, el doble de los encontrados anteriormente.

La Corte Criminal Internacional es ratificada por las Naciones Unidas. Enjuiciará a acusados de genocidio, crímenes contra la humanidad y crímenes de guerra y agresión.

2003:

Se confirma la teoría del *Big Bang*; un mapa detallado del universo producido por la sonda Wilkinson Microwave Anisotropy Probe (WMAP) muestra que las primeras estrellas aparecieron alrededor de 200 millones de años después del *Big Bang*.

La nave espacial Columbia se desintegra al regresar a la atmósfera terrestre y mueren los siete astronautas que iban en ella.

Estados Unidos, Inglaterra, y otros países aliados atacan militarmente a Irak, acusándolo de poseer armas de destrucción masiva.

La República Federal de Yugoslavia se convierte en la Unión Estatal de Serbia y Montenegro.

2002:

Se confirma que son de chocolate las manchas marrones de una cazuela maya de hace 2.600 años encontrada en Belice, lo que prueba el consumo de esta bebida entre los mayas un milenio antes de la Conquista. El film "Y tu mamá también" del mexicano Alfonso Cuarón, se convierte en éxito de taquilla.

2003:

La marina de Estados Unidos abandona la base militar de la isla de Vieques, Puerto Rico, después de casi 60 años de utilizarla como campo de entrenamiento y prueba de armas.

Se publica en el Perú el informe de la *Comisión de la verdad y reconciliación*, sobre la violencia armada en ese país entre 1980 y 2000.

2002:

Argentina, Tomás Eloy Martínez, *El vuelo de la reina.* Colombia, Gabriel García Márquez, *Vivir para contarla.* Costa Rica, Ana Istarú, *Poesía escogida.* Cuba, Antonio José Ponte, *El libro perdido de los origenistas.* Chile, Diamela Eltit. *Mano de obra.*

2003:

Perú, Mario Vargas Llosa, *El paraíso en la otra esquina.* Chile, Isabel Allende, *Mi país inventado.* Argentina, Guillermo Martínez, *Crímenes imperceptibles.* Bolivia, Edmundo Paz Soldán, *El delirio de Turing.* México, Jorge Volpi, *El fin de la locura.*

Mundo exterior: historia y cultura	Hispanoamérica: historia y política	Hispanoamérica: literatura
2004: Sismos y tsunamis dejan miles de muertos en el sur del Asia. En Madrid estallan 10 de 13 bombas simultáneas en cuatro estaciones de trenes.	**2004:** En Venezuela, un controvertido referendo confirma la victoria de Hugo Chávez y lo consolida en el poder.	**2004:** Puerto Rico, Luis Rafael Sánchez, *Devórame otra vez.* Argentina, Tomás Eloy Martínez, *El cantor de tango;* María Rosa Lojo, *Las libres del Sur;* César Aira, *Las noches de Flores.* Colombia, Gabriel García Márquez, *Memoria de mis putas tristes.* Chile, Marcela Serrano, *Hasta siempre mujercitas.* México, Jorge Volpi, *La guerra y las palabras. Una historia del alzamiento zapatista.* Nicaragua, Sergio Ramírez, *Mil y una muertes.*
2005: Terremoto en Pakistán. El huracán Katrina asola la ciudad estadounidense de New Orleans. Fallece el Papa Juan Pablo II.	**2005:** Firma de los tratados de Libre Comercio entre Estados Unidos y varios países de América Latina y rechazo al ALCA en la ciudad de Mar del Plata.	**2005:** Perú, Antonio Cisneros, *Un crucero a las islas Galápagos.* Argentina, María Rosa Lojo, *Finisterre.* Chile, Carlos Franz, *El desierto.*
2006: Prominencia de las redes sociales y de los blogs vía servicios de Internet. Sadam Husein es condenado a muerte y ahorcado. En Francia, se efectúa el primer trasplante parcial de cara. La Unión Astronómica Internacional excluye a Plutón (planeta enano) en su nueva definición de planeta. Ellen Johnson-Sirleaf, presidenta de Liberia, es la primera mujer del continente africano elegida jefe de Estado.	**2006:** En Cuba, Fidel Castro, gravemente enfermo, entrega el poder a su hermano Raúl Castro. En Chile, Michel Bachelet es la primera mujer elegida a la presidencia del país. Rafael Correa es elegido presidente de Ecuador. Bolivia se convierte en el tercer miembro de pleno derecho del ALBA (Alianza Bolivariana para los Pueblos de Nuestra América). Fallece el exdictador chileno Augusto Pinochet, creando una gran división entre el pueblo de Chile, en torno a su figura y legado.	**2006:** México, Elena Poniatowska, *El tren pasa primero;* Jorge Volpi, *No será la tierra.* Bolivia, Edmundo Paz Soldán, *Palacio quemado.*

Mundo exterior: historia y cultura	Hispanoamérica: historia y política	Hispanoamérica: literatura
2007:	**2007:**	**2007:**
Crisis hipotecaria en los EE. UU.	Terremoto de 8 grados en la ciudad de Pisco, Perú.	Puerto Rico, Luis Rafael Sánchez, *Indiscreciones de un perro gringo*.
Benazir Bhutto, líder del Partido Popular de Pakistán (PPP), es asesinada en un atentado poco después de regresar a su país.	Cristina Fernández se convierte en la primera mujer elegida presidenta de Argentina.	Cuba, Antonio José Ponte, *La fiesta vigilada*.
Se descubre el primer planeta extrasolar con condiciones similares a las de la Tierra. Se trata del planeta "Gliese 581 c".	Se crea la Unión de Naciones Sudamericanas (Unasur).	Juan Gelman gana el Premio Cervantes.
2008:	**2008:**	**2008:**
Elección de Barack Obama, el primer presidente de origen afronorteamericano de los EE. UU.	Ecuador declara la moratoria técnica para el pago de 30.5 millones de dólares en intereses de sus bonos Global para una parte de su deuda externa.	México, Carmen Boullosa, *La virgen y el violín*. Argentina, Tomás Eloy Martínez, *Purgatorio*; Susana Torres Molina, *A otra cosa mariposa*. Bolivia, Edmundo Paz Soldán con Gustavo Faverón, *Bolaño salvaje*.
Los mercados bursátiles de EE. UU. se hunden después de saberse que dos compañías gigantes de préstamos hipotecarios se encuentran en graves dificultades.	El narcotráfico le declara la guerra al ejército mexicano con la decapitación de ocho militares en el estado de Guerrero.	
Kosovo declara su independencia de Serbia. Rusia se enfrentó a Kosovo, y también a Georgia para pelear por la independencia de Osetia del Sur.	La excandidata a la presidencia de Colombia, Ingrid Betancourt, es liberada por el ejército colombiano tras permanecer secuestrada por las FARC (Fuerzas Armadas Revolucionarias de Colombia) durante 6 años.	
Cadena de ataques terroristas en Bombay.		
En China, el terremoto de Sichuan destruye al 80% de la población de la zona.		
Creación del primer cromosoma sintético; la bacteria *Mycoplasma genitalium*.		
El primer embrión clonado a partir de células humanas de la piel.		
Dmitri Medvédev es elegido presidente de Rusia.		

Mundo exterior: historia y cultura	Hispanoamérica: historia y política	Hispanoamérica: literatura

2009:

Fallece el antropólogo Claude Lévi-Strauss a los 100 años.

La red social **Facebook** sobrepasa los 350 millones de suscriptores.

Pandemia global de la Gripe A (H1N1).

La Conferencia de Copenhague sobre el calentamiento global organizada por la ONU concluye con un acuerdo de implementación no obligatoria.

El presidente Obama es galardonado con el premio Nobel de la Paz.

2009:

Golpe de estado militar en Honduras termina con el mandato de Manuel Zelaya, presidente constitucional.

Los gobiernos de Colombia y de los EE. UU. firman un acuerdo militar que autoriza a tropas estadounidenses operar desde siete bases colombianas.

Río de Janeiro es la primera ciudad de Sudamérica seleccionada como sede de los Juegos Olímpicos del 2016.

La gripe A (también conocida como gripe H1N1 o gripe porcina), aparece en América Latina, expandiéndose por todo el mundo hasta ser declarada pandemia por la Organización Mundial de la Salud (OMS).

2009:

México, José Emilio Pacheco, Premio Cervantes; Jorge Volpi, *El insomnio de Bolívar*. Argentina, Julio Cortázar, *Papeles inesperados*. Chile, Isabel Allende, *La isla bajo el mar*.

2010:

La Unión Europea decide poner en marcha un plan de rescate histórico de 750.000 millones de dólares para ayudar a los países de la zona euro.

El sitio WIKILEAKS publica más de 70.000 documentos militares confidenciales sobre la guerra en Afganistán y otros temas.

Aung San Suu Kyi, símbolo de la lucha por la democracia, es puesta en libertad por la Junta Militar birmana tras más de siete años de prisión domiciliaria.

El Senado de los EE. UU. ratifica el nuevo tratado de desarme nuclear START con Rusia.

Se calculan en 300.000 trillones el número de estrellas en el universo.

2010:

Se conmemora el Bicentenario de la Independencia en la mayoría de los países hispanoamericanos.

Un terremoto destruye la capital de Haití y deja 250.000 muertos y más de 300.000 heridos.

Un terremoto sacude a Chile.

El exdictador panameño Manuel Antonio Noriega es extraditado desde los EE. UU. a Francia.

Treinta y tres mineros chilenos son rescatados después de permanecer más de dos meses atrapados en la mina de San Juan de Copiapó.

2010:

Perú, Mario Vargas Llosa, Premio Nobel de Literatura; *El sueño del celta*. Chile, Antonio Skármeta, *Los días del arco iris*. México, Carmen Boullosa, *Cuando fui mortal, Las paredes hablan*. Argentina, María Rosa Lojo, *Árbol de familia*.

Mundo exterior: *historia y cultura*	*Hispanoamérica:* *historia y política*	*Hispanoamérica:* *literatura*
2011:	**2011:**	**2011:**
Rebeliones populares en el mundo árabe derrocan a los presidentes de Túnez, Egipto y Libia, y se extienden a otros países del área. Osama bin Laden, quien vivía oculto en Pakistán, muere en un intento de captura por fuerzas militares de los EE. UU. Según el censo de 2010 la población de origen hispánico en los EE. UU. ha sobrepasado los 50 millones.	Ollanta Humala Tasso es elegido presidente del Perú en las elecciones más reñidas de la historia de ese país.	Chile, Isabel Allende, *Cuaderno de Maya*; Antonio Skármeta, premio Planeta-Casa de América por *Los días del arco iris*. Bolivia, Edmundo Paz Soldán, *Norte*. México, Elena Poniatowska, Premio Biblioteca Breve de Seix Barral por *Leonora*.

GUÍA DE MATERIAL VISUAL ADICIONAL

TITLES AVAILABLE FROM
FILMS FOR THE HUMANITIES & SCIENCES
132 West 31st Street, 17th Floor,
New York, NY 10001
P: 800.257.5126; F: 609.671.0266
E <custserv@films.com>; <custserv@
infobaselearning.com>; <http://ffh.films.com/>

Isabel Allende: Reflections
Item#: BVL41354; Copyright date: ©2009; DVD ISBN 978-1-61616-835-3

Isabel Allende: Possessed by Her Art
Item#: BVL29175; Copyright date: ©1999; DVD ISBN 978-1-4213-0679-7

Isabel Allende: The Woman's Voice in Latin American Literature
Item#: PQY4239; Copyright date: ©1991; DVD/VOD; 56 minutes. ISBN 978-0-7365-7807-3 .

Isabel Allende—in Spanish with English subtitles
Item#: PQY37113; Copyright date: © 2007; DVD/VOD; 25 minutes. DVD ISBN 978-1-4213-6549-7

José Donoso—in Spanish with English subtitles
Item#: BVL7605; Copyright date: © 1998; VHS ISBN 978-0-7365-4710-9

Jorge Edwards—in Spanish with English subtitles
Item#: BVL37110; Copyright date: ©2007; DVD ISBN 978-1-4213-6634-0

Carlos Fuentes—in Spanish with English subtitles
Item#: BVL4952; Copyright date: ©1988; VHS ISBN 978-1-4213-5189-6 DVD ISBN 978-1-4213-5190-2

Eduardo Galeano—in Spanish with English subtitles
Item#: BVL37098; Copyright date: ©2007; DVD ISBN 978-1-4213-6493-3

Gabriel García Márquez-in Spanish with English subtitles
Item# PQY176E; Copyright date: ©1981; DVD/VOD ISBN: 978-1-4213-8030-8

Gabriela Mistral: Focused on Love—in Spanish with English subtitles
Item#: BVL10708; Copyright date: ©1999; VHS ISBN 978-0-7365-1961-8; DVD ISBN 978-1-4213-9782-5

Carlos Monsiváis—in Spanish with English subtitles
Item#: BVL37114; Copyright date: ©2007; DVD ISBN 978-1-4213-6681-4

Fernando del Paso—in Spanish with English subtitles
Item#: BVL7604; Copyright date: ©1998; VHS ISBN 978-0-7365-4709-3

Augusto Roa Bastos—in Spanish with English subtitles
Item#: BVL7609; Copyright date: ©1993; VHS ISBN 978-0-7365-4713-0

Gonzalo Rojas—in Spanish with English subtitles
Item#: BVL37092; Copyright date: ©2007; DVD ISBN 978-1-4213-8739-0

Antonio Skármeta—in Spanish with English subtitles
Item#: BVL37094; Copyright date: ©2007; DVD ISBN 978-1-4213-6630-2

Profiles: The Faces of Latin America Today
Item#: BVL29173; Copyright date: ©1999; DVD ISBN 978-1-4213-0682-7

Biografía: The Lives of Latin American Writers (five-part series)
Item#: BVL10705; Copyright date: ©1999; DVD ISBN 978-1-4213-1405-1

21st-Century Trends in Latin American Literature—in Spanish with Optional English Subtitles
Item#: BVL37463; Copyright date: ©2008; DVD (Chaptered) ISBN 978-1-4213-7816-9

The Latin American Boom—in Spanish with Optional English Subtitles
Item#: BVL37459; Copyright date: ©2008; VHS ISBN 978-1-4213-7807-7; DVD (Chaptered) ISBN 978-1-4213-7808-4

Modernismo—in Spanish with Optional English Subtitles
Item#: BVL37455; Copyright date: ©2008; DVD (Chaptered) ISBN 978-1-4213-7800-8

The Avant-Garde of the 1920s—in Spanish with Optional English Subtitles
Item#: BVL37457; Copyright date: ©2008; DVD (Chaptered) ISBN 978-1-4213-7804-6

Narrating Modernity: Writers of the Mid-20th Century—in Spanish with Optional English Subtitles
Item#: BVL37458; Copyright date: ©2008; VHS ISBN 978-1-4213-7805-3; DVD (Chaptered) ISBN 978-1-4213-7806-0

Regionalism and Indigenism—in Spanish with Optional English Subtitles
Item#: BVL37456; Copyright date: ©2008; DVD (Chaptered) ISBN 978-1-4213-7802-2

After the Boom—in Spanish with Optional English Subtitles
Item#: BVL37460; Copyright date: ©2008; VHS ISBN 978-1-4213-7809-1; DVD (Chaptered) ISBN 978-1-4213-7810-7

TITLES AVAILABLE FROM
INSIGHT MEDIA
2162 Broadway, NY, NY 10024-0621
P: 800.233.9910; 212.721.6316
www.insight-media.com

Conquest and Colony
DVD / Copyright date: ©2008 / 46 min / #23TS4040

Conversations with Ilan Stavans: Julia Álvarez
DVD / Copyright date: ©2006 / 27 min / #23TS3213

Conversations with Ilan Stavans: Junot Díaz
DVD / Copyright date: ©2002 / 27 min / #23TS3214

Doña Bárbara
This production of Venezuelan Rómulo Gallegos's *Doña Bárbara* was adapted by Betty Kaplan. DVD / Copyright date: ©1997 / 116 min / #23TS4597

El túnel
This program features a dramatization of the novel *El túnel* by Argentine author and critic Ernesto Sábato. DVD / Copyright date: ©2000 / 68 min / #23TS3169

J. Joaquín Fernández de Lizardi
This program profiles Fernández de Lizardi and presents excerpts from his works.
DVD / Copyright date: ©1997 / 26 min / #23TS4437

Juan Rulfo
In this program, Mexican author Juan Rulfo discusses his realist style and explores his two major works: *Pedro Páramo* and *El llano en llamas*.
DVD / Copyright date: ©1998 / 47 min / #23TS4447

Julio Cortázar: Fantasy, Reality, and Revolution
Featuring archival footage of the author and commentary from his contemporaries, this program examines the major events in Julio Cortázar's life and career. DVD / Copyright date: ©2004 / 51 min / #23TS4193

La ciudad y los perros
Based on the novel by Mario Vargas Llosa, this DVD is the tale of four cadets who attempt to beat the system at a military academy. **In Spanish.**
DVD / Copyright date: ©1986 / 135 min / #23TS2155

The Life and Poetry of Julia de Burgos
This docudrama examines the life and works of Julia de Burgos. **In Spanish with English subtitles.**
DVD / Copyright date: ©1979 / 28 min / #23TS2764

Los cuentos de Borges: "La muerte y la brújula"
This program dramatizes Borges's short story "La muerte y la brújula," a mystery revolving around a series of three identical assassinations. **In Spanish.**
DVD / Copyright date: ©1992 / 58 min / #23TS3477

Los cuentos de Borges: "El sur"
This program dramatizes Borges's short story "El sur," where a descendant of famous ancestors suffers a serious accident. DVD / Copyright date: ©1991 / 52 min / #23AW3479

Pablo Neruda: Love, Protest, and Exile
Featuring archival photographs, film footage, and expert commentary, this DVD profiles Pablo Neruda, who epitomizes the Latin American intersection of politics and poetry.
DVD / Copyright date: ©2004 / 50 min / #23TS3885

Pre-Columbian Literature
Tracing the history of Latin America before the arrival of Europeans, this program explores the narratives of pre-Columbian civilizations.
DVD / Copyright date: ©2008 / 45 min / #23TS4039

Rubén Darío
Rubén Darío is considered by many to be the first Modernist poet to write in Spanish. This program explores his life and works, highlights his achievements in poetry and prose.
DVD / Copyright date: ©2006 / 23 min / #23TS3669

Sergio Pitol
In this program, Cervantes Prize-winning author Sergio Pitol discusses his love of reading and his lifelong admiration for the works of Jules Verne and Thomas Mann. **In Spanish**. DVD / Copyright date: ©2007 / 25 min / #23TS4450

Sor Juana Inés de la Cruz: La Décima Musa
This program profiles Mexican poet Sor Juana. It visits her birthplace, San Miguel de Nepantla, the hacienda of Panoayán where she spent her childhood, and the National Palace. **English version.**
DVD / Copyright date: ©1998 / 25 min / #23TS3473

INTERVIEWS AVAILABLE FROM
INSTITUTO CERVANTES DE NUEVA YORK

Amster Yard

211–215 East 49 Street

NY, NY 10022

www.cervantes.org

Videos of *Charlando con Cervantes*, a program of interviews in Spanish with writers and artists from the Hispanic world sponsored by the IC and CUNY-TV, are available. Authors interviewed include Laura Esquivel, Alfredo Bryce Echenique, Rosario Ferré, Álvaro Mutis, Luis Rafael Sánchez, Ana Lydia Vega, Sergio Pitol, Eduardo González Viaña, Ricardo Piglia.

SELECTION OF BOOKS AND ARTICLES WITH INFORMATION ON COMMERCIAL FILMS FROM LATIN AMERICA

Alberto, Elena, and Marina Díaz López, eds. *The Cinema of Latin America* (24 Frames). New York: Columbia UP, 2003.

Shaw, Deborah, ed. *Contemporary Latin American Cinema: Breaking Into the Global Market*. Lanham, Maryland: Rowman and Littlefield, Inc., 2007.

Stevens, Donald F., ed. *Based on a True Story: Latin American History at the Movies*. Wilmington, Delaware: SR Books, 1997.

Stone, Cynthia Leigh. "The Filming of Colonial Spanish America." *Colonial Latin American Review* 5.2 (1996): 315–20.

GLOSARIO DE TÉRMINOS LITERARIOS Y CULTURALES[1]

absurdo técnica por medio de la cual se introducen elementos incoherentes en un marco previsible. Iniciada en Francia después de la Segunda Guerra Mundial, la corriente del absurdo se manifestó principalmente en el teatro por medio de personajes alienados; se la asocia con figuras como Sartre, Beckett, Ionesco y Arrabal.

acento fuerza de la pronunciación que recae sobre una determinada sílaba de una palabra o de un verso. El verso castellano lleva el acento en la penúltima sílaba. Si el verso termina en palabra esdrújula, se le quita una sílaba; si el verso termina en palabra aguda, se le añade una sílaba.

acto cada una de las partes de una obra teatral entre dos descansos largos. El acto está dividido en cuadros y se compone de escenas.

agudeza exagerada sutileza del ingenio propia del conceptismo, y cultivada por los escritores barrocos españoles del siglo XVII.

alegoría o metáfora continuada, es el procedimiento retórico empleado para expresar un pensamiento, traduciéndolo a imágenes poéticas que se repiten para lograr una correspondencia entre los elementos "reales" y los imaginativos. El sentido aparente o literal se borra y da lugar a otro más profundo que es el alegórico.

alejandrino verso de catorce sílabas dividido en dos partes, o hemistiquios, de siete. El alejandrino francés tiene solamente doce sílabas.

aliteración repetición del mismo sonido o grupo de sonidos en distintas palabras. Por ejemplo: "Ya se oyen los claros clarines" (Rubén Darío).

americanismo expansión del concepto de patria que abarca a toda Hispanoamérica; la región es vista como una unidad desde el punto de vista cultural, político y económico.

amor cortés código de comportamiento desarrollado y popularizado en Provenza entre los siglos XI y XIV que prescribía las reglas de conducta entre los enamorados. Pasó a la literatura durante la época medieval como una fórmula para describir el amor idealizado entre el trovador-amante y su señora-amada.

anáfora repetición de la misma palabra o frase al principio de dos o más versos u oraciones. Por ejemplo: "bien, el luciente topacio;/bien, el hermoso zafiro; / bien, el crisólito ardiente; bien el carbunclo encendido. […]" (Sor Juana Inés de la Cruz).

antipoema término acuñado por el chileno Nicanor Parra para referirse a su producción literaria. Expresada en "el lenguaje de todos los días", esta antipoesía implica una reacción contra los temas y las formas del lenguaje poético tradicional, y un acercamiento a la realidad de las cosas, desfigurada por el artificio de las palabras.

antítesis contraposición de unas ideas a otras a través de términos abstractos que ofrecen un elemento en común. Por ejemplo: "Ayer naciste y morirás mañana." (Luis de Góngora y Argote).

aparte técnica utilizada en el teatro mediante la cual un actor o actriz se dirige al público apartándose para proporcionarle información que los otros personajes no deben saber.

argumento narración de los acontecimientos según el orden en que ocurren en la obra narrativa.

arquetipo modelo original o símbolo universal. Según el psicólogo Carl Jung, los arquetipos forman parte del inconsciente colectivo.

arte mayor los versos de nueve o más sílabas.

arte menor los versos de ocho o menos sílabas.

---

[1] En la preparación de este glosario se han consultado los siguientes libros: Tomás Navarro Tomás, *Arte del verso;* E. Correa Calderón y Fernando Lázaro Carreter, *Cómo se comenta un texto literario;* Fernando Lázaro Carreter, *Diccionario de términos filológicos;* Helena Beristáin, *Diccionario de retórica y poética;* Michael Groden y Martin Kreiswirth, eds., *The Johns Hopkins Guide to Literary Theory & Criticism;* Joseph Childers y Gary Hentzi, eds., *The Columbia Dictionary of Modern Literary and Cultural Criticism;* y Demetrio Estébanez Calderón, *Diccionario de términos literarios.*

asíndeton supresión de conjunciones. Por ejemplo: "otra cruza, otra vuelve, otra se enraíza" (Bernardo de Balbuena).

auto composición dramática en la cual intervienen personajes bíblicos y alegóricos. Se distinguen el *auto sacramental*, escrito en loor de la Eucaristía; y el *auto de Navidad*, de tema relacionado con esta celebración religiosa.

autos sacramentales ver auto.

barroco corriente cultural que en España (1580–1700) se identifica con la Contrarreforma. Las obras literarias del barroco tienden a ser moralizantes. En general, tanto en arte como en literatura el barroco se caracteriza por la profusión de adornos y la complejidad. El barroco literario español tiene su expresión máxima en el culteranismo y el conceptismo.

beatus ille expresión del latín traducida como "dichoso aquel que..."; se usa para idealizar la vida sencilla del campo frente a la de la ciudad.

bildungsroman tipo de novela cultivado en el siglo XIX, también llamada "Novela de formación" o "Novela de aprendizaje para la vida". En su forma tradicional tiene siempre, por protagonista, a un adolescente de género masculino. *Wilhelm Meister* (1796; 1822) de Goethe, y *La educación sentimental* (1869) de Gustave Flaubert, son representativas de esta modalidad.

boom época de auge de la novela hispanoamericana durante la década de los años sesenta. Este auge se debió al éxito y prestigio, a nivel internacional, de los autores de la "nueva narrativa", quienes experimentaron con nuevas técnicas narrativas, introdujeron una mayor libertad expresiva y ampliaron su repertorio de temas. Estas novelas trascienden los contextos nacionales, incorporan ambientes cosmopolitas y crean visiones abarcadoras de la historia universal.

cabildo junta de ciudadanos notables; en el siglo XIX en Hispanoamérica algunos cabildos, reunidos en sesiones públicas, se declararon en favor de la independencia.

caciquismo predominio de algunos jefes (caciques) que ejercen una autoridad absoluta y abusiva en una comunidad. Deriva de **cacique,** vocablo taíno cuyo significado original es jefe o señor de una tribu indígena.

caligrama versos agrupados con una disposición especial para representar ciertas formas o lograr un efecto específico. Aunque el empleo del caligrama es muy antiguo, en la poesía vanguardista está asociado con el poeta francés Apollinaire, quien, influido por el cubismo, logró darle una forma singular al texto, para así subrayar su significado lingüístico a través de la disposición, la forma y las dimensiones de letras, palabras, versos y signos de puntuación.

canción composición poética que se deriva de la "canzone" italiana y por lo general es de temática amorosa.

canon literario conjunto de obras consideradas obras maestras por la crítica. Las obras que lo integran han variado porque ha cambiado el énfasis; hoy día quiénes lo determinan pertenecen a diferentes clases sociales y escuelas críticas.

Cantar de gesta conjunto de relatos épicos medievales originalmente destinados a la recitación declamada o canto; narran hazañas (gestas) de importantes personajes y acontecimientos trascendentes para la comunidad.

canto las diferentes partes en que puede dividirse un poema largo, especialmente los épicos.

carpe diem término de Horacio (*"Carpe diem, quam minimum credula postero"*); invita a aprovechar y gozar del día porque desconocemos el futuro.

catarsis del griego "purificación"; según Aristóteles en su *Poética* los espectadores de la tragedia, por medio de las emociones suscitadas, por ejemplo, el miedo y la compasión, experimentaban una purificación mental, corporal y emocional. Posteriormente el psicoanálisis retomó el término en el "método catártico" para expresar un recuerdo reprimido y "desbloquear" al paciente y eventualmente lograr su curación.

caudillismo proviene de la palabra caudillo, que se usa para definir al individuo que se impone por su poder político y habilidad de mando, y la tendencia a seguir lealmente a ese líder cuya personalidad se admira.

cesura pausa que se introduce en muchos versos de arte mayor, los cuales quedan divididos en dos partes iguales, o no. "Los suspiros se escapan / de su boca de fresa" (Rubén Darío).

cientificismo actitud derivada del positivismo, movimiento filosófico de la segunda mitad del siglo XIX y de las primeras décadas del XX. Se caracteriza por una exagerada fe en las ciencias experimentales para explicar todos los aspectos de la vida; también le niega validez a lo que no sea susceptible de explicación científica.

cientificista persona o tendencia filosófica que se identifica con el cientificismo (ver cientificismo).

circunloquio rodeo de palabras para exponer de modo indirecto una idea.

clímax punto culminante de la acción en una obra literaria.

coloquio composición literaria en prosa o verso que se desarrolla en forma de diálogo.

comedia obra teatral de ambiente divertido y desenlace feliz. También se usa este término para designar cualquier obra dramática en general.

cómplice (lector) lector creativo que desarrolla, en colaboración con el autor, el significado del texto. La teoría de la recepción analiza esta función activa del lector en la producción literaria.

conceptismo tendencia del barroco caracterizada por el desarrollo de ideas ingeniosas mayormente en prosa. Para expresar estas ideas se emplean metáforas atrevidas, hipérbatos incomprensibles y retruécanos extraños. El término se deriva de concepto o chispa de ingenio expresada de modo conciso. El iniciador del conceptismo fue el poeta Alonso de Ledesma (1552–1623), cuya obra *Conceptos espirituales* (1600, 1608, 1612) desarrolla la idea del término, tal y como se ha definido. El conceptista más destacado fue Baltasar Gracián (1601–1658) quien elaboró sus teorías en *Agudeza y arte de ingenio* (1648).

conceptista (ver conceptismo) persona o tendencia literaria que se identifica con el conceptismo.

connotación cuando una misma palabra sugiere dos o más significados más allá del denotativo o referencial (el explicado por el diccionario).

copla breve composición lírica de cuatro versos de arte mayor o menor. Hay muchas variedades de coplas.

corrales en España, a partir de la segunda mitad del siglo XVI, se le llamó así al espacio de representación teatral construido en un patio rodeado por casas en tres de sus lados.

cosmovisión actitud del autor ante la vida tal y como se ha dado a conocer a través de su obra. Con frecuencia se emplea la palabra alemana *Weltanschaung* para referirse a cosmovisión.

costumbrismo tendencia o género literario que se caracteriza por el retrato e interpretación de las costumbres y tipos del país. La descripción que resulta es conocida como "cuadro de costumbres" si retrata una escena típica, o "artículo de costumbres" si describe con tono humorístico y satírico algún aspecto de la vida.

costumbrista ver costumbrismo.

creacionismo movimiento literario y estético de vanguardia iniciado por el poeta chileno Vicente Huidobro (1893–1948). El principio fundamental del movimiento consistía en que el poeta debía crear con la palabra y no limitarse a describir el mundo que lo rodeaba. Los creacionistas desecharon la anécdota y la descripción y prefirieron el subconsciente como fuente de inspiración.

criollismo tendencia regionalista de la literatura hispanoamericana que surgió a fines del siglo XIX, principalmente en la novela y el cuento. El escritor criollista expone y denuncia de modo realista las condiciones sociales, políticas y económicas de una determinada zona o país con el propósito de lograr reformas.

criollista ver criollismo.

cromáticas, imágenes ver cromatismo.

cromatismo uso de colores para caracterizar sentimientos e ideas.

crónicas relatos históricos que cubrían diversos períodos. Mezclaban hechos reales y ficticios y, en contraste con los cronicones escritos en latín, se escribían en castellano.

crónicas modernistas relatos breves, popularizados a fines del siglo XIX y comienzos del XX por los escritores modernistas. Se concentraban en describir un acontecimiento de modo elegante y con detalles que sugerían el ambiente.

cuarteta estrofa de cuatro versos de arte menor con rima consonante en abab.

cuarteto estrofa de cuatro versos de arte mayor con rima consonante en ABBA (rima abrazada) o ABAB (rima cruzada); en el último caso también se llama serventesio.

cubismo escuela artística de comienzos del siglo XX que ponía el acento en las figuras geométricas (el triángulo, el cubo).

cuento relato breve con pocos personajes donde la intriga gira en torno a un tema o a un suceso. La narración predomina sobre otras estrategias del discurso, por ejemplo, la descripción o el diálogo. Con frecuencia tiene un final sorpresivo.

culterana ver culteranismo.

culteranismo estilo afectado que se manifestó mayormente en la poesía cultivada durante el período barroco. Los escritores culteranos alteraban la sintaxis y empleaban cultismos y palabras rebuscadas. Uno de los ejemplos más sobresalientes de esta corriente es *Soledades* (c. 1613) del poeta cordobés Luis de Góngora y Argote.

cultismo palabras que proceden mayormente del latín y que por razones culturales se han introducido en el idioma sin sufrir las transformaciones que han experimentado otros vocablos. Por ejemplo: fructífero, benévolo, colocar.

dadaísmo corriente artística de comienzos del siglo XX cuyo propósito es cortar el vínculo entre el pensamiento y la expresión.

décima o espinela estrofa de diez octosílabos consonantes con rima ABBAACCDDE.

denotación cuando la palabra indica únicamente al objeto o concepto que nombra por tanto tiene un valor inmediatamente referencial.

despotismo ilustrado forma de gobierno surgida del ideario del mismo nombre por la cual el soberano imponía arbitrariamente las reformas que creía más adecuadas para el progreso del pueblo.

determinismo doctrina según la cual los hechos del mundo físico y humano son efecto de causas o condiciones que los producen necesariamente.

diéresis licencia poética empleada para separar en dos sílabas las vocales que forman un diptongo. Por ejemplo: rü-ido; crü-el; sü-aves.

discurso ejercicio del habla o enunciación en cuyo sentido interactúan la sintaxis y la sonoridad del lenguaje con los elementos no verbales (el emisor, el receptor y el contexto).

dodecasílabo verso de doce sílabas.

drama género donde se cuenta un suceso por medio de la representación; el dramaturgo comunica su mensaje al público a través del diálogo y la interacción de los actores en el escenario. Ese mensaje se complementa con efectos de iluminación, sonido, vestuario, maquillaje, escenografía.

Edad Media período de la historia europea entre la antigüedad clásica y el Renacimiento italiano; se inició con la caída del Imperio Romano de Occidente (c. 476). Entonces la cultura estaba en manos de la Iglesia y quienes escribían eran generalmente clérigos. Como la mayoría era analfabeta, las obras se leían en voz alta o se representaban. La literatura, con algunas excepciones, tenía un propósito moralizante.

égloga poema bucólico de forma dialogada.

elegía originalmente era una composición fúnebre; después pasó a ser un poema triste o melancólico donde frecuentemente el poeta se lamentaba por algo que le causaba dolor.

emisor el que envía un mensaje.

elipsis omisión de elementos de una oración. Por ejemplo: ¿Qué tal? por ¿Qué tal estás?

encabalgamiento ocurre en poesía cuando, para completar el significado, el final de un verso tiene que enlazarse al verso siguiente. Por ejemplo: "Y el espanto seguro de estar mañana muerto,/y sufrir por la vida y por la sombra y por/lo que no conocemos y apenas sospechamos" (Rubén Darío).

enciclopedistas escritores de la gran Enciclopedia francesa del siglo XVIII, así como los seguidores de las ideas divulgadas en ella.

encomienda institución impuesta en Hispanoamérica colonial por medio de la cual grupos de indígenas eran repartidos o "encomendados" a los conquistadores. El indio tenía que trabajar para pagar un tributo a su dueño o "encomendero"; por su parte, éste se comprometía a enseñarle la religión católica, alojarlo y alimentarlo.

endecasílabo verso de once sílabas.

endecha poema constituido por estrofas de cuatro versos, tres heptasílabos y el último

endecasílabo, con rima asonante del segundo y el cuarto versos.

eneasílabo verso de nueve sílabas.

ensayo escrito en prosa, a veces de carácter didáctico, cuyos temas pueden ser literarios, sociales, históricos, filosóficos o artísticos, según las preocupaciones e intereses de cada autor.

entremés pieza breve de carácter humorístico o satírico que se representaba acompañada de cantos y bailes entre los actos de una obra más larga.

epigrama poema breve que expresa con agudeza un pensamiento festivo o satírico.

epístola carta en prosa o verso.

epíteto adjetivo que se añade con un propósito estético o convencional, ya que su presencia no es necesaria. Por ejemplo: la blanca nieve.

erasmismo durante el Renacimiento, una corriente de pensamiento influida por las ideas de Erasmo de Rotterdam (1466–1536) cuya obra *Enquiridión o Manual del caballero cristiano* se tradujo al español en 1521. Los erasmistas abogaban por la reforma religiosa, y proponían una relación más directa entre Dios y el creyente. Debido a la influencia de la Contrarreforma, en España las obras de Erasmo fueron prohibidas y se incluyeron en el *Índice.*

escena parte de un acto en que participan los mismos personajes; si se ausenta un personaje o entra otro diferente, comienza una nueva escena.

escepticismo doctrina filosófica que cuestiona la posibilidad del conocimiento porque, debido a sus imperfecciones, ni la mente ni los sentidos pueden dar a entender la verdad.

escolasticismo corriente filosófica predominante en la Edad Media y fundamentada en las ideas de Aristóteles. Intentaba acercarse a los problemas por medio de la discusión y resolverlos a través de la disputación donde se contestaban las preguntas propuestas.

estribillo un verso que se repite a intervalos o después de cada estrofa en un poema.

estridentismo movimiento literario de vida efímera surgido en México hacia 1922 bajo la influencia del futurismo, iniciado en Italia por el escritor Filippo Tommaso Marinetti (1876–1944). Su principal representante fue el poeta Manuel Maples Arce con *Andamios interiores* (1922) y *Vrbe* (1924).

estrofa grupo de versos sometidos a un régimen mediante el cual se configura la unidad estructural del poema.

estructura el plan de una obra literaria.

estructuralismo movimiento de crítica literaria desarrollado a partir de los conceptos lingüísticos propuestos por Ferdinand de Saussure

(1857–1913); según éste el lenguaje es un conjunto de elementos solidarios que constituyen entre sí una estructura. Para la crítica estructuralista, la obra literaria es también un sistema cuyo sentido no requiere la referencia a una realidad exterior, sino que reside enteramente en la organización de sus elementos y en las estructuras que los articulan.

existencialismo tendencia filosófica, inspirada en las ideas del filósofo danés Søren Kierkegaard (1813–1855), que afirma la primacía de la existencia individual concreta sobre las abstracciones de la metafísica racionalista tradicional. Dentro de esta corriente se desarrollaron una doctrina atea (Martin Heidegger, Jean Paul Sartre, Albert Camus) y una religiosa (Gabriel Marcel, Martin Buber, Paul Tillich) desde los años veinte hasta mediados del siglo XX. Miguel de Unamuno introdujo y reelaboró las ideas de Kierkegaard en el mundo hispánico, donde el existencialismo de Heidegger y de Sartre tuvo, posteriormente, una influencia temprana e importante. En literatura algunos temas existencialistas son: la libertad y la responsabilidad del individuo en un mundo al que sólo él mismo puede dar sentido, la vida como proyecto, la incomunicación entre los seres humanos y el sentimiento de alienación que es resultado de ella, la falta de autenticidad y la ambigüedad moral de los actos humanos.

existencialista persona, idea o expresión literaria vinculada al existencialismo.

exordium (latín) o exordio, prólogo o introducción que precede el comienzo de una obra para presentar el tema o hacer aclaraciones necesarias.

exposición parte de la trama de una obra narrativa en que se le informa al lector sobre los personajes y el ambiente.

expresionismo movimiento artístico europeo de finales del siglo XIX y comienzos del XX; asociado con Berthold Brecht y Franz Kafka, buscaba expresar los sentimientos y emociones más que la realidad objetiva.

fábula tradicionalmente una historia en verso o prosa que ofrece una lección moral o moraleja y en la que los personajes son animales. En el estudio de la narrativa, se le llama fábula a las deducciones que saca el lector para entender y completar el argumento de la novela.

federal en Argentina se le llamaba así a la causa de quienes defendían la autonomía de las provincias frente a las ambiciones hegemónicas de la ciudad de Buenos Aires durante el siglo XIX.

figura retórica expresión apartada de la norma o adorno del estilo que resulta del deseo que el autor tiene de darle una forma específica a su obra. Es posible que el adorno afecte a las palabras con que se expresa el pensamiento para constituir las figuras de palabras o tropos y las figuras de construcción, como por ejemplo la anáfora; también puede afectar al pensamiento mismo para dar lugar a las figuras de pensamiento, como por ejemplo, la interrogación retórica.

fluir de la conciencia o corriente de conciencia técnica empleada para describir la actividad mental de un personaje, abarcando lo consciente y el subconsciente.

fondo el asunto, el tema, el mensaje, el contenido, los pensamientos y sentimientos expresados en una obra. El fondo complementa la forma.

forma manera de combinar los diferentes elementos de una obra literaria. El fondo corresponde a la estructura interna de la obra, mientras la forma corresponde a la estructura externa.

gauchesco lo relativo al errante hombre de la pampa argentina o gaucho, dedicado a la crianza de ganado vacuno en las grandes llanuras o pampas.

gongorismo lo relativo al estilo asociado con Luis de Góngora y Argote (1561–1627), caracterizado por el excesivo adorno y la dificultad de comprensión.

hemistiquio cada una de las dos mitades del verso, separada de la otra por la cesura, o cada una de las dos partes desiguales de un mismo verso.

heptasílabo verso de siete sílabas.

hermetismo estilo difícil de comprender; se lo asocia con los escritos inspirados por Hermes, el dios de la elocuencia.

hexadecasílabo verso de dieciséis sílabas.

hexámetro verso de medida clásica que consta de seis pies.

hexasílabo verso de seis sílabas.

hiato pronunciación separada de dos vocales que deberían pronunciarse juntas, por ejemplo: "tu escuela". Si las vocales forman un diptongo y se separan, a esto se le llama diéresis, por ejemplo: "armonïosa".

hipérbaton alteración del orden normal de las palabras en la oración. Es más frecuente en poesía que en prosa. Por ejemplo: "que del arte ostentando los primores" (Sor Juana).

hipérbole exageración; aumento o disminución de cualidades, acciones, descripciones, etc. Por ejemplo: "se roía los codos de hambre"; "iba más despacio que una tortuga".

historicismo tendencia a interpretar todo tipo de conocimiento o experiencia dentro de un contexto de cambio histórico. El uso de este término se generalizó después de la Primera Guerra Mundial en Alemania, cuya derrota llevó a sus pensadores a intentar una revaloración de las tradiciones políticas y culturales.

humanismo corriente de pensamiento que durante el Renacimiento impulsó el estudio de las culturas clásicas de Grecia y Roma. El humanismo valorizaba al individuo ante todo.

idealismo corriente de pensamiento que subraya la importancia de lo imaginativo, lo espiritual y lo intelectual; es la antítesis del materialismo.

ilustración movimiento filosófico del siglo XVIII surgido en Francia; se destacó por tener extrema confianza en el poder de la razón y en la bondad humanas. Los pensadores ilustrados (Voltaire, Rousseau, Locke, Hume) creían que si toda persona utilizaba la razón al máximo, se podían mejorar las condiciones de vida.

imagen representación de un objeto o una experiencia sensorial con detalles fieles y evocativos.

indianismo tendencia dentro del romanticismo hispanoamericano que idealizó al indígena y lo incorporó en la obra literaria como una figura decorativa, haciéndole perder su identidad.

indigenismo tendencia dentro del realismo hispanoamericano que describía al indígena como una persona real a la vez que denunciaba el estado de opresión en que se encontraba.

ironía figura que consiste en oponer, para burlarse, el significado a la forma de las palabras, para expresar una idea de tal manera que, por el tono, se entienda lo contrario.

jitanjáfora figura literaria creada por el poeta cubano Mariano Brull, y llamada así por el escritor mexicano Alfonso Reyes. Consiste en el empleo de vocablos que no tienen sentido por sí mismos y que se apoyan en el contexto poético en que están situados; con frecuencia, le confieren musicalidad al poema.

krausismo movimiento filosófico y pedagógico iniciado en la Universidad de Madrid por Julián Sanz del Río (1814–1869), quien en Alemania se adhirió a las doctrinas neokantianas propuestas por Karl Friedrich Krause (1781–1832). Esta filosofía intentaba reconciliar el teísmo y el panteísmo, y proponía el desarrollo del individuo como parte de la esencia divina del universo. Los krausistas tuvieron una gran influencia en España.

krausista ver krausismo.

leitmotiv cuando una obra literaria repite una palabra, frase, situación o idea para caracterizarla.

letrilla poema de origen popular y versos cortos, cada una de cuyas estrofas termina con uno o varios versos que forman el estribillo.

lira estrofa de cinco versos, tres heptasílabos y dos endecasílabos con el siguiente esquema de rima consonante: aBabB. Fue inventada por Bernardo Tasso (1493–1569) y llevada a España por Garcilaso de la Vega.

literatura de tesis propone y defiende ideas políticas o morales.

loa composición en que se alaban virtudes individuales o colectivas.

locus amoenus lugar ideal o paisaje embellecido que se describe siguiendo ciertas pautas de la literatura grecolatina y especialmente de la estilística virgiliana. Está caracterizado por tener un prado florido, un árbol frondoso, un arroyo cristalino y una fuente; era el sitio de reunión de los enamorados.

locus horribilis lugar de horror, opuesto al lugar ameno o ideal.

locus certaminis lugar donde el personaje atraviesa muchas pruebas.

madrigal poema breve generalmente amoroso.

marxismo doctrina basada en las ideas del economista y filósofo Karl Marx (1813–1883), según la cual las masas han sido explotadas por las clases que monopolizan la riqueza y el poder político. Para cambiar esta situación propone la lucha de clases y la revolución para lograr una sociedad sin clases.

medieval ver Edad Media.

metáfora tropo a través del cual se identifican objetos diferentes. Su fórmula más simple es A es B: sus dientes son perlas. B se conoce como el término metafórico (perlas), y A como el metaforizado (dientes).

metonimia figura retórica que consiste en designar una cosa con el nombre de otra que está relacionada con ella en una de las siguientes maneras: causa a efecto: Vive de su trabajo; continente a contenido: tomaron unas copas; lugar de procedencia a cosa que de allí procede: el jerez; signo a cosa significada: traicionó a su bandera.

métrica conjunto de reglas relativas al metro de los versos y a las estrofas.

metro medida de un verso. Cuando se dice que dos versos tienen distinto metro, se indica que tienen distinta medida.

misticismo movimiento de mediados del siglo XVI manifestado en poesía y prosa. El autor describe un estado extraordinario, de unión del alma con Dios por medio del amor.

modernidad condiciones económicas y culturales de una sociedad industrializada.

modernismo movimiento literario de renovación en todos los géneros que se originó en Hispanoamérica a fines del siglo XIX e inició el período contemporáneo de la literatura. El romanticismo, así como varias corrientes literarias francesas, tales como el parnasianismo y el simbolismo, influyeron en el modernismo. En Brasil, este término designa el movimiento vanguardista, y en el ambiente anglosajón se aplica para caracterizar la literatura de la primera mitad del siglo XX.

monorrimo el empleo de varios versos de una sola rima consonante o asonante.

mundonovismo nombre dado a la etapa madura del modernismo, durante la cual los escritores incorporaban en su obra temas americanos y mostraban mayor preocupación por el futuro del continente.

muwassaha el nombre árabe de una estrofa de cinco o seis versos escritos en árabe o en hebreo clásico. La muwassaha terminaba con una jarcha, estrofa de tres o cuatro versos escritos en árabe, en hebreo popular o en mozárabe, cuya función era similar a la del estribillo.

narrador omnisciente voz narrativa, por lo general de una tercera persona anónima, que comunica el conocimiento de todos los hechos narrados y de la interioridad de los personajes, sin limitación de tiempo o de lugar.

narratario personaje ficticio al cual el narrador dirige su mensaje.

naturalismo corriente literaria de mediados del siglo XIX que intenta presentar a la persona científicamente. Los naturalistas creían que la herencia biológica y el medio ambiente determinaban el desarrollo de cada persona; en sus escritos se destacaba lo feo y lo sórdido para mostrar la lucha por la existencia. El naturalismo tuvo un gran auge en Francia con los escritos de Emile Zola.

naturalista ver naturalismo.

neoclasicismo corriente literaria del siglo XVIII que proponía la imitación del mundo clásico. Los escritores neoclásicos creían en el predominio de la razón y en el fin didáctico de la obra de arte. Sus obras eran claras y equilibradas, y representaban un rechazo del barroco; aceptaban que el arte estuviera sometido a reglas.

neoplatonismo corriente filosófica basada en las ideas de Platón, tal y como fueron interpretadas por Plotino (205–270). Después estas ideas fueron cristianizadas por la Iglesia y se aprovecharon durante la Edad Media y el Renacimiento. En lo que se refiere a la poesía española, las fuentes principales de las ideas neoplatónicas fueron Dante Alighieri (1265–1321) y Francesco Petrarca, así como *Diálogos de amor*, la obra de León Hebreo, cuya primera traducción al español apareció en 1582. En España las ideas neoplatónicas se manifestaron principalmente en referencias al ideal de la belleza y del amor espiritual, tal como se observa en la poesía de Juan Boscán y el marqués de Santillana, y en la literatura mística.

nihilismo se deriva del latín nihil (nada) y alude a una forma extremada de escepticismo o pesimismo.

novela relato extenso donde el narrador cuenta una historia. Debido a su amplitud, puede incluir más de una intriga, varios temas y numerosos personajes cuyo carácter se desarrolla en el proceso de la narración.

novela de caballería tipo de narración que cuenta las aventuras de un caballero. Surgieron en el siglo XIV como versiones anónimas de antiguos cantares de gesta. Tuvieron su auge en el Renacimiento y comenzaron a desaparecer a fines de los siglos XVI y XVII. Estas novelas tenían como tema las leyendas de la corte del rey Arturo, de Carlomagno y las Cruzadas. Sentimentalizaban a los héroes e introducían motivos amorosos y elementos sobrenaturales en el mundo bélico proveniente de la épica y los cantares de gesta.

novela dialógica las narraciones donde varias voces expresan diferentes puntos de vista; la voz del narrador no es la predominante; en general, la producción de la segunda parte del siglo XX se ha caracterizado por ofrecer esta multitud de voces.

novela monológica los relatos en los que predomina la voz del narrador; en general se ha caracterizado así la novela realista del siglo XIX.

novela pastoril también conocida como novela bucólica, es un tipo de narración en la cual los personajes aparecen como pastores que han encontrado refugio en el ambiente campestre, y allí dialogan sobre sus cuitas amorosas. La novela pastoril tiene su origen en las églogas clásicas. *La Arcadia* (1504) de Jacopo de Sannazaro fue la novela pastoril italiana de más influencia en Europa. En España la novela pastoril tuvo su apogeo en los siglos XVI y XVII, después del auge de la novela de caballería. Jorge de Montemayor fue el iniciador del género con su *Diana* (c. 1595), considerada como la mejor del género en ese país.

novela picaresca narración episódica de carácter realista donde un pícaro cuenta su vida. Generalmente el pícaro, muchacho de pocos escrúpulos, les sirve a varios amos, representativos de diferentes profesiones y estratos sociales, a los cuales critica. Se originó en España durante el siglo XVI como una reacción contra las novelas de caballería y las fabulosas hazañas allí contadas. Entre las novelas picarescas famosas se encuentra el *Lazarillo de Tormes* (1554).

octava real estrofa de ocho versos endecasílabos con rima consonante ABABABCC. También se conoce como octava rima. Era la estrofa preferida para la poesía épica del Renacimiento.

octosílabo verso de ocho sílabas. Es el más empleado en poesía popular.

oda composición larga del género lírico, cuya división en estrofas o partes iguales está regida por reglas complejas; generalmente la oda canta con entusiasmo un suceso grandioso o notable.

onomatopeya las palabras que se emplean para imitar sonidos de los objetos a que se refieren. Por ejemplo: "chisporrotear", "bombardear".

oxímoron unión sintáctica de conceptos que se contradicen. Se asemeja a la antítesis por la oposición del significado de los términos, y a la paradoja por lo absurdo de la proximidad sintáctica de ideas irreconciliables. Por ejemplo: "bella ilusión por quien alegre muero,/dulce ficción por quien penosa vivo" (Sor Juana Inés de la Cruz).

parábola relato ficticio por medio del cual se emite una enseñanza. Tiene una intención didáctica como es evidente en las parábolas bíblicas.

paradoja empleo de expresiones o frases contradictorias que alteran la lógica de la expresión al aproximar dos ideas opuestas y aparentemente irreconciliables. Por ejemplo: "apresúrate lentamente".

paráfrasis interpretación o traducción libre de un texto literario.

paralelismos repetición de una misma idea o de dos conceptos opuestos en dos o más versos, o en dos estrofas. Por ejemplo: "Aquí Marte rindió la fuerte espada, / aquí Apolo rompió la dulce lira" (Sor Juana).

pareado estrofa de dos versos, de arte mayor o menor, con rima consonante o asonante.

parnasianismo corriente poética del siglo XIX de origen francés que proponía el cuidado de la forma, "el arte por el arte". Los temas preferidos de los parnasianos provenían de las culturas grecolatinas y de paisajes y objetos exóticos. El cisne y las estatuas de mármol aparecían con frecuencia en la poesía parnasiana.

parodia imitación burlesca de una obra seria.

paronomasia colocación próxima en la frase de dos vocablos de forma parecida bien por parentesco etimológico ("quien reparte se lleva la mejor parte"), o por semejanza casual ("compañía de dos, compañía de Dios").

payada una canción o poema improvisado por un gaucho (payador) generalmente acompañado de una guitarra. También se le llama payada a la competencia entre dos gauchos cantores.

pentasílabo verso de cinco sílabas.

perífrasis rodeo de palabras empleado para comunicar una idea o como alarde de ingenio.

peripecia momento decisivo en la obra dramática, cambio repentino de situación.

personificación atribución de cualidades o actos propios de las personas a otros seres u objetos.

petrarquismo el estilo del humanista y poeta florentino Francesco Petrarca (1304–1374) caracterizado por la expresión de los sentimientos de una manera culta. La influencia de Petrarca alcanzó gran auge en España a partir del siglo XVI. En cuanto a los temas, los petrarquistas hacían hincapié en la pasión amorosa violenta y desgraciada; en cuanto a la forma, preferían tanto el verso endecasílabo, al cual le otorgaron musicalidad y dulzura, como el soneto, el terceto y la canción.

picaresco relativo a la novela picaresca, a su ambiente y su protagonista.

pie quebrado combinación de versos octosílabos con versos de cuatro sílabas.

plástico descripción que logra representar al objeto o persona que describe con rasgos casi tangibles.

platonismo ver neoplatonismo.

pleonasmo repetición de palabras o ideas, bien por torpeza (enterrar en tierra), o para dar mayor fuerza a la expresión (lo vi con mis propios ojos).

poema composición literaria generalmente escrita en verso y cuya elaborada estructura está regulada por el ritmo y el metro. El poema puede ser de carácter épico, lírico, dramático, satírico o didáctico. Generalmente, el poema en prosa desarrolla asuntos líricos combinando frases y ritmos subordinados a su estructura gramatical.

poema en prosa o prosa poética, composición escrita en una prosa que, por su preocupación estética, ritmo y valor metafórico, tiene las características del lenguaje poético.

poema épico composición generalmente asociada con la historia de un pueblo que relata un suceso importante o canta las hazañas de un héroe. En la épica popular que recoge los antiguos cantares de gesta, el autor es anónimo; en la épica culta, impulsada por los escritores italianos del Renacimiento y centrada en la octava real, las composiciones tienen autor conocido. El poema heroico narra hazañas gloriosas y relata hechos memorables, pero de menos importancia.

poesía bucólica canta las bellezas y los encantos de la naturaleza y de la vida campestre; el poeta pone sus sentimientos en labios de pastores.

polimetría variedad de metros en un poema.

polisíndeton repetición de conjunciones.

positivismo filosofía del francés Augusto Comte (1798–1857) que propone la renuncia a conocer la esencia misma de las cosas y dirige la atención al conocimiento obtenido mediante la observación y la experiencia.

positivistas seguidores del positivismo.

postmodernidad o posmodernidad condiciones económicas y culturales de la segunda mitad del siglo XX, las cuales están vinculadas a los grandes avances de la tecnología, la internacionalización de las grandes empresas, la influencia de los medios masivos de comunicación y los cambios políticos e ideológicos.

postmodernismo o posmodernismo en Hispanoamérica, movimiento literario inmediatamente posterior al modernismo del siglo XIX. En los Estados Unidos y crecientemente en el mundo hispánico, este término comprende la literatura que, a partir de los años sesenta del siglo XX, tiene estas características: una actitud desmitificadora, que pone en evidencia los condicionamientos sociales del conocimiento pretendidamente objetivo y de los valores consagrados; la incorporación, sin distinciones jerárquicas, de la cultura popular a la expresión literaria; el revisionismo histórico, el uso de la fantasía, el humor y la parodia para confrontar, desde los sectores sociales marginados y reprimidos, a la cultura dominante.

prefiguración representación anticipada de una cosa o indicio de lo que sucederá más tarde.

prosa parisiense estilo narrativo de gran elegancia cultivado por los escritores franceses a mediados del siglo XIX. Una de las características más sobresalientes de este estilo es la descripción detallada de ambientes lujosos y exóticos.

prosopopeya o personificación figura retórica que consiste en atribuir sentimientos, palabras y acciones a objetos inanimados, a los muertos y a los animales.

quintilla combinación de cinco versos octosílabos aconsonantados; no pueden ir tres versos consonantes seguidos, ni terminar en uno pareado.

racionalismo doctrina filosófica que pretende explicar todo fenómeno o suceso por medio de la razón.

real maravilloso expresión acuñada por Alejo Carpentier y de contenido similar a la de "realismo mágico". Indica una percepción de la realidad que reconoce, como parte de ésta, la experiencia de lo insólito o extraordinario.

realismo corriente literaria europea que llegó a Hispanoamérica en el siglo XIX; los escritores que la siguieron se proponían lograr en su obra un retrato fiel de los diversos aspectos de la vida.

realismo mágico término utilizado por el crítico alemán Franz Roh para caracterizar la producción pictórica postexpresionista de cerca de 1925. El escritor venezolano Arturo Uslar Pietri lo aplicó a la literatura hispanoamericana en 1948 para referirse a aquellos escritos que sugieren un aspecto mucho más profundo de la realidad. Fundamentándose en el surrealismo, Miguel Ángel Asturias y Alejo Carpentier han elaborado sus propias teorías sobre el realismo mágico y lo real maravilloso. El rótulo ha sido empleado muy libremente para calificar obras disímiles y por tanto ha perdido efectividad como definición.

realista ver realismo.

recepción actividad mediante la cual el lector recibe y descodifica un mensaje literario. En nuestra época, las teorías de la recepción consideran que el significado del mensaje no existe fuera de la interacción entre el lector y el texto. Esto implica que el significado se enriquece y cambia a través de las diversas lecturas.

redondilla estrofa formada por cuatro versos octosílabos de rima consonante en abba.

relación en los siglos XVI y XVII un informe más breve que las historias y crónicas, en el que se contaba la participación personal en una hazaña, o se describía un acontecimiento particular o una región.

renacimiento período histórico que siguió a la Edad Media y antecedió al barroco. En España, el Renacimiento correspondió mayormente al siglo XVI, la primera centuria que integra el llamado Siglo de Oro (siglos XVI y XVII). En contraste con la época medieval, que consideraba al mundo como un "valle de lágrimas" en el cual estamos de paso hacia la vida eterna, en el Renacimiento se ve la vida como algo valioso otorgado por Dios. Durante el Renacimiento se deslinda la preocupación entre lo natural y lo sobrenatural; las ideas seculares se convierten en un importante factor cultural.

retruécano contraposición de dos frases que contienen expresiones idénticas, parecidas o antitéticas, con otro orden, régimen y significado. Por ejemplo: "queremos ver, y para siempre, la cara de la dicha, por cara que nos cueste dicha cara" (Augusto Roa Bastos).

rima semejanza o igualdad entre los sonidos finales de las palabras en que acaban dos o más versos, a partir de la última vocal acentuada. Puede ser consonante o asonante.

rima asonante ocurre entre dos o más versos cuando las palabras finales tienen sonidos vocálicos iguales a partir de la última vocal tónica. Por ejemplo: "pen**a**/dej**a**".

rima consonante rima entre dos o más palabras cuyos últimos sonidos, tanto vocales como consonantes, son iguales a partir de la última vocal tónica. Por ejemplo: "he**cho**/pe**cho**".

ritmo repetición de un fenómeno a intervalos regulares. En poesía, se produce por la repetición de versos de igual metro, por las pausas al final de cada verso, a veces por la cesura, por la rima o por la repetición del acento en la penúltima sílaba.

rococó originalmente un estilo arquitectónico con excesivo decorado y amaneramiento que surgió en Francia a fines del reinado de Luis XV (1715–1774).

romance composición poética de versos octosílabos con rima asonante en los versos pares; los impares quedan sueltos.

romancillo composición poética de versos de menos de ocho sílabas con rima asonante en los versos pares.

romanticismo corriente literaria prevaleciente en Europa e Hispanoamérica en el siglo XIX. Se distinguió por el predominio de la imaginación y los sentimientos sobre la razón. El escritor romántico es sumamente individualista, y, por tanto, la visión que predomina en sus escritos es subjetiva.

romanticismo social tendencia dentro del romanticismo que influyó sobre las ideas acerca de la sociedad y la historia. Se manifestó como un movimiento hacia una sociedad más libre e igualitaria. Una de sus figuras representativas fue el historiador francés Jules Michelet (1798–1874).

sainete obra teatral generalmente de carácter cómico y que recoge las costumbres populares.

sátira composición cuyo objetivo es criticar, censurar y ridiculizar.

seguidilla estrofa irregular de cuatro versos que apareció en el siglo XV. Más tarde se fijó el esquema actual: dos heptasílabos sueltos y dos pentasílabos consonantes o asonantes para la seguidilla simple; cuando los dos primeros versos son hexasílabos y el tercero es de once o diez sílabas, y el cuarto es hexasílabo, recibe el nombre de seguidilla gitana.

semiótica teoría general de los signos y símbolos. Análisis de la naturaleza y las relaciones de los signos en el lenguaje.

serventesio estrofa de cuatro versos endecasílabos de rima alterna ABAB.

sextina estrofa de seis versos endecasílabos. La sextina modernista combinaba seis versos de cualquier medida con rima consonante de AABCCB.

Siglo de las Luces ver Ilustración.

Siglo de Oro período de gran auge en la literatura española que abarca los siglos XVI y XVII. Generalmente se distinguen tres etapas de desarrollo comprendidas, de manera aproximada, entre los siguientes años: 1) 1500 a 1550, los comienzos del Renacimiento y la etapa italianizante; 2) 1550 a 1580, la etapa del Renacimiento tardío; y 3) 1580 a 1700, la etapa barroca. Históricamente, el Siglo de Oro coincide con los reinados de Fernando e Isabel (1476–1504), Carlos V (1516–1556), Felipe II (1556–1598), Felipe III (1598–1621) y Felipe IV (1621–1665), en los cuales España surgió como primera potencia para después, a fines del reinado de Felipe II, comenzar una etapa de decadencia.

silogismo fórmula empleada para presentar lógicamente un argumento. De las tres proposiciones que integran el silogismo, la última se deduce de las dos anteriores.

silva tipo de composición poética formada por versos endecasílabos, o por la combinación de versos endecasílabos y heptasílabos; los versos no están sujetos a orden de rima o de estrofas.

simbiosis afectiva atribuir emociones y sensaciones humanas a geografías y objetos inanimados.

simbolismo corriente poética prevaleciente en Francia a fines del siglo XIX. Entre los simbolistas sobresalieron Mallarmé, Rimbaud, Verlaine; su poesía se caracterizó por el verso libre, el empleo de la sinestesia, y, sobre todo, por el deseo de lograr efectos musicales.

símbolo relación entre dos elementos, uno concreto y otro abstracto, en el cual lo concreto explica lo abstracto. Por ejemplo: la balanza como símbolo de la justicia.

símil comparación explícita de una cosa con otra para dar una idea más viva de una de ellas. Por ejemplo: "a dónde se fue su gracia, / a dónde se fue su dulzura, / por qué se cae su cuerpo / como la fruta madura" (Violeta Parra).

sinalefa pronunciación en una sílaba métrica de la última vocal de una palabra y la primera de la siguiente. Cuando hay sinalefa las dos sílabas así unidas tienen el valor de una en el cómputo silábico. Por ejemplo: "Sobre pupil**a a**zul con sueño leve / tu párpado cayend**o a**mortecido…" (Juan Arolas).

sinécdoque figura que corresponde a la fórmula lógica de "la parte por el todo" o "el todo por la parte". Por tanto, la encontramos cuando se emplea una palabra que designa el género para significar la especie, o viceversa: los mortales por los hombres; cuando la palabra que alude al todo pasa a designar la parte, o viceversa: diez cabezas por diez reses.

sinéresis cuando en un verso se unen dos vocales contiguas que gramaticalmente pertenecen a sílabas diferentes o están separadas por h. Por ejemplo: "**O e**n el lazo fatal cae de la muerte" (Juan Meléndez Valdés).

sinestesia cuando una sensación se describe en términos de otra. Por ejemplo: "Resbalo por tu tarde como el cansancio por la piedad de un declive" (Jorge Luis Borges).

socialismo utópico conjunto de doctrinas que proponían, durante el siglo XIX, formas de establecer una nueva sociedad. Sus ideólogos más importantes fueron Robert Owen (1771–1858) en Inglaterra, Charles Fourier (1772–1837) y Pierre-Joseph Proudhon (1809–1865) en Francia. Claude-Henri de Rouvroy, conde de Saint-Simon (1760–1825), se distinguió de ellos por su orientación científica. Sin embargo, todo este movimiento fue considerado "utópico" por el socialismo marxista.

soneto composición poética de catorce versos distribuidos en dos cuartetos y dos tercetos. En español suele tener rima consonante, y generalmente los versos son endecasílabos. A partir del modernismo aparecen sonetos en los que se encuentran nuevas combinaciones métricas.

sonetillo versos de arte menor que se combinan en forma de soneto.

sturm und drang (tormenta e ímpetu) corriente literaria alemana que floreció entre 1770 y 1784. Toma este nombre de una obra de Friedrich Maximilian von Klinger, *Der Wirrwarr; oder, Sturm und Drang* (1776). Influidos por Rousseau, Herder y Lessing entre otros, sus seguidores recalcaron la importancia de la subjetividad, así como del lugar precario del hombre en la sociedad de entonces. También mostraron gran entusiasmo por la naturaleza. El movimiento representó una rebelión contra las reglas del estilo neoclásico.

surrealismo movimiento artístico y literario de origen francés cuyo auge ocurrió en las décadas de los años veinte y treinta del pasado siglo XX. Intentaba ir más allá de la realidad tangible y, olvidando la lógica, expresar otra más auténtica.

tema la idea central del texto.

tempus fugit expresión en latín, "tiempo que corre".

terceto estrofa de versos endecasílabos con rima consonante. Si al final quedan cuatro versos termina en un cuarteto. Los versos se agrupan así: ABA, BCB, CDC…, XYZ, YZYZ.

tetrasílabo verso de cuatro sílabas.

tono actitud del autor hacia lo narrado en el texto.

"tradiciones" narraciones breves de tipo anecdótico basadas en la leyenda o la historia, muy gustadas durante el romanticismo. En Hispanoamérica se asocian con el estilo del peruano Ricardo Palma (1833–1919).

tragedia obra dramática con fin catastrófico, cuyos personajes muestran grandes pasiones.

transculturación difusión o influencia recíproca de los rasgos culturales de una sociedad cuando entra en contacto con otra.

trisílabo verso de tres sílabas.

tropo empleo de las palabras en sentido diferente al que habitualmente les corresponde, o sea, en sentido figurado.

ultraísmo uno de los movimientos estéticos y literarios de vanguardia con orígenes en Francia e Italia que floreció en España e Hispanoamérica de 1920 en adelante. En España su principal teórico fue Guillermo de Torre, a quien se le atribuye la creación de los términos ultraísmo y ultraísta. En Hispanoamérica el representante más conocido de esta tendencia fue Jorge Luis Borges. Los ultraístas proponían una regeneración literaria, particularmente en poesía, dejando de lado lo anecdótico y lo romántico para resaltar el valor de la metáfora.

unitarios así se llamó a los argentinos partidarios de una organización política que, regida por la Constitución Centralista de 1819, unificaría al país bajo el poder de Buenos Aires. Se opusieron al general Juan Manuel de Rosas y fueron perseguidos por éste y sus partidarios federales.

vanguardismo proviene de 'vanguardia' que literalmente significa el punto más avanzado de una fuerza armada. En literatura se aplica a los movimientos surgidos alrededor de la Primera Guerra Mundial que experimentaron con nuevas técnicas y temas para renovar la expresión literaria.

verosimilitud carácter de lo que parece verdadero y creíble.

verso unidad de la versificación, o sea, cada una de las líneas que componen un poema. Palabra o conjunto de palabras sometidas a ciertas reglas de medida y cadencia.

versos blancos están sujetos a las leyes rítmicas (acentos, pausas, número de sílabas), pero carecen de rima.

versos libres no se sujetan a las reglas métricas normales; su medida y rima quedan al arbitrio del poeta.

villancico composición poética de arte menor y de asunto religioso con un estribillo. Con frecuencia el tema del villancico era navideño. Proviene del zéjel y fue adoptado por los poetas españoles de la corte a fines de la Edad Media. Más tarde el villancico se convirtió en una obra más compleja, representada en las iglesias en honor de santos y para conmemorar festividades religiosas.

volkgeist del alemán, el espíritu de un pueblo. Herder, el teórico más importante del romanticismo alemán, explicó en sus escritos cómo el espíritu de cada pueblo marcaba peculiarmente su cultura y su literatura.

voz (narrativa o poética) el narrador o poeta en la instancia literaria.

zéjel estrofa antigua española derivada de la muwassaha, compuesta de un estribillo sin estructura fija que cantaba el coro, y de cuatro versos que cantaba el solista. De estos cuatro versos, los tres primeros forman la mudanza y son asonantes y monorrimos; el cuarto rima con el estribillo.

ÍNDICE